Michael Reinhard Heß

Spuren unter dem Sand

Uigurische Literatur in Text und Kontext

Deutsche Ostasienstudien 52

OSTASIEN Verlag

Für das Umschlaglayout wurde ein Ölkreidebild von Hans Dettmann verwendet, dem in Sven Hedins *Auf großer Fahrt* (Leipzig: F. A. Brockhaus, ¹1928, ¹¹1940) der Titel „Wüsteneinsamkeit: Sanddünen in der Wüste Gobi" beigegeben ist.

Gedruckt mit Unterstützung der Fritz Thyssen Stiftung für Wissenschaftsförderung

Bibliographische Information der Deutschen Nationalbibliothek
Die Deutsche Nationalbibliothek verzeichnet diese Publikation
in der Deutschen Nationalbibliographie;
detaillierte bibliographische Daten sind im Internet über http://dnb.d-nb.de abrufbar.

ISBN 978-3-911262-01-9

© 2024. OSTASIEN Verlag, Gossenberg (www.ostasien-verlag.de)
1. Auflage. Alle Rechte vorbehalten
Redaktion, Satz und Umschlaggestaltung: Martin Hanke und Dorothee Schaab-Hanke
Druck und Bindung: Rudolph Druck, Schweinfurt
Printed in Germany

Inhalt

1 Zum vorliegenden Buch 1
2 Hinweise zum Gebrauch des Bands 5
    2.1 Erläuterungen zu den Übersetzungen 5
    2.2 Zur Umschrift 5
        2.2.1 Uigurisch 5
        2.2.2 Andere Sprachen 7
    2.3 Spezielle Abkürzungen 7
    2.4 Symbole 7
    2.5 Zur Wiedergabe fremdsprachiger Termini, Eigen- und Ortsnamen 8
3 Einführung 9
    3.1 Zum westlichen Blick auf die uigurische Literatur 9
    3.2 Zur historischen Verortung der Uiguren 10
        3.2.1 Zur Vielschichtigkeit des Ethnonyms „Uiguren" 11
        3.2.2 Einige wichtige Etappen der uigurischen Geschichte 35
    3.3 Zur Einordnung und zum Verständnis der vorgestellten Texte 97
        3.3.1 Das vormoderne Substrat 99
        3.3.2 Die erste Phase des Kontakts mit der westlichen Moderne 104
        3.3.3 Die „realistische" Prosaliteratur in der Volksrepublik 107
        3.3.4 Die Periode der Öffnung 112
        3.3.5 Zwischen Affirmation und Ablehnung der kommunistischen Tradition 115
        3.3.6 Zum Stellenwert von Fiktion in der uigurischen Literatur 123
4 Xalidä Isra'il: Ein grünes Dorf im Nirgendwo 127
    4.1 Vorbemerkung 127
    4.2 Text in Übersetzung 133
5 Qäyyum Turdi: Für jede Sache gibt es einen Weg 139
    5.1 Vorbemerkung 139
    5.2 Text in Übersetzung 144
6 Qäyyum Turdi: Wenn Nachtigall nicht Winter sah 149
    6.1 Vorbemerkung 149
    6.2 Text in Übersetzung 151
7 Abdurehim Ötkür: Die Spur 153
    7.1 Vorbemerkung 153
    7.2 Text in Übersetzung 156
8 Abduxaliq Uyġur: Wach auf! 157
    8.1 Vorbemerkung 157
    8.2 Text in Übersetzung 161
9 Zordun Sabir: Aus „Der Schuldner" 163
    9.1 Vorbemerkung 163
    9.2 Text in Übersetzung 167

10	Abduväli Ayup: Das Gedicht an der Wand	183
	10.1 Vorbemerkung	183
	10.2 Text in Übersetzung	190
11	Pärhat Tursun: Die Kunst der Selbsttötung (Auszug)	195
	11.1 Vorbemerkung	195
	11.2 Die Kunst der Selbsttötung (Auszug)	220
12	Mämtimin Hošur: Die im Sand versunkene Stadt (Auszug)	223
	12.1 Vorbemerkung	223
	12.2 Text in Übersetzung	238
13	Mämtimin Hošur: Die Sache mit dem Bart	241
	13.1 Vorbemerkung	241
	13.2 Text in Übersetzung	244
14	Ächtäm Ömär: Der junge Falke (Auszug)	255
	14.1 Vorbemerkung	255
	14.2 Text in Übersetzung	262
15	Zordun Sabir: Für die Zukunft	267
	15.1 Vorbemerkung	267
	15.2 Textauszug in Übersetzung	269
16	Ziya Sämädi: Der eiserne Verrückte	277
	16.1 Vorbemerkung	277
	16.2 Text in Übersetzung	281
17	Äziz Äysa Älkün: Die Sache mit den Namen	287
	17.1 Vorbemerkung	287
	17.2 Text in Übersetzung	290
18	Mähämmät'imin Toxtayov: Blutige Erde (Auszug)	305
	18.1 Vorbemerkung	305
	18.2 Text in Übersetzung	312
19	Abbas Muniyaz: Die Augen der Lieder (Auszug)	317
	19.1 Vorbemerkung	317
	19.2 Text in Übersetzung	318
20	Anmerkungen zu den übersetzten Texten	325
21	Nachweis der übersetzten Texte	361
22	Zitierte Literatur	363
	Vorbemerkungen	363
23	Index	391
24	Dank	421

1   Zum vorliegenden Buch

Die vorliegende Untersuchung bespricht und analysiert sechzehn Texte moderner uigurischer Schriftsteller und Dichter, die in deutscher Übersetzung beigegeben sind. Das Buch dürfte damit die umfangreichste Darstellung sein, die die Besprechung uigurischer literarischer Texte mit deren Übersetzung in eine westliche Sprache vereint. Dies gilt erst recht, wenn man berücksichtigt, dass der hiermit vorgelegte Band eine ausführliche wissenschaftliche Einleitung enthält.[1]

Die Zusammenstellung des vorliegenden Bandes beruht auf zwei Hauptcharakteristika, einem auf die literarische Gattung bezogenen und einem chronologisch-historischen.

Das gattungsmäßige Hauptcharakteristikum besteht darin, dass es sich bei den meisten der enthaltenen Texte um Prosa handelt und Prosa die primär vorgestellte Literaturgattung ist.[2] Die Aussage, dass Prosa die *primär vorgestellte* Literaturgattung sei (und nicht bloß die Gattung mit den *meisten* im vorliegenden Band vertretenen Texten), soll so verstanden werden, dass auch die Auswahl der in der Sammlung enthaltenen Nicht-Prosatexte – konkret handelt es sich bei allen von ihnen um Gedichte – überwiegend in einem Zusammenhang mit Prosatexten steht. Dies bedeutet in den meisten Fällen, dass die in den vorliegenden Band aufgenommenen Gedichte jeweils *in* einem Erzeugnis der Prosaliteratur (beispielsweise einem Roman) enthalten sind.

Das einzige in der vorliegenden Sammlung präsentierte Gedicht, bei dem dies nicht der Fall ist, ist *Oyġan* („Wach auf!") von Abduxaliq Uyġur (1901–1933).[3] Dieses nicht in einen Prosatext eingebettete Gedicht wurde hier behandelt, weil es ermöglicht, sowohl auf der historisch-referentiellen als auch einer intertextuell-literaturgeschichtlichen Ebene Beziehungen zwischen ihm und einem zentralen Prosawerk der modernen uigurischen Literatur nachzuspüren. Bei diesem handelt es sich um Abdurehim Ötkürs (1923–1995) zweibändigen historischen Roman *Oyġanġan zemin* („Das erwachte Land"), der als Fortsetzung des Romans *Iz* („Spuren") gilt und zweifellos zu den wichtigsten zehn

---

1   Die von Äziz Äysa Älkün (Aziz Isa Elkun, zum Herausgeber siehe S. 295ff. des Haupttextes) besorgte Gedichtanthologie *Uyghur Poems* (Elkun 2023a) konnte hier nicht berücksichtigt werden, da ihr Erscheinen zum Zeitpunkt der Abfassung des vorliegenden Abschnitts (Juli 2023) erst noch für den 26. Oktober oder 7. November 2023 angekündigt (siehe die abweichenden Angaben in Anonym 2023b und Anonym 2023c) war (einige Passagen aus Älküns Buch konnten im Januar 2024, nach dessen Erscheinen in andere Abschnitte der vorliegenden Arbeit eingearbeitet werden). Vom Umfang her fällt Älküns Anthologie mit 256 Seiten laut einer der Ankündigungen (Anonym 2023c) wesentlich kleiner aus als der vorliegende Band, außerdem lassen die Verlagsankündigungen klar erkennen, dass wichtige ihrer Teile nicht zur modernen uigurischen Literatur, sondern zu deren vorneuzeitlichen Vorläuferliteraturen gehören beziehungsweise hypothetische Textrekonstruktionen darstellen, da der Begriff „uigurische Literatur" bis ins zweite vorchristliche Jahrhundert ausgedehnt wird (siehe Anonym 2023b, Anonym 2023c). Die einschließlich ihrer Sekundärtexte 238 Taschenbuchseiten umfassende Anthologie moderner uigurischer Literatur Frangville/ Mijit 2022 kann nicht mit dem vorliegenden Band verglichen werden, da ihr der wissenschaftliche Anspruch fehlt. Die Herausgeberinnen fügen kein Verzeichnis der zitierten Literatur bei und liefern nicht einmal die bibliographischen Angaben der übersetzten Texte mit, verwenden keine wissenschaftlichen Umschriften und Einführungen und bieten Erläuterungen zu den ausgewählten Texten sowie einzelnen Begriffen und Phänomenen nur in sehr geringem Umfang und auf unsystematische Weise. Bei dem Werk handelt es sich erkennbar um ein primär an ein breiteres Lesepublikum gerichtetes populäres Lesebuch.

2   Auch hierin liegt ein Unterschied zu Frangville/ Mijit 2022, wo bei den aufgenommenen Texten das Verhältnis zwischen Prosa und Dichtung ausgewogener ist. Wenn man die Prosaanteile von Frangville/ Mijit 2022 mit denen der vorliegenden Arbeit vergleicht, zeigt sich deutlich, dass die vorliegende Sammlung wahrscheinlich nicht nur die umfangreichste Kollektion in eine westliche Sprache übersetzter uigurischer literarischer Texte, sondern auch Prosatexte ist.

3   Siehe den Text auf S. 168f. Zum Leben Uyġurs siehe S. 163ff. des Haupttexts.

Prosatexten der uigurischen Literatur überzaupt zählt. Die historisch-referentielle Verbindung besteht unter anderem darin, dass *Oyġanġan zemin* einen historischen Aufstand der Uiguren thematisiert, in den Abduxaliq Uyġur selber direkt verwickelt war und dem er letzten Endes zum Opfer fiel. Eine intertextuell-literaturgeschichtliche, konkret lexikalische beziehungsweise motivische Beziehung kann unter anderem aufgrund der in Teilen wörtlichen Übereinstimmung in den Titeln von *Oyġan* und *Oyġanġan zemin* hergestellt werden. Ein weiterer Aspekt, der *Oyġan* auch in einer literaturgeschichtlichen Betrachtung über uigurische Prosa zu einem aufschlussreichen und interessanten Text macht, ist, dass er möglicherweise in knapperer und konziserer Form das tiefe Vordringen nationalistischer Vorstellungen in die uigurische Literatur bereits zum Beginn der 1930er Jahre veranschaulicht, als dies durch Prosatexte möglich gewesen wäre.

Wie eng Prosa und Dichtung in der uigurischen Literaturgeschichte miteinander verwoben sind, ergibt sich bereits aus der Literaturgeschichte. Während die Dichtung bereits zum Beginn der uigurischen Literatur voll ausgeprägt ist, kommt die Kunstprosa erst im Laufe der Zeit hinzu; Romane beginnen in nennenswertem Umfang erst in den 1960er und 1970er Jahren zu erscheinen.[4] Noch in Bezug auf den uigurischen Gegenwartsautoren Pärhat Tursun (*1969) stellt der amerikanische Forscher Darren Byler im Jahr 2023 fest: „Uiguren sind im Allgemeinen Dichter".[5] Die besondere Bedeutung der Dichtung für *alle* uigurischen Autoren lässt sich auch anhand zahlreicher konkreter Beispiele illustrieren. Viele bedeutende uigurische Prosaiker waren oder sind zugleich auch Dichter. Genannt werden können neben dem bereits erwähnten Abdurehim Ötkür etwa Qäyyum Turdi (1937–1999), der im vorliegenden Band gleich mehrfach vertretene Zordun Sabir (1937–1998),[6] Äbäydulla Ibrahim (*1951)[7] und Äziz Isa Älkün (1970).[8] Pärhat Tursun hat seinem im vorliegenden Untersuchungsband in Auszügen vorgestellten Skandalroman „Die Kunst der Selbsttötung" (*Ölüveliš sän'iti*) beispielsweise neben zwei anderen Mottos drei mit der Angabe „aus meinen Gedichten" (*še'irlirimdin*) versehene Strophen eines Gedichts vorangestellt.[9] Auch in die Handlung von Qäyyum Turdi Romans „Jahre des Kampfes" (*Küräščan yillar*), aus dem hier mehrere Passagen vorgestellt werden, sind zahlreiche Gedichte eingebaut.[10]

In vielen Fällen kann man zwischen uigurischen Gedichten und Prosatexten, die aus derselben Periode und/ oder vom selben Autoren stammen, frappierende Parallelen auf der inhaltlichen und motivischen Ebene bemerken. Dies zeigt in eindrucksvoller Weise auch der hier vorgestellte Text von Abduväli Ayup (*1974).[11] Obwohl dieser Prosatext einen der grausamen Realität des geschilderten Gefängnislebens angepassten radikal schmucklosen Stil pflegt, finden sich dort auch Gedichtzeilen. Die von einem unbekannten Haft-Vorgänger von Ayups literarischem Alter Ego an einer Gefängniszellenwand hinterlassenen Verse offenbaren erneut, wie Prosa und Poesie in der modernen uigurischen Literatur kombiniert werden und in Wechselwirkung miteinander treten können. Am Ende der hier vorgestellten Geschichte Ayups fasst dessen erkennbar autobiographisch geprägter

---

4   Darren Byler in Bastek/ Byler 2023: ca. 16'13"ff.
5   *Uyghurs are poets, in general* (Darren Byler in Bastek/ Byler 2023: ca. 16'13"ff.). Zu Tursun siehe ausführlich S. 203ff. des Haupttextes.
6   Siehe S. 169 und 275 des Haupttextes sowie Hasanjan/ Byler 2022. – Zum Werk Sabirs vgl. in diesem Zusammenhang auch Maxmut 2000 und Hošur 2013.
7   Harbalioğlu/ Abdulvahit Kaşgarlı 2017: 120.
8   Zu ihnen siehe S. 169ff., 203ff. und 295ff. des Haupttexts Zum dichterischen Werk Ötkürs vgl. insbesondere auch Semet/ Wilkens 2012.
9   Tursun 1999, unpaginierte Seite vor S. 1.
10   Siehe das auf S. 157 des Haupttextes vorgestellte Gedicht. Weitere Beispiele finden sich in Turdi 2003, Bd. 1: 6-14, 19, 105-116.
11   Zu dem Werk und der Person Ayups siehe S. 189ff. des Haupttexts.

Ich-Erzähler die Bedeutung des von ihm an der Gefängniswand gelesenen Gedichtes in einer in dieser Hinsicht sehr vielsagenden Art und Weise in Worte. Er schreibt ihm nämlich unter anderem zu, dass in dem Poem an der Wand „ein Begriff, in dem sich die im Leben vorhandenen Bedeutungen verkörperten," (*hayatdiki mänalar mujässämlänlängän uqum*) vorhanden sei.[12] Wenn man „die im Leben vorhandenen Bedeutungen" des Gedichts (beziehungsweise des in diesem verwendeten Begriffs) tentativ mit jenen Bedeutungen gleichsetzt, die in den (das uigurische Leben beschreibenden) Romanen vorhanden sind, kann dieses Zitat geradezu als eine theoretische Definition der Funktion vieler Gedichte in der modernen uigurischen Prosaliteratur verstanden werden. Die in die vorliegende Untersuchung aufgenommenen wenigen Gedichte vermögen somit in der Summe vielleicht auch einen ersten Einblick in die oben beschriebene besondere Verbindung zwischen den beiden Hauptgattungen der gegenwärtigen uigurischen Literatur zu geben, auch wenn das vertiefte Ausarbeiten dieser Beziehung, wie auch eine intensive Auseinandersetzung mit der modernen uigurischen Poesie hier nicht geleistet werden kann und soll.[13]

Dass die vorliegende originaltextbasierte Untersuchung primär auf Prosa fokussiert ist und in ihr Gedichte im Wesentlichen nur als sekundäre, von der Prosa abhängige Gattung eine Rolle spielen, hat seine Gründe im Übrigen letzten Endes auch in der Genese des wissenschaftlichen Projekts, das der Arbeit zugrundeliegt. Dieses Projekt widmet sich ausschließlich der uigurischen Prosa, und dies in einem bestimmten Abschnitt der uigurischen Literaturgeschichte.[14] Natürlich ist aber bereits in der Fragestellung des Projekts faktisch auch schon die Berücksichtigung von Dichtung insofern impliziert, als diese innerhalb von Prosawerken auftaucht.

Das zweite der eingangs erwähnten Hauptcharakteristika des vorliegenden Untersuchungsbandes liegt auf der chronologisch-historischen Ebene. Und zwar stammen die meisten der hier übersetzten und kommentierten Texte entweder direkt aus einer bestimmten Periode innerhalb der uigurischen Literaturgeschichte oder aber sind auf sie bezogen. Es handelt sich bei dieser historischen Ära um die von ungefähr 1978 bis 2012 reichende Phase der „Reformen und Öffnung" innerhalb der Volksrepublik China.[15] Diese historische Epoche fällt mit einer Periode der uigurischen Literaturgeschichte zusammen, die in der einheimischen Literaturgeschichtsschreibung im Vergleich zu anderen Epochen der modernen uigurischen Literaturgeschichte als „Periode des Blühens" (*gülliniš dävri*) bezeichnet worden ist.[16] Wahrscheinlich kann man sie als die bisher wichtigste Phase der uigurischen Literaturgeschichte bezeichnen, die als solche in den frühen 1920er Jahren begann. Auch wenn die Fokussierung auf diese Epoche erneut mit der Entstehungsgeschichte des vorliegenden Bandes zu tun hat,[17] liegt es auf der Hand, dass sie auch aufgrund der Bedeutung der „Periode des Blühens" gerechtfertigt werden kann.

Neben dem bereits besprochenen Beispiel des *Oyġan* („Wach auf!") von Abduxaliq Uyġur gibt es in der vorliegenden Sammlung nur zwei Texte, die eindeutig nicht aus dieser Periode stammen, und zwar den Auszug aus einer Langerzählung von Ziya Sämädi (1914–2000)[18] sowie den bereits erwähnten Text Abduväli Ayups. Diese beiden Prosaabschnitte sind stilistisch und inhaltlich mit

---

12 Ayup 2021: 412.
13 Zur uigurischen Lyrik allgemein vgl. Freeman 2016a; Freeman 2018; Freeman 2019. Für den deutschsprachigen Raum vgl. Knoll 2023.
14 Es handelt sich um das seit Juli 2021 an der Universität Gießen laufende Projekt „Die uigurische Prosaliteratur in der VR China vom Beginn der Reformära bis zur erneuten Repression (1981–2017)", das von der Fritz Thyssen Stiftung gefördert wird.
15 Zur historischen Kontextualisierung dieser Periode siehe S. 57ff. des Haupttextes.
16 Sultan/ Abdurehim 2002: 5Hf. Vgl. auch den Titel von Zaman 1996.
17 Vgl. Fußnote 14.
18 Siehe S. 289ff. des Haupttexts.

der hier in Gänze vorgestellten Erzählung Äziz Äysa Älküns[19] vergleichbar. Denn alle drei Texte könnte man als Gefängnisliteratur klassifizieren, die aus der Perspektive von Opfern der kommunistischen Herrschaft der Volksrepublik China geschrieben sind. Indem mit Sämädis Text ein Beispiel aus der Zeit vor der Periode der „Reformen und Öffnung", mit Älküns eines aus dieser Zeit selber und mit Ayups Erzählung eines aus der Epoche danach behandelt werden, ist es möglich, dem Leser des vorliegenden Buchs einen Blick auf die Kontinuitäten und Diskontinuitäten dieser Opferliteratur zu eröffnen, der die Eigenheiten der jeweiligen Periode vor dem Hintergrund eines Vergleichs mit anderen Zeiten und Kontexten plastischer hervortreten lässt.

Ein Sonderfall in Bezug auf die Zuweisung zu einer literaturhistorischen Periode ist der Auszug aus dem Roman „Blutige Erde" von Mähämmät'imin Toxtayov (1920–1969), da dieser aufgrund seiner überaus komplexen Textgeschichte keiner Epoche eindeutig zugeschrieben werden kann.[20] Zumindest ein Teil der Entstehungs- und Veröffentlichungegeschichte dieses möglicherweise ersten uigurischen Romans überhaupt fällt jedoch in die Zeit zwischen 1979 und 2017.

Der vorliegende Band bietet nach einer Zusammenfassung einiger technischer Erläuterungen zur Handhabung des Buchs (Kapitel 2) eine Einführung in den historischen und literaturgeschichtlichen Kontext der näher vorgestellten uigurischen Texte (3). Anschließend folgen, mit fortlaufender arabischer Nummerierung, den einzelnen Auswahltexten gewidmete Kapitel (4 bis 19). Den Band beschließen Endnoten zu den Übersetzungen, bibliographische Nachweise zu den übersetzten Passagen, die Liste der zitierten Literatur, ein Schlagwortverzeichnis sowie Danksagungen (20 bis 24).

Jedes der einem einzelnen uigurischen Text gewidmeten Kapitel 4 bis 19 besteht aus einer mit der arabischen Ziffer 1 gekennzeichneten „Vorbemerkung" und dem übersetzten Text beziehungsweise einem Textauszug selbst (jeweils unter 2). In der „Vorbemerkung" werden jeweils sowohl einige Angaben zum Autor beziehungsweise der Autorin der betreffenden Passage als auch zu dieser selbst gemacht. Bei Autoren, die mit mehr als einem Text vertreten sind, werden biographische und sonstige Angaben zum Autor beziehungsweise zum ersten dieser Texte bei einem Folgetext nicht wiederholt; wer den zweiten Text zuerst liest, sollte also eventuell auf die „Vorbemerkung" des ersten zurückgreifen. Die „Vorbemerkungen" sind von unterschiedlicher Länge und Art, was auch mit der jeweiligen Verfügbarkeit des Materials und den von Autor zu Autor etwas verschiedenen Fragestellungen zu tun hat. Auch wenn es aus ästhetischen Gründen möglicherweise vorzuziehen gewesen wäre, für alle „Vorbemerkungs-"Abschnitte ein einheitliches Format und einheitliche Länge zu verwenden, wurde hierauf verzichtet, weil der Großteil des in diesen Vorbemerkungen enthaltenen Materials einem westlichen Lesepublikum noch unbekannt ist und bei einer Vereinheitlichung vieles an wertvoller Information verloren gegangen wäre. In den übersetzten Texten selbst sind mit einem Asterisk (*) Wörter oder Ausdrücke markiert, die in den Endnoten am Ende des Bandes erläutert sind. Die einzelnen Übersetzungspassagen bauen inhaltlich nicht aufeinander auf, das heißt, der ganze Band ist so konzipiert, dass jedes der Kapitel 4 bis 19 auch separat gelesen werden kann.

Das Manuskript des vorliegenden Buchs wurde im Wesentlichen bis Ende 2023 abgeschlossen. Vereinzelt sind jedoch auch noch Publikationen eingearbeitet worden, die nach diesem Datum erschienen.

Gießen, den 28. Januar 2024

Michael Reinhard Heß

---

19   Siehe 298ff. des Haupttexts.
20   Siehe S. 313ff. des Haupttexts.

2 Hinweise zum Gebrauch des Bands

2.1 Erläuterungen zu den Übersetzungen

In den Übersetzungen mit einem Asterisk (*) gekennzeichnete Wörter werden jeweils in den Endnoten (siehe Kapitel 20, S. 428ff.) erklärt.

Zu den übersetzen Texten hinzugefügte erläuternde Passagen werden durch eckige Klammern und kursive Schrift *[ ]* gekennzeichnet.

In die Fußnoten eingefügte Querverweise auf bestimmte Seiten des Buchs werden mit dem Zusatz „des Haupttextes" versehen, um Verwechslungen mit anderen Textarten auszuschließen.

2.2 Zur Umschrift

2.2.1 Uigurisch

Jeder, der sich mit den Uiguren und ihrer Kultur beschäftigt, wird mit einer Vielfalt unterschiedlicher Schreibweisen von Orts-, Personen- und sonstigen Bezeichnungen konfrontiert. Dies kann unter Umständen zu Schwierigkeiten oder Fehlern bei der Identifikation führen, insbesondere, wenn verschiedene Umschriftsysteme nebeneinander verwendet werden oder wenn die Prinzipien nicht klar erkennbar sind, nach denen ein bestimmtes System funktioniert. Begünstigt werden solche Schwierigkeiten dadurch, dass für das Uigurische mehrere Schriftsysteme (basierend auf der arabischen, kyrillischen oder lateinischen Schrift, mit verschiedenen Varianten) verwendet werden, wobei allerdings die Übertragung der gängigen literatursprachlichen Systeme ineinander aufgrund von deren Konstruktion nach modernen sprachwissenschaftlichen Erwägungen in der Regel ohne große Reibungen möglich ist und es sogar automatisierte Tools dafür gibt.[21] Ein weiterer Grund für derartige Probleme liegt darin, dass im normalen deutschen Sprachgebrauch uigurische Wörter manchmal weder in Originalform noch in einer wissenschaftlichen Umschrift, sondern auf intuitive Weise beziehungsweise in eingedeutschter Form wiedergegeben werden.

Die vorliegende Untersuchung richtet sich an zwei hauptsächliche Zielgruppen. Mit den Übersetzungen von Originaltexten versucht sie an ein breiteres, nicht zwangsläufig wissenschaftlich interessiertes Lesepublikum heranzutreten, mit der Einführung, den Vorbemerkungen zu den einzelnen Übersetzungstexten sowie den Endnoten wendet sie sich in spezifischerer Weise an eine wissenschaftlich orientierte Leserschaft. Für diese beiden unterschiedlichen Lesergruppen mit ihren unterschiedlichen Bedürfnissen und Voraussetzungen werden zwei verschiedene Umschriftsysteme verwendet, und zwar (I) eine wissenschaftliche Umschrift und (II) eine vereinfachte Transkription. Hinzu kommt (III) die sogenannte „neue Schrift" (*yeŋi yeziq*), bei der es sich strenggenommen nicht um eine Umschrift, sondern um eine auf der Lateinschrift beziehungsweise einer von deren chinesischen Adaptionen beruhende offizielle Variante der uigurischen Schrift handelt.

I Wissenschaftliche Umschrift

Die wissenschaftliche Umschrift folgt einem in der Sekundärliteratur etablierten System.[22] Außerhalb zusammenhängender übersetzter Passagen (also unter anderem in den Kapiteln 1 und 2, den Vorbemerkungen zu den Übersetzungen und den Endnoten) wird primär die wissenschaftliche

---

21 Ein beliebter und effektiver Konverter, mit der die araboide uigurische Schrift (*kona yeziq*), eine lateinische und eine kyrillische Variante der uigurischen Schrift per Klick ineinander verwandelt werden können, ist Yulġun Tor Beti 2004–2019.

22 Einzelheiten des hier verwendeten Systems können in Hämraev 2019: 21-24 und Heß 2019: 13-22 nachgelesen werden.

Umschrift verwendet. Um Umschriften nicht durchgängig mit Sprachkennzeichnungen versehen zu müssen und damit den Text für den Laien schwerer lesbar zu machen, wie an anderer Stelle angewendet,[23] werden dem Leser diese Informationen in dem im Anhang beigefügten Glossar in Klammern beigegeben; wenn dort keine Sprachkennzeichnungen gegeben werden, bedeutet dies, dass es sich um eine eingedeutschte Schreibweise handelt, dass die gemeinte Sprache aus dem Zusammenhang klar ist oder dass die Umschrift nach der vereinfachten Transkription (II) erfolgt.

II Vereinfachte Transkription

In den Übersetzungpassagen und an den Stellen, wo aus ihnen zitiert wird, kommt eine vereinfachte Form der Umschrift zum Einsatz. In ihr werden die in der wissenschaftlichen Umschrift (I) enthaltenen Sonderzeichen sowie bestimmte Buchstaben durch Buchstaben oder Buchstabenfolgen ersetzt, die nach den orthographischen Gepflogenheiten und Traditionen des deutschsprachigen Raums ungefähr die Aussprache des jeweiligen Originalphonems repräsentieren können. Die nachstehende Tabelle bildet die Unterschiede zwischen der wissenschaftlichen und der vereinfachten Umschrift ab.

Tabelle 1 Vereinfachtes und wissenschaftliches Umschriftsystem für das Uigurische

Vereinfachte Umschrift (in den Übersetzungen)	Wissenschaftliche Umschrift
Ch ch	X x
Dsch dsch	J j
Gh gh	Ġ ġ
J j	Y y
Ng ng	Ŋ ŋ
Sch sch	Š š
Tsch tsch	Č č
W w	V v
Zh zh	Ž ž

Die nicht aufgeführten Buchstaben werden für die wissenschaftliche und die vereinfachte Umschrift gleichermaßen verwendet. Für die Aussprache ist dabei zu beachten, dass „S"/„s" in uigurischen Wörtern immer als scharfes „s" (wie *ss* im deutschen *Kasse*), „Z"/ „z" hingegen immer wie ein stimmhaftes „z" (wie im englischen *Zoom*) ausgesprochen wird.

III „Neue Schrift"

Die „neue Schrift" (*yeŋi yeziq*) des Uigurischen ist eine Form der Lateinschrift, die auf den Festlegungen der in der Volksrepublik China für das Hochchinesische (Mandarin) verwendeten Pinyin 拼音-Umschrift beruht. *Yeŋi yeziq* war zwischen 1959 und 1982 die einzige für das Uigurische in der Volksrepublik China offiziell verwendete Schrift.[24] *Yeŋi yeziq* ist heute kein besonders häufig verwendetes System zur Wiedergabe des Uigurischen mehr, kommt jedoch sowohl in der Volksrepublik China als auch im Ausland vereinzelt immer noch vor, so dass es sinnvoll ist, auch mit diesem System der Schreibung des Uigurischen vertraut zu sein oder zumindest von ihr zu wissen. Im Index wird das (nur in wenigen Ausnahmefällen vorkommende) Vorliegen von *yeŋi yeziq* durch die zusätzlich zum Kürzel „uig." eingefügte Abkürzung „yy." gekennzeichnet. Den Unterschied zwischen den Transkriptionssystemen kann man sich am Beispiel des Namens der Hauptstadt der Uiguri-

---

23 Näheres zu dieser Methode der Kennzeichnung von Herkunftssprachen steht in Hämraev 2019: 21f.
24 Zu *yeŋi yeziq* und seiner Geschichte vgl. Hahn/ Ibrahim 2006: 98; De Jong 2007: 1; Shir 2019: 11.

schen Autonomen Region Xinjiang vor Augen führen, die in dem hier verwendeten turkologischen System als *Ürümči*, im vereinfachten System als *Ürümtschi* (oder nur Ürümtschi), in *yeŋi yeziq* hingegen als *Ürümqi* wiedergegeben wird.

2.2.2 Andere Sprachen

Zu den hier verwendeten Prinzipien für die Umschrift anderer nichteuropäischer Sprachen siehe Heß 2021: 12-15.

Chinesische Schriftzeichen werden der Einfachheit halber nur beim ersten Vorkommen des betreffenden Ausdrucks innerhalb einer längeren Passage zusammen mit der Umschrift in Pinyin angegeben. Bei den weiteren Nennungen wird dann nur die Umschrift verwendet. Es werden durchgehend nur die sogenannten vereinfachten Schriftzeichen verwendet, wie sie in der Volksrepublik China gebräuchlich sind.

2.3 Verwendete Abkürzungen

agr.	altgriechisch(e Sprache)	KP	Kommunistische Partei
arab.	arabisch(e Sprache)	KPC	Kommunistische Partei Chinas
as.	aserbaidschanisch(e) Sprache	krch.	karachanidisch(e Sprache)
atü.	alttürkisch(e Sprache)	k. V.	keine Verlagsangabe
auig.	altuigurisch(e Sprache)	mc.	mittelchinesisch
AURX	Autonome Uigurische Region Xinjiang (*Šinjaŋ Uygur aptonom rayoni, Xinjiang Weiwu'er zizhiqu* 新疆维吾尔自治区, *Xinjiang Uyghur Autonomous Region, Sin'czan-Ujgurskij avtonomnyj rajon*)	mong.	mongolisch(e Sprache)
		n. Chr.	nach Christus
		npers.	neupersisch(e Sprache)
		o. J.	ohne Jahresangabe
		o. O.	ohne Ortsangabe
bšq.	baschkirisch(e Sprache)	RFA	Radio Free Asia
čag.	čagataische (tschagataische) Sprache	RMB	Renminbi
chin.	chinesisch(e Sprache)	russ.	russisch(e Sprache)
dt.	deutsch(e Sprache)	sanskr.	sanskritisch(e Sprache)
engl.	englisch(e Sprache)	tat.	tatarisch(e Sprache)
frz.	französisch(e Sprache)	TIP	Turkestan Islamic Party
fmc.	frühmittelchinesisch	ttü.	türkeitürkische (Sprache)
hebr.	hebräisch(e Sprache)	UdSSR	Union der Sozialistischen Sowjetrepubliken, Sowjetunion
IBOT	Islamische Bewegung Ostturkestan		
ICORN	International Cities of Refuge Network	uig.	uigurisch(e Sprache)
IPOT	Islamische Partei Ostturkestans	VR	Volksrepublik
IPT	Islamische Partei Turkestans	VRC	Volksrepublik China
it.	italienisch(e Sprache)	XPCC	Xinjiang Production and Construction Corps
kas.	kasachisch(e Sprache)		
KMT	Nationalistische Partei / Volkspartei (Chinas) (*Guomindang* 国民党)	yy.	„neue Schrift" (*yeŋi yeziq*)

2.4 Symbole

*   (Der Asterisk markiert rekonstruierte oder hypothetische Formen.)
\>   geworden zu/ wird zu
<   entstanden aus/ entsteht aus
<> (Die spitzen Klammern können Semanteme bezeichnen.)

2.5   Zur Wiedergabe fremdsprachiger Termini, Eigen- und Ortsnamen

Fremdsprachliche Fachausdrücke, Eigen- und Ortsnamen werden in einer im Deutschen allgemein verbreiteten Form wiedergegeben, sofern diese existiert (z. B. Sun Yat-sen statt Sun Yixian oder Sun Zhongshan); zu Verdeutlichungszwecken wird jedoch auch in solchen Fällen bisweilen parallel eine wissenschaftlich umgeschriebene Form verwendet.

Wenn keine allgemein verbreitete deutsche Form bekannt ist, werden Fachausdrücke, Eigen- und Ortsnamen in wissenschaftlicher Umschrift wiedergegeben. Wenn Begriffe in mehreren Sprachen vorliegen, wird die dem Kontext nach angemessene oder erforderliche verwendet. Bei Ortsnamen wird in der Regel die Sprache zugrundegelegt, die zum Zeitpunkt, auf den sich die Nennung bezieht, offiziell verwendet wurde. Bei Personennamen wird meistens die offiziell verwendete Sprache oder die für die betreffende Person wichtigste Sprache benutzt. In Konfliktfällen wird diejenige Form verwendet, die aus deutscher beziehungsweise westlicher Sicht als gebräuchlichste erscheint.

Auch wenn es in wissenschaftlicher Literatur üblich ist, Zitate aus Wissenschaftssprachen wie Englisch oder Französisch nicht zu übersetzen, wird dies in der vorliegenden Publikation durchgehend getan, da sie sich in Teilen auch an ein primär an Literatur und nicht unbedingt an Wissenschaft interessiertes Publikum wendet. Außerdem wird so ermöglicht, bei sensiblen Inhaltsfragen möglichst große Präzision des Ausdrucks zu erzielen.

3 Einführung

3.1 Zum westlichen Blick auf die uigurische Literatur

„Die ausgedehnte Medienberichterstattung über die Menschenrechtsverletzungen in Xinjiang ist nicht von einem analogen Interesse an uigurischer Gesellschaft und Kultur begleitet worden".[25] So beginnt der Journalist Nick Holdstock seine Rezension des ersten und bisher einzigen in einer westlichen Sprache erschienenen uigurischen Romans, *The Backstreets* („Die Seitenstraßen") von Pärhat Tursun, und natürlich meint er mit seiner Äußerung besonders auch die uigurische Literatur.[26] Das in der westlichen Welt bisher zu verzeichnende vergleichsweise geringe allgemeine, aber auch akademische Interesse an uigurischer Literatur[27] scheint nicht nur eine Folge der internen Entwicklung des Fachs Turkologie, sondern auch der international eher wenig entwickelten Aufmerksamkeit für die Nation der Uiguren zu sein. Bis in die Gegenwart hinein ist die Wahrnehmung dieses Turkvolks beispielsweise häufig als Teil der Seidenstraßen-Thematik abgearbeitet worden, innerhalb derer die Uiguren naturgemäß nur als eine von zahllosen Völkerschaften erscheinen, die über immense zeitliche und räumliche Ausdehnungen hinweg betrachtet werden.[28] Dabei spielt sicherlich auch seine Rolle, dass das „Seidenstraßen"-Thema vom wichtigsten politischen Akteur im Kontext der Uiguren, der Regierung der Volksrepublik China, im Rahmen seines als ‚Neue Seidenstraße' bezeichneten Wirtschaftsentwicklungsprojekts *Yidai yilu* 一带一路 („Ein Gürtel – eine Straße") selbst explizit und prominent aufgegriffen worden ist.[29] Die in den letzten etwa sechs Jahren zu beobachtende Belebung der bestenfalls rudimentären Wahrnehmung der Uiguren als eigenständigen Forschungsgegenstandes im Westen kann außerdem im Wesentlichen auf die Verschärfung der Verfolgungs- und Unterdrückungssituation in der Volksrepublik China zurückgeführt werden. Genaugenommen handelt es sich somit nicht um eine Steigerung wirklichen Interesses an den Uiguren, sondern um eine Reaktion auf die gestiegene Bedrohung durch die Volksrepublik China beziehungsweise auf deren zu geringen Respekt für Menschenrechtsbelange. Erst die Berichte über die massiven und systematischen Menschenrechtsverletzungen, die sich in dem Land vor allem seit 2017 intensiviert haben,[30] vermochten dem Thema „Uiguren" in der westlichen Wahrnehmung wenigstens eine gewisse Aufmerksamkeit zu verschaffen. Allerdings ist zu erwarten, dass diese Aufmerksamkeit im Falle einer Änderung der Situation der Uiguren in der VRC oder einer Überlagerung dieses Themas durch andere globale Fragen ebenso schnell wieder verpuffen wird, wie sie entstanden ist.

Ungeachtet des oben skizzierten Entstehungskontextes beschränkt sich die hier vorgelegte Arbeit ausdrücklich nicht auf diejenige uigurische Literatur, die in einem direkten Bezug zur Verfolgung der Uiguren in der Volksrepublik stehen. Es ist keine Sammlung von ‚Gefängnis-', ‚Lagerlitera-

---

25 *The widespread media coverage of the human rights abuses in Xinjiang has not been accompanied by an equal interest in Uyghur society and culture* (Holdstock 2022).
26 Zu dem Roman und seiner Übersetzung siehe eingehend S. 211ff. des Haupttexts.
27 Zu den wichtigsten in westlichen Sprachen erschienenen Werken über uigurische Literatur gehören Freeman 2019 und verschiedene Werke der in Fußnote 742 genannten Literatur.
28 Dies wird offen beispielsweise noch in Serhan 2020 zum Ausdruck gebracht. – Zur Genese der Seidenstraßen-Historiographie vgl. Chang 1981; Boulnois 1992; Christian 2000; Elisseeff 2000; Hübner/ Kamlah/ Reinfandt 2001; Chin 2013; Biarnès 2014; Church 2018. Zur Kontextualisierung der Uiguren im Rahmen der (Kultur-)Geschichte der sogenannten Seidenstraße(n) siehe auch Klimkeit 1988; Baumer 1996; Klimkeit 1996; Baumer 2002; Bemmann/ Schmauder 2015; Höllmann 2022.
29 Zur ‚Neuen Seidenstraße' siehe etwa Dijk 2009; Frankopan 2016; Berensmann 2019; Calabrese/ Cao 2021; Calabrese 2022; Vgl. Giesen et al. 2023: 66; Görlach 2023; Kamp 2023.
30 Siehe S. 87ff. des Haupttextes.

tur' oder dergleichen, auch wenn mehrere der hier besprochenen Texte diesen Genres zugeordnet werden können und entsprechende Themen darin schon deshalb eine wichtige Rolle spielen, weil sie einfach ein zentraler Bestandteil der uigurischen Lebenswirklichkeit im 20. und 21. Jahrhundert sind. Das Hauptaugenmerk der Zusammenstellung ist vielmehr darauf gerichtet, sowohl anhand von übersetzten Originaltexten als auch durch kontextualisierende Erläuterungen einen Einblick in die uigurische Prosaliteratur (sowie einige Gedichte, insofern sie in einem besonderen Zusammenhang mit Werken der Prosaliteratur stehen) der sogenannten Phase der „Reformen und Öffnung" in deren Gesamtzusammenhang zu geben. Auf diese Weise soll ein Beitrag zur Möglichkeit einer von westlichen – konkret deutschsprachigen – Voraussetzungen ausgehenden, vertieften und wissenschaftlichen Auseinandersetzung mit der modernen uigurischen Literatur geleistet werden, die sich perspektivisch von den Konjunkturen der durch politische Entwicklungen bedingten Aufmerksamkeit emanzipieren kann.

3.2   Zur historischen Verortung der Uiguren

Dadurch, dass das vorliegende Buch sich mit uigurischer Literatur (im engeren Sinne einer auf künstlerischen Ausdruck gerichteten Form des Schreibens) auseinandersetzt, ist eine kurze Rekapitulation einiger ausgewählter grundlegender Fakten der uigurischen Geschichte quasi unvermeidlich, da diese bei einem westlichen beziehungsweise deutschsprachigen Publikum nicht ohne Weiteres als bekannt vorausgesetzt werden können, zum Verständnis der hier besprochenen Kunstliteratur jedoch unbedingt erforderlich sind.[31]

Zu den Gründen für die Aufnahme einer historischen Einleitung in das vorliegende Buch gehört auch, dass Episoden aus der Geschichte der Uiguren beziehungsweise dem, was dazu erklärt wird, einschließlich der Ethnogenese dieses Volks, in einigen der hier präsentierten Texte eine überaus wichtige Rolle spielen. Dies trifft konkret mindestens auf die aufgenommenen Passagen aus Werken Qäyyum Turdis, Abdurehim Ötkürs, Abduxaliq Uyġurs und Mähämmät'imin Toxtayovs sowie auf Mämtimin Hošurs (*1944) „Im Sand versunkene Stadt" und den Auszug aus Zordun Sabirs Roman „Die Suche" zu,[32] in geringerem Umfang wahrscheinlich aber auch noch auf andere Texte der Sammlung. Ebenso wie historische Bezüge in diesen Werken eine wichtige Rolle spielen, ist dies auch in der uigurischen Prosaliteratur insgesamt der Fall. Die meisten uigurischen Romane sind historischen Sujets gewidmet.[33]

Die uigurische Geschichte im 20. und 21. Jahrhundert wenigstens im Überblick zu kennen, bietet auch deshalb einen Schlüssel zum Verständnis der Werke der hier vorgestellten Autoren, weil deren Leben direkt von diesen geschichtlichen Entwicklungen geprägt worden ist.

Beide genannten Aspekte der Historie – ihre Bedeutung als zentraler Stoff der modernen uigurischen Literatur und ihre Einwirkung auf die Entstehungsbedingungen dieser Literatur – sind im Übrigen aufs engste mit der Konstruktion und Bewahrung der uigurischen kulturellen Identität verbunden. Und die Identitätsfrage ist für die Uiguren gerade in ihrer gegenwärtigen schwierigen Lage von entscheidender Bedeutung. Über den Stellenwert uigurischer historischer Romane im Kontext der uigurischen Identitätsbewahrung schreibt der Literaturwissenschaftler Erdem Kumsal, dass jene „geschrieben worden seien, um ihre [sc. der Uiguren – M. R. H.] nationale Identität zu

---

31   Eine umfassende Einführung in die wichtigsten Aspekte der Geschichte der Uiguren und ihrer historischen Vorläufer bietet Alpermann 2021.

32   Siehe S. 150ff., 162f., 168f., 321ff., 246ff. und 277ff. des Haupttextes.

33   Siehe etwa die Aussage *La plupart des romans écrit par des romanciers ou[i]gours sont des romans historiques* in Tanridagli 1998, außerdem Kumsal 2019: 21.

bewahren".³⁴ Kumsal weist in diesem Zusammenhang darauf hin, dass es den Uiguren in der Volksrepublik China bis zum Beginn der „Reform- und Öffnungs"-Ära unmöglich gewesen sei, eine eigenständige, das heißt von der ideologischen Determinierung durch die KPC unabhängige, Sicht auf ihre eigene Geschichte zu artikulieren.³⁵ Allerdings ist die zentrale Relevanz historischer Gegebenheiten als Erklärungshintergrund für politische und identitätsbildende Themen der Gegenwart keineswegs erst eine von den Uiguren (oder anderen Minderheiten) in den ideologischen Diskurs der VRC eingeführte These. Vielmehr war der Blick auf die Geschichte von Anfang an eines der konstituierenden Elemente des ideologischen Überbaus der KPC gewesen und ist es bis in die Gegenwart der Herrschaft Xi Jingpings (Xi Jinping 习近平, *1953), die seit 2012 andauert, auch geblieben. Xi hat beispielsweise „historischen Nihilismus" als eine „existenzielle Bedrohung" für die Kommunistische Partei Chinas bezeichnet, und diese Bedrohung für ebenso gefährlich erklärt wie Demokratie westlichen Stils.³⁶ Indem die Uiguren also in ihrer Literatur und anderswo die Bedeutung der Geschichte besonders betonen, folgen sie damit zu einem gewissen Teil auch der in der volksrepublikanisch-chinesischen Gesellschaft und von der Partei vorgegebenen, zum Teil ideologisch bedingten Wertschätzung des Historischen.

3.2.1 Zur Vielschichtigkeit des Ethnonyms „Uiguren"

Das folgende Kapitel setzt sich mit einigen der Begriffe auseinander, die im Verlauf der Geschichte für Ethnien verwendet worden sind, als deren historische Nachkommen und kulturelle Erben sich die heutigen Uiguren entweder selber betrachten oder die mit den heutigen Uiguren von anderen in Verbindung gebracht werden. Dieser Ausflug in die uigurische Ethnogenese hilft unter anderem dabei, besser zu verstehen, wie die Uiguren sich und ihre Geschichte und Kultur heute wahrnehmen. Auch wenn die nachstehenden Ausführungen sich zunächst auf das Ethnonym „Uigure" konzentrieren, werden im Laufe des Abschnitts auch konkurrierende Begriffe eingeführt, die für mutmaßliche oder tatsächliche historische Vorläuferethnien der heutigen Uiguren verwendet worden sind oder noch verwendet werden. Durch einige Schlaglichter auf diese Begriffe ist es möglich, einen breiteren Ausschnitt des Kontexts zu erfassen, in dem sich das Ethnonym „Uigure" im Laufe der Zeit etabliert hat. Nur durch die Kontextualisierung mit einigen der Alternativbegriffe wird die Entwicklung des Ethnonyms „Uigure" vollständig plastisch.

Das Wort „Uigure" ist spätestens seit den 20er Jahren des 7. Jahrhunderts nach Christus als Bezeichnung einer turksprachigen Völkerschaft im Nordwesten der heutigen Volksrepublik China und in angrenzenden Gebieten belegt. In chinesischen Quellen, die sich auf diese Zeit beziehen, wird es auf verschiedene Weise wiedergegeben, unter anderem als *Hui Ge/He* 回纥 und *Hui Hu/Gu/Hua* 回鹘.³⁷ Bei diesen chinesischen Wörtern handelt es sich offensichtlich um chine-

---

34 *Milli kimliklerini korumak adına yazılan* (Kumsal 2019: 21).
35 Kumsal 2019: 23.
36 Siehe Hilton 2023, derzufolge Xi Jinping über *historical nihilism* (historischen Nihilismus) gesagt habe, dieser stelle *an existential threat [to the Commmunist party] on a par with western democracy* (eine existenzielle Bedrohung [für die Kommunistische Partei], die der westlichen Demokratie gleichwertig sei) dar.
37 Siehe beispielsweise He/ Guo 2008: 7. Die hier genannten chinesischen Aussprachen beziehen sich auf die moderne chinesische Standardsprache (Mandarin); die Schrägstrichschreibweise „Ge/He" ist dem Umstand geschuldet, dass das Zeichen 纥 in der gegenwärtigen chinesischen Literatursprache diese beiden Aussprachen hat. Rekonstruktionen der ungefähr auch auf das 7. Jahrhundert bezogenen (frühmittelchinesischen) Aussprachen weichen naturgemäß von den modernen Artikulationen ab. Für das Hui in *Hui Ge/He* kommen nach Pulleyblank 1991: 133 etwa die Rekonstruktion fmc. *ɣwəj, nach Schuessler 2009: 292 die Rekonstruktionen mc. *ɣwậi, spät-hanzeitlich *ɣwəi, altchinesisch *wə̂i oder *wə̂j sowie die für ca. 400 n. Chr. belegte alt-

sische Umschriften der in alttürkischen und altuigurischen Quellen als *Uyġur* belegten Volksbezeichnung.³⁸

nordwestchinesische Form *ɣuai in Frage (für das zweite Zeichen gibt es keine Belege). Für *Hui Hu/Gu/Hua* könnten nach diesen Angaben sowie Schuessler 2009: 311 die Formen mc. *ɣwậi-kwət, *ɣwậi-ɣwət oder *ɣwậi-ɣwăt, spät-hanzeitlich *ɣwəi-kuət, *ɣwəi-guət oder *ɣwəi-ɣuɛt sowie altchinesisch *wə̂i-kût, *wə̂i-gût, *wə̂i-grût, *wə̂j-kût, *wə̂j-gût oder *wə̂j-grût rekonstruiert werden. Das in zahlreichen dieser Form sichtbare *-t könnte vielleicht darauf hindeuten, dass der Umschrift jeweils eine mit dem alttürkischen beziehungsweise altuigurischen Pluralsuffix -t zugrunde lag. – Die Identität von *Hui Ge/He* und *Hui Hu/Gu/Hua* mit dem Ethnonym „Uiguren" (*Uyġur*) ist jedoch nicht nur eine Frage der sprachlichen Rekonstruktion, sondern lässt sich aufgrund der historischen Überlieferung nachweisen.

38   Versuche, diese *Hui Ge/He* und *Hui Hu/Gu/Hua* mit anderen Ethnien zu identifizieren, die in chinesischen Quellen in auf frühere Epochen bezogenen Texten erwähnt werden, dürften ins Reich der Spekulation gehören. Syroežkin 2015: 23 bringt in diesem Zusammenhang den „Staat Gaoche/ *Gaogjuj*" (*gosudarstvo Gaoče (Gaogjuj)*) ins Spiel. Diesen beschreibt er als „Staatsgebilde" (*gosudarstvennoe obrazovanie*), dessen hauptsächlicher ethnischer Bestandteil „protouigurische Stämme" (*protoujgurskie plemena*) gewesen seien. Nach Syroežkins Darstellung bestand dieser Staat im 5. und 6. Jahrhundert n. Chr. auf dem Gebiet des heutigen Xinjiang (Syroežkin 2015: 23). Wie schon die von Syroežkin verwendete Transkription *Gaogjuj* vermuten lässt (bei der es sich um eine ältere oder rekonstruierte Aussprache von *Gaoče* ~ Gaoche 高车 handeln dürfte; sie kommt vielleicht der weiter unten in dieser Fußnote zitierten rekonstruierten mittelchinesischen Form *kâu-kjwo relativ nahe), stammt sie aus älterer wissenschaftlicher Literatur. Sie findet sich beispielsweise in einem Aufsatz Erik Molnárs aus dem Jahr 1955, wo dieser von „türkisch sprechenden Ujguren (gaogjuj)" spricht, die von antiken chinesischen Quellen unter anderem auf dem Gebiet der heutigen Provinz Gansu 甘肃 verortet worden seien (Molnár 1955: 69). Möglicherweise geht nicht nur die von Syroežkin verwendete Form *Gaogjuj* (eine vollkommene Entsprechung von Molnárs „gaogjuj") direkt oder indirekt auf Molnár (oder auf andere Wissenschaftlcer seiner Epoche) zurück, sondern auch die von Molnár vorgetragene Theorie, dass die „gaogjuj" eine Art von „Ujguren" seien. Molnárs Angaben sollten schon aus dem Grund mit Vorsicht behandelt werden, dass er als seine direkte Quelle den russischen Sinologen Nikita Jakovlevič Bičurin alias Iakinf (1777–1853) angibt, der zum Zeitpunkt des Erscheinens von Molnárs Beitrag schon über ein Jahrhundert tot war und dessen Angaben selbst in der Mitte des 20. Jahrhunderts nicht mehr den Stand der Wissenschaft widerspiegelten. Problematisch an Syroežkins Theorie über die Gaoche/Gaogjuj ist jedoch nicht nur die Bezugnahme auf teilweise wohl stark veraltete Literatur, sondern auch das Fehlen jeglichen Hinweises, der für eine Identifikation der Gaoche/ Gaogjuj als „protouigurisch" (ein Begriff, den Syroežkin im Übrigen nicht genauer festlegt und der sich auch anderweitig nicht klar definieren lässt) beziehungsweise für deren Gleichsetzung mit den (späteren) *Hui Ge/He*, *Hui Hu/Gu/Hua* oder *Uyġur* spräche. Es bleibt beispielsweise offen, ob Syroežkin von einer Kontinuitätsbeziehung aufgrund der Etymologie der Ethnonyme, von einer sprachlichen Folgebeziehung oder einem biologisch-genetischen Verhältnis der mutmaßlich bezeichneten Völker ausgeht. Eine sprachliche Beziehung zwischen den Gaoche/ Gaogjuj und den *Uyġur* dürfte schon aus dem Grund schwer zu belegen sein, dass die Gaoche selbst keine Schriftdenkmäler in ihrer eigenen Sprache (oder in von ihnen verwendeten autochthone Sprache) hinterlassen haben und ihre sprachliche Einordnung daher nicht zweifelsfrei möglich ist. Auch stehen den von Syroežkin über die Gaoche gemachten Angaben Aussagen anderer Forscher entgegen. So geht Geng Shimin davon aus, dass die Gaoche, die seiner Darstellung gemäß bereits im 3. und 4. nachchristlichen Jahrhundert in chinesischen Quellen auftauchen, mit den *Türk/ Tujue* 突厥 zu identifizieren seien (Geng 2000: 102), die, wie weiter unten im Haupttext besprochen wird, keineswegs mit den *Uyġur* gleichgesetzt werden dürfen. Dass die Gaoche (fmc. *kaw-tɕʰia nach Pulleyblank 1991: 52, 104; mc. *kâu-tsʰja oder *kâu-kjwo, spät-hanzeitlich *kau-tṣʰa oder *kau-kia altchinesisch *kâu-k-lha, *kâu-ka, kâu-k-lha, *kâw-ka, *kâu-krja, *kâu-kra, kâw-krja, *kâw-kra nach Schuessler 2009: 48, 193; die chinesische Bezeichnung bedeutet „hohe Wagen" beziehungsweise „die mit den hohen Wagen" und ist als Hinweis auf eines der Transportmittel gelesen worden, die dieses Volk verwendet haben soll), die bisweilen mit anderen in klassischen chinesischen Quellen genannten Ethnien wie den Chi Le/

Aus chinesischen, alttürkischen, altuigurischen und sonstigen Quellen, die sich auf relevante Ereignisse des 7. bis 9. Jahrhunderts beziehen, geht hervor, dass diese *Uyġur* eingefleischte Feinde der *Türk* waren, also jener turksprachigen Ethnie, von der unter anderem die Selbstbezeichnung der Türken (in der Türkei usw.), das deutsche Wort „Türke" und wissenschaftliche Fachausdrücke wie Turkologie, Turkvölker und Turksprachen abgeleitet sind (man spricht in der Wissenschaft eben nicht „Uigurvölkern", „Bulgarvölkern" usw., obwohl dies aus historischer Perspektive vielleicht auch zu rechtfertigen wäre, und tut den Uiguren und anderen antiken Turkvölkern möglicherweise posthum Unrecht).[39]

Die *Türk* gründeten als einziges Turkvolk zwei Mal (was einen Teil der ihren Namen umrankenden nachhaltigen literarischen und legendarischen Wirkung erklärt) ein mächtiges Reich im Norden Chinas. Das erste dieser Machtgebilde, das in der wissenschaftlichen Literatur oft als „Erstes Kaganat (der *Türk*)" bezeichnet wird, bestand von etwa 552 bis 630, das zweite (dementsprechend als „Zweites Kaganat" geführte) von 682 bis ca. 744 n. Chr. Sehr wahrscheinlich bereitete eine vernichtende militärische Niederlage, die ein numerisch weit unterlegener Stammesverband unter maßgeblicher Beteiligung der *Uyġur* um 626 einer gewaltigen Streitmacht der *Türk* zugefügt haben soll, den Zusammenbruch des Ersten *Türk*-Kaganats vor.[40] Die Gegnerschaft zwischen *Uyġur* und *Türk* zeigte sich dann erneut und in noch dramatischerer Form am Ende des Zweiten *Türk*-Kaganats.[41] Damals, ungefähr in den Jahren 740 bis 744 n. Chr., bereiteten die *Uyġur*, erneut im Verbund mit anderen Stammesgruppierungen, der bereits seit längerer Zeit davor schwächelnden Herrschaft der *Türk* mit Gewalt endgültig ein Ende.[42] Das Verschwinden der *Türk*-Herrschaft leitete die Gründung des sogenannten Uigurischen Kaganats (744–840) ein, dessen führende Bevölkerungsgruppe eben die *Uyġur* waren. Es hatte sein politisches Zentrum südlich des Baikalsees und umfasste wichtige Gebiete der von den *Türk*-Kaganaten beziehungsweise deren Abspaltungen zuvor beherrschten Gebiete.[43] Ein Großteil der *Uyġur* überlebte die Vernichtung ihres eignen Kaganats durch eine fremde Invasion im Jahr 840 nicht. Eine Zahl Überlebender floh nach China, wo sich einige in der heutigen Provinz Gansu niederließen.[44]

Der obige Exkurs über einen weit zurückliegenden Teil der Geschichte Zentralasiens ist für die vorliegende Untersuchung zur modernen uigurischen Literatur insofern von direkter Relevanz, als er einen Schlüssel zum Verständnis der Art und Weise bietet, in der seit dem Beginn der 1920er

---

Lei 敕勒 (fmc. *trhik-lək* nach Pulleyblank 1991: 57, 184), Dingling 丁零 (fmc. *tɛjŋ-lɛjŋ* oder *tɛjŋ-lɛjŋʰ* nach Pulleyblank 1991: 80, 196), Yili 狄历 (fmc. *ji-lɛjk* nach Pulleyblank 1991: 189, 365) und Tiele/Tielei 铁勒 (fmc. *tʰɛt-lək* nach Pulleyblank 1991: 184, 308) gleichgesetzt werden, nach verbreiteter Ansicht turksprachig gewesen sein sollen, belegt natürlich ebenfalls nicht, dass sie konkret den *Uyġur* nahegestanden haben müssen, zumal auch die als möglicherweise mit den Gaoche in einer Beziehung stehend aufgeführten Ethnonyme keine direkte Ähnlichkeit mit *Uyġur* erkennen lassen.

39 Zum historischen Hintergrund vgl. einführend Golden 1992; Roemer 2000, speziell Pulleyblank 2000. Das Turkvolk der Bulgaren (oder Bolgaren je nach Transkription) taucht in oströmischen Quellen spätestens ab der zweiten Hälfte des 5. Jahrhunderts n. Chr. auf (Golden 1996: 47; vgl. Zinkeisen 1840: 144), so dass nach dem Kriterium der chronologischen Antezendenz auch sie der Disziplin der Turkologie ihren Namen hätten geben können.

40 Siehe die Schilderung der Schlacht nach mittelalterlichen chinesischen Quellen in Wu Yugui 2009, Bd. 1: 55ff.

41 Auch in der Phase dazwischen gab es immer wieder gewaltsame Auseinandersetzungen zwischen den beiden Volksgruppen. Vgl. He/ Guo 2008: 7.

42 Vgl. He/ Guo 2008: 8.

43 Siehe Róna-Tas 1991: 37; Scharlipp 2000: 126.

44 Thomsen 1959: 564. Zum historischen Kontext siehe ausführlich Drompp 2005.

Jahre die Geschichte und Identität der „Uiguren" (re-)konstruiert werden, wobei diese Geschichte und Identität wiederum eines der Hauptthemen der modernen uigurischen Literatur darstellt.[45] Sämtliche der diesbezüglichen geistigen Konstrukte lassen sich als Varianten des aus Europa im Verlauf des 19. Jahrhunderts, und verstärkt ab der zweiten Hälfte dieses Jahrhunderts, über Russland zu den Bewohnern Zentralasiens gebrachten modernen Konzepts der Nation erkennen.[46]

Viele Sichtweisen, die auf die Konstruktion einer gegenwartsbezogenen nationalen Identität für die uigurische Nation abzielen, gehen dabei im buchstäblichen Sinne davon aus, dass die als für die uigurische Nation der Gegenwart konstitutiv angesehene Kombination bestimmter Charakteristika (vor allen Dingen sprachlicher und religiöser Art) mit Merkmalbündeln *identisch* sei, die auch den auf einer bestimmten Stufe der Geschichte mit dem Ethnonym „Uigure" (also *Uyġur* und dessen spätere Transformationen, auch in anderen Sprachen) bezeichneten Gruppen zugeschrieben werden könnten. Viele derartige Identitätskonstrukte gehen sogar so weit, in einem radikal simplifizierenden und monolithischen Blick auf die uigurische Ethnogenese zu postulieren, dass es von den frühesten Belegen an bis in die Gegenwart lediglich ein einziges Set mehr oder weniger unveränderlicher Attribute des Uigurischseins gegeben habe. Und eine nicht zu vernachlässigende Zahl eher phantasmagorischer Entwürfe dehnt die in ihnen postulierte Kontinuität der uigurischen Identität sogar bis in vorgeschichtliche Epochen aus. Innerhalb solcher Sichtweisen werden, wenig überraschend, üblicherweise nur als glanzvoll betrachtete Epochen und Leistungen der uigurischen Geschichte als Grundlage einer uigurischen Identitätskonstruktion in der Gegenwart verwendet, wohingegen eher negative Episoden oder Widersprüche in der Identitätskonstruktion meist nicht beachtet werden, wenn man sie nicht sogar als Angriffe auf die vermeintliche Identität der Uiguren explizit zurückweist. Denn zu den unverrückbaren Zielen aller derartigen Entwürfe gehört die Kreation eines soliden, positiv besetzten Identifikationsrahmens für einen politischen, sozialen und kulturellen Kontext, nicht unbedingt jedoch das Vorstellen eines in sich stimmigen wissenschaftlichen Modells. Unvermeidlich führen solche meist politisch motivierten Konzepte uigurischer Identität rasch zu zahlreichen Widersprüchen.

Ganz allgemein kann man zu dieser Problematik die in Bezug auf vorislamische oder vorneuzeitliche Verwendungen der Ethnonyme getroffene Feststellung Konstantin Syroežkins zitieren, dass „es schwer ist, eindeutig zu sagen, was genau die ethnische Ausfüllung des Begriffs ‚Uigure' war".[47] Syroežkin weist darauf hin, dass sich die mit dem Ausdruck *Uyġur* am Ende des ersten Jahrtausends der Zeitrechnung Bezeichneten „nach sämtlichen ethnischen Parametern signifikant von ihren direkten Vorfahren vom Orchon unterschieden",[48] also von jenen Uiguren, die ab dem 7. Jahrhundert in den Quellen auftauchen. Im unmittelbaren Anschluss daran warnt Syroežkin: „Aus genau diesem Grund ist es nicht ganz legitim, wie dies einige Autoren tun, direkte Parallelen zwischen den heutigen Vertretern des uigurischen Ethnos und jenen herzustellen, die diese Selbstbezeichnung in historisch recht weit zurückliegenden Perioden verwendet haben."[49]

---

45 Zum uigurischen Identitätsdiskurs vgl. Aubin 1998; Heß 2019: 134-159.
46 Zur ideengeschichtlichen Herleitung des Nationalismus vgl. Gellner 1983; Alter 1985. Zur Entwicklung des Nationalismus speziell unter den Turkvölkern des Russischen Reichs vgl. Noack 2000; Fenz 2000: 52.
47 *Trudno odnoznačno skazat', kakim bylo ėtničeskoe napolnenie termina 'ujgur'* (Syroežkin 2015: 24).
48 *Po vsem ėtničeskim parametram značitel'no otličalis' ot svoich prjamych orchonskich predkov* (Syroežkin 2015: 25).
49 *Imenno po ėtoj pričine provodit' prjamye paralleli meždu sovremennymi predstaviteljami ujgurskogo ėtnosa i temi, kto nosil ėto samonazvanie v dostatočno udalennye istoričeski periody, kak ėto delaetsja nekotorymi avtorami, predstavljaetsja ne sovsem pravomernym* (Syroežkin 2015: 25).

Wie schwierig es sein kann, die Theorie einer von den ältesten Verwendungen des Ethnonyms „Uigure" (darunter *Hui Ge/He*, *Hui Hu/Gu/Hua* und *Uyġur*) bis in die Gegenwart reichenden, mehr oder weniger linear und ununterbrochen gedachten Kontinuität aufrechtzuerhalten, wird deutlich, wenn man einen kurzen Blick auf die Geschichte der entsprechenden Bezeichnungen von der vorislamischen Zeit bis zum Beginn des 20. Jahrhunderts wirft.

Es ist in diesem Kontext unter anderem wichtig, sich zu vergegenwärtigen, dass ein großer Teil der in den Quellen als *Uyġur* bezeichneten oder sich selbst so bezeichnenden Menschen bis weit nach dem Untergang des Uigurischen Kaganats im Jahr 840 im Gegensatz zur erdrückenden Mehrheit der heutigen Uiguren keine Muslime waren. Erst im Verlauf mehrerer von heftigen Gewaltausbrüchen gegen Nichtmuslime begleiteter Islamisierungswellen (vor allen Dingen ab dem 10. und dann wieder dem 14. Jahrhundert n. Chr.) breitete sich der Islam unter den Turkvölkern im ehemaligen Gebiet des Uigurischen Kaganats in durchschlagender Weise aus.[50] In mittelalterlichen chinesischen Quellen findet dieser Kulturwandel unter anderem dadurch seinen Niederschlag, dass chinesische Transkriptionen der Benennung *Uyġur* schon vor dem Beginn der Ming 明-Zeit (Mingdai 明代 oder Mingchao 明朝, 1368–1644) nicht mehr allein eine bestimmte (ursprünglich nichmuslimische) turksprachige Ethnie bezeichnen konnten, sondern „die Muslime Zentralasiens und des Nahen Ostens im Allgemeinen".[51] Ebenfalls ab der Ming-Zeit soll sich im Übrigen auch die heutige schriftsprachliche (Mandarin-)Bezeichnung für die (heutigen) Uiguren, *Weiwu'er* 维吾尔, etabliert haben.[52] Möglicherweise standen beide sprachgeschichtliche Prozesse – die Verwendung von *Uyġur* zur Bezeichnung einer islamisierten Gruppe und die Ausbreitung des neuen Ethnonyms *Weiwu'er* – auch in einem gewissen Zusammenhang miteinander, etwa, indem durch die Bedeutungserweiterung der chinesischen Transkriptionen von *Uyġur* zu „Muslime" im Allgemeinen ein Bedarf für eine präzise Bezeichnung der ursprünglichen turksprachigen Ethnie entstanden sein könnte.

Bei alledem ist zu beachten, dass der Bedeutungswandel des Ethnonyms *Uyġur* und seiner Ableitungen und Übersetzungen ab dem späten Mittelalter wohl nicht überall einheitlich vonstatten ging. So sind für das 15. Jahrhundert in der Oasenstadt Kumul (Qumul, Hami 哈密), einem der bedeutendsten Siedlungsorte sowohl der vorislamischen *Uyġur* als auch der heutigen Uiguren, zwei klar voneinander unterscheidbare eine „uigurische" Turksprache sprechende Bevölkerungsgruppen belegt, von denen jedoch nur die eine direkt als „Uiguren", die andere hingegen als „Muslime" bezeichnet worden sei.[53] Die Eigenschaft der Zugehörigkeit zum Islam wird in diesem Kontext der in den Quellen als „Uiguren" bezeichneten Gruppe somit explizit abgesprochen. Hier zeigen sich also etwas andere Wortbedeutungen als in der oben erwähnten chinesischen Ming-Literatur. So oder so scheinen in beiden Fällen die Merkmale „Religion" und „Sprache" zumindest phasenweise anders verteilt gewesen zu sein als im heutigen Wortgebrauch von „Uigure".

Zusätzlich zu den Bedeutungsveränderungen, denen das alte Ethnonym *Uyġur* und seine Derivate im Laufe der Jahrhunderte und insbesondere ab dem 14. Jahrhundert unterworfen waren, lässt sich aber noch eine andere wichtige Tendenz bei dessen Verwendung beobachten, und zwar seine abnehmende Popularität. Die diesbezüglichen Aussagen aus der Sekundärliteratur berufen sich interessanterweise in der Mehrzahl auf muslimische Quellen. Eine wichtige Erklärung für den Rückgang der Beliebtheit von *Uyġur* und seinen Derivaten dürfte darin gelegen haben, dass für die islamisierten historischen Nachfolger der vorislamischen *Uyġur* nunmehr nicht mehr eben dieses Ethnonym, sondern

---

50 Vgl. Alpermann 2021: 11: „Die islamisierung der Region [sc. Xinjiang – M. R. H.] fand in mehreren Schritten statt und verlief teilweise gewaltsam."
51 *Les musulmans d'Asie centrale et du Moyen-Orient en général* (Aubin 1998).
52 Van Ess 2017: 262.
53 Juten 1978: 23.

vielmehr die Zugehörigkeit zu ihrer neuen Religion, dem Islam, dasjenige Merkmal war, mit dem sie sich am stärksten identifizieren und von der Umgebung abgrenzen konnten. Dies dürfte ursächlich in einem direkten Zusammenhang mit der zweiten der oben erwähnten starken Islamisierungswellen zusammenhängen, die Zentralasien und insbesondere die dortigen Turkvölker nach dem Zusammenbruch der geeinten mongolischen Herrschaft (1368) erfasste. Eine Tendenz zum Rückgang der Verwendung von Ableitungen der ethnischen Bezeichnung *Uyġur* ist in muslimischen Quellen konkret spätestens „ab dem 15. Jahrhundert"[54] oder zumindest ab dem Ende dieses Jahrhunderts[55] gesehen worden. In diesen Zusammenhang gehört es auch, dass der Historiker Ḥaydar Mīrzā Duġlat (gest. 1551) in seinem Werk *Tārīḫ-i Rāšidī*, das bis heute zu den bedeutendsten Quellen zur Geschichte Zentralasiens zählt, behauptet, der Name „Uigure" sage ihm „überhaupt nichts".[56]

Von dieser Äußerung Ḥaydar Mīrzā Duġlats auf ein tatsächliches Verschwinden des Ethnonyms *Uyġur* und seiner Ableitungen aus dem allgemeinen Gebrauch jener Zeit zu schließen, wäre jedoch wahrscheinlich eine zu weit gehende Annahme. Denn es handelt sich möglicherweise um eine polemische Stellungnahme, mit der der muslimische Autor Ḥaydar Mīrzā Duġlat den älteren, stark mit der vorislamischen Kultur Zentralasiens verbundenen Ausdruck *Uyġur* zu diskreditieren versucht haben könnte. Für diese Interpretation könnte sprechen, dass Ableitungen des Ethnonyms *Uyġur* tatsächlich mindestens bis zum Beginn des 16. Jahrhunderts in dem vom *Tārīḫ-i Rāšidī* behandelten Gebiet Zentralasiens nachweisbar bleiben. Zu ihnen gehört das Toponym *Uyġur(i)stān* („Land der *Uyġur*", „Gegend mit (vielen) *Uyġur*" usw.), das bereits in den oben besprochenen Überlieferungen aus der Oase Kumul aus dem 15. Jahrhundert auftaucht.[57] Die Ortsbezeichnung *Uyġur(i)stān* lässt sich dabei nicht nur in Kumul, sondern auch in der Oase Turfan (Turfan, Turpan, Tulufan 吐魯番) bis in das 16. Jahrhundert hinein dokumentieren.[58] Nach Ansicht von Françoise Aubin bezeichnete dieses *Uyġur(i)stān* ein damals noch überwiegend von Buddhisten bewohntes Gebiet.[59] Dass Ḥaydar Mīrzā Duġlat Kontinuitäten des alten Ethnonyms, wie sie sich im Falle von *Uyġur(i)stān* zeigen, unter den Tisch fallen lässt, erscheint angesichts seines religiösen Hintergrunds somit umso plausibler. Die Verwendung des alten Ethnonyms *Uyġur* beziehungsweise seiner Übertragungen in andere Sprachen lässt sich sogar noch bis in das 17. Jahrhundert dokumentieren. Es kommt beispielsweise als *Uyġur* in den in tschagataischer Sprache, der wichtigsten Literatursprache der östlichen islamisierten Turkvölker und Vorläuferin vieler moderner östlicher Turksprachen islamischer Prägung (einschließlich des Uigurischen), geschriebenen Texten des Historikers Abu'l-Ġāzī Bahādur Ḫān (1603–1663), der zugleich Herrscher von Khiwa war, vor. Im Gegensatz zu Ḥaydar Mīrzā Duġlat behauptete Abu'l-Ġāzī Bahādur Ḫān nicht, dass ihm das Wort *Uyġur* nichts mehr sage, sondern gibt konkrete Beispiele seiner Verwendung. Alllerdings beziehen sich seine entsprechenden Feststellungen auf das 15. Jahrhundert zurück und spiegeln somit nicht den Wortgebrauch seiner eigenen Lebenszeit wider. Konkret handelte es sich bei der von Abu'l-Ġāzī Bahādur Ḫān erwähnten Gruppe der *Uyġur* um eine Gemeinschaft friedliebender Menschen, die mit dem mongolischen Stamm der Nayman zusammenlebte.[60] Schwierig für den Umgang mit dieser Angabe ist aus heutiger Sicht, dass sich die Identität dieser *Uyġur* nicht mehr exakt bestimmen lässt. Möglicherweise handelte es sich nur um eine relativ kleine, lokal begrenzte Gruppe, der allenfalls einen

---

54　Masanov et al. 2001: 540 (*s XV v.*). Siehe auch Bizakov 2007.
55　Sadvakasov 2009: 172.
56　Zitiert in Van Ess 2017: 255. – Zum *Tārīḫ-i Rāšidī* siehe die Ausgabe Mirzaäxmät 2007.
57　Siehe Juten 1978 und Aubin 1998, die das Toponym in französischer Umschrift als *Ouïgouristan* wiedergibt.
58　Aubin 1998.
59　Aubin 1998.
60　Abu'l-Ġāzī Bahādur Ḫān zitiert in Van Ess 2017: 260.

Teil der früher mit dem Ethnonym *Uyġur* bezeichneten Menschen umfasste. Im Übrigen gibt es auch in chinesischen Quellen Hinweise darauf, dass das Ethnonym *Uyġur* und seine Derivate das Ende des 15. Jahrhundert überdauerten. In einem auf das Jahr 1563 bezogenen Passus aus Kapitel 45 der „Vorfassung der Annalen des Ritenministeriums" (*Libu zhi gao* 礼部志稿) von Lin Yaoyu 林尧俞 (1558–1626) kommt etwa ein Tribut zahlender „Tutuq (Kommandant) der *Uyġur*" (*Huihe'er dudu* 辉和尔都督) vor.[61] Offenbar handelt es sich hierbei um einen von da an mindestens noch bis in die frühe Qing 清-Zeit (1644–1911) nachweisbaren Posten. Denn ein *Huihe'er dudu* wird auch in den „in kaiserlichem Auftrag verfassten" (*qinding* 钦定) „Tabellen und Biographien von Königen und Herzögen der Mongolen und Hui-Stämme der äußeren Grenzlande" (*Waifan Menggu Huibu wanggong biaozhuan* 外藩蒙古回部王公表传) für das Jahr 1647 erwähnt.[62] Wie im Falle der oben diskutierten Stelle aus dem Werk Abu'l-Ġāzī Bahādur Ḫāns ist allerdings auch hier nicht ganz klar, wer diese *Huihe'er* 辉和尔 (~*Uyġur* usw.) eigentlich waren.

Während die erwähnte Passage aus dem Qinding waifan Menggu Huibu wanggong biaozhuan zeigt, dass auf *Uyġur* beruhende Ethnonyme auch nach der Errichtung der Qing-Dynastie (1644) noch in chinesischen Quellen vorkommen, sollte man dennoch davon ausgehen dürfen, dass deren Frequenz ungefähr ab diesem Jahr immer weiter abnahm. Zu dieser Annahme passt beispielsweise ein Hinweis des Sinologen Hans van Ess, demzufolge in qingzeitlichen Quellen der Terminus „Uigure", abgesehen vom bereits genannten 辉和尔都督 *Huihe'er dudu*, nicht zur Bezeichnung einer „administrativen Einheit" verwendet worden sei.[63] Gegen die beobachtete Tendenz zum Rückgang von auf der Grundlage von *Uyġur* gebildeten Ausdrücken spricht auch nicht grundsätzlich, dass nach dem Beginn der Qing-Zeit zusätzlich zu der bereits ab der Ming-Ära belegten Umschrift *Weiwu'er* 维吾尔 eine weitere etymologisch mit *Uyġur* zusammenhängende Transkription in chinesischen Quellen erscheint, nämlich *Weiwu'er* 畏吾尔.[64] Denn diese beiden Transkriptionen lassen sich vermutlich leicht lediglich als orthographische beziehungsweise lautliche Varianten voneinander erklären, es handelt sich also um keine wirkliche Neubildung. Auch wird die Annahme vom qingzeitlichen Rückgang chinesischer Umschriften der Ethnonyme *Uyġur* nicht dadurch falsifiziert, dass auf Abschriften älterer Werke oder antikisierendem Gebrauch beruhende Schreibweisen wie *Huihe'er* 辉和尔 sich noch bis weit in die Qing-Zeit hinein finden lassen.[65] Die Form *Huihe'er* steht beispielsweise in einer aus dem Ende des 18. Jahrhunderts stammenden Überarbeitung von Kapitel 18 des *Xu Zizhi tongjian gangmu* 续资治通鉴纲目 (ungefähr: „Fortsetzung des Kompendiums zu den ‚Historischen Ereignissen, die der Regierung als Spiegel dienen sollen'") des mingzeitlichen Autors Shang Lu 商辂 (1414–1486).[66]

Dass die ethnische Bezeichnung *Uyġur* bis in die frühe Neuzeit hinein nie ganz ausstarb, belegen neben chinesischen Quellen wie dem *Xu Zizhi tongjian gangmu* schließlich auch Texte europäischer und russischer Reisender und Forscher, in deren Blick Zentralasien ab dem 19. Jahrhundert zu geraten begann.[67] Das Wort findet sich beispielsweise in den zum ersten Mal 1812 veröffentlichten

---

61 Van Ess 2017: 266.
62 Van Ess 2017: 266.
63 Van Ess 2017: 255.
64 Siehe Van Ess 2017: 263.
65 Van Ess 2017: 267.
66 Van Ess 2017: 261f. Van Ess betont in diesem Zusammenhang, dass die Schreibung 辉和尔 *Huihe'er* erst durch die qingzeitlichen Herausgeber des *Xu Zizhi tongjian gangmu* eingefügt worden sei und keineswegs auf die 明Ming-Zeit zurückgehe.
67 Zu den europäischen und russischen Forschungsreisenden in Zentralasien vgl. Kljaštornyj/ Kolesnikov/ Baskakov 1991. Speziell zu den russischen siehe auch Kljaštornyj/ Kolesnikov 1988. Für die Uigurenthematik wichtig ist Ischakov 1975.

„Abhandlungen über die Sprache und Schrift der Uiguren" des Berliner Orientalisten Heinrich Julius Klaproth (1783–1835).[68] Die von Klaproth in seiner wissenschaftlichen Abhandlung beschriebenen „Uiguren" sollen in der Gegend zwischen Kumul und Turfan gelebt haben.[69] Nach der Veröffentlichung von Klaproths Werk gab es zwar eine kontrovers geführte Debatte darüber, wo diese „Uiguren" sprachgeschichtlich-komparatistisch einzuordnen seien.[70] Diese spielt hier jedoch keine entscheidende Rolle, da es lediglich um den Nachweis des Ethnonyms zu einer bestimmten Zeit, nicht jedoch um die Bestimmung möglicherweise mit ihm verknüpfter Bedeutungen geht. Dass es unweit der von Klaproth bezeichneten Gegend und nicht lange danach „Uiguren" gab, zeigt eine Angabe seines kasachischen Kollegen Šoqan Wäliyxan (Čokan Čingisovič Valichanov, 1835–1865). Wäliyxan zufolge wurde um 1850 in der Gegend von Kaschgar (also nicht weit von der Region, in der Klaproth seine „Uiguren" ansiedelt, und im Zentrum des von den heutigen Uiguren als ihre historische Heimat betrachteten Gebiets) um 1850 „Uigurisch" gesprochen.[71]

Auch wenn das Ethnonym *Uyġur* und seine Entsprechungen in anderen Sprachen in Zentralasien sowie in den Berichten ausländischer Forscher und Reisender also zu keinem Zeitpunkt ganz ausgestorben zu sein scheinen, deuten die oben besprochenen Belege sowohl aus chinesischen als auch aus anderen Quellen darauf hin, dass sie im Laufe der Zeit doch deutlich seltener wurden. Anstelle der auf *Uyġur* zurückgehenden Volksbezeichnungen traten immer öfter andere, und zwar in allen Arten von Quellen.

Was chinesische Quellen anbetrifft, so tauchten parallel zur oben erwähnten, im Laufe der Zeit feststellbaren Neigung zum Rückgang von *Uyġur* und seinen Ableitungen vor allem seit der Eroberung des heutigen Xinjiang durch die Qing-Dynastie (zwischen 1757 und 1759) – durch die im Übrigen auch die Etablierung des bis heute verwendeten chinesisches Namens Xinjiang 新疆 („Neue Gebiete") vorbereitet wurde – immer mehr neue ethnische Bezeichnungen auf, die nichts mit dem Ethnonym *Uyġur* zu tun hatten.[72] Dieser Prozess lässt sich beispielsweise an dem im Jahr 1762 fertiggestellten historiografischen Werk „Illustrierte Abhandlungen über die westlichen Territorien" (*Xiyu tuzhi* 西域图志) erkennen. In ihm wird zwischen den Sprachen verschiedener „muslimischer" (*Hui* 回) Völkerschaften unterschieden, die in den Gegenden um die Städte Kumul, Hotan (auch Khotan und so weiter; Xotän, Hetian 和田, Chotan), Kaschgar und Yäkän (Shache 莎车, in älterer Literatur auch unter Bezeichnungen wie Jarkand, Jarkant, Jarkend, Jarkent und so weiter) gesprochen worden sein, also erneut in einem Gebiet, das zur historischen Heimat der heutigen Uiguren gerechnet wird.[73] Eine dieser Sprachen erhält die Benennung *Tu'erqi* 图尔奇,

---

68 Siehe die Ausgabe Klaproth 1820, dort Seite 1 usw. Van Ess 2017: 259 zitiert dieses Werk unter dem Titel „Abhandlung über die Sprache und Schrift der Uiguren".
69 Van Ess 2017: 255.
70 Zu dieser Diskussion vgl. Van Ess 2017: 259f.
71 Van Ess 2017: 257f., unter Berufung auf David Brophy.
72 Zur Eroberung des Gebiets durch die die Qing vgl. Ercilasun 2018: 9. Zum Verständnis der Benennung Xinjiang vgl. die Übersetzung des Ausdrucks ins Kasachische als *žaŋa žer* („neue Orte") und *žaŋa šekara* („neue Grenzen, neue Grenzgebiete") in Bizakov 2007, die übereinstimmende Übersetzung von Xinjiang als *nouvelles frontières* bei Pedroletti 2018: 10 und siehe ferner auch Syroežkin 2015: 14; Memtimin 2016: XI; 121; Warikoo 2016: 4. Zur Geschichte Xinjiangs in der Qing-Zeit allgemein vgl. Millward 1998.
73 Die Bedeutung des in frühneuzeitlichen chinesischen Quellen verwendeten Wortes Hui lässt sich nicht immer eindeutig bestimmen. Bekanntermaßen wird Hui heute in der Volksrepublik China als Bezeichnung für eine autochthone muslimische Minderheit bezeichnet. Vgl. Abramson 2012: 1074, die die Hui unter ihrer anderen Bezeichnung „Dunganen" (*Tungans*) erwähnt. In der im Haupttext zitierten Quelle scheint das Zeichen jedoch eher eine andere Bedeutung, wie „Muslim", zu haben, da die genaue ethnische Einordnung der bezeichneten Gruppen erst durch weitere Angaben erfolgt und nicht bereits durch Hui festgelegt ist.

hinter der sich offenbar *Türkī(y)*, eine der Selbstbezeichnungen für das Tschagataische (eigentlich „Sprache der *Türk*"), verbirgt. Eine auf Formen des alten Ethnonyms *Uyġur* zurückgehende Sprachbezeichnung für eine turksprachige Gruppe findet sich in der Quelle, in der ansonsten von Sprechern des „Neupersischen"/ „Farsi" (*Pa'erqi* 帕尔西) sowie der Sprache *He'er'ang* 和尔盎 (in der Hans van Ess das Arabische sieht) die Rede ist, dagegen allem Anschein nach nicht.[74] Abgesehen von der mutmaßlich religiösen Einordnung als *Hui* scheint *Uyġur* zumindest in dieser Quelle zur Abgrenzung dominanter ethnischer Gruppen keine große Bedeutung mehr zu haben.

Eine weitere Bezeichnung, die in der Zeit zwischen ungefähr dem 16. und dem 20. Jahrhundert offensichtlich phasenweise in Konkurrenz zu *Uyġur* und dessen Ableitungen trat, ist „Sarte" (*Sart*).[75] Dieses Ethnonym kommt in Varianten wie „Sartenmuslim" (der Genitiv Plural dieses Wortes lautet auf Russisch *Sartov-musul'man*) vor.[76] Das Wort „Sarte" hat wahrscheinlich eine indoeuropäische Etymologie und kann einer Theorie zufolge in Zusammenhang mit den Begriffen *sārthavāha* „Anführer einer Karawane" beziehungsweise direkt *sārtha* „Karawane" im Sanskrit gestellt worden.[77] Den Ausdruck *Sart* verwendete beispielsweise noch im Jahr 1911 Näzärhoja Abdusämät (1887–1952) als ethnische Selbstbezeichnung. Abdusämät avancierte nach 1921 zu einem der bedeutendsten uigurischen Schriftsteller, wurde zu einem der führenden Vertreter der neuen, „uigurischen" Nationalität und benutzte als solcher das literarische Pseudonym *Uyġur balisi* („Uigurenkind").[78] In seiner erwähnten Äußerung aus dem Jahr 1911 sprach er von den „Sarten Chinesisch-Turkestans" (heutige uigurische Wiedergabe des Ausdrucks: *Činiy Türkistan Sartliri*).[79]

Šoqan Wäliyxan/ Čokan Čingisovič Valichanov verwendete für das heutige Xinjiang den Ausdruck „Klein-Buchara" (*Malaja Buchara*) und seine Einwohner als „Kleinbucharaer" (*Malobucharcy*)[80]

Im Russischen Reich wurde ab den 1880er Jahren für eine offenbar in Teilen mit den heutigen Uiguren gleichzusetzende Gruppe verstärkt der Ausdruck *Taranči* gebraucht.[81] Er soll mongoli-

---

74 Van Ess 2017. Van Ess transkribiert das erste Zeichen von 帕尔西 mit *bo* oder *po*. Die im heutigen Mandarin verbreitetste Lesung von 帕 scheint dagegen *pa* zu sein.
75 Sadvakasov 2009: 172; Masanov et al. 2001: 540.
76 Masanov et al. 2001: 540.
77 Vasmer 2012–2017, Bd. 2: 582, s.v. *sart*.
78 Zu Abdusämät vgl. Abramson 2012: 1074f., die seinen Namen in der Form Nezerghoja Abdusémetov wiedergibt, was darauf hindeuten könnte, dass der Name *Näzärġoja Abdusämät oder *Näzärġoja Abdusämätov lautete. Die Bedeutung der Verwendung des diakritischen Zeichens auf „é" ist unklar.
79 Harbalioğlu/ Abdulvahit Kaşgarlı 2017: 253f. Zu Leben und Werk Näzärhoja Abdusämäts siehe Harbalioğlu/ Abdulvahit Kaşgarlı 2017: 253-255 und vgl. Kamalov 2017: 4f.
80 Rajchan 2015: 318. Die Entsprechung zum heutigen Xinjiang ergibt sich aus der Glossierung des Ausdrucks durch Rajchan in der Form Vostočnyj Turkestan („Ostturkestan").
81 Masanov et al. 2001: 540. – Zu den historischen Verwendungen des Terminus von *Taranči* siehe allgemein Kabirov 1951, zum Gebrauch in Russland am Ende des 19. und Beginn des 20. Jahrhunderts vgl. [Bilal Nazim] 1880–1881; Pantusov 1890; Pantusov 1897; Pantusov 1909 (zur Person Pantusovs vgl. außerdem Iminov 2014: 144f.). Dass es sich bei den *Taranči*, die in den von Pantusov verfassten beziehungsweise herausgegebenen Werken vorkommen, tatsächlich um historische Vorläufer der heutigen Uiguren handeln dürfte, geht neben sprachlichen Aspekten (siehe weiter unten im Text) unter anderem aus der geografischen Lokalisierung dieser Gruppe (siehe Panutsov 1897) hervor. Dass die bis in das frühe 20. Jahrhundert hinein bisweilen miteinander konkurrierenden Begriffe „Uiguren" und *Taranči* teilweise jedoch auch nebeneinander und dann offensichtlich für verschiedene ethnische Gruppen verwendet wurden, scheint Akiner 2005: 31 behaupten zu wollen. Dem steht gegenüber, dass in bestimmten Quellen aus dem frühen 20. Jahrhundert eine gewisse Verbindung zwischen „Uiguren" und *Taranči* explizit hergestellt wird, etwa indem in der sowjetischen Volkszählung von 1926 „Uiguren im eigentlichen Sinne" in Bezug

schen Ursprungs sein und so viel wie „Landwirt" bedeuten.[82] Offensichtlich bezeichnete dieses Wort ursprünglich eine relativ klar abgegrenzte ethnische Gruppe, in denen man „Nachkommen von Bewohnern von Oasen des Tarimbeckens, die von den Dsungaren und später von den Qing ins Ili-Tal mitgenommen wurden", gesehen hat.[83] Die Bezeichnung soll bereits im Kontext der dsungarischen Eroberung der Oasenstädte des östlichen und südlichen Xinjiang zwischen 1678 und 1680 aufgetaucht sein.[84] Die Dsungaren sollen diese Menschen damals in den nördlichen Teil Xinjiangs verbracht haben, um dort die Wirtschaft beziehungsweise Landwirtschaft anzukurbeln.[85] Die Etymologie des Namens *Taranči* würde demzufolge zusammen mit der Siedlungsgeschichte darauf hinweisen, dass man diese Menschen aus dem Süden nach dem Norden brachte, damit sie dort ihre Ackerbaufähigkeiten zur Anwendung bringen konnten. Später wurde *Taranči* unter anderem auf diejenigen turksprachigen Gruppen angewendet, die 1881 bis 1883 oder 1884 in das russisch beherrschte Siebenstromland umgesiedelt wurden.[86] Auch wenn die Bezeichnung *Taranči* im nachrevolutionären Russland aufgegeben wurde und an ihre Stelle dann „Uigure" trat, gibt es interessante Parallelen zwischen beiden Volksbezeichnungen. So fand die Einführung beider Ethnonyme in zumindest in gewisser Hinsicht miteinander vergleichbaren historischen Kontexten statt. Diese waren in beiden Fällen von der russischen (beziehungsweise russsisch dominierten sowjetischen) politischen Expansion in Zentralasien geprägt und nahmen von Russland beziehungsweise einem russisch dominierten Staat ihren Ausgang.

In etwa zeitgleich mit der Einführung der Bezeichnung *Taranči* wurde in russischsprachigen Texten am Ende des 19. Jahrhunderts auch von der *Taranči*-Sprache" (*jazyk taranči*) beziehungsweise dem „*Taranči*-Dialekt" (*tarančinskoe narečie*) gesprochen.[87] Diese Sprache beziehungsweise dieser Dialekt weisen offensichtlich starke Ähnlichkeiten mit dem späteren (ab 1921 offiziell so genannten) Uigurischen auf oder können möglicherweise sogar als dessen direkte Vorläferidiome betrachtet werden.[88] Dass von russischer Seite (ungeachtet der mutmaßlichen Etymologie des Wortes) der Ausdruck *Taranči* bereits in den letzten Jahrzehnten des 19. Jahrhunderts mit einem sprachlichen Kriterium verbunden wurde, kann als Hinweis darauf angesehen werden, dass dieses Ethnonym sich bereits einem modernen Verständnis von „Nationalität" (*nacionalnost'*) annäherte, zu dessen zentralen Wesensmerkmalen eben auch die Sprache gehört. Auch im Hinblick auf die Bedeutung des Kriteriums der Sprache, und nicht nur der historischen Umstände, kann der Gebrauch des Ethnonyms *Taranči* also als eine Präfiguration der späteren Einführung der Volksbe-

---

zu den *Taranči* gestellt werden, was man so verstehen kann, dass die *Taranči* eine Art von Uiguren (aber vielleicht nicht die eigentlichen) seien (siehe hierzu S. 27 des Haupttextes); in eine ähnliche Richtung geht im Übrigen Akiners eigene Feststellung (Akiner 2005: 31), dass die *Taranči later included with the Uighurs* („später mit unter die Uiguren einbezogen worden") seien. Aus alledem kann man wohl den Schluss ziehen, dass auch die Bedeutung von *Taranči* im Laufe der Zeit gewissen Wandlungen und Schwankungen unterworfen war.

82 Zur Herkunft des Wortes vgl. Bizakov 2007; Sadvakasov 2009: 172; Memtimin 2016: 84.
83 *Descendants of the inhabitants of oases in the Tarim basin taken to the Ili valley by the Zunghars and later by the Qing* (Abramson 2012: 1074). Vgl. Alpermann 2021: 16.
84 Alpermann 2021: 16.
85 Alpermann 2021: 16.
86 Masanov et al. 2001: 540; Sadvakasov 2009: 172, 174. Eingehend zum Thema: Kabirov 1951.
87 Sadvakasov 2009: 182.
88 Diese Varietäten sind in der in Fußnote 81 aufgeführten Literatur aus den Jahren 1880 bis 1909 dokumentiert. Vgl. Menges/ Kleinmichel o. J. [1998]: 609, die in Bezug auf die Periode von etwa 1900 bis nach 1921, also zumindest in einem Teil der Periode, in der die Bezeichnung „*Taranči*-Sprache" verbreitet war, den Begriff „uighurische Sprache" verwenden.

zeichnung „Uigure" betrachtet werden. Der Einfluss der Bezeichnung *Taranči* auf die spätere Neufassung des Ethnonyms „Uigure" zeigt sich im Übrigen auch daran, dass der bereits erwähnte Näzärhoja Abdusämät, der später das Ethnonym „Uigure" sogar in seinem Namen annahm, in gleich mehreren Aufsätzen, die er im Jahr 1911 veröffentlichte, noch von *Taranči* sprach.[89]

Neben eher generalisierenden und ortsunabhängigen Bezeichnungen wie *Sart* und *Taranči* oder der sprachlichen Identifizierung über das Beiwort *Türkī(y)* oder (ini bestimmten Verwendung des Wortes auch) die „*Taranči*-Sprache" tauchen in den Quellen im Laufe der Zeit ferner Benennungsalternativen auf, die einzelne Städte oder Gegenden als Bezugsgrößen wählen. Diese Bezeichnungen belegen, dass es zu gewissen Zeiten eher üblich zu sein schien, sich als Bewohner einer bestimmten Stadt oder relativ eng umgrenzten Gegend zu identifizieren, statt sich primär eine über den lokalen Rahmen hinausgehende Zuordnung zu geben. Zu den ortsbezogenen Namen, die mehr oder weniger direkt mit historischen Vorläufern der heutigen Uiguren in Zusammenhang gebracht worden sind, gehören beispielsweise „Aqsuer, Mensch aus Aksu/Aqsu/Akesu 阿克苏" (*Aqsuwliq*),[90] „Ghuljaer, Mensch aus Ghulja/Ghuldscha/Yining 伊宁" (*Ġuljiliq*), „Hotaner" (*Xotänlik*, *Chotanec*), „Kaschgarer" (*Kašgarec*), „Turfaner" beziehungsweise „Turpaner" (*Turpanliq*) und „Yäkäner, Jarkander" (*Yarkäntlik*).[91] Es ist vermutet worden, dass Bezeichnungen dieses Typs sich ungefähr ab dem 15. Jahrhundert ausbreiteten, also zu der Zeit, als das alte Ethnonym *Uygur* wahrscheinlich schon seine Beliebtheit zu verlieren begonnen hatte;[92] diese zeitliche Koinzidenz lässt es wiederum denkbar erscheinen, dass es auch einen ursächlichen Zusammenhang gab. Während die bisher in diesem Absatz genannten Ortsherkunftsbezeichnungen sich jeweils auf eine bestimmte Stadt oder Oase beziehen, kamen zu bestimmten Zeiten auch Termini in Gebrauch, die Zusammenschlüsse von solchen Oasen oder Städten oder größere Gebiete bezeichneten. Ein solcher Ausdruck ist *Altišär* („die sechs Städte, Hexapolis").[93] In Bezug auf das kurzlebige Fürstentum des Yaʿḳūb Beg (das

---

89   Siehe die entsprechenden Belege in Harbalıoğlu/ Abdulvahit Kaşgarlı 2017: 253f.
90   Bizakov 2007. Der Umstand, dass das Wort hier in einer kasachischen Transkription wiedergegeben wird, geht aus der Sprache von Bizakovs Werk zurück und hängt nicht mit der (mutmaßlich tschagataischen) Sprache der „Aqsuer" zusammen. Entsprechendes gilt auch für die Sprachen, in denen die nachstehend zitierten Ortsherkunftsbezeichnungen wiedergegeben sind. Ich habe mich hier auf das Prinzip beschränkt, die Bezeichnungen jeweils in der Form zu übernehmen, in der sie in der Sekundärliteratur auftauchen, da die diesen Formen entsprechenden Originale nicht sicher erschließbar sind.
91   Die zuletzt zitierten Bezeichnungen finden sich bei Sadvakasov 2009: 172; Masanov et al. 2001: 540; Aubin 1998. Syroežkin 2015: 22 gibt als Beispiele die folgenden uigurischen Wörter in russischer Umschrift ′*kašgarlyk*, ′*turfanlyk* und ′*chotanlyk*. Falls die Transkriptionen historische Schreibweisen reflektieren, dürfte ′*kašgarlyk* auf eine Ableitung von einer vormodernen Form des Namens der Stadt Kaschgar (*Kāšġar* etc.), aber nicht von der ab ungefähr der Mitte des 20. Jahrunderts üblich gewordenen modernen uigurischen Namensform der Stadt (*Qäšqär*) hindeuten, also vielleicht als *kašgarliq* rekonstruierbar sein. Zumindest deutet das -*lyk* in den Umschriften Syroežkins auf Formen außerhalb der modernen uigurischen Literatursprache (also chronologisch weiter zurückliegende, dialektale etc. Formen) hin.
92   Bizakov 2007. Vgl. S. 16f. im Haupttext.
93   Aubin 1998 und Alpermann 2021: 5 geben diesen Namen in der Form „Altishahr" an. Ich habe bei der Wiedergabe eine Form aus dem heutigen Uigurischen gewählt, da den Angaben Aubins und Alpermanns nicht genau zu entnehmen ist, aus welcher Quelle und welcher Sprache (eventuell Neupersisch) sie stammen. Zur Identifizierung der betroffenen sechs Städte sind in der Sekundärliteratur im Übrigen verschiedene Vorschläge gemacht worden. Laut Warikoo 2016: 1 waren sie Aksu, Hotan, Kaschgar, Üč Turpan~Üčturpan~Uqturpan (Wushi 乌什; nicht zu verwechseln mit Turfan~Turpan), Yäkän und Yeŋisar (Yingjisha 英吉沙). Alpermann 2021: 5 rechnet zu den sechs Städten von „Altishahr" auch „Kuqa" und „Ush", womit die Zahl von sieben Städten erreicht ist, was also dem weiter unten im Haupttext besprochenen *Yättišär* entspräche. Als siebte Stadt ist bei Alpermann Kuča (bei ihm in der *yeŋi yeziq*-Form

ca. 1864–1877 existierte) ist mitunter auch von „Siebenstadt, Heptapolis" (*Yättišär*) die Rede.[94] Andere Herkunftsbegriffe beziehen sich auf noch größere geografische Gebiete oder politische Gebilde. Zu ihnen kann man unter russischer Vermittlung eingeführte Ausdrücke wie „Zentralasiaten" (*sredneaziatcy*) rechnen.[95] Ein bei diesem Begriff konkret auftretendes Problem dürfte die Schwierigkeit seiner genaueren geografischen und ethno-linguistischen Abgrenzung sein.

Die hier vorgenommene Tour d'horizon wäre unvollständig, wenn nicht auch die Begriffe „Turkestan" und „Ostturkestan" kurz erwähnt würden. Die Bezeichnung „Ostturkestan" (*Šärqiy Türkistan*, *Eastern Turkestan* oder *Eastern Turkistan*, *Turkestan Oriental* und so weiter[96]) hat im Unterschied zu manchen anderen der bisher erwähnten Ethnonyme auch heute noch eine große Verbreitung. Diese ergibt sich zu einem wichtigen Teil daraus, dass Uiguren ihn häufig als Gegenbegriff zu Xinjiang verwenden, einer in der Volksrepublik China heute gültigen offiziellen Bezeichnung. Aus diesem Grund und weil „Ostturkestan" während des 20. Jahrhunderts auch als Bezeichnung einer von China unabhängigen politischen Entität verwendet wurde, die unter maßgeblicher uigurischer Beteiligung entstanden war,[97] ist „Ostturkestan" in vielen Fällen keine politisch neutrale Bezeichnung, sondern mit einer bestimmten Positionierung verbunden. Diese läuft oft auf eine Infragestellung und Ablehnung der gegenwärtigen politisch-administrativen Struktur der VRC hinaus.[98]

Die ethnisch-geografische Benennung „Turkestan" soll zum ersten Mal im bereits erwähnten *Tārīḫ-i Rāšidī* verwendet worden sein.[99] Zur Abfassungszeit dieser Quelle bezeichnete das Wort logischerweise weder einen Staat noch eine Nation im modernen Sinn, sondern ein mehr oder weniger fest umrissenes Gebiet, in dem es „Türken" (im Sinne von Angehörigen von Turkvölkern im allgemeinen oder einer bestimmten turksprachigen Gruppe) gab. Dieser aus der vormodernen Ära stammende Begriff wurde dann im Verlauf des 19. Jahrhunderts von, oft turksprachigen, Intellektuellen aufgegriffen und im Licht des aus dem Abendland stammenden modernen Begriffs der Nation mit neuer Bedeutung versehen.[100] Auf diese Weise wurde es möglich, von „Turkestanern" (*turkestancy*; Singular: *turkestanec*) zu sprechen.[101] Diese vom ursprünglichen Toponym abgeleitete Substantivierung ließ sich dann wohl auch relativ problemlos auch im Sinne einer von der Ortsangabe unabhängigen Identität und Nationalität verstehen.

In einer weiteren sprachlichen Erweiterungsbewegung wurde der Begriff „Turkestan" dann noch vor der Wende zum 20. Jahrhundert zu „Ostturkestan" erweitert. So war in russischen Texten aus dieser Zeit von den „Tataren Ostturkestans" (*tatary Vostočnogo Turkestana*) die Rede.[102] Analog

---

„Kuqa") angegeben, statt Üčturpan erscheint „Ush" (was vermutlich dieselbe Stadt meint). Wie Alpermann betont, ist nicht immer

94 Aubin 1998. Dort ist der Name als „Yettishahr" gegeben (vgl. Fußnote 93). – Die Datierung des Reichs von *Yättišär* wird in der Sekundärliteratur uneinheitlich vorgenommen, vgl. hierzu etwa Arziev 2006: 55.
95 Vgl. Sadvakasov 2009: 172f.
96 Zu den zitierten Entsprechungen in anderen Sprachen vgl. Äla 2015; Ercilasun 2018: 1; Tanridagli 1998: 1; Defranoux 2023.
97 Siehe S. 42ff. des Haupttextes.
98 Dies drückt sich auch in der Benennung von Verlagen und anderen Institutionen aus, siehe erneut Äla 2015.
99 Warikoo 2016: 1. – Zum *Tārīḫ-i Rāšidī* siehe S. 16 des Haupttexts.
100 Aubin 1998.
101 Sadvakasov 2009: 172f.
102 Sadvakasov 2009: 172f. Im russischen Sprachgebrauch dieser Zeit konnte „Tatare" (*tatar*) als Bezeichnung verschiedener Turkvölker oder als übergreifender Terminus verwendet werden. Die präzise Bedeutung hing vom Kontext ab. – Zur Verwendung des Begriffs *Vostočnyj Turkestan* in russischsprachiger Literatur vgl. auch Kamalov 2017: 16.

zum Begriff des „Turkestaners" bildete sich auch der des „Ostturkestaners" heraus.[103] Ungefähr in derselben Periode entstand wohl auch die Benennung „Chinesisch-Turkestan" (*Činiy Türkistan*), der wir bereits begegnet sind und die sich bis in die Zeit nach dem Zweiten Weltkrieg auch in wissenschaftlicher Literatur gehalten hat.[104] In ihrer russischen Form *Kitajskij Turkestan* begegnet sie zum Beispiel in wissenschaftlichem Text des russisch-sowjetischen Orientalisten Sergej Efimovič Malov (1880–1957).[105] Sie scheint aber heute kaum noch verwendet zu werden. Dies liegt wohl daran, dass sie weder aus der offiziellen Sicht der Volksrepublick China noch aus der eines großen Teils der hiergegen opponierenden Uiguren befriedigend sein dürfte. In der Volksrepublik bezeichnet man das Gebiet vorzugsweise mit dem etymologisch rein chinesische Bestandteile verwendenden Ausdruck Xinjiang, und diejenigen Uiguren, die ihre Ablehnung dieser Benennung beziehungsweise der kommunistischen Herrschaft zum Ausdruck bringen wollen, tun dies in der Regel nicht, indem sie von „Chinesisch-Turkestan" sprechen, sondern verwenden gleich „Osturkestan" oder andere Ausdrücke.

Abschließend seien noch zwei quasi-ethnische (Fremd-)Bezeichnungen erwähnt, die bei der Konstitution des Begriffs „Uigure" selber vermutlich keine zentrale Rolle spielten, die aber einige wichtige Facetten zum Verständnis des Kontextes beitragen, in dem die genannten begriffsgeschichtlichen Entwicklungen stattgefunden haben. So ist in russischen Quellen in Bezug auf die Uiguren und ihre möglichen historischen Vorläufer in Zentralasien manchmal offenbar schlicht von „Einheimischen" (*tuzemcy*) die Rede gewesen.[106]

In chinesischen Quellen entstand wohl bereits im späten 18. Jahrhundert die verächtliche Bezeichnung chantou 缠头 (russische Transkription: *čantou*).[107] Sie bedeutet so viel wie „eingewickelte Köpfe" (<*chan* 缠, „wickeln", *tou* 头, „Kopf") beziehungsweise als Bahuvrīhi „Menschen mit umwickelten Köpfen".[108] Eine verbreitete russische Übersetzung von *chantou* lautet *čalmonosec* „Turbanträger" (von *čalma* „Turban").[109] Gemeint waren mit *chantou* die lokalen muslimischen und turksprachigen Bevölkerungsteile Xinjiangs.[110] Mit Hilfe dieser Kategorie unterschieden die Qing-Behörden diese turksprachigen Muslime beispielsweise von Chinesisch sprechenden Muslimen, für die die Ausdrücke *Huimin* 回民 oder *Huizi* 回子, *neidi Huimin* 内地回民 („Chinesisch sprechende Muslime aus dem Inneren Chinas") oder Dunganen~Tunganen (*Donggan* 冻干) verwendet wurden).[111]

Als Zusammenfassung des obigen Exkurses in die Geschichte des Ethnonyms „Uigure" kann man festhalten, dass dieses eine ungefähr eintausendvierhundert Jahre weit zurückreichende Geschichte hat, in deren Verlauf es eine Reihe von teils divergenten Bedeutungen angenommen hat, phasenweise

---

103 Vgl. Kamalov 2017: 16.
104 Siehe S. 20 des Haupttextes. Vgl. auch Dabbs 1963.
105 Siehe etwa das Zitat in Rajchanov 2015: 314f. Rajchanov glossiert den in dem von ihm gebrachten Malov-Zitat vorkommenden Ausdruck *Kitajskij Turkestan* in einer herausgeberischen Klammer mit „Ostturkestan" (*Vostočnyj Turkestan*). Dies könnte seinen Grund darin haben, dass zu dieser Zeit der Begriff *Kitajskij Turkestan* bereits antiquiert war. Es könnte aber auch politische oder andere Gründe haben.
106 Sadvakasov 2009: 172f.
107 Aubin 1998. Die russische Transkription ist belegt in Sadvakasov 2009: 173 sowie bei Bizakov 2007 (innerhalb des kasachischen Textes). Alpermann 2021: 19 erwähnt das Aufkommen des Begriffs im Zusammenhang mit der Herrschaft des Qianlong-Kaisers (reg. 1736–1795).
108 Alpermann 2021: 19 gibt auch die Variante *chantouhui* 缠头回, was er mit „Turban-tragende Muslime" übersetzt.
109 Sadvakasov 2009: 173; Van Ess 2017: 255. Das russische Wort *čalma* soll selbst wiederum turksprachigen Ursprungs sein (Vasmer 2012–2017, Bd.: 3: 300, s.v. *čalmá*).
110 Alpermann 2021: 19.
111 Alpermann 2021: 19.

außer Gebrauch kam und in vielen Fällen von anderen Bezeichnungen überlagert oder ersetzt wurde. Mit Ausnahme der Volksbezeichnung *Tarânčī*, die mit hoher Wahrscheinlichkeit in einer direkten historischen und sprachlichen Vorgängerbeziehung zum Ethnonym der heutigen Uiguren steht, ist es dabei nicht immer offensichtlich, in welcher Weise genau die früher als *Uyġur* usw. bezeichneten Gruppen sich auf die heutigen Uiguren beziehen lassen beziehungsweise wodurch die Einführung und Verwendung alternativer Termini motiviert wurde. Eine Identifikation der heutigen Uiguren mit bestimmten ethnischen Gruppen der Vergangenheit vor dem ausgehenden 19. Jahrhundert ist dadurch mindestens komplex, wenn nicht sogar problematisch, begriffsgeschichtliche und ethnische Kontinuitäten sind komplex und vielschichtig. Es hat offensichtlich in der Vergangenheit nicht nur *einen* Begriff der „Uiguren" gegeben, weswegen alle Versuche, den einen modernen Uigurenbegriff auf eine einzige Vorläuferform zurückzuführen, von vornherein großen Schwierigkeiten unterworfen ist.

Aber auch wenn man sich als Alternative zur oben in groben Zügen skizzierten Identitätsbestimmung auf der Grundlage der Geschichte des Ethnonyms stattdessen auf die Sprache als zentrales Kriterium der Ethnogenese verlegt. Dies dürfte eine zumindest begründbare Herangehensweise sein, da die Sprache ein relativ sicheres Merkmal darstellt, das zur Abgrenzung der heutigen Uiguren von anderen turksprachigen Gruppen benutzt werden kann. Dass die Sprache bei der Konstitution von Nationalitäten immer eine entscheidende Rolle spielt, macht die Sache nicht unbedingt einfacher. Denn die heutige uigurische Sprache wurde erst ab den 1920er Jahren nach und nach in ihrer jetzigen Form festgeschrieben und kodifiziert, wobei es im Verlaufe der Jahrzehnte immer wieder Anpassungen gab.[112] Sie konnte erst nach der Etablierung der Volksbezeichnung „Uigure" (*Ujgur*) unter der Ägide der Bolschewiki erfolgen. Die auf diese Weise kreierte (heutige) uigurische Sprache (in der wissenschaftlichen Turkologie bisweilen auch als „Neuuigurisch" bezeichnet, um sie von der Sprache der antiken *Uyġur* zu unterscheiden), lässt sich in Bezug auf zahlreiche Phänomene im Bereich der Lexik, Morphologie und anderer Teile der Grammatik sowie vor allen Dingen im Hinblick auf die in ihr vorhandene unverwechselbare Zusammenstellung verschiedener Merkmale aus allen Bereichen klar von sämtlichen Sprachformen der Zeit davor unterscheiden. Ältere Sprachformen sind für Sprecher des heutigen Uigurischen nicht immer ohne Weiteres verständlich, auch wenn sie teilweise in einer historischen Beziehung zum heutigen Uigurisch stehen mögen, und die Verständlichkeit nimmt in der Regel ab, je weiter die mit dem heutigen Sprachstand verglichene Sprachstufe zurückliegt. Den ungefähren Grad der Diskontinuität zwischen der (heutigen) uigurischen (Literatur-)Sprache und einigen der Sprachen oder Dialekte, die in einheimischen Geschichtsdarstellungen als deren historischen Vorläufer angesehen werden, kann man etwa anhand einer in der Volksrepublik China auf Uigurisch abgefassten wissenschaftlichen Darstellung aus dem Jahr 2012 ermessen. In ihr wird ein Gedicht des mit Kaschgar in Verbindung gebrachten und von dem Autor der betreffenden Abhandlung als einer der Vorläufer moderner uigurischer Literaten eingeordneten Dichters Gumnam (1633–1724) den Lesern zusammen mit einer modernen uigurischen *Übersetzung* einiger seiner Verse präsentiert.[113] Wenn das Idiom Gumnams und das heutige Uigurische nun tatsächlich eine und dieselbe Sprache wären beziehungsweise zwischen ihnen nur minimale oder dialektale Abweichungen bestünden, müsste für die modernen uigurischen Leser seiner Verse, zumal die akademisch vorgebildeten, wohl kaum auf eine Überset-

---

112 Wesentliche Entwicklungsstufen der modernen uigurischen Literatursprache sind in Tahir/ Äbäydulla/ Raxman 2010 dokumentiert. Einen grammatischen Überblick bietet etwa Mamut 1996. Grundlegend für die wissenschaftliche Beschreibung der Sprache sind bis heute Pritsak 1959; Kajdarov 1961; Baskakov 1965; Baskakov 1970; Sadvakasov 2009; Sadvakasov 2009a. Zur uigurischen Dialektologie vgl. Kajdarov 1969; Emet 2008. Zur typologisch-klassifikatorischen Verortung des Uigurischen vgl. auch Schönig 1999; Masanov et al. 2001: 540; Memtimin 2016: 14.

113 Osman 2012: 6Hf.

zung zurückgegriffen werden. Bereits für diesen in einer räumlichen und kulturellen Kontinuität mit den heutigen Uiguren stehenden Poeten ist also eine direkte sprachliche Inbezugsetzung mit dem heutigen Uigurischen nicht unbedingt oder zumindest nicht ohne Einschränkungen möglich und wird in der zitierten wissenschaftlichen Publikation sogar implizit verneint. Umso problematischer werden sprachliche Identitätsthesen natürlich, wenn sie noch weiter in der Zeit oder sogar bis auf altuigurische Texte der vorislamischen Periode zurückgehen. Diese Schriftdenkmäler könnte ein heutiger Uigure wohl kaum ohne voriges intensives Studium verstehen (oder auch nur lesen, da die vorislamischen beziehungsweise vorneuzeitlichen *Uyġur* mehrere heute nicht mehr allgemein verbeitete Schriftsysteme in Gebrauch hatten).[114] Abgesehen davon scheint die Vorstellung, man könne zwei bis zu mehr als Tausend Jahre Zeit voneinander getrennte Sprachstufen miteinander gleichsetzen, schon angesichts des zwischenzeitlich vollzogenen Sprachwandels, des Verschwindens und Hinzutretens von Lexemen und des Wechsels der in der extralinguistischen Realität angenommenen Referenten, überhaupt mit grundsätzlichen Schwierigkeiten behaftet zu sein. Auch wenn beispielsweise das Altgriechische die historische Vorläufersprache des heutigen gesprochenen Griechischen ist, könnte ein aus der Antike in die Gegenwart versetzter altgriechischer Muttersprachler moderne griechische Texte wohl kaum vollständig verstehen, sondern wahrscheinlich nur einen Teil von deren Bedeutung erraten.

Die oben geschilderten Schwierigkeiten bei jeglichem Versuch, mit Hilfe der Zurückverfolgung der Entwicklung von Ethnonymen oder anhand von linguistischen oder konkret sprachhistorischen Bezügen eine Verbindung von dem in den 20er Jahren des 20. Jahrhunderts definierten heutigen Ethnonym der Uiguren zu ethnischen Gruppierungen jenseits des Zeithorizonts, auf dem der Begriff *Taranči* sich ausbreitete, zu dokumentieren oder zu konstruieren, lassen sich auf dem gegenwärtigen Stand auch kaum unter Zuhilfenahme anderer Wissenschaften beseitigen. Die einzige Disziplin, von der man in dieser Hinsicht auf absehbare Zeit möglicherweise spürbare Abhilfe erwarten könnte, dürften humangenetische Untersuchungen sein, doch sind derartige zum gegenwärtigen Zeitpunkt in Bezug auf die Uiguren und ihre Vorfahren offenbar noch nicht systematisch in Angriff genommen worden. Ethnogenetische Identitätskonstruktionsprojekte auf der Basis von geisteswissenschaftlichen Fächern wie Archäologie, Kunstgeschichte oder Geografie können schon aus dem Grund wohl kaum entscheidende Fortschritte bringen, weil sie nur im Verbund mit historischen und philologischen Forschungen aussagekräftig wären, was bedeuten würde, dass sie dann wieder auf die oben geschilderten sprachbezogenen Probleme stoßen würden.

Aus all diesen Gründen ist es mit vielfachen Unsicherheiten belastet, wenn man das Bestehen der heute als „Uiguren" firmierenden turksprachigen, überwiegend muslimischen und schwerpunktmäßig im Nordwesten der Volksrepublik China sowie in angrenzenden Gebieten Zentralasiens beheimateten Volksgruppe in eine vor die in den 1920er Jahren erfolgenden definitive Etablierung dieses Ethnonyms zurückreichende Vergangenheit hinein rückdatieren möchte. Man muss sich in diesem Fall stets vor Augen halten, dass derartige Zurückdatierungsversuche der Ethnogenese der modernen Uiguren sich überaus komplex darstellen, voller Unwägbarkeiten stecken und permanent der Gefahr der Legenden- und Mythenbildung beziehungsweise der politischen Instrumentalisierung ausgesetzt sind.

Der Versuch, den eher spekulativen Charakter von Identitätsentwürfen der uigurischen Nation, die vor die 1920er Jahre zurückreichen wollen, zu verschleiern und derartigen geistigen Konstrukten den Anschein faktenbasierter oder wissenschaftlicher Stringenz zu verleihen, dürfte im Übrigen einer der Gründe für die in der modernen uigurischen Literatur häufig zu beobachtende bewusst herbeigeführte Konvergenz zwischen literarischer Fiktion und historischer Dokumentation sein,

---

114 Zu den Schriftsystemen der vorislamischen und vorneuzeitlichen *Uyġur* vgl. Róna-Tas 1991: 29; De Jong 2007: 1.

etwa im Falle des uigurischen sogenannten historischen Romans.[115] So gesehen, hat die identitäre Aporie, die sich aus den oben geschilderten Schwierigkeiten in Bezug auf die Ethnogenese ergibt, geradezu eine der Seinsbedingungen eines Großteils der uigurischen Literatur vorgeprägt, nämlich deren besondere Interpretation des Verhältnisses von Fiktion und Faktizität.

Wenn man den Blick von der inhaltlichen Seite der uigurischen Ethnogenese abwendet und sich den historischen Umständen widmet, unter denen sie stattgefunden hat, dürfte ein entscheidender Schritt auf dem Weg zur Etablierung der Bezeichnung „Uigure" (*Ujgur*) als eines modernen Ethnonyms dessen Anerkennung als einer im offiziellen administrativ-politischen Bereich gültigen Bezeichnung auf einer von Bolschewiki in der zentralasiatischen Stadt Taschkent im Jahr 1921 abgehaltenen Konferenz gewesen sein.[116] Durch diese Festlegung wurde das Ethnonym *Ujgur* zum ersten Mal überhaupt in der Geschichte zu einer administrativ-juristischen Kategorie erhoben. Dieser Akt kann daher mit hoher Wahrscheinlichkeit auch als einer der Gründe dafür bezeichnet werden, warum sich die Bezeichnung „Uigure" bis heute als administrativ-juristische und politische Referenzgröße gehalten hat.

Nach diesem überaus folgenreichen Beschluss breiteten sich die ethnische Bezeichnung *Ujgur* und ihre Entsprechungen in anderen Sprachen rasch aus. Die allgemeine Benutzung des Begriffs wurde von der sowjetischen Zentralregierung aktiv unterstützt. So erschien im Jahr 1925 in Moskau eine Sammlung literarischer Texte in russischer Übersetzung unter dem Titel „Literatur des uigurischen Volks", die unter anderem die überaus wirkungsmächtige Geschichte über die fiktive Heldin Nozugum enthielt.[117] Das Original des Narrativs war 1882 von dem aus Ġulja stammenden und im heutigen Žarkent gestorbenen berühmten Dichters, Satirikers und Chronisten Bilāl Nāẓim (Bilal Nazim, 1825–1899) in Form eines *dastan* veröffentlicht worden, ging später jedoch verloren.[118] Zur gleichen Zeit begannen die für die nunmehr als „Uiguren" geführte Nationalität zuvor gebräuchlichen, teilweise nur bestimmte lokale Gruppen denotierenden, Termini langsam außer Gebrauch zu kommen. Immerhin konkurrierten diverse andere Ausdrücke mit dem Ethnonym *Ujgur* noch eine gewisse Zeitlang nach der Taschkenter Konferenz von 1921. Unter diesen Ausdrücken befanden sich die bereits besprochenen Bezeichnungen *Taranči* und „Kaschgarer" (*Kašgarec*).[119] Diese beiden Begriffe tauchten beispielsweise noch in der sowjetischen Volkszählung von 1926 neben „Uiguren im eigentlichen Sinne" (*sobstvenno ujgury*) auf.[120] Doch ungefähr ab dem Ende der 1920er Jahre setzte sich „Uigure" immer mehr als praktisch einzige allgemein akzeptierte Bezeichnung durch.[121]

Als Alternative zu Versuchen, die Konstituierung eines Ethnos beziehungsweise einer Nation der „Uiguren" anhand von Ethnonymen und ihrer Bedeutung zu ergründen, hat man Elemente, oder zu-

---

115 Siehe etwa S. 118f. des Haupttextes.
116 Vgl. Heß 2019: 154.
117 Abramson 2012: 1072. Abramson gibt den Titel der Sammlung mit „literature of the Uyghur people" an, macht aber keine weiteren Angaben zu dem Werk (und seinem Originaltitel), das auch anderswo nicht nachgewiesen werden konnte. – Der Name der Heldin Nozugum geht offenbar auf das neupersische Adjektiv *nāzuk* „fein, zart, elegant" zurück, das mit turksprachigem Possessivsuffix der ersten Person Singular versehen ist, so dass *Nozugum* als „meine Feine, meine Elegante" erklärt werden kann (siehe Abramson 2012: 1073). Durch diese Herkunft kann auch die Namensvariante *Nazugum* erklärt werden (vgl. Qahiri 2010: 708, s.v. *Nazukum*)
118 Abramson 2012: 1072. Zum Genre des *dastan*, vgl. S. 137 des Haupttextes. Zu Bilāl Nāẓim siehe auch S. 106 des Haupttextes. Elkun 2023a: 256 gibt die Lebenszeit des Dichters abweichend mit 1824–1900 und seinen Namen in der Form Molla Bilal Nazimi (*Molla Bilal Nazimi) an.
119 Masanov et al. 2001: 540.
120 Masanov et al. 2001: 540; Akiner 2005: 31.
121 Menges/ Kleinmichel o. J. [1998]: 609.

mindest Vorstufen, eines solchen Ethnos oder einer Nation in einem vermuteten „kollektiven oasenübergreifenden Gruppenbewusstsein" (*collective trans-oasis group consciousness*) sehen wollen, das bereits im 19. Jahrhundert in Xinjiang vorhanden und dadurch in „Perioden, die vor von sowjetischer oder chinesischer Seite propagierten Definitionen der uigurischen Nation liegen" (*eras predating Soviet- and Chinese-promoted definitions of Uyghur nationhood*), nachweisbar gewesen sein soll.[122] Dieses Gruppenbewusstsein sei „teilweise durch Muster in der Heirat und Fortpflanzung abgesteckt" (*bounded in part by patterns in marriage and proceation*) gewesen.[123] Als Quelle für diese Muster beziehungsweise dieses Gruppenbewusstsein führt Kara Abramson die Geschichten um die legendarische Figur der Nozugum (oder Nuzugum, Nuzugum, etc.) an.[124] Abgesehen von der Schwierigkeit, „Gruppenbewusstsein" dokumentieren oder abgrenzen zu können und der komplizierten Frage der Kontinuität dieses Bewusstseins beziehungsweise seiner Erscheinungsformen mit physisch greifbaren Phänomenen des späten 19. und frühen 20. Jahrhunderts, gibt es auch methodologische Bedenken gegen diese Art des Versuchs, Vorformen des uigurischen Nationalbewusstseins im 19. Jahrhundert zu entdecken. Wenn nämlich der Nachweis des angenommenen „Bewusstseins" anhand von „Mustern in der Heirat und Fortpflanzung", also vereinfacht gesprochen, auf der Grundlage von soziologischen Kriterien ohne den notwendigen Einbezug anderer, namentlich sprachlich-historischer Faktoren, erfolgen solle, dann müssen solche Muster zum einen eigentlich auch in Gemeinschaften nichtturksprachiger linguistischer Affiliation Xinjiangs gesucht werden, was in der zitierten Untersuchung jedoch nicht geschieht. Zum anderen beruht der von Abramson ins Spiel gebrachte Rekonstruktionsversuch einer uigurischen Identität im 19. Jahrhundert tatsächlich nicht nur auf derartigen soziologischen Kriterien, sondern eben auch auf der linguistischen beziehungsweise literaturgeschichtlichen Voraussetzung der Existenz einer „uigurischen" Literatur, da die Auswahl der in der Untersuchung besprochenen Quellen aus Werken besteht, die im weitesten Sinne dieser Literatur zuzurechnen sind. Allerdings wird dieser linguistisch-literaturwissenschaftliche Hintergrund der Analyse bei der Einführung der Theorie von den „Mustern" nicht explizit in Erinnerung gebracht. Konkret wählt Abramson dadurch, dass sie als Quellenmaterial für den von ihr vermuteten proto-uigurischen Nationbegriff tschagataische (und somit als sprachliche Vorläufer des Uigurischen klassifizierbare) Varianten von Nozugum (und auch andere Werke) verwendet, Werke aus, die später als Teil einer *Tarančı* beziehungsweise dann später uigurischen Literatur eingeordnet wurden. Diese Einordnung erfolgte aber (wie an anderen Stellen der vorliegenden Darstellung gezeigt wird[125]), eben nicht anhand von soziologischen oder anderen nichtsprachbezogenen Merkmalen, sondern im Wesentlichen aufgrund sprachlicher Eigenheiten. Die Zugehörigkeit der Nozugum-Varianten zur Vorgeschichte der uigurischen Nationenbildung wird somit von Abramson vorausgesetzt und implizit aus der vorausgehenden Forschung übernommen, aber nicht mit Hilfe soziologischer oder anderer nichtsprachbezogener Kriterien hergeleitet. Daher basiert ihr Ansatz in letzter Konsequenz auf einer Rückprojektion des Begriffs „Uigurisch", wie er sich ab ca. 1921 etabliert hat, oder auf einer Rückprojektion von dessen Vorläuferbegriff *Tarančı* auf die von Abramson untersuchten Perioden des 19. Jahrhunderts, nicht jedoch allein auf Daten aus diesem Jahrhundert selbst und auch nicht auf von sprachlichen Ausdrucksformen unabhängigen Daten wie soziologischen Mustern. Es liegt also trotz der ostentativen Bezugnahme auf soziologische „Muster" tatsächlich ein sprachlich, historisch und letzten Endes auch durch die zaristisch-russischen, chinesischen und sowjetischen Festlegungen des späten 19. und beginnenden 20. Jahrhunderts in Bezug auf die Ethnonyme bedingtes Verständnis von uigurischer Nationalität vor. Andernfalls hätte auch zu-

---

122 Abramson 2012: 1070.
123 Abramson 2012: 1070.
124 Abramson 2012: 1070.
125 Vgl. S. 20 des Haupttextes.

mindest in Betracht gezogen werden müssen, ob die von Abramson in den Vordergrund ihrer Betrachtung gerückte Nozugum-Überlieferung statt „uigurisch" auch als „tschagataisch" oder gemäß einer anderen, nicht anachronistisch zurückprojizierten Bezeichnung hätte eingeordnet werden können. Bezeichnenderweise werden als „Identitätsbezeichnungen" (*affiliations*) aus Bilal Nazims Nozugum-Erzählung aus dem Jahr 1882, die die Hauptquelle von Abramsons Analyse darstellt und der nicht nur aufgrund ihrer literaturgeschichtlichen Bedeutung, sondern wohl auch aufgrund ihrer späten Abfassungszeit eine große Bedeutung als Gradmesser für die Entwicklung von nationalen oder identitären Konzepten bei den späteren Uiguren zugeschrieben werden kann, anscheinend nur Begriffe aufgezählt, die außerhalb oder vor dem ersten möglichen Vorläufer des modernen uigurischen Nationalbegriffs, *Taranči*, liegen (und die natürlich erst recht nicht mit der Etablierung des Terminus „Uigure" als modernes Ethnonym in Verbindung gebracht werden können), nämlich „*Kašġarliq* (Person aus Kaschgar), Muslim, Ungläubiger, Chinese, Kalmücke, Solone und Dungane".[126] So gesehen, bestätigt das von Abramson ausgewertete Material in der Summe wohl gerade nicht, dass es bereits im 19. Jahrhundert eine Vorstufe des uigurischen Nationalbewusstseins oder eine Entwicklung zu ihm hin gegeben habe, sondern eher das Gegenteil. Faktisch kommt auch dieser Ansatz nicht ohne eine Einbeziehung der Geschichte des Ethnonyms „Uigure" und seiner Alternativen aus.

Die offizielle Etablierung der Nationalitätenbezeichnung „Uigure" (*Ujgur*) unter bolschewikischer Ägide hat zweifelsohne in mehrfacher Hinsicht prägende Auswirkungen auf die uigurische Geschichte, einschließlich der Kulturgeschichte, und inbesondere auch der Entwicklung der Literatur, gehabt. Allein der Zeitpunkt und die allgemeinen politischen Umstände der Namensgebung konnten nicht ohne Folgen für die spätere Ausbreitung und Verwendung des neuen Ethnonyms bleiben. Die 1921 getroffene Festlegung band die bis heute gebräuchliche ethnische (Selbst-)Bezeichnung der Uiguren an ein bolschewikisches Verständnis von nationaler Identität, das später allerdings gelegentlich immer wieder mit anderen Entwürfen, etwa islamischen oder dschihadistischen, konkurrieren sollte.[127]

Unabhängig von der Herkunft der modernen uigurischen Nationalitätenbezeichnung „Uigure" kann man festhalten, dass ein Großteil der seit den 1920er Jahren von Uiguren – auch in ihrer künstlerischen Literatur – hinterlassenen Interpretationen der uigurischen Nation und ihrer Geschichte immer wieder ein starkes Bemühen um den Nachweis des Alters der Uiguren und ihrer Literatur und Kultur erkennen lassen. Dies geschieht insbesondere in Konkurrenz zur chinesischen Kultur, die ja gleichfalls dafür bekannt ist, sich als eine der ältesten Zivilisationen der Erde darzustellen. Alter wird in dieser Denkrichtung der Nationenkonstruktion mit positivem Wert gleichgesetzt. Der Status oder sogar die Seinsberechtigung der Uiguren in der Gegenwart werden somit in gewisser Weise von ihrer Vergangenheit abhängig gemacht. In der Praxis hat diese Denkweise dazu geführt, dass ein Großteil der uigurischen Wahrnehmungen und Darstellungen der eigenen Geschichte, gerade auch in der Literatur, mehr oder weniger stark politisiert worden ist.

3.2.1.1 Almas' „Uiguren":
Ein Wendepunkt im Grenzbereich von Wissenschaft, Literatur und Politik

Die bisher in Auszügen referierte komplexe Entwicklung des uigurischen Ethnonyms einschließlich einiger der mit ihm verwandten und konkurrierenden Begriffe mag aus nicht-uigurischer Sicht exotisch und entlegen wirken. Bei den Uiguren selbst steht dieser Themenkomplex aber schon seit

---

126 Kashgarliq *[person from Kashgar], Muslim, infidel, Chinese, Kalmak, Solon, and Tungan* (Kashgarliq [Person aus Kaschgar], Muslim, Ungläubiger, Chinese, Kalmücke, Solone und Dungane) (Abramson 2012: 1077). – Zu Bilal Nazims Nozugum-Narration siehe S. 27 des Haupttextes.

127 Dies wurde insbesondere während der Zeit der „Türkisch-Islamischen Republik Ostturkestan" sichtbar. Siehe hierzu S. 42ff. des Haupttextes.

Jahrzehnten im Mittelpunkt öffentlicher Diskurse, und zwar sowohl wissenschaftlicher als auch nichtwissenschaftlicher, bis hin zu zahlreichen literarischen Verarbeitungen. Die Frage nach der Herkunft des Ethnonyms dürfte den wenigsten Uiguren gleichgültig sein, und zwar auch deshalb, weil sie unmittelbar mit der Frage nach der Herkunft der Ethnie verknüpft ist. Und wie man mit diesen beiden Fragen umgeht, hat wiederum überaus weitreichende Auswirkungen auf die Wahrnehmung und damit den Stellenwert der Uiguren als Gemeinschaft in der Volksrepublik China und anderswo, aber auch auf die Selbstwahrnehmung jedes einzelnen Uiguren.

In inneruigurischen Debatten über das Ethnonym treffen wissenschaftliche Überlegungen auf emotionale und romantische Vorstellungen, politische Interessen sowie literarischen Gestaltungswillen. Dabei werden die Grenzen zwischen diesen Bereichen oft, und nicht selten absichtsvoll, verwischt. Um die Entwicklung und die Bedeutung dieser Debatten zu verstehen, gibt es wahrscheinlich kein besseres Beispiel als den Text *Uyġurlar* („Die Uiguren") von Turġun Almas (1924–2001). Dieses Buch kann ohne Zweifel als einer der wirkungsmächtigsten Beiträge bezeichnet werden, die in der Volksrepublik China zum Themenbereich Herkunft, Identität und Stellenwert der Uiguren auf Uigurisch erschienen sind. Das Buch wurde im Februar 1989 offenbar mit wissenschaftlichem Anspruch veröffentlicht. Es löste eine bis heute nicht abreißende wahre Flut ähnlicher Werke aus.[128]

Um *Uyġurlar* besser einordnen zu können, hilft ein Blick auf den Lebensweg des Autors. Almas' Biographie wird durch eine Kombination aus politischem Engagement und Intellektuellendasein charakterisiert, wobei der Schwerpunkt des geistigen Interesses im Bereich historiographisch ausgerichteter Schriftstellerei lag. In ihrer Verbindung von Phasen politisch opponierenden Verhaltens mit Zeiten der Einbindung in staatliche Strukturen dürfte Almas' Biographie dem Lebensweg vieler anderer uigurischer Intellektueller in der Volksrepublik China ähneln. An ihm lassen sich zudem einige wichtige Stationen der politischen und gesellschaftlichen Entwicklung erkennen, die die Uiguren während des 20. Jahrhunderts vor und nach der Gründung der Volksrepublik China und inner- und außerhalb von ihr durchgemacht haben. Auch Leben und Wirken mehrerer der in der vorliegenden Untersuchung vorgestellten Autoren lassen sich vor diesem Hintegrund besser verstehen.

Turġun Almas stammte aus einem kleinen Dorf in der Nähe von Kaschgar. Im Jahr 1937 zog er in die weiter nördlich, aber noch innerhalb der chinesischen Grenzen, gelegene Stadt Ġulja (Yining) um.[129] Dieser Ortswechsel war für den weiteren Werdegang und die intellektuell-künstlerische Entwicklung Almas' zweifellos nicht ohne Folgen. Die zu Almas' Lebenszeit unmittelbar an der Grenze zur Sowjetunion gelegene Stadt Ġulja (Yining) und ihre unmittelbare Umgebung waren im Vergleich zu anderen Zentren uigurischer Kultur immer schon in besonderem Maße russischem und somit indirekt europäischem Einfluss ausgesetzt. Wohl auch als Folge dieser kulturellen Anregung und stärkeren Anbindung an internationale Entwicklungen im Kulturbereich brachten sie immer wieder uigurische Künstler, Denker und Schriftsteller hervor, deren Werke weit über ihre Ursprungsregion hinaus großen Einfluss entfalteten. Zu ihnen gehören beispielsweise die im vorliegenden Band vorgestellten Schriftsteller Zordun Sabir und Mämtimin Hošur.[130]

Nach seinem Aufenthalt in Ġulja absolvierte Almas zwischen 1939 und 1942 eine Ausbildung zum Lehrer in Ürümči (Ürümtschi, Ürümqi).[131] Seine erste Anstellung trat er dann noch im Jahr 1942 in der vergleichsweise kleinen Stadt Qarašähär (Yanqi 焉耆) als Rektor einer Grundschule an, doch wurde er bereits 1943 wegen regierungsfeindlicher Aktivitäten das erste Mal in Haft genom-

---

128 Ausgabe: Almas 1989. Zum Autoren siehe Harbalioğlu/ Abdulvahit Kaşgarlı 2017: 307-309. Zu einigen der ähnlichen Werke siehe ebd. S. 309.
129 Harbalioğlu/ Abdulvahit Kaşgarlı 2017: 307.
130 Siehe S. 169 und 231 des Haupttextes.
131 Harbalioğlu/ Abdulvahit Kaşgarlı 2017: 307.

men.¹³² Damals lag die zentrale Regierungsmacht in China noch in den Händen der „Volkspartei" (*Guomindang* 国民党, bzw. Kuomintang, wie der Name der Partei im Wade-Giles-System transkribiert wird, das vor Einführung des von der VR China propagierten Pinyin-Systems zur Latinisierung des Chinesischen vorherrschend war, und deshalb oft mit KMT abgekürzt, in Darstellungen des Chinesischen Bürgerkriegs auch als „Nationalisten" bezeichnet), des wichtigsten Gegenspielers der KP Chinas. Aus diesen historischen Entwicklungen kann man folgern, dass die Aktivitäten, aufgrund derer Almas verhaftet wurde, nicht gegen die Kommunistische Partei gerichtet gewesen sein können, sondern sich gegen die KMT-Regierung gewendet haben dürften. 1946 wurde Almas wieder aus der Haft entlassen, doch im Anschluss daran wiederholte sich das Muster der vergangenen Jahre in fast identischer Weise. Zunächst setzte er nämlich seine berufliche Laufbahn fort, nunmehr als Lehrer. Er wurde jedoch, nachdem er sich erneut politisch engagiert hatte, am 21. Juli 1947 zum zweiten Mal festgenommen, diesmal in Kaschgar.¹³³ Man verbrachte ihn nunmehr in ein Militärgefängnis des Kaschgarer Bezirks Yeṇišähär, wo er bis zum April 1949 festgehalten wurde.¹³⁴ Seine Freilassung könnte mit der schweren Niederlage der KMT-Kräfte in der von der Volksbefreiungsarmee vom 21. November 1948 bis zum 31. Januar 1949 durchgeführten Pingjin 平津-Offensive (*Pingjin zhanyi* 平津战役) zusammenhängen, durch die das Kriegsglück sich immer mehr den Kommunisten zuzuneigen begann. Almas verließ nach seiner erneuten Freilassung die Gegend von Kaschgar für kürzere Aufenthalte in Ürümči und Ġulja, kehrte später jedoch wieder nach Kaschgar zurück.¹³⁵ Der endgültige Sieg der Kommunistischen Partei im Chinesischen Bürgerkrieg und die auf ihn folgende Gründung der Volksrepublik China (1. Oktober 1949) ermöglichten Almas dann den Eintritt in den öffentlichen Dienst in dem nunmehr entstandenen neuen System. Von 1950 bis 1953 konnte er die Funktion eines Sicherheitsbeauftragten für Kaschgar und Ürümči ausüben, ab 1953 arbeitete er als hauptberuflicher Redakteur verschiedener Zeitschriften sowie als Übersetzer.¹³⁶ 1957, also noch in der Ära der sino-sowjetischen Zusammenarbeit, durfte er verschiedene von Turkvölkern bewohnte Regionen der Sowjetunion besuchen.¹³⁷ Doch 1959 geriet er erneut aus politischen Gründen in Bedrängnis. Diesmal war der Anlass der, dass in der Volksrepublik gegen ihn Vorwürfe erhoben wurden, er hänge reaktionären, nationalistischen und panturkistischen Tendenzen an. Als Folge dieser Anschuldigungen wurde er in verschiedene Dörfer der Volksrepublik China in die Binnenverbannung geschickt.¹³⁸ Zu den gegen Almas vorgebrachten Anfeindungen ist anzumerken, dass die Bekämpfung angeblich rechter oder nationalistischer Neigungen in der Volksrepublik damals im Rahmen großangelegter, landesweit geführter politischer Kampagnen stattfand. Dadurch ist es schwierig zu beurteilen, welcher Teil der Vorwürfe gegen Almas sich auf ihn persönlich bezog und was auf das allgemeine Klima dieser Zeit zurückging. Einige Jahre später, während der „Großen Kulturrevolution" (*Wenhua da geming* 文化大革命, 1966–1976), kam Almas dann aufgrund von Anschuldigungen wegen nationalistischen Separatismus, die als eine verschärfte Form der Anwürfe aus dem Jahr 1959 eingeordnet werden können, ins Gefängnis, aus dem er erst im Jahr 1977 entlassen wurde.¹³⁹

---

132 Harbalioğlu/ Abdulvahit Kaşgarlı 2017: 307.
133 Harbalioğlu/ Abdulvahit Kaşgarlı 2017: 307f.
134 Harbalioğlu/ Abdulvahit Kaşgarlı 2017: 307f.
135 Harbalioğlu/ Abdulvahit Kaşgarlı 2017: 308.
136 Harbalioğlu/ Abdulvahit Kaşgarlı 2017: 308.
137 Harbalioğlu/ Abdulvahit Kaşgarlı 2017: 308.
138 Harbalioğlu/ Abdulvahit Kaşgarlı 2017: 308.
139 Harbalioğlu/ Abdulvahit Kaşgarlı 2017: 308.

Ein interessanter und wohl auch für andere uigurische Intellektuelle charakteristischer Aspekt von Turġun Almas' dramatischer und von großem Leid überschatteter Biographie ist das Wechselbad zwischen Intellektuellendasein, verschiedenen politischen Interessen und Betätigungen sowie öffentlichen Anstellungen und Ämtern. Dabei überschnitten sich diese Bereiche auch immer wieder. So entfaltete Almas sein frühestes politisches Engagement offenbar in Zeiten, in denen er als Schuldirektor oder Lehrer angestellt war. Umgekehrt ermöglichte ihm seine Tätigkeit als Sicherheitsbeauftragter in den Jahren 1950 bis 1953 parallel auch den Beginn einer Tätigkeit im Pressewesen, also den Einstieg in eine eigentliche journalistische oder schriftstellerische Karriere. Die oben erwähnten Vergehen, aufgrund derer Almas verbannt und inhaftiert wurde, hängen allesamt mit Formen der Meinungsäußerung zusammen, so dass sich auch hier ein direkter Zusammenhang zwischen Politik und Intellektuellenleben zeigt. In der Summe kann man feststellen, dass bereits vor dem Jahr, in dem Almas sein bahnbrechendes Buch „Die Uiguren" herausbrachte, seine schriftstellerisch-intellektuelle Seite kaum von seinem politischen Engagement zu trennen war. In Bezug auf *Uyġurlar* könnte man ihn daher ebensogut als politisierten oder politisch engagierten Historiker beschreiben wie als intellektuellen Politaktivisten, der das Schreiben über historische Themen zu seiner Ausdrucksform gemacht hatte. Abgesehen von seinen Prosatexten ist Almas auch als Autor von Gedichten hervorgetreten.[140]

Inhaltlich geht es in Almas' Buch „Die Uiguren" um Geschichte und Vorgeschichte der Träger des Ethnonyms „Uigure". Der Zeithorizont des Werks ist vom Alten Orient bis heute gespannt. Auf der Grundlage von Darstellungen früherer Epochen der uigurischen Geschichte entwickelt Almas in seinem Buch unter anderem die These, dass die (heutigen) Uiguren, die von ihm a priori mit den Trägern des antiken und mittelalterlichen Ethnonyms gleichgesetzt werden, im heutigen Xinjiang über eine etwa 6000 Jahre zurückreichende Geschichte und Kulturgeschichte verfügten.[141] Mit diesem Ansatz postuliert er also das Bestehen einer kontinuierlichen uigurischen Ethnizität, die weiter zurückreicht als die ältesten historischen Belege für die chinesische Kultur, die somit von den Uiguren in Punkt auf ihre Altehrwürdigkeit übertrumpft würde.

Bereits angesichts der oben zusammengefassten komplexen Historie des Ethnonyms *Uyġur*, das zum ersten Mal nicht vor 6000, sondern nur ungefähr vor 1400 Jahren in der historischen Überlieferung auftaucht, lässt sich diese maximalistische Geschichtskonstruktion Almas' aber aus wissenschaftlicher Sicht nicht aufrechterhalten. Sie ist nicht das Resultat einer logischen Herleitung nach den Prinzipien irgendeiner philologischen oder historischen Wissenschaft, sondern ein Konstrukt, dessen Kern aus rein der Phantasie entspringenden Behauptungen besteht und dessen tatsächlicher Hauptzweck nicht in der wissenschaftlichen Abwägung und Ergründung, sondern in politischer Agitation liegt. Die pseudowissenschaftlichen, jedoch für die politische Aussage des Buchs entscheidenden Kernthesen Almas' werden dabei mit einer großen Menge zum Teil stichhaltiger Fakten umgeben, die oft auch in moderne wissenschaftliche Terminologie gekleidet sind. Die Hinzufügung von derartigem überprüfbaren und in wissenschaftlichem Gewand daherkommenden Faktenwissen unterwirft sich jedoch dem Zweck, die Unwissenschaftlichkeit der zentralen Aussagen Almas' über die Uiguren und ihre angeblich mehrere Jahrtausende zurückreichende Geschichte zu bemänteln. Die scheinbare Wissenschaftlichkeit gewisser faktenbezogener und terminologischer Elemente des Buchs wird dadurch aufgehoben, dass die Kardinalthesen des Werks politischer Mythenbildung und somit dem Bereich des Fiktionalen entspringen. Wie dies im konkreten Fall funktioniert, zeigt der folgende kurze Passus aus den „Uiguren":

---

140 Siehe etwa das in Päykar/ Jallat 2008: 8f. wiedergegebene Gedicht.
141 Rudelson 1997: 157.

„Unsere [d.h. der Uiguren – M. R. H.] Vorfahren jedoch sind 2000 Jahre vor Christi (vor 4000 Jahren) in die historische Epoche eingetreten. Denn zu dieser Zeit kam die auf der Grundlage der von den Sumerern erfundenen Schrift geschaffene aramäische Schrift zu unseren Vorfahren und breitete sich unter ihnen aus. Dass sich die sogdische und die göktürkische Schrift (die uigurisch-orchonische Schrift) ziemlich ähnlich zueinander entwickelten, zeigt, dass beide Schriften sich aus der aramäischen Schrift entwickelt hatten."[142]

Die aramäische Schrift wurde bekanntermaßen um 900 vor Christi Geburt erfunden. Die ersten schriftlichen Denkmäler der alten Uiguren und *Türk* gehören dagegen ungefähr dem 7. Jahrhundert *nach* Christi Geburt an. Almas versetzt stattdessen die Entstehung der aramäischen Schrift kurzerhand um mindestens etwa ein Jahrtausend und das Auftauchen der ersten schriftlichen Zeugnisse der alten Uiguren und *Türk* um mindestens etwa 2 700 Jahre nach vorne (in beiden Fällen konkret in die Zeit um 2000 vor Christi Geburt herum), was dem von der Wissenschaft (sowohl zu Almas' Zeit als auch bis heute) etablierten Sachstand radikal und ohne plausible oder überzeugende Begründung entgegensteht. Die von Almas auf diese Weise postulierte Schriftlichkeit von Uiguren um das Jahr 2000 v. Chr. beruht auf einer vollkommen abenteuerlichen chronologischen Manipulation. Sie ist ein reines Phantasieprodukt. Wie nachhaltig derartige Geschichtsmythen die Selbstwahrnehmung der Uiguren auch über die 1990er Jahre und das Territorium der Volksrepublik China hinaus geworden sind, kann man unter anderem daran ablesen, dass die Mär von der 4000-jährigen Geschichte der Uiguren in Ostturkestan noch im Jahr 2009 auf der Internetseite des Uigurischen Weltkongresses wiederholt wurde.[143]

Tatsächlich stehen die historischen, einschließlich der kulturgeschichtlichen, philologischen, linguistischen und sonstigen Fakten, mit deren Hilfe Almas in *Uyġurlar* seine Version der uigurischen Identität erstellt, insgesamt ausschließlich im Dienst einer politischen Agenda. Ausgangs- und Zielpunkt des Werks sind politische Bestrebungen, die unter den Uiguren im ausgehenden 20. Jahrhundert wichtig waren, aber nicht rein wissenschaftliche Prinzipien.

In der Rezeption von *Uyġurlar* und der öffentlichen Debatte über das Werk wurde aus dessen Inhalt, wenig überraschend, dann auch die These abgeleitet, dass diesen „Uiguren" ein historisch, das heißt durch eine vermeintlich ununterbrochene historische Kontinuität „uigurischer" Ethnizität und Kultur seit Tausenden von Jahren, begründbares Recht auf einen unabhängigen Staat in Xinjiang zustehe.

Tatsächlich ist es nicht unwahrscheinlich, dass die Einforderung eines solchen Rechts, oder zumindest eines Anspruchs auf mehr Autonomie oder Selbständigkeit für die Uiguren innerhalb der Volksrepublik China für Almas die ursprüngliche Motivation war, das Buch zu schreiben. Die gegen Ende der 1970er Jahre einsetzende Ära der „Reformen und Öffnung", in der Meinungen ein klein wenig ungehinderter geäußert werden konnten als zuvor, hatte dann zum ersten Mal auch die Möglichkeit geschaffen, ein solches Buch zu veröffentlichen. Nichtsdestoweniger widersprach es den politischen und ideologischen Vorgaben der immer noch die volle Kontrolle über die Volksrepublik ausübenden Kommunistischen Partei Chinas. Aus diesem Grund konnte das Buch zwar im Februar 1990 noch an die Buchgeschäfte in der VR China ausgeliefert werden, wurde jedoch bereits eine Woche danach verboten.[144] Gegen das Werk wie auch gegen Almas' Bücher *Qedimqi Uyġur ädä-*

---

142 *Biziniŋ äjdadlirimiz bolsa, miladidin 2000 yil burun (buniŋdin 4000 yil burun) tarix dävrigä kirdi. Čünki, bu vaqitta, Sumerlar ijad qilġan yeziqi asasida yaritilġan Arami yeziqi äjdadlirimiz arisiġa kirip käldi. Soġdi yeziqi bilän Kök Türk yeziqi (Uyġur-Urxun yeziqi)niŋ bir-birigä oxšišipraq ketidiġanliqi šu ikkila yeziqniŋ Arami yeziqidin kelip čiqqanliqini körsitidu* (Almas 1989: 3H/23PDF)
143 Siehe Alpermann 2021: 12f.
144 Rudelson 1997: 157.

biyati („Die antike Literatur der Uiguren") und *Hunlarniŋ tarixi* („Geschichte der Hunnen") wurde in der VRC während des Jahres 1991 eine öffentliche Kritikkampagne durchgeführt, in der dem Autor Nationalismus, Panturkismus, uigurischer Chauvinismus und Separatismus vorgeworfen wurden.[145] Almas selbst wurde im Zuge der Kampagne unter Hausarrest gestellt, und ihm wurden Reisen ins Ausland untersagt.[146]

Almas' „Uiguren" markieren nicht aufgrund des Inhalts des Buchs und wegen des durch ihn ausgelösten Skandals einen Wendepunkt im Prozess der Identitätskonstruktion der Uiguren. Es steht auch für den Beginn einer unter Uiguren zum Teil nach innen geführten, zum Teil außenwirksamen Debatte in der Volksrepublik China, die mit dem Ende der Maozeit einsetzte. Dabei ging es um eine Neudefinition beziehungsweise Rekonstitution der uigurischen Selbstwahrnehmung unter Einbeziehung historischer, kunstgeschichtlicher und linguistisch-philologischer Aspekte, wobei in vielen Fällen auch betont wurde, sich auf wissenschaftliche Erkenntnisse zu berufen. Mindestens ebenso bedeutsam wie durch seine unmittelbare Wirkung wurde *Uyġurlar* im Zuge dieses sich entfaltenden Diskurses dadurch, dass es bis heute zahlreiche Nachahmer und Weiterentwickler gefunden hat. Man kann wohl sagen, dass es am Beginn eines regelrechten Booms der Auseinandersetzung der Uiguren mit ihrer Früh- und Vorgeschichte steht. Da praktisch alle einschlägigen Veröffentlichungen von Staatsverlagen herausgegeben wurden und viele der Autoren die Vorarbeiten zu ihnen leisteten beziehungsweise sie publizierten, während sie an staatlichen Institutionen angestellt waren, lässt sich des Weiteren feststellen, dass dieser Anstieg des Interesses der Uiguren an ihrer eigenen Geschichte, Herkunft und Identität sowohl den privaten als auch den staatlichen Bereich erfasste. Inhaltlich reichte das Spektrum der veröffentlichten Werke von wissenschaftlichen Quellenausgaben in uigurischer Übersetzung,[147] wissenschaftlichen Untersuchungen,[148] von denen einige als Übersetzungen aus dem Chinesischen vorliegen,[149] über populärwissenschaftliche[150] bis hin zu pseudowissenschaftlichen Arbeiten, die wiederum nicht selten schwer von historisierender Fiktion gesondert werden können.

Ein typisches Werk, das in diesen Zusammenhang eingeordnet werden kann, ist ein Aufsatz mit dem Titel „Die Sprachverwandtschaft der Hun-Uiguren" (*Hun-Uyġurlarniŋ til tuġqančiliqi*) aus der Feder des Linguisten, Dichters und Übersetzers Imin Tursun (1924–2011), der zuvor einen bedeutenden Beitrag zur Entwicklung des heutigen uigurischen Alphabets geleistet hatte.[151] Zu diesem Beitrag ist anzumerken, dass es keine gesicherten Angaben über die Verwandschaft der Sprache(n) der Hunnen mit irgendeiner anderen Sprache gibt.

Um den bis hierhin gegebenen Überblick über die Geschichte des Ethnonyms „Uigure" und mit ihm im Zusammenhang stehender Begriffe zusammenzufassen, kann man sagen, dass dieser sich einerseits auf deren Wortbestand konzentriert hat und anderseits – besonders am konkreten Beispiel von Turġun Almas' „Uiguren" – auf die zum Teil weitreichenden Folgen und Implikationen eingegangen ist, die sich aus der Festlegung des Terminus „Uiguren" als Ethnosbezeichnung ergeben haben.

---

145 Harbalıoğlu/ Abdulvahit Kaşgarlı 2017: 309.
146 Harbalıoğlu/ Abdulvahit Kaşgarlı 2017: 309.
147 Siehe etwa Bän 1993; Fän/ Byav 1996.
148 Zu ihnen wird man vermutlich Tursun 1990 rechnen können.
149 Siehe etwa Lin 2003.
150 Siehe etwa Tömür 2015 [2012]. Auch wenn das Werk sich mit der Geschichte der ethnisch von den modernen Uiguren distinkten Gruppe der sogenannten Gelben Uiguren auseinandersetzt, kann es aufgrund der dabei automatisch vorgenommenen Kontrastierung auch als Beitrag zur Geschichte und Ethnogenese jener gelesen werden.
151 Zu Werk und Autor siehe Tahir/ Äbäydulla/ Raxman 2010, Bd 1: 4H/15PDF.

Die Geschichte des Ethnonyms „Uigure" lässt sich aber auch noch aus anderen Perspektiven beleuchten. Zum Abschluss des Kapitels über das uigurische Ethnonym werden zwei davon kurz benannt. Der erste davon betrifft die Einbettung des Zeitpunkts, an dem „Uigure" als Ethnonym festgelegt wurde, in die bolschewikische und frühsowjetische Geschichte. Der zweite berührt das Spannungsverhältnis zwischen den chaotischen und schwierigen Umständen in dieser historischen Phase und dem Kontinuitäts-, Essentialismus- und Stabilitätsversprechen, das jede Erschaffung eines Nationen- oder Nationalitätenbegriffs beinhaltet (und das wahrscheinlich zu den tieferen Gründen dafür gehört, dass es überhaupt zu dieser Erschaffung kommt).

Was den Zeitpunkt der Festlegung des Ethnonyms innerhalb der Chronologie der bolschewikischen und sowjetischen Geschichte, also das Jahr 1921, betrifft, so sei darauf hingewiesen, dass dieser unmittelbar nach dem Sieg von Lenins Partei im Russischen Bürgerkrieg (1918–1920) lag. Dies war eine Zeit, als das revolutionäre Projekt der Bolschewiki auf dem Höhepunkt seines Prestiges stand und selbst die Idee von der Weltrevolution noch nicht ganz aufgegeben worden war. Man kann also sagen, dass die Festlegung dieser Bezeichnung in einer Phase der Geschichte der Bolschewiki stattfand, in der sich deren Herrschaft noch im Aufbau und in der Konsolidierung befand und in der zugleich das Verhältnis der Partei zu den Nationalitäten aber noch nicht abschließend geklärt war. Auch während der ersten Jahre der im Dezember 1922 proklamierten Sowjetunion änderte sich die Einstellung der Moskauer Zentrale zu den „Nationalitäten" (*nacionalnosti*), zu denen dann natürlich auch die neu konstituierten „Uiguren" gehörten, noch mehrmals. Einer der Wendepunkte, an denen eine solche Modifikation des bolschewikischen Nationalitätenbegriffs stattfand, war das Ende des als „Einwurzelung" (*korenizacja*) bezeichneten Versuchs der Harmonisierung der bolschewikischen Ideologie mit den Traditionen der von ihnen beherrschten nichtrussischen beziehungsweise nichtslawischen Völker. Dieses Ende lässt sich auf die Zeit nach der Mitte der 1920er Jahre festlegen. Ein weiterer Wendepunkt im Nationalitätenverständnis der Bolschewiki dürfte die Errichtung von Stalins diktatorischer Alleinherrschaft ab dem Ende dieses Jahrzehnts gewesen sein.[152] Diese Entwicklungen gehören möglicherweise auch zu den Gründen dafür, dass das nationale Selbstverständnis der Uiguren sich ab 1921 auf relativ viele unterschiedliche und nicht selten einander widersprechende und miteinander konkurrierende Weisen ausdrückte, die sich als eher kommunistisch beziehungsweise sozialistisch orientierte, westlich-bürgerliche und islamisch-traditionelle Interpretationen erkennen lassen.

Was den zweiten der oben genannten Aspekte, das Spannungsverhältnis zwischen Zeitumständen und Stabilitätsversprechen, angeht, so ist es vielleicht nicht ganz unplausibel anzunehmen, dass gerade die schwierigen und unruhigen politischen Umstände im Jahr 1921, in denen die Folgen des Russischen Bürgerkriegs auch in Zentralasien noch überall zu spüren waren, zum durchschlagenden und nachhaltigen Erfolg des in diesem Jahr gewählten Ethnonyms „Uigure" beigetragen haben könnten. Denn in unsicheren und bisweilen dramatischen Zeiten besteht naturgemäß ein großes Bedürfnis nach Halt und Zusammenhalt, Klarheit und eindeutiger Orientierung. Die zahlreichen bis zu diesem Jahr verwendeten ethnischen oder sonstigen Bezeichnungen, die mitunter recht chaotisch nebeneinander her existiert hatten,[153] waren möglicherweise damals nicht mehr dazu geeignet, ein solches Orientierungsversprechen zu geben.

---

152 Zu den verschiedenen Etappen der Entwicklung des sowjetischen Nationalitätenverständnisses in den 1920er Jahren einschließlich der *korenizacija* vgl. Baberowski 2003: 317, 369.
153 Zu diesen Bezeichnungen siehe oben S. 18ff.

3.2.2 Einige wichtige Etappen der uigurischen Geschichte

Viele der Ereignisse der uigurischen Geschichte im eigentlichen Sinne, das heißt der Periode ab 1921, sind kaum ohne einen kurzen Blick auf einige wesentliche Entwicklungen in der Zeit unmittelbar davor verständlich. Daher setzt der nachfolgende kurze Ausflug in die uigurische Historie nicht direkt in den 1920er Jahren, sondern kurz davor an. Ein Schwerpunkt wird dabei auf die Periode ab 1911 gelegt. Sie war von der im Kaiserreich China ausgebrochenen Revolution geprägt, die auch als Xinhai-Revolution (*Xinhai geming* 辛亥革命, *Šinxäy inqilabi*) bekannt ist, und die der Geschichte Chinas urplötzlich eine neue Richtung gab. Dieser revolutionäre Umbruch führte am 1. Januar 1912 zur Errichtung der „Republik China" (*Zhonghua minguo* 中华民国), der ersten chinesischen Republik überhaupt. Diese Republik bestand bis zur Gründung der Volksrepublik China am 1. Oktober 1949 fort. Auf die Gründung der ersten chinesischen Republik folgte 12. Februar 1912 die Abdankung des letzten, noch minderjährigen Qing-Kaisers.[154]

Der erweiterte historische Raum, in dem sich ein Jahrzehnt nach dieser ersten erfolgreichen Revolution in China die Nationenbezeichnung „Uigure" etablieren sollte, wurde auch nach dem Jahr 1911 von den beiden Weltmächten China und Russland dominiert – ungeachtet der immer wieder in dieses Gebiet hineinreichenden Aktivitäten Großbritanniens sowie des Umstandes, dass sich dort als weitere Weltmacht auch damals bereits Japan immer stärker bemerkbar zu machen begann. Doch auch wenn China und Russland nach wie vor über eine große geopolitische Bedeutung verfügten, standen sie gewaltigen Herausforderungen wirtschaftlicher, politischer und kultureller Art gegenüber.

Was Russland betrifft, so waren dort bereits durch seine aus eigener Sicht besonders schmachvolle militärische Niederlage gegen die von ihnen als rassisch und kulturell minderwertig verachteten Japaner im Jahr 1904 und die anschließende Erste Russische Revolution (1905) tiefgreifende Defizite zutage getreten.[155] Doch mit einer Politik des Zuckerbrots, die in der vorübergehenden Gewährung politischer Mitspracherechte an das Volk und der Durchführung bestimmter Reformen bestand, und der Peitsche der anschließenden Wiedererrichtung einer autoritären Regierung und des Polizeistaats gelang es der russischen Führung noch ein letztes Mal, die tödliche Schwächung und die unheilbaren Brüche des Systems für einige Jahre zu überspielen. Erst die erneute militärische Krise im Ersten Weltkrieg, die sich aus ihr ergebende Februarrevolution von 1917 mit dem Ende des russischen Kaisertums und schließlich dem Putsch der Bolschewiki im Herbst desselben Jahres ließen die strukturellen Probleme des russischen Staats erneut in krasser Form zutage treten. Der wirtschaftliche, politische, militärische und kulturelle Zusammenbruch des Zarenreichs und die nach einer Phase schrecklichsten Chaos auf ihn folgende Errichtung der bolschewikischen Diktatur prägt die Geschichte Eurasiens im Übrigen bis auf den heutigen Tag.[156]

Der Niedergang des Reichs der seit 1644 über China herrschenden mandschurischen Qing-Dynastie war schon deutlich früher als der des Zarenreichs sichtbar geworden.[157] Militärisch und politisch, aber auch wirtschaftlich und kulturell konnte das chinesische Kaisserreich China seit der

---

154 Zum Ende des chinesischen Kaisertums und seinen Auswirkungen auf Xinjiang vgl. Ibragimov 2005: 5-54; Avutova 2016: 6; Avon 2020: 82. Siehe auch Barmin 1999.
155 Zur Einführung in die Geschichte der Russischen Revolution von 1905 vgl. Ascher 2004; Ascher 2014; Smele/ Heywood 2005.
156 Für die Zeit von 1917 bis zum Ende des Russischen Bürgerkriegs vgl. Beevor 2022. Für eine konzise Kontextualisierung der genannten Ereignisse im Gesamtbild der russischen Geschichte bis zur Gegenwart siehe Galeotti 2022. Kontinuitäten zwischen der Sowjet- (und teilweise Zaren-)Zeit und der russischen Gegenwart veranschaulich am Beispiel der russischen Verbrecherwelt Galeotti 2019.
157 Einen Überblick über die Geschichte Chinas von der Qing-Zeit bis heute bietet Mühlhahn 2019.

ersten Hälfte des 19. Jahrhunderts nicht mehr mit den hochentwickelten Industrienationen Schritt halten, zu denen sich ab 1868 neben den USA und den europäischen Großmächten auch sein unmittelbarer Nachbar Japan gesellte. Seine ultimative, in der chinesischen Erinnerungskultur bis in die Gegenwart hinein fortwirkende Demütigung erlebte das Qing-Imperium im sogenannten Boxeraufstand von 1899 bis 1900. In dessen Verlauf ließ eine Koalition von acht machtvollen Nationen, darunter Japan, ihre Truppen in das Land einmarschieren. Eine der Folgen der sich im Verlauf des 19. Jahrhunderts immer weiter verschlimmernden Krise des chinesischen Kaiserreichs war das Aufkommen revolutionärer Bewegungen im Land selbst sowie in der chinesischen Diaspora. Die wichtigste von ihnen war Tongmenghui 同盟会 (etwa „Zusammenschluss der Vereinigten Allianz"). Sie wurde 1905 von Sun Yat-sen (Sun Yixian 孙逸仙, in China bekannter unter dem Namen Sun Zhongshan 孙中山, 1866–1925) im japanischen Exil gegründet.[158] Es war dieses revolutionäre Komitee, das schließlich 1911 das Kaisertum beseitigte.

Der Ausbruch der chinesischen Revolution und der durch sie ausgelöste Untergang des Qing-Reichs eröffneten Handlungsspielräume, in denen sich ethnische Minderheiten wie die späteren Uiguren immer stärker artikulieren konnten.

3.2.2.1 Die Revolution von 1911 und die Folgen für Xinjiang

Das Verhältnis der Qing zu den nicht-mandschurischen und nicht-han-chinesischen Ethnien ihres Reichs war auch vor 1911 selten frei von Spannungen. Dies galt in besonderem Maße auch für die turksprachigen und muslimischen Minderheiten im Nordwesten des Reichs, zu denen die unmittelbaren historischen Vorläufer der ab 1921 unter dem Ethnonym „Uigure" vereinten Gruppen gehören. Insbesondere in der Niedergangsphase der Qing-Herrschaft ab dem 19. Jahrhundert entluden sich die Gegensätze zwischen den muslimisch-turksprachigen Bewohnern Xinjiangs und der Zentrale in Beijing in einer langen Reihe von teilweise weit ausgreifenden, sehr langwierigen und blutigen Aufständen. Zu besonders heftigen Rebellionen kam es in den Jahren 1815, 1820 bis 1828, 1847, 1855, 1862 sowie 1863 bis 1864.[159] Ungefähr zwischen 1864 und 1877 bestand innerhalb des Qing-Reichs sogar ein vorübergehend unabhängiges Gebiet mit dem Zentrum Kaschgar und von 1864 bis 1871 dann ein weiteres mit dem Hauptort Ġulja.[160]

Doch auch nach der Auflösung dieser separatistischen Gebiete setzten sich die Aufstände fort. So kam es im Jahr 1907 zu einer als „*Turpaq*-Kampf" (*Turpaq yeğiliqi*) bekannt gewordenen Insurrektion in der Stadt Kumul.[161] Sie verdankt seinen Namen der maßgeblich an ihm beteiligten lokalen Familie *Turpaq*.[162] Anführer der Erhebung war Tömür Xälipä.[163]

Im Jahr 1911 scheinen sich die gegen die kaiserliche Zentralmacht gerichteten Aufstände lokaler Bevölkerungskreise und die Aktivitäten von Sun Yat-sens Tongmenghui miteinander verbunden zu haben. Denn dieses revolutionäre Komitee entfaltete seine Aktivitäten spätestens zu diesem Zeitpunkt auch bereits in den Provinzen Chinas, darunter in Xinjiang. Am 7. Januar 1911 begann die „Revoluti-

---

158 Zaman 1996: 10.
159 Vgl. Isiev 1978; Abramson 2012: 1072f.; Memtimin 2016: 122; Harbalioğlu/ Abdulvahit Kaşgarlı 2017: 253; Kamalov 2017: 19.
160 Zur Herrschaft in Kaschgar vgl. Aubin 1998; Arziev 2006: 55; Semet/ Wilkens 2012: 151; Zang 2016: 66; Harbalioğlu/ Abdulvahit Kaşgarlı 2017: xv; Ercilasun 2018: 9; Bölinger 2023: 44. Zum Kleinstaat von Ġulja s. Arziev 2006: 55; Memtimin 2016: 122; Harbalioğlu/ Abdulvahit Kaşgarlı 2017: 253; Kamalov 2017: 19.
161 Semet/ Wilkens 2012: 155.
162 Semet/ Wilkens 2012: 155.
163 Semet/ Wilkens 2012: 155.

onäre Ili-Partei" (*Ili inqilabiy partiyisi*) eine großangelegte Insurrektion.[164] Drei Tage später verkündeten Vertreter der turksprachig-muslimischen (aus der später die uigurische hervorgehen sollte), chinesischen, mongolischen, mandschurischen sowie der tibetischen Ethnie die Gründung einer Republik;[165] diese fünf Nationalitäten beziehungsweise Kulturen galten im Qing-Reich als gleichberechtigte Gruppen eines multiethnischen Ganzen.[166] An diesem sogenannten „Aufstand von Ürümči" (*Ürümči qozğiliŋi*) war angeblich auch eines der Führungsmitglieder des Tongmenghui maßgeblich beteiligt.[167] Offenbar hatte diese Rebellion zumindest zu diesem Zeitpunkt vorübergehend einen multiethnischen Charakter, denn Angehörige der verschiedenen wichtigen Nationalitäten der Gegend kooperierten dabei mehr oder weniger gleichberechtigt miteinander. Diese ethnische Grenzen überwindende Gemeinsamkeit kann man nicht nur an der gemeinsamen Ausrufung der Republik erkennen, sondern beispielsweise auch am Erscheinen einer revolutionären Zeitung namens *Ili bäyxua geziti*. Sie erschien in tschagataischer, mandschurischer, chinesischer und mongolischer Sprache.[168]

Die interethnische Solidarität und Zusammenarbeit scheint jedoch nur von kurzer Dauer gewesen zu sein. Wohl nur zwei Monate nach der Proklamation der Republik China, also im März 1912, kam es in Kumul zu einem neuerlichen Aufstand unter maßgeblicher Beteiligung turksprachig-muslimischer Eliten. In der volksrepublikanisch-chinesischen Sekundärliteratur wird diese Erhebung bisweilen als „Bauernrevolution" (*dehqanlar inqilabi*) bezeichnet.[169] Führer der etwas weniger stark von der marxistisch-leninistischen Tradition geprägten Literatur auch als „Bauern*auf*stand" (*dehqanlar qozğiliŋi*) bezeichneten Rebellion war erneut der charismatische Tömür Xälipä.[170]

Nach der Ausrufung der Republik wurde Xinjiang in deren Namen von Gouverneuren regiert. Mehrere von ihnen werden als ausgesprochen korrupt beschrieben. Ein weiteres Problem der Herrschaft in dieser Zeit bestand darin, dass die Gouverneure immer wieder zwischen den Interessen der Zentralmacht und denen der von ihnen verwalteten Gegend hin- und hergerissen wurden. Dies wirkte sich oft auf das Verhältnis der ethnischen Gruppen zueinander und auf die Beziehungen einzelner Gruppen zur Zentralmacht aus. Weil die Gouverneure Xinjiangs – ähnlich denen anderer chinesischer Provinzen – immer wieder eigene Interessen auch mit militärischer Gewalt durchsetzten, sind sie oft auch als „Warlords" bezeichnet worden.

---

164 Zaman 1996: 10f. Es wird nicht angegeben, ob es sich bei diesem Datum um ein julianisches oder gregorianisches handelt

165 Zaman 1996: 10f. Zaman bezeichnet die muslimisch-turksprachigen Vertreter als „Uiguren" (*Uyğur*), doch es ist nicht sicher, ob es sich hierbei um eine Quellenbezeichnung handelt oder ob Zaman den Terminus anachronistisch verwendet.

166 Alpermann 2021: 17f.

167 Zaman 1996: 10. Zaman gibt den Namen dieses Führungsmitglieds nur in uigurischer Transkription (Lyu Jänšuŋ) wieder, so dass sich seine Identität nicht sicher bestimmen ließ. Deswegen ist es auch nicht möglich, den Grad der Beteiligung Lyu Jänšuŋs beziehungsweise des Tongmenghui an der Erhebung genauer zu bestimmen.

168 Zaman 1996: 10. Eine exakte Übersetzung des Titels der Zeitung ist nicht möglich, da es zu viele chinesische Zeichenfolgen gibt, die der uigurischen Transkription *bäyxua* entsprechen könnten. Fragmentarisch lässt sich *Ili bäyxua geziti* vielleicht als „*Bäyxua*-Zeitung vom Ili(-Fluss)" oder „*Bäyxua*-Zeitung aus der Ili-Gegend" übersetzen. Ob hinter *bäyxua* 百花 *baihua* „hundert Blumen" steht, ist vollkommen unklar.

169 Zaman 1996: 11.

170 Zaman 1996: 11f. Semet/ Wilkens 2012: 155 datieren die Erhebung auf die Jahre 1911 bis 1912. Nach Tanridagli 1998: 2 brach dieser erneute von Tömür Xälipä angeführte Aufstand dagegen erst 1913 aus (*la 'révolte de Timur Halife', qui éclata en 1913 à Kumul contre le gouvernement mis en place en 1911* „die ‚Revolte' Tömür Xälipäs, die 1913 in Kumul gegen die 1911 eingesetzte Regierung ausbrach"). Ebenfalls auf 1913 datieren ihn Sulayman/ Häsän/ Guth 2020: 1, die sich dabei direkt auf Tanridagli berufen.

Der erste Gouverneur des republikanischen Xinjiang war der 1864 geborene ethnische Han-Chinese Yang Zengxin 杨增新. Seine Amtszeit dauerte von 1912 bis zu seiner Ermordung am 7. Juli 1928.[171] Yangs Zeit in Xinjiang dürfte eher einer Despotie als einer geregelten Verwaltungstätigkeit geähnelt haben. Einer Überlieferung zufolge soll er sich einer Reihe politischer Rivalen dadurch entledigt haben, dass er sie zu Gelagen einlud, während derer er ihnen dann die Kehlen durchschneiden ließ.[172]

Für die Kulturgeschichte der Uiguren ist die Ära Yang Zengxins unter anderem dadurch bedeutsam, dass es in ihr zu einer starken Vermehrung des russischen sowie des tatarischen Einflusses auf ihre Heimatregion kam. Beim Gebrauch des Begriffs „Tatare" ist in diesem Zusammenhang zu beachten, dass er sich auf eine sprachlich und ethnisch relativ konkret bestimmbare turksprachige Ethnie bezieht, die nach ihrem kulturellen Zentrum, der Stadt Kasan (*Kazan'*, *Qazan*) auch als „Kasantataren" bekannt ist und eine dem nordwestlichen Bereich der Turksprachen, den sogenannten Kiptschaksprachen, zugerechnete Sprache spricht. Diese Bedeutung von „Tatare" darf nicht mit der vor allen Dingen in älterer russischsprachiger Literatur verbreiteten, oft unpräzisen, bisweilen polemischen und vorwissenschaftlichen Verwendung des Begriffs (*tatar* oder *tatarin*; das zugehörige Adjektiv lautet *tatarskij* „tatarisch") verwechselt werden, mit der in Abhängigkeit vom jeweiligen Kontext verschiedene Turkvölker oder auch mongolischen Ethnien bezeichnet werden konnten.[173] Die (kasan)tatarische Einwirkung in Ostturkestan war bereits spätestens seit der zweiten Hälfte des 19. Jahrhunderts stark spürbar gewesen. Da so gut wie alle der überwiegend muslimischen Tataren zugleich russischsprachig waren, fielen russischer und tatarischer Kultureinfluss vielfach zusammen, sofern es sich bei den Vermittlern um Tataren handelte.

Seit dem späten 19. Jahrhundert dann reisten viele sogenannte Dschadidisten, darunter zahlreiche aus Tatarstan, nach Zentralasien.[174] Der aus dem Arabischen stammende Begriff „Dschadidist" bedeutet so viel wie „Neuerer". Der Dschadidismus kann als eine reformierte und mit Elementen der westlichen Moderne angereicherte Version der islamischen Tradition beschrieben werden.[175] Bereits 1885 wurde beispielsweise eine dschadidistische Schule in der Xinjianger Stadt Atuš (Artux, Atushi 阿图什) eröffnet.[176] Einer der in Ostturkestan aktivsten Dschadidisten war Ġabdulla Bubi (1871–1922). Er lebte und lehrte von 1913 bis 1917 in Ġulja.[177] In der uigurischen künstlerischen Literatur hat sich die Erinnerung an die Dschadidisten übrigens bis in die Gegenwart hinein bewahrt. Sie lebt unter anderem in den Wörtern *jädit* „Neuerer" und *jäditlik* „Neuerertum" fort. Diese uigurischen Ableitungen der historischen Bezeichung der Dschadidisten werden in literarischen Texten unter anderem in Bezug auf Reformbewegungen und -haltungen verwendet, die sich gegen verkrustete und überholte traditionelle Vorstellungen aus dem islamischen Bereich richten. In dieser Bedeutung kann man sie auch in einigen der uigurischen literarischen Werke nachweisen, die in der vorliegenden Arbeit vorgestellt werden. Dort haben diese Wörter, wenn sie aus Sicht von Figuren beurteilt werden, die als konservativer Vertreter des Islams markiert sind, bisweilen auch eine pejorative Färbung, die man vielleicht mit „Ketzer" beziehungsweise „Ketzertum" umschreiben könnte.[178]

---

171 Memtimin 2016: 124; Bölinger 2023: 56.
172 Bölinger 2023: 56.
173 Vgl. auch S. 23 des Haupttextes.
174 Siehe Waite 2007, bes. 166.
175 Zur Geschichte des Dschadidismus vgl. Kanlıdere 1997; Khalid 1998.
176 Waite 2007: 166.
177 Gosmanov 1996: 5.
178 Siehe etwa Turdi 2003, Bd. 1: 14, 86, 90, 257 (*jädit*) und Turdi 2003, Bd. 1: 60 (*jäditlik*).

Von 1918 an verstärkte sich der russische Einfluss in der von den späteren Uiguren bewohnten Gegend dann noch einmal deutlich. Dies lag an den dramatischen Ereignissen in Russland und insbesondere den „Weißen", die als Folge des bolschewikischen Putschs und des auf ihn folgenden Bürgerkriegs nach Zentralasien flohen.[179] Diese russischen Neuankömmlinge eröffneten weitere russische Schulen, unter anderem in den Städten Tarbagatai (Čöčäk, Tacheng 塔城), Ġulja und Ürümtschi.[180]

Nachfolger Yang Zengxins im Amt des Gouverneurs war Jin Shuren 金树仁 (Jin Šurin, 1879–1941). Er war ebenfalls Han-Chinese.[181] Jin hatte seine Funktion von Yangs Tod bis zum Jahr 1933 inne.[182] Davor war Jin Stellvertreter Yangs gewesen.[183] Jins Herrschaft ist als „brutale Militärdiktatur" beschrieben worden.[184] Dies kann man wohl so verstehen, dass er die bereits unter seinem Vorgänger vorhandene Neigung zu Gewaltexzessen mit einer etwas effektiveren Organisation verband. So monopolisierte Jin den Gold-, Pelz- und Jadehandel in seinem Herrschaftsgebiet und benutzte die Einnahmen daraus sowie Steuereinkünfte zur Finanzierung seiner Truppen.[185]

Für den Stellenwert von Jins Gouverneursherrschaft innerhalb der uigurischen Geschichte ist besonders bedeutsam, dass er als ein rücksichtsloser Vertreter einer Sinisierungspolitik beschrieben worden ist. Dieses Vorgehen richtete sich insbesondere auch gegen die muslimische Bevölkerung. Unter anderem verbot er die für jeden praktizierenden Muslim obligatorische Pilgerfahrt nach Mekka.[186] Jins als „chauvinistisch"[187] beschriebene Kulturpolitik zugunsten der in China insgesamt majoritären Han 汉-Ethnie vergiftete und destabilisierte jedoch mit der Zeit seine Herrschaft und war einer der maßgeblichen Gründe für das Aufkommen von Aufständen, die kurze Zeit später in die Ausrufung der „Ostturkestanischen Islamrepublik" mündeten.[188] Dieses ephemere Staatsgebilde signalisierte zumindest in wichtigen Aspekten eine stärkere Berücksichtigung der autochthonen muslimisch-turksprachigen Kultur. Am Ende musste Jin aus Xinjiang in die chinesische Hauptstadt fliehen. Dort wurde er zu einer Haftstrafe verurteilt.[189]

Der Nachfolger Jin Shurens als Gouverneur Xinjiangs wurde am 12. April 1933 Sheng Shicai 盛世才 (uigurische Transkriptionen des Namens: Šeŋ Šisäy, Šiŋ Šisäy, 1897–1970).[190] Seine Amtszeit kann als Schlüsselperiode der uigurischen Geschichte bezeichnet werden. Dies liegt unter anderem daran, dass sie mehr als doppelt so lange wie die seines Vorgängers war und in eine Zeit fiel, in der China von allergrößten Erschütterungen getroffen wurde, die sich auch für die Uiguren als überaus folgenreich erwiesen. Ein weiterer wichtiger Grund war, dass in Shengs Zeit als Gouverneur die Ausrufung des ersten unabhängigen Herrschaftsgebildes erfolgte, an dem Uiguren führend beteiligt waren.[191] Auch in kulturpolitischer Hinsicht erfolgten unter seiner Führung Weichenstellungen, die das Leben der Uiguren tiefgreifend und nachhaltig veränderten. In der Summe kam es unter Shengs Herrschaft trotz deren Grausamkeit und vieler innerer und äußerer Probleme insbesondere im Vergleich

---

179 Memtimin 2016: 123.
180 Memtimin 2016: 123.
181 Zu ihm vgl. Memtimin 2016: 124.
182 Memtimin 2016: 124; Bölinger 2023: 56 (von dem auch die Angaben zur Lebenszeit stammen).
183 Bölinger 2023: 56.
184 Bölinger 2023: 56.
185 Bölinger 2023: 56.
186 Bölinger 2023: 56.
187 Der Ausdruck stammt von Bölinger 2023: 56.
188 Einzelheiten dieser Entwicklungen werden auf S. 42ff. des Haupttextes beschrieben.
189 Bölinger 2023: 57, der die Gründe und näheren Umstände der Verurteilung nicht nennt.
190 Memtimin 2016: 124. Bölinger 2023: 59 gibt seine Lebensdaten abweichend mit 1895–1970 an. Vgl. Semet/ Wilkens 2012: 157; Avutova 2016: 6; Tursun 2022: 54ff.
191 Siehe S. 42ff. des Haupttextes.

zur Herrschaft seines Vorgängers zu einer zuvor nie gesehenen Entfaltung der uigurischen Kultur. Auch die uigurische Literatur nahm unter seiner Regierung einen bedeutenden Aufschwung.

An Rücksichtslosigkeit dürfte Sheng seinen Vorgängern im Amt kaum nachgestanden haben. Systematische Gewaltanwendung gehörte offenkundig zu seinen wichtigsten politischen Instrumenten. Auch wenn er formell dazu verpflichtet war, die Interessen der chinesischen Republik zu vertreten, handelte er dabei vielfach wohl in erster Linie in seinem eigenen Interesse.

Der bereits gegen Ende von Jin Shurens Herrschaft immer wichtiger gewordene sowjetische Einfluss in Xinjiang weitete sich unter Sheng massiv aus und erreichte eine noch nie dagewesene Intensität. Ab 1934 erhielt der Gouverneur von der Sowjetunion umfangreiche direkte Unterstützung in den Bereichen Politik, Wirtschaft, Militärwesen und Kultur.[192] Dabei versuchte er zugleich, sich eine gewisse politische Manövrierfreiheit gegenüber dem mächtigen Nachbarn im Norden zu bewahren. Eines der Mittel, mit denen er dies betrieb, war der Aufbau eines engen Verhältnisses zum KMT-Generalissmus Chiang Kai-Shek (mandarin-chinesische Namensform: Jiang Jieshi 蔣阶石, 1887–1975), das er als Gegengewicht zu seiner wachsenden Abhängigkeit von der Sowjetunion einzusetzen versuchte.[193]

Von historischer Bedeutung für die Uiguren wurde, dass Sheng sie – unter der chinesischen Bezeichnung *Weiwu'er zu* 维吾尔族, „uigurische Ethnie" oder „uigurische Nationalität" – zu einer von insgesamt 14 in seinem Herrschaftsbereich anerkannten ethnischen Gruppen erhob.[194] Unter seiner Führung wurden Bücher und Zeitungen in uigurischer Sprache gedruckt.[195] Dieser Förderung des Uigurischen als Literatursprache ist es möglicherweise zu verdanken, dass, glaubt man den Angaben der Sekundärliteratur, der wahrscheinlich erste Roman in uigurischer Sprache überhaupt, Mähämmt'imin Toxtayovs *Qanliq yär* („Blutige Erde") 1943 in Xinjiang erscheinen konnte.[196] Unter Shengs Herrschaft gab es in den Minderheitensprachen, darunter dem Uigurischen, auch Schulunterricht.[197] All dies zeigt wohl, dass es dem Gouverneur nicht nur um die sporadische Förderung einzelner Minderheitenangehöriger ging, sondern eher um die Systematisierung der Minderheitenpolitik unter staatlicher Kontrolle. Unter Sheng wurden einige Muslime sogar zu Ministern.[198] Diese Minderheitenpolitik kann man als Absage an eine intensive Sinisierung, wie sie Jin Shuren betrieben hatte, und als Schritt hin zur Schaffung einer multiethnischen Gesellschaft interpretieren. Hinter alledem ist unschwer das Vorbild der sowjetischen Nationalitätenpolitik der 1920er und frühen 1930er Jahre auszumachen; dass Sheng eine sich ideologisch stark am Stalinismus orientierte, ist auch aus anderen Zusammenhängen bekannt.[199] Aus Shengs Sicht dürfte die Attraktivität einer vom Vorbild Sowjetunion inspirierten Nationalitätenpolitik sich auch daraus ergeben haben, dass es Stalin mit Hilfe einer solchen Politik vermocht hatte, eine unumschränkte Diktatur zu errichten.

---

192 Memtimin 2016: 124.
193 Memtimin 2016: 124.
194 Memtimin 2016: 124. Nach Bölinger 2023: 59 war „Uigure" unter Sheng die Bezeichnung für „die turksprachigen sesshaften Muslime". – Zur Herkunft der ethnischen Bezeichnung Weiwu'er vgl. S. 15 des Haupttexts.
195 Bölinger 2023: 59.
196 Die Überlieferungsgeschichte dieses Werks ist jedoch kompliziert und umstritten, siehe hierzu eingehend S. 314 des Haupttextes.
197 Bölinger 2023: 59.
198 Bölinger 2023: 59.
199 Semet/ Wilkens 2012: 157.

Eines der Hauptanliegen Shengs, wenn nicht sogar das wichtigste, war sicherlich die Erhaltung und Maximalisierung seiner eigenen Macht. Wenn man annimmt, dass Sheng die Prinzipien seiner Nationalitätenpolitik im Wesentlichen nach der Auflösung der Ostturkestanischen Islamrepublik[200] verordnete, könnte ein weiterer Grund für das Einschlagen seiner besonderen Minderheitenpolitik darin gelegen haben, dass er eine ethnische Polarisierung, die unter Jin ungute Ausmaße eingenommen und dann zum Entstehen dieses separatistischen Herrschaftsgebildes geführt hatte, für die Zukunft ausschließen wollte.

Dass Shengs Nationalitäten- und sonstige Politik in der Wirklichkeit jedoch nicht zu einer Harmonisierung der Gesellschaft führte, zeigte sich in einer Reihe von Aufständen gegen seine Herrschaft. Diese brachen unter anderem unter der Hui-Ethnie – von denen man ausgeht, dass es sich um islamisierte Han-Chinesen handelt – und den Uiguren im südlichen Xinjiang aus. Sheng ließ alle Erhebungen durch massiven Gewalteinsatz niederschlagen. Man geht davon aus, dass dabei mehrere Zehntausend Menschen das Leben verloren.[201] Shengs Einsatz von Zwang und Terror zur tatsächlich nur oberflächlichen und scheinbaren Stabilisierung seiner Herrschaft orientierte sich nicht nur am Vorbild der Sowjetunion, sondern wurde von dieser auch direkt unterstützt. Interessanterweise erreichte die Welle der Repression, die Sheng gegen seine tatsächlichen und vermeintlichen Gegner sowie gegen verdächtigte Geistliche, Intellektuelle, Würdenträger und andere Gruppen entfesselte, ihren Höhepunkt im Jahr 1937, also just in dem Moment, als Shengs Vorbild Stalin den Großen Terror über die Sowjetbevölkerung herabkommen ließ.[202] Sheng schuf beispielsweise einen Geheimdienst nach sowjetischem Vorbild.[203] Man geht davon aus, dass die Effektivität dieses Dienstes einer der Gründe war, warum er sich so lange an der Macht halten konnte.[204] Unter seiner Herrschaft wurden zahlreiche Menschen inhaftiert und einer Schätzung zufolge mindestens 14000 hingerichtet.[205]

Nach dem Beginn der deutschen Invasion der Sowjetunion (22. Juni 1941) änderte Sheng in recht opportunistischer Weise sein Verhältnis zur UdSSR und behandelte sie in einer dramatischen politischen Kehrtwende fortan als gegnerischen Staat.[206] Parallel zu seiner Abwendung von der Sowjetunion näherte sich Sheng auch der KMT-Regierung wieder stärker an.[207] Einer Ansicht zufolge setzte der Gouverneur in dieser Situation darauf, dass Hitlerdeutschland den sowjetischen Staat vernichten würde.[208] Auf noch deutlicheren antisowjetischen Kurs ging Sheng nach dem Überfall Japans auf Pearl Harbour am 7. Dezember 1941. Im Verlauf des Jahres 1942 brach er die Beziehungen zur Sowjetunion sogar vollständig ab und wies die sowjetischen Berater aus seinem Herrschaftsgebiet aus.[209] Dass er dasselbe auch mit kommunistischen chinesischen Experten tat,[210] kann als weiteres Zeichen seiner Annäherung an die KMT gelesen werden.

Sheng Shicais Herrschaft über Xinjiang endete am 29. August 1944, als er von Wu Zhongxin 吴忠信 (U Žunsin, 1884–1959) abgelöst wurde, der bis zum 29. März 1946 im Amt blieb.

---

200 Siehe S. 42ff. des Haupttextes.
201 Semet/ Wilkens 2012: 157.
202 Tursun 2022: 55.
203 Bölinger 2023: 60.
204 Tursun 2022: 55.
205 Bölinger 2023: 60.
206 Vgl. Bölinger 2023: 60, der Shengs Abkehr von der Sowjetunion auf den „Anfang der vierziger Jahre" datiert und schreibt, dass die Gründe dafür unklar seien.
207 Bölinger 2023: 60.
208 Avutova 2016: 6f.
209 Memtimin 2016: 124.
210 Memtimin 2016: 124.

3.2.2.2 Die Ostturkestanische Islamrepublik (1933–1934)

Jin Shuren hatte sich mit seiner Sinisierungspolitik große Teile der uigurischen und anderer muslimischer Gemeinschaften zu erbitterten Feinden gemacht. Hinzu kam, dass der Gouverneur den lokalen Herrscher Kumuls, der damals den Titel wang 王 (*Vaŋ*), „König", führen durfte und über einen relativ hohen Grad an Autonomie verfügte, im Jahr 1930 ins Gefängnis werfen ließ, wo dieser kurze Zeit danach verstarb.[211] Jin Shuren schaffte gleichzeitig mit diesem Vorgehen das „Königtum" von Kumul ab und teilte dessen Gebiet im Januar 1931 in drei Bezirke (*nahiyä*) auf, und zwar Kumul mit der gleichnamigen Stadt als Zentrum, Barköl (Bariköl, Balikun 巴里坤) mit dem Hauptort Toxulu und Aratürklär mit dem Hauptort Toġuči.[212]

Die angestaute Unzufriedenheit unter Jin Shurens Untertanen mündete im weiteren Verlauf des Jahres 1931 dann in eine großangelegte Erhebung unter Führung Xoja Niyaz Hajis.[213] Deren Zentrum war einmal mehr Kumul, das ja schon in der Vergangenheit wiederholt ein Brennpunkt des bewaffneten Widerstands muslimischer und turksprachiger Gruppen gegen die chinesische Zentralregierung gewesen war.[214] Xoja Niyaz Hajis Erhebung wird in der marxistisch-leninistischen terminologischen Tradition bisweilen auch als „Revolution von Kumul" (*Qumul inqilabi*) bezeichnet.[215] Zu dieser Begriffswahl trug vielleicht auch eine behauptete Beteiligung der Sowjetunion in die Insurrektion bei.[216] Der Staat der Bolschewiki hatte nicht nur starke wirtschaftliche Interessen in der Region, sondern war auch um eine Aufrechterhaltung des russischen Kultureinflusses dort bemüht.[217]

Die Bedeutung, die die Stadt Kumul als Zentrum muslimisch-turksprachiger beziehungsweise uigurischer Erhebungen gegen die chinesische Zentralmacht oder deren lokale Vertreter in den Jahren 1907, 1912 und 1931 hatte, ist einer der Gründe, warum sie auch in der uigurischen künstlerischen Literatur einen besonderen Stellenwert einnimmt. Unter anderem prägten Kumuler Aufstände Leben und Schaffen des nationalistischen Dichters Abduxaliq Uyġur und lieferten das Sujet von Abdurehim Ötkürs Romanen *Iz* („Spuren") und *Oyġanġan zemin* („Das erwachte Land"), die ohne jeden Zweifel zu den wichtigsten Werken der uigurischen Literatur überhaupt zählen.[218] Ein in diesem Kontext beachtenswerter Aspekt dieser beiden Romane Ötkürs ist, dass sie während der kommunistischen Herrschaft über China erschienen. Während Ötkür sich in dieser Zeit um eine Literarisierung beziehungsweise Aufarbeitung der bis in die 1930er Jahre in Kumul stattfindenden Rebellionen bemühten, gelang es ihm also offensichtlich, seine Werke derartig gut mit der Geschichtsauffassung der KP Chinas und deren Erwartungen an uigurische Literatur zu harmonisieren, dass sie die Zensur passieren konnten und nicht etwa als nationalistische oder unterschwellig separatistische Werke gebrandmarkt wurden. Antichinesische oder zumindest (in der frühen Zeit) gegen das herrschende Kaiserhaus gerichtete Tendenzen, die in der historischen Realität während der Aufstände immer wieder vorhanden waren – es sei an die einheimische Opposition gegen Jins Sinisierungsbemühungen erinnert –, konnte Ötkür offensichtlich in ein sogenanntes antifeudales, gegen die chinesische Kaiserherrschaft beziehungsweise den Feudalismus und weniger gegen die Chinesen als Ethnie gerichtetes Narrativ umschmieden. Auf diese Weise wurden diese Aufstände in

---

211 Vgl. Ibragimov 2005: 117.
212 Ibragimov 2005: 117, von dem auch die Namensform Bariköl stammt.
213 Vgl. Bölinger 2023: 56. Zur Sinisierungspolitik Jin Shurens vgl. S. 40 des Haupttexts.
214 Siehe S. 38 und 38 des Haupttexts.
215 Vgl. Semet/ Wilkens 2012: 156.
216 Bölinger 2023: 56.
217 Bölinger 2023: 56.
218 Vgl. S. 118 des Haupttextes.

Ötkürs Romanen zu Befreiungskämpfen, die nicht im Gegensatz zu den Idealen des kommunistischen China standen, sondern als dessen Vorboten gelten konnten.

Der 1931 ausgebrochene Aufstand breitete sich rasch über weite Teile Xinjiangs aus. Im Dezember 1932 hatte er die etwa 400 Kilometer östlich von Kumul gelegene Stadt Turfan erreicht.[219] Die Rebellion überdauerte auch die Machtübergabe von Jin Shuren an Sheng Shicai im April 1933. Sheng ging rasch entschieden militärisch gegen die Aufständischen vor.[220] Allerdings bekam seine Regierung die Rebellion auch während der ersten sieben Monate seiner Regierung nicht wirklich unter Kontrolle. Stattdessen gelang es den von Xoja Niyaz Haji angeführten Insurgenten am 12. November 1933, die Gründung ihres eigenen Staates zu proklamieren.[221] Er trug den Namen „Ostturkestanische Islamrepublik" (*Šärqiy Türkistan Islam jumhuriyiti*).[222] In der modernen Literatur werden auch Namensvarianten verwendet, darunter „Islamische Republik Ostturkestan"[223] und (im Hinblick auf die 1944 entstandene Republik Ostturkestan) auch „Erste Islamische Republik Ostturkestan".[224] Hauptstadt der Ostturkestanischen Islamrepublik wurde nicht Kumul, sondern vermutlich das weiter südlich gelegene Hotan.[225] Erster und zugleich letzter Präsident war Xoja Niyaz Haji.[226]

Bereits der Name des Staatsgebildes verrät einiges über seine extrem komplexe Genese und Struktur. Er enthält eine geographische Bezeichnung, nämlich „Ostturkestan" (*Šärqiy Türkistan*). Dieser Begriff drückt Verbundenheit zu einer bestimmten Gegend aus, eben zum östlichen Teil von *Türkistan* „Turkestan". Zugleich jedoch ist in dieser geographischen Bezeichnung evidentermaßen mit Hilfe des aus dem Neupersischen stammenden Ortssuffixes *–(i)stan* eine ethnische Bezeichnung enthalten, und zwar „Türken" (*Türk*). Diese „Türken" dürften nicht mit den frühesten Eignern des Namens *Türk* zu identifizieren sein (die, wie gesehen, zumindest aus historischer Perspektive ein recht problematisches Verhältnis zu den ersten Trägern des Ethnonyms „Uigure" hatten[227]). Vielmehr dürfte der im Element *Türkistan* intendierte Begriff „Türken" bereits in einem westlich-modernen Sinne als Bezeichnung für die Gesamtheit der eine Turksprache sprechenden Ethnien, oder zumindest den islamisierten Teil davon, verwendet werden. Dass dem Ausdruck *Türkistan* im Namen *Šärqiy Türkistan Islam jumhuriyiti* wahrscheinlich eher ein umfassendes Verständnis von mit „Türken" zusammenhängender Identitätsbestimmung, wie sie sich der modernen Begriffsentwicklung verdankt haben dürfte, zugrunde lag, könnte daran gelegen haben, dass neben den Uiguren auch andere turksprachige Ethnien an der Staatsgründung beteiligt waren, die sich mittlerweile unter ähnlichen Voraussetzungen wie die jene als moderne Nationen konstituiert hatten. Mathias Bölinger zufolge wurde die neue Republik von „uigurischen und kirgisischen Politikern" ausgerufen.[228] Neben dem geographischen Element („Turkestan") und der in ihm enthaltenen ethnischen Komponente (Bezug auf *Türk*) drückt der Name *Šärqiy Türkistan Islam jumhuriyiti* des Weiteren eine explizite Bezugnahme auf den Islam sowie parallel dazu das westlich-abendländische Konzept der „Republik" aus, auch wenn für diese kein aus einer westlichen Sprache oder dem Russischen über-

---

219 Anonym o. J.: 3. Die Stadt befindet sich am Ort der alten Oase, siehe S. 16 des Haupttextes.
220 Memtimin 2016: 124. Vgl. Semet/ Wilkens 2012: 157; Avutova 2016: 6; Anonym o. J.: 3.
221 Das Datum stammt aus Semet/ Wilkens 2012: 156.
222 In der Sekundärliteratur existieren mehrere Namens- und Schreibvarianten. Tursun 2022: 55 zum Beispiel verwendet die Lesung *Šärqiy Türkstan Islam Jumhuriyiti*.
223 Semet/ Wilkens 2012: 156.
224 Semet/ Wilkens 2012: 156. – Zur Republik Ostturkestan siehe S. 47ff. des Haupttextes.
225 Rudelson 1997: 28. Nach Semet/ Wilkens 2012: 156 war es dagegen Kaschgar.
226 Semet/ Wilkens 2012: 156.
227 Siehe S. 13ff. des Haupttextes.
228 Bölinger 2023: 57.

nommenes Lexem, sondern ein ursprünglich arabischer Terminus (*Jumhuriyät*) verwendet wird. Schon der Name des neuen Staates vereinigte also mehrere Betrachtungs- und Bedeutungsebenen in sich, die durchaus das Potenzial hatten, einander zu widersprechen. Es dürfte beispielsweise auf der Hand liegen, dass eine „Republik" nach westlichem Verständnis nicht zugleich einen primär theokratischen Bezugsrahmen haben kann, sich die beiden Namensbestandteil „Islam" und „Republik" also zumindest ein Stück weit widersprechen, wenn nicht sogar ausschließen.

Entsprechend dieser mit Widersprüchen durchsetzten Phänomenologie des Namens sind auch die Interpretationen des Wesens dieser „Ostturkestanischen Islamrepublik" in verschiedene und teilweise konträre Richtungen gegangen. Dass diese unterschiedlichen Auffassungen bis heute nicht vollends in Übereinstimmung gebracht worden sind, liegt vielleicht nicht so sehr an möglicherweise zu geringem Forschungsinteresse als vielmehr an dem Umstand, dass die nur vier Monate währende Existenzspanne des neuen Staatsgebildes kaum ausreichen konnte, um die in ihm vorhandenen unterschiedlichen ideologischen Ausrichtungen auf einen Nenner zu bringen oder ihnen eine klare Richtung zu geben. Innerhalb der Diskussion um die historische Einordnung der „Ostturkestanischen Islamrepublik" ist Kyle Haddad-Fonda etwa mit der These hervorgetreten, dass ihre treibende Kraft die Ethnizität gewesen sei.[229] Möglicherweise kann man dieser Ansicht zustimmen, wenn man die Religion als wichtigen Bestandteil der Ethnizität würdigt. Auf der anderen Seite ist zu erwägen, dass Ethnizität und Religion einander in wichtigen Aspekten auch widersprechen können. Dementsprechend betonen Ablet Semet und Jens Wilkens, dass „unterschiedliche, einander sogar widersprechende Ideologien" die Ostturkestanische Islamrepublik geprägt hätten.[230] Unter diesen werden von den beiden Autoren „eine traditionell-islamische Regierungsform auf der Grundlage der *šarīʿa*, Jadidismus, Panislamismus, Pantürkismus und uigurischer Nationalismus" ausgemacht.[231]

Wirft man einen Blick auf einige ideologische Selbstzeugnisse und juristische Regularien der Ostturkestanischen Islamrepublik, erkennt man, dass eine konservative islamische Ausrichtung in ihr eine zumindest sehr gewichtige und vielleicht sogar die bestimmende Rolle spielte. Zu den Prinzipien der kurzlebigen „Republik" gehörte es beispielsweise, „Kriegszüge (gegen Ungläubige)" (*ġazat*) im Namen von islamischer Religion und Nation zu unternehmen sowie in den „Dschihad" (*jahat*) zu ziehen.[232] „Wenn du stirbst, (bist du) ein Märtyrer, wenn du (am Leben) bleibst, (bist oder wirst du) ein Veteran des religiösen Kriegs/ Dschihads" (*Ölsäŋ šäyit, qalsaŋ gazi*), lautet eine dem offiziellen Wortgebrauch der Ostturkestanischen Islamrepublik zugeschriebene Maxime.[233] Man könnte argumentieren, dass zu diesem Zeitpunkt in Teilen der islamischen Welt schon eine Säkularisierung des Dschihadbegriffs beziehungsweise der dschihadistischen Rhetorik stattgefunden habe[234] oder dass die zitierte Maxime in gewissem Widerspruch zu einer orthodox islamisch-religiösen Auffassung von Märtyrertum (derzufolge Märtyrer nicht sterben, sondern ewig lebendig und in Allahs Nähe sind[235]) stehen mochte, weswegen der säkularisierte, auf die Nation bezogene Aspekt bei derartiger Wortwahl der dominierende gewesen sei. Doch auch in diesem Fall bliebe unbestreitbar, dass dies Begrifflichkeiten waren, bei denen der religiös-islamische Sinn zumindest mitschwang und nicht gänzlich hinter den modern-säkularistischen Deutungen zurückgetreten war.

---

229 Nach Semet/ Wilkens 2012: 156.
230 Semet/ Wilkens 2012: 156.
231 Semet/ Wilkens 2012: 156.
232 Ibragimov 2005: 147.
233 Ibragimov 2005: 147.
234 Zu Säkularisierungstendenzen in der islamischen Dschihadismus- und Märtyrerrhetorik in der betreffenden Periode vgl. Heß 2021: 391-431.
235 Vgl. Heß 2021: 170f.

Noch deutlicher zeigt sich die Bedeutung des islamischen Aspekts in der Ostturkestanischen Islamrepublik im Bereich des Rechts. Hier sind einige der getroffenen Festlegungen ausgesprochen rückwärtsgerichtet und antimodern, um nicht zu sagen barbarisch. So konnten Frauen, die sich den – selbstverständlich ohne Ausnahme von Männern formulierten, dekretierten und kontrollierten – Kleidungsvorschriften nicht unterwarfen, in einer Art Sack für eine bestimmte Zeit öffentlich aufgehängt und in dieser Weise zur Schau gestellt und gedemütigt werden.[236] Auch das Steuersystem der *Šärqiy Türkistan Islam jumhuriyiti* trägt sehr deutliche Spuren der islamischen Tradition. Dies gilt etwa für die spezifisch islamisch-religiöse Abgabe des *zakat*, aber auch für die *öšrä* genannte jährliche Abgabe in Höhe eines Zehntels der Ernteerträge.[237]

Das Ende der Ostturkestanischen Islamrepublik zeichnete sich bereits im Frühjahr 1934 ab, als sie durch Truppen von Sheng Shicai unter der Führung von Ma Zhongying 马仲英, einem Angehörigen der Hui-Minderheit, in die Knie gezwungen wurde.[238] Im März wurde der Staat aufgelöst.[239] Xoja Niyaz Haji überlebte den Untergang des von ihm angeführten Herrschaftsgebildes zwar, wurde jedoch 1937 ermordet.[240]

Ungeachtet ihrer nur kurzen Lebensdauer und der Schwierigkeiten, die in Bezug auf die Deutung ihres Wesens bestehen, nimmt die Ostturkestanische Islamrepublik im Bewusstsein der Uiguren bis zum heutigen Tag einen zentralen Platz ein. Sie wird als deren erste Staatsgründung im 20. Jahrhundert betrachtet (neben zahlreichen Staatswesen aus der Zeit vor 1920, die ebenfalls als uigurisch beansprucht werden).[241]

3.2.2.3   Die Republik Ostturkestan (1944–1949)

Am 7. November 1944 gelang Aufständischen die Einnahme von Ġulja, wo eine bedeutende Garnison der KMT-Regierung stationiert war.[242] Dies war der Beginn einer weiteren großflächigen Erhebung in Xinjiang, bei dem Uiguren eine führende Rolle spielten.[243] Auch ethnische Kasachen und Tataren beteiligten sich an der Rebellion in hervorragenden Positionen.[244]

In chinesischen Darstellungen wird die Insurrektion aufgrund ihres Ausgangsortes bisweilen als „Ġulja-Vorfall" (*Yining shibian* 伊宁事变) bezeichnet, wobei die Wortwahl „Vorfall" die Tendenz hat, die Tragweite des Ereignisses herunterzuspielen. Weitreichendere Verbreitung sowohl in einheimischer als auch ausländischer Literatur hat demgegenüber die Benennung „Dreiprovinzenrevolution" (*Üč vilayät inqilabi, Sanqu geming* 三区革命) gefunden.[245] Diese Bezeichnung verdankt sich den drei Provinzen (*vilayät, diqu* 地区 oder *qu* 区), auf die sich der Aufstand ausdehnte und welche die Rebellen wenig später zu einem Staatsgebilde vereinigen konnten. Diese Provinzen waren Ili (dieser Name ist zugleich der Name eines wichtigen Flusses in der Region), Tarbagatai und Altay (chinesische Transkription: Aletai 阿勒泰). Der Ortsbezeichnung Ili verdankt sich schließlich auch eine weitere Bezeichnung der Erhebung: „Ili-Rebellion".[246]

---

236 Ibragimov 2005: 147f.
237 Siehe Ibragimov 2005: 147.
238 Bölinger 2023: 57.
239 Semet/ Wilkens 2012: 156. Vgl. Kamalov 2017: 15; Ercilasun 2018: 10.
240 Semet/ Wilkens 2012: 156.
241 Tanridagli 1998: 3; Semet/ Wilkens 2012: 156; Sulayman/ Häsän/ Guth 2020.
242 Benson 1990: 3.
243 Benson 1990: 3.
244 Bölinger 2023: 60. – Zur Bedeutung des Begriffs „Tatare" siehe S. 39 des Haupttexts.
245 Vgl. Semet/ Wilkens 2012: 157.
246 Siehe z. B. Semet/ Wilkens 2012: 157.

Faktisch handelte es sich um eine Rebellion, die das Eigeninteresse der lokalen, vor allen Dingen der muslimisch-turksprachigen, Ethnien der Region, in den Vordergrund stellte. In der offiziellen Geschichtsbetrachtung der Volksrepublik China ist sie trotz dieser Orientierung positiv bewertet worden, weil sie in der Zeit der KMT-Regierung stattfand, sich also gegen den Hauptgegner der KP Chinas im Chinesischen Bürgerkrieg richtete. Dem damaligen Führer der Kommunistischen Partei Chinas und späteren Staatsgründer Mao (Mao Zedong 毛泽东, 1893–1976) wird die Aussage zugeschrieben, dass die Revolution der drei Provinzen „ein Teil der gesamten demokratischen revolutionären Bewegung des Volks des Reichs der Mitte" (*pütün Jungo xälq demokratik inqilabiy härikätiniŋ bir qismi*) gewesen sei.[247] Der in Teilen antichinesische, die Unabhänigigkeit der muslimisch-turksprachigen Völker der Grenzregion betonende und sicher nicht im marxistisch-leninistischen beziehungsweise stalinistischen Sinne „revolutionäre" Charakter der Erhebung wog in den Augen der KP Chinas in der Realität geringer als die strategische Erwägung, dass die Ili-Rebellen und die KPC einen gemeinsamen Gegner hatten.

Aus einer historischen Perspektive dürfte die Zeit vom Beginn der „Dreiprovinzenrevolution" bis zur Errichtung der Volksrepublik China im Jahr 1949 eine weitere für das weitere Geschick der Uiguren entscheidende Periode darstellen. Denn am Ende dieser Zeit waren durch den Untergang des letzten unabhängigen Staats mit uigurischer Führungsbeteiligung die Weichen für die weitere politische und kulturelle Entwicklung der Uiguren gestellt, die fortan im Wesentlichen unter volksrepublikanisch-chinesischer und zu einem wesentlich geringeren Teil sowjetischer (beziehungsweise ab 1991 postsowjetischer) Ägide stattfinden würde.

Geopolitisch stand der Zeitabschnitt von 1944 bis 1949 zunächst unter dem Zeichen des Aufstiegs der Sowjetunion zur Weltmacht und des gemeinsamen Kampfes der Sowjets, der chinesischen Kommunisten und der „Dreiprovinzen"-Aufständischen gegen die nationalistische KMT. Die Ili-Erhebung wurde von der Sowjetunion von ihrem Anbegin an massiv mit militärischen, finanziellen und sonstigen Mitteln unterstützt.[248] Sogar Flugzeuge stellten die Sowjets den Aufständischen zur Verfügung.[249] Nach Auffassung Mathias Bölingers verschaffte diese sowjetische Hilfe den Aufständischen einen „entscheidenden Vorteil" gegenüber den militärischen Einheiten des Gouverneurs 盛 Sheng, gegen die sie kämpften.[250] Als Gegenleistung für die Unterstützung der Sowjetunion erlaubten die Rebellen dieser die Ausbeutung von Öl- und Erzressourcen Xinjiangs.[251]

Bereits wenige Wochen nach dem Beginn der Dreiprovinzen-Erhebung und noch im Jahr 1944 führte sie zur Errichtung eines formal unabhängigen Herrschaftsgebildes. Dieses gab sich selbst den Namen „Republik Ostturkestan" (*Šärqiy Türkistan jumhuriyiti*, Dong Tujuesitan Gongheguo 东突厥斯坦共和国, *Eastern Turkestan Republic*).[252] Seine Hauptstadt, Gulja, wurde der Ausgangspunkt der Rebellion.[253] Dass ein im Vergleich zur Republikgründung von 1933 weiter nördlich und somit näher an der Sowjetunion gelegenes Zentrum gewählt wurde, spiegelt wohl die große Bedeutung des nördlichen Nachbarn für den neuen Staat wider. Auch nach der Ausrufung der Republik hielt ihre militärische, wirtschaftliche und ideologische Unterstützung durch die Sowjetunion an.[254]

---

247 Anonym 2007 [2000]: 1.
248 Bölinger 2023: 60. Vgl. Freeman 2016b.
249 Bölinger 2023: 60.
250 Bölinger 2023: 60.
251 Bölinger 2023: 60.
252 Ismayilov 2011: 5; Memtimin 2016: 124; Kamalov 2017: 5, 15. Ercilasun 2018: 10 bezeichnet sie als „second "Eastern Turkistan Republic" ".
253 Iminov 2014: 140.
254 Kamalov 2017: 5.

Für eine gewisse Zeit nach dem Begin der Erhebung sah es so sogar aus, als könne es den Aufständischen gelingen, auch Ürümči zu erobern. Daran scheiterten sie jedoch. Als hauptsächlicher Grund dafür wird genannt, dass Stalin die dafür erforderliche Hilfe nicht gewährte.[255]

Möglicherweise hing die Entscheidung des sowjetischen Führers, sein Engagement für die Rebellen zurückzufahren, mit dem sich abzeichnenden Ende des Kriegs in Europa zusammen. Nach der Kapitulation Deutschlands im Mai 1945 ordnete Stalin jedenfalls an, die militärische Unterstützung der Sowjetunion für die Republik Ostturkestan komplett einzustellen. Anfang September 1945 befahl er dem damaligen Regierungschef der Republik, Älixan Törä (1884–1976) schließlich, sämtliche Kriegshandlungen gegen die KMT-Regierung Chinas zu unterlassen, und zog die sowjetischen Militäreinheiten aus der Republik Ostturkestan ab.[256] Törä wies das Verlangen Moskaus, den Krieg gegen die Chinesen zu beenden, in einer Stellungnahme vom 16. September 1945 zwar zurück.[257] Er geriet jedoch unter starken Druck, als der offenbar im Auftrag der Sowjetführung im Dienst der Republik Ostturkestan stehende Militärführer Polinov (oder Palinov) seinen im Süden der Republik befindlichen Einheiten am Folgetag den Befehl erteilte, sich bis zum Ili-Fluss zurückzuziehen.[258] Dies schränkte die militärischen Optionen der Republik Ostturkestan für den Kampf gegen die KMT erheblich ein. Törä versammelte am 2. Oktober seine Regierung, um die schwierige Situation zu beraten. Das Kabinett beschloss in der Zusammenkunft, sich dem Druck der Sowjetunion nicht länger zu widersetzen.[259]

Am 17. Oktober 1945 begannen dann in Ürümtschi unter sowjetischer Schirmherrschaft Verhandlungen zwischen der KMT und Vertretern der Republik Ostturkestan.[260] Ergebnis der Gespräche war eine als „Elfartikelabkommen" (*11 maddiliq bitim*) bekannt gewordene Waffenstillstandsvereinbarung, die am 2. Januar 1946 unterzeichnet wurde.[261] Ingesamt dürfte das Dokument eher als Erfolg für die nationalistisch-chinesische Seite zu interpretieren sein. Zu den Gründen, die hierfür sprechen dürften, gehört, dass die entscheidende Frage der Anerkennung der Unabhängigkeit der Republik Ostturkestan offengelassen wurde.[262] Ein weiterer Grund war, dass die KMT-Seite das Abkommen nur als eine ihr aufgezwungene Vereinbarung einstufte, die sie bei der nächsten sich bietenden Gelegenheit aufzukündigen gedachte.[263] Mit dem Elfartikelabkommen als Grundlage wurde eine neue Regierung der Republik Ostturkestan gebildet, die als „Einheitsregie-

---

255 Bölinger 2023: 60.
256 Qojambärdi 2015: 174f.
257 Qojambärdi 2015: 175.
258 Qojambärdi 2015: 175. Über Ivan Jakovlevič (oder Georgievič) Polinov (oder Palinov) ist nur wenig bekannt. Nach Anonym 2023d kam er als Offizier der Zarenarmee 1911 nach Ürümtschi. Während des Russischen Bürgerkriegs diente er unter dem „weißen" Kosakenführer Aleksandr Il'ič Dutov (1879–1921) und floh mit diesem nach Xinjiang, wo er später Sheng Shicai als Militärkommandeur diente. Er soll im Jahr 1937 in Ğulja wegen Verrats verhaftet und zum Tode verurteilt worden sein, doch seine Hinrichtung überlebt haben und später in die Sowjetunion gelangt sein. Nach dem Beginn der Dreiprovinzenrebellion soll ihn die sowjetische Führung nach Xinjiang geschickt haben, wo er erneut als Militärkommandant tätig geworden sei. Später wurde er angeblich Regierungsmitglied, dann ab März 1945 Oberkommandierender der „Volksarmee" der Republik Ostturkestan und kehrte im Juni 1946 endgültig in die Sowjetunion zurück. Dort soll er zum Thema der chinesischen Revolution von 1911 promoviert haben. Sein Geburtsjahr ist unbekannt, er soll in den 1960er Jahren in Taschkent gestorben sein.
259 Qojambärdi 2015: 175.
260 Qojambärdi 2015: 175f.
261 Qojambärdi 2015: 177f.
262 Siehe Qojambärdi 2015: 178.
263 Qojambärdi 2015: 180.

rung" (*Birläšmä hökümät*) bekannt wurde. Sie hatte ihren Sitz in Ürümtschi, und ihr gehörten Vertreter der Han-Chinesen, Uiguren, Kasachen und Dunganen an.[264] Regierungschef blieb Törä.

Am 12. Juni 1946 ließen sowjetische Organe Törä jedoch in Arrest nehmen und in das sowjetische Taschkent verbringen. Er kam bis zu seinem Lebensende nicht mehr aus sowjetischem Gewahrsam frei.[265] Die Internierung Töräs kann man vielleicht als Vorsichtsmaßnahme der Sowjetunion gegen einen allzu deutlichen Machtzuwachs der Republik Ostturkestan deuten. Nach Töräs Verschwinden aus Xinjiang setzte die KMT-Regierung den ethnisch han-chinesischen General Zhang Zhizhong 张治中 (1890–1969) als Gouverneur Xinjiangs ein.[266] Zhang behielt diesen Gouverneursposten bis 1947, als er ihn an den ethnischen Uiguren Mäs'ud Sabri (1886–1951) abtrat.[267]

Die Einsetzung Zhangs als Gouverneur kann man als Konzession an die KMT-Regierung deuten, die damit zumindest in einem formalen Sinne den Eindruck erwecken konnte, die Episode der Unabhängigkeit der Republik Ostturkestan sei im Wesentlichen beendet und die Regierung in Beijing habe Xinjiang wieder vollkommen unter ihre Kontrolle bekommen. Dem stand jedoch entgegen, dass einige Bezirke in Xinjiang Autonomiestatus erhielten und der faktisch mächtigste Mann Xinjiangs der in der Sowjetunion ausgebildete ethnische Uigure Äxmätjan Qasimiy (1914–1949) war.[268]

Qasimiy hatte nominell zwar nur den Posten des stellvertretenden Regierungschefs[269] inne, war aber die politisch treibende Kraft der Uiguren und anderer muslimischer Nationalitäten der Region in dieser Zeit. Unter seiner Federführung schloss die Regierung der immer noch an ihrer Existenz festhaltenden Republik Ostturkestan am 15. Juni 1946 ein Abkommen mit der Zentrale der KMT-Regierung in Beijing.[270] In der Folge war Qasimiy bemüht, sowohl theoretisch als auch durch praktische politische und diplomatische Schritte den Fortbestand der Republik, deren „Einheitsregierung" er vertrat, zu garantieren. So verfasste er ein „Politisches Programm" (*Siyasiy Programma*) dieser Einheitsregierung, das diese am 18. Juli 1946 in ihrer Regierungsversammlung (*hökümät mäjlisi*) annahm.[271] Um seine Vorstellungen über die Zukunft Xinjiangs zu kommunizieren, reiste Qasimiy am 15. November 1946 auch zum Chinesischen Nationalkongress nach Nanjing 南京.[272]

Die mit dem Abkommen vom 15. Juni 1946 beginnende Epoche ist als eine vergleichsweise freie eingeordnet worden.[273] Wenn diese Einschätzung zutrifft, dürfte es eine Reihe von inneren und äußeren Gründen für eine vergleichsweise offene und ungestörte Entwicklung in dieser Phase gegeben haben. In Bezug auf die Innenpolitik könnte man darauf hinweisen, dass durch die Bildung der Einheitsregierung Anfang 1946 eine politische Gemengelage entstanden war, in der keine der verschiedenen ethnischen Gruppen, die es in Xinjiang gab, die anderen klar dominieren konnte. Benachteiligungs- oder gar Unterdrückungsmaßnahmen gegenüber anderen ethnischen Gruppen dürften dadurch schon aus prinzipiellen Gründen abgenommen haben. Dass es solch repressives Verhalten während des Bestehens der Republik Ostturkestan immer wieder gab, wird tatsächlich angenommen. So ist behauptet worden, dass es in der Ära dieser Republik zu „zahlreichen" Morden

---

264 Ercilasun 2018: 10.
265 Vgl. Qojambärdi 2015: 178.
266 Vgl. Bölinger 2023: 61, der dieses Ereignis jedoch auf 1945 datiert.
267 Bölinger 2023: 61, von dem auch die Lebensdaten stammen.
268 Qojambärdi 2015: 178.
269 *Hökümät räisinin muavini* (Qojambärdi 2015: 178).
270 Harbalioğlu/ Abdulvahit Kaşgarlı 2017: 307.
271 Qojambärdi 2015: 179f.
272 Qojambärdi 2015: 180.
273 Vgl. Harbalioğlu/ Abdulvahit Kaşgarlı 2017: 307.

an Han-Chinesen kam.²⁷⁴ Aus der Außen- beziehungsweise Geopolitik heraus könnte sich ein günstiger und mäßigender Einfluss auf die innere Konstitution der Republik Ostturkestan einerseits dadurch ergeben haben, dass die Sowjetunion in Zentralasien ab Mitte Juni 1946 eine mäßigende oder indifferente Rolle einnahm, indem sie sich mit der parallelen Existenz eines Gouverneurs und einer „Einheitsregierung" in China offenbar arrangierte und zumindest nicht daran interessiert gewesen zu sein scheint, die dort vorhandenen Konflikte noch zu verschärfen. Andersits könnte auch das militärische Geschehen in den chinesischen Kernlanden eine Rolle gespielt haben. Dort steuerte nach dem Sieg der Alliierten über Japan der Bürgerkrieg auf seinen Höhepunkt zu, wodurch sich für eine gewisse Zeit keine der beiden Bürgerkriegsparteien in Xinjiang klar durchsetzen konnte. Dies dürfte den Handlungsspielraum der lokalen Akteure erweitert haben, die, wie gesehen, eher auf Kooperation untereinander aus waren.

Das Ende der Republik Ostturkestan ist eng mit einem mysteriösen Flugzeugabsturz am 24. August 1949 verbunden, bei dem elf ihrer hochrangigsten Vertreter, darunter Qasimiy, ihr Leben verloren.²⁷⁵ Die Politiker hatten sich kurz zuvor zu Gesprächen mit Vertretern der Sowjetunion im nahe der Grenze zu China gelegenen Alma-Ata getroffen und waren zu Unterredungen in Beijing unterwegs, zu denen sie Mao eingeladen hatte. Die Republik Ostturkestan bestand nach der Flugzeugtragödie nur noch bis zur Ausrufung der Volksrepublik China am 1. Oktober desselben Jahres fort.²⁷⁶

3.2.2.4   Die ersten Jahrzehnte der Volksrepublik China (1949–1978)

Nach dem Sieg der Kommunistischen Partei Chinas über die Nationalisten im Chinesischen Bürgerkrieg rief Mao am 1. Oktober 1949 in Beijing die Volksrepublik China (*Zhongguo renmin gongheguo* 中国人民共和国) aus. Damit endete eine der blutigsten Phasen der chinesischen Geschichte. Seit dem Beginn der japanischen Invasion im Jahr 1937 waren ihr geschätzte fünf Millionen Bewohner Chinas zum Opfer gefallen.²⁷⁷

Xinjiang war bereits einige Zeit vor der Ausrufung der Republik im Verlauf des Jahres 1949 durch die Volksbefreiungsarmee unter deren Kontrolle gebracht worden.²⁷⁸ Dies und die anschließende Gründung der Volksrepublik China veränderte die Lage in Xinjiang und die Situation der dort lebenden Uiguren von Grund auf. In der Anfangszeit der Volksrepublik war das Verhältnis zwischen den siegreichen Kommunisten und der lokalen uigurischen Bevölkerung Xinjiangs offenbar recht harmonisch. Die uigurische Bevölkerung Ürümtschis soll beispielsweise die einmarschierenden Rotarmisten freundlich willkommen geheißen und die Soldaten sich dadurch revanchiert haben, dass sie den Einwohnern bei Alltagsarbeiten halfen und Uigurisch lernten.²⁷⁹ Obwohl die KPC aus ihrer säkularistischen, marxistisch-leninistisch-stalinistischen Weltanschauung heraus in Xinjiang nach ihrer Machtübernahme rasch und massiv gegen sogenannte „reaktionäre Geheimgesellschaften und Sekten" (*fandong huidaomen* 反动会道门) vorging,²⁸⁰ durften die fünf in China

---

274   Bölinger 2023: 60.
275   Qojambärdi 2015: 203 gibt als Todesdatum Äxmätjan Qasimiys den 27. August 1949 an, was demzufolge auch das Datum des Flugzeugabsturzes sein müsste. Vgl. Semet/ Wilkens 2012: 157. – Ercilasun 2018: 11 behauptet, dass die Insassen des Flugzeugs nicht gestorben, sondern in Beijing gefangengesetzt worden seien.
276   Memtimin 2016: 124; Tyler 2004: 227. Vgl. Bovingdon 2010: 143; Kamalov 2017: 5.
277   Avon 2020: 82.
278   Bellér-Hann 2014: 177; Ushurova 2018: 7. Zum militärischen Geschehen vgl. auch S. 31 des Haupttextes.
279   Abduväli Ayup in Ayup 2019.
280   Vgl. Avon 2020: 82.

traditionell verwurzelten großen Religionen (Daoismus, Buddhismus, Islam, Protestantismus und Katholizismus) samt ihren Institutionen weiter bestehen.

Im Vergleich zu den großen christlichen Religionsgemeinschaften wurde Buddhisten und Muslimen in der Gründungsphase der Volksrepublik China wohl ein etwas besserer Status eingeräumt, vorausgesetzt natürlich, ihre jeweiligen Anhänger brachten dem neuen System und seiner Regierung keinen Widerstand entgegen.[281] Zu der etwas besseren Behandlung von Buddhisten und Muslime trug möglicherweise bei, dass Buddhismus und Islam als in Chinas Grenzregionen schon seit Langem fest etablierte Religionen klassifiziert wurden. Sie wurden vor allen Dingen im Unterschied zu Katholizismus und Protestantismus nicht mit jenen westlichen imperialistischen Mächten in Verbindung gebracht wurden, die China im 19. und 20. Jahrhundert heimgesucht und eine nachhaltig übelste Erinnerung im kollektiven Gedächtnis des Landes hinterlassen hatten.[282] In einigen Fällen ist im Xinjiang der damaligen Zeit auch ein pragmatisches Vorgehen der kommunistischen Machthaber im Umgang mit der einheimischen muslimischen Bevölkerung erkennbar. So wurden die Scharia-Gerichte zwar 1950 offiziell verboten, konnten dessenungeachtet jedoch tatsächlich weiterarbeiten.[283] Die relative Toleranz, die in dieser Epoche gegenüber dem Islam und seinen Einrichtungen gezeigt wurde, betraf auch die Uiguren Xinjiangs, da sie in ihrer erdrückenden Mehrheit Muslime waren und den Islam in sichtbarer Weise auslebten.

Ein neben der Erinnerung an die Rolle der Religionsgemeinschaften in der chinesischen Vergangenheit weiterer wichtiger Grund, warum die Führung der Volksrepublik zumindest in den ersten Jahren seit ihrer Gründung vergleichsweise mild mit den muslimischen Minderheiten in ihrem Nordwesten umging, dürfte in den dortigen demographischen Gegebenheiten gelegen haben. Im Gründungsjahr der Volksrepublik China betrug der Bevölkerungsanteil der Han-Chinesen in Xinjiang nur zwischen ungefähr 5 und 6,7 Prozent.[284] Die Uiguren stellten demgegenüber 80 Prozent der Einwohner dieser Region.[285] In dieser Situation wäre es kaum möglich gewesen, die Wünsche und Interessen der muslimischen Bevölkerung ganz zu ignorieren oder unterdrücken. Erst ab den 1950er Jahren begann der Anteil der Han-Chinesen in Xinjiang deutlich zu steigen. Dies lag auch daran, dass viele nach Xinjiang versetzte volksrepublikanisch-chinesische Militärangehörige han-chinesischer Ethnizität auf staatliche Anregung hin Familienangehörige an den Dienstort mitnahmen.[286]

Im Verlauf der ersten fünf Jahre des Bestehens der Volksrepublik intensivierten sich jedoch nach und nach die Versuche des Staates, die muslimischen Minderheiten zu reglementieren und effektiver zu kontrollieren. Am 11. Mai 1953 wurde die „Islam-Vereinigung des Reichs der Mitte" (*Zhongguo Yisilanjiao xiehui* 中国伊斯兰教协会) ins Leben gerufen. Die Mitgliedschaft in dieser Organisation war für alle Muslime der Volksrepublik verpflichtend, ebenso wie den Angehörigen der vier anderen anerkannten Religionen vorgeschrieben wurde, sich jeweils ebenfalls in einer vergleichbaren Dachorganisation zusammenzuschließen.[287] In der „Islam-Vereinigung des Reichs der Mitte" wurden damals zehn der insgesamt 56 offiziell anerkannten Ethnien (*minzu* 民族) der VRC zusammengeschlossen. Dies waren neben den Uiguren Muslime, die der han-chinesischen Ethnie (*Hanzu* 汉族) angehörten, Kasachen, Kirgisen, Salaren, Usbeken, Tataren, Baoan/Paoan (*Bao'an* 保安), die Minderheit der

---

281 Nach Avon 2020: 82.
282 Avon 2020: 82. – Zum Vorgehen der imperialistischen Großmächte in China vgl. S. 37 des Haupttextes.
283 Avon 2020: 82.
284 Fünf Prozent ist die Angabe von Bölinger 2023: 46, 6,7 Prozent die von Mattheis 2021. Byler 2022: xiv geht von 6 Prozent aus. Zum Werk Bylers siehe auch die Rezension Heß 2023a.
285 Byler 2022: xiv.
286 Byler 2022: xiv, 69.
287 Avon 2020: 83.

Dongxiang 东乡 und Tadschiken.²⁸⁸ Von den genannten muslimischen Minderheiten sind Uiguren, Kasachen, Kirgisen, Salaren, Usbeken und Tataren Turkvölker.

Ein wichtiger Gradmesser für das Verhältnis des Staats zu den Religionsgruppen in dieser Periode war auch die Verfassung der Volksrepublik vom September 1954. Ihr Artikel 88 gestand in der Theorie allen Bürgern Religionsfreiheit zu, wobei dies in der Vorstellung der KPC von der Zukunft entsprechend zumindest für die angenommene Übergangsphase gelten sollte, in der man sich gemäß den Glaubenssätzen der leninistisch-stalinistischen Religion wähnte, bis es dereinst zur Errichtung des vollkommenen Sozialismus beziehungsweise Kommunismus kommen sollte.²⁸⁹ In der Praxis wurde das Recht auf freie Religionsausübung jedoch auf bestimmte Örtlichkeiten eingeschränkt, nämlich auf die speziell dafür vorgesehenen Kultstätten.²⁹⁰ Trotz der nominellen Großzügigkeit im Hinblick auf das Praktizieren des Glaubens wird also auch hier eine starke Neigung zur Regulierung und Begrenzung erkennbar.

Die „uigurische Ethnie" (oder „uigurische Nationalität"), *Weiwu'er zu*, war bereits von der Gründung der Volksrepublik an eine der anerkannten „ethnischen Minderheiten" (*shaoshu minzu* 少数民族) im Land.²⁹¹ Auch wenn die Uiguren von den frühen 1950er Jahren bis heute nur jeweils weniger als ein Prozent der Gesamtbevölkerung der Volksrepublik China ausmachten, waren sie immer eine der zahlenmäßig stärksten muslimischen Minderheiten des Landes. Dies in Verbindung mit ihrem demographischen Übergewicht in Xinjiang dürfte zu den Gründen gezählt haben, warum die volksrepublikanisch-chinesische Führung ihnen im Jahr 1955 eine Reihe von neuen Vorrechten versprach. Dazu gehörte die Zusage, ihre Kultur zu schützen, und sogar die Ankündigung der Gewährung von Redefreiheit und Wahlrecht.²⁹² Höhepunkt der Welle von Privilegien für die Uiguren war die Einrichtung der „Autonomen Uigurischen Region Xinjiang (Abkürzung AURX; *Xinjiang Weiwu'er zizhiqu, Šinjaŋ Uyġur aptonom rayoni, Xinjiang Uyghur Autonomous Region, Sin'czan-Ujgurskij avtonomnyj rajon*) am 1. Oktober 1955.²⁹³ Der Gründungstag war offensichtlich in Erinnerung an die Ausrufung der Volksrepublik China sechs Jahre zuvor gewählt worden. „Autonome Uigurische Region Xinjiang" ist die offizielle Benennung der administrativ-juristischen Einheit, die meist gemeint ist, wenn in aktuellen Diskussionen in westlichen Medien von „Xinjiang" die Rede ist. Hauptstadt der AURX ist Ürümtschi. Obwohl in der Autonomen Region nur ein verschwindend kleiner Teil der Gesamtbevölkerung der Volksrepublik China lebt, bedeckt sie mit ca. 1,6 Millionen Quadratkilometern etwa ein Sechstel der Fläche des Landes.²⁹⁴ Außerdem verfügt die AURX über gewaltige Reserven an Bodenschätzen und ist für die wirtschaftlichen, militärischen und politischen Interessen der Volksrepublik China von unschätzbarem geostrategischem Wert.

Ab der Mitte der 1950er Jahre erlebte die Volksrepublik ein turbulentes Auf und Ab in der Kulturpolitik, von dem auch die Uiguren stark betroffen wurden. In den Jahren 1956 und 1957 ließ die Regierung die „Kampagne der 100 Blumen" (*Baihua yundong* 百花运动) durchführen. Ein Ergeb-

---

288 Avon 2020: 83.

289 Avon 2020: 83 zitiert die Verfassung von 1954 folgendermaßen: *Tous les citoyens de la République populaire de Chine pourront avoir la liberté de croyance religieuse* (Alle Bürger der Volksrepublik China werden über Freiheit des religiösen Glaubens verfügen können).

290 Avon 2020: 83.

291 Bender 2016: 261. Bender erwähnt die ältere englische Übersetzung *minority nationality* und die jüngere *ethnic minority group* für *shaoshu minzu*.

292 Nach Pearson 2022.

293 Kajdarov 1961: 289; Semet/ Wilkens 2012: 152; Bellér-Hann 2014: 177; Memtimin 2016: 1; Ercilasun 2018: 11. Den präzisen Tag gibt Abduväli Ayup (in Ayup 2019) an.

294 Bellér-Hann 2014: 175; Memtimin 2016: 14.

nis dieser auf Öffnung und Entfaltung gesellschaftlicher Kräfte abzielenden Bewegung war eine, wenn auch nur vorübergehende, Lockerung der in Bezug auf die Religionsgemeinschaften immer noch bestehenden Restriktionen.[295]

Doch bereits in der kurz darauf beginnenden Periode des „Großen Sprungs vorwärts" (*Dayuejin* 大跃进, 1958 bis 1960) zog der Staat die gesellschaftspolitischen Zügel wieder sehr fest an. Die Autonomie *aller* religiösen Organisationen wurde im Verlauf dieser neuen umfassenden Kampagne faktisch beseitigt, auch wenn die Freiheit der Religionsausübung nominell weiterhin garantiert blieb.[296] Um die Tätigkeit religiöser Gruppierungen und Einrichtungen zu beschränken, griff der Staat teilweise auch zu vorgeschobenen Begründungen. Dazu gehörten Hinweise auf ihren Reichtum oder angeblich imperialistischen Charakter.[297] Es kam in vielen Fällen zur Säkularisierung und auch Profanierung von Gotteshäusern und Kultstätten, etwa durch deren Umfunktionierung zu Militärbaracken, Gefängnissen oder Gebäuden für Kooperativen.[298] Bestimmte Formen der religiösen Betätigung wie Beten und religiös begründetes Fasten wurden verboten.[299] Diese Maßnahmen betrafen zusammen mit den anderen Muslimen der Volksrepublik China unvermeidlicherweise auch die Uiguren.[300] Auch die sprachlichen Ausdrucksmöglichkeiten der Uiguren wurden Beschränkungen unterworfen.[301] Abgesehen davon kam es während des „Großen Sprungs vorwärts" zu einer tiefgreifenden Umstrukturierung der allgemeinen Lebensverhältnisse in der ganzen Volksrepublik, die sich ebenfalls auf das soziale und kulturelle Leben der Uiguren auswirkte. An vielen Orten wurden beispielsweise die bis dahin existierenden Privathäuser und Farmen durch Dorfkommunen ersetzt, in denen alle Häuser gleich groß zu sein hatten.[302]

Mindestens ebenso schwerwiegende Konsequenzen für das Leben der Uiguren in der Volksrepublik China wie die oben geschilderten inneren Entwicklungen hatte das politische und phasenweise sogar militärische Zerwürfnis des Landes mit der Sowjetunion, zu dem es ab den späten 1950er Jahren kam. Während des Chinesischen Bürgerkriegs hatten die von Mao geführten chinesischen Kommunisten meist zur Sowjetunion als politisches und ideologisches Vorbild aufgeblickt. Nach der Gründung der Volksrepublik China war das Verhältnis der beiden kommunistischen Großmächte eine Zeitlang von Kooperation geprägt. Mao reiste am 21. Dezember 1949 persönlich nach Moskau zur Feier von Stalins 70. Geburtstag. Doch in der Folgezeit entwickelten sich die beiden Staaten von Nachbarn, die einander durch geteilte Grundlagen der kommunistischen Ideologie nahestanden, schrittweise zu Konkurrenten und schließlich zu Feinden. Dieses Auseinanderdriften hatte auch etwas mit dem Tod Stalins im Jahr 1953 und der durch seinen Nachfolger Chruschtschow durch seine Geheimrede von 1956 eingeleiteten Periode der Distanzierung von Stalins Erbe zu tun. In der Volksrepublik China gab es dagegen nie eine vergleichbare Phase der Entstalinisierung, und man hielt lange am Erbe des *Vožd'* („Führers") Stalin nahezu ohne Abstriche fest.

---

295 Avon 2020: 83.
296 Avon 2020: 84.
297 Avon 2020: 84.
298 Avon 2020: 84.
299 Avon 2020: 84.
300 Semet/ Wilkens 2012: 152; Gao 2019: 38. Abduväli Ayup geht offenbar davon aus, dass die volksrepublikanisch-chinesischen Behörden ab 1958 speziell die Uiguren ins Visier nahmen, indem er schreibt, dass „sie [die kommunistischen Rotarmisten beziehungsweise die Kommunisten – M. R. H.] seit 1958 die Eigenschaften der Kultur der Uiguren als die Hauptbedrohung behandelten" (*since 1958 they treated the features of Uyghurs* [sic – M. R. H.] *as the main threat*; Abduväli Ayup in Ayup 2019).
301 Semet/ Wilkens 2012: 152; Gao 2019: 38.
302 Byler 2022: 102 bezeichnet diese Dörfer als *communal villages* („Dorfkommunen").

Bis zur Eskalation des Streits zwischen der Sowjetunion und der Volksrepublik China war die Kultur der Uiguren in Xinjiang in hohem Maße von sowjetischen beziehungsweise russischen Einflüssen geprägt. Dabei dürfte der russische Kultureinfluss auf die Uiguren damals größer gewesen sein als der chinesische. Das oben beschriebene relative Wohlwollen der volksrepublikanisch-chinesischen Führung gegenüber den Uiguren, die 1955 in der Errichtung der AURX gipfelte, hatte neben inneren Ursachen möglicherweise auch den Hintergrund, dass Beijing in jener Zeit mit Moskau um die Gunst und Sympathie der Uiguren in einen Wettbewerb getreten war.

Das russische Substrat lässt sich in vielen Bereichen der uigurischen Kultur, Wissenschaft und Literatur in der Volksrepublik China nachweisen, und oft dürfte es sogar heute noch eine gewichtigere Rolle spielen als der Einfluss des Chinesischen. Wie stark und nachhaltig der Einfluss etwa der russischen Sprache auf das uigurische Xinjiang gewesen ist, legt schon der Umstand nahe, dass in der offiziellen uigurischen Bezeichnung der Autonomen Uigurischen Region Xinjiang, *Šinjaŋ Uyġur aptonom rayoni*, gleich zwei russische Lehnwörter enthalten sind, *aptonom* (< *avtonomnyj* „autonom") und *rayon* (von *rajon* „Rayon, Region, Bezirk"). Als weiteres Beispiel kann man anführen, dass die Mehrzahl der linguistischen und literaturwissenschaftlichen Fachausdrücke, die sich im Uigurischen etabliert haben, ebenfalls aus dem Russischen stammen. Zu den Beispielen gehören *diyalekt*[303] „Dialekt", *leksikologiyä*[304] „Lexikologie" und *singarmonizm*[305] „Vokalharmonie" (ein in den Turksprachen verbreitetes linguistisches Phänomen). Der Umstand, dass deartige Termini in einem linguistischen Standardwerk verwendet werden, das im Jahr 2010 in der Volksrepublik von dortigen Wissenschaftlern verfasst wurde und auf Jahrzehnten wissenschaftlicher Erfahrung in dem Land beruhte, illustriert, wie tief und nachhaltig der Einfluss des Russischen in der uigurischen Wissenschaftssprache geblieben ist.

Den russischen Einfluss auf die uigurische Kultur in Xinjiang kann man auch an der Geschichte der uigurischen Alphabete ablesen. Zwischen 1949 und 1958 wurde die uigurische Literatursprache in Xinjiang einerseits in Varianten der traditionellen araboiden Schrift, anderseits in (im Laufe der Jahre mehrfach modifizierten) Formen des kyrillischen (beziehungsweise russischen) Alphabets geschrieben.[306] Im Jahr 1958, also zu einem Zeitpunkt, als die politische Krise zwischen der Sowjetunion und China bereits manifest war, führten die volksrepublikanisch-chinesischen Behörden dann ein neues Alphabet für das Uigurische ein, das weder auf der araboiden noch auf der kyrillischen Schrift beruhte.[307] Als Ursache für diese Veränderung gilt das ab 1958 manifest gewordene sowjetisch-chinesische politische Zerwürfnis.[308] Das neue Schriftsystem entstand auf der Grundlage des in der VRC für die lautliche Wiedergabe des Mandarin offiziell gebräuchlichen Systems lateinischer Buchstaben, des sogenannten Pinyin 拼音-Systems. Die mit Hilfe dieses Systems kreierte und 1959 verordnete uigurische Schrift ist als die sogenannte „neue Schrift" (*yeŋi yeziq*) bekannt.[309] Sie wird auch heute noch verwendet, wenngleich im Vergleich mit anderen Schriftsystemen eher selten. Durch die Einführung der „neuen Schrift" versuchten die volksrepublikanisch-chinesischen Behörden, die Uiguren (und andere turksprachige Minderheiten, die sich ihrer ebenfalls bedienen mussten) enger an die Volksrepublik zu binden und zugleich den Kontakt zwischen Vertretern dieser

---

303 Tahir/ Äbäydulla/ Raxman 2010, Bd. 1: 6H/17PDFf.
304 Tahir/ Äbäydulla/ Raxman 2010, Bd. 1: 5H/16PDF, 7H/18PDF, 18H/29PDF.
305 Tahir/ Äbäydulla/ Raxman 2010, Bd. 1: 12H/23PDF.
306 Shir 2019: 11. Nach Abduväli Ayup (in Ayup 2019) wurde die kyrillische Schrift zum ersten Mal 1956 in der Volksrepublik China eingeführt. Seinen Angaben zufolge gschah dies unter Zwang, und um die „revolutionäre Freundschaft" (*revolutionary friendship*) zwischen der VRC und der UdSSR zu festigen.
307 Abduväli Ayup (in Ayup 2019).
308 Abduväli Ayup (in Ayup 2019).
309 De Jong 2007: 1; Shir 2019: 11. – For this script, see chapter 1.3.4. below.

Völker über die sino-sowjetische Grenze hinweg einzuschränken, was zugleich bedeutete, deren Verbindungen in die sowjetisch-russische Kultursphäre zu minimieren.[310] Auch wenn *yeŋi yeziq* unter den Uiguren nie besonders beliebt war (unter anderem, weil die Unterrichts- und sonstigen Materialien, die damit geschrieben wurden, als qualitativ minderwertig empfunden wurden), blieb es bis 1982, also noch bis in die Zeit nach dem Beginn der Ära der „Reformen und Öffnung" hinein, die einzige offiziell für das Uigurische verwendete Schrift in der Volksrepublik China.[311] 1982 wurde die „neue Schrift" auf Wunsch der Uiguren dann durch die sogenannte „alte Schrift" (*kona yeziq*) ersetzt.[312] Hierbei handelt es sich um das auf der arabischen Schrift beruhende, jedoch nach modernen linguistischen Prinzipien durchdachte Alphabet, das in der VRC auch heute noch offiziell für die Wiedergabe des Uigurischen verwendet wird.

Im Jahr 1966 rief die volksrepublikanisch-chinesische Staatsführung die „Große Kulturrevolution" (*Wenhua da geming*) aus.[313] Während dieser umfassenden Kampagne wurde ein Großteil des materiellen und kulturellen Erbes Chinas vernichtet. Aus heutiger Sicht kann ein wichtiger Grund für diese von zahllosen Gewalttakten auch gegen Personen geprägte Massenaktion darin gesehen werden, dass Mao mit ihr vom katastrophalen Scheitern des „Großen Sprungs vorwärts" ablenken wollte, der mindestens 20 Millionen Bewohnern der Volksrepublik das Leben gekostet haben soll.[314]

Man geht davon aus, dass in der ersten, bis 1972 dauernden Phase der „Großen Kulturrevolution" das gesamte literarische Leben in Xinjiang zum Erliegen kam.[315] Während der gesamten Dauer der Kampagne wurden Minderheitensprachen wie das Uigurische als prinzipiell rückständig dargestellt und ihr Gebrauch auf vielfältige Weise eingeschränkt.[316] Der Schul- und sonstige Unterricht in uigurischer Sprache in Xinjiang wurde aufgegeben, Hunderttausende uigurischer Bücher und Manuskripte wurden vernichtet.[317] Von diesen Maßnahmen waren auch zahlreiche in *yeŋi yeziq* publizierte Texte betroffen, was zu einem weiteren Grund für die relative Erfolgslosigkeit dieses Schriftsystems geworden sein dürfte.

Erst der Tod Maos am 9. September 1976 beendete die „Große Kulturrevolution". Es folgten zwei Jahre voller politischer Turbulenzen, in denen verschiedene Fraktionen um das Erbe und die Nachfolge des Großen Vorsitzenden stritten. Das Ergebnis war eine zaghafte Distanzierung von den unter Mao begangenen Exzessen und eine Hinwendung zu einer etwas lockereren und offeneren Politik.

3.2.2.5 „Reformen und Öffnung" mit Vorbehalten (1978–2012)

Die Ära der „Reformen und Öffnung" (*Gaige kaifang* 改革开放, *Islahat-Ečivetiš Siyasiti*, *Reform and Opening*) begann gegen Ende des Jahres 1978.[318] Ein früher, aber wohl bereits entscheidender Schritt hin zur Revidierung einiger der repressivsten Aspekte von Maos Politik war eine Sitzung des

---

310 Shir 2019: 10f.
311 Hahn/ Ibrahim 2006: 98; Shir 2019: 11. – Zur Ära der „Reformen und Öffnung" vgl. S. 57ff. des Haupttextes.
312 Shir 2019: 11. De Jong 2007: 1 datiert den Wechsel auf 1981–1982. Vgl. Hahn/ Ibrahim 2006: 98.
313 Zur Geschichte der „Großen Kulturrevolution" vgl. Ši/ Jin 2000.
314 Nach Scherrer 2022 starben allein durch die Hungersnot, die als Folge der Kampagne zwischen 1959 und 1961 herrschte, zwischen 20 und 40 Millionen Menschen. Hilton 2023 beziffert die Zahl der Opfer des „Großen Sprungs vorwärts" auf zwischen 30 und 50 Millionen.
315 Semet/ Wilkens 2012: 152.
316 Shir 2019: 11.
317 Shir 2019: 11.
318 Zur Terminologie vgl. Byler 2022: 77, 103; Sultan/ Abdurehim 2002: 5Hf. Der Begriff taucht auch in „Dokument Nr. 9", zitiert in Anonym 2013 auf. Zu diesem Dokument siehe weiter unten, S. 59 des Haupttextes.

Zentralkomitees der KPC, die vom 18. bis zum 22. Dezember 1978 in Beijing abgehalten wurde. Dies war die „Dritte Plenarsitzung des 11. Zentralkomitees der KPC" (*Zhongguo gongchandang dishiyi jie Zhongyang weiyuanhui disan ci quantihuiyi* 中国共产党第十一届中央委员会第三全体会议, *Partiyä 11-Növätlik märkiziy komiteti 3-omumiy yigini*).[319] Die auf dieser Versammlung, möglicherweise zum ersten Mal in einem formalen Rahmen, vorgeschlagene politische Umorientierung wurde von Maos Nachfolger Deng Xiaoping (Deng Xiaoping 邓小平, 1904–1997) fortgeführt und zu einem umfassenden politischen Erneuerungsprogramm erweitert.

Deng begann noch 1978 mit der Implementierung einer Politik der wirtschaftlichen und kulturellen Liberalisierung.[320] Zu diesem Zweck rief er zu den „Vier Modernisierungen" (*Sige Xiandaihua* 四个现代化) auf. Gemeint war die Modernisierung der Wissenschaft, der Industrie, der Landwirtschaft und der Verteidigung.[321] Eine weitere wichtige Figur im Prozess des Umbaus der Volksrepublik China nach Maos Tod war Zhao Ziyang 赵紫阳 (1919–2005). Jüngere Forschungen gehen sogar davon aus, dass ein Großteil der Reformierung und Modernisierung der Volksrepublik in den zehn Jahren ab 1978 tatsächlich nicht auf Deng, sondern auf Zhao zurückgegangen sei, der unter anderem die Positionen des Vizevorsitzenden der KPC (1981–1982), Premierministers (1980–1987) und Generalsekretärs der KPC (1987–1989) innehatte.[322] Zhao vertrat unter anderem die Ansicht, dass wirtschaftliche Reformen nur dann zu dauerhaften positiven Ergebnissen führen würden, wenn Partei und Regierung voneinander getrennt, eine unabhängige Justiz eingeführt und die Freiheit der Presse garantiert würden.[323]

Einen ersten Höhepunkt erreichte die gesellschaftliche Öffnung im Gefolge einer privaten Aktion, die Wei Jingsheng 魏京生 (*1950), ein Elektriker im Zoo Beijing, im Dezember 1978 durchführte. Wei klebte an eine Mauer im Stadtzentrum der Hauptstadt ein Plakat, auf dem er als fünfte Ebene der Modernisierung die Demokratie einforderte.[324] Von da an war auch von der „Fünften Modernisierung" (*Diwuge Xiandaihua* 第五个现代化) die Rede. Durch seine Grasswurzel-Initiative löste Wei eine ganze Welle vergleichbarer prodemokratischer Poster-Aktionen aus. Dieser Trend hielt fast ein Jahr an. In dieser Zeit wurde die Regierung der Volksrepublik zu immer weiteren politischen Reformen und Akten in Richtung Liberalisierung aufgefordert.[325] Sogar Deng Xiaoping selbst unterstützte die Poster-Bewegung vorübergehend.[326] Etwa ein Jahr nach Weis Plakatierungstat wurden die Aktionen jedoch von den Behörden unterbunden.[327] Demokratie und Meinungsfreiheit sowie das staatlicherseits unkontrollierte Agieren von Privatpersonen im öffentlichen Raum gingen ganz offensichtlich über den Bereich dessen hinaus, was sich die Führung der KPC unter Reformen und Öffnung vorstellte und zu tolerieren bereit war. Wei musste später einige Jahre im Gefängnis verbringen, bevor er 1997 in die USA ins Exil gehen durfte.[328] Nach dem Ende der Demokratieposterzeit verkündete Deng öffentlich vier Grundprinzipien, die nach seiner Auffassung fortan die Grenzen und Möglichkeiten des öffentlichen Diskurses markierten. Diese vier Grundsät-

---

319 Sultan/ Abdurehim 2002: 5H. – Dies dürfte auch die Sitzung sein, auf die sich Tanridagli 1998: 1 mit *grand Congrès du Parti communiste chinois en 1978* („Großer Kongress der KPC 1978") bezieht.
320 Semet/ Wilkens 2012: 153; Aust/ Geiges 2022. Vgl. Byler 2022: 200.
321 Hilton 2023.
322 Hilton 2023. Zum Thema siehe ausführlich Gewirtz 2022.
323 Hilton 2023.
324 Hilton 2023.
325 Hilton 2023.
326 Hilton 2023.
327 Hilton 2023.
328 Vgl. Hilton 2023.

ze waren die Fortsetzung des eingeschlagenen sozialistischen Wegs, das Festhalten an der Diktatur des Proletariats, die Unantastbarkeit der Führungsrolle der Kommunistischen Partei und das Bewahren eines ideologischen Überbaus der Gesellschaft, der aus Grundsätzen des Marxismus-Leninismus sowie aus dem Denken Maos bestehen sollte.[329]

Bis zum Jahr 1989 schien die am Ende der 1970er Jahre begonnene, jedoch sich nur innerhalb der Grenzen des Machtanspruchs der Kommunistischen Partei bewegende Öffnungspolitik mehr oder weniger unvermindert weiterzugehen. Noch am 15. Mai 1989 Jahres empfing die Führungsriege der KPC einschließlich Deng in Beijing Michail Gorbatschow, der 1985 seinerseits in der Sowjetunion eine Ära des „Umbaus" (*perestrojka*) begonnen hatte.[330] Doch am 4. Juni 1989 machte dieselbe volksrepublikanisch-chinesische Parteiführung den Hoffnungen auf eine Demokratisierung ihres Landes ein vorläufiges Ende, indem sie die friedliche Dauerdemonstration der Pro-Demokratie-Bewegung auf dem zentralen Platz der Hauptstadt, dem Platz des Himmlischen Friedens (*Tian'anmen Guangchang* 天安门广场, eigentlich „Platz des Tors des Himmlischen Friedens"), durch die Armee beenden ließ.[331] Hunderte, wenn nicht gar Tausende fielen diesem Blutbad, das in der Volksrepublik niemals juristisch oder politisch aufgearbeitet worden ist, zum Opfer. Kurz nach dem Massaker wurde Zhao entmachtet und verbrachte den Rest seines Lebens in Hausarrest.[332] Damit war die volksrepublikanisch-chinesische Demokratiebewegung gestorben. Bis heute ist sie nicht wieder zum Leben erwacht.

Das brutale Durchgreifen des Staates am 4. Juni 1989 offenbarte, dass der tonangebende Teil der Parteiführung unter keinen Umständen einer Entwicklung der Volksrepublik in Richtung eines Staats mit unabhängiger Justiz, Schutz der individuellen Rechte, freier Meinungsäußerung und Presse, Gewaltenteilung und anderen Elementen westlich geprägter Demokratie zuzustimmen bereit war. Dieser plötzliche, heftige und nachhaltige Bruch der Evolution des Landes zu einer demokratischeren Gesellschaft führte jedoch nicht zum vollständigen Ende der Reformpolitik. Vielmehr versuchte die Staats- und Parteiführung in der Folgezeit, diejenigen der Reformen, die nicht mit der Hinwendung zu einer demokratischen Gesellschaft zu tun hatten, fortzuführen, ohne zugleich den Wesenskern der Prinzipien des Maoismus beziehungsweise Stalinismus aufzugeben.

Im Bereich der Wirtschaftspolitik führte dies dazu, dass neben der sozialistischen Planwirtschaft auch Elemente kapitalistischer Ökonomie zum Tragen kamen.[333] Im Unterschied zur späten Sowjetunion und dem unabhängig gewordenen Russland hatte diese Wirtschaftspolitik in den beiden Jahrzehnten nach 1989 durchschlagenden Erfolg und machte die Volksrepublik China zu einer der führenden Volkswirtschaften des Planeten. Eines der markantesten Kennzeichen der volksrepublikanisch-chinesischen Politik wurde ab den 1990er Jahren ein phasenweise atemberaubendes Tempo der technischen Entwicklung und wirtschaftlichen Entfaltung des Landes. Diese ging jedoch nach innen mit einer streng autokratischen und im Laufe der Zeit immer repressiveren Politik und nach außen mit offenkundig imperialistischen Tendenzen einher.

Die durch den Aufstieg der Volksrepublik juristisch, wirtschaftlich und schließlich auch militärisch herausgeforderten führenden westlichen Nationen nahmen diese im Prinzip bis zum Beginn des russischen Überfalls auf die Ukraine im Jahr 2022 ohne Widerstand hin. Den aus westlicher Sicht eklatanten Widerspruch zwischen den ‚kapitalistischen', private wirtschaftliche Initiativen fördernden und nutzenden Strukturelementen der Volksrepublik und dem Fortbestehen und im Laufe der Zeit sogar Zunehmen der staatlichen Kontrolle, Überwachung und Reglementierung

---

329 Hilton 2023.
330 Scherrer 2022.
331 Zum Massaker auf dem Platz des Himmlischen Friedens siehe aktuell Scherrer 2022.
332 Hilton 2023.
333 Byler 2022: 102.

nahm man mehr oder weniger kommentarlos hin, um die Wirtschaftsbeziehungen zur neugeborenen ökonomischen Weltmacht nicht zu gefährden. Zum Teil gab man sich in der westlichen Welt auch dem Mythos vom „Wandel durch Handel" mit der Volksrepublik hin, den deren Regierung aus ihren strategischen Überlegungen heraus sehr geschickt für sich zu nutzen verstand.[334] Dass der nach dem brutalen Militäreinsatz auf dem Tian'anmen-Platz von der Staats- und Parteiführung der VRC eingeschlagene Weg im Übrigen jedoch selbst im Inneren der Partei nicht unumstritten war, belegen in späterer Zeit an die Öffentlichkeit gelangte Dokumente. Durch deren Publikation sind Diskussionen in der KPC bekannt geworden, in denen sich verschiedene Beschreibungen der nach 1989 herrschenden Ordnung widerspiegeln, darunter „kapitalistischer Sozialismus" (*Capitalist Socialism*), „Staatskapitalismus" (*State Capitalism*) und „Neuer Bürokratischer Kapitalismus" (*New Bureaucratic Capitalism*).[335] Das als „Dokument Nr. 9" bekannte Schriftstück aus dem Jahr 2013, in dem diese Begriffe vorkommen, offenbart auch, dass die Parteiführung zu diesem Zeitpunkt schon bemüht war, diese Debatten zu beenden.[336] Im Prinzip kann man hier einen ähnlichen Konflikt beobachten wie den, der zur Tragödie von 1989 geführt hatte. Auch außerhalb der KPC fand eine gewisse Pluralisierung des öffentlichen Diskurses statt. So nahm nach dem Massaker von 1989 in der Volksrepublik China der Einfluss der sogenannten „neuen Linken" (*nouvelle gauche*) zu, die gegenüber den von ihr oft als neoliberal gebrandmarkten Veränderungen der Post-Mao-Ära ein Festhalten an scheinbar altbewährten sozialistischen Prinzipien befürwortete, sich jedoch nicht vorbehaltlos mit den Zielen und der Politik der KPC oder der Regierung identifizierte.[337]

Die zumindest teilweise erfolgte Öffnung der volksrepublikanisch-chinesischen Gesellschaft nach Maos Tod wirkte sich unvermeidlicherweise auch auf Xinjiang aus. So wurde bereits ab 1978 wieder die Produktion uigurischer Literatur in breiter Form möglich, Moscheen durften öffnen, und der Staat verkündete eine grundsätzliche Umorientierung in der zuvor sehr repressiv gehandhabten Minderheitenpolitik.[338] Ablet Semet und Jens Wilkens haben in diesem Zusammenhang von einer „zaghaften Öffnung" Xinjiangs ab den 1980er Jahren gesprochen.[339] Wahrscheinlich muss man diese Beurteilung nicht so verstehen, dass Xinjiang in puncto Reformen den anderen Teilen der Volksrepublik China nachstand, sondern kann es als Beschreibung des landesweit insgesamt wohl eher vorsichtigen Reform- und Öffnungsprozesses lesen.[340] Unabhängig davon, wie man die gesellschaftliche Entwicklung in Xinjiang zu den Verhältnissen im Rest des Landes in Beziehung setzt, wird die kurz nach Maos Tod einsetzende und mit einem gewissen Auf und Ab bis zum Machtantritt Xi Jinpings im Jahr 2012[341] andauernde historische Phase von vielen Uiguren aufgrund der damals herrschenden relativen politischen, wirtschaftlichen und kulturellen, einschließlich religiösen, Freiheit als „Goldenes Zeitalter" (*Golden Era*) angesehen.[342] Diese Wahrnehmung bestätigen auch offizielle volksrepublikanisch-

---

334 Vgl. Neumann/ Rudolf 2022.
335 „Dokument Nr. 9", zitiert in Anonym 2013.
336 „Dokument Nr. 9", zitiert in Anonym 2013.
337 Ownby 2023.
338 Semet/ Wilkens 2012: 153.
339 Semet/ Wilkens 2012: 151.
340 Vgl. Sawa 2021, die von „Jahren einer relativen Offenheit, die auf das Ende der Kulturrevolution im Jahr 1976 folgten" (*Anni di relativa apertura che seguirono la fine della Rivoluzione culturale nel 1976*) spricht.
341 Siehe hierzu S. 76ff. des Haupttextes.
342 Byler 2022: 103. Von einer *"Golden Era" of opportunities for Uyghurs* („ ‚Goldenen Ära' der günstigen Gelegenheiten für Uiguren; die Anführungszeichen stehen im Original) spricht auch Cheng 2023 in Bezug auf die Periode nach Maos Tod. Abduväli Ayup (in Ayup 2019) bezeichnet etwas pessimistischer die Zeit von 1980 bis 2001 als *short golden age* („kurzes goldenes Zeitalter") der uigurischen Sprache (wobei

chinesische Einschätzungen zu dieser Epoche. So wird in von der KPC abgesegneten Darstellungen der uigurischen Literatur, die aus der zweiten Hälfte der 1990er und den frühen 2000er Jahren stammen, in Bezug auf die Zeit nach dem Ende der „Großen Kulturrevolution" von einer „Periode des Blühens" (*gülliniš dävri*) gesprochen, in der „für den Fortschritt und das Aufblühen vorteilhafte Bedingungen" (*täräqqiyat vä gülliniškä paydiliq šara'it*) geherrscht hätten.[343] An anderer Stelle ist in Bezug auf denselben Zeitabschnitt von „einem weiteren Goldenen Zeitalter der uigurischen Literatur als Ganzer" (*bir pütün Uyġur ädäbiyatiniŋ yänä bir altun dävri*) die Rede.[344] Zweifellos zu Recht ist darauf hingewiesen worden, dass diese Epoche als die mit Abstand quantitativ (und wohl auch qualitativ) bedeutendste der uigurischen Literaturgeschichte insgesamt gelten darf.[345] Das positive Bild der Entwicklung der uigurischen Literatur ab 1978 fügt sich im Übrigen auch in vieles ein, was über die Kunstliteratur in der gesamten Volksrepublik in derselben Zeit gesagt wird. Hierzu heißt es etwa, dass in der Volksrepublik als Ganzer die literarische Produktion im Vergleich zur vorausgehenden Phase der „Großen Kulturrevolution" sowohl umfangreicher als auch inhaltlich freier war.[346] Ein Blick auf die Zahl und Qualität der in dieser Epoche in uigurischer Sprache in der Volksrepublik China erschienenen Werke wird diese Ansicht bestätigen.

Zeitgleich mit diesem Aufblühen der uigurischen Kultur war Xinjiang bis zum Einschnitt von 1989 auch einer der wichtigsten Schauplätze der volksrepublikanisch-chinesischen Demokratiebewegung. Bereits 1985 fand in Ürümtschi eine gegen die kommunistische Führung gerichtete Demonstration statt,[347] was eine der frühesten derartigen Aktionen überhaupt gewesen sein dürfte. Oft vermischten sich in dieser Zeit – auf der internationalen Bühne war es der Beginn der Gorbatschow-Jahre – bei Aktionen von Uiguren in Xinjiang die Einforderung von mehr Demokratie und die Artikulation von Ablehnung gegenüber der KPC mit nationalen Anliegen. Beispielsweise wurde in der AURX im Jahr 1986 eine Aktion mit handgeschriebenen Flugblättern durchgeführt, in denen gegen die wirtschaftliche Ausbeutung der Uiguren in der Autonomen Region sowie gegen die Veränderung des demographischen Gleichgewichts dort zugunsten der Han-Chinesen protestiert wurde.[348] Die kommunistische Regionalverwaltung Xinjiangs scheint auf diese Veranstaltung mit relativ mäßigen Formen der Repression wie vorübergehenden Haftstrafen reagiert zu haben.[349] Dies kann man vielleicht als Zeichen einer gewissen Unentschlossenheit deuten, die innerhalb der kommunistischen Führung der Volksrepublik China in jener Periode geherrscht haben dürfte. Sie bestand darin, dass der volksrepublikanisch-chinesische Staat zwar immer noch an seinen autoritären Prinzipen festhielt, diese aber nicht mehr mit derselben Härte durchsetzte wie noch zu Maos Lebzeiten. Die prodemokratische Protestbewegung in der AURX wurde im späteren Verlauf der 1980er Jahre offenbar immer intensiver. Ihren Höhepunkt erreichte sie wohl im Frühsommer 1989. Damals waren Uiguren ein sichtbarer Teil der landesweiten Prodemokratie-Bewegung geworden.[350] Einer der bekanntesten, auch international wahrgenommenen, Anführer der Demonstranten auf dem Platz des Himmlischen Friedens war der in Beijing gebo-

---

diese zeitliche Einschränkung dann aus seiner Sicht vermutlich auch auf die Literatur übertragen werden könnte).
343 Die Zitate stammen aus Sultan/ Abdurehim 2002: 5Hf. Vgl. auch den Titel von Zaman 1996.
344 Sultan/ Abdurehim 2002: 6H.
345 Sultan/ Abdurehim 2002: 6H.
346 Bender 2016: 263, 266. Bender 2016: 263 spricht in diesem Zusammenhang von einem *more tolerant and diverse body of contemporary Chinese literature* („toleranteren und diverseren Korpus moderner chinesischer Literatur") ab 1980.
347 Pearson 2022.
348 Siehe die in Pearson 2022 präsentierten Berichte Beteiligter und deren Analysen.
349 Pearson 2022.
350 Nach Pearson 2022.

rene ethnische Uigure Örkäš Dölät (Wu' erkaixi Duolaite 吾尔开希·多莱特, oft auch nur als Wu' erkaixi 吾尔开希, Wuerkaixi usw. bekannt, *1968).

Trotz der Verbesserungen, welche die am Ende der 1970er Jahre begonnenen Reformen in Xinjiang mit sich brachten, und ungeachtet der zaghaften Versuche der Staats- und Parteiführung, die Gesellschaft zu öffnen, blieb das Leben in vielen Bereichen weiterhin stark von den Beschränkungen und Gewaltmaßnahmen der kommunistischen Diktatur bestimmt. So wurden in der AURX weiterhin Zwangsabtreibungen und -sterilisierungen an uigurischen Frauen durchgeführt, um die staatliche Bevölkerungspolitik durchzusetzen.[351] Auch wurde die systematische Ansiedlung von immer mehr Han-Chinesen in Xinjiang fortgesetzt.[352] Bereits 1978 war der han-chinesische Bevölkerungsanteil in der Autonomen Region auf 41 Prozent angewachsen.[353]

Die gewaltsame Niederschlagung der Demokratiebewegung durch die KPC im Juni 1989 konnte nicht ohne Auswirkungen auf Xinjiang bleiben. Wahrscheinlich ist es angemessen zu sagen, dass der Triumph der Hardliner innerhalb der KPC unter den Uiguren der Region zu einer Verstärkung der Rückbesinnung auf ihre eigenen kulturellen und nationalen Traditionen führte. Wie am Beispiel des wirkmächtigen Werkes *Uygurlar* gezeigt worden ist, war diese nationale und kulturelle Selbstreflexion spätestens beim Erscheinen des Buchs im Februar 1989 in der Öffentlichkeit bereits in vollem Gange.[354] Dieses nationale Revival der Uiguren war ungefähr in dieser Zeit aber auch schon im Begriff, aus der Sphäre der Schriftsteller, Intellektuellen und Gelehrten heraus auf die Bühne des politischen Aktivismus überzugehen. Möglicherweise markiert diese Politisierung der uigurischen Intellektuellenschicht einen Unterschied gegenüber den han-chinesischen Intellektuellen in der VR China. Ein wesentlicher Teil von diesen scheint sich zumindest in der Ära der Herrschaft Xi Jinpings eher durch politische Enthaltsamkeit auszuzeichnen.[355]

Die Veränderungen in der Selbstwahrnehmung und im Auftreten der Uiguren zeigten sich in deutlicher Form im April 1990. Damals kam es in der Großgemeinde (*zhen* 镇) Baren 巴仁 (Baren), dem wichtigsten Ort des mehrheitlich von Uiguren bewohnten Xinjianger Bezirks Päyzivat (Jiashi 伽师), zu Demonstrationen, bei denen Uiguren eine führende Rolle spielten.[356] Die Demonstranten wandten sich gegen die staatliche Geburtenkontrollpolitik, Atomtests in Xinjiang und die Ausbeutung der Provinz durch die Zentralregierung.[357] Was die Geschehnisse von Baren für die weitere Geschichte Xinjiangs bedeutsam machte, war indes nicht nur das Ereignis selbst oder die auf ihm vorgetragenen Anliegen, sondern auch die Beteiligung einer Organisation namens „Islamische Bewegung Ostturkestan" (IBOT, *East Turkestan Islamic Movemement, Islamskoe dviženie Vostočnogo Turkestana*) daran.[358] Bereits der Name dieser Gruppierung weist auf die insurrektionale und separatistische Tradition der Uiguren in China hin.[359] Historisch wird die Gruppe auf eine bereits in den 1940er Jahren gegründete „Islamische Partei Turkestans", die auch unter ihrem arabischen

---

351 Pearson 2022. Diesbezügliche Betroffenenberichte werden auch in Hoshur/ Lipes 2021 erwähnt. Siehe auch Giesen/ Hage/ Steenberg 2024: 72, wo Aussagen der 2019 aus der Volksrepublik China nach Kasachstan geflohenen ethnischen Kasachin Gülpiya Qazibek (*ca. 1978) paraphrasiert sind, die in ihrer Funktion als Aufseherin selber an solchen Zwangsabtreibungen teilgenommen habe.
352 Pearson 2022.
353 Mattheis 2021.
354 Siehe S. 30ff. des Haupttextes.
355 Vgl. Ownby 2023.
356 Sulayman/ Häbibul/ Guth 2020; Dillon 2023.
357 Dillon 2023.
358 Dillon 2023. Vgl. Sulayman/ Häbibul/ Guth 2020.
359 Vgl. S. 43 des Haupttextes.

Namen *Al-ḥizb al-Islāmī li-Turkistan* bekannt ist, zurückgeführt.[360] An der Gründung dieser Partei sollen drei Personen, Abdul Machdum, Abdul Chakim (gest. 1993) und Abdul Chamid, maßgeblich beteiligt gewesen sein.[361] Offensichtlich war es der Gruppierung bis zum Beginn der Ära der „Reformen und Öffnung" nicht möglich, nennenswerte Aktivitäten in der VRC zu entfalten, was mutmaßlich auch an der engen Kontrolle und Überwachung durch die Behörden gelegen haben dürfte. Doch nachdem Abdul Chakim 1979 aus volksrepublikanisch-chinesischer Haft entlassen worden war, nahm die Gruppierung ihre Tätigkeit wieder auf und intensivierte sie.[362]

Eine große Schwierigkeit bei der Beurteilung sowohl des Einflusses und Organisationsgrades der „Islamischen Bewegung Ostturkestans" zum Zeitpunkt ihrer Beteiligung an den Demonstrationen in Baren als auch bei der Einordnung des Charakters dieses Ereignisses selber besteht darin, dass die Organisation sich nach dem Tod Abdul Chakims im Jahr 1993 spaltete und eine ihrer Nachfolgeorganisationen am Ende der 1990er Jahre in einer neuen, nunmehr eindeutig islamistischen und terroristischen Form wiedererweckt wurde.[363] Wenn die Natur der Organisation, wie sie im Jahr 1990 bestand, aus der Perspektive der Zeit nach ihrer Radikalisierung Ende der 1990er Jahre heraus eingeschätzt wird, besteht daher die Gefahr, dass man Eigenschaften der späteren Gruppierung bewusst oder unbewusst auf die frühere überträgt. Asad Sulayman, Aytilla Häbibul und Stephan Guth sprechen aus diesem Grund in Bezug auf das Auftreten der IBOT im Jahr 1990 mit Vorsicht von einer „*eventuell* islamistisch initiierten" „Erhebung".[364] Aus analogen Gründen scheint auch nicht ganz klar, ob es sich bei den Ereignissen in Baren tatsächlich um eine „Erhebung" (*vosstanie*)[365] handelte oder vielleicht nur um eine Art des an bestimmten Themen interessierten zivilen Protests.

Ein Ereignis, das möglicherweise noch weitgehendere Konsequenzen für die Entwicklung Xinjiangs hatte als das Massaker auf dem Platz des Himmlischen Friedens, war die Selbstauflösung der Sowjetunion am 26. Dezember 1991.[366] Der Zusammenbruch des Sowjetstaates hatte zur Folge, dass die AURX nicht mehr an eine geschlossene Diktatur grenzte, deren Aufbau und Ideologie der Volksrepublik China nicht unähnlich waren, sondern an die gerade unabhängig gewordenen zentralasiatischen Republiken.[367] Dabei war es nicht unerheblich, dass diese neuen Republiken mit Ausnahme Tadschikistans turksprachige Titularnationen hatten, also den Uiguren sprachlich und kulturell nahestanden.[368] Insbesondere Kasachstan trat hierbei in den Vordergrund. In dem über eine lange gemeinsame Grenze mit der VRC China verfügenden Land lebte schon damals die größte uigurische Gemeinschaft außerhalb der Volksrepublik Chinas, und die meisten von ihnen hatten ihre Heimat direkt in der Grenzregion zur Volksrepublik.[369]

Tatsächlich wird davon ausgegangen, dass Uiguren aus Xinjiang nach dem Untergang der Sowjetunion mehr Selbstbestimmung für sich einforderten.[370] Die KPC-Führung begann nach dem Ende der Sowjetunion angeblich zu fürchten, dass die Uiguren in dieser Situation auf das 1955 gegebene und im Namen der AURX enthaltene Autonomieversprechen pochen oder vielleicht

---

360 Syroežkin 2015: 128, der den arabischen Namen in der Form *Chizb ul' Islami Li-Turkestan* transkribiert.
361 Syroežkin 2015: 129.
362 Syroežkin 2015: 129.
363 Syroežkin 2015: 129. Vgl. S. 70 des Haupttextes.
364 Sulayman/ Häbibul/ Guth 2020. Hervorhebung von M. R. H.
365 Syroežkin 2015: 129.
366 Vgl. Dillon 2023.
367 Byler 2022: 103.
368 Dillon 2023.
369 Zu den Uiguren Kasachstans vgl. Heß 2019.
370 Byler 2022: 103.

sogar staatliche Unabhängigkeit anstreben könnten.³⁷¹ Auf der anderen Seite brachte der Wegfall der bisher weitgehend undurchlässigen sino-sowjetischen Grenze gerade aus Sicht der nach 1989 verfolgten volksrepublikanisch-chinesischen Politik, die eine enge staatliche Kontrolle mit intensiver wirtschaftlicher und nicht selten ‚kapitalistischer' Entwicklung kombinierte, in ökonomischer Hinsicht ungeahnte neue Perspektiven mit sich.³⁷² Vor allem machte die größere Durchlässigkeit der Grenzen die Region für den internationalen Handel interessanter und erhöhte ihre wirtschaftliche Bedeutung.

Um der Gefahr des Erstarkens der Autonomiebewegung seitens der Uiguren und anderer Minderheiten Xinjiangs oder sogar des Separatismus zu begegnen, griff die Beijinger Regierung ab 1992 zu einer Doppelstrategie. Dieses Vorgehen bestand auf der einen Seite aus dem Versuch, die gesellschaftliche und politische Entwicklung in der Autonomen Region noch stärker zu kontrollieren beziehungsweise sie gegen aus Beijinger Sicht ungünstige Einflüsse aus dem Ausland noch dichter abzuschotten als zuvor. Auf der anderen Seite ließ die Führung der Volksrepublik Wirtschaft und Infrastruktur der AURX in nie dagewesener Weise ausbauen. Diese beiden Facetten der Beijinger Xinjiang-Politik sind im Übrigen bis heute sichtbar geblieben. Wie sich im Folgenden immer wieder zeigte, griffen die beiden Aspekte auf vielfältige Weise ineinander, etwa, indem wirtschaftlicher Ausbau mit Ausbeutung und Unterdrückung von Minderheiten einherging oder Häftlinge zugleich wirtschaftlich ausgebeutet und so ‚nutzbar' gemacht wurden. Es handelt sich bei den beiden genannten Aspekten der volksrepublikanisch-chinesischen Politik wohl nicht um voneinander getrennte Bereiche, sondern Facetten eines koordinierten und kohärenten politischen Vorgehens.

Was die politische und gesellschaftliche Kontrolle betrifft, also den ersten Teil dieser Beijinger Doppelstrategie, so wurde es bereits während der 1990er Jahren zu einem Grundsatz der Politik der Volksrepublik, im Rahmen ihrer Möglichkeiten ihre zentralasiatischen Nachbarstaaten von der Unterstützung uigurischer Emanzipationsbewegungen in Xinjiang und der Tolerierung uigurischer Exilgemeinschaften, die eventuell mehr Selbstbestimmung für die Uiguren in der Volksrepublik erreichen wollten, abzuhalten.³⁷³ Ein Beispiel für den Rückgang der Sichtbarkeit und Präsenz der uigurischen Kultur in den Nachbarstaaten mit turksprachiger Titularnation der Volksrepublik China war die Streichung des Bereichs für moderne uigurische Studien am Institut für Orientalistik der Akademie der Wissenschaften beziehungsweise des Bildungsministeriums des unabhängigen Kasachstan im Jahr 1996. Das Institut beschäftigte sich fortan nur noch mit der Kultur der *Vorläufer* der heutigen Uiguren, also im Wesentlichen Fragestellungen, die sich auf den Zeitraum zwischen Antike und Frühneuzeit beziehen.³⁷⁴ Es ist nicht sicher, ob diese konkrete Umorientierung auf volksrepublikanisch-chinesischen Druck oder Wunsch erfolgte. Dass die VRC auf die Uigurenpolitik Kasachstans einwirkte, steht generell jedoch nicht in Frage.

Die strukturelle und ökonomische Weiterentwicklung Xinjiangs wurde unter anderem im Rahmen einer Kampagne unter dem Slogan „Öffnung des Nordwestens" (*Xibei kaifa* 西北开发) betrieben.³⁷⁵ Dieses Programm wurde während der Regierungszeit von Hu Jintao 胡锦涛 (*1942), der von 2003 bis 2013 Staatspräsident war, zu einer Offensive namens „Öffnung des Westens" erweitert, so dass es sich auch auf die Innere Mongolei und Tibet erstreckte.³⁷⁶

---

371 Byler 2022: 103.
372 Byler 2022: 103. Vgl. Alpermann 2021: 2.
373 Byler 2022: 103.
374 Heß 2019: 130f.
375 Byler 2022: 104, 107.
376 Byler 2022: 106.

Im Zuge der wirtschaftlichen Neubelebung Xinjiangs beschloss die Zentralregierung in Beijing im Juni 1992, die Region insbesondere in den Bereichen Handel und Landwirtschaft voranzubringen.[377] Eines ihrer konkreten Ziele war es dabei, die AURX zu einem der Zentren der volksrepublikanisch-chinesischen Baumwollherstellung zu machen.[378] Tatsächlich verdoppelte sich zwischen 1990 bis 1997 die Baumwollproduktion Xinjiangs, wobei der größte Teil dieses Zuwachses auf die Gegend zwischen Aqsu und Kaschgar entfiel.[379] Im Jahr 2020 kamen schließlich 84% der Baumwollproduktion der Volksrepublik China aus der AURX.[380] 2023 machte die in Xinjiang gewonnene Baumwolle ein Fünftel der Weltproduktion aus.[381] Baumwolle war somit das ökonomisch bedeutsamste Produkt Xinjiangs.[382] In Verbindung mit der Baumwollproduktion entwickelte sich in der Region auch eine umfangreiche Textilindustrie.[383] Durch die Ausweitung dieser Produktionszweige mussten viele Uiguren ihre Ländereien verkaufen und wurden zu Pächtern, oder sie wurden zur Migration in die Städte gezwungen.[384]

Ein weiterer entscheidender Bereich der ökonomischen Weiterentwicklung der Autonomen Region bestand in der Intensivierung des Erschließens der dortigen Öl- und Gasreserven.[385] In den frühen 2000er Jahren wurde das Gebiet mit einem weitverzweigten Netz von Öl- und Gaspipelines ausgestattet, das zu einem beträchtlichen Zuwachs bei den Fördermengen führte.[386] Xinjiang stieg dadurch in derselben Periode zur viertgrößten ölproduzierenden Region der VRC auf und erreichte eine Produktionskapazität von 20 Millionen Tonnen Rohöl pro Jahr.[387] Die Ölreserven Xinjiangs werden insgesamt auf 2,5 Milliarden Tonnen und die Gasvorkommen auf 700 Milliarden Kubikmeter geschätzt.[388] Im weltweiten Vergleich der Ölvorräte nimmt Xinjiang damit einen zwar nur eher mittleren Platz ein und erreicht nicht die jeweils ca. 300 Milliarden Tonnen von Venezuela und Saudi-Arabien, sondern nur etwas mehr als die von Aserbaidschan (das etwa zwei Milliarden Tonnen Ölreserven haben soll).[389] Hinzu kommt, dass bei der Ölproduktion in Xinjiang vergleichsweise hohe Förderkosten anfallen, was die Rentabilität drückt.[390] Dennoch stellt die Öl- und Gasproduktion Xinjiangs einen bedeutenden Wirtschaftszweig dar und leistet einen nennenswerten Beitrag zur Volkswirtschaft der VRC insgesamt.

Noch ein weiteres Gebiet des wirtschaftlichen Aufbaus in der Region war der Tomatenanbau. Die in industriellem Maßstab betriebene Anpflanzung von Tomaten wurde in Xinjiang Anfang der 2000er Jahre begonnen.[391] Im Jahr 2012 kamen bereits ungefähr 30 Prozent der weltweiten Tomatenpastenproduktion von dort.[392]

---

377 Byler 2022: 103f.
378 Byler 2022: 103.
379 Byler 2022: 104.
380 Byler 2022: 104.
381 Cheng 2023.
382 Darren Byler in Bastek/ Byler 2023: ca. 7'56"ff.
383 Darren Byler in Bastek/ Byler 2023: ca. 7'56"ff.
384 Nach Darren Byler in Bastek/ Byler 2023: ca. 7'56"ff.
385 Byler 2022: 103.
386 Byler 2022: 106.
387 Byler 2022: 106f.
388 Byler 2022: 107.
389 Die Angabe zu Aserbaidschan stammt aus: Deutsch-Aserbaidschanisches Forum o. J. [2012]: 25.
390 Byler 2022: 107.
391 Byler 2022: 106.
392 Cheng 2023. Vgl. Byler 2022: 106.

Noch bedeutsamer ist wahrscheinlich der Umstand, dass im Jahr 2023 die Hälfte der Weltproduktion an Polysilikon, dem wichtigsten Bestandteil von Solarpaneelen, aus Xinjiang kam.[393] Ein Großteil davon soll mit Hilfe inhaftierter Uiguren gewonnen werden.[394]

Auch die Infrastruktur der AURX erlebte in den 1990er- und 2000er Jahren einen rasanten Ausbau. Neben dem bereits erwähnten System der Öl- und Gaspipelines wurden das Straßennetz und die Eisenbahnverbindungen in großem Maßstab erweitert.[395] Bereits 1995 wurde die Taklamakan-Schnellstraße (*Taklamakan Highway*) fertiggestellt.[396] Sie verband quer über die Wüste Taklamakan (Täklimikan) hinweg die Hauptstadt der Autonomen Region, Ürümtschi, mit Hotan, was die Reisezeit zwischen beiden Städten halbierte.[397] Im Jahr 1999 wurde die Verlängerung einer Eisenbahnverbindung fertiggestellt, die von der Stadt Korla (Ku'ěrle 库尔勒) bis nach Aksu reichte.[398] In vielen ländlichen Gegenden der AURX wurde darüber hinaus Anfang der 2000er Jahre zum ersten Mal überhaupt eine öffentliche Stromversorgung eingerichtet.[399] In der Folge konnte jeder uigurische Haushalt kostenlos einen Fernseher und Kabelanschluss bekommen.[400]

Es wäre an dieser Stelle im Übrigen wohl naiv, in der flächendeckenden Versorgung uigurischer Haushalte mit TV und Kabelanschluss nur eine Verbreitung einer der wichtigsten ‚Segnungen' der modernen technologisierten Welt zu sehen. Vielmehr wurde das Fernsehen in der Folge zu einem der wichtigsten Propagandainstrumente, mit denen der volksrepublikanisch-chinesische Staat intensiv Einfluss auf den Alltag und das Denken der Uiguren und anderer Minderheiten Xinjiangs nahm. Vom nachhaltigen Einwirken des Fernsehens auf das Alltagsleben der Uiguren in der AURX, insbesondere in deren ländlichen und einfach geprägten Regionen, zeugt auch Äziz Äysa Älküns in dem vorliegenden Band besprochene und zugleich in Erstübersetzung präsentierte Erzählung „Die Sache mit den Namen" (*Isim majirasi*).[401] In der Geschichte werden unter anderem Fernsehkonsum und traditionelle Formen der uigurischen Kultur wie der *mäšräp* direkt miteinander verglichen.[402] Ein weiterer Schritt zum Ausbau der medialen Infrastruktur in der Autonomen Region Xinjiang war die Einführung von 3G-Netzen, die ab dem Jahr 2010 erfolgte.[403] Auch diese Neuerung hatte starke Auswirkungen auf der soziokulturellen Ebene, indem sie es den Uiguren für eine Zeitlang erlaubte, über das Internet miteinander und mit dem Ausland in intensiveren Kontakt zu treten. Dieser Boom der freien Internetnutzung in Xinjiang endete aber schon bald, als die Volksrepublik diese Möglichkeiten einschränkte und ihrerseits begann, die digitalen Medien in nie dagewesener Weise zur Überwachung und Reglementierung ihrer Bürger zu benutzen.

Dass die beispiellose wirtschaftliche und infrastrukturelle Entwicklung Xinjiangs, die während der 1990er und 2000er Jahre stattfand, kein Selbstzweck war, sondern aufs Engste mit der politischen Absicht der Verstärkung der Kontrolle der Zentralregierung über die Region und insbesondere der Zurückdrängung von Selbstbestimmungs-, Autonomie- und Unabhängigkeitsbestrebungen

---

393 Nach Cheng 2023.
394 Nach Cheng 2023.
395 Byler 2022: 102.
396 Byler 2022: 104.
397 Byler 2022: 104.
398 Byler 2022: 104.
399 Byler 2022: 112.
400 Byler 2022: 99, 112.
401 Siehe S. 295ff. des Haupttextes.
402 S. 302 des Haupttextes. – Zur Bedeutung des *mäšräp* in der politischen Geschichte Xinjiangs am Ende des 20. Jahrhunderts vgl. auch S. 69 des Haupttextes.
403 Byler 2022: 99.

unter der lokalen turksprachig-muslimischen Bevölkerung, allen voran den Uiguren, verbunden war, zeigte sich immer deutlicher nach der Jahrtausendwende.

Ab ungefähr diesem Zeitpunkt trat immer mehr die Bevölkerungs- und Migrationspolitik als wichtiges Instrument der Beijinger Führung hervor, um die Verhältnisse in Xinjiang in ihrem Sinne zu beeinflussen. Wie gezeigt, hatten volksrepublikanisch-chinesische Regierungen bereits bis spätestens Ende der 1970er Jahre dafür gesorgt, dass sich der han-chinesische Bevölkerungsanteil in der AURX dramatisch erhöhte.[404] Der Einsatz von bevölkerungs- und migrationspolitischen Maßnahmen zur Beeinflussung und Steuerung politischer Entwicklungen war also keine Idee, die erst in der Zeit der „Reformen und Öffnung" aufgekommen wäre. Doch waren die Rahmenbedingungen für entsprechende politische Maßnahmen seit den 1990er Jahren deutlich günstiger geworden. Der in dieser Zeit einsetzende starke wirtschaftliche und infrastrukturelle Aufschwung, einschließlich des deutlichen Ausbaus der Verkehrsverbindungen, sowie die neuen Möglichkeiten des internationalen Handels ab 1992, machten die Gegend für Binnenmigranten wesentlich attraktiver als zuvor. Angesichts der demographischen Verhältnisse in der Volksrepublik als Ganzer waren die meisten Binnenmigranten, die in die AURX kamen, nach wie vor naturgemäß Han-Chinesen. Während der 1990er und frühen 2000er Jahre wurde Xinjiang zum viertgrößten Migrationsziel innerhalb der Volksrepublik, nach der Hauptstadt Beijing, der Wirtschaftsmetropole Shanghai 上海 und der südostchinesischen Provinz Guangdong 广东.[405] Durch die massive Zuwanderung von Millionen von Han-Chinesen,[406] die in den 1990er und 2000er Jahren nach Xinjiang stattfand, hatte die Regierung in Beijing einen doppelten Vorteil: Einerseits wurde es durch die Verlagerung des demographischen Gleichgewichts in Xinjiang einfacher, die Uiguren und die anderen Minderheiten unter Kontrolle zu halten, andererseits konnte der Staat einen Teil der Überbevölkerung in den östlichen Teilen der Volksrepublik abbauen.[407] Im Unterschied zu vielen Umsiedlungsprogrammen, die es in der Sowjetunion gegeben hatte, handelte es sich bei der ab den 1990er Jahren verstärkt stattfindenden Binnenmigration nach Xinjiang nicht um Zwangsumsiedlungsmaßnahmen. Vielmehr kamen die Migranten aus eigenem Antrieb, weil sie von den wirtschaftlichen und statusmäßigen Verbesserungen angezogen wurden, die ihre Migration in der Regel mit sich brachte.[408]

Aus der Sicht der Uiguren und anderer autochthoner Minderheiten Xinjiangs verstärkte der Zuwachs der vor allen Dingen han-chinesischen Binnenmigration ab den 1990er Jahren ihre eigene Benachteiligung gegeüber den Han-Chinesen.[409] Diese Schlechterstellung lässt sich beispielsweise daran ablesen, dass die neue Wirtschaftspolitik der volksrepublikanisch-chinesischen Regierung große Teile der einheimischen Minderheitenbevölkerung in Arbeitslosigkeit oder extreme Armut brachte.[410] Als Folge hiervon begannen örtliche Behörden in der Region im Jahr 2003 damit, spezielle Verschickungsprogramme aufzulegen, durch die arbeitslose oder verarmte Uiguren entweder innerhalb der AURX oder in andere Gegenden der Volksrepublik China migrieren konnten, vor allem in den deutlich stärker industrialisierten Osten des Landes.[411] Viele Menschen, die diese Pro-

---

404 Siehe S. 61 des Haupttextes. Vgl. auch S. 52 des Haupttextes.
405 Byler 2022: 104.
406 Zum Umfang der han-chinesischen Binnenmigration nach Xinjiang vgl. Darren Byler in Bastek/ Byler 2023: ca. 7'05"ff.
407 Nach Byler 2022: 104.
408 Byler 2022: 104.
409 Vgl. Byler 2022: 104, der Beispiele aus der Baumwollindustrie Xinjiangs zitiert.
410 Byler 2022: 108.
411 Byler 2022: 108.

gramme in Anspruch nahmen, fanden Arbeit als Baumwollpflücker oder in Fabriken.[412] Darren Byler berichtet, dass bei diesen Verschickungen gegen Hunderttausende Uiguren Zwang eingesetzt worden sei.[413] Hierin ist insbesondere im Vergleich mit der eher freiwillig erfolgenden Ansiedlung von Han-Chinesen in Xinjiang ein Element ethnischer Diskriminierung in der staatlich beeinflussten Migrationspolitik erkennbar. Nach Byler wurden beispielsweise zwischen 2003 und 2010 allein aus dem Kreis Päyzivat 81000 Menschen, also etwa 21 Prozent von dessen etwa 385000 Bewohnern, als Teil organisierter Arbeitsgruppen in andere Gegenden der VRC verbracht.[414] Ähnliche Zahlen gibt es auch für die Bezirke Turfan und Hotan.[415]

Die damals herrschende Benachteiligung der uigurischen Bevölkerung und anderer Minderheiten gegenüber dem han-chinesischen Einwohneranteil Xinjiangs lässt sich auch an verschiedenen weiteren sozialen und wirtschaftlichen Indikatoren ablesen. Im Unterschied zu Han-Chinesen wurden Uiguren beispielsweise systematisch von der Vergabe bestimmter Arten von Krediten ausgeschlossen, im Erziehungswesen benachteiligt und in ihrer Bewegungsfreiheit eingeschränkt.[416] Nach Zahlen aus der Zeit vor dem Machtantritt Xi Jinpings im Jahr 2012 verdienten Han-Chinesen im nichtstaatlichen Beschäftigungssektor Ürümtschis damals 52 Prozent mehr Geld als ihre uigurischen Kollegen.[417] Darren Byler geht in diesem Zusammenhang davon aus, dass die soziale Ungleichheit zwischen Han-Chinesen und Uiguren, die damals bereits seit einigen Jahrzehnten in Xinjiang herrschte, das steilste Gerechtigkeitsgefälle in der ganzen VRC aufwies, einschließlich der Verhältnisse in unterprivilegierten Regionen wie Tibet, Qinghai 青海 oder Gansu 甘肃.[418] Ildikó Bellér-Hann und Chris Hann haben die wirtschaftlichen und politischen Mechanismen, unter denen die Uiguren Xinjiangs nach 1978 zu leiden hatten, als deren „große Enteignung" (*great dispossession*) bezeichnet.[419]

Wenn man versucht, ein Fazit der Auswirkungen zu ziehen, die die Politik der Zentrale auf die Region Xinjiang von den 1990er bis zu den frühen 2000er Jahren hatte, so erkennt man, dass diese politischen Maßnahmen die bereits existierenden Probleme mit den Uiguren und anderen Minderheiten der Region nicht auf dem Weg des Dialogs und Austauschs zu lösen versuchten, sondern vor allem auf dem Wege der Veränderung demographischer und wirtschaftlicher Parameter. Das Kalkül war offenbar, dass eine immer kleiner werdende und ökonomisch und rechtlich immer schlechter gestellte uigurische Minderheit im Laufe der Zeit von allein aufhören würde, eine politische Herausforderung für die Zentrale in Beijing darzustellen.

Ab der Mitte der 1990er Jahre begannen sich die vielfältigen intellektuellen, politischen und wirtschaftlichen Gegensätze zwischen Uiguren und den volksrepublikanisch-chinesischen Behörden immer öfter auch in Gewaltakten zu entladen. Ob diese Gewalttaten eine Folge der Unterdrückung der Uiguren waren oder ob umgekehrt uigurische Militanz erst zu der oben beschriebenen Verschärfung des Umgangs der volksrepublikanisch-chinesischen Autoritäten mit ihnen führte, dürfte eine der zwischen nicht-systemtreuen Uiguren und der Kommunistischen Partei Chinas am stärksten umstrittenen Fragen sein.

---

412 Byler 2022: 108.
413 Byler 2022: 108f.
414 Byler 2022: 109.
415 Byler 2022: 109.
416 Byler 2022: 105, der bei der Beschreibung dieser Politik von einer *racialization of ethnicity* („Rassifizierung von Ethnizität") spricht.
417 Byler 2022: 64, unter Berufung auf Zang Xiaowei.
418 Byler 2022: 65.
419 Nach Byler 2022: 105.

Im April 1995 wurden in Ġulja Polizeiposten und andere öffentliche Gebäude angegriffen.[420] In Kaschgar und Ürümtschi explodierten Bomben in Bussen und Regierungsgebäuden.[421] Der volksrepublikanisch-chinesischen Regierung gelang es im Anschluss daran, die Unruhen gewaltsam niederzuschlagen. Im darauffolgenden Jahr verordnete Beijing einen neuen und verschärften Kurs gegen das, was es als antichinesische beziehungsweise separatistische Aktivitäten ansah.[422] Protestdemonstrationen gegen diese neue Politik wurden im Februar 1996 ebenfalls gewaltsam niedergeschlagen, wobei es zu zahlreichen Todesopfern gekommen sein soll.[423]

Der im Jahr 1996 eingeschlagene härtere Kurs Beijings führte jedoch nicht zu einer dauerhaften Beruhigung der Situation in der AURX. Im Februar 1997 begannen Uiguren erneut eine Erhebung in Ġulja.[424] Bei diesem in offiziellen volksrepublikanisch-chinesischen Darstellungen als „Ġulja-Vorfall" (*Yining shijian* 伊宁事件) bezeichneten Aufstand starb eine unbestimmte Zahl von Menschen.[425] Die Behörden nahmen den Aufruhr diesmal zum Anlass, den *mäšräp* – eine traditionelle Versammlungsform der Uiguren, bei der unter anderem kulturelle Werte und Praktiken weitergegeben werden – zur illegalen religiösen Aktivität zu erklären und mit dieser Begründung zu verbieten.[426]

Die Episode dieses *mäšräp*-Verbots ist für das Verständnis der weiteren Entwicklung des Konfliktes zwischen Uiguren und den Behörden der Volksrepublik China in mindestens zweierlei Hinsicht aufschlussreich. Zum einen zeigt sie, dass die Volksrepublik ungefähr am Ende des Jahrtausends dazu überging, individuelles Fehlverhalten kollektiv zu bestrafen. Denn es wurden ja offenbar nicht nur diejenigen *mäšräp*-Versammlungen verboten, an denen mutmaßlich illegaler Aktivitäten wie des Separatismus, Extremismus oder Terrorismus Verdächtigte teilgenommen hatten, sondern es wurde die Institution des *mäšräp* als solche mit einem Bann belegt. Das Heranziehen der tatsächlich oder mutmaßlich kriminellen Akte Einzelner zum Zwecke der Legitimierung von Repressalien gegen die uigurische Community als Ganzes ist ein Denk- und Argumentationsmuster, das sich in Veröffentlichungen der KPC und ihrer Apologeten danach immer wieder fand und bis heute verbreitet geblieben ist.[427] Zum anderen wird an dem Ereignis vom Februar 1997 sichtbar, dass die chinesischen Behörden im Rahmen dieser Tendenz zur Kollektivierung der Schuld ihr Augenmerk nunmehr verstärkt auch auf den Bereich der Kultur richteten. Auf einer sprachlichen oder rhetorischen Ebene ist es dabei möglicherweise nur ein kleiner Schritt von der Feststellung, dass eine Person in illegale Aktivitäten verstrickt sei und *zugleich* eine bestimmte Religion praktiziere (oder an einer bestimmten religiösen Aktivität teilnehme), zur Annahme, dass diese Person schon deshalb Illegales tue, *weil* sie diese Religion praktiziere beziehungsweise dass die Religion als solche bereits in den Bereich des Illegalen gehöre. Tatsächlich wird durch einen solchen argumentatorischen Schritt die Grenze von legitimer Verbrechensbekämpfung zur Verfolgung aufgrund kultureller (in diesem Falle religiöser) Merkmale und somit die Grenze vom Rechts- zum Unrechtsstaat überschritten. So gesehen stellt das *mäšräp*-Verbot von Ġulja aus dem Jahr 1997 möglicherweise bereits ein wichtiges Symptom einer frühen Form jener gegen die uigurische Kultur als solcher insgesamt gerichteten Repressionsmaßnahmen der Zehnerjahre dar, auf die später von verschiedener Seite der Terminus

---

420 Dillon 2023.
421 Dillon 2023.
422 Dillon 2023.
423 Nach Dillon 2023.
424 De Jong 2018: 48.
425 Vgl. Pedroletti 2018: 11.
426 De Jong 2018: 48.
427 Siehe etwa Zakir/ Bo 2018; Heberer/ Schmidt-Glintzer 2023.

„kultureller Genozid" angewendet worden ist[428] und in denen man an anderer Stelle eine Strategie der „Zwangsassimilierung" gesehen hat.[429]

Unmittelbar auf die bereits von Spannungen geprägte Phase kurz vor der Jahrtausendwende folgte dann auf der internationalen Ebene ein Ereignis, das sich auf die Entwicklungen in Xinjiang vermutlich ähnlich intensiv auswirkte wie das Ende der Sowjetunion knapp zehn Jahre davor, nämlich die Terroranschläge vom 11. September 2001.[430] Aus offizieller volksrepublikanischer Sicht löste 9/11 einen Anstieg islamistischer Terroraktivitäten im gesamten Lande aus. Unterstützer der kommunistischen Regierung der Volksrepublik sind in diesem Zusammenhang mit der These hervorgetreten, dass Xinjiang zwischen 2010 und 2016 „unter massivem islamistischem Terror" gelitten habe, der fast zu einem Kontrollverlust des Staates geführt habe.[431] Zur Unterstreichung der vonseiten der Uiguren drohenden Terrorgefahr wurde in diesem Zusammenhang auf „zwölf separatistisch-islamische Bewegungen" hingewiesen, die es in der Autonomen Region in den 1990er Jahren gegeben habe.[432]

In der Tat ist unbestreitbar, dass ein Teil der Uiguren Xinjiangs sich ab den 1990er Jahren terroristischen Organisationen angeschlossen hatte. Eine zentrale Rolle spielte in diesem Kontext die kurz vor der Jahrtausendwende als terroristisch-islamische Organisation neu erstandene „Islamische Bewegung Ostturkestan" (IBOT). Wie gesehen, hatte sich die ursprünglich diesen Namen tragende Gruppe, die möglicherweise zuerst bei den Ereignissen von Baren in Erscheinung getreten war, im Laufe der 1990er Jahre gespalten. Eine ihrer Splittergruppen machte gegen Ende des Jahrzehnts dann eine extreme Radikalisierung durch.[433] Ihre Wandlung zu einer extremistischen und gewalttätigen Organisation wird maßgeblich auf das Wirken eines gewissen Chasan Džundulla (*Häsän Jundulla?) zurückgeführt. Er soll aus Hotan gestammt, wohl oft auch den Namen Ajsa Maksum (*Äysa Mäqsum?) verwendet haben und im Jahr 2003 vom pakistanischen Militär getötet worden sein.[434] Zu den expliziten Zielen der wiederbelebten (oder neugegründeten) IBOT gehörte die Errichtung eines nach Prinzipien der Scharia organisierten Staates auf dem Territorium der VRC.[435] Im Jahr 2002 wurde die „Islamische Bewegung Ostturkestan" in Anbetracht ihrer Verbindungen zu Al-Qaida und den afghanischen Taliban von den USA auf ihre Liste der terroristischen Organisationen gesetzt.[436] Einer durch den Staatsrat der Volksrepublik China (*Zhongguo renmin gongheguo zhongyang renmin zhengfu* 中国人民共和国中央人民政府, auch übersetzbar als „Zentrale Volksregierung der Volksrepublik China")

---

428 Siehe S. 95 des Haupttextes sowie Sawa 2021, die von *genocidio culturale* spricht. Mit demselben Begriff (*cultural genocide*) wird auch der US-amerikanische Professor James Leibold in Mistreanu 2023 zitiert. – Vgl. auch S. 98 des Haupttextes, wo von der Anwendung des Terminus „Genozid" (ohne die Einschränkung des Kulturellen) die Rede ist.

429 So Knoll 2023.

430 Zu den unmittelbaren Auswirkungen der Attentate des 11. September, insbesondere auf die globale Wahrnehmung des Islams, vgl. Stanisavljević/ Zwengel 2002.

431 Heberer/ Schmidt-Glintzer 2023.

432 Heberer/ Schmidt-Glintzer 2023.

433 Vgl. S. 62 des Haupttextes. Ob man die bereits 1990 existierende Gruppe und die späteren Organisationen als Entwicklungsstufen ein und derselben Bewegung bezeichnen kann oder sie als voneinander unabhängig gegründete Vereinigungen betrachten sollte, ist eine für die Gesamteinschätzung der historischen Abläufe nicht unwichtige Frage, die jedoch im Rahmen der vorliegenden Untersuchung nicht zu klären ist und eine eigenständige Betrachtung verdienen würde. Die in der hier zitierten Sekundärliteratur gemachten Angaben lassen keine eindeutige Beantwortung dieser Frage zu.

434 Syroežkin 2015: 128.

435 Syroežkin 2015: 128.

436 Syroežkin 2015: 118, 128. Vgl. Becker et al. 2022: 10.

erstellten Statistik zufolge verübte die IBOT zwischen 1990 und 2001 mehr als 200 Gewalt- und Terrorakte in der Volksrepublik China, bei denen 162 Menschen getötet und 440 verletzt worden seien.[437] Die Zahl der terroristischen Akte, für die die IBOT während der Zeit ihres Bestehens (beziehungsweise Zeit ihres Bestehens als Terrororganisation, also ungefähr vom Ende der 1990er Jahre bis etwa 2006) die Verantwortung übernommen hat, beträgt ebenfalls mehr als 200.[438] Die Angaben der staatlichen volksrepublikanisch-chinesischen Behörden und die Selbstdarstellung der Terrorgruppe scheinen sich in diesem Punkt also in etwa zu decken.

Ungefähr ab 2001 befand sich der organisatorische Kern der IBOT außerhalb der Landesgrenzen der Volksrepublik Chinas, und zwar in Nord-Wasiristan, einer Region im nördlichen Pakistan.[439] Die Präsenz der Terrorgruppe in dieser Gegend ist unter anderem dadurch dokumentiert, dass die USA kurz nach den Anschlägen von 2001 nach eigenen offiziellen Angaben drei Uiguren im pakistanisch-afghanischen Grenzgebiet aufgriffen, die IBOT-Mitglieder gewesen sein sollen.[440]

Im Jahr 2006 wurde bekannt, dass die „Islamische Bewegung Ostturkestan" sich unter ihrem damaligen Führer Abdul Chak in „Islamische Partei Turkestans" (IPT; *Turkestan Islamic Party*, Abk. *TIP*; *Islamskaja partija Turkestana*, Abk. *IPT*) umbenannt hatte.[441] Diese selbsternannte „Partei" wurde auch als „Islamische Partei Ostturkestans" (Abk. IPOT, *Islamskaja partija Vostočnogo Turkestana*, Abk. *IPVT*) bekannt.[442] Ihrer Ideologie zufolge kann sie klar als radikale und gewaltbereite dschihadistische Organisation beschrieben werden, zu deren Zielen weiterhin die Errichtung eines auf der Scharia beruhenden Staates in Zentralasien gehörte.[443] Wie ihrer Vorläuferorganisationen wurden der IPT/ IPOT sehr enge Verbindungen zu Al-Qaida nachgesagt.[444] Nachdem Abdul Chak am 15. Februar 2010 durch einen Drohnenangriff in Nord-Wasiristan getötet worden war, übernahm ein gewisser Abdul Šakur al'-Turkistani (der letzte Namensbestandteil bedeutet so viel wie „Turkestaner") die Führung der Organisation.[445] Unter seiner Leitung setzte die Gruppierung ihre militante und terroristische Aktivität offenbar unvermindert fort. Am 29. August 2017 soll sie beispielsweise im Internet ihre Anhänger in Syrien dazu aufgefordert haben, sich auf künftige Kämpfe gegen die VR China vorzubereiten.[446]

Die seit dem Ende des zweiten Milleniums radikalisierte Neubelebung der „Islamischen Bewegung Ostturkestan" und ihre Nachfolgeorganisationen dürften zu allen Zeiten vergleichsweise kleine Gruppierungen gewesen sein. Nach einer Angabe soll die Mitgliederzahl der IPT nach dem Januar 2007 auf etwa 200 „angewachsen" sein.[447] Unter diesem numerischen Gesichtspunkt ist die um 2006 erfolgte Umbenennung in eine „Partei" eher als ein propagandistischer Schachzug der Gruppierung zu deuten, da diese weder die für eine Partei unabdingbare Massenbasis hatte noch überhaupt gesinnt war, im Stil einer Partei politisch zu agieren.

Die hier aufgrund ihrer Bedeutung etwas ausführlicher behandelte IBOT war nicht die einzige in der VRC entstandene separatistische oder terroristische Organisation, in der Uiguren eine Rolle

---

437 Syroežkin 2015: 118, der den Staatsrat mit dem Wort *Gossovet* bezeichnet.
438 Syroežkin 2015: 129.
439 Syroežkin 2015: 128.
440 Becker et al. 2022: 10.
441 Syroežkin 2015: 128. Vgl. Rajagopalan 2017.
442 Syroežkin 2015: 128.
443 Syroežkin 2015: 128f.
444 Pedroletti 2018: 11 bezeichnet sie sogar als uigurischen Ableger Al-Qaidas.
445 Syroežkin 2015: 128.
446 Rajagopalan 2017.
447 *vozroslo* (Syroežkin 2015: 128).

spielten. Dass Uiguren in der terroristischen Szene Xinjiangs eine gewisse Bedeutung hatten, scheint daraus hervorzugehen, dass die meisten der bis etwa zur Mitte der Zehnerjahre überhaupt registrierten Terrorakte in Xinjiang Uiguren zugeschrieben wurden.[448] Obwohl die Zahl der Personen, die an diesen Akten beteiligt waren, insgesamt recht klein war, waren es wohl doch zu viele, als dass man sie als isolierte Einzelfälle betrachten könnte. Konstantin Syroežkin stellt beispielsweise in Bezug auf gewaltbereite uigurische Vereinigungen fest, dass man die „Tätigkeit ethnischer Separatisten" in Xinjiang seit 1990er nicht nur auf „isolierte separatistische Organisationen" zurückführen könne.[449]

Ungeachtet der terroristischen Aktivitäten, an denen Uiguren mit wachsender Intensität vor allen Dingen ab dem Ende der 1990er Jahre beteiligt waren, muss man jedoch die Frage stellen, ob die Maßnahmen, die der volksrepublikanisch-chinesische Staatsapparat gegen die „drei üblen Kräfte" (*three evil forces*) – „Terrorismus, Extremismus und Separatismus" (*terrorism, extremism and separatism*)[450] – zur Anwendung gebracht hat, in ihrer Summe in einem angemessenen Verhältnis zur angenommenen oder tatsächlichen Bedrohung durch uigurische Terroristen standen. Wie im Folgenden, vor allem in Bezug auf die Regierungszeit Xi Jinpings, etwas ausführlicher dargestellt wird,[451] hat der volksrepublikanisch-chinesische Staat vor allem ab 2017 umfangreiche Überwachungs-, Reglementierungs- und Verfolgungsmaßnahmen gegen die Uiguren und andere turksprachig-muslimische Minderheiten in Xinjiang umgesetzt. Diesen Maßnahmen liegen so aufgeweichte Terrorismus-, Separatismus- und Extremismusbegriffe zugrunde, dass praktisch jeder Angehörige dieser Gruppen für alles des Terrorismus verdächtigt werden konnte. Der Begriff „Terror" wurde von der volksrepublikanischen Obrigkeit so weit ausgelegt, dass unter anderem „jede wahrgenommene Bedrohung der territorialen Souveränität des Staats, unabhängig von ihren tatsächlichen Methoden oder Auswirkungen im Hinblick auf die Schädigung anderer"[452] als Terrorismus verstanden werden konnte. Berücksichtigt man, dass selbst die wohl bekannteste Terrororganisation mit uigurischer Beteiligung, IBOT, die wohl auch für die größte Zahl an Anschlägen und Todesopfern verantwortlich ist, zu ihren Hochzeiten kaum mehr als 200 aktive Mitglieder gehabt haben dürfte, können die ab 2017 in ganz Xinjiang intensivierten Repressalien gegen Millionen von Uiguren unter keinen Umständen als angemessene oder notwendige Reaktion auf irgendwelche Formen einheimischen Separatismus, Extremismus oder Terrorismus bezeichnet werden.[453]

---

448 Syroežkin 2015: 118, unter Hinweis unter anderem auf diesbezügliche Strafprozesse.

449 *Dejatel'nost' ètničeskich separatistov v Sin'czjane ... razroznennych separatistskich organizacij* (Syroežkin 2015: 123f.). Zur Frage der Ausdehnung uigurischen Separatismus und Extremismus vgl. Bekturganova 2002.

450 Die Zitate stammen aus Zakir/ Bo 2018. Dieselben Ausdrücke verwendete beispielsweise auch Šöhrät Zakir im Jahr 2018 (siehe S. 91 des Haupttextes). Übereinstimmend bezeichnen Cavelius/ Sauytbay 2021: 22 die von der KPC definierten „drei Übel" als „Separatismus, Terrorismus und Extremismus".

451 Siehe S. 87ff. des Haupttextes.

452 *Any perceived threat to state territorial sovereignty, regardless of its actual methods or effects vis-à-vis harm to others* („Jede wahrgenommene Bedrohung der staatlichen territorialen Souveränität, ungeachtet ihrer tatsächlichen Methoden oder Auswirkungen in Bezug auf die Schädigung anderer", Emily Yeh, zitiert in Byler 2022: 12).

453 Aufschlussreich im Hinblick auf den unverhältnismäßigen und ausufernden Charakter der Bekämpfung der „drei Übel" durch die Volksrepublik dürfte die aus der Perspektive des Jahres 2023 von Heberer/ Schmidt-Glintzer 2023 getroffene Feststellung „Dabei stehen derzeit eine Institutionalisierung von Recht sowie die Rückkehr zu rechtlichen Verfahren bzw. deren Ausbau im Vordergrund." sein. Denn hier wird in den Worten prominenter, kompetenter, mit großer institutioneller Macht ausgestatteter und einflussreicher offener Rechtfertiger und Unterstützer des volksrepublikanisch-chinesischen Vorgehens gegen die Uiguren in den Jahren von 2010 bis 2023 ausgesagt, dass dabei rechtliche Verfahren eben *nicht* eingehalten worden seien, dass das Vorgehen mit anderen Worten damals selbst nach den eigenen Standards der VR China illegal gewesen sei.

Zusätzlich zum Aspekt der Unangemessenheit der staatlichen Reaktionen ist gegen die These eines durch eine islamistische Bedrohung herbeigeführten „Kontrollverlustes" in der VRC und gegen den in dieser These enthaltenen Versuch, die massive Diskriminierung und Verfolgung der Uiguren als Ethnie zu rechtfertigen, darauf hingewiesen worden, dass viele der in den Augen der volksrepublikanisch-chinesischen Regierung als Separatisten und Terroristen einzustufenden Menschen nicht nur keine Unterstützung durch die Mehrheit der uigurischen Bevölkerung genossen, sondern auch nicht in einer direkten Beziehung zu einem „nationalen Befreiungskampf" (*nacional'no-osvobitel'naja bor'ba*) der Uiguren standen.[454] So gibt es wohl keinerlei Hinweis auf das Vorhandensein einer großen politischen Organisation oder Partei in der VRC, die sich uigurisch-separatistischen oder -independistischen Zielen verschrieben hätte.[455] Die in einer 2018 gehaltenen und später geleakten Geheimrede des Ministers für Zivile Angelegenheiten der Volksrepublik China, Zhao Kezhi 赵克志, aufgestellte Behauptung, es habe damals in Xinjiang zwei potenziell verdächtige Bevölkerungsgruppen von jeweils etwa zwei Millionen Stärke gegeben, von denen eine „von Denken für die Unabhängigkeit Xinjiangs, panislamistischem und panturkistischem Denken beeinflusst" und die andere „Leute, die durch die Infiltration extremistischen religiösen Denkens tief und gründlich beeinflusst worden sind" seien,[456] zeigt, dass es der Partei- und Staatsführung weniger um den Kampf real existierender, konkreter separatistischer, extremistischer oder terroristischer Organisationen als vielmehr um den Versuch des Vorgehens gegen bestimmte Denkmuster ging, wobei die Vagheit der Kriterien, nach denen diese definiert wurden, zu einer praktisch unüberschaubaren Zahl von Verdächtigen führte. Dass weder die Ende der 1990er Jahre radikalisierte Neuauflage der IBOT und ihre Nachfolgegruppierungen noch alle anderen Organisationen der Uiguren zusammengenommen zahlenmäßig auch nur annähernd stark genug waren, um die Menge der von Zhao Kezhi genannten vier Millionen Menschen zu erreichen, ist oben dargelegt worden. Nach Konstantin Syroežkins Auffassung, die sich auf die Zeit bis 2015 bezieht, war im Übrigen die Intellektuellenschicht der Uiguren gar nicht an Aktivitäten von Separatisten beteiligt, auch wenn sie Streben nach größerer Autonomie und gegebenenfalls Unabhängigkeit vom Prinzip her bejahte.[457] Als Grund hierfür nennt Syroežkin die Einsicht der „uigurischen Elite" (*ujgurskaja élita*), dass zur Erreichung dieser Ziele damals einfach die Voraussetzungen fehlten.[458] Die oben zitierte Darstellung Zhao Kezhis ist dagegen nicht in der Lage, konkret in separatistischen Aktionen oder deren Planung involvierte Personen von solchen, die sich lediglich in irgendeiner Weise mit separatistischem Gedankengut beschäftigen, zu unterscheiden. In seiner Analyse der Entwicklung des uigurischen Separatismus und Terrorismus bis zur Mitte der Zehnerjahre, also bereits in die Zeit Xi Jinpings hinein, beschreibt Syroežkin die separatistischen Organisationen in der AURX insgesamt als „wenig zahlreich" (*nemnogočislennye*) und vertritt die Ansicht, dass sie nur mit massiver finanzieller und materieller Unterstützung ausländischer Regierungen und Organisationen aktionsfähig geworden seien.[459] Wahrscheinlich hat die Analyse Syroežkins auch für die Zeit nach 2015 im Wesentlichen Gültigkeit behal-

---

454 Syroežkin 2015: 117.
455 Syroežkin 2015: 122f.
456 *shou jiangdu, "shuang fan" sixiang yinxiang qunti erbaiwan ren* 受疆独,"双泛"思想影响群体200万人 (Zhao 2018: 7); *people who have been influenced by pro-Xinjiang independence, pan-Islamist, and pan-Turkist thinking* (Zhao 2018a: 6); *shou zongjiao jiduan sixiang shentou yanzhong de qunti chaoguo erbaiwan ren* 受宗教极端思想渗透严重的群体超过200万人 (Zhao 2018: 7); *People who have been severly influenced by the infiltration of extremist religious thought* (Zhao 2018a: 6). Vgl. Zenz 2022. Zur Rede Zhao Kezhis vgl. S. 82 des Haupttexts.
457 Syroežkin 2015: 117.
458 Syroežkin 2015: 117.
459 Syroežkin 2015: 117.

ten. Denn unter den Bedingungen der drastisch verschärften Zensur, Kontrolle und Verfolgung der Uiguren, wie sie vor allem ab 2017 herrschten, waren die Bedingungen für die Entstehung politischer Organisationen unter den Uiguren der VRC noch ungünstiger als zuvor. Als Xi Jinping nach einem uigurischen Terroristen zugeschriebenen Terrorakt im Mai 2014 Xinjiang besuchte, hatte er im Übrigen noch selbst davor gewarnt, einen Zusammenhang zwischen dem Phänomen des Terrorismus und einer bestimmten ethnischen Gruppe als Ganzer herzustellen.[460] Die Geheimrede Zhao Kezhis zeigt, dass sich die Einstellung der volksrepublikanisch-chinesischen Regierung in der Folgezeit jedoch offenbar änderte, falls das Statement des Partei- und Staatschefs nicht überhaupt eine rein taktische beziehungsweise propagandistische Äußerung war.

Nachdem das Verhältnis zwischen den Autoritäten der Volksrepublik China und der uigurischen Minderheit sich über die Jahre hinweg immer weiter verschlechtert hatten, kam es gegen Ende der Nullerjahre zu einer krisenhaften Zuspitzung.

Am 25. und 26. Juni 2009 wurden einer verbreiteten Darstellung zufolge zwei ethnisch uigurische Wanderarbeiter in Südchina von hanchinesischen Arbeitern getötet und sechzig weitere verletzt.[461] Die genauen Umstände und Hintergründe der Gewalttaten gegen die Wanderarbeiter scheinen insgesamt unklar zu sein,[462] so dass nicht mit letztlicher Sicherheit zu sagen ist, ob es sich um eine Provokation handelte. Dieser sogenannte „Zwischenfall von Shaoguan" (*Shaoguan shijian* 韶关事件) bildete den Auftakt für eine neuerliche Welle der Unruhen, die sich wenig später entlud.[463]

Aus Protest gegen den „Zwischenfall von Shaoguan" begannen uigurische Studenten am 5. Juli 2009 in Ürümtschi großangelegte Demonstrationen.[464] Die Zahl ihrer Teilnehmer wird auf zwischen 1.000 und 3.000 geschätzt.[465] Einer der Schwerpunkte der Demonstrationen war das Stadtviertel Dawan 大湾.[466] Als ein weiteres Epizentrum der Unruhen wurde das mehrheitlich von Uiguren bewohnte Armenviertel Ürümtschis namens Heijia Shan identifiziert, in dem damals etwa 200.000 Uiguren lebten.[467] Offensichtlich gab sich zumindest ein Teil der Demonstranten zunächst staatstreu, indem er Flaggen der Volksrepublik China zeigte.[468] Dennoch eskalierte die Situation im Endeffekt. Einer Darstellung zufolge war dies auf das Eingreifen bewaffneter Polizeieinheiten zurückzuführen.[469] Mindestens zwei uigurische Zeugen, die später nach Kambodscha fliehen konnten und Asyl beantragten, behaupteten, dass volksrepublikanisch-chinesische Sicherheitskräfte am 5. Juli 2009 die Demonstranten angegriffen und einige von ihnen getötet hätten.[470] Ein Teil der Demonstranten griff offenbar umstehende Han-Chinesen an und kippte Busse um.[471] Die grausame Bilanz des gesamten Ereignisses

---

460 Syroežkin 2015: 118.
461 Byler 2022: 40f., 60, 178.
462 Vgl. Byler 2022: 40.
463 Vgl. Semet/ Wilkens 2012: 152.
464 Byler 2022: 40f., 60, 178; Abramson 2012: 1071, 1983. Vgl. Tang/ Qiao/ Mudie 2010. Abramson 2012: 1071 nennt die Ereignisse *protests and riots* („Proteste und Aufruhr") und kritisiert, dass sie durch die alleinige Bezeichnung als *riot* („Aufruhr") oder *uprising* („Erhebung"), die „im Westen" (*in the West*) bisweilen vorgenommen würde, „falsch charakterisiert" (*mischaracterized*) würden. – Vgl. auch Semet/ Wilkens 2012: 152; Emet 2018: 137.
465 Emet 2018: 137.
466 Byler 2022: 60.
467 Byler 2022: 203. Zu dem Viertel siehe auch Tang/ Qiao/ Mudie 2010. Es war nicht möglich, die chinesischen Schriftzeichen zu bestimmen.
468 Byler 2022: 41.
469 Byler 2022: 41.
470 World Uyghur Congress 2012.
471 Byler 2022: 41.

bestand aus mehr als 190 Todesopfern, von denen mehr als zwei Drittel Han-Chinesen gewesen sein sollen.[472] Zahlreiche Uiguren sollen im Anschluss an die Unruhen verhaftet worden sein.[473]

Auf dieses folgenschwere Ereignis, das in der offiziellen Terminologie der volksrepublikanisch-chinesischen Regierung als „sensible Periode des 5. Juli" (*Qi-wu min'gan qi* "七五"敏感期) bezeichnet wird,[474] reagierte ein Teil der uigurischen Community Xinjiangs offenbar mit einer Rückbesinnung auf den Islam und vor allem auf einige von dessen konservativen Ausprägungen.[475] Als äußere Merkmale dieser kulturellen Umorientierung werden eine strengere Beachtung der nach konservativen Islamausdeutungen vorgeschriebenen täglichen fünf Gebete und des Fastens im Monat Ramadan sowie eine vermehrte Betonung der Bedeutung von „Reinheit" im persönlichen Leben genannt.[476] Die offensichtliche Zunahme uigurischen Interesses an dezidiert konservativen islamischen Ausdrucksformen dürfte aus Sicht der volksrepublikanisch-chinesischen Regierung wiederum wenig später einer der Anlässe geworden sein, um die Verfolgung der Uiguren zu intensivieren beziehungsweise den „Volkskrieg gegen den Terror" zu entfesseln.[477] So gesehen, kann man die mit den Ereignissen des Juli 2009 beginnende Phase vielleicht als einen Teufelskreis bezeichnen. Denn eine (wahrgenommene oder reelle) Entfremdung zwischen Uiguren und den Vertretern des Staates führte die Uiguren zu einer prononcierten Rückbesinnung auf islamische Werte und Praktiken, die dann ihrerseits den Staat zum Zweifeln an der Loyalität der uigurischen Minderheit veranlasste, was diese dann weiter von der herrschenden Ordnung entfremdete und so weiter. Wer diesen circulus vitiosus in Gang gesetzt haben mochte, spielte nach einer gewissen Zeit wohl kaum eine entscheidende Rolle, da der fatale Mechanismus dann kaum noch zu stoppen war. Offensichtlich gab es keine wirksamen Strategien (wie Vermittlungsinstanzen) mehr, um ihn zu unterbrechen, oder es fehlte der Wille dazu. Einige der politischen, kulturellen und psychologischen Mechanismen, die zu dieser krisenhaften Eskalation führten, hat Äziz Äysa Älkün in seiner bereits erwähnten Erzählung „Die Sache mit den Namen", die im vorliegenden Band vorgestellt und besprochen wird, aufgearbeitet.[478] Die Geschichte macht deutlich, wie fehlende Kommunikation(sbereitschaft) zwischen Uiguren und Staatsorganen die Kluft zwischen beiden vertiefen kann. Sie zeigt, wie der staatlicherseits in Gang gesetzte Mechanismus der kollektiven Schuldzuweisung an eine Gruppe ohne sorgfältige Berücksichtigung der tatsächlichen Verantwortung beteiligter Individuen nicht nur zu katastrophalen Folgen für diese Einzelpersonen führt, sondern wie dann wiederum die Gemeinschaft, zu der sie gehören, sich genau in die Richtung orientiert, die ihr die Vertreter des Staats ursprünglich unterstellt hatten. In der Geschichte beginnt der ganze Teufelskreis mit der Umdefinition bestimmter Verhaltensmuster, die früher ohne Weiteres als akzeptabel galten, zu angeblichen Verbrechen.

---

472 Byler 2022: 41. Emet 2018: 137 schreibt unter Berufung auf Angaben der volksrepublikanisch-chinesischen Regierung, dass mindestens 192 Menschen getötet und 1721 verletzt worden seien. Nach Tang/ Qiao/ Mudie 2010 lautete die offizielle Bezifferung der Opferzahl 197. Übereinstimmend spricht Kakissis 2020 von *nearly 200* („an die 200") Todesopfern.

473 Vgl. die Aussage eines uigurischen Gewährsmanns, die in Byler 2022: 207 wiedergegeben ist.

474 Siehe etwa Zhao 2018: 7.

475 Byler 2022: 203.

476 Byler 2022: 203 umschreibt das zuletzt genannte Merkmal mit *maintaining personal purity* („Aufrechterhaltung der persönlichen Reinheit"). Byler möchte die gestiegene Betonung der Reinlichkeit damit erklären, dass die Uiguren die Religion als Bewältigungsstrategie für ihre Verletzlichkeit benutzen wollten, die durch die Ereignisse am 5. Juli 2009 deutlich geworden sei. Allerdings ist fraglich, ob es für diese psychologisierende Ausdeutung der Zunahme der Reinheits-Bezüge tatsächlich Belege gibt. Zum Zusammenhang zwischen Ideen der Reinheit und konservativen Intepretationen der islamischen Tradition vgl. Heß 2008.

477 Siehe S. 78ff. des Haupttextes.

478 Siehe erneut 298ff. des Haupttexts.

Ungeachtet der gegen Ende der Nullerjahre zu beobachtenden krisenhaften Entwicklung im Verhältnis zwischen den Staatsorganen und der uigurischen Minderheit kam es in der Volksrepublik ungefähr ab 2012 dann zu einem weiteren und zugleich bisher letzten Aufblühen der uigurischsprachigen Kultur.[479] Einer der Umstände, die diese abschließende kurze Phase des kulturellen Höhenflugs möglich machte, dürfte die damals mittlerweile auch in der Volksrepublik China intensivierte Digitalisierung der Medienwelt gewesen sein. Konkret spielte für die Uiguren Xinjiangs in dieser Periode wohl die Chat-App „WeChat" (*Weixin* 微信) eine besonders große Rolle. Diese ab 2011 zur Verfügung stehende Applikation ermöglichte der uigurischen Community auch in einem Klima der Spannungen mit dem Staat eine ungehinderte Kommunikation, und zwar sowohl innerhalb der Volksrepublik als auch über deren Grenzen hinaus.[480] Apps wie WeChat trugen zwischen 2010 und etwa 2014, als der volksrepublikanisch-chinesische Staat drastische Überwachungsmaßnahmen und Einschränkungen im kulturellen Leben einführte, auch maßgeblich zur Wiederbelebung der *islamischen* Aspekte der uigurischen Kultur in Xinjiang bei. Dadurch musste sich der, wie oben gezeigt, ohnehin schon bestehende Eindruck der Verstärkung islamisch orientierter Tendenzen weiter verstärken. In diesem Prozess war es wohl auch von Bedeutung, dass Apps vom Typ WeChat die uigurische Community der Volksrepublik mit der islamischen Welt außerhalb des Landes so intensiv vernetzten wie wohl nie zuvor. Insbesondere die Türkei trat dabei als Inspirationsquelle für die Uiguren der Volksrepublik hervor. Denn sie war zum einen aufgrund ihrer damaligen Popularität als Modell für eine scheinbar tragfähige westlich-islamische Synthese international in den Vordergrund getreten. Zum anderen war sie Uiguren aufgrund von deren sprachlicher und kultureller Verwandtschaft mit den Türken vergleichsweise leicht zugänglich.[481]

3.2.2.6 Rückkehr zur Repression (2012 bis heute)

Das Ende der Ära der „Reformen und Öffnung" wurde faktisch durch die Machtübernahme Xi Jinpings im Jahr 2012 eingeleitet.[482] Der Regierungsantritt Xis markierte in allen Bereichen der volksrepublikanisch-chinesischen Innen- und Außenpolitik einen Umbruch. Grob vereinfachend gesagt, kann man die durch ihn eingeleitete politische Tendenz in innenpolitischer Hinsicht als Stärkung des autoritären Charakters des Staats unter Einsatz massiver Repression und im außenpolitischen Bereich als Übergang zu einer immer klarer imperialistische Züge offenbarenden Politik bezeichnen.

Die Verschärfung von Kontrolle und Repression in der Volksrepublik China betraf nicht nur mehrheitlich muslimische Minderheiten wie die Uiguren.[483] Zu dem, was Minderheiten wie die Uiguren oder auch Christen und Anhänger der Falungong-Bewegung (*Falun Gong* 法轮功) in den Augen der Regierung „sensibel" (*min'gan* 敏感) macht, dürfte gehören, dass sie durch ein System kultureller Traditionen und Werte zusammengehalten werden, das in Konkurrenz mit oder gar im Widerspruch zu den Traditionen und Werten des Kommunismus steht, auch wenn es in vielen Fällen und über lange Strecken innerhalb der kommunistischen Gesellschaft und gemeinsam mit

---

479 Byler 2022: 78 spricht in diesem Zusammenhang von *a flourishing of Uyghur culture* („einem Aufblühen der uigurischen Kultur").
480 Vgl. den betreffenden Erlebnisbericht in Rajagopalan 2017.
481 Vgl. Byler 2022: 119. Zum geistigen Hintergrund der Annäherung orientalischer und okzidentaler Vorstellungen über die Türkei am Beispiel des Schriftstellers Orhan Pamuk siehe Heß 2007 und Heß 2008a.
482 Zur Bedeutung von Xis Machtantritt als historischem Einschnitt vgl. Sawa 2021.
483 Vgl. in diesem Zusammenhang etwa das in Büchenbacher 2023 über das Verhältnis des volksrepublikanisch-chinesischen Staatsapparates zu den Christen im Land Gesagte.

dieser existieren kann.[484] Dabei verbindet alle genannten Wertesysteme ein hoher Grad an Konservatismus und Beharrungsvermögen; alle sind letzten Endes als Orientierungs-, Denk- und Gefühlssysteme interpretierbar, die in der sich immer rascher ändernden industriellen und postindustriellen Wert Kohärenz, Halt und geistige Sicherheit versprechen. Die uigurische Kultur bietet ein alternatives Werte- und Orientierungssystem, das in sich stimmig, tragfähig und stark genug ist, um vollkommen unabhängig von den Postulaten des Marxismus-Leninismus bestehen zu können. Damit wird die uigurische Kultur bereits unterhalb der Schwelle der Artikulation der Einforderung irgendwelcher Rechte zu einer potenziellen Herausforderung der Herrschaft der KP Chinas, da sie deren Alleinvertretungs- und -erlösungsanspruch durch ihre bloße Existenz zu relativieren imstande ist.

Dass die volksrepublikanisch-chinesische Partei- und Staatsführung einen direkten Zusammenhang zwischen der Situation in Xinjiang und derjenigen in der gesamten Volksrepublik sieht, hat der Staats- und Parteiführer im Übrigen auch selbst herausgestellt. In einem aus dem Jahr 2018 stammenden geheimen Dokument, das später geleakt worden ist, wird Xi Jinping beispielsweise mit folgenden Worten zitiert:

> „Die Xinjiang-Arbeit so zu verrichten, dass sie zu einem guten Ergebnis führt, hat Auswirkungen auf die allgemeine Situation im gesamten Land, es ist mit Sicherheit nicht einzig und allein nur eine regionale Angelegenheit des einen [Gebiets] Xinjiang, sondern vielmehr eine Sache der gesamten Partei und des gesamten Landes."[485]

Der Umstand, dass der Staats- und Regierungschef bei der Aufzählung der Nutznießer der „Xinjiang-Arbeit" an dieser Stelle die Kommunistische Partei vor dem gesamten Land platziert, dürfte kein Zufall sein, sondern die Zielgruppenpräferenz der Rede widerspiegeln. Rhetorisch könnte die technokratisch wirkende Wortwahl „Xinjiang-Arbeit" außerdem in einem Zusammenhang mit der offiziellen Wahrnehmung der Situation in Xinjiang als „Xinjiang-Problem" stehen.[486]

Was den Einfluss der politischen Peripetie von 2012 auf die Uiguren betrifft, so deutete sich das Ende der seit etwa Beginn der Zehnerjahre herrschenden letzten Phase der kulturellen Blüte wohl spätestens ab ungefähr dem Ende des Jahres 2013 an.[487] Am 28. Oktober 2013 ereignete sich ein schwerwiegender und außerordentlich spektakulärer Terrorakt unter uigurischer Beteiligung. Dabei fuhr eine dreiköpfige ethnisch uigurische Familie einen Lastwagen in die auf dem Platz des Himmlischen Friedens versammelte Menge, tötete zwei Passanten und verletzte 42 weitere. Die Attentäter verloren während des Anschlags ebenfalls ihr Leben.[488]

Den unmittelbaren Auslöser für die Verschärfung der Regierungshaltung gegenüber Xinjiang dürfte dann eine Kette terroristischer Ereignisse im Frühling des darauffolgenden Jahres gebildet haben. Al-Qaida nahestehende uigurische Täter ermordeten am 1. März 2014 im Bahnhof der südchinesischen Stadt Kunming 昆明 31 Menschen und verletzten 143 weitere, wobei sie Messer

---

484 Zum Ausdruck *min'gan* als Teil der offiziellen Wahrnehmung der Uigurenproblematik in der Volksrepubik China vgl. S. 74 des Haupttextes.

485 *Zuohao Xinjiang gongzuo shiguan quanguo daju jueba jinjin shi Xinjiang yi ge diqu de shiqing, er shi quandang quanguo de shi* 做好新疆工作事关全国大局，决不仅仅是新疆一个地区的事情，而是全党全国的事。 *Doing a good job in Xinjiang matters for the overall situation of the whole country, it is definitely not just a matter of Xinjiang – this one region – but a matter of the whole party and the whole nation.* (Zhao 2018: 10; Zhao 2018a: 8).

486 Den Ausdruck (*Xinjiang problem*) schreibt Darren Byler der offiziellen Volksrepublik in Bastek/ Byler 2023: ca. 9'30" zu.

487 Nach Byler 2022: 77 dauerte die Phase der kulturellen Öffnung sogar nur bis ungefähr in die Mitte der Nullerjahre an.

488 Pedroletti 2018: 11; Byler 2022: 40.

und Macheten zum Einsatz brachten.[489] Im Vorgriff auf den literaturwissenschaftlichen Teil der vorliegenden Arbeit kann an dieser Stelle darauf hingewiesen werden, dass Messer, insbesondere wenn sie nach traditionellen Verfahren der Uiguren und anderer turksprachig-muslimischer Minderheiten hergestellt werden, in der Wahrnehmung der offiziellen Volksrepublik und deren Mehrheitsgesellschaft häufig als negative Symbole für gewaltbereite Rückständigkeit und Barbarentum angesehen werden. Mämtimin Hošurs berühmte Kurzgeschichte „Die Sache mit dem Bart", die im vorliegenden Band diskutiert wird, macht genau dieses Vorurteil und seine absurden Auswüchse zu ihrem Hauptthema.[490] Dass Hošurs Geschichte bereits vier Jahre vor dem Attentat von Kunming, im Jahr 2010, erschien, beweist, wie groß das Bewusstsein für das Messer-Klischee schon zu dieser Zeit in der uigurischen Community war und dass es sicherlich eine vereinfachende Interpretation wäre, wenn man den in der nicht-uigurischen Öffentlichkeit der VR China bisweilen empfundenen oder konstruierten Zusammenhang zwischen Uiguren und Messerstechern allein auf dieses Ereignis zurückführen wollte. Im April 2014 kam es dann zu einem weiteren Terrorakt in Ürümtschi. Diesmal handelte es sich um einen Selbstmord-Bombenanschlag. Bei ihm kamen die Attentäter selber ums Leben, und 79 weitere Menschen wurden verletzt.[491] Noch ein weiterer, erneut dem Umfeld Al-Qaidas zugerechneter, Terroranschlag fand Anfang Mai 2014 auf einem Markt in Ürümtschi statt. Die fürchterliche Bilanz dieser dritten Gewalttat waren 43 Tote und 90 Verletzte.[492]

Im Mai 2014 rief die volksrepublikanisch-chinesische Regierung den sogenannten „Volkskrieg gegen den Terror" (*renmin de fankong zhanzheng* 人民的反恐战争) aus.[493] Sie stellte dabei ausdrücklich einen Bezug zu den Terroranschlägen von März bis Mai 2014 her.[494] Die Wortwahl „Volkskrieg gegen den Terror" war eine offensichtliche Calque des „Globalen Kriegs gegen den Terror" (*Global War on Terror*), den die USA und einige ihrer Verbündeten nach den Anschlägen vom 11. September 2001 verkündet hatten.[495] Der für seine Adaption durch die VR China entscheidende Aspekt des von den USA nach 9/11 verkündeten weltweiten „Kriegs" gegen den Terror dürfte darin gelegen haben, dass er eine Grenzüberschreitung markierte, mittels derer die bis dahin im Wesentlichen im Bereich von Polizei, Justiz und Geheimdiensten liegende Aufgabe der Terrorbekämpfung auf die Ebene einer unter massivem Militäreinsatz geführten Auseinandersetzung gehoben hatte, wie sie normalerweise zwischen kriegführenden Staaten stattfindet. Diese rhetorische und organisatorische Grenzüberschreitung mochte angesichts des Horrors und der Dramatik der Anschläge des 11. September verständlich sein. Ob sie jedoch angemessen und notwendig war, ist eine andere Frage, die vielfach kontrovers diskutiert worden ist. Auch wurden dem *Global War on Terror* der USA explizite Bezüge auf das Kreuzfahrertum mitgegeben, die als durchaus problematisch betrachtet wurden. Offensichtlich postulierte die KPC durch die Übertragung des Begriffs *Global War on Terror* als „Volkskrieg gegen den Terror", dass die Terrorereignisse von Kunming und Ürümtschi eine mit 9/11 vergleichbare Dimension der Bedrohung und des Schreckens herbeigeführt hatten und dementsprechend die Ausrufung eines „Kriegs" rechtfertigten.

---

489 Pedroletti 2018: 11; Byler 2022: 40. Vgl. Heß 2019: 114.
490 Siehe S. 249ff. des Haupttextes, besonders S. 253 und 256.
491 Byler 2022: 40.
492 Pedroletti 2018: 11 schätzt unter Berufung auf einen Bericht der Nicht-Regierungs-Organisation *Uyghur Human Rights Project* aus dem Jahr 2015 die Gesamtzahl der Menschen, die in der Gewaltwelle der Jahre 2013 und 2014 umkamen, auf ungefähr 700 Menschen, von denen ungefähr drei Viertel Uiguren gewesen seien. Byler 2022: 40 beziffert die Zahl der Opfer auf über 90. – Vgl. Heß 2019: 114.
493 Pedroletti 2018: 11; Byler 2022: 14, 98, 122, 206; [Byler 2022a]: VIII.
494 Byler 2022: 122f.
495 Siehe Byler 2022: 228.

Die Ausrufung des „Volkskriegs gegen den Terror" brachte die Situation nicht sofort wieder unter Kontrolle. Am oder kurz nach dem 28. Juli 2014, dem letzten Tag des islamischen Fastenmonats Ramadan in diesem Jahr, kam es im Bezirk Yäkän zu einer weiteren Eruption der Gewalt.[496] Unmittelbarer Auslöser soll diesmal eine Auseinandersetzung zwischen Uiguren und der Polizei darüber gewesen sein, wie Frauen im Haus eines uigurischen Farmers sich zu verschleiern hätten.[497] Den im Anschluss an den Disput ausbrechenden Unruhen sollen zwischen 96 und 2000 Uiguren zum Opfer gefallen sein.[498] Die Regierung verhängte daraufhin den Ausnahmezustand über Yäkän.[499] Zehntausende uigurischer Männer sollen im Gefolge der Unruhen verhaftet und ohne Prozess in „Umerziehungs"-Lager verbracht worden sein.[500] Im Jahr 2014 sollen in Xinjiang im Verborgenen mehrere Hundert entsprechender Internierungslager errichtet worden sein.[501]

Das in der Volksrepublik China allgegenwärtige Prinzip der „Umerziehung" spielt im Prozess des Vorgehens gegen die uigurische und andere turksprachig-muslimische Minderheiten eine zentrale Rolle und trat ab diesem Zeitpunkt wieder stärker in den Vordergrund. Den Begriff der „Umerziehung" oder „erneuten Erziehung" (*zai jiaoyu* 再教育, *qayta tärbiyä*)[502] hatte es in der Geschichte der Volksrepublik China schon Jahrzehnte zuvor gegeben. Im juristischen System der Volksrepublik China wird die Einweisung zur „Umerziehung" nicht als Form der Bestrafung klassifiziert.[503] Aus diesem Grund müssen die Behörden zur Begründung entsprechender Maßnahmen keine formalen Klagen erheben oder Urteile verkünden.[504] Zu Maßnahmen der sogenannten „Umerziehung" wurden während der „Großen Kulturrevolution" zahlreiche uigurische Schriftsteller und Intellektuelle verurteilt.[505] Unter ihnen befanden sich die im vorliegenden Band vorgestellten Autoren Xalidä Isra'il und Mämtimin Hošur.[506] Auch Xi Jinping, die letztendliche Autorität hinter der ab 2014 erneut anschwellenden Welle der „Umerziehungs"-Maßnahmen, musste sich zwischen 1969 und 1975 selbst entsprechenden Maßnahmen unterziehen.[507] Der Umstand, dass ein politischer Führer, der als junger Mann in der Zeit seiner „Umerziehung" jahrelangen Deprivationen durch die seinerzeitige Regierung der Volksrepublik China ausgesetzt war, später als Chef einer kommunistischen Nachfolgeregierung genau dieselbe Form der Behandlung von Andersdenkenden und Dissidenten zu einer seiner wichtigsten Strategien im Vorgehen gegen tatsächliche und vermeintliche Terroristen machte, mag auf den ersten Blick gerade vor dem Hintergrund der seit Ende der 1970er Jahre eingeläuteten Ära der „Reformen und Öffnung" paradox und wie eine Ironie der Geschichte wirken. Tatsächlich lässt sich dieses Verhalten aber aus der Geschichte und Psychologie des volksrepublikanisch-chinesischen Kommunismus

---

496 Zhao 2018a: 6, Anmerkung Nr. 16 zum Text. Byler 2022: 241 datiert den Beginn der Unruhen *immediately after Ramadan* („unmittelbar nach dem Ramadan") im Jahr 2014. Der Ramadan 2014 begann am 28. Juni und endete am 28. Juli.

497 Byler 2022: 241.

498 Byler 2022: 241 erklärt die Diskrepanz mit Unterschieden zwischen den Angaben der volksrepublikanisch-chinesischen Regierung und von Exiluiguren, die er als *the Uyghur government-in-exile* („die uigurische Exilregierung") bezeichnet.

499 Byler 2022: 241.

500 Byler 2022: 241.

501 Kamp 2024.

502 Vgl. Byler 2022: 45f. Für die uigurische Version des Begriffs siehe etwa Anonym 2010: 1 und Anonym 2005: 1V.

503 Rajagopalan 2017.

504 Rajagopalan 2017.

505 Zur Geschichte der „Umerziehung" siehe auch Fußnote 584 mit der darin erwähnten Literatur.

506 Anonym 2010: 1; Anonym 2005: 1V; vgl. Anonym 2022b.

507 Fahrion/ Giesen 2022: 12.

heraus durchaus nachvollziehen. So könnte dieser scheinbare Widerspruch möglicherweise dadurch seine Erklärung finden, dass im Gefolge der Unterdrückung der Demokratiebewegung im Jahr 1989 bestimmte konservative Kräfte innerhalb der KPC die Oberhand gewonnen hatten, für die die Fortsetzung beziehungsweise Wiederbelebung der Methode der „Umerziehung" bestimmter Volksteile eine sehr wünschenswerte Option war. Dass Xi zu einem konservativen Flügel der Kommunistischen Partei gehört, ist offensichtlich. Auch auf einer psychologischen Ebene muss sein Verhalten nicht so widersprüchlich gewesen sein, wie es auf den ersten Blick scheinen könnte. Denn im Ergebnis konnte er aus der Sicht des Jahres 2014, insbesondere im Licht der konservativen Neuorientierung, die in der VR China ab 1989 stattgefunden hatte, wohl seine eigene „Umerziehungs"-Erfahrung als eine im Nachhinein glückbringende und erfolgreiche Phase seiner Biographie rationalisieren. Seiner rückblickenden Wahrnehmung des Erlebten zufolge mochte die Unterwerfung unter den Willen der Partei, auch wenn sie für das Individuum Schmerzen und Entbehrungen im Rahmen einer „erneuten Erziehung" mit sich bringen sollte, letzten Endes sowohl zum Besten des Individuums als auch zu dem der Allgemeinheit sein. Analog konnte die „Umerziehung" von unter Terrorverdacht stehenden oder aus anderen Gründen missliebigen Uiguren und anderen Personen wohl als eine Maßnahme erscheinen, die in der Summe für alle vorteilhaft sein würde. Letzten Endes steht hinter dem Prinzip der „Umerziehung" ein Grundpostulat der volksrepublikanisch-chinesischen kommunistischen und vieler anderer linker Bewegungen, denen zufolge man die unaufgeklärten Volksmassen mit allen Mitteln, und im Zweifel eben auch mit Zwang, zum Annehmen der in den Augen der Herrschenden unanzweifelbaren ‚Wahrheit' bringen dürfe oder sogar müsse.

Jenseits von Erklärungsversuchen anhand der eigenen Traditionen der VRC ist in der Sekundärliteratur auf der Suche nach einem Grund für die in der gesamten Reform-und-Öffnungszeit beispiellose Verschärfung des Vorgehens gegen die Uiguren und andere turksprachig-muslimische Minderheiten ab den 2010er Jahren auf die außenpolitische und globale Gunst der damaligen Stunde hingewiesen worden. Abgesehen vom bereits erwähnten Vorbild des „Globalen Kriegs gegen den Terror" der USA und ihrer Verbündeten ist beispielsweise die Frage in den Raum gestellt worden, ob der Beginn des „Volkskriegs gegen den Terror" eventuell mit der zwei Monate zuvor erfolgten Besetzung der Krim und des Donbass durch Russland in Zusammenhang gestanden haben könnte.[508] Dabei ist vermutet worden, dass Xi Jinping die Ablenkung des Westens durch das Vorgehen Russlands für die Umsetzung seiner verschärften Gangart gegen die Uiguren genutzt haben könnte.[509]

Die Welle der Anschläge mit uigurischer Beteiligung führten dazu, dass im Dezember 2014 eine politische Kampagne mit dem Titel „Strenges Zuschlagen" (*yanda* 严打) gestartet wurde, die die „antiterroristischen" Maßnahmen noch weiter verschärfte.[510] Die neuerlichen Terrorakte, die sich bis dahin ereignet hatten, dienten der Regierung als Begründung dafür, weite Teile der uigurischen Bevölkerung der Volksrepublik öffentlich als dem Terrorismus oder terrorismusaffinen Ideologien nahestehend zu bezeichnen.[511] Charakteristischerweise richtete sich die neue Welle der Verfolgungsmaßnahmen nicht nur gegen Personen, die bestimmtes verdächtiges Verhalten an den Tag legten, sondern auch gegen deren Verwandte.[512] Damit griff die volksrepublikanisch-chinesische Partei- und Staatsführung auf ein Prinzip zurück, dass bereits in der Sowjetunion in der Stalinzeit gegen

---

508 Friedländer 2023.
509 Friedländer 2023.
510 Der Deutsche Botschafter a. D. in China, Volker Stanzel (*1948), übersetzte *yanda* mit „hartes Zuschlagen" (zitiert in Grüll/ Mader/ Tanriverdi 2022); fast identisch sprechen Fahrion/ Sabrié 2023: 82 von der „Hart zuschlagen"-Kampagne. Vgl. Byler 2022: xi, 44, 56. Feng 2022 gibt den Begriff mit *strike hard* wieder.
511 Vgl. Byler 2022: 40.
512 Byler 2022: 50.

sogenannte „Feinde des Volkes" (*vragi naroda*) zur Anwendung gebracht worden war.[513] Faktisch gab der Staat damit allmählich das Prinzip der individuellen Schuld auf und ging zu dem der Kollektivschuld über. Konkret wurden nunmehr zahllose Angehörige einer nach linguistischen, kulturellen und insbesondere religiösen Merkmalen definierten ethnischen Gruppe für Taten Einzelner verantwortlich gemacht. Diese Denkweise setzte eine Tendenz fort, die bereits im Zuge der Unruhen in Ġulja im Jahr 1997 erkennbar geworden war.[514]

In vielen Fällen behauptete der volksrepublikanisch-chinesische Staat in dieser Periode bereits dann das Bestehen einer Terrorgefahr, wenn die verdächtigten Personen eine allgemeine islamische Orientierung bei zugleich turksprachiger beziehungsweise uigurischer ethnischer Zugehörigkeit aufwiesen.[515] Wie beliebig das offizielle Verständnis von Terrorismus dabei gefasst wurde, lässt sich durch einen Blick auf die damit assoziierte Kategorie des „Extremismus" (*jiduan* 极端) ermessen.[516] In einer noch im Jahr 2014 publizierten offiziellen Aufzählung wurden „75 Merkmale religiös extremistischen Verhaltens" definiert.[517] Zu ihnen gehörten das Tragen bestimmter „abnormer" (*yichang* 异常) Kleidungsstücke (was konkret traditionelle islamische Verhüllungen von Frauen einschloss) ebenso wie das Lesen des Korans oder religiöser Predigten, die Verwendung traditioneller islamischer Alltagsprodukte, das Ablehnen nicht-halaler Speisen, die Weigerung, staatstragende (in offizieller Diktion „normale", *zhengchang* 正常) Fernsehprogramme anzuschauen, die Aufforderung an andere, solche Programme nicht anzusehen, sowie die Diskussion religiöser Themen in sozialen Medien.[518]

Die Absurdität und Willkür einiger Elemente in dieser Auflistung ist offensichtlich. Indem beispielsweise das Ablehnen nicht-halaler Speisen als solches bereits als Indiz für „Extremismus" verwendet wird, bleibt unberücksichtigt, dass eine bestimmte nicht-halale Speise auch aus anderen Gründen (Unverträglichkeit, Allergie usw.) abgelehnt werden könnte. Faktisch ermöglichen es derartige Kriterien, praktisch jedermann ohne triftigen Grund oder konkrete Anhaltspunkte zu verdächtigen und zu inhaftieren. Tatsächlich handelte es sich bei den „75 Merkmalen" auch wohl nicht in erster Linie um einen Versuch, extremistisches Verhalten als solches zu bestimmen und zu identifizieren, sondern es wurden bestimmte Merkmale zusammengestellt, die man einer aus anderen Gründen ohnehin bereits unter Generalverdacht gestellten politisch unliebsamen Gruppe zuschrieb. Dass zumindest ein Teil der tatsächlichen Gründe auf einer ganz anderen, nämlich politischen Ebene lag, wird daran deutlich, dass als eines der 75 vermeintlichen Merkmale des Extremismus auch die Teilnahme an von Uiguren im Jahr 2014 organisierten Protesten gegen die wirtschaftliche Ausbeutung Xinjiangs zum Vorteil des Ostens der Volksrepublik China aufgeführt wurde.[519]

Im Ergebnis dieser und verschiedener anderer gegen die „drei Übel" ergriffener Maßnahmen konnte in der Volksrepublik praktisch jedermann, der irgendwie uigurisch aussah oder als Teil der uigurischen Gemeinschaft wahrgenommen wurde, ohne Weiteres kriminalisiert und inhaftiert werden.[520]

---

513 Zum sowjetischen Vorgehen gegen sogenannte Staatsfeinde siehe am Beispiel des frühen Sowjetaserbaidschans etwa Gasanly 2013: 9.
514 Siehe S. 69 des Haupttextes.
515 Vgl. Byler 2022: 40.
516 Zum Zusammenhang zwischen Extremismus und Terrorismus vgl. S. 71 des Haupttextes.
517 *75 signs of religious extremism behaviors* (Byler 2022: 79). Vgl. Byler 2022: 123.
518 Siehe etwa die Rede Zhao Kezhis am 15. Juni 2018 (Zhao 2018: 3; Zhao 2018a: 3) sowie Byler 2022: 79f., 92, 99, 123.
519 Byler 2022: 106.
520 So stellt Byler 2022: 223 fest: Because of the sweeping nature of the technical and human assessments of criminality, the detention of any person identified as Uyghur was always a possibility. („Aufgrund der ausufernden Natur der technischen und menschlichen Feststellung von Kriminalität war die Festsetzung jeder beliebigen Person, die als uigurisch identifiziert wurde, immer eine Möglichkeit.")

Die volksrepublikanisch-chinesische Partei- und Staatsführung hat demgegenüber immer wieder versucht, den Eindruck zu erwecken, das Vorgehen gegen die Uiguren in Xinjiang (wie auch andere Maßnahmen von Regierung und Staat) folge rechtsstaatlichen Prinzipien. So zählte der Regierungschef Xinjiangs, Šöhrät Zakir, am 16. Oktober 2018 in einem Interview eine lange Reihe von Gesetzen und Bestimmungen auf, um die gegen die Uiguren in Xinjiang ergriffenen Maßnahmen zu legitimieren.[521] Er nannte dabei als deren juristische Grundlage die „Strafprozessordnung" (*Criminal Procedure Law*), „das Gesetz über regionale ethnische Autonomie" (*the law on regional ethnic autonomy*), „das Gesetzgebungsgesetz" (*the legislation law*), das Antiterrorgesetz des Nationalen Volkskongresses aus dem Jahr 2015 und die Neunte Ergänzung zum Strafgesetzbuch (*Ninth Amendment to the Criminal Law*) sowie „Richtlinien" (*guidelines*) der Obersten Volksstaatsanwaltschaft (*Supreme People's Procuratorate*), des Obersten Volksgerichtshofs (*Supreme People's Court*), des Justizministeriums und des Ministeriums für Öffentliche Sicherheit (*Ministry of Public Security*) der Volksrepublik China, die aus dem Jahr 2018 stammten.[522] In ähnlicher Weise versuchten Funktionäre der VR China noch 2024, die Existenz der sogenannten „Ausbildungs- und Trainingszentren" mit dem Hinweis zu rechtfertigen, dass diese „in Übereinstimmung mit den Gesetzen in Xinjiang errichtet" worden seien.[523] Dem Versuch Zakirs und anderer volksrepublikanisch-chinesischer Staatsrepräsentanten, mit Hilfe der von ihm zitierten Texte den gegen die Uiguren durchgeführten Maßnahmen rechtsstaatliche Legitimation zu verleihen, steht entgegen, dass es kein juristisch klar definiertes Verfahren zur Ermittlung der angeblichen Schuld der im Zuge des „Volkskriegs gegen den Terror" Verdächtigten gibt.[524] Auch fällt auf, dass strafrechtliche Anklagen in Xinjiang bedeutend häufiger sind als im Rest der Volksrepublik. Nach Angaben von James Millward wird ein Fünftel der strafrechtlichen Anklagen der VR China in Xinjiang erhoben, das nur etwa 1,5 Prozent der Gesamtbevölkerung des Landes stellt.[525] Es wird angenommen, dass die meisten während der „Strenges Zuschlagen"-Kampagne Inhaftierten über den Anlass ihrer Festnahme im Unklaren gelassen wurden.[526] Einen Eindruck vom volksrepublikanisch-chinesischen Rechtssystem an sich gibt auch der Umstand, dass ungefähr 99,9 Prozent der Anklagen vor dortigen Gerichten mit einer Verurteilung enden.[527] Nach Auffassung des Sinologen Björn Alpermann „liegt aber auf der Gand, dass die in den Jahren seit 2016 von staatlicher Seite ergriffenen Gegenmaßnahmen ein Ausmaß erreicht haben, das rechtsstaatlichen Grundsätzen wie der Verhältnismäßigkeit klar zuwiderläuft."[528]

Der „Volkskrieg gegen den Terror" trug an vielen Stellen unverkennbar rassistische und menschenverachtende Züge. So soll Xi Jinping die Uiguren im Jahr 2015 wörtlich als „Plage" bezeichnet haben.[529] Es ist angenommen worden, dass die volksrepublikanisch-chinesischen Behörden zumin-

---

521 Zu dem Interview siehe S. 91 des Haupttextes.
522 Zakir/ Bo 2018. – Zur Einordnung des Rechtssystems in der VRC allgemein vgl. Mäding 1979; He 1999; Zou 2006; Biddulph 2007; Jiang 2013; Wang 2013; Sapio 2017.
523 Kamp 2024, das „Amt für auswärtige Angelegenheiten in Xinjiang" zitierend.
524 Byler 2022: 224.
525 Nach Kamp 2024.
526 Byler 2022: 223.
527 Rajagopalan 2017, die sich offenkundig auf das Jahr 2017 bezieht.
528 Alpermann 2021: 3. Alpermann betont auf dieser Seite seine Absicht, keine Schuldzuweisungen vorzunehmen und keine der beiden Seiten im „Xinjiang-Konflikt" zu bevorzugen. Allerdings beinhaltet bereits das Wort „Gegenmaßnahmen" eine solche Wertung, indem die ab 2016 von der volksrepublikanisch-chinesischen Staatsführung umgesetzten Maßnahmen nicht als eskalatorisch, sondern als angeblich vorher von einer Gegenseite unternommenen Aktion vom Umfang oder Charakter her entsprechend imaginiert werden.
529 Nach Kopietz 2022.

dest während der Dauer des „Volkskriegs" der uigurischen Bevölkerung prinzipiell eine geringere Wertigkeit zuschrieben als der han-chinesischen.[530]

Zum primären Ziel der Kampagne gegen den Terrorismus erklärten die Behörden junge uigurische Männer.[531] Männliche Uiguren als solche wurden von der Volksrepublik oft nicht nur als potenzielle Terroristen, sondern auch als auf krankhafte Weise gefährlich dargestellt.[532] Hinter dieser Form der Stigmatisierung und Diskriminierung stand wohl der Glaube, dass eine der Wurzeln des „extremistischen" Übels patriarchalische Strukturen, insbesondere patriarchalisch-islamische, seien, wie sie unter den Uiguren auch tatsächlich verbreitet sind. Der volksrepublikanische Staat behauptete in diesem Zusammenhang beispielsweise, durch die Herausnahme von Kindern aus uigurischen Familien und die Durchsetzung eines Verschleierungsverbots für uigurische Frauen einen Beitrag zur Befreiung der Gesellschaft von diesem Patriarchat zu leisten.[533]

Nach dem Beginn des „Volkskriegs gegen den Terror" wurde rasch ein riesiges Bündel konkreter Maßnahmen umgesetzt, die sich spezifisch auf die uigurische und andere turksprachig-muslimische Minderheiten bezogen. Eine in Bezug auf die Entwicklung der uigurischen Kultur und Literatur, die im vorliegenden Untersuchungsband im Mittelpunkt steht, einschneidende Maßnahme bestand dabei in der systematischen Limitierung des Gebrauchs der uigurischen Sprache, die im Laufe der Jahre zu deren praktischem Verschwinden aus dem öffentlichen Bereich führte.[534] Wann genau diese Maßnahmen eingeführt wurden, scheint dabei nicht ganz klar. Noch in den ersten acht Wochen nach dem Terroranschlag von Kunming im März 2014 hatte Xi Jingping offensichtlich als Maßnahme zur Reduzierung der innerethnischen Spannungen dazu aufgerufen, sowohl Uigurisch als auch Mandarin zu lernen.[535] An Schulen wurden jedoch nach einer gewissen Weile Lehrer und Schüler dafür bestraft, dass sie Uigurisch sprachen.[536] Viele Kinder von im Zuge der Repressalien inhaftierten Uiguren wurden in staatliche Waisenheime verbracht, in denen sie nur Mandarin sprechen durften.[537] In diesem Zusammenhang kann man auch die im Jahr 2018 von den volksrepublikanisch-chinesischen Behörden durchgeführte Kampagne zur „Überprüfung problematischer Bücher" (*mäsililik kitablarni täkšürüš' härikiti*) einordnen.[538] Die mit der Zensurmaßnahme betraute Untersuchungsgruppe teilte allerdings nicht öffentlich mit, was genau unter „problematisch" (*mäsililik*) zu verstehen sei.[539] Nach Beginn dieser Kampagne wurden allerdings nicht nur mehr oder weniger „problematisch" beurteilte Texte überprüft und zensiert, sondern es wurde quasi die gesamte uigurische Literatur aus der Öffentlichkeit verbannt. Unter diesen Bedingungen kann in der Volksrepublik derzeit keine nennenswerte uigurische Literatur produziert werden, selbst der Großteil in der VR China selber entstandenen und veröffentlichten uigurischen literarischen Texte

---

530 Byler 2022: 6, 14f., 23, 62-64.
531 Byler 2022: 23: *Uyghur young men were made the primary target of the People's War on Terror [...]* („Uigurische junge Männer wurden zum Hauptziel des Volkskriegs gegen den Terror gemacht [...]")
532 Byler 2022: 24 schreibt hierzu: *The state, along with its surveillance systems, often deemed Uyghur men to be pathologically dangerous, as always potentially terrorists [...]* (Der Staat, zusammen mit seinen Überwachungssystemen, hielt uigurische Männer oft für pathologisch gefährlich, als immer potenzielle Terroristen [...]).
533 Byler 2022: 24.
534 Byler 2022: 62f.
535 Coonan 2014. – Zum Anschlag von Kunming vgl. S. 77 des Haupttextes.
536 Bouscaren 2019.
537 Bouscaren 2019.
538 Siehe Hošur 2019.
539 Hošur 2019.

scheinen aus dem Verkauf und den Bibliotheken verbannt worden zu sein.[540] Joshua L. Freeman beschreibt die in der VRC zwischen 2016 und 2019 in uigurischer Sprache erschienenen Publikationen als „mickriges Rinnsaal staatlicherseits zugelassener Zeitschriften".[541] Gegenwärtig dürften die allermeisten Texte, die man in der Volksrepublik China heute sonst noch auf Uigurisch findet, offizielle Dokumente sein.

Einer der wichtigsten und sichtbarsten Bereiche der im Zuge des „Volkskriegs gegen den Terror" ergriffenen Maßnahmen war die Intensivierung der direkten Überwachung der Uiguren und anderer turksprachig-muslimischer Minderheiten. Sie fand in einem Umfang und mit einer Intensität statt, wie sie zuvor in der Volksrepublik China noch nicht gesehen worden war. Seit 2015 ist in China ein Gesetz in Kraft, das landesweit Sicherheitsüberprüfungen unter anderem in Bezug auf politische, militärische, wirtschaftliche, finanzielle, kulturelle und religiöse Merkmale ermöglicht.[542] Auch waren bis Mai 2015 nach Angaben von Darren Byler Hunderte von uigurischen Restaurants in Ürümtschi geschlossen worden.[543]

Im Zuge der verschärften Kontroll- und Überwachungsmaßnahmen setzte der volksrepublikanisch-chinesische Staat auch sehr stark auf Produkte der Digitalen Revolution, von denen einige zu Beginn der Zehnerjahre vorübergehend noch die Vernetzung und kulturelle Artikulation der Uiguren in der Volksrepublik China begünstigt hatten.

Ein wichtiger Bestandteil der nunmehr entfalteten umfangreichen digital gestützten Überwachungs- und Kontrollmaßnahmen des Staates war das bereits 2014 in Xinjiang eingeführte System der „Volks-Komfort-Karten" beziehungsweise „Karten, die es dem Volk bequem machen" (*bian min ka* 便民卡).[544] Nach der Einführung dieser neuen Kreditkarten, die vorgeblich der leichteren Handhabbarkeit dienen sollten, benötigten ethnische Uiguren, wenn sie einen Ortswechsel außerhalb ihres Wohn- und Heimatbezirks antreten wollten, entweder eine polizeiliche Erlaubnis, oder sie mussten bei der Polizei vor Antritt der Reise eine „grüne Karte" (*yešil kart*) beantragen.[545] Aus dieser Karte konnten mit Hilfe eines QR-Codes persönliche Daten ihres Besitzers ausgelesen werden.[546] Zum Zeitpunkt der Einführung des „Volks-Komfort-Karten"-Systems erhielten in Ürümtschi nur etwa zehn Prozent der geschätzten 300000 ethnisch uigurischen Bewohner der Stadt eine solche grüne Karte, so dass die neuen Regularien praktisch auf eine drastische Einschränkung der Bewegungs- und Reisefreiheit von Uiguren hinausliefen.[547]

Bestandteil dieses Systems, zu dem auch die Kreditkarten gehören, sind auch „Volks-Komfort-Polizeidienstposten" (*bianmin jingwu zhan* 便民警务站).[548] Bei diesen handelt es sich um polizeiliche Checkpoints, die etwa in Ürümtschi an zahlreichen Straßenecken uigurischer Wohnviertel speziell zur Kontrolle von Uiguren und anderen muslimisch-turksprachigen Minderheiten eingerichtet woden sind.[549] Zhao Kezhi (*1953), damals Minister für Zivile Angelegenheiten der VRC, bezifferte ihre Zahl in einer programmatischen Geheimrede am 15. Juni 2018 auf 7 629 im gesam-

---

540 Vgl. Freeman 2020.
541 A pitiful trickle of state-approved journals (Freeman 2020).
542 Giesen/ Hage 2023: 69.
543 Byler 2022: 193.
544 Byler 2022: 178, vgl. 44, 98.
545 Byler 2022: 44, 98, 193, vgl. 206.
546 Byler 2022: 44, 193.
547 Byler 2022: 44.
548 Als *convenience police stations* aufgeführt bei Rajagopalan 2017.
549 Byler 2022: 135.

ten Xinjiang.⁵⁵⁰ Zu den Aufgaben dieser speziell eingerichteten Kontrollposten der Polizei gehört es, Personen, auf die die überall installierten Gesichtserkennungsapparate angeschlagen haben, noch einmal gesondert zu überprüfen.⁵⁵¹ Eine durch dieses digitale Erkennungssystem produzierte Verdachtsmeldung kann ohne vorausgehendes Gerichtsverfahren zu einer Bewegungseinschränkung führen, die praktisch auf eine Art Hausarrest hinausläuft.⁵⁵² An den genannten Kontrollpunkten gibt es jeweils auch einen speziellen Bereich für Han-Chinesen, die weniger strengen Kontroll- und Ausspähungsmaßnahmen unterworfen werden.⁵⁵³ Von den mit „Volks-Komfort"-Daten gefütterten Kontrollpunkten des Staates gesammelte Daten werden anschließend in regionalen Analysezentren ausgewertet, die man *yitihua lianhe zuozhan pingtai* 一体化联合作战平台, „Integrierte Kombinierte Operationsplattformen", nennt.⁵⁵⁴ Bereits der Versuch, sich dem digitalisierten Kontroll- und Überwachungssystem zu entziehen, kann als Indiz für Befall mit einem der „drei Übel" gewertet werden. Zu solchen Versuchen können schon der Nicht-Besitz eines Smartphones oder der Versuch, eine SIM-Karte zu zerstören, gehören.⁵⁵⁵

Doch auch damit ist der Kontrollanspruch des volksrepublikanisch-chinesischen Staates noch nicht befriedigt. Vielmehr erstreckt sich dieser auch in den privaten Bereich hinein. Denn im Zuge des „Volkskriegs gegen den Terror" wurden auch die Polizeikontrollen in uigurischen Privatwohnungen stark intensiviert.⁵⁵⁶ In diesen Kontext gehört auch das vermutlich 2014 oder 2015 begonnene Programm namens *fang hui ju* 访惠聚.⁵⁵⁷ Diese Kurzform steht für *fang minqing, hui minsheng, ju minxin* 访民情、惠民生、聚民心, was in etwa so viel bedeutet wie „Die Gefühle des Volks durch Besuch erkunden, dem Leben des Volks nutzen, die Herzen des Volks sammeln".⁵⁵⁸ Das Programm führte zu zahlreichen Hausbesuchen bei muslimischen Familien in Xinjiang, mit denen die Regimetreue der Hausbewohner überprüft werden sollte.⁵⁵⁹ Dabei wurden die besuchten Haushalte in die Kategorien „sicher", „normal" und „schwierig" eingeteilt.⁵⁶⁰ In der Summe zeigt sich im ganzen „Volksbequemlichkeits"-System erneut das Vorgehen eines Staates, der mit dem angeblichen Ziel der Bestrafung oder Prävention individueller Akte des „Extremismus, Separatismus und Terrorismus" gleich eine ganze Ethnie mit Zwangsmaßnahmen belegt, also das Prinzip der Kollektivverdächtigung und -schuld zur Grundlage seines Tuns macht.

Bereits seit 2017 sollen auch spezielle Überwachungs-Apps in Gebrauch gewesen sein, mit denen die Regierung den Inhalt von Handys überprüfen konnte. Eine dieser Apps, die auch zur Überwachung von Uiguren eingesetzt wurde, soll den Namen *Jingwang* 净网 (ungefähr „Internetreinigung") getragen haben.⁵⁶¹

---

550 Zhao 2018: 4.; Zhao 2018a: 3.

551 Byler 2022: 31.

552 Siehe etwa den in Byler 2022: 32f. beschriebenen Fall.

553 Byler 2022: 53.

554 Byler 2022: 32.

555 Byler 2022: 52.

556 Byler 2022: 135.

557 Die Datierung folgt der Angabe in Giesen/ Hage/ Steenberg 2024: 72. Terminus post quem für den Beginn dürfte das Jahr 2016 sein, da Gülpiya Qazibek (zur Person vgl. Fußnote 351) nach ihrer eigenen Aussage in diesem Jahr an der Aktion beteiligt war.

558 Giesen/ Hage/ Steenberg 2024: 72 übersetzen den Namen der Kampagne mit „Die Menschen besuchen, das Leben verbessern und die Gefühle des Volkes vereinen."

559 Giesen/ Hage/ Steenberg 2024: 72.

560 Giesen/ Hage/ Steenberg 2024: 72.

561 Rajagopalan 2017.

Neben dem im Inland angewendeten System der Kontrollen, „Volks-Komfort-Karten" und anderen Einschränkungen ist eine weitere von der Regierung oft gegen Uiguren angewendete Maßnahme das Einziehen des Reisepasses.[562] Seit Februar 2017 müssen alle Uiguren ihren volksrepublikanisch-chinesischen Pass bei den örtlichen Behörden hinterlegen.[563] Verwandte im Ausland zu haben oder Reisen dorthin unternehmen zu wollen, kann, wie vieles andere, schon als Verdachtsmoment für Extremismus, Separatismus oder Terrorismus ausgelegt werden.[564]

Maßgeblich für die Umsetzung der rigiden neuen Politk gegen die Uiguren verantwortlich war ab 2016 Chen Quanguo 陈全国 (*1955). Er wurde im August dieses Jahres Parteisekretär Xinjiangs und blieb dadurch bis zu seiner Ersetzung durch Ma Xingrui 马兴瑞 (*1959) im Dezember 2021 die einflussreichste politische Persönlichkeit innerhalb des Autonomen Gebiets.[565] Im Jahr der Ernennung Chens auf seinen Posten in Xinjiang stiegen die Ausgaben für Maßnahmen der öffentlichen Sicherheit dort im Vergleich zum Vorjahr um 45 Prozent an.[566] Bereits vor seiner Einsetzung als Xinjianger Parteisekretär hatte er sich schon einen recht zweifelhaften Ruf als Mastermind des polizeilichen Unterdrückungssystems in Tibet erworben.[567] Einer der Nachweise von Chens direkter Beteiligung an der Umsetzung der repressiven Maßnahmen gegen die Uiguren Xinjiangs ist die bereits erwähnte programmatische Geheimrede, die Zhao Kezhi am 15. Juni 2018 hielt. Zhao hob in ihr hervor, dass das Parteikomitee der Autonomen Region (*Zizhiqu dangwei* 自治区党委) unter Chens Vorsitz „die Implementierung der Strategie des Zentralkomitees der [Kommunistischen] Partei [der VRC] zur Beherrschung Xinjiangs, die Genosse Xi Jingping zu ihrem Kern machte, resolut umgesetzt" habe.[568] Bei seiner Umsetzung dieser „resoluten" (jianjue 坚决) Politik gegen die Uiguren und andere Minderheiten handelte Chen offensichtlich auf direkte Anweisung von Partei- und Staatschef Xi. Dies geht unter anderem aus einem Redebeitrag hervor, den Chen selber drei Tage später, am 18. Juni 2018, machte. Er sagte dabei:

„Der Generalsekretär hat mich erstens nicht nach Xinjiang geschickt, [nur] damit ich ein Funktionär sei; zweitens nicht, damit ich ein Vermögen mache; drittens nicht, damit ich nichts als einen leeren Titel habe. [Vielmehr] hat mich der Generalsekretär nach Xinjiang geschickt, um ein stabiles Xinjiang entstehen zu lassen…[569]

Im weiteren Verlauf derselben Rede forderte Chen dazu auf, Xi Jinpings Xinjiang-Strategie auch weiterhin in die Tat umzusetzen.[570] Kombiniert man diese beiden Aussagen, so ergibt sich, dass das maßgeblich von Chen umgesetzte repressive Vorgehen der Volksrepublik China gegen die Uiguren und andere Minderheiten in Xinjiang einer Strategie entsprochen haben muss, die zuvor von Xi angeordnet worden war. Auf das direkte Informiertsein und persönliche Einwirken Xis auf die Geschehnisse in Xinjiang deuten auch andere Passagen in Zhaos Rede hin. In ihr hebt der Minister beispielsweise hervor, dass die Inspektionsreise nach Xinjiang, die er kurz zuvor unternommen habe,

---

562 Bouscaren 2019.
563 Pedroletti 2018: 10.
564 Byler 2022: 51.
565 Byler 2022: 44; Zenz 2022; Rajagopalan 2017. Vgl. Fahrion/ Sabrié 2023: 82.
566 Rajagopalan 2017.
567 Zenz 2022.
568 *Jianjue guanche luoshi yi Xi Jinping Tongzhi wei hexin de Dang Zhonyang zhi Jiang fanglüe* 坚决贯彻落实以习近平同志为核心的党中央治疆方略, … *[has] resolutely implemented the CCP Central Committee's strategy for governing Xinjiang with Comrade Xi Jinping at the core* (Zhao 2018: 1f.; Zhao 2018a: 2).
569 *The General Secretary sent me to Xinjiang; first, not in order to be [merely] an official; second, not in order to make a fortune; third, not in order to have nothing but an empty title. [Rather,] the General Secretary sent me to Xinjiang in order to make a stable Xinjiang arise…* Das Zitat stammt aus Zenz 2022.
570 Zenz 2022.

„durch Generalsekretär Xi Jinping und Ministerpräsident Li Keqiang 李克强 [*1955 – M. R. H.] gutgeheißen worden" war.⁵⁷¹

Das wohl wichtigste Instrument in der Kampagne gegen die Uiguren und andere turksprachig-muslimische Minderheiten war eine Welle der massenhaften Inhaftierung von Uiguren, Kasachen und anderen Angehörige turksprachig-muslimischer Minderheiten in Xinjiang, die in ihrem Umfang alles zuvor Dagewesene übertraf.⁵⁷² Diese Massenverhaftungen setzten kaum früher als im Dezember 2016 ein. Ein Großteil der Festgenommenen wurde in speziellen Internierungslagern, genannt „Bewachungsorten" (*kanshousuo* 看守所), festgesetzt, von denen seit ungefähr Anfang 2017 in Xinjiang mehrere Hundert eingerichtet wurden.⁵⁷³

Diese neue Welle der Verfolgung ist als die „wohl größte Internierungskampagne seit Stalins Gulag"⁵⁷⁴ und als „Hightech-Gulag", der „eine Neuauflage der totalitären Unterdrückungsmethoden des 20. Jahrhunderts mit den technischen Mitteln von heute"⁵⁷⁵ darstelle, bezeichnet worden.

Ungefähre Schätzungen der Zahl der Uiguren und anderen turksprachigen Muslime, die in der gegen Ende 2016 begonnenen Internierungswelle festgenommen wurden, liegen meistens zwischen knapp unter einer Million und anderthalb Millionen.⁵⁷⁶ Der Sinologe Adrian Zenz (*1948), der

---

571 *Shi jing Xi Jinping zongshuji he Li Keqiang zongli pizhun de* 是经习近平总书记和李克强总理批准的" (Zhao 2018: 1). Vgl. die englische Übersetzung in Zhao 2018a: 1. Siehe auch Zenz 2022.

572 Vgl. Byler 2022: xi, der von *mass internment of Uyghurs und Kazakhs* („massenhafter Internierung von Uiguren und Kasachen") spricht, sowie Freeman 2020, bei dem ähnlich von eimem *program of mass internment* („Masseninternierung") die Rede ist, das *Uighurs, Kazakhs, and other Muslim citizens* („Uiguren, Kasachen und andere muslimische Bürger") betreffe. Zoll 2021 erwähnt unter den Opfern der volksrepublikanisch-chinesischen Internierungslager neben Uiguren und Kasachen auch Kirgisen.

573 Byler 2022: 3, 32, 157. Vgl. Bräuner 2023, nach der „ab Anfang 2017" „große Inhaftierungswellen" in Xinjiang begannen. Auch Anonym 2022e sieht den Beginn der Internierungen im Jahr 2017. Siehe auch Defranoux 2022; Zenz 2022. Zur Intensivierung der Verfolgung der Uiguren ab 2017 allgemein vgl. auch Byler/ Franceschini/ Loubere 2022; Clarke 2022; Mattheis 2022. Nach May 2022 begann die Internierungskampagne schon 2016 und eskalierte danach.

574 Becker et al. 2022: 9.

575 Bölinger 2023: 10. Zu Vergleichen volksrepublikanisch-chinesischer Lagersysteme mit dem sowjetischen Gulag vgl. David-Fox 2016.

576 Im unteren Bereich der entsprechenden Schätzungen liegt etwa die Annahme von Bräuner 2023, die von *unter* einer Million seit 2017 Eingesperrter ausgeht. Eher konservativ äußern sich Bouscaren 2019 und Fahrion/ Sabrié 2023: 82 die jeweils von einer Million Inhaftierter ausgehen; *ungefähr* eine Million sind es nach Hallam 2023. Eine größere Zahl von Autoren geht von etwas mehr als einer Million aus. Zu ihnen gehören Hills 2022; May 2022 (sie spricht von *one million or more* „einer Million oder mehr"); in der chinesischen Version ihres Artikels, May 2022a, ist von „bis zu einer Million oder mehr", *duoda yibaiwan huo gengduo* 多达100万或更多, die Rede); Cheng 2023; Freeman 2020, Serhan 2020, Sterling/ Meijer 2021 (die sich unter anderem auf UN-Rechtsexperten berufen); Grüll/ Mader/ Tanriverdi 2022 (die sich auf die Zeit bis 2022 beziehen); Defranoux 2023; Mathias Bölinger im Interview in Hauberg 2023; Stahnke 2023; Kamp 2024 (der unter Hinweis auf Schätzungen von mehr als einer Million Menschen spricht, die „hauptsächlich Angehörige uigurischer oder kasachischer Minderheiten" gewesen seien). Von *bis zu* 1,5 Millionen geht Mistreanu 2023 aus, von *ungefähr* 1,5 Millionen sprechen Mattheis 2021 und Byler 2022: 32, 127, 160. Zenz 2022 äußert sich insgesamt vorsichtig, indem er vermutet, dass die Zahl der Uiguren und Angehörigen anderer ethnischer Minderheiten, die seit den späten 2010er Jahren inhaftiert worden seien, zwischen 900000 und 1,8 Millionen gelegen haben könnte, erwähnt aber auch andere Schätzungen, die sich zwischen einer und drei Millionen bewegen. In ähnlicherr Weise spricht Alexandra Cavelius unter Berufung auf „viele Menschenrechtsorganisationen" von „ein bis drei Millionen" Inhaftierten (Cavelius 2021: 14f.), und Darren Byler sagt in Bastek/ Byler 2023: ca. 1'00"ff., dass „zwischen einer und drei Millionen inhaftiert worden sind" (*between a million and three million have been detained*). Die von Zenz ver-

Bedeutendes zur Enthüllung der Dimensionen des volksrepublikanisch-chinesischen Internierungssystems beigetragen hat, schätzte im Jahr 2022, dass bis dahin in Gesamt-Xinjiang zwischen 7,7 und 15,4 Prozent der erwachsenen Angehörigen turksprachiger Minderheiten zu irgendeinem Zeitpunkt beeits inhaftiert worden waren.[577] Allein im ländlichen Bezirk Kona Šähär (Shufu 疏附) seien in den Jahren 2017 und 2018 12 Prozent der erwachsenen Bevölkerung in speziellen Lagern interniert gewesen, was nach Zenz ungefähr 64 Mal so viele Häftlinge seien wie im Durchschnitt der Volksrepublik.[578] Eine von der Internierungswelle stark betroffene gesellschaftliche Gruppe waren die Intellektuellen. Zwischen dem Beginn der Inhaftierungswelle und dem Jahr 2022 sollen allein mehr als 400 aus der Volksrepublik China stammende uigurische Intellektuelle in die Lager gesteckt worden sein.[579] Mindestens fünf von ihnen sollen in der Haft verstorben sein.[580]

Auf der rhetorisch-propagandistischen Ebene ordnet die volksrepublikanisch-chinesische Partei- und Staatsführung die massenhaften Internierungen in die Tradition der staatlicherseits verordneten „Umerziehung" (*zai jiaoyu*) ein.[581] Dies lässt sich schon daran festmachen, dass zur Beschreibung des im Inneren der Internierungsstätten Geschehenden Ausdrücke verwendet werden, die entweder wörtlich oder indirekt auf diese alte Terminologie der „erneuten Erziehung" von Abweichlern Bezug nehmen. Zu diesen Formulierungen gehört etwa die Behauptung, in den Lagern werde „Training der Transformation durch Erziehung" (*jiaoyu zhuanhua peixun* 教育转化培训) durchgeführt.[582]

In seiner bereits erwähnten Geheimrede vom 15. Juni 2018 berichtete Zhao Kezhi, dass neben anderen Maßnahmen, die der personellen Aufstockung gedient hätten, im Jahre 2017 etwa 1.300 und in den ersten gut sechs Monaten des Jahres 2018 etwa 900 zusätzliche Stellen „für die *Gefängnisse* der Autonomen Region [Xinjiang]" (*wei Zizhiqu jianyu* 为自治区监狱) geschaffen worden waren.[583] Allein der von dem Minister hier vor dem Hintergrund der unter seiner Ägide umgesetzten verschärften Repressalien gegen die Uiguren verwendete Ausdruck „Gefängnis" (*jianyu* 监狱) zeigt mit hinlänglicher Klarheit, dass des sich bei den sogenannten „Umerziehungsmaßnahmen" zu einem wesentlichen

---

wendete oben erwähnte Zahl von bis zu 1,8 Millionen geben als Obergrenze auch Hoshur/ Lipes 2021 an. Friedländer 2023 geht von bis zu drei Millionen Uiguren aus, die bis zum Zeitpunkt der Veröffentlichung seines Artikels in der VR China inhaftiert worden seien. Nur ganz vereinzelt werden in Publizistik und Sekundärliteratur noch höhere Zahlen als die bisher Genannten genannt. Diese noch höher liegenden Schätzungen scheinen allerdings keine allgemeine Akzeptanz gefunden zu haben und beruhen vermutlich auf subjektiven Übertreibungen. Dies gilt beispielsweise für die „bis zu acht Millionen" Inhaftierten, von denen nach Alexandra Cavelius Überlebende des Lagersystems gesprochen haben sollen (Cavelius 2021: 14f.).

577 Zenz 2022.
578 Zenz 2022; Defranoux 2022. Dies dürfte mit den Zahlen von Becker et al. 2022: 9 übereinstimmen, die von 22000 Inhaftierten aus Kona Šähär im Jahr 2018 spricht. – Zu Kona Šähär vgl. S. 189 des Haupttextes.
579 Ingram 2021. Der für das *Uyghur Human Rights Project* arbeitende Henryk Szadziewski spricht für den Zeitraum von April 2017 bis etwa Mitte 2019 von mindestens 380 in der Volksrepublik China inhaftierten oder verschwundenen uigurischen Intellektuellen (nach Bouscaren 2019).
580 Bouscaren 2019, unter Berufung auf Henryk Szadziewski.
581 Byler 2022: 56. Vgl. auch Mattheis 2021, der von „Ausbildungslagern" spricht. Seiner Darstellung zufolge begann die Schaffung eines Systems dieser Lager im Jahr 2014. – Zum Verständnis der „Umerziehung" siehe auch S. 79 des Haupttextes. – Für eine Darstellung des gegen die Uiguren und andere Minderheiten gerichteten volksrepublikanisch-chinesischen Überwachungsapparats insgesamt aus der Sicht des Jahres 2023 vgl. Williams 2023.
582 Byler 2022: 32. Byler sowie Zenz 2022 übersetzen den Begriff *jiaoyu zhuanhua* 教育转化 mit *transformation through education*.
583 Zhao 2018: 10f.; Zhao 2018a: 8 [Hervorhebung von M. R. H.].

Anteil um *Inhaftierungen* handelte.⁵⁸⁴ Die Bezeichnung als „(Um-)Erziehungs"-Maßnahmen ist ein Euphemismus, der das Zwangselement verschleiern und eine Vergleichbarkeit mit pädagogischen Fortbildungsmaßnahmen suggerieren soll, die auf freiwilliger Basis erfolgen und die man im Zweifelsfall auch wieder aus eigenem Antrieb beenden kann. Dass das staatlich gelenkte Justizsystem der Volksrepublik China im Zuge der Ende 2016 beginnenden Internierungswelle eine bedeutende Rolle spielte, legen auch statistische Informationen nahe. So eröffnete die oberste Staatsanwaltschaft Xinjiangs im Jahr 2016 ungefähr 41000 Strafverfahren, doch 2017 waren es bereits 215.000 und zwischen 2017 und 2021 immerhin noch ungefähr 540.000.⁵⁸⁵ Auch wenn aus diesen Zahlen nicht ersichtlich ist, was jeweils der Anlass für die strafrechtliche Verfolgung war, liegt aufgrund der genannten Zeiträume die Vermutung nahe, dass der von 2016 auf 2017 zu beobachtende sprunghafte Anstieg etwas mit der

---

584 Die in der Publizistik und übrigen Literatur häufig verwendete Übersetzung des Ausdrucks *zai jiaoyu* durch „Umerziehung" (beziehungsweise durch die englische Entsprechung *reeducation*) suggeriert in der Regel eine transitive syntaktische Beziehung, die auf der semantischen Ebene wiederum für ein Einwirken auf jemanden oder eine vergleichbare Aktivität steht („jemanden umziehen"). Historisch ist der Begriff „Umerziehung" im Deutschen wohl vorwiegend in diesem transitiv-einwirkenden Sinn verwendet worden, und zwar sowohl in ganz allgemeiner Verwendung als auch etwa in Bezug auf die historische Epoche der (versuchten) Entnazifizierung (vgl. Heinemann 1981; Mosberg 1991; Füssl 1994; Wember 2007) oder speziell auf kommunistische Vorstellungen von der Brechung, Umformung und Erneuerung menschlichen Bewusstseins (vgl. Amnesty International 1982; Vogel 2010; David-Fox 2016). Insbesondere ist der Terminus auch in wissenschaftlichen und anderen Arbeiten verwendet worden, die der Aufarbeitung der kommunistischen und darunter auch volksrepublikanisch-chinesischen Erfahrung gewidmet waren (siehe etwa Mäding 1979; Fyfeld 1982; He 1999; Zou 2001; Dikötter 2004; Bonnin 2004; Fu 2005; Yu 2009; Klingberg 2010; Ping 2013; Smith [ca. 2013]; Raza 2019; Zenz 2019; Mahmut/ Smith Finley 2022; Izgil 2023; Zenz 2023; vgl. Chen 1981; Massingdale 2009; Buchholz 2010; Jiang 2013; Wang 2016). Zumindest vor dem Hintergrund der Anwendung auf Systeme der kommunistischen psychologischen Theorie ist „Umerziehung" daher wohl eine passende Entsprechung von *zai jiaoyu*. Es dürfte jedoch auch Grenzen der Übereinstimmung zwischen dem chinesischen und dem deutschen Ausdruck (sowie seiner englischen Übersetzung) geben. So enthält *zai jiaoyu* im Unterschied zu den gängigen Verwendungen des deutschen Worts „Umerziehung" und des englischen *reeducation* keine grammatische Markierung der Transitivität (und daher auch keine Anklänge an mit Transitivität in Verbindung gebrachten semantischen Kategorien), kann also auf den ersten Blick ebenso gut als „Akt, jemanden erneut zu erziehen" wie als „Umstand, dass man (von sich aus) eine erneute Erziehung durchmacht, sich selbst erzieht/ fortbildet" verstanden werden. Diese durch die strukturellen Gegebenheiten des Mandarin bedingte Nuance könnte dann möglicherweise wiederum dazu führen, dass *zai jiaoyu* einen weniger direkten, negativen und mit Zwang assoziierten Klang habe als das deutsche Wort „Umerziehung", wodurch die offizielle Darstellung, derzufolge es sich bei den gegen die Uiguren umgesetzten Programmen angeblich um „Erziehungs"-Maßnahmen handeln soll (der allerdings von Staatsvertretern in nicht-öffentlicher Kommunikation faktisch selbst direkt widersprochen wird, indem dort von „Gefängnissen" die Rede ist, wie im Haupttext zu dieser Fußnote gesehen), für Hörer des mandarinchinesischen Wortes möglicherweise etwas plausibler klingen könnte, als es die Formulierungen „Umerziehung" und *reeducation* eventuell für Hörer des Deutschen oder Englischen tun. Selbstverständlich existiert diese eher ‚intransitivische' Interpretation nur auf der rhetorisch-propagandistischen Ebene und hat nichts mit der Realität der „Umerziehungs"-Kampagnen zu tun, in denen die sogenannten „Erziehungs"-Maßnahmen fremdbestimmt, brutal und ohne Zustimmung derjenigen stattfinden, die ihnen ausgesetzt werden. Vgl. zu diesem Aspekt auch S. 93 des Haupttextes. Vor dem Hintergrund des Gesagten dürfte die Darstellung der volksrepublikanisch-chinesischen sogenannten Lager zur „Umerziehung" als „Konzentrationslager" übertrieben sein, wie Alpermann 2021 anzudeuten scheint).

585 Fahrion/ Sabrié 2023: 84.

Intensivierung der Maßnahmen gegen die Uiguren und andere turksprachig-muslimische Minderheiten zu tun gehabt haben könnte.

Wie Zhao Kezhis Rede vom 15. Juni 2018 auch zeigt, war die Internierungswelle als Teil eines Fünfjahresplans konzipiert worden. Nach seinen Worten hatte das Parteikomitee der AURX unter Berufung auf die Vorgaben Xi Jinpings nämlich ein „Programm" vorgelegt, das vorsah, „in einem Jahr [die Region] zu stabilisieren, in zwei Jahren [die Ergebnisse] zu konsolidieren, in drei Jahren im Wesentlichen Normalität [herzustellen] und in fünf Jahren umfassende Stabilität [zu erzeugen]".[586] In jener Rede, die gut anderthalb Jahre nach dem Beginn der Inhaftierungswelle gehalten wurde, stellt Zhao rückblickend fest, dass die Ziele für das erste Jahr des genannten Programms inzwischen erreicht worden seien. In Zhaos Worten war nämlich mittlerweile „die Situation kontrollierbar" (*xingshi kekong* 形势可控) geworden und hatte sich die Stabilität verbessert.[587] Die von Zhao in diesem Zusammenhang aufgestellte Behauptung, dass diese ersten Resultate „einen bedeutenden Beitrag für die allgemeine Situation des landesweiten Antiterrorkampfs geleistet" hätten,[588] formuliert den von der volksrepublikanisch-chinesischen Staatsführung hergestellten Zusammenhang zwischen vorausgehenden terroristischen Akten und der sich ab 2017 intensivierenden massenhaften Inhaftierung unabhängig vom Vorliegen konkreter Verdachtsmomente offen aus.

Möglicherweise wurde sich Zhao Kezhi während desselben Vortrags des offensichtlichen Legitimationsdefizits, das sich aus einer generalisierten, massenhaften Reaktion auf eine im Vergleich kleine Zahl von Anschlägen ohne individuellen Nachweis der Täterschaft ergibt, selbst bewusst. Hierauf könnte die in der Rede aufgestellte weitere Behauptung hinweisen, dass durch die Maßnahmen mehr als zwanzigtausend „Terroristenbanden, die ein Sicherheitsrisiko darstellen" (*wei an baokong tuanhuo* 危安暴恐团伙), zerschlagen worden seien und es 13 Monate in Folge keine Terroranschläge mehr gegeben habe.[589] Die Zahl 20.000 wirkt schon in Anbetracht der angeblich nur zwölf-separatistisch-islamistischen Organisationen, die es nach offiziellen volksrepublikanisch-chinesischen Angaben in den 1990er Jahren in Xinjiang gegeben haben soll,[590] der zwischen 1990 und 2001 dokumentierten ungefähr 200 Terrorakte[591] und der ungefähr 200 aktiven Mitglieder der bekanntesten und wichtigsten Terrorgruppe auf dem Stand von Mitte der Nullerjahre[592] deutlich übertrieben. Da ihre faktische Basis zumindest zweifelhaft ist, dürfte sie eher dazu gedient haben, die generalisierte Reaktion des Staates auf eine überschaubare Zahl von Terrorfällen weniger unangemessen erscheinen zu lassen.

Die von Zhao in seiner Geheimrede gegebene Darstellung der Situation in Xinjiang wurde später von anderen volksrepublikanisch-chinesischen Funktionären übernommen und so oder in im Wesentlichen übereinstimmender Form öffentlich weiterverbreitet. Sie spiegelt sich beispielsweise in einem von der amtlichen volksrepublikanisch-chinesischen Nachrichtenagentur Xinhua am 16. Oktober 2018 publizierten Interview mit dem damaligen Regierungschef der AURX, dem ethni-

---

586 *"yinian wenzhu liangnian gonggu sannian jiben changtai wu nian quanmian wending" de gongzuo guihua* "一年稳住，两年巩固，三年基本常态，五年全面稳定" 的工作规划, *a work plan of "in one year stabilize [the region], in two years consolidate [the results], in three years normalize [social stability], in five years [achieve] comprehensive stability"* (Zhao 2018: 2; Zhao 2018a: 2). Vgl. Zenz 2022.

587 Zhao 2018: 2. Zhao 2018a: 2.

588 *wei quanguo fan kongbu douzheng daju zuochu le zhongda gongxian* 为全国反恐怖斗争大局作出了重大贡献, *made a major contribution to the overall situation of the nationwide counterterrorism struggle* (Zhao 2018: 2; Zhao 2018a: 2).

589 Zhao 2018: 2f.; Zhao 2018a: 2.

590 Siehe S. 70 des Haupttextes.

591 Siehe S. 70 des Haupttextes.

592 Siehe S. 71 des Haupttextes.

schen Uiguren Söhrät Zakir (*1953), wider.[593] Das Gespräch fängt mit der von der Journalistin in Frageform gekleideten Behauptung an, dass „unter dem Einfluss internationalen Terrorismus und religiösen Extremismus die Zahl der Terrorattacken in Teilen der Region [sc. Xinjiang M. R. H.] seit geraumer Zeit im Steigen begriffen gewesen ist".[594] In einer merkwürdig klingenden, aber vielsagenden (weil die Methode der Kollektivierung der Schuld verdeutlichenden) Personifizierung erklärt Zakir sodann, dass die „drei üblen Kräfte" „Tausende gewaltsamer Terrorattacken" (*thousands of violent terrorist attacks*) geplant und ausgeführt hätten.[595] Die Zahlenangabe „Tausende" klingt hierbei wie ein Echo von Zhaos oben zitierter offensichtlich übertriebener Behauptung, es habe zwanzigtausend „Terroristenbanden" gegeben, und die (als rhetorische Figur in einem Interview, in dem es um die sachliche Darstellung der Wirklichkeit geht, unangemessen wirkende) Personifikation verstärkt dabei außerdem noch den Eindruck, dass es sich um eine aus der Luft gegriffene Behauptung handele. Auch der Rest von Zakirs Interview-Äußerungen nimmt Thesen Zhaos in zum Teil an den Wortlaut von dessen Geheimrede anklingenden Formulierungen wieder auf. So hebt Zakir hervor, dass zum Zeitpunkt des Interviews die Situation in Xinjiang unter Kontrolle gebracht worden sei, es in den 21 vorausgehenden Monaten keine Terrorattacken gegeben habe und dass die Kriminalität, einschließlich der gegen die öffentliche Sicherheit gerichteten Straftaten, zurückgegangen sei.[596] Eine mögliche Erklärung für den Umfang der offensichtlichen Ähnlichkeiten zwischen der Rede Zhaos und Zakirs Interviewäußerungen könnte der Wunsch des Xinjianger Regierungschefs gewesen sein, der von der Staatsführung vorgegebenen Linie möglichst getreu zu folgen.

Neben der Übertreibung der Zahl der angeblichen terroristischen Gruppen bestand eine weitere Strategie der volksrepublikanisch-chinesischen Partei- und Staatsführung zur Legitimierung ihrer „Umerziehungs"-Maßnahmen in Bezug auf die Uiguren und andere muslimisch-turksprachige Minderheiten im Übrigen darin, dass man jene als notwendiges Mittel zur Bekämpfung der Ursachen und Wurzeln des Terrorismus hinstellte. Hierzu sagte Söhrät Zakir in dem bereits erwähnten Interview im Oktober 2018:

> „Auf der anderen Seite hat Xinjiang auch die Bekämpfung der ursächlichen Wurzel des Terrorismus betont und ist dazu übergegangen, die Mehrheit derjenigen, die kleine Straftaten begangen haben, durch Hilfe und Erziehung umzustimmen, zu erziehen und zu retten, um sie davor zu bewahren, Opfer von Terrorismus und Extremismus zu werden."[597]

Da zur Bekämpfung der „ursächlichen Wurzel des Terrorismus" bei der „Mehrheit" der Menschen angesetzt wird, „die kleine Straftaten begangen haben", wird das Begehen „kleiner Straftaten" in einen Zusammenhang mit fundamentalen Ursachen des Terrorismus gestellt. Diejenigen, die „kleine Straftaten" begangen haben, sind, so der Text, sind schon dadurch offenbar der Gefahr ausgesetzt, „Opfer" des Terrorismus zu werden. „Opfer des Terrorismus zu werden" wird hier allerdings nicht im Sinne von „Opfer eines Terroranschlags zu werden", verstanden, sondern vielmehr in dem Sinne, dass die betroffenen Personen selbst zu Terroristen werden könnten. Dies erkennt man an dem Verb „umstimmen" (*to bring around*), das ausdrückt, dass es hier um eine innere Einstellung

---

593 Der volle Text des Interviews findet sich in Zakir/ Bo 2018, wo Zakirs Funktion als *chairman of the Government of Xinjiang Uygur Autonomous Region* („Vorsitzender der Regierung der AURX") bezeichnet wird.

594 *Under the influence of international terrorism and religious extremism, the number of violent terrorist attacks has been on the rise in parts of the region over a period of time* (Zakir/ Bo 2018).

595 Zakir/ Bo 2018. Zu den „drei üblen Kräften", siehe S. 71 des Haupttextes.

596 Zakir/ Bo 2018.

597 *On the other hand, Xinjiang has also stressed addressing the root cause of terrorism, and moved to bring around, educate and save the majority of those who committed petty crimes, through assistance and education, to prevent them from becoming victims of terrorism and extremism* (Zakir in Zakir/ Bo 2018).

und nicht um eine äußere Einwirkung geht. Dieser besondere Opferbegriff dient dazu, das Phänomen des Terrorismus nicht nur als Bedrohung, sondern eben auch als Frage der Erziehung zu definieren. „Erziehung" wird an diesem Punkt als Mittel empfohlen, um die Einstellung einer großen Menge von Menschen zu ändern und dadurch der Verwandlung von kleinen Straftätern in Terroristen vorzubeugen. In umgekehrter Richtung werden damit jedoch die Begeher kleiner Straftaten unter einen generellen Terrorismusverdacht gestellt. Die Grenze zwischen „kleinen Straftaten" und „Terrorismus" wird auf diese Weise zugleich aufgeweicht, wenn nicht gar aufgehoben. So, wie es möglich ist, bereits durch das Begehen „kleiner Straftaten" unter Terrorismusverdacht zu geraten, können dann anderseits auch Menschen, die erwiesenermaßen „in terroristische und extremistische Aktivitäten verwickelt" waren, dennoch nur als Begeher kleiner Straftaten angesehen werden, wie Zakir an anderer Stelle in seinem Interview erklärt:

> „In der Praxis kombiniert Xinjiang im Umgang mit denjenigen, die zu terroristischen oder extremistischen Aktivitäten angestiftet, gezwungen oder verführt worden sind, oder mit Leuten, die nur geringere Vergehen begangen haben, während sie in terroristische und extremistische Aktivitäten verwickelt waren, Bestrafung mit Milde…"[598]

Man erkennt hier, dass der Begriff der „Erziehung" beziehungsweise „Umerziehung" in ein Argumentationsgebäude eingebaut ist, das es ermöglicht, inviduelle Schuld oder individuellen Verdacht in kollektive Schuld und kollektive Verdächtigungen zu verwandeln.[599]

Wenn man von der Ebene der Selbstdarstellung der Staats- und Parteiführung in die Realität wechselt, steht die vorgeblich antiterroristischen Motiven dienende „Transformation durch Erziehung" (*jiaoyu zhuanhua* 教育转化) – bisweilen ist auch einfach nur von „Transformation" (*zhuanbian* 转变) die Rede – für ein Programm, das umfangreiche praktische und theoretische Unterweisungen enthält, zu dessen essenziellen Bestandteilen jedoch auch systematisch angewendete Folter gehört.[600]

Zu den dokumentierten Foltermethoden gehören Schläge, Schlaf- und Nahrungsentzug, Elektroschockfolter oder die Unterbringung in stark überbelegten Zellen.[601] Über Art und Umfang der Folterungen ist durch mehrere dokumentarische oder mehr oder weniger stark literarisierte Darstellungen aus erster Hand etliches bekannt geworden.[602] In der vorliegenden Untersuchung werden zwei derartige Texte vorgestellt, die an der Grenze zwischen dokumentarischem und literarischem Schreiben verortet werden können. Die beiden Buchauszüge, von Ziya Sämädi und Abduväli Ayup, stammen zwar aus weit auseinanderliegenden Epochen, spiegeln aber letzten Endes vergleichbare Erfahrungen von Uiguren mit dem volksrepublikanisch-chinesischen Repressions- und Internierungsapparat wider, zu denen eben auch Folter gehört.[603]

---

598 *In practice, when dealing with those who have been instigated, coerced, or lured into terrorist or extremist activities, or people who only committed minor offenses when involved in terrorist and extremist activities, Xinjiang combines punishment with leniency…* (Zakir in Zakir/ Bo 2018).
599 Zur Kollektivierung der Schuld vgl. auch die Seiten 69, 81 und 86.
600 Byler 2022: 44, 51. Vgl. Zhao 2018a: 3 mit Anmerkung 7. Siehe auch Amnesty International 2021. Zur Folter im volksrepublikanisch-chinesischen Lagersystem in Xinjiang vgl. auch Kamp 2024.
601 Byler 2022: 51; Zoll 2021.
602 Vgl. etwa die Erinnerungen Sayragul Sauytbays in Cavelius/ Sauytbay 2021, diejenigen Mihrigul Tursuns in Tursun/ Hoffmann 2022 und diejenigen Gulbahar Haitiwajis in Haitiwaji/ Morgat 2022 sowie Jung/ Haitiwaji 2022 (vgl. auch Lenz 2022). Siehe auch Ayup 2020.
603 Siehe S. 289ff. und 189ff. des Haupttextes. Einem ähnlichen Genre wie diese beiden Texte kann auch Babdinov 2008 zugerechnet werden.

Was die Inhalte der „Erziehung" betrifft, die der volksrepublikanisch-chinesische Staatsapparat den internierten Uiguren und Angehörigen anderer muslimisch-turksprachiger Völker angedeihen ließ, so können diese keineswegs von den Eingesperrten selbst bestimmt werden, sondern richten sich einzig und allein nach den Vorgaben des Staates.[604] Auch wenn Teile des Stoffs tatsächlich der Um- oder Fortbildung dienen mögen, erfüllt vieles davon den Zweck, die Inhaftierten von ihrer muslimischen und turksprachlichen Identität zu entfremden und ihnen die offizielle Staatsideologie näherzubringen beziehungsweise sie in deren Sinne zu indoktrinieren.[605] So wird berichtet, dass den Häftlingen in der Haft der Gebrauch ihrer jeweiligen Muttersprachen (zu denen neben Uigurisch auch Kasachisch gehören kann) verboten wird und der Unterricht ausschließlich auf Mandarin stattfindet.[606] Auch ist bekannt, dass zu den den Lerninhalten neben Mandarin auch Gesetze der Volksrepublik China und die kommunistische Staatsideologie des Landes gehören.[607]

Neben der „Transformation durch Erziehung" ist ein weiterer offensichtlicher Zweck der massenhaften Inhaftierung von Uiguren und Angehörigen anderer turksprachiger Minderheiten in Xinjiang deren Ausbeutung als Arbeitskräfte.[608] Verschiedene bereits vor 2016 existierende Zwangsarbeitprogramme Xinjiangs sind ab 2017 massiv ausgeweitet worden.[609] Uigurische Zwangsarbeit erschien ab dieser Zeit immer häufiger in den Lieferketten von internationalen Großunternehmen wie Adidas oder Kraft Heinz.[610] Ende 2023 wurden entsprechende Anschuldigungen auch gegen BASF erhoben, sie wurden von dem Unternehmen jedoch bestritten.[611] In seiner bereits mehrfach erwähnten Geheimrede vom 15. Juni 2018 weist Zhao Kezhi in diesem Kontext darauf hin, dass im Jahr 2017 27000 Häftlinge aus den Haftanstalten der AURX an das „Produktions- und Baukorps Xinjiang" (*Xinjiang Production and Construction Corps*, Abk. *XPCC, bingtuan* 兵团) abgestellt worden seien und im Jahr 2018 noch 3000 weitere folgen würden.[612] Auch wenn derartige Formen der wirtschaftlichen Ausbeutung uigurischer und anderer turksprachig-muslimischer Minderheiten in der VRC aufgrund ihrer Begleitumstände und ihres Umfangs ein Novum darstellen mochten, weisen sie in gewisser Weise dennoch eine Kontinuität mit der Zeit der „Reformen und Öffnung" auf. Denn auch in dieser hatte es, insbesondere ab 1989, bereits auf vielfältige andere Arten einen Zusammenhang zwischen politischer Unterdrückung der Uiguren und anderer muslimisch-turksprachiger Minderheiten und ökonomischen Aspekten, insbesondere dem wirtschaftlichen und infrastrukturellen Aufbau Xinjiangs, gegeben.[613] Der Konflikt zwischen den Uiguren und der volksrepublikanisch-chinesischen Partei- und Staatsführung hatte immer auch als einen seiner zentralen Bestandteile wirtschaftliche Dimension.

Um das Bild der Internierungslager abzurunden, ist es notwendig, sich zu vergegenwärtigen, dass diese nicht das einzige Mittel waren, durch das die Regierung ab 2017 den Druck auf die uigurische und sonstige muslimisch-turksprachige Bevölkerung Xinjiangs drastisch erhöhte. Auch außerhalb der Inhaftierungskomplexe wurden Maßnahmen ergriffen, die sich gegen diesen Teil der Einwohnerschaft richteten. Ein wichtiger Teil davon war das Heranziehen uigurischer und anderer muslimisch-

---

604 Vgl. hierzu das in Fußnote 584 (Ende) Gesagte.
605 Byler 2022: 32, 44.
606 Byler 2022: 32.
607 Byler 2022: 44f.
608 Byler 2022: 56f.
609 Mathias Bölinger im Interview in Hauberg 2023.
610 Freeman 2020.
611 Kamp 2024.
612 Zhao 2018: 11; Zhao 2018a: 9. – Zur Institution des *bingtuan* siehe auch Dillon 2023.
613 Vgl. hierzu etwa S. 63, 63, 66, 67 und 68 des Haupttextes.

turksprachiger Minderheiten zur Zwangsarbeit. Nach einer Schätzung von Adrian Zenz aus dem Frühsommer 2022 waren in Xinjiang zusätzlich zu den Internierten damals 2 bis 2,5 Millionen Uiguren von der Heranziehung zur Zwangsarbeit bedroht.[614] Einer Schätzung zufolge verrichteten auf dem Höhepunkt der Verfolgungswelle (zwischen 2017 und 2019) ungefähr 100000 Uiguren und Kasachen Zwangsarbeit in der VR China.[615] Die Regierung hatte bekanntgegeben, dass sich nunmehr alle arbeitsfähigen Uiguren Xinjiangs auf Verlangen bei einer staatlich empfohlenen Arbeitsstelle einzufinden hätten.[616] Bei diesen Arbeitsstellen handelte es sich im Allgemeinen um solche, bei denen mit intensiver körperlicher Komponente gearbeitet werden musste, darunter Produktionsstätten zur Herstellung von Solarpaneelen, Fabriken zur Verarbeitung von Tomaten oder Baumwollplantagen.[617]

Es kam außerdem zur zwangsweisen Beschränkung der Geburtenraten von muslimisch-turksprachigen Minderheiten.[618] Seit 2017 ist ein Rückgang der Geburten bei den Uiguren in der VR China insgesamt zu verzeichnen.[619] In Xinjiang soll nach Angaben von Adrian Zenz die Geburtenrate zwischen 2015 und 2018 um etwa 24 Prozent zurückgegangen sein.[620] In Xinjiang soll es außerdem bereits ab 2015 zu massenhaften Zwangssterilisierungen gekommen sein, deren Ziel es gewesen sei, die Zahl der Uiguren zu verringern.[621] Die durch das volksrepublikanisch-chinesische Lagersystem gegangene Uigurin Gulbahar Haitiwaji berichtet davon, dass Frauen in der Haft angeblich Impfungen unterzogen worden seien, nach denen bei vielen von ihnen die Periode ausgeblieben sei.[622] Allein im Jahr 2019 sollen 34 % der uigurischen Frauen in den ländlichen Gebieten Xinjiangs sterilisiert worden sein.[623] Die französische Nachrichtenagentur AFP hat Berichte von 30 ehemaligen Lagerhäftlingen, deren Angehörigen und einer Aufseherin gesammelt, die den Einsatz von Zwangssterilisierungen zur Kontrolle der Geburtsrate von Uiguren bestätigen.[624] Andere überlebende Lagerinsassen berichten von Massenvergewaltigungen.[625]

Ein wichtiges Element in der von der Volksrepublik China seit 2017 umgesetzten Kampagne gegen Uiguren und andere Minderheiten war auch die systematische und drastische Einschränkung des kulturellen Eigenlebens der verdächtigten ethnischen Gruppen. Es sind diese gegen die kulturelle Eigenständigkeit gerichteten Maßnahmen, die der Volksrepublik in der Folge den international erhobenen Vorwurf eintrugen, einen „kulturellen Genozid" an den Uiguren zu begehen[626] beziehungsweise ein „Programm kultureller Auslöschung" umzusetzen.[627]

Ein Teil der staatlicherseits durchgeführten Angriffe auf die uigurische kulturelle Selbstbestimmung bestand in der gezielten Vernichtung islamischen materiellen Kulturerbes. Einer statistischen

---

614 Defranoux 2022a.
615 Kamp 2024.
616 Defranoux 2022a.
617 Defranoux 2022a.
618 Zenz 2022. Vgl. Jung/ Haitiwaji 2022.
619 Mattheis 2021.
620 Nach Jung/ Haitiwaji 2022.
621 Etwa nach Freeman 2020 und Mattheis 2021. Kamp 2024 spricht von Berichten geflohener ehemaliger Lagerinsassen, die über Zwangssterilisierungen berichtet hätten.
622 Jung/ Haitiwaji 2022.
623 Mattheis 2021. Vgl. Sandborn 2022, der davon spricht, dass Hunderttausende uigurische Frauen in Xinjiang zwangssterilisiert worden seien.
624 Jung/ Haitiwaji 2022.
625 Kamp 2024.
626 Sawa 2021. Siehe auch Mahmut/ Smith Finley 2022. Vgl. S. 69 des Hauptt.
627 *Program of cultural annihilation* (Ingram 2021).

Angaben zufolge wurden von 2016 bis 2021 70 % der Moscheen Kaschgars zerstört.[628] Nach unter anderem auf Satellitenaufnahmen gestützten Angaben des Australian Strategic Policy Institute (ASPI) wurden ungefähr im selben Zeitraum, nämlich zwischen 2017 und 2021, in ganz Xinjiang 65% der Moscheen und 58% der islamischen Örtlichkeiten insgesamt (zu denen auch Grabanlagen gehörten) beseitigt oder beschädigt.[629] Ebenso wurden die gesamten historischen Altstädte Kaschgars, Hotans, Yäkäns, Qaġiliqs (Yecheng 叶城) und Keriyas (Yutian 于田) zerstört.[630] In zahlreichen Fällen wurden Gebäude und Kultureinrichtungen auch durch Entfernung von islamischen Symbolen wie Kuppeln oder Minaretten säkularisiert und/oder sinisiert.[631] Aber auch kulturelle Praktiken der Uiguren wurden, wie bereits 1997, zur Zielscheibe staatlicher Maßnahmen. Einem Bericht zufolge war es zwischen 2017 und 2019 in Xinjiang verboten, öffentlich zu beten.[632]

Parallel zur materiellen Vernichtung eines bedeutenden Teils des uigurischen Kulturerbes betrieb der Staat eine systematische Banalisierung der uigurischen Kultur, die dadurch zu einem dekorativen Accessoire in der staatlichen Kulturlandschaft herabgewürdigt werden sollte. Zu dieser tourismusaffinen, im Wesentlichen auf Folklore und Kitsch reduzierten Version der uigurischen Kultur gehörten „ethnische" Reisefotos oder als Uiguren-Prinzessinnen kostümierte Tänzerinnen, die in Kaschgar gesehen worden sind.[633] Durch diese oberflächlichen Visualisierungen ist im Ausland der Eindruck von einem „Wunderland voll orientalistischem Kitsch, zurechtgemacht für Touristen", entstanden.[634] Ein – von der chinesischen Staats- und Parteiführung wohl gewünschter – Effekt der Förderung einer touristischen Kitsch-Version der uigurischen Kultur dürfte dabei sein, dass die von den Uiguren selbst hervorgebrachte, authentische Uigurenkultur „erlischt".[635]

Die Gefahr einer solchen Disneylandisierung und damit Entkernung und Entwertung der uigurischen Kultur hat Zordun Sabir im Übrigen schon ganz zu Beginn der Periode der „Reformen und Öffnung" in einem bahnbrechenden literarischen Text verarbeitet. In der Oktoberausgabe des Jahres 1979 der bedeutenden uigurischsprachigen Literaturzeitschrift *Tarim* veröffentlichte er die Erzählung „Junge Dolanen" die ihm im Übrigen zu seinem literarischen Durchbruch verhalf.[636] Die Dolanen (auf Uigurisch Singular *Dolan*) sind eine Untergruppe der Uiguren, von denen viele im Bezirk Mekit (Maigeti 麦盖提) der Präfektur Kaschgar leben.[637] Die Hauptfigur von Sabirs Geschichte ist ein junger Dolane, der sich von folkloristisch-verkitschenden Repräsentationen der uigurischen Kultur distanziert, die den oben beschriebenen äheln und bereits bis zu diesem Zeitpunkt von staatlichen Stellen verbreitet worden waren. In diesen Klischees wurden Uiguren oft auf traditionelle kulturelle Ausdrucksformen der uigurischen Kultur wie die klassische *muqam*-Musik oder der Institution des *mäšräp* reduziert und in diesem Zusammenhang als tendenziell vor-, wenn nicht antimoderne Gruppe markiert.[638] Einer der Faktoren, der Sabirs jungen dolanischen Protagonisten dazu bringt, sich gegen diese klischeehaften Repräsentation der Uiguren aufzulehnen, ist das

---

628 Sawa 2021.
629 Sawa 2021. Für weitere Details siehe Ryan/ Cave/ Ruser 2018.
630 Sawa 2021.
631 Sawa 2021.
632 Bouscaren 2019. Zu den gegen die Kultur der Uiguren gerichteten Aktionen des Jahres 1997 vgl. S. 68 des Haupttextes.
633 Fahrion/ Sabrié 2023: 82.
634 Fahrion/ Sabrié 2023: 82.
635 Dieses Wort gebrauchen Fahrion/ Sabrié 2023: 84 in Bezug auf die traditionelle uigurische Kultur in Kaschgar im Jahr 2023. Zum weiteren Kontext siehe auch Zhang 2008.
636 Hasanjan/ Byler 2022, die den Titel der Erzählung mit *Dolan Youths* übersetzen.
637 Zaman 1996: 16H.
638 Hasanjan/ Byler 2022. Zur Tradition des uigurischen *muqam*, vgl. Light 2008.

kulturelle Trauma, das die „Große Kulturrevolution" der Jahre 1966 bis 1976 unter den Uiguren ausgelöst hatte.[639] Letzten Endes ist die Trivialisierung und Banalisierung der dolanischen beziehungsweise uigurischen Kultur, wie sie Sabir in seiner Erzählung mit den Mitteln der literarischen Fiktion darstellt, der massiven Verkitschung ähnlich, der die volksrepublikanisch-chinesische Regierung in den letzten Jahren die uigurische Kultur in Xinjiang unterzieht. Der Vergleich des Versuchs der volksrepublikanisch-chinesischen Führung, an der Wende von den Zehner- zu den Zwanzigerjahren des dritten Jahrtausends eine Art uigurisches „Wunderlands voll orientalistischem Kitsch" vor den Augen von Xinjiang-Besuchern erstehen zu lassen, mit der Erzählung Sabirs erscheint auch deshalb angebracht, weil in der Volksrepublik China von heute offenbar genau jenem Uiguren-Kitsch und jener konservativ kommunistischen Einstellung wieder zu Geltung verholfen werden soll, gegen die der Held von „Junge Dolanen" rebelliert. In ihrem totalitären Anspruch ähneln sich die Zeit der „Großen Kulturrevolution" und die Herrschaft Xi Jinpings auffallend.

Die beispiellose Verschärfung der Überwachung, Reglementierung und Unterdrückung der Uiguren, wie sie im Zuge des „Volkskriegs gegen den Terror" und der Offensive des „harten Zuschlagens" umgesetzt wurde, führte zu keiner nennenswerten Form des bewaffneten und wohl auch zivilen Widerstands seitens der Uiguren.[640] Einer der Hauptgründe hierfür dürfte in der Effektivität des volksrepublikanisch-chinesischen Überwachungs-, Kontroll- und Internierungssystems liegen. Des Weiteren könnte eine Rolle gespielt haben, dass die Uiguren Xinjiangs innerhalb der Volksrepublik China weder über eine formale Organisationsstruktur noch über ausreichende Mengen von Waffen verfügten und nur ungenügende internationale Unterstützung erfuhren.[641]

Nach einer anfänglichen Phase des Leugnens musste die Volksrepublik China angesichts erdrückender und unwiderlegbarer Beweise Ende 2018 offiziell die Existenz von Lagern einräumen, in denen Uiguren als vermeintliche Terroristen oder Extremisten massenhaft interniert waren.[642] Allerdings hielt die volksrepublikanische Staatspropaganda auch danach an der Legende von der „Umerziehung" fest, indem sie verkündete, bei diesen Haftanstalten handele es sich um „Berufsbildungszentren".[643] So ist in dem bereits genannten offiziellen Interview, das der Regierungschef Xinjiangs, Söhrät Zakir, am 16. Oktober 2018 gab, von einem „Berufsbildungs und –trainingsprogramm" (*vocational education and training program*) die Rede, das der volksrepublikanisch-chinesische Staat gestartet habe, um den Kampf gegen Terrorismus und Extremismus zu erleichtern.[644] Der Besuch dieser angeblichen Berufsbildungszentren soll den staatlichen volksrepublikanischen Angaben zufolge freiwillig gewesen

---

639 Hasanjan/ Byler 2022. Zur sogenannten „Großen Kulturrevolution" und ihren Auswirkungen auf die Uiguren siehe auch Semet/ Wilkens 2012: 152.
640 Byler 2022: 45. Vgl. Fahrion/ Sabrié 2023: 82.
641 Byler 2022: 45.
642 Defranoux 2022.
643 Mathias Bölinger im Interview in Hauberg 2023; Grüll/ Mader/ Tanriverdi 2022. Wörtlich übereinstimmend werden die Internierungsstätten in Defranoux 2022 als *Centres de formation professionelles* bezeichnet. Siehe auch Alpermann 2021: 1, der im Zusammenhang mit dem volksrepublikanisch-chinesischen Vorgehen gegen die Uiguren von aus Sicht der Regierung angeblichen „Berufsschulen" spricht, sowie Kamp 2024, der das „Amt für auswärtige Angelegenheiten in Xinjiangs" zitiert, das die Wortwahl „Ausbildungs- und Trainingszentren" verwendet habe. Die offizielle Rhetorik der Volksrepublik haben sich dagegen die beiden deutschen Sinologieprofessoren Thomas Heberer und Helwig Schmidt-Glintzer in ihrer Apologie des volksrepublikanisch-chinesischen Lagersystems im Jahr 2023 zu eigen gemacht, in der sie verschleiernd von „modernen Berufsausbildungszentren in jedem Xinjianger Landkreis" sprachen (Heberer/ Schmidt-Glintzer 2023).
644 Zakir/ Bo 2018.

sein.⁶⁴⁵ Tatsächlich handelt es sich bei den Lagern mit „Berufsbildungs und -trainingsprogramm" (*zhiye peixun xiangmu* 职业培训项目) um Umerziehungs- und Gehirnwäschelager.⁶⁴⁶ Nach einer anderen von offiziellen volksrepublikanisch-chinesischen Stellen verbreiteten Deck-Legende sollten die Internierungslager auch zur „Hilfe für die Armen" (*fu pin* 扶贫) dienen.⁶⁴⁷ In einer weiteren rhetorischen Volte bezeichneten Vertreter der Regierung in Xinjiang den Ausdruck „Deradikalisierungs-Schulen" für die Internierungslager.⁶⁴⁸ Allein schon die Inkonsistenz und die Wandlung der offiziell vorgetragenen Rationalisierungen weckt Zweifel an ihrer Glaubhaftigkeit. Um den wahren Charakter der Einrichtungen zu verschleiern, organisieren die volksrepublikanischen Behörden immer wieder Reisen für ausländische Wissenschaftler, Journalisten und Diplomaten, denen Kulissen mit scheinbar zufriedenen Häftlingen, die malten und musizierten, vorgeführt wurden.⁶⁴⁹ Bewusst oder unbewusst rekapitulierten die chinesischen Kommunisten mit diesen Inszenierungen ähnliche Vertuschungsversuche anderer Diktaturen, die es in der Vergangenheit gegeben hatte.

Spätestens Ende 2019 geriet die Volksrepublik China international noch weiter dadurch unter Druck, dass immer mehr Details über die tatsächliche Natur und das Ausmaß der Internierungslager bekannt wurden. Eine entscheidende Rolle spielte dabei die die Veröffentlichung der sogenannten „Xinjiang Papers". In diesem ins Internet gestellten Dokumentenkomplex wurde das Internierungs- und Zwangssystem unter anderem anhand von geleakten Geheimdokumenten und sonstigen Eigendarstellungen des volksrepublikanisch-chinesischen Staats detailliert dargestellt.⁶⁵⁰ Nach einer Auffassung könnte das Bekanntwerden dieser Daten genau zu jenem Zeitpunkt auch den Grund gehabt haben, dass sich damals die Beziehungen des Westens zur Volksrepublik China gerade wieder einmal verschlechterten.⁶⁵¹ Doch auch nach dem Erscheinen der „Xinjiang Papers" änderten die volksrepublikanisch-chinesischen Behörden kaum etwas an ihrer Präsentation des Internierungssystems, sondern modifizierten nur partiell die Wortwahl, etwa, indem sie dessen Stätten zum Teil als „Internate" darzustellen versuchten.⁶⁵²

Als Teil der internationalen Reaktion auf das volksrepublikanisch-chinesischen Vorgehen gegen die Uiguren haben einige Staaten dieses explizit als „Genozid" gebrandmarkt. Im Februar 2021 nahm Kanada diese Einstufung vor; die Niederlande schlossen sich dem als erstes europäisches Land im selben Jahr an, bis Februar 2022 folgten die USA und Frankreich.⁶⁵³ Taiwan, das von der Volksrepublik als abtrünnige Provinz angesehen wird, erkannte die Unterdrückung der Uiguren in der VC China als

---

645 Grüll/ Mader/ Tanriverdi 2022. Vgl. Fußnote 584 (Ende).
646 Zakir/ Bo 2018. Zu dem Interview siehe auch S. 82 des Haupttextes. In May 2022 ist von diesen Programmen nur als *vocational training programs* die Rede. Für die chinesische Bezeichnung siehe May 2022a. Zu diesen Programmen und den dazugehörigen Lagern im Allgemeinen vgl. Chu Bai Liang (Chris Buckley) 2018.
647 Byler 2022: xvii.
648 Kamp 2024, das „Amt für auswärtige Angelegenheiten in Xinjiang" zitierend.
649 Defranoux 2022. Tragischerweise haben die deutschen Sinologieprofessoren Thomas Heberer und Helwig Schmidt-Glintzer, die ebenfalls Gäste auf einer solchen organisierten Führung durch die Kulissenwelt Xinjiangs, die ihnen gebotene Inszenierung anschließend aus welchen Gründen auch immer als die Realität ausgegeben und entsprechende Propagandadarstellungen des volksrepublikanisch-chinesischen Staates bewusst unkritisch weiterverbreitet (siehe Heberer/ Schmidt-Glintzer 2023).
650 Siehe etwa Ramzy/ Buckley 2019. Vgl. Byler 2022: xvii.
651 So Friedländer 2023.
652 *Boarding schools* (Bouscaren 2019; Hoshur/ Lipes 2021). Bouscaren 2019 datiert das erste Bekanntwerden der Existenz der ‚Umerziehungs'-Lager für Uiguren und andere muslimische Minderheiten in Xinjiang im Übrigen auf den Oktober 2018.
653 Lenz 2022; Sterling/ Meijer 2021. Vgl. Pearson 2022; Anonym 2022c; Defranoux 2021; Friedländer 2023; Defranoux 2023a; Hoshur/ Lipes 2021.

„Genozid" am 27. Dezember 2022 an.[654] Auch viele Uiguren selbst sehen sich explizit als Opfer eines Genozids.[655] Ebenfalls als „Genozid" ordnet das Vorgehen der volksrepublikanisch-chinesischen offiziellen Stellen gegen die Uiguren das in London ansässige *Uyghur Tribunal* ein. Hierbei hendelt es sich um eine im Kern aus einem Gremium von neun Experten um Sir Geoffrey Nice (*1945) bestehende unabhängige Organisation, die Hunderte von Opfern gehört, zahlreiche weitere Zeugen und Experten befragt und Hunderttausende Dokumente gesichtet hat, allerdings keine juristische Kompetenz besitzt.[656] Auch verschiedene westliche Beobachter haben die Behandlung der Uiguren in der Volksrepublik China als „Genozid" eingestuft. Nach Adrian Zenz ließen sich die im Frühjahr 2022 in der der Volksrepublik China beobachtbaren Unterdrückungsmaßnahmen gegen die Uiguren und andere Minderheiten Xinjiangs, zu denen insbesondere die Eliminierung der uigurischen Sprache, die Manipulation der Bevölkerungsstruktur etwa durch Geburtenverhinderung und die geplante Immigration von 300000 han-chinesischen Siedlern in die Region gehörten, als eine „großenteils unsichtbare, lange Form des Genozids" beschreiben.[657] Auf der anderen Seite haben im Jahr 2021 veröffentlichte Angaben von Amnesty International den Vorwurf des Genozids nicht erhärten können.[658]

Noch einmal verstärkt wurde die internationale Aufmerksamkeit für das Leiden der Uiguren in der Volksrepublik China im Mai 2022 durch das Erscheinen der sogenannten „Xinjiang Police Files". Durch diese unter anderem im Internet publizierte weitere umfangreiche Dokumentensammlung wurden die Zustände in den „Umerziehung"-Lagern Xinjiangs mit bis daher nicht gekannter Klarheit und Präzision öffentlichgemacht. Dabei wurde sowohl auf geleakte Fotografien aus dem Inneren der Lager als auch auf sie bestätigende Satellitenaufnahmen zurückgegriffen.[659] Der Zeitpunkt der Enthüllungen hatte auch diesmal möglicherweise eine internationale politische Dimension. Denn er könnte im Zusammenhang mit dem Besuch der Hohen Kommissarin für Menschenrechte der UN, Michelle Bachelet, in Xinjiang gestanden haben, der ebenfalls im Mai 2022 und nur wenige Tage nach dem Bekanntwerden der „Xinjiang Police Files" stattfand. Vielleicht spielte auch der für Ende des Jahres 2022 geplante 20. Parteitag der KPC eine Rolle, auf dem sich Xi Jinping für eine neue Amtszeit bestätigen lassen wollte, was ihm dann schließlich auch gelang.[660] Eine durch die „Xinjiang Police Files" bekannt gewordene qualitativ neue Dimension des Internierungssystems war ein Erschießungsbefehl der volksrepublikanisch-chinesischen Behörden gegen alle, die aus den Lagern zu fliehen versuchen.[661] Es wird angenommen, dass diese Order vom regionalen Parteichef Xinjiangs erteilt worden war.[662]

Zum Zeitpunkt der Fertigstellung des vorliegenden Manuskripts (Januar 2024) ist davon auszugehen, dass das Internierungssystem und weitere Formen der Unterdrückung der Uiguren und

---

654 Friedländer 2023.
655 Siehe etwa die im Jahr 2020 erfolgten Äußerungen des uigurischen Aktivisten Abdurähim Ġäniy Uyġur, die in Kevser 2020 zitiert werden.
656 Siehe die Homepage des Uyghur Tribunal: Nice/ Sabi/ Vetch 2021. Vgl. Defranoux 2021].
657 *A largely invisible, slow form of genocide* (Zenz 2022). Eine ausführliche Dokumentation von Menschenrechtsverletzungen, die von der Volksrepublik China an muslimischen Minderheiten in Xinjiang begangen wurden, findet sich (auf dem Stand von Juni 2021) in Amnesty International 2021.
658 Nach Zoll 2021.
659 Siehe etwa Becker et al. 2022: 9; Defranoux 2022; Grüll/ Mader/ Tanriverdi 2022; Sudworth 2022; Victims of Communism Memorial Foundation 2022; Victims of Communism Memorial Foundation 2023ff.; Zenz 2022.
660 Vgl. Mühlhahn 2022.
661 Siehe etwa Sudworth 2022.
662 Mühlhahn 2022. Hiermit dürfte der Parteisekretär der Autonomen Region gemeint sein, also entweder 2016 Chen Quanguo oder Ma Xingrui (siehe S. 86 des Haupttextes).

anderer turksprachig-muslimischer Minderheiten in Xinjiang mehr oder weniger in der oben beschriebenen Form weiterbestehen und im Laufe der Zeit nur im geringfügigem Umfang von den Behörden modifiziert worden sind, etwa, um internationale Reaktionen abzufedern.

In der Weltpresse ist zwar berichtet worden, dass bis zum März 2023 „viele" der Internierungslager geschlossen worden seien.[663] In anderen Fällen wurden Insassen offenbar aus derartigen Internierungsstätten entlassen. Dabei wurden jedoch zahlreiche „Schüler", die aus sogenannten Umerziehungslagern freikamen, danach zu Haftstrafen verurteilt, die zum Teil auf willkürlichen Urteilen beruhten.[664] Dies würde bedeuten, dass man die Häftlinge aus den Internierungslagern tatsächlich nicht freigesetzt, sondern nur einer anderen Haftkategorie zugewiesen hätte beziehungsweise dass es sich nur um eine scheinbare Freisetzung handelte. Hierzu passen Berichte, denen zufolge nach der Stilllegung einiger Lager bisher dort festgehaltene Uiguren in normale Gefängnisse verlegt, unter Hausarrest gestellt oder unter Auflagen freigelassen worden seien.[665] In anderen Fällen fand wohl auch eine direkte Umetikettierung der bisherigen Internierungsorte statt. So sollen einige sogenannte „Berufsbildungzentren" nach einer gewissen Zeit als „Industriezone" ausgeschildert worden sein, wobei man die tatsächliche Natur der Einrichtungen aufgrund mangelnden Zugangs zu ihnen jedoch nicht von außen verifizieren konnte.[666] Faktisch war auch Ende 2023 noch eine unüberschaubare Zahl von Uiguren weiterhin aufgrund vager oder undurchsichtiger und vielfach politisch motivierter Anschuldigungen in volksrepublikanisch-chinesischer Haft.[667] Die genaue Zahl ist aufgrund der seit den „Xinjiang Police Papers" weitgehend ausbleibenden Datenleaks nur schwer bestimmbar.[668]

Hoffnungen auf einen von oben kommenden Wandel der Politik der Volksrepublik China gegen ihre Uiguren haben sich bisher zerschlagen. Dies wurde auch beim Xinjiang-Besuch Xi Jinpings im August 2023 deutlich.[669] Am 26. dieses Monats hielt Xi vor ranghohen Funktionären in Ürümtschi eine programmatische Rede, in der er etliche der Ausdrücke, mit denen der volksrepublikanisch-chinesische Staat auch zuvor schon seine Politik gegenüber den Uiguren Xinjiangs gerechtfertigt hatte, aufgriff. Generell rief der Partei- und Staatschef zur Schaffung eines „Islams nach chinesischem Modell" auf, hielt Vertreter der Volksrepublik zur „Sinisierung des Islams" an und forderte eine noch wirksamere Bekämpfung illegaler religiöser Aktivitäten und mehr Stabilität innerhalb der Gesellschaft.[670] Als Konkretisierung der angestrebten Sinisierung des Islams kann man Xis Appell werten, die chinesische Standardsprache „entschlossen" zu fördern und zu unterrichten.[671] Hierin liegt eine Parallele zur besonderen Betonung des Mandarinunterrichts in den Internierungslagern beziehungsweise zur Verdrängung der uigurischen Sprache aus dem öffentlichen Leben, wie sie bereits zuvor stattgefunden hatten. Von den KP-Funktionären verlangte Xi in seiner Ansprache, sie sollten „tief in die Basis und die Massen eindringen", um „den Antiterrorkampf und den Kampf

---

663 Hauberg 2023. Vgl. Mathias Bölinger im Interview in Hauberg 2023, demzufolge bereits ab 2019 einige der Internierungslager aufgegeben worden waren.
664 Die ist die Einschätzung Mathias Bölingers, siehe das Interview in Hauberg 2023.
665 Stahnke 2023.
666 Die Angaben machte Mathias Bölinger im Interview in Hauberg 2023. Bölinger macht dabei keine genaue Zeitangabe.
667 Vgl. Hauberg 2023, unter Berufung auf ein Interview mit Bölinger. Siehe zu dem Thema auch ausführlich Bölinger 2023.
668 Mathias Bölinger im Interview in Hauberg 2023. Vgl. Fußnote 576.
669 Zu dem Besuch vgl. Stahnke 2023.
670 Anonym 2023e, wo von *Çin modeli İslam* und *İslam'ın Çinlileştirilmesi* die Rede ist. Vgl. auch Anonym 2023f, Li 2023, Stahnke 2023.
671 Stahnke 2023; Li 2023, wo der Ausdruck *resolutely* verwendet wird.

gegen Separatisten mit der Normalisierung der Stabilitätsarbeit zu verbinden".⁶⁷² Hierin wird zum einen die Entschlossenheit, den bisherigen Kampf gegen die „drei Übel" fortzuführen, erkennbar. Zum anderen lässt sich diese Ansage auch als Ankündigung einer bevorstehenden weiteren Intensivierung des Vorgehens gegen Uiguren und andere muslimisch-turksprachige Minderheiten interpretieren. Konkret schien die volksrepublikanisch-chinesischen Führung damals die Absicht zu haben, die Kampagne verstärkt auch auf ländliche Gegenden auszuweiten. Denn um die in der Rede Xis genannten Ziele zu erreichen, sollten sich die Parteikader nach dessen Vorstellungen verstärkt auch in Dörfer Xinjiangs begeben.⁶⁷³ Die meiste Arbeit sei nämlich noch in ländlichen Gegenden zu verrichten.⁶⁷⁴ Auch den demographischen und ökonomischen Aspekt der bisherigen Kampagne gegen die Uiguren griff Xi auf, indem er anregte, einen Bevölkerungsaustausch durchzuführen, durch den mehr Uiguren ins chinesische Kernland umziehen und noch mehr Han-Chinesen nach Xinjiang kommen sollten.⁶⁷⁵ Von den ins Innere Chinas migrierenden Uiguren wurde verlangt, dort zu arbeiten und sich anzupassen.⁶⁷⁶

Anfang 2024 verbreitete die Regierung der Volksrepublik Medienberichten zufolge die Behauptung, alle sogenannten „Ausbildungszentren" seien mittlerweile geschlossen worden, da die Teilnehmer der vorgeblichen „Deradikalisierungs"-Maßnahmen in ihnen erfolgreich fortgebildet worden seien und ihre „Abschlussprüfungen" bestanden hätten.⁶⁷⁷ Trotz Versuchen, diese Version mit Hilfe von regimekonformen Diplomaten, Journalisten und Wissenschaftlern im Ausland zu verbreiten, wiesen unabhängige Recherchen aus dem Januar 2024 darauf hin, dass sie nicht den Tatsachen entsprach.⁶⁷⁸ Zwar wurde in der Presse berichtet, dass schon im November 2023 Internierungslager im Xinjiang offenbar aufgegeben oder umgewandelt worden seien.⁶⁷⁹ Es wurde aber vermutet, dass die Lager tatsächlich nur umetikettiert wurden (etwa zu Gefängnissen), tatsächlich jedoch ihre ursprüngliche Aufgabe beibehielten.⁶⁸⁰

3.3 Zur Einordnung und zum Verständnis der vorgestellten Texte

Unter der Voraussetzung eines Literaturbegriffs, der das literarische Werk als Kunstwerk versteht⁶⁸¹ – und nicht „Literatur" im Sinne jeglichen Geschriebenen in den Blick nimmt – kann das literarische Kunstwerk (abgesehen von weiteren möglichen Definitionsbestandteilen) als einzigartiger, kein bereits existierendes Werk (zumindest als Ganzes und unverändert) wiederholender und nicht wiederholbarer Text mit einem künstlerisch-ästhetischen Anspruch verstanden werden.⁶⁸² Diese Vorstellung von Kunst und Literatur impliziert unter anderem, dass das literarische Kunstwerk ebensowenig durch eine Aneinanderreihung (noch so zahlreicher) Kriterien vollständig bestimmt werden kann wie durch die Aufzählung über seinen Autor überlieferter biographischer Informationen oder die Summe dessen, was über die historischen Umstände bekannt ist, unter denen das Werk entstanden ist. Es ist strengge-

---

672 Zitiert in Stahnke 2023.
673 Stahnke 2023.
674 Li 2023.
675 Stahnke 2023.
676 Stahnke 2023.
677 Kamp 2024.
678 Kamp 2024. Zur Instrumentalisierung deutscher Sinologen für volksrepublikanisch-chinesische Staatspropaganda vgl. die Fußnoten 643 und 649.
679 Kamp 2024.
680 Kamp 2024.
681 Siehe S. 10 des Haupttextes.
682 Zum Verständnis von Literatur als Kunstform im 21. Jahrhundert allgemein vgl. Kiefer 2006.

nommen als Ganzes nur mit sich selbst vergleichbar. So gesehen ist auch das Unterfangen, sich uigurischer oder anderer Literatur in deskriptiver oder analytischer Form anzunähern, aus grundsätzlichen Gründen dazu verurteilt, nur einen unvollständigen Zugang zum einzelnen literarischen Kunstwerk zu ermöglichen. Diese prinzipielle Lückenhaftigkeit jeglicher Interpretation literarischer Kunstwerke hat in der Praxis aber natürlich nicht zum Unterbleiben literarischer Analysen und Kommentare geführt, wie Jahrhunderte der Literaturwissenschaft und -kritik eindrucksvoll beweisen. In Versuchen, sich literarischen Kunstwerken auf eine wissenschaftlich-analytische oder kommentierende Weise anzunähern, entfaltet sich ja ein Teil der Wirkung dieser Kunstwerke. Es besteht zweifellos ein Spannungsverhältnis zwischen der Einmaligkeit und Nichtwiederholbarkeit des Kunstwerks und seinen praktisch unendlichen Interpretationsmöglichkeiten auf der einen Seite und dem Versuch, sich ihm mit Hilfe einer Reihe vorher festgelegter, zahlenmäßig üblicherweise begrenzter, abstrakter Kriterien anzunähern auf der anderen Seite. In der Analyse literarischer Kunstwerke treffen gewissermaßen zwei Betrachtungsweisen, die zugleich für zwei Seinsmodi stehen, aufeinander, der künstlerisch-kreative und der analytisch-auflösende.

Ungeachtet aller theoretischen und spekulativen Vorüberlegungen dürften im Falle der übersetzenden und interpretierenden Präsentation uigurischer Literatur mit einem als Adressat vorgesehenen deutschsprachigen Lesepublikum, wie sie im vorliegenden Buch geschieht, einige begleitende Anmerkungen nicht nur zu den historischen und politischen Voraussetzungen und Umständen (auf die in Kapitel 3.2. eingegangen worden ist), sondern auch zu den in der uigurischen Literatur in ihrer Summe auf der strenggenommen literarischen, mithin textuellen Ebene beobachtbaren Entwicklungen sinnvoll sein. Auf den nachfolgenden Seiten, die als eine Art Einführung zu den Einzelübersetzungen, -kommentierungen und -interpretationen der Texte, die in Kapitel 4 enthalten sind, dienen sollen, wird daher auf einige historische, strukturelle und auf den Kulturtransfer und seine Möglichkeiten bezogene Aspekte der uigurischen Literatur eingegangen.

Der Begriff „uigurische Literatur" bezeichnet im Folgenden die seit etwa 1921 von sich selber als „Uiguren" bezeichnenden und/oder in der Außenwahrnehmung so eingerodneten Autoren produzierte (Kunst-)Literatur. Auf terminologische Zusätze wie „modernuigurisch" oder „neuuigurischer" zu ihrer Disambiguierung insbesondere gegenüber der altuigurischen Literatur wird aus Einfachheitsgründen verzichtet.[683]

Ganz grob gesprochen, lassen sich vier große Themen unterscheiden, die in unterschiedlichen Formen die Ausdrucksweisen uigurischer Literaten besonders geprägt haben, und zwar
- das vormoderne Substrat,
- die erste Phase des Kontakts mit der westlichen Moderne,
- der sogenannte sozialistische Realismus und
- die teilweise Öffnung der uigurischen Literaturszene zwischen 1979 und 2017.

Um die Übersichtlichkeit zu erhöhen, werden diesen Bereichen nachfolgend jeweils eigene Unterkapitel gewidmet. Dabei ist zu beachten, dass diese vier Felder sich nicht immer mit bestimmten historischen Perioden in Deckung bringen lassen und einander vielfach überlappen.

Die nachfolgende Darstellung soll keine uigurische Literaturgeschichte ersetzen. Sie erhebt insbesondere nicht den Anspruch, alle bedeutenden Literaten, literarischen Strömungen und Epochen zu berücksichtigen. Ihr Hauptzweck besteht darin, die ab Kapitel 4 vorgestellten (und dort jeweils noch gesondert eingeleiteten und kommentierten) Übersetzungen uigurischer literarischer Texte in ihrem literarischen und literaturgeschichtlichen Kontext verständlicher zu machen. Der dargestellte Ausschnitt aus der uigurischen Literaturgeschichte orientiert sich an diesem Zweck.

---

683 Vgl. etwa Menges/ Kleinmichel o. J. [1998]: 609, wo auf die Periode ab ca. 1921 der Ausdruck „neuuighurische Literatur" angewendet wird.

Sowohl aus quantitatitven als auch als qualitativen Gründen kann die zwischen 1979 und 2017 in der VR China veröffentlichte Prosaliteratur als der wichtigste Teil der uigurischen Prosaliteratur bezeichnet werden. Schon allein aus diesen Gründen ist es hat der Umstand, dass die Mehrzahl der im vorliegenden Band besprochenen Texte aus dieser Zeit stammt, seinen Grund in der Entwicklung der uigurischen Literatur. Erst in der „Reform- und Öffnungs-"Zeit begann sich die uigurische Literatur der Volksrepublik China auch in nennenswerter Weise inhaltlich auszudifferenzieren. Die hier vorgestellten Texte aus der Zeit der „Reformen und Öffnungen" versuchen eine Art Querschnitt durch die Entwicklung der literarischen Prosa dieser Zeit lesen.

Um die Möglichkeiten der uigurischen Literaturproduktion speziell in dieser Epoche zu veranschaulichen, wird nach der Behandlung der oben genannten vier Hauptbereiche in einem zusätzlichen, abschließenden Unterabschnitt (3.3.5.) der Versuch unternommen, einige der im vorliegenden Buch vorgestellten Texte aus der Reform- und Öffnungsära in einen literaturgeschichtlichen Gesamtzusammenhang einzuordnen, wobei als hauptsächliches Kriterium die Art und Weise betrachtet wird, wie sie sich die Literaten mit Hilfe ihrer Werke gegenüber der politischen und gesellschaftlichen Realität der Volksrepublik China und insbesondere dem Staat positionieren. Da hierbei letzten Endes auch oppositionelle und dissidente Haltungen thematisiert werden, ist es sinnvoll, in diesem Unterabschnitt auch die inhaltlich verwandten vor 1979 oder außerhalb der Volksrepublik China (konkret in Kasachstan, der Türkei und Großbritannien) entstandenen Texte Sämädis, Ayups und Älküns einzubeziehen.

3.3.1 Das vormoderne Substrat

Zum vormodernen Substrat gehört als wichtiger Bestandteil das Erbe der tschagataischen Literatur[684] einschließlich der mit ihr verbundenen tiefgreifenden Einflüsse aus der klassischen arabischen und neupersischen Literatur. Bei der tschagataischen Literatur handelt es sich um eine insbesondere im Bereich der Dichtung hochentwickelte literarische Produktion mit einer ununterbrochen vom 14. Jahrhundert bis zum Beginn des 20. Jahrhunderts reichenden Geschichte.

Vor dem Hintergrund der Annahme, dass die uigurische Literatur insgesamt mindestens bis in die 1930er Jahre, als sich der Kontakt zur westlichen modernistischen Literatur intensivierte, insgesamt „auf Dichtung beruhend" (*še'iriyät asasliq*) gewesen sei,[685] kann man vermuten, dass auch die tschagataische *dichterische* Tradition wohl einen stärkeren Einfluss auf die Entwicklung der uigurischen Literatur gehabt habe als tschagataische Prosa.

Die Eigenbezeichnung des quantifizierenden Metrik-Systems, in dem praktisch die gesamte tschagataische Dichtung abgefasst wurde, lautet Aruz (*aruz*). Der Begriff leitet sich vom vom arabischen ʿarūḍ, dessen Erfindung im Allgemeinen Al-Ḫalīl b. Aḥmad (718–777/791) zugeschrieben wird, beziehungsweise von dessen Fortentwicklung in der neupersischen Literatur ab. Der Begriff „Aruz" ist bis heute in der Form *aruz* in der uigurischen Literatur präsent.[686]

Der vermutlich einflussreichste Repräsentant der tschagataischen Aruz-Dichtung war Mīr ʿAlī Šīr Navā'ī (häufig kurz nur Navā'ī, Nava'i, 1441–1501).[687] Immer wieder gerne unter die Vorläufer

---

684 Zur tschagataischen Literatur im Kontext der uigurischen Literatur vgl. Heß 2019: 98f., 199-201. Zur tschagataischen Sprache siehe S. 16 des Haupttexts sowie Eckmann 1959; Eckmann 1966.
685 So Sultan/ Abdurehim 2002: 41H.
686 Zur Einführung in die Geschichte und Theorie des Aruz vgl. Cəfər 1977; Meredith-Owens 1979; Weil 1979; Thiesen 1982. Für Beispiele für metrisch analysierte ʿarūḍ-Dichtungen aus dem oghusisch-turksprachigen Bereich der klassischen islamischen Dichtung siehe Heß 2009b: 447ff. Zur Interpretierbarkeit orientalischer Dichtung aus westlicher Sicht vgl. Heß 2023.
687 Zu ihm siehe Wolfart 1988.

und Einflussgrößen der heutigen uigurischen Dichtung wird auch die im Jahr 1069 vollendete und Yūsuf Ḫāṣṣ Ḥāǧib (ca. 1019–1077) zugeschriebene Verserzählung *Ḳutadġu bilik* („Glückbringendes Wissen") gerechnet, die jedoch einer älteren Sprachstufe als dem Tschagataischen, nämlich dem Karachanidischen, zuzuweisen ist.[688]

Direkte Einflüsse aus der tschagataischen beziehungsweise klassisch-islamischen Dichtung lassen sich mühelos auch in den im vorliegenden Band vorgestellten uigurischen Texten ausmachen, und zwar sowohl auf der formalen als auch auf der motivischen beziehungsweise inhaltlichen Ebene.

Als Beispiel für die Art und Weise, wie ein Teil der modernen uigurischen Poesie auf der formalen und insbesondere metrischen Ebene tschagataische Traditionen fortsetzt beziehungsweise als deren Kontinuierung wahrgenommen wird, kann Abdurehim Ötkürs Gedicht „Spur" (*Iz*) dienen.[689] Ablet Semet und Jens Wilkens zufolge ist dieses kurze Poem nach dem Aruz-Schema „*faʿilatun/ faʿilatun/ faʿilatun/ faʿilun*" zu lesen.[690] Der Diskussion dieser Hypothese ist vorauszuschicken, dass das in den mnemonischen Wörtern „*faʿilatun*" und „*faʿilun*" verwendete Symbol „*a*" hierbei mit hoher Wahrscheinlichkeit jeweils für eine lange Silbe und „*i*" für eine kurze Silbe steht. Hierdurch kann das von Semet und Wilkins vorgeschlagene metrische Schema „*faʿilatun faʿilatun faʿilatun faʿilun*" vermutlich als Wiedergabe eines sehr verbreiteten Musters des klassischen Aruz-Versmaßes *Ramal* identifiziert werden. Dieses kann in einem anderen verbreiteten Wiedergabesystem auch in der Form *fāʿilātun fāʿilātun fāʿilātun fāʿilun* geschrieben oder alternativ in der Form – v – – / – v – – / – v – – / – v – wiedergegeben werden.[691] Im weiteren Verlauf des Romans, den Ötkürs Gedicht einleitet, wird dieses außerdem explizit der Form der „Ghasele" (*gäzäl*) zugeordnet, der wohl wichtigsten poetischen Form der Aruz-Dichtung überhaupt.[692] Sowohl die Fremdzuschreibung durch die Forscher als auch die Eigenbezeichnung durch den Autor weisen das Gedicht also eindeutig als Bestandteil der Aruz-Poesie aus.

Bei genauerem Hinsehen erkennt man allerdings, dass sich *Iz* in mindestens zweierlei Hinsicht eine gewisse Freiheit mit den Regeln des Aruz erlaubt.

So lässt sich Zeile 9 (*Qaldi iz, qaldi mänzil, qaldi uzaqta hämmisi*) aufgrund der auch durch das Gewähren poetischer Lizenzen nicht in eine Kürze überführbaren Länge der Silbe *män* im Unterschied zu den anderen Verszeilen des Poems *nicht* in das Schema – v – – / – v – – / – v – – / – v – einpassen. Selbst wenn man zu der (nach den Regeln des klassischen Aruz theoretisch erlaubten) Methode greifen wollte, die Silbenfolge *Qaldi iz* durch Einfügung einer *Nīm-Fatḥa*, also eines die metrische Lesbarkeit herstellenden Kurzvokals, bei gleichzeitiger Interpretation des Vokals der ersten Silbe als Langvokal (die theoretisch möglich wäre, da es sich um ein Wort turksprachiger Herkunft handelt

---

688 Zum Werk und seiner Wahrnehmung als die uigurische Literatur beeinflussendes literarisches Monument vgl. Arziev 1996; Scharlipp 2002. Zum Karachanidischen vgl. Mansuroğlu 1959; Dwyer 2007: 27.

689 Siehe S. 159f. des Haupttextes. – Der Titel könnte auch mit „Spuren" übersetzt werden, da die unmarkierte Form des Nomens im Uigurischen auch einen generischen Sinn haben kann.

690 Semet/ Wilkens 2012: 165.

691 Eine hohe Wahrscheinlichkeit für die Annahme, dass in dem zitierten Schema bei Semet und Wilkens „*a*" für eine lange und „*i*" für eine kurze Silbe steht, ergibt sich schon allein daraus, dass am Beginn der Verszeilen von Ötkürs Gedicht das mnemonische Wort „*faʿilatun*"/ *faʿilātun*/ – v – –unter anderem den Silbenfolgen *ämdi biz min-* (Zeile 2 des Gedichts), *ämdi čoy kar-* (Zeile 4), *qaldi iz čöl-* (Zeile 5), *qaldi ni-ni* (Zeile 6), *gül čäčäk-* (Zeile 8), *qaldi iz qal-* (Zeile 9), *čiqsa boran* (Zeile 10), *toxtimas kar-* (Zeile 11) und *tapqusi hi-* (Zeile 12) entspricht (Ötkür 1985: 2H). Dies zeigt, dass in ihnen jeweils die erste Silbe unter keinen Umständen als kurze Silbe interpretiert werden kann, wie dies angenommen werden müsste, wenn das „*a*" der Semet/Wilkens-Notation nicht für einen Langvokal stehen sollte.

692 Ötkür 1985: 2H. Zur Ghasele in der klassischen Aruz-Literatur siehe Bausani 1965. Vgl. Bauer/ Neuwirth 2005; Neuwirth/ Heß et al. 2006.

und Vokale in diesen Wörtern kurz oder lang gelesen werden können) als *Qa:l'di iz in die zu Beginn des Metrums geforderte Silbenfolge – v – – einzupassen, würde dies nicht zur Wiederherstellung des für die Verszeile geforderten Schemas – v – – / – v – – / – v – – / – v – führen, da durch die eingefügte zuätzliche Silbe eine Silbenüberzahl entstünde und das Muster auf diese Weise durchbrochen würde. Abgesehen davon dürfte ein *Qa:l'di iz mindestens unelegant wirken. Eindeutig von den Regeln des klassischen Aruz weicht auch der Schluss des Gedichts ab. Er lautet:

> *Tapqusi hičbolmisa, bu izni bir kün nävrimiz,*
> *ya ävrimiz.*[693]

Im Schriftbild des Originals sind die beiden Wörter *nävrimiz* und *ävrimiz* linksbündig (da die Schrift von rechts nach links läuft):[694]

تاپقۇسى ھىچبولمىسا، بۇ ئىزنى بىر كۈن نەۋرىمىز،
يا ئەۋرىمىز.

Entsprechend dem Schema – v – – / – v – – / – v – – / – v – lässt sich die erste dieser beiden Zeilen, also die vorletzte des Gedichts, in der Form *Tapqusi hič/ bolmisa, bu/ izni bir kün/ nävrimiz* einteilen. Mit anderen Worten bildet bereits die vorletzte Zeile, ohne Hinzufügung der letzten Zeile, dem metrischen Muster – v – – / – v – – / – v – – / – v – entsprechend eine vollständige und metrisch korrekte Verszeile. Die beiden Wörter in der letzten Zeile dagegen (*ya ävrimiz*; letzte Zeile auf der Abbildung) können nach den metrischen Regeln des Aruz weder als Bestandteil der vorausgehenden Zeile interpretiert werden noch bilden sie eine vollständige eigene Verszeile; abgesehen davon passt die Wortfolge *ya ävrimiz* (analog zur Silbe *män-* oben) aufgrund der metrisch nicht beeinflussbaren Länge der Silbe *äv* auch in keinen der Versfüße (– v – –, – v – –), aus denen das für *Iz* zugrundegelegte metrische Schema besteht. Die Form der Ghasele erfordert jedoch zwingend, dass alle Verszeilen, einschließlich der letzten, vollständig und im einmal gewählten metrischen Schema geschrieben sind.

Es gibt also mindestens zwei Stellen in dem Gedicht, an denen die metrischen Grundregeln des Aruz nicht eingehalten werden. Möglicherweise hat Ötkür die entsprechenden klassischen Normen bewusst aufgelockert, was aber im Bezug auf die Feststellung einer Abweichung von der metrischen Tradition des Aruz letzten Endes ungefähr auf dasselbe hinauslaufen dürfte.

Ein weiterer Vergleich klassischer formaler und inhaltlicher Regeln des Aruz würde wahrscheinlich ergeben, dass *Iz* auch noch in weiteren Hinsichten die Anforderungen an eine klassische Ghasele nicht erfüllt. So gibt es in dem Gedicht keine Nennung eines Dichternamens (*taḫalloṣ*), wie sie für klassische Aruz-Ghaselen zwar nicht zwingend vorgeschrieben, aber in der absoluten Mehrheit der Gedichte üblich ist.[695] Auch wird man sich darüber streiten können, ob die für die klassische orientalische Ghasele normalerweise vorgesehene Bezugnahme auf die Liebesthematik in *Iz* tatsächlich vorliegt.[696]

In der Summe kann man wohl feststellen, dass aus der klassischen Aruz-Dichtung übernommene Begriffe wie *aruz* und *ġäzäl* nicht vollkommen deckungsgleich mit ihren Quellbegriffen sind. Der moderne uigurische *aruz* nimmt zwar in vielerlei Hinsicht auf sein klassisches Vorbild Bezug, gestattet sich aber in verschiedener Weise auch Abweichungen von ihm. So gesehen, kann man die moderne uigurische Aruz-Dichtung nur mit gewissen Einschränkungen als direkte Fortsetzerin des klassischen

---

693 Ötkür 1985: 2H.
694 Eigene Fotografie aus Ötkür 1985: 2H.
695 Zum Thema vgl. De Bruijn 1999.
696 Zu den formalen und inhaltlichen Merkmalen der klassischen Ghasele siehe die in Fußnote 692 zitierte Literatur.

(tschagataischen usw.) Aruz auffassen. Beim uigurischen Aruz handelt es sich um ein System, das nach eigenen, wenn auch zum Teil auf die Klassik Bezug nehmenden, Regeln funktioniert.

Verbindungen zwischen der uigurischen Dichtung und der vormodernen, vor allen Dingen tschagataischen poetischen Tradition lassen sich nicht nur unter formalen Aspekten herstellen, sondern auch unter inhaltlichen. Dies lässt sich anhand des ebenfalls im vorliegenden Band vorgestellten Gedichts „Wenn Nachtigall nicht Winter sah" veranschaulichen, das in den ersten Band von Qäyyum Turdis Roman „Jahre des Kampfes" eingebettet ist.[697] Auch wenn Turdi in diesem Gedicht eine kondensierte Bezugnahme auf die maoistische Ideologie unterbringt, unter deren Vorzeichen der gesamte Roman geschrieben ist, taucht darin doch auch eines der zentralen Motive der klassischen (nicht nur Aruz-)Dichtung auf, nämlich die „Nachtigall" (*bülbül*). Die Platzierung dieses Wortes inmitten eines Kurzgedichts dürfte fast automatisch zumindest einen Teil der in der klassischen islamischen Dichtung über die Nachtigall (beziehungsweise die Nachtigall und die Rose) Geschriebenen in Erinnerung rufen. Dies gilt insbesondere dann, wenn man sich daran erinnert, dass selbst Turdi die Vertrautheit mit einem Teil der klassischen islamischen Literaturtradition bei den Lesern seines Romans explizit voraussetzt.[698]

Die Einwirkung tschagataischer *Prosa* – zu deren bedeutenden Werken neben Texten Navāʾīs die Erinnerungen des Mogulherrschers Ẓāheroddīn Moḥammad Babur (1483–1530) sowie Werke des Geschichtsschreibers Abu'l-Ġāzī Bahādur Ḫān zählen[699] – auf die uigurische (Kunst-)Literatur könnte im Vergleich zur Dichtung insgesamt möglicherweise geringer ausfallen. Einer der Gründe hierfür wäre dann im höheren Stellenwert der Poesie im Vergleich zur Dichtung vor allen Dingen in den frühen Perioden der uigurischen Literaturgeschichte zu suchen, die wohl am stärksten vom tschagataischen Erbe beeinflusst wurden. Ein weiterer wichtiger Grund könnte darin gesucht werden, dass die uigurische künstlerische Prosaliteratur sich überwiegend an modernen, vor allem westlichen, Vorbildern orientiert hat, wie weiter unten etwas detaillierter aufgezeigt wird.[700]

Dessenungeachtet ist der direkte Einfluss zumindest eines Teils der tschagataischen Prosawerke auf die uigurische Prosaliteratur gut dokumentiert.[701] Eine der Parallelen, die zwischen uigurischen Romanen und Erzeugnissen der tschagataischen Prosaliteratur besteht, ist die Beliebtheit des Einwebens von Gedichten in den fortlaufenden Prosatext. Dieses in der gesamten Kunstprosa der islamischen Klassik verbreitete Stilmittel wendet bereits Babur in seinen Erinnerungen an.[702]

Einen eigentümlichen Platz im vormodernen Substrat der uigurischen Literatur nimmt das Werk Bilāl Nāẓims (Bilal Nazim; 1824–1899) ein.[703] Bereits aufgrund der Lebenszeit des Autors kann man ihm wohl eine Art Scharnierstellung zwischen tschagataischer Klassik und uigurischer Moderne zuschreiben. Bilāl Nāẓims besonderer Platz in der Literaturgeschichte ergibt sich möglicherweise weniger aus der Bedeutung seines literarischem Schaffen als vielmehr aus der großen Nähe, in der seine „*Taranči*"-Sprache zum heutigen Uigurischen steht.[704] Möglicherweise hat er aufgrund dieser engen sprachlichen Beziehung eine größere Einwirkung auf die uigurische Literatur entfalten

---

697 Siehe S. 155ff. des Haupttextes.
698 Siehe die Erläuterung auf S. 361 des Haupttextes.
699 Zu Baburs Werk siehe Babur 1993. Eine uigurische Übersetzung wurde 1992 veröffentlicht (Babur 1992). Zur Rezeption von Baburs Prosawerk in der modernen uigurischen Literatur vgl. erneut Scharlipp 2002. Zu Abu'l-Ġāzī Bahādur Ḫān siehe S. 17 des Haupttextes.
700 Siehe S. 108ff. des Haupttextes.
701 Siehe etwa Scharlipp 2002 und S. 305 des Haupttextes.
702 Siehe etwa Zahiru'd-din Muḥammad Babur 1922: 448-450, 470 etc.
703 Zu Bilāl Nāẓim siehe auch S. 27 des Haupttextes.
704 Zu dieser Sprache vgl. S. 20 des Haupttextes.

können als andere tschagataische/ *Taranči*-Autoren. So gesehen, kann Bilāl Nāẓim wohl mit größerem Recht als viele tschagataische/ *Taranči*-Autoren Autoren als direkter Vorläufer der sich ab etwa 1921 entfaltenden uigurischen Literatur betrachtet werden. Bilāl Nāẓim schrieb sowohl Dichtungen im Aruz-System als auch Prosa.[705]

Als einen weiteren wichtigen Bereich im vormodernen Erbe der uigurischen Literatur neben den tschagataischen Einflüssen kann man schließlich noch die sogenannte „uigurische mündliche Volksliteratur" (*Uyġur xälq eġiz ädäbiyati*) bezeichnen, die sowohl Prosawerke als auch Versifizierungen umfasst.[706]

Innerhalb dieses Literaturzweigs ist für das Verständnis der modernen uigurischen Literatur beispielsweise das Genre der Prosaepik (*dastan*) interessant.[707] Hierbei handelt es sich um eine mit Gedichteinlagen versehene Prosaerzählform. Vermutlich hat Darren Byler auch das *dastan* im Sinn, wenn er von der Bedeutung „einer epischen Tradition des Geschichtenerzählens" (*an Indigenous tradition of epic storytelling*) für die uigurische Literatur spricht.[708] Innerhalb dieser Tradition schreibt er wiederum Texten mit „didaktischer und heroischer uigurischer moralischer Unterweisung" (*didactic and heroic Uyghur moral instruction*) einen besonders hohen Stellenwert zu.[709] Das Genre *dastan* ist offenbar auch direkt in die zeitgenössische uigurische Literatur aufgenommen worden. Ihm wird beispielsweise Abdurehim Ötkürs Text „Die Nacht von Kaschgar" (*Qäšqär kečisi*) zugerechnet.[710] In Xalidä Isra'ils Roman „Der Goldene Schuh" (*Altun käš*) schreibt einer der Studenten ein Drama auf der Basis eines von ihm selbst geschriebenen *dastans*.[711]

Der bereits erwähnte Usus, dass in vielen uigurischen Romanen und Erzeugnissen anderer Prosatextgenres Gedichte eingearbeitet worden sind, kann vor diesem Hintergrund neben Einflüssen aus der tschagataischen Prosaliteratur daher auch mit der *dastan*-Tradition in Verbindung gebracht werden. Ob in einem konkreten uigurischen Prosatext jeweils eine Beeinflussung durch schriftliche Werke der tschagataischen Literatur und/oder Prosa aus der *Uyġur xälq eġiz ädäbiyati* vorliegt, dürfte nicht in allen Fällen klar zu entscheiden sein. Wahrscheinlich beeinflussten sich beide Bereiche aber auch so intensiv gegenseitig, dass die Alternative nicht sehr folgenreich sein dürfte und man von einem Zusammenwirken unterschiedlicher Traditionsstränge ausgehen kann. Mit Gedichten durchsetzte Prosaliteraturerzeugnisse, die im vorliegenden Band besprochen werden, sind Qäyyum Turdis „Jahre des Kampfes",[712] Abdurehim Ötkürs Roman *Iz*[713] sowie der aufgenommene Text Abduväli Ayups.[714]

Ein weiteres Prosagenre der Volksliteratur ist das „Märchen" (*čöčäk*) beziehungsweise „Volksmärchen" (*xälq čöčiki*). Auch dieses Genre spielt in der modernen uigurischen Prosaliteratur eine Rolle. Das von dem Studenten in Xalidä Isra'ils *Altun käš* verfasste Drama beruht neben dem erwähnten *dastan* auf dem dem Roman seinen Titel gebenden Volksmärchen „Der Goldene Schuh".[715]

---

705 Menges/ Kleinmichel o. J. [1998]: 609.
706 Zu dieser Literatur allgemein siehe Zunun/ Raxman 1981; Kök et al. 2005. Zur Volksliteratur speziell aus Kaschgar siehe Rähman 2012.
707 Zu diesem Genre siehe etwa Zaman 1996: 12; Abramson 2012: 1072.
708 Byler 2022: 148 (Großschreibung im Original).
709 Byler 2022: 148.
710 Semet/ Wilkens 2012: 155.
711 Isra'il 2016: 8H/14PDF.
712 Siehe S. 145 und 155 des Haupttextes.
713 Siehe S. 1145 und 159 des Haupttextes.
714 Siehe S. 189 des Haupttextes.
715 Isra'il 2016: 8H/14PDF.

Einen sehr wichtigen Teil der mündlichen Volksliteratur bilden dichterische Formen wie das *qošaq* („Volksgedicht" oder „Volkslied")[716] oder das *naxša* „Lied". Diese poetischen Formen werden auch von modernen uigurischen Literaten immer wieder aufgegriffen. So werden sie in Qäyyum Turdis „Jahre des Kampfes" immer wieder in das Romangeschehen eingefügt.[717] Auch das im vorliegenden Band übersetzte und vorgestellte eingebettete Volksgedicht aus demselben Roman kann diesem Genre zugewiesen werden.[718]

3.3.2 Die erste Phase des Kontakts mit der westlichen Moderne

Vor allen Dingen ab den 1930er Jahren begannen sich westlich-moderne Ausdrucksformen und Genres in der uigurischen Literatur intensiv auszubreiten, und zwar in den allermeisten Fällen durch Vermittlungen in russischer Sprache. Die besondere Stärke des russischen Transfers ergibt sich aus den in Kapitel 3.2. dargelegten historischen Umständen, zu denen die Übernahme des Ethnonyms „Uigure" und die engen wirtschaftlichen und politischen Beziehungen zwischen der Sowjetunion und den von den Uiguren bewohnten Gebieten gehören.

In der volksrepublikanisch-chinesischen Literaturgeschichtsschreibung wird die erste Phase der von westlich-modernistischen Einflüssen geprägten uigurischen Literatur in der Regel als sehr klar abgrenzbare historische Periode interpretiert. Konkret ist in der autochthonen uigurischen Literaturgeschichtsschreibung der Volksrepublik China unter der Phase der „neuen, demokratischen uigurischen Literatur" (*yeŋi demokratik Uyġur ädäbiyati*) beispielsweise eine Ära verstanden worden, die von 1919 bis zur Gründung der Volksrepublik im Jahr 1949 reichte.[719] Die Wahl dieser beiden Jahre als zeitliche Markierungen ist erwartungsgemäß stark von politischen Erwägungen getragen worden. Denn in der Geschichtsbetrachtung der Kommunistischen Partei Chinas spielen die „Bewegung des 4. Mai [1919]" (*Wusi yundong* 五四运动) beziehungsweise „Patriotische Kulturbewegung des 4. Mai im Jahr 1919" (*1919-yilidiki 4-May Vätänpärvärlik Mädäniyät Härikiti*),[720] die als eine der in diesem Zusammenhang relevanten literaturwissenschaftlichen Epochenmarkierungen angesehen wird, und selbstverständlich auch die Gründung der Volksrepublik China am 1. Oktober 1949 eine wichtige Rolle. Am 4. Mai 1919 fand auf dem Platz des Himmlischen Friedens in Beijing eine Demonstration von Studenten statt, auf der sowohl politische Forderungen als auch der Wunsch nach kultureller Erneuerung Chinas ausgedrückt wurden. Allerdings war der Wunsch nach kultureller und dabei auch literarischer Erneuerung sowohl in China insgesamt als auch unter den Uiguren und deren unmittelbaren historischen Vorläufern schon lange vor diesem Ereignis laut geworden,[721] und das Eindringen westlich-moderner Vorstellungen in die Literaturen Chinas endete nicht mit der Gründung der VRC. Alternativ zu der oben erwähnten Periodisierung

---

716 Siehe etwa Sämädi 2011: 7. Mitunter wird der Begriff auch durch das Hinzufügen des Wortes „Volk" (*xäl(i)q*) verdeutlicht: *xäliq qošiġi* „Volkslied, Volksgedicht" (Zaman 1996: 12; vgl. Sämädi 2011: 7).

717 Abgesehen von dem im vorliegenden Band übesetzten Gedicht wird ein *qošaq* durch eine Romanfigur beispielsweise jeweils in Turdi 2003, Bd. 1: 13, 110, 111f., 114 und 176 vorgetragen. Weitere Stellen, an denen das Wort *qošaq* in dem Roman vorkommt, sind etwa Turdi 2003, Bd. 1: 7, 11, 109 und 375. In Turdi 2003, Bd. 1: 109 ist auch vom *qošaqči* „Verfasser von Volksliedern oder -gedichten, ter" die Rede. Stellen, an denen Romanfiguren *naxša*s aufsagen, sind Turdi 2003, Bd. 1: 328f. und 388, das Wort begegnet auch in Turdi 2003, Bd. 1: 6 und 75.

718 Siehe S. 155 des Haupttextes.

719 Zaman 1996: 6.

720 Zaman 1996: 3. Zaman 1996: 14 spricht von derselben Bewegung als *1919-yilidiki '4-May' Ädäbiyat Inqilabi* „Literaturrevolution des 4. Mai 1919".

721 Vgl. S. 39 des Haupttextes.

unter Bezug auf die Jahre 1919 und 1949 hat man in der volksrepublikanisch-chinesischen Literaturgeschichtsschreibung als Anfang der modernistischen Phase der uigurischen Literatur auch den Beginn der chinesischen Revolution von 1911, den Oktoberputsch der Bolschewiki von 1917 oder die Gründung der KP Chinas im Jahr 1921 vorgeschlagen.[722]

In einer in ähnlicher Weise die Bedeutung chronologischer Markierungen betonenden Betrachtungssystematik hat man als Periodisierungseinschnitte *innerhalb* dieser „neuen, demokratischen uigurischen Literatur" beispielsweise das „Ereignis vom 12. April" (*12-Aprel Väqäsi*), also den Tag der Machtübernahme Sheng Shicais am 12. April 1933, oder den Ausbruch der „Dreiprovinzenrevolution" 1944 eingeführt.[723]

Parallel zur Unterscheidung der *yeŋi demokratik Uyġur ädäbiyati* als eigenständiger Phase der uigurischen Literatur wird in der volksrepublikanisch-chinesischen Literaturwissenschaft auch von *Uyġur hazirqi zaman ädäbiyati* („Uigurischer Gegenwartsliteratur") gesprochen, wobei man hierzu in einer großzügigen Auslegung des Terminus „uigurisch" (*Uyġur*) Werke mit einrechnet, die ab dem Beginn des 20. Jahrhunderts entstanden.[724] Auch in der *Uyġur hazirqi zaman ädäbiyati* wird als Endpunkt das Jahr 1949 gesetzt.[725] In dieser Alternativsystematik folgt dann auf die Uigurische Gegenwartsliteratur die mit der Gründung der Volksrepublik China im Jahr 1949 einsetzende „heutige uigurische Literatur" (*Uyġur bügünki zaman ädäbiyati*).[726]

All die erwähnten chronologischen Abgrenzungen demonstrieren in ihrer präzisen Form wohl vor allem den Wunsch, Literatur eingrenzbar zu machen und sie zugleich den ideologischen Vorgaben der Kommunistischen Partei Chinas zu unterwerfen. Dies dürfte mit dem marxistisch-leninistischen Theorem der sich in „Stufen" (*basquč*) entfaltenden Geschichte, einschließlich der Literaturgeschichte, in Zusammenhang zu stellen sein.[727] Als Nutzfaktor derartiger Chronologisierungen der Literaturgeschichte kann vorgebracht werden, dass sie rasch eine ungefähre zeitliche Einordnung des ersten massiven Eindringens moderner westlicher Einflüsse in die uigurische Literatur ermöglicht.

Wichtiger als die Suche nach historischen Gedächtnisstützen dürfte jedoch ein Blick auf einige der uigurischen Autoren sein, denen ein entscheidender Beitrag zum Hinüberführen der uigurischen Literatur aus der vormodernen in die moderne Phase zugeschrieben worden ist. Unter ihnen hat wohl niemand eine wichtigere Rolle gespielt als Zunun Qadiri (1911–1989).[728] Qadiri begann seine literarische Karriere im Jahr 1937 mit dem aufklärerischen Dreiakter „Die Pein der Dummheit" (*Jahalätniŋ japasi*) und schrieb in den darauffolgenden Jahren mindestens zehn weitere Dramen, bevor er sich ab 1944 intensiv dem Verfassen von Erzählungen (Singular *hekayä*) zuwandte.[729] Im weiteren Verlauf der 1940er Jahre durchlebte Qadiri eine hochintensive literarische Schaffens-

---

722 Zaman 1996: 3-6.
723 Zaman 1996: 13, 15.
724 Sultan/ Abdurehim 2002: 1Hf.
725 Sultan/ Abdurehim 2002: 1Hf.
726 Sultan/ Abdurehim 2002: 1Hf. Synonym mit *Uyġur bügünki zaman ädäbiyati* verwenden Sultan/ Abdurehim 2002: 3H *Uyġur bügünki dävr ädäbiyati* „uigurische Literatur der heutigen Periode". Als dritte Periode wird in dem Ansatz Azad Sultans und Kerimjan Abdurehims die „klassische uigurische Literatur" (*Uyġur klassik ädäbiyati*, Sultan/ Abdurehim 2002: 1H) unterschieden. Sie bezeichnete alles, was vor Beginn des 20. Jahrhunderts verfasst wurde und nach der Auffassung der Autoren ebenfalls zur „uigurischen" Literatur gehört (nach dem hier vorliegenden Verständnis zum Großteil der tschagataischen Literatur zuzurechnen ist). Siehe auch Sultan/ Abdurehim 2002: 41H.
727 Vgl. S. 114 des Haupttextes.
728 Zur Einführung in Qadiris Schaffen siehe grundlegend Polat 1992 und Thwaites 2021. – Polat 1992: 1H gibt den Nachnamen in der Form Qadir wieder.
729 Polat 1992: 3H.

phase und prägte die im Entstehen begriffene moderne uigurische Prosa unter anderem durch Erzählungen wie die 1948 in Ġulja entstandende *Maġdur kätkändä* („Nachdem die Kraft geschwunden ist") entscheidend.[730] Der Qadiri zugestandene literarische Rang kann unter anderem daran abgelesen werden, dass er nicht nur als der führende Vertreter der uigurischen Prosaliteratur vor 1949 anerkannt, sondern von einem Teil der offiziellen volksrepublikanisch-chinesischen Literaturgeschichtsschreibung sogar als „Begründer" und „Pionier" (*asasči, bayraqdar*) der mit dem Jahr 1949 beginnenden Prosa der Phase der „Heutigen uigurischen Literatur" (*Uyġur bügünki zaman ädäbiyati*) gefeiert worden ist.[731] Man kann Qadiri somit zwei wichtige Rollen in der uigurischen Literaturgeschichte zuschreiben, nämlich die des Neuerers der uigurischen Prosa unter westlichen Einfluss und die eines Autors, der mit Hilfe dieser Neuerung auch in der sogenannten sozialistisch-realistische Literatur der Volksrepublik China nachhaltige Wirkung entfaltete.[732]

Im Unterschied zum bereits erwähnten Genre der uigurischen Erzählung (*hekayä*) und zur Langerzählung (*povest*, von *povest'*) war der Roman (*roman*) bis zum Ende der 1940er Jahre in der uigurischen Literatur kaum verbreitet. Der wahrscheinlich erste Roman der uigurischen Literatur überhaupt dürfte Mähämmät'imin Toxtayovs vermutlich 1943 fertiggestellte „Blutige Erde" (*Qanliq yär*) sein.[733] In der Volksrepublik China dauerte es, auch aufgrund der heftigen politischen und gesellschaftlichen Umbrüche, die dort insbesondere ab den späten 1950er Jahren stattfanden, bis zum Beginn der Ära der „Reformen und Öffnung" am Ende der 1970er Jahre, bis wieder uigurische Romane geschrieben und veröffentlicht wurden.[734] In Kasachstan erschienen dagegen spätestens in den 1960er Jahren Romane in uigurischer Sprache, unter anderem aus der Feder Ziya Sämädis.[735]

Diese literaturgeschichtlichen Entwicklungen dürfte einer der Gründe dafür gewesen sein, dass in der uigurischen Literatur der Volksrepublik China die Genres der Erzählung und Langerzählung sich auch nach dem Beginn der Periode der Popularisierung des Romangenres ab den 1980ern noch hoher Beliebtheit erfreut haben. So oder so wird bis heute zumindest in der offiziellen volksrepublikanisch-chinesischen Literaturbetrachtung die uigurische Kunstprosa zumeist auf die drei Hauptgenres *hekayä*, *povest* und *roman* beschränkt.

Sieht man einmal von der Ebene des literarischen Stils und der Genres und Formen ab, brachte die in den ersten Jahrzehnten des 20. Jahrhunderts erfolgte Öffnung der uigurischen Literatur zur westlichen Moderne auch eine Intensivierung des Eindringens von westlichen und modernen Geistesströmungen mit sich. Zu diesen gehörten Realismus, Romantik, aber auch Nationalismus und Kommunismus (dessen Auswirkungen dann ab 1949 noch mit nie dagewesener Wucht spürbar wurden). Augenscheinlich sowohl von der westlich-modernen Tradition der realistischen Romanschriftstellerei als auch durch romantische Vorstellungen ist Mämtimin Toxtayovs wahrscheinlich 1943 fertiggestellter Roman „Blutige Erde" geprägt worden.[736] Wie intensiv sich beispielsweise nationalistisches Gedankengut bereits am Anfang der 1930er Jahre unter den Uiguren in Xinjiang ausgebreitet hatte, macht unter anderem das in der vorliegenden Publikation vorgestellte Gedicht Abduxaliq Uyġurs deutlich.[737] Die enge Verbindung, die in derselben Periode sogar Nationalismus und

---

730 Sultan/ Abdurehim 2002: 41H. Uigurischer Text: Qadiri 2009 [1948]. Englische Übersetzung: Thwaites 2021: 618-631. Die Angabe zu Abfassungszeit und -ort findet sich in Thwaites 2021: 631.
731 Sultan/ Abdurehim 2002: 41Hf.
732 Zur sozialistisch-realistischen Literatur in der VR China siehe den nachfolgenden Unterabschnitt.
733 Siehe S. 313ff. des Haupttextes.
734 Zu diesen Umbrüchen siehe ebenfalls den nachfolgenden Unterabschnitt.
735 Siehe Harbalıoğlu/ Abdulvahit Kaşgarlı 2017: 323.
736 Siehe S. 313ff.
737 Siehe S. 2 und 163ff. des Haupttextes.

Kommunismus bisweilen miteinander einzugehen imstande waren, zeigt sich beispielsweise an der Figur des kasachstan-uigurischen Aktivisten und Schriftstellers Abdulla Rozibaqiyev (1897–1937), einem der führenden Teilnehmer der Taschkenter Konferenz von 1921.[738]

3.3.3 Die „realistische" Prosaliteratur in der Volksrepublik

Bis zum Beginn der Phase der „Reformen und Öffnung" Ende der 1970er Jahre war die in der VR China erscheinende uigurische Literatur einschließlich der Prosa praktisch ausnahmslos sozialistische Literatur nach dem Verständnis der KPC. Dies bedeutet, dass man das meiste davon der kommunistischen sogenannten realistischen Literatur beziehungsweise dem „sozialistischen Realismus" zuordnen kann.[739] In einheimischen Darstellungen wird diese Art Literatur oft nur als „realistisch" (re'alizmliq, re'alistik) bezeichnet.[740] Die zugehörige Prosa heißt etwa „realistische Prosaproduktion" (re'alizmliq proziçiliq).[741] Auch während der von etwa 1980 bis 2017 andauernden Reformphase blieb der sozialistische Realismus der dominierende Literaturstil, während gleichzeitig auch neue Literaturformen in begrenztem Umfang ausprobiert wurden.[742]

Bevor auf einige Etappen der Entwicklung der „realistischen" Literatur in der Volksrepublik China eingegangen wird, ist es sinnvoll, an zwei grundlegende Aspekte des Begriffs „sozialistischer Realismus" zu erinnern.

Auf der einen Seite bezeichnet der Ausdruck– darin an den literaturtheoretischen Terminus „Realismus" im Allgemeinen anknüpfend – einen bestimmten, sich nach konventioneller Auffassung an der Darstellung des angeblich Wirklichen orientierenden und mehr oder weniger gut beschreibbaren *Stil* (sowie die durch diesen Stil geprägten Werke und Perioden), wobei der Gegenstand der dargestellten „Realität" dann vielfach eben aus dem Bereich des Sozialismus beziehungsweise Kommunismus genommen ist. Ob es allerdings tatsächlich möglich ist, anhand textimmanenter Merkmale eine abstrakte Beschreibung dessen zu geben, was den „sozialistischen Realismus" im Kontext der uigurischen Literatur aus der VR China ausmache, sei dahingestellt. Mitunter wird diesbezüglich postuliert, dass sozialistisch-realisitische Literatur in der Lage sei, die Wirklichkeit direkt abzubilden. Diese Vorstellung wird bisweilen in die Metapher des Spiegels gekleidet, etwa, indem behauptet wird, ein bestimmter Autor (im konkreten Fall Ablimit Mäs'udi) sei durch sein Schreiben zur „Widerspiegelung der Realität der Epoche" (dävr re'alliqini äks ättürüš) in der Lage.[743] Bereits durch das Mittel der Metaphorisierung kommt hierbei jedoch hinreichend klar zum Ausdruck, dass die hier angesprochene Beziehung eben *nicht* ‚spiegelbildlich' , also eindeutig und klar, sondern ihrerseits von (literarischen) Bildern abhängig und variabel ist (die evidentermaßen nicht die Abbildungskraft von Spiegeln haben können).

---

738 Vgl. Heß 2019: 154f. Zu der Konferenz siehe S. 27 des Haupttextes. Von einer kommunistischen und zugleich nationalistischen Einstellung getragene Texte Rozibaqiyevs finden sich in Rozibaqiyev 1997.
739 Zum Thema siehe einführend Vaughan 1973; Luker 1988; Grois 1992; Lahusen 1997; Fast 1999; Artwińska/ Starnawski/ Wołowiec 2016; Dobrenko/ Jonsson-Skradol 2018; Franzoni 2020; Lenz 2022a. Vgl. auch Laursen 2013.
740 Vgl. Sultan/ Abdurehim 2002: 7H.
741 Sultan/ Abdurehim 2002: 7H.
742 Zum „realistischen" Teil der modernen uigurischen Literatur vgl. die offizielle literaturhistorischer Darstellung in Sultan/ Abdurehim 2002: 7H. Grundlegend zum Verständnis der konstitutiven Phase der sogenannten realistischen uigurischen Literatur ist Friederich 1997. Eine Überblicksdarstellung der zum Großteil „sozialistisch-realistischen" modernen uigurischen Literatur bis 1996 bietet Zaman 1996. Siehe auch Friederich 1998; Tanridagli 1998: 3; Byler 2022: 148; Anonym 2009: 2/ 6PDF.
743 So Sultan/ Abdurehim 2002: 42H. Zu Ablimit Mäs'udi siehe weiter unten im Haupttext.

Eine ähnliche philosophisch-theoretische Auffassung des realistischen Darstellungs- und Schreibstils, wie er im vorigen Absatz beschrieben worden ist, kommt auch in den Worten eines volksrepublikanisch-chinesischen Literaturwissenschaftlers zum Ausdruck, demzufolge der (auch im vorliegenden Band gewürdigte) Prosaautor Äxtäm Ömär „im literarischen Schaffen für gewöhnlich seine Gedanken über reale Dinge mitteilt, die er selbst gesehen oder von denen er selbst gehört hat" (*ädäbiy ijadiyättä özi körgän, özi aŋliǧan, re'al närsilär häqqidä pikir yürgüzüškä adätlängän*).[744] Abgesehen davon, dass es in aller Regel nur dem Autoren selber möglich sein dürfte, zu benennen, welche der von ihm beschriebenen „Dinge" er selbst gesehen und von welchen er gehört hat, aber nicht jemandem, der nur im Nachhinein über die Werke eines Autors schreibt, impliziert das „Hören" in dem Sinne, wie es in diesem Zitat vorgestellt wird, eine Berufung auf eine indirekte Quelle, ein Hörensagen, was automatisch auf einen bestimmten Grad der Abweichung von der vermeintlichen Spiegelbarkeit der Realität hinausläuft. Tatsächlich gibt es keine Möglichkeit, eine wie auch immer geartete Wirklichkeit ‚spiegelbildlich' zu literarisieren. Sprache und Literatur sind eben keine Spiegel, sondern Entitäten mit einem komplexen und sich der menschlichen Intelligenz kaum vollständig erschließenden Eigenleben, und daher lässt sich (mit Ausnahme sekundär formalisierter Subsprachen und -literaturen wie der Sprache der Jurisprudenz und anderer technischer Idiome usw.) kaum eine direkte oder gar ‚spiegelbildliche' Beziehung zwischen ihnen und dem durch sie mutmaßlich Bezeichneten feststellen. Statt sich in der Frage des Verständnisses der „realistischen" Literatur um eine einigermaßen eindeutige Definition zu bemühen, machen einschlägige theoretische Werke zur uigurischen Literatur dementsprechend vielfach auch nur relativ unpräzise Angaben zu den mit „realistischer" Literatur verbundenen Wahrnehmungs- und Abbildungsprozessen, und die wenigen diesbezüglich gemachten Äußerungen scheinen zudem eher kontingenter Natur zu sein scheinen. Typisch ist die an einer Stelle gemachte Zuschreibung, dass ein der sozialistisch-realistischen Literatur zugerechnetes Werk „auf einer bestimmten literarisch-künstlerischen Höhe steht…" (*mälum bädi'iy yüksäkliktä turup*).[745] Oder es werden in Bezug auf ein solches Werk Eigenschaften genannt, die nicht speziell auf die Frage des Realismus zu beziehen sind, wie „lebhafte, natürliche und eindrucksvolle" (*janliq, täbi'iy vä täsirlik*) Darstellungsweise.[746]

Wichtiger als die Verknüpfung des Elements „Realismus" im komplexen Begriff „sozialistischer Realismus" mit einer ästhetiktheoretischen beziehungsweise philosophischen Betrachtungsebene, wie sie bisher mitunter versucht worden zu sein scheint, dürfte jedoch auf der anderen Seite der Umstand sein, dass „sozialistischer Realismus" zuallererst die Übernahme der von der Kommunistischen Partei vorgegebenen ideologischen und politischen Sichtweise voraussetzt. Er stellt also genaugenommen primär einen politischen und keinen philosophisch-ästhetischen Begriff dar. Nur diese politisch-ideologische Position bestimmt im Endeffekt auch die Grenzen des in der „sozialistisch-realistischen" Literaturproduktion zugelassenen Verständnisses von „Realität" (einschließlich in einem ästhetischen und philosophischen Sinne) und somit den Bereich des Beschreib- und Sagbaren. Der einzelne sozialistisch-realistische Schriftsteller hat dagegen keinerlei freien, unabhängigen und eigenständigen Zugang zur sogenannten Realität oder zur Bestimmung des Verhältnisses seines Geschriebenen zu ihr. Auch wenn für sozialistisch-realistische beziehungsweise „realistische" (*re'alizmliq, re'alistik*) uigurische Literatur wie oben gesehen ein ästhetisch-philosophischer Bezug zur Kategorie der Realität und zu ihrer Darstellung inn verschiedenen Fällen in autochthonen literaturtheoretischen Analysen durchaus postuliert worden ist, handelt es sich definitionsgemäß um eine ideologisch und politisch festgelegte Art der Literatur.

---

744 Anonym 2009: 2/ 6PDF. – Zu Ömär siehe S. 263ff. des Haupttextes.
745 Sultan/ Abdurehim 2002: 44H.
746 Sultan/ Abdurehim 2002: 45H.

Wie das Verständnis sozialistisch-realistischer Literatur seit dem ersten Jahrzehnt des Bestehens der VR China innerhalb der uigurischen Literatur praktisch umgesetzt wurde, lässt sich am Beispiel des Autoren Ablimit Mäs'udi (1932–1981) zeigen.⁷⁴⁷ Mäs'udi nimmt in der (wohl nicht nur volksrepublikanisch-chinesischen) uigurischen Literaturgeschichte dadurch einen besonderen Platz ein, dass er neben Schriftstellern wie Turdi Samsaq (1923–1992) und Äršidin Tatliq (1927–1999) zu den Pionieren der erzählenden Prosaliteratur gerechnet wird.⁷⁴⁸ Mäs'udi legte mit *Däsläpki qädäm* („Der erste Schritt", 1957) den ersten Erzählungsband der uigurischen Literatur überhaupt vor.⁷⁴⁹ Neben der bereits weiter oben zitierten Zuschreibung, dass in Mäs'udis Erzählungen eine „Widerspiegelung der Realität der Zeit" (*dävr re'alliqini äks ättürüš*) zum Ausdruck komme, wurde in der offiziellen volksrepublikanisch-chinesischen Literaturbetrachtung in ähnlicher Weise auch Mäs'udis „Wirklichkeitstreue bei der Widerspiegelung des Lebens" (*turmušni äks ättürüštiki činliqi*) gelobt.⁷⁵⁰ Bereits hinter dem in der ersten der beiden Formulierungen enthaltenen Bezug auf das „Zeitalter" (*dävr*), also die nicht textimmanenten politischen und sozio-ökonomischen Umstände in der Volksrepublik China der 1950er Jahre, wird erneut deutlich, dass es den staatlichen Befürwortern und Einforderern dieser Art des Realismus in der Literatur tatsächlich nicht primär um ein ästhetisches oder philosophisch hinterlegtes Begreifen der „Realität" ging. Dies macht im Übrigen auch der Inhalt von Mäs'udis Prosa deutlich. So legt Mäs'udi in der in ihrer Zeit viel beachteten Erzählung „Der Kranke wird geheilt" (*Saraŋ saqaydu*) ein Narrativ vor, das eine Ausarbeitung einer klassischen Form der marxistischen Gesellschaftskritik darstellt. Die Hauptfigur des zunächst in der vorkommunistischen Zeit spielenden Textes betreibt nämlich Selbstausbeutung im Dienst eines Grundbesitzers (*pomeščik*) – eine klassische Figur des feudalistischen Bösewichts in der volksrepublikanisch-chinesischen uigurischen Literatur – und landet deswegen letztlich in einer Schuldenfalle.⁷⁵¹ „Realistisch" waren derartige Geschichten nach Auffassung der KP Chinas vor allen Dingen deshalb, weil sie eine mit deren Weltbild konforme Interpretation historischer Ereignisse und gesellschaftlicher Strukturen boten. Mäs'udi hatte bereits aufgrund seines Lebenswegs eine recht enge Bindung an die kommunistische Bewegung. Der aus Ġulja stammende Schriftsteller war unter anderem ab 1951 Mitglied im (kommunistischen) „Komitee des Jugendverbands der Provinz" (*Ölkilik yašlar ittipaqi komiteti*).⁷⁵²

Dass die Bezugnahme auf eine „Realität" bei der (sozialistisch-)realistischen Literatur von den politischen und ideologischen Vorgaben der Kommunistischen Partei abhängt und eher ein akzidenteller Bestandteil des in der VRC offiziell vorgegebenen Literaturverständnisses ist, kann man auch daran erkennen, dass der Begriffsbestandteil „Realismus" in staatlicherseits abgesegneten Literaturwürdigungen durch die KPC bisweilen auch weggelassen wird. So ist in einer offiziösen Darstellung der in der VRC entstandenen „heutigen uigurischen Literatur" (*Uyġur bügünki dävr ädäbiyati*), also der ab 1949 in der Volksrepublik China entstandenen uigurischen Literatur, diese mit „sozialistischer uigurischer Literatur" (*sotsiyalistik Uyġur ädäbiyati*) gleichgesetzt worden, ohne dass dabei noch von „realistischer" Literatur die Rede ist.⁷⁵³ Die Beschränkung auf das politisch semantisierte Adjektiv dürfte hier

---

747 Zum Autor vgl. Harbalıoğlu/ Abdulvahit Kaşgarlı 2017: 92.
748 Zu diesen drei Autoren siehe Harbalıoğlu/ Abdulvahit Kaşgarlı 2017: 92; 304-306; 145-147.
749 Vgl. Sultan/ Abdurehim 2002: 41H-54H.
750 Sultan/ Abdurehim 2002: 42H.
751 Nach Sultan/ Abdurehim 2002: 43H.
752 Sultan/ Abdurehim 2002: 42H.
753 Sultan/ Abdurehim 2002: 4H. Dort heißt es: „Damit [im Gefolge der Staatsgründung von 1949 – M. R. H.] entstand die sozialistische uigurische Literatur, die uigurische Literatur der heutigen Periode" (*Šuniŋ bilän sotsiyalistik Uyġur ädäbiyati – Uyġur bügünki dävr ädäbiyati maydanġa käldi*).

den eigentlich gemeinten Charakter der beschriebenen Literatur offenbaren. An einer anderen Stelle der offiziell abgesegneten Darstellung kommt die politische Determinierung des Inhalts der sozialistisch-realistischen Literatur dadurch zum Ausdruck, dass die „heutige uigurische Literatur" (*Uyġur bügünki zaman ädäbiyati*) neben diversen anderen inhaltlichen Kriterien auch als eine „nationale Literatur sozialistischen Charakters" (*sotsiyalistik xaraktergä igä milliy ädäbiyat*) beschrieben wird.[754] Der marxistisch-leninistische Hintergrund der offiziellen „realistischen" Literaturkonzeption der VRC scheint im Übrigen auch darin auf, dass die uigurische Literatur in eine Erzählung des „Fortschritts"-(*täräqqiyat*) eingeordnet wird, deren sich im Lauf der Historie immer höher entwickelnde „Stufen" (*basquč*) angeblich durch mehr oder weniger klar voneinander geschiedene und exakt bestimmbare Kriterien voneinander unterschieden werden könnten.[755]

Als klassisches Beispiel sowohl für den politisch-ideologischen als auch den ästhetisch-literarischen Aspekt der „sozialistisch realistischen" uigurischen Literatur aus der Volksrepublik China kann man Qäyyum Turdis Roman „Jahre des Kampfes" bezeichnen, aus dem in diesem Band Auszüge vorgestellt werden.[756] Die Handlung des ersten Bands spielt in den Jahren vor der Gründung der Volksrepublik China. Dieses Geschehen wird dabei als Kampf von Gut und Böse schematisiert, wobei die gute Seite von den im Untergrund kämpfenden chinesischen Kommunisten und deren Volksbefreiungsarmee repräsentiert wird, die böse von nationalistischen Feudalherren wie dem Erzbösewicht Mäxsut Bäg., der mit „Mitglieder der KMT" (*Gominday äzaliri*) zusammenarbeitet.[757] Das Werk ist dadurch ganz genau so geschrieben, wie die KPC die Welt sah. Die Charakterisierung der Romanfiguren dient meist nur dazu, sie einer der beiden Seiten zuzuordnen. Dies geschieht oft mit schablonenartigen Beschreibungen und feststehenden Ausdrücken. Bösewichte sind mehr als einmal schon aufgrund ihrer „Falkenaugen" (*qarčiġa közliri*) unmittelbar als solche erkennbar.[758] Ob man Figuren, deren Charakterisierungen und Funktionen durch die moralische Struktur der Geschichte mehr oder weniger vorgezeichnet sind, als „realistisch" im Sinne einer Abbildung oder gar „Widerspiegelung" einer „Realität" bezeichnen kann, dürfte zumindest fraglich sein. Aber nicht nur die Darstellung der Figuren, sondern auch das Romangeschehen basiert bisweilen erkennbar nicht auf einer Beobachtung wirklicher Abläufe, sondern auf deren (oft zum Zweck der Anschaulichkeit übertreibenden) Verwandlung in stereotypisierte Abläufe. Ein typisches Beispiel ist eine Szene, in der Almas, einer der positiven Helden des Romans, auf die Nachricht von der Festnahme der schönen Leyligül durch einen der bösen Charaktere hin vor Empörung und Wut seine Klinge zückt, so dass „vom Schlag des scharfen Schwertes ein Stein, so groß wie ein Berghang, in zwei Teile zerfiel" (*jadu qiličniŋ zärbisidin yotidäk bir taš ikki parča bolup kätti*).[759] Auch die Szene, in der ein zur Hinrichtung bestimmter Held, den mehrere bewaffnete Henker angreifen und packen wollen, einfach stehenbleibt und sie mit den Händen zurückstößt,[760] wirkt eher wie eine schablonenhafte Übertreibung, die dazu dient, die übermäßigen Kräfte des Recken zu veranschaulichen, als die realistische Beschreibung einer Szene, wie sie sich tatsächlich hätte abspielen können.

Trotz seiner ästhetischen Schwierigkeiten und seiner ideologischen Gebundenheit kann man kann den sozialistischen Realismus wohl insgesamt als die wirkungsmächtigste literarische Strömung in-

---

754 Sultan/ Abdurehim 2002: 2H, 7H.
755 Siehe erneut Sultan/ Abdurehim 2002: 2H.
756 Siehe S. 145ff. und S. 155ff. des Haupttextes.
757 Turdi 2003, Bd. 1: 199 etc.
758 So in Turdi 2003, Bd. 1: 66 und 145 (mit Bezug auf zwei verschiedene Figuren). In Turdi 2003, Bd. 1: 145 ist „Falke" als *qarjiġa* geschrieben, möglicherweise aufgrund eines typographischen Versehens.
759 Turdi 2003, Bd. 1: 336.
760 Siehe S. 151 des Haupttexts.

nerhalb der uigurischen Literatur der Volksrepublik China überhaupt bezeichnen, schlicht und ergreifend, weil er aufgrund der politischen Umstände seit so langer Zeit das literarische Schaffen dominiert. Erst in der durch Maos Tod ermöglichten Reform- und Öffnungsperiode begannen sich andere Arten des Schreibens auszubreiten, doch auch dann blieb das sozialistisch-realistische Erbe noch extrem stark.[761] Dieser starke Einfluss des politisch vorgegebenen „sozialistisch-realistischen" Schreibens bringt es mit sich, dass zum Zweck der Binnenperiodisierung die Geschichte der uigurischen Literatur in der Volksrepublik China zumindest bis zum Beginn der Reformära weitgehend mit einer Geschichte der sozialistisch-realistischen Literatur in uigurischer Sprache gleichgesetzt werden kann.

Grob gesagt lässt sich die Geschichte der uigurischen Literatur der VR China in drei chronologische Abschnitte unterteilen, die sich an die einschneidenden historischen Ereignisse der Republikgründung im Jahr 1949, des Beginns der „Großen Kulturrevolution" 1966 und deren Ende beziehungsweise den Tod Maos im Jahr 1976 anlehnen.

Die Epoche von der Gründung der Volksrepublik bis zum Beginn der Kulturrevolution (1949 bis 1966) bildet die Frühphase der sozialistisch-realistischen Literatur in der VR China.[762] Selbst die offizielle Literaturgeschichtsschreibung der Volksrepublik betrachtet die literarischen Erzeugnisse dieser Periode, sei es nun Prosa, Poesie oder Drama, als formal nicht besonders ausgereift und betont, dass sie demgegenüber stärker am „Inhalt" (*mäzmun*) orientiert gewesen seien.[763] Dies bedeutet, wie oben am Beispiel Ablimit Mäs'udis gezeigt, wohl vor allen Dingen, dass sie sich an den politischen und ideologischen Vorgaben der Kommunistischen Partei Chinas orientierte.

Der Beginn der „Großen Kulturrevolution" im Jahr 1966 veränderte die gesellschaftlichen Verhältnisse in der VR China, und damit auch die Bedingungen literarischer Produktion, derart radikal, dass es praktisch unmöglich erscheinen dürfte, ihn nicht mit dem Einsetzen einer neuen Epoche gleichzusetzen.[764] Dementsprechend wird in der autochthonen Literaturgeschichtschreibung die Zeit der „Großen Kulturrevolution" (1966–1976) auch als die zweite Epoche der uigurischen Literatur in der Volksrepublik unterschieden.[765] Diese Periode kann als eine Art dunkles Zeitalter der volksrepublikanisch-uigurischen Literatur bezeichnet werden. Denn die literarische Produktion in uigurischer Sprache kam fast vollständig zum Erliegen, und das wenige, das erschien, ist als qualitativ kaum überzeugend bewertet worden. In den Worten einer später geschriebenen volksrepublikanisch-chinesischen Literaturgeschichte „entstand es in keinerlei Schaffensbereich ein einigermaßen gutes oder nennenswertes Werk".[766] Derselben Quelle zufolge soll gegen Ende der „Kulturrevolution" immerhin eine begrenzte Anzahl von Werken erschienen sein, die zumindest den Namen „literarisches Werk" (*ädäbiy äsär*) verdienten, wenngleich sie als minderwertig zu betrachten seien.[767] Ausnahmen von dieser generellen Feststellung bildeten wohl nur „einige verborgene Schaffenszeugnisse und in Form von Erinnerungen oder Handschriften im Geheimen zirkulierte Werke",[768] also Untergrundliteratur. Offensichtlich haben diese insgeheim in Umlauf gebrachten Werke, falls sie jemals gefunden und aufbereitet wurden, noch keinen nachhaltigen Eingang in die Literaturgeschichtsschreibung gefunden.

---

761 Näheres hierzu wird in Kapitel 3.3.4. dargelegt.
762 Zu dieser Periode siehe Sultan/ Abdurehim 2002: 3Hf.
763 Sultan/ Abdurehim 2002: 4H.
764 Zur Geschichte der „Großen Kulturrevolution" vgl. Ši/ Jin 2000.
765 Sultan/ Abdurehim 2002: 4H.
766 *Hečqandaq bir ijadiyät sahäsidä yaxširaq, yirikräk äsär mäydanga čiqmidi* (Sultan/ Abdurehim 2002: 5H).
767 Sultan/ Abdurehim 2002: 5H.
768 *Bir qisim yošurun ijadiyätni vä xatirä-qolyazma halitidä mäxpiy tarqalgan äsärlärni* (Sultan/ Abdurehim 2002: 5H).

Für zahlreiche bedeutende uigurische Schriftsteller und Dichter brachte die Ära der „Großen Kulturrevolution" nicht nur eine Unterbrechung ihres literarischen Wirkens, sondern war auch gleichbedeutend mit einer Zeit der Verfolgung, Verbannung und/oder „Umerziehung", was in den meisten Fällen mit großen Leid verbunden war. Unter ihnen waren Zunun Qadiri, Abdurehim Ötkür sowie die Dichter Nimšehit (der Dichtername bedeutet „Halbmärtyrer", eigentlicher Name: Armiyä Eli Sayrami, 1906–1972), Ähmäd Ziya'i (1913–1989), Rozi Qasim (1938–1966) und Teyipjan Eliyop (1930–1989).[769]

3.3.4 Die Periode der Öffnung

Der Tod Maos und die durch ihn ermöglichte Phase der gesellschaftlichen Lockerung und Öffnung bescherte der uigurischen Literatur in der Volksrepublik China ab etwa 1979 ihre bis dahin größte Blütezeit. Diese Phase hielt mit gewissem Auf und Ab bis zum durch die staatliche Repression herbeigeführten Zusammenbruch der Literaturproduktion um das Jahr 2017 an. Sowohl was die Qualität als auch die Quantität der in der Blüteperiode erschienenen Werke betrifft, übertrifft sie alle vorausgehenden Phasen der uigurischen Literaturgeschichte der VR China.[770] Wenn man sich den geringen Umfang und die enge ideologische Lenkung der uigurischen Literatur vor 1966 und die schwierigen bis katastrophalen Bedingungen für die Produktion von uigurischer Literatur in der Zeit der „Großen Kulturrevolution" vor Augen führt, ergibt sich bereits hieraus eine Sonderstellung der Ära, die von etwa 1979 bis 2017 reichte.

In der einheimischen marxistisch-leninistischen Literaturtheorie ist die 1979 beginnende Periode als „Stufe der Literatur der neuen Epoche" (*yeŋi dävr ädäbiyati basquči*) bezeichnet worden.[771] Um die insbesondere im Vergleich zur vorausgehenden Phase besseren Bedingungen für die Literaturproduktion zu umschreiben, werden daneben vielfach Ableitungen des Verbs *güllän-* „blühen, aufblühen" verwendet. So ist von den „für den Fortschritt und das Aufblühen vorteilhaften Bedingungen" (*täräqqiyat vä gülliniškä paydiliq šara'it*) in dieser „Periode des Blühens" (*gülliniš dävri*) die Rede.[772] In ähnlicher Weise hat man in Bezug auf den Zeitraum vom Beginn der Reform- und Öffnungspolitik bis zum Ende des Jahrhunderts von „einem neuen Goldenen Zeitalter in der uigurischen Literatur als Ganzer" (*bir pütün Uyġur ädäbiyatiniŋ yänä bir altun dävri*) gesprochen.[773]

In dieser Periode kam es zu einer Lockerung der gattungs- und genremäßigen, stilistischen, thematischen und ideologischen Parameter, die die Produktion uigurischer Literatur determinierten. Dies war eine Folge der in der gesamten chinesischen Literatur damals beobachtbaren Öffnung.[774] Wie stark sich der Bereich des Schreibbaren in der uigurischen Prosaschriftstellerei der VR China von den

---

769 Sultan/ Abdurehim 2002: 5H. Zu Nimšehit siehe Anonym 2023 [o. J.]: 1V (von wo auch die Form des ursprünglichen Namens übernommen worden ist); Harbalioğlu/ Abdulvahit Kaşgarlı 2017: 255 und 257; Heß 2021: 554 sowie Osman 2003; vgl. die Werkausgabe Nimšehit 2023 [o. J.]. Zu Ziya'i siehe Harbalioğlu/ Abdulvahit Kaşgarlı 2017: 128-132. Zu Qasim siehe Harbalioğlu/ Abdulvahit Kaşgarlı 2017: 277f. Zu Eliyop siehe Harbalioğlu/ Abdulvahit Kaşgarlı 2017: 295-299.
770 Sultan/ Abdurehim 2002: 6H.
771 Abdurehim 1999a: 3V; Sultan/ Abdurehim 2002: 5Hf. Vgl. auch den verwandten Spezialausdruck „uigurische Langerzählungen in der neuen Literatur" (*yeŋi dävrdiki Uyġur povestčiliqi*) in Abdurehim 1999a: 1V. – Zum Hintergrund des Begriffs „Stufe" (*basquč*) vgl. S. 109 und 114 des Haupttextes.
772 Sultan/ Abdurehim 2002: 5Hf. Vgl. auch den Titel von Zaman 1996, der einer der Mitautoren des zuerst zitierten Werks war.
773 Sultan/ Abdurehim 2002: 6H.
774 Bender 2016: 263, 266. Bender 2016: 263 spricht in diesem Zusammenhang von einem *more tolerant and diverse body of contemporary Chinese literature* („toleranteren und diverseren Korpus zeitgenössischer chinesischer Literatur") ab 1980.

1950er Jahren bis zur „Periode des Blühens" gewandelt hatte, lässt sich ungefähr abschätzen, wenn man Ablimit Mäs'udis oben besprochene Erzählung *Saraŋ saqaydu* mit dem in den vorliegenden Band aufgenommenen Text „Der Schuldner" Zordun Sabirs vergleicht.[775] In beiden Erzählungen gerät die Hauptfigur in eine ausweglose Schuldenfalle. In Ablimit Mäs'udis Geschichte ist diese Situation die Folge feudalistischer und ausbeuterischer Gesellschaftsstrukturen. Der Held wird schließlich dadurch aus ihr befreit, dass mit der Gründung der Volksrepublik China eine neue, freie Zeit anbricht. Sabirs Haupfigur Turġan Levir gerät dagegen auf dem Höhepunkt der „Großen Kulturrevolution", also schon lange nach der Errichtung der angeblich befreienden kommunistischen Herrschaft, in *seine* Form der heillosen Verschuldung. Schlimmer noch: Der Grund, aus dem der grundehrliche und vom Wunsch nach Konformität mit dem herrschenden System getragene Turġan Levir sich verschulden muss, liegt in dieser kommunistischen Gesellschaftsordnung selbst, die die Anständigen ruiniert und Trickser, Mogler und Betrüger gedeihen lässt. Mit seiner Erzählung „Der Schuldner" attestiert Sabir der Kommunistischen Partei vollkommenes Versagen in einem der Kernbereiche, mit denen sie sich politisch legitimiert; die optimistische und hoffnungsvolle Stimmung von Ablimit Mäs'udis Geschichte wurde also in ihr Gegenteil verkehrt. Zudem endet Sabirs Erzählung ohne jegliches Versprechen und jede Aussicht auf Besserung. Eine schärfere Form der Kritik an den in der Volksrepublik China herrschenden Verhältnissen dürfte kaum möglich sein. Sabirs Geschichte kam im Jahr 2012, also gegen Ende der „Blüteperiode", heraus, wurde aber bereits spätestens 1998 geschrieben, wie sich aus dem Todesjahr des Schriftstellers ergibt. Durch die Offenheit der Kritik, die sie zu artikulieren imstande ist, kann sie als Illustration des Grades der Freiheit dienen, den sich uigurische Prosaschriftsteller bis spätestens Ende der 1990er Jahre gegenüber dem Regime herausnehmen konnten. Zordun Sabirs „Schuldner" ist ein Paradebeispiel für eine uigurische Prosaerzählung, die sich nicht scheut, grundlegende Fehler im kommunistischen System offen und ungeschönt zum Ausdruck zu bringen.

Abgesehen von der im Vergleich zu den vorausgehenden Epochen der volksrepublikanisch-chinesischen Literaturgeschichte freieren und vielfältigeren Entfaltung der uigurischen Literatur war die „Blütezeit" auch durch eine Umgewichtung innerhalb der literarischen Gattungen und Genres gekennzeichnet. So geht man davon aus, dass in dieser Zeit die Poesie endgültig als wichtigste Literaturgattung durch die Prosa abgelöst wurde.[776]

Innerhalb der nunmehr stark an Bedeutung gewinnenden Prosagattung kam es zu einer ersten Blüte des Romangenres in der uigurischen Literatur der VR China.[777] Und innerhalb des Genres Roman wiederum wurde der sogenannte „historische Roman" (*tarixiy roman*) rasch zum wohl beliebtesten Subgenre der uigurischen Prosaliteratur.[778] Die besondere Beliebtheit historischer Romane in der uigurischen Literatur jener Zeit gründete wohl kaum in deren Unterhaltungswert, also dem literarischen Reiz historischer Sujets. Vielmehr dürfte die Wahl des historischen Romangenres in vielen Fällen von dem Wunsch motiviert gewesen sein, die Geschichte der Uiguren – verstanden als nichtfiktionales Konstrukt der eigenen Vergangenheit – zu konstituieren und bekanntzumachen. Dies wiederum war in der Periode der „Reformen und Öffnungen" zum ersten Mal überhaupt in der volksrepublikanisch-chinesischen Zeit möglich, nachdem die Betrachtung der uigurischen Geschichte bis dahin vollständig den ideologischen Postulaten der KPC unterworfen gewesen war.[779] Gülzade Tanridaglis in Bezug auf uigurische Texte über relativ kurze Zeit zurückliegende historische Epochen und Ereignisse gemachte Feststellung

---

775 Siehe S. 113 und 169ff. des Haupttextes.
776 Sultan/ Abdurehim 2002: 6H.
777 Sultan/ Abdurehim 2002: 6H.
778 Zur Verwendung von *tarixiy roman* als Eigenbezeichnung siehe etwa Äziziy 1987.
779 Vgl. hierzu das zum Roman *Uyġurlar* auf S. 30ff. Gesagte.

„Die Tatsache, dass die Autoren im Allgemeinen Zeugen der jüngeren Geschichte sind, verwandelt den Bericht in ein Dokument, doch schaffen sie es, die Zensur zu umgehen, indem sie ihn als eine Erzählung oder Fiktion darstellen,"[780]

lässt sich wohl auf die allermeisten in der VR erschienenen uigurischen Romane mit historischer Thematik verallgemeinern. Wenn Abdurehim Ötkür also beispielsweise als Thema für seine als Klassiker der uigurischen Literatur geltenden Romane „Die Spur" (*Iz*) und „Die erwachte Erde" (*Oyġanġan zemin*) historische Aufstände der Uiguren in der Oasenstadt Kumul in der ersten Hälfte des 20. Jahrhunderts wählt,[781] dürfte er dies nicht nur deshalb tun, um seinem Roman ein besonderes, faszinierendes Kolorit zu verleihen. Vielmehr steht dahinter wohl auch die Absicht, die Geschichte der betreffenden Epoche aus uigurischer Sicht einigermaßen unzensiert darzulegen. Ein ähnliches Verständnis kann man wohl auch auf viele andere historische Romane der uigurischen Literatur anwenden. Zu den bekannteren unter ihnen sind neben Qäyyum Turdis im vorliegenden Band in Auszügen vorgestellter Trilogie „Jahre des Kampfes" beispielsweise Turdi Samsaqs *Axirättin kälgänlär* („Die aus dem Jenseits Gekommenen", 1985), *Čala tägkän oq* („Der Schuss, der danebenging", 1985; der Text dreht sich um eine Revolte im Altaigebirge im Jahr 1942) von Abdulla Talip (1926–2005), der der gleichnamigen historischen Figur aus dem 10. Jahrhundert gewidmete Roman *Sutuq Buġra Xan* (1987) von Säypidin Äziziy (1915–2003), die beiden Romane *Baldur oyġanġan adäm* („Der Mann, der zu früh erwachte", 1987) und *Abduqadir Damolla häqqidä qissä* („Erzählung über Abduqadir Damolla", 1990) von Hevir Tömür (1922–1992) sowie *Untulġan kišilär* („Die Vergessenen", 1998) von Äxät Turdi (*1940) zu rechnen.[782] Vielleicht sollte man angesichts des Umstandes, dass in zahlreichen dieser Werke ihre Bedeutung als nicht-fiktionaler Beitrag wohl die als fiktionales Geschriebenes übertrifft, von dieser Art der uigurischen Prosaliteratur eher von Historiographie im Romankleid sprechen, statt den (in der einheimischen Literaturbetrachtung etablierten) Begriff des „historischen Romans" in einer Bedeutung zu lesen, die mehr oder weniger einem Verständnis entspricht, wie es in der westlichen Literatur verbreitet ist. Dort wird das Genre „historischer Roman", ebenso wie die verwandten kleineren Genres „historische Erzählung" und „historische Novelle", bekanntermaßen in der Regel der Kategorie des Fiktionalen zugewiesen.[783] Der historische Roman in der westlichen Literatur, so Otto F. Best, „gründet *Fabel* auf histor[ische] Persönlichkeiten oder Geschehnisse bzw. benutzt historische Überlieferung als Hintergrund für *fiktive Handlung*."[784] In den meisten uigurischen „historischen Romanen" dagegen dürften die fabulierenden und erfundenen Elemente des Textes zumindest über weite Strecken ein Mittel zum Zweck der Darstellung nichtfiktionaler Gegebenheiten sein.

Außerhalb des Romangenres geht man davon aus, dass auch die in der modernen uigurischen Literatur der letzten Jahrzehnte überaus beliebte Form der Langerzählung (*povest*) sich im Wesentlichen ab den 1980er Jahren eine zentrale Position im Gesamtbild der uigurischen Literatur erobern konnte.[785] Der *povest* wird sowohl in qualitativer als auch in quantitativer Hinsicht eine zentrale Rolle innerhalb der uigurischen Literatur attestiert. Nach Kerimjan Abdurehim beispielsweise „hat sich, was die Qualität betrifft, das höchste Niveau der uigurischen Prosa in den Langerzählungen

---

780 *Le fait que les auteurs sont, en général, les témoins de l'histoire récente transforme le récit en un document, mais ils parviennent à contourner la censure en le présentant comme un conte ou une fiction* (Tanridagli 1998: 5).
781 Vgl. Tanridagli 1998: 3 und Kumsal 2019: 21.
782 Zusammenstellung nach Tanridagli 1998: 2f. und Kumsal 2019: 21. Vgl. die Ausgaben Samsaq 1985; Talip 1985; Äziziy 1987; Tömür 1992; Turdi 1998; Tömür 2006.
783 Siehe etwa Best 2008: 231, s.v.v. historische Erzählung bzw. Novelle und historischer Roman.
784 Best 2008: 231, s.v. *historischer Roman* [Hervorhebungen von M. R. H.].
785 Abdurehim 1999a: 3V.

manifestiert".[786] In seinem Überblick über die Geschichte der uigurischen *povest* gibt Abdurehim an, dass in den knapp zwanzig Jahren ab 1980 ungefähr einhundert dieser Werke entstanden seien.[787] Außerdem hält er die Form der Langerzählung innerhalb der uigurischen Prosaliteratur für diejenige mit den meisten Lesern.[788] Die Grenze zwischen „Erzählung" (*hekayä*) und Langerzählung dürfte in gewissen Fällen übrigens fließend sein, da es abgesehen von der Länge wohl kein festes Kriterium zu ihrer Unterscheidung zu geben scheint. Formal explizit dem Genre der *povest* zugewiesen ist beispielsweise der im vorliegenden Band besprochene Text „Das Auge der Lieder" (*Küylär közi*) von Abbas Muniyaz (*1966).[789]

3.3.5 Zwischen Affirmation und Ablehnung der kommunistischen Tradition

Die insgesamt sowohl in politischer als auch in wirtschaftlicher Hinsicht im Vergleich zur vorausgehenden Periode freieren Bedingungen der literarischen Produktion in der Zeit zwischen etwa 1979 und 2017 haben es möglich gemacht, dass sich in der uigurischen Prosaliteratur verschiedene Arten des Umgangs sowohl mit Aspekten der kommunistischen Herrschaft als auch mit der von dieser favorisierten sozialistisch-realistischen Erzähltradition herausgebildet haben. Unter der stets zu beachtenden Voraussetzung, dass die meisten Schematisierungen im Bereich literarischer Kunstwerke nur Hilfsmittel zur Erhöhung der Übersichtlichkeit sein können, lassen sich die im vorliegenden Buch übersetzten und besprochenen Texte inhaltlich nach dem Grad der Affirmation gegenüber dem Regime, den sie ausdrücken, und formal nach der Nähe zu den Gewohnheiten des sogenannten sozialistischen Realismus grob in einem Spektrum arrangieren. Da beide Merkmale aus historischen Gründen eng miteinander verbunden ist, ist zu erwarten, dass diese beiden Aspekte in vielen Fällen auch miteinander kongruent sind.

Der zweifelsohne höchste Grad der Identifikation mit der kommunistischen Herrschaft liegt in Qäyyum Turdis „Jahre des Kampfes" vor.[790] Das Werk verteidigt offen und explizit die Kommunistische Partei Chinas und ihre selbstzugeschriebene historische Rolle und stellt die Ereignisse aus der Sicht von deren Ideologie dar. Allerdings offenbart das hier vorgestellte Textstück aus dem ersten Band des Romans insofern eine interessante Nuancierung, als darin mit Yasin Šaŋxäy eine Figur auftritt, deren Handeln durch privatwirtschaftliches Gewinnstreben motiviert ist und somit unverkennbar ein gewisses ‚kapitalistisches' Gepräge aufweist. Yasin Šaŋxäy ist ein von Turdi mit Sympathie gezeichneter Protagonist, der ganz sicher nicht auf der Seite der ruchlosen und mörderischen feudalistischen Bösewichte steht, anderseits aber auch nicht am heldenhaften Kampf der Kommunisten und ihrer Freunde gegen die Unterdrücker des Volks teilnimmt. Er nimmt eine pragmatische Zwischenstellung zwischen den Guten und den Bösen des Romans ein. Vielleicht kann man Turdis Einführung dieses Charakters als einen Hinweis auf die Sehnsucht nach einem Zeitalter mit etwas weniger Konflikten und etwas mehr ökonomischer Freiheit lesen, wie es nicht lange nach dem Erscheinen des Romans in der VR China ja auch tatsächlich begann. Auf der stilistischen Ebene ähnelt Turdis Roman vielen anderen Werken uigurischer Prosa des sozialistischen Realismus, die seit den 1950er Jahren erschienen waren.

Nicht explizit regimebejahend, aber sich wohl im Rahmen der offiziellen Vorgaben bewegend und sich weitgehend an die Vorgaben des offiziellen literarischen Realismus haltend ist der nachfol-

---

786 ... *Süpät jähättä, Uyġur prozičiliqiniŋ äŋ yuqiri säviyisi povestlarda gävdiländi* (Abdurehim 1999a: 3V).
787 Abdurehim 1999a: 3V.
788 Abdurehim 1999a: 3V.
789 Siehe S. 326ff. des Haupttextes.
790 Siehe S. 145ff. des Haupttextes.

gend besprochene und in einem Auszug vorgestellte Text Xalidä Isra'ils.[791] Er stammt aus dem ersten der beiden bisher veröffentlichten Romane Isra'ils, „Die Vergangenheit" (*Käčmiš*), der im Jahr 2010 veröffentlicht wurde. In ihrem zweiten Roman, „Der Goldene Schuh" (*Altun käš*, 2016) kann man zumindest nach dem dem Werk vorangestellten „Wort an die Leser" (*Oqurmänlärgä söz*) annehmen, dass die Autorin sich bereits bewusst und deutlich von den theoretischen Konstrukten des sogenannten sozialistischen Realismus entfernt hat. Denn dort teilt sie den Lesern über *Altun käš* mit, dass „dieses Werk eine Überschneidung von Lebensrealität und literarischer Fiktion" (*bu äsär turmuš re'alliqi bilän bädi'iy toqulminiŋ kirištürmisi*) sei.[792] In programmatischer Weise fährt Isra'il sodann fort:

> „Dies ist ein literarisches Werk. Wie es mit dem Verhältnis zwischen Wirklichkeit und Fiktion, zwischen Realität und Imagination, Ort und Zeit umgeht und wie es seine eigene künstlerisch-literarische Welt im Ganzen aufbaut, ist eine Sache, die im Bereich des Vorrechts der Autorin liegt."[793]

Hier wird ein stark individualistisches Verständnis von der Rolle der Autorin vorgetragen, die die Deutungshoheit über die zentrale Frage der Relation zwischen Fiktionalität und Faktizität keiner außerhalb ihrer selbst liegenden Instanz zugesteht. Ohne in explizite Opposition zur sozialistisch-realistischen Tradition und deren Gralshütern zu treten, distanziert sie sich damit eindeutig von deren von der Unterwerfung des Einzelnen unter vermeintlich unhinterfragbare Wahrheiten und von der Priorität des Kollektiven vor dem Individuellen geprägter Herangehensweise. Auf der inhaltlichen Ebene kann man wohl der weiter unten vorgestellten Passage aus *Käčmiš* und dem gesamten Roman aufgrund von deren offensichtlichem Fabel- beziehungsweise Allegoriecharakter ebenfalls leicht gewisse Interpretationen unterlegen, die mehr oder weniger stark von der offiziellen Sichtweise divergieren.[794]

Einen Schlüssel zum Verständnis der uigurischen Prosa in der Volksrepublik China nehmen ohne jeden Zweifel die Werke Zordun Sabirs ein. Sein weiter unten in einem Auszug vorgestellter[795] epochaler Roman *Izdiniš* („Die Erforschung"), von dem man ausgeht, dass er autobiographische Erlebnisse verarbeitet,[796] enthält im Gegensatz zu Qäyyum Turdis Roman zahlreiche Elemente der gesellschaftlichen und sozialen Kritik an den bestehenden Verhältnissen. Der Roman beschreibt die „Suche" (wie man den Titel vielleicht auch übersetzen kann) des Protagonisten Äla (nach der arabischen Etymologie des Namens wörtlich in etwa „Der Hervorragende") nach seiner Identität, die zugleich die Identität der Uiguren Chinas ist und unter anderem den Versuch einer Rekonstruktion der uigurischen Geschichte und Kulturgeschichte einschließt. Während dieser Suche wird Äla auch mit zahlreichen schmerzhaften Erfahrungen der Uiguren in der jüngeren volksrepublikanisch-chinesischen Geschichte konfrontiert. In Sabirs Erzählung „Der Schuldner" wird die Kritik an bestimmten Entwicklungen in der Volksrepublik China wie gesehen in einer wesentlich radikaleren Weise vorgetragen. In der Erzählung versteckt oder verhüllt Sabir seine Gesellschaftskritik nicht mit Hilfe von literarischen Mitteln (wie Andeutung, Symbolik, Verfremdung), sondern bringt sie ebenso direkt zum Ausdruck, wie dies das „realistische" Schreiben, dem große Teile seines Werkes verpflichtet sind, genaugenommen vor-

---

791 Siehe S. 133ff. des Haupttextes.
792 Xalidä Isra'il in Isra'il 2016: 1PDF.
793 *Bu ädäbiy äsär. Činliq bilän toqulminiŋ, re'alliq bilän täsävvürniŋ, makan bilän zamanniŋ munasivitini qandaq bir täräp qiliš, öz bädi'iy dunyasini qandaq qurup čiqiš, mu'ällipniŋ hoquq da'irisidiki iš* (Xalidä Isra'il in Isra'il 2016: 1PDF).
794 Siehe S. 145ff. des Haupttextes.
795 Siehe S. 277ff. des Haupttextes.
796 Hasanjan/ Byler 2022: 182f.

sieht. Letzten Endes kann man in beiden genannten Texten Sabirs wohl einen Versuch erkennen, Missstände innerhalb des bestehenden Systems zu beheben, indem man sie benennt, ohne jedoch das System als Ganzes in Frage zu stellen.

Die Absicht, das System zu kritisieren, ohne es abschaffen zu wollen, ist auch in den beiden im vorliegenden Band präsentierten Texten Mämtimin Hošurs erkennbar.[797] Hošur, dem ein ähnlich bedeutender Rang in der Geschichte der uigurischen Prosaliteratur zugeschrieben werden kann wie Sabir, nimmt in der vielfach rezipierten und auch in westliche Sprachen übersetzten Erzählung „Die Sache mit dem Bart" den mit rassistischen Stereotypen und Kollektivschuldbegriffen arbeitenden, absurden und selbstwidersprüchlichen Umgang der kommunistischen Führung mit ‚barttragenden' Minderheiten aufs Korn.[798] Hošur wählt hierfür das literarische Mittel der meist humoristisch hinterlegten Verfremdung, wobei sein Text mehrfach ins Groteske übergeht. Dennoch ist seine kritische Botschaft für uigurische Leser mindestens ebenso klar zu dechiffrieren wie die Kritik, die Sabir in offener Form in seinem „Schuldner" vorträgt. Auch die hier als zweiter Auszug aus einem Prosawerk Hošurs vorgestellte Passage aus dessen erfolgreichem Roman „Die im Sand versunkene Stadt" lässt sich schon aufgrund ihrer allegorischen Form durchaus gesellschaftskritisch lesen,[799] doch wird solche Kritik, wenn sie überhaupt herausgelesen werden kann, nur in verdeckter, chiffrierter, also vorsichtiger Form angebracht.

Dass ein wichtiger Teil der in der Periode der „Reformen und Öffnung" entstandenen uigurischen Prosaliteratur tatsächlich massive Kritik an den bestehenden Verhältnissen übt, kann man deutlich auch Äxtäm Ömärs Erzählung „Der junge Falke" ablesen.[800] Diese Kritik wird im entscheidenden zweiten Teil dieses Textes mit Hilfe von Tiersymbolik vorgetragen. Was Ömärs Darstellung beispielsweise von der an Symbolen und allegorischen Elementen überreichen „Versunkenen Stadt" Hošurs unterscheidet, ist, dass die Zielrichtung relativ leicht zu erraten ist – und von der Leserschaft, einschließlich der staatlichen Aufpasser, auch tatsächlich erraten wurde. Dass Ömär seine in die symbolische Geschichte vom jungen Falken gekleidete bittere Abrechnung mit der Tyrannei hinter einem belanglosen einleitenden Prosatext versteckt, mit dem möglicherweise die Zensoren irregeführt werden sollten, veranschaulicht möglicherweise eine sich vergrößernde Distanz zwischen einem wichtigen Teil der uigurischen Intellektuellen und Schriftsteller und dem volksrepublikanisch-chinesischen Staat, wie sie sich vor allen Dingen ab den 1990er Jahren parallel zu der Krise im Verhältnis zwischen den Uiguren und den Autoritäten in der Volksrepublik China insgesamt zeigte.[801]

Wie deutlich diese Entwicklung sich am Beginn des neuen Milleniums abgezeichnet hatte, zeigt auch die nicht in den vorliegenden Band aufgenommene, ebenfalls mit Tiersymbolik operierende Erzählung „Die wilde Taube" (*Yava käptär*) des ansonsten relativ unbekannten Schriftstellers Nurmuhämmät Yasin Örkiši (*1974) aus dem Jahr 2004.[802] Die Wirkung dieser Erzählung war auch im literarischen Milieu beträchtlich, was sich daran ablesen lässt, dass in der Dichtung unter anderem von Adil Tuniyaz (*1970) auf ihn Bezug genommen wird.[803] Örkiši wurde wegen dieser

---

797 Siehe S. 231ff. und 249ff. des Haupttextes.
798 Zum realen Hintergrund der kollektiven Schuldvorwürfe vgl. S. 69, 69, und 81 des Haupttextes.
799 Zu politisch kritischen Lesarten uigurischer allegorischer und symbolischer Literatur im Allgemeinen vgl. Ayup 2023; Ayup 2023a.
800 Siehe S. 263ff. des Haupttextes.
801 Vgl. S. 68ff. des Haupttextes.
802 Örkiši 2004.
803 Siehe das in Elkun 2023a: 172f. in englischer Übersetzung und Kommentierung wiedergegebene Gedicht Tuniyaz' (dessen Name in der Form Adil Tunyaz wiedergegeben wird).

Geschichte zu zehn Jahren Haft in der Volksrepublik China verurteilt.[804] Der Grund soll gewesen sein, dass „die volksrepublikanisch-chinesischen Behörden sie als eine Kritik an ihrer Anwesenheit in der Uigurenregion ansahen".[805] Die Geschichte verwendet eine mit dem „Jungen Falken" in Äxtäm Ömärs Geschichte verwandte Vogelsymbolik und unterlegt ihr auch eine ähnliche Interpretation.[806] Im Vergleich zu Ömärs Text geht „Die wilde Taube" allerdings noch in ihrem Angriff auf das bestehende System deutlich weiter, und zwar bis hin zu Legitimation der Gewalt im Namen des Freiheitskampfs. Um die Stoßrichtung und die Radikalität zu verstehen, die sich in bestimmten symbolischen und allegorischen Prosatexten aus der Zeit der „Reformen und Öffnung" verbergen kann, lohnt es sich vor diesem Hintergrund, einige wichtige Stellen aus *Yava käptär* kurz zu beleuchten.

Die Erzählung beginnt mit einem Gespräch einer jüngeren Taube mit einer älteren. Die jüngere fragt die ältere nach der „Seele" (*roh*), worauf die ältere feststellt, dass „wir in die Ära der Seelenlosigkeit offenbar schon seit einer gewissen Zeit eingetreten sind" (*biz rohsizliq dävrigä alliqačan qädäm qoyuptimiz*).[807] Ein Teil der Tauben hat sich in diesem Zeitalter damit abgefunden, von ihrem „Herren" (*igä*), einem Menschen, in Käfige gesperrt worden zu sein. Die ältere Taube fasst die Einstellung der Tauben zu ihrem Beherrscher folgendermaßen zusammen: „Da er uns in einem Käfig hält, ist es nur gerecht, wenn er uns ergreift und auffisst. Dem darf sich keiner von uns widersetzen."[808] Der „Käfig" (*qäpäz*) kann unschwer als Allegorie der volksrepublikanisch-chinesischen nicht-offenen Gesellschaft gelesen werden. Während „die Tauben [sc. an sich M. R. H.] sowohl große Angst davor haben, in ihn [sc. den Käfig M. R. H.] eingesperrt zu sein, als auch aus ihm herauszukommen" (*käptärlär uniŋa solinip qelištin häm uniŋdin ayrilip qelištin bäk qorqidikän*), wird die junge Taube als „frei Lebende" (*ärkin yašiγuči*) von ihnen unterschieden.[809] Der Ausdruck „frei" (*ärkin*) ist dabei eine weitere offensichtliche Parallele zur Erzählung Äxtäm Ömärs, ebenso wie die Bezugnahme auf den „Ursprung" (*äsl*), also das kulturelle und identitätsmäßige Verwurzeltsein.[810] Die Erzählung *Yava käptär* erfährt eine dramatische Wendung, als diese junge und frei lebende Taube gefangen wird. Schlimmer noch ist für sie dabei die Erkenntnis, dass die ältere Taube sie mit ihrer ganzen Rede nur einlullen wollte, damit der tyannische „Herr" auch sie in die Hände bekommen konnte. Die nunmehr gefangene Taube kommt in dieser Situation dennoch zu dem Schluss, dass der „Herr" für sie immerhin noch weniger gefährlich sei als „meine eigenen Brüder, die sich um mickriger Vorteile willen hereinlegen lassen" (*kičikkinä mänpäätkä aldanγan öz qerindašlirim*).[811] Statt seine Geschichte an dieser Stelle enden zu lassen, wendet Örkiši diese hoffnungslose Lage noch einmal in eine andere Richtung, indem der jungen Taube ihre Mutter erscheint. Sie erklärt ihrem Kind, wie die allgemein drohende Katastrophe vielleicht doch noch abgewendet werden könnte. Der Mutter zufolge wollen die Menschen (also die Spezies, der auch der „Herr" angehört) den Tauben das Land wegnehmen und sie „dazu bringen, ihren eigenen Ursprung nicht zu erkennen und sie in gemischte Arten verwandeln" (*öz äslini tonimaydiγan qilip šalγut sortlarγa aylandurmaqči*").[812]

---

804 Elkun 2023a: 173. Zum Autor siehe Xinjiang Victims Database [shahit.biz/eng/#4113, zuletzt aktualisiert am 31. Oktober 2023]. Vgl. Anonym 2010a.

805 *The Chinese authorities considered it a criticism of their government's presence in the Uyghur Region* (Elkun 2023a: 173).

806 Dass es sich um eine „allegorische Geschichte" (*allegorical story*) handelt, bestätigt auch Elkun 2023a: 173.

807 Örkiši 2004: 2f.

808 *U bizni qäpäz ičidä baqqandikän tutup yesä häqliq. Buniŋa hečqaysimiz qaršiliq qilsaq bolmaydu* (Örkiši 2004: 4).

809 Örkiši 2004: 5.

810 Siehe S. 268 des Haupttextes.

811 Örkiši 2004: 6.

812 Örkiši 2004: 6.

Die Mutter erklärt ihrem Kind, dass niemand die Tauben retten werde, wenn diese das nicht selber täten.[813] In einer symbolisch stark aufgeladenen Passage führt sie es dann zu einer in der Nähe eines Flusses gelegenen Wildnis, in der es weder „Spuren" (*iz*) noch einen „Weg" (*yol*) gibt, wo aber viele Tauben einstmals ihre Nester hatten und ihre „Ahnen begraben" (*äjdad qaldur-*) hatten.[814] Die Mutter offenbart ihrem Kind auch, dass dessen Vater einstmals der „Kaiser der Tauben" (*käptärlärniŋ padišahi*) war.[815] Zwar wurde auch er von den Menschen gefangen, doch biss er sich die Zunge ab, so dass er nach einer Woche in der Gefangenschaft verhungerte, was gleichbedeutend damit war, dass er „sich in ihren Händen heldenhaft opferte" (*ularniŋ qolida baturluq bilän qurban boptu*).[816] Die Mutter fordert ihren Sohn auf, in die Fußstapfen seines Vaters zu treten.[817] Die Erzählung endet mit einer Betrachtung des von den Menschen errichteten Taubenkäfigs. Dieser sei so geschickt gebaut worden, dass man von innen einen Blick hinaus in die Freiheit werfen könne.[818] Die Mutter warnt den Sohn, der möglicherweise zum Retter der Tauben werden könnte: „Die Freiheit kann man auf ewig nicht durch Mitfühlen gewinnen. Man muss für sie Blut vergießen." (*Ärkinlikni mäŋgu hesdašliq arqiliq qolġa kältürgili bolmaydu. Uniŋ üčün qan aqquzuš keräk*).[819] Am Ende tötet sich die junge Taube, indem sie eine vergiftete Erdbeere isst.[820] Auf diese Weise vemeidet sie es, in Gefangenschaft leben zu müssen.[821] In gewisser Hinsicht erfüllt sie auf diese Weise das Vermächtnis ihres Vaters.

Nach der Veröffentlichung dieser Erzählung wurde Örkiši, wohl am 29. November 2004, verhaftet und im Februar 2005 wegen Anstiftung zum Separatismus von einem Gericht der Volksrepublik China zu zehn Jahren Haft verurteilt.[822] Zu den gegen ihn erhobenen Vorwürfen sollen auch Anstifung zum Rassenhass und zur rassistischen Diskriminierung gehört haben.[823] Nach einer Zeugenaussage soll er bis mindestens zum 28. August 2017, also über die im Urteil festgelegte Frist hinaus, in Haft gewesen sein.[824] Jüngsten, auf das Jahr 2023 bezogenen Agaben zufolge soll er nunmehr frei sein und als Geschäftsmann tätig sein.[825]

Es liegt auf der Hand, dass Örkišis Erzählung mit ihrem Appell an die Freiheitsliebe, ihrer Evozierung von Märtyrernarrativen und der wohl tatsächlich als eine Spielart rassistischen Denkens deutbaren Benennung von „vermischten Sorten" beziehungsweise „Misch(lings)sorten" (*šalġut sortlar*) eine klare Distanzierung von der kommunistischen Herrschaft über China artikuliert, die das Opfern des eigenen Lebens im Widerstand zu ihr einschließt. Man kann sie somit als Indiz für den vermutlich endgültigen Bruch eines Teils der Uiguren mit den herrschenden Verhältnissen in der VR China lesen.

Von der gesellschaftskritischen Literatur, wie sie Sabirs „Schuldner" und Ömärs „Junger Falke" repräsentieren, über einen zumindest stellenweise die gesellschaftliche und politische Ordnung

---

813 Örkiši 2004: 6.
814 Örkiši 2004: 6.
815 Örkiši 2004: 7.
816 Örkiši 2004: 7.
817 Örkiši 2004: 7.
818 Örkiši 2004: 11.
819 Örkiši 2004: 12.
820 Anonym 2010a.
821 Anonym 2010a.
822 Nach Xinjiang Victims Database [shahit.biz/eng/#4113, zuletzt aktualisiert am 31. Oktober 2023].
823 Xinjiang Victims Database [shahit.biz/eng/#4113, zuletzt aktualisiert am 31. Oktober 2023].
824 Äziz Äysa Älkün, erwähnt in Xinjiang Victims Database [shahit.biz/eng/#4113, zuletzt aktualisiert am 31. Oktober 2023].
825 Xinjiang Victims Database [shahit.biz/eng/#4113, zuletzt aktualisiert am 31. Oktober 2023].

als Ganzes offen ablehnenden Text wie *Yava käptär* ist es dann nicht weit zur Literatur der Verfolgten und Exilierten, die durch ihr Schreiben ihre Erfahrungen aus der Opposition zur und dem Widerstand gegen die kommunistischen Herrschaft über China und deren Vertreter aufarbeiten. Aus offensichtlichen Gründen kann und konnte diese Art von Literatur nicht in der Volksrepublik selbst veröffentlicht werden, so dass die im vorliegenden Band vorgestellten Beispiele – die Texte Abduväli Ayups, Ziya Sämädis und Äziz Äysa Älküns – außerhalb der Volksrepublik China herausgekommen sind.[826] Formal betrachtet mag es so scheinen, dass diese Texte somit nicht in den hier definierten Untersuchungsrahmen gehören.[827] Doch obwohl sie außerhalb Xinjiangs und der VRC China erschienen sind und obwohl Sämädis Text lange vor der Periode der „Reformen und Öffnung" erschienen ist, kann man in ihnen direkte Fortsetzungen und somit in einer gewissen Hinsicht untrennbare Bestandteile des oben skizzierten Kontinuums der volksrepublikanischen uigurischen Prosaliteratur sehen, das sich zwischen den Bereichen regimeaffirmativer und das Regime herausfordernder Literatur erstreckt. Von den drei Autoren stammen Abduväli Ayup und Äziz Äysa Älkün aus Xinjiang, und der aus Kasachstan stammende Ziya Sämädi verbrachte dort prägende Teile seines Lebens. Im Falle Älküns lässt sich hinzufügen, dass sein Text formal und inhaltlich offensichtlich auch direkt an die Prosaerzähltradition der uigurischen Literatur aus Xinjiang anknüpft und außerdem durch den Titel wohl eine direkte Verbindung zu Mämtimin Hošurs (hier gleichfalls vorgestellter) Erzählung „Die Sache mit dem Bart" herstellt.

Die Entwicklung der uigurischen Prosaliteratur aus Xinjiang ab dem Beginn der Ära der „Reformen und Öffnung" lässt sich aber nicht nur unter dem Primat der politischen Verortung, sondern auch unter in erster Linie formalen und stilistischen Gesichtspunkten betrachten. Die einheimische Literaturforschung hat registriert, dass sich in dieser Epoche eine Reihe gänzlich neuer Formen und Genres zeigten, etwa sogenannte „gesuchte Erzählungen" (*izdänmä hekayälär*).[828] Das Erscheinen konkret dieses Untergenres der Kurzgeschichte ist dabei mit dem ungefähr ab der Mitte der 1980er Jahre in der uigurischen Literatur entstandene Lyrikgenre der „zwielichtigen Gedichte" (*guŋga še'irlar*) kontextualisiert worden, indem beide auf einer gemeinsamen Stufe der literarischen Innovation verortet wurden.[829] Die „obskure Dichtung" (so eine alternative Übersetzung von *guŋga še'ir*) war offenkundig von dem in etwa zur gleichen Zeit in der chinesischen Literatur der Volksrepublik an Bedeutung gewinnenden Genre der „obskuren Poesie" (*menglongshi* 朦胧诗) beeinflusst worden. Vermutlich können *izdänmä hekayälär*, *guŋga še'irlar* und *menglongshi* als Früchte der begrenzten gesellschaftlichen und kulturellen Öffnung und Experimentierfreude in der Volksrepublik China gelesen werden, die ungefähr vom Beginn der Reformära bis zum Massaker auf dem Platz des Himmlischen Friedens im Jahr 1989 herrschte.

Allerdings kann man wohl konstatieren, dass nur einer relativ geringen Zahl uigurischer Autoren eine bewusste Loslösung von den einheimischen Formen des Schreibens, und insbesondere von der dominanten „realistischen" Tradition, attestiert werden kann. In Abbas Muniyaz' im vorliegenden Band auszugsweise präsentierter Langerzählung „Das Auge der Lieder" (*Küylär közi*),[830] wird stellenweise das Prinzip der Chronologie aufgehoben, so dass Gegenwart, Zukunft und imaginierte Welten zu einer phantasmagorischen Sicht verschmelzen. Diese erzählerische Technik kann man vielleicht als ein Echo der *flow of consciousness*-Literatur lesen. In der Wahl einer solchen Schreibweise ist möglicherweise das Streben Muniyaz' nach einer gewissen Loslösung von der in der Volksre-

---

826 Siehe S. 189ff., 285ff. und 295ff. des Haupttextes.
827 Vgl. S. 3 des Haupttextes.
828 Sultan/ Abdurehim 2002: 6H.
829 Sultan/ Abdurehim 2002: 6H.
830 Siehe S. 325ff. des Haupttextes.

publik bis dahin vorherrschenden „realistischen" Art des Schreibens zu sehen, anderseits sind viele Passagen der Langerzählung genau dieser Tradition durchaus noch verpflichtet.

Der eine Name, der im Zusammenhang mit der Erneuerung des Stils der uigurischen Prosaliteratur immer wieder fällt, ist Pärhat Tursun. Sein Schaffen ist gleich aus mehreren Gründen als ein gewisser Bruch mit dem Überkommenen bewertet worden.[831] Zu den verbreiteten Zuschreibungen an seine Art der Literatur gehört beispielsweise, dass er dem sogenannten magischen Realismus der westlichen Literatur nahestehe. Im Falle des hier vorgestellten, seinerzeit in der uigurischen Literaturszene einen Skandal provozierenden Roman „Die Kunst der Selbsttötung" kommt eine Provokation durch das von vielen Uiguren als inakzeptabel bewertete Thema der Selbsttötung hinzu. Eine möglicherweise nicht weniger starke Herausforderung für das uigurische Lesepublikum lag aber in dem Umstand, dass der Roman recht offen und programmatisch das Verfassen und Konsumieren von Kunstliteratur (wie auch das Leben selbst) als Selbstzweck feiert. „Die Kunst der Selbsttötung" kann zwar auf einer Reihe von Ebenen äußerlich betrachtet mit Sabirs „Suche" verglichen werden. Zu ihnen gehören die mutmaßlichen autobiographischen Einflüsse und der Umstand, dass beide Werke einen Ausschnitt der jüngsten Zeitgeschichte aufarbeiten. Doch bei aller Individualität, Idiosynkrasie und autobiographischen Einfärbung seines Hauptprotagonisten Äla schreibt Sabir mitnichten nur über eine reale oder fiktive Einzelperson oder gar über sein eigenes Schicksal, sondern er zielt auf eine intellektuelle Neuverortung in Bezug auf die Vergangenheit und Zukunft der *gesamten* uigurischen Nation ab. In Tursuns Texten, darunter der niemals in uigurischer Sprache erschienene und nur im Ausland in übersetzter Form veröffentlichte Roman *The Backstreets*, der im vorliegenden Band nicht näher besprochen worden ist, hat man dagegen vielfach den Eindruck, dass das, was im Vordergrund steht, genau das von seiner Verantwortung gegenüber der Gesellschaft befreite, also in gewissem Sinne den zahlreichen moralischen Imperativen, die große Teile der uigurischen Prosaliteratur immer geprägt haben, enthobene Individuum ist. Tursun distanziert sich wohl in deutlicher Weise sowohl von derjenigen Art kollektiven Fühlens und Denkens, die die Kommunisten verordnen wollen, als auch von derjenigen, wie sie Sabir vorschwebte. So gesehen gehört Tursun in jedem Fall zu den zeitgenössischen uigurischen Schriftstellern, die die Tradition der uigurischen Prosaliteratur am weitesten aufgebrochen haben.

Wohin die uigurische Prosaliteratur sich zu entwickeln begonnen hatte, als der neu geschmiedete eiserne Vorhang kommunistischer Repression jegliche halbwegs freie literarische Betätigung von Uiguren in der Volksrepublik China ungefähr ab dem Jahr 2017 abrupt beendete, kann man vielleicht an Texten ablesen, die unmittelbar davor noch in Xijiang erscheinen konnten. Noch im Jahr 2016 erschien in Xinijang beispielsweise der Prosatext „Der Lehrer ist gekommen" (*Muʾällim käldi…*) eines ansonsten kaum bekannten Autors namens Äli Qurban.[832] Zwei unpaginierte Seiten im Anschluss an das Nachwort verraten über den Autor lediglich, dass er seinen Weg in „Radio- und Fernsehsendungen" (*radio-televiziyä programlirida*) gegangen sei und sich für Psychologie, Philosophie und das Schreiben von Geschichten interessiere.[833] Derselbe Text erwähnt außerdem, dass Qurban vor der Veröffentlichung des genannten Buchs eine Serie von DVDs mit den Titeln „Mein psychologischer Ratgeber" (*Meniŋ psixika mäslihätčim*) und „Lebewohl, Niedergeschlagenheit" (*Xäyr-xoš čüškünlük*) veröffentlicht habe.[834] „Der Lehrer ist gekommen…" wird als Qurbans drittes „Werk" (*äsär*) bezeichnet[835] und kann somit als das erste im eigentlichen Sinne literarische gelten.

---

831 Näheres zu diesen Gründen wird auf S. 203ff. des Haupttextes dargelegt.
832 Qurban ca. 2016.
833 Qurban ca. 2016, unpaginierte Seite nach dem Nachwort.
834 Qurban ca. 2016, unpaginierte Seite nach dem Nachwort.
835 Qurban ca. 2016, unpaginierte Seite nach dem Nachwort.

Bei *Muʾällim käldi…* handelt es sich offenbar um eine Art psychologischer Selbstbetrachtung in Literaturform, wobei etwa 40 kurze Narrative durch die Figur des „Meisters" miteinander verbunden weden. In einem Kapitel mit der Überschrift *Kitap qandaq yezildi?* („Wie wurde das Buch geschrieben?") gibt der Autor diesbezüglich die folgende Auskunft:

> „Das Buch ist in der Form geschrieben worden, dass auf der Basis von Geschichten, die von Anfang bis Ende in meinem Leben stattgefunden haben, verschiedene psychologische Hindernisse, mit denen Menschen konfrontiert worden sind oder mit denen sie konfrontiert werden könnten, durch die ‚Lehrer'-Worte beseitigt werden."[836]

Auch wenn in diesem Zitat ein Bewusstsein für die Verantwortung des Schriftstellers gegenüber der Gesellschaft zum Ausdruck kommt – es geht nicht nur um eigene Probleme, sondern auch um die von „Menschen" im Allgemeinen – kann man dem Werk am Ende vielleicht doch eine Fortführung der bereits in Pärhat Tursuns Werk aufscheinenden Tendenz zur Verstärkung der Individualperspektive und der Loslösung von der Bindung an gesellschaftliche Normen sehen. Hierfür dürfte die auf dem Rückentext gemachte Angabe sprechen, der zufolge das Buch eine Meditation über Gegenwart, Vergangenheit, Zukunft, Liebe, Schönheit und „unser sich auf der horizontalen Zeitlinie fragmentierendes Herz" (*gorizontal vaqit siziq üstidiki parčilinip kätkän qälbimiz*) enthält.[837]

Wie auch immer man den Inhalt und literarischen Wert von *Muʾällim käldi…* bewerten mag, dürfte feststehen, dass das Werk sich in einigen interessanten formalen Punkten von der Tradition der offiziell bestimmten und kontrollierten Literaturproduktion losgelöst hat. Dies zeigt sich wohl schon darin, dass die Peritexte (Vorderdeckel-, Hinterdeckeltext, Impressum) auf eine Zuweisung zu den in der Volksrepublik China bis dahin akzeptierten Prosa-Genres Erzählung, Langerzählung und Roman (*hekayä, povest, roman*) verzichten. Stattdessen spricht der Rückentext einfach nur von „dem Werk namens ‚Der Lehrer ist gekommen…'" (*'Muʾällim käldi…' namliq äsär…*).[838] Auch Qurban selber bezeichnet das Buch in dem von ihm verfassten Nachwort als „das erwähnte Werk" (*mäzkur äsär*), ohne ihm eines der traditionellen Genres zuzuweisen.[839] Ein weiterer in diesem Zusammenhang möglicherweise bedeutungsvoller Aspekt ist, dass der Buchtitel auf dem Frontcover sowohl in uigurischer als auch in chinesischer Sprache (*laoshi laile* 老师来了, mit identischer Bedeutung wie der uigurische Titel) wiedergegeben ist und dass der Name des Verlags, in dem das Buch erschienen ist, in drei Sprachen – Uigurisch, Mandarin und Englisch – angegeben wird.[840]

Texte wie *Muʾällim käldi…* stehen wohl für eine sich abzeichnende Öffnung, Internationalisierung und Pluralisierung der uigurischen Prosaliteratur, die durch den Zusammenbruch des uigurischen Literaturbetriebs in der VR China im Gefolge der Verschärfung der allgemeinen Repression ab 2017 fürs erste vollkommen unterbrochen worden ist.

Aufgrund der Tatsache, dass die uigurische Literaturproduktion im Exil, vor allen Dingen in der Türkei und in den USA, sowie in den uigurischen Communities außerhalb der Volksrepublik China

---

836 *Kitab baštin axir turmušumda yüz bärgän hekayilär arqiliq kišilär yoluqqan vä yoluqidigan türlük psixika tosalgularini 'muʾällim' sözliri arqiliq häl qiliš šäklidä yezildi* (Qurban ca. 2016: 5V).

837 Qurban ca. 2016, Hinterdeckel.

838 Qurban ca. 2016, Hinterdeckel. Entsprechend ist auf dem unpaginierten Text nach dem Nachwort von „diesem Werk namens ‚Der Lehrer ist gekommen…'" (*'Muʾällim käldi…' namliq bu äsär*) die Rede.

839 Qurban ca. 2016: 3N.

840 Neben dem an erster Stelle für die Publikation offenbar primär zuständigen Verlag, *Šinjaŋ ün-sin näšriyati* (*Xinjiang yinxiang chubanshe* 新疆音像出版社, *Xinjiang Audio-Video Publishing House*), ist ein weiterer Verlag genannt, dieser allerdings nur mit uigurischem und chinesischem Namen: *Šinjaŋ xälq baš näšriyati* (*Xinjiang renmin [?] chubanshe* 新疆人民[?]出版社), wobei der mit „[?]" bezeichnete Teil des kalligraphisch geschriebenen chinesischen Namens in der Kopie nicht entzifferbar war.]

(etwa in Kasachstan oder in Kirgisien) weitergeht und dass ein Großteil der in der VR China zum Verschwinden gebrachten Literatur mittlerweile über Internetplattformen wie www.elkitab.org,turkistanilibrary.com und www.uygur.com jederzeit frei einsehbar ist,[841] kann man mit vorsichtigem Optimismus wohl die Prognose wagen, dass selbst die nie dagewesene Welle der Unterdrückung und des „kulturellen Genozids", den die kommunistische Regierung Chinas gegen die Uiguren entfesselt hat, nicht zum Ende der uigurischen Literatur, einschließlich deren Prosaerzeugnissen, führen wird.

3.3.6 Zum Stellenwert von Fiktion in der uigurischen Literatur

Die Frage des Verhältnisses zwischen der als dualistische Kategorien postulierten Begriffe Faktizität beziehungsweise „Realität" auf der einen und Fiktionalität auf der anderen Seite ist bezogen auf die uigurische Prosaliteratur bereits an mehreren Stellen in der vorliegenden Untersuchung zur Sprache gekommen.[842] Insbesondere ist in diesem Zusammenhang auf die Bedeutung dieser hypothetischen Opposition im Bereich der historischen Romane und der begriffstheoretischen Debatten um (sozialistischen) Realismus eingegangen worden.[843]

Ohne sich auch an dieser Stelle auf eine literaturwissenschaftliche oder philosophische Diskussion darüber einzulassen, was mit Begriffen wie „Realismus", „Realität" und „Fiktionalität" sowohl in einem übergeordneten als auch einem literatur(wissenschafts)bezogenen Kontext gemeint sein könnte, gibt es zusätzlich zu den beiden genannten Bereichen „historischer Roman" und „(sozialistischer) Realismus", die sowohl in einheimischen als auch ausländischen wissenschaftlichen Veröffentlichungen über die uigurische Literatur mehrfach und ausführlich direkt thematisiert worden sind, noch ein weiteres wichtiges literarisches Feld, auf dem das Verhältnis zwischen Fiktionalität und „Wirklichkeits"-treue beziehungsweise Dokumentationscharakter aus einem anderen, und zwar diesmal im Wesentlichen nicht-akademischen Blickwinkel, eine wichtige Rolle spielt. Hierbei handelt es sich um mehr oder minder stark literarisierte Selbstdarstellungen von Uiguren, die aus eigener Erfahrung über das volksrepublikanisch-chinesische Lagersystem schreiben. Wenn die entsprechenden Texte auf Deutsch erscheinen, treten die Verfasser dabei in der Regel gemeinsam mit einem Koautoren auf.

Diese Texte kann man in zwei Hauptgruppen einteilen. Die erste davon umfasst in westlichen Sprachen erschienene Erinnerungen wie die von Gulbahar Haitiwaji, Mihrigul Tursun und Sayragul Sauytbay oder um die von Ingrid Widiarto herausgegebene Sammlung „Uigurische Geschichten", die im Untertitel als „wahre Begebenheiten" bezeichnet werden. Als im vorliegenden Kontext relevantes verbindendes Merkmal all dieser Texte kann man postulieren, dass sie irgendwo zwischen Faktizität und Fiktionalität angesiedelt sein dürften, also einen Anspruch auf faktengetreue Wiedergabe des Geschriebenen zumindest in Teilbereichen explizit aufrechterhalten.[844] Der zweiten Gruppe können Texte zugeordnet werden, die sich mit demselben Themenbereich in authentisch wirkender Weise auseinandersetzen, dabei jedoch explizit eine dem fiktionalen Bereich zugehörige Genre-Selbstzuweisung verwenden. Ein Beispiel ist der unveröffentlichte „Roman" (im Untertitel

---

841 Siehe Elkitab 2022ff.; Turkestani Library 2023ff.; Uyġur tori 2023ff. Siehe auch Uyghur Archive 2023, eine Linkliste mit (zum Zeitpunkt des Zugriffs) 3931 wiederhergestellten uigurischen Texten, darunter Gedichte und andere Kunstliteratur.
842 Die dualistische Opposition zwischen „der Wirklichkeit" und einer fiktiven Wirklichkeit ist offenbar Standard auch in aktuellen literaturwissenschaftlichen Überblicken. Siehe etwa Best 2008: 179, s.v. *Fiktion*.
843 Siehe etwa 111ff. S. 118 des Haupttextes.
844 Siehe Haitiwaji/ Morgat 2022; Cavelius/ Sauytbay 2021; Tursun/ Hoffmann 2022; Widiarto 2021.

ebenso, *roman*, genannt) „Der vereiste Fluss" (*Muz tutqan därya*), des 1965 in Ġulja geborenen und in München lebenden uigurischen Exilschriftstellers Häbibulla Ablimit.[845]

Diese Texte stellen für beide von ihnen berührte Darstellungsbereiche – das Fiktionale ebenso wie das Faktische – eine methodologisch-theoretische Herausforderung dar. Im Hinblick auf den non-fiktionalen Aspekt, den mutmaßlichen Faktenkern der Texte, im konkreten Fall also im Wesentlichen die Darstellung der Verfolgung der Uiguren im volksrepublikanisch-chinesischen Lagersystem, ist die Rolle, die sie in westlichen Xinjiang-Diskursen spielen, kritisch hinterfragt worden. So schreibt der deutsche Sinologe Björn Alpermann, dass in Ingrid Widiartos „Uigurischen Geschichten" „tatsächlich alle Kritikpunkte und Problembereiche" angesprochen würden, „welche von exiluigurischen Gruppen angeprangert werden".[846] „Wie stark die Fiktionalisierung dabei geht, bleibt jedoch unklar".[847] Eine besondere Relevanz gewinnen Texte vom Typ der Widiarto-Sammlung in der Analyse Alpermanns dadurch, dass es eine „Nähe zwischen westlichen Medien und Menschenrechtsaktivisten gibt, von denen sie die meisten ihrer Informationen beziehen".[848] Alpermann kritisiert in diesen Passagen also, dass ein Teil des in den von Widiarto veröffentlichten Texten Dargestellten über die Rezeption durch westliche Medien auch Eingang in Diskurse findet, in denen diese Informationen zur Ergründung der Wirklichkeit in der Volksrepublik China und mitnichten nur als fiktionale Produkte auftauchen. Ein Teil des Problems liegt also in der Markierung der Texte beziehungsweise der sich aus ihr ergebenden Zuordnung in die Kategorien Faktizität oder Fiktionalität. Ohne einer vertieften Analyse der jeweiligen Texte vorgreifen zu wollen – die noch nicht unternommen worden zu sein scheint – könnte man als Arbeitshypothese vielleicht vermuten, dass der von Alpermann beobachtete „unklare" Zuordnungszustand einerseits Teil der auktorialen Absicht sein dürfte. Fiktional oder zumindest semifiktional daherkommende Texte haben beispielsweise wohl naturgemäß größere Möglichkeiten und Freiheiten, dem Leser- und Publikumsgeschmack entgegenzukommen und damit die Zahl der potentiell über das Leid der Uiguren Informierten zu steigern, was im vorliegenden Fall sicherlich eines der Hauptinteressen der jeweiligen Autorinnen und Autoren sein dürfte. Anderseits lässt die derzeitige Verfolgungssituation der Uiguren in der Volksrepublik China aber auch kaum eine andere Möglichkeit zu, über sie zu berichten, als in einer Weise, deren Faktizitätsgrad oft nicht verifiziert werden kann. Dies gilt auch für zahlreiche in keiner Weise literarisierte Darstellungen. So weist Matthias Kamp in seiner Recherche darauf hin, dass die von ihm verwendeten „Geschichten" von Opfern des Lagersystems „nicht unabhängig überprüfbar seien, doch sie decken sich mit vielen anderen Zeugenberichten geflohener Kasachen und Uiguren."[849] Das Kriterium für die Glaubhaftigkeit der „Geschichten" scheint hier also nicht objektive Überprüfbarkeit zu sein, sondern Glaubwürdigkeit, die sich vor allem aus dem Abgleich mit sonstigem Bekannten ergibt. Wenn man dieses Kriterium auf die Texte Gulbahar Haitiwajis beziehungsweise Häbibulla Ablimits usw. überträgt, wird man zugeben müssen, dass ihnen a priori nicht weniger Glaubwürdigkeit zu attestieren sein muss als explizit mit nichtfiktionalem, nichtliterarischem Anspruch auftretenden Zeugenaussagen, zumal sich ein Großteil der Angaben in ihnen unabhängig als Fakten bestätigen lässt.

Aus der Perspektive der Literatur ergibt sich quasi spiegelbildlich dieselbe Frage. Konkret formuliert lautet sie, ob die betreffenden Erzeugnisse überhaupt dem Bereich des eigentlich Literarischen, also der Fiktion und Kunst, zuzuordnen seien oder eben nicht. In diesem Zusammenhang zitiert Al-

---

845 Häbibulla Ablimit, *Muz tutqan därya*, unveröffentliches Manuskript, mehrere Versionen, 2023–2024.
846 Alpermann 2021: 2.
847 Alpermann 2021: 2.
848 Alpermann 2021: 1f.
849 Kamp 2024.

permann erneut Widiarto, diesmal aus dem Inneren des Buchs, wo der Hinweis gegeben werde, dass dieses „auf wahren Begebenheiten" beruhe.[850] Entscheidend ist hierbei die durch die Verwendung des präpositionalen Ausdrucks nahegelegte Indirektheit. Diese drückt aus, dass es zwar ein wie auch immer geartetes Verhältnis zwischen dem Geschriebenen und den „wahren Begebenheiten" gebe, jedoch keine Identitätsbeziehung. Letzten Endes kann man die betreffenden Texte daher vielleicht als Zwitterprodukte an der Grenze von Fiktion und Nichtfiktion bezeichnen.

Die vorliegende Untersuchung bereichert nun diese Debatte, indem sie, wohl zum ersten Mal in deutscher Sprache, aus dem uigurischen Original übersetzte Beispiele der genannten Textsorten analysiert und präsentiert. Gemeint sind die Beiträge Abduväli Ayups und Ziya Sämädis.[851] Auch in ihnen stellt sich die Frage des Verhältnisses zwischen Faktizität und Fiktionalität an zahlreichen Stellen und auf vielfältige Weise. Als allgemeinstes diesbezügliches Fazit aus den Kapiteln über die Texte Ayups Sämädis, in denen diese Fragen deutlicher zum Vorschein treten, kann man festhalten, dass diese Relation sich bei den jeweiligen Autoren – und man darf wohl auch annehmen, von Text zu Text – jeweils etwas anders gestaltet und dass es nicht mit einer aussschließenden dualistischen Opposition von Faktizität und Fiktionalität beschrieben werden kann, sondern dass es sich um ein Kontinuum von Mischformen handelt, in denen fiktionale und der „Wirklichkeit" getreue Aspekte immer wieder ineinander übergehen. Es ist zum Beispiel anhand der hier vorgelegten Analyse offensichtlich, dass ein Großteil des von Abduväli Ayup in seinen „Gefängniserinnerungen" Geschriebenen sich in sehr exakter Weise mit Sachinformationen aus einer Quelle dritter Hand in Einklang bringen lässt. Es ist aber zugleich auch erkennbar, dass der Autor diese Erlebnisse aus seiner subjektiven Perspektive darstellt und darstellen will, und dass er dabei auch bewusst auf Techniken der künstlerisch-literarischen Verfremdung und Perspektivierung zurückgreift.

Die theoretisch-methodologische Beurteilung der beiden genannten Texttypen stellt eine Herausforderung dar, der wohl erst im Rahmen einer gesonderten Analyse eines oder mehrerer der betreffenden Texte aus literaturwissenschaftlicher Sicht wird beggenet werden können.

Abgesehen von diesem etwas banalen Ergebnis – dass fiktionale Texte immer auch einen Bezug zur (wie auch immer imaginierten) Wirklichkeit präsupponieren und nicht-fiktionale Darstellungen aufgrund ihres Darstellungscharakters schon nicht frei von Fiktionalisierung sein können, dürfte konsensfähig sein – wirft der vorliegende Untersuchungsband aber noch aus einer ganz anderen Perspektive Licht auf das für die uigurische und wohl auch andere Literaturen unterdrückter und verfolgter Völker zentrale Verhältnis von dargestellter Realität und deren Fiktionalisierung. Und zwar zeigt dies etwa die Analyse von Äxtäm Ömärs Erzählung „Der junge Falke".[852] Für diesen Text kann man aufgrund des fehlenden Erinnerungscharakters und nicht-fiktionalen Anspruchs zumindest in ihrem (für die Interpretation einzig und allein interessanten) abschließenden Schlussteil nicht dasselbe literarische (oder semiliterarische) Genre wird beanspruchen können wie für die genannten Texte von Haitiwaji, Tursun Sauytbay, Ablimit, Ayup und Sämädi. Dennoch scheint Ömärs Text für die in Bezug auf diese Texte oben angeschnittene Diskussion von gewisser Relevanz zu sein. Denn wie im Kapitel, das der vorliegende Band dieser Erzählung widmet, argumentiert wird, kann Ömärs „Junger Falke" geradezu als Programm einer radikalen Demaskierung und Inversion des sogenannten „sozialistischen Realismus" gelesen werden oder zumindest von dessen angeblich auf der ästhetisch-philosophischen Ebene „realistischem" Kern, indem als Wesen des in dieser nach offiziellen Standards und Kriterien verfassten artifiziellen Literatur Dargestellten die Lüge erscheint, während die objektive Wahrheit des Lebens in der volksrepublikanisch-chinesischen

---

850 Alpermann 2021: 2.
851 Siehe S. 189ff. und S. 285ff. des Haupttextes.
852 Zu dieser Erzählung siehe Siehe S. 263ff. des Haupttextes. Vgl. auch S. 112 und 122.

Literatur nur durch Verfremdung, Fabelelemente und andere bewusst als fiktional markierte literarische Instrumente darstellbar wird. Die im Exil erschienenen Texte Haitiwajis, und Sauytbays, Ablimits, Ayups und Sämädis sowie die von Widiarto herausgegebenen Materialien sind dagegen nicht wie Ömär nicht der absoluten Kontrolle durch die volksrepublikanisch-chinesischen Autoritäten unterworfenund daher auch nicht wie Ömär gezwungen, regimekritische Äußerungen hinter evidentermaßen fiktiven Figuren zu verstecken.

In der Summe zeigen alle erwähnten Texte, dass die uigurische Literatur zumindest in Bezug auf das Thema der Verfolgung und Unterdrückung der Uiguren in der Volksrepublik China (das für die Uiguren insgesamt, also auch in einem außerliterarischen Kontext, von entscheidender Bedeutung ist) auch in ihren Ausdrucksweisen und -formen und dem Umgang mit der traditionellen Gegenüberstellung von Fiktion und Non-Fiktion stark vom Ort und den Umständen ihrer Produktion abhängt.

4 Xalidä Isra'il: Ein grünes Dorf im Nirgendwo

4.1 Vorbemerkung

Xalidä Isra'il (chinesische Namensform: Halidanmu Yisireyili 哈丽旦木·伊斯热伊力) kam im Oktober 1952 in Kaschgar zur Welt.[853] 1958 zog sie gemeinsam mit ihrer Familie nach Aksu um.[854] Dort besuchte sie von 1959 bis 1963 die Grundschule.[855] 1963 wechselte sie mit ihrer Familie zum zweiten Mal den Wohnort, diesmal nach Hotan.[856] Aus Gründen, die ihre von Staatsverlagen zusammengestellte Biographie verschweigt, wurde Xalidä Isra'il zu einem unbestimmten Zeitpunkt zwischen 1963 und 1971 zur „erneuten Erziehung" beziehungsweise zum „Durchlaufen einer Umerziehungsmaßnahme" (qayta tärbiyä eliš) in das Dorf Saybaġ (Shayibake 沙依巴克) des abgelegenen Distrikts (xian 县, nahiyä) Qaraqaš (Moyu 墨玉) Xinjiangs geschickt.[857] In Saybaġ blieb sie zwei Jahre lang.[858] Zwischen 1971 und 1972 arbeitete sie dann in der Redaktion der Xotän geziti („Zeitung von Hotan"). Von 1972 bis 1975 studierte Isra'il am Zentralen Nationalitäten-Institut in Beijing an der Fakultät für Sprache und Literatur.[859] Nach der Beendigung ihres Studiums arbeitete Xalidä Isra'il in der uigurischen Redaktion der „Zeitung von Xinjiang" (Šinjaŋ geziti), unter anderem als Herausgeberin (muhärrir).[860] Im November 2007 wurde sie in dieser Funktion pensioniert.[861]

Isra'il war Mitglied des Schriftstellerverbandes der Volksrepublik China und stellvertretende Vorsitzende des Schriftstellerverbandes von Xinjiang.[862]

In einer Bildunterschrift eines Beitrags von *Radio Free Asia* aus dem Jahr 2019 ist die Rede davon, dass die Schriftstellerin (zu diesem Zeitpunkt) „gerade bei sich zu Hause unter Hausarrest gehalten" worden sei.[863] Grund für diesen Hausarrest sei ihr Gesundheitszustand gewesen, der sie in den Rollstuhl gezwungen habe.[864] Nach Angaben von *Radio Free Asia* konnte der Schriftstellerver-

---

853 Anonym 2010: 1; Harbalioğlu/ Abdulvahit Kaşgarlı 2017: 158. Chinesische Namensform nach dem Eintrag zu Xalidä Isra'il in der Xinjiang Victims [shahit.biz/eng/#2524, zuletzt aktualisiert am 21. Juni 2021].
854 Anonym 2010: 1.
855 Anonym 2010: 1.
856 Anonym 2010: 1.
857 Anonym 2010: 1. Der Text spricht leicht euphemistisch davon, dass Isra'il in das Dorf „zur erneuten Erziehung *gegangen*" (qayta tärbiyä eliš üčün berip) sei. [Hervorhebungen von M. R. H.]
858 Anonym 2010: 1. Es ist denkbar, wird aber nirgends ausdrücklich festgestellt, dass die beiden Jahre, die Isra'il in Saybaġ verbringen musste, die beiden Jahre vor 1971 waren. Diese Annahme wäre möglich, wenn man sich vorstellt, dass die Absolvierung der „Umerziehung" eine Voraussetzung für die Rückkehr in den öffentlichen Dienst der VRC gewesen sein könnte.
859 Anonym 2010: 1; Harbalioğlu/ Abdulvahit Kaşgarlı 2017: 158. In Hošur 2019 wird die Einrichtung, an der Isra'il 1975 ihr Studium absolvierte, als in Beijing befindliche „Zentrale Nationalitäten-Universität" (Märkiziy millätlär universiteti) bezeichnet. – Das Zentrale Nationalitäten-Institut war im September 1941 unter dem Namen „Nationalitäten-Institut" (Minzu xueyuan 民族学院) gegründet worden und trug seit 1952 den Namen „Zentrales Nationalitäten-Institut" (Zhongyang minzu xueyuan 中央民族学院, Märkiziy millätlär instituti). Heute heißt es Nationalitäten- beziehungsweise Minzu-Universität (Minzu daxue 民族大学).
860 Hošur 2019. Vgl. Anonym 2010: 1; Harbalioğlu/ Abdulvahit Kaşgarlı 2017: 158.
861 Anonym 2010: 1.
862 Anonym 2010: 2; Hošur 2019.
863 *Öyidä näzär astida tutup turuluvatqan* (Hošur 2019).
864 Hošur 2019.

band Xinjiangs damals keine genaueren Angaben zum Gesundheitszustand der Autorin machen.[865] Ob Isra'il zu diesem Zeitpunkt formal inhaftiert war oder nicht, war dem Bericht von *Radio Free Asia* zufolge unklar.[866] Einigen Angaben zufolge wurde sie zu Hause medizinisch behandelt, anderen zufolge dort von der Polizei verhört.[867]

Ihre literarische Karriere begann Isra'il 1987 mit mehreren Erzählungen, darunter „Ach, das Leben" (*Eh hayat*) und „Die schönste Erinnerung" (*Äŋ güzäl xatirä*).[868] In der Folgezeit machte sie sich als Autorin von kürzeren und längeren Erzählungen (*hekayä, povest*) einen Namen.[869] Sie veröffentlichte zwei Romane, *Käčmiš* („Vergangenheit", 2010), aus dem die weiter unten vorgestellte Passage stammt, sowie *Altun käš* („Der Goldene Schuh", 2016).[870]

Den Roman *Altun käš* schrieb Isra'il im Rollstuhl, an den sie gefesselt war, nachdem sie sich beide Beine gebrochen hatte.[871] Während der „Kampagne zur Überprüfung problematischer Bücher" im Jahr 2018 belegte *Altun käš* auf einer Liste mit mehr als 600 „problematischen" Büchern, die im Kaschgarer Verlag *Qäšqär Uyġur näšriyati* erschienen, den Rang des „Buchs mit den schwersten Problemen" (*mäsilä äŋ eġir kitab*).[872] Allerdings wurde nicht mitgeteilt, worin die „Probleme" im Falle von *Altun käš* genau bestanden haben sollen.[873] Die bekannte Dichterin Čimengül Avut (*1973), als Herausgeberin bei dem Verlag *Qäšqär Uyġur näšriyati* für die Veröffentlichung von *Altun käš* verantwortlich, wurde nach dem Erscheinen des Romans von volksrepublikanisch-chinesischen Behörden inhaftiert.[874] Ob Avuts Inhaftierung direkt nur mit der Veröffentlichung dieses Romans in Zusammenhang stand, oder ob es auch noch um andere Werke oder andere Fragen ging, scheint unklar.

Der nachfolgend übersetzte Text ist das erste Kapitel aus dem Roman *Käčmiš* („Vergangenheit").

Die Dorfgemeinschaft, die in dem hier vorgestellten Kapitel aus *Käčmiš* beschrieben wird, dient als Setting für die Rahmenhandlung weiterer Kapitel des Romans. Wie viele andere uigurische Schriftsteller setzt Isra'il einerseits auf eindrucksvolle Naturdarstellungen und Beschreibungen alltäglicher Situationen, die viele Passagen des Textes wie eine Schilderung modernen uigurischen Lebens in Xinjiang erscheinen lassen. Wie eng die Naturdarstellung aus dem hier wiedergegebenen Abschnitt von Isra'ils fiktionalem Romantext mit Beschreibungen tatsächlicher Landschaften in Xinjiang übereinstimmt, kann man erkennen, wenn man die parallel folgende Schilderung der natürlichen Lebensumgebung der Dolanen liest, einer im Südwesten Xinjiangs lebenden Untergruppe der Uiguren. Die Dolanen, heißt es darin,

---

865 Hošur 2019.
866 Hošur 2019.
867 Hošur 2019.
868 Anonym 2010: 1. Nach Harbalıoğlu/ Abdulvahit Kaşgarlı 2017: 158 erschien *Eh hayat* bereits 1985. Einige von Isra'ils Erzählungen und Langerzählungen sind in Isra'il 2012 (¹2009) gesammelt.
869 Anonym 2010: 1f.
870 Siehe die Ausgaben Isra'il 2010; Isra'il 2016.
871 Hošur 2019, die als Quelle eine im Jahr 2016 produzierte Sendung von „Xinjiang TV" (*Šinjaŋ Televiziyäsi*) mit dem Titel „Kulturgarten" (*Mädäniyät Bostani*) angibt.
872 Hošur 2019, unter Berufung auf „involvierte politisch-juristische Beschäftigte" (*alaqidar siyasiy-qanun xadimliri*). – Zu der Kampagne siehe S. 84 des Haupttexts.
873 Hošur 2019, unter Berufung auf die in Fußnote 872 erwähnten Quellen.
874 Hošur 2019. Nach Avuts Eintrag in der Xinjiang Victims Database [shahit.biz/eng/#2313, zuletzt aktualisiert am 27. Dezember 2020] wurde die Dichterin Berichten zufolge im Juli 2018 in ein Lager gebracht. Zu Avut als literarischer Persönlichkeit siehe neben dem erwähnten Eintrag auch Harbalıoğlu/ Abdulvahit Kaşgarlı 2017: 117f.

„sind seit jeher schon im Südwesten der großen Taklamakan-Wüste, zwischen den dichten Pappelhainen am Unterlauf des Jarkand, dergleichen man nur selten anderswo auf der Welt findet, majestätischen Sanddünen, sich bis über den Horizont erstreckender endloser Wildnis und Schönasternfeldern verstreut ansässig".[875]

Trotz seiner unverkennbaren Ähnlichkeit mit bestimmten in Xinjiang tatsächlich existierenden Siedlungen kann man das im Roman mitten in der zweitgrößten Sandwüste der Erde, der Taklamakan, gelegene Dorf leicht als Allegorie für das Leben der Uiguren in Xinjiang insgesamt, wenn nicht sogar der ganzen Menschheit, lesen. Hierauf deuten etwa Anklänge an die traditionelle Märchen- und Sagenwelt der Turkvölker hin, die der in vielen Passagen sehr realistisch und lebensnah wirkenden Geschichte eine mythologisch-magische Dimension verleihen. Zu diesen Anlehnungen an Märchen und Sagen gehören etwa die Erwähnung des märchenhaften Baumes, bei dessen Schütteln Goldmünzen regnen, oder der Auftritt der Schamanin. Der Reiz dieses Ausschnitts, wie auch des Romans *Käčmiš* insgesamt, liegt unter anderem in der permanenten Unsicherheit des Lesers, der nicht immer weiß, ob sich das Beschriebene auf das wirkliche Xinjiang oder einen nur fiktiven menschlichen Mikrokosmos mitten in der Wüste bezieht.

Möglicherweise hat dieses erzählerische Oszillieren zwischen einer Erzählebene, auf der alles mehr oder weniger *prima facie* gegeben zu sein scheint, und eindeutig aus dem Bereich der Religion und Mythologie stammenden Elementen noch einen weiteren, konkreteren Aspekt, der für die Art und Weise, wie die Uiguren im kommunistischen China ihre traditionelle Kultur auszudrücken versuchen, bedeutungsvoll ist. Um einen Eindruck davon zu bekommen, wie dieses Beschwören traditioneller uigurischer Werte und Vorstellungen in einem von den Vorgaben der kommunistischen Staatsideologie geprägten Werk vor sich geht, ist es hilfreich, sich einige der von Isra'il verwendeten Originaltermini anzuschauen.

So wird die mitten in der Taklamakan-Wüste gelegene, halbreale und halbmythologische Oase in der hier übersetzten kurzen Passage gleich dreimal mit dem „Garten Eden" (*baġu Erän*) verglichen.[876] Die mythologische Ortsbezeichnung *Erän* ist stark mit der islamisch-religiösen Kultur verbunden, wo mit ihr in der Regel ein paradiesischer Garten im Jemen assoziiert wird.[877] Ein weiterer Hinweis auf eine religiös-mythologische Tradition dürfte in dem Wort *karamät* enthalten sein. Isra'il verwendet es in der Binnenerzählung über das schlafende Wandererpaar, um die wundersame Wirkung des Quellwassers zu erklären.[878] In der traditionellen Kultur der Uiguren kann *karamät* eine von Gott verliehene besondere Macht oder Wunderkraft bezeichnen. Obwohl sich also sowohl in Bezug auf *baġu Erän* als auch *karamät* relativ mühelos Bezüge zu religiösen Vorstellungen konstruieren lassen – die aufgrund der vorwiegenden kulturellen Prägung der Uiguren dann zum größeren Teil dem islamischen Bereich zuzuordnen wären –, ist eine solche religiöse Interpretation für keinen der genannten Begriffe absolut zwingend – genausowenig übrigens, wie im Deutschen das Vorliegen oder die Abwesenheit eines religiösen Bezugs von vornherein klar ist, wenn wir von „Paradies", „Eden", „Wunder" und so weiter sprechen. Es kann also sein, dass die Autorin mit Hilfe solcher Begriffe einen größeren Teil der religiösen (beziehungsweise islamischen) Kultur der Uiguren in Erinnerung rufen möchte, als er für das

---

875 *Täklimakan čoŋ qumluqiniŋ ġärbiy jänubiġa, Yäkän deryasiniŋ tövän eqimidiki jahanda az učraydiġan qelin toġraqliqlar, häyvätlik qum barxanliri, köz yätküsiz bipayan jaŋġallar, pičanliqlar arisiġa tarqilip olturaqlišip yašap kälgän* (Zaman 1996: 17).
876 Im Original finden sich diese Belege in Isra'il 2010: 3f. Zur Verwendung des tschagataischen Vorläuferbegriffs zu *baġu Erän* auf dem Gebiet des heutigen Xinjiang vgl. das Beispiel aus dem Werk des Dichters Gumnam (18. Jahrhundert), das Osman 2012: 7H zitiert.
877 Zum Thema der Paradiesgärten und ihrer Repräsentation in der islamischen Kultur vgl. Lohlker 2010.
878 Im Original in Isra'il 2010: 5.

unmittelbare Verständnis der betreffenden Romanpassagen erforderlich wäre. Dies *muss* aber nicht sein. In jedem Fall liegt hier eine Zone der Zweideutigkeit vor, die solche Bezüge theoretisch ermöglicht, je nachdem, in welche Richtung die Phantasie des Lesers geht. Ist dies ein erzählerisches Mittel, um die Aversion, welche die offizielle, kommunistische Ideologie der VR China gegen Religion und speziell den Islam hegt, zu umgehen? Dass diese Frage nicht eindeutig zu beantworten ist, dürfte gerade den Reiz dieses erzählerischen Mittels ausmachen, gleich, ob es von der Autorin bewusst eingesetzt wird oder nur im Auge des Betrachters beziehungsweise der Leser existiert.

Mit Schwierigkeiten in Bezug auf die kulturelle Kontextualisierung und historische Begriffsreichweite analog zu dem, was eben am Beispiel von *baġu Erän* und *karamät* kurz angedeutet wurde, wird zumindest der nicht-uigurische Leser uigurischer Literatur insgesamt auch bei zahllosen weiteren Begriffen konfrontiert. Dabei könnte die Art und Weise, wie man während der Lektüre, Kommentierung oder Übersetzung von Textstellen verschiedene solcher Begriffe interpretiert, durchaus tiefgreifende Folgen für das Verständnis und die Einordnung des jeweiligen Werkes haben, die jenseits bloß geringfügiger stilistischer Nuancen oder für die Interpretation mehr oder weniger folgenloser inhaltlicher Abweichungen liegen. Was hier unter Umständen auf dem Spiel stehen kann, lässt sich anhand dreier konkreter Beispiele kurz aufzeigen. Wenn in Mähämmät'imin Toxtayovs Roman „Blutige Erde" etwa von einer „Gottheit des Frühlings" (oder „Göttin des Frühlings", *Kökläm ilahi*) die Rede ist,[879] könnte man die Frage stellen, ob die Identifikation des Göttlichen mit einer Farb- beziehungsweise Naturkategorie lediglich aus dem Romankontext heraus motiviert ist, in dem Naturdarstellungen tatsächlich stark in den Vordergrund treten, oder aber auch grundlegend mit der Art und Weise verbunden sein könnte, in der Toxtayov die Welt des Transzendenten imaginiert. Weist dieses „Grüne" (*Kökläm*) mit seiner rein turksprachigen, nicht auf das Arabische oder Neupersische zurückgehenden Etymologie, etwa bereits dadurch auf den kulturhistorischen Hintergrund der vorislamischen Turkvölker hin? Ist der Verzicht auf einen Begriff für das Göttliche, der aus dem Arabischen oder Neupersischen übernommen ist, wie meist in der uigurischen Sprache, somit als Hinweis auf eine bewusste Distanzierung vom islamischen Kulturerbe verstehbar? Oder ist diese oder dieses (das Uigurische kennt, wie die übrigen Turksprachen auch, kein grammatisches Geschlecht) „Grüne" vielleicht eine Lehnübersetzung des Namens der zwar islamischen und über eine arabische Etymologie verfügenden, aber in ihrem Kern wohl auf Vegetationsmythen zurückgehenden soteriologischen Figur des „Grünen", *Xizir*, der in etwa dem türkischen *Hızır* entspricht und den man gemäß dem Volksglauben in der Not anruft?[880] Als zweites Beispiel kann die in Qäyyum Turdis „Jahre des Kampfes" vorkommende, herablassend auf einen Menschen gemünzte Wendung *köründä toŋguz qopidiġan čayan* „du Skorpion, aus dessen Grab sich ein Schwein erheben möge"[881] dienen, deren Abwandlungen in der uigurischen Literatur beinahe sprichwörtlich gebräuchlich sein dürften. Offensichtlich funktioniert die durch diese Verwünschung formulierte Beleidigung auf zwei Ebenen. Zum einen wird der Angesprochene mit einem „Skorpion" (*čayan*) gleichgesetzt. Zum anderen wird ihm gewünscht, dass aus seinem Grab ein Schwein entsteigen möge. Diesem bösen Wunsch scheint die Vorstellung zugrundezuliegen, dass der Tote beziehungsweise seine Seele nach seinem Tod in einer anderen Form dem Grab entsteigen könne, also die Idee einer Art von Metempsychose. Diese würde eher auf einen vor- oder nichtislamischen Kontext hindeuten, da nach üblicher islamischer Auffassung eine Wiederkunft der Seele in einem anderen Körper ausgeschlossen ist. Anderseits ist das verwünschende Element des Schweins wahrscheinlich doch wieder ein Hinweis auf genau diese islamische Tradition, da dieses Tier im Islam bekanntermaßen als unrein gilt. Ähnlich wie im Falle von *Kökläm ilahi* ergibt sich daher auch bei

---

879 Siehe S. 320 des Haupttextes.
880 Zum kulturgeschichtlichen Hintergrund dieser Figur siehe etwa Boratav 1986. Vgl. auch Bayrak 2006.
881 Turdi 2003, Bd. 1: 361. Siehe S. 152 des Haupttextes für die Übersetzung.

körüŋdä toŋguz qopidiǧan čayan die Frage, in welchen kulturellen oder konkret religiösen Zusammenhang die hier angesprochene Vorstellung eigentlich einzuordnen sei. In Bezug auf *körüŋdä toŋguz qopidiǧan čayan* könnte eine Antwort lauten, dass das hier erzeugte Bild weder eindeutig islamisch noch nicht-islamisch sei, sondern eine bestimmte Vermengung islamischer und nicht-islamischer Elemente widerspiegele, wie sie für bestimmte Aspekte der uigurischen Kultur charakteristisch ist. Ein drittes Beispiel, das in ähnlicher Weise Schwierigkeiten der Begriffsbestimmung veranschaulicht, ist das uigurische Wort für „Jude", *johut*. Es begegnet in Turdis „Jahre des Kampfes" als Teil des Schimpfwortes *johut börä*, was wörtlich mit „jüdischer Wolf" übersetzt werden kann.[882] Auch in diesem Fall lässt sich der Begriff hypothetisch auf mehrere Arten kulturell semantisieren. So könnte die offensichtlich antisemitische Grundtendenz, die sich in der Verwendung eines Wortes mit der Bedeutung „Jude" als Teil eines pejorativen Ausdrucks zu erkennen gibt, potenziell mehreren Quellen zugeschrieben werden, wie etwa traditionellem religiös motiviertem Antisemitismus oder möglicherweise auch politisch motiviertem Antisemitismus, wie er beispielsweise in der letzten Lebensphase Stalins zutage trat (wobei eine Beeinflussung durch stalinistische Vorstellungen im Falle des dezidert im Sinne der KPC geschriebenen Romans grundsätzlich keine Unmöglichkeit sein dürfte). Des Weiteren wäre zu fragen, inwieweit die Tierfigur des „Wolfs" (*börä*) mit ihrem vermuteten Anklang an das Räuberische und Brutale des Tieres sich mit bestimmten traditionellen antisemitischen Stereotypen in Zusammenhang bringen lässt. In Bezug auf keines der zitierten drei Beispiele lassen sich alle Fragen der kulturellen Semantisierung wohl allein aus dem Text des Romans heraus klären. Dass bestimmte Begriffe eine schwer bestimmbare kulturelle oder kulturhistorische Semantisierung aufweisen, begegnet in der uigurischen Literatur immer wieder.[883]

Die im Hinblick auf die Darstellung und Interpretation der uigurischen Kultur vielleicht aufschlussreichste Passage aus dem hier übersetzten Abschnitt von *Käčmiš* ist die Schilderung des Zeitvertreibs der Dorfbewohner in den langen Winter- und Sturmnächten.[884] Sie enthält eine Aufzählung einiger wichtiger Genres und Themen der vorkommunistischen traditionellen Literatur der muslimischen Turkvölker. Die „Kriegsepen" (*jäŋnamilär*)[885] verweisen etwa auf die Tradition der teilweise mündlich überlieferten Epen (*dastan*), in denen sich Prosa- und Versabschnitte ablösen.[886] Mit dem Ausdruck „Lieder und Gedichte" (*naxša-qošaqlar*)[887] wird die reichhaltige Tradition der versifizierten, teilweise unverschriftlichten und oft musikalisch unterlegten Literatur aufgegriffen, die sowohl in der modernen uigurischen Literatur als auch ihren unmittelbaren historischen Vorläufern den Prosawerken an Bedeutung und Einfluss mindestens ebenbürtig sein dürfte. Und in der „nie endenden Zahl der Märchen über Liebespaare, die es niemals schafften, an ihr Ziel zu kommen" (*muradiǧa yetälmigän ašiq-mäšuqlar… toǧrisidiki tügimäs čöčäklär*)[888] wird jeder, der sich einmal mit der klassischen Literatur der arabischen, persischen und turksprachigen islamischen Völker beschäftigt hat, unschwer Reminiszenzen der großen romantischen Liebesdichtungen klassischer Dichter wie Neẓāmī aus Gəncə (1141–1209) oder Füzuli (1480–1556) erkennen.[889] En passant lässt Isra'il also, ohne Namens- oder Wer-

---

882 Turdi 2003, Bd. 1: 180. Das Wort *johut* kommt außerdem noch in Turdi 2003, Bd. 1: 277 vor, wo der Sinn jedoch nicht ganz klar zu sein scheint.
883 Vgl. auch das auf S. 340 des Haupttextes diskutierte Beispiel *kupurluq*.
884 Siehe S. 142 des Haupttextes.
885 Isra'il 2010: 7.
886 Zum Genre des *dastan* vgl. Zaman 1996: 12; Semet/ Wilkens 2012: 155; Abramson 2012: 1072.
887 Isra'il 2010: 7.
888 Isra'il 2010: 7.
889 Zu Neẓāmī vgl. Alavi 1998 [1988] und Alavi 1998 [1988]a.; Davis 2020. Zu Füzuli vgl. Fuzūlī 1970; Erverdi/ Kutlu/ Kara 1985.

kerwähnung einige der wichtigsten Epochen und Errungenschaften der uigurischen Literatur vor dem geistigen Auge ihrer Leser Revue passieren. Die Art und Weise, in der sie dies tut, ähnelt nicht zufällig einem weiteren Thema, mit dem sich die Bewohner des Dorfes „Pappelhain" die lange Winterzeit verkürzen, nämlich dem Träumen über verborgene Schätze und versunkene Städte. Das verbindende Element zwischen den Tagträumen über in der Wüste vergrabene Gold- und Silberschätze und einstmals blühende Zivilisationen und der Rekapitulation wichtiger Stationen der traditionellen Literatur ist das sehnsuchtsvolle Zurückerinnern an eine kostbare, prachtvolle Vergangenheit, deren Spuren noch vorhanden sind, die noch ahnbar bleibt, aber nichtsdestoweniger schwer zu greifen und in beklagenswerte Ferne entrückt scheint. Auch wenn Isra'il in der Passage über die langen Winternächte nicht das Wort *iz* „Spur" selber verwendet, fällt doch die thematische und stimmungsmäßige Nähe zu Abdurehim Ötkürs Roman und Gedicht *Iz* ins Auge.[890] Mit gar nicht so unterschiedlichen erzählerischen Mitteln kommen sowohl [uig] Ötkür als auch [uig] Isra'il auf einen der zentralen Topoi der uigurischen Literatur der Volksrepublik China zu sprechen, die schmerzhafte Erinnerung an frühere Kulturentfaltung. Auch wenn beide Autoren diese Sehnsucht auf jeweils unterschiedliche Weise ausdrücken, verwenden sie dabei beispielsweise die erzählerischen Mittel der Einbettung, Entfremdung und Distanzierung dieses nostalgischen Blicks auf die eigene Kultur. So wird in Ötkürs Roman Distanz durch die Verlagerung der Sehnsucht auf eine historische Erzählebene und in seinem Gedicht durch die partielle Fiktionalisierung und Mythifizierung des Settings erzeugt, während Isra'il die entsprechende Perspektive gleich in mehrfacher Hinsicht zu einer indirekten macht. Denn die Erinnerung an die in der Wüste versinkenden und wieder auftauchenden Städte, die sagenhaften Gold- und Silberschätze und so weiter wird in *Käčmiš* einerseits im Rahmen einer Binnenhandlung als Teil von Äußerungen beziehungsweise Phantasien von Romanfiguren (also nicht der Erzählerin) wiedergegeben und sind zugleich als Teil märchenhafter, mithin stark fiktionalisierter Texte markiert. Sowohl Ötkür als auch Isra'il können den für viele Uiguren prägenden staunenden Rückblick auf die erhabenen kulturellen Leistungen der Vergangenheit sowie die Sehnsucht, diese Leistungen erneut zur Schau zu tragen und zu genießen, nur in verklausulierter, abgemilderter Form ausdrücken. Es liegt nahe, dass diese Indirektheit des Ausdrucks eine unmittelbare Folge der gesellschaftlichen und schriftstellerischen Bedingungen ist, die in der Volksrepublik China zur Abfassungszeit der jeweiligen Werke herrschten.

Der Einflechtung eines nostalgischen Aspekts in den Erzählfluss der Romanhandlung von *Käčmiš* verleiht Isra'il durch einen raffinierten erzählerischen Kniff noch eine zusätzliche Nuance. Dieser narrative Kunstgriff hängt an dem Wort *čöčäk* „Märchen", das in der Passage über die winterlichen Versammlungen der Dorfbewohner zweimal in unterschiedlicher, doch aufeinander bezogener Weise verwendet wird. Die erste Verwendung findet in dem bereits besprochenen Passus statt, in dem von der „unendliche Zahl der Märchen über Liebespaare, die es niemals schafften, an ihr Ziel zu kommen, und über gerechte oder tyrannische Könige" (*muradiġa yetälmigän ašiq-mäšuqlar, adil padišahlar vä zalim padišahlar toġrisidiki tügimäs čöčäklär*) die Rede ist.[891] Hier wird das Wort „Märchen" in seinem primären, direkten Wortsinn zur Bezeichnung des literarischen Genres der Märchen verwendet. Die Märchen, um die es hier geht, sind wirkliche Märchen. Dies kann man von der unmittelbar an diese erste Passage anschließenden zweiten Verwendung des Wortes *čöčäk* nicht mehr so eindeutig sagen. Dort heißt es nach einer Aufzählung aller möglichen Grausamkeiten, die Menschen Menschen antun, dass es den Bewohner von Pappelhain dabei „vorkam, als ob sie gerade Märchen hörten" (*čöčäk aylavatqandäk bolup*).[892] Da die Reaktion der Dorfbewohner auf diese schaurigen Geschichten darin besteht, die tatsächliche Situation in ihrem Leben für umso ange-

---

890 Siehe S. 159 des Haupttextes.
891 Isra'il 2010: 7.
892 Isra'il 2010: 8.

nehmer und glücklicher zu halten, darf man wohl schlussfolgern, dass sie das, was in ihren Ohren „wie Märchen" klingt, eben keinesfalls nur für Märchenhaftes, Imaginiertes und nicht Reales halten, sondern als einen Teil der Realität, der entweder so passiert ist oder jederzeit passieren könnte, und zwar auch ihnen selbst. Faktisch hören die Dorfbewohner in ein und derselben Sequenz von Isra'ils Text also einmal ‚wirkliche Märchen' und einmal eine ‚märchenhafte (beziehungsweise im konkreten Falle eher alptraumhafte) Realität'.

Eine erzählerische Pointe dieser beiden gegensätzlichen, doch eng aufeinander folgenden und zueinenander in Beziehung gesetzten Verwendungen des Begriffs „Märchen" könnte darin bestehen, dass die Reaktion der Dorfbewohner in beiden Fällen ähnlich ist. Sie besteht nämlich in einer heimeligen, gemütlichen und die Verbundenheit untereinander bestärkenden Wahrnehmung der erzählten Realität. Der Blick auf den von der eigenen Gemeinschaft überlieferten immateriellen Kulturschatz führt also zu einem ähnlichen Ergebnis wie die Konfrontation mit Ereignissen außerhalb der Gemeinschaft. Beides, die eigene kulturelle Tradition und die Wahrnehmung der Außenwelt, werden zu annähernd gleich wichtigen konstitutiven Elementen der Gemeinschaft. In der Summe kann man hier vielleicht beobachten, dass Isra'il sich von einer primär ‚realistischen' oder ‚sozialistisch-realistischen' Art der Narration fortbewegt in Richtung auf eine, die den Stellenwert immaterieller Werte und ebensolcher Wahrnehmungen stärker betont.

Die für den hier vorgestellten Textausschnitt gewählte Überschrift „Ein grünes Dorf im Nirgendwo" stammt nicht aus dem Originaltext von Xalidä Isra'il, sondern wurde nur zur leichteren Einprägsamkeit vorangestellt. Im uigurischen Original des Romans tragen die Abschnitte lediglich nummerierte Bezeichnungen wie „Erster Abschnitt"

4.2 Text in Übersetzung

Weit im Inneren der Taklamakan-Sandwüste*, zwischen jenem uralten Marktflecken, der die Grenze zu den sich bis in weite Fernen ausdehnenden bewohnten Gemeinden bildet, und der unbewohnbaren, schrecklichen Sandwüste gibt es ein saftiggrünes natürliches Waldgebiet, das geradezu wie ein Smaragd hervorleuchtet und einem in die Augen strahlt. Niemand weiß, wann und auf welche Art es am Ende jenes Flusslaufs entstanden ist, der unter der erdrückenden, sich himmelhoch emporwirbelnden und wie Ofenglut zischenden und fauchenden Hitze sowie zwischen geheimnisvoll flirrenden Fata Morganas hindurch über lange Strecken immer und immer weiter dahingeflossen sein muss, bis es schließlich und endlich doch so weit kam, dass es sang- und klanglos unter dem Sand begraben wurde.

In der Mitte dieses sich von Westen nach Osten erstreckenden Waldgebiets machen üppig wachsende und sich ineinander verhakende Weiden, Ulmen und wilde Walnussbäume, die zusammen einen regelrechten Garten Eden hervorgebracht haben, allmählich Pappeln und Tamarisken Platz, die sich bis an den Horizont ausbreiten und dabei immer spärlicher wachsen, je weiter sie in die Umgebung vordringen.

In den Sommermonaten erblühen die Tamarisken in leuchtendem Rot und lassen Myriaden von Blütenblättern rings um sich herum fallen. Wenn Winde und Stürme die Tamariskenblüten nach allen Seiten verstreuen, nimmt der Boden eine unwirkliche Färbung an, als ob er sich ein hauchdünnes regenbogenfarbiges Seidengewand angetan hätte.

Die Herbsttage sind an diesem Ort majestätisch und zugleich bedrückend. Es kommt dann zum erbarmungslosen, auf Leben und Tod geführten Kampf zwischen dem Grün und den oft von Stürmen aufgepeitschten Sandmassen. Das Waldgebiet ähnelt dann einem von einem Krieg übriggebliebenen Ruinenfeld. Die einzigen, die zwischen dem sandüberfluteten Gestrüpp und den Sanddünen dann noch triumphierend emporragen, sind die Pappeln. Mit ihren vollkommen vergilbten Blättern gleichen sie im Spätherbst haargenau den Goldbäumen aus den Märchen, und durch die heftigen Stürme und Winde wirkt der Boden um sie herum, als ob er mit Goldmünzen bestreut worden sei.

In dem edengleichen beschatteten Park weiden das ganze Jahr über herdenweise wilde Ziegen, Rotwild, Antilopen und Wildesel. Vom frühen Morgen bis zum Abend lassen sich Vögel auf den Ästen nieder und zwitschern aus Leibeskräften. In der Sumpfgegend, die durch das Wasser der Quellen entstanden ist, schwimmen unzählige Wasservögel, schlagen lebhaft mit den Flügeln oder fliegen in wildem Durcheinander in den Himmel hinauf. Nachts kommen aus den weiter innen gelegenen Teilen der Sandwüste wilde Kamele, Wildschweine, Panther, Wölfe und Füchse. Sie trinken aus den Quellen und fläzen sich auf dem Grün, nachdem einige von ihnen sich mit ihrer Jagdbeute die Mägen gefüllt haben. Manchmal erscheint zwischen den im Halbdunkel versunkenen Pappeln plötzlich auch die stolze Figur des Königs der Sandwüste, des Tigers, in den Farben des Regenbogens.

Genau so hatte dieser Garten Eden in den langen Jahrhunderten, bevor menschliche Fußabdrücke zum ersten Mal in ihm erschienen, abgeschieden von der Welt existiert.

Doch irgendwann einmal war in diesem schattenreichen Stück Grün, unter den Pappeln und Ulmen, eine klitzekleine, aus nur zehn bis zwanzig Häusern bestehende Siedlung zum Vorschein gekommen. Da diese Siedlung der Außenwelt unbekannt war, hatte sie auch keinen Namen. Einige Glücksritter und Holzsammler, die es bisweilen in die Gegend verschlug, gaben ihr den Namen „Pappelhain". Für Bewohner selbst dagegen, die noch nie von dort weggegangen waren, war sie einfach „die Heimat" oder „die Siedlung".

Weiterhin bezeichneten die am oberen Ende der Siedlung Lebenden die aus dem unteren Teil „Leute von der Flusstalquelle" oder „Die von der Ziegenquelle". Die im unteren Teil Siedelnden wiederum hielten für die Bewohner des oberen Teils die Bezeichnung „Welche von Tochtachuns Quelle" bereit. Wie man diesen Benennungen ansieht, war das, was die Heimatsiedlung ergrünen ließ und ihr die lebensnotwendige Kraft verlieh, die Quellen, die an den Wurzeln der Bäume hervorsprudelten.

Nach Aussagen der Alten hatte es viele Jahre zuvor einen jungen Mann namens Tochtachun und seine Frau in jene Gegend verschlagen, bepackt mit Satteltaschen und Geschirr. Das junge Paar war vor Durst und Müdigkeit völlig erschöpft, als es unter grünen Schösslingen kristallklar hervorfließendes Quellwasser erblickte. Sie hielten inne und ruhten sich dort aus. Sie wuschen sich das Gesicht, tunkten ihr Brot in das eisklare Wasser und aßen davon, dann legten sie sich in den Schatten der Bäume. Sie konnten all die Beschwernisse und Qualen des diesseitigen Lebens vollkommen vergessen und waren bald schon eingeschlafen. Der Schlaf, den sie genossen, während sie ihre ermatteten Körper ruhen ließen und ihre mit Wunden und Blasen bedeckten Füße von sich streckten, war so süß, dass sie gar nicht mehr spürten, wie oft die Sonne unter- und wieder aufging. Genausowenig merkten sie, wie ein Tiger und eine Tigerin gemeinsam mit ihren Jungen um sie herumschlichen, an ihnen schnupperten und schließlich gelangweilt wieder von dannen zogen.

Als die beiden wieder erwachten, stellten sie fest, dass ihre Herzen irgendwie anders schlugen, dass sie selbst sich ruhiger und ihre Hände und Füße sich belebter anfühlten. Und siehe da: Offenbar war beim Ausklopfen ihrer Satteltaschen ein Weizenkorn herausgefallen, hatte in der Zeit, in der sie geschlafen hatten und wieder aufgewacht waren, Wurzeln geschlagen, war ausgetrieben und eine Spanne* hoch gewachsen. Dies konnte nur eine Folge der wundersamen Wirkung des Quellwassers sein. Dies war der Grund, warum sich die beiden schließlich dauerhaft an jenem Ort niederließen.

Mit Pappel- und Tamariskenzweigen bauten sie sich neben dem aus der Quelle fließenden Rinnsaal ein Haus. Daher wurde dieser Quelle in späteren Zeiten der Name „Tochtachuns Quelle" gegeben. An den beiden anderen Quellen tranken Tiger, Wildschweine, wilde Kamele und Ziegen sowie diverse geflügelte Lebewesen Wasser.

Das junge Paar lernte, wie man Ziegen und Kamele hält und handzahm macht. Auch pflügten sie die Erde und säten Weizen aus.

Von Jahr zu Jahr wurden ihre Kamele und Ziegen immer zahlreicher, so dass sie bald keinen Platz mehr in den Koppeln und Umzäunungen fanden. Gleichzeitig wurden die Flächen, auf denen die beiden Ackerbau betrieben, mit jedem Jahr ausgedehnter, und ihr Wohlstand stieg.

Die Jahre gingen ins Land, und die nacheinander zur Welt kommenden Kinder des Paars wuchsen heran und wurden erwachsen. Als der älteste Sohn, Turdi Achun,* ungefähr vierzehn oder fünfzehn Jahre alt war, begann er sich um das Betreiben des Systems der Felder und Bewässerungsanlagen zu kümmern. Der zweitälteste Sohn, Qutluq Achun, wurde mit dem Vieh betraut. Seine Tochter Majsichan half ihrer Mutter bei den Hausarbeiten und passte auf ihre kleinen Brüder auf.

In dem Jahr, als Qutluq Achun dreizehn wurde, steckte er sich nach dem Frühstück zwei Brote in die Gürteltasche und trieb dann die Ziegen hinaus. Als die Sonne zu sinken begann, zog sich plötzlich das Wetter zu, und ein wilder Sturm näherte sich. Aus diesem Grund konnte Qutluq Achun bis zum Abend nicht heimkommen. Als die übrigen Hausbewohner am folgenden Tag auszogen, um ihn zu suchen, fanden sie die in alle Richtungen verstreuten Ziegen und brachten sie zurück. Doch von dem Sohn war weit und breit keine Spur. Alle fürchteten, ein Tiger könne ihn gefressen haben. Dagegen sprach jedoch, dass es nirgends Blutspuren oder Knochenreste gab. Außerdem waren reißende Tiere in Pappelhain selten geworden. Genaugenommen hatten sie sich nie mehr blicken lassen, seit dort die Menschen erschienen waren. Die Leute verbrachten Tage, Monate und schleßlich Jahre mit Warten auf Qutluq Achun. Seine Mutter stieg jeden Tag auf den Hügel am oberen Ende der Siedlung. Dort starrte sie, von qualvoller Sehnsucht gepeinigt, endlos lange in die Ferne, in der Hoffnung, ihr Sohn möge unerwarteterweise doch noch zurückkehren. In späteren Jahren nannte man diese Anhöhe daher „Frauenhügel".

Erneut gingen Jahre ins Land. Unsere abgelegene Siedlung empfing mit offenen Armen Reisende, die sich aus nah und fern dorthin verirrt hatten, sowie ermattete und hungrige Leidgeprüfte, die vom Unrecht der Welt und von der Treulosigkeit ihrer Bewohner genug hatten. Unter ihnen befanden sich zwei Filzverkäufer, ein Weber und ein *Rawab*-Spieler.* Später Nachkommende ließen sich um die Flusstalquelle herum nieder und beschäftigten sich mit Ackerbau oder Viehzucht.

Was die „Ziegenquelle" betrifft, so überließen die Leute sie den wilden Tieren. Sie sagten sich: „Sie waren die Herren dieses Ortes, bevor wir kamen. Gott erlaubt es nicht, dass wir ihnen den Lebensunterhalt streitig machen." Und getreu dem Sinnspruch „Der Mensch, der Setzlinge auspflanzt, kommt dem Paradies nahe." kamen für sie Menschen, die Pflanzensetzlinge ausbrachten und Anbauflächen schufen, und überhaupt Pflanzen, Bäume, Blumen und jegliche Art der Vegetation immer an erster Stelle. Die meisten waren dankbar für die paar Ziegen, die sie in ihren Koppeln hielten, und für die ein oder zwei Säcke Weizen oder Mais, die sie hatten, und lebten in wechselseitiger Eintracht und Harmonie, ohne sich das, was ihnen gegeben worden war, gegenseitig streitig zu machen. Jeder kannte nicht nur die Art und Weise, wie die anderen dachten und fühlten, sondern jeder wusste auch, was es in den Häusern der anderen gab und in welcher Kiste jeder wieviel Geld hatte, so dass niemand es für nötig hielt, ein Schloss an seiner Tür anzubringen.

In langen Winternächten oder an Tagen, an denen Schneestürme wüteten, trafen sie sich in einem der Häuser, verrammelten Fenster und Türen und verbrachten anschließend die Zeit damit, Kriegsepen aus vergangenen Zeiten, traurig stimmende Lieder und Gedichte sowie die unendliche Zahl der Märchen über Liebespaare, die es niemals schafften, an ihr Ziel zu kommen, und über gerechte oder tyrannische Könige zu lauschen, wichtige Ereignisse, die sich bei ihnen zugetragen hatten, zu besprechen und manchmal auch von verlorenen Städten, die unvermittelt inmitten der Sandwüste auftauchten und dann wieder versanken, und dort vergrabenen Schätzen mit Mengen von Gold und Silber zu träumen. Doch wenn sie dann davon hörten, dass es fern von ihrer, einer einsamen Insel auf dem unendlichen Ozean gleichendenHeimat eine noch uferlosere Welt gibt, dass sich dort Khane und Könige, Fürsten und andere Herrscher unablässig Boden, Reichtum und Ansprüche streitig machen und deswegen Auseinandersetzungen und Kriege führen, dass dort das Blut der armen Untertanen in Strömen fließt, dass durch Hass, Unrecht und Gewalt ganze Heimatländer in Ruinen versinken, Äcker und Gärten veröden und das ganze Land von hungrigen und nackten Bettlern überschwemmt wird, dann kam es ihnen so vor, als hörten sie gerade Märchen, sie dankten aufrichtig für die glücklichen Tage, in denen sie leben durften, und wünschten einander von dem Gott, der sie alle erschaffen hatte, Sicherheit, und ihren Kindern einen guten Charakter und Zufriedenheit.

Sobald es wieder wärmer und das Wetter angenehmer wurde, erwachte zusammen mit der Natur auch die unendliche Mühe des Kampfes ums Überleben und nahm sie alle in Beschlag. Die Tage vergingen mit rasender Geschwindigkeit. Sie machten die Kleinen erwachsen, die Erwachsenen alt und trugen die Alten einen nach dem andern aus dieser Welt.

Als Tochti Achun* sein vierzigstes Lebensjahr überschritten hatte, errichtete er gemeinsam mit seinen Söhnen anstelle der alten einfachen und schilfgedeckten Moschee eine recht große und stabile neue. Als sie fertig war, stieg er auf ein Kamel und ritt mit einer Tasche voll Brot und einem Behälter voll Wasser fort. Nach einem Monat kam er zurück. Er hatte einen Muezzin dabei. Hinter dem Muezzin kamen auch dessen Frau und die Tochter. Der Muezzin war ein Mann von hellbrauner Hautfarbe, der schnell und mit weicher Stimme sprach und einen angenehmen Charakter hatte. Die Ankömmlinge ließen sich in der Siedlung nieder und lebten sich in ausgesprochen kurzer Zeit ein. Von dieser Zeit an erklang in der abgelegenen Gemeinde die melancholische Stimme des Muezzins und forderte die Menschen auf, die Vorschriften der islamischen Religion zur richtigen Zeit zu erfüllen.

Im nächsten Frühling brach über die Gegend ein Sturm herein, der sich drei Tage und drei Nächte lang nicht legte. An dem Tag, als er endlich nachließ, kamen die Leute aus ihren Häusern. Dabei entdeckten sie, dass in dem Schilfgebiet außerhalb der Siedlung auf einmal eine Hütte stand. Sie wirkte unsagbar altertümlich, so, als habe sie schon seit alten Zeiten dort gestanden. Die Leute verbrachten eine lange Zeit in der Nähe der Hütte und warteten. Am Ende wurden sie Zeugen, wie eine Frau herauskam, deren rabenschwarzes Gesicht mit Pockennarben übersät war und die wirkte, als habe man ihren riesigen Kopf auf ihren Schultern abgelegt. Unter den vielen Lagen ihres Kopftuches quoll an der Stirn ihr wild zerzaustes Haar hervor. Begleitet wurde sie von einer Ziege mit einem Glöckchen um den Hals und fünf oder sechs Katzen, die um sie herumsprangen. Während die Glocke um den Hals der Ziege ohne Unterlass bimmelte, miauten die Katzen in einer bedrohlichen Tonlage und bleckten vor der versammelten Menge ihre Zähne.

Die Frau hob den Kopf und warf den Leuten aus den schielenden Augen, die am unteren Ende ihrer hohen Stirn platziert waren, einen vielsagenden Blick zu. Daraufhin rannten die Menschen vor Furcht in alle Richtungen auseinander. Sie hielten die Frau für eine Hexe, die der Prophet Sulajman* in sein Auge gebannt hatte, oder für ein vom Sturm herbeigewehtes Monster. Von dieser Zeit an vermieden es die Leute, sich in die Richtung der Sandwüste zu begeben, und immer, wenn ihre Kinder quengelten, jagten sie ihnen mit den Worten „Dann bring ich dich einfach zu der Wüstenhexe!" einen Schrecken ein.

Nicht lange danach begann sich in dem Dorf eine merkwürdige Krankheit auszubreiten. Die Leute schrieben sie zunächst jener Frau zu. Doch wider Erwarten konnte ausgerechnet sie alle, die von diesem Leiden befallen worden waren, einen nach dem anderen heilen. Dies vollbrachte sie, indem sie einen Sud aus der Wurzel einer bestimmten Art Pflanze kochte, den Betroffenen davon zu trinken gab, auf dem Tamburin spielte und dazu mit der glöckchenbehangenen Ziege und den

Katzen eine Beschwörungszeremonie abhielt. Von da an hatten die Leute keine Angst mehr vor der Schamanin, deren Name im Übrigen Ajschichan lautete. Menschen, die erkrankten oder deren Vieh in der Wildnis verlorengegangen war, Frauen, die vorhatten, zu heiraten, ebenso wie Männer, die sich eine Frau nehmen wollten, Leute mit unguten Vorahnungen oder Alpträumen – einer nach dem anderen suchten sie alle die Schamanin auf.

Der Einzige im ganzen Dorf, der nicht an sie glaubte, war der Muezzin. In seiner Predigt sagte er: „An Schamaninnen und Zauberer zu glauben ist dasselbe wie von Allahs Weg abzuweichen. Die Arzneien der Schamanin einzunehmen ist dasselbe, wie den Urin des Teufels zu trinken." Auf diese Weise versuchte er, die Leute von der Schamanin Ajschichan fernzuhalten. Wenn der Muezzin dabei war, beschimpften die Dorfbewohner sie auch tatsächlich „Ungläubige" oder „Hexe". Aber wenn ihnen irgendetwas fehlte, rannten sie dann doch wieder zur Ajschichan. Insbesondere den Frauen schien gar keine andere Wahl zu bleiben.

5 Qäyyum Turdi: Für jede Sache gibt es einen Weg

5.1 Vorbemerkung

Qäyyum Turdi wurde im Jahr 1937 in der Stadt Kaschgar (Qäšqär, Kashi 喀什) der Autonomen Region Xinjiang geboren.[893] Er soll aus einer „Familie von Kleinhändlern" (*kičik tiǧarätči ailisi*) gestammt haben.[894] Von 1946 bis 1951 besuchte er die Mittelschule.[895] Zwischen 1951 und 1954 absolvierte er in Xinjiang ein Jurastudium.[896] Im Anschluss an sein Studium arbeitete er als Reporter und Redakteur für die *Šinjaŋ geziti* („Zeitung von Xinjiang").[897] Ab 1961 arbeitete er für die „Zeitung von Yäkän" (*Yäkän geziti*).[898] Bei ihr dürfte es sich im Gegensatz zur in ganz Xinjiang verbreiteten *Šinjaŋ geziti* um ein Blatt mit nur lokaler Verbreitung im Bezirk Yäkän der Präfektur Kaschgar gehandelt haben.

Wahrscheinlich im Zusammenhang mit der relativen Lockerung staatlicher Kontrolle nach dem Tod Maos (1976) konnte Turdi von 1979 bis 1981 als stellvertretender Direktor eines der bedeutendsten Verlage Xinjiangs, *Šinjaŋ xälq näšriyati* (Xinjiang renmin chubanshe 新疆人民出版社, beides bedeutet „Volksverlag Xinjiangs"), wirken.[899]

Sehr wahrscheinlich ebenfalls als Folge der einsetzenden Periode der „Reformen und Öffnung" konnte Turdi dann von 1981 bis 1989 als hauptberuflicher Schriftsteller arbeiten.[900] In dieser Zeit war er zugleich Stellvertreter Vorsitzender des Schriftstellerverbands von Xinjiang (*Šinjaŋ yazǧučilar jäm'iyiti*).[901] Im Jahr 1989 wurde er Vorsitzender des Literaten- und Künstlerverbands der AURX (*Šinjaŋ Uyǧur aptonom rayonluq ädäbiyat-sän'ätčilär birläšmisi*).[902]

Qäyyum Turdi verstarb am 4. September 1999 in der kleinen Xinjianger Stadt Qaramay (Kelamayi 克拉玛依), angeblich an einem Herzleiden.[903]

Turdis literarische Karriere begann im Jahr 1955 mit der Erzählung „Der uigurische Großvater" (*Uyǧur bova*), die in der von ihm selber herausgegebenen *Šinjaŋ geziti* publiziert wurde.[904] Von da an machte er sich vor allen Dingen als Prosaschriftsteller einen Namen. Sein Werk umfasst Dutzende von Erzählungen, zahlreiche Langerzählungen und etliche Romane.[905]

Turdi gehört zu den sehr wenigen uigurischen Autoren, die auch während der „Großen Kulturrevolution" einen Roman veröffentlichten. Und zwar erschienen im Jahr 1974 seine „Lichter des Qiziltagh".[906]

---

893 Angabe aus dem anonymen Text „Vom Verlag" (*Näšriyatdin*) in Turdi 2003, Bd. 1 (unpaginierter Teil vor dem Begin des Romantexts).
894 Siehe S. 159 des Haupttextes.
895 Quelle wie in Fußnote 893, wo die von ihm besuchte Schule als „Anfangs-Mittelschule" (*bašlanǧuč ottura mäktibi*) bezeichnet wird.
896 Quelle wie in Fußnote 893. Dort heißt es, dass das Studium an der „juristischen Fakultät des ehemaligen Xinjiang-Instituts" (*sabiq šinjaŋ institutiniŋ qanun fakulteti*) stattfand.
897 Quelle wie in Fußnote 893.
898 Quelle wie in Fußnote 893.
899 Quelle wie in Fußnote 893.
900 Quelle wie in Fußnote 893.
901 Quelle wie in Fußnote 893.
902 Quelle wie in Fußnote 893.
903 Quelle wie in Fußnote 893.
904 Quelle wie in Fußnote 893.
905 Quelle wie in Fußnote 893.
906 Kumsal 2019: 21/30PDF, der den Titel nur in türkeitürkischer Übersetzung (*Kırmızı Dağ Işıkları*) wiedergibt.

Zu Turdis Langerzählungen (*povest*) gehören *Boġda Ata* („Vater Boġda"), *Inžener Äliniŋ hekayisi* („Die Erzählung vom Ingenieur Äli") sowie *Yol* („Der Weg").[907]

Neben den bereits erwähnten „Lichtern des Qiziltagh" gehören zu den Romanen Turdis noch „Am Fuße des Qiziltagh" (*Qiziltaġ etikidä*), „Der klare Himmel" (*Süzük asman*), der zweibändige Roman „Die lautlose Dsungarei" (*Jimjit Juŋġariyä*) und nicht zuletzt die Trilogie „Kämpferische Jahre" (*Küräščan yillar*), aus der nachstehend einige Passagen vorgestellt werden.[908] Die Trilogie gilt manchen als einer der Klassiker der modernen uigurischen Literatur. Turdis Werke wurden sowohl in der AURX als auch chinaweit mit Preisen geehrt und außerdem übersetzt.[909]

Der nachfolgende Text entstammt dem ersten Band von *Küräščan yillar*. Dieser bereits 1978 fertiggestellte und 1979 erstveröffentlichte Band beschäftigt sich mit der Geschichte Nordwestchinas kurz vor der Gründung der Volksrepublik am 1. Oktober 1949.[910] Der „Kampf", auf den der Titel der Trilogie anspielt, war der damals herrschende erbarmungslose Bürgerkrieg zwischen den chinesischen Kommunisten unter der Führung Maos (Mao Zedong, 1893–1976) und der Guomindang unter Chiang Kai-Shek (Jiang Jieshi, 1887–1975). Zwischen 1945 und 1949 starben dabei auf beiden Seiten insgesamt etwa 2,1 Millionen Soldaten, außerdem verloren geschätzt mehr als fünf Millionen chinesischer Zivilisten ihr Leben.[911]

Sich treu an die Vorgaben der maoistischen Staatspropaganda haltend, stellt sich Turdi mit seinem Text klar und vollkommen unkritisch auf die Seite der chinesischen Kommunisten. Die Art und Weise, in der er sich der staatlichen Sicht anpasst, zeigt sich beispielsweise, indem er im ersten Band von *Küräščan yillar* die Hauptfigur, den Lehrer Asim, der den Typ des auf der Seite der Kommunisten stehenden progressiven uigurischen Intellektuellen verkörpert, „den Führer der Kommunistischen Partei des Reichs der Mitte und des Volkes, den Vorsitzenden Mao, der dieses bewundernswert tapfern Heer aus Volkssöhnen anführte, mit Hochachtung erwähnen" lässt.[912] Das so verherrlichte „Heer der Volkssöhne" ist unschwer als die Armee der Kommunisten erkennbar, die im Roman als „Volksfreiheitsarmee" (*Xälq azadliq armiyisi*) auftritt.[913] Dies ist augenscheinlich eine uigurische Adaption der chinesischen Eigenbezeichnung dieser Armee, *Zhongguo renmin jiefangjun* 中国人民解放军, „Volksbefreiungsarmee Chinas". Die Wiedergabe im Uigurischen ist etwas frei, dabei im Vergleich zum Original vielleicht sogar noch schmeichelhafter als dieses selber. Der erste Band von Turdis Trilogie präsentiert Mao, die von ihm geführten chinesischen Kommunisten und deren Volksbefreiungsarmee durchgehend als heroische Retter und Befreier ohne jeglichen Makel. Sooft das Wort „Freiheit" (*azadliq*) in Turdis Text vorkommt, weiß der Leser automatisch, dass von den Mao unterstehenden heroischen Kommunisten die Rede ist. Im weiter unten präsentierten Textausschnitt aus dem ersten Band von *Küräščan yillar* geschieht dies in der großartigen Rede des kommunistischen Vorkämpfers Asim. Die Herrschaft der KMT und der mit ihnen verbundenen Feudalherren wird in dem Ro-

---

[907] Quelle wie in Fußnote 893.
[908] Quelle wie in Fußnote 893.
[909] Quelle wie in Fußnote 893.
[910] Siehe S. 51ff. des Haupttextes. Zum Ersterscheinungsjahr siehe die Jahresangabe in der Erstausgabe Turdi 1979. Tanrıdağlı 2004: 106 behauptet, der Roman sei schon 1978 erschienen, was möglicherweise auf einer Verwechslung des Abfassungs- mit dem Ersterscheinungsdatum beruhen könnte.
[911] Weidenbach 2021.
[912] Bu ajayip batur xälq pärzänt qošuniġa rähbärlik qilivatqan Juŋgo Komunist Partiyisi häm xälq dahiysi Mav Jušini hörmät bilän tilġa aldi. (Turdi 2003, Bd. 1: 85). – Der Text hat tatsächlich *dahiysi*, obwohl unter dem Gesichtspunkt der Morphologie möglicherweise eher *dahisi zu erwarten gewesen wäre.
[913] Etwa Turdi 2003, Bd. 1: 18, 83, 85.

man spiegelbildlich als überaus brutal und korrupt gezeichnet, was der Wirklichkeit tatsächlich nicht immer widersprochen zu haben scheint.

Doch in diesen aus den politischen und propagandistischen Schaffensbedingungen Turdis heraus verständlichen, beinahe manichäisch anmutenden Kampf zwischen Gut (Kommunisten) und Böse (Nationalisten) baut der Autor einige zentrale Figuren ein, die die scheinbar unüberwindliche Zweiteilung der beiden Fronten etwas nuancieren.

Eine dieser Figuren ist Jasin (Yasin), der im nachfolgenden Textausschnitt aus der zweiten Hälfte des ersten Trilogie-Bands im Mittelpunkt steht. Jasins Position im Roman wird einerseits dadurch definiert, dass er der mittlere von drei Brüdern der Herrscherfamilie ist. Der jüngste ist der KMT-nahe verbrecherische und ruchlose Kleinfürst (Bäg) Mächsut (Mäxsut). „Fürst Mächsut" (*Mäxsut Bäg*) ist in Turdis Buch ein absoluter Bösewicht. Der älteste Bruder ist Hisamidin, der sich im Unterschied zu seinen beiden jüngeren Geschwistern als islamischer Geistlicher einen Namen gemacht hat.[914] Die drei Brüder gehören zu den wichtigsten Figuren im Roman und treten als Antagonisten der positiven Helden auf, die auf der Seite der Kommunisten stehen. Am Beispiel Jasins, Mächsuts und Hisamidins kann man sehen, dass Qäyyum Turdi innerhalb des durch die kommunistische Ideologie vorgegebenen Erzählrahmens zur Differenzierung der Charaktere in der Lage ist. In der Welt der Bägs ist eben nicht alles schwarzweiß gezeichnet.

Die drei Brüder können vermutlich als Symbolträger für unterschiedliche Wege und Herangehensweisen an die Realität gedeutet werden. Vielleicht gibt dabei ihr Altersverhältnis einen Hinweis auf die Höhe des moralischen Anspruchs, den sie an sich selber stellen. In einer solchen Lesart entspräche das Alter des jüngsten Bruders, Mächsut, dessen vollkommener Amoralität. Tatsächlich kennt Mächsut keinerlei sittliche Prinzipien. Er gibt sich einem sinn- und gedankenlosen Leben als ausbeuterischer, folternder und mordender Verbrecher hin. Hisamidins Position als ältester der drei Brüder würde dementsprechend auf die zumindest innerhalb der Brüder (von denen keiner Kommunist ist) eingenommenen Höhe seiner geistlichen und moralischen Position hindeuten. Aus Sicht der atheistischen KPC ist der Islam zumindest im Hinblick auf die kommunistische Ideologie der Partei natürlich ein aus einer überholten Epoche stammendes Wertesystem. Wie gesehen, gewährte die Kommunistische Partei Chinas islamischen Gemeinschaften und speziell den Uiguren jedoch zumindest in der Anfangsphase der volksrepublikanischen Zeit auch gewisse Vergünstigungen.[915] Dass selbst in dem die kommunistische Ideologie verherrlichenden ersten Band von *Küräščän yillar* der Islam keine rein negative Größe ist, lässt sich an der Figur Hisamidins direkt aufzeigen. Dieser erwirbt sich durch seine enorme Bildung und die von ihm verinnerlichten Werte der islamischen Religion hohes moralisches Prestige. In einer Episode aus dem ersten Band der Trilogie bringt er es beispielsweise sogar fertig, eine aufgebrachte Volksmenge mit Hilfe von Koranversen zu beruhigen.[916] Letzten Endes spielt Hisamidin jedoch keine das Geschehen bestimmende Rolle. Einer der Gründe hierfür dürfte darin liegen, dass er zu sehr ein Mann einer historischen Ära ist, die aus der Sicht des Romanerzählers bereits in ihrer Endphase angekommen, wenn nicht schon längst abgelaufen ist. Hisamidins Erfolgslosigkeit ist für Turdi eine erzählerische Notwendigkeit. Denn nur durch sie kann Turdi die so stark betonte Überlegenheit der kommunistischen Lehre voll zur Geltung bringen.

Jasin wiederum steht altersmäßig und somit vielleicht auch im Hinblick auf den Ehrgeiz seines moralischen Anspruchs zwischen seinen beiden Brüdern. Als Lebensprinzip hat er sich den Weg

---

914 Zur Reihenfolge der Brüder siehe Turdi 2003, Bd. 1: 30, 261. Vgl. ebd., S. 44.
915 Siehe S. 51ff. des Haupttextes.
916 Turdi 2003, Bd. 1: 100f.

des Handels und Geschäftemachens ausgesucht, und seine intensiven und erfolgreichen Wirtschaftskontakte in Chinas Finanz- und Wirtschaftsmetropole Shanghai haben dazu geführt, dass man ihn auch als „Jasin Shanghai" (*Yasin Šaŋxäy*) kennt.[917]

Damit hat sich Jasin eine Laufbahn gewählt, die zweifellos weniger mühevoll und idealistisch ist als die seines großen Bruders Hisamidin. Doch diese Berufswahl legt die Rolle Jasins so fest, dass er kein ruchloser und erbärmlicher Verbrecher sein kann wie Mächsud. Das leicht Schlitzohrige, immer auf den monetären Vorteil Bedachte, das der Figur des geschäftüchigen Jasin innewohnt, macht ihn im Vergleich zu seinem jüngsten Bruder nachgerade liebenswert. Jasin ist ein Mensch, der die Früchte seiner kommerziellen Initiativen, das Leben genießen will. Wenn man so sagen darf, macht ihn dies zu einer ausgesprochen unkommunistischen Figur, insbesondere, wenn man als Maßstab die moralisch rigorose und nicht selten extrem harte Interpretation der Lehre anlegt, den die KP Chinas sich zu eigen gemacht hat. Neben seiner gewinnorientierten Seite steckt Jasin jedoch auch voller Menschlichkeit und Wärme. Dass er mitnichten ein herzloser Kapitalist oder gefühlskalter Raffke ist, sondern auch zu tiefem Mitleid in der Lage ist, zeigt sich in der nachfolgend in deutscher Erstübersetzung wiedergebenen Passage aus dem ersten Band der „Jahre des Kampfes". Zumindest im Hinblick auf die Charakterisierung Jasins, aber auch auf die Darstellung des Gleichgewichts der ideologischen und gesellschaftlichen Kräfte, die in Turdis Romantrilogie aufeinanderprallen, dürfte es sich um eine Schlüsselpassage des gesamten Werks handeln. Die Stelle schildert eine Situation aus der Zeit vor der Befreiung durch die kommunistische Armee, in der das Volk von den feudalistischen Unterdrückern geknechtet wird. Just als der Konflikt zwischen den verarmten Volksmassen und den Herrschenden gewaltsam eskaliert, erscheint Jasin urplötzlich auf der Bildfläche und versucht, zwischen beiden Parteien zu vermitteln. Turdi vewendet an dieser Stelle für „vermitteln" (*sülh-sala qil-*) einen uigurischen Ausdruck, der das Wort „Frieden" (*sülh*, vom arabischen *ṣulḥ* „Frieden") in sich birgt.[918] Der Charakter Jasins und die von ihm gespielte Rolle werden am treffendsten wohl in der Schlusspassage des Kapitels „Für jede Sache gibt es einen Weg…" (*Här išniŋ yoli bar…*) zusammengefasst, das in der Mitte der nachfolgend übersetzten Passage beginnt. Darin wird Jasin mit einem „Herold der Gerechtigkeit, der gemeinsam mit der Menge die finstere Unterdrückung besiegt hatte",[919] verglichen. In dieser Hinsicht ist er, wie auch Hisamidin, das genaue Gegenteil ihres jüngsten Bruders Mächsut, des schwarzen Schafs der Familie. In der Summe könnte man den von Jasin repräsentierten kapitalistischen Lebensentwurf als eine Art Mittelweg deuten, den Turdi seinen Lesern als Alternative zu einem zwar hehren, aber erfolglosen religiösen Ideal, wie es durch Hisamidin verkörpert wird, und der Verkommenheit der Welt der Feudalisten, Nationalisten und Warlords, für die Mächsut (zumindest bis zur Ankunft der alle errettenden Kommunisten) steht, anbietet. Jasin ist eine Art gutmütiger Retterfigur.

Auch wenn bei alledem in Turdis Roman im Hintergrund die Behauptung steht, dass letzten Endes nur der Sieg der Kommunisten und von Maos Volksbefreiungsarmee das Leid der Menschen beenden könne, kann man sich angesichts der Konstellation der drei Brüder fragen, ob Turdi dem maoistischen Idealismus, den er vordergründig vorbehaltlos propagiert, nicht bereits Züge der nach Maos Tod alsbald beginnenden Phase der wirtschaftlichen und teilweise auch geistigen Öffnung der Volksrepublik verleiht. Jasin Shanghai wäre dieser Deutung zufolge eine

---

917 Turdi 2003, Bd. 1: 245 etc.
918 Turdi 2003, Bd. 1: 264. Der Bestandteil *sala* der Fügung *sülh-sala qil-* stammt möglicherweise ebenfalls aus dem Arabischen, vielleicht von dem Wort *ṣalāḥ* „Wohlergehen", das von derselben Wurzel abgeleitet ist wie *ṣulḥ*.
919 *Qaraŋġu zulmät üstidin ġalib kälgän adalät jarčisidäk* (Turdi 2003, Bd. 1: 267).

Art Vorbote dieser Periode. Sie kann in historischer Hinsicht als diejenige Ära bezeichnet werden, die für die Kombination der traditionellen, extrem rigiden Formen des stalinistischen Maoismus mit kapitalistisch-westlichen Wirtschafts- und Denkformen steht und die, vielleicht mit der Ausnahme des vielfach von der Hoffnung auf Demokratisierung getragenen Jahrzehnts von 1979 bis 1989, im Prinzip bis zur Machtübernahme durch Xi Jinping im Jahr 2013 fortdauerte.

Ein weiterer Aspekt der nachfolgend übersetzten Passage, auf den sich vielleicht das Augenmerk zu richten lohnt, ist der Humor. Dass ein drohendes Massaker durch das Auftauchen Jasins mit seinem vorne mit rotem Samt verhangenen zweirädrigen Wagen mit seinen zahllosen Bimmeln abgewendet wird, hat eine durchaus komische Note. Vielleicht kann man hierin einen typischen Ausdruck uigurischen Humors (*čaqčaq*) sehen.

Der nachfolgende Text enthält das Ende des Roman-Kapitels „Vor dem Galgen" (*Dar aldida*), das im Xinjiang der Zeit kurz vor der Befreiung durch die kommunistische Volksbefreiungsarmee 1949 spielt. Gerade als die Gewalt in dieser von himmelschreiender sozialer Ungerechtigkeit und schrankenloser Brutalität geprägten Gesellschaft auf ihren gewaltsamen Höhepunkt zusteuert, macht Jasin Shanghai seinen spektakulären Auftritt. Turdi nutzt sein Erscheinen als eine Art Cliffhanger, indem er ihn kurz vor dem Beginn des neuen Kapitels („Für alles gibt es einen Weg") stellt. Unter anderem an dieser erzählerischen Technik kann man ablesen, dass Turdi ein in der Regel auf die unterhaltende und dramatische Wirkung seiner Werke achtender Autor ist.

Neben Mächsut Bäg, Jasin Shanghai und Asim treten in der nachfolgend übersetzten Passage noch weitere wichtige Figuren auf, die zuvor im Roman entwickelt wurden. Zu ihnen gehört Almas, ein im kommunistischen Widerstand gegen die Nationalisten engagierter Uigure, der unter dem Einfluss des charismatischen Asim steht. Sarichan Ana (Sarixan Ana, „die ehrwürdige Mutter Sarä") ist die Gattin des zum Tode Verurteilten Tochti (Toxti), des Vaters von Almas. Sie ist von Turdi in seinem Roman als Mutterfigur gezeichnet, die in ganz besonderer Weise die Grausamkeiten Mächsuts am eigenen Leib erfahren muss. Anar ist die Tochter von Sarichan Ana und Tochti, Läjligül (Läyligül) eine Tochter des gemeinsam mit Tochti zur Hinrichtung vorgesehenen Teppichwebers Bajiz (Bayiz). Dung Daschi (Duŋ Daši) ist der Name eines Professors, der Asim an der Universität unterichtete und zugleich in der kommunistischen Lehre unterwies, bevor er später zu einem Märtyrer der maoistischen Revolution wurde. Durch seinen Namen als ethnischer Han-Chinese erkennbar, ist er eine der Figuren in Turdis Roman, die das gute Einvernehmen zwischen uigurischen und han-chinesischen kommunistischen Idealisten verkörpert. Neben Älväk Sopi, dessen Funktion der Text selbst benennt, tritt aus dem Umfeld des Bägs auch noch Qurban Aqsaqal (der „Weißbart" beziehungsweise „Honoratiore" Qurban) auf. Er hat als Wasserbeauftragter des Bägs eine sehr bedeutende politische Funktion, da sich im ersten Band von Turdis Roman ein Großteil der Handlung um die Kontrolle der Bewässerung dreht. Gegen Ende des Textes tritt noch der islamische Mystikmeister Sopi Ischan auf, ein fundamentalistischer und engstirniger Speichellecker aus der Hofcamarilla Mächsuts. Sulajman Topbeschi, als dessen Nachkomme sich Mächsut einmal brüstet, ist sein Großvater, der ein mindestens ebenso grausamer Feudaltyrann wie Mächsut selber war.

An der Stelle, wo der übersetzte Text einsetzt, hat sich eine Volksmenge vor einem zum Galgen umfunktionierten Karrussell versammelt. Einige aus der Menge bitten Mächsut Bäg inständig, die zum Tode Verurteilten, unter ihnen Tochti und der Teppichweber Bajiz, zu begnadigen. Ihnen antwortet nun der tyrannische Bäg.

5.2 Text in Übersetzung

Mächsut Bäg schloss für einen Augenblick die Augen und öffnete sie wieder.

„Gut, wenn das so ist", sagte er, „dann unter *einer* Bedingung: Wer auch immer Asim versteckt hat, soll ihn mir jetzt auf der Stelle übergeben. Und noch etwas: Gestern ist Almas geflohen. Er soll sich von sich aus zu erkennen geben. In diesem Fall werden Tochti und Bajiz nicht am Galgen baumeln. Sie bekommen eine andere Strafe, und ich werde sie begnadigen. Also dann, hopp! Gebt Asim heraus!"

Die Versammelten blickten einander ratlos an. Einigen der Zwangsarbeiter fiel ein, dass Asim eines Tages bei einem Vorfall, der sich an der „Abzweigung"* ereignet hatte, mit dabei gewesen war. Aber auch so hatte die Menge schon auf den verschiedensten Wegen vernommen, dass sich Asim und ein Trupp junger Männer im Wald den Partisanen angeschlossen hatten.

Niemand antwortete. Keiner sagte ein Wort. Da ergriff Älväk Sopi, der Direktor der Schule, die zum Besitz des Bägs gehörte, das Wort und hob mit donnernder Stimme zu einer vorwurfsvollen Predigt* an:

„Asim ist ein Ungläubiger, ein Religionsverderber, Häretiker, Kommunist! Nachdem er an die Schule gekommen war, war in unserer Heimat aber Schluss mit Ruhe und Frieden. Denkt doch bloß mal nach: Wer hat am Zäräpschan* seit geraumer Zeit freche Worte gegen meinen Bäg gerichtet? Wer hat es gewagt, den Älteren zu widersprechen? Und was Tochti und Bajiz angeht, sie haben an der ‚Abzweigung' nicht nur das Wort, sondern auch ihre Fäuste erhoben und damit einen Aufstand ausgelöst. Seht dagegen im Vergleich Mächsuts Großherzigkeit! Und wer hat diesen Aufrührern all dies eingegeben? Asim war das! Der Religionsverdreher Asim! Und diese beiden haben Asim dann wiederum versteckt!"

Auf einmal unterbrach Mächsut Bäg Älväk Sopis Redefluss und wandte sich an die Menge:

„Also was jetzt, werdet ihr Asim finden oder nicht?"

Aus der Menge kam kein Mucks. Alle senkten nur die Köpfe und starrten auf den Boden. Da brüllte Mächsut Bäg in rasendem Zorn:

„Bringt Tochti und Bajiz zum Galgen, knüpft sie auf und zieht die Schlingen zu!"

Die bewaffneten Wachen nahmen Tochtachun* und dem Teppichweber Bajiz ihre Holzkragen* vom Hals ab und ersetzten sie durch die Seile mit den Schlingen für die Hinrichtung. Dann fingen sie an, diese zuzuziehen.

Die Menge wurde unruhig. Mädchen und junge Frauen schrien und brachen in Wehklagen aus. Doch Sarichan Ana wischte sich mit der Spitze ihres Kopftuchs die Augen trocken und trat unerschrocken vor den Bäg hin.

„Dann töte sie doch!", rief sie wutentbrannt, „und töte mich dann gleich mit! Wenn Allah seine Augen hier hätte, dann würde er nicht diese beiden, sondern dich aufknüpfen! Besser als solch einen Tag voller Qual zu sehen wäre es, wenn ich stumm unter der Erde liegen würde. Aber töte nur, töte uns doch alle!"

An dieser Stelle versagte der Mutter* die Rede. Noch im selben Augenblick kam der Bäg herbeigesprungen und trat ihr voller Zorn seinen Fuß in die Seite, so dass sie stolperte und hinfiel. Läjligül und Anar stürzten herbei und fingen sie auf. Der Bäg wandte sich erneut den Henkern zu und schrie:

„Zieht die Schlingen zu! Schnell! Zuziehen!"

In diesem Augenblick rannte Asim von dem Ort, wo er das Ganze beobachtet hatte, herbei und und hielt Almas am Arm fest.

„Halte dich zurück, Almas! Das Beste ist, du gehst sofort zu den Jungs, damit man dich nicht mit mir in Verbindung bringt! Selbst wenn der Bäg mich sehen sollte, wird er sie dann nicht töten können. Irgendwie müsst ihr es fertigbringen, diejenigen von uns, die gefangengenommen worden sind, zu befreien und dann in die Berge zu verschwinden!"

Almas machte mit feurig brennenden Augen Anstalten, vom Dach herabzuspringen. Er wollte Asim gerade etwas zuraunen, doch der gebot ihm mit einem scharfen Blick Einhalt.

„Mach keinen Unsinn!", sagte Asim". „Wie du dich noch erinnern wirst, hast du mir doch selbst einmal etwas von Dung Daschi erzählt: Ohne gewisse Opfer geht es nicht. Dung Daschi und wir sind aus demselben Holz geschnitzt. Also los, beeil dich, geh zu den Jungs!"

Kaum hatte Asim diese Worte gesagt, sprang er mit einem Satz von dem Dach herab. Alle Versammelten drehten ihre Köpfe in seine Richtung und starrten ihn an. Asim reckte den Kopf aus der Menge empor. Seinen Körper ganz ausstreckend, kam er ruhig und gemessen nach vorne und stellte sich vor Tochtachun und den Teppichweber Bajiz hin. Seine Augen waren voller Wut und Hass.

Die Henker begannen nun, unruhig zu werden. Sie suchten Blickkontakt mit dem Bäg. Sie waren ratlos, ob sie die Seile nun zuziehen sollten oder nicht.

Asim trat mutig und unbeeindruckt neben sie hin. Dann nahm er Tochtachun und dem Teppichweber Bajiz ihre Schlingen von den Hälsen und schleuderte sie fort. Sodann richtete er an den Bäg die folgenden Worte:

„Was haben Tochtikam* und Bajizkam denn verbrochen? Willst du nicht eigentlich mich an den Galgen bringen? Nun gut, hier bin ich! Ich bin selbst hergekommen!"

Im Innenhof war es nun mucksmäuschenstill, als sei alles mit einem Mal erstarrt. Die Versammelten blickten Asim entgeistert an. In aller Augen war eine Art Respekt gegenüber Asim zu sehen, in den sich Anzeichen der Ungeduld mischten.

Älväk Sopi und Qurban Aqsaqal flüsterten dem Bäg etwas ins Ohr, woraufhin dieser aus Leibeskräften brüllte:

„Hängt ihn auf! Hängt Asim auf!"

Die Henker rannten von verschiedenen Seiten auf Asim zu und packten ihn. Doch er blieb nur breitbeinig stehen und stieß sie mit beiden Händen zurück.

„Nein!" Er wandte sich an die Menge: „Ich habe noch nicht zu Ende geredet!"

„Du Religionsverdreher, du wirst hier überhaupt nichts mehr sagen!", herrschte ihn Älväk Sopi an.

Asim antwortete mit einem hasserfüllten Blick, den er in seine Richtung warf. „Ich bin von allein zum Galgen gekommen", sagte er. „Selbst die despotischste Justizfarce der Welt lässt es zu, dass man vor dem Tod noch einige Worte spricht. Und du Älväk Sopi, du erbärmlicher Schwachkopf, solltest lieber mal über dein eigenes Schurkenschicksal nachdenken, bevor du dich mir in den Weg stellst!"

Wie eine Katze, die ins Wasser gefallen war, verkroch sich Älväk Sopi hinter den Bäg und schmiegte sich eng an ihn an. Zugleich begann er, wie wild auf ihn einzuflüstern.

„Brüder!", wandte sich Asim unterdessen an die Versammelten. Seine Stimme ging durch Mark und Bein. „Ihr wisst, dass Tochtikam seinen drei Kindern* entrissen worden ist und als von Mächsut Bäg Abhängiger unter Qualen arbeiten muss. Tochtikam ist ein friedfertiger, gläubiger und anständiger Mann. Worin besteht sein Verbrechen? Darin, dass sein Name Tochtachun ist?* Das kann ja wohl nicht sein! Dieses Jahr hat es am Fluss eine gewaltige Überschwemmung* gegeben, und 10.000 Mu* Land des Bägs waren ohne Wasser. Das ist zweifellos ein Schaden. Aber in welchem Gesetz soll es vorkommen,* diesen Schaden einfach dadurch abbezahlen zu lassen, dass man eine Person namens Tochtachun ins Wasser wirft, ihr Blut ans Volk verkauft und dadurch Geld und Güter zusammenbringt? Genau das ist es doch, worum es im Vorfall an der Abzweigung eigentlich geht! Die Idee, Wassermassen, die nicht ‚stehenbleiben' dadurch zum ‚Stehen' zu bringen, dass man jemanden – Tochtachun -, der das Wort ‚Stehen', *tochtimaq*, in seinem Namen trägt, opfert, ist nichts als ein einziger großer Betrug, es ist ein unverfrorener, hinterlistiger Trick, der darin besteht, jemand anderen zu misshandeln, um sich selbst dadurch zu bereichern. In der Vergangenheit, in der Zeit, als ihr alle und auch wir noch in der Unwissenheit befangen waren, handelte man auf diese Weise. Jetzt aber ist es nicht mehr lange hin bis zu den Tagen, in denen wir die Ketten der Unterdrückung sprengen* und die Tyrannei abwerfen werden. Nicht Menschen, die sich keinerlei Vergehen haben zu Schulden kommen lassen, sondern den Tyrannen selbst, der in der blutigen Schuld versinkt, die er zehn- und hundertfach auf sich geladen hat, muss man aufhängen. Und den Tagen, in denen genau dies geschehen wird, den Tagen der Freiheit, gehen wir gerade mit offenen Armen entgegen!"

Mächsut Bäg kochte vor Wut die Galle hoch. In ohrenbetäubender Lautstärke, wie ein Rind, kurz bevor man ihm den Kopf abschnitt, brüllte er:

„Halt doch dein Maul!"

Sodann schrie er die Henker an:

„Was steht ihr noch dumm rum? Legt dem Religionsverderber die Schlinge um den Hals, oder hat euch sein Gewäsch weich in der Birne gemacht?"

Die Henkersknechte näherten sich Asim und richteten die Schlinge auf seinen Kopf. Doch genau in diesem Augenblick kochte der Volkszorn über. Eine Gruppe von etwa zehn bis zwanzig Mann aus dem Kreis der am Abend zuvor Gefangengenommenen nahm Asim rasch in ihre Mitte und ließ die Henker nicht näher an ihn herankommen.

„Ihr werdet ihn nicht töten! Und wenn ihr ihn töten wollt, dann müsst ihr uns alle umbringen!"

„Hände weg!"

„Gott wird dir deine gerechte Strafe geben…!"

„Du widerlicher Skorpion, dessen Grab ein Schwein entsteigen wird, Allah selbst wird dich am Galgen aufknüpfen!"*

„Der Antichrist ist erschienen! In was für eine Zeit sind wir nur geraten!"

„Stützt Sarichan!"

„Wozu das Weinen! Seid zuversichtlich!"

„Schnappt euch Mächsut Bäg, haltet ihn fest, habt nur keine Angst!"

Während im Innenhof von Moschee und Medresse ein heftiger Aufruhr im Gange war und alles in einem Tohuwabohu aus Gedränge und Geschubse versank, in einem Augenblick, als überhaupt niemand damit gerechnet hätte, erschien auf der Hauptstraße, von der zum Bezirk hin gelegenen Seite her auf einmal mit lautem Gebimmel ein zweirädriger Wagen auf der Bildfläche, dessen Vorderteil mit rotem Samtstoff verhangen war und an dem zahllose Glöckchen hingen.

Das Volk riss die Köpfe herum.

Für jede Sache gibt es einen Weg

Jasin Shanghai war ein zivilisierter Kaufmann. Dass er einen seinem älteren Bruder Hisamidin Damolla* und seinem jüngeren Bruder Mächsut vollkommen entgegengesetzten Weg eingeschlagen hatte und auf eine ganz andere Weise aufgewachsen war, habe ich zuvor bereits erwähnt. An dieser Stelle möchte ich nur noch einmal eine einzige seiner charakterlichen Seiten in Erinnerung rufen. Diese besteht in seiner gutmütigen Veranlagung, die gepaart ist mit seiner Unfähigkeit, irgendjemanden zu verletzen, seiner Gabe, aufrichtige Sympathie auszudrücken, und seinem Streben, sich um das Gemeinwohl zu kümmern. Hinzufügen kann ich, dass so gut wie das gesamte Volk des Dorfs Jangaqliq* mehr oder weniger großes Vertrauen zu ihm hatte.

[Im Folgenden wird geschildert, wie Jasin Shanghai sich in die eskalierende Situation einbringt. Mitten auf dem Platz wird ein Karussell aufgestellt. Doch Sarichan Ana erklärt Jasin ihm die tatsächliche Funktion, die es an diesem Tag erfüllen soll.]

„Von wegen Karussell! Das ist ein Galgen! Ein Galgen, der dazu da ist, Menschen daran aufzuhängen, Menschen damit zu töten!", rief Sarichan Ana, wobei ihr Tränen in die Augen schossen.

„Ein Galgen? Was für ein Galgen? Wozu ein Galgen? So was gab es noch nie, so etwas hat es doch noch nicht gegeben. Macht ihn sofort weg! Und dass er mir ja nicht noch einmal unter die Augen kommt!"

Die Leute glotzten einander an. Einige der Älteren riefen: „Das ist ja wie im Traum! Allmächtiger Gott, bist du es etwa, der uns Jasin Chodscha* geschickt hat? Wäre er nicht gekommen, dann wäre am heutigen Tag alles vor der Chudaliq-Medresse* in einem Meer aus Blut versunken. O Herrgott, Dank sei dir! Schenke uns Frieden!"

Auf einmal fiel Jasin Chodschas Blick auf Asim.

„Sie da… Wir kennen uns doch noch nicht, oder?"

Asim war Jasin Chodscha zuvor tatsächlich noch nicht begegnet, hatte aber von ihm gehört. Noch vor Kurzem hatte Almas über Jasin gesagt: „Jasin Chodscha hat behauptet, er werde entweder vor euch oder nach euch nach Jangaqliq gehen. Wer weiß, was dieser Schurke dort anstellen will." Für sich dachte Asim: Was musste Jasin doch für ein verlogener Kerl sei! Wenn man sich ansah, wie er sich die Leute gefügig machte, wirkte er wie ein Dämon, der das Aussehen einer Fee angenommen hatte.

„Also, ich meine, dass wir uns noch nicht kennen. Nicht wahr?", wiederholte Jasin Chodscha seine an Asim gerichtete Frage.

„Ich zumindest bin der Meinung, dass ich Sie noch nicht gesehen habe", antwortete Asim schließlich.

„Der Meister da ist ein Religionsfeind!", geiferte Qurban Aqsaqal auf einmal dazwischen. „Den ganzen Ärger hat niemand anders als er heraufbeschworen!"

„Lüg nicht!", schnitt ihm der Teppichweber Bajiz das Wort ab, während er ihn zugleich mit seinen Blicken festnagelte. „Weißbart, ich sag es dir: Wenn du mich nicht mit der Drahtpeitsche blutig geschlagen hättest, dann würde ich dir jetzt mit der Faust einen in die Fresse geben! Den ganzen Zwist hast doch in Wahrheit du ausgelöst!"

An dieser Stelle schaltete sich Jasin Chodscha vermittelnd ein:

„Es reicht! Hört auf zu streiten! Ist er nicht ein Lehrer, ja sogar ein Aufklärer? Menschen zu töten ist nicht akzeptabel. Ein Lehrer muss nachsichtig sein. Und Sie, Herr Lehrer, regen Sie sich bitte nicht auf!"

Mächsut Bäg weigerte sich, gegenüber dem in seinen Augen unerhörten Verhalten Jasin Chodschas noch länger Nachsicht zu üben. In einem plötzlichen Wutanfall schrie er seine Diener an und zeigte dabei auf Asim:

„Was steht ihr immer noch so dämlich rum? Fesselt ihn, und dann ab mit ihm zum Galgen!"

Zum zweiten Mal wurde Asim gepackt, diesmal von den Dienern. Unterdessen trat Jasin Chodscha direkt vor Mächsut Bäg hin.

„Älterer Bruder, was habt ihr mit diesem ehrenwerten Lehrer vor?"

„Was wir vorhaben?" Mächsut Bäg zitterte vor Erregung und kämpfte, um sich unter Kontrolle zu halten. Dann wandte er sich an Jasin Chodscha:

„Jasin Bäg,* Sie sind gerade wirklich zur Unzeit gekommen. Würden Sie sich freundlicherweise wieder nach Hause begeben? Ruhen Sie sich aus! Ich werde unterdessen selber das Blut dieses Herrn hier vergießen." An dieser Stelle schrie er die Diener erneut mit einer schnellen Wortfolge an: „Na wird's bald? Was steht ihr denn immer noch wie die Ölgötzen rum? Fesseln! Zum Galgen bringen!"

Mit blassem Gesicht warf Jasin Chodscha blitzschnell einen Blick in Richtung Asims. Dann sagte er zu Mächsut:

„Älterer Bruder!"

Mächsut Bäg starrte zitternd und bebend vor sich auf die Erde. Sein Gesicht verdunkelte sich und ähnelte verunreinigtem Kupfer.

„Älterer Bruder!", wiederholte Jasin Chodscha, diesmal mit einem ernsteren Ton. „Mein älterer Bruder, ich möchte für dieses Mal um Verzeihung bitten. Für jede Sache gibt es doch einen Weg. Seien Sie nachsichtig! Überwinden Sie Ihren Zorn! Wenn er sich irgendein Vergehen hat zu Schulden kommen lassen, dann sehen Sie darüber hinweg."

Die Menge wurde unruhig. „Was soll er denn für ein Vergehen haben?"

„Er hat kein Vergehen auf sich geladen!"

„Asim ist ein guter Mensch!"

Jasin Chodscha nahm seine Rede wieder auf:

„Wenn es so ist, dann umso besser. Sehen Sie: Die Leute sagen es. Also hören Sie auf sie! Vor allen Dingen: Ändern Sie Ihren Entschluss, ihn an den Galgen zu bringen! Werden Sie ihn ändern?"

Mächsut Bäg wusste anscheinend nicht mehr, was er mit sich anfangen sollte, und rannte ziellos im Kreis herum.

„Jasin Bäg!", rief er Jasin Chodscha aufgebracht zu, „mischen Sie sich doch nicht ein!"

Währenddessen sagte ein weißhaariger Mensch, der in Richtung Jasins blickte:

„Jasin Chodscha, sind Sie gleich einem Engel vom Himmel herab- oder aus der Erde aufgestiegen? Gütiger Gott, mach du, dass er seinen Charakter ändert!"

Mächsut Bäg glotzte den Mensch mit weit aufgerissenen Augen an. Dabei zitterte er wie Espenlaub.

Jasin Chodscha fuhr fort:

„Wenn Sie diesen Lehrer vor meinen Augen an den Galgen bringen, dann breche ich jegliche Beziehungen zu Ihnen ab und werde dieses Land verlassen."

Hisamidin Damolla und Sopi Ischan schlossen sich dieser Haltung an. Sie mischten sich mit folgenden an den Bäg gerichteten Worten in das Gespräch ein:

„Dann lassen Sie ihm doch seinen Willen. Jasin ist Gast hier, er soll sein Ansehen und seine Würde bewahren dürfen. Für einen Religionsverderber ist die Todesstrafe immer zulässig, die wird ihn schon noch rechtzeitig finden. Für heute jedoch schließen wir uns der Bitte um seine Begnadigung an."

Mächsut Bäg war schwer am Keuchen. In einem plötzlichen Anfall von Wahnsinn schrie er seinen Dienern zu:

„Bringt sie fort! Steckt sie alle ins Gefängnis! Ich werde mich noch einmal äußern. Man nennt mich nicht umsonst Mächsut Bäg! Ein Nachkomme Sulajman Topbeschis wird einen einmal von ihm gefassten Entschluss niemals ändern. Aber für dieses Mal ist Asims Leben geschont!"

Die Versammelten atmeten auf und blickten hoffnungsvoll zu Jasin Chodscha hin.

„Wie auch immer es zustandegekommen ist, du hast sie gerettet. Der Bäg hat uns nicht in Ruhe gelassen. Jetzt sorge doch noch dafür, dass die anderen auch alle freikommen!"

Gleich einem Herold der Gerechtigkeit, der gemeinsam mit der Menge die finstere Unterdrückung besiegt hatte, hielt Jasin Chodscha ohne Unterlass mit ihnen Zwiesprache und versprach es ihnen. Dann streckte er beide Arme seitlich in die Höhe und nickte mild lächelnd, als ob er damit sagen wolle: „Seid beruhigt, ich werde eine Lösung dafür finden!"

6 Qäyyum Turdi: Wenn Nachtigall nicht Winter sah

6.1 Vorbemerkung

Qäyyum Turdis bereits in Kapitel 5 besprochener Roman „Jahre des Kampfes" ist eines der in der Einleitung erwähnten Beispiele für moderne uigurische Prosatexte und insbesondere Romane, in denen Dichtung eine Rolle spielt. Immer wieder sind in den fortlaufenden Text Gedichtpassagen eingebaut.

In Bezug auf die im vorliegenden Band besprochenen Texte ist dabei vorauszuschicken, dass die Kategorien „Dichtung" und „Gedicht" eine mehr oder weniger strenge Bindung an formale Merkmale zusätzlich zur bloßen Arrangierung von Wörtern in Zeilen oder zeilenartigen Textteilen voraussetzen. Diese Merkmale sind in aller Regel eine pro Verszeile verwendete gleichbleibende oder annähernd gleichbleibende Silbenzahl und der Reim. Die in den Roman Turdis eingestreuten Gedichte sind allesamt unmittelbar durch diese Merkmale erkennbar. Zusätzlich werden sie in den meisten Fällen auch direkt durch entsprechende Gattungszuweisungen gekennzeichnet. Dies kann durch Begriffe wie „Lied" (*naxša*) oder „Volkslied"/ „Volksgedicht" (*qošaq*) geschehen.[920]

In „Jahre des Kampfes" werden Gedichte unter anderem dadurch in den Text integriert, dass einige der Romanfiguren Dichter sind.[921] Zu ihnen gehört Elischa (Eliša).

Auch wenn Elischa im handlungsbetonten ersten Band von „Jahre des Kampfes" kaum führend an den wichtigsten dramatischen Ereignissen beteiligt ist, kann man ihn als eine zentrale Romanfigur bezeichnen. Dies ergibt sich schon daraus, dass er der Bruder des heldenhaften Protagonisten Almas ist. Beide sind Kinder Sarichan Anas und Tochtis.[922] Durch dieses Verwandtschaftsverhältnis wird Elischa trotz seiner im Romangeschehen vergleichsweise passiven Rolle zentral in der Handlung verankert. Die relativ hohe Bedeutung der Figur Elischas zeigt sich auch darin, dass ihm im Band von „Jahre des Kampfes" zwei für die Verhältnisse des Romans relativ ausführliche Kapitel gewidmet sind.[923]

Elischa ist ein „wie ein Derwisch aussehender" (*därviš siyaqidiki*),[924] barfüßiger und halbblinder Mann mit langem weißem und bis auf die Brust herabfallendem Haar, was ihm zusammen mit seinen oft prophetischen oder auch sibyllinischen Liedern und Sprüchen Anklänge an einen homerischen Seher oder vielleicht auch eine Prophetenfigur aus dem jüdischen, christlichen oder islamischen Bereich gibt (möglicherweise deutet auch der Name klanglich in diese Richtung). Seine Lieder handeln von Themen wie Blut, Bitterkeit und Gefangenschaft, aus der er selbst nach langer Zeit zu seiner Mutter Sarichan Ana zurückgefunden hat, und davon, dass er dem Bäg und seinesgleichen Tod und Verderben an den Hals wünscht.[925]

Wie viele der Figuren in dem Roman „Jahre des Kampfes" ist Elischa selbst Opfer der Grausamkeit Mächsut Bägs geworden. Unter der Herrschaft des Tyrannen werden er und seine junge Geliebte zum Tode verurteilt, weil sie angeblich die „Regeln des erhabenen Islam" (*islam šäripniŋ qaʾidiliri*) verletzt haben sollen. Mit Steinen um den Hals wirft man sie in den Fluss – der in Turdis Roman Quelle von Leben und Wohlstand ist, aber symbolisch wohl unter anderem auch für Bedrohung und Schrecken, Gewalt und Tod steht. Während Elischa das barbarische Verdikt überlebt,

---

920 Vgl. S. 108 des Haupttextes, mit entsprechenden Textstellen.
921 Siehe etwa Turdi 2003, Bd. 1: 19, 109-111.
922 Zu den Einzelheiten der Figuren siehe Kapitel 5.
923 Und zwar „Elischas Rabab" (*Elišaniŋ ravabi*) und „Elischas Volkslieder" (*Elišaniŋ qošaqliri*), siehe Turdi 2003, Bd. 1: 6-14 und 105-116.
924 Turdi 2003, Bd. 1: 6.
925 Turdi 2003, Bd. 1: 6-14.

verliert seine Geliebte durch dieses ihr Leben. Anschließend sucht Elischa den Leichnam der Ermordeten, wird dabei aber von Häschern des Bägs gefangengenommen und zu zehn Jahren Kerkerhaft verurteilt. Der gegen ihn geäußerte Vorwurf lautet, dass er (durch die Anschuldigungen, die er öffentlich gegen Mächsut erhebt) die Ehre des Herrschers beschmutzt haben soll.[926] In der Kerkerhaft büßt Elischa einen Teil seines Sehvermögens ein. In gewisser Hinsicht nimmt die Haft also eine Doppelfunktion im Leben Elischas ein: Einerseits macht sie ihn zum Krüppel, lässt ihn leiden und verbittern. Andersets verhilft sie ihm aber auch zu seiner eigentlichen Berufung, der des halbblinden Barden, bei dem die Schwächung der Sehkraft durch visionäre Erkenntnisfähigkeit kompensiert wird. Seine Gefangenschaft raubt ihm also einen Teil seiner Sehkraft, gibt ihm diese aber als Seherkraft wieder. Es scheint verlockend, hierin eine allegorische Anspielung auf die Situation von Intellektuellen in China allgemein zu sehen, und zwar nicht nur unter Uiguren, auch wenn der Text keine diesbezüglichen direkten Hinweise zu enthalten scheint.

Das nachstehend vorgestellte Gedicht stammt aus einem der Elischa eigens gewidmeten Kapitel, und zwar „Elischas Volkslieder/ Volksgedichte" (*Elišaniŋ qošaqliri*).[927] Dass Turdi die „Volksgedichte" in die Kapitelüberschrift aufnimmt, dürfte ein direkter Hinweis auf die Bedeutung sein, die er der Dichtung als Element seines Romans zuweist. In dem Romankapitel erzählt Elischa nahen Verwandten und Freunden eine Geschichte über einen Reichen, der von einem Volksliedichter (*qošaqči*) verspottet wird. Obwohl der Text es nicht explizit auszusagen scheint, liegt die Vermutung nahe, dass er mit diesem Volksliedichter auch sich selbst mitmeint. Nachdem er die Geschichte zu Ende erzählt hat, trägt Elischa auf Bitten seiner Zuhörer – die allesamt unter der Herrschaft des grausamen Feudalherrn gelitten haben und von denen einige sich dem aktiven Widerstand gegen sie angeschlossen haben – das in Abschnitt 6.2. übersetzte Gedicht vor.

Der kurze poetische Text kann als Zusammenfassung der Einstellung und Erwartungen der Adressaten von Elischas Geschichte gelesen werden. Deren Leben ist von großen Entbehrungen geprägt, aus denen aber auch eine ebensolche Hoffnung aufragt. Dadurch sind sie der besungenen Nachtigall nicht unähnlich.

Ein weiterer wichtiger Aspekt ist, dass das Gedicht, wenn auch nur in rudimentärer Form, auf die Motivik der klassischen turksprachig-islamischen Literatur des Mittelalters zurückgreift. Das Gleiche kann auch für andere moderne uigurische Gedichte gesagt werden, darunter einige des weiter unten behandelten Dichters und Romanciers Abdurehim Ötkür.[928] Im Falle des nachstehend in Übersetzung präsentierten Gedichts von Qäyyum Turdi dürfte es von eher untergeordneter Rolle sein, ob man die entsprechenden Vorbilder eher im westlichen (oghusisch dominierten) oder östlichen (tschagataischen) Bereich der islamisierten Turksprachen des Mittelalters und der Frühen Neuzeit sucht. Als unmissverständlicher Hinweis auf die gesamte Tradition der klassischen islamischen Mythologie und Dichtkunst zumindest aus dem Neupersischen und den Turksprachen dürfte schon das Wort „Nachtigall" (*bulbul*) gelten können. Sein Vorkommen in einem Gedicht – gleich welcher Art aus einer modernen Turksprache mit islamischem Kulturhintergrund – dürfte bei jedem, der sich mit der islamischen Dichtung der iranischen und turksprachigen Völker beschäftigt hat, automatisch weitgehende Assoziationen mit dem Schatz dieser Poesie wachrufen.

---

926 Turdi 2003, Bd. 1: 10.
927 Siehe Fußnote 923.
928 Semet/ Wilkens 2012: 158, 162. Zur Ansicht der Autoren, dass Motive wie „Geliebte", „Rose" und „Garten" „poetische Bilder aus der Sufitradition" seien, vgl. Mir Cəlal 2018: 72 et passim, wo entsprechende Belege aus dem Werk Füzulis (ca. 1480–1556) besprochen werden. Siehe auch die deutsche Übersetzung von Mir Cəlals Buch (Mir Cəlal 2023).

Zusammenfassend lässt sich sagen, dass die unten wiedergegebenen zwölf Verszeilen auf zwei Interpretationsebenen hinweisen dürften. Die eine davon kann mit hoher Plausibilität als eine gegenwartsbezogene identifiziert werden, wobei diese Gegenwart entsprechend dem im vorausgehenden Absatz Gesagten in erster Linie als die erzählte Gegenwart des Romans verstanden werden kann. Eine zweite Bezugsebene, die über den Gebrauch des Motivs der Nachtigall zugänglich gemacht zu werden scheint, könnte auf die unter der kommunistischen Herrschaft in der Volksrepublik China in den Hintergrund gedrängte vorkommunistische und vormoderne islamische Klassik der Uiguren und ihrer historischen Vorläufer verweisen.

In der klassischen Literatur und insbesondere Dichtung der islamisierten Turkvölker ist die mehr oder weniger stark personifizierte Nachtigall oft Liebespartnerin der Rose, die sie mit hingebungsvoller Leidenschaft besingt, unter deren abweisendem, schwer zugänglichem und dornigem Charakter sie jedoch auch oft leidet.[929] Das Symbol der Nachtigall steht für eine Liebe, die ihren Preis hat und dadurch schwerer erreichbar, aber auch geadelt wird. Im ewigen Zusammenspiel von Rose und Nachtigall sind Tragik und Hoffnung untrennbar miteinander verwoben. Hierin dürfte zumindest einer der Gründe liegen, aus denen Qäyyum Turdi Elischa das Nachtigallenmotiv in den folgenden Versen verwenden lässt. Offenbar ist die Verbindung aus Schmerz und Hoffnung, für die die Nachtigall steht, dem Romangeschehen angemessen. Der „Winter", unter dem die Nachtigall in dem Gedicht leidet, wird direkt mit den „Qualen" des Menschen parallel gesetzt, und diese Qualen wiederum sind unmittelbar als die Qualen der von Mächsut Bäg gepeinigten Armen und Mittellosen lesbar. Die Hoffnung wiederum richtet sich auf das bald erwartete Eintreffen der Volksbefreiungsarmee, die dem Treiben des Tyrannen ein Ende setzen wird.

Dass Turdi diese Parallelen in dem Gedicht selbst mit unmissverständlicher Eindeutigkeit und Klarheit benennt, passt zu dem von ebensolcher Eindeutigkeit und Schnörkellosigkeit geprägten Stil der Prosateile seines Romans und kann als Folge des „realistischen" Stilprinzips erklärt werden. Diese Einfachheit bedingt einen Verzicht auf die vielschichtige, von komplexer Polysemie und raffinierten rhetorischen Mitteln durchdrungene Stilistik der klassischen islamisch-turksprachigen Dichtung. Und dennoch treffen beide literarische Welten, die der islamischen Klassik und die des sozialistischen Realismus, in diesem kurzen Gedicht aufeinander.

6.2 Text in Übersetzung

Wenn Nachtigall nicht Winter sah,
Sie Frühlings Sonne nicht begreift.
Der Mensch, der nicht die Qualen trug,
Nie Glaubens Wonne je begreift.

Sieh hin, wie Gott die Mittellosen
Verächtlich vor den Reichen macht,
Hier hat er Bonzen, dort die Bettler
In die enge Welt gebracht.

So spitzt die Ohren, allesamt,
Für meines Liedes laute Klage,
Dass Wünschen, Hoffen, meine Träume
Sie zu der ganzen Welt hin trage…

---

929 Zum Rosen- und Nachtigallenmotiv in der klassischen islamisch-turksprachigen Literatur vgl. etwa das in Heß 2022: 21-28 diskutierte Beispiel.

7 Abdurehim Ötkür: Die Spur

7.1 Vorbemerkung

Ohne jeden Zweifel ist Abdurehim Ötkür eine der zentralen Figuren der uigurischen Literatur Xinjiangs im 20. Jahrhundert.[930]

Ötkür kam 1923 in Kumul zur Welt.[931] Seine Eltern sollen Händler gewesen sein.[932] Bereits im Alter von vier wurde Abdurehim zum Vollwaisen.[933] Osman Haji, ein mit seinem Vater befreundeter Händler aus Kumul, adoptierte den Vierjährigen.[934] Osman Haji ließ Abdurehim eine traditionelle islamische Schule besuchen, und in dieser Zeit lernte der Junge islamisch-mystisch (sufisch) inspirierte Gedichte kennen.[935]

In die Schulzeit Ötkürs fiel der Ausbruch von Xoja Niyaz Hajis Aufstand, als dessen Folge alle Schulen Kumuls geschlossen wurden.[936] Aufgrund dieser politischen Entwicklung musste Ötkür seine Schulausbildung für längere Zeit unterbrechen.[937] Gemeinsam mit seiner Adoptivfamilie zog er in die chinesische Provinz Gansu um.[938] Dort wurde er von der Frau seines Adoptivvaters Osman Haji, Marixan Xanim, zu Hause unterrichtet.[939] Es ist darauf hingewiesen worden, dass diese Frau einen wichtigen Beitrag insbesondere zur literarischen Entwicklung Abdurehim Ötkürs leistete, unter anderem, indem sie ihn mit Märchen und anderen Texten der Volksliteratur bekannt machte.[940] In dieser Hinsicht kann man Marixan Xanims Rolle beispielsweise mit dem Einfluss vergleichen, den Frauen auf die literarische (und sonstige) Bildung des großen kasachischen Dichters Abay (1845–1904) hatten. Bekanntermaßen vermittelten die zweite Gattin von Abays Vater, Ulžan, sowie Abays Mutter Zere dem Dichter vieles aus dem Bereich der Literatur.[941] Die Biographien Ötkürs und Abays sind vielleicht deshalb gut miteinander vergleichbar, weil sie geographisch, zeitlich und kulturell in einer gewissen Nähe zueinander standen. Beide Dichter wurden beispielsweise stark von der tschagataischen und tatarischen Literatur beeinflusst. Eine ähnliche Rolle wie die genannten Frauen spielte auch die Mutter Abduxaliq Uyġurs.[942]

---

930 Semet/ Wilkens 2012: 151. Zum Leben und Werk Ötkürs siehe neben dem Aufsatz Semets und Wilkens' auch Harbalioğlu/ Abdulvahit Kaşgarlı 2017: 78-83, Kasapoğlu-Çengel 2000 und Sulayman/ Häsän/ Guth 2009.
931 Harbalioğlu/ Abdulvahit Kaşgarlı 2017: 78. Die beiden Autorinnen geben seinen Namen dort als Abdurehim Tileşup Ötkür wieder. Das Element Tileşup ist offensichtlich ein vom Namen von Ötkürs Vater Tileş (*Tiläš, Harbalioğlu/ Abdulvahit Kaşgarlı 2017: 78) abgeleitetes Patronym, wobei -up eine Form der aus dem Russischen übernommenen Patronymendung -ov (russische Patronymendung) darstellt.
932 Harbalioğlu/ Abdulvahit Kaşgarlı 2017: 78.
933 Harbalioğlu/ Abdulvahit Kaşgarlı 2017: 78.
934 Harbalioğlu/ Abdulvahit Kaşgarlı 2017: 78.
935 Harbalioğlu/ Abdulvahit Kaşgarlı 2017: 78, die unter den dichterischen Einflüssen auf Ötkür in dieser Zeit einen Sufiker namens Allahyar erwähnen.
936 Harbalioğlu/ Abdulvahit Kaşgarlı 2017: 78. Zu dem Aufstand vgl. S. 43 des Haupttextes.
937 Harbalioğlu/ Abdulvahit Kaşgarlı 2017: 78.
938 Harbalioğlu/ Abdulvahit Kaşgarlı 2017: 78.
939 Harbalioğlu/ Abdulvahit Kaşgarlı 2017: 78.
940 Harbalioğlu/ Abdulvahit Kaşgarlı 2017: 78. Zur Volksliteratur beziehungsweise mündlichen Volksliteratur vgl. S. 107 des Haupttexts.
941 Vgl. Heß 2021a: 97.
942 Siehe S. 164 des Haupttextes.

Die wirtschaftliche Situation von Ötkürs Adoptivfamilie war offenbar nicht allzu rosig, und es ist die Rede davon, dass Abdurehim für Geschwister seines Adoptivvaters als Hirte arbeitete.[943] Nach dem Scheitern des Kumuler Aufstandes arbeitete Osman Haji eine Weile als Zollbeamter in der Nähe der Stadt Üčturpan, wohin er Abdurehim mitnahm.[944] Die komplizierten Zeitumstände und Umzüge hatten zur Folge, dass Abdurehim seine Grundschulausbildung erst im Jahr 1936 abschließen konnte.[945]

Einen neuen Abschnitt in Abdurehims Leben eröffnete sein in die Jahre 1936 bis 1939 fallender Besuch eines Gymnasiums von Ürümči, das einen sowjetisch geprägten Lehrplan hatte.[946] An dieser Schule lernte Abdurehim Klassiker der russischen und sowjetischen Literatur, darunter Puschkin, Lermontov, Tolstoi und die tatarischen Dichter Ġabdulla Tuqay (1886–1913) und Hadi Taqtaš (1901–1931), aber auch uigurische Dichter wie Ömär Muhämmädiy (1906–1931) und Abduxaliq Uyġur kennen.[947] Abdurehim Ötkür soll seine ersten Gedichte auf der Wandzeitung des Gymnasiums veröffentlicht haben.[948]

Im Anschluss an seine Gymnasialzeit absolvierte Ötkür von 1939 bis 1942 ein Studium an der Pädagogischen Fakultät des Lehrerausbildungsinstituts von Xinjiang.[949] Dort hatte Ötkür chinesische Professoren, lernte zugleich aber auch Werke von osmanischen beziehungsweise türkischen Autoren wie Ziya Gökalp (1876–1924) und Mehmed Akif Ersoy (1873–1936) kennen.[950] Nach dem Studium bekam Ötkür eine Anstellung an einem Mädchengymnasium und danach als Direktor einer Mittelschule in Ürümči, arbeitete zugleich aber auch als Journalist.[951] Neben verschiedenen Turksprachen beherrschte Ötkür auch Mandarin, Russisch, Arabisch und Neupersisch.[952]

Aufgrund seines Widerstands gegen die Regierung Sheng Shicais und weil er in seinen Gedichten die „Dreiprovinzenrevolution" unterstützte, wurde Ötkür im Jahr 1944 verhaftet und verbrachte etwa ein Jahr im Gefängnis.[953] Offenbar geriet Ötkür nach der Ausrufung der Volksrepublik China im Jahr 1949 erneut in politisch bedingte Schwierigkeiten. Zumindest ist damit erklärt worden, dass er zwischen 1949 und 1968 keine Gedichte verfasst habe.[954] Auch in der Zeit der „Großen Kulturrevolution" (1966–1976) musste Ötkür mit großen Schwierigkeiten fertig werden.[955] Über die politische und gesellschaftliche Position Ötkürs in dieser Zeit gibt es verschiedene Angaben, die möglicherweise auf eine wechselhafte Entwicklung hindeuten. Nach einer Version soll er in dieser Zeit mehrere Jahre im Gefängnis verbracht haben, allerdings lägen

---

943 Harbalıoğlu/ Abdulvahit Kaşgarlı 2017: 78.
944 Harbalıoğlu/ Abdulvahit Kaşgarlı 2017: 78f. – Zu Üčturpan vgl. Fußnote 93.
945 Harbalıoğlu/ Abdulvahit Kaşgarlı 2017: 79.
946 Harbalıoğlu/ Abdulvahit Kaşgarlı 2017: 79, die das „Gymnasium" *gimnaziya* (<Russ.) zugleich als „Militärschule" (*askeri okul*) bezeichnen.
947 Harbalıoğlu/ Abdulvahit Kaşgarlı 2017: 79. – Zu Tuqay vgl. Heß 2009c und Heß 2009d. – Zu Ömär Muhämmädiy siehe Harbalıoğlu/ Abdulvahit Kaşgarlı 2017: 264-266 und vgl. Heß 2019a. Zu Abduxaliq Uyġur siehe S. 163ff. des Haupttextes.
948 Harbalıoğlu/ Abdulvahit Kaşgarlı 2017: 79.
949 Harbalıoğlu/ Abdulvahit Kaşgarlı 2017: 79, wo das Institut *Şincan Öğretmen Okulu* heißt.
950 Harbalıoğlu/ Abdulvahit Kaşgarlı 2017: 79. Zu Ersoy vgl. Heß 2008b.
951 Harbalıoğlu/ Abdulvahit Kaşgarlı 2017: 79.
952 Harbalıoğlu/ Abdulvahit Kaşgarlı 2017: 79.
953 Harbalıoğlu/ Abdulvahit Kaşgarlı 2017: 79. – Zur „Dreiprovinzenrevolution" vgl. S. 47ff. des Haupttextes.
954 Harbalıoğlu/ Abdulvahit Kaşgarlı 2017: 79.
955 Harbalıoğlu/ Abdulvahit Kaşgarlı 2017: 80.

die Details im Unklaren.[956] Auf der anderen Seite wird berichtet, dass er von 1949 bis 1967 „in politischen Büros" (*siyasi bürolarda*) und in der Verwaltung der „Zeitung von Xinjiang" (*Šinjaŋ geziti*) als Übersetzer gearbeitet habe.[957]

Eine klare Verbesserung in beruflicher Hinsicht erlebte Ötkür dann nach dem Beginn der Periode der „Reformen und Öffnung". So wurde er im Jahr 1979 Vizedirektor der Abteilung für Literaturforschung der Akademie der Geisteswissenschaften von Xinjiang und zugleich Herausgeber einer von der Akademie herausgegebenen Zeitschrift.[958]

Abdurehim Ötkür verstarb am 6. Oktober 1995 in Ürümči an Krebs.[959]

Ötkür verfasste neben zahlreichen Gedichten und dem *dastan* „Die Nacht von Kaschgar" auch den Roman „Die Spur" (*Iz*, 1985) und dessen aus zwei Teilen bestehende Fortsetzung „Die erwachte Erde" (*Oyǧanǧan zemin*, 1989, 1994).[960]

Der nachstehend in Übersetzung wiedergegebene Text des *Gedichts Iz* stammt aus dem oben erwähnten gleichnamigen Roman, in dem er ganz zu Beginn steht.[961] Im Roman wird das Gedicht explizit der Form der „Ghasele" (*ǧäzäl*) zugeordnet.[962] Vorangestellt ist dem Gedicht lediglich ein Zitat von Maḥmūd al-Kāšġarī (Maḥmūd aus Kaschgar, ca. 1005–1102): „Seine alte Spur, dass jemand gegangen ist" (*Qädimi izi – biravniŋ maŋǧinini*). Maḥmūd al-Kāšġarī gilt als erster Lexikograph der turksprachigen Welt. Sein in arabischer Sprache verfasster „Diwan der Sprachen der Türken" ist bis heute eine der wichtigsten Quellen zur Geschichte und Sprache der Turkvölker.

Nach Forschermeinung stellt das Gedicht eine Art kondensierte Form der gesamten Romanaussage dar.[963] Zusammen mit dem Kāšġarī-Zitat steht es in dem Roman Ötkürs vor der „Einleitung" (*Muqäddimä*). Hierbei handelt es sich um einen programmatischen Text, der sich an die Leser wendet, um ihnen Sinn und Absicht des Romans nahezubringen. Verbindendes Element zwischen dem Sinnspruch Kāšġarīs, dem Gedicht, dem Vorwort und dem Roman ist dabei der Begriff der „Spur(en)" (*iz*). Diese Verbindung könnte man sich in etwa wie folgt denken: So wie Kāšġarī in der Vergangenheit sowohl durch seine Werke Spuren hinterlassen hat als auch das Prinzip des Spurenhinterlassens in dem Zitat selbst reflektiert hat, wird auch der Roman *Iz* Spuren von Geschichte und Kultur des uigurischen Volks bewahren, und so werden diese hoffentlich nicht vergessen werden. Dieses Interesse am Hinübertragen von Spuren aus der uigurischen Vergangenheit in die Zukunft ist wohl die Kernaussage des Romans und dürfte neben seiner literarischen Qualität einen der Hauptgründe für seine extreme Beliebtheit darstellen.

Der Roman behandelt ein historisches Sujet. Und zwar geht es um jenen Aufstand, den Vorläufer der späteren Uiguren 1907 in Ötkürs Geburtsstadt Kumul noch gegen das kaiserliche China begannen, sowie daran anschließende Ereignisse, die sich bis in die 1930er Jahre fortsetzen.[964]

---

956 Nach Harbalioğlu/ Abdulvahit Kaşgarlı 2017: 79.
957 Harbalioğlu/ Abdulvahit Kaşgarlı 2017: 80, die die Einrichtung in der Form *Şincan Sosyal Bilimler Akademisinin Edebiyat Araştırmaları Bölümü* benennen.
958 Harbalioğlu/ Abdulvahit Kaşgarlı 2017: 80.
959 Harbalioğlu/ Abdulvahit Kaşgarlı 2017: 80.
960 Harbalioğlu/ Abdulvahit Kaşgarlı 2017: 80-82. Zur „Nacht von Kaschgar" vgl. S. 107 des Haupttextes.
961 Die hier vorgenommene Übersetzung beruht auf Ötkür 1985: 1. – Die erste deutsche Übersetzung liegt wohl in Semet/ Wilkens 2012: 167f. vor.
962 Ötkür 1985: 2.
963 Semet/ Wilkens 2012: 164.
964 Zu den historischen Aufständen in Kumul siehe S. 38 und S. 43 und des Haupttexts.

Die Entstehungsgeschichte des Gedichts *Iz* beginnt sehr wahrscheinlich schon wesentlich früher als die des Romans. Die erste Fassung des Poems wird auf den 10. Juni 1972 datiert, wohingegen der Roman erst 1985 erscheinen konnte.[965] Diese Entwicklung scheint zu bestätigen, dass der gesamte Roman als eine Art Ausarbeitung des im Gedicht enthaltenen Gedankens interpretiert werden kann.

7.2 Text in Übersetzung

Die Spur

> Man warf uns hinaus auf die sehr lange Fahrt, da waren erst Kinder wir nur,
> Inzwischen sind unsere Enkel so groß, mit Pferden bereiten die Flur.

> Man warf uns hinaus auf die schwierige Fahrt, da waren wir wenige nur,
> Doch nun nennt man uns Karawane, in Wüsten gelassen wir haben die Spur.

> Die Spur ist geblieben in Wüsten und manchmal dazwischen auf allerlei Pässen,
> Und zahlreiche Löwen in Wüsten und Weiten, wo nichts je Begräbnis erfuhr.

> Wirklich Nichts? Aber nein! unser Grab, tamariskenumrötet in Ödnis im Frühjahr
> Wird vielfach mit Blüten besät und erfüllt, wenn morgigen Tag zeigt die Uhr.

> Das Ziel ist verloren, die Spur ist verwischt, und alles in Ferne verschwunden,
> Doch der Sandsturm wird nie unsre Spur je verwehen, selbst formend die Dünen zur Schnur.

> Der Zug auf dem Wegesmarsch niemals je hält, selbst mit mageren elenden Kleppern,
> Die Spur werden finden, der Tag kommt gewiss, unsere Enkel, nach ihnen die Ur-.

---

965   Semet/ Wilkens 2012: 155, 164.

8 Abduxaliq Uyġur: Wach auf!

8.1 Vorbemerkung

Abduxaliq Uyġur entstammte einer reichen und gebildeten Familie. Sein Ur-Urgroßvater Imin Axun (1783–1863) hatte in dem Dörfchen Qaliġač Bulaq („Schwalbenquelle") in der Nähe der Oasenstadt Turpan eine prominente Position als Geistlicher und Grundbesitzer inne.[966] Ebenso wie Imin Axun führte auch dessen Sohn Musa Axun (1811–1896) den Titel eines Molla (Molla, Mullah) oder islamischen Lehrers.[967] Nach Imin Axuns Tod hatte Musa Axun in Turpan offiziell den Titel Axun (islamischer Lehrer) erhalten, der aus diesem Grund zu seinem Namensbestandteil geworden war.[968] In demselben Ort übte Musa Axun die Funktion eines islamischen Richters (*qazi*) aus.[969]

Abduxaliqs Großvater Hezibulla Axun (1841–1893), ein Sohn Musa Axuns, wurde in Qaliġač Bulaq geboren und schlug ebenfalls den Weg des islamischen Geistlichen ein.[970] Hezibulla Axun brachte es unter anderem zum Mufti (*mupti*) von Turpan.[971]

Hezibulla Axuns Sohn Abduraxman Mäxsum Haji (1868–1950) war Abduxaliqs Vater, und er kam in dem Dorf Baġri in der Nähe von Turpan zur Welt.[972] Auch er wurde ein Molla. Er soll das klassische Arabische ebenso wie das Neupersische beherrscht haben, die wichtigsten Islamsprachen Zentralasiens neben der jeweiligen turksprachigen literarischen Varietät.[973] Abduraxman Mäxsum Haji heiratete in Turpan die älteste Tochter eines Kaufmanns namens Mijit Haji (*1847–1930). Ihr Name war Niyazxan (1870–1971).[974] Das Paar zog nach einer Weile auf Veranlassung von Mijit Haji nach Yeŋi šähär.[975] In der Folgezeit beteiligte sich Abduraxman Mäxsum Haji auch an den Handelsgeschäften seines Schwiegervaters Mijit Haji und lernte, auch dank dieser Aktivitäten, perfekt Chinesisch.[976] Nachdem er im Jahr 1935 die Pilgerfahrt nach Mekka absolviert hatte, wurde er wie sein Großvater Musa Axun islamischer Richter in Turpan.[977] Solange die Nationalisten (*Guomindang*) über Turpan herrschten, übernahm Abduraxman Mäxsum Haji dort politische Funktionen, unter anderem war er Mitglied des Bezirksrats von Turpan sowie des Provinzrats von Xinjiang.[978]

Die Familie von Abduxaliqs Mutter stammte ebenfalls aus der Gegend von Turpan. Mijit Haji war der Sohn eines Mannes namens Ablimit Kündi (1827–1887), der aus einem Dorf namens Čatqal stammte.[979] Mijit Haji heiratete Ärämsimaxan, eine Tochter eines bekannten islamischen

---

[966] Nach Šahniyaz 2004: 1H. Zur Familiengeschichte vgl. auch Anonym o. J.: 2.
[967] Nach Šahniyaz 2004: 1Hf.
[968] Nach Šahniyaz 2004: 2H.
[969] Nach Šahniyaz 2004: 2H.
[970] Šahniyaz 2004: 2H.
[971] Šahniyaz 2004: 2H.
[972] Šahniyaz 2004: 3H.
[973] Šahniyaz 2004: 3H.
[974] Šahniyaz 2004: 3H, 5Hf.
[975] Zur Interpretation des Ortsnamens Yeŋi šähär vgl. Fußnote 995.
[976] Šahniyaz 2004: 3H.
[977] Šahniyaz 2004: 3H.
[978] Šahniyaz 2004: 3H. Obwohl Šahniyaz nicht explizit einen Zeitraum nennt, dürfte die Zeit bis 1944 gemeint sein.
[979] Šahniyaz 2004: 4Hf. Bei dem Namensbestandteil Kündi handelt es sich offenbar um eine Rangbezeichnung. Nach Muḥämmät Šahniyaz' Erklärung handelt es sich um „einen Titel der Regierungsbediensteten in jener Zeit" (*šu zamandiki hökümät xadimlириŋ ämäl nami*).

Gelehrten Čatqals namens Molla Sadiq Axun.[980] Nach der Hochzeit soll Mijit Haji eine Weile lang in Čatqal Landwirtschaft betrieben haben, bevor er nach dem Tod seines Vaters nach Turpan übersiedelte und sich verstärkt dem Handel widmete.[981] Nachdem Mijit Haji seine älteste Tochter Niyazxan an Abduraxman Mäxsum Haji vergeben hatte und dieser zur rechten Hand Mijit Hajis aufgestiegen war, liefen Mijit Hajis Geschäfte in Turpan immer besser. Er schickte Karawanen bis ins russische Semipalatinsk (heute Semey, Šämäy in Kasachstan) und nach Kasan.[982] Er importierte unter anderem Stahl- und Eisenwaren, Textilien und Gebrauchsgegenstände aus Russland und verkaufte sie in großem Stil in Turpan und Ürümči.[983]

Über einen großen Teil der bekannten Vorfahren Abduxaliq Uyġurs, seien sie nun väterlicher- oder mütterlicherseits, wird gesagt, dass sie sowohl über verschiedene Grade der traditionellen und modernen Bildung verfügten als auch geschäftlich tätig gewesen seien, und zwar entweder in der Landwirtschaft oder im Handel.[984]

Abduxaliq selbst kam am 9. Februar 1901 als ältester Sohn Abduraxman Mäxsum Hajis in Turpan zur Welt.[985] Er soll eine ausgesprochen vielseitige Bildung erhalten haben. Weil sein Großvater Mijit Haji ihn als Kind sehr lieb hatte, nahm er Abduxaliq in dessen drittem Lebensjahr bei sich zu Hause auf und erzog ihn selbst gemeinsam mit seiner Frau Ärämsimaxan.[986] Auch Abduxaliqs Mutter, die Lesen und Schreiben konnte und als gebildete, belesene und aufgeweckte Frau beschrieben wird, spielte bei seiner Erziehung und Ausbildung eine wichtige Rolle.[987] Wenn der Kleine las oder Gedichte schrieb, soll sie anderen Menschen im Haushalt verboten haben, laut zu sprechen, um ihn nicht zu stören – was später zu einer Familientradition geworden sein soll.[988]

Mit fünf soll Abduxaliq Uyġur bereits Lesen und Schreiben beherrscht haben und mit zwölf in eine traditionelle islamische Schule gekommen sein.[989] Bereits in jungen Jahren habe er klassische Werke der islamischen Literatur in arabischer und neupersischer Sprache gelesen.[990]

Im Jahr 1916 folgte der Junge seinem Großvater Mijit Haji auf eine Reise nach Russland.[991] In Semipalatinsk begann Abduxaliq auf Mijit Hajis Initiative hin in der dortigen russischen Schule Russisch zu lernen.[992] In derselben Stadt hatte auch der kasachische Nationaldichter Abay Qunanbayev, der aus der Gegend stammte, entscheidende Etappen seiner Ausbildung absolviert.[993] Es ist möglich, dass einer der Gründe für die Wahl Semipalatinsks als Ausbildungsort für Abduxaliq das Prestige der Stadt als Zentrum nicht nur russischer, sondern auch islamisch-turksprachiger beziehungsweise kasachischer Kultur war.

---

980 Šahniyaz 2004: 5H.
981 Šahniyaz 2004: 5H.
982 Šahniyaz 2004: 5Hf.
983 Šahniyaz 2004: 6H-8H.
984 Šahniyaz 2004: 1H-5H.
985 Das Datum finde sich in Anonym o. J.: 2 und Elkun 2023a: 256. Es wird in beiden Fällen nicht angegeben, ob es sich bei diesem Datum um ein julianisches oder gregorianisches handelt. Der Geburtsort wird auch in Šahniyaz 2004: 2V erwähnt. Siehe auch Šahniyaz 2004: 4H. – Zu Abduxaliq Uyġur allgemein siehe neben Šahniyaz 2004 auch Sulayman/ Muhämmät/ Guth 2020.
986 Šahniyaz 2004: 6H, 8H.
987 Šahniyaz 2004: 6H.
988 Šahniyaz 2004: 6Hf.
989 Anonym o. J.: 2.
990 Sulayman/ Muhämmät/ Guth 2020; Anonym o. J.: 2.
991 Anonym o. J.: 2.
992 Šahniyaz 2004: 6H. Vgl. Anonym o. J.: 2.
993 Heß 2021a: 97. Zu Abay siehe auch S. 159 des Haupttextes.

Zu einem unbestimmten Zeitpunkt nach 1916 kehrte Abduxaliq aus Kasachstan wieder nach Turpan zurück.[994] Dort trat er auf Betreiben seines Vaters in eine traditionelle chinesische Schule (xiaotang 校堂) ein, um die chinesische Sprache zu lernen.[995] Im Unterricht eignete sich Abduxaliq Kenntnisse der chinesischen Klassiker an und beschäftigte sich sogar mit zeitgenössischer chinesischer Literatur.[996] Zu den Werken, die Abduxaliq las, gehörten Shuihu zhuan 水浒传 („Flussufererzählungen" beziehungsweise „Räuber vom Liang-Shan-Moor" und Hongloumeng 红楼梦 („Der Traum der Roten Kammer").[997] Diese Schule schloss er mit einem ausgezeichneten Ergebnis ab.[998]

Im Hinblick auf Abduxaliqs späteres politisches Engagement dürfte von Bedeutung sein, dass Uyġur während seiner Zeit an der chinesischen Schule auch Werke von Sun Yat-sen, des Vaters der chinesischen Revolution, gelesen und deren Inhalt an seine Mitschüler weitergegeben haben soll.[999] Die in Abduxaliqs Erziehungs- und Bildungsweg bis dahin erkennbare Offenheit und Breite erklärt sich wohl auch aus dem revolutionären Geist jener Jahre. Dieser ließ die Prägung durch verschiedene kulturelle Hintergründe nicht unbedingt zum Anlass der Teilung und Aufspaltung werden, sondern versuchte, sie in einer gemeinsamen Vision zu miteinander zu verbinden.

Es ist unbekannt, zu welchem Zeitpunkt Abduxaliq den Beinamen Uyġur („Der Uigure") zu führen begann, aber es dürfte wohl nicht lange nach der Einführung der Bezeichnung im Jahr 1921 geschehen sein. Der Name hatte ohne jeden Zweifel eine programmatische Funktion, genau wie der wohl ungefähr in derselben Zeit gewählte Beiname Uyġur balisi „Uigurenkind" von Näzärhoja Abdusämät.[1000] Die Verwendung von Uyġur als Eigenname ist als „sozialistische Art und Weise" des Ausdrucks der uigurischen nationalen Identität bezeichnet worden.[1001]

Zwischen 1923 und 1926 hielt sich Abduxaliq Uyġur abermals in Russland auf.[1002] Er kam dabei erneut in den russischen Teil Zentralasiens, aber auch bis nach Moskau.[1003] 1926 kehrte er nach Turpan zurück.[1004] Einer Angabe zufolge soll er in der Zeit von ungefähr 1921 bis 1931 auch bis nach Finnland gekommen sein.[1005] Es ist die Rede davon, dass der Aufenthalt zumindest in Moskau Studienzwecken gedient habe.[1006] Abduxaliq Uyġur soll bei dieser Gelegenheit Werke Puschkins, Lermontows, Tolstois und Gorkis gelesen haben.[1007]

Nach seiner Rückkehr eröffnete Abduxaliq Uyġur noch im Herbst 1926 auf seinem privaten Hof eine Schule mit einjährigem Curriculum.[1008] Er soll in Turpan auch versucht haben, eine Dru-

---

[994] Anonym o. J.: 2.
[995] Šahniyaz 2004: 4H, 6H. Anonym o. J.: 2 schreibt, dass diese Schule sich in Turpan Yeŋi šähär befunden habe. Dabei ist unklar, ob es sich bei Yeŋi šähär („Neue Stadt") um einen Stadtteil oder einen Bezirk handelt und ob dieser zu der Oase/Stadt gehörte oder in ihrer Nähe lag. Vgl. auch Sulayman/ Muhämmät/ Guth 2020.
[996] Anonym o. J.: 2.
[997] Anonym o. J.: 2.
[998] Anonym o. J.: 2.
[999] Anonym o. J.: 2.
[1000] Siehe S. 19 des Haupttextes.
[1001] Socialist mode (Abramson 2012: 1074).
[1002] Sulayman/ Muhämmät/ Guth 2020; Anonym o. J.: 2. Vgl. Šahniyaz 2004: 6H.
[1003] Sulayman/ Muhämmät/ Guth 2020; Anonym o. J.; Šahniyaz 2004: 6H.
[1004] Sulayman/ Muhämmät/ Guth 2020; Anonym o. J.: 2.
[1005] Elkun 2023a: 256: In his twenties he travelled to the Soviet Union and Finland („In seinen Zwanzigern reiste er in die Sowjetunion und nach Finnland").
[1006] Anonym o. J.: 2; Šahniyaz 2004: 6H.
[1007] Anonym o. J.: 2.
[1008] Šahniyaz 2004: 4H.

ckerei zu gründen, um in ihr Zeitschriften und Zeitungen herzustellen.[1009] Die Regierung von Gouverneur Yang Zengxin gestattete dies jedoch nicht.[1010] Auch erlegte die Regierung Uyġur Beschränkungen bei der Veröffentlichung seiner eigenen Gedichte auf und limitierte deren Zirkulation.[1011]

Wenig später gründete Abduxaliq Uyġur gemeinsam mit einigen Mitstreitern wie Iskändär Xoja und Mäxsut Muhiti und im Jahr 1927 in Turfan eine Bildungsorganisation namens „Aufklärungsverein" (*Aqartma uyušmisi*).[1012] Wohl im Zusammenhang damit eröffnete er im selben Jahr auch eine Schule mit dem Namen „Aufklärung" (*Aqartma mäktipi*).[1013] Der „Aufklärungsverein" betrieb in Yeŋi šähärbei oder in Turpan[1014] in der Wohnung eines gewissen „Schneiders Nijas" (Niyaz Säypuŋ) eine Schule.[1015] Offensichtlich handelte es sich um eine Schule, die moderne Inhalte lehrte.[1016] Wahrscheinlich gab es auch Unterricht in uigurischer Sprache und Literatur. 1928 wurden in Turpan zwei weitere Schulen dieses Typs, darunter die „Freiheitsschule" (*Höriyät mäktibi*), eröffnet.[1017]

Abgesehen von Turpan soll Abduxaliq Uyġur noch andere Städte und Gegenden im heutigen Xinjiang besucht haben. Darunter waren die Bezirke Pičan (Piqan, Shanshan 鄯善) und Toqsun (Tuokexun 托克逊) sowie die Städte Ürümči, Qarašähär und Čöčäk (Tacheng).[1018]

Im November 1932 soll Abduxaliq Uyġur das nachstehend vorgestellte, bereits im Jahr 1921 entstandene Gedicht *Oyġan!* („Erwache!") zusammen mit einem weiteren seiner Gedichte (*Ačil*, „Öffne dich!") in großen Lettern auf Stoff geschrieben und öffentlich plakatiert haben.[1019] Diese Plakatierungsaktion stand sehr wahrscheinlich im Zusammenhang mit der sogenannten „Revolution von Kumul".

Während des militärischen Vorgehens gegen die Aufständischen von Kumul, das Sheng Shicai veranlasst hatte, wurden auch Abduxaliq Uyġur und einige seiner Weggefährten gefangen, denen man geistige Unterstützung der Rebellen vorwarf.[1020] Am 13. März 1933 ließ Sheng Abduxaliq

---

1009 Anonym o. J.: 2.

1010 Anonym o. J.: 2.

1011 Die Formulierung *čäkläydu* „begrenzt" in Anonym o. J.: 3. kann man wohl so verstehen, dass ihm das Schreiben und die Verbreitung von Gedichten nicht völlig verboten war, es also zu einer Art selektiver Zensur kam.

1012 Anonym o. J.: 2.

1013 Šahniyaz 2004: 4H. Möglicherweise handelt es sich bei dieser Schule und dem *Aqartma uyušmisi* aber auch um ein und dieselbe Organisation.

1014 Bei Anonym o. J.: *Turpan Yeŋi šähär*. Zu den Schwierigkeiten bei der Interpretation dieses Terminus siehe Fußnote 995.

1015 Anonym o. J.: 2.

1016 Anonym o. J.: 2 bezeichnet sie als „neue Schule" (*yeŋi mäktäp*).

1017 Anonym o. J.: 2f.; Šahniyaz 2004: 4H.

1018 Nach Šahniyaz 2004a: 2f.

1019 Anonym o. J.: 2f. Für das Material, auf dem Uyġur die Gedichte schrieb, wird im Text das Wort *räxt* verwendet, das sowohl Stoff als auch Leder bezeichnen kann. Angesichts des Umstands, dass die Texte „in den Straßen plakatiert" (*kočilarda čapla-*) worden sein sollen, könnte es wahrscheinlicher sein, dass es sich um eine Art (dünnen) Stoff handelte. – Der Text von *Ačil* findet sich in Anonym o. J.: 10f. Die Sprache dieses Gedichts ist hier als „tschagataisch" eingeordnet worden, da sie nicht den für das (Neu-)Uigurische charakteristischen Lautwechsel von /a/ zu /e/ in mehrsilbigen Wörtern bei folgender offener Silbe zeigt (zu dieser Regel siehe Mamut 1996: 36H; Friederich 2002: 5; vgl. Kajdarov 1961: 291 und De Jong 2007: 16). Belege mit dem Verbum *ečil-* finden sich etwa in Schwarz 1992: 733, s.v. *ečil-* und Mamut 1996: 345Hf. Die exakte uigurische Alternative zu der in dem Gedicht verwendeten tschagataischen Form *ačil*, *ečil* „öffne dich" ist etwa in YouVersion 2023 belegt, wo die Form in der uigurischen Übersetzung der Stelle 7:34 aus dem Matthäusevangelium vorkommt. Der Lautwechsel vom initialen *a* zu *e* in dem Wort lässt sich auch anhand von Lexemen wie *ečiliš* „Öffnung" belegen (siehe etwa Nadžip 1968: 143, s.v. *ečiliš*).

1020 Anonym o. J.: 3.

Uyġur gemeinsam mit einigen seiner Weggefährten vor der Qazixana-("Gerichts")-Moschee in Yeŋi šähär bei oder in Turpan enthaupten.[1021] Angeblich sollen die letzten Worte Abduxaliq Uyġurs „Es lebe die Freiheit!" gewesen sein.[1022]

Uyġur kann wohl als einer der frühesten uigurischen Autoren überhaupt beschrieben werden. Unter seinem Namen scheinen nur Gedichte überliefert zu sein.[1023]

Das Gedicht *Oyġan!* ist von einem ausgesprochen militanten und offen gewaltbereiten Geist getragen. In ihm wird eine kompromisslos radikale und brutale Alternative aufgebaut: Wenn die Uiguren erwachen und dem Untergehen entkommen wollen, müssen sie das Blut der Gegner vergießen und diesen die Köpfe abschneiden. Der martialische Charakter der Botschaft wird dabei durch die strenge Form des Gedichts unterstrichen. In jeder Zeile gibt es *exakt* 11 Silben, man sieht also keine Schwankungen bei der Silbenzahl, wie es bei silbenzählender uigurischer Volksdichtung ansonsten mitunter der Fall ist. Ähnlich streng ist die Reimstruktur, die in allen Strophen bis auf die letzte identisch ist. Dabei muss die Reimanordnung der letzten Strophe aber nicht als Bruch mit der Reimform der vorausgehenden Strophen gelesen werden, sondern stellt vielmehr deren steigernde Vollendung dar. Denn diese letzte Strophe ersetzt das Schema *aaba* der vorangestellten Strophen durch den hämmernden Monoreim *aaaa*, der das frühere Reimmuster gewissermaßen inkorporiert.

8.2   Text in Übersetzung

Ach armer Uigure, wach auf, genug deinem Dösen!
Besitz hast du nicht, nur das bliebe: vom Leben dich lösen.
Wenn selbst diesem Tod du nicht kannst dich befreiend entreißen,
Dann böse für dich diese Klemme ist, eine der bösen.

Ich sag dir: Steh auf, heb das Haupt, und der Schlaf sei vorbei!
Das Blut deines Gegners vergieße, vom Haupt ihn befrei!
Die Augen mach auf, sieh dich gründlich mal um! Denn wenn nicht:
Nur eins gibt's (Du triffst in den Träumen den Tod.) und nicht zwei.

Noch immer mit seelen- und leblosem Leib du erscheinst.
Was fürchtest du also den Tod? Worum du wohl weinst?
Du liegst da herum, völlig reglos, wo ich dich doch rufe.
Willst ohne Erwachen du sterben, so töricht wie einst?

1021 Anonym o. J.: 3. Vgl. auch Sulayman/ Muhämmät/ Guth 2020; Elkun 2023a: 256.
1022 Anonym o. J.: 3.
1023 Die hier verwendete Ausgabe der Gedichte, Anonym o. J., enthält keinerlei Angaben zu ihren Quellen. Es kann daher selbstverständlich auch nicht mit Sicherheit gesagt werden, inwieweit die in ihr versammelten Gedichte authentisch sind. Der uigurische Schriftsteller Muhämmät Šahniyaz, Autor eines biographischen Textes zu Abduxaliq Uyġur, schildert in dessen Vorwort, dass er am 10. Juni 1981 „eine Gruppe Gedichte mit der Überschrift ,Gedichte Abduxaliq Uyġurs' , die mit schöner Handschrift geschrieben waren" (*čıray-liq počurkida yezilġan 'Abduxaliq Uyġur še'irliri' särlävhilik bir gruppa še'ir*) unter den Materialien, die an die Zeitschrift *Turpan* geschickt worden waren, gefunden habe (Šahniyaz 2004a: 1V). Šahniyaz sagt nichts weiter über den Zustand dieser „Gruppe" von Gedichten, die Quelle oder den Absender, ihren möglichen Zustand und so weiter, sondern schildert, wie er sich sofort in die Lektüre vertiefte, da er sie offenbar für authentisch hielt. Dies ist jedoch ebensowenig erwiesen wie bei der Ausgabe Anonym o. J., und es kann auch nichts Genaues über einen möglichen Zusammenhang zwischen diesen beiden Textkorpora ausgesagt werden. Zum literarischen beziehungsweise dichterischen Werk Uyġurs siehe auch Ayup 2017a.

Ganz weit mach sie auf, deine Augen, und sieh um dich her!
Dein Schicksal bedenke du lange und gründlich, noch mehr!
Wenn du sie verpasst, diese goldene, herrliche Chance,
Ganz schwer wird die Zukunft für dich, wirklich fürchterlich schwer.

Uigure, das Mitleid mit dir, hier im Herz brennt es mir.
Kamerad und auch Bruder, ein Fleisch und ein Blut, das sind wir.
Beheben dein Pech und mich kümmern, dich wecken will ich.
Du hörst jedoch nicht im Geringsten. Was ist nur mit dir?

Den Tag deiner bitteren Reue, du wirst ihn erleben,
Zum Wesen und Sinn dieses Wortes du wirst dich erheben.
„Zu spät!" oder „Halt!" noch zu rufen, umsonst du wirst streben,
Dem Namen „Uigure" sein wirkliches Recht wirst du geben.

9 Zordun Sabir: Aus „Der Schuldner"

9.1 Vorbemerkung

Zordun Sabir (sein chinesischer Name lautet Zuerdong Shabi'er 祖尔东·沙比尔) kam im April 1937 im Dorf Yeŋitam in der Nähe von Ġulja als zweites Kind armer Bauern zur Welt.[1024] Seine Mutter Anarxan starb, als er nur fünf Jahre alt war.[1025] Danach wuchs Zordun bei seinem Vater Sabir auf, der auf eine erneute Heirat verzichtete, bis seine Kinder die Mittelschule abgeschlossen hatten.[1026] Gleichzeitig kümmerte sich ein in Ġulja tätiger Lehrer namens Zamanidin um Zorduns Erziehung.[1027]

Nach dem Abschluss von Grund- und Mittelschule nahm Zordun Sabir ein Lehrerstudium auf, das er im Jahr 1957 abschloss.[1028] Im gleichen Jahr begann er für die „Ili-Zeitung" (*İli geziti*) zu arbeiten.[1029] Ebenfalls noch 1957 begann er ein weiteres Studium, und zwar am „Nordwestlichen Nationalitäten-Institut" (*Xibei minzu xueyuan* 西北民族学院), der heutigen „Nordwestlichen Nationalitäten-Universität" (*Xibei minzu daxue* 西北民族大学), in Lanzhou 兰州.[1030] In seiner Zeit am Nordwestlichen Nationalitäten-Institut lernte Zordun Sabir wichtige Klassiker der chinesischen und Weltliteratur in chinesischen Ausgaben kennen. Unter diesen waren Lu Xun 鲁迅 (1881–1936), Mao Dun 茅盾 (1896–1981), Ba Jin 巴金 (1904–2005), Shakespeare, Balzac, Maupassant, Tolstoi und Tschechow.[1031] Auch Werke der tschagataischen und uigurischen Literatur las er, darunter solche von Navāʾī, Bilal Nazim und Zunun Qadiri.[1032]

In diese Zeit fallen auch die Anfänge von Zordun Sabirs literarischer Karriere. Als sein erstes Werk wird das Gedicht „Die weiße Aprikose" (*Aq örük*) angesehen, das 1961 in der Zeitschrift *Tarim* veröffentlicht wurde.[1033] Möglicherweise im Zusammenhang mit dem Erscheinen dieses Gedichts wurde Sabir verhaftet und beschuldigt, ein „Ethno-Nationalist" und „Konterrevolutionär" zu sein.[1034] Da Zordun Sabir im Jahr 1964 nach Ġulja kam und an einer Mittelschule als Lehrer für Sprache und Literatur arbeitete, ist es denkbar, dass Verhaftung und Anklage erst später stattfanden, doch ist die Chronologie der Ereignisse der Sekundärliteratur nicht eindeutig zu entnehmen.[1035] Jedenfalls wurde Zordun Sabir jedenfalls offenbar nach Tibet zur sogenannten Umerzie-

---

1024 Sabir 2007 [2000]: 590; Harbalioğlu/ Abdulvahit Kaşgarlı 2017: 323; Hasanjan/ Byler 2022. Abweichend geben Menges/ Kleinmichel o. J. [1998]: 609 Sabirs Geburtsjahr als 1938 an.
1025 Harbalioğlu/ Abdulvahit Kaşgarlı 2017: 323; Hasanjan/ Byler 2022 Hasanjan/ Byler 2022 Hasanjan/ Byler 2022.
1026 Harbalioğlu/ Abdulvahit Kaşgarlı 2017: 323. Vgl. Hasanjan/ Byler 2022.
1027 Hasanjan/ Byler 2022.
1028 Harbalioğlu/ Abdulvahit Kaşgarlı 2017: 323.
1029 Harbalioğlu/ Abdulvahit Kaşgarlı 2017: 323.
1030 Harbalioğlu/ Abdulvahit Kaşgarlı 2017: 323.
1031 Harbalioğlu/ Abdulvahit Kaşgarlı 2017: 324.
1032 Harbalioğlu/ Abdulvahit Kaşgarlı 2017: 324. Zu den genannten Autoren siehe S. 103; 27 und 106 sowie 110 des Haupttextes.
1033 Hasanjan/ Byler 2022.
1034 *Ethno-nationalist, counter-revolutionary* (Hasanjan/ Byler 2022). Nach Harbalioğlu/ Abdulvahit Kaşgarlı 2017: 324 beinhalteten die Vorwürfe, dass er „zweifelhaft" (*şüpheli*) und „nationalistisch" (*milliyetçi*) gewesen sei.
1035 Harbalioğlu/ Abdulvahit Kaşgarlı 2017: 324. Hieraus kann man mit einer gewissen Wahrscheinlichkeit schließen, dass Zordun Sabir am Nordwestlichen Nationalitäten-Institut eine Ausbildung zum Lehrer für Sprache und Literatur absolviert hatte.

hung verbannt.[1036] Aufgrund seiner Verbannung konnte Sabir bis 1972 keinerlei literarischer Aktivität nachgehen.[1037]

Unmittelbar nach dem Beginn der Öffnungsperiode kehrte Sabir wieder in das berufliche und schriftstellerische Leben zurück. Im Jahr 1979 wurde er in der Abteilung für uigurische Literatur des prestigereichen „Volksverlags Xinjiang" (Šinjaŋ xälq näšriyati) eingestellt.[1038] 1981 ließ er sich in Beijing am Lu Xun-Institut für Literatur (Lu Xun wenxueyuan 鲁迅文学院) fortbilden.[1039]

1987 bereiste Sabir verschiedene Städte in der Bundesrepublik Deutschland, wo er Vorträge über uigurische Kultur und Literatur hielt und in Austausch mit deutschen und internationalen Turkologen und anderen Wissenschaftlern trat.[1040] 1988 besuchte er auch Saudi-Arabien und die Türkei.[1041]

Zordun Sabir starb am 13. August 1998 in Ürümtschi an einem Herzanfall.[1042]

Sabirs eigentliche literarische Karriere setzt in der Phase der „Reformen und Öffnung" ein. Als sein literarischer Durchbruch gilt die im Oktober 1979 in *Tarim* erschienene Erzählung *Dolan yašliri* („Junge Dolanen").[1043] Die Geschichte thematisiert das Leben der in der Präfektur Kaschgar im Süden Xinjiangs lebenden Dolanen, einer Untergruppe der Uiguren.[1044] Die Hauptfigur der Geschichte, ein junger Dolane, distanziert sich von folkloristisch-verkitschenden Repräsentationen der dolanischen beziehungsweise uigurischen Kultur. Derartige Darstellungen der Minderheitenkultur waren bis dahin aufgrund staatlicher Lenkung weit verbreitet. Dabei wurden Uiguren stark mit traditionellen kulturellen Ausdrucksformen wie der *muqam*-Musik oder der Institution des *mäšräp* assoziiert beziehungsweise auf sie reduziert und dadurch als tendenziell vor-, wenn nicht antimoderne Gruppe markiert.[1045] Nach der Analyse von Abdulvahit Hasanjan und Darren Byler legt Sabir mittels der Figur des dolanischen jungen Mannes auch dar, „wie das Erleben eines politischen Traumas bewirken konnte, jüngere Generationen von Uiguren von den Traditionen, die vorher existierten, zu distanzieren".[1046] Das politische Trauma, um das es hierbei konkret geht, beinhaltet auch die „kulturelle Auslöschung" (*cultural erasure*), die während der sogenannten „Großen Kulturrevolution" stattgefunden hatte.[1047] Dass es Sabir ermöglicht wurde, *Dolan yašliri* zu veröffentlichen, kann als deutliches Zeichen des Beginns des Post-Mao-Tauwetters gedeutet werden.

Zu den Hauptwerken Sabirs gehören zweifellos die Romantrilogie „Mutterland" (*Ana yurt*) sowie der weiter unten in einem kurzen Auszug vorgestellte Romanzweiteiler „Die Erforschung" (*Iz-*

1036 Hasanjan/ Byler 2022 bezeichnen den Verbannungsort als *Tibetan region of Garmu near the border of Gansu and Qinghai*. Übereinstimmend geben Harbalioğlu/ Abdulvahit Kaşgarlı 2017: 324 den Namen als Garmu an und schreiben, dass er in Tibet liege. Unter dem Namen „Garmu" konnte keine Lokalität eruiert werden. Möglicherweise ist die Stadt Golmud (Ge'ermu 格尔木, tibet. *na gor mo grong khyer*) und die Umgegend gemeint, die in der chinesischen Provinz Qinghai liegt.
1037 Hasanjan/ Byler 2022. Vgl. Harbalioğlu/ Abdulvahit Kaşgarlı 2017: 324.
1038 Harbalioğlu/ Abdulvahit Kaşgarlı 2017: 324.
1039 Harbalioğlu/ Abdulvahit Kaşgarlı 2017: 324.
1040 Harbalioğlu/ Abdulvahit Kaşgarlı 2017: 324.
1041 Harbalioğlu/ Abdulvahit Kaşgarlı 2017: 325.
1042 Harbalioğlu/ Abdulvahit Kaşgarlı 2017: 325.
1043 Harbalioğlu/ Abdulvahit Kaşgarlı 2017: 325; Hasanjan/ Byler 2022.
1044 Hasanjan/ Byler 2022.
1045 Hasanjan/ Byler 2022. Zur Tradition des uigurischen *muqam* vgl. Light 2008.
1046 … that the experience of political trauma could have the effect of distancing younger generations of Uyghurs from the traditions that came before (Hasanjan/ Byler 2022).
1047 Hasanjan/ Byler 2022. Zur sogenannten „Großen Kulturrevolution" und ihren Auswirkungen auf die Uiguren siehe auch Semet/ Wilkens 2012: 152.

diniš*), dessen erster Band spätestens 1983[1048] und der zweite 1990 erschien.[1049] *Ana yurt* verschaffte Sabir in den Augen der Literaturkritik den Rang eines der bedeutendsten uigurischen Autoren des 20. und 21. Jahrhunderts.[1050] Mehrere seiner Erzählungen wurden vom Schriftstellerverband der Volksrepublik China ausgezeichnet.[1051] Sabir war außerdem der erste uigurische Schriftsteller, der für sein Werk mit einem internationalen Preis geehrt wurde.[1052]

Trotz seiner offiziellen Anerkennung in der Literaturszene der Volksrepublik China werden zumindest einigen der Passagen von Sabirs Werken subversive Interpretationen unterlegt. Eine Stelle, in der es um Gäste, die ihre Gastgeber ausnutzen, geht, ist als gegen die nach Xinjiang migrierten beziehungsweise verbrachten Han-Chinesen gerichtet gelesen worden.[1053] Eine andere Textstelle, wo von Wölfen und Schafen, die Rede ist, ist auf analoge Weise verstanden worden.[1054]

Neben *Ana yurt* entsprangen Sabirs Feder noch weitere drei Romane, 13 Novellen, 86 Kurzgeschichten, zwei Dramen, ein Fernsehdrehbuch sowie fünf literaturkritische Essays.[1055]

Im Jahr 2012 erschien posthum Sabirs Erzählband „Der Schuldner" (*Qärzdar*, im chinesischen Paralleltitel: *Zhaihu* 债户) mit der titelgebenden, hier in Auszügen vorgestellten Kurzgeschichte.[1056] Die Erzählung wurde offenbar zwischen 1974 und 1978 geschrieben, wie sich aus der Handlung und der am Ende der Geschichte platzierten Jahresangabe „1978" ergibt.[1057] Als Ersterscheinungsjahr gilt 1980.[1058] Damit gehört sie auch zu der kulturell und politisch unübersichtlichen kurzen Phase zwischen dem Tod Maos und dem damit verbundenen Ende der „Großen Kulturrevolution" und dem Beginn der Reformära. Da die Veröffentlichung von Sabirs die Maozeit offen und scharf kritisierender Erzählung zeitlich ungefähr mit dem Beginn der Zeit der „Reformen und Öffnung" zusammenfällt, kann man auch sagen, dass sie mit ihrer kritischen Haltung selbst diese historische Phrase prägte.

Die Handlung der Geschichte lässt sich auf 1974 oder später datieren.[1059] Eine ihrer am stärksten hervortretenden Eigenschaften dürfte die darin zum Ausdruck kommende unverhohlene, kaustisch-satirische Kritik am kommunistischen System sein, wie es in der Mao-Zeit existierte. Diese Kritik wird anhand einer Institution formuliert, die unter Mao, aber auch später und sogar bis in die Gegenwart, dazu dienen sollte, das System von Fehlern wie Korruption und Ineffektivität zu berei-

---

1048 Dies entspricht den Angaben in Sabir 1983–1990 und Harbalioğlu/ Abdulvahit Kaşgarlı 2017: 326; nach Tanridagli 1998: 3 und Tanrıdağlı 2004: 104 geschah dies erst 1994.
1049 Hasanjan/ Byler 2022. Tanridagli 1998: 3 und Tanrıdağlı 2004: 104 datieren das Ersterscheinen des zweiten Bandes auf 1994.
1050 Hasanjan/ Byler 2022.
1051 Hasanjan/ Byler 2022.
1052 Hasanjan/ Byler 2022.
1053 Bouscaren 2019.
1054 Bouscaren 2019.
1055 Hasanjan/ Byler 2022.
1056 Ausgabe: Sabir 2012 [1999]. Sabir. Im Impressum des Bandes (Sabir 2012 [1999]: unpaginierte Seite vor dem Inhaltsverzeichnis) ist vermerkt, dass die erste Auflage des Buchs schon im Jahr 2012 erschien; laut Harbalioğlu/ Abdulvahit Kaşgarlı 2016: 169 erschien bereits 2011 eine Ausgabe des Sammelbandes in Ürümči. Die Erzählung *Qärzdar* findet sich in Sabir 2012 [1999]: 196-228. Eine weitere Ausgabe findet sich, zusammen mit einer türkeitürkischen Übersetzung in Harbalioğlu/ Abdulvahit Kaşgarlı 2016: 114-169.
1057 Sabir 2012 [1999]: 228. Die Jahresangabe fehlt in der türkischen Übersetzung von Harbalioğlu/ Abdulvahit Kaşgarlı 2016.
1058 Harbalioğlu/ Abdulvahit Kaşgarlı 2017: 325.
1059 Zur Begründung vgl. die Erläuterungen auf S. 338.

nigen, und die diese Aufgabe wohl oft genug auch mit Erfolg erfüllte. Es handelt es sich um die sogenannten „Produktionsgruppen", *shengchan xiaodui* 生产小队 (wörtlich „kleine Produktionsteams"; sie kommen im Text in der verkürzten Form *düy, dui* 队 vor).[1060]

In der Geschichte „Der Schuldner" stellt sich heraus, dass das innerhalb dieser Gruppen installierte Punktesystem, mit dem theoretisch die Erfüllung der vorgeschriebenen Aufgaben ‚belohnt' werden soll, in Wirklichkeit nicht nur nicht funktioniert, sondern in sein Gegenteil verkehrt worden ist. Denn ausgerechnet diese Methode, die als Teil der kommunistischen Ordnung implementiert wurde, um das System der allgegenwärtigen staatlichen Kontrolle der Wirtschaft und anderer Bereiche sicherzustellen, verhilft in Wahrheit dem Kapitalismus zum Sieg, und zwar dem Kapitalismus in einer skrupellosen und betrügerischen Form. Die ehrliche Haut Turghan, der sich mit den staatlicherseits vergebenen Punkten abspeisen lässt, ist am Ende der Dumme. Er wird aufgrund seiner Ehrlichkeit und Systemkonformität rettungslos zum Schuldner. Sein rücksichtsloser, mit einer empathielosen Gaunermentalität ausgestattete Gruppengenosse Bäriz dagegen, der keine Schwierigkeit damit hat, die vorgegebenen Regeln zu verletzen, ist am Ende der klare Gewinner. Bäriz hetzt nicht nur bedenkenlos die der Produktionsgruppe gehörenden Pferde bis zur Erschöpfung für seine eigenen Zwecke und bereichert sich dadurch mit echtem Geld, sondern er gibt auch schamlos und unumwunden zu, dass sein eigenes Tun aus „Raffinesse, Diebstahl und Schurkerei" bestehe.[1061] Die Erzählung „Der Schuldner" legt somit den Finger auf die Wunde und benennt eine Grundursache für das Versagen ausschließlich auf staatliche Kontrolle setzender Wirtschaftsphilosophien und konkret der sozialistischen Ordnung der Volksrepublik China. Sie zeigt auf, dass die Anziehungskraft des Geldes weitaus stärker ist als das Diktat der Moral.

Die ganze Bitterkeit und der Sarkasmus der durch den „Schuldner" vorgetragenen Gesellschaftskritik wird nur dann verständlich, wenn man sich vor Augen führt, dass die KP Chinas sich nach der Gründung der Volksrepublik im Jahr 1949 und der damit angeblich erzeugten „neuen Gesellschaft" (*yeŋi jäm'iyät*) bei jeder sich bietenden Gelegenheit dafür lobte, der arbeitenden Bevölkerung Chinas und vor allen Dingen der Bauern Befreiung von Schuld- und Abhängigkeitsfallen wie die, in der Turghan landet, gebracht zu haben.

Einen vergleichbaren kommunistischen Optimismus brachte beispielsweise noch der uigurische Schriftsteller Ablimit Mäs'udi (1932–1981) in frühen Werken zum Ausdruck. Er brachte mit *Däsläpki qädäm* („Der erste Schritt") 1957 den ersten Erzählungsband der uigurischen Literatur überhaupt heraus und kann somit als einer der Begründer der uigurischen Erzählung und wichtiger literarischer Vorläufer Sabirs gelten. In seiner in diesem Band enthaltenen Erzählung „Der Verrückte wurde geheilt" (*Saraŋ saqaydi*) verdingt sich die Hauptfigur in selbstausbeuterischer Weise, um irgendwie zu überleben, scheitert jedoch und wird am Ende zum Schuldner eines Großgrundbesitzers (*pomeščik*).[1062] In diesem ganz im Sinne der KPC-Ideologie geschriebenen Prosatext kommt die „Heilung" des durch die feudalistische Ausdeutung scheinbar zum „Verrückten" gewordenen Titelhelden erst durch den Segen der neuen Gesellschaftsordnung zustande. Auch wenn sich nicht eindeutig nachweisen lässt, dass Sabir diese Geschichte kannte (was aufgrund ihres literaturgeschichtlichen Rangs jedoch durchaus wahrscheinlich ist), muss vielen Lesern seines „Schuldners" die frappierende und fatale Ähnlichkeit zwischen der Ungerechtigkeit in der von den Kommunisten so genannten „alten Gesellschaft" (*kona jämi'ät*) und dem strukturellen Versagen der „neuen" Gesellschaft ins Auge gefallen sein. In gewisser Weise ist Sabirs „Der Schuldner" eine Inversion von Mäs'udis Propagandaerzählung. An die Stelle der „Heilung" durch

---

1060 Siehe beispielsweise Sabir 2012 [1999]: 203f.
1061 Siehe die Übersetzung auf S. 175 des Haupttextes.
1062 Sultan/ Abdurehim 2002: 42Hf.

den Kommunismus steht in ihr die Erkrankung, das Siechtum und der Tod Turghans durch selbigen. Sabirs Text ist eine Erzählung über eine große gesellschaftliche und politische Desillusionierung.

Der Stil von Sabirs Erzählung ist knapp und konzentriert. Es gibt Sprünge im Handlungsablauf, die dem Leser nicht immer deutlich genug mitgeteilt werden. So wird der Wechsel zwischen einer Szene, in der sich zwei Parteifunktionäre unterhalten, zu einer, in der die Hauptfigur Turghan Lewir und seine Familie die Folgen dieses Gesprächs zu einem späteren Zeitpunkt und an einem anderen Ort erleben, im Original lediglich durch drei Punkte angezeigt.[1063] Diese vergleichsweise spröde Schreibweise, in dem die Ästhetik der Darstellung meistens hinter der Konzentration auf das Wesentliche der Handlung zurücktritt, kann als typisch für die unklare Zeit unmittelbar nach Maos Tod angesehen werden. In ähnlicher Weise kann man auch den Großteil von Qäyyum Turdis Roman „Jahre des Kampfes" beschreiben, dessen erster Band im gleichen Jahr veröffentlicht wurde wie Sabirs „Der Schuldner".

Möglicherweise liegt eine subtile Pointe der Erzählung „Der Schuldner" im Hinblick auf diese dramatischen und traumatisierenden Zeitumstände auch im Namen der Hauptfigur. Turghan (Turġan) kann man mit „der Aufgestandene" übersetzen. Dieser Name wirkt angesichts der totalen Niederlage, die der Protagonist erlebt und die ihn mehrfach im wörtlichen Sinne auf dem Boden niederstreckt, wie ein bitterer Sarkasmus. Es ist geradezu so, als hätten der Spott, das Leid und das Unrecht, welche die Figur erfuhr, nicht einmal vor ihrem Namen Halt gemacht.

Der Text der nachfolgenden Übersetzung beginnt im zweiten Abschnitt der Erzählung.

9.2 Text in Übersetzung

2

Turghan Lewir fegte den Schnee im Hof zusammen. Ihm wurde schwer ums Herz. Während er daran dachte, dass seine drei Kinder dieses Jahr erneut keinen Schulunterricht erhielten, bildete sich ein Kloß in seinem Hals, und seine Beine fingen an zu zittern. Es gelang ihm nur mit Anstrengung, seinen Körper aufrecht zu halten. Er ging hinüber zur Mauer, an der die Schaufel lehnte. Als er sich vorbeugte, um die Schippe aufzuheben, klatschte ihm eine Ladung Schnee auf den Kopf. Er blickte nach oben, zum Dach seines Nachbarn. Der hatte Turghan gerade den Rücken zugekehrt und war wie ein Wilder dabei, Schnee in den Hof hinunterzubefördern. Turghan warf einen missbilligenden Blick in seine Richtung, sagte aber lieber nichts. Denn der Nebenhausbewohner war ein alter Streithahn, und seine Frau ein keifender Satansbraten. Auch wenn sich die Augen der beiden manchmal schlossen, ihre Münder taten es nie! Aus ihnen hagelte es immer wie dem Maschinengewehr geschossen die übelsten Verwünschungen, die Turghan jemals gehört oder auch noch nicht gehört haben mochte. Statt diesmal ihre Missbilligung zu erregen und so Ärger auf sich zu lenken, zog Turghan es vor, weiter zu schweigen und den heruntergeworfenen Schnee einfach wegzuschaffen.

Während Turghan damit beschäftigt war, den vom Dach des Nachbarhauses heruntergeworfenen Schnee mit seiner Schaufel wegzutragen, kam seine Frau heraus, um den Hühnern angefeuchtete Kleie zu bringen. Ihr platzte gleich der Kragen:

„Fehlt nur noch, dass sie uns ihre Ofenasche und das Waschwasser über den Kopf kippen!", schrie sie auf die andere Seite hinüber.

[1063] Sabir 2012 [1999]: 225; siehe die Übersetzung auf S. 186 des Haupttextes.

Der Nachbar drehte sich dem Hof zu. Er war ein Mann um die vierzig mit blonden Augenbrauen und Wimpern, wulstigen Lippen, einer Hakennase und einem gerade nach oben wachsenden spärlichen blonden Oberlippenbart.

„Sei nicht böse, Bäriz!", versuchte Turghan ihn in freundlichem Ton und lächelnd zu beruhigen. „Du weißt ja, wie das ist mit dem Mundwerk der Frauen…"

„Fällt uns nichts mehr ein, was wir sagen könnten, oder warum sollten wir sonst so auf uns herumtrampeln lassen?", brüllte dagegen Turghans Frau unbeirrt.

Inzwischen kletterte Bäriz' geschwätzige Frau mit schlurfenden Schlappen auf den Lehmofen. Sie glich dabei einem wachsamen Hund, der mitten in der Nacht anschlägt, wenn er auch nur das leiseste Knarzen hört. Mal mit dem Finger drohend, mal spöttisch applaudierend, rief sie:

„Du bist eine Schuldnerin geworden, weil du so eine miese alte Schlampe bist! Und deine Schratzen sehen aus wie räudige Wolfswelpen, weil du nie deine gehässige Zunge hüten kannst. Und weißt du, was ihr selber seid, du und dein Alter? Ihr seid Krankheit ausdünstende Matratzen, Hundefressnäpfe, Schweineschwarten, ihr beiden alten Affen!"

Turghan krümmte sich zusammen und ging nach hinten. Er schob seine Frau ins Haus. Dabei wurde er selbst von einem heftigen Hustenanfall geplagt und musste sich auf die Veranda* setzen. Im Haus hielt sich seine kranke Frau vor Wut den Mund zu und legte die Hand auf den Kopf. Sie war leichenblass und saß in sich zusammengesunken da.

„Hätte ich damals doch bloß nichts gesagt! Jetzt ist ein nie endenwollender Hass in die Welt gekommen", dachte Turghan, während er sein Machorka-*Säckchen mit den Fingern knetete.

Der Streit zwischen den Nachbarn war ursprünglich aus folgendem Anlass ausgebrochen: Mitten im klirrenden Winter waren sie mit den beiden Wagen der Produktionsgruppe* am Fluss entlang unterwegs gewesen, um Steine zum Kanal zu transportieren. Es war gefordert, dass jeder von ihnen sich dreimal an dieser Arbeit beteiligen musste. Turghan nahm tatsächlich auch dreimal teil und schichtete die von ihm beförderten Steine immer ordentlich auf. Bäriz dagegen machte die Tour nur zweimal, verschwand aber danach zusammen mit seinem Wagen von der Bildfläche. Kurz vor Morgengrauen kam er zurück, seine schweißgebadeten Pferde mit der Peitsche antreibend. Er gab den Tieren Futter, bis sie sich sattgefressen hatten, trat dann neben Turghan, strich sich einmal über seinen blonden Schnurrbart und setzte ein Grinsen auf.

„Wenn das Nest gemacht ist, setzt du dich dann vielleicht nicht rein?", fragte er und stupste Turghan von der Seite mit dem Knauf seiner Reitpeitsche an. „Es gibt einen fetten Braten! Die Wasserverwaltung hat offenbar Mehl bekommen, das sie entlang des Flussufers transportieren will. Für eine Tour hin und zurück kannst du 27,5 Yuan einstreichen. Ich bin extra wachgeblieben und habe in einer Nacht vier Touren gemacht. Wenn die Pferde nicht erschöpft gewesen wären, hätte ich noch zwei gemacht!"

„Die Pferde werden vollkommen am Ende sein!", sagte Turghan, dem nichts anderes zu sagen einfiel. „Und womit sollen wir dann die Steine transportieren?"

„Selbst wenn du den ganzen Tag bis zum Abend Steine transportierst, sind zwei Punkte* aber auch alles, was sie dir geben werden. Und, kann man mit Punkten reich werden? Wenn du glaubst, dass du damit reich wirst, dann bitte! Aber du bist doch bis zum Hals verschuldet. Versuch doch stattdessen lieber, mal Geld zu verdienen. Wenn du nicht auf Raffinesse, Diebstahl und Schurkerei zurückgreifst, wirst du in der Produktionsgruppe nicht mal das zum Leben Nötige finden können. Also was, hilfst du beim Mehltransportieren?"

„Nein. Ich habe Angst."

„Wenn das so ist, dann gib mir deine Pferde. *Ich* habe keine Angst."

„Und was werde ich in der Zeit tun?"

„Werkel einfach eine Weile mit meinen Pferden herum!"

„Werden deine erschöpften Pferde drei Touren schaffen?"

„Und wenn nicht, was geht's dich denn an?"

„Hör doch damit auf, Bäriz! Lass uns einfach dass tun, was die Produktionsgruppe von uns verlangt. Ich habe mich noch nie auf so was eingelassen…"

„Und genau das ist der Grund, warum du so bettelarm und verschuldet bist!", entgegnete Bäriz, während er sich in seinen Pelzmantel hüllte. „Noch nie, sagst du? *Ich habe noch nie das getan, was die Produktionsgruppe von uns verlangt. Und genau deshalb geht es mir gut und mir fehlt nichts.*"

Auf einmal begriff Turghan, was Sache war: Seine eigenen Pferde waren ja weg! Er bekam einen Schrecken. Mit Bäriz' Pferden, die nicht einmal mehr Kraft hatten, um sich zu bewegen, konnte er auch nicht ein einziges Mal Steine transportieren.

Noch am selben Tag kam der Produktionsgruppenleiter angeritten. Er ließ sogleich zwei Peitschenhiebe auf Turghans Rücken hedrnniederknallen. Als er mit dem Auspeitschen fertig war, rief er:

„Du steckst mit ihm unter einer Decke! Pro Pferd zahlst du jetzt zehn Yuan Strafe, und für die nicht transportierten Steine zwanzig Yuan Strafe!"

Für die drei Pferde wurden Turghan 30 und für drei Fuhren Steine sechzig Yuan aufgeschrieben, so dass er am Ende auf eine Zeche von 90 Yuan kam. Und Bäriz? Auf der Versammlung beschloss die Mehrheit, ihm hundert Yuan aufzuschreiben. Doch die Summe, die er verdient hatte, belief sich auf mehr als zweihundert. Mit anderen Worten, er machte keinerlei Verlust! Turghan kam zu Ohren, dass in Bäriz' Haus einmal am Abend ein geselliges Beisammensein stattgefunden hatte, für die Bäriz extra ein Lamm schlachten ließ.

Zwei Tage später verkündete der Gruppenleiter* in der Versammlung:

„Bäriz hat Bargeld abgegeben.* Das bedeutet, er hat sein Vergehen eingestanden. Und was ist mit Turghan? So, wie es aussieht, bekennt er sich immer noch nicht zu seiner Schuld. Und außerdem ist er zur Brigade gegangen und hat sich über uns beschwert. Dafür soll er jetzt seine Strafe bekommen! Seine Schulden wird er langsam abzahlen, aber die Geldstrafe treiben wir sofort in bar ein."

Auf diese Weise gingen zwei nagelneue Filzteppiche als Geldstrafe aus dem Besitz Turghans in den der Gruppe über.* Sein Wohnzimmer war nun kahl.

Auch das steckte Turghan weg. Zwar heulte und jammerte er, doch er sagte sich zugleich: Auch das wird vorübergehen. Was ihm indes schwer an der Seele nagte, war die Bösartigkeit dieses Bäriz. So gut wie jedermann, der ihm begegnete, klagte er sogleich sein Leid: „Er steuerte Wagen und Pferde bei, ich die Arbeit,* dabei war das eine Aufgabe, die wir gemeinsam zu erledigen hatten. Dieser Drückeberger hat alles auf mich abgewälzt!"

Während Turghan für sich dachte „Was sind das nur für Zeiten? Wo ist die Gerechtigkeit geblieben, wenn sie einen sogar dafür bestrafen, dass man sich *nicht* zum Komplizen eines Schurken gemacht hat?", kochte in ihm die Wut hoch. Doch er wusste nicht so recht, gegen wen er seine Wut eigentlich richten sollte. Weil er fürchtete, dass er andernfalls in arge Schwierigkeiten kommen könnte, begnügte er sich damit, auf alles nur noch mit einem gezwungenen Lächeln zu reagieren.

Turghan saß auf der Veranda und dachte über all dies nach, während er Bäriz beobachtete. Bäriz war inzwischen damit fertiggeworden, den Schnee von seinem Dach in Turghans Hof hinunterzuwerfen, und stand jetzt großspurig da. Seine Frau hielt immer noch beim Lehmofen die Stellung, wobei sie erneut wüste Verwünschungen ausstieß. Turghan warf ihnen einen Blick zu und lächelte bitter.

Und Bäriz? Der stand auf seinem Dach und verglich die beiden Höfe miteinander. Seine eigenen Schafe, Rinder, Esel, Wagen, Hühner, Gänse und Enten passten in seinen engen Hof und den dazugehörigen Garten kaum hinein, während es in Turghans geräumigem und großem Hof und Garten außer strahlend weißem Schnee rein gar nichts gab.

3

Die klirrende Kälte des Winters hatte jetzt auch die Pferde und Rinder in die Höfe und Stallungen hineingezwungen. Sie waren nunmehr von den auf den Dächern ihrer Besitzer gelagerten Gräsern und Pflanzen abhängig geworden. Auf Turghans Dach gab es zweihundert Bündel Heu, die er und seine Kinder seit dem Sommer hochgetragen, ausgelegt und getrocknet hatten. Sein ganzer Reichtum bestand aus vielleicht zwei- oder dreihundert Kilo Möhren, Zwiebeln und Kartoffeln und ebendiesen zweihundert Bündeln Heu. Jeden Abend, wenn sie mit einem Eintopf aus Kürbissen und Kartoffeln ihren Hunger gestillt hatten, setzten sie sich gemeinsam an den Tisch und unterhielten sich recht lange und angeregt über diesen ihren Reichtum.

„Iss! Du musst gesund werden! Wenn du einmal mit dem Husten anfängst, dann kommst du stundenlang nicht mehr zu dir. Die ganze Nacht schwitzt du dann und badest dich im Schweiß. ‚Gutes Essen hält Leib und Seele zusammen.‘ heißt es doch." Dies sagte Turghans Frau, die sich aufrichtig um ihn sorgte.

„Stimmt genau, Vater!", pflichteten ihr seine Kinder bei. „Wenn wir im Sommer rausgehen, dann sammeln wir Obstkerne. Wenn wir die verkaufen, gibt das Geld, und wir können uns dann etwas zum Anziehen kaufen."

„Und ich werde auf der Ackerwalze reiten und irgendwelche Nummern darbieten!"

„Ich werde Getreide aussäen…"

Turghan musste Tränen lachen. Alles Glück, das er im Leben empfand, und seine ganze Lebensfreude drückte sich in diesem Lachen aus. Wie ein kleines Kind warf er sich auf den Rücken, ließ seine Kinder auf seinen Bauch krabbeln und sagte zu sich selbst:

„Aach ja. Ja, ja… Das geht vorbei. Das geht vorbei. Es kommen Tage, an denen wir uns sattessen und Warmes zum Anziehen haben werden. Aber ihr macht euren Papa in solchen Zeiten wie jetzt schon glücklich! Hahaha!"

Sein Verhalten war verständlich, er versuchte auf diese Weise, sich von seinen Sorgen zu befreien. Doch wenn die auf ihn drückenden Steine des Kummers immer größer, zu großen Felsen oder einem großen Haufen, wurden, wie sollte er sie dann mit seinen schwachen Händen von sich wegschaffen? Während ihr Mann schallend lachte, begriff seine kranke Frau dies nur zu gut, und deshalb rollten Tränen aus ihren Augen.

„Hör auf zu weinen, Frau! Verliere nicht den Mut!", versuchte Turghan ihr Mut zuzusprechen. „Wir haben es doch ausgerechnet. Dieses Jahr wird das Heu teurer. Schon jetzt ist der Preis für das Bündel auf fünfzig Fen* angestiegen. Wenn er auf einen Yuan steigt, dann verkaufen wir es. Das ergibt dann zweihundert Yuan. Für einhundertfünfzig Yuan stellen wir den Kindern und dir eine Garnitur Kleidung her, und wenn ich mich für fünfzig Yuan behandeln lasse, werde ich wieder vollkommen gesund werden. Wenn wir dann noch euer Gemüse verkaufen und zwei, drei von den gemästeten Schafen nehmen, dann können wir in drei Jahren schon…"

„Hör doch auf, über ungelegte Eier zu reden!", unterbrach ihn seine Frau mit zugekniffenen Augen und einem süffisanten Lächeln im Mundwinkel. „Kümmer dich erst einmal um deine Behandlung, den Rest sehen wir dann später."

Nach dem Gespräch der beiden fingen ihre Kinder an, miteinander zu streiten:

„Wenn sie mir einen Baumwollmantel kaufen, gehe ich in die Schule!"

„Dir? Von wegen! Sie kaufen meiner älteren Schwester einen, und du kriegst ihren geflickten Mantel."

„Wenn sie mir Ledersandalen kaufen, dann mache ich aus Filz Strümpfe und…"

„Wie kommt es, dass du noch nicht in die Schule gekommen bist?"

„Wie lange wird es noch dauern, bis ich in die Schule komme? Ein paar Kinder, die kleiner sind als ich, sind jetzt schon in die dritte Klasse gekommen."

„Hört auf, euch anzugiften!", schrie die Mutter die Kinder wütend an. „Eure Kleidung kann man flicken. Aber was ist mit euren Mägen? Schon seit einem Monat haben wir kein Fleisch mehr gesehen. Fett ist so kostbar wie Blut geworden. Die Hirse wird kaum bis zum März reichen. Wenn man nicht mit Bargeld bezahlt, geben sie einem vermutlich nicht einmal die Norm."*

„Gib doch endlich Ruhe, Frau! Warum jagst du den Kindern einen solchen Schrecken ein? Lass sie doch fröhlich sein!"

„Und wer gestattet *uns*, heiter zu sein?"

Die Frau sagte diese Worte in einer Mischung aus Wut und Schmerz. Dann nahm sie ihre älteste Tochter und ging mit ihr hinaus, um den Bestand des Gemüses im Vorratsraum zu kontrollieren.

Turghan Lewir mochte es nicht, unter die Leute zu gehen. Und wenn er doch einmal ging, beteiligte er sich nicht aktiv an Gesprächen. Es kam jedoch vor, dass er sich seinen Pelzmantel umwarf, sich vor dem Laden oder Stall hinsetzte und nur zuhörte, wie die anderen sich unterhielten. Dabei bot er den Herumsitzenden von ihm selbst gemachte, bitter schmeckende Zigaretten an. Manchmal ließ er sich von irgendjemandem ein Blatt Zeitungspapier geben, rollte es zusammen, wickelte seine Zigarettenschachtel darin ein und steckte sie in die Tasche. Anschließend kehrte er summend und Liedchen trällernd nach Hause zurück. Das war es, was man bei ihm als seine Freude am Ausgehen bezeichnen konnte…

„Turghan! He! Turghan!", rief jemand früh am Morgen.

„Ist das nicht Bäriz?", fragte Turghans Frau, während sie aus dem Fenster sah. „Er hat jemanden dabei. Was mag so früh am Morgen denn schon los sein?"

Turghan zog sich teilnahmslos die Filzstiefel über die Füße, zog den Pelzmantel fest um die Schultern zusammen und ging nach draußen. Sobald er von der Veranda herabgestiegen war, grüßte er Bäriz sofort mit einem Lächeln:

„Kommt doch ins Haus! Kommt, steigt doch ab!"

„Hast du schon gehört?", antwortete Bäriz und zog dabei die Zügel an. Er stützte sich gleichzeitig mit der Peitsche in seiner Linken am Sattelknauf ab. „In unsere Gruppe sind von oben Kader geschickt worden. Dieser Mann hier ist Kader Imindschan, der für unsere Arbeitsgruppe verantwortlich ist."

„Nein, davon hatte ich noch nichts gehört", sagte Turghan mit einem Lächeln, während er sich mit einer Hand den Nacken massierte. „Das ist gut! Das ist sehr gut! Also bitte, Herr Kader Imindschan, lassen sie uns doch ins Haus gehen!"

„Wir sind gekommen, um eine Unterweisung in der Parteilinie* durchzuführen!", sagte der Kader, während er einen gleichgültigen Blick in Turghans Richtung warf. „Alle Mitglieder kommen zur Versammlung. Sie sind nicht hingegangen. Das geht nicht, Genosse. Das gesamte Volk Chinas kritisiert Lin und Konfuzius.* Es macht die Revolution. Sie dagegen richten sich in Ihrem Verhalten nach ihren persönlichen Interessen und kommen nicht aus dem Haus raus!"

„Ich habe keine Kraft. Meine Tochter nimmt doch teil. Es ist kalt geworden und…"

„Ach hören Sie doch auf, Genosse Turghan!", schnitt ihm der Kader das Wort ab. „Für den Aufbau des Sozialismus haben Sie keine Kraft, aber auf dem Weg des Kapitalismus rennen Sie wie ein Windhund, oder wie? Produktionsgruppenleiter* Bäriz durchschaut Sie! Wundert Sie das? Genosse Bäriz ist erneut zum Produktionsgruppenleiter Ihrer Produktionsgruppe gewählt worden. Der vormalige Produktionsgruppenleiter ist zum Leiter des Revolutionskomitees der Produktionsbrigade und zum Abteilungssekretär befördert worden! Sie sind der Nachbar des Produktionsgruppenleiters. Von nun an gehorchen Sie ihm aufs Wort!"

Turghan konnte seinen Ohren nicht trauen. Er war fassungslos. Sein Schädel brummte, und es war, als ob ihm schwarz vor Augen würde.

„Gut, alles klar!", brachte er mit einem gezwungenen Lächeln heraus. „Kommen Sie, steigen Sie doch ab, Kader Imindschan und Produktionsgruppenleiter Bäriz!"

In diesem Augenblick tauchte einmal mehr Bäriz' Frau bei ihrem Lehmofen auf.

„Herr Kader! Diese Leute da haben wirklich keine Schandtat ausgelassen! Wenn man Konfuzius sagt, sollte man eigentlich diesen Nichtsnutz namens Turghan im Sinn haben! Und seine Frau, die schimpft von früh bis spät auf den Sozialismus. Es ist einzig und allein unser Verdienst, dass wir ihr Unrecht ertragen haben. Jemand mit einem leichter erhitzbaren Gemüt hätte ihnen gleich die Bude abgefackelt!"

„Übernehmen Sie die Führungsrolle unter den Frauen, Schwägerin!",* sagte der Kader, während er ihr lächelnd einen Blick zuwarf. „Das haben Sie gut gesagt! Sie sind es wert, ein gutes Mitglied in der Armee der Theorie zu sein."

Turghan bekam einen Hustenanfall. Seine Frau und seine Tochter hakten sich unter und schafften es mit Mühe, ihn wieder ins Haus zu bringen.

4

Bei Einbruch der Dunkelheit kam Turghan von der Arbeitstelle des Teams zurück. An der Schwelle lehnte er sich eine Weile gegen die Wand. Dann atmete er durch und drehte sich eine Machorka.

„Warum müssen wir nur so viel ertragen? Es ist, als ob wir Ruß schlucken und dann Kummer herauskommt", klagte seine Frau, während sie sich mühsam ihr Kopftuch umband. „Ist es jetzt so weit, dass wir Schulden machen müssen, oder wie steht es?"

Turghan nickte. Er war grün im Gesicht geworden, seine Wangen waren eingefallen, sein spärlicher Bart und die zu langen Haare waren noch grauer, die kreuz und quer sein Gesicht durchziehenden Falten waren noch tiefer geworden, aus seinen großen Augen war das Licht verschwunden, und seine Hakennase ähnelte einer dünnen Messerklinge. Während das Streichholz aufleuchtete, mit dem sich ihr Gefährte, der seit siebzehn Jahren an ihrer Seite gestanden hatte, eine Zigarette ansteckte, konnte seine Frau die Zeichen des Alters in seinem Gesicht noch deutlicher erkennen. Um ihn zu trösten, sagte sie:

„Warum machst du dir so viele Sorgen? Lass uns doch die Wohnung weggeben, auf diese Weise werden wir die Schulden bezahlen können. Mein Vater sagt doch immer: ‚Kommt doch zu uns in die Wohnung herüber, dann legen wir die Vorräte aus zwei Haushalten zusammen und leben davon! Wir werden die Lasten gemeinsam tragen und kommen so besser über die Runden.' Wenn wir allein durch das Verkaufen der Wohnung unsere Sorgen loswerden wollen, dann findet sich bestimmt ein Käufer. Dann zahlen wir damit unsere Schulden ab."

„Und was werden wir dann im nächsten Jahr verkaufen, Frau?"

„Bevor sich erneut tausend Yuan ansammeln, werden die Kinder groß sein."

Turghan tat einen heftigen Zug an seiner Zigarette. Er bekam davon einen Hustenanfall, so dass er sich die Brust halten musste. Seine Kinder klopften ihm auf den Rücken, und seine Frau gab ihm heißes Wasser zu trinken. Doch der Husten hörte nicht auf. Turghan verspürte außerdem Brechreiz. Seine Ehefrau hielt ihm eine Schüssel hin. Zusammen mit der Magenflüssigkeit kam auch Blut. Die Frau legte ihrem Mann ihre Handflächen auf die Stirn. Dann brach sie in lautes Weinen aus.

„Wie lange willst du deinen Schmerz noch runterschlucken? Hältst du dich für so hart? Von mir aus verkaufen wir den Rasen, die Kräuter und die Bäume im Garten, aber lass bitte dich auf der Krankenstation behandeln!"

Als die Kinder sahen, dass ihre Mutter weinte, mussten sie auch weinen.

Am folgenden Tag hielt ein Dreispänner vor Turghans Tür. Bäriz, der neben dem Wagen auf einem Pferd saß, befahl Turghan, der sich beim Herauskommen kaum auf den Beinen halten konnte:

„Auf dem Dach des Stalls gibt es offenbar kein Alfalfagras mehr. Die Pferde sehen schon aus, als ob sie sich bald gegenseitig die Schwänze fressen würden. Deine Schulden sollen doch ein bisschen kleiner werden, also gib das Heu auf deinem Dach ab, damit es für die Schulden angerechnet wird!"

„Das will ich aber verkaufen, verk…,… aufen, damit ich mich behandeln lassen kann", brachte Turghan in einem kaum hörbaren Flüstern heraus.

„Du schaust wirklich einzig und allein nur auf deine persönlichen Interessen!", donnerte Bäriz und schwang drohend seine Peitsche. „Wenn es im Fluss Wasser gibt, dann gibt es auch im Bewässerungskanal Wasser. Wenn du krank bist, dann ist das ein rein persönliches Problem. Aber was sollen denn die Pferde der Produktionsgruppe fressen? Willst du nicht wenigstens ein einziges Mal dem großen Interesse des Staats die notwendige Aufmerksamkeit schenken?"

Auf ein Handzeichen von ihm sprangen die Insassen des Wagens auf das Dach und fingen an, das Heu, das noch so grasgrün wie von jungen Pflanzen war, zu zählen und herabzuwerfen.

„Der Produktionsgruppenleiter hat gesagt, dass wir statt eines Bündels zwei Bündel nehmen sollen", sagte ein junger Mann und zeigte auf einen großen Ballen Heu. „Mein älterer Bruder* Turghan hat sie mit rechtmäßiger Arbeit zusammengebunden, und wir wollen sie auch rechtmäßig bekommen."

„Halt die Klappe! Wie heißt es doch so schön: ‚Schulden, die noch ausstehen, sind einen Scheiß wert.' Weil uns nichts anderes übrigbleibt, ziehen wir sie eben in bar ein. Das Heu ist zum Konfiszieren da. Turghan hat das Heu nicht in seinem Garten wachsen lassen, sondern auf dem Acker der Produktionsgruppe gestohlen und gehortet."

Turghans Frau stand zitternd wie Espenlaub daneben. Sie brachte lange kein Wort heraus. Endlich fragte sie mit größter Anstrengung:

„Ach Herrje! Ach Herr Jemineh! Das Heu war doch gelb wie Färberwaid. Wenn wir es zum Markt gebracht hätten, hätten sie es uns für jeweils einen Yuan abgekauft. Wieviel kostet denn jetzt ein Bündel?"

„Den Volkspreis!", erwiderte Bäriz kalt. „Was soll das Gefeilsche? Was ihr uns gebt, ist schließlich nicht pfundweise Gold! Wieviel soll es schon sein – zehn Fen pro Bündel! Wenn wir von 1314 Yuan zwanzig Yuan abziehen, bleiben also noch 1294 Yuan übrig."

„Die Kinder haben das Heu überall zusammengestoppelt, getrocknet und gepresst, damit es uns hilft, durchzukommen. Ach, Herrje! Könnten Sie nicht wenigstens mit den Kindern Mitleid haben?"

Bäriz' Frau erklomm den Lehmofen, um auf ihr jammervolles Klagen gebührend reagieren zu können:

„Glaubst du im Ernst, dass du deine Schulden loswirst, indem du um Mitleid für deine klauende Schweinebrut bittest? Pfui, Nachkomme von Konfuzius! Pfui, Lakai Lin Biaos! Dass du dich gegen das Kollektiv stellst, heißt nichts anderes, als dass du zur Selbstbeherrschung und zur Rückkehr zum Anständigen gebracht werden möchtest. Die Zeiten werden schon noch kommen, wo man dir die Hammelbeine langziehen wird!"

Der Wagen setzte sich in Bewegung. Turghans halbnackte Kinder sammelten im Hof die verstreuten Heuhalme auf und rannten herum. Sie dachten sich dabei: Auch wenn das nur ein paar Handvoll Heu sind, sind sie doch auch zu etwas gut, sie beruhigen unseren Vater.

5

Noch am selben Tag begab sich Turghan Lewir in das Haus des ehemaligen Sekretärs der Produktionsbrigade,* namens Awut Qariwaj. Awut Qariwaj war ein selbstbewusst auftretender, mit scharfen Worten sprechender Mann, der einen grauen Bart und große Augen hatte. Innerhalb der Produktionsgruppe stand er der Schicht der armen und der unteren Mittelklasse angehörenden Bauern vor. Seine eigene Berufstätigkeit bestand darin, im Stall auf die Pferde aufzupassen. Nachdem er sich Turghans kurze, aber zu Herzen gehende Klage angehört hatte, sagte er:

„Schuldner zu Feinden zu erklären, das geht überhaupt nicht. Was will dieser Gauner Bäriz eigentlich noch werden, nachdem er schon Leiter der Produktionsgruppe geworden ist? Da werden wir wohl noch unser blaues Wunder erleben. Also: Ich mache einen Wagen fertig und gebe ihn dir, dann kannst du in deinem eigenen Interesse dein Gemüse verkaufen. Bring es zur Kohlenmine oder, wenn das nicht geht, direkt zu den Leuten, die auf dem jenseitigen Ufer des Flusses Bergbau betreiben. Aber sei dabei bloß vorsichtig!"

Den Wagen brachte Awut Qariwaj noch am selben Abend vorbei. Turghan marschierte mit seinen Kindern los: Sie stopften ihre Kartoffeln, Zwiebeln und Möhren in Säcke, verpackten ihre Hühner in Körben und verluden alles auf dem Wagen. Den deckten sie dann mit zwei von Turghans alten Filzteppichen, die sich im Eingangsbereich gefunden hatten, gut ab. Turghan selbst führte den Ochsen aus dem Hof hinaus. Dabei machte er keinerlei Geräusch. Anschließend hockte er sich zusammengekrümmt auf den Wagen. Er kniff die Augen fest zusammen. Nachdem sie losgefahren waren, lauschte er den Worten seiner Tochter.

„Du hältst die Waage, ich nehme das Geld in Empfang", sagte sie, während sie sich in aufgeräumter Laune an ihren Vater anschmiegte. „Die Zwiebeln und die Möhren sind von guter Qualität, die Mühen meiner armen Mutter sind nicht umsonst gewesen. Wenn ich es so Pi mal Daumen überschlage, kommt eine Summe von um die einhundertfünfzig Yuan heraus. Auf dem Rückweg sollten wir gegebenenfalls ein Kilo Rindfleisch kaufen, damit meine kleinen Brüder mal eine Fleischmahlzeit haben können. Mit dem restlichen Geld mache ich, dass du dich einem guten Arzt vorstellen kannst."

Turghan lächelte kraftlos.

Weil der Ochsenkarren nur langsam vorankam, wurden sie im Laufe der Zeit etwas ungeduldig. Dennoch verspürten sie keine Neigung, das Tier zu schlagen. Schließlich hatte dieser Ochse sie aus ihrer Bedrängnis gerettet. Sie sahen in ihm ein Tier, das sich auf den Weg gemacht hatte, um all das Unglück und die Katastrophen, die sich in ihrem Zuhause aufgehäuft hatten, an einen Ort wegzubringen und auszukippen, von wo sie nie mehr zurückfinden würden.

Die Tochter gab dem Ochsen von Zeit zu Zeit Gras und Mais.* Mit ihren Ärmeln wischte sie immer wieder die Frostränder ab, die sich auf den langen Wimpern des Ochsen bildeten.

Bei Tagesanbruch hatten sie das Ufer des Flusses erreicht.

Währenddessen breitete Turghan Lewirs Frau im Eingangsbereich des Hauses einen Teppich aus. Er war jedoch nur halb so groß wie üblich. Dort ließ sie ihre Kinder zusammenkommen. Sie selbst breitete neben dem Ofen eine gegerbte Ziegenhaut aus. Anschließend röstete sie auf dem hier und da mit Lehm ausgebesserten Ofen eine ganze Weile Maiskolben, wobei sie sich manchmal seitlich hinkauerte und manchmal in die Hocke ging. Für das abendliche „Müdigkeitsmahl" verteilte sie einiges von den drei Patman* Mehl, die sie aus dem Haus ihrer Mutter mitgebracht hatte, auf kleine Knetschüsseln. Dann stellte sie getrocknete Maiskolben, Hülsenfrüchte, verschiedene Sorten Käse sowie geputzte Rüben und Zwiebeln bereit. Sie sah das durch das Fenster einfallende schwache Licht und schloss, dass es nicht mehr lange dauern würde, bis die Sonne unterging.

„Dieser Mann hatte gesagt: Wenn alles früher verkauft ist, habe ich noch eine Wagenladung Kohle, die ich aufladen komme, jetzt, wo der Wagen ja einmal da ist. Wahrscheinlich will er später kommen, weil er vor dieser Canaille Bäriz Angst hat. Oje, oje. Meine Tochter wird sich noch erkälten. Ihr Vater hat auch keine richtige Kraft. Hoffentlich wird er nicht bettlägerig!", sprach sie zu sich selbst.

„Sie werden doch wohl nicht von den Soldaten* festgenommen worden sein?", fragte darauf der achtjährige Dschamal seine Mutter.

„Halt dein verdorbenes Mundwerk!", fauchte die Frau und drohte ihm mit der Grillzange. „Warte nur, dir werde ich die Zunge aus deinem Schandmaul rausreißen und grillen!"

Der Junge rannte ins kalte und leere Wohnzimmer.

„Komm raus, sage ich, du erkältest dich noch!" rief die Frau keuchend. „Ich reiß dir gleich den Kopf ab!"

Inzwischen kamen Qurwangül, Ghontschigül und Kamalidin nach Hause. Sie waren mit Äxten losgegangen, um anstelle ihres Vaters Brennholz zu sammeln. Ihre aufgesprungenen Knie waren rot wie Hahnenkämme.

„Du hast dir wohl wieder die Hose an einem Ast aufgerissen, was, Kamal?", scholt die Frau den Zehnjährigen, während sie sich den Schweiß abwischte.

„Ich habe sie nicht aufgerissen, sie ist hängengeblieben!", lachte er. „Auf Baumstämme einhacken ist eine Arbeit, bei der man ins Geäst muss. Es ist eine Tätigkeit, bei der es eben vorkommt, dass etwas hängenbleibt. Aber es ist zugleich auch eine Arbeit, bei der man es bis zum Abend wieder flicken kann, wenn etwas hängenbleibt!"

Die Frau musste über die Schlagfertigkeit ihres Sohnes lachen.

„Der hat da nichts mehr zu flicken", warf Ghontschigül lachend ein. „Wenn du den Faden zu fest zuziehst, zerreißt es die Stelle, die du genäht hast. Aber mach dir nichts draus, Kamil, unser Vater wird dir Hosenstoff mitbringen."

„Euer Vater lässt Fremde auf sich herumtrampeln, um euch den Bauch zu füllen", sagte die Mutter mit gerunzelter Stirn. „Seht nur her: Um euch zu versorgen, sind wir beide schon zu alten Leuten geworden, bevor wir fünfzig sind. Und ihr schämt euch nicht, euch auch noch um die Klamotten zu streiten!"

„Unser Vater soll sich behandeln lassen!", sagte Qurwangül, während sie Dschamals runden und von rabenschwarzem Haar umrandeten Kopf an ihre Brust drückte. „Du machst keinen Ärger, nicht wahr, Kleiner?"

Es wurde inzwischen dunkel. Doch kein Wagengeräusch war zu hören. Die Frau brachte ihre Kinder ins Bett und ging noch einmal nach draußen. Weiterhin keine Spur von einem Wagen. Die ganze Nacht hielt sie am Weg Wache. Aber der Wagen kam nicht.

Am nächsten Morgen gab die Frau ihren Kindern Tee und Maisfladen zum Frühstück. Rechts am Tisch war der Platz leergeblieben, auf dem Turghan Lewir immer gesessen hatte.

„Qurwangül, pass du auf deine Geschwister auf. Ich gehe mal mit Ghontschä* zum Flussufer. Ich komme bald wieder."

„Es herrscht klirrende Kälte. Du wirst dir Erfrierungen holen, Mutter", wandte ihre Tochter ein.

„Statt langsam vor Sorge zu sterben, will ich lieber schnell vor Kälte sterben!", antwortete die Mutter, während sie sich ein altes Tüllkopftuch umband.

In diesem Moment kam Bächtigül ins Haus. Ihre Kleider und ihr ganzes Gesicht waren vollkommen weiß vom Schnee.

„Wo ist dein Vater, Mädchen?", fragte die Frau und schüttelte ihre Tochter sanft an den Schultern.

„Sie haben ihn eingesperrt!", antwortete die Kleine und hielt sich die Hände vors Gesicht. Sie warf sich schluchzend in die Arme ihrer Mutter. „Die haben einfach den Wagen, den Ochsen und das ganze Gemüse beschlagnahmt!"

„Wer?"

„Die Soldaten der Volkskommune."

„Drück dich klar aus! Weinen kannst du später noch, Mädchen. Was ist denn überhaupt passiert?"

Das Mädchen setzte ihr hemmungsloses Weinen und Schluchzen noch kurz fort. Dann hielt sie inne und gab eine kurze Zusammenfassung der Lage. Demnach waren sie am Ufer des Flusses entlanggelaufen und hatten eine ganze Weile auf ein Boot gewartet. Am Ende seien sie ganz vorsichtig auf dem Eis auf die andere Seite gegangen. Gleich nachdem der Dorfmarkt eröffnet wurde, seien dann bewaffnete Soldaten der Kommune gekommen. Wer es noch schaffte, habe sich durch Flucht gerettet. Turghan Lewir soll seine Tochter mit den folgenden Worten beruhigt haben:

„Ich werde ihnen erklären, was Sache ist. Ich will mich behandeln lassen. Hier ist das Schreiben des Arztes. Ich habe keine Spekulation betrieben. Ich sage ihnen: Das hier ist Gemüse, das ich in meinem Garten gezogen habe. Die sind ja schließlich auch Menschen, sie werden es glauben, wenn man ihnen die Wahrheit erzählt."

Doch statt sich um die Verfolgung der Geflüchteten zu kümmern, hätten die Soldaten als Ersten Turghan festgenommen.

„Abmarsch!"

„Brüder, ich…"

„Halt den Mund und fahr mit deinem Wagen los!"

„Ich bin ein armer… Meine Brüder…"

„Was? Wer ist hier ein armer Mann? Ein guter Mann würde hier nicht in aller Herrgottsscheißfrühe aufschlagen und seinen Wagen durch die Gegend ziehen."

„He, Moment mal! Ich bin Mitglied der Kommune. Ich bin ein ehrliches Mitglied der Kommune…"

„Komm jetzt! Ende der Durchsage!"

Einer der Soldaten habe dann den Wagen in die entgegengesetzte Richtung gedreht und ein anderer die Waage kaputtgetreten und in den Fluss geworfen. Turghan sei hingegangen und habe sich an den Wagen geklammert. Die Soldaten hätten ihn jedoch umgestoßen, so dass er auf den Rücken gefallen sei. Es sei Turghan mit großer Mühe gelungen, sich wieder zu erheben, doch dann habe er einen Hustenanfall bekommen und sich wieder auf den Boden sinken lassen müssen.

Nach einer ganzen Weile seien sie in der Militärleitstelle der Kommune* angekommen. Man habe Turghan wegen ‚Widerstands gegen die Volkssoldaten' in eine kalte Zelle gesperrt. Sie sei jetzt hergekommen, sagte das Mädchen, um dem Vater Essen zu holen.*

Als die Mutter erfuhr, was geschehen war, schoss ihr ein Schwall Tränen aus den Augen.

„Wie lange werden wir denn noch Tränen vergießen müssen?", sagte sie nach langem Schluchzen. Lauf, Qurwangül, hol Direktor Awut! Dieser Mann soll sich unsere Situation noch einmal vor Augen führen, er soll sich noch einmal kümmern!"

Nachdem Awut Qariwaj verstanden hatte, worum es ging, begab er sich zur Kommune. Noch am selben Abend brachte er den bewusstlosen Turghan Lewir mit dem Wagen nach Hause zurück. In Awuts Gesicht mit seinem grauen Stoppelbart stand das Entsetzen.

„Das ist das Werk von Bäriz und diesem Mistkerl da, der den Posten des Sekretärs einnimmt", setzte Awut Turghans Frau ins Bild. „Denen hat irgendeine Dohle* gepfiffen, dass ich Turghan einen Wagen gegeben hatte. Sie haben wohl absichtlich die Volkssoldaten auf den Plan gerufen. Und jetzt haben sowohl Turghan als auch ich unser Fett wegbekommen. Mir haben sie als Strafe einen Ochsen weggenommen. Den haben sie dann selber geschlachtet. Später haben sie behauptet, er sei draußen ertrunken und sie hätten ihm notgedrungen die Kehle durchtrennen müssen."

Das Innere von Turghans Haus war inzwischen ratzekahl leer. Sie hatten ihm nicht einmal jene beiden Filzteppiche wiedergegeben. Immer noch grün angelaufen, mit an vielen Stellen aufgesprungenen Lippen und schwer atmend lag er auf einem Lager aus Schilfmatten. Seine Kinder umringten ihn weinend und schluchzend. Seine Frau massierte ihrem Mann die Schläfen und befeuchtete sein Gesicht mit ihren Tränen der Bestürzung. Dabei jammerte sie:

„Bruder Awut, sagen Sie mir doch: Warum bleibt das Unglück immer an uns hängen? Warum kommt nie mal jemand, der Verständnis für unsere Situation hat? Wie sollen wir jetzt noch weiterleben können?"

6

Erst Ende April schaffte es der bis dahin bettlägerig gebliebene Turghan Lewir wieder, sich zu erheben. In jenen Tagen, die er zwischen Bewusstsein und Bewusstlosigkeit liegend verbrachte, fanden in seiner Familie große Veränderungen statt. So wurde seine Wohnung auf einen Wert von 900 Yuan veranschlagt und dann wegen seiner Verschuldung an die Produktionsbrigade überschrieben. Das Holz und die Steine in seinem Garten waren 200 Yuan wert.

Trotzdem hatte Turghan Lewir immer noch einhundertneunzig Yuan Schulden auf dem Buckel. Er war jetzt gezwungen, im Haus der Familie seines Schwiegervaters zu wohnen. Von seinem Besitz war nichts mehr übriggeblieben, das auch nur einen Yuan wert gewesen wäre. Zum Punktesammeln hatte Turghan für dieses Jahr ebenfalls keine Kraft mehr.

Nach langem Nachdenken fasste Turghan dann einen Entschluss: Er begab sich die Wohnung, in der Kader Imindschan schlief, um diesem sein Anliegen vorzutragen. In dem Raum schmorte in einem über dem Herd aufgehängten Kessel Fleisch vor sich hin. Sich auf einen Stock stützend, musste Turghan erst eine ganze Weile neben der Tür stehen, bis ihn der Produktionsbrigadensekretär endlich eines Blickes würdigte. Imindschan goss seinen ganzen Spott über Turghan aus:

„Eieiei, nun bist du also zu mir gekommen, um hier die Vogelscheuche zu spielen, oder was? Wenn du was zu sagen hast, wie wäre es, wenn du damit endlich rausrückst?"

„Wie ich sehe, scheinen Sie gerade beschäftigt zu sein", brachte Turghan mit einem Lächeln heraus. „Was sollte ich schon sagen ... Ich bin gekommen, um mein Herz auszuschütten, mehr nicht."

„Dann sprich! Aber red nicht groß um den Brei herum!", sagte der Sekretär, ein junger Mann. Er ließ die nackte Haut seines Bauchansatzes sehen, den er trotz seiner jungen Jahre bereits hatte.

„Ich bin mit zwei Anliegen gekommen," brachte Turghan es ohne Umschweife auf den Punkt. „Bisher habe ich noch nie mit der Produktionsgruppe gefeilscht. Aber jetzt bleibt mir keine andere Wahl. Mein Haus ist zu niedrig bewertet worden. Dabei möchte ich es gar nicht mit den Wohnungen von anderen vergleichen, sondern nur mit der von Bäriz. Mein Haus hat vier Zimmer, in jedem davon gibt es vier Pfosten aus Pinienholz, das Holz der Veranda ist auch Pinie. Allein für das Holz habe ich sechshundert Yuan in bar hingelegt. Doch dieses riesige Anwesen, das ich habe, ist auf neunhundert Yuan taxiert worden, wohingegen man Bäriz' Dreizimmerhaus mit der winzigen

Veranda, dem engen Hof und dem handtellergroßen Garten einen Wert von tausend Yuan beigemessen hat. Bäriz hat seine Wohnung verkauft und sich dann meine Wohnung gekauft, ohne Geld drauflegen zu müssen. Was ist das für eine Wahrheit?"*

„Aha, soso. Und was war das andere, das du wolltest?"

„Mein zweites Anliegen läuft ungefähr auf dasselbe hinaus," sagte Turghan. Er krümmte sich vor Wut zusammen. „Ich werde aus der Kommune austreten."

„Warum?" fragte der Kader Imindschan gleich nach.

„Dafür braucht es kein Warum, Herr Kader!", erwiderte Turghan, vor Wut bebend. „Wären Sie an meiner Stelle, dann hätten sie schon längst dasselbe getan!"

„Und wenn das so wäre, würde ich trotzdem gerne den Grund dafür erfahren."

„Ach ja? Na dann spitzen Sie mal die Ohren!", sagte Turghan, seinen ganzen Mut zusammennehmend. „Wenn ein Hund sich auf dem Hof nicht mehr sattfressen kann, wird er in seiner Seele zum Streuner und läuft am Ende weg. Aber ich bin ein Mensch. Weil ich ein Mensch bin, tut es mir um meine ehrlich geleistete Arbeit leid. Obwohl ich ehrlich und anständig gearbeitet habe, bin ich zum Schuldner geworden. Und jetzt bin ich auch noch ein Krimineller. Und was ist mit Leuten wie Bäriz? Ich wüsste nicht, dass sie auch nur ein einziges Mal eine ehrliche Arbeit verrichtet hätten. Sie stehlen. Sie raffen. Sie rauben. Sie bereichern sich. Sie bringen es zum Produktionsgruppenleiter, auf einen guten Kaderposten. Während also die Bärize immer reicher werden, gehen Leute wie ich zugrunde. Deshalb trete ich aus der Kommune aus."

„Wie genau willst du denn austreten?", fragte der Produktionsbrigadensekretär mit spöttischem Lächeln. „Kann es sein, dass du ziemlich wütend bist?"

„Wenn ein Mensch sich in einen Hund verwandelt, kann es eben passieren, dass ihm vor Wut der Kragen platzt. Meine Gutmütigkeit hat mich ins Unglück gestürzt. Ich habe eh nur noch drei, vier Monate zu leben, wenn's hochkommt. Also was soll's, wenn ich in der Hölle lande, weil ich drei, vier Monate lang den Bösewicht gebe. Mir steht das Wasser bis zum Hals, Herr Sekretär. Ich bin nicht gekommen, um Sie anzuflehen, sondern um Ihnen die Meinung zu geigen. Erstens: Ich bin von jetzt an kein Mitglied der Kommune mehr. Zweitens: Ich werde mein Haus nicht für 900 Yuan verkaufen!"

Nachdem er diese Worte gesagt hatte, erhob er sich. Dabei musste er sich zitternd mit seinem Stock abstützen.

Nachdem er herausgegangen war, sagte der Sekretär:

„Glaubt der jetzt, dass er hier die große Lippe riskieren muss, oder was?"

Ein anderer Kader, der anwesend war, antwortete: „Eine Schlange, die sterben will, kriecht am hellichten Tag über den Weg. Wenn wir Bäriz auch nur einen dezenten Wink geben, bringt er den schon zur Raison."

7

Immer Ende Mai bekleiden sich die Hügelflanken in dieser Gegend mit einer unglaublichen Schönheit. Alle möglichen Blumen und Pflanzen, munter von Stein zu Stein strömendes Quellwasser, der in der Ferne wie ein silberner Prachtteppich silbern glänzend ausgebreitete Fluss, die an verschiedenen Orten aus dem dichtgrünen Dickicht erklingenden Rufe der Kuckucke, das tosende Geräusch der Wassermassen…!

Dies alles wirkte beruhigend auf das ausgebrannte und sich elend fühlende Herz Turghan Lewirs. Es war Salbe für die Wunden seiner Seele. Er streckte sich auf dem Grün aus. Dabei kam es ihm vor, als habe er in seinem Inneren ein wenig Frieden gefunden.

Doch der aus den Tiefen seines Körpers emporsteigende Husten und eine Art ekelerregenden Auswurfs, der beim Husten herauskam, verrieten, dass seine Krankheit nicht so einfach verschwinden würde. Mit seinen glanzlosen Augen betrachtete er die schöne Natur, doch ohne sich daran sattsehen zu können. Seine Frau trat zu ihm hin. Sie forderte ihn nachdrücklich auf, etwas zu essen:
„Iss doch was zum Frühstück! Mach dir keinen Kummer! Das wird vorbeigehen! Was sollte dir denn auch Kummer bereiten? Sieh mal, wie deine Kinder arbeiten! Solange sie gesund bleiben, werden wir durchkommen!"

Turghan lag auf der Seite und sah seinen Kindern zu, wie sie auf der anderen Seite des Qarasu* zwischen den Weiden arbeiteten. Sie umgaben ein Stück Erde, das sie umgegraben hatten, mit einem Zaun, den sie aus allerlei Zweigen und Geäst flochten. Turghan hatte gemeinsam mit seinen Kindern das Wasser dieser Quelle mit Hilfe von Holzrinnen auf diese Seite umgeleitet und so eine Fläche von ungefähr vier oder fünf Mu zum Ergrünen gebracht. Der dort angepflanzte Mais* war nach dem Unkrautjäten schon ganz dunkel und mächtig in die Höhe geschossen. Die Kürbisse standen schon in Blüte. Die Kartoffeln, Zwiebeln und das andere Gemüse waren schon prächtig gewachsen. Turghans Kinder gruben an den Abhängen entlang des Qarasu die Erde auf und pflanzten Hanf, Sonnenblumen, Rizinus, Tabak, Wassermelonen und andere Arten von Melonen an. Mit Hilfe seines Schwiegervaters und anderer Verwandter konnte sich Turghan neben der Quelle am unteren Ende des Abhangs sogar ein Haus bauen. Dort hielt er sich Hühner, Gänse und Enten.

„Wie gut, dass wir die Kommune verlassen haben und hierher gekommen sind", sagte Turghans Frau, während sie ihrem Mann einige Rhododendronblüten an seine Fellmütze steckte. „Wir stehen doch schon wieder ganz gut da. Wir haben den Kindern jeweils eine neue Garnitur Kleidung gemacht. Und für dich werden wir Arznei kaufen. Wenn wir später etwas Geld sparen können, lass uns doch uns drei, vier Schafe kaufen! Wie heißt es doch so schön: Bist du arm, versuch's mit Vieh. Dieser Ort hier ist doch wunderbar für Vieh."

Turghan lächelte. Er zog sich seine Mütze über die Augen und streichelte die steifgewordenen Handflächen seiner Frau.

„Frau, du hast ohne so viel auskommen müssen! Du hast ja auf so viel verzichten müssen! Habe ich dich mir genommen, um dich vieles entbehren und dadurch zu schnell altern zu lassen? Nein, ich war der Meinung, dass wir beide gemeinsam ein angenehmes Leben führen würden. Es sieht aber so aus, als ob mein Vertrauen auf meine Kraft nichts anderes als Überheblichkeit* gewesen sei. Denn wo ist jetzt meine Kraft, wo ist jetzt das Angenehme geblieben? Was mir wirklich Schmerz bereitet hat, war, dass meine Wohnung Bäriz zugefallen ist. Frau, ich habe das Letzte gegeben, fast einen Monat geschuftet, ohne zu schlafen, um dieses Haus zu bauen. Meine gesamte Kraft ist zusammen mit dem Haus verschwunden. Verdammt noch mal! Ich konnte in meinem Haus noch nicht einmal ein Fest feiern! So ein Elend!"

„Die Kinder werden groß. Eines Tages holen wir das nach. Bäriz, dieser fiese Kader und der Sekretär der Produktionsbrigade, die werden alle eines Tages ihre Strafe wegbekommen. Nämlich dann, wenn unsere Eingabe, die wir nach oben geschrieben haben, am richtigen Ort landet. Wenn der Sekretär der Produktionsbrigade nicht besser ist als der jetzige, dann sollen sie erst noch sehen, ob sie am Ende nicht noch meinen Dschamal zum Sekretär machen!"

Turghan lachte prustend und trank einige Schluck Milch.

Dieses Ehepaar, dass sich seit geraumer Zeit in dem grasbedeckten Haus mitten in der Wildnis niedergelassen hatte, vergass für diesen Tag seinen Ärger und unterhielt sich über die Zukunft ihrer Kinder.

8

Als der Sekretär der Produktionsbrigade von der Versammlung auf Bezirksebene zurückkehrte, brodelte er vor Wut. Ohne zu sich nach Hause zu gehen, begab er sich ohne Umweg direkt zu Bäriz. Voller Zorn hob er vor der Tür an:

„Alle unsere Ergebnisse sind für nichts gewesen. Dieser Schwachkopf Turghan hat einen Brief nach oben geschrieben. Der Brief ist auch oben angekommen. Und von oben hat man einen Brief geschrieben, in dem das Bezirkskomitee heftig kritisiert wird. Der Sekretär des Bezirkskomitees hat mich einbestellt. ,Holt ihn in die Produktionseinheit zurück, koste es, was es wolle! Gebt ihm Erziehung*!', hat er gesagt. Bring ihn noch heute hinüber in sein eigenes Haus zurück!"

Bäriz wollte jedoch noch nicht nachgeben. Mit der Rückgabe des Hauses an Turghan würde die Sache ja nicht ausgestanden sein. Turghan würde ihn fortan nicht mehr in Ruhe lassen. Er würde von Bäriz' gewalttätigem Auftreten bis hin zu seinen Diebstählen alles publik machen. Doch was sollte Bäriz tun? Er bat seine Frau um Rat. Sie sagte:

„Turghan ist ein leibhaftiger Konfuzius! Du, Bäriz, musst ihn kritisieren und mit Zwang wieder herholen und arbeiten lassen. In die Kommune tritt man ein, aber man tritt aus ihr nicht aus! Austritt aus der Kommune ist Reaktion und Rückwärtsgewandtheit! Dass er eine Eingabe gegen dich geschrieben hat, ist ein krimineller Akt!"

„Ach, Frau, Worte…"

„Das sind Worte, die auf der Versammlung der Theoriestudiumaktivisten gesagt worden sind! Los, setz dich in Bewegung, geh hin und zertritt den Kopf dieser fiesen Schlange!"

Kader Imindschan schloss sich dieser Meinung an. Auch den Sekretär der Produktionsbrigade konnte Bäriz gewinnen. Er telefonierte mit dem Sekretär des Bezirkskomitees und sagte ihm, sie hätten Turghan zur Rückkehr bewegt, sie hätten ihn zurückgeholt, sie hätten ihn wieder an seinen alten Platz gebracht. Nachdem alle Vorbereitungen getroffen waren, machte sich Produktionsgruppenleiter Bäriz auf den Weg, um an der Spitze einiger Volkssoldaten Turghan Lewir „wieder herzuholen".

* * *

Turghans Kinder schrien und lärmten. Turghan selbst warf den Korb, den er gerade flocht, weg und rannte zu der über den Qarasu gespannten Seilbrücke. Er erblickte die Leute, die die dort stehenden Nutzpflanzen zerstörten. Turghans Kinder versuchten sie davon abzuhalten, in dem sie ihre Arme und Beine festhielten. Als Turghan den Aufruhr und das Weinen und Klagen hörte, sank ihm das Herz in die Knie, ihm wurde schwindlig, und sein ganzer Körper fing an zu zittern. Ihm wurde schwarz vor Augen, genau wie bei einem heftigen Erdstoß. Es wurde ihm übel, und er erbrach pechschwarzes Blut.

* * *

„Wir haben alles, was er gesät und gepflanzt hat, vernichtet", meldete Bäriz dem Sekretär der Produktionsbrigade. „Doch wir konnten Turghan nicht zurückholen. Der hat rumgezickt und einen auf kranker Mann gemacht."

„Du Aas", fuhr der Produktionsbrigadensekretär Bäriz an, „sagst du mir jetzt gerade, dass der Typ auf seinen vier oder fünf Mu irgendwelches Zeug angepflanzt hat? Das ist doch der Beweis, dass es sich um kapitalistische Reaktion handelt! Trommel morgen deine ganzen Mitglieder auf einer Stelle zusammen und macht dort eine Kritikversammlung!"

Bäriz' Wulstlippen verzogen sich zu einem selbstzufriedenen Grienen.

* * *

Als einige Leute am nächsten Morgen gruppenweise das Wohnviertel verließen und sich in die Wildnis begaben, bot sich ihnen an dem Ort, wo Turghan Lewir sich niedergelassen hatte, ein fürchterlicher und erschütternder Anblick: Die Felder und Buden waren verwüstet und Turghan Lewir lag auf der sattgrünen Wiese ausgestreckt da. Seine sechs Kinder und seine unglückliche Frau umschlangen einander und warfen sich trauernd auf den Leichnam. Bäriz blickte alarmiert zum Produktionsbrigadensekretär. Der wiederum schaute zur Menge und rief:

„Der Beschluss ändert sich nicht. Auch wenn Turghan gestorben ist, stirbt nicht das Gift, das er versprüht hat. Es wird weiterhin an der Eröffnung der Kritikversammlung festgehalten!"

Ohne auf eine Aufforderung zu warten, trat Bäriz' Frau nach vorne:

„Das ist ein unverbesserlicher Schuldner, der auch nach dem Tod nichts bereut!"

„Halt deine Zunge im Zaum!", rief der Leiter Awut, während er nach vorne stürmte. Sein grauer Bart hatte sich aufgerichtet, und sein Gesicht erschien noch finsterer als sonst. „Leute! Lasst uns Turghan in sein Haus zurückbringen! Sein Leichnam soll in seinem eigenen Haus aufgebahrt werden!"

Die Menge umstand den Toten voller Zorn und Erschütterung. Sie vergoss Tränen des Mitgefühls wegen des Schicksals ihres Gefährten, der ein ganzes Leben für die Erde gearbeitet hatte und nun ebendiese Erde umarmend dalag.

Doch Bäriz hielt sich nicht lange zurück.

„Das ist doch ein Schuldner! Was sollen wir denn zum Begleichen seiner Schulden nehmen, wenn wir ihm seinen Ort zurückgeben?", sagte er mit bebender Stimme.

Doch der Leiter Awut starrte ihn nur an und sagte ihm:

„Du bist auch ein Schuldner! Turghan ist zum Schuldner geworden, weil er anständig seiner Arbeit nachgegangen ist und sich so sein Brot verdient hat. Was gegen ihn vorliegt, ist nicht der Rede wert, das trägt die Gemeinschaft ohne Weiteres. Du aber, du bist ein wahrhaftiger Schuldner, der Turghans Tod verschuldet hat."

Gegen Abend kam die Trage mit Turghan Lewirs Leichnam im Wohnviertel an. Nicht nur seine sechs Kinder und seine Frau hatten sich in weiße Gewänder gehüllt und trauerten, sondern auch an die hundert Freunde Turghans und Bauern, deren Herzen so rein waren wie seins es gewesen war.

Sein ausgedehnter Hof, der zu seinen Lebzeiten sein Glück, sein Reichtum und seine Freude gewesen war, war voll mit Menschen.

Das Fest, das sich Turghan gewünscht hatte, wurde heute gefeiert. Dieses Fest war seine letzte Reise, auf die er von seinem eigenen Grundstück aus in die Ewigkeit geschickt wurde.

Ghulja,* 1978

10 Abduväli Ayup: Das Gedicht an der Wand

10.1 Vorbemerkung

Das Leben sowie das schriftstellerische und publizistische Werk Abduväli Ayups (*1974;[1064] chinesischer Name Abuduqwaili Ayifu 阿布都外力·阿依甫;[1065] er ist auch unter anderen Namensformen wie Abdüveli Ayup,[1066] Weli Ayup etc. bekannt) dokumentieren den tiefen Einschnitt, mit dem die Regierung der Volksrepublik China in der Zeit von etwa 2013 bis 2017 praktisch jeglichem unabhängigem uigurischen Kulturleben im Land ein jähes Ende setzte und dabei einen Großteil der wichtigsten Repräsentanten des uigurischen Kulturlebens verfolgte.

Abduväli Ayup ist nicht nur als Schriftsteller, sondern auch als Autor pädagogischer Bücher, insbesondere Sprachlehrbücher, bekannt geworden. Die Aufmerksamkeit eines internationalen Publikums erregte er unter anderem aufgrund seiner Fluchtgeschichte. Diese wurde inzwischen ausführlich aufgearbeitet.[1067]

Ayup soll aus dem Bezirk Kona Šähär (Shufu) der Präfektur Kaschgar in Xinjiang stammen.[1068]

Nach einer Zeit als Uigurischlehrer in Kaschgar war Ayup von Dezember 2005 bis Juni 2006 Gastwissenschaftler an der Universität Ankara. Danach studierte er mit einem Stipendium der Ford-Stiftung an der Universität von Kansas. Dieses Studium 2011 schloss er mit einem Mastergrad in Sprachwissenschaft ab.[1069]

Nach eigenen Angaben startete Ayup vor September 2011 eine „Muttersprachenbewegung" (*mother language movement*), indem er den ersten muttersprachlich-uigurischen Kindergarten in Kaschgar eröffnete.[1070] Ayup propagierte in Online-Vorträgen und -Schriften die Wichtigkeit der Muttersprache.[1071] Der Online-Teil der Kampagne wurde nach Ayups Angaben von 500000 Menschen besucht.[1072] Ayups Kampagne wurde wahrscheinlich von einer ähnlichen Kampagne direkt oder indirekt beeinflusst, die bereits im Jahr 2005 von Mämtimin Älyar initiiert

---

[1064] Die Quelle dieser Angabe sind der Text „Über den Autoren" (*Aptur häqqidä*) in Ayup 2018: 7 sowie Ayup 2018a: 9. – In dem Text „Über den Autoren" (*Yazar Hakkında*) in Ayup 2020: 7, im „Lebenslauf" (*Özgeçmiş*) in Ayup 2021: 1 sowie in Ayup 2021b: 1 ist das Geburtsjahr abweichend mit 1973 angegeben.

[1065] Xinjiang Victims Database [shahit.biz/eng/#4616, zuletzt aktualisiert am 18. November 2023].

[1066] Ayup 2020 (Titel).

[1067] Siehe Shir 2019.

[1068] Quelle wie Fußnote 1065, wo Kona Šähär unter der Rubrik *Likely place of origin* geführt wird. Zu Kona Šähär vgl. S. 88 des Haupttextes.

[1069] Quelle wie Fußnote 1065; Sulaiman/ Lipes 2014 (die den Abschluss auf Englisch benennen: *Master's Degree in Linguistics from the University of Kansas*).

[1070] Der Passus, in dem Ayup den Beginn dieser Aktivitäten beschreibt, lautet: „Im September 2011 begann eine weitere Kampagne für den Schutz der legalen Rechte des Uigurischen und für seine Bewahrung als Lehrsprache im Bildungswesen. Damals propagierte und betonte ich die Wichtigkeit einer Muttersprache in meinen Online-Schriften und -Vorlesungen. Ich hatte meine Muttersprachenbewegung begonnen, indem ich den ersten muttersprachlichen Kindergarten in Kaschgar eröffnete" (*In September 2011, another campaign started to protect the legal rights of Uyghur and preserve it as a teaching language in education. At that time I promoted and stressed the importance of a mother language in my online writings and lectures. I had started my mother language movement through opening the first mother language kindergarten in Kashgar.*). Quelle: Abduväli Ayup in Ayup 2019. Wahrscheinlich ist mit „Kaschgar" hierbei die Stadt gemeint und nicht die Präfektur oder die Gegend.

[1071] Siehe das in Fußnote 1070 wiedergegebene Quellenzitat.

[1072] Abduväli Ayup in Ayup 2019.

worden war.[1073] Die von Älyar, der als „Gelehrter" (*scholar*), „Informatiker" (*IT engineer*) und „Webadministrator" (*web administrator*) bezeichnet wird, gestartete Kampagne soll sich nach Angaben Abduväli Ayups auf den Schutz der uigurischen Sprache nach den von der Verfassung der VR China vorgegebenen Möglichkeiten konzentriert haben.[1074] Älyar soll, nachdem er über 1000 Unterschriften für die Kampagne gesammelt hatte, verhaftet und zu 12 Jahren Gefängnis verurteilt worden sein.[1075] Auf dem Stand von Ende 2023 soll diese Gefängnisstrafe abgelaufen und über Älyars Verbleib nichts weiteres bekannt sein.[1076]

Im Sommer 2012 eröffnete Ayup einen uigurischsprachigen Kindergarten in der Stadt Kaschgar.[1077]

Im September 2012 bewarb er sich gemeinsam mit Dilyar Obulqasim und Memetsidiq Abdurešit/ Muhemmet Sidiq Abdurešit bei den Behörden in Ürümtschi um die Gründung eines Bildungsunternehmens namens Mother Tongue International Co.[1078] Zu diesem Unternehmen sollte auch ein Kindergarten für Kinder mit uigurischer Muttersprache gehören.[1079] Die Behörden lehnten diesen Antrag allerdings ab.[1080] Dilyar Obulqasim versuchte, die Offiziellen durch das Schreiben von Bewerbungen umzustimmen.[1081] Nach Ayups Darstellung lud die für Erziehung zuständige Behörde die Antragsteller dann nach fünf Monaten unter der Bedingung zu einem Gespräch ein, dass die Online-Kampagne gestoppt werde.[1082] Ayup und seine Freunde reagierten darauf, indem sie Gesprächsbereitschaft unter der Voraussetzung signalisierten, dass ihnen die Eröffnung von solchen Kindergärten in Ürümtschi und anderen Städten erlaubt werde;[1083] offenbar gab es entsprechende Pläne zumindest für die Stadt Hotan.[1084] Bis dahin würden sie die Kampagne fortsetzen.[1085]

Offenbar wurde im März 2013 ein Kindergarten von den volksrepublikanisch-chinesischen Behörden zunächst mit der Begründung geschlossen, er sei „mit unvollständigen Dokumenten" betrieben worden.[1086] Später habe man dann erlaubt, dass der Kindergarten in verkleinerter Form weiterbetrieben werden konnte.[1087] Hierbei handelt es sich vermutlich um den bereits seit Sommer 2012 von

---

1073 Abduväli Ayup in Xinjiang Victims Database [shahit.biz/eng/#8482, zuletzt aktualisiert am 23. April 2020].
1074 Abduväli Ayup, Quelle wie in Fußnote 1073.
1075 Abduväli Ayup, Quelle wie in Fußnote 1073.
1076 Abduväli Ayup, Quelle wie in Fußnote 1073.
1077 Sulaiman/ Lipes 2014.
1078 Sulaiman/ Lipes 2014; Abduväli Ayup in Ayup 2019; die in Fußnote 1065 genannte Quelle. – Zu Dilyar Obulqasim siehe Xinjiang Victims Database [shahit.biz/eng/#8483, zuletzt aktualisiert am 14. Januar 2021]. – Zu Memetsidiq/ Muhemmet Sidiq Abdurešit siehe Xinjiang Victims Database [shahit.biz/eng/#8484, zuletzt aktualisiert am 18. August 2021].
1079 Abduväli Ayup in Ayup 2019. Dort ist nur davon die Rede, dass ein *mother language kindergarten* („muttersprachlicher Kindergarten") eröffnet werden sollte. In der in Fußnote 1065 genannten Quelle ist kurz nach der Erwähnung des Kindergartens von „Schule" (*school*) die Rede.
1080 Abduväli Ayup in Ayup 2019; Quelle wie Fußnote 1065.
1081 Nach Abduväli Ayup in Ayup 2019.
1082 Abduväli Ayup in Ayup 2019. Dies müsste dann ungefähr im Februar 2013 gewesen sein. Die Behörde wird im Text Ayups als *the Urumchi educational department* bezeichnet.
1083 Abduväli Ayup in Ayup 2019.
1084 Quelle wie Fußnote 1065.
1085 Abduväli Ayup in Ayup 2019.
1086 *Without complete documentation* (Quelle wie Fußnote 1065 und Sulaiman/ Lipes 2014). Das Zitat ist in beiden Quellen jeweils in Anführungszeichen gesetzt, was man wahrscheinlich so verstehen kann, dass es von offizieller volksrepublikanisch-chinesischer Seite stammt.
1087 Quelle wie Fußnote 1065 und Sulaiman/ Lipes 2014.

Abduväli Ayup in Kaschgar betriebenen Kindergarten. Diese Annahme liegt nahe, da Ayups Frau den Kindergarten in Kaschgar nach der Inhaftierung ihres Mannes für eine Weile weiterbetrieben haben soll, ihr jedoch von den Behörden angedroht wurde, dass er geschlossen würde.[1088]

Am 19. August 2013 wurde Ayup zusammen mit Dilyar Obulqasim und Memetsidiq Abdurešit von den volksrepublikanisch-chinesischen Behörden festgenommen.[1089] Ayup gab an, man habe ihn im Verhör nach einer „unsichtbaren Organisation in den USA" gefragt, die ihn mit Geheimmissionen beauftragt habe.[1090] Noch am selben Tag wurde er vergewaltigt.[1091] In der Haft wurde er außerdem gefoltert.[1092] Zu den Foltermethoden, denen er unterzogen worden sein soll, gehörten Elektroschocks und das Sitzen auf dem „Tigerstuhl", der keine Bewegung der Hände und Füße ermöglicht.[1093] Ayup wurde in diversen Haftanstalten in Kaschgar und Ürümtschi inhaftiert.[1094]

Die offizielle Anklage gegen Abduväli Ayup wurde am 17. Mai 2014 erhoben. Der nur einen Tag dauernde Gerichtsprozess fand im August desselben Jahres vor der „Untersuchungsbrigade für Wirtschaftsverbrechen des Rayons Täŋritaġ" statt.[1095] In ihm wurden Ayup und seine beiden Mitgründer wegen illegaler Geldbeschaffung zu 18 Monaten Gefängnis und einer Geldstrafe von 80000 Renminbi, umgerechnet etwa 12000 Euro, verurteilt.[1096] Die Behörden wiesen auf den Zusammenhang zwischen dem Kindergartenprojekt und dem von den Vereinten Nationen seit 1999 begangenen „Internationalen Tag der Muttersprache" (*International Mother Langauge Day*, 21. Februar) hin.[1097] Die Initiative zur Etablierung dieses Feiertags war auf Bangladesch zurückgegangen. Der 21. Februar 1952 gilt dort als Tag, an dem die Bengalen in der damaligen pakistanischen Provinz Ostbengalen in besonderer Weise für die Anerkennung ihrer Sprache kämpften. Dieser Kampf steht in einem Zusammenhang mit der späteren Unabhängigkeit Bangladeschs von Pakistan. Offensichtlich beruhte der Vorwurf der volksrepublikanisch-chinesischen Behörden auf einer Konferenz, die Ayup mit Dilyar Obulqasim am 21. Februar 2013 in der Stadt Kaschgar veranstalteten. Auf dieser Konferenz feierten die beiden den Internationalen Muttersprachentag und gaben zugleich bekannt, dass die Stadtverwaltung von Ürümtschi ihnen erlaubt habe, einen muttersprachlichen Kindergarten zu eröffnen.[1098] Zum Abschluss der Konferenz betonte Ayup die konstitutionellen Rechte der Uiguren in der VRC, darunter ihre auf die Sprache bezogenen Rechte;[1099] analoge Forderungen erhoben die beiden auch auf einer Konferenz,

---

1088 Sulaiman/ Lipes 2014 und die in Fußnote 1065 genannte Quelle.
1089 Abduväli Ayup in Ayup 2019; Quelle wie Fußnote 1065.
1090 *Some invisible organization in the US* (Abduväli Ayup in Ayup 2019).
1091 Gruda 2019, die sich auf ein am 26. November 2016 geführtes Telefongespräch mit Ayup beruft. Vgl. die in Fußnote 1065 genannte Quelle.
1092 Quelle wie Fußnote 1065.
1093 Gruda 2019.
1094 Gruda 2019. Zum Erscheinungsbild und der Wirkungsweise des „Tigerstuhls" vgl. Human Rights Watch 2015; Deuber 2018. Vgl. Jung/ Haitiwaji 2022.
1095 *Tianshan District Economic Investigation Brigade* (Quelle wie Fußnote 1065). In Sulaiman/ Lipes 2014 wird der Name des Gerichts mit *the Tengritagh (in Chinese, Tianshan) district court* („das Bezirksgericht von Täŋritaġ (chinesisch Tianshan)" in Ürümtschi umschrieben.
1096 Quelle wie Fußnote 1065, wo der Vorwurf als *illegal fundraising* vorkommt (wie auch in Rajagopalan 2017). Nach derselben Quelle wurde Ayup in einem Polizeibericht außerdem „falsche Kapitaleinlage" (*false capital contribution*) vorgeworfen. Siehe auch Sulaiman/ Lipes 2014, wo der Gegenwert der 80000 RMB mit 13000 US-Dollar angegeben wird.
1097 So die in Fußnote 1065 genannte Quelle.
1098 Abduväli Ayup in Ayup 2019.
1099 Abduväli Ayup in Ayup 2019.

die am 19. März 2013 stattfand.[1100] Offensichtlich legten die Behörden den Bezug Ayups und Obulqasims auf den Muttersprachenfeiertag mit Hinblick auf die Separation Bangladeschs von Pakistan als Fall von separatistischer Bestrebung aus.[1101] Der Umstand, dass die volksrepublikanisch-chinesische Justiz Ayup und seine Mitstreiter nicht direkt wegen Separatismus oder anderer Verbrechen gegen den Staat angeklagt haben, sondern wegen illegaler Geldbeschaffung, hat bei Beobachtern Erstaunen erregt.[1102] Es ist vermutet worden, dass die VR durch dieses Vorgehen internationale Aufmerksamkeit vermeiden wollte.[1103]

Es ist unklar, ob Abduväli Ayup in dem Prozess seine Schuld bekannte und ein Geständnis unterschrieb.[1104] Er selbst hat verneint, irgendwelche separatistischen Bestrebungen gehabt oder auch nur an Politik interessiert gewesen zu sein.[1105] Er legte gegen das Urteil keine Berufung ein, seine beiden Mitangeklagten taten es jedoch.[1106] Als Folge des Einspruchs kam auch Ayup am 20. November 2014, nachdem er 15 der 18 gegen ihn verhängten Monate Haft hinter sich gebracht hatte, frei.[1107]

Danach und lebte er noch eine Weile in Freiheit in Kaschgar. Dort arbeitete er als Englischlehrer.[1108] In dieser Zeit wurde unter anderem durch häufige Ausweiskontrollen seitens der Polizei Druck auf ihn ausgeübt, was auch zum Absinken seiner Schülerzahlen führte.[1109] Im Dezember 2014 wurde er kurz inhaftiert.[1110] Am 7. Juli 2015 wurde er erneut kurzzeitig verhaftet.[1111] Während der Festnahme wurde er vom Sondereinsatzkommando getreten, geschlagen, einer Leibesvisitation unterzogen und verhört, und sein Laptop wurde durchsucht.[1112] Auf dem Laptop fanden die Polizisten einige Texte, die er in seiner Zeit in Kansas geschrieben hatte und von denen einige sich mit Diktaturen und uigurischer Kultur beschäftigten.[1113] Einer der Elitepolizisten erklärte ihm, dass er verhaftet würde, wenn er noch einmal mit diesen Texten auf seinem Laptop erwischt würde.[1114] Nach Ayups eigener Aussage trug diese Erfahrung maßgeblich zu seiner Entscheidung bei, aus der VR China zu fliehen, da das Rechtssystem dort vollkommen willkürlich sei.[1115]

1100 Abduväli Ayup in Ayup 2019.

1101 Dass die Behörden diese Interpretation glaubten, stellt Abduväli Ayup explizit in Ayup 2019 fest. Siehe auch die in Fußnote 1065 zitierte Quelle.

1102 So wird in Sulaiman/ Lipes 2014 Ilshat Hassan Kokbora (*1962) zitiert, der nach den beiden Autoren damals die Funktion des „Vizepräsidenten" (vice president) der Uyghur American Association erfüllt habe. Zu Ilshat Hassan Kokbora (wohl *Ilšat Häsän Kökbörä) vgl. Anonym 2023g.

1103 Kokbora (wie in Fußnote 1102) in Sulaiman/ Lipes 2014.

1104 Gruda 2019 bejaht dies. Abduväli Ayup in Ayup 2019 verneint, dass er die Organisation einer uigurischen Unabhängigkeitsbewegung gestanden habe. Er schreibt noch: „Sie zwangen mich zuzugeben, dass ich ein Ereignis wie das vom 5. Juli 2009 geplant hatte" (*They forced me to admit that I had planned to organize an event like that of July 5th 2009*). Zu diesem Ereignis siehe S. 74 des Haupttextes.

1105 Abduväli Ayup in Ayup 2019.

1106 Quelle wie Fußnote 1065. Sulaiman/ Lipes 2014 erwähnen Obulqasims und [uig]Abdurešits Berufung, nicht jedoch Ayups Verzicht darauf.

1107 Quelle wie Fußnote 1065. Sulaiman/ Lipes 2014 geben als Tag der Freilassung den 27. November 2014 an. Siehe auch Rajagopalan 2017. – Vgl. Gruda 2019.

1108 Quelle wie Fußnote 1065.

1109 Quelle wie Fußnote 1065.

1110 Quelle wie Fußnote 1065.

1111 Quelle wie Fußnote 1065.

1112 Quelle wie Fußnote 1065; Rajagopalan 2017 (die die Spezialpolizeieinheit als *Special Weapons and Tactics Police* bezeichnet).

1113 Rajagopalan 2017.

1114 Rajagopalan 2017.

1115 Ayup, zitiert in Rajagopalan 2017.

Am 25. August 2015 verließ er Kaschgar, nachdem die Polizei ihn davor gewarnt hatte, sich in der Stadt eine Wohnung zu mieten.[1116]

Später gelang es ihm, die Volksrepublik zu verlassen.[1117] Im Dezember 2017 erklärte die VR China seinen Reisepass für ungültig.[1118] Danach bewarb er sich bei den Vereinten Nationen in Ankara um einen Flüchtlingsstatus.[1119] Gegenwärtig lebt er in Bergen (Norwegen).[1120] Dorthin kam er als Schriftsteller über ICORN (*International Cities of Refuge Network*, „Internationales Netzwerk der Zufluchtsstädte").[1121]

Durch die „Xinjiang Police Files" erfuhr Ayup im Sommer 2022, dass sein Bruder Ärkin auch in der Volksrepublik in Haft genommen worden war.[1122]

Zu Ayups Werken zählen neben diversen spracherzieherisch-pädagogischen und populärwissenschaftlichen Titel für Kinder[1123] auch das 2018 in Istanbul erschienene Buch *Oyunlar vadisi Türkiyä* („Die Türkei, ein Tal der Spiele"). Dieses Buch versammelt neben einer Kurzbiographie des Autoren 66 kurze Prosatexte, in denen Ayup seine Eindrücke von der Türkei sowie die Situation der Uiguren in diesem Land wiedergibt.[1124] Ebenfalls eine Sammlung von kurzen Prosatexten stellt das im selben Jahr erschienene *Täpäkkür vä tuzaq* („Das Denken und die Fallen") dar.[1125] Ähnlichen Charakter wie die vorgenannten Werke tragen auch *Bügünniŋ tarixi*, dessen Titel im Buch selbst mit *The History of Today* übersetzt wird,[1126] sowie *Kälgüsimiz pärqliq bolidu* („Unsere Zukunft wird anders sein").[1127] Die genannten und andere Werke Ayups gehen streckenweise in tagebuchartige Aufzeichnungen über. Schließlich veröffentlichte Ayup ungefähr ein Dutzend wissenschaftlicher Beiträge zur uigurischen Kultur und Literatur in der Volksrepublik China und international.[1128]

Der nachstehend in Übersetzung vorgestellte Text entstammt dem Buch *Türmä xatirliri: Mähbus rohlar* („Gefängniserinnerungen: Gefangene Seelen").[1129] In diesem Werk setzt sich Ayup ausführlich mit seinen Erfahrungen in volksrepublikanisch-chinesischen Gefängnissen sowie allgemein mit der Situation der Uiguren in der Volksrepubklik China auseinander. Eine Übersetzung der Gefängniserinnerungen in die türkeitürkische Sprache hat Ayup selber im Jahr 2020 herausgebracht.[1130] Ebenfalls auf Türkeitürkisch widmete sich Ayup noch ein weiteres Mal seinen Gefängniserlebnissen in der Volksrepublik China im Jahr 2021, diesmal unter dem Titel *Özgür Mahkum* („Der Freie Inhaftierte").[1131]

1116 Quelle wie Fußnote 1065.
1117 Die in Fußnote 1065 zitierte Quelle erwähnt, dass Abduväli Ayup einem Polizeibericht zufolge die Volksrepublik China bereits am 24. August 2013 verlassen habe.
1118 Rajagopalan 2017.
1119 Rajagopalan 2017.
1120 Einleitungstext in Ayup 2019.
1121 Einleitungstext in Ayup 2019.
1122 Schiller 2022.
1123 Siehe beispielsweise Ayup 2017; Ayup 2020a; Ayup 2022.
1124 Ayup 2018.
1125 Ayup 2018a.
1126 Ayup 2021c, besonders S. 2.
1127 Ayup 2021a. Die englische Übersetzung des Titels, die in dem Buch selber enthalten ist, lautet dagegen *Our Future Will be Bright*.
1128 Siehe beispielsweise Ayup 2017a; Ayup 2023 (vollere Version des Textes: Ayup 2023a).
1129 Ayup 2021b. Die in Istanbul gedruckte uigurische Ausgabe enthält eine englische Übersetzung des Titels: *The Prisons Made in China* (Ayup 2021b: 2).
1130 Ayup 2020.
1131 Ayup 2021.

Im nachfolgend in Übersetzung vorgestellten Text verarbeitet Abduväli Ayup Erinnerungen an einen der Zeitabschnitte, die er in volksrepublikanisch-chinesischen Gefängnissen verbrachte. Der offenkundig autobiographische Text dürfte in weiten Teilen dokumentarischen Charakter haben. Das in der Erzählung genannte Inhaftierungsdatum des Ich-Erzählers, der 19. August 2013, war der Tag, an dem Abduväli Ayup von den volksrepublikanisch-chinesischen Behörden zum ersten Mal verhaftet wurde.[1132] Dies liegt nahe, weil sich das in ihm Dargestellte einerseits mit Daten über die Inhaftierung von Uiguren und anderen muslimischen Minderheiten in volksrepublikanisch-chinesischen Gefängnissen im Allgemeinen und anderseits mit Angaben über Ayups Biographie deckt. Im Übrigen tragen auch der Rest des Buchs, aus dem der hier übersetzte Text genommen ist, sowie auch zahlreiche andere Publikationen Ayups einen ähnlichen semidokumentarischen bis dokumentarischen Charakter. Ayup ist nicht nur Autor, sondern auch wichtiger Vertreter der uigurischen Menschenrechtsbewegung und aktiv an der Erstellung von Dokumentationen über die Opfer der volksrepublikanischen Repression gegen Uiguren und andere muslimische Minderheiten beteiligt.[1133] Seine Literatur, darunter der im vorliegenden Band vorgestellte Auszug, kann als eine Art der Reaktion auf die immer härter werdende Repression in der Volksrepublik China gewertet werden, die inzwischen die meisten uigurischen Schriftsteller in Haft, in den Untergrund oder ins Ausland gezwungen hat.

Abduväli Ayup repräsentiert jedoch nicht nur eine Strömung der uigurischen Gegenwartsliteratur, die im Exil bestehende Freiräume nutzt, um auf das Leiden der Uiguren in der VR China aufmerksam zu machen, sondern unterscheidet sich auch stilistisch von vielen Schreibweisen, die in der Phase der Öffnung (von ungefähr 1980 bis 2017) innerhalb der uigurischen Prosaliteratur in der Volksrepublik China zu finden waren. Der dokumentarische und nicht selten harte und sehr direkte Stil der meisten von Ayups Texten ist einer Zeit angepasst, in der es eines der Hauptinteressen der uigurischen Schriftsteller und der Uiguren insgesamt ist, auf die desaströse Lage des gesamten uigurischen Volks innerhalb der Volksrepublik China aufmerksam zu machen. In dieser Hinsicht ist der nachstehend vorgestellte Text Ayups mit dem ebenfalls im vorliegenden Band vorgestellten Auszug aus dem Werk Ziya Sämädis vergleichbar.[1134] Beide Texte entstanden wohl unter ähnlichen Umständen und mit einer ähnlichen Absicht.

Der im Folgenden in deutscher Erstübersetzung vorgestellte Text Abduväli Ayups sticht unter vielen anderen Kapiteln seiner in den „Gefangenen Seelen" versammelten Gefängniserinnerungen in formaler Hinsicht hervor. Hauptsächlicher Grund dafür ist eine Passage, in der der – aufgrund der Übereinstimmungen zwischen erzähltem Text und nachprüfbarer Biographie des Autoren – unschwer als Ayups Alter Ego erkennbare Ich-Erzähler an der Wand der von ihn frisch bezogenen Zelle ein (offenbar von einem früheren Häftling) in uigurischer Sprache hinterlassenes Gedicht liest. Der in die Erzählung eingewobene Text dieses Gedichts durchbricht die Prosa und die mit ihr einhergehende Nüchternheit und Sachlichkeit der Geschichte, die auch die meisten anderen Erzählungen aus *Türmä xatiriliri: mähbus rohlar* charakterisiert. Konkret verknüpft das Poem die bis zu dieser Stelle der Narration gegebene desillusionierte und desillusionierende Schilderung der traurigen und erniedrigenden Haftumstände auf einmal mit wichtigen Strömungen der uigurischen Gegenwartsliteratur, sei es nun Prosa oder Poesie.

Sowohl die in dem an der Wand hinterlassenen Gedicht ausgedrückte Stimmung als auch die Motivik erinnern beispielsweise an Abdurehim Ötkür Gedicht *Iz*,[1135] wobei eine direkte Beeinflus-

---

[1132] Siehe S. 191 und 196 des Haupttextes. Zum autobiographischen Aspekt der Erzählung vgl. auch die Erläuterung auf S. 341.
[1133] Siehe etwa Xinjiang Victims Database, passim.
[1134] Siehe S. 285ff. des Haupttextes.
[1135] Siehe S. 159ff. des Haupttextes.

sung des anonymen Autors des im Gefängnis an die Wand geschriebenen Gedichts aufgrund des Bekanntheitsgrades von Ötkürs Gedicht selbstredend nicht von vornerherein ausgeschlossen werden kann. In dem Poem, das der erzählende Häftling in Ayups Geschichte liest, geht es wie in dem Gedicht *Iz* um Verlust, Träume und Hoffnungen sowie Reminiszenen an eine historische Vergangenheit, in der die Uiguren nicht in derselben schwierigen Lage waren, in der sie sich in der erzählten Gegenwart befinden. In dem an die Wand geschriebenen Gedicht kommt dies am direktesten durch die Erwähnung des alttürkischen und altuigurischen Herrschertitels Kagan (*qaġan*) zum Ausdruck.[1136] Eine Kontextualisierung des an der Zellenwand entdeckten Gedichts mit der übrigen modernen uigurischen Literatur wird in Ayups Text direkt vorgenommen, indem der Ich-Erzähler es als wahrscheinlich nach einem ihm bekannten dichterischen Vorbild geschaffen identifiziert und dann Zeilen aus dem als Vorbild dienenden uigurischen Gedicht der Gegenwartszeit zitiert.

Das an die Wand geschriebene Gedicht greift aber auch unabhängig von Bezügen zu konkreten Werken der uigurischen Literatur zahlreiche Begriffe und Topoi aus der klassischen Literatur der islamisierten Turksprachen aus, wie etwa *bahar* („Frühling"), *jan* („Seele" oder „Leben") oder *janan* („Geliebte").[1137]

Aufgrund anderer Übereinstimmungen zwischen dem an der Wand sichtbaren Gedicht und verschiedenen Genres zugehörigen anderen Werken der modernen uigurischen Literatur kann im Einzelfall letzten Endes nicht genau entschieden werden, ob diese Parallelen auf eine wie auch immer geartete direkte Beeinflussung zurückgehen oder auf ein Schöpfen aus einem allgemeinen Pool an Motiven und Wendungen. Auf dieser Ebene lassen sich mühelos auch Gemeinsamkeiten zwischen dem Wand-Poem und im vorliegenden Band diskutierten anderen Werken der modernen uigurischen Literatur aufdecken. Man vergleiche etwa das in dem Vers „Ich dich ständig suchte, verirrter und Streuner genannt" aus dem Gedicht an der Wand markant an das Ende der Zeile gestellte und am Monoreim der Strophe partizipierende Wort *särgärdan* „Streuner" mit einer Passage aus dem im vorliegenden Band besprochenen Roman „Jahres des Kampfes" von Qäyyum Turdi. Dort beginnt eines der zahlreichen der Figur des Elischa zugeschriebenen Gedichte mit folgender Zeile, in der dasselbe Wort in der identischen Position innerhalb des Verses platziert ist, ohne allerdings an einem Reim beteiligt zu sein:

Män Eliša särgärdan[1138]
„Ich bin Elischa, der Streuner"

Diese Parallele ist vielleicht sogar mehr als ein rein literaturwissenschaftliches Aperçu. Denn die Figur des Elischa, die sich durch das mit dieser Zeile beginnende „Volksgedicht" (*qošaq*) selber sowohl als kritische als auch als literarisch-künstlerische Person vorstellt, schreibt sich selber in Turdis Roman durchaus eine Position zu, die mit der des anonymen Gefängniswandpoeten in Ayups Erzählung vergleichbar sein dürfte, nämlich eine von Unterdrückung und Leid in der Gegenwart geprägte Stellung, die zugleich von Hoffnung auf eine bessere Zukunft und Erinnerung an eine bessere und in Teilen sogar prachtvolle Vergangenheit durchdrungen ist. Nicht zuletzt scheint die Parallelisierung der beiden Gedichte auch deshalb produktiv zu sein, weil sie beide mit dem Personalpronomen der ersten Person Singular *män* „ich" beginnen.

Wenig überraschend taucht in dem Gedicht an der Wand auch Natursymbolik auf, die als eine motivische Grundströmung in einem wichtigen Teil der modernen uigurischen Literatur angesehen

---

[1136] Für das Original siehe: Ayup 2021: 410.
[1137] Im Original: Ayup 2021: 409.
[1138] Turdi 2003, Bd. 1: 112.

werden kann.[1139] Die – mit einer gewissen Wahrscheinlichkeit symbolisch aufgeladenen – „Pappeln" (*toǧraq*) des an der Wand stehenden Poems finden sich erwartungsgemäß auch im mit Pflanzen und speziell Bäumen sowie deren Symbolik aufgeladenen Anfangsteil von Xalidä Isra'ils Roman *Käčmiš*.[1140]

10.2 Text in Übersetzung

Es waren die letzten Tage im August 2014. Ich wusste, dass ich in einen Bus verfrachtet worden war. Doch nachdem man mir einen schwarzen Sack über den Kopf gezogen und mir Handschellen und Fußfesseln angelegt hatte, begriff ich die ganze Zeit über nicht, wohin die geheimnisvolle Reise ging.

Ich konnte nichts sehen, und außer dem Husten und Keuchen, das im Inneren des Fahrzeugs zu vernehmen war, auch nichts hören. Das war nun schon die vierte derart ungewisse, furchteinflößende und mysteriöse Reise, die in meinem Leben stattfand.

Zum ersten Mal war mir ein schwarzer Sack von „Gästen" über den Kopf gestreift worden, die am 19. August 2013 „zu Besuch" gekommen waren. Nachdem ich am 20. August 2013 im unterirdischen Verhörtrakt des Polizeireviers des Amts für Öffentliche Sicherheit im Rayon Tängritagh* einen halben Tag geschmachtet hatte, war ich mit einem exakt auf diese Weise schwarz eingesackten Kopf fortgebracht worden. Aus dem Gefängnis von Tängritagh war ich mit einem schwarzen Sack über dem Kopf und gefesselten Händen und Füßen, in der qualvollen Lage von Menschen, die eingeschüchtert und mit fürchterlichen Konsequenzen bedroht wurden, nach Ljudawän* verbracht worden. Nun war es mehr als ein Jahr her, seit ich inhaftiert worden war. Nachdem das Urteil vom Gericht offenbar so festgelegt worden war, war ich jetzt wieder unter einem schwarzen Sack in einem Fahrzeug. Wohin würden sie mich bringen? Was für eine unerträgliche Situation!

Ich wurde gepackt und an den Handgelenken aus dem Fahrzeug gezerrt. Nachdem man mir den schwarzen Sack abgenommen hatte, sah ich, dass ich in einer Art Halle stand. Überall waren bewaffnete Soldaten. Als ich unter etwa einhundert Gefangenen meinen Freund Mämätsidiq lebendig erblickte, durchströmte mich Freude. Diljar dagegen fehlte. Es sah aus, als ob auch diese Verlegung, genau wie die ein Jahr davor erfolgte Einlieferung in das Gefängnis von Ljudawän, uns gegolten hatte. Möglicherweise wurden wir auch wegen der uigurischen politischen Gefangenen umverteilt, die Ljudawän immer voller werden ließen.

Unter den nun verlegten Gefangenen waren nur wenige Uiguren, und auch die Zahl der politischen Gefangenen war nicht besonders hoch. In der Halle waren auch einige, die im Gefängnis von Tängritagh mit mir in einer Zelle eingesessen hatten. Da war zum Beispiel einer, der wie der stumme Dilmurat aussah. Anscheinend kamen diejenigen, welche dieses Mal nach Köktagh* verlegt worden waren, nicht nur aus Ljudawän, sondern auch aus anderen Haftanstalten.

Vor der Verteilung auf die Zellen nahmen sie uns Blut ab. Jedesmal, wenn Blut abgezapft wurde, wurden uns Fragen über AIDS und andere ansteckende Krankheiten gestellt. Ich wurde mit Häftlingen, die an AIDS erkrankt waren, in einer Reihe aufgestellt. Mich befiel große Unruhe, weil es so aussehen konnte, als ob sich an der Spitze jener Injektionsnadeln, die in mich hineingestochen wurden, tatsächlich AIDS-Viren tummelten. Besonders bedrückend waren die Fragen, die die Krankenschwestern bei derartigen Gelegenheiten stellten („Nimmst du Drogen? Hast du mit Prostituierten zu tun? Wieviel Mal pro Woche?"), ihre Blicke, aus denen ein Gefühl des Ekels wie vor Unrat zu sprechen schien, und ihr vulgäres Brüllen.

1139 Vgl. etwa S. 122 und 122 des Haupttextes.

1140 Siehe etwa S. 133ff. des Haupttextes und den dort besprochenen Textausschnitt (im Original: Isra'il 2010: 4.).

Sooft ich hörte, dass einer der in der Schlange Stehenden erklärte „Ich habe AIDS!", durchfuhr meinen Körper ein Zittern. Bevor ich in Haft genommen worden war, hatte ich mir noch keine richtige Vorstellung davon gemacht, was AIDS wirklich für eine Krankheit ist. Obwohl ich Angst davor hatte, mich in meinem Häftlingsleben damit anzustecken, und mich nach Kräften dagegen zu wappnen versuchte, konnte ich mich nicht ganz von ansteckenden Krankheiten fernhalten. In jeder Zelle gab es nicht wenige, die an AIDS, Hepatitis B und/oder Tuberkulose erkrankt waren. In jedem einzelnen Gefängnisraum, in dem ich einsaß oder den ich zu Gesicht bekam, gab es solche Menschen. Mit einigen davon unterhielt ich mich, in einigen Fällen wurden wir sogar Freunde. Doch die Angst und Unruhe, die mich in meinem Inneren befallen hatte, konnte ich dennoch nicht abschütteln.

Das Sprichwort sagt: „Wer sich fürchtet, dem erscheint alles doppelt so schlimm."* Genau dieses Gefühl war in dem Augenblick in mir aufgekommen, als ein Häftling die Zelle betrat, den man mir neu zugeteilt hatte. Er saß in der vordersten Reihe direkt neben der Tür. Von seinem Gesicht war abgesehen vom Nasenrücken nichts zu sehen. Sein schütteres und stumpfes blondes Haar, seine langen dünnen Finger, die aussahen, als ob man das Fleisch von ihnen abgeschabt hätte, die essstäbchendürren Beine, um die seine weiten Hosen herumschlabberten, sowie das Gesäß, an dem zwei Knochen deutlich hervorstanden, gaben ihm das Aussehen irgendeiner von einem fremden Planeten gekommenen seltsamen Kreatur. Sogleich schossen mir die Assoziationen „Heroinsüchtiger" und „AIDS" ins Gehirn und fingen mit einem bienengleichen Gesumme an, mir die Ruhe zu rauben und an meinen Nerven zu sägen.

Auch wenn ich seit meiner Inhaftierung in Ürümtschi schon wiederholt Menschen gesehen hatte, die infolge ihrer Heroinsucht oder ihres AIDS-Leidens zu ausgemergelten Gestalten geworden waren, sah ich einen Menschen, dessen Äußeres solcherart zugrundegerichtet worden war, damit doch zum ersten Mal. Ich dachte mir: „Kommt das vielleicht dabei heraus, wenn man lange an einer Heroinsucht oder AIDS-Erkrankung leidet? Wahrscheinlich entziehen die Viren den Körper langsam, aber sicher seine Kraft, während sie sich ganz über ihn ausbreiten, zerstören das Immunsystem und richten den Menschen auf diese Art zugrunde." Bei den Gedanken fing ich an, mich mulmig zu fühlen.

Nachdem wir drei Frischinhaftierten in der Zelle gelandet waren, stellten wir uns neben den Eingang und legten die Hände in den Nacken. Es stank so elend, dass einem davon schwindlig werden konnte. Der Raum erinnerte mich an das Gefängnis Janbulaq,* in das ich in Kaschgar gesteckt worden war. Wie ich sah, befand sich der Abort in einer Ecke an der Holzpritsche.* Es handelte sich dabei vermutlich um eine über einem ausgehobenen Loch gebaute Latrine. Der üble Gestank von Exkrementen erfüllte die gesamte Zelle. Dieser widerliche Geruch war wahrscheinlich der Grund dafür, dass der Gefängniswärter sich eine Maske über die Nase zog und, sobald wir in das Innere der Zelle unterwegs waren, hinter uns die Tür so heftig zuknallte, dass sie in den Scharnieren wackelte. Aus dem Umstand, dass er einen der Zelleninsassen auf Chinesensprache mit „Aini"* anredete und uns dieser Person unterstellte, konnten man wohl folgern, dass der Name des Zellenältesten Gheni war. Und daraus, dass Gheni beim Namen gerufen worden war, konnte man schließen, dass die Häftlinge in diesem Gefängnis nicht nach Nummern, sondern nach ihren Namen aufgerufen wurden. Dies erfüllte mich mit einer gewissen Zufriedenheit.

Gheni tigerte neben dem Eingang umher. Dabei hatte er die Hände in den Taschen und die Schultern bedrohlich hochgezogen. Auf der hölzernen Bodenplattform saßen in drei Reihen zwölf Häftlinge in der üblichen Kluft und auf der Erde in einer weiteren Reihe vier in rot gekleidete. Gheni hielt eine Rede, in der er all diejenigen Inhaftierten kritisierte, die nicht im Schneidersitz ihre Knie umfassten und währenddessen gerade und aufmerksam dasaßen.

Offenbar waren alle Zellen nach einem identischen Schema konstruiert. Unsere Zelle war nicht von anderen Zellen zu unterscheiden, in denen ich in Kaschgar eingesessen und die ich in Ürümtschi gesehen hatte. Auf der Häftlingskleidung besagte eine Zeile in Chinesensprache „Gefängnis von Miquan". Ich setzte also gerade mein Häftlingsleben im Ürümtschi, das ich im Gefängnis von Tängritagh am einen Ende der Stadt begonnen hatte, in der Haftanstalt von Köktagh an deren anderem Ende fort.

Wir „Neuankömmlinge" wurden nun mit Blickrichtung zur Wand aufgestellt. Nachdem man uns gefragt hatte, worin unser Vergehen bestand, und die Rede auf das Geld auf unseren Konten kam, rief der wulstlippige chinesische Typ, der neben mir stand: „Es sind dreitausend drauf!" Auf meinem waren an die 500. Auf dem Konto eines anderen neu eingelieferten Häftlings soll angeblich überhaupt kein Geld gewesen sein. Der Ärmste brachte kaum einen anständigen Ton heraus. Das Gute am Gefängnis von Köktagh war, dass die neu Angekommenen sich nicht nackt ausziehen mussten. Der Nachteil bestand darin, dass es in der hinteren Tür der Zelle zwar wie in Ljudawän eine Öffnung gab, durch die man frische Luft bekommen konnte, dass diese jedoch verstopft war.

In Ljudawän hatte es in der Zelle eine Kochnische gegeben, in der Zahnbürsten, Schüsseln, Metallbecher, Handtücher, Kanister zum Befüllen mit abgekochtem Wasser und die Eimer standen, mit denen man Essen fasste. In dem Gefängnis, in dem wir uns damals gerade befanden, schien es einen vergleichbaren Ort nicht zu geben. Unsere Essschüsseln und die Metallbecher, auch die Handtücher wurden offenbar unter die Holzbetten gestellt. Dass die Schüsseln, aus denen wir aßen, tagsüber an der Stelle platziert wurden, wo die Schuhe gestanden hatten, nachts hingegen neben den Schuhen, kam mir wie eine unvorstellbare Absonderlichkeit vor. Ein weiterer Unterschied: Während früherer Haftzeiten trugen wir alle nur Häftlingskleidung, hier dagegen hatten einige der Gefangenen ihre eigenen Hosen an.

Gheni ließ uns bis zur Mittagszeit bewegungslos mit dem Gesicht zur Wand stehen. Man hätte sich nicht einmal mit Unterricht aus dem Fernseher ablenken können, denn den gab es nicht.

Im Gefängnis von Tängritagh gab es jeden Montag eine Zellendurchsuchung, in der Haftanstalt von Ljudawän jeden Tag so gegen zehn Uhr. In Köktagh dagegen fehlte selbst diese einfache Art der Beschäftigung. Wir hatten nicht einmal das abgekochte Wasser, das in den Haftanstalten, in denen ich zuvor eingesessen hatte, alle zwei Stunden gegeben worden war, oder die einmal in der Stunde gewährten Zehnminuten-Pausen.

Vor lauter Langeweile blieb mir nichts anderes übrig, als die Wand vor mir in allen Details gründlich zu „studieren". Auf ihr fielen gleich die in Chinesensprache und auf Uigurisch geschriebenen Namen irgendwelcher Leute ins Auge. Auch gab es die einen oder anderen Gedichte über die Liebe. In einem davon, das mir im Gedächtnis geblieben ist und mir ziemlich aussagekräftig erschien, stand geschrieben:

> Ein Tag ist vergangen, ein Berg hinter mir,
> Die Rauchwand verhüllt mir voraus nun die Sonne.
> Der Faden der Hoffnung soll nunmehr mir reißen,
> Wenn nicht mehr ich sehe das Licht dieser Sonne?

An der Wand war auch ein Kalender aufgezeichnet. Der Häftling, der ihn aufgemalt hatte, musste am 13. Januar 2014 verhaftet oder in das Gefängnis von Köktagh eingeliefert worden sein. Wie man sehen konnte, hatte er von diesem Tag an Markierungen auf seinem selbstgezeichneten Kalender hinterlassen, an jedem Tag eine. Ob er am 21. August entlassen wurde oder in ein anderes Gefängnis überstellt wurde? Jedenfalls waren nach diesem Datum keine Markierungen mehr vorhanden. In einem unbeobachteten Augenblick fügte ich eine Markierung beim 26. August hinzu.

Als ich einen genaueren Blick auf den Bereich oberhalb des Kalenders warf, sah ich, dass in einer fast nicht lesbaren krakeligen Schrift folgendes Gedicht auf Uigurisch hingeschrieben worden war:

Du Ort, an den von der Erdoberfläche man bannt
Ich ständig dich suchte, Verirrter und Streuner genannt
Du Blut in den Adern der Pappeln, so bist du bekannt
Ich Traum stets begrüne im Frühling aufs Neue das Land
Du Schatz, von Geburt an gehörst du schon mir, bist verwandt
Ich trockne fernab völlig aus, meine Seele: verbrannt
Du bist meine Herkunft, sie wurde zu Stroh und verschwand
Ich Aschen-Kagan* ohne Glück, ohne Thron nun auch stand

Dieses Gedicht ähnelte dem Gedicht „Du" von Kerimdschan Sulajman, meinem Lieblingsgedicht dieses Autoren. In diesem Gedicht gab es die folgenden Zeilen:

Du Lied, das gedacht war und niemals ertönte
Mein Leben, das nie durch die Tür für mich ging
Du stets mir bekannter, niemals gesagter
Gedanke, der Gleiches wie „Mutter" umfing
Mein Nichtsein, an dem lange suchend ich hing

Ein Dichter, der durch die Lektüre von Gedichten wie demjenigen Kerimdschan Sulajmans beeinflusst worden war, der selber durch sein Gedicht Feuer in den Herzen der Versklavten zu entfachen vermochte, weil er vor allen Dingen selbst von diesem Feuer erfasst war, und der sich so der Haftbedigungen würdig erwies, war mir ausgesprochen sympathisch. Stundenlang starrte ich dieses Gedicht an, das offenbar mit den Fingernägeln geschrieben worden war und dessen Zeilen sich überlagerten. Ich studierte es sorgfältig, als wollte ich in diesen Versen, zwischen diesen hingekritzelten uigurischen Buchstaben, das Gesicht des Dichters ausmachen. Und ich hatte das Gefühl, dass dieses Gedicht sich in Staub verwandeln würde, wenn ich versuchen sollte, es festzuhalten. Dass ich diese Verse niemals mehr wiedersehen würde, falls ich sie mit meinen Fingern berührte.

Ich hatte mir die ganze Zeit über gewünscht, in der Haft jemandem zu begegnen, der einen etwas anderen Blick auf das Leben hatte, der die Wirklichkeit auf seine eigene Weise erklärte und imstande war, den Tagen, die aus nichts anderem bestanden, als schlafen, aufstehen, essen, ausscheiden und warten, einen anderen Sinn zu geben. Und tatsächlich kam es mir so vor, als wären mir solche Zellengenossen geschenkt worden. Diese Menschen konnten über Themen schreiben, die übervoll waren von Begriffen wie „Freiheit", „Vaterland" und „Liebe". Das waren Themen, die allein mit Buchstaben niemals vollständig beschrieben und ausgearbeitet werden könnten und von deren Bedeutung immer ein paar Stellen im Halbdunkel blieben, gleich, wieviel man auch zu ihnen schreiben oder an Ausschmückung hinzufügen würde. Sie wollte ich treffen und mit ihnen die Zelle teilen.

Ich wünschte mir immer, dass die Hoffnungen, die ich mir in der Zelle machte, nicht von Verhören, Folterungen, Tricks, staatsanwaltschaftlichen Ermittlungen, Gerichtsprozessen und Haftanstalten aufgefressen würden und dass wir nicht langsam dadurch unseren Verstand verlören, dass wir uns mit dem Widerstand gegen all dies auseinandersetzten. Ich hatte immer diese Sehnsucht, dass, auch wenn unsere Körper gefangen waren, unsere Seelen doch nicht zu Sklaven werden würden, dass wir vor unserem derzeitigen Leben als Häftlinge nicht vollkommen kapitulieren würden. Ich wollte, dass unsere Ziele nicht verwässert oder verflacht würden und dass unser Herz sich nicht an die Ketten gewöhnte. Ich glaubte die ganze Zeit daran, dass das Leben voller Chancen und Möglichkeiten steckte, an die Kraft des Willens und an die Macht einer nach dem Sieg strebenden und mit Hoffnung erfüllten Seele. Doch ich war allein, wertlos wie ein Dornenstrauch* und machtlos wie ein einzelner Alhagistrauch* in der Taklamakan-Wüste. Ich wünschte mir, dass es in der Haft einen Freund gegeben hätte, der meinen Träumen Flügel verliehen hätte.

Seit ich inhaftiert worden war, war ich der früher einmal gehörten Gebete, die mit Wünschen für langes Leben, Gesundheit, Sicherheit und Unversehrtheit endeten, zum Teil müde geworden. Mit diesen Anrufungen hatte der Eindruck erweckt werden sollen, als wolle man mich darin unterweisen oder mir sogar einbläuen, es komme darauf an, für die Unsterblichkeit zu leben, sich so anzustrengen, als habe man eine Schuld gegenüber dem Leben, und sich nach Kräften zu bemühen und sich überall auf die Suche zu machen, um einen Lebensunterhalt zu sichern. Ich war jedoch der Meinung, dass wir unsere Zukunft nicht einfach unter den Sorgen des Alltaglebens und unter Mythen, die zwischen Leben und Tod hineingezwängt wurden, begraben sollten. Wenn der Begriff, den ich als „Traum" bezeichne, sich nicht darauf beschränkt, vor dem Tod Angst zu haben oder mit der Art, wie man stirbt, dann würde ich den von mir erträumten Tod so beschreiben, dass er nicht nur ein Paradies erschafft, in dem ich selbst mit freien Menschen lebe, sondern ein Vaterland, in dem alle Menschen frei leben, eines, das durch die Zierde der Freiheit geadelt ist.

Ich habe mich selbst mir immer als einen Menschen vorgestellt, der sich die Art seines Todes selber wählt. Aus diesem Grund kam mir der Tod nicht als etwas besonders Geheimnisvolles oder Furchteinflößendes vor. Allerdings wollte ich nach meinem Tod dadurch in Erinnerung bleiben, dass viele Menschen meine Seele inspiriert hatte, nicht danach beurteilt werden, wie viele zur Beerdigung meines Körpers kamen. Wenn ich am Leben blieb, wollte ich als jemand leben, der für die von mir Geliebten und deren Freiheit gelebt hatte, der dafür geschrieben hatte, das unbändige Rebellieren, die Unentschlossenheit und die Sinnlosigkeit zu überwinden und der unvergänglichen Liebe und Unabhängigkeit nachzujagen, der für ein Vaterland lebte, in dem zu leben man niemals auch nur annähernd überdrüssig werden konnte, und für einen Ort, für den man aus ganzer Seele brannte, als jemand, der dafür lebte, einen ultimativen Fluchtort, ein finales Aysl, einen ewigen Ruheort zu erbauen, an dem die Seele ihren ewigen Frieden finden würde, an dem sie niemandem forschend in die Augen sehen müssen würde, an dem sie von niemandem in die Enge gedrängt würde, an dem sie sich vor keinem Menschen klein machen müssen würde und von dem sie an keinen anderen Ort vertrieben oder verbannt würde.

Jenes Gedicht – das erste, das ich seit meiner Inhaftierung gelesen hatte – hatte mich eine ziemlich lange Zeit wie betrunken gemacht. Es hätte mich sehr interessiert zu wissen, wer dieser Dichter war. Er hatte einen Begriff, in dem die das Leben erfüllenden Bedeutungen verkörpert wurden, in ein „Du" gekleidet. Und er war in das geliebte Vaterland, das in seinem Herzen geboren worden war, so sehr verliebt.

11 Pärhat Tursun: Die Kunst der Selbsttötung (Auszug)

11.1 Vorbemerkung

Pärhat Tursun (chinesische Transkription des Namens: Paerhati Tu'erxun 帕尔哈提•吐尔逊;[1141] auf Deutsch und Englisch wird der Name auch als Perhat Tursun oder ähnlich umschrieben) kam 1969 in Xinjiang, und zwar in einem zwischen den Städten Kaschgar und Atuš gelegenen Dorf, zur Welt.[1142] Es heißt, er sei der Sohn eines Lehrers gewesen, der während der „Großen Kulturrevolution" unter dem Verdacht der Konterrevolution ins Gefängnis geworfen wurde.[1143]

Tursun muss schon in sehr jungen Jahren aus Xinjiang nach Beijing gekommen sein. Einer Angabe zufolge „begann er mit 14 Jahren ein Universitätsstudium in Beijing".[1144] In einer anderen Darstellung ist davon die Rede, dass Tursun „sich im Alter von 14 den frühen Kohorten junger Studenten anschloss, die sich an der Minzu-Universität Chinas in Beijing einschrieben".[1145] Diese Angaben stimmen immerhin darin überein, dass Tursun ihnen zufolge in etwa 1983 ein Studium in der Hauptstadt der Volksrepublik aufgenommen haben soll.[1146] Dazu passt auch die von einem anderen Autor gemachte Mitteilung, dass Tursun genau wie die Hauptfigur seines Romans *The Backstreets* „auf eine weiterführende Schule gegangen" sei.[1147] Letztere Information ist jedoch nicht ganz einfach zu interpretieren, da der für „weiterführende Schule" gebrauchte englische Begriff *college* verschiedene Typen von Institutionen, darunter Hochschulfakultäten und Internate, bezeichnen kann.

Tursun absolvierte im Jahr 1989 an der Fakultät für Uigurische Sprache und Literatur (*Uyǧur til-ädäbiyati fakulteti*) des Zentralen Nationalitäten-Institut (*Märkiziy millätlär instituti*) in Beijing ein Studium und erwarb den Titel eines Bachelors (*Bakalavur*).[1148] In seiner Zeit am Zentralen Nationalitäten-Institut organisierte sich Tursun mit anderen zusammen, um neuem Denken, wie es mit dem Beginn der „Reformen und Öffnung" immer stärker in die Volksrepublik China eindrang, noch mehr Raum zu geben.[1149] Zu denjenigen, die damals mit Tursun befreundet waren und an

---

[1141] Firimin 2012: 91; Xinjiang Victims Database [shahit.biz/eng/#2, zuletzt aktualisiert am 5. Februar 2023]. Der Vorname könnte theoretisch auch als Paerhati oder Paerhati transkribiert werden, doch Paerhati dürfte die übliche Lesung sein.

[1142] [Byler 2022a]: XII. Vgl. Duperray 2022; Jümä 2020. Die in Fußnote 1141 genannte Quelle bezeichnet Atuš als Tursuns „wahrscheinlichen Herkunftsort" (*likely place of origin*). Das Geburtsjahr bestätigen auch Cheng 2023 und Firimin 2012: 91.

[1143] [Byler 2022a]: XII.

[1144] Started university in Beijing at the age of 14 (Anonym 2022e).

[1145] At 14, he joined the early cohorts of Uyghur students to enroll at the Minzu University of China in Beijing (May 2022).

[1146] Die von Duperray 2022 aufgestellte Behauptung, Tursun sei nach einer gewissen Zeit im westlichen Ausland 1989, im Jahr des Scheiterns der Demokratiebewegung, nach Beijing gekommen, passt dagegen weder zu den zuvor zitierten Quellen noch zu weiter unten aus der Sekundärliteratur zusammengetragenen Angaben über das Leben des Autors.

[1147] *Went to a college* (Cheng 2023). Vgl. zu dieser Angabe auch S. 288 des Haupttexts.

[1148] Firimin 2012: 91. Vgl. Duperray 2022; [Byler 2022a]: XIII; Jümä 2020. – Zum Zentralen Nationalitäteninstitut vgl. Fußnote 859.

[1149] Firimin 2012: 92 spricht davon, dass Tursun hierbei mit „anderen nationalen Leuten" (*bašqa milliy balilar*) zusammengearbeitet habe. Die Bedeutung des Ausdrucks ist nicht ganz klar. Es könnten andere Uiguren, Angehörige anderer nationaler Minderheiten der Volksrepublik China oder aber auch irgendwie „national" (*milliy*) Orientiert gemeint sein. – Freeman schreibt den Beginn dieser Entwicklungen zwar explizit der Zeit am Zentralen Nationalitäten-Institut (*Märzkiziy Millätlär Instituti*) zu, so dass sie chronologisch vor dessen Umbenennung in „Zentrale Nationalitäten-Universität" (die spätestens 2008 statt-

einem Strang zogen, gehörten die Dichter Tahir Hamut Izgil (*1969) und Pärhat Ilyas. (*1964).[1150] Ein Ergebnis dieser Zusammenarbeit war das Erscheinen der Zeitschrift *Učqun* („Funke").[1151] Dieser Zirkel stand in engem Kontakt mit dem damals in Syrien studierenden Dichter Äxmätjan Osman (*1964), der als einer der Gründerväter der modernistischen uigurischen Dichtung der Reform- und Öffnungsperiode gilt.[1152]

Nach dem Erwerb des Bachelor-Titels ging Tursun für eine Weile nach Ürümči, wo er arbeitete.[1153]

Wohl Mitte der Nullerjahre kam er erneut nach Beijing, wo er ein weiteres Studium, und zwar im Fach Tschagataische Literatur (*Čaġatay ädäbiyati*), an dem inzwischen in Zentrale Nationalitäten-Universität (*Märkiziy millätlär universiteti*) umbenannten vormaligen Zentralen Nationalitäten-Institut (*Märkiziy millätlär instituti*) aufnahm. Dieses Studium beendete er im Jahr 2008 mit dem Erwerb des Magistertitels (*Magistriliq Unvani*).[1154] Während seines Studiums soll er unter anderem Unterricht in Mandarin belegt haben.[1155] Im Jahr 2011 erwarb Tursun an derselben Universität mit einer Arbeit über Navā'īs Versepos (*dastan*) *Läyli-Mäjnun* („Läyli und Mädschnun") einen Doktortitel.[1156] Einer Quelle zufolge soll er ein Schüler des uigurischen Sprachwissenschaftlers und Professors Abdura´up Polat (Täklimakani) (*1950) gewesen sein.[1157] Möglicherweise fällt in die Zeit des Studiums an der Nationalitäten-Universität (*Minzu daxue* 民族大学) auch die Teilnahme Tursuns an einem Kurs bei dem berühmten chinesischen Dichter Zhang Zao 张枣 (1962–2010), zu dem er ein gutes Verhältnis gehabt haben soll.[1158]

Danach setzte Tursun eine Tätigkeit am „Öffentlichen Kunsthaus der Uigurischen Autonomen Region" (*Uyġur aptonom rayonluq ammivi sän'ät yurti*) beziehungsweise „Öffentlichen Kunstpalast der Uigurischen Autonomen Region" (*Uyġur aptonom rayonluq ammivi sän'ät sariyi*) in Ürümči fort, die er bereits früher ausgeübt hatte.[1159]

Wahrscheinlich 2017, spätestens aber vor Ende Januar 2018, verschwand Pärhat Tursun im volksrepublikanisch-chinesischen Internierungslagersystem.[1160] Im Februar 2020 wurde er nach einer ver-

---

gefunden haben muss) einzuordnen wären. Doch man kann wohl annehmen, dass Tursun die betreffenden Aktivitäten auch während der Zeit seines Magisterstudiums und seiner Promotion fortsetzte.

1150 Firimin 2012: 92.

1151 Firimin 2012: 92. Das Wort *učqun* hat kontextabhängig auch noch andere Bedeutungen, darunter „(Schnee-)Flocke", doch dürfte „Funke" die hier am ehesten intendierte Semantisierung sein.

1152 Firimin 2012: 92.

1153 Firimin 2012: 91.

1154 Firimin 2012: 91.

1155 Duperray 2022.

1156 Firimin 2012: 91. Vgl. Jümä 2020. Zu Navā'ī siehe S. 148 des Haupttexts.

1157 So die in Fußnote 1141 zitierte Quelle, die sich auf einen Gewährsmann namens Tahir Mutellip (*Tahir Mutällip) beruft, der aus Kaschgar stammen und zum damaligen Zeitpunkt in Deutschland gelebt haben soll. – Zu Täklimakani (in der in Fußnote 1141 zitierten Quelle als Abdureyup Polat wiedergegeben) siehe Tahir/ Äbäydulla/ Raxman 2010, Bd. 1.: 18H/29PDF).

1158 Siehe die in [Byler 2022a]: XVI wiedergegebene Aussage Tursuns.

1159 Jümä 2020: *Uyġur aptonom rayonluq ammivi sän'ät yurtida ilgiriki xizmitini davamlašturġan.* („Er setzte seine frühere Tätigkeit am Kunsthaus der Uigurischen Autonomen Region fort". Worum es sich bei dieser früheren Tätigkeit gehandelt hatte, sagt der Text allerdings nicht. Die Namensform *Uyġur aptonom rayonluq ammivi sän'ät sariyi* findet sich in Hošur 2023. Zur Angabe Jümäs passt der Hinweis von Firimin 2012: 91, dass sich Tursun „gegenwärtig" (*hazir*; also im Jahr 2012) am „Volkskunsthaus angs" (*Šinjan xälq sän'ät yurti*) mit „Forschungen zur Folklore" (*folklor tätqiqati*) beschäftige.

1160 [Byler 2022a]: XVII schreibt, dass ihm die Nachricht über Tursuns Verschwinden am 30. Januar 2018 bestätigt worden sei. Vgl. jedoch die Feststellung *In 2017, as Perhat Tursun [...] and dozens of other public intellectuals were swept up in a wave of detentions of public figures [...]* („2017, als Pärhat Tursun [...] und

breiteten Ansicht zu 16 Jahren Haft verurteilt.¹¹⁶¹ Der erste, der dem Ausland über Tursuns Gefangenschaft berichtete, soll Abduväli Ayup gewesen sein.¹¹⁶² Dessen Angaben zufolge gehörte Tursun zu den Unterzeichnern der von Mämtimin Älyar 2005 gestarteten Kampagne zum Schutz der uigurischen Sprache, und dies habe im Zusammenhang mit seiner Verfolgung beziehungsweise Verhaftung gestanden.¹¹⁶³ Diese Erklärung Ayups ist jedoch als „spekulativ" (*speculative*) beurteilt worden.¹¹⁶⁴ Die volksrepublikanisch-chinesischen Behörden haben es in der Vergangenheit vermieden, irgendwelche Informationen über die Tursun noch verbleibende Haftdauer, den Ort seiner Inhaftierung und seinen Gesundheitszustand preiszugeben.¹¹⁶⁵ Nach Angaben, die sich auf den November 2023 beziehen, wurde er damals vermutlich in der Kirgisischen Autonomen Präfektur Qizilsu (*Qizilsu Qirġiz aptonom oblasti, Kezilesu Ke'erkezi zizhizhou* 克孜勒苏柯尔克孜自治州) in Xinjiang gefangengehalten.¹¹⁶⁶ Die Präfektur ist die Region, in der auch Tursuns mutmaßlicher Geburtsort Atuš liegt. Tursuns Inhaftierung in Qizilsu soll von einem Angestellten der Justizbehörden der Kirgisischen Autonomen Präfektur bestätigt worden sein.¹¹⁶⁷ Der Name der Haftanstalt wird mit „Gefängnis von Qizilsu" (*Kizilsu Prison*)¹¹⁶⁸

Dutzende anderer öffentlicher Intellektueller in einer Welle von Verhaftungen öffentlicher Figuren weggefegt wurden") in Byler 2022: 224. Hošur 2023 schreibt unter Berufung auf einen mehrfach von ihm zitierten Justizbeamten aus Qizilsu (zu ihm siehe S. 205 des Haupttextes), dass die Inhaftierung Tursuns bereits 2017 erfolgt sei. In der in Fußnote 1141 zitierten Quelle heißt es, dass es verschiedene Darstellungen über den Zeitpunkt gebe, die zwischen „spät im Jahr 2017" (*in late 2017*) und dem Januar 2018 lägen. Siehe in diesem Zusammenhang auch Byler 2020; Byler 2022: 157. Abdul'ehed 2023 zufolge wurde Tursun im Jahr 2018 „zum Opfer von Verschleppung" (*a victim of enforced disappearance*), übereinstimmend stellt es Feng 2022 dar; ähnlich schreibt Cheng 2023, dass Tursun 2018 „festgenommen" (*detained*) worden sei. Ähnlich schreibt Elkun 2023a: 262, dass Tursun „ungefähr im Januar 2018 festgenommen" (*detained around January 2018*) worden sei. 2018 als angebliches Jahr von Tursuns Inhaftierung nennen auch Hills 2022 und Sandborn 2022.

1161 Duperray 2022. Vgl. [Byler 2022a]: XVII; Defranoux 2023. Das Strafmaß von 16 Jahren erwähnen auch die in Fußnote 1141 genannte Quelle; Abdul'ehed 2023; Darren Byler in Bastek/ Byler 2023: ca. 23'55"ff.; Hošur 2023 und May 2022. Anonym 2022e schreibt vorsichtig, dass „man über Tursun glaubt, dass eine 16 Jahre lange Haftstrafe absitze" (*Mr Tursun… is thought to be serving a 16-year prison sentence.*). Ebenfalls vorsichtig spricht Feng 2022 davon, dass „gegen ihn angeblich eine 16 Jahre lange Haftstrafe verhängt worden" sei (*was reportedly given a 16-year prison sentence*); auch Darren Byler schränkt die Information über Tursuns Verurteilung zu den 16 Jahren Haft in Hills 2022 dahingehend ein, dass man diese „zumindest angeblich" (*at least allegedly*) erhalten habe; siehe auch Hallam 2023. Elkun 2023a: 262 schreibt, dass im Februar 2020 „*Berichte auftauchten*, dass die chinesischen Behörden ihn zu sechzehn Jahren Gefängnishaft verurteilt hätten" (*reports emerged that the Chinese authorities had sentenced him to sixteen years in prison*; Hervorhebung von M. R. H.).

1162 Hošur 2023.

1163 Siehe die in Fußnote 1141 zitierte Quelle. Dort wird keine Angabe zum Zeitpunkt der mutmaßlichen Unterzeichnung gemacht.

1164 So die in Fußnote 1141 genannte Quelle.

1165 Nach Hošur 2023.

1166 Siehe die in Fußnote 1141 zitierte Quelle, die *Kizilsu* an einer Stelle als Tursuns *likely current location* („wahrscheinlicher gegenwärtiger Aufenthaltsort") bezeichnet, anderswo jedoch ohne Einschränkungen feststellt, dass er „in das Gefängnis von Qizilsu verlegt" (*transferred to Kizilsu Prison*) worden sei, das an einer dritten Stelle ebenfalls ohne Einschränkungen als Tursuns *current location* („gegenwärtiger Aufenthaltsort") erscheint.

1167 So die in Fußnote 1141 genannte Quelle, die dabei die Anonymität des Angestellten wahrt. Dieselbe Angabe findet sich auch in Hošur 2023, wo von einem „Angestellten der Justizverwaltung der Autonomen Kirgisischen Präfektur Qizilsu" die Rede ist (*Qizilsu Qirġiz Aptonom Oblastliq ädliyä idarisiniŋ bir xadimi*).

1168 Siehe die in Fußnote 1141 zitierte Quelle.

oder „Gefängnis von Aġu" (*Aġu türmisi*) angegeben.¹¹⁶⁹ Das Gefängnis liegt in Atuš.¹¹⁷⁰ Der Justizangestellte, der Tursuns Inhaftierung bestätigte, konnte oder wollte auf eine von *Radio Free Asia* initiierte Anfrage, deren Ergebnisse im Jahr 2023 veröffentlicht wurden, nichts dazu sagen, womit die Inhaftierung des Schriftstellers begründet wurde oder aufgrund welches seiner Werke er im Gefängnis saß.¹¹⁷¹ Nach einer Version von Tursuns Eintrag in der *Xinjiang Victims Database* kann mit „hoher Wahrscheinlichkeit" (*high likelihood*) davon ausgegangen werden, dass der Autor in der Haft Zwangsarbeit verrichten musste und/oder noch muss.¹¹⁷² In diesem Zusammenhang wird die „Landwirtschaftlich-Weidewirtschaftliche GmbH Qaraqečir (oder Qaraqäčir)" erwähnt (*Qaraqechir Agro-Pastoral LLC*, *Kelakeqin yimu youxian zeren gongsi* 克拉克勤衣牧有限责任公司), die außerhalb des Gefängnisses von Qizilsu tätig gewesen sein soll.¹¹⁷³ Offenbar nimmt man an, dass eine direkte wirtschaftliche Beziehung zwischen dem Gefängnis und dem Unternehmen bestand.

Pärhat Tursun ist schriftstellerisch als Dichter, Prosa- und Drehbuchautor sowie Literaturkritiker hervorgetreten.¹¹⁷⁴ Zumindest in einem chronologischen Sinne kann man die Dichtung als seine erste Berufung bezeichnen, da sein erster veröffentlichter literarischer Text ein Gedicht und sein erstes Buch ein Gedichtband war.¹¹⁷⁵ Zeit seines Lebens hat er sich ebenso mit Dichtung wie mit Prosa beschäftigt.¹¹⁷⁶ Tursuns Bedeutung als Dichter – die im vorliegenden Untersuchungsband nicht im Vordergrund steht – dürfte insgesamt keineswegs hinter seinem enormen Einfluss als Prosaiker zurückstehen.¹¹⁷⁷ So schreibt Joshua L. Freeman in einem seiner Artikel: „Auch wenn Pärhat Tursun sehr vielen Lesern als [Prosa- M. R. H.]Schriftsteller oder Literaturkritiker bekannt ist, dürfte er tatsächlich auch als Dichter einen bedeutenden Rang in der gegenwärtigen [uigurischen M. R. H.] Poesie einnehmen."¹¹⁷⁸ Bereits mit 11 Jahren soll Tursun seine ersten Gedichte geschrieben haben.¹¹⁷⁹ Im Jahr 1998 brachte er im renommierten „Volksverlag Xinjiang" (*Šinjaŋ xälq näšriyati*) „100 te" (*Muhäbbät lirikiliridin 100 parčä*) heraus.¹¹⁸⁰ Tursuns Gedichte sind ins Englische und Chinesische übersetzt worden.¹¹⁸¹

In Tursuns schriftstellerischem Werdegang hat man zwei Haupteinflussquellen ausgemacht. Chronologisch gesehen die erste davon war offenkundig der sozialistische Realismus, zu dem dann

---

1169 Hošur 2023.

1170 Hošur 2023.

1171 Hošur 2023.

1172 Siehe die in Fußnote 1141 zitierte Quelle.

1173 Quelle wie in Fußnote 1141. Von dort stammen auch die englische und die chinesische (ohne Pinyin-Entsprechung) Aussprache des Namens der Firma. Der Namensbestandteil *yi* 衣 bedeutet „Kleidung", was darauf hinweisen könnte, dass sie sich dem Anbau zum Zweck der Textilproduktion (vielleicht aus Baumwolle) widmete.

1174 Jümä 2020.

1175 Firimin 2012: 92. Vgl. die Äußerung Darren Bylers „Pärhat wuchs als Dichter auf, er würde sich wahrscheinlich selbst zuerst als Dichter bezeichnen, das ist, was er zuerst schrieb" (*Perhat grew up as a poet, he would probably consider himself first as a poet, that´s what he wrote first*, Byler in Bastek/ Byler 2023: ca. 16'13"ff.).

1176 Firimin 2012: 92.

1177 Zur Rolle Tursuns als Dichter vgl. außerdem Freeman 2021 [2018]; [Byler 2022a]: XX.

1178 *Pärhat Tursun köpräk oqurmänlärgä yazġuči yaki obzorči süpitidä tonulġini bilän, ämäliyättä u hazirqi zaman še'iriyitidä muhim orun tutidiġan bir ša'irdur.* (Joshua L. Freeman zitiert in Jümä 2020). Ähnlich äußert sich Freeman in Firimin 2012: 92.

1179 Jümä 2020; Anonym 2022e.

1180 Jümä 2020. Elkun 2023a: 262 übersetzt den Titel mit *One Hundred Love Lyrics*. Ausgabe: Tursun 1998.

1181 Eine Auswahl seiner Gedichte in chinesischer Übersetzung findet sich in Tu'erxun 2023.

später die aus dem Westen stammenden Strömungen der „modernistischen" und „postkolonialen Literatur" hinzukamen.[1182] Den Einfluss der der VR China auf Tursuns Werk hat man unter anderem daran festgemacht, dass es sich bei den Hauptfiguren seiner Erzählungen und Romane immer um „Helden" (*heroes*) im emphatischen Sinne handele (also nicht nur um „Helden" in der literaturtheoretischen Bedeutung von Hauptfiguren). Diese träten als „Vorbilder für das, was die Gesellschaft werden sollte" (*models of what society should become*) auf, auch wenn es sich um „Figuren mit Fehlern" (*flawed figures*) handele.[1183] In dieser Handhabung des Heldenbegriffs offenbart sich eine Kontinuität des im sozialistischen Realismus deutlich vorgegebenen Anspruchs, Literatur mit Vorbildcharakter zu schreiben. Was den modernistischen und postkolonialen Aspekt betrifft, so hat man in Tursuns Werk das Eintragen der uigurischen Erfahrung in einen postkolonialen Referenzrahmen ausgemacht.[1184] Als Tursun direkt inspirierender Text ist in diesem Zusammenhang John Maxwell Coetzees (*1940) „Leben und Zeit des Michael K." (*Life & Times of Michael K*, 1983) genannt worden.[1185]

Tursun nimmt unter den uigurischen Schriftstellern der Gegenwart aus einer Reihe von Gründen eine besondere Stellung ein. Die Kombination dieser Gründe dürfte ihm sogar eine gewisse Einzigartigkeit verleihen. Erstens ist Tursun einer der erfolgreichsten und am meisten diskutierten uigurischen Schriftsteller innerhalb und außerhalb der Volksrepublik China. Zeugnis seiner internationalen Anerkennung ist unter anderem, dass ihm im September 2022 in absentia der renommierte Tucholskypreis des Schwedischen PEN verliehen worden ist.[1186] Zweitens zählt er zu den uigurischen Autoren, die aktiv Literatur aus dem Chinesischen und westlichen Sprachen teilweise auch im Original rezipieren, was seinem Schaffen eine größere Bandbreite verschafft als manchen anderen uigurischen Prosaikern der letzten Jahrzehnte. Drittens – und dies ist möglicherweise sein am stärksten hervortretendes Merkmal – hat Tursun sich schon früh dafür entschieden, innerhalb der uigurischen Literaturszene der Volksrepublik China die Rolle einer Art Enfant terrible zu spielen, indem er sich thematisch und stilistisch recht deutlich vom literarischen Mainstream der uigurischen Literatur absetzte. All diese Faktoren haben dazu beigetragen, dass Tursun einer der wenigen uigurischen Schriftsteller ist, deren Werke in westliche Sprachen übersetzt worden sind und die internationale Bekanntheit erlangt haben.[1187] Aussagen wie seine in der Zeitschrift *Foreign Policy* vorgenommene Kür zu „Chinas Salman Rushdie"[1188] oder Darren Bylers begeistertes Lob Tursuns als „einen der größten Autoren der uigurischen Welt"[1189] kann man in diesen Zusammenhang stellen.

Unter den chinesischen Autoren, die Tursun rezipiert hat, wird neben Zhang Zao auch der Literaturnobelpreisträger Mo Yan 莫言 (*1955) genannt.[1190] Mit westlicher Literatur soll Tursun einer Auffassung zufolge zum ersten Mal intensiver in der Periode nach Maos Tod in Berührung gekommen sein.[1191] Alle oder zumindest die allermeisten Werke der westlichen und Weltliteratur,

---

1182 *Modernist, post-colonial literature* (Darren Byler in Bastek/ Byler 2023: ca. 17'30"ff.).
1183 Darren Byler in Bastek/ Byler 2023: ca. 17'30"ff.
1184 Darren Byler in Bastek/ Byler 2023: ca. 17'30"ff.
1185 Darren Byler in Bastek/ Byler 2023: ca. 18'30"ff. Siehe auch das betreffende Zitat Darren Bylers in Hills 2022. - Nach Cheng 2023 wird Coetzee auch in Tursuns Werken auch direkt zitiert.
1186 Elkun 2023a: 263.
1187 Vgl. Tursun 2022. Zwei Gedichte und eine Erzählung Tursuns sind auch in Frangville/ Mijit 2022: 59-62, 97-112 enthalten.
1188 Allen-Ebrahimian 2022. Vgl. Duperray 2022.
1189 Siehe Byler 2020 (Titel).
1190 Darren Byler in Bastek/ Byler 2023: ca. 17'30"ff.
1191 Cheng 2023.

die er las, lernte Tursun in chinesischer Übersetzung kennen.¹¹⁹² Zu den von Tursun gelesenen westlichen Autoren gehört offenbar Puschkin (1799–1837), aus dem Tursun in seinem weiter unten näher vorgestellten Roman „Die Kunst der Selbsttötung" (*Öluveliš sän'iti*) wörtlich zitiert.¹¹⁹³ Auch soll Tursun Werke von Franz Kafka (1883–1924), William Faulkner (1897–1962) und Sigmund Freud (1856–1939) gelesen haben.¹¹⁹⁴ Tursun selbst bezeichnete Kafka in einem Gedicht aus dem Jahr 2003 explizit als eines seiner literarischen Vorbilder.¹¹⁹⁵ Auch wenn der uigurische Autor später mit gewissem Augenzwinkern eingestand „Ich bin nur eine seiner [sc. Kafkas – M. R. H.] Figuren geworden.",¹¹⁹⁶ dürfte insbesondere in Bezug auf den weiter unten besprochenen Roman *The Backstreets* eine gewisse Anlehnung an Werke Kafkas feststellbar sein, und zwar insbesondere insofern, als diese vom Ausgeliefertsein des Menschen in einer modernen, bürokratisierten, kalten und abstrakten Umgebung handeln.¹¹⁹⁷ Ferner geht man davon aus, dass zu Tursuns Lektüre auch Fedor Michailovič Dostoevskij (1821–1881), James Joyce (1882–1941)¹¹⁹⁸ und Friedrich Nietzsche (1844–1900)¹¹⁹⁹ gehörten. Der mit Tursun persönlich bekannte amerikanische Forscher Darren Byler erwähnt außerdem, dass sich in Tursuns Privatbibliothek Werke von Vladimir Nabokov (1899–1977) befunden hätten.¹²⁰⁰ Sehr beeindruckt soll sich Tursun über Arthur Schopenhauers (1788–1860) „Welt als Wille und Vorstellung", das er in chinesischer Übersetzung ganz gelesen haben soll, geäußert haben.¹²⁰¹ Ferner wird der US-amerikanische Autor Ralph Waldo Ellison (1914–1994), insbesondere dessen Roman „Unsichtbarer Mann" (*Invisible Man*, 1952), als eines von Tursuns wichtigsten literarischen Vorbildern betrachtet.¹²⁰² Über das Verhältnis Tursuns zu diesem Text sagte Darren Byler einmal: „Das ist seine eigene Geschichte" (*That's his own story*.).¹²⁰³ Tursun ist ferner ein enger Bekannter des im vorliegenden Band ebenfalls vorgestellten und besprochenen Autors Abduväli Ayup.¹²⁰⁴

Von entscheidender Bedeutung für das Verständnis von Tursuns literarischem Schaffen dürfte seine Bekanntschaft mit dem französischen Existentialismus und insbesondere der Interpretation Albert Camus' (1913–1960) sein.¹²⁰⁵ Tursun sagte einmal, dass er Albert Camus' (1913–1960)

1192 Firimin 2012: 91.
1193 Tursun 1999: 42H. Zu dem Roman siehe weiter unten im Haupttext.
1194 [Byler 2022a]: XIV. Vgl. Byler 2022: 149; Duperray 2022. Tursuns Kafka-Lektüre bestätigen auch Anonym 2022e und Darren Byler in Bastek/ Byler 2023: ca. 20'30"ff. Zur Freud-Lektüre siehe auch Hallam 2023.
1195 Cheng 2023.
1196 *I just became one of his characters* (Tursun zitiert in Cheng 2023).
1197 Vgl. Holdstock 2022.
1198 Diese beiden Autoren werden in Anonym 2022e erwähnt.
1199 Darren Byler in Bastek/ Byler 2023: ca. 19'00"ff.
1200 [Byler 2022a]: XIII.
1201 Dies teilte er Darren Byler in einer persönlichen Kommunikation mit, siehe [Byler 2022a]: XIV. Siehe auch das betreffende Zitat Darren Bylers in Hills 2022.
1202 Byler 2022: 149. Nach Cheng 2023 zitiert Tursun diesen Autor auch in seinen Werken. Vgl. Duperray 2022.
1203 Darren Byler in Bastek/ Byler 2023: ca. 18'30"ff.
1204 Jümä 2020.
1205 Anonym 2022e. Zur Wirkung Camus' auf Tursun vgl. Stephanie Bastek in Bastek/ Byler 2023: ca. 1'10"ff.; Darren Byler in Bastek/ Byler 2023: ca. 19'00"ff.; Feng 2022. Tursuns intensive Camus-Lektüre wird auch von Anonym 2022e bestätigt. Nach Cheng 2023 wird Camus auch in Tursuns Werken zitiert.

„Pest" (*La Peste*) mehrfach gelesen habe und von dem Buch tief beeindruckt worden sei.[1206] Hierzu passt, dass er als „existentialistischer Schriftsteller" (*existentialist writer*) bezeichnet worden ist.[1207] Wahrscheinlich vom existentialistischen Denken im Sinne Camus' beeinflusst dürften im Werk Tursuns unter anderem die Thematisierung der Selbsttötung in *Öluveliš sän'iti* und die Atmosphäre der diffusen Orientierungslosigkeit und Verlorenheit des Individuums sein, wie sie beispielsweise am Beginn des Romans *The Backstreets* (*Arqa koča*) herrscht.[1208]

Während die beiden eben genannten Haupteigenschaften des Schriftstellers Pärhat Tursun, nämlich Erfolg und Rezeption ausländischer Autoren, wohl auch einer Reihe anderer uigurischer Schriftsteller in ähnlicher Weise zugeschrieben werden können, dürfte es in den letzten Jahrzehnten keinen anderen uigurischen Autor gegeben haben, der sich in thematischer und stilistischer Hinsicht so deutlich und programmatisch wie Tursun vom literarischen Mainstream abgehoben hat. Auf der stilistischen Ebene drückt sich diese Distanzierung darin aus, dass Tursun zu denjenigen uigurischen Autoren der jüngsten Generation gehört, die sich von einer allzu engen Bindung an die sogenannte „realistische" (*re'alizmliq*) beziehungsweise sozialistisch-realistische Erzähltradition zu lösen versuchen,[1209] auch wenn sie ihr, wie oben gesehen, in Teilen treu bleiben.[1210] Tursuns stilistische Fortentwicklung erscheint umso bemerkenswerter, als in der Volksrepublik China trotz einer gewissen Lockerung und Pluralisierung des Literaturbetriebs in der „Reform- und Öffnungsphase" von etwa 1980 bis 2017 „Realismus" immer noch als die dominierende stilistische Richtung innerhalb der Literatur angesehen wird, was sich quasi automatisch bereits aus dem Fortbestehen der kommunistischen Staatsideologie ergibt.[1211] Erst in den letzten Jahren dieser Phase haben relativ wenige uigurische Schriftsteller, zu denen eben maßgeblich auch Tursun gehört, sich von diesem stilistischen Korsett zu befreien begonnen und sich, in den Worten eines führenden uigurischen Literaturwissenschaftlers, „die stilistischen Ausdrucksformen der westlichen Literatur des Modernismus" zu eigen gemacht.[1212] In diesem Kontext kann man erwähnen, dass Abduväli Ayup Tursun ebenfalls als führenden Vertreter des Modernismus (*modernizm*) in der uigurischen Literatur eingestuft hat.[1213] Dem Modernismus wird im Übrigen sowohl Tursuns dichterisches als auch sein Prosawerk zugerechnet.[1214] Konkret hat man etwa in dem weiter unten besprochenen Roman *The Backstreets* die literarische Technik des „Bewusstseinsstroms" (*stream of consciousness*) ausgemacht, wie er etwa für die Werke von James Joyce typisch ist.[1215]

1206 [Byler 2022a]: XII. Zur Wirkung von *La Peste* auf Tursuns Werk siehe auch S. 218 des Haupttextes. Vgl. auch Holdstock 2022.

1207 Dies tut die in Fußnote 1141 zitierte Quelle.

1208 Textausgaben: Tursun 2021, Tursun 2022. Zu dem Roman siehe auch die Diskussion auf S. 211f. des Haupttexts.

1209 Zum „realistischen" Teil der modernen uigurischen Literatur vgl. die offizielle literarhistorischer Darstellung in Sultan/ Abdurehim 2002: 7H. Vgl. Tanridagli 1998: 3. Zur Entwicklungsgeschichte der sogenannten sozialistisch-realistischen Literatur vgl. Dobrenko/ Jonsson-Skradol 2018.

1210 Vgl. das auf S. 206 des Haupttextes zur Heldendarstellung bei Tursun Gesagte.

1211 Zum „Realismus" in der modernen uigurischen Literatur vgl. Byler 2022: 148. Grundlegend zum Verständnis der konstitutiven Phase der sogenannten realistischen uigurischen Literatur ist Friederich 1997. Vgl. auch Friederich 1998.

1212 *Gärb modernizm ädäbiyatiniŋ ipadiläš usullirini* (Abdurehim 1999: 5V). – Zum Modernismus in der zeitgenössischen uigurischen Literatur am Beispiel der Poesie siehe Freeman 2016a. Vgl. Freeman 2016b.

1213 Nach Jümä 2020.

1214 Hošur 2023.

1215 Annoym 2023.

Vor dem Hintergrund der allgemeinen Entwicklung der uigurischen Literatur nach dem Tod Maos überrascht es nicht unbedingt, dass der „modernistische Ansatz"[1216] in Tursuns Werk in der volksrepublikanischen Literaturkritik nicht immer besonders gut angekommen ist. Einige uigurische Intellektuelle distanzierten sich ausdrücklich von dieser Art zu schreiben.[1217] Dabei ist natürlich nicht immer eindeutig zu bestimmen, ob diese Ablehnung aus literarischen Erwägungen oder aus ideologisch-politischen Erwägungen heraus erfolgt, ob also beispielsweise die Ablehnung von westlichen Autoren und deren Schreibweisen aufgrund textimmanenter Erwägungen oder aufgrund des politischen Systemunterschieds erfolgt.

So oder so ergibt sich Tursuns relativ marginale Positionierung zum Mainstream des uigurischen Literaturbetriebs nicht nur aus seiner sich von etablierten Erzählmodi absetzenden stilistischen Neuorientierung. Vielmehr hat er auch ganz generell eine programmatische Ablehnung des Normalen und Üblichen in einer Reihe von Statements offen zum Ausdruck gebracht. So hat er zum Verhältnis von Exzentrikern und scheinbar Normalen in der Literatur die folgende theoretische Auffassung geäußert:

> „Tatsächlich sind Menschen, die nicht in die Norm passen, Menschen, die am wenigsten geisteskrank sind. Menschen, die sich selber als ‚normal' ansehen, sind tatsächlich viel verrückter. Ich schreibe gerne über merkwürdige Individuen an einem bestimmten Ort zu einer bestimmten Zeit, um zu zeigen, wie abnormal der Mainstream der Gesellschaft wirklich ist. Ich verwende Psychologie und Literatur in meiner eigenen Weise, um die Krankheiten der Normalität zu diagnostizieren."[1218]

Auch auf der inhaltlichen Ebene unterscheidet sich Tursun von den meisten seiner uigurischen Schriftstellerkollegen durch eine Reihe besonderer Positionen. Hierzu gehört, dass er als ein „erklärtermaßen säkularer" Autor eingeschätzt wird.[1219] Diese Einordnung dürfte als Erklärung der Nichtzugehörigkeit zu einer formal definierten oder organisierten Religionsgemeinschaft zu verstehen sein, muss jedoch nicht unbedingt als Abstreiten sämtlicher religiöser Dogmen interpretiert werden, da Tursun ja beispielsweise in *Öluveliš sän'iti* die Transzendenznegation der dialektisch-materialistischen Ideologie seinerseits mit einem Gegenargument kontert.[1220] Konkret lehnt Tursun jegliche Anwendung von Gewalt im Namen der islamischen Religion ab.[1221] Da die Bezugnahme auf den Islam beziehungsweise die islamische Kultur für viele Uiguren Teil ihrer ethnischen und nationalen Identitätskonstruktion ist, kann man Tursuns zumindest in Teilen zurückgenommenes Verhältnis zur islamischen Religion auch in eine Beziehung zur Distanzierung vom „Ethnonationalismus" (*ethno-nationalism*) stellen, die man dem Schriftsteller des Weiteren nachsagt.[1222] Aus litera-

---

1216 Byler 2022: 148f. spricht vom *modernist approach* Tursuns. Anonym 2022e bezeichnet Tursun in ähnlicher Weise als „einen der einflussreichsten modernistischen Schriftsteller der uigurischen Sprache" (*one of the most influential modernist writers in the uyghur language*).
1217 Nach Byler 2022: 149.
1218 *Actually, people that don't fit in with the norms are people who are the least mentally ill. People who see themselves as normal are actually much crazier. I like to write about strange individuals at a particular place and time in order to show how abnormal mainstream society really is. I use psychology and literature in my own way in order to diagnose the diseases of normality* (zitiert in [Byler 2022a]: XIVf.).
1219 *Avowedly secular* ([Byler 2022a]: IX). Hierzu passt, dass Abduväli Ayup feststellte, dass Tursun in seinen Werken „Modernität" (*zamanivĳliq*), „Säkularismus" (*dunyaviliq*) und „Nationalbewusstsein" (*milliylik*) zu gleichen Teilen würdige (Ayup zitiert in Hošur 2023).
1220 Siehe S. 227 des Haupttextes.
1221 [Byler 2022a]: IX. Zum Verhältnis zwischen uigurischem Ethnonationalismus und uigurischer Literatur im Allgemeinen siehe Klimeš 2015.
1222 [Byler 2022a]: IX.

turwissenschaftlicher Sicht macht die Freiheit, die Tursun sich im Umgang sowohl mit traditionellen religiösen Vorstellungen aus der uigurischen Kultur als auch mit ideologischen und politischen Strömungen herausnimmt, zu einem besonders interessanten Autoren, da zahlreiche der anderen uigurischen Prosaiker genau dies eben nicht, oder nicht mit dem gleichen Mut und der gleichen Freiheit, tun, sondern sich der einen oder anderen Strömung zuordnen lassen oder selbst ausdrücklich zuordnen.

Zusätzlich zur Distanzierung von religiösen und/oder ethnonationalistischen Auffassungen, wie sie in der uigurischen Community stark verbreitet sind, wird ein weiterer Aspekt der „provokanten"[1223] Rolle, die Tursun innerhalb der Literaturszene Xinjiangs spielt, auch darin gesehen, dass er nicht die eher prüde und tabuaffine Grundhaltung teile, die viele seiner Kollegen kennzeichne. Dieses Verdikt über Tursuns Schaffen wird mit dem Hinweis untermauert, dass Tursun offenbar auch keine Scheu vor solchen Facetten der Lebenswirklichkeit hat, die in der modernen uigurischen Literatur traditionell eher als anrüchig oder gar als unaussprechlich gelten. Dazu gehören konkret bestimmte Formen der Gewalt, Sex und das bereits oben angesprochene Thema Geisteskrankheit.[1224] Tatsächlich dürfte man die Äußerung Bylers aber dahingehend präzisieren können, dass wohl nicht die Darstellung brutaler Gewalt, von Sexualität oder geistiger Abnormität als solche ein Skandalon für die der herrschenden volksrepublikanischen Literatur-Doktrin Unterworfenen sind, als vielmehr die Weigerung, derartige Darstellungen in den herrschenden ideologischen Rahmen einzupassen. Die Darstellung von unmenschlichen Formen der Gewalt gilt nämlich als eines der verbreitetsten Merkmale moderner uigurischer Prosa überhaupt, da sie in den historischen Romanen, dem bedeutendsten Prosagenre der uigurischen Literatur, recht häufig sind. So stellt der uigurischstämmige Literaturwissenschaftler Erdem Kumsal fest, dass Gewaltszenen von ähnlicher Grausamkeit wie das Hinrichten durch Häutung „in so gut wie allen [uigurischen – M. R. H.] historischen Romanen vorkommen".[1225] Ein weiteres Beispiel für die literarische Darstellung extremster Formen der Gewalt sowie voyeuristischer und sexistischer Szenen ist beispielsweise eine Stelle aus Qäyyum Turdis „Jahre des Kampfes", wo in ausführlichen Details die Hinrichtung einer jungen Frau geschildert wird, die an den Schwanz eines Pferdes gebunden und zu Tode geschleift wird.[1226] Plastische Folter- und grausame Hinrichtungsszenen finden sich auch an mehreren anderen Stellen desselben Romans.[1227]

Abgesehen von den stilistischen und inhaltlichen Aspekten, die es erlauben, in Tursun einen eher abseits vom Mainstream positionierten Schriftsteller zu sehen, gibt es zwischen seinem Werk und dem zahlreicher uigurischer Schriftstellerkollegen aber auch zahlreiche Gemeinsamkeiten und Überschneidungen. Zu diesen gehört, dass Tursun wie sie vielfach die soziale Ungerechtigkeit in der Volksrepublik und ihre oft gewaltsamen Konsequenzen in den Blick nimmt, von denen die Uiguren bekanntermaßen besonders betroffen sind.[1228]

1223 Siehe etwa Fußnote 1335.
1224 Hierzu schreibt Byler 2022: 148 etwa: *Rather than using literature as a tool of moral instruction, Tursun writes about social violence, mental illness, and sexual desire* (Statt Literatur als ein Instrument der moralischen Unterweisung zu benutzen, schreibt Tursun über soziale Gewalt, Geisteskrankheit und sexuelles Begehren). Siehe auch Byler 2022: 149. Vgl. May 2022.
1225 *Tarihi romanların hemen hemen hepsinde yer almaktadır* (Kumsal 2019: 23/32PDF).
1226 Turdi 2003, Bd. 1: 342-350.
1227 Siehe etwa Turdi 2003, Bd. 1: 128, 163-165, 253f., 263.
1228 Byler 2022: 162 stellt diesbezüglich fest, Tursun erzeuge einen *narrative of Uyghur experiences of Chinese social violence* („Narrativ uigurischer Erfahrungen chinesischer sozialer Gewalt")

Als erster von Tursun veröffentlichter literarische Prosatext gilt die Langerzählung ben" (*Halakät*) aus dem Jahr 1989.[1229] Der Text wurde in die 1998 erschienene Sammlung von Langerzählungen „Die Wüste des Messias" (*Mäsih čöli*) aufgenommen.[1230] In Istanbul wurde während seiner Inhaftierung im Jahr 2020 außerdem der Erzählungsband „Laub" (*Ġazay*) veröffentlicht.[1231]

Tursuns international bekanntestes Werk ist der 2022 unter dem Titel *The Backstreets* ins Englische übersetzte Roman. Das Erscheinen der Übersetzung am 13. September 2022 gilt als Datum der ersten Übersetzung eines uigurischen Romans ins Englische überhaupt[1232] und damit zugleich wohl auch in irgendeine westliche Sprache. Darren Byler, der Tursun 2016 in Ürümči kennenlernte,[1233] hatte die Übersetzung offenbar schon zu einem nicht genau bekannten Zeitpunkt nach 2014 fertiggestellt, veröffentlichte sie jedoch entgegen Tursuns ausdrücklichem Wunsch zunächst noch nicht, um diesen nicht zu gefährden.[1234] Doch nachdem sowohl Tursun als auch Bylers Mitübersetzer in der Volksrepublik China in Haft genommen worden waren, bestand dieser Grund offenkundig nicht mehr, und Byler revidierte seine Entscheidung.[1235] Der bis heute unter den Schutz der Anonymität gestellte uigurische Mitübersetzer Bylers soll im Jahr 2017 zum letzten Mal gesehen worden sein, bevor er ebenfalls in der Volksrepublik China inhaftiert worden sei.[1236] Der Koübersetzer wird als „uigurischer Migrant, der in Ürümči lebte" (*an Uyghur migrant living in Urumqi*) und mit dem sich Byler täglich in einem Teelokal getroffen habe, beschrieben.[1237] Er soll aus einem Dorf im südlichen Xinjiang stammen, westliche Literatur gelesen sowie amerikanische Filme und unzensierte Nachrichten über ein Virtuelles Privates Netzwerk konsumiert haben.[1238]

Nach einer Angabe Darren Bylers erklärte Tursun ihm gegenüber *The Backstreets* zu „einem seiner bedeutsamsten Werke" (*one of his most significant works*).[1239] Byler selber sagte in einem Interview, er selbst habe angesichts des Romans gefühlt: „Das ist wie Weltklasseliteratur."[1240]

1229 Firimin 2012: 92.

1230 Jümä 2020; Firimin 2012: 92. Ausgabe: Tursun 1998a. May 2022 bezeichnet dieses Buch dagegen insgesamt als *novella* („Novelle, Erzählung") und datiert es auf 1991.

1231 Tursun 2020.

1232 Anonym 2022e. Als Erstübersetzung wird das Buch auch in Cheng 2023 vermerkt. Nach Hallam 2023 ist das Werk außerdem das erste jemals auf Englisch veröffentlichte Buch eines uigurischen Autors.

1233 Nach Feng 2022.

1234 Anfang 2014 als Terminus post quem ergibt sich daraus, dass dieses Jahr von Byler in Hills 2022 als der Zeitpunkt genannt wird, zu dem Byler zum ersten Mal von dem Roman gehört habe (die Zeit wird in May 2022 bestätigt). May 2022 schreibt hierzu außerdem: „Doch Darren Byler, der den Band übersetzte […], war wenig geneigt, weiterzumachen. Der Text war 2015 fertig […]" (*But Darren Byler, who translated the volume […], was reluctant to go ahead. The text was ready by 2015 […]*). Möglicherweise kann man diese Passage so verstehen, dass Byler die Übersetzung bereits 2015 fertiggestellt habe (was dann bedeuten würde, dass er sie vor dem Beginn seiner persönlichen Bekanntschaft mit Tursun vollendete), doch der Ausdruck *the text* („der Text") könnte sich möglicherweise gar nicht auf die Übersetzung, sondern auf den uigurischen Originaltext beziehen.

1235 Cheng 2023. Vgl. Abdul'ehed 2023.

1236 Stephanie Bastek in Bastek/ Byler 2023: ca. 1'40" sagt, der Mitübersetzer sei in „Internierungszentren" (*detention centers*) verschwunden. Vgl. die Angabe in Anonym 2022e, der zufolge der Mitübersetzer „um 2017" (*around 2017*) inhaftiert worden sei; ähnlich stellte es auch Feng 2022 dar, der zufolge der Mitübersetzer „aus unbekannten Gründen" (*for unknown reasons*) in Haft genommen wurde. Nach May 2022 gehörte der Mitübersetzer „bis 2018" (*by 2018*) „zu denjenigen, die in den Lagern verschwunden waren" (*among those who disappeared into the camps*). Siehe auch May 2022; Abdul'ehed 2023; Cheng 2023.

1237 Anonym 2022e.

1238 May 2022.

1239 [Byler 2022a]: XI.

Die Entstehungs- und Publikationsgeschichte des Werks war beziehungsweise ist überaus kompliziert. Sie kann als Indiz für die extrem schwierigen und harten Bedingungen gewertet werden, unter denen uigurische Schriftsteller in der Volksrepublik China seit Langem leiden. Daher ist es nicht ohne Interesse, sie anhand einiger bekannter Informationen wenigstens in groben Umrissen zu rekonstruieren. Darren Byler merkte einmal an, dass Tursun zumindest während eines Teils seiner schriftstellerischen Karriere tagsüber einer Bürotätigkeit nachgegangen sei und nachts geschrieben habe;[1241] dies lässt als denkbar erscheinen, dass auch das uigurische Originalmanuskript von *The Backstreets* auf diese Weise entstanden sein könnte. Dieser Schreibmodus könnte dann auch neben der politischen Situation einer der Faktoren gewesen sein, der die von mehreren Überarbeitungen geprägte Entstehungsgeschichte des Werks geprägt hat.

Darren Byler, der intimste Kenner sowohl Tursuns als auch seines Werks im Westen, hält als Ergebnis mehrerer persönlicher Gespräche mit dem Autor fest, dass der „erste Entwurf" (*first draft*) von *The Backstreets* in den 1990er Jahren geschrieben worden sei.[1242] Noch konkreteren anderen Angaben zufolge ist dieser *first draft* des Werks 1990 bis 1991 in Ürümči entstanden.[1243] Byler berichtet ferner, dass der Roman binnen zehn Jahren oder mehr entstanden sei.[1244] Laut einem Vermerk am Ende der englischen Übersetzung aus dem Jahr 2022 wurde der Text bereits 2005, ebenfalls in Ürümči, überarbeitet.[1245] Dies könnte man so verstehen, dass es sich um eine Überarbeitung jenes ungefähr 10 Jahre lang bearbeiteten „ersten Entwurfs" handele. In dem bereits erwähnten Vermerk in der Übersetzung heißt es nach der Erwähnung der Überarbeitung aus dem Jahr 2005, dass der Text dann am 15. Februar 2006 um 21 Uhr (wohl Ortszeit) in Beijing abgetippt worden sei, und im Anschluss an diese Bemerkung wird dann gesagt, dass die „überarbeitete Version" (*revised vision*) am 3. März 2015 um 00 Uhr 30 „in die letzte Form gebracht" (*finalized*) worden sei.[1246] Vermutlich kann man dies so verstehen, dass das Werk zweimal überarbeitet wurde. Nach Angaben unter anderem von Darren Byler, wurde eine Version des Textes auch Ende 2013 in einem uigurischsprachigen Online-Forum eingestellt.[1247] Es ist hierbei unklar, ob diese Version mit der 2005 erstellten überarbeiteten oder der 2006 in

---

1240 *This is like world class literature.* (Darren Byler in Bastek/ Byler 2023: ca. 3'39"). Ähnlich wird Byler in Hills 2022 zitiert. Nachdem er mit der Lektüre des Romans begonnen hatte, habe er festgestellt: „Oh, das ist ein Werk der Weltliteratur, das es wirklich verdient, übersetzt zu werden und das ein breiteres Publikum verdient." (*Oh, this is a work of world literature that really deserves translation and deserves a broader audience.*)
1241 Byler in Hills [2023] 2022.
1242 Byler in Bastek/ Byler 2023: ca. 10'10"ff. Vgl. auch May 2022.
1243 So laut dem Vermerk am Ende der englischen Ausgabe Tursun 2022: 136. Cheng 2023 schreibt, dass Tursun den *first draft* 1991 fertiggestellt habe. Für die chronologische Eingrenzung des Enstehungsdatums sind auch die in Fußnote 1244 gemachten Angaben relevant.
1244 „Pärhat schrieb dies über ein Jahrzehnt oder mehr hinweg." (*Perhat wrote this over the course of a decade or more*, Byler in Bastek/ Byler 2023: ca. 10'10"ff.). Vgl. die Angabe aus Abdul'ehed 2023, dass Tursun „fünfundzwanzig Jahre brauchte, um [den Roman] zu beenden" (*twenty-five years to finish*) und dass er die letzten „Überarbeitungen" (*revisions*) daran drei Jahre vor seiner Inhaftierung (also 2014 oder 2015) vornahm.
1245 Tursun 2022: 136.
1246 Tursun 2022: 136. Dass der Roman im Jahr 2015 „in die finale Form gebracht" (*finalized*) wurde, erwähnt auch Cheng 2023. – Es ist unklar, wie in diesem Zusammenhang die Angabe in Anonym 2022e zu bewerten ist, dass Tursun den Roman im Jahr 2006 „fertiggeschrieben" (*finished writing*) habe. Möglicherweise bezieht sich diese Information auf die Überarbeitung aus dem Jahr 2005 oder auf eine auf deren Grundlage entstandene Zwischenversion.
1247 [Byler 2022a]: IX; Stephanie Bastek in Bastek/ Byler 2023: ca. 2'20"ff.; ohne genauere Zeitangabe innerhalb des Jahres erwähnen die Online-Veröffentlichung in einem literarischen Forum 2013 auch Holdstock 2022 und May 2022. In Hills 2022 wird Darren Byler mit der Äußerung zitiert „Und er [sc. der

Beijing abgetippten Version identisch ist oder aber von beiden abweicht. Das Werk wurde dann 2021 in Istanbul als Teil eines Romanzyklus mit dem Titel *Čoŋ šähär* („Die Große Stadt", *The Big City*) veröffentlicht.[1248] In der Volksrepublik China konnte der uigurische Text (beziehungsweise eine seiner Varianten) dagegen noch nicht als Buch erscheinen.

Thema von *The Backstreets* ist die Migration eines anonymen jungen Uiguren vom Dorf in die (dem Romanzyklus entsprechend titelgebende) „Große Stadt", in der der Protagonist eine Anstellung in einem Staatsverlag findet.[1249] Man geht davon aus, dass die Handlung Anfang der 1990er Jahre spielt,[1250] also in etwa die Gegenwart zur Zeit seiner Entstehung beschreibt. Bei der Arbeit, die der junge Uigure in der Großstadt findet, handelt es sich nur um einen „Alibijob" (*token job*), den der Staat extra geschaffen hat, um seinen ethnischen Minderheiten gerecht zu werden.[1251] Wenn man zu einer autobiographischen Entsprechung für diese Arbeitsstelle sucht, fällt einem vielleicht am ehesten Tursuns Beschäftigung am „Öffentlichen Kunsthaus der Uigurischen Autonomen Region" ein.[1252]

In so gut wie allen Fällen kann man die „Große Stadt" (*Čoŋ šähär*) offenbar mit Ürümči identifizieren, lediglich einige wenige Passagen sollen in Beijing spielen.[1253] *Čoŋ šähär* ist auch der übergreifende Titel des mit *The Backstreets* übersetzten Werks. Dass Tursun schon lange eine Fortsetzung von *The Backstreets* geplant hat, ist bereits aus der Untertitelzeile „Erster Teil. Die Seitenstraßen" (*Birinči bap. Arqa koča*) ersichtlich.[1254] Nach Auskunft Darren Bylers hat Tursun eine „Fortsetzung" (*sequel*) des Texts bereits fertig geschrieben.[1255] Darren Byler gibt auch an, schon einige Seiten dieses Fortsetzungsbandes in Englische übersetzt zu haben.[1256] Offensichtlich hat Tursun die Absicht geäußert, auch diesen Band komplett übersetzen zu lassen.[1257] Ob die Fortsetzung innerhalb

---

Roman *The Backstreets* – M. R. H.] erhielt seine erste öffentliche Verbreitung wirklich erst 2012." (*And it really got its first public circulation only in 2012.*). Es ist unklar, ob es sich hierbei um eine Jahreszahlverwechslung handelt oder ob das Buch tatsächlich bereits im Jahr 2012, also ein Jahr vor seiner mutmaßlichen Veröffentlichung in einem Internetform, in Umlauf gekommen war. Wenn ja, würde dies die Frage nach sich ziehen, wo und wie das geschehen sei.

1248 Byler 2022: 148. Originalausgabe: Tursun 2021.
1249 Byler 2022: 149. Abdul'ehed 2023 bezeichnet die Anstellung des „keinen Namen tragenden" (*nameless*) Protagonisten als „vorübergehenden Bürojob" (*temporary office job*). Übereinstimmend beschreibt die Figur auch Stephanie Bastek in Bastek/ Byler 2023: ca. 1'28"ff. Darren Byler in Bastek/ Byler 2023: ca. 4'39"ff. schreibt, dass es eine Anstellung in einem „staatlichen Büro" (*government office*) sei. Ähnlich spricht Feng 2022 von einem „mäßig begehrten Regierungsjob" (*mildly coveted government job*). Anonym 2022e bezeichnet den Beschäftiger, bei dem der Erzähler angestellt wird, als „Firma" (*company*). Cheng 2023 merkt zur Herkunft des Protagonisten zusätzlich an, dass dieser in „einem kleinen Bergdorf in Xinjiang" (*a small mountain village in Xinjiang*) aufgewachsen sei.
1250 Cheng 2023; Hallam 2023.
1251 Darren Byler in Bastek/ Byler 2023: ca. 4'39"ff. Nach Anonym 2022e wird die Hauptfigur von der Firma eingestellt, „um deren Diversitätsquote zu erfüllen" (*to fill their diversity quota*).
1252 Siehe S. 204 des Haupttexts.
1253 Abdul'ehed 2023. In der uigurischen Schrift des Originals gibt es keinen Unterschied zwischen Groß- und Kleinbuchstaben, so dass diese auch nicht zur Unterscheidung des Gebrauchs von Worten als Eigennamen oder generische Bezeichnung dienen können. Es kann also niemals anhand der Original-Orthographie unterschieden werden, ob *Čoŋ šähär* als Eigenname, generische Bezeichnung oder etwas dazwischen verwendet wird.
1254 Die Angaben *Čoŋ šähär* und *Birinči bap* sind in der englischen Übersetzung nicht mitübersetzt worden. Siehe die unpaginierten Seiten vor Tursun 2022: 1.
1255 Darren Byler in Bastek/ Byler 2023: ca. 23'55"ff.
1256 Darren Byler in Bastek/ Byler 2023: ca. 23'55"ff.
1257 So sagt Darren Byler in Bastek/ Byler 2023: ca. 23'55"ff., der Autor habe ihn „gedrängt" (*pushing*), dies zu tun.

eines Bandes oder in Form mehrerer Bände veröffentlicht werden soll, kann aufgrund der Inhaftierung Tursuns natürlich nicht gesagt werden.

Die uigurische Literaturkritikerin und Dichterin Muyässär Abdul'ähäd (alias Xändan) erklärt die Namenlosigkeit des Protagonisten damit, dass er „für all die jungen Uiguren steht, die darum kämpfen, sich nach dem Abgang von der Universität ein Leben in Ürümči aufzubauen".[1258] Im Hinblick auf Alter, Geschlecht, räumliche und ethnische Herkunft der Hauptfigur, deren Erziehung, aber auch deren Einbindung in die Welt der literarischen Produktion dürfte der Text somit auch autobiographische Komponenten enthalten, was im Übrigen auch für *Ölüveliš sän'iti* gilt. Als eine der konkreteren Parallelen zwischen dem Leben Tursuns und der Hauptfigur von *The Backstreets* ist benannt worden, dass beide in Beijing eine „höhere Schule" (*college*) besucht hätten.[1259] Außerdem hat der Autor selbst hervorgehoben, dass der Text zum Teil auf seinen eigenen Erfahrungen als Student in Beijing und als Büroangestellter in Ürümči beruhe.[1260] In einem Gespräch mit Darren Byler soll Tursun im Zusammenhang mit dem realen Hintergrund des Romans *The Backstreets* darauf hingewiesen haben, dass fünf seiner uigurischen Kommilitonen während ihres Universitätsstudiums einen Nervenzusammenbruch erlitten hätten.[1261] Dies habe ihn auf den Zusammenhang zwischen Entfremdungserfahrung und psychischen Leiden aufmerksam gemacht, der die erzählerische Grundstruktur des Romans bestimmt.[1262] Der Dichter und Regisseur Tahir Hamut Izgil, der Pärhat Tursun seit ihrer gemeinsamen Universitätszeit in den 1980ern persönlich kennt, hat gesagt, dass der Roman (und damit die Hauptfigur) „Pärhats Innenwelt beschreibt" (*it describes Perhat's inner world*).[1263]

Ein kaum autobiographisches, aber für die Interpretation von *The Backstreets* bedeutendes Detail ist, dass die Hauptfigur den Lesern als ein zwischen Mathematikversessenheit und -*be*sessenheit angesiedelter Charakter entgegentritt. Der Held hat ein Universitätsstudium in Mathematik absolviert.[1264] Doch darüber hinaus muss er zwanghaft ständig Rechenaufgaben ausführen, wobei er Zahlen verwendet, die ihm zufällig auf Gegenständen wie Autokennzeichen und herumliegenden Zetteln begegnen.[1265] Mit Hilfe dieser Bessessenheit für Zahlen und Berechnungen versucht er, den Sinn seines Lebens zu ergründen.[1266] So findet er in einer Szene vor der Tür seines Büros einen Zettel mit ihm zunächst unverständlichen Zahlen. Als er sie eine Weile betrachtet, erkennt er, dass sie seine biometrischen Daten wie Körpergröße und Gewicht darstellen.[1267] Die Erkenntnis, die er in diesem Augenblick hat – „Vielleicht bestand ich selbst ja aus Zahlen."[1268] – führt den Leser zu einem weiteren inhaltlichen Aspekt, den man aus der Mathematikbesessenheit der Hauptfigur ableiten könnte. Dieser könnte in einem Hinweis Tursuns auf die Möglichkeiten der Kategorisierung und Kontrolle des menschlichen Individuums durch den Staat mit Hilfe mathematischer Methoden liegen. Vielleicht liegt in diesem Element sogar schon eine gewisse Vorahnung auf jene umfassende Umsetzung der digitalisierten Überwachung der Bürger, wie sie in der Volksrepublik China erst

---

1258 All the Uyghur youth who struggle to build a life in Urumqi after graduating from university (Abdul'ehed 2023).
1259 Cheng 2023.
1260 [Byler 2022a]: XI. Nach May 2022 wird dies auch von Tahir Hamut Izgil bestätigt.
1261 Nach May 2022.
1262 May 2022.
1263 Zitiert in May 2022. Zu Izgil vgl. Fußnote 1344.
1264 Abdul'ehed 2023; Cheng 2023.
1265 Hallam 2023.
1266 Abdul'ehed 2023; Cheng 2023.
1267 Cheng 2023.
1268 Maybe I myself was composed of numbers. (zitiert in Cheng 2023)

nach der Fertigstellung zumindest der ersten Entwürfe des Originals von *The Backstreets* erfolgte. Zumindest ein Rezensent weist diesbezüglich lobend auf die „gespenstische Vorahnungskraft des Romans" (*the novel's eerie sense of foreshadowing*) hin.[1269] Schließlich ist die mathematische Obsession der Hauptfigur auch mit den Zwängen, der Brutalität und dem Leiden verknüpft, die sie bereits als Kind erfahren musste. Denn als Junge zwang den Protagonisten einst dessen alkoholkranker und sexuell übergriffiger Vater zum Kopfrechnen.[1270] Da dieser Vater symbolisch mit der Figur Mao Zedongs verknüpft ist,[1271] beinhaltet dieser Aspekt der Mathematikversessenheit der Hauptfigur sowohl eine individuelle als auch eine gesellschaftliche Ebene (was ihn wiederum mit dem Aspekt der Überwachung und Kontrolle verbinden könnte).

Generell entfaltet Tursun in *The Backstreets* eine überaus kritische und pessimistische Sicht auf das Ürümči und Beijing der Gegenwart und damit auch auf die Volksrepublik insgesamt. Dies drückt sich bereits im Schreibstil aus. Dieser ist von der Literaturkritik als „extrem spartanisch" (*extremely sparse*) beschrieben worden.[1272] In diesen Kontext kann man vielleicht auch die Bemerkung der US-amerikanischen Podcasterin Stephanie Bastek einordnen, die den Roman als „kahlere, nebligere" (*bleaker, smoggier*) Version eines Textes von Camus oder Ralph Waldo Ellison (1914–1994) bezeichnet hat.[1273] Tursuns Stil kennzeichnen gehäufte Wiederholungen von Worten, Bildern und Zahlen.[1274] Man kann dem Autor zugutehalten, dass diese Elemente dazu dienen, die Monotonie, Verlorenheit und das Nebelhafte zu verstärken, die den Roman kennzeichnen. Anderseits machen sie die Lektüre wohl auch etwas sperrig.[1275] Dies dürfte noch mehr für die englische Übersetzung gelten, in der „viel von seiner [sc. des Romans] Tiefe verloren gehen könnte, wenn man den historischen und politischen Kontext von Chinas Kontrolle über Xinjiang nicht kennt".[1276] Eine weitere Nuance in die Interpretation des Stils von *The Backstreets* bringt Nick Holdstock in seiner Besprechung ein. Er weist darauf hin, dass darin „vieles der Bildsprache etwas mit Blut, Leichen, Wunden und Samen zu tun hat" (*much of the imagery involves blood, corpses, wound, and semen*) und möchte, als wohl einziger Tursun-Rezensent, den Roman aus diesem Grund mit Louis-Ferdinand Célines (1894–1961) *Voyage au bout de la nuit* („Reise ans Ende der Nacht", 1932) vergleichen.[1277] Es ist fraglich, ob sich dieser Vergleich durch konkrete Anhaltspunkte untermauern lässt, zumal nichts über auch nur indirekte Beeinflussung Tursuns durch Céline bekannt zu sein scheint.

In Fortführung der oben beschriebenen eher extravaganten inhaltlichen und stilistischen Grundorientierung wählt Tursun für seinen Roman auch keine der in der modernen uigurischen Romanliteratur verbreiteten Sichtweisen auf die soziale und historische Realität Xinjiangs. So verzichtet der Roman auf die Reproduktion des traditionellen Fortschrittsglaubens der kommunistischen Propaganda, aber auch auf die Verherrlichung der (modernen) uigurischen Nation in Wer-

---

1269 Cheng 2023.
1270 Hallam 2023.
1271 Siehe S. 220 des Haupttexts.
1272 Feng 2022.
1273 Stephanie Bastek in Bastek/ Byler 2023: ca. 1'17"ff.
1274 Feng 2022.
1275 In dem in der englischen Übersetzung mit *Every time I stood...* beginnenden Absatz (Tursun 2022: 3f.) verwendet Tursun beispielsweise in dichter Abfolge dreimal die Verbform *hes qilattim* („ich fühlte immerzu...") sowie einmal die verwandte Verbform *hes qilidiğan bolup qaldim* („ich war unversehens zu jemandem geworden, der immerzu fühlte...") in satzabschließender Position.
1276 *Much of its depth might be missed without knowing the historical and political context of China's control over Xinjiang* (Feng 2022).
1277 Holdstock 2022.

ken mit historischer Thematik, wie sie für den eher nationalistisch orientierten Teil der modernen uigurischen Literatur kennzeichnend ist.[1278]

Seine Grundbefindlichkeit fasst der Held von The Backstreets dagegen folgendermaßen zusammen: „Niemand in dieser Stadt erkennt mich noch, daher ist es für mich unmöglich, irgendjemandes Freund oder auch nur Feind zu sein."[1279] Derartiges hat man als Umschreibung der „Entfremdung" (*alienation*)[1280] des Helden beziehungsweise seiner „Heimatlosigkeit" (*homelesness*)[1281] verstanden. Die Entfremdung zwischen dem Helden und seiner Umgebung ist dabei gegenseitig. Denn ebenso wie ihn offenbar niemand in der Großstadt kennt, sagt auch er: „Ich kenne niemanden" (*Män hečkimni tonumaymän.*)[1282] Auch die Art der Arbeit, die der junge Protagonist ausführt, kann als Hinweis auf dessen Entfremdung gelesen werden. Denn sie ist ja nur eine Scheinbeschäftigung, ein von der Regierung auf dem Papier geschaffenes hohles Arbeitsverhältnis, mit dem lediglich eine Minderheitenquote befriedigt werden soll.

Auf einer inhaltlichen Ebene drückt sich diese Entfremdung einerseits im ziellosen Herumwandern der Hauptfigur aus, die nirgends Wurzeln schlagen kann.[1283] Wie wichtig dieser Aspekt des Herumirrens und Suchens in dem Roman ist, erkennt man daran, dass die Grundstruktur der Handlung aus der Suche des Protagonisten nach einem Ort besteht, an dem er schlafen könnte, und sei es nur für eine Nacht.[1284] Es liegt auf der Hand, dass diese Suche stark symbolisch aufgeladen ist. Der Protagonist begegnet auf dieser Peregrination verschiedenen Bewohnern der Stadt, ohne mit ihnen jedoch jemals wirklich in Verbindung treten zu können. Stattdessen huschen die anderen wie Geister vor ihm vorbei, und oft ist das Aufeinandertreffen von wechselseitiger Antipathie geprägt.[1285] Der Ich-Erzähler fragt beispielsweise Fremde nach dem Weg, wird von ihnen aber systematisch ignoriert oder sogar zurückgewiesen.[1286] Der Nebel und die von Straßenlärm und anderen störenden Einflüssen geprägte Großstadtumgebung tun das Ihre, um zur Flüchtigkeit der Kontakte beizutragen. Diese Konstruktion des Romangeschehens ist unter anderem als Parabel auf das Schicksal der Uiguren in der Begegnung mit den Han-Chinesen spätestens seit der Eroberung durch die Qing im Jahr 1759 gelesen worden.[1287] Am Ende des Romans gleitet die Hauptfigur auf der Suche nach einem Unterschlupf langsam, aber sicher in den Wahnsinn ab.[1288] Der Umstand, dass die Wanderschaft der Hauptfigur offenbar nur einen einzigen Tag währt, sowie wahrscheinlich

---

1278 Vgl. Byler 2022: 149.

1279 *No one in this city recognizes me, so it's impossible for me to be friends or even enemies with anyone.* Das englische Zitat stammt von Byler 2022: 154, es wird identisch auch in May 2022 wiedergegeben. An der zitierten Stelle erklärt Byler, diese Äußerung stelle *the refrain of the book* dar. In einer leicht abgewandelten Form (*I don't know anyone in this strange city, so it's impossible for me to be friends or enemies with anyone.*) findet es sich auch in Feng 2022; Abdul'ehed 2023; Holdstock 2022. Siehe auch Bastek/ Byler 2023: ca. 6'50"ff.

1280 Feng 2022; Abdul'ehed 2023.

1281 Cheng 2023.

1282 In Tursun 2020: 4 ist dieser Satz mit *I do not recognize anyone.* übersetzt.

1283 Abdul'ehed 2023.

1284 Cheng 2023.

1285 Hallam 2023.

1286 Duperray 2022.

1287 Cheng 2023.

1288 Cheng 2023 schreibt hierzu: *His search for a safe place to spend the night leads to his eventual descent into madness* (Seine Suche nach einem sicheren Unterschlupf für die Nacht führt schließlich zu seinem Abgleiten in den Wahnsinn). Ähnlich beschreibt May 2022 den Zustand, in den die Hauptfigur am Ende gerät, als „Geisteskrankheit" (*mental illness*).

auch der Umstand, dass sie sich im Wesentlichen innerhalb einer einzigen Großstadt abspielt, hat einen Kritiker zu einem Vergleich von Tursuns Roman mit James Joyce's *Ulysses* animiert.[1289]

Auf einer etwas stärker realitätsbezogenen Ebene ist die Verlorenheit der Wanderungen des namenlosen Helden von *The Backstreets* wohl auch eine Folge der demographischen Struktur Ürümčis, wo ungefähr 70 bis 80 Prozent der Einwohner Han-Chinesen sind und die Uiguren meistens in Gegenden leben, wo sie ringsum von mehrheitlich han-chinesisch bewohnten Gebieten umgeben sind.[1290]

Ein Teil des Reizes von Tursuns Roman liegt sicherlich in der Mehrdeutigkeit der oben geschilderten Entfremdungserfahrungen. Man kann sie etwa als Entfremdung des vom Dorf kommenden Menschen in der Großstadt des 21. Jahrhunderts, in einem auch klassisch-marxistischen Sinne als dessen Entfremdung von seiner Arbeit, als Entfremdung der sozialen Schichten voneinander, als Entfremdung der Uiguren von ihrer Herkunft beziehungsweise ihrer traditionellen Kultur, als Entfremdung der uigurischen Minderheit (und anderer ethnischen Minderheiten in der Volksrepublik China) von der durch die Han-Chinesen dominierten Mehrheitsgesellschaft und so weiter verstehen. Die Übergänge zwischen den genannten Formen des Fremdseins dürften ebenso fließend sein wie die Nebelschwaden, die den gesamten Roman und die in ihm porträtierte Stadt durchziehen.

Der „Nebel" (*tuman*), in den der Schauplatz des Geschehens immer wieder gehüllt ist, stellt ein ebenso zentrales wie vielschichtiges Motiv dar. Einerseits beschreibt er offenbar die tatsächlich in Ürümči beziehungsweise Beijing vorhandene Umweltverschmutzung.[1291] Anderseits bietet der Nebel sich für verschiedene symbolische Interpretationen an. Nach Darren Byler zitiert Tursun durch das Motiv des Nebels beispielsweise die „Pest" (*La Peste*) Camus'.[1292] Die Journalistin Tiffany May zitiert den bekannten uigurischen Literaturwissenschaftler Mämtimin Äla (*1971, englische Namensform: Mamtimin Ala) zum Nebelmotiv in Tursuns „Seitenstraßen" folgendermaßen aus einer E-Mail, die sie von ihm erhalten habe: „Der Nebel symbolisiert in dem Roman verschiedene miteinander zusammenhängende Dinge: Verschleierung, das Geheimnisvolle, Träume, Verwirrung, Tod und gescheiterte Rettung als ewige Bestrafung."[1293] Äla zufolge ist der Nebel in dem Roman weiterhin „eine Metapher der Vagheit und Unsicherheit, und er erfasst so die Essenz der uigurischen Realität".[1294]

Als eine konkretisierte und verschärfte Form der Entfremdung erscheint in dem Roman die Diskriminierung. In dem Büro und der Umgebung, in denen die namenlose Hauptfigur arbeitet, wird die Atmosphäre durch sie vergiftet.[1295] Sie richtet sich sowohl gegen ethnische Minderheiten beziehungsweise Uiguren als auch gegen Dörfler, die in die Stadt migrieren.[1296] Der dauergrinsende han-chinesische Vorgesetzte der Hauptfigur verweigert dieser einen Wohnberechtigungsschein und macht sich über sein Mandarin lustig.[1297] Uiguren wie der Protagonist fühlen sich angesichts dieser Behandlung logischerweise „abgewertet" (*devalued*), „verloren und einsam" (*lost and lonely*).[1298]

1289 Park 2022.
1290 Darren Byler spricht in diesem Zusammenhang von „Enklaven" (*enclaves*) oder „Gettos" (*ghettoes*; in Bastek/ Byler 2023: ca. 8'25"ff.).
1291 Siehe etwa die Anmerkung der Übersetzer in Tursun 2022: 1.
1292 May 2022.
1293 *Fog symbolizes various related things in the novel: obfuscation, mystery, dreams, confusion, death, and failed salvation as eternal punishment.*(Äla zitiert in May 2022). Zu Äla vgl. Abliz 2001; Äla 2002; Ala 2021.
1294 *A metaphor for vagueness and uncertainty, capturing the essence of Uyghur reality* (Äla zitiert in May 2022).
1295 Feng 2022. Vgl. Darren Byler in Bastek/ Byler 2023: ca. 5'10"ff.
1296 Darren Byler in Bastek/ Byler 2023: ca. 5'10"ff.
1297 Feng 2022.
1298 Darren Byler in Bastek/ Byler 2023: ca. 5'10"ff. Vgl. Feng 2022.

Der Romanheld hat mehrfach unangenehme Begegnungen mit Han-Chinesen.[1299] In einer extremen Form drückt sich die Entfremdung zwischen Han-Chinesen und Uiguren beziehungsweise deren Feindschaft auch in einer Passage des Buchs aus, an der 215 Mal hintereinander das Wort „hacken" (*chop*) vorkommt, während der Hass eines Han-Chinesen imaginiert wird.[1300] An anderen Stellen vergleicht sich der Protagonist mit einer Ratte.[1301] Wohl zu Recht ist auf die Parallele zwischen diesem Rattenvergleich und der Rhetorik Xi Jinpings hingewiesen worden.[1302] Dieser hatte nach dem von Uiguren durchgeführten Terroranschlag des Jahres 2014 dazu aufgerufen, „Terroristen wie Ratten werden zu lassen, die über eine Straße huschen, während alle ‚Schlagt sie!' rufen".[1303] Die Literarisierung der Entfremdungs- und Diskriminierungserfahrungen von Uiguren hat dem Roman auch viel positives Echo in der uigurischen Community eingetragen. Nach Angaben Darren Bylers teilten ihm sowohl sein Mitübersetzer als auch andere Uiguren mit, dass sie durch die Darstellung dieser Situation in Tursuns Roman zum ersten Mal den Eindruck hatten, dass ihrer Lebenserfahrung ein Wert beigemessen worden sei.[1304] Für eine uigurische Leserschaft dürfte also die Bedeutung von *The Backstreets* über die im engeren Sinne literarischen Qualitäten (wie seiner Vergleichbarkeit mit Camus oder Ellison, seinen formalen und stilistischen Eigenheiten usw.) hinausgehen.

Das in der Volksrepublik China oft spannungsgeladene oder konfrontative Nebeneinander von han-chinesischer und uigurischer Kultur wird in *The Backstreets* auch dadurch thematisiert, dass die Hauptfigur auf ihren Wanderungen durch Xinjiangs Metropole die chinesischen Sprachelemente – und damit auch Teile der damit verbundenen Kultur – in ihrem Geist ins Uigurische übersetzt.[1305] Diese wörtliche und übertragene Übersetzungstätigkeit kann als Ausdruck des Ringens um eine eigene (uigurische) Identität, um eine Verbindung (oder vielleicht sogar Versöhnung) der beiden kulturellen Sphären, aber auch als Widerspiegelung einer tiefen kulturellen Kluft gedeutet werden.

Auf einer rein textlichen Ebene steht in *The Backstreets* zwar die psychologische Perspektive der Hauptfigur stark im Vordergrund.[1306] Diese offensichtliche psychologische Dimension des Texts, die sicherlich auch mit der Kafka-Affinität zu tun hat, die Tursun von sich selbst und anderen zugeschrieben wird, kann aber kaum von der politischen Ebene getrennt werden. Zum einen hat man in diesem Kontext darauf hingewiesen, dass ausnahmslos alles, was in der Volksrepublik zur Zeit geschehe, politisch sei.[1307] Selbst eine, wie auch immer motivierte, dezidierte Konzentration auf die psychologische Ebene kann deswegen per Definition nicht die Politik ausklammern. Die Psychologisierung von Inhalten oder deren Chiffrierung durch das Übertragen auf eine individualpsychologische Ebene gilt im Übrigen als eines der wenigen Mittel, das Autoren in der Volksrepublik China überhaupt zur Verfügung steht, um sich jenseits der offiziellen Vorgaben ausdrücken zu können, sei es nun in Bezug auf politische oder irgendwelche andere Themen.[1308] Die Kodierung von Inhalten mittels psychologischer Darstellungen kann dabei als der Verwendung von Symbolen verwandte literarische Technik angese-

---

1299 Cheng 2023.
1300 Anonym 2022e.
1301 Cheng 2023; Feng 2023.
1302 Feng 2023.
1303 *Make terrorists become like rats scurrying across a street, with everybody shouting "beat them!"* (Xi zitiert in Coonan 2014).
1304 Darren Byler in Bastek/ Byler 2023: ca. 6'20"ff.
1305 Bei Byler 2022: 149 heißt es hierzu, die Hauptfigur *translated the Chinese world around him in his mind*.
1306 Stephanie Bastek bezeichnet ihn als „zutiefst psychologisch" (*deeply psychological*; Bastek/ Byler 2023: ca. 9'55").
1307 Darren Byler in Bastek/ Byler 2023: ca. 10'10"ff.
1308 Vgl. Darren Byler in Bastek/ Byler 2023: ca. 10'10"ff.

hen werden.[1309] Darren Byler hat in diesem Kontext darauf hingewiesen, dass Tursun beim Schreiben von *The Backstreets* die Grenzen der sozialistischen Ideologie beziehungsweise die ideologischen Vorgaben der sozialistisch-realistischen Schreibweise zumindest formal respektiert habe.[1310] Allerdings kann man hieraus kaum eine Absicht Tursuns zur Entpolitisierung ableiten. Denn nach einer anderen Mitteilung Bylers, der mehrere persönliche Unterredungen mit Pärhat Tursun, darunter auch über die psychologische Perspektivierung, geführt hat, drückt sich der Autor in *The Backstreets* oft bewusst genau deshalb vage und undeutlich beziehungsweise politisch unverfänglich aus, um der – zu befürchtenden – Diskriminierung durch die Zensurbehörden und der anschließenden Verhaftung zu entgehen.[1311] Es liegt viel bittere Ironie darin, dass ausgerechnet Tursun dann dennoch in das volksrepublikanisch-chinesische Lagersystem gekommen ist.[1312]

Eine politische Positionierung kommt in *The Backstreets* an verschiedenen Stellen auch in sehr direkter Form zum Ausdruck. So gibt es in dem Roman eine Stelle, in der die Hauptfigur sich an ein riesiges Maoporträt erinnert, dass es zu seiner Jugendzeit im Haus der Eltern gegeben habe. In der Rückschau verschwimmt dieses Porträt mit einem Bild seines ihn missbrauchenden und alkoholkranken Vaters.[1313] Tatsächlich kommt in der oben erwähnten Szene eine außerordentlich scharfe Kritik am politischen Übervater des kommunistischen China zum Ausdruck, mithin eine extrem starke politische Aussage. Gegen diese Lesart hat sich der Literaturkritiker Nick Holdstock mit der Meinung ausgesprochen, dass „jede Art reduktionistischer Lesart des Romans als Anklage der uigurischen Unterdrückung durch Pärhat Turuns Porträtierung der ländlichen Kindheit des Protagonisten in einer benachteiligten Umgebung, wo er und seine Mutter den betrunkenen Wutausbrüchen seines Vaters ausgesetzt waren, unterminiert wird."[1314] Doch diese Interpretation ist ja bereits aus dem Grund unplausibel, dass die Verknüpfung der Vaterfigur mit der Person Maos, die für das kommunistische System und die Unterdrückung der Uiguren steht, im Text von *The Backstreets* selber explizit vorgenommen wird. Bezeichnenderweise erwähnt Holdstock in seiner Analyse die symbolische Gleichsetzung der Vaterfigur mit Mao gar nicht. Dadurch werden auch weitere mögliche symbolische Lesarten von vornherein ausgeschlossen. So könnte man bei der vergewaltigten Mutter naheliegenderweise an das uigurische „Mutterland" denken, insbesondere angesichts der in der uigurischen Literatur außerordentlich prominenten Verwendung dieser Allegorie, etwa in Zordun Sabirs gleichnamigem epochalem Roman *Ana yurt*.[1315] In einer anderen Szene aus *The Backstreets* legt die Hauptfigur dar, dass Han-Chinesen bereits in der Generation ihres Großvaters Zwang auf Uiguren ausgeübt hätten.[1316] Beide Szenen aus dem Roman zeigen, dass Tursun keineswegs ein unpolitischer Autor ist. Nach einer Feststellung Darren Bylers „schreibt er über schwierige Themen, wie Depression und Sexualität sowie, natürlich, das Politische".[1317] Dies macht Versuche, Tursun als als Autor zu porträtieren, der wenig an Politik interessiert sei, eher schwierig. Tahir Hamut Izgils Äußerungen „Pärhat hasste Politik." und „Er

---

1309 Vgl. Darren Byler in Bastek/ Byler 2023: ca. 11'00"ff.

1310 Vgl. Darren Byler in Bastek/ Byler 2023: ca. 12'00"ff.

1311 Darren Byler in Bastek/ Byler 2023: ca. 11'30"ff.

1312 Vgl. Darren Byler in Bastek/ Byler 2023: ca. 11'30"ff.

1313 Cheng 2023. Vgl. Feng 2023; Hallam 2023.

1314 *Any reductionist reading of the novel as an indictment of Uyghur oppression is undermined by Perhat Tursun's portrayal of the protagonist's rural childhood in a deprived environment where he and his mother were subject to the drunken rages of the father* (Holdstock 2022).

1315 Siehe S. 171f. des Haupttextes; Sabir 2007 [2000]. Vgl. Anonym 2007 [2000]; Ersöz 2017; Sulayman/ Häbibul/ Guth 2020.

1316 Cheng 2023.

1317 *He writes about difficult themes, like depression and sexuality, and of course, the political* (Byler zitiert in Hills 2022).

[sc. Tursun – M. R. H.] glaubte, dass Kunst als Kunst einzigartig sein sollte."[1318] können nur mit gewissen Einschränkungen Gültigkeit beanspruchen.

Eine direkte Verbindung zwischen der vordergründigen psychologischen Perspektive und der politischen Realität des Schauplatzes Ürümči wird auch durch den formalen Grund für das ziellose Umherirren der Hauptfigur in dieser Stadt hergestellt. Dieser besteht nämlich darin, dass man dem Erzähler trotz seiner Anstellung dort keine Wohnung zugewiesen hat.[1319] Möglicherweise verarbeitet Tursun hier den Umstand, dass in Xinjiang ab 2014 verstärkt Beschränkungen bei der Aufenthaltserlaubnis eingeführt wurden.[1320] Dieses Detail dient zugleich zur Betonung der Absurdität vergleichbarer bürokratischer Regularien. Derselbe Staat, der dem Helden eine Anstellung verschafft, ja sogar derartige Arbeitsplätze speziell für ethnische Minderheiten einrichtet, hält es nicht für notwendig, sich um die Unterbringung zu kümmern. Das Motiv der Wohnungslosigkeit des Helden kann wohl als Querschnitt einer existenzialistischen Erfahrung im Sinne Camus' mit einer Figuration im Sinne Kafkas verstanden werden.

Kaum weniger Aufmerksamkeit als mit *The Backstreets* erregte Tursun mit dem von ihm bereits zuvor herausgebrachten Roman „Die Kunst der Selbsttötung" (*Ölüveliš sän'iti*), aus dem nachstehend ein Abschnitt in deutscher Erstübersetzung vorgestellt wird.[1321] Diesen Roman soll Tursun bereits mit 24 Jahren, also um 1983, geschrieben haben.[1322] Tursuns Alter zum mutmaßlichen Abfassungszeitpunkt entspricht in etwa dem Alter der Hauptfigur des Romans, Tahir, was einen von zahlreichen offensichtlichen autofiktionalen Faktoren darstellt. Obwohl *Ölüveliš sän'iti* wahrscheinlich bereits Anfang der 1980er Jahre fertiggestellt wurde, konnte das Werk in der Volksrepublik China erst 1999 erscheinen.[1323]

Diese Verzögerung hat ihren Grund wohl auch darin, dass das Werk von einigen uigurischen Kritikern als Skandalroman rezipiert worden war.[1324] Joshua L. Freeman stellte im Jahr 2012 fest, dass das Werk als „der Roman, der den heftigsten Streit in der gegenwärtigen uigurischen Literatur ausgelöst hatte", betrachtet werde.[1325] Konkret wurde der Roman von einigen einheimischen Lesern als Angriff auf die traditionellen Werte der Uiguren beziehungsweise auf den Islam, der zu den zentralen Bestandteilen der uigurischen Kultur gehört, interpretiert.[1326] Zu denjenigen, die Tursun nach dem Erscheinen des Romans öffentlich attackierten, gehörte der Literaturkritiker und Herausgeber Yalqun Rozi (*1966), der 2017 ebenfalls im Internierungslagersystem der Volksrepublik China verschwunden ist.[1327] Beim Aufflammen der Empörung über Tursuns Werk dürfte die in sehr traditionsbetonten Ausprägungen des Islams verbreitete Auffassung eine Rolle gespielt haben, dass Selbstmord eine Sünde sei. Möglicherweise fordert bereits die Wortwahl im Titel des Romans eine solche Provokation heraus. Das in im enthaltene, mit „Selbsttötung" übersetzbare uigurische Wort *ölüveliš* ist morphologisch betrachtet eine von dem Verb „sterben" (*öl-*) abgeleitete sogenannte refle-

---

1318 *Perhat detested politics… He believed art should stand alone as art* (zitiert in Anonym 2022e). – Zu Izgil vgl. Fußnote 1344.
1319 Siehe Feng 2022.
1320 Siehe hierzu Feng 2022.
1321 Die in Fußnote 1141 zitierte Quelle übersetzt den Titel mit *Art of Suicide*, Freeman 2020 mit *The Art of Suicide*.
1322 [Byler 2022a]: XIX; die in Fußnote 1141 zitierte Quelle (zu deren Autoren auch Darren Byler gehört).
1323 Vgl. die Ausgabe Tursun 1999.
1324 Vgl. Freeman 2020, der das Werk als „umstrittenen Roman" (*controversial novel*) bezeichnet.
1325 Hazirqi Uyǧur ädäbiyatida äŋ talaš-tartiš päyda qilǧan roman (Firimin 2012: 92).
1326 Vgl. Darren Byler in Bastek/ Byler 2023: ca. 13'25"ff.
1327 May 2022. Zu Rozi siehe Xinjiang Victims Database [shahit.biz/eng/#965, zuletzt aktualisiert am 28. Mai 2023] und Anonym 2023h.

xive Aktionsartform. Diese spezielle Kategorie der uigurischen Grammatik drückt unter anderem aus, dass man eine Handlung zum eigenen Nutzen unternimmt.[1328] *Ölüveliš* ist demzufolge auch in etwa mit „Sterben aus eigenem Interesse" oder „egoistischem Dahinscheiden" übersetzbar. Dies stellt wohl einen gewissen Widerspruch dazu dar, dass in eher traditionell strukturierten islamisch-turksprachigen Gesellschaften das Ideal des Sterbens für Gott, für ein hehres Ideal oder andere Menschen stark ausgeprägt ist,[1329] während „Tod aus Eigeninteresse" dort naturgemäß als eine eher absurde und den Werten der erdrückenden Mehrheit der Gesellschaft eklatant zuwiderlaufende Vorstellung erscheinen mag. Offensichtlich kam ein Unbehagen konservativer Kreise an der vermeintlich zu freizügigen Thematisierung sexueller Fragen hinzu.[1330] Ein Kritiker bezichtigte Tursun nach dem Erscheinen des Werks, ein Feind des Islams oder sogar Christ zu sein.[1331] Letzterer Vorwurf könnte auch etwas mit der Erinnerung an Tursuns Buch „Die Wüste des Messias" zu tun haben, in dem er sich in für Muslime eher untypischer Weise mit der Figur Jesu auseinandersetzt.[1332] Selbst Personen aus Tursuns näherer Umgebung beschuldigten ihn aufgrund von *Ölüveliš sän'iti* als Feind der Religion; einige ließen sich sogar zu Todesdrohungen herab.[1333] Nach einer Angabe soll Tursun nach dem öffentlichen Streit um das Werk auch von seiner Frau verlassen worden sein.[1334] Als Folge des öffentlichen Aufruhrs um „Die Kunst der Selbsttötung" erhielt Tursun in der säkularen Volksrepublik China Publikationsverbot.[1335] Darren Byler, der sich direkt auf Gespräche mit dem Autor stützt, ist offenbar der Ansicht, dass der Roman aus konservativer uigurischer Sicht zwar tatsächlich provokant in Bezug auf Religion und Sexualität sei, dass es jedoch wahrscheinlich kein zentrales Anliegen Tursuns gewesen sei zu provozieren. So könnte man zumindest eine Äußerung Darren Bylers verstehen, der zufolge Tursun sich nicht wirklich dafür interessiert habe, „was authentisch uigurisch ist" (*what is authentically Uyghur*) und was nicht.[1336] Über Tursuns Einstellung zum Islam ist gesagt worden, dass er sich zwar als Muslim identifiziere, jedoch auf eine von ihm selbst bestimmte Weise. So wird ihm die Aussage zugeschrieben, dass sein Glaube „eher von einer Art philosophischem Universalismus statt einer reinen Hinnahme von Glauben" herkam.[1337]

Eine bestimmte Rolle beim Aufkommen des Skandals um *Ölüveliš sän'iti* spielte es offenbar, dass einige Leser im volksrepublikanisch-chinesischen „Staatsapparat" (*state apparatus*) das provokative Potenzial des Romans benutzten, um es gegen die aus offizieller kommunistischer Sicht rückständige traditionelle uigurische Kultur, einschließlich ihrer insgesamt eher konservativen Vorstellungen über Frauen und den Islam, in Stellung zu bringen.[1338] In diesem Zusammenhang soll neben der Thematisierung des Islams und der Sexualität in dem Roman mindestens noch ein weiterer Aspekt bei bestimmten Personen aus dem volksrepublikanisch-chinesischen Behördenapparat Gefallen

---

[1328] Zu den grammatischen Aspekten vgl. Mamut 1996: 455H; Yaqub et al. 1990–1998, Bd. 6: 798; Friederich 2002: 160; Abdurehim 2014: 156.
[1329] Vgl. Heß 2021.
[1330] Siehe Darren Byler in Bastek/ Byler 2023: ca. 13'25"ff.
[1331] Duperray 2022. Vgl. Anonym 2022e.
[1332] Zu dem Werk vgl. S. 211 des Haupttextes.
[1333] Duperray 2022.
[1334] So die in Fußnote 1141 zitierte Quelle.
[1335] Duperray 2022. Die in Fußnote 1141 zitierte Quelle spricht lediglich davon, dass Tursun nach der öffentlichen Kontroverse um das Buch „angeblich für eine Zeit Schwierigkeiten hatte, veröffentlicht zu werden" (*would have difficulty getting published for some time*).
[1336] Byler in Bastek/ Byler 2023: ca. 13'25"ff.
[1337] *From a sort of philosophical universalism rather than a pure acceptance of creed* (Tursun zitiert in der in Fußnote 1141 erwähnten Quelle).
[1338] Darren Byler in Bastek/ Byler 2023: ca. 13'25"ff.

erregt und sie dazu gebracht haben, *Ölüveliš sän'iti* „Prominenz zu verleihen" (*to elevate*).[1339] Dies soll der Umstand gewesen sein, dass Tursun ein „autodidaktischer Autor" (*self-taught author*) sei.[1340] Man kann diese Erklärung wohl so verstehen, dass Tursuns Autodidaktik ihn ebenfalls für die Rolle des Vorkämpfers gegen Konservatismus und Traditionalismus prädestinierte. Man kann also vielleicht davon sprechen, dass der Roman zur Austragung eines Streits instrumentalisiert wurde, aus dem Tursun sich eigentlich hatte heraushalten wollen und in dem die Fronten bereits vor dem Erscheinen des Buchs geklärt worden waren, nämlich des unter essentialistischen Prämissen unternommenen Versuchs der Bestimmung, „was authentisch uigurisch ist". Allerdings wird berichtet, dass nicht nur Angehörige des Staatsapparates, sondern auch „jüngere Leser" (*younger readers*) im Allgemeinen Gefallen an Tursuns Werken gefunden hätten, und zwar ebenfalls insbesondere deshalb, weil er eher tabuisierte Themen wie Sex, Religion und psychische Beschwerden aufgriff.[1341] So oder so führte das Echo auf *Ölüveliš sän'iti* und die sich aus ihm ergebende öffentliche Unterstützung für Tursun schließlich dazu, dass das Werk als einer der besten 100 uigurischen Romane geehrt wurde.[1342] Dies wiederum erregte Tursuns Missfallen, der sich trotz seiner relativen Gleichgültigkeit gegenüber Fragen der uigurischen Tradition und Identität anderseits auch nicht für die kommunistische Staatspropaganda vereinnahmen lassen beziehungsweise nicht mit bestimmten anderen Preisträgern auf einer Liste stehen wollte.[1343] Wie Darren Byler unter Berufung auf einen Gewährsmann namens „D. M." schreibt, soll Tursun in diesem Zusammenhang gesagt haben, „er wolle diese Art der Anerkennung nicht. Er wollte nicht, dass sein Werk auf einer Liste neben dem ganzen anderen Propagandabockmist stünde."[1344] Faktisch war es damit zu einem zweiten Skandal um *Ölüveliš sän'iti* gekommen. Vor dem Hintergrund derartiger Äußerungen versteht man, warum Tursuns englischer Übersetzer Darren Byler, der Teile von Tursuns literarischem Schaffen auch wissenschaftlich analysiert hat, ihn für „einen der provokantesten zeitgenössischen Schriftsteller [die] über das zeitgenössische uigurische Leben [schreiben,]" hält.[1345]

Für die Beurteilung von Tursuns Werk und damit auch der uigurischen (Prosa-)Literatur insgesamt ist der Streit um *Ölüveliš sän'iti* schon unabhängig vom Inhalt und literarischen Rang des Werks aufschlussreich. Er offenbart, dass Bruchlinien zwischen Konservatismus beziehungsweise Tradition auf der einen und Modernismus, Innovativität und Nonkonformismus auf der anderen Seite quer zur ethnischen Grenze zwischen uigurischer und nichtuigurischer (vor allem chinesischer) Literatur verliefen. Auch zeigt er, dass die Freiräume, innerhalb derer uigurische Schriftsteller sich entfalten können, nicht nur von volksrepublikanisch-chinesischen Behörden, sondern auch von

---

1339 Darren Byler in Bastek/ Byler 2023: ca. 14'52"ff.

1340 Darren Byler in Bastek/ Byler 2023: ca. 14'52"ff.

1341 Nach Anonym 2022e.

1342 Siehe Stephanie Bastek in Bastek/ Byler 2023: ca. 13'00"ff.

1343 Darren Byler in Bastek/ Byler 2023: ca. 14'52"ff.

1344 [Byler 2022a]: XIX: *he didn't want that sort of recognition. He didn't want his work to be listed beside all the other propaganda bullshit.* Vgl. auch die in Fußnote 1141 zitierte Quelle. – Anonym 2022e erwähnt, dass der uigurische Schriftsteller, Dichter und Filmregisseur Tahir Hamut Izgil (*1969) über Tursun sagte, dass dieser „sich an Konventionen rieb und Unterwürfigkeit verachtete" (*chafed against convention and despised obsequiousness*). Da nicht gesagt wird, zu welchem Zeitpunkt und in welchem Kontext diese Äußerung gemacht wurde, lässt sich nicht bestimmen, ob sie sich auf ein Missfallen Tursuns an der uigurischen Kultur oder an der kommunistischen Herrschaftskultur der VR China bezieht. Izgil soll „zu den von Tursun betreuten Studenten gehört haben" (*who was among the students Mr Tursun mentored*, Anonym 2022e; vgl. May 2022).

1345 *One of the most provocative contemporary writers of Uyghur contemporary life* (Byler 2022: 148). Zur Rolle von Tursuns Werk in der wissenschaftlichen Arbeit Bylers siehe etwa Byler 2022: 148f., 154f., 157, 162.

selbsternannten Zensoren essentialistischer Konstrukte des Islams oder der uigurischen Kultur massiven Kontrollversuchen unterworfen werden. Tursuns Bedeutung als eine führende literarische Figur, die den Freiheits- und Entfaltungsspielraum der uigurischen Literatur an beiden Fronten, auch unter größten persönlichen Opfern, erweitert hat, kann wohl kaum überschätzt werden.

Ölüveliš sän'iti weist unverkennbare stilistische und inhaltliche Übereinstimmungen mit *The Backstreets* auf. In beiden Romanen stehen das Individuum und seine Seelen- und Gefühlszustände im Vordergrund. Sowohl durch die eingenommene Erzählperspektive als auch den dargestellten Inhalt ordnen beide Romane die Gesellschaft samt deren kollektiven Erfahrungen und seiner Geschichte und Kultur dem Einzelnen beziehungsweise dem Icherzähler unter. In *Ölüveliš sän'iti* ist das Tahir, der mit all seiner Verzweiflung, seiner Unsicherheit, seinen Begierden, seiner Kritik und seinen Schwächen dargestellt wird. Auch über den namenlosen Protagonisten von *The Backstreets* kann man das sagen, wobei seine Anonymität vielleicht einen Schritt hin zur Entindividualisierung und Dehumanisierung interpretieren kann, der ihn von Tahir unterscheidet. In beiden Romanen geht es offensichtlich um Entfremdung zwischen dem Einzelnen und seiner Gesellschaft. An einer in dieser Hinsicht aufschlussreichen Stelle von „Die Kunst der Selbsttötung" lässt Tursun Tahir Folgendes sagen:

> „Ich habe wohl schon seit sehr langer Zeit den Kontakt zu Menschen aufgegeben. Das Alleinsein ist wirklich zu meiner Lebensweise geworden, sie hat begonnen, in mir einen vollkommenen und eigentümlichen Charakter zu entwickeln. [...]
> Ich war dazu übergegangen, allen Menschen mit Hass gegenüberzutreten. Nach meiner Auffassung fühlte es sich so an, als würden alle mich nur erniedrigen."[1346]

Die unübersehbare Sinn- und Lebenskrise, in die Tahir geraten ist, hat ihre Quelle vielleicht nicht nur oder nicht so sehr in der ihn umgebenden Gesellschaft, sondern in seiner eigenen Person. Möglicherweise ist dies eine Akzentsetzung, die *Ölüveliš sän'iti* von *The Backstreets* unterscheidet, wo die Hauptfigur auch in einer inneren Dauerkrise befangen zu sein scheint, Kritik am Staat und der hanchinesischen Mehrheitskultur stärker und schärfer geäußert wird.

Beide Romane verbindet, dass sie sich in wichtigen Teilen den klassischen kommunistischen Erzählungen der Volksrepublik entgegenstellen, in denen trotz aller Krisen immer ein optimistischer Ausgang und positive Helden vorgeschrieben sind. Auch werden psychologische Brüche von Figuren in aller Regel als Ergebnis gesellschaftlicher Verhältnisse, die in einen marxistischen Erklärungszusammenhang gestellt werden, rationalisiert. Die Außenwelt determiniert die Innenwelt.

Unterschiede zwischen klassisch-kommunistischen Narrativen aus der Frühzeit der Volksrepublik und den beiden oben diskutierten Romanen Tursuns werden beispielsweise deutlich, wenn man diese der Erzählung *Saraŋ saqaydu* („Ein Verrückter wird geheilt") von Ablimit Mäs'udi (1932–1981) gegenüberstellt. Diese gilt als eine der ersten in der Volksrepublik China erschienenen uigurischen Erzählungen überhaupt. Der als „Verrückter" (*saraŋ*) auftretende Held der Geschichte hat diese Eigenschaft nur, während er im vorkommunistischen unterdrückerischen System des Feudalismus leben muss, wird aber wie durch ein Wunder von seinem Irresein geheilt, sobald die neue, angeblich befreite, kommunistische Zeit angebrochen ist.[1347] Der äußere Wandel der politischen und gesellschaftlichen Realität vermag also auch das Innenleben der Hauptfigur radikal zu verändern. Das Seelenleben von Tursuns Hauptfigur Tahir ist dagegen keineswegs auf derart direkte und

---

[1346] *Män nahayiti uzaqtin buyan kišilär bilän arilašmas bolup qalğanikänmän. Tänhaliq häqiqätänmu meniŋ yašaš usulumğa aylinip, mändä mukämmäl vä özgičä xaraktérni yetildürüška bašliğanidi […] hämmä kišigä öčmänlik bilän mu'amilä qilidiğan bolup kätkänidim. Näzärimdä hämmä adäm meni kämsitivatqandäkla tuyulatti* (Tursun 1999: 13H).

[1347] Sultan/ Abdurehim 2002: 42Hf.

einfache Weise mit den Vorgängen in der Außenwelt verbunden. Sein Innenleben, das als Epizentrum einer profunden Krise beschrieben wird, entfaltet sich weitgehend ohne direkten Einfluss von außen. Tahir führt die „in meinem von Tagträumen erfüllten Leben und in meinen süßen Träumen mein Herz bedrängende, hungrig klaffende Leere" (*xiyal bilän tolġan hayatimda, šerin čüšlirimdä yüräkni siqidiġan, ečirqap turġan bir bošluq*) und die „mich in meiner Seele hadern lassende Krise" (*rohimda özümni tägäštürüvetidiġan bir böhran*) auf „die in meinem Leben vorhandene bedrückende Stille und Ruhe und die zu starke Hingabe die Tagträumerei" (*hayatimdiki adämniŋ ičini siqidiġan jimjitliq, xatirjämlik vä xiyalġa qattiq beriliš*) zurück,[1348] aber nicht auf äußere Umstände und erst recht nicht auf die kommunistische Staats- und Regierungsführung. Wie sich hier zeigt, entsteht der Kontrast zu kommunistischen Legenden vom Typ *Saraŋ saqaydu* wohl nicht nur durch die Verlagerung der Krisenursache von der Gesellschaft beziehungsweise ihrer Struktur in das Innere der Person, also von einer Perspektivenumkehr in der Kausalitätssuche von der Extroversion zur Introversion, sondern auch in einer subtilen Infragestellung der von der Volksrepublik China allgemein geheiligten Prinzipien der gesellschaftlichen Ordnung, Stabilität und Kontrolle. Denn während etwa in klassischen volksrepublikanischen Erzählungen von der Art von Qäyyum Turdis „Jahre des Kampfes" Ruhe, Frieden und Kampflosigkeit das angestrebte Glücksziel sind, werden bei Tursun „Stille" (*jimjitliq*) und „Ruhe" (*xatirjämlik*) ganz im Gegenteil als Faktoren bezeichnet, die die Krise erst mit hervorrufen.

Tahirs Verhältnis zur Gesellschaft und zu sich selbst kann dabei nicht als radikal negativ beschrieben werden, sondern ist von einer gewissen Ambivalenz geprägt. Diese Zwiespältigkeit seiner Seelenzustände wird über den ganzen Roman hin immer wieder direkt zur Sprache gebracht, wobei das ausführliche Zurschaustellen dieser Unsicherheit durch den Romanautor erneut eine gewisse Distanzierung und Infragestellung der politisch und gesellschaftlich vorgegebenen Erwartungen darstellt, die von einer sich im Besitz klarer, unverrückbarer und deterministisch-teleologischer Wahrheiten glaubenden Ideologie geprägt sind. So philosophiert Tahir an einer Stelle: „Der Traum ist der einzige Trost für den Menschen. Jedoch der hilfloseste und erbarmungsloseste Trost."[1349] Und kurz darauf suhlt sich die Hauptfigur geradezu in einem Wechselbad von Trost und Trostlosigkeit, indem sie in einer Art Nabelschau beobachtet, dass „an diesem Tag mein Herz im Genuss der qualvollen Erregung unablässig am Schlagen war".[1350] An einer anderen Stelle hört man aus dem Munde Tahirs den Satz: „Ich muss den köstlichen Kummer der Liebe genießen".[1351] Die sich hier aus der Fähigkeit, das Unglück zu genießen und sich an ihm zu ergötzen (beziehungsweise den Genuss durch Assoziation mit Makabrem zu intensivieren), resultierende Morbidität weist vielleicht Anklänge an bestimmte Texte Charles Baudelaires (1821-1867), Edgar Allan Poes (1809-1849) oder vielleicht auch Oscar Wildes (1854-1900) auf. Zumindest Baudelaire gilt als einer der Autoren, die Tursun beeinflusste.[1352] Diese Tendenz wird insbesondere dann deutlich, wenn sich solche von der Lust am (eigenen) Verfall und Niedergang getragenen Neigungen mit expliziten und teilweise voyeuristischen Bezugnahmen auf Tod und Sexualität verbinden. So klingt es etwa , wenn Tahir über das Leben in der Welt sagt: „In ihr zu leben, nach ihrem Genuss zu streben, ist vielleicht ein Akt, den der Mensch niemals wagen wird, ähnlich dem, den erkalteten Leichnam einer gestorbenen

---

1348 Die Zitate stammen aus Tursun 1999: 32H.
1349 *Čüš – insan üčün birdinbir täsälli. Biraq, äŋ bičarä vä äŋ rähimsiz täsälli* (Tursun 1999: 21H).
1350 *Šu küni yürikim azabliq hayajan läzzitidä tinimsiz tepirlaytti* (Tursun 1999: 21H).
1351 *Muhäbbätniŋ läzzätlik häsritidin bährimän bolušim keräk* (Tursun 1999: 41H).
1352 Firimin 2012: 97.

Frau nackt auszuziehen und sich daran ergötzen zu wollen."[1353] In jedem Fall stellt die von Tursun über seine Figur Tahir zur Schau gestellte Lust an der Morbidität auf mindestens zwei Arten zugleich eine Herausforderung des kommunistischen Wertekanons dar, nämlich sowohl durch ihre Lustbetonung als auch durch ihre Negation des Aufbau-, Fortschritts- und Erlösungsglaubens der marxistisch-leninistischen Ideologie. Es ist kaum möglich, eine klareres literarisches Gegenposition zum Kommunismus (wie auch zum konservativen Islam) umzusetzen.

Diese besondere Perspektivierungs- und Darstellungstechnik Tursuns hat weder in der traditionellen uigurischen noch in der volksrepublikanisch-uigurischen Literatur nennenswerte Vorläufer. Da sie erkennbar und teilweise explizit auf Strömungen der neueren westlichen Literatur zurückgreift, sind Tursuns Werke bei allen Kontinuitäten mit der sozialistisch-realistischen Schreibtradition, die man in einzelnen Aspekten erkennen kann,[1354] nach der in der Volksrepublik China herrschenden kommunistischen Literaturtheorie bürgerlich, dekadent und prinzipiell abzulehnen. Vielleicht kann man „Die Kunst der Selbsttötung" aufgrund alles dessen als einen der ersten wirklich nach westlichen Vorstellungen geprägten uigurischen Roman der Volksrepublik China bezeichnen.

Darauf, dass Idee und Konzept der „Kunst der Selbsttötung" sehr eng mit Tursuns Studium der westlichen Kunst- und Literaturgeschichte verbunden sind, deuten im Übrigen schon die beiden dem Roman vorangestellten Zitate hin, die zugleich als eine vom Autoren gegebene Erklärung des Romantitels fungieren. Das eine davon stammt aus dem Gedicht *Lady Lazarus* (*Läzäras xanim*) der durch Selbsttötung gestorbenen US-amerikanischen Schriftstellerin Sylvia Plath (1932–1963), das sie ein Jahr vor ihrem Tod schrieb.[1355] Das Zitat lautet: „Selbsttötung ist eine Art Kunst." (*Ölüveliš – bir türlük sän'ät*.).[1356] Das zweite Diktum soll von Leonardo da Vinci stammen und heißt: „Früher dachte ich, ich sei dabei zu lernen, wie man lebt. Was ich jedoch offensichtlich tatsächlich gelernt habe, ist, wie man stirbt."[1357] Dass man auch dieses zweite Zitat in dem Sinn auffassen kann, der im Plath-Diktum zum Ausdruck kommt, ergibt sich ohne Zwang aus dem allseits bekannten Künstlertum da Vincis.

Unabhängig von seinem Inhalt und dem Skandal, den „Die Kunst der Selbsttötung" auslöste, illustriert der Roman, in welch extrem kurzer Zeit nach dem Tod Maos und dem Ende der „Großen Kulturrevolution" es Pärhat Tursun und damit der uigurischen Literatur der Volksrepublik China als solcher, gelungen war, nicht nur ernstzunehmende literarische Werke zu produzieren, sondern auch noch solche, die mit den überkommenen Traditionen gleich in mehrfacher Hinsicht brachen und über sie hinauswuchsen.

Auf den ersten Seiten des Romans, die der unten zitierten Stelle vorausgehen, kreisen die aus der Ich-Perspektive erzählten Gedanken des Kunststudenten Tahir im Wesentlichen um zwei Themen, nämlich Tod und Liebe. Beide sind selbstredend eng miteinander verbunden, und eine Parallele zum Eros-Thanatos-Motiv der westlichen Literatur liegt schon aufgrund von Tursuns Freud-Lektüre mehr als nahe.

Gleich zu Beginn des Romans konfrontiert sich Tahir bewusst selbst mit der Vergänglichkeit und Sterblichkeit des Menschen.[1358] Er ist unterwegs zum Gebäude Nr. 9 (*Toqquzinči bina*), das das Studentinnenwohnheim auf dem Gelände des „Zentralen Nationalitäten-Instituts" (*Märkiziy*

1353 *Uninda yašaš, uniŋ läzzitigä intiliš bälkim ölgän bir ayalniŋ sovup kätkän jäsitini yalinačlap uninǧdin läzzätlänmäkči bolganliqtäk kiši mäŋgü petinalmaydiğan bir ištur* (Tursun 1999: 38H).
1354 Vgl. das auf S. 206 des Haupttextes über Helden Gesagte.
1355 Vgl. Tearle 2023.
1356 Tearle 2023; Tursun 1999, unpaginiert.
1357 *Män burun qandaq yašašni öginivatimän däp oyliganikänmän, ämäliyättä öginginim qandaq ölüš ikän* (Tursun 1999, unpaginiert).
1358 Tursun 1999: 1Hf.

millätlär instituti) beherbergt. Auf seinem Weg denkt Tahir darüber nach, „was das Leben sei" (*hayatniŋ nemiliki*).[1359] Doch statt eine Antwort bereitzuhalten, liefert ihm sein Bewusstsein nur den Satz: „Ich muss mich sofort selbst töten!" (*Därhal ölüvelišim keräk*).[1360] Für das Verständnis des gesamten Romans ist die an dieser Stelle von Tahir selbst geäußerte Feststellung bedeutsam, dass dieser Wunsch ihm durch nichts von außen Kommendes nahegelegt oder aufgezwungen worden ist, sondern aus seinem Inneren kommt.[1361] Schon hier wird also deutlich, dass es sich um einen Roman der Selbstermächtigung handelt, der nicht auf fertige Sinnangebote aus Gesellschaft und Tradition zurückgreifen will. Die Antwort der in der Volksrepublik China herrschenden dialektisch-materialistischen marxistischen Ideologie, dass mit dem Tod alles vorbei sei, weist Tahir in diesem Zusammenhang explizit zurück. Sie sei „nicht mehr als eine Theorie" (*päqät bir näzäriyidin-la ibarät*).[1362] Sein Argument gegen diesen marxistisch-leninistische Dogma lautet, dass es sich nicht überprüfen lasse.

Im weiteren Verlauf von „Die Kunst der Selbsttötung" tritt gegenüber dem Todeswunsch dann zunächst der erotische Aspekt sehr stark in den Vordergrund. Tahir zieht aus seinen philosophischen Gedankengängen und dem aus ihnen aufscheinenden plötzlichen Todeswunsch nicht die Konsequenz, sich tatsächlich umzubringen. Vielmehr bringen ihn weitere Überlegungen über das Thema Tod und Sterben zu dem Ergebnis kommt, dass es tatsächlich etwas gebe, das für den Menschen zähle, nämlich den Menschen selbst.[1363] So kommt es, dass der Text dazu übergeht, ausführlich Tahirs erotische Phantasien und seine Anbahnung von Liebesverhältnissen zu schildern. Über viele Seiten hinweg werden ausführlich Tahirs Annäherungsversuche an Kommilitoninnen wie Asiyä oder Päridä geschildert. Über den Anlaß, warum Fahir den Weg der Liebe beschritten hat, sagt er an einer Stelle:

„Am Ende konnte ich die Bedeutungslosigkeit meiner Tage, die sich immer nur mit ein und derselben Art Inhalt erfüllt wiederholten und aneinanderreihten, nicht mehr ertragen, und um dies zu ändern, betrat ich jenen hehren und geheimnisvollen Weg, der aus der Liebe besteht".[1364]

Letzten Endes erscheinen so der Tod beziehungsweise die Selbsttötung als philosophische Antworten auf die Frage nach dem Lebenssinn, was die Behandlung von Tahirs Liebesbeziehungen und seinen Todesphantasien in ein und demselben Text erklärt.

Dabei ist Tursuns Held kein naiver Schwärmer, der an die befreiende und erlösende Kraft einer zukünftigen Liebe glaubt. Vielmehr ahnt Tahir bereits von Beginn an, dass der von ihm gewählte Weg der Liebe voller Qualen sein wird. Doch im Unterschied zu der dumpfen und ausweglosen Qual, aus der sein anfänglicher Zustand besteht, ist die Pein, die er auf dem Liebespfad auf sich zukommen sieht, zweifellos die bessere Alternative. Denn wie er in Bezug auf seinen Ausgangszustand sagt: „Um diese Qualen zu vergessen, muss ich mich unbedingt auf einen qualvollen, krummen und schiefen Weg begeben."[1365] Hier werden also zwei Arten der Leiderfahrung miteinander verglichen. Die eine davon steht für die existenzielle Qual des auf sich selbst zurückgeworfenen Individuums, der es niemals entkommen kann, solange keine andere Instanz die hermetische und hoffnungslose Eingeschlossenheit

---

1359 Tursun 1999: 2H, 4H.
1360 Tursun 1999: 2H. Dieser Satz wird an späteren Stellen, teilweise modifiziert, wiederholt, siehe etwa Tursun 1999: 4H, 6H.
1361 Tursun 1999: 2Hf.
1362 Tursun 1999: 3H.
1363 Tursun 1999: 4H.
1364 *Män axir birla xil mäzmunda täkrarlanip ketivatqan künlirimniŋ mänisizlikigä bärdašliq berälmäy, buni özgärtiš üčün muhäbbättin ibarät yüksäk vä sirliq yolga qädäm bastim* (Tursun 1999: 24H).
1365 *Ašu azablarni untuš üčün čoqum azabliq, ägri-toqay bir yolga qädäm besišim keräk* (Tursun 1999: 38H).

dieser Individualität durchbricht. Die andere ist eine Qual, die immerhin die *Möglichkeit* bietet, durch unaufhörliche Anstrengungen mit einer Art „künstlicher Freude" (*sün'iy šadliq*) verbunden zu werden, wie Tursun in dem weiter unten übersetzten Abschnitt aus „Die Kunst der Selbsttötung" darlegt.[1366] Der Roman handelt von der Geworfenheit des Menschen, seiner Sinnsuche und der Bewältigung des existenziellen Leids. Von seiner Grundstruktur her kann man ihn daher also als ein philosophisch-psychologisches Werk beschreiben. Die Ähnlichkeit zu *The Backstreets* ist offensichtlich.

Um seinem krisenhaften Überdruss, den Anflügen von Verzagtheit und Lebensmüdigkeit, die mit schwerer Gehemmtheit und extremer Introvertiertheit einhergehen, und der alles durchdringenden „qualvollen Leere in meinem Leben, die mich bedrückte" (*turmušumdiki meni qiynavatqan azabliq bošluq*)[1367] zu entkommen, verlegt sich Tahir auf dem von ihm eingeschlagenen Weg nach einer Weile darauf, einen Brief an eine ihm namentlich noch unbekannte junge Frau aufzusetzen, die er zuvor aber bereits einmal gesehen hat. Ein in diesem Zusammenhang vielleicht bedeutsamer Aspekt ist, dass der männliche Ich-Erzähler Tahir sich an zwei Stellen der Passage als Mädchen beziehungsweise verwaistes Mädchen imaginiert.[1368] Dadurch wird die von dem Briefeschreiber intendierte Beziehung zumindest vorübergehend als eine homosexuelle ausgedeutet.

Dieser Brief ist Teil des im Folgenden übersetzten Abschnitts aus (*Ölüveliš sän'iti*). Vielleicht kann man Tahirs Schreiben an die namenlose Unbekannte als Allegorie auf die Auswegslosigkeit von Pärhat Tursuns Generation lesen, die nach der traumatisierenden Erfahrung der Zeit der „Großen Kulturrevolution" zwar einen Hauch von Freiheit und eine Ahnung neuer Horizonte erspürte, jedoch den Weg, den es zu beschreiten, und Ziele, die es anzustreben gab, noch nicht genau zu erkennen, geschweige denn benennen imstande war. So, wie Tahir einen Brief an die Unbekannten aufsetzt, um dadurch Antworten über sich selber (und vielleicht auch sie) zu erhalten, schreibt Tursun seinen Roman, um Fragen und Antworten zu formulieren, die nach den auch für die Kulturwelt katastrophalen Ereignissen der Maozeit Raum für einen Neubeginn schaffen könnten.

In der untenstehenden Passage fasst Tahir zunächst aus der Perspektive des Ich-Erzählers die ihn quälende Lebenssituation in Worte, wobei er Erlebnisse mit seinem Studienkameraden Ärkin mit einbezieht.

11.2 Die Kunst der Selbsttötung (Auszug)

Erneut ließ ich zahlreiche Mädchen vor meinem geistigen Auge Revue passieren. Mir war jenes eingefallen, das ich damals zum ersten Mal bei Ärkin im Studentenwohnheim gesehen hatte. Es besaß zwar nicht die vollkommene, alle Arten der Schönheit und Liebesfähigkeit auf sich vereinigende Weiblichkeit der meinem Ideal entsprechenden Frauen. Dennoch fasste ich den Entschluss, ihr einen Brief zu schreiben. Weil ich es nicht fertigbrachte, mich bei anderen zu erkundigen, wie sie hieß, schrieb ich ihr einen Brief, ohne darin ihren Namen zu nennen.

Damals trug ich ein Gefühl des Kummers mit mir herum. Ich weiß selbst nicht recht, warum ich es als so qualvoll betrachtete, diesen Weg* zu beschreiben. Denn dies bedeutete ja lediglich, die eine Art Qual durch eine andere zu ersetzen, mehr nicht. Bei der ersten von beiden handelte es sich um eine Pein, für die es in alle Ewigkeit keine Auflösung geben und von der keine Errettung möglich sein würde. Die andere Qual jedoch war eine, von der eine Errettung durchaus möglich sein und über die ein Sieg errungen werden konnte. Man konnte diese andere Tortur bei zahlreichen Gelegenheiten aufspüren und sie bei jeder einzelnen davon durch Aufbringen all seiner Kräfte niederringen, und so konnte

---

1366 Siehe S. 203 des Haupttextes.
1367 Tursun 1999: 28H.
1368 Siehe S. 229 und 230 des Haupttextes.

es am Ende sogar möglich werden, zu einer Art künstlicher Freude zu gelangen, bei der man sich einreden konnte, all das Unglück und all die Misserfolge in seinem Leben besiegt zu haben.

Ich wollte in dem Brief den ganzen Schmerz in meinem Herzen vor ihr ausschütten. Nachts, wenn ich nicht schlafen konnte, hatte ich mir die Briefe, die ich an sie schreiben wollte, schon bis zum letzten Punkt und Komma fertig ausgedacht. Jede einzelne Tätigkeit, die ich beim Treffen mit ihr ausführen wollte, hatte ich mir bis zu den kleinsten Verrichtungen hin in vielen Details ausgemalt, genauso, als würden sie tags darauf eine nach der anderen wirklich stattfinden, als würde ich all diese Handlungen tatsächlich ausführen. Doch wenn es tatsächlich daran ging, den Brief zu schreiben, konnte ich all das, was ich mir zuvor ausgedacht hatte, kaum richtig ausdrücken. Dies löste in mir Wut über meinen Mangel an verbaler Ausdrucksfähigkeit aus.

Ich fing an, die Fortsetzung* meines Briefs zu schreiben:

„Seit langer Zeit schon ist mir der Glaube an Glück, Zukunft und Liebe abhandengekommen. All dies ist wohl so, weil die Einsamkeit und das brennende Sehnen mich gründlich ausgelaugt haben. Mein in Stille versunkenes geistiges Innenleben ist ganz sinnentleert, und mein hilfloser Körper treibt wie ein sich bewegender Leichnam lautlos durch die Welt.

Von Ihnen erhoffe ich mir für mich das, was für mich im Leben das Allernotwendigste ist: dass sie diesem Leben Seelenkraft und einen elanvollen Geist schenken.... Ich kann es nur hoffen... Ich kann es nur hoffen, mehr nicht. Vielleicht zeigt sich hierin eine übergroße Bedürftigkeit und Hilflosigkeit. Ich bitte Sie, meinem in Dunkelheit versunkenen und erkalteten Herzen, das inzwischen einem Grab ähnelt, Wärme einzuflößen und ihm glückliches Schlagen in strahlenden und kraftvollen Erregungszuständen zu verschaffen. Ich kann Sie nur bitten, zu mehr bin ich nicht imstande.

Wenn ich an Liebe denke, quillt aufgrund einer unerfindlichen Ursache eine Art ermatteter Hoffnungslosigkeit aus dem tiefsten Grund meines Herzens empor. Mädchen erscheinen mir dermaßen geheimnisvoll, dass die Offenbarung der Liebe zu ihnen sich so beschämend und fürchterlich anfühlt, als ob ich vor aller Welt bloßgestellt würde, indem ich nicht nur alle meine Kleidungsstücke ablegte, sondern mich sogar noch aus allen Hautschichten herausschälte. Wenn ich einen Schritt hin zu einem Mädchen mache, hin zur Liebe eines Mädchens, hin zur seelischen Welt eines Mädchens, hin zur Liebe eines Mädchens, das so schön und zugleich fürchterlich wie Szenen aus Volkserzählungen und so magisch und erhaben wie Zauberei ist, dann fängt mein Körper an zu zittern. Ach! Gibt es auf der Welt etwas Geheimnisvolleres als den Menschen und seine Seele, etwas, das den Leib des Menschen mit größerem Schrecken erfüllt? Ich weiß es nicht. Dass bei mir Empfindungen wie diese auftreten, kommt vielleicht daher, dass ich mich allzu stark von Tagträumen und Illusionen habe mitreißen lassen, dass ich zu tiefen Gedanken nachgegangen habe und dass ich die vor mir liegenden normalen Dinge allzu stark nach meinen eigenen Vorstellungen mit einem Schleier des Geheimnisvollen umgeben habe. Für mich fühlt es sich so an, als ob es in der Geschichte der Menschheit noch nie vorgekommen sei, dass Männer Frauen ihre Liebe offenbaren, als ob dies etwas sei, das nur ich alleine täte, und als ob alle Menschen auf der Welt mich bewundernd ansehen würden, wenn ich es tue. Dabei sind das gegenseitige Versichern der Liebe und das Heiraten doch ausgesprochen normale Dinge im Leben! Trotzdem fühlt es sich für mich so an. Eine geheimnisvolle Empfindung befällt mein Herz, als ob die Frauen kein Teil dieser materiellen Welt seien, als ob sie nicht aus Materie, die aus Fleisch und Blut besteht, erschaffen worden seien. Wo ist nur mein männlicher Schneid geblieben? Warum gelingt es mir nicht, offen für die schönen Gefühle und süßen Wünsche einzutreten, mich für sie ins Zeug zu legen und meine Jugend in die heilige Melodie der Liebe eintauchen zu lassen?

Vielleicht werde ich als Folge meiner Feigheit nicht den Mut aufbringen, Ihnen diesen Brief zukommen zu lassen, sondern werde ihn aufbewahren, so wie sittsame Mädchen die Geheimnisse ihrer Herzen für sich bewahren. Und vielleicht werde ich, wenn der Brief doch den Weg in Ihre

Hände findet, von heftiger Reue darüber erfasst werden, dass ich Ihnen den Brief habe zukommen lassen, so, als ob ich ungewollt das größte Geheimnis meines Lebens jemand anderem in die Hand gegeben hätte.

Werde ich es fertigbringen, Ihnen vermittels eines Briefs das einzigartige und unverwechselbare, mit niemandem vergleichbare Herz meiner Person – des Menschen mit den seltsamsten Tagträumen auf der Welt (vielleicht ist es ja so) – verständlich zu machen?

Während ich hier wie ein verwaistes Mädchen, das seine eigene Mutter erblickt und das Herz vor ihr ausschüttet, allen meinen Kummer und meinen Schmerz vor Ihnen ausbreite, werden sie wohl ein großes Verlangen haben, zu erfahren, wie mein Name lautet. Aber ich bin gegenwärtig zu schwach, um Ihnen meinen Namen zu offenbaren… Viel zu schwach. Meinem Brief werden Sie entnommen haben, was für ein junger Mann ich bin. Allein dass Sie dies wissen, wird mir auf ewig ausreichen… Was wäre der Name schon wert? Insbesondere für Sie hätte mein Name keinerlei Wert. Mein Name ist einer von zahllosen Namen auf der Welt, mehr nicht. Zu meiner Schande muss ich in diesem Augenblick gestehen, dass ich auch Ihren Namen nicht kenne.

Wenn meine Seele in Ihrem Körper versinken könnte, wäre ich vollkommen zufrieden… Doch dies liegt jenseits meiner Vorstellung… Weil die Einsamkeit mir nach wie vor so grausam das Herz durchbohrt, ist dies zum süßesten Traum in meinem gegenwärtigen Leben geworden.

Ich verstehe Sie nicht zur Gänze… Für mich ist die Liebe eines Mädchens ungeheuer wichtig, doch kann ich von Ihnen nicht verlangen, dass Sie mir augenblicklich antworten.

Ich möchte keine Sekunde lang versprechen, dass ich Ihnen in der Liebe treu bleiben werde, denn der Mund ist frei, den Mund zu bewegen erfordert nicht die geringste Kraft. Mit dem Schreibstift ist es genauso. Man kann alles Mögliche sagen und schreiben. Daher ist es vergeblich, Versprechungen abzugeben.

Vielleicht dauert es nicht lange, bis Sie meinen Namen erfahren werden…"

12 Mämtimin Hošur: Die im Sand versunkene Stadt (Auszug)

12.1 Vorbemerkung

Mämtimin Hošur (chinesische Transkription des Namens: Maimaitiming Wushou'er 买买提明·吾守尔) wurde 1944 in Ġulja geboren.[1369] Er soll aus einer Familie von Handwerkern stammen.[1370] Bis zum Jahr 1956 besuchte er in der Stadt Ġulja die Grundschule *Murat*.[1371] Danach ging er dort auf die Städtische Mittelschule Nr. 3 (Ġulja *Šähär 3-Ottura Mäktäp*).[1372] Von 1962 bis 1967 absolvierte er ein Studium an der „Fakultät für Sprache und Literatur" (*Til-Ädäbiyat Fakulteti*) der Xinjiang-Universität (*Šinjaŋ universiteti*) in Ürümči.[1373]

Im September 1968 trat Hošur in den Staatsdienst ein.[1374] Von 1968 bis 1972, also auf dem Höhepunkt der „Großen Kulturrevolution", wurde er im Rahmen einer Maßnahme zur „Umerziehung" (*qayta tärbiyä*, eigentlich „erneute Erziehung") in einem hortikulturellen Gebiet Ġuljas eingesetzt.[1375]

Nach dem zumindest aus offizieller Sicht offenbar erfolgreichen Abschluss der Umerziehungsmaßnahmen Hošurs durfte dieser ab 1972 diverse Kaderpositionen einnehmen. So war er von 1972 bis 1975 „Kader für Volksangelegenheiten" (*Xälq išliri kadiri*) in der zu Ġulja gehörenden Kommune (*gunǰe*, *gongshe* 公社] Kepäkyüzi (Kebaikeyuzi 克伯克于孜).[1376] Von 1975 bis 1979 war er in derselben Kommune selbst Propagandakader (*Täšviqat kadiri*) in der dortigen städtischen Bauverwaltung.[1377]

Zwischen 1979 und 1995 war Hošur als Redakteur (*muhärrir*) und Chefredakteur (*baš muhärrir*) bei der Zeitschrift *Ili däryasi* („Der Ili") tätig.[1378] Er nahm in dieser Zeit auch verschiedene Funktionen innerhalb des Schriftstellerverbands der Provinz Ili ein, darunter die des stellvertreten-

---

1369 Anonym 2005: 1V; Kumsal 2019: 25/34PDF; Abdubesir 2020: 105; Anonym 2022a. Vgl. Abdurehim 1999c: 186; Freeman 2010: 135. Xinjiang Victims Database [shahit.biz/eng/#3708, zuletzt aktualisiert am 24. April 2019] bestätigt das Geburtsjahr und schreibt, dass Hošur aus dem „Bezirk Ġulja" (*Gulja County*) stamme. Qeyser 2008 dagegen hält ausdrücklich fest, dass er „in der Stadt Ġulja" („ghulja shehiride" = *Ġulja šähiridä*) geboren worden sei.

1370 Kumsal 2019: 25/34PDF.

1371 Siehe Qeyser 2008, der die Schule ohne Spezifikation des Typs nur als „Schule" (*mäktäp*) bezeichnet. Dass es sich um eine Grundschule handeln muss, ergibt sich bei der von Qeyser 2008 unmittelbar im Anschluss gemachten Erwähnung der Mittelschule, die Hošur danach besuchte. Zu den verschiedenen Schultypen vgl. die Erläuterungen auf S. 354 des Haupttextes.

1372 Sie heißt bei Qeyser 2008 „ghulja sheher 3 – ottura mektep".

1373 Anonym 2005: 1V; Kumsal 2019: 25/34PDF; Xinjiang Victims Database (wie in Fußnote 1369). Vgl. Abdubesir 2020: 105; Anonym 2022a; Abdulla 2023. Qeyser 2008 gibt den Namen der Universität in ihrer sinisierten Form „shinjang dashö" (*Šinjaŋ dašö*) wieder.

1374 Qeyser 2008: „xizmetke chiqqan" (*xizmätkä čiqqan* „Er trat den Dienst an.").

1375 Anonym 2005: 1V. Freeman 2010: 135 schreibt, dass Hošurs ‚Umerziehung' *near Ghulja* stattfand. Qeyser 2008 spricht in diesem Zusammenhang davon, dass Hošur „beim Training" („chéniqishta"/ *čeniqišta*) gewesen sei. Vgl. Anonym 2022a.

1376 Anonym 2005: 1V; Qeyser 2008. Zur *gunǰe* vgl. die Erläuterungen auf S. 336 des Haupttextes.

1377 Anonym 2005: 1V. Qeyser 2008 schreibt hierzu: „Er arbeitete in der stadteigenen Stadtbauverwaltung Ġuljas als Kader für Volksangelegeheiten und Propagandakader" („Ghulja sheherlik sheher qurulushi idarisida xelq ishlar kadiri we teshwiqat kadiri bolup ishligen" *Ġulja šährlik šähär quruluši idarisida xälq išlar kadiri vä täšviqat kadiri bolup išligän*). Abdulla 2023 behauptet, dass Hošur „gegen Ende 1979 freigelassen wurde" (*being released toward the end of 1979*), aber diese Zeitangabe steht im Widerspruch zu den verschiedenen Kaderpositionen, die er nach Ausweis anderer Quellen seit 1972 innegehabt hatte.

1378 Anonym 2005: 1V. Vgl. Abdulla 2023, die schreibt, Hošur sei *head editor* („Hauptherausgeber") der Zeitschrift *Ili däryasi* (*Ili River*) gewesen.

den Vorsitzenden.[1379] In derselben Provinz wurde ihm auch der Status eines „professionellen Schriftstellers" (*käspiy yazġučï*) zuerkannt, den er von einem unbekannten Zeitpunkt bis mindestes bis 2008 innehatte.[1380] Ferner war er Kommissionsmitglied im Schriftstellerverband der Volksrepublik China;[1381] Mitglied des Schriftstellerverbandes der VRC war er mindestens bis zum Jahr 2008.[1382] 1996 und dann noch einmal 2002 wurde er zum Vorsitzenden des Schriftsteller- und Künstlerverbands der Uigurischen Autonomen Region Xinjiang gewählt und hatte diese Position mindestens bis 2005 inne.[1383] Später zog er sich jedoch von diesem Posten zurück.[1384]

Um 2018 wurde Hošur in der Volksrepublik China interniert.[1385] Nach einer Angabe soll er „für mindestens ein Jahr" inhaftiert worden sein.[1386] Über die weiteren Umstände und Gründe für seine Inhaftierung scheint nichts Näheres bekannt zu sein. Ebenso ist sein gegenwärtiger Verbleib und Zustand nicht bekannt.[1387]

1965 veröffentliche Hošur in der „Zeitung von Xinjiang" (*Šinjaŋ geziti*) seine erste Erzählung, „Der Apfel" (*Alma*).[1388] Um diese Zeit publizierte er auch noch weitere Erzählungen.[1389] Seine durch die Phase der „Umerziehung", Zwangsarbeit und ausschließliche Funktionärstätigkeit unterbrochene literarische und publizistische Tätigkeit konnte er jedoch erst ab 1978 fortführen.[1390] Seit dieser Zeit publizierte er zahlreiche Erzählungen, Langerzählungen (*povest*) sowie diverse Artikel zu wissenschaftlichen und literaturtheoretischen Themen.[1391] Er brachte beispielsweise eine musiktheoretische Monographie mit dem Titel „Die Ili-Version der Zwölf Muqame" (*On ikki muqamniŋ Ili variyanti*) heraus.[1392] Auch soll Hošur Biographien uigurischer Künstler verfasst haben.[1393] Ein Teil seiner Werke wurde auch ins Englische, Kasachische, Usbekische und Türkeitürkische übersetzt.[1394] Zahlreiche seiner Erzählungen wurden in die chinesische Sprache übersetzt.[1395]

1379 Anonym 2005: 1V; Qeyser 2008, wo diese Funktion als „ili oblastliq yazghuchilar jemiyitining muawin reisi" (**Ili Oblastliq Yazġučïlar Jemiyitiniŋ muʾavin reʾisi*) bezeichnet wird.

1380 Dies geht aus Qeyser 2008 hervor.

1381 Anonym 2005: 1V.

1382 Dies geht aus Qeyser 2008 hervor.

1383 Anonym 2005: 1V; Kumsal 2019: 25/34PDF. Xinjiang Victims Database (wie in Fußnote 1369). Qeyser 2008 erwähnt, dass Hošur Mitglied der „Xinjianger Filiale des Schriftstellerverbandes Chinas" (*Junggo yazghuchilar jemiyiti shinjang shöbisi*, **Juŋgo Yazġučïlar Jemiyiti Šinjaŋ Šöbisi*) gewesen sei, was möglicherweise denselben Verband bezeichnet.

1384 Anonym 2005: 1V; Kumsal 2019: 25/34PDF.

1385 Dies kann man aus der in Bouscaren 2019 zitierten Aussage des Autoren, Wissenschaftlers und Buchhändlers Abduljälil Turan schließen, dass Hošur im Alter von 74 Jahren festgenommen worden sei.

1386 *For at least a year* (Abdulla 2023).

1387 Abdulla 2023.

1388 Anonym 2005: 1V; Kumsal 2019: 26/35PDF; Abdubesir 2020: 105. Vgl. Abdurehim 1999c: 186; Freeman 2010: 135; Anonym 2022a; Abdulla 2023. Die Veröffentlichung aus dem Jahr 1965 wird in Qeyser 2008 ignoriert, indem behauptet wird, dass Hošurs literarische Karriere mit der Veröffentlichung der Erzählung *Güldästä* („Eine Handvoll Rosen") begonnen habe. – Zum erzählerischen Werk Hošurs allgemein vgl. auch Wang 2015, Zhang 2013.

1389 Siehe Kumsal 2019: 26/35PDF (mit Titeln).

1390 Anonym 2005: 1Vf.; Abdurehim 1999c: 186; Abdubesir 2020: 105.

1391 Anonym 2005: 1Vf. Vgl. Abdurehim 1999c: 186.

1392 Anonym 2005: 2V. Vgl. Kumsal 2019: 27/36PDF.

1393 Kumsal 2019: 27/36PDF.

1394 Anonym 2005: 2V; Qeyser 2008; Kumsal 2019. Vgl. Abdubesir 2020: 105.

1395 Anonym 2005: 1Vf. Abdubesir 2020: 105 schreibt sogar, dass die meisten seiner Erzählungen in diese Sprache übersetzt worden seien.

Den größten Ruhm erwarb sich Hošur offenbar durch seine Erzählungen und Langerzählungen.[1396] Zu ihnen gehören *Ayxan*, „Die Stimme der Rohrflöte" (*Näy Avazi*), „Alte und neue Dinge" (*Kona-yeŋi išlar*), „Dies ist keine Aufwallung" (*Bu juš ämäs*), „Brief an einen Toten" (*Ölükkä xät*).[1397] Ins Englische übersetzt und kommentiert wurde seine 1989 ersterschienene Kurzgeschichte „Ein aus der Ferne geschriebener Brief" (*Yiraqtin yezilġan xät*).[1398] Zu seinen Buchpublikationen gehört die Sammlung von Langerzählungen „Grüß dich, Bruder Hesam" (*Salam, Hesam aka*).[1399] Seine Erzählung „Mein Meister" (*Ustam*) wurde 1981 mit einem in Xinjiang ausgeschriebenen Preis ausgezeichnet.[1400]

Zu Hošurs bekanntesten Werken zählt man eine ab dem Ende der 1980er Jahre veröffentlichte, aus inhaltlich miteinander verbundenen Erzählungen bestehende Reihe, zu der *Saraŋ* („Der Verrückte", 1988), *Qirliq istakan* („Das gezähnte Glas"), *Altun čiš* („Der Goldzahn"), *Dap* („Die Hacke"[1401]), *Čošqilarġa bayram* („Ein Fest für die Schweine") sowie die als zweiter Text Hošurs im vorliegenden Band besprochene Erzählung *Burut majirasi* („Die Sache mit dem Bart", 1990) gehören.[1402] Die einzelnen Teile der Reihe sind unter anderem durch einen gemeinsamen Erzähler verknüpft.[1403] Auf der Grundlage von *Saraŋ* und *Qirliq istakan* wurden auch Filme gedreht.[1404] Im Jahr 1983 veröffentlichte Hošur die Langerzählung *Nozugum*.[1405]

Ferner veröffentlichte Hošur den als „biographische Erzählung" (*bi'ografiyilk qissä*) eingeordneten Band „So sind die Jahre vergangen" (*Yillar šundaq ötkän*).[1406]

Der im November 1995 in einer ersten Fassung in Ġulja fertiggestellte, im März 2003 überarbeitete und noch in jenem Jahr erstveröffentlichte Roman *Qum basqan šähär* („Die im Sand versunkene Stadt") gilt als Hošurs Meisterwerk.[1407] Das Werk ist einer von nur zwei Romanen, die Hošur

---

1396 Kumsal 2019: 26/35PDF.
1397 Anonym 2005: 2V; Qeyser 2008; Kumsal 2019: 26f./35f.PDF.
1398 Englische Übersetzung: Hoshur 1989. Originaltext: Hoshur 1989a. Zum Werk siehe Abdulla 2023.
1399 Anonym 2005: 2V; Qeyser 2008; Kumsal 2019: 26f./35f.PDF.
1400 Qeyser 2008.
1401 Der Titel könnte auch mit „Das Tambourin" übersetzt werden.
1402 Abdurehim 1999c: 186; Kumsal 2019: 26/35PDF. Kumsal gibt den Titel von *Qirliq Istakan* mit *Kirlik İstakan* wieder (daher seine Übersetzung *Kirli Bardak*, „Schmutziges Glas"); zur richtigen Schreibweise siehe Hošur 2010, Titel und 50/55PDF. Zu der Erzählung *Qirliq Istakan* und dem gleichnamigen Erzählband vgl. 侯 Hou 2011.
1403 Abdurehim 1999c: 186.
1404 Abdulla 2023.
1405 Abramson 2012: 1076. Zum Thema der Langerzählung beziehungsweise der Hauptfigur siehe S. 27 des Haupttextes.
1406 Anonym 2005: 2V; Kumsal 2019: 27/36PDF. Möglicherweise bedeutet „biographisch" hier „autobiographisch". Siehe auch Qeyser 2008.
1407 Abdubesir 2020: 106; Anonym 2022a. Freeman 2010: 135 bezeichnet den Roman als *perhaps his most ambitious work to date* („sein vielleicht bisher ehrgeizigstes Werk"). Die Angaben zur Fertigstellung sind der Autorennotiz am Ende des Romans entnommen (Hošur 2005: 394H), das Ersterscheinungsjahr bestätigen auch Freeman 2010: 135 und Abdulla 2023. Kumsal 2019: 27/36PDF datiert die Abfassung (*kaleme aldığı*) des Romans auf das Jahr 1996. Vgl. Abdurehim 1999c: 187. Die voluminöseste Untersuchung zu dem Roman ist Kumsal 2019. In Kumsal 2019: 30f./39f.PDF findet sich auch eine kurze Besprechung der bis zu diesem Zeitpunkt über den Roman erschienenen Forschungsliteratur. Siehe auch die Ausgabe Hošur 2005. Kumsal 2019. Kumsal 2019 enthält neben einer Transkription des Textes in Lateinschrift auch eine türkische Übersetzung. Siehe auch die Ausgabe und die partielle Hörbuch-Edition Hošur 2005. – Zur Übersetzung des Titels vgl. Freeman 2010: 135 und Abdulla 2023, die ihn beide mit

überhaupt geschrieben hat, zusammen mit „Die Flößer" (*Salčilar*, 2012).[1408] Dem uigurischstämmigen Literaturexperten Erdem Kumsal zufolge „löste der Roman [*Qum basqan šähär* – M. R. H.] in der Literaturwelt ein Erdbeben aus" und markierte den Beginn einer neuen Epoche der uigurischen Romanliteratur.[1409] Hošurs in der Volksrepublik mehrfach preisgekrönter Roman ist unter anderem als satirischer Ausdruck von Sozialkritik interpretiert worden.[1410] In der Literaturkritik ist er mit Werken Anton Tschechows (1860–1904) und des für seinen speziellen Sinn für Humor bekannten türkischen Schriftstellers Aziz Nesin (1915–1995) verglichen worden.[1411]

Qum basqan šähär besteht aus drei in sich geschlossenen Teilen, die jedoch über gemeinsame Figuren und Handlungsstränge miteinander verbunden sind und eine Gesamthandlung ergeben.[1412] Mit Hilfe dieser Struktur greift der Roman im Übrigen ein erzählerisches Prinzip der Erzählungsreihe um *Saray* wieder auf.

Der erste Teil des Romans ist nach seiner fiktiven Hauptfigur Jahankäzdi Süpürgä benannt, dessen Name so viel wie „Die Welt bereist habender Besen" beziehungsweise „Süpürgä der Weltenbummler" bedeutet.[1413] „Besen" (*Süpürgä*) wurde der Protagonist von seinem Vater genannt. Dieser hoffte, dadurch einerseits den Bösen Blick - also die bösen Gedanken und Absichten anderer – von ihm abzuwehren, indem diese gewissermaßen weggefegt werden sollten. Anderseits war der Vater der Ansicht, dass dem „erhabenen Gegenstand" (*uluġ närsä*) Besen überaus positive Eigenschaften innewohnten, unter anderem, weil jedermann ihn braucht und er dazu dient, den Menschen zu Sauberkeit zu verhelfen.[1414]

Dass auch der vorangestellte Namensbestandteil Jahankäzdi Süpürgäs eine programmatische Funktion hat, legt Hošur seinem Protagonisten selber in den Mund, indem er diesen sagen lässt: „Ich bin ein durch die Welt gereister Wanderer" (*Män bir jahankäzdi musapirmän*).[1415] Der dem Helden verliehene Name kündigt den sich schon in Jahankäzdi Süpürgäs Jugend herausbildenden Wunsch an, bis ans Ende der Welt zu reisen, ja sogar, über das Ende der Welt hinauszublicken, um seinen Wissensdurst zu stillen.[1416] An der eben zitierten Stelle kombiniert Hošur das Adjektiv *jahankäzdi* „die Welt bereist habend" (eigentlich ist es ein Satz: „Hat die Welt bereist"; das Wort ist in substantivierter Form auch als „Globetrotter" oder „Weltreisender" lexikalisiert[1417]) mit einem der für das Verständnis der Situation der Uiguren im damaligen China als zentral angesehenen Begriff, *musapir*. Dieses in der uigurischen Literatur sowohl in der adjektivischen Bedeutung „reisend, wandernd"[1418] als auch als Substantiv

---

The Sand-Covered City" wiedergeben, ähnlich lautet die in Abdubesir 2020 verwendete Wiedergabe *Kumlar altında kalan şehir* „Die unter Sandmassen vergrabene Stadt".

1408 Harbalioğlu/ Abdulvahit Kaşgarlı 2016: 213; Abdubesir 2020: 105. Dies widerspricht der Behauptung von Bender 2016: 267, dass Hošur *a series of historical novels* verfasst habe.

1409 Kumsal 2019: 27/36PDF: *edebiyat dünyasında bir deprem etkisi yarattı. Böylece Uygur romancılığında yeni bir dönem başladı.*

1410 Anonym 2022a.

1411 Abdubesir 2020: 106. Siehe auch Abdulla 2023, die schreibt, er sei für seinen „schwarzen Humor" (*black humour*) bekannt.

1412 Kumsal 2019: 88/97PDF.

1413 Hošur 2005: 1H-163H.

1414 Hošur 2005: 19H.

1415 Hošur 2005: 7H. Die Bedeutung von *jahankäzdi* wird auch an einer Stelle klar benannt, an der Jahankäzdi Süpürgä über sich selbst sagt: „Ich durchstreife die Welt." (*jahan käzimän*; Hošur 2005: 9H; eine weitere ähnliche Stelle befindet sich auf S. 16H). Vgl. Kumsal 2019: 89/98PDF.

1416 Hošur 2005: 21Hf.

1417 Und wird in dieser Bedeutung auf Nebenfiguren des Romans angewendet, siehe Hošur 2005: 23H.

1418 Siehe etwa Turdi 2003, Bd. 1: 383.

mit Bedeutungen wie „Ausgewanderter, Emigrant, Fremder, Exilant"[1419] oder auch „Reisender, Besucher"[1420] belegte Wort wird unter anderem für sozial marginalisierte uigurische Wanderarbeiter verwendet.[1421] In einer weiteren Semantisierung gilt das Substantiv ferner als eine Bezeichnung für eine bestimmte Klasse traditioneller spiritueller „Wanderer", die dem islamischen Mystizismus (Sufismus) anhängen.[1422] Unter anderem auf dieser traditionellen Interpretation fußte eine in den 1980er- und 1990er Jahren verbreitete Spezialbedeutung des Wortes *musapir*, die sich auf einen weisen, frommen und insbesondere dem Alkohol und anderen Rauschmitteln, die sich damals unter den Uiguren ausbreiteten, nicht zugetanen Muslim bezog.[1423] Tatsächlich soll der Alkoholkonsum unter uigurischen Männern in der Volksrepublik China bis etwa 2012 nahezu verschwunden sein,[1424] was man zum Teil vielleicht auch auf eine Ausbreitung konservativer islamischer Wertvorstellungen zurückführen kann.

Tatsächlich wird im Roman *Qum basqan šähär* angedeutet, dass die Figur Jahankäzdi Süpürgä und insbesondere ihre „Reise durch die Welt" einen mystisch-islamischen Hintergrund hat. Hierzu passt, dass einem im Roman auftretenden „Weißhaarigen" (*moysipit*) auffällt, dass von des jungen Süpürgäs „Augen ein andersartiges Licht hervorblitzt" (*közliridin bašqiča bir nur čaqnap turidu*), worauf er dem Jungen bescheinigt: „Auch wenn du selbst an diesem Ort hier bist, ist dein Herz an jedem Ort." (*Özüŋ bu yärdä bolsaŋmu köŋlüŋ här yärdä.*).[1425] An einer anderen Stelle flicht der Erzähler eine ausführliche Meditation über den Sinn des Lebens ein, in dem das klassische islamische Motiv der Vergänglichkeit aller weltlichen Dinge variiert und die dann in dem Satz „Jeder einzelne von uns ist nur ein auf diese Welt kommender und von ihr gehender, vorübergehender Gast." (*Här birimiz bu alämgä kelip-ketidiğan bir ötkünči mehmandurmiz.*) resümiert wird.[1426] All dies macht deutlich, dass Jahankäzdi Süpürgä ein Weltenwanderer nicht nur im konventionellen, sondern auch im spirituellen Sinne ist. Auf diese spirituelle Dimension weist im Übrigen ja bereits auch der weiter oben erwähnte Umstand hin, dass Jahankäzdi Süpürgä nicht nur durch die ganze Welt und bis an deren Ende, sondern auch über deren Ränder hinaus reisen will; seine geistige und spirituelle Sehnsucht kennt buchstäblich keine Grenzen. Folgt man dieser Interpretationsschiene, so kann man die Figur des Jahankäzdi Süpürgä und den ganzen Roman *Qum basqan šähär* auf denjenigen Teil der klassischen mystischen Literatur des Islams rekurrieren, in der die Reise als Metapher für den Weg zu sich selbst und damit automatisch zugleich zu Gott imaginiert wird. Zu den bekanntesten in diesem Kontext zu nennenden Figuren gehören Ibn al-ʿArabī (1165–1240), Farīdoddīn ʿAṭṭār (ca.1136–1220) und Yunus Emre (ca. 1240–1320).[1427] Eines der bekanntesten Motti, das sich im Kontext dieser auf das Innenleben des Menschen und den Weg zu Gott gleichzeitig fokussierten Strömung des hochmittelalterlichen Sufismus verbreitet hat, ist der als angebliche Überlieferung über den Propheten Mohammed (*ḥadīṯ*) ausgegebene (und bisweilen in invertierter Weise in einen Zusammenhang mit der Koranstelle 59: 19 (wo davon die Rede ist, dass Allah diejenigen sich selbst vergessen lässt, die Allah vergessen haben) gestellte Spruch „Wer sich selber erkennt, der erkennt seinen Herrn" (*Man ʿarafa nafsa-hū fa-qad ʿarafa Rabba-hū*).

1419 Siehe zum Beispiel Turdi 2003, Bd. 1: 14; Byler 2022: 199.
1420 Siehe beispielsweise Israʾil 2010: 7; Byler 2022: 199.
1421 Byler 2022: 84.
1422 Byler 2022: 192.
1423 Byler 2022: 195.
1424 Zumindest behauptet dies Byler 2022: 195, allerdings ohne eine Grundlage für diese Annahme zu nennen.
1425 Hošur 2005: 20H.
1426 Hošur 2005: 28H.
1427 Zu Ibn al-ʿArabī siehe Heß 2018a, zu Farīdoddīn ʿAṭṭār siehe Ritter 2003, zu Yunus Emre siehe Gölpınarlı 1961; Duchemin 1975; Yunus Emre 1992; Heß 2018.

Dieser Sinnspruch hat nicht nur im westlichen Teil der islamisierten Welt einschließlich Andalusiens und Anatoliens, sondern auch in dessen Osten, in Zentralasien, weite Verbreitung gefunden und Popularität erlangt.[1428]

Hošur selbst hat die Figur des *musapir* im Übrigen noch ein weiteres Mal thematisiert, und zwar in der 2015 entstandenen Erzählung „In der Schenke der Wanderer" (*Musapirlar Qaviqida*).[1429] Nach dem US-amerikanischen Anthropologen Darren Byler stellt Hošur die Figur des *musapir* in dieser Geschichte als „eine Art betrunkener Dichter, der häufig Weinlokale besuchte und über die uigurische Gesellschaft und islamische Philosophie sinnierte", dar.[1430] Hierzu ist anzumerken, dass das Motiv der Schenke beziehungsweise des Weins in der klassischen islamischen Dichtung eine große Bandbreite von Ausdeutungen erfahren hat. Einerseits wird es in seiner Funktion als Mittel zur Berauschung und Sinnenverwirrung gewürdigt, anderseits aber auch als Symbol für die Annäherung an Gott.[1431]

Zusätzlich zu dem bisher Gesagten könnte es für die Interpretation des Namens der Hauptfigur in dem Roman eine Rolle spielen, dass der Namensbestandteil *Süpürgä* seine Konsonanten mit dem Wort *säpär* „Reise" (das zugleich den Eigennamen einer anderen Romanfigur liefert, siehe unten) beziehungsweise mit dessen Dativform *säpärgä* „auf die Reise" gemeinsam hat. Angesichts des im Uigurischen zumindest auf indirektem Wege, nämlich über die Etymologie von aus dem Arabischen übernommenen Lehnwörtern, bekannten Prinzips der konsonantenbasierten Semantikkodierung der arabischen Sprache sowie der vor dem Hintergrund der an Reduplikationen und Assonanzen reichen Lexik des Uigurischen (man vergleiche Formen wie *ägri-bügri* „krumm und schief", *palan-pustan* „Und so weiter, blablabla", *täqi-turqi* „Äußeres") könnte hierin sogar eine stilistische Absicht vermutet werden.[1432] Dass die Vermutung eines auf Klang, Konsonanten- und Silbengleichheit beruhenden Wortspiels *Süpürgä-säpärgä* nicht unbedingt eine überzogene Spekulation sein muss, ließe sich im Endeffekt damit begründen, dass das Reisen nicht nur als Lebensprinzip und -sinn Jahankäzdi Süpürgäs, sondern auch als erzählerisches und inhaltliches Strukturprinzip des ganzen Romans bezeichnet werden kann. „Auch das Leben selbst ähnelt einer Reise",[1433] teilt uns der Erzähler etwa an einer Stelle mit. Süpürgä und das Reisen sind in mehrfacher Weise direkt miteinander verbunden. Die Reiseleidenschaft des „Besens" (die Namensmetapher drückt vielleicht auch die Rastlosigkeit aus und ist mit dem aufgewirbelten Wüstenstaub assoziiert, der tatsächlich an mehreren Stellen vorkommt[1434]) ist so groß, dass er es an einer Stelle kaum eine Stunde in einer Teestube aushält, bevor er sich wieder in Gesellschaft seines treuen Esels auf den Weg machen muss.[1435]

Die Handlung des ersten Romanteils nimmt ihren Ausgangspunkt beim Tod des tyrannischen „Sonnenkönigs" (*Qoyaš Šahi*). Dessen ältester Sohn versucht nun, alle seine Brüder aus dem Weg zu

---

1428 Zur Bedeutung des Ausspruchs, einigen Theorien über seine Herkunft und seine Verbreitung vgl. Kürkçüoğlu 1985: 13, 16, 330; Üzüm 2000: 72; Pala 2004: 305, s.v. *men-arafe*.

1429 Byler 2022: 195, der den Titel der Erzählung als *The Musapir's Tavern* übersetzt. Der uigurische Originaltitel ist aus Kumsal 2019: 28/37PDF übernommen, wo das Werk nicht datiert wird.

1430 *A kind of drunken poet who frequented taverns and opined about Uyghur society and Islamic philosophy* (Byler 2022: 192).

1431 Vgl. Pala 1995: 53f., s.v. *bâde*.

1432 Hošur spielt in seinem Roman mindestens an einer Stelle auf humorvoller Weise mit einer vergleichbaren Klangbeziehung. Und zwar bezeichnet der Erzähler die Wächter, denen Jahankäzdi Süpürgä beim Eintreten in die Stadt begegnet, einerseits tatsächlich als „Wächter" (*qoruqči*), anderseits mit einem Wort für „Räuber" (*qaraqči*), das sich im Uigurischen nur durch die Vokale von dem ersten Wort unterscheidet.

1433 *Hayatniŋ özimu bir säpärgä oxšaydu* (Hošur 2005: 33H).

1434 Siehe etwa die Stellen in Hošur 2005: 5H und 18H, an denen das Verb *tozutmaq* „Staub aufwirbeln" vorkommt, oder Hošur 2005: 25H, 26H, jeweils bei *čaŋ* „Staub".

1435 Hošur 2005: 26H.

räumen, um die Herrschaft alleine ausüben zu können. Jahankäzdi Süpürgä begegnet der Mutter und der Amme (*inikʼana*) eines der Söhne des Sonnenkönigs, der noch im Säuglingsalter ist. Die beiden Frauen sind gerade dabei, das Kind vor dem ältesten Prinzen und dessen Häschern in Sicherheit zu bringen. Zu diesem Zeitpunkt kennt Süpürgä die Identität des Kindes jedoch noch nicht.[1436] Nachdem sich Jahankäzdi Süpürgäs und der Amme Wege wieder getrennt haben, findet Süpürgä wenig später den Leichnam des Kleinen. Er nimmt dessen Amulett an sich. Dann zieht er weiter und kommt auf seinen Wanderungen in die „Stadt der Sorgenfreien" (*Biġämlär Šähiri*).[1437] Süpürgä gelingt es, dort zu einer wichtigen politischen Figur aufzusteigen. Trotzdem kann er nicht verhindern, dass Soldaten des ältesten Sohnes des Sonnenkönigs in die Stadt eindringen und dort ein blutiges Chaos anrichten. Süpürgä muss zwar aus der Stadt der Sorgenfreien fliehen, aber es gelingt ihm wenig später, in die Hauptstadt von deren Feinden einzudringen. Mit Hilfe des gefundenen Amuletts verschafft er sich eine Audienz beim Sohn des Sonnenkönigs, den er anschließend tötet und so für das Stadt der Sorgenfreien angetane Unrecht Rache nimmt.[1438]

Auch im zweiten Teil des Romans, „Die drei Brüder" (*Üč Aka-uka*),[1439] spielt ein in der Wüste zurückgelassenes Kind eine Rolle. In der streckenweise an die Motive der Josephslegende anklingenden legendarischen Narration vererbt ein Reicher seinen Söhnen einen Sack voll Gold. Doch die beiden älteren Brüder graben den Sack vor der Zeit aus und fliehen damit. Weil sie den Reichtum nicht mit dem Jüngsten teilen wollen, setzen sie diesen, der kaum zufällig *Säpär* („Reise") heißt, mitten in der Wüste aus. Im weiteren Verlauf des zweiten Romanteils wird erzählt, wie das Leben der beiden älteren Söhne danach weiterging. Das Schicksal beider hat jeweils auf seine Weise Ähnlichkeit mit der biblischen Legende über Joseph und die Frau des Potiphar. Einer der Söhne entpuppt sich als fleißig und findet bei einem reichen Händler Arbeit. Doch die Frau des Kaufmanns verliebt sich in ihn und bricht mit ihm schließlich ihre Ehe. Der andere der beiden Brüder wird zum Dieb. Beim Einbrechen in das Haus eines anderen reichen Händlers begegnet er dessen Frau, die sich gleichfalls in ihn verliebt. Beide schmieden nun Pläne, diesen Kaufmann zu ermorden.

Der dritte Teil des Romans, „Sohn der Wüste" (*Čöl oġli*),[1440] führt die Handlungen die beiden ersten Teile zusammen und bringt dadurch die im zweiten Teil erzeugte Spannung zur Auflösung. „Sohn der Wüste" ist der Name, den Säpär in der Zwischenzeit angenommen hat. Durch diesen Namenswechsel kommt möglicherweise zum Ausdruck, dass das Ziel seiner Lebensreise nunmehr bald erreicht sein wird. Wie seine Brüder begegnet auch Čöl oġli einer jungen Frau, die sich in ihn verliebt. Mit ihr beginnt er ein Wanderleben in der Wüste, wodurch er der Figur des Jahankäzdi Süpürgä ähnelt. Am Fuße einer Pappel (*toġraq*) findet der „Wüstensohn" Gold. Er nimmt eine gewisse Menge davon an sich und markiert die Fundstelle anschließend mit einem Zeichen. Das von ihm verkaufte Gold gelangt schließlich in die Hände von Čöl oġlis fleißigem Bruder, der mittlerweile als Geldwechsler arbeitet. Als solcher gibt er das Gold an den anderen Bruder, mit dem er Čöl oġli einst in der Wüste ausgesetzt hatte, weiter, ohne allerdings zunächst zu erkennen, dass es sich um seinen Bruder handelt. Dieser andere Bruder verdingt sich inzwischen als Spion des Fürsten (Bägs). Beide Brüder finden schließlich die Stelle mit der Pappel und stehlen das dort verbliebene Gold, werden danach jedoch nackt aus der Stadt gejagt. In der Wüste begegnen sie einer Gruppe von Rei-

---

[1436] Hošur 2005: 27H-34H.
[1437] Siehe Hošur 2005: 97Hff.; Kumsal 2019: 89/98PDF.
[1438] Die Zusammenfassung der Handlung des ersten Teils folgt Kumsal 2019: 89/98PDF.
[1439] Hošur 2005: 167H-289H. Handlungszusammenfassung, auf der der folgende Abschnitt des Haupttextes beruht: Kumsal 2019: 89f./98f.PDF.
[1440] Hošur 2005: 293H-394H. Handlungszusammenfassung, auf der der folgende Abschnitt des Haupttextes beruht: Kumsal 2019: 90/99PDF.

tern, unter denen sich Jahankäzdi Süpürgä, Čöl oġli und dessen Frau befinden. Die Brüder erkennen einander, und zusammen entdecken sie die inzwischen von Sand bedeckte „Stadt der Sorgenfreien", wodurch der Titel des Romans seine Bedeutung bekommt. Der Roman endet, als Čöl oġli dort eine neue Stadt aufbauen will.

In der Literaturforschung ist schon länger auf die strukturellen, figürlichen und motivischen Ähnlichkeiten zwischen *Qum basqan šähär* und traditionellen uigurischen beziehungsweise turksprachigen Volksmärchen hingewiesen worden.[1441] Konkret wurden als Gemeinsamkeiten die Figur des Reisenden beziehungweise das Motiv des Reisens (die wohl am deutlichsten durch Jahankäzdi Süpürgä und Säpär hervortreten), das Aussetzen des jüngsten Bruders durch seine Geschwister, die Pflege eines ausgesetzten Kindes durch einen Fremden, die Trennung der Brüder, das Sichverdingen im Haus eines Reichen beziehungsweise Kaufmanns, das Potiphar-Motiv, plötzlicher Reichtum, Konfrontation mit merkwürdigen oder rätselhaften Begebenheiten, das Thema des Kriegs, die Ankunft in ein einer Stadt, die Vorhersage eines feindlichen Angriffs auf die Stadt durch die Hauptfigur und der Sieg über die Feinde im Kampf genannt.[1442]

Tatsächlich greift *Qum basqan šähär* allerdings nicht nur zahlreiche motivische und strukturelle Übereinstimmungen mit traditionellen Volksmärchen der Uiguren (beziehungsweise der Turkvölker insgesamt) auf, sondern kann auch insgesamt wohl zumindest in einem formalen Sinn selbst als eine Art Märchen beschrieben werden.[1443] Der zumindest in einem formalen Sinn gegebene Märchencharakter der Erzählung hat dazu geführt, dass man in der westlichen Rezeption des Romans neben dem magischen Realismus auch die Erzählungen von 1001 Nacht als ihn beeinflussende literarische Größen ausgemacht hat.[1444] Möglicherweise wäre diese Zuweisung sogar präziser als die Bezeichnung „Roman". Denn der „Sonnenkönig" und seine Stadt, Zeit, Ort und das ganze Setting der „Im Sand versunkenen Stadt" sind offenkundig erdacht. Selbstverständlich gibt es – wie in traditionellen Volksmärchen (und im Übrigen selbst in den am stärksten fiktionalisierten Werken der sonstigen Literatur) auch – zahlreiche Bezüge zur Realität und Übereinstimmungen mit ihr. Dass die Landschaften und die Städte in dem Roman Ähnlichkeiten mit Xinijang haben, legt zwar nahe, dass der Roman in gewisser Weise, wohl, um der Vorstellungskraft der Leser besser Anhaltspunkte zu geben, auf die Realität dieses Gebiets bezogen ist,[1445] damit ist aber noch nichts über das entscheidende Wie des Verhältnisses zwischen der Welt des Romans und der Region Xinjiang gesagt. Das Wesen des Romans scheint jedenfalls weniger in einer abbildenden, als vielmehr in einer allegorisierenden, mythologisierenden Erzählweise zu liegen.[1446] Durch diese Erzählweise wird es möglich, die durch die offiziell vorgegebenen

---

1441 Abdubesir 2020: 105; Kumsal 2019: 106-108/115-117PDF. Zu turksprachigen Volksmärchen allgemein vgl. Eberhard/ Boratav 1953; Boratav 1990; Zaripov 1990.

1442 Vgl. Kumsal 2019: 106-108/115-117PDF.

1443 Vgl. Abdubesir 2020: 105, der von „einem märchenartigen Stil" (*masalımsı bir üslubuyla*) des Romans spricht. Der von Bender 2016: 267 vorgenommene Zuweisung, dass es sich bei dem Werk um eine *historical novel* handele, steht entgegen, dass *Qum basqan šähär* keinerlei historische Figuren und Ereignisse thematisiert, sondern sich in einer vollkommen fiktiven Umgebung entfaltet.

1444 Freeman 2010: 136.

1445 Vgl. die Feststellung in Freeman 2010: 135, dass der Roman „in einer nicht identifizierten Gegend stattfindet, die jeder beliebige uigurische Leser dessenungeachtet unmittelbar als Xinjiang wiedererkennen wird, insbesondere die staubigen Straßen und Oasenstädte entlang der Ränder der im Süden Xinjiangs gelegenen Taklamakan-Wüste" (*takes place in an unidentified region which any Uyghur reader will nonetheless immediately recognize as Xinjiang, specifically the dusty roads and oases towns along the fringes of Xinjiang's southern Taklamakan Desert*)

1446 Vgl. Freeman 2010: 136, der schreibt, dass „dieser allegorische Roman anscheinend von einem mythischen Ort erzählt" (*this allegorical novel ostensibly tells of a mythical place*).

Diktate (etwa im Hinblick auf „Realismus") wohl zumindest zu einem Teil zu umgehen und die Lebenswelt Xinjiangs nicht ausschließlich nur bezogen auf ihre angebliche Erscheinungsform und die an sie gerichteten ideologischen Erwartungen zu betrachten, sondern sie zu einem Raum der politisch-theoretischen und philosophischen offenen Debatten zu machen.[1447] Im Falle von *Qum basqan šähär* liegt ein entscheidender durch den Märchencharakter bewirkter literarischer Effekt außerdem darin, dass der Leser in jedem einzelnen Fall selber eine Beziehung zur mutmaßlichen, intendierten Realität (oder den Realitäten) herstellen muss, da diese Beziehung eben nicht (wie zumindest in klassischen realistischen Romanen, etwa den zahlreichen historischen Romanen der uigurischen Literatur) auf eine bestimmte Weise bereits vorprogrammiert und festgelegt ist.

Es liegt auf der Hand, dass die beschriebene Anreicherung der Handlung mit einer symbolischen Ebene beziehungsweise Symbolen insbesondere auch dazu dienen kann, Aussagen zu verschleiern, die unter Umständen das Missfallen der volksrepublikanisch-chinesischen Zensoren erregen konnten. Die Fähigkeit, Gedanken in einer verdeckten Weise darzustellen, ist neben Hošurs besonderem Humor als eine der charakteristischsten Eigenschaften gewürdigt worden, die ihn unter anderen Autoren seiner Generation auszeichnen.[1448] Dabei besteht ein Teil seiner Kunst auch darin, nicht nur diese Aussagen selbst, sondern im besten Fall auch die Tatsache der Verschleierung zu verschleiern. Der Text kann auch ohne die – nur vom Leser hinzufügbaren – symbolischen Interpretationsebenen wirken und die ästhetischen, ideologischen, politischen und sonstigen Anforderungen der Zeit (oder vielleicht sogar eines über diese Zeit hinausgehenden Lesepublikums), die an ihn gestellt werden, erfüllen. Der oben erwähnte und in der Sekundärliteratur beobachtete offensichtliche Rückgriff auf traditionelles Erzähl- und Figureninventar könnte vor diesem Hintergrund möglicherweise auch als Ablenkungsmanöver gedeutet werden. Als dessen Resultat könnte es unter Umständen so scheinen, als ob der Roman sich mit einer Art ‚Wiederbelebung' ‚orientalischer Erzähltraditionen' begnüge und damit ein mehr oder weniger stark unterhaltungsorientiertes, vielleicht auch eskapistisches Bedürfnis nach (Selbst-)Romantisierung der uigurischen Kultur stille, das dem von der kommunistischen Führung den Uiguren und ihrer Kultur zugewiesenen Platz entspricht und wohl recht gut mit dem von Edward G. Said eingeführten Begriff des „Orientalismus" umschrieben werden kann.[1449] Diesem Aspekt des Romans könnten Motive wie etwa die romantischen „Lagerfeuer" (*gülxan*), an denen ^uig^Jahankäzdi Süpürgä sich auf seinen Peregrinationen niederlässt, zugeordnet werden.[1450] Das systematische Einflechten derartiger (Selbst-)Orientalisierungen könnte dazu dienen, den Roman mehr oder weniger wie einen braven Ausdruck der mit der volksrepublikanischen Mehrheitsgesellschaft harmonisierenden uigurischen Literatur-Folklore aussehen zu lassen. Die Befriedigung dieses Genreklischees wäre dann eine Methode, allzu kritisches Nachlesen und -fragen (insbesondere seitens der Zensur) unterbleiben zu lassen. Dass reduktionistische, oft verharmlosende, verniedlichende und folkloristisch-verkitschende Repräsentationen der uigurischen Kultur, einschließlich deren traditionellen Formeninventars, wie sie in der maoistischen Zeit etabliert worden waren, von führenden uigurischen Schriftstellern mitnichten unhinterfragt als vollwertiger Ausdruck ihrer kulturellen Identität angesehen werden, hatte sich ja schon spätestens unmittelbar nach dem Beginn der Periode von „Reformen und Öffnung" (*Gaige kaifang*) gezeigt, etwa in Zordun Sabirs bahnbrechendem Text „Junge Dolanen".[1451]

1447 Vgl. Freeman 2010: 136.
1448 So schreibt Abdubesir 2020: 105, dass Hošurs Werke „Gedanken des Menschen in einer verdeckten Form darbieten und herauskitzeln können" (*insan fikrini örtülü bir şekilde sunabilme ve gıdıklayabilme*).
1449 Said 1979.
1450 Siehe etwa Hošur 2005: 23H.
1451 Siehe S. 170 des Haupttextes.

Wie Hošur den märchenhaften Realismus von *Qum basqan šähär* einsetzt, um symbolische Bedeutungsebenen möglich zu machen, lässt sich anhand einer Schlüsselpassage aus dem ersten Teil des Romans illustrieren, in der ^{uig}Jahankäzdi Süpürgä mit dem Sohn des „Sonnenkönigs" konfrontiert wird. Zu dem Zeitpunkt, als der Held auf einer seiner rastlosen Wanderungen den beiden Frauen, die ihn bitten, sich eines Babys (*bovaq*) anzunehmen, das sie dabeihaben,[1452] ist die königliche Herkunft des Säuglings weder ^{uig}Jahankäzdi Süpürgä noch dem Leser bekannt. Als Grund, warum sich ^{uig}Süpürgä sich um das Kleinkind kümmern soll, wird von einer der beiden Frauen ein Appell an seine muslimische Güte ausgesprochen: „Du siehst wie ein Muslim aus. Das Herz der Muslime ist weich."[1453] Dass ^{uig}Jahankäzdi Süpürgä hier auf sein Muslim-Sein angesprochen ist, dürfte ein Detail sein, dass im Hinblick auf das Folgende Bedeutung hat, denn es lenkt den Fokus auf die religiöse und somit kulturelle Identität der Figur.

Für eine symbolische Interpretierbarkeit der Passage über das Kleinkind – wie auch des ganzen Romans – ist ein Satz wichtig, den Hošur kurz nach dieser Stelle eine der Frauen, die das Kind übergeben, zu ^{uig}Jahankäzdi Süpürgä sagen lässt: „Anhand der Worte, die ich gesagt habe, hast du auch die Bedeutungen, die ich nicht ausgesprochen habe, ganz verstanden."[1454] Auch wenn diese Worte oberflächlich betrachtet nicht direkt an den Leser, sondern an eine andere Romanfigur gerichtet sind, kann der Leser sie sehr leicht auch auf sich beziehen. Tut er dies, dann sieht er ja gewissermaßen ebenfalls „Bedeutungen", die Hošur zwar nicht ausgesprochen hat, die der Leser aber wohl doch „ganz verstehen" kann. Ähnliche Überlegungen tauchen im Roman „Die im Sand versunkene Stadt" auch in anderem Zusammenhang auf. So bemerkt ^{uig}Jahankäzdi Süpürgä an einer Stelle, dass die Historie immer nur von den Siegern geschrieben werde, um dann hinzuzufügen: „Wahrer als die aufgeschriebenen Teile der Historie sind die noch nicht aufgeschriebenen und diejenigen, die aufgeschrieben, aber dann zensiert wurden."[1455] Auch hier wird davon ausgegangen, dass das Gesagte beziehungsweise Aufgeschriebene nicht alles sein müsse.

Dass Hošur den Leser innerhalb der Baby-Episode schrittweise auf eine symbolische Deutung hinführt, kann man auch anhand der Beschreibung des Säuglings und der Reaktion ^{uig}Jahankäzdi Süpürgäs auf den Anblick des kleinen Menschen vermuten. Über das Baby heißt es:

> „Gleich, welcher Religion dieses Kind angehören und den Angehörigen welcher Schicht es auch geboren worden sein mochte, war es so, wie es da war, vor Allah höher als ein Engel. Denn es hatte noch keine Möglichkeit gehabt, eine Sünde zu begehen, und sein Kopf war noch frei von der Irreleitung durch die Teufel, Dämonen und irgendwelche Heimsuchungen und Katastrophen dieser Welt, sein Herz war noch unberührt von verbrecherischen Absichten."[1456]

Es ist also mitnichten irgendein beliebiges Kleinkind, dem ^{uig}Süpürgä da in der Nähe der Königsstadt begegnet, und seine Besonderheit erklärt sich auch nicht allein aus seiner (dem Romanhelden an dieser Stelle noch nicht bekannten) Herkunft. Anhand der Aufzählung seiner Eigenschaften liegt es nahe, dass ^{uig}Süpürgä sich zu ihm nicht nur durch Mitleid oder aus moralischer Verpflichtung

---

1452 Hošur 2005: 29H.

1453 *Sän musulman körünisän. Musulmanlarniŋ dili yumšaq bolidu.* (Hošur 2005: 30H.)

1454 *Män eytqan gäplärdin män eytmigän mänilärnimu čüšinip boldui̯.* (Hošur 2005: 31H). Siehe auch die Übersetzung der ganzen Stelle auf S. 247 des Haupttextes.

1455 *Tarixniŋ yezilgan qisimliridin texi yezilmigän yaki yezip öčürülgän qisimliri činraq bolidu…* (Hošur 2005: 38H)

1456 *Bu naräsidä mäyli qaysi dindin, qaysi täbiqiniŋ adämliridin törälgän bolsun, šu turqida Allaniŋ aldida u pärištidinmu uluġ idi. Čünki u texi hečbir gunah ötküzüškä ülgürmigän, uniŋ kallisi bu dunyadiki šäytan, iblis vä yänä qandaqtur balayibättärlärniŋ eziqturušidin xaliy, qälbi jinayi niyätlärdin pak idi.* (Hošur 2005: 31H). Siehe auch die Übersetzung dieser Passage auf S. 247 des Haupttextes.

hingezogen fühlt. Auf jeden Fall entwickelt er schon kurz nach dem Anblick des Kleinen eine so intensive Zuneigung zu ihm, dass er um seinetwillen selbst „Gefahren" in Kauf nimmt:

> „In seinem Herzen hatte Süpürgä begriffen, dass er auf eine gefährliche Sache gestoßen war. Die von Hintergedanken freie Liebe, die zu dem sündenfreien Kind in den Armen der Frau bestand, forderte ihn auf, dieser Gefahr und diesem Risiko aus seiner eigenen Entscheidung heraus entgegenzugehen."[1457]

Während die bisher besprochenen Stellen aus dem Roman eine symbolische Ausdeutung der Baby-Episode nur als eine Möglichkeit andeuten, könnte sie möglicherweise noch weitere Plausibilität gewinnen, wenn man sie innerhalb der modernen uigurischen Literaturgeschichte kontextualisiert. Das Motiv des „Babys" (bovaq) hat nämlich bei der Herausbildung der symbolorientierten Strömung der modernen uigurischen Literatur bereits andernorts eine Rolle gespielt.[1458]

Konkret könnte man in diesem Zusammenhang etwa auf das Gedicht *Sanduq ičidiki bovaq* („Das Baby in der Kiste") des uigurischen Schriftstellers Haji Mirzahid Kerimi (1939–2021) hinweisen.[1459] Der ansonsten auch als Autor historischer Romane bedeutsame Kerimi schildert in dem im Oktober 1957 in Ürümči verfassten Poem die Geschichte eines Säuglings, der von einem unbekannten Mörder oder Mördern erwürgt und in einer Kiste ausgesetzt wird.[1460] Das Gedicht wurde noch 1957 in der zwölften Nummer der bedeutenden Literaturzeitschrift *Tarim* veröffentlicht.[1461]

Das Gedicht, das in traditonellem silbenzählenden Hendekasyllabus mit vierzeiligen Strophen in strengem Reimschema (abab cdcd...) beginnt, dann jedoch diese Struktur durchbricht, setzt mit einer Naturbeschreibung an einem Flussufer ein, vor deren Hintergrund das lyrische Ich an schwerem Kummer leidet:

> „So zart sind die traurigen Weiden, mit Kord wie beblättert.
> Nicht sachte geneigt das Gesicht sie mir liebevoll streicheln.
> Ein Meer voller Kummer verschluckte, was alles ringsum,
> Wohin nur verschwand alle Schönheit, der Reiz dieser Gärten?"[1462]

Doch der Sprecher lässt sich von der bedrückenden Atmosphäre nicht entmutigen, und er fährt fort: „Dieses Unglück/ Jedoch vermag mein so fröhliches Herz nicht zu trüben./ Gleich Vögeln sich schwingt diese Schar meiner Lieder empor."[1463] Als Grund für die Fähigkeit, all der Trauer und Trostlosigkeit zu widerstehen, gibt das lyrische Ich die „erhabene Liebe" (*yüksäk söygü*) an, die es besitze, und diese wiederum charakterisiert sich dadurch, dass ihr Gegenstand (*mäšuq* „der/ die Geliebte"), also „der Liebling" (*janan*), „die durch das Glück der Liebe erblühende Seele" (*muhäbbät bäxtidin yašniğuči jan*) ist, die das Herz des Sprechers mit Licht erfüllt.[1464] Diese abstrakte Beschreibung einer Liebe hat etwas leicht Paradoxes oder zumindest Selbstreferentielles an sich, da der Gegenstand der Liebe in gewisser Weise die Liebe (die von der Liebe beglückte Seele) selbst ist. Allein

---

1457 *Süpürgä öziniŋ könlidä xätärlik bir išqa četilip qalganliqini čüšängänidi. Ayalniŋ qolidiki ašu bigunah narisidigä bolgan muhäbbät uni bu xeymxätärgä öz raziliqi bilän qädäm qoyušqa ündäytti.* (Hošur 2005: 31H)
1458 Ich verwende nicht den Ausdruck „symbolistisch", um keine Verwechslungsmöglichkeiten mit der literarisch-künstlerischen Strömung am Ende des 19. und zu Beginn des 20. Jahrhunderts entstehen zu lassen.
1459 Der vollständige uigurische Text des Gedichts befindet sich in dem Artikel Iman 2021.
1460 Ort und Datierung folgen der Angabe am Ende des Gedichts selber (Iman 2021.). Zur Interpretation des Gedichts siehe Ayup 2023a. Es gibt auch eine gekürzte Version des Artikels: Ayup 2023.
1461 Iman 2021.
1462 *Nazuk mäjnuntallar bärqut yapraqliq/ Mänzimni söymäydu egilip asta/ Qaygu deŋiziga ätrap bolgan gärq/ Qeni, u bağlarniŋ güzäl jamali?* (Iman 2021).
1463 *Bu könülsizlik/ Biraq-šad dilimni qilalmas xirä/ Köylirim qušliri učušidu tik* (Iman 2021).
1464 Siehe den Gedichttext in Iman 2021.

schon aufgrund des Vokabulars einschließlich des Wortechos *janan-jan* ist der Anklag an die traditionelle Liebespoesie des Islams unverkennbar. Die Vielfalt und Offenheit der Ausdeutungsmöglichkeiten der von Kerimi besungenen Liebe (sie könnte irdisch oder göttlich oder etwas anderes sein) stellt wohl eine weitere Übereinstimmung mit jener klassischen Dichtung dar.

Diese Eingangsszenerie bildet gewissermaßen das Präludium für die Einführung der im Gedichttitel erwähnten Kiste, die in unvermittelter und zugleich bedrückender Weise vor dem Sprecher erscheint: „Mir fiel eine Kiste ins Auge in diesem Moment/ In elender Tiefe in ständigem Kummer versunken".[1465] Die bereits am Anfang des Gedichts eingeführte Liebesthematik bereitet dabei jene Liebe und Hingezogenheit vor, die der Held des Gedichts beim Anblick des Babys empfinden wird. Er entschließt sich sogleich dazu, die mysteriöse Kiste zu öffnen. Die Art und Weise, in der seine Reaktion auf das sich ihm darin Offenbarende beschrieben wird, macht deutlich, dass es etwas extrem Außergewöhnliches sein muss: Er gerät in starke Erregung, Tränen rot wie Granatapfelkerne kullern über sein Gesicht, seine Hände beginnen zu zittern, und ihm wird schwindlig.[1466]

All diese Beschreibungen sind für die Frage, ob man „Das Baby in der Kiste" symbolisch interpretieren sollte oder nicht, wohl bedeutsam. Denn sie signalisieren dem Leser wohl, dass es hier nicht um eine rein naturalistische Beschreibung geht. Denn in dem Baby offenbaren sich Qualitäten, die über das bloß Sichtbare hinausgehen.

Im Hinblick auf die hier aufgestellte These, dass die Baby-Episode in *Qum basqan šähär* sich auf *Sanduq ičidiki bovaq* zurückbeziehen könnte, könnten sich hierdurch somit mindestens drei Parallelen ergeben. Bei diesen handelt es sich zusätzlich zu dem Umstand, dass man das Motiv des Babys jeweils symbolisch interpretieren kann, erstens darum, dass in beiden Texten die Erscheinung des mit magischen Attributen ausgestatteten Säuglings von einer Passage eingeleitet wird, die das Liebesthema einführt (bei Hošur geschieht dies in Gestalt der beiden Frauen und durch den Appell an die muslimische Menschenliebe) und zweitens darum, dass das Kind mit Beiwörtern belegt wird, die ihm ein beinah (aber auch nur beinah, denn beide Text sind in einer formal säkularisierten Gesellschaft publiziert worden) göttliches Erscheinungsbild verleihen. Die Parallele zwischen Kerimis Gedicht und Hošurs Roman wird noch klarer, wenn man die oben wiedergegebene Beschreibung des Findlings in *Qum basqan šähär* mit den beiden Versen vergleicht, mit denen das Baby in *Sanduq ičidiki bovaq* in die Handlung eingeführt wird:

> „Geheimnisvoll dies Ding! So seht nur hin!
> Dem Mond gleich lag ein Baby, *sündenfrei*."[1467]

Das von Kerimi verwendete Wort „sündenfrei" (*bigunah*) wird an einer Stelle von Hošurs Roman auch für das Kind gebraucht, für das Jahankäzdi Süpürgä die Verantwortung übernimmt.[1468] Außerdem wird eine dem Adjektiv *bigunah* entsprechende Bedeutung durch die in Hošurs Roman enthaltene Formulierung „es hatte noch keine Möglichkeit gehabt, eine Sünde zu begehen" (*⁽ᵘⁱᵍ⁾hečbir gunah ötküzüškä ülgürmigän*) ausgedrückt,[1469] in dem das auch in *bigunah* enthaltene Lexem *gunah* „Sünde" enthalten ist.

Im Unterschied zu dem Baby in Hošurs Roman ist das bei Kerimi in der Kiste liegende bereits tot, erwürgt, mit „grässlichen Fingerspuren an der Kehle" (*gelida barmaqniŋ dähšätlik izi*).[1470] Das Er-

---

[1465] *Čeliqti közümgä šu čaġ bir sanduq/ Iplas čoŋqurluqta muŋlinip turġan* (Iman 2021).
[1466] Siehe den Gedichttext in Iman 2021.
[1467] *Sirliq närsä u, körüŋlar mana/ Yatatti ay oxšaš¹ bigunah bovaq* (Iman 2021; Hervorhebung von M. R. H.). – Zur Romanpassage siehe S. 241 des Haupttextes.
[1468] Hošur 2005: 33H. Siehe die Übersetzung auf S. 248 des Haupttextes.
[1469] Siehe Fußnote 1456.
[1470] Siehe den Gedichttext in Iman 2021.

würgen (boġ-) von Säuglingen kommt zwar auch in *Qum basqan šähär* vor, da die Kinder, die die vom „Sonnenkönig" gehaltenen Sklavinnen gebären müssen, gleich nach ihrer Geburt erdrosselt werden.[1471] Das Motiv des Erwürgens wird jedoch nicht auf den tatsächlich in der Romanhandlung als Figur auftauchenden prinzlichen Säugling angewendet. In der Summe stellt das Erwürgen eines Säuglings also nur eine weitere motivische Parallele zwischen Poem und Roman dar. Im Gedicht Kerimis hat das eines gewaltsamen Todes gestorbene Kind noch seine „Fäuste in Wut zusammengeballt" (*gäzäptä tügülgän muštumliri*).[1472] Der oder die Täter sind unbekannt. Der Sprecher stellt sich vor, was er getan hätte, wenn er während des Unglücks an Ort und Stelle gewesen wäre: Er hätte den Säugling beschützt, „Und wenn ich dort mein Leben hätte gegeben" (*Jan bärsämmu mäyli šu yärdä*).[1473]

Der Unterschied zwischen dem lebenden und dem toten Baby spricht vielleicht nicht unbedingt gegen die eben aufgestellte Parallele, sondern lässt sich mit den jeweils unterschiedlichen Autorenperspektiven beziehungsweise Zeitumständen plausibel erklären. Während sich das erwürgte Baby in Kerimis Text nämlich auf die Vergangenheit, also auf das vorläufige Scheitern des uigurischen Unabhängigkeits- oder zumindest Autonomieprojekts in den 1940er Jahren beziehen lässt, waren analoge Ideen zum Erscheinungszeitpunkt von *Qum basqan šähär* offenbar wieder zu einem gewissen Leben erwacht. An dieser Stelle ist daran zu erinnern, dass der Roman ein in Bezug auf die Hauptakteure optimistisches Ende hat. Diese können, wenn sie mit vereinten Kräften vorangehen, tatsächlich selbst eine erfolgreiche Zukunft gewinnen. Im Gedicht dagegen erscheint das Heil allenfalls von zukünftigen Generationen erreichbar. Denn nach langer klagevoller Reflexion über den Tod des Babys richtet der Sprecher in den letzten Zeilen des Gedichts den Blick in die Zukunft: „Im Herzen erlischt nicht jenes Tages Geschehen/ Auch wir werden Kinder bekommen/ Das ist gewiss!"[1474] Dabei lässt sich das „Wir" wahlweise (als Bescheidenheitsausdruck) auf die erste Person Singular oder aber in einer weiter gefassten Perspektive auf eine Gemeinschaft beziehen.

Die oben erwähnte symbolisch-politische Interpretation von *Sanduq ičidiki bovaq* soll sich spätestens zwei Jahre nach der Entstehung des Gedichts in der Volksrepublik China etabliert haben. Und zwar sei die Ermordung des Babys offenbar schon damals als Anspielung auf die Vernichtung der von 1944 bis 1949 bestehenden Ili-Republik durch die Armee der Kommunistischen Partei Chinas verstanden worden.[1475] Ob diese symbolisch-politische Lesart von Kerimis Gedicht tatsächlich bereits zum Zeitpunkt der Abfassung des Gedichts intendiert worden war, scheint aus heutiger Sicht allerdings nicht mehr mit hundertprozentiger Sicherheit feststellbar. In einem lange nach der Veröffentlichung des Gedichtes gegebenen Interview äußerte sich Kerimi diesbezüglich folgendermaßen:

„Dieses Gedicht von mir, das die in jener Zeit herrschende gesellschaftliche Realität, vor der man die Augen nicht verschließen konnte, zu seinem Hintergrund machte, löste in der Gesellschaft unerwarteterweise ein Erdbeben aus. In ähnlicher Weise wie das ‚in die Kiste gelegte Baby' wurde auch ich eingesperrt, und zwar ins Gefängnis. Weil das eine Periode war, in der der Kampf gegen rechtsgerichtete, einheimische Nationalisten seinen Höhepunkt erreicht hatte und sich Kampf und Kritik überall verbreitet hatten, traf auch mich der Schlag der linksgerichteten ideologischen [Partei-]Linie in derselben Weise. Die Pracht meiner Jugend verging in finsteren Gefängnissen, in den Sandwüsten zu beiden Seiten des Tarim und indem ich Gefährte der Pappeln und Tamarisken war."[1476]

1471 Hošur 2005: 42H.
1472 Siehe den Gedichttext in Iman 2021.
1473 Siehe den Gedichttext in Iman 2021.
1474 *Öčmäydu bu väqä dilda šu künki/ Bizniŋmu balimiz bolar/ U čoqum* (Iman 2021).
1475 Ayup 2023a.
1476 *Šu čaġdiki köz yumġili bolmaydiġan ijtima'iy re'alliqni arqa körünüš qilġan bu še'irim oylimiġan yärdin jäm'iyätni zil-ziligä kältürätti. Xuddi 'sanduqqa selip qoyġan bovaq' täk mänmu türmigä qamaldim. Onči,*

Diese Äußerung kann man so verstehen, dass Kerimi selbst nicht vorausgesehen habe, welche Wirkung das Gedicht entfalten würde (dies deutet der Ausdruck „unerwarteterweise" an) und dass er den auf seiner Grundlage gegen ihn konstruierten Vorwurf des „einheimischen Nationalismus" nicht unbedingt auf den Text selber, als vielmehr auf die ideologischen Spannungen der damaligen Zeit zurückführte. Wichtig ist auch sein Hinweis, dass das Gedicht sich mit der „gesellschaftlichen Realität" jener Tage auseinandersetzte, was nicht unbedingt auf einen nationalistischen Hintergrund hinweist. Anderseits distanziert sich Kerimi in der Passage aber auch nicht klar von der Haltung „rechtsgerichteter, einheimischer Nationalisten".

Neben die oben besprochene Äußerung kann man einen Abschnitt aus einem weiteren lange Zeit nach dem Ersterscheinen von *Sanduq ičidiki bovaq* über das Gedicht gegebenen Interview stellen. Darin betont der Autor seine „Liebe zum Vaterland". Unmittelbar nach der Erwähnung dieser Vaterlandsliebe drückt er aus, dass er voller Stolz und ohne Reue auf die Wirkung des Gedichts zurückblicke. Auch wenn dies keine explizite Darlegung oder Befürwortung einer nationalistischen Haltung ist, liegt sie dennoch nahe. Es wird nicht gesagt, scheint aber zwischen den Zeilen zu stehen, dass der Referent des „Vaterlandes" in der Passage nicht das von der Kommunistischen Partei Chinas imaginierte Vaterland ist. Denn jenes „Vaterland" und jene „Nation", von denen Kerimi hier spricht, sind welche, zu denen er erst durch das Echo auf sein Gedicht hingeführt worden sei, wohingegen er in das Vaterland und in die Nation, welche die KPC vorgegeben hatte, zum Zeitpunkt des Gedichtschreibens bereits vorher integriert war:

> „An dem Tag, an dem dieses Gedicht geschrieben wurde, fiel Nieselregen auf Ürümči. Es fühlte sich für mich an, als ob Himmel und Erde um jenes Baby weinten, das erwürgt und in die Kiste gelegt worden war. Dieses Gedicht, das mit meinen Tränen geschrieben worden war, erzeugte gleichsam Donnern und Blitzen und löste in den Herzen der Leser ein Erbeben aus. Ich war ein Leser, der für die Dichtung brannte und das Vaterland liebte. Ich bereue nicht im Geringsten, dass ich das Gedicht ‚Das Baby in der Kiste' geschrieben habe. Im Gegenteil, ich freue mich darüber. Dieses Gedicht hat mich in die Gesellschaft hineingeführt. Es hat mich zum Freund und Schicksalsgefährten von Vaterland und Nation gemacht. Was sollte es für mich für eine größere Belohnung geben als dies?!"[1477]

Aus der Äußerung geht klar hervor, dass Kerimi die seinem Gedicht verliehene Interpretation in einem national oder patriotisch orientierten Kontext nicht zurückweist oder korrigiert. Er selbst schlägt auch keinerlei Alternativen für das vor, was mit der Figur des Babys in dem Gedicht denn gemeint sein könnte. Letzten Endes ist der Bezug auf die Nation dadurch wohl eine sich sowohl aus der inneren Logik des Werks als auch den Stellungnahmen des Autors und der Rezeption plausibel ergebende Interpretation. In einer gegen andere uigurische Intellektuelle gerichteten Kritik forderte Kerimi ebenfalls Jahrzehnte nach der Abfassung des Gedichts die „radikale Befreiung von der Krankheit der Feigheit" (*qorunčaqliq illitidin üzü-kesil qutuluš*) und „mit Herz und Seele dem

---

yärlik millätčilärgä qarši körä š ävjigä čiqqan, küräš tänqid hämmä yärdä qanat yayğan mäzgil bolğačqa, mänmu solčil lušiyännin̄ zärbisigä änä šundaq učrap kätkänidim. Meniŋ güzäl yašliqim qarañğu türmilärdä, Tarim boyidiki qumluq čöllärdä, toğraq, yulğunlarğa hämrah bolup ötti (Iman 2021). – Das erste *körä š* dürfte eine Verschreibung für *küräš sein.

1477 *Bu še'ir yezilğan küni Ürümčidä sim-sim yamğur yeğivatatti, goya maŋa asman-zemin boğup öltürülüp sanduqqa selip qoyulğan ašu bovaq üčün yiğlavaqtandäk tuyulup kätkänidi. Köz yašlirim bilän yezilğan bu še'ir güldürmama güldürläp, čeqin čeqilğandäk oqurmänlär qälbini zil-ziligä kältürdi. Män še'irğa köygän, vätänni söygän bir oquğuči idim. Män 'Sanduq ičidiki bovaq' namliq še'irni yazğinimdin zinhar äpsuslanmaymän. Bälki söyünimän. Bu še'ir meni jäm'iyätkä bašlap kirdi. Vätän-millätniŋ ğämgüzari, täqdirdiši qildi. Maŋa buniŋdin artuq yänä qandaq mukapat bolsun!?* – Zur Schreibung *zil-ziligä* siehe Fußnote 1476.

Vaterland und der Nation zu dienen" (*vätän, millät üčün bijanidil xizmät qiliš*), nicht „den Charakter von Hunden und Katzen zu haben" (*it, müšük mizāj bol-*), sondern wie „Herren" (*bäg*) zu leben.[1478] Auch dies lässt sich als Bestätigung in derselben Richtung interpretieren. Bei allen von Kerimi später gemachten Äußerungen über das Gedicht, wie den oben zitierten, muss man jedoch letzen Endes berücksichtigen, dass er sie unter den nach wie vor repressiven Bedingungen in der Volksrepublik China machen musste. Über seine tatsächlichen Ansichten kann daher bis zu einem gewissen Grad nur spekuliert werden.

Fest steht, dass die von Haji Mirzahid Kerimi in dem ersten Interviewzitat erwähnte Beschuldigung als „einheimischer Nationalist" (*yärlik millätči*) im Jahr 1959 gegen ihn erhoben wurde, als er gerade sein Hochschulstudium absolvierte.[1479] Zeitgleich und im Zusammenhang damit wurde er der Gründung einer „Organisation Ost-Turkestan" (*Šärqiy Türkistan täškilati*) verdächtigt.[1480] Aus diesem Gründen verbrachte Kerimi die 13 Jahre von 1959 bis 1972 im Gefängnis.[1481] In einem 2017 mit Radio Free Asia geführten Interview gab Haji Mirzahid Kerimi an, dass im Zusammenhang mit dem Erscheinen des Gedichts sowohl er selber als auch einige seiner Freunde inhaftiert worden seien.[1482] Nach seiner Freilassung verbrachte er weitere sieben Jahre unter Hausarrest, weil man ihn als „Konterrevolutionär" betrachtete.[1483] 1981 wurde Kerimi rehabilitiert, doch im November 2017 erneut verhaftet und zu weiteren 11 Jahren Haft verurteilt.[1484] In der Haft starb er am 9. Januar 2021.[1485]

Dass der Symbolcharakter der Baby-Episode in *Qum basqan šähär* und erst Recht die mögliche Deutung des Kindes als Stellvertreter für die uigurische Identität, Nation, Unabhängigkeit oder dergleichen aus dem Text von Hošurs Roman nicht direkt hervorgeht, widerspricht vor diesem Hintergrund keineswegs der Möglichkeit einer symbolischen Interpretation. Denn die Chiffrierung der Botschaft ließe sich als Folge der politischen Umstände von Hošurs Zeit erklären. Trotz einer gewissen Befreiung von den schlimmsten Exzessen der Repression ab 1978 war die Volksrepublik China spätestens nach dem Massaker auf dem Platz des Himmlischen Friedens (1989) wieder zu einem Staat geworden, in dem sehr deutliche Grenzen des Sagbaren bestanden. Dies dürfte auch für den im Jahr 1995 erschienenen Roman „Die im Sand versunkene Stadt" gelten. Es gibt allerdings auch die Auffassung, dass das Gedicht Kerimis überhaupt keine symbolische, und erst recht keine, symbolisch-politische, Bedeutung habe, sondern von kaum mehr als „Liebe und Philanthropie" handele.[1486]

Auch wenn man den Blick von der Baby-Episode weglenkt, lassen sich in *Qum basqan šähär* zahlreiche Stellen finden, an denen das Romangeschehen als Parabel auf die Situation der Uiguren lesbar wird. An einer Stelle sagt Jahankäzdi Süpürgä zur Mutter des Prinzen, während sie sich in an einer menschenleeren und idyllischen Stelle in der Natur befinden: „Hier bin ich frei, bist du frei, ist alles frei. Wenn du dich dafür interessierst, wer ich bin: Ich bin ein Mensch, der zum Reisenden wurde, weil er genau dieser Freiheit nachjagt."[1487] Abgesehen davon, dass „frei" (*ärkin*) und „Frei-

---

1478 Iman 2021.
1479 Iman 2021.
1480 Iman 2021.
1481 Iman 2021.
1482 Iman 2021.
1483 Iman 2021. Vgl. dagegen Ayup 2023a, der behauptet, Kerimi habe ab 1959 22 Jahre in Haft verbracht.
1484 Ayup 2023a.
1485 Ayup 2023a. Vgl. Iman 2021, wo die Bekanntgabe des Todes für den 10. Januar 2021 vermeldet wird.
1486 *Muhäbbät vä insanpärvärlik* (Iman 2021).
1487 *Bu yärdä sänmu, mänmu, hämmä nemä ärkin. Meniŋ kimlikimni bilmäkči bolsaŋ, mušu ärkinlikni qoğdišip säyyah bolup kätkän adämmän* (Hošur 2005: 40Hf).

heit" (*ärkinlik*) eine offensichtliche politische (Erst- oder Zweit-)Bedeutung haben, kann man die deklarative subordinierte Partizipialkonstruktion *kimlikim* „wer ich bin" auch als Form des lexikalisierten Substantivs *kimlik* „Identität" lesen. Mit der Suche nach Freiheit und dem Streben nach der Bestimmung der eigenen Identität wären somit zwei Themen genannt, die man als zentral für die gesamte uigurische Geschichte bezeichnen kann.

Die nachfolgend übersetzte Passage aus *Qum basqan šähär* beschreibt, wie Jahankäzdi Süpürgä den beiden Frauen unweit der Stadt des „Sonnenkönigs" begegnet.

12.2 Text in Übersetzung

„He, Reisender! Komm doch mal her!"

Süpürgä lenkte den Kopf seines Esels in Richtung der beiden Frauen. „Wozu sollten mich diese Frauen da auf einmal brauchen?", wunderte er sich. In Süpürgäs Jugendzeit hatte war er auf seinen Reisen immer wieder Mädchen und jungen Frauen begegnet, die ihn auf anriefen und mit Gesten zu sich bedeuteten. Derartige Zusammenkünfte gingen Süpürgä dann jeweils für sehr lange Zeit nicht aus dem Sinn. Bisweilen ritt Süpürgä an solchen Schönheiten, die ihn mit schmachtenden Blicken bedachten, einfach vorbei und tat, als ob er ihnen keinerlei Beachtung schenkte. Doch selbst dann brachte ihn die Freude, die sie ihm schenkten, dazu, von seinem Esel herab endlose Liebeslieder zu schmettern. Doch das waren Begegnungen, die bereits unendlich lang zurücklagen. Jetzt gerade kam es ihm vor, als ob die nachdrücklichen Zeichen, die diese Frauen in seine Richtung sandten, ihre Ursache nicht notwendig in der Liebe hatten. Er näherte sich den Frauen ein Stück weit.

„Meine verehrten reizenden Damen, bin ich es wirklich, nach dem Sie gerade rufen?"

„So ist es. Wir rufen dich, lieber Reisender," antwortete eine der Frauen rasch, nachdem Süpürgä nahe genug herangekommen war. „Du siehst wie ein Muslim aus. Muslime haben ein weiches Herz. Nimm dieses Baby hier mit! Diese Frau hier gebe ich dir noch obendrein. Sie wird sich dann um das Kind kümmern. Sie wird auch deinem Esel Strohfutter und Grünzeug hinwerfen, und ferner alle deine sonstigen Bedürfnisse befriedigen…"

Die Worte der Frau versetzten Süpürgä in Ratlosigkeit.

„Stopp, stopp, stopp!", rief er und führte seinen Esel noch ein Stückchen näher an die Frauen heran. „Ich verstehe gerade überhaupt nichts. Warum sollte ich dieses Kind da denn überhaupt mitnehmen? Und warum wollt ihr es an einen Fremden fortgeben?"

Die Frau, die Süpürgä angerufen hatte, zupfte ihr Kopftuch etwas zurecht. „Ach, wie soll ich es dir erklären", druckste sie herum. „Dieser Knabe hier ist gerade in eine sehr gefährliche Lage geraten. Nur du allein kannst ihn retten."

„Ich?! Warum sollte ausgerechnet nur ich in der Lage sein, ihn zu retten? Was ist denn mit seinem Vater? Wer sind überhaupt seine Eltern? Wo sind seine Verwandten? Ich… ich komme aus weit entfernten Landen. Wo sollte ich dieses Kind denn eigentlich hinbringen?"

„Du stellst sehr viele Fragen. Um sie zu beantworten, fehlt mir aber leider die Zeit. Ich frage ja auch nicht, wer du bist,* wo du wohnst und was du so treibst. Also stell du auch nicht so viele Fragen! Geschätzter Reisender, lass es mich so ausdrücken. Je weiter weg du das Kind mitnimmst, desto besser. Das Kleine ist mein ganzes Herz. Es ist vollkommen gleichgültig, wo es ist, wenn es nur am Leben bleibt.… Weise meine Bitte nicht zurück! Du siehst wie jemand aus, der Verstand hat. Anhand der Worte, die ich gesagt habe, hast du auch die Bedeutungen, die ich nicht ausgesprochen habe, ganz verstanden."

Die Frau begann schluchzend zu weinen. Dschahankäzdi Süpürgä warf aus dem Augenwinkel einen Blick auf den Knaben, dessen Rettung angeblich so dringend erforderlich war. Das Kind war so rein und unverdorben! Ohne irgendetwas mitzubekommen, schlummerte es mit tiefen Atemzügen süß in den Armen der anderen Frau. Gleich, welcher Religion dieses Kind angehören und den Angehörigen welcher Schicht es auch geboren worden sein mochte, war es so, wie es da war, vor Allah höher als ein Engel zu bewerten. Denn es hatte noch keine Möglichkeit gehabt, eine Sünde zu begehen, und sein Kopf war noch frei von der Irreleitung durch die Teufel, Dämonen und all die Heimsuchungen und Katastrophen dieser Welt, sein Herz war noch unberührt von verbrecherischen Absichten.... Die Worte Tochti Aschiqs,* den Süpürgä in seiner Kindheit immer einmal wieder auf den Straßen seines Viertels getroffen hatte, stimmten also: Manchmal bereut man es, nicht in einem so unverdorbenen Alter gestorben zu sein. Wenn es dazu kommen sollte, dass diesem reinen Menschenkind, das noch nicht weiß, was die Welt an Genüssen und Beschwernissen alles zu bieten hat, das noch nicht an den lieblich duftenden Blumen des Frühlings gerochen und noch nicht das Fallen des Laubes im Herbst oder die ersten Schneeflocken gesehen hat, tatsächlich irgendein Unheil oder Verhängnis drohen sollte, und du, obwohl du ein Muslim bist, dich in dieser Lage vor der Verpflichtung drückst, es zu retten, dann kann es auf der ganzen Welt mit Sicherheit keine schwerere Sünde geben.

Als die Frau sah, dass Süpürgä weiterhin unentschlossen war, holte sie aus ihrer Brusttasche rasch ein Säckchen hervor und warf es in eine der Satteltaschen, die auf beiden Seiten am Esel des Reisenden hingen.

„Gib die Goldmünzen in dem Säckchen aus, solange sie reichen! Und wenn du willst, heirate auch diese Frau hier! Mach's gut auf deinem Weg, lieber Reisender!" Sprach's, und beinahe im selben Augenblick, als sie ihre Rede beendet hatte, huschte sie auf dem Trampelpfad, der durch ein Waldstück führte, in Richtung Stadtmauern davon.

„Ich brauchte weder dein Geld noch deine Frau!", brummelte Süpürgä vor sich hin, dem allerdings auch nichts anderes übrigzubleiben schien, als genau dies zu tun. Die Frau, die das Kind hielt, warf ihm einen verstohlenen Blick zu. Sie trieb ihn zur Eile:

„Auf, lass uns gehen! Es ist zu gefährlich, hierzubleiben und Löcher in die Luft zu starren." Mit dem Kind auf den Armen holte sie Süpürgä auf seinem Esel ein. So machten sie sich gemeinsam auf den weiteren Weg.

Wer die beiden so gesehen hätte, wäre wahrscheinlich der Meinung gewesen, dass es sich bei ihnen um ein Ehepaar handeln müsse, das unterwegs aus Stadt in eines der umliegenden Dörfer war. „Über die Wendungen und Fügungen des Schicksals kann man nur staunen", dachte währenddessen Süpürgä bei sich. Eben noch hatte er in seiner Einsamkeit nur seinen Esel als Gesprächspartner gehabt, und jetzt hatte er plötzlich neue Mitreisende. Bis zu dem Alter, in das er jetzt gekommen war, hatte er noch nie über das Heiraten nachgedacht. Jetzt war die Sorge um eine unbekannte Frau auf seine Schultern gelegt worden. Er hatte in seinem ganzen Leben auch nie Kinder gehabt, aber nun hatte der Allmächtige ihm einen Knaben zum Gefährten gemacht. „Das Leben selbst ähnelt doch einer Reise", dachter er. „Auf dieser Reise verlassen dich einige, und wieder andere kommen hinzu und werden dir zu Begleitern."

Vom Rücken seines Esels herab musterte Süpürgä die Frau, die das Kind trug. Sie hatte ihr Kopftuch zurückgeschlagen und ihr Gesicht ein Stück weit freigelegt. Sie war eine junge und recht robust wirkende Frau. Auf jeden Fall glich sie nicht einem dieser verwöhnten Weibsbilder, die einem auf Reisen nur zur Last wurden. Sie hielt das Kind fest an ihre Brust gedrückt und ließ den Abstand zu Süpürgäs Esel nicht größer werden. Ab und an wies sie Süpürgä darauf hin, dass sie besser die Hauptroute verlassen und sich auf Nebenwegen fortbewegen sollten. Dann überqerten sie schmale Feldwege, bis sie erneut auf die Hauptroute stießen, um sich dann nach einer Weile erneut einem Trampelpfad anzuvertrauen. Undeutlich zogen vor ihren Augen windschiefe Bauernhütten und hier und dort sich unter ihrer Arbeit krümmende Landwirte vorbei. Manchmal blickte die Frau sich alarmiert nach hinten um. Süpürgä dämmerte, dass er in eine gefährliche Sache hineingeraten war. Seine von Hintergedanken freie Liebe zu diesem sündenfreien Knaben spornte ihn jedoch dazu an, dieser Gefahr und Bedrohung aus freien Stücken entgegenzugehen.

13 Mämtimin Hošur: Die Sache mit dem Bart

13.1 Vorbemerkung

„Die Sache mit dem Bart" (*Burut majirasi*) dürfte nicht nur zu den bekanntesten Erzählungen Hošurs zu rechnen sein, sondern zu seinen am weitesten verbreiteten Texten der uigurischen Literatur überhaupt. Ein Grund dafür ist, dass diese Erzählung zu den wenigen Werken der uigurischen Literatur stammt, die in eine westliche Sprache übersetzt worden sind.[1488]

Laut der wie Orts- und Zeitangabe, die in einer Ausgabe der Erzählung steht, entstand sie im Jahr 1990 in Ġulja.[1489]

Die in einem humorvollen Stil geschriebene, in Phasen aber auch groteske Erzählung ist unmittelbar als bitterböse Satire auf den volksrepublikanisch-chinesischen Überwachungsstaat erkennbar. Auch wenn die darin beschriebene fiktionale Schnauzbartregistierung im Vergleich zu den heutigen Überwachungs- und Kontrollpraktiken in der Volksrepublik geradezu harmlos wirkt, handelt es sich doch um vergleichbare Praktiken, wodurch die Kurzgeschichte bis heute nichts von ihrer Aktualität veloren hat. An einer Stelle, an der der Protagonist der Geschichte von Regierungs- und Polizeiorganen vorgeladen wird, „um einige Angelegenheiten aufzuklären" (*bäzi išlarni eniqlimaqči*),[1490] verwendet Hošur eine Formulierung, die keineswegs aus dem Reich der Fabel stammt, sondern auch aus der Realität anderer Länder des Sozialismus bekannt ist.

Kritik an der politischen Realität ist möglicherweise bereits in der Aufteilung des Erzählten in eine Rahmen- und eine Binnennarration enthalten. Denn wie der Leser im Verlaufe der Lektüre erfährt, geht die Erzählung, die sich eigentlich mit der (im Titel vorgegebenen) „Sache mit dem Bart" auseinandersetzt, tatsächlich erst mitten im Text los.[1491] Der Ausdruck die „Sache mit dem Bart" stellt folglich auf der einen Seite den gedruckten Namen des Gesamttextes dar, kann aber anderseits auch als Umschreibung der Binnenerzählung verstanden werden. Die erwähnte Binnennarration wird in der Rahmenhandlung als Inhalt eines Manuskripts identifiziert, das dem Ich-Erzähler von einem etwas aufdringlichen schreibbeflissenen Menschen auf der Straße geradezu aufgedrängt wird. Dieser offenkundig ambitionierte Autor hat dem Erzähler zuvor bereits eine Geschichte übergeben, die den Titel einer der berühmtesten Erzählungen Hošurs, „Der Verrückte" (*Saray*), trägt (wobei die Wahl ausgerechnet dieses Titels möglicherweise das Humorvoll-Groteske der ganzen Erzählung unterstreicht). Diese Geschichte hat der Ich-Erzähler offenbar unter seinem eigenen Namen und nicht dem des aufdringlichen Autors veröffentlicht, und dieser empfiehlt dem Erzähler, dasselbe auch mit der neuen Erzählung über die Bärte zu tun.

Dass Hošur die eigentliche Erzählung über die Bart-Hysterie in diese etwas labyrinthisch wirkende Rahmenhandlungskonstruktion einbettet, kann man als Autorenhinweis auf die Notwendigkeit, Erzähltes nicht direkt wiederzugeben und Autorschaften zu verschleiern, lesen, auch wenn im Text selber die Möglichkeit angedeutet wird, dass der Ich-Erzähler fälschlicherweise aus dem Grund eigene Autorschaft an dem Text beansprucht hat hat, dass er damit mehr Geld verdienen will. Das Rahmenhandlungsgebilde lädt die Leser dazu ein, sich vorzustellen, dass auch die gesamte Erzählung Hošurs Teil einer in irgendetwas anderes eingebetteten Handlung sein könnte. Dies ist ja auch tatsächlich der Fall, wenn man sich vor Augen hält, dass die in der Bart-Geschichte erzählten

---

1488 Hoshur 2022.
1489 Hošur 2010: 49H/54PDF.
1490 Siehe S. 256 der Übersetzung.
1491 Die von den Bärten handelnde Binnenerzählung beginnt mit „Es scheint, als ob sie dabei seien…" auf S. 253 der Übersetzung.

fiktionalen Elemente mehr oder weniger klar wirkliche Ereignisse aus der jüngeren volksrepublikanischen Geschichte aufgreifen.

Nicht zuletzt wirkt das Erzählkonstrukt kafkaesk und leicht absurd, wie im Übrigen auch die Bart-Narration selber, und dieser Erzählstil könnte als weitere Spitze geben die von absurder Bürokratie, Kontrollwahn und Verdächtigungen geprägten politische Realität gelesen werden. Ein möglicher weiterer Grund, warum Hošur diese komplex ineinandergeschobene Erzählkonstruktion gewählt haben mag, könnte der Versuch sein, sich gegen eventuelle Angriffe vorbeugend zu verteidigen. In diesem Zusammenhang kann man darauf hinweisen, dass auch der erzählerische Kern und Höhepunkt der Geschichte um die Messerstecher, der innerhalb der Binnenerzählung auftritt, in eine weiteren Rahmenhandlung eingebaut ist, nämlich die Aussage des Kleinwüchsigen vor dem Stadtvierteloberhaupt.[1492] Die mehrfach ineinander geschobenen und dadurch den brisanten Höhepunkt nur indirekt wiedergebenden Erzählungen hüllen das Messer-Thema quasi literarisch ein und verhindern so, dass allzu direkte und starke Parallelen zwischen dem Text und dem in der Realität Xinjiangs tatsächlich extrem sensible Thema „Messer und Uiguren" offensichtlich werden.[1493]

Die staatliche Überwachungswut ist aber nicht nur der einzige Aspekt der ihn umgebenden politischen Realität, den Hošur in der „Sache mit dem Bart" aufs Korn nimmt. Er parodiert auch das kommunistische Ideal der Formung eines neuen Menschen, indem er seine Hauptfigur in einem Traum sehen lässt, wie sie von ihrer Frau aufgetrennt und dann zu etwas Neuem zusammengestrickt wird.[1494]

Dass Hošur in seine Erzählung offenbar phantasmagorische Elemente einbaut – wie die Vorstellung, ein ganzes Stadtviertel (oder einen Markt, je nach der Übersetzung von *bazar*) wie einen Pullover auftrennen und wieder neu zusammenstricken zu können[1495] – kann man einerseits als ein Mittel interpretieren, die groteske Realität der kommunistischen Überwachungsdiktatur ikonisch abzubilden, anderseits aber auch als Möglichkeit der Kodierung und somit Unkenntlichmachung von Aussagen und Anspielungen, auch in der Absicht, sich vor Verfolgungsmaßnahmen durch das beschriebene System zu schützen. Solche Kodierungstechniken dürften im Übrigen auch dafür sprechen, den oben besprochenen Roman „Die im Sand versunkene Stadt" genau auf Stellen abzuklopfen, an denen sich hinter scheinbar unverfänglichen Bildern oder Formulierungen brisante Andeutungen verbergen könnten, genau so, wie es die Frau mit dem Kind gegenüber Jahankäzdi Süpürgä andeutet.[1496]

Vor dem Hintergrund des gesellschaftlichen und politischen Bezugsrahmens der Erzählung verdient wohl auch die Figur des Sohns der Hauptfigur besondere Beachtung. Denn am Ende der Erzählung lässt sich der Sohn bereits wieder einen Schnurrbart wachsen, wohingegen die Hauptfigur selber aus Furcht vor einem neuerlichen Umschlag der irrationalen Schnurrbartpolitik der Obrigkeit nicht wagt, dies zu tun. Hierin könnte man die Kodierung der Aussage sehen, dass die ältere Generation – die durch die autobiographischen Züge der Hauptfigur der Erzählung tentativ mit der Generation Hošurs identifiziert werden kann – selber nicht mehr zu einer Auflehnung gegen die irrationale und tyrannische Obrigkeit in der Lage ist, ihre diesbezügliche Hoffnung aber auf die Nachfolgegeneration setzt.

Die Barttracht, wie auch Hüte und Kleidung, sind in der Volksrepublik China schon immer nicht nur Ausdruck induellen modischen und ästhetischen Empfindens gewesen, sondern haben

---

1492 Siehe S. 255f. der Übersetzung.
1493 Zur Brisanz des Messerthemas in der jüngsten Geschichte Xinjiangs vgl. S. 77 des Haupttexts.
1494 Siehe S. 255f. der Übersetzung.
1495 Siehe S. 259 der Übersetzung.
1496 Siehe S. 240 des Haupttextes.

eine Vielzahl ethnischer, kultureller und politischer Codes transportiert. Der elegante Anzug (*kastum-burulka*),[1497] den die Figur des in der Geschichte auftretenden Autors trägt, ist ein westlicher, was schon durch die Wortherkunft von *kastum* klar ist (das Wort ist über das Russische letzten Endes aus dem französischen *costume* in die uigurische Sprache gekommen). Offensichtlich markiert ein solcher Anzug eine von westlichen Einflüssen geprägte Zeit. Der alte Viertaschenmantel, den der Anzugträger früher trug und in dem man eine sogenannte Mao-Jacke gesehen hat,[1498] ist dagegen aussortiert worden und dient nur noch als Schmuddelüberwurf, den die Frau des Autors sich beim Backen anzieht. Die Veränderung in der Kleidung kann man, ebenso wie die Angewohnheit, Essensreste auf dem Teller übrig zu lassen, statt sie, wie wohl früher, ganz aufzuessen, als Hinweis auf die zunehmend kapitalistisch angehauchte Ära der „Reformen und Öffnung" lesen. Dass der Anzugträger – und mithin wohl auch Hošur – der neuen Zeit mit ihren westlichen, kapitalistischen Insignien nicht unkritisch gegenübersteht, erkennt man dabei unter anderem an der Verspottung „ausländischer Hüte" (*čät äliniŋ šiläpisi*),[1499] wobei die Herkunft dieser Kopfbedeckung erneut bereits am Wortstamm (*šiläpä* kommt vom russischen Wort *šljapa*) erkennbar ist. Interessant ist hierbei, dass Hošur differenziert, indem er nicht in ideologischen Stereotypen denkt, sondern seine Kritik auf die kommunistische und die nicht-kommunistische Sphäre verteilt.

Was die in *Burut majirasi* im Mittelpunkt stehende Barttracht betrifft, so kann man sie nicht nur anhand der imaginierten Trennlinien Ost-West, Kapitalismus-Kommunismus und Vergangenheit-Moderne lesen, sondern wohl auch entlang ethnischer Grenzen. Hierbei dürfte es eine Rolle spielen, dass die Erzählung zwar primär „Schnauzbärte" (*burut*) thematisiert, aber auch „Vollbärte" (*saqal*) berücksichtigt.[1500] Bärte werden in der volksrepublikanisch-chinesischen stereotypen Wahrnehmung oft mit Minderheiten, und zwar besonders mit muslimischen, assoziiert. In Xinjiang konnte in den vergangenen Jahren das Tragen eines Bartes sogar Grund für die Internierung in einem „Umerziehungs"-Lager werden.[1501] Berichten zufolge, die sich auf den Zeitraum ab 2017 beziehen, gab es in Xinjiang ein partielles Verbot des Tragens von Bärten.[1502] An mindestens einer Stelle der Erzählung wird wohl auf die genetisch bedingte relative Seltenheit von Bartbewuchs bei Asiaten und insbesondere Han-Chinesen angespielt.[1503] Zumindest auf einer Nebenebene schwingt in der Erzählung also wohl auch der Gegensatz zwischen der eher bartfreien han-chinesischen Mehrheit und bartaffinen Minderheiten wie den Uiguren mit. Somit geht es in der Geschichte letzten Endes neben dem staatlichen Kontrollwahn auch um rassistische Vorurteile, wobei beide Aspekte ineinander übergreifen. Das Stadtviertelsoberhaupt in der Geschichte unterstellt beispielsweise, dass ein bestimmtes Aussehen wird automatisch mit Neigung zur Gewalt, konkret dem Tragen von Messern einhergehe.[1504] Gerade aus der Sicht Deutschlands, wo Rassisten das menschenverachtende Wort der „Messermigration" geprägt haben, ist diese Denkfigur nur zu gut bekannt. Hierin zeigt sich, dass Hošus „Sache mit dem Bart" nicht nur aus einer volksrepublikanisch-chinesischen und uigurischen Perspektive von großer Aktualität ist.

1497 Anonym 2005: 1V. Vgl. Anonym 2022a.

1498 In Hoshur 2022: 113 wird das Kleidungsstück mit *la veste mao* übersetzt.

1499 Hošur 2010: 29H/34PDF.

1500 Hošur 2010: 31H/36PDF; S. 253 der Übersetzung.

1501 Siehe Fahrion/ Sabrié 2023: 85, die einen diesbezüglichen Vorfall für das Jahr 2021 berichten, aber für das Jahr 2023 festhalten, dass sich die Situation in dieser Hinsicht etwas gebessert habe.

1502 Siehe Bouscaren 2019, die von *beards* sprechen, was möglicherweise auf jede Art von Bärten, vielleicht aber auch speziell auf Vollbärte bezogen sein könnte.

1503 Siehe S. 259 der Übersetzung sowie die Erklärung auf S. 346.

1504 Siehe S. 257 der Übersetzung.

13.2 Text in Übersetzung

Die Sache mit dem Bart

Als ich am Sonntag für einen Einkaufsbummel auf die Straße ging, klopfte mir von hinten jemand auf die Schulter. Ich drehte mich um und sah einen Mann in elegantem Anzug und schwarzer Brille, der mir lachend seine Hand entgegenstreckte.

„Guten Tag! Ich bin sehr glücklich, Ihnen zu begegnen!"

„Danke sehr!", sagte ich und schüttelte ihm die Hand.

„Gestatten Sie mir, dass ich Ihnen dafür, dass ich Ihren Dank erhalten habe, noch einmal zusätzlich meinen Dank ausspreche!"

„Wer ist das gleich nochmal?", fragte ich mich. Als er seine Brille ablegte, fiel es mir ein.

„Aber ja doch, Sie haben doch diese Erzählung… !"

„So ist es! So ist es! Sie haben mich erkannt. Bravo, ich applaudiere Ihrer Intelligenz! Ich bin der Mann, der Ihnen die Erzählung namens ‚Der Verrückte' * gebracht hat."

„Sie haben Ihre Kleidung und Ihre Ausdrucksweise verändert, ich hätte Sie fast nicht erkannt."*

„Ich hatte es Ihnen doch gesagt. Die Zeiten ändern sich. Den Mantel mit vier Taschen,* den ich damals anhatte, als ich zu Ihnen kam, zieht sich jetzt meine Frau an, wenn sie den Lehmofen anmacht. Sobald ich sah, dass mein Werk in der Zeitschrift abgedruckt worden war, habe ich mir diesen Anzug gekauft. Aber denken Sie vielleicht an einen ausländischen Hut? Nein, an diesen Dingern, die einem wie ein umgedrehter Spucknapf auf dem Kopf sitzen, habe ich einfach keinerlei Interesse. Glauben Sie vielleicht, dass die Leute sie tragen, weil sie ihnen gut stünden? Ich sag Ihnen mal was: Selbst wenn die Ausländer mit Melonenschalen auf ihren Köpfen ankämen und verkündeten, das seien jetzt die neuen Hüte, dann würden sich immer noch Leute finden, die sagen: ‚He, schaut mal, das sieht doch echt klasse aus! Warum tragen wir so was nicht schon seit längerer Zeit?' Sie haben es bestimmt schon beobachtet: Mittlerweile halten es einige sogar für ‚Zivilisation', bei Hochzeiten und Feiern ein wenig Polu* auf den Tellern übrigzulassen. Und haben Sie schon gehört, dass eine Bombe, die von den Japanern getestet worden ist, in den Himmel hinaufgeflogen und angeblich nicht wieder runtergekommen sein soll? Ich vermute, dass sich aus diesem Grund die Atmosphäre erwärmen wird. Schauen Sie mal, wir haben kaum Februar, und schon ist ein milder Wind aufgekommen. Statt eine Shoppingtour zu machen, wäre es vielleicht besser, wenn sie in Ihrem Viertel Drachen steigen ließen."

Der Verfasser des „Verrückten" kam vom Hundertsten ins Tausendste und fand einfach kein Ende. Ich sah mich um, wie das bei den Passanten ankam. Gottseidank schenkte niemand unseren Wortwechsel Aufmerksamkeit.

„Haben Sie das Geld bekommen?", unterbrach ich ihn schließlich.

„Ja… ja. Ich habe es bekommen. Aber Sie haben es umsonst geschickt. Da Sie das Werk ja unter Ihrem eigenen Namen veröffentlicht haben, hätten sie den Autorenlohn auch ruhig selber ausgeben können. Aber Sie können sich gar nicht vorstellen, wie glücklich ich war, als ich meine Geschichte las. In meiner ganzen Freude habe ich gleich noch eine geschrieben. So werde ich am Ende noch Schriftsteller, wie wäre das denn? Nunja, ich würde sagen, dass einige von denen, die man so Schriftsteller nennt, Typen sind, die einfach nur zusammenspinnen, was ihnen gerade so einfällt, dann die Leser auf einem dünn gewirkten Faden in die Höhe fliegen lassen und mit ihnen herumspielen. Das ist wie bei Leuten, die ohne sich zu genieren immer weiter drauflosplappern, bis aus dem Ende Komiker aus ihnen werden, hä?"

Während er solche ‚tiefsinnigen', ehrlich gesagt, ziemlich hohlen Erkenntnisse vom Stapel ließ, holte er aus seiner Brusttasche ein Bündel Originalmanuskripte hervor und drückte es mir in die Hand.

„Ist das Ihr Werk über Spucke?"

„Das haben Sie also nicht vergessen... Jaja, das werde ich auch noch schreiben, aber für dieses Mal geht es um etwas anderes." Er wandte sich ab. Doch kaum hatte er zwei, drei Schritte gemacht, drehte er sich um und fügte hinzu: „Bringen Sie auch das unter Ihrem eigenen Namen heraus, genauso, wie wir das auch damals abgemacht hatten." Nachdem er das gesagt hatte, verschwand er in der Menge.

Ich schenkte mir meine Flaniertour durch die Straßen und ging stattdessen nach Hause zurück. Dort nahm ich im Sessel Platz und begann, seine neue Geschichte zu lesen.

* * *

„Es scheint, als ob sie dabei seien, alle Schnauzbartträger zu registrieren."

Als ich das hörte, war ich platt. Dass man Leute in das Melderegister eintrug, dass sie im Viertel die Analphabeten und diejenigen, die ihre Müllgebühren nicht bezahlten, erfassten, hatte ich schon erlebt. Aber in all meinen Lebensjahren war mir noch nie untergekommen, dass sie Listen derjenigen erstellten, die sich einen Oberlippenbart hatten stehen ließen. Es stimmt zwar, dass es in jenen Jahren Vorkommnisse gegeben hatte, bei denen man Schnauz- und Vollbärte mit der Schere gekürzt hatte oder so, aber hatte sich jemals eine solche Katastrophe ereignet?

Auf einmal begann ich, mir um mich selbst Sorgen zu machen. Als ich auf die Straße hinausging, sah ich gerade Ömärdschan, den Mann vom Schutzkomitee* unseres Viertels, kommen. Ich sagte mir, besser mal nachfragen, trat vor ihn hin und grüßte.

„Ömärdschan, es ich habe gehört, dass sie angeblich dabei sind, diejenigen zu registrieren, die einen Schnauzbart haben. Stimmt das?"

Ömärdschan blieb stehen und warf mir einen durchdringenden Blick zu.

„Seit wann lassen Sie sich einen Schnauzbart stehen?", fragte er verwundert.

„So seit einem Jahr. Schauen Sie, unser ältester Sohn Ächmätdschan kriegt auf der Arbeit nichts auf die Reihe. Aber trotzdem hat er sich einen Schnauzer wachsen lassen und mich dadurch bloßgestellt. Es sieht seltsam aus, wenn der Vater völlig kahl herumläuft, während sich das Kind einen Schnauzbart hat wachsen lassen."

„Das können Sie wohl sagen!", flüsterte Ömärdschan, während er seinen Blick umherschweifen ließ. „Ihr Bart da jedenfalls sieht nicht aus wie ein Bart,* bei dem man sehr großen Verdacht schöpfen muss. Vor drei, vier Tagen hat in diesem Stadtviertel* da allem Anschein nach ein Großgewachsener wie Sie, der einen Halogetonschnurrbart* hatte, am helllichten Tag ein Messer gezogen und wollte einem Mann die Kehle durchschneiden. Momentan ist das Stadtteiloberhaupt persönlich dabei, diese Sache zu untersuchen..."

Mehr sagte Ömärjan nicht und machte er sich wieder auf den Weg. Nachdem ich seinen Bericht gehört hatte, packte mich die Angst. Würde mich mein hoher Wuchs ins Verderben stürzen? Nach seinen Worten *Ihr Bart da jedenfalls sieht nicht aus wie ein Bart, bei dem man sehr großen Verdacht schöpfen muss* zu urteilen, war zwar meine Körpergröße der des Mörders ähnlich, nicht jedoch mein Bart. Was war das noch einmal für ein Schnauzbart, den er „Halogetonschnurrbart" nannte? Mir war zu Ohren gekommen, dass es Leute gab, die ihre Barthaare unterhalb der Nase ungehindert sprießen ließen und dann die Spitzen bis zu den Ohren hochzwirbelten. Was er „Halogetonschnurrbart" genannt hatte, war wahrscheinlich genau so ein Bart... Ich streichelte mir über den Schnauzer. Auf jeden Fall gehörte mein Schnauzbart zu denen, die so dünn waren, dass sie fast nicht existierten. Ich fühlte mich dadurch etwas beruhigt und kehrte in den Hof zurück. Als ich meinen meinen Sohn sich auf der Terrasse über seine Schuhe beugen und sie polieren sah, war ich wieder genervt. Warum war mir die Größe seines Schnauzbartes entgangen, obwohl wir in einem Haus lebten?

„Ächmätdschan, sieh mich mal an!"

„Was?", sagte er und schaute in meine Richtung.

Um Gottes willen! Über den Oberlippen meines Sohns klebte ein pechschwarzer Schnauzbart, als ob jemand einen kleinen Kragenbesatz* festgemacht hätte. Wenn er sich so einen Bart wachsen ließ, dann würde der bereits nach nur vier Tagen bis zu seinen Ohren reichen.

„Mach das Ding da weg, heute noch!"

„Was meinst du?"

„Ich meine deinen Schnurrbart."

„Was ist denn falsch mit meinem Schnurrbart, Papa? Du hast doch auch einen Schnurrbart. Alle haben doch jetzt… "

„Hör auf, dummes Zeug zu reden! Wir beide gehen jetzt sofort zum Friseur und machen diese Katastrophe weg, hast du gehört?"

Bei mir war es mir ja egal, aber meinem Sohn seinen Schnurrbart entfernen zu lassen, fiel mir so schwer, als ob ich im Begriff gestanden hätte, ihm den Kopf abschlagen zu lassen. Doch ich setzte in diesem Punkt meine väterliche Autorität konsequent durch. Als er jammerte und bettelte, wenigstens noch ein Foto von sich machen zu lassen, sagte ich nein. Ich nahm ihn einfach mit und ließ diesen „Kragenbesatz" oberhalb seiner Lippen kurzerhand wegmachen. Als wir uns aus den Friseurstühlen erhoben, glänzten unserer beider, des Vaters wie des Sohns, Gesichter wie ein Paar frisch gewienerte Schuhe. Als ich in den Spiegel schaute, war ich sehr zufrieden mit dem Ergebnis meiner Initiative.

Während der Friseur Ismail das Geld, das ich ihm gegeben hatte, in die Kasse steckte, blickte er mich mit einem geheimnisvollen Lächeln an und sagte:

„Mannomann, zusammen mit ihnen beiden, Vater und Kind, sind es schon mehr als zwanzig, die heute in unseren Salon gekommen sind und sich den Schnurrbart entfernen ließen."

Eine Woge des Zweifels durchflutete meinen Kopf. „Kann es sein, dass dieser Friseur alle bespitzelt, die sich wie ich aus Angst, erfasst zu werden, ihren Schnurrbart entfernen lassen?"

Es kam genau, wie ich befürchtete. Kaum war ich am Abend nach Hause zurückgekehrt und hatte einen Schluck Tee getrunken, hörte ich vom Hof her jemanden rufen. Als ich aus dem Fenster sah, stand da das Schutzkomiteemitglied Ömärdschan. Ich lief eilig hinunter zu ihm. Er sah mir ins Gesicht.

„Wo ist der Schnurrbart?!", fragte er.

„Ich habe Ihn sofort entfernen lassen, nachdem ich Ihre Anweisungen vernommen hatte."

„Warum tun Sie so etwas? Als ob Sie etwas zu befürchten hätten!" Er sah einigermaßen wütend aus. „Dass Sie sich den Schnurrbart haben abnehmen lassen, ist auch dem Stadtvierteloberhaupt* zu Ohren gekommen. Es sagt, dass Sie morgen früh zur Stadtviertelregierung kommen sollen."

Ich hatte bereits gehört, dass das neue Stadtvierteloberhaupt ein sehr reizbarer Mann sei. Die Mitteilung des Schutzkomiteemannes brachte mich daher um meine Ruhe.

* * *

Gleich nach dem Abendessen warf ich mich aufs Bett, um in Ruhe meinen Gedanken nachhängen zu können. Meine Frau räumte den Tisch ab. Sie rollte das Strickgarn ein, nahm ihre langen Nadeln und setzte sich damit direkt vor mich hin. Sie war ein großer Meister im Pulloverstricken. Sobald sie nur etwas freie Zeit fand, trennte sie kaputte oder abgetragen Wollkleidung auf und machte sich daran, etwas Neues daraus zu stricken. Und sobald ihre Hände eine Stricknadel zu fassen bekamen, griff auch ihr Mund nach Worten. Wann immer sie eine Sprechpause machte, hielten auch ihre Hände bei der Arbeit inne.

„Was ist denn los mit euch beiden, Vater und Sohn?", fragte sie, während sie mit dem Stricken begann.

„Was ist denn mit uns los?"

„Erst habt ihr euch Schnurrbärte wachsen lassen und seid damit herumstolziert die eitlen Gockel, und heute geht ihr hin und kommt einfach ohne wieder zurück."

Ich hatte keine Lust, meiner unter einem schwachen Herzen leidenden Frau mit der Wahrheit zu konfrontieren. Stattdessen sagte ich:

„Glaubst du wirklich, ein Schnurrbart ist etwas, das für immer verschwindet, wenn man es sich einmal entfernen lässt? Wenn wir uns wieder welche stehen lassen wollen, dann dauert es keine zehn Tage, bis sie wieder und voll da sind."

An dieser Stelle verfiel meine Frau in eine ihrer üblichen Tratsch-Litaneien. Das Kind von dem und dem hatte dieses Jahr die Prüfung nicht bestanden. Guck mal, die Soundso schämt sich offenbar nicht, sich einfach zwei Jahre jünger als ich auszugeben. Die X hat sich schon wieder scheiden lassen. Und so weiter und so fort. Das alles ging bei mir zum einen Ohr rein und zum anderen wieder raus. Vor meinen Augen sahen ihre unablässig sich bewegenden Lippen aus, als ob sie irgendeine Musik spielten, während die Nadeln in ihren Händen wirkten, als ob sie passend zu dieser Musik tanzten.

Warum hatte dieser Halogetonbartträger, von dem Ömärdschan gesprochen hatte, jemandem die Kehle durchscheiden wollen? Was waren das für Ermittlungen, bei denen man alle Schnurrbartträger registrierte, wenn einer Ärger gemacht hatte? Warum hatte auch ich mir Hals über Kopf meinen Schnurrbart abnehmen lassen? Warum musste dieser Halogetonschnauzerträger ausgerechnet hochgewachsen sein, genauso wie ich selber? Erfüllt von solchen verwirrenden Gedanken konnte ich bis Mitternacht nicht einschlafen.

Gegen Morgen muss ich einen schrecklichen Traum gehabt und vor Angst geschrien haben, denn meine Frau stupste mich an und weckte mich:

„He, he, machen Sie die Augen auf!* Die Augen!"

Als ich die Augen aufschlug, sah ich, dass es schon Morgen geworden war.

„Was ist los mit dir?", fragte ich meine Frau, die mich ihrerseits verwundert ansah.

„Und was ist mit Ihnen selber los?"

„Was mit mir los ist?"

„Warum schreien Sie denn so?"

„Ach so, ich muss im Traum geschrien haben."

Ich schlug die Decke zurück, setzte mich im Bett auf und ließ die Füße herabbaumeln. Dabei versuchte ich, mich an den Traum zu erinnern, den ich gehabt hatte. Meine Güte, was für merkwürdige Dinge der Mensch doch träumt!

„In meinem Traum sitzen wir beide hier auf dem Bett. Du bist wie wild am Stricken. Als ich dich frage: ‚Was machst du?' , antwortest du: ‚Ich habe Ihren alten Pullover aufgetrennt, daraus will ich mit etwas Geschick etwas für die Kinder machen.' Ich denke eine Weile nach, dann merke ich, wie sich in mir Zufriedenheit ausbreitet, und ich frage dich: ‚Wäre es nicht möglich, dass du auch mich auftrennst und neu zusammenzustricken versuchst?' Lach nicht, in dem Traum habe ich das genau so gesagt. Du antwortest: ‚Das kann ich machen. Nur werden nach dem Auftrennen einige abgerissene und kaputtgegangene Stellen an Ihnen sichtbar werden, und wenn ich Sie wieder zusammenstricke, dann werden Sie kleiner sein als Ihre vorherige Version.' Woraufhin ich sage: ‚Wenn ich kleiner werde, umso besser!' Ich flehe dann sogar: ‚Ich bitte dich sehr, Frau, trenn mich jetzt gleich auf und strick mich bis zum Morgen wieder zusammen!' Du antwortest nur: ‚Einverstanden!' Dann ziehst du mich splitternackt aus, und ich muss mich auf dem Bett ausstrecken. In dieser Position fängst du dann an, mich aufzutrennen, vom Fußnagel an. An den Stellen meines

Körpers, die gerade aufgetrennt werden, entsteht ein Gefühl, als ob mich jemand gerade leicht kitzelt. Ohne den geringsten Schmerz zu empfinden, liege ich dabei vollkommen entspannt da. Als du mit dem Auftrennen an meiner Kehle ankommst, wird einer der Fäden zugezogen, und ich werde erwürgt. Wie sehr ich auch schreien will, du ziehst den Faden einfach weiter zu. Ich bekomme keine Luft mehr und werfe mich nach allen Seiten herum. Aber dann mache ich die Augen auf, alles ist nur ein Traum und du stehst neben mir… "

Als meine Frau das alles vernommen hatte, blieb ihr vor Lachen fast die Luft weg.

„Was gibt es da zu lachen! So war eben der Traum!"

„Sind sie verrückt geworden? Geht das, einen Menschen aufzutrennen und neu zu stricken? Hören Sie doch auf! Lassen Sie mich das Bett machen!", antwortete sie.

In diesem Moment fiel mir ein, dass ich ja noch zur Stadtviertelregierung musste. Rasch zog ich mich an.

* * *

Im Büro der Stadtviertelregierung waren der Schutzkomiteemann Ömärdschan und eine massige und aus dem Leim gegangene weitere Person an einem riesigen Tisch damit beschäftigt, mit kratzendem Geräusch irgendwas aufzuschreiben. Auf einer Sitzbank neben der Tür hockte außerdem ein außergewöhnlich klein gewachsener Mann. „Wenn man solche Kleinwüchsigen auftrennt und neu zusammenstricken will, bleibt vermutlich überhaupt nichts mehr übrig", dachte ich mir spontan. Mit den Worten „Rutschen Sie mal ein Stück rüber, Meister!" schob ich mich an ihn heran.

„Dies ist das neu in unsere Stadtviertelregierung ernannte Stadtvierteloberhaupt", stellte Ömärdschan den Fetten vor. „Er hat euch rufen lassen, um einige Angelegenheiten aufzuklären."

Das Stadtvierteloberhaupt warf mir aus dem Winkel seiner Augen einen Blick zu. Dann befahl er dem neben mir sitzenden Kleinwüchsigen:

„Nur zu, sprechen Sie weiter!"

Der Kleinwüchsige war offenbar eben noch dabei gewesen, seine Situation darzulegen.

„Das war wohl vor vier, fünf Tagen", sagte er. „Ja, ja… so ist es. Es war am Sonntag. Ich war unterwegs zum Markt, um Fleisch und so zu kaufen. Irgendwann gab es einen großen Aufruhr. Ich sah, wie nahe an der Bushaltestelle drei junge Typen oder so einen Menschen in ihre Mitte nahmen und anfingen, auf ihn einzudreschen. Derjenige, der die Prügel bezog, begriff, dass er gegen alle drei keine Chance haben würde, und zog blitzschnell ein Messer seitlich heraus. Wir alle sahen die funkelnde Klinge. Ringsum brach das Chaos aus. Die Gemüseverkäuferinnen krischen vor Angst. Ich weiß nicht genau, wie, aber genau in diesem Augenblick kam irgendjemand von hinten heran und riss dem Mann geistesgegenwärtig das Messer aus der Hand. Der holte noch ein weiteres Messer heraus, und ein anderer konnte ihm auch dieses entwinden und fortwerfen. Doch dann sah man ein noch größeres Messer in der Hand des Täters. Daraufhin begannen die Leute auf dem Markt wild in alle Richtungen auseinanderzurennen. Da bin ich auch weggerannt. Das ist alles, was ich gesehen habe."

Ich war schockiert. Um Gottes willen, warum hatte es da nur so viele Messer gegeben? Wie hatte der Mann die ganzen Messer nur an sich verstecken können? Das Stadtvierteloberhaupt hob den Kopf.

„Wie sah derjenige, der die Messer gezückt hatte, ungefähr aus?", fragte er.

„Ich kann mich nicht mehr erinnern. Auf jeden Fall sah er aus wie ein hochgewachsener Schnurrbartträger…"

„War sein Wuchs ähnlich hoch wie der des Mannes, der neben Ihnen sitzt?"

Ich spürte einen Stich im Herz. Der kleinwüchsige Kamerad musterte mich von Kopf bis Fuß und sagte dann:

„Nein, nein, ich würde sagen, er war noch größer gewachsen als diese Person da."

Mir entfuhr mir ein leichter Seufzer. Der Kleinwüchsige erschien mir nun ziemlich freundlich. Ich dachte mir: Den braucht man auch nicht aufzutrennen. Doch das Stadtviertelöberhaupt schien mit seiner Aussage überhaupt nicht zufrieden zu sein.

„Nun gut, gehen Sie für den Augenblick nach Hause zurück und denken Sie noch einmal darüber nach, was Sie an jenem Tag auf dem Markt gesehen haben! Verfassen Sie eine detaillierte schriftliche Beschreibung des Äußeren jenes Messerstechers und bringen Sie sie uns bis morgen früh!", sagte er.

Der kleingewachsene Kamerad ging hinaus. Nun richtete das Stadtviertelöberhaupt seinen Blick auf mich.

„Also gut", sagte es, während es sich eine Zigarette ansteckte, „Warum haben Sie sich so schnell den Schnurrbart abrasieren lassen?"

Ich wollte erklären, dass ich vom Schutzkomiteemitglied Ömärdschan von der laufenden Registrierung der Schnurrbartträger erfahren und Angst bekommen hätte, aber als mir diese Worte schon auf der Zunge lagen, zwang ich mich, sie runterzuschlucken und strickte mir stattdessen eine Lügengeschichte zusammen:

„Sie kennen die Mentalität unserer Nachbarschaft nicht. Aber Ömärdschan hier kennt sie hervorragend", fabulierte ich. „Wenn sich jemand etwas ein klein wenig Schöneres kauft oder ein besseres Kleidungsstück trägt, dann wird sein Freund, sobald er von der Neuigkeit hört, ihn unausbleiblich auffordern, darauf einen zu trinken. Dadurch wird er ihn dann dazu bringen, zehn, zwanzig Piepen* auszugeben. Seit Kurzem hängen sie sich auch an meinen Fersen und liegen mir in den Ohren: ‚Wow Mann, dieser Bart steht ihnen aber toll! Wann trinken wir einen auf den Bart! Das geht aber überhaupt nicht, dass wir nicht ordentlich einen auf Sie trinken!' Weil ich ohne richtigen Lebensunterhalt nicht einfach so viel Geld verplempern wollte, bin ich gestern in Ismails Friseurladen gegangen und habe den Schnurrbart kurzerhand ganz wegrasieren lassen."

Das Stadtviertelöberhaupt klopfte die Asche seiner Zigarette ab und blickte mir direkt in die Augen.

„Sie haben von dem Vorfall auf dem Markt gehört…"

„Ich verstehe nicht. Was hat der Vorfall auf dem Markt mit meinem Schnurrbart zu tun?"

„Wissen Sie es nicht?!" Während das Stadtviertelöberhaupt das sagte, stand es auf und ließ einen donnernden Schlag auf den Tisch niederkrachen. „Leute mit Schnurrbart haben immer ein Messer dabei! Was für ein komischer Zufall soll das denn sein, dass Ihnen exakt zu der Zeit, wo wir die Schnurrbartträger registrieren wollen, und nicht davor und nicht danach, einfällt, sich Ihren Schnurrbart abrasieren zu lassen, hä? Die Sache ist keineswegs banal! Denken Sie vielleicht, dass der Vorfall, der sich letzten Sonntag auf dem Markt ereignet hat, eine Sache wie jede andere gewesen ist? Nein, nein, nein, so oberflächlich darf man die Angelegenheit nicht betrachten! An dem Tag, als der Mann mit dem riesigen Schnauzer die Leute auf dem Markt mit gezogenem Messer vor sich herjagte und dann entwischte, hat er eine Tasche fallengelassen. Nachdem wir sie haben herbringen und untersuchen lassen, kamen darin dreißig, vierzig Messer zum Vorschein…"

„Könnte es dann nicht, sein, dass es sich um einen Hersteller und Verkäufer von Messern handelt…"

„Unterbrechen Sie mich nicht! Wie gerade eben vom Schmied hergestellte Messer aussehen, wissen wir selber, besser als Sie! Die Messer, die in der Tasche dieses Schnauzbärtigen gefunden wurden, waren eines größer als das andere und sämtlich schon abgenutzt… Und, wie erklären Sie das? Sind Sie vielleicht der Meinung, dass dieser Schnurrbartträger diese ganzen Messer deshalb dabei hatte, um damit irgendwelche Zaubertricks aufzuführen oder Späße darzubieten? Ihnen ist die

Historie des Ortes, an dem Sie stehen, vielleicht nicht bewusst. Nach den Worten eines meiner Freunde, der Historiker ist, unterwarf vor ein paar Tausend Jahren ein Mann namens Iskandar* an der Spitze seiner Soldaten alle Orte auf der Welt, doch als er hierher kam, traf er auf eine Gruppe von Messerwerfern,* konnte nicht weiter vorrücken und musste sich notgedrungen zurückziehen. Jeder einzelne dieser Messerwerfer hatte einige Dutzend Messer umhängen. Sie warfen ihre Messer ohne überhaupt hinzusehen und trafen dennoch jeden, der auf sie zukam, genau mitten zwischen die Brauen, so dass er nach hinten umfiel. Als vor ein paar Jahrhunderten Dschingis Khans* Räuber durch diese Gegend hier zogen, haben sich ihnen zahllose solcher Messerwerfer auf ihrem Zug nach Westen angeschlossen. Und heutzutage sieht es so aus, als ob sich unter uns erneut solche Messerwerfer erheben würden. Wer kann schon sagen, dass sie nicht eine Katastrophe heraufbeschwören werden? Gehen Sie jetzt nach Hause und schreiben Sie genau auf, wann Sie angefangen haben, sich einen Schnurrbart stehen zu lassen, aus welchem Grund Sie ihn abrasiert haben, und was für ein Aussehen er hatte! Mit Aussehen meine ich: War es ein dicker Schnauzer, ein Halogetonschnauzbart oder ein Bleistiftschnurrbart? Bringen Sie uns das Ergebnis bis spätestens morgen vorbei!"

***

Als ich von der Stadtviertelregierung zurückkehrte, drehte sich mir alles im Kopf, so, als ob mich jemand zum Rotieren gebracht hätte. Zu Hause war ich nicht mehr imstande, irgendetwas zu tun. Ehrlich gesagt, fragte ich mich, warum jener Bartträger überhaupt dreißig, vierzig Messer in seine Tasche gesteckt und sich dann auf die Jagd nach Menschen begeben hatte. Von Iskander und Dschingis Khan hatte ich schon das eine oder das andere gehört. Dass jener Messerstecher von heute sich als Verwandter dieser Herrscher von vor etlichen Jahrhunderten herausstellte, war ein interessanter Aspekt. Ganz zu schweigen davon, dass auch noch ich selbst zu allem Überdruss in die Sache hineingeraten war!

Am Abend setzte ich mich hin, um in meiner krakeligen Handschrift eine kurze Geschichte meines Schnurrbarts, von seiner Geburt bis zu seinem Tod, aufzuschreiben. Meine Frau sah mir dabei über die Schultern:

„Was ist seit den letzten zwei, drei Tagen mit Ihnen los?"

„Was los ist?"

„Erst gehen Sie und lassen Ihren Bart abrasieren. Dann rennen Sie zur Regierung. Heute sind Sie die ganze Zeit wie ein aufgescheuchtes Huhn herumgerannt, und jetzt haben Sie sich hingesetzt, um eine Untersuchung zu schreiben…"

„Das ist keine Untersuchung, du Dummerchen! Ich schreibe gerade die Geschichte meines Schnurrbarts."

„Die Geschichte deines Schnurrbarts?!"

Meine Frau glotzte mich an. Sie glaubte ohne jeden Zweifel, dass ich nicht mehr ganz bei Sinnen war.

„Das ist Politik. Das ist keine Sache, in die sich Frauen einmischen sollten!", schrie ich sie an. „Geh fort und kümmere dich um deine Töpfe und dein Geschirr!"

In jener Nacht hatte ich einen fürchterlichen Traum, von dem ich schließlich erwachte. Ich machte die Lampe an, setzte mich einen Moment auf und versuchte, mich an ihn zu erinnern. Meine Frau wurde auch wach und fragte:

„Was ist denn nun schon wieder los?"

„Ich habe einen Alptraum gehabt. Siehst du nicht, dass ich schweißgebadet bin?"

„Es scheint, als ob Sie erneut etwas Merkwürdiges geträumt haben, nicht wahr?"

„Und wie! In meinem Traum schlafe ich. Irgendein polterndes, rumpelndes Geräusch dringt an meine Ohren. Ich denke mir: ‚Du bist auf dem fahrenden Wagen eingeschlafen.' Doch auf einmal sage ich mir: ‚Nein, du bist nicht auf dem Wagen, sondern in der Mühle eingeschlafen.' Der polternde Lärm wird immer lauter, und mit mächtigem Tosen fängt Wasser an, in die Mühle einzudringen. Irgendwann merke ich, dass ich gar nicht in einer Mühle, sondern in der Waschmaschine herumgewirbelt werde. Obwohl ich aus Leibeskräften schreie, hört mich niemand. Je mehr ich herumstrampele, desto tiefer versinke ich im Schaum… Vor lauter Angst habe ich mir jetzt die Lampe angeschaltet. Das Gescheppere der Waschmaschine dröhnt mir immer noch in den Ohren."

Am nächsten Morgen stand ich auf und war extrem müde. Mein Kopf fühlte sich an, als ob er immer noch herumgewirbelt würde, und mir war schwindlig. Gegen Mittag nahm ich das Papier, auf dem die „Geschichte" meines Schnurrbarts geschrieben stand, und ging damit wieder zur Stadtviertelregierung. Dort wurden offenbar gerade ein paar andere, die wegen der Sache mit dem Bart vorgeladen worden waren, verhört. Ich wagte es nicht, einzutreten und übergab das Blatt Papier, das ich in der Hand hielt, von der Türschwelle aus.

Von der Stadtviertelregierung nahm ich den direkten Weg zurück zum Markt. Ich überquerte ihn. Mir kam es so vor, als ob überall vor meinen Augen Messer und Schnurnbärte auftauchten. Was für ein gigantisches Messer jener schnurrbarttragende Gewalttäter in der Hand gehabt hatte! Und die Messer, die aus der Tasche dieses Schnauzbärtigen zum Vorschein kamen, waren wohl auch Geräte, die zum Vergießen des Bluts anderer Lebewesen bestimmt waren. Doch was ist mit dem krummen Messer dieses Wassermelonenverkäufers da, das so lang wie ein Schwert ist? Von so riesigen Messern bekommt man auf jeden Fall aber keine dreißig oder vierzig Stück in einer Tasche unter… Oder was soll man von den Messern halten, die vor den Straßenhändlern dort ausliegen? Man konnte hier alle Arten von Geräten mit Klingen finden, von den berühmten Yengisar-Messern* über mit Einlegearbeiten verzierte Messer aus Kaschgar*, zweischneidige Dolche, mongolische Messer mit Eisenscheiden und Hackmesser aus den im Landesinneren gelegenen Provinzen Chinas bis hin zu diversen von einheimischen Meistern geschmiedeten Federmessern. Die meisten, die sich dort am Handel beteiligten, waren schnurrbartlos. (Allerdings gab es unter ihnen auch viele, die sich ihren Schnurrbart heimlich hatten abrasieren lassen.)* Wenn man zu diesen schnurrbartfreien Messerträgern noch jene schnurrbarttragenden Messerträger hinzurechnete, von denen das Stadtviertleoberhaupt gesprochen hatte, dann konnte man wirklich von einer großen Gefahr sprechen… Auf mich wirkte auch dieser mit dem lauten Gewimmel der Käufer und Verkäufer erfüllte Markt, als ob er im Inneren einer riesigen Waschmaschine ununterbrochen herumgeschleudert würde. Ich dachte mir spontan, dass das Stadtviertleoberhaupt diesen Markt bestimmt auftrennen und neu zusammenstricken werde.

Von da an ging ich vor lauter Angst nicht mehr nach draußen. Ich hörte allerdings auch nichts davon, dass irgendjemand das Stadtviertel aufgetrennt und wieder zusammengestrickt habe. Es war wohl erst so an die zwei Monate später, als ich mir ein Herz fassen und auf die Straße hinausgehen konnte. Nachdem ich meine Besorgungen erledigt hatte, begegnete mir auf dem Rückweg nach Hause das Stadtviertleoberhaupt. Ich wollte meinen Augen nicht trauen: Der massive Mann, der wie eine Ente herangewatschelt kam, hatte sich einen üppigen Schnauzbart stehen lassen! Ich ging näher und musterte ihn. Kein Zweifel, das war unser Stadtviertleoberhaupt. Ich stellte mich ihm in den Weg.

„Seien Sie gegrüßt!", sprach ich ihn an.

Das Stadtviertleoberhaupt blieb stehen, warf mir einen Blick zu und antwortete:

„Wer sind Sie denn?"

„Ich bin der Mann, der vor zwei Monaten die Geschichte seines Schnurrbarts aufschrieb und Ihnen übergab!"

„Ach, ja, damals waren unsere Gehirne wohl etwas überhitzt, und wir haben eine Reihe von Leuten in Schwierigkeiten gebracht. Offenbar gehörten auch Sie zu ihnen, nicht wahr? Sehen Sie, dieser Stotterer hat uns alle ziemlich durcheinandergebracht."

„Was für einen Stotterer meinen Sie?"

„Sie haben noch nicht davon gehört? Der Schnauzbartmann, der auf dem Markt ein Messer herausgeholt und sich auf Menschenjagd begeben hatte… Er ist eigentlich ein Mitarbeiter des Schlachthauses. Die elektrische Schleifmaschine der Schlachterei war kaputtgegangen, so dass er an jenem Tag die Messer, mit denen die Metzgermeister immer die Tiere schlachteten, zusammensuchte und zum Markt brachte, um sie mit einem Schleifrad schärfen zu lassen. Im Bus hatten es drei Taschendiebe auf ihn abgesehen, machten sich an ihn heran und stahlen ihm das Geld, das er in der Tasche hatte. Als der Stotterer merkte, dass sein Geld verschwunden war, stieg er aus dem Bus und griff sich die Diebe. Er hielt sie fest, konnte sich aber den herbeigekommenen Leuten nicht verständlich machen. Die Taschendiebe prügelten dann zunächst auf ihn ein und wollten anschließend fliehen. Nachdem der Stotterer die Schläge abbekommen hatte, holte er schließlich ein Messer heraus. Das war der ganze Vorfall."

„Aha, mehr war da also nicht?"

„Genau so ist es. Mehr war bei dem Vorfall nicht. Ich habe ihn dann mit unausgegorenem historischem Wissen, das ich von einem Bekannten gehört habe, verbunden und noch einige tiefschürfende Überlegungen dazu angestellt. Die Ärzte nennen so etwas ‚krankhaft übersteigerte Sinneswahrnehmung'. Die obere Führung hat mich deswegen zu sich kommen lassen und mit scharfer Kritik überzogen: ‚Was bist du für ein Oberhaupt, das wegen eines Vorfalls mit einem einzigen Schnurrbartträger sämtliche Schnauzbartträger in Unruhe versetzt?' Sie werden mir hoffentlich nicht böse sein… Sie wundern sich, wenn Sie meinen Schnurrbart sehen? Nun, einige Führungsmitglieder haben über mich gesagt: ‚Das Stadtteiloberhaupt hat immer schon einen Hass auf Schnauzbärte gehabt.' Die Gedanken der Führer muss man unbedingt ernst nehmen. Also habe auch ich mir einen Schnurrbart wachsen lassen. Finden Sie, dass er mir steht?"

Das Stadtteiloberhaupt setzte ein feistes Grinsen auf. Ich schluckte meine Empörung herunter und lächelte ebenfalls. Dann sagte ich:

„Er steht Ihnen. Doch im Vergleich mit Ihrer Statur fällt Ihr Schnurrbart etwas zu klein aus. Wenn Sie ihn noch etwas mehr wachsen lassen und dann bis zu den Ohren hochzwirbeln, wird es aber gehen."

„Bravo! Der war gut!", sagt er und klopfte mir mit seinen speckigen Patschehändchen auf die Schulter.

Ich blieb wie angewurzelt stehen. Mir gingen Dinge durch den Kopf wie „Auch dieses Stadtviertelsoberhaupt ist wohl in eine Waschmaschine gefallen und wird dort seit geraumer Zeit schon herumgeschleudert. Wenn man solche unförmigen Menschen herausholt, an der Sonne trocknet, dann auftrennt und wieder zusammenstrickt, dann werden sie bestimmt handlicher."

Als ich schon nahe an meinem Zuhause war, traf ich auch noch den Schutzkomiteemann Ömärdschan.

„He Ömärdschan!", rief ich und hielt inne. „Sie haben mir ja nicht einmal die letzten Neuigkeiten mitgeteilt!"

„Was für Neuigkeiten?"

„Die Registrierung der Schnurrbärte ist abgesagt worden. Sogar das Stadtviertelsoberhaupt hat sich einen Schnurrbart stehen lassen…"

„Von wem haben Sie das gehört?"

„Ich habe das Stadtviertelsoberhaupt eben selbst an der Straßenecke dort getroffen."

„Was hat er gesagt?"

„, Finden Sie, dass er mir steht?' , hat er gesagt. Und ich habe geantwortet: , Er steht Ihnen. Doch im Vergleich mit Ihrer Statur fällt Ihr Schnurrbart etwas zu klein aus. Wenn Sie ihn noch etwas mehr wachsen lassen und dann bis zu den Ohren hochzwirbeln, wird es aber gehen.' "

Ömärdschan brach in schallendes Gelächter aus.

„Das Stadtvierteloberhaupt hat einen Schnurrbart, der nicht nachwächst!"

„Was wollen Sie mir damit sagen? Was für ein Schnurrbart, der nicht nachwächst?"

„Wissen Sie das nicht? Unser Stadtvierteloberhaupt ist von Geburt bartlos. Doch weil ihn in dieser Sache alle die Ruhe geraubt haben, indem sie mit dem Zeigefinger gedroht und gefragt haben: ‚Was haben dir die Bartträger eigentlich getan?' , hat er sich von der Künstlertruppe einen falschen Bart geben lassen und ihn eben angeklebt."

Ömärdschan ging fort. Ich ließ alles, was geschehen war, von Anfang bis zum Ende vor meinem geistigen Auge Revue passieren, und stand so noch dort herum. Nun war ich schon so alt geworden und hatte noch nicht begriffen, wie seltsam die Welt war.

Nun ist es ungefähr sechs Monate her, seit sich diese Ereignisse zugetragen haben.

Mein Sohn hat oberhalb seiner Lippen einen Kragenbesatz befestigt, der noch größer ist als der frühere. Ich jedoch wage es bis jetzt nicht, mir einen Schnurrbart wachsen zu lassen. Denn wer kann mir garantieren, dass das Stadtvierteloberhaupt seinen falschen Schnurrbart nicht ruckzuck wieder in seiner Tasche verschwinden und tun wird, was ihm gerade einfällt, falls sich seine ‚krankhaft übersteigerte Sinneswahrnehmung' aufgrund irgendeines Missgeschicks unerwarteterweise verschlimmern sollte?

14 Ächtäm Ömär: Der junge Falke (Auszug)

14.1 Vorbemerkung

Ächtäm Ömär (Äxtäm Ömär, chinesische Namensform Aihetan Wumai'er 艾合坦·吾麦尔) wurde 1962 in einem kleinen Dorf im Bezirk Mäkit (Maigeti) am Rande der Taklamakan-Wüste geboren.[1505] In seinem Heimatdorf verbrachte Ömär auch seine Schulzeit.[1506] Die Gegend, aus der er stammt, wird traditionell von den Dolanen (*Dolan*) besiedelt, einer Untergruppe der Uiguren.[1507] Von 1981 bis 1983 absolvierte Ömär eine Lehrerausbildung an der in Mäkit gelegenen Filiale der Pädagogischen Hochschule Kaschgar.[1508]

Nach seiner Ausbildung integrierte sich Ömär in das politische und berufliche System der Volksrepublik China. So wurde er Sekretär in der Kommunistischen Jugendliga.[1509] Auch arbeitete er als Radiosprecher sowie als Lehrer in Mäkit und Kaschgar.[1510] Seit 1988 war er „Berufsautor" des Literaten- und Künstlerverbandes von Kaschgar.[1511] Anfang der 1990er Jahre zog er nach Ürümči um.[1512] Von November 1992 bis März 1993 bereiste er einige Länder der Gemeinschaft Unabhängiger Staaten sowie Rumänien, die Türkei und Saudi-Arabien.[1513] Ab 1994 arbeitete er als Drehbuchautor für das Täŋritaġ- Filmstudio in Ürümči.[1514] Des Weiteren war er auch für das Opern- und Theaterhaus von Ürümči als Autor tätig, und zwar mindestens bis kurz vor 2009.[1515] Er wurde Mitglied des Schriftstellerverbands der Autonomen Region Xinjiang sowie des Schriftstellerverbands für Nationale Minderheiten der Volksrepublik China.[1516]

Ömär soll schon relativ bald nach der Verschärfung der Repression unter Xi Jinping, nämlich zwischen Januar und März 2017, ins Visier der volksrepublikanisch-chinesischen Behörden geraten sein.[1517] Einer Angabe eines Informanten zufolge verschwand Ömär bereits „früh im Jahr 2017".[1518] Möglicherweise dasselbe Ereignis aus einer anderen Perspektive darstellend berichtet die Quelle, dass Ömär am 12. März 2017 in Mäkit festgenommen worden sei, und zwar einen Monat nach seinem

---

1505 Anonym 2009: 1/ 5PDF; Sulayman/ Qurban/ Guth 2020. Vgl. dagegen Friederich o. J. [1998], demzufolge er aus Kaschgar stammen soll. – Die chinesische Namensform des Autors stammt aus Xinjiang Victims Database [shahit.biz/eng/#3685, zuletzt aktualisiert am 9. Juni 2021].
1506 Sulayman/ Qurban/ Guth 2020.
1507 Zu ihnen siehe S. 96 des Haupttexts.
1508 Anonym 2009: 1/5PDF. Vgl. Sulayman/ Qurban/ Guth 2020.
1509 Die Bezugnahme auf die „Communist League" in Sulayman/ Qurban/ Guth 2020 könnte als Referenz auf die Zhongguo Gongchanzhuyi Qingniantuan, „Jugendliga für Kommunismus Chinas", verstanden werden. Anonym 2009: 1/5PDF vermerkt über diesen Lebensabschnitt Ömärs dessen Wirken als „Verbandskader" (*ittipaq kadiri*).
1510 Anonym 2009: 1/ 5PDF; Sulayman/ Qurban/ Guth 2020.
1511 Sulayman/ Qurban/ Guth 2020. Der Ausdruck „Berufsautor" übersetzt höchstwahrscheinlich *käspiy yazġuči*) (siehe hierzu S. 232 des Haupttextes).
1512 Anonym 2009: 1/5PDF.
1513 Siehe seine eigenen Angaben in Ömär 2009 [2008]: 1.
1514 Sulayman/ Qurban/ Guth 2020. Vgl. Anonym 2009: 1/ 5PDF.
1515 Dies kann man aus der Angabe in Anonym 2009: 1/ 5PDF und ihrer Chronologie schließen.
1516 Sulayman/ Qurban/ Guth 2020.
1517 Xinjiang Victims Database [shahit.biz/eng/#3685, zuletzt aktualisiert am 9. Juni 2021].
1518 *Early in 2017*, wie Hoshur/ Lipes 2021 unter Berufung auf einen „Tippgeber" (*tipster*) schreiben.

Bruder und einem seiner Neffen.[1519] Äxtäm Ömärs Bruder *Iskändär soll zu 13 Jahren Haft verurteilt worden sein, nachdem er aus Ägypten zurückgekehrt war.[1520] Als hauptsächliche Begründung für Äxtäm Ömärs Verhaftung sollen die Behörden mitgeteilt haben, dass dieser den Sohn seines älteren Bruders zum Studium nach Ägypten geschickt und ihm dorthin Geld zukommen lassen habe.[1521] Sehr wahrscheinlich war den volksrepublikanisch-chinesischen Behörden der intensive Kontakt nach Ägypten, einem eher konservativen muslimischen Staat, verdächtig. Das Land steht in Xinjiang auf einer Schwarzen Liste von Orten, an denen Indoktrination mit islamischem Extremismus drohe.[1522] Nach dem oben erwähnten Informanten wurde Ömär Ende 2018 von den chinesischen Behörden in einem Geheimprozess in Ürümtschi zu 20 Jahren Haft verurteilt.[1523] Einem Anfang September 2023 aktualisierten Eintrag in der Xinjiang Victims Database zufolge wurden als Gründe für seine Verhaftung Reisen ins Ausland, religiöse Bezüge, „Separatismus" (*separatism*) und „illegale Zusammenkunft" (*illegal gathering*) vermutet.[1524]

Offenbar wurden im Zusammenhang mit dem staatlichen Vorgehen gegen Ömärs im Sommer Jahr 2020 auch einige seiner literarischen Werke gezielt aus dem Verkehr gezogen und sogar verbrannt.[1525] Unter den eingezogenen und verbrannten Werken dürften sich auch Sammlungen mit der Erzählung „Der junge Falke", die weiter unten vorgestellt wird, befunden haben.[1526] Einer der Orte, in denen diese Erzählung verbrannt worden sein soll, war das Dorf Mixia 米夏 im Kreis Päyzivat (Jiashi).[1527] Dort soll das Autodafé unter der Aufsicht von Angehörigen des Parteikomitees und der Polizeistation des Dorfs stattgefunden haben.[1528]

Ömärs Verbleib galt im September 2023 als ungeklärt.[1529]

Seine literarische Tätigkeit begann Ömär in den frühen 1980er Jahren.[1530] Offensichtlich waren seine ersten literarischen Produkte Erzählungen. Zu ihnen gehörten „Die Nektarine" (*Toġač*), und

---

[1519] Hoshur/ Lipes 2021. Die Autoren geben den Namen des Bruders in der Form *Anwar Omer* (*Änvär Ömär*) und den des Neffen als *Iskander Omer* (*Iskändär Ömär*) an.

[1520] Hoshur/ Lipes 2021.

[1521] Hoshur/ Lipes 2021.

[1522] Hoshur/ Lipes 2021.

[1523] Hoshur/ Lipes 2021. Vgl. Xinjiang Victims Database [shahit.biz/eng/#3685, zuletzt aktualisiert am 9. Juni 2021].

[1524] Xinjiang Victims Database [shahit.biz/eng/#3685, zuletzt aktualisiert am 9. Juni 2021].

[1525] Hoshur/ Lipes 2021 schreiben nach der Erwähnung von Ömärs Inhaftnahme, dass sein *work was targeted in a book burning campaign* („sein Werk in einer Bücherverbrennungskampagne ins Visier genommen wurde").

[1526] Hoshur/ Lipes 2021 erwähnen *a collection of short stories entitled* Child of the Eagle („eine Sammlung von Kurzgeschichten namens ‚Das Adlerjunge'"), deren Autor Ömär sei, und dass *this book was ripped from shelves across the XUAR last year and set alight as part of a campaign to censor him* („dieses Buch in der ganzen AURX als Teil einer Kampagne, um ihn zu zensieren, aus den Regalen gerissen wurde"). Allerdings konnte in den Angaben zum Werk des Autors in Harbalioğlu/ Abdulvahit Kaşgarlı 2017: 137-139 noch anderswo ein *Buch* Ömärs mit dem Titel *Qarčiġa balisi* nachgewiesen werden. Möglicherweise ist bei Hoshur/ Lipes 2021 nicht ein Buch dieses Titels, sondern ein Buch, in dem die gleichnamige Erzählung auch vorhanden ist, gemeint.

[1527] Hoshur/ Lipes 2021, die den Namen des Dorfs in der Form Misha wiedergeben. Die Autoren gehen davon aus, dass es einen Erzählungsband mit dem Titel *Qarčiġa balisi* gab, der sich allerdings anderweitig nicht nachweisen ließ, und auch die auf Päyzivat bezogene Passage ihres Textes lässt sich so verstehen, dass dort ein Buch gemeint sei.

[1528] Hoshur/ Lipes 2021, die noch weitere Details zu dem Vorfall mitteilen.

[1529] Xinjiang Victims Database [shahit.biz/eng/#3685, zuletzt aktualisiert am 9. Juni 2021].

[1530] Anonym 2009: 1/5PDF.

„An der Kinotür" (Kinoxana išikidä).¹⁵³¹ Von dieser Zeit an publizierte er zahlreiche weitere Prosawerke, was ihn zu einem der bedeutendsten Prosaautoren der uigurischen Gegenwartsliteratur macht.¹⁵³² Zu ihnen gehören kürzere und längere Erzählungen wie „Ach, Blut meiner Nabelschnur" (Ah, menin kindik qenim), „Wehe, der mitleidlose Fluss" (Ah, rähimsiz därya), „Die weiße Frau" (Aq juvan), „Das alte Mädchen" (Qeri qiz), „Der See, der von Würmern verseucht wurde" (Qurtlap kätkän köl) und „Lied der Sehnsucht" (Seginiš küyi).¹⁵³³ Als eines seiner bedeutendsten Werke gilt die 1986 entstandene und 1989 ersterschienene Langerzählung (povest) Qiyamättä qalgan sährä (in etwa „Weltuntergangswüste").¹⁵³⁴ Mit dem im Titel auftauchenden „Weltuntergang" (qiyamät) wird symbolisch auf die sogenannte „Große Kulturrevolution" (1966–1976) angespielt.¹⁵³⁵ Die Hauptfiguren, die in der Langerzählung diese traumatische Zeit durchleben müssen, sterben am Ende, mit einer einzigen Ausnahme. Denn eine einzige Frau, Näfisä, überlebt, aber das auch nur, nachdem sie zur Hure und Bettlerin geworden ist und indem sie dabei ihren Verstand verliert.¹⁵³⁶ Sujet und Umsetzung zeigen, wie eng in der uigurischen Literatur der Reform- und Öffnungsära die Verbindung zwischen gesellschaftlichem, politischem (und historischem) Kontext und Literarisierung sein kann. Die Darstellung der Zeit der „Großen Kulturrevolution" in Qiyamättä qalgan sährä dürfte eine der frühesten in der uigurischen Prosaliteratur überhaupt sein. In der Literaturkritik ist Ömär Äxtäm zwar eine „neutrale Haltung" in Bezug auf die Kulturrevolution attestiert worden.¹⁵³⁷ Angesichts des Todes aller Figuren von Qiyamättä qalgan sährä und des elenden Schicksals Näfisäs dürfte dies aber kaum eine überzeugende Beurteilung sein. Die gesamte Zeit der „Großen Kulturrevolution" erscheint in der Erzählung als eine einzige Katastrophe, in der es keine Ausgewogenheit zwischen positiven und negativen Aspekten, sondern höchstens einige Schattierungen des Unglücks gibt. Literaturgeschichtlich wird Qiyamättä qalgan sährä im Übrigen auch deshalb eine besondere Bedeutung zugeschrieben, weil Ömär in ihr im Unterschied zu den meisten bis dahin erschienenen anderen uigurischen Prosawerken nicht streng chronologisch vorgeht, sondern die Zeitstruktur durchbricht, unter anderem, indem er große Teile der Handlung in Form von Rückblenden präsentiert.¹⁵³⁸

Seit den 1990er Jahren schrieb Ömär auch Romane, darunter „Das Geheimnis der öde" (Bayavannin siri), „Die einzige Insel" (Yeganä aral) sowie das zweibändige Werk „Gherib und Sänäm" (Ġerib-Sänäm).¹⁵³⁹ Letzteres erzählt die auf einem traditionellen Volksepos (dastan) basierende romantische Liebesgeschichte zwischen den beiden Titelfiguren.¹⁵⁴⁰

1531 Anonym 2009: 1/5PDF.
1532 Vgl. Anonym 2009: 1/5PDF.
1533 Anonym 2009: 1/5PDF; Sulayman/ Qurban/ Guth 2020.
1534 Siehe Friederich o. J. [1998], der das Genre des Werks als „Kurzroman" bestimmt, und Sulayman/ Qurban/ Guth 2020, die dagegen einfach von „Roman" sprechen. Die bei Friederich o. J. [1998]: 226 verwendete Widergabe des Titels als „Qiyamättä qalgan sährä" könnte auf einem Versehen beruhen.
1535 Vgl. Friederich o. J. [1998]: 226, der qiyamät mit „Apokalypse" übersetzt.
1536 Friederich o. J. [1998]: 226f.
1537 So Friederich o. J. [1998]: 227: „Diese neutrale Haltung, die erst in der zweiten Hälfte der achtziger Jahre hauptsächlich von jungen uigurischen Autoren und Autorinnen (Äxtäm Ömär, Mähmmät Baġraš, Mämtimin Hošur, Pärhät Ġilan, Äziz Savut, Xalidä Isra'il) eingenommen wurde, konnte sich nach der Reideologisierung von Literatur und Kunst im Gefolge des Tian'anmen-Massakers vom Sommer 1989 nicht behaupten."
1538 Nach Friederich o. J. [1998]: 227 „unternimmt der Autor den erfolgreichen Versuch, das in der uigurischen Literatur vorherrschende, starr chronologische Handlungsschema zu durchbrechen".
1539 Anonym 2009: 1/5PDFf.
1540 Anonym 2009: 2/6PDF.

Ein häufiges Thema von Ömärs Werken ist die Lebenswirklichkeit der Dolanen.[1541]

1994 veröffentlichte Ömär eine im Untertitel als „literarische Erinnerung" (*ädäbiy xatirä*) bezeichnete essayhaftige Textsammlung mit dem Titel *Yiraq qirlardin ana yärgä salam* („Aus fernen Steppen ein Gruß an die Heimat").[1542]

Der Erzählung „Der junge Falke" (*Qarčiġa balisi*), aus der nachfolgend ein Auszug in Übersetzung präsentiert wird, stammt aus dem Jahr 2004.[1543] Die Erstveröffentlichung erfolgte wahrscheinlich in der landesweit in der Volksrepublik erscheinenden Monatszeitschrift *Minzu wenxue* 民族文学 („Nationalitätenliteratur").[1544] In dem Umstand, dass die Geschichte in einer bedeutenden volksrepublikanisch-chinesischen Literaturzeitschrift erschien, ist einer der Gründe dafür gesehen worden, dass sie zumindest in einer frühen Phase des Entstehungs- und Publikationsprozesses seitens offizieller Stellen nicht beanstandet worden sei.[1545] Der Erzählung ist in der volksrepublikanisch-chinesischen Literaturwissenschaft das Etikett „realistisch" (*re'alistik*) verliehen worden.[1546] Dies kann man ebenfalls so verstehen, dass sie als offiziellen Erwartungen konform eingestuft wurde.

Tatsächlich dürfte zumindest der erste Teil von *Qarčiġa balisi* dem von den kommunistischen Herrschern der Volksrepublik China vorgegebenen Verständnis von realistischer Literatur auch entsprechen. Dieser Abschnitt der Erzählung, von dem unten nur das Ende wiedergegeben ist, enthält nichts, was den offiziellen Stereotypen über „realistische" Literatur widerspräche oder auf sonst eine Weise problematisch wirken könnte. Bis zu diesem Punkt der Narration könnte man Ömärs Text als eine mehr oder weniger anspruchslose Schilderung einer Landpartie im kommunistischen Xinjiang auffassen. Die Figuren und Geschehnisse sind dabei im Wesentlichen auf das reduziert, was aus der Sicht der marxistisch-leninistisch geprägten Ideologie der VRC als notwendiges und hinreichendes Kriterium realistischer Literatur gelten mag. Im Wesentlichen besteht die Handlung des Anfangsparts von *Qarčiġa balisi* daraus, dass die Figuren der Handlung durch eine dörfliche Landschaft spazieren, essen und trinken. Als Leser muss man sich nach einigen Seiten unweigerlich fragen, was das Ganze eigentlich soll. Eine naheliegende Erklärung könnte sein, dass Ömär seiner Geschichte bewusst diesen konventionellen, den Erwartungshaltungen der offiziellen Volksrepublik und insbesondere von derren Funktionären und Zensoren entsprechenden Aufbau verliehen habe, um sich nicht den Weg zur Publikation dessen zu verbauen, was er im anschließenden zweiten Teil der Erzählung sagen möchte. Der auf den Leser etwas langweilig und einschläfernd wirkende Eingangsteil der Erzählung wäre demzufolge von Ömär ganz bewusst eingesetzt worden, um die schlafenden Hunde der Zensur weiterschlafen zu lassen. Eine solche Interpretation scheint insbesondere im Hinblick auf die mutmaßliche Erstveröffentlichung der Geschichte in *Minzu wenxue* und ihre offensichtliche Auszeichnung mit dem ‚Gütesiegel' der realistischen Literatur nicht unplausibel zu sein.

Nach dem Abschluss des ersten, biederen und den Erwartungen der Tradition entsprechenden Teil der Geschichte wird jedoch die Beobachtung eines gefangenen jungen Falken durch den Ich-Er-

---

1541 Anonym 2009: 2/6PDF.

1542 Sulayman/ Qurban/ Guth 2020. Text: Ömär 2009 [2008].

1543 Ausgabe: Ömär 2008: 317/324PDF-334/341PDF. Am Ende des Textes selber ist (als Fertigstellungsdatum) der April 2004 vermerkt. (Ömär 2008: 317/324PDF-334/341PDF) Vgl. auch die türkische Übersetzung in Ömer 2016 [2008]. – In Hoshur/ Lipes 2021 wird der Titel der Erzählung mit *Child of the Eagle* übersetzt.

1544 So lässt sich die Angabe *The story was initially published in* China Ethnicities Literature in Hoshur/ Lipes 2021 verstehen, auch wenn die Übersetzung des Titels nicht ganz wörtlich *Minzu wenxue* zu entsprechen scheint.

1545 Hoshur/ Lipes 2021.

1546 Anonym 2009: 2/ 6PDF.

zähler unvermittelt zum Ausgangspunkt einer Binnenerzählung gemacht, die eine vollkommen andere Dynamik entfaltet und dem ersten Teil sowohl stilistisch als auch inhaltlich diametral entgegensteht.

Dieses Binnennarrativ ist in mehrfacher Hinsicht aus dem gesamten Text hervorgehoben. Erstens verfügt es über einen von der Haupterzählung unabhängig verständlichen Inhalt. Zweitens endet der gesamte Text von *Qarčiġa balisi* mit der Binnenhandlung, ohne dass die Rahmenhandlung wieder aufgegriffen oder zu einem wie auch immer gearteten Abschluss gebracht würde. Dadurch kann der Leser der Eindruck bekommen, dass auch der inhaltliche Schlusspunkt des Textes nicht im einrahmenden Narrativ, sondern in der Binnenerzählung liegt. Die beiden Textteile stehen abgesehen von der räumlichen, zeitlichen und figurenbezogenen Kontinuität in keinem eine besondere Bedeutung ergebenden Verhältnis. Drittens, und das ist vielleicht der wichtigste Aspekt, erschließt sich eine sinnvolle Interpretation der Binnenhandlung kaum, wenn man sie in sozialistisch-realistischer Manier auszudeuten versucht. Die Binnenhandlung adressiert einen ganz anderen Leser als die Rahmenhandlung.

Man kann die Binnenerzählung vielleicht als eine Art Fabel oder Märchen bezeichnen. In dieser Hinsicht lässt sich das Werk vielleicht mit dem oben besprochenen Roman *Qum basqan šähär* Mämtimin Hošurs vergleichen. Einen gewissen Hinweis auf die symbolische Deutbarkeit von *Qarčiġa balisi* stellt möglicherweise bereits die mehrfach in den Text eingewobene Zahl vierzig dar, die in der orientalisch-islamischen und damit auch uigurischen Literatur traditionellerweise für eine lange Zeit und insbesondere für mühevolle Phasen der Prüfung stehen kann.[1547] Abgesehen davon würde ein sich konsequent auf eine „realistische" Deutung beschränken wollender Leser sich fragen müssen, warum die Dressur des jungen Falken in der Art beschrieben wird, wie Ömär dies tut. Auf einer nicht-symbolischen Ebene wirkt *Qarčiġa balisi* wie eine Anleitung zum Dressieren von Falken oder zum Geldverdienen mit diesen Tieren, was aber für einen literarischen, also fiktionalen Text, keine befriedigende Semantisierung sein kann. Einen Hinweis darauf, worum es in der Erzählung tatsächlich gehen dürfte, erhält der Leser erst ganz am Ende des Textes. Dort kommt der Ich-Erzähler angesichts der Geschichte über das Abrichten der Falken zu der Frage: „Warum sind die *Menschen* so niederträchtig geschaffen worden?"[1548] Eine direkte Parallele zwischen Falken beziehungsweise dem titelgebenden „jungen Falken" (*qarčiġa balisi*, wörtlich „Falkenkind") und dem auf Uigurisch strukturell ähnlich aufgebauten Lexem „Mensch" (*adäm balisi*, wörtlich „Menschenkind") wird auch in den Worten des Jägers gezogen, wobei das tertium comparationis der beiden Kreaturen ebenfalls deren Niedertracht ist.[1549] Auch die Passage, in der einer der Falkner davon berichtet, dass der dressierte junge Falke „im Traum sein früheres Leben sehen" werde,[1550] lässt sich kaum sinnvoll interpretieren, wenn man nicht annimmt, dass der Falke hier für einen Menschen stehe. Die Kategorie des „Realismus" wird also bereits in ihrem ästhetischen Postulat, nämlich der angeblichen Abbildung von „realen Dingen" (*re'al närsilär*),[1551] durch Erzählung *Qarčiġa balisi* in Frage gestellt. Die Geschichte handelt nicht nur von dem, was an wahrnehmbaren Elementen in ihr gegeben ist. Dies schließt auch die Behandlung moralischer Fragen ein, die die Natur des Menschen betreffen. Da die Moral nach offizieller volksrepublikanisch-chinesischer Auffassung durch die kommunistische Lehre bereits zweifelsfrei festgelegt ist, werden das herrschende Konzept der „realistischen Literatur" und damit die in der Volksrepublik China offiziell vorgegebenen Werte auch nicht nur auf der ästhetischen, sondern auch auf der ideologischen Ebene subvertiert. Am Ende erweist sich *Qarčiġa balisi* also als das genaue Gegenteil dessen, was die

---

1547 Siehe beispielsweise S. 273 der Übersetzung.
1548 S. 273 der Übersetzung. Hervorhebung hier von M. R. H.
1549 S. 271 der Übersetzung samt der dazugehörigen Fußnote.
1550 Siehe S. 273 der Übersetzung.
1551 Das Zitat stammt ebenfalls aus Anonym 2009: 2/ 6PDF.

kommunistischen Zensoren zunächst in der Erzählung gesehen hatten, nämlich eines gelungenen Beispiels „realistischer" Literatur.

Angesichts der symbolischen Interpretierbarkeit der Erzählung kann man sich die Frage stellen, wofür der Falke und seine Dressur ein Symbol sein könnten. Vielleicht kann man in den jungen, dressierten Falken der Binnenerzählung die von der kommunistischen Herrschaft um ihre eigene Identität, um das Bewusstsein ihrer Herkunft beraubten nicht-han-chinesischen Minderheiten sehen, zu denen auch die Uiguren gehören. Möglicherweise kann man einige Textstellen als Hinweise auf eine solche Deutungsmöglichkeit lesen. In Bezug auf das Dasein des Falken kommt das Wort „frei" (*ärkin*) mehrmals vor, es ist von „Vater und Mutter" (*ata-ana*) des Falken die Rede, und Ömär erwähnt auch dessen „Herkunft" (*äslini*), was vielleicht eine der aussagekräftigsten Hinweise durch den Autor ist.[1552] Vögel als Freiheitssymbole kommen auch an einer Stelle von Mämtimin Hošurs *Qum basqan šähär* vor, und stellt der Text einen direkten Zusammenhang mit der Freiheitssehnsucht Jahankäzdi Süpürgäs, also eines Menschen (und möglicherweise speziell der Uiguren) her. Es heißt dort:

> „Manchmal ging er auch extrem weit weg und erreichte auf seinen Wanderungen bisweilen sogar unversehens den wild tosenden Ozean selbst oder die Grenzen fremder Länder. In solchen Zeiten schaute Süpürgä mit Vergnügen zu den am Himmel die Flügel spreizenden und frei fliegenden Vögeln auf."[1553]

Der Anblick der „frei" (*ärkin*) über den Himmel fliegenden Vögel wird also in einen Zusammenhang mit den ausgreifenden Wanderungen Süpürgäs gestellt und kann dadurch naheliegenderweise auch auf *menschliche* Freiheit bezogen werden. Noch deutlicher wird ein Zusammenhang zwischen dem freien Flug von Vögeln und menschlicher Freiheitssehnsucht vielleicht in Nurmuhämmät Yasin Örkišis Kurzgeschichte „Die wilde Taube" hergestellt.[1554] Vielleicht ist *Yava käptär* als Vergleichstext zu Ömärs *Qarčiġa balisi* sogar noch überzeugender als „Die im Sand versunkene Stadt". Denn bei Örkiši geht es erkennbarerweise nicht nur um menschliche Freiheit in einem ganz allgemeinen Sinn, sondern um die konkrete Freiheit der Uiguren. Das Ende der Geschichte dürfte die Auflösung bieten, durch die die (jungen) Falken mit den Uiguren identifiziert werden. Die Uiguren wurden wie die Falken darauf konditioniert, ihre Ahnen, ihre Herkunft und ihre Kultur zu vergessen. Dass die Erzählung die Uiguren mit dem Raubtier Falke gleichsetzt, kann als verdeckter Aufruf zum Widerstand gegen diese Entfremdung gelesen werden, eventuell auch zum gewaltsamen Widerstand.

Die Trainingsmethode, mit der die Falken in der Binnenerzählung von *Qarčiġa balisi* dressiert werden, ließe sich innerhalb eines solchen Interpretationsansatzes, wie er im vorausgehenden Absatz skizziert worden ist, auf verschiedene Aspekte der kommunistischen Diktatur in der Zeit vor und nach dem Beginn der Phase der „Reformen und Öffnung" beziehen. Zu denken wäre sowohl an das Konzept der „Umerziehung" durch Arbeit als auch an die im Ergebnis vielleicht nicht weniger wirksame Unterwerfung unter kapitalistische Arbeitsroutinen und wirtschaftliche Zwänge, die keinen Raum mehr für die Besinnung auf das Wesen seiner selbst und seine Vergangenheit lassen.

Vor dem Hintergrund des Gesagten gelesen, könnte „Der junge Falke" auf einer tieferen Ebene dann doch wieder „realistisch" sein, allerdings in ganz anderer Weise als der, die vom kommunistischen Literaturbetrieb lizensiert ist und die der Erzählung (wohl irrtümlicherweise) vom offiziellen Literaturbetrieb anfangs auch attestiert wurde. Und zwar wäre *Qarčiġa balisi* insofern „realistisch", als sie,

---

1552 Siehe etwa Seite 271 der Übersetzung.
1553 *U bäzidä tolimu yiraqlap, naq örkäšläp turġan deyizniŋ özigä yaki yat mämläkätlärniŋ čegiriliriġa berip taqišip qalatti* (Hošur 2005: 24H).
1554 Siehe S. 122 des Haupttextes.

statt innerhalb der Scheinwelt der ideologisch-theoretischen Spekulationen über „Realismus" zu verbleiben, die das System vorgibt, diese Vorgaben selbst zum literarischen Gegenstand macht und zum Teil der erzählten Realität macht (natürlich mit dem Ziel, diese Realität zu transformieren und so die gesamte kommunistische Ideologie letzten Endes zu subvertieren). Der offensichtliche *Fabel*charakter des zweiten Teils der Erzählung würde demzufolge in einer erzählerischen Pointe gerade den unverstellten Blick auf jene *Realität* in der VR China freilegen, wie sie die herrschenden kommunistischen Eliten weder sehen können noch wollen und die auch die Zensur nicht zulassen möchte. Die zumindest durch ihren Anfangsteil auch formal „realistisch" wirkende Erzählung würde dem Begriff der Realität eine neue, und zwar systemkritische Bedeutung verleihen, indem dieser Begriff nicht, wie es im nach verordneten Schablonen schreibende angeblich „realistische" Teil der volksrepublikanischen Literatur geschieht, faktisch zur Legitimierung der diktatorischen Herrschaft der Partei dient und zu diesem Zweck die Wirklichkeit verdrehen muss, sondern indem er die dieser diktatorischen Wirklichkeit zugrundeliegenden Mechanismen mittels einer symbolischen Narration offenbart. Diese diametrale Umkehrung des Realitätsverständnisses würde dann zugleich noch mit einem genialen Coup praktizierter literarischer Ironie verbunden, da die nach offizieller Auffassung „realistische" Darstellungsweise als hohles Fabulieren entlarvt, die Wahrheit hingegen in Form der Fabel präsentiert würde.

Insgesamt könnte man daher die Binnenerzählung von *Qarčiġa balisi* also als eine besondere, märchenhafte Art des Realismus oder ein mit einem ernsten, wahrheits- und wirklichkeitsbezogenen Hintergrund ausgestattete Spielart des Märchens oder der Fabel klassifizieren. Dies wiederum würde Ömärs Erzählung sowohl von Intention als auch in der Form in die Nähe des magischen Realismus rücken, in einer ähnlichen Weise, wie dies bereits in Bezug auf Mämtimin Hošur geschehen ist.[1555] Denn in Erzählungen wie *Qarčiġa balisi* ist das Märchen- und Fabelartige genau wie etwa in Romanen Gabriel García Marquez' (1927–2014) keine Flucht in eine nur vorgestellte Welt, sondern ganz im Gegenteil eine von der Absurdität und Brutalität der Lebenswirklichkeit erzwungene Verfremdung, deren Ziel nicht die Abwendung von der, sondern die Hinwendung zur Wirklichkeit und deren Demaskierung ist.

Die oben skizzenhaft vorgestellte Interpretation von *Qarčiġa balisi* mag spekulativ und auf einer Reihe hypothetischer Abstraktionen beruhend erscheinen. Dass das mit der Erzählung möglicherweise Gemeinte sich aber nicht unmittelbar offenbart, sondern durch verschiedene literarische Techniken, wie das Verstecken der eigentlichen Botschaft hinter einem konventionell-realistisch geschriebenen Anfangsteil und dessen Einkleiden in eine Tierfabel, verhüllt wird, dürfte für das Schreiben in extrem oppressiven Umgebungen eher eine Regel denn die Ausnahme sein. Zur Verteidigung dieser Interpretation lässt sich immerhin ins Feld führen, dass sie sowohl von den Unterstützern Ömärs als auch von seinen Gegnern zumindest in ihrer Grundrichtung offenbar geteilt wird. Jene stellen beispielsweise fest, dass die Geschichte einen „Fokus auf den Themen Freiheit und Kampfgeist"[1556] enthalte – man meint hier gerade zu ein Echo des Wortes *ärkin* zu hören. Was die Gegner, also die nicht nur Ömär, sondern der sich frei entfaltenden uigurischen Kultur und Literatur insgesamt feindlich gegenüberstehenden Repräsentanten des ab 2017 so repressiv wie lange nicht mehr gewordenen volksrepublikanischen Chinas betrifft, so bezeugen und bestätigen sie durch die Verfolgung des Autors und das Autodafé, das sie offensichtlich mit der Erzählung veranstaltet haben, eher ungewollt, aber dafür auf umso eindrucksvollere Weise ebenfalls den subversiven und freiheitsliebenden Gehalt der Erzählung. Nach der ersten Lektüre, die mutmaßlich zur Publikation der Geschichte in *Minzu wenxue* als Beispiel für sogenannte „realistische" sozialistische Literatur geführt hatte, muss in Kreisen der volksrepublikanisch-chinesischen Zensoren eine zweite, vertiefte Lektüre stattgefunden haben, bei der man wahrscheinlich

---

1555 Vgl. S. 238 des Haupttextes.
1556 *Focus on the themes of freedom and the spirit of struggle* (Hoshur/ Lipes 2021).

auch auf den verborgenen symbolischen Gehalt des Textes gestoßen ist. Beobachter haben festgestellt, dass dieser Zeitpunkt im Jahr 2017 gekommen war, als in Xinjiang unter dem Motto des „Blicks in die Vergangenheit" eine Welle der Überprüfung des Inhalts literarischer Erzeugnisse, und insbesondere solcher von aufmüpfigen Minderheiten, begann.[1557] Das Ergebnis dieser Neuzensur, war, dass etliche Werke mit dem Vorwurf belegt wurden, sie hätten „separatistischen Inhalt".[1558] Zu diesen Werken gehörte auch „Der junge Falke".[1559]

Der nachstehende Textausschnitt beginnt mit der Passage, die den Übergang von der Rahmenhandlung – die in einen Besuch in der Hütte eines Jägers mündet – zur Binnenerzählung markiert.

14.2 Text in Übersetzung

Wir wechselten hinüber zum Haus eines Jägers, dessen Name mir nicht im Gedächtnis geblieben ist. So war das. Wir stillten unseren Hunger. In unsere Füße und Hände kehrte das Leben zurück. Von jenem Hügel her und zwischen den Pappeln hindurch zeigten sich aus den entfernter liegenden Dörfern Leute, allein oder in Paaren. Auf diese Weise verwandelte sich das Dorf in einen belebten kleinen Markt. Die Kinder scheuchten einander um das Lagerfeuer herum, auf dem auch gegrillt wurde. Die Waidmänner fanden zueinander und tauschten sich über alles Mögliche in Jägerlatein aus. Wir scherzten viel miteinander.

Obwohl auch ich mich am Gescherze der anderen beteiligte, waren währenddessen meine Augen auf einen jungen Falken* gerichtet. Man hatte ihn auf den Balken unterhalb der Dachtraufe gesetzt, seine aneinandergefesselten Füße, zwischen denen nur ein geringer Abstand blieb, mit Hilfe eines Riemens fixiert und um seinen Hals ein hübsches Glöckchen gehängt. Aus seinen Augen, die direkt auf uns gerichtet waren, strahlte furchterregendes Leuchten, das einen schaudern ließ. Seine Augen hatten dieselbe gelbliche Farbe wie die goldfarbene Glocke, die um seinen Nacken hing, und sie zeigten jenes unheilverkündende Starren, das man bei vielen Raubtieren sieht. Man konnte es nicht ertragen, sich mit ihm über längere Zeit mit Blicken zu messen. Nur wenn er eines seiner Augen abwandte oder blinzelte, konnte man hinsehen. Ich für meinen Teil konnte aus seinen lange starrenden Blicken keine andere Botschaft herauslesen als: „Du bist ein Stück Fleisch. Ich werde dich packen und runterschlucken." Mehrere Male fixierte er uns und nahm dann Anlauf, um in die Höhe zu fliegen. Doch der um seine Läufe gezogene Riemen hinderte ihn jedoch daran, sich tatsächlich auf uns beziehungsweise auf das Fleisch in unseren Händen zu stürzen, und erlaubte ihm nur, in lächerlich wirkender Weise etwas herumzuflattern, bevor er am Ende vom Balken herunterbaumelte. So, wie er da von dem Stück Holz herunterhing, ähnelte er einem Huhn, das man zum Verkaufen auf den Markt gebracht und an den Füßen an einer Querstrebe aufgehängt hatte. Nur nach langer Zeit schaffte er es durch neuerliches ausdauerndes Flügelschlagen, sich wieder auf die Vogelstange, an der er befestigt war, hinaufzuschwingen. In dem Augenblick, als er wieder auf der Stange saß, verlor er das Aussehen eines hilflosen Huhns, nahm erneut seine vormalige majestätische und zugleich unheilverkündende Falkenhaltung ein und blickte dabei unheilvoll drohend in die Gegend. Ich bekam spontan Mitleid mit ihm. Ich sah mir die in aller Seelenruhe ihre Körnchen aufpickende Hühner an, und ich sah mir seinen gefesselten Zustand an. Armes Vieh. Wenn auch du ein Huhn wärst, dann hätten dich die Menschen nicht festgebunden, sondern du würdest gleich diesen Hühnern frei herumlaufen und Körner aufpicken.

1557 Hoshur/ Lipes 2021, die den Ausdruck „Blick in die Vergangenheit" auf Englisch wiedergeben, *looking to the past*.

1558 *Separatist content* (Hoshur/ Lipes 2021).

1559 Nach Hoshur/ Lipes 2021.

„Warum schlägt dieser Falke da ständig so heftig mit seinen Flügeln?", fragte ich. Der Jäger warf einen Blick auf das Tier und antwortete gelangweilt:

„Das Mistvieh hat Hunger. Wir haben ihm seit zwei Tagen nichts mehr gegeben."

„Warum das denn?"

„Wenn wir ihn satt werden lassen, jagt er nicht."

„Sind alle Falken so?"

„Nein. Dieser hier ist ein Junges, das dieses Jahr geboren wurde. Junge Falken sind genauso schlimm wie junge Menschen.* Wenn sie Hunger haben, stürzen sie sich auf das Kaninchen, selbst auf die Gefahr hin, dabei zu sterben. Wenn sie satt sind, fliegen sie träge vorbei und lassen die Beute entkommen."

„Das sehe ich anders. Hier geht es ja um abgerichtete Falken. Wer auch immer diesen Falken da trainiert hat, hat ihn schlecht abgerichtet. Wenn sie Geduld gehabt und ihn richtig konditioniert hätten, dann würde er seine Beute nicht entkommen lassen, egal, ob er satt oder hungrig ist."

„He Mann, klingt echt, als ob du irgendwie recht haben könntest. Der hier ist ein extrem junger und zugleich schöner Falke. Dummerweise ist er einem Stümper von Dompteur in die Hände geraten, und der hat ihn dann eben so miserabel abgerichtet. Andernfalls würde der Falke auf der Jagd jedes Tier, das ihm vor die Augen kommt, zur Strecke bringen."

„Also wenn ihr ein Kaninchen oder einen Fasan seht, dann lasst ihr den Falken los, ja?"

„Genau."

„Und dann schwingt er sich in die Lüfte, packt die Beute und holt sie dann für euch?"

„Hahaha... Aber nicht doch! Du hast vielleicht Vorstellungen, Alter! Er ergreift sie, hält sie fest umkrallt und bleibt dann so stehen. Er bleibt an Ort und Stelle und wartet, bis wir ihn einholen. Wir gehen dann hin und lösen das Kaninchen vorsichtig aus seinen Krallen."

„Wie bringt ihr das denn fertig?"

„Zuerst schneiden wir ein Stück Fleisch von dem Kaninchen ab und geben es dem Falken, dann gibt er uns das ganze restliche Kaninchen, das er festhält."

„Und wenn ihr es euch nehmt, ohne ihm vorher ein Stück Fleisch zu geben?"

„Dann krallt er sich daran fest, stellt sich fest darauf und ist nicht dazu zu bringen, es herzugeben."

„Und wenn er es überhaupt nicht herausrückt?"

„Kann er davonkommen, ohne es herauszugeben, wenn er an uns gebunden ist?"

„Könnte es nicht passieren, dass er wegfliegt, wenn ihr ihn loslasst, ich meine, dass er sogar seine Beute fallen lässt und sich einfach hinweghebt? Wäre es nicht denkbar, dass er, statt für euch auf die Jagd zu gehen und an euch gebunden zu leben, wieder selbst nach eigenem Belieben jagen und essen, wann immer er Hunger verspürt, und ansonsten in diesem Pappelhain hier nach seiner früheren, ihm eigentlich angemessenen Art leben will, so, wie er es getan hat, bevor er bei euch angebunden war? Obwohl er Flügel hat und selbst ein Jäger ist, jagt er doch nur dann, wenn ihr ihn freilasst, und dann gibt er die Beute an euch ab. Von einem Kaninchen, das er selbst erlegt hat, hat er nicht mehr, als sich damit abzufinden, dass ihr ihm gnädigerweise einen Bissen davon abgebt, und ansonsten muss er sich damit begnügen, an euch gebunden zu sein und sein Leben mit Arbeit für euch hinzubringen."

„Wenn wir ihm von dem einen Kaninchen nicht den einen Bissen Fleisch geben, sondern die ganze Beute für uns behalten, dann wird er sich aufregen und wütend werden. Wenn wir ihn allein auf die Jagd gehen lassen, kann er sich gar nicht so viel erjagen. Wenn wir also einen Bissen für ihn beiseitelegen, dann ist er zufrieden und jagt weiter. Das ist ein schlaues Tier."

„Nein, nein, es ist ein absolut bescheuertes Vieh. Ihr wärt in tausend Jahren nicht in der Lage, das Kaninchen zu erjagen. Ohne den Falken würdet ihr es niemals zu fassen kriegen."

„Das stimmt allerdings."

„Aber warum fängt er euch dann die Kaninchen und bettelt anschließend auch noch, sein Essen aus eurer Hand zu empfangen? Das heißt, wenn ihr ihm was gebt, frisst er, aber wenn ihr ihm nichts gebt, dann schmachtet er so in Fesseln vor sich hin? Wie dämlich ist das denn!"

„Das ist eben so, weil wir ihn darauf abgerichtet haben, in Fesseln zu leben, Meister."

„Sind alle Falken so? Kann man alle abrichten?"

„Nein. Wenn wir Falken fangen, die älter als zwei Jahre sind, dann kann man sie nicht mehr abrichten. Sie tricksen uns aus und fliegen davon. Wenn wir dagegen solche jungen abrichten wie den hier und an uns binden, dann besorgen sie uns Fleisch, bis sie alt werden und sterben. Sie sterben in unseren Diensten."

„Wie fangt ihr sie eigentlich?"

„Wenn wir Netze auslegen und Tauben hineinsetzen, machen sich die alten Falken nicht die vergebliche Mühe, an die Tauben zu gehen, die reglos an einer Stelle verharren. Wenn eine Taube bewegungslos bleibt, ohne wegzufliegen, dann denken die Falken sich nämlich, dass da was faul sein muss, und fliegen einfach daran vorbei, sie versuchen erst gar nicht, sie zu reißen. Doch eben erst flügge gewordene junge Falken wie dieser hier sagen sich: ‚He, da liegt ja eine Taube, die nicht fliegen kann, oder ein Kaninchen, das nicht weglaufen kann, für mich bereit, die will ich mal fangen!' und stürzt sich darauf. So gehen sie uns ins Netz. Auf diese Weise fallen sie den Menschen in die Hände und gewöhnen sich an bereitliegende Dinge, die ihnen die Menschen geben."

„Achja, mit Dingen,* die bereit liegen und die man ohne Mühe erlangen kann, stimmt eh immer was nicht. Das kann dazu führen, dass man in dem Glauben, auf ein bereitliegendes Stück Beute gestoßen zu sein, sein ganzes Leben für die Gefangenschaft verschwendet. Dieser elende, gemeine Fluch namens Gier! Die Gier! Die verdammte Gier!"

„Wie schafft ihr es dann, die ins Netz gegangenen jungen Falken abzurichten?"

„Es ist leicht, junge Falken zu fangen, doch es ist schwer, sie abzurichten. Das ist auch der Grund, warum man zwar einen frisch gefangenen guten jungen Falken für fünfhundert Yuan kaufen oder verkaufen kann, ein abgerichteter aber mehr als zweitausend kostet."

„Was bringt es einem, für zweitausend Yuan einen jungen Falken zu kaufen?"

„Mann, da sind Sie aber schlecht informiert. Wenn er nur einen Monat jagt, dann hat sich der Betrag, für den Sie ihn gekauft haben, schon amortisiert, und von da an arbeitet er immer kostenlos für Sie weiter. Wenn er sich beim Jagen anstrengt, bringt er Ihnen schon in einem Monat zwischen zweitausend und fünftausend."

„Wie soll das gehen?"

„Ein Kaninchen kostet zwischen acht und zehn Yuan, ein Fasan fünfzehn. Die Leute kommen zu Ihnen nach Hause und holen sie selbst ab. Die haben nicht immer genug Geld, um Lammfleisch zu essen. Für den Preis von einem Kilo Lammfleisch kann man drei Kilo Kaninchenfleisch essen. Heute müssen alle rechnen. Und wenn Ihre Falken noch erfolgreicher sind und einen Fuchs erbeuten… Sie können davon ausgehen, dass ein Fuchs mehr als fünfhundert Yuan bringt."

„Wechseln wir das Thema. Erzählen Sie doch einmal, wie sie jungen Falken abrichten!"

„Erstens: Wir lassen zu viert oder zu fünft in einem Haus einen jungen Falken ununterbrochen auf Beute los. Dazu nehmen wir ein Stück Fleisch in die Hand und rufen *Gah! Gah!** und „Hol es dir!" Wir lassen ihn hungern, wir geben ihm überhaupt nichts. Bis er zu unseren Händen kommt und sich das Fleisch nimmt, geben wir ihm gar nichts. In dem dunklen Haus wird der junge Falke irgendwann den Hunger nicht mehr aushalten und zu uns an die Hand geflogen kommen, um einen Bissen von dem Fleisch abzupicken. Nachdem er abgebissen hat, werfen wir ihn in die Luft und setzen ihn so frei. Dann rufen wir ihn wieder her. Nachdem der junge Falke in dem Haus eine

Weile wütend und wild flatternd herumgeflogen ist, wird er irgendwann den Hunger wieder nicht mehr aushalten und zu uns an die Hand kommen. Kaum hat er erneut abgebissen, schleudern wir ihn wieder in die Höhe. Das machen wir eine Weile immer so weiter, bis das Tier am Ende in einen Zustand kommt, in dem er überhaupt nichts mehr frisst, es sei denn, dass er ein Stück Fleisch aus unserer Hand bekommt. Selbst wenn wir ihm ein Stück Fleisch hinwerfen, schaut er uns erst nur an, ohne es zu fressen, bis wir es dann in die Hand nehmen und ihm geben. Erst wenn wir es ihm hinhalten, frisst er es. Wir lassen ihn auf diese Weise hungern, bis er diesen Zustand erreicht hat, und auf diese Weise machen wir ihn handzahm. Zweitens lassen wir vier ihn vierzig Tage und Nächte lang abwechselnd auf dem einem Arm und auf dem anderen Arm sitzen, wir gönnen ihm keine Ruhepause, lassen ihn nicht schlafen, und er muss immer von einem Arm auf den anderen fliegen, und das erreichen wir, indem wir ihn ständig emporschleudern. Wenn er vierzig Tage und Nächte ohne zu schlafen immer von einem Arm auf den anderen geworfen wird, haben wir ihn vollkommen dressiert."

„Und falls er einschläft?"

„Wenn die Person, die den Falken gerade dressiert, einmal eindösen oder müde werden und dadurch der Falke die Chance bekommen sollte, einmal zu schlafen oder in Ruhe nachzudenken, dann wird er im Traum sein früheres Leben sehen, und dann lässt er sich nicht dressieren, auch wenn ihn das das Leben kosten würde. Doch wenn er einmal vierzig Tage und Nächte lang von Arm zu Arm gehüpft ist, ohne dass man ihn schlafen ließ, wird er sein vorheriges Leben, seinen Vater und seine Mutter vollkommen vergessen und sich von den Menschen handzahm machen lassen, weil er denkt, dass es eben für ihn vernünftig sei, so zu leben.

„Werden seine früheren Tage in vierzig Tagen und Nächten Schlaflosigkeit wirklich vollständig vergessen?"

„Würde er sich andernfalls von den Menschen dressieren lassen?"

„Und wenn er beim Flug durch die Wildnis freie Falken oder gar seinen Vater und seine Mutter sieht, fällt ihm da nicht alles ein?"

„Weil er seine früheren Tage und seine Herkunft vollständig vergessen hat, wird er selbst seinen Vater und seine Mutter nicht erkennen."

Als ich einen Blick hinüber zum auf der Vogelstange sitzenden jungen Falke warf, drang ein furchterregendes Gefühl durch meine Ohren und bohrte sich in mein Inneres. Mir kam es vor, als ob man mir den Boden unter den Füßen wegziehen würde. Warum sind die Menschen so niederträchtig geschaffen worden, wie haben sie von dieser Schwäche der Falken erfahren?

15 Zordun Sabir: Für die Zukunft

15.1 Vorbemerkung

Zordun Sabirs zweibändiger Roman *Izdiniš* (übersetzbar vielleicht als „Die Suche") gilt nicht nur als einer der bedeutendsten Romane über die Zeit der „Kulturrevolution", sondern ist ohne jeden Zweifel eines der wichtigsten Werke der modernen uigurischen Literatur überhaupt.[1560]

Grob vereinfachend gesagt, bildet das Thema des Romans das Leben uigurischer Intellektueller in Xinjiang vom Ende der 1950er bis zum Ende der 1970er Jahre.[1561] Da der Roman nur wenige Zeit nach dem Tod Maos geschrieben wurde, lässt er sich als beinahe komplette Aufarbeitung der Geschichte der Volksrepublik China aus uigurischer Sicht bis zu diesem Zeitpunkt bezeichnen. Keinem uigurischen Romancier ist vor und nach Sabir ein vergleichbar umfassendes und populäres Werk gelungen. Sabir bringt in *Izdiniš* sein enormes schriftstellerisches Talent, seine Begabung im Umgang mit historischen Sujets und nicht zuletzt auch seine persönlichen Erfahrungen mit der dargestellten Epoche nach allgemeiner Auffassung in meisterhafter Weise zur Geltung.[1562]

Der erste Band von *Izdiniš* stellt das Leben bis zum Beginn der „Großen Kulturrevolution" im Jahr 1966 dar, der zweite die folgenden zehn Jahre bis zu deren Ende. Damit orientiert sich die chronologische Struktur des Zweiteilers an jenem massiven und nachhaltigen historischen Einschnitt, den das katastrophale Jahrzehnt von Maos „Kulturrevolution" markierte, und bestätigt auf literarische Weise zugleich deren Bedeutung und den Eindruck, den sie auf die uigurischen Intellektuellen gemacht haben. Sabir versucht dem Leser durch intensive Schilderungen auch aus seiner persönlichen Erfahrung den Unterschied zwischen den beiden im Roman geschilderten Perioden fühlbar zu machen.

Im ersten Band scheinen zumindest aus der Perspektive der Romanfiguren noch Optimismus und Zukunftsglaube zu herrschen. Die im Text auftretenden uigurischen Intellektuellen beobachten den Fortschritt, den der Kommunismus sowohl in politischer als auch in wirtschaftlicher und technischer Hinsicht gebracht habe. Doch der Erzähler lässt auch immer wieder durchblicken, wie verlogen dieses Versprechen ist und wie bitter sich die Realität darstellt, die das Propagandagetöse der Partei mit immer neuen bombastischen Kampagnen und Ankündigungen zu übertünchen versucht. Sabirs hohe erzählerische Kunst zeigt sich im ersten Band unter anderem in der Art und Weise, wie er das Scheitern der kommunistischen Utopie Schritt für Schritt nachzeichnet, ohne in anklagende Bitterkeit oder Zorn zu versinken. Sabirs Mittel der Wahl scheint es dabei zu sein, auf einer formalen Ebene dem Stil des sogenannten sozialistischen Realismus treu zu bleiben – also eine materielle und geistige Welt zu entwerfen, die grosso modo dem entspricht, was den öffentlichen Wächtern der volksrepublikanisch-chinesischen Literatur gefallen haben muss. Sabirs Kritik an der Absurdität und Brutalität der im Roman geschilderten Epoche wird dabei zumeist nicht plakativ ausgesprochen, sondern ergibt sich eher indirekt aus der Handlung, dem Agieren und Sprechen der Figuren. Ebenso wie Mämtimin Hošur setzt Sabir auch einen subtilen, aber immer wieder gnadenlos die wunden Stellen treffenden Humor ein. Dass beide Autoren aus der Gegend der für ihre humoristische Tradition berühmten Stadt Ġulja stammen, mag hierbei eine Rolle spielen. Typisch für die erzählerischen Techniken, mit denen Sabir die Hohlheit der kommunistischen Phrasendrescherei und zugleich die Erbarmungslosigkeit des Lebens unter der Herrschaft der KPC darstellt, ist beispielsweise die Schilderung einer Begegnung mit vier Bettlerkindern. Der Icherzähler, der selbst von seinem nagenden Hunger bis zum Delirieren ge-

---

[1560] Näheres zum Werk bietet Harbalioğlu/ Abdulvahit Kaşgarlı 2017: 326. Vgl. Tanridagli 1998: 3. – Weitere Angaben zu dem Roman finden sich auf S. 171 des Haupttextes.
[1561] Tanridagli 1998: 3; Tanrıdağlı 2022: 104.
[1562] Vgl. Tanridagli 1998: 3, wo dem Werk eine *approche réaliste et presque autobiographique* attestiert wird.

trieben wird, schenkt den Kleinen seine letzten beiden Yuan, mit denen er sich selbst eigentlich etwas zu essen kaufen wollte. Während er dem Mädchen das Geld in die Hand drückt, wiederholt er wortwörtlich eine Durchhalteparole, mit dem sein Vorgesetzter ihn weniger Minuten zuvor auf eine bessere Zukunft vertröstet hat, und zwar in Gegenwart dieses Vorgesetzten. Lediglich den Zeitraum, in dem angeblich Besserung der gegenwärtigen schwierigen Lage zu erwarten sei, ändert er bei der Wiedergabe von „zwei, drei Jahren" auf „zwei, drei Monate" ab.[1563] Die Anklage, die sich aus dieser sarkastischen Mikroerzählung ergibt, richtet sich nicht nur gegen die verheerende wirtschaftliche Lage und die schreiende Ungerechtigkeit der sozialistischen Gesellschaft in der Volksrepubli China (der Durchhalteparolenäußerer hat im Unterschied zum Icherzähler reichlich Geld), sondern auch gegen die krude Realitätsverweigerung seitens der Funktionäre.

Der zweite Band von *Izdiniš* ist dagegen kritisch gegenüber dem kommunistischen Menschenbauprojekt. Denn während im ersten noch eine gewisse, wenngleich durch die großen Schwierigkeiten der Gegenwart gedämpfte Hoffnung auf eine bessere Zukunft zu herrschen scheint, dokumentiert er das vollkommene Scheitern und Zerbrechen sämtlicher Illusionen. Das mit großen Erwartungen begonnene gesellschaftliche Zukunftsprojekt mündet in ein blutiges Chaos und die Vernichtung eines Großteils der kulturellen Schätze des Landes.

Vielleicht stärker als jeder andere uigurische Autor vor oder nach ihm, der sich jemals einem historischen Thema gewidmet hat, entwirft Sabir in *Izdiniš* nicht nur ein Porträt der von ihm gewählten Zeit und ihres Geistes, sondern zeichnet auch die Umrisse der kulturellen Referenzen der behandelten Epoche nach. Auf diese Weise wird vor dem Leser ein umfangreiches Inventar der kulturellen und geistigen Referenzen ausgebreitet, derer sich die Uiguren in den fast drei Jahrzehnten der Volksrepublik China unter Mao bedienten. Im Wesentlichen erscheinen dabei die westliche, vor allen Dingen durch Russland und die Sowjetunion vermittelte, und die muslimisch-turksprachige, stark von arabischen und persischen Einflüssen durchdrungene Kultur als Bezugsgrößen, wohingegen chinesische Kultur und Literatur sowohl der Moderne als auch der Klassik eine eher untergeordnete Rolle zu spielen scheint. Auf diese Weise wird bei der Lektüre von *Izdiniš* auch eine gewisse Distanz zwischen der chinesischsprachigen und der uigurischsprachigen Kultur und Literatur erkennbar. Der Roman beschreibt so gesehen nicht nur, wie der Protagonist seinen eigenen Lebensweg „erforscht" (*izdin-*), sondern auch, wie er das Schicksal der Uiguren als Nation zu ergründen versucht. Die große Bedeutung des Romans dürfte sich auch daraus ergeben, dass diese „Erforschung" zwar zu einem großen Teil anhand eines historischen Themas vorgeführt wird, anderseits aber auch Fragen thematisiert, die zeitlos sind und direkt aus dem Romangeschehen in die Gegenwart und Zukunft der Uiguren wirken können. Letzten Endes geht es in dem Roman nicht nur um die Darstellung einer abgeschlossenen historischen Epoche, sondern auch um das Verhältnis traditioneller uigurischer Auffassungen von Kultur und Identität zur Moderne und zur Gegenwart des Autors.

Der nachfolgend in Übersetzung vorgestellte Passus ist der Beginn des dritten Hauptabschnitts aus dem ersten Band des Romans. Dieser Hauptabschnitt beginnt mit dem Kapitel „Für die Zukunft" (*Kälgüsi üčün*).

Auch wenn der wiedergegebene Textabschnitt vordergründig eine Liebesgeschichte erzählt, birgt er Themen, die für die Entwicklung der gesamten uigurischen Gesellschaft relevant sind. Eines dieser Themen ist das Verhältnis zwischen den Uiguren beziehungsweise der Bevölkerung Xinjiangs und dem Rest Chinas. Die weibliche Hauptfigur Güzälay (der Name bedeutet so viel wie „Schönmond") begibt sich auf eine Theatertour durch mehrere Städte und Provinzen im Inneren Chinas (also Gegenden außerhalb Xinjiangs), doch sie und ihr Geliebter planen, anschließend ihre Hochzeit in Xinjiang abzuhalten. Ebenso wie das Paar sein Leben geographisch zwischen Xinjiang und

---

[1563] Siehe S. 281 der Übersetzung.

dem Inneren Chinas aufteilt, ist es auch in kultureller Hinsicht hin- und hergerissen. Die Theateraufführungen, zu denen Güzälay aufbricht, sind unzweifelhaft ein Phänomen der westlich geprägten Moderne, wohingegen die Hochzeitsvorbereitungen, denen sie sich unterwerfen müssen, eindeutig von uigurischen Traditionen geprägt sind. Die großen Städte und Provinzen im Inneren Chinas erscheinen in Sabirs Roman in ähnlicher Weise wie in Qäyyum Turdis „Jahre des Kampfes", nämlich als nur für kurze Zeit erreichbare Elemente einer fremden und fernen Welt. Auch das Thema Armut und Verschuldung unter kommunistischer Herrschaft, mit dem Sabir in der Erzählung „Der Schuldner" so bitter abgerechnet hat, taucht wieder auf. Das Wort „Schuldner" (*qärzdar*) taucht im Originaltext beispielsweise wörtlich an der Stelle auf, an der von dem Kredit die Rede ist, den er für die Hochzeitsvorbereitungen aufnehmen muss.[1564]

15.2 Textauszug in Übersetzung

Diejenigen Menschen, die in der Lage sind, am besten alle, aber wirklich alle Belastungen auszuhalten, sind die, die ihr Glück immer an die Zukunft verschenken. Sie sagen sich immer: „In Zukunft wird alles besser werden" und fühlen sich dadurch leicht und effizient, selbst wenn bergeweise Lasten schwer auf ihren Schultern ruhen. Der Grund dafür ist einfach: Auch wenn die Zukunft den Sternen am Himmel oder einer unerreichbar an einem Ast hängenden Frucht gleicht, ist sie stets süß und schön, denn sie ist nichts als ein Traum, eine Wunschvorstellung. Der Wunsch indes ist eine Kraft, die den Menschen mit Hoffnung erfüllt. Für ihn strengst du dich an, gibst sogar dein Leben hin.

Aus diesem Grund kann ich um der Zukunft willen meinen Gürtel enger schnallen, meine gebrechlichen Füße übereinanderschlagen und acht oder neun Stunden auf dem harten Stuhl sitzen.

Nun ist es schon zwei Monate her, seit Güzälay fortgegangen ist. Sie ist in die südlichen Provinzen aufgebrochen, um Stücke aufzuführen, und hat mir Einsamkeit, Hunger und Armut dagelassen. Doch ich will nicht jammern, sondern mache mich wieder mit Neugier und Begeisterung ans Lernen und Arbeiten…

Nachdem wir von Beijing nach Lanzhou* gefahren waren, hatte ich sie noch angefleht:

„Lass uns heiraten! Lass unser Geld zusammenkratzen und für Reisbrei* mit sündhaft teuren Luxuskeksen ausgeben! Lass uns beide in einem Haus mit gemeinsamem Bett leben! Wer oder was steht uns eigentlich im Weg?"

„Die Schande!", hatte sie mit auf den Boden gerichtetem Blick und kaum hörbarer Stimme geantwortet. „Es wird nur ein einziges Mal eine Hochzeit in unserem Leben geben. Zwei Betten, eine Kiste, zwei Koffer, eine Einzimmerwohnung, der Rest an hölzernen Einrichtungsgegenständen gehört der Regierung… Soll *das* ein Haus sein? Ich habe es ja schon einmal gesagt: Am besten lassen wir uns aus Xinjiang zwei Teppiche kommen, und ich schreibe meinem Vater einen Brief, damit er irgendeine Lösung für die Hochzeitsspeisen* findet. Wenn es das ist, was man landläufig ‚Hochzeit' nennt, dann von mir aus! Aber warum hast du es so eilig? Auch wenn wir nicht heiraten, sind wir so oder so jeden Tag zusammen."

Sie hatte sich zärtlich an meine Brust geschmiegt. Ihr war kalt, denn es waren die letzten Tage im Oktober. Ich umarmte ihren in einen Pullover gehüllten zarten Körper und drückte ihn fest an mich.

„Lass uns die große Hochzeit machen, wenn wir wieder in Xinjiang sind. Sag nicht nein. Auch wenn es eine ziemlich schlichte Angelegenheit werden wird, wollen wir doch unsere Hochzeit feiern."

„Hör doch mal zu, was ich dir sage! Besorg du erstmal drei-, vierhundert Yuan, dann wird mein Vater den Rest auftreiben. Wie würde das denn aussehen, wenn wir nicht wenigstens zwanzig Kilo Reis springen lassen und zweihundert Leute einladen? Wir lassen uns auch jeder eine Garnitur Klei-

---

[1564] Sabir 2009: 290/297PDF. Dies entspricht S.279 der Übersetzung.

dung nähen. Wir werden Gutscheine zum Kauf von Industrieware* sammeln müssen. Wie sollen wir ohne sie Serschestoff bekommen können?"

„Heutzutage stehen die Leute für drei, vier gedämpfte Brötchen schon einen halben Tag lang Schlange, und wenn man sich eine Schüssel Nudelsuppe kauft, findet man nur mit der Lupe zwei Nudeln darin. Du hast doch selbst die aufgedunsenen und abgemagerten Leute gesehen. Wird bei all dem etwas anderes rauskommen, als dass wir den Hausbewohnern zur Last fallen?"

„Komm schon, gib nach", sagte sie, während sie mit ihren Fingern sanft mein Kinn zusammendrückte. „Ich schreibe meinem Vater einen Brief. Auch wenn deine Eltern nicht mitmachen sollten, meine Eltern sind auch die Eltern von uns beiden, und sie werden uns eine schöne Hochzeit bereiten."

Hätte ich dem Sehnen ihrer wie Feuer brennenden schönen Augen standhalten können? Am Ende sagte ich Ja. Nur hatte ich leider tatsächlich kein Geld mehr übrig. Von den fünfhundert und ein paar zerquetschten Yuan, die ich angespart hatte, waren etwas mehr als vierhundert für Güzälays Schulden an Räqip* draufgegangen.

Nach einer längeren Zeit des Schweigens legte sie ihre Arme um mich und sagte:

„Der gute Räqip hat jetzt ja ein problemfreies Verhältnis zu dir. Lass uns ihn um einen Kredit in Höhe von 500 Yuan bitten. Den können wir dann langsam bis zum Ende abstottern…"

„Nein, meine Geliebte, lass uns ihn aus der Sache raushalten."

Der raue Spätherbstwind pfiff durch die nackten Zweige der Weiden, dabei schlugen sie so aneinander, dass es wie Schreie klang. Zugleich ließ der Sturm meine Haare emporflattern. Aus der schwach erleuchteten Gegend zwischen den Erhebungen des wie eine riesige Schlange ausgestreckt daliegenden Longweischan-Gebirges* drang das mit Schimpfen vermischte Weinen eines Kindes an unsere Ohren. Als wir uns nach einer Weile der Eisenbahnstrecke näherten, war von einer Treppe her in akustischen Fetzen das Lied eines Betrunkenen zu hören:

> „Zwar Bächtiyar, ‚des Glückes Freund', mich nennt
> Allah, doch Glück er hat mir nicht geschenkt.
> Wenn Gott mit Glück mich doch dereinst bedenkt,
> Dann bin es ich, der dich, Güzälay, fängt."

Was war denn das für ein „Glückloser", der es sich herausgenommen hatte, die originale Liedzeile „Ich bin es, der zu Thron und Kron' sich lenkt" zu „Dann bin es ich, der dich, Güzälay, fängt" zu ändern? In mir regte sich Lust, ihn kennenzulernen, daher machte ich mich im Schutze der Mauer näher an ihn heran. Während er mit bis zur Mitte des Körpers herunterbaumelndem Kopf sein Lied lallte und auf seiner Zunge herumkaute, verherrlichte er Güzälay und überschüttete mich zugleich mit unflätigen Ausdrücken.

„Geh weiter, ich habe Angst!", flüsterte das Mädchen und zog mich sanft am Arm. „Das ist dieser Chamit."

Tatsächlich, es war Chamit. Er war jetzt Räqips Freund.

„Wenn wir heiraten sollten, wäre mit solchen ‚Fängern' ein für alle Male Schluss!", sagte ich, während ich dem Mädchen in die Augen blickte. „Warum bringst du mich in so eine unangenehme Lage?"

Sie rollte unvermittelt mit den Augen. Sie war nah am Wasser gebaut. Schon beim kleinsten Anlass schossen ihr die Tränen wie Quecksilberströme unter den Wimpern hervor.

„Und ich, bin ich vielleicht nicht in eine unangenehme Lage gebracht worden?", brachte sie heraus, nachdem sie erneut eine ganze Weile geschwiegen hatte. „Meinst du, mir gefällt es, alleine im Bett zu liegen? Was ich will, ist Tag und Nacht bei dir zu sein, dass ich im Schlaf deinen Atem in meinem Gesicht spüre. Aber bis dahin haben wir es noch weit... Möchtest du, dass die anderen sich den Mund zerreißen? Wenn die Leute sagen: ‚Was glauben die eigentlich,‚ wer die sind, so in den Tag hineinzuleben? Kümmern die sich nicht darum, die Hochzeit zu veranstalten oder ein Haus zu kaufen?‘, dann kann ich mich begraben lassen! Kannst du es nicht ein paar Monate noch aushalten? Du bist doch ein willensstarker junger Mann!"

Ich gab ihr schließlich das Versprechen, fügte mich in Allem ihren Wünschen: „Einverstanden, meine Geliebte. Wir machen, was du willst. Aber ich will von jetzt an keine Tränen mehr von dir sehen."

Eines Tages kam sie leichenblass herein und sagte in Tränen aufgelöst:

„Wir sollen in die südlichen Provinzen gehen, um dort Aufführungen zu geben. Wir sollen Hangzhou,* Shanghai, Nanjing und Wuhan besuchen und anschließend nach Sichuan, Guizhou und Yunnan gehen. In all diesen Gegenden sollen wir sechs Monate lang Aufführungen geben!"

„Sechs Monate!" Ich zitterte, als ob mir gerade eben jemand einen Eimer kaltes Wasser über den Kopf geschüttet hätte. „Ihr sollt also nächsten April zurückkommen?!"

„So ist es." Sie warf sich aufs Bett.

„Wenn das so ist, dann lass uns schnell noch heiraten, bevor du gehst!", sagte ich trotz meines vorher gegebenen Versprechens. Sie umarmte das Kissen und warf sich auf den Bauch, dann flüsterte sie gequält:

„Warum so eilig...? Wie soll das mit den Vorbereitungen für die Hochzeit klappen?"

„Den Rest könnten wir auch machen, nachdem du zurückgekehrt sein wirst." Ich streichelte ihr den Kopf.

Ihre Schultern bewegten sich auf und ab. Sie weinte. Ich gab ihr einen Kuss auf die Augen und sagte:

„Na gut, dann warte ich eben sechs Monate auf dich!"

Sie hatte gefordert, dass ich erst kommen sollte, nachdem ich meine Hochzeitsgaben zusammengekriegt hatte. Ich gab insgesamt vierhundert Yuan aus. Bei der Gewerkschaft nahm ich einen Kredit von zweihundert Yuan auf. Ich bekomme im Monat alles in allem 58 Yuan Gehalt. Jeden Monat werden dreißig Yuan für die Schulden abgezogen. Abgesehen von dem Geld für Wohnung, Strom, Zeitungen und Zeitschriften bleiben mir 23 Yuan. Das Essen ist mies, es gibt nichts mit Fleisch oder Fett. Sollte ich auf den Gedanken kommen, mir vom Markt ein Zubrot zu holen, dann kostet in den hochpreisigen Restaurants ein Gericht zehn Yuan, in Süßspeisenrestaurants zahlt für man ein Pfund Kekse mit einer Schale Reisbrei vier Yuan. Wo sollte ich dafür überhaupt das Geld hernehmen? Von den mir verbleibenden dreiundzwanzig Yuan kaufe ich mir für fünfzehn Yuan Lebensmittelgutscheine. Von den übrigen acht Yuan bestreite ich meine monatlichen Ausgaben... Wie soll ich über die Runden kommen, ohne vom Fleisch zu fallen und zittrig auf den Beinen zu stehen?

Doch weil ich mich unter Menschen aufhalte, finde ich trotz allem immer noch genug Freude, Geduld und Kraft. Manchmal gehe ich zu Direktor Ma,* der entlassen wurde, weil er „den Fehler des rechtsgerichteten Opportunismus"* begangen haben soll. Dort esse ich das wässrige, breiartige und fleischlose, aber nichtsdestoweniger wohlschmeckende Essen seiner Mutter Aqwasch und plauderte mit dem Direktor.

„Auch ich", sagte Direktor Ma voller Sehnsucht, „wurde kritisiert,* nachdem ich wegen einer Vorladung hin das Studium hatte aufgeben müssen. Mir wurde angehängt, Mentor von Sekretär Shui* zu sein. Warum haben sie denn dich jetzt vorladen lassen? Derjenige, der dich auf den Weg des ‚Weißen Spezialistentums‘* geführt hatte, war ich. Doch die Verantwortung dafür hat Sekretär Shui auf sich genommen! Ihn hat man auf der Großversammlung der Kader oberhalb des achtzehnten Grades* kritisiert. Auch der neu eingetroffene Sekretär, He,* trat auf einer Kritikveranstaltung auf. Von den Aktivisten der Minderheitenethnien hat unser Räqip gesprochen…"

„Sagen Sie bloß! Auch unser Räqip hat das Wort ergriffen?"

„Aber sicher doch. Dieses Jahr ist sein Gehalt um eine Stufe gestiegen. Er selbst ist ja Direktor der Fakultät für Sprache und Literatur, und er wurde nun auch noch stellvertretender Sekretär der Parteihauptzelle.* Der Sekretär der Hauptzelle war ja mal ich, doch ich bin jetzt ein toter Tiger, und wer die Macht in den Händen hält, ist eben Räqip…"

Mir war noch nicht bekannt gewesen, dass Sekretär Shui und Direktor Ma sich fehlerhaftes Verhalten hatten zuschulden kommen lassen. Ich hatte nicht einmal danach fragen wollen. Was mich selbst betrifft, so erfuhr ich erst einen Monat nach meiner Rückkehr nach Lanzhou, dass ich ein ‚fehlerhaft erzogenes Element'* sei und aus diesem Grund vom Studium ausgeschlossen und zurückgeschickt worden war. Dessenungeachtet hörte ich nicht auf, in den alten Büchern zu lesen und meine Untersuchungen, die ich in Beijing begonnen hatte, fortzuführen. Niemand wollte irgendetwas mit mir zu schaffen haben. Manchmal kam ein Fakultätssekretär* oder der Parteizellen-Sekretär der Jugendliga* herein, um bekanntzugeben, dass sie an den lehrstuhl- oder institutsweit durchgeführten Kritik-Versammlungen teilnahmen, doch ich beteiligte mich meistens nicht an diesen Zusammenkünften. Und selbst wenn ich hinging, zeigte ich mich nur kurz und ging dann wieder weg.

Genau wie Güzälay hatte auch ich meine Bücher, Karten und handschriftlichen Aufzeichnungen nie weit von mir. Schon seit zwei Monaten verbrachte ich meine Tage an meinem mit Büchern und Karten gefüllten Tisch und widmete mich freiwilliger Arbeit, wobei ich aufrecht wie ein festgeschlagener Pflock dasaß. Lediglich zwei Dinge ließen mir die ganze Zeit über keine Ruhe. Eins davon war meine Sehnsucht nach Güzälay. Das andere waren Hunger und Kraftlosigkeit. Die Sehnsucht konnte ich etwas dämpfen, indem ich das in Glas gefasste Bild des Mädchens betrachtete, doch gegen den brennenden Hunger in den Gedärmen war nicht anzukommen. Ich trank ohne Unterlass abgekochtes Wasser pur. Doch in manchen Nächten war das Hungergefühl einfach so riesig, dass ich es auch durch Baucheinziehen und das Trinken des abgekochten Wassers nicht mehr unterdrücken konnte. Das Einzige, was mir Nahrung und Kraft zu spenden vermochte, waren süße Träume und angenehme Wunschvorstellungen: In drei Monaten kommt Güzälay wieder, dann heirate ich sie. Bei diesem Wunsch lief mir das Wasser im Mund zusammen, und ich schlief dann endlich ein…

Es war Januar. Die dünne Schneedecke, die tags zuvor gefallen war, bedeckte die Gipfel des Longweischan-Gebirges. Der eisige Wind ging einem durch Mark und Bein. Um irgendwas Essbares aufzutreiben, ging ich schon früh am Morgen auf die Straße. Ich hatte alles zusammengenommen zwei Yuan dabei. Auf meinen kraftlosen Beinen versuchte ich, so schnell wie möglich zum Markt zu gelangen. Die Baumwollstoffschuhe an meinen Füßen und meine blaue Jacke mit Stoffkragen schützten mich nicht im Geringsten vor dem stechend eisigen Wind. Ich zitterte. Es fühlte sich an, als ob ein Sturm mein Inneres durchpeitschte. Ich dachte: Wenn ich jetzt sauer-scharfe Tschötschürä oder Längmän* hätte, das wäre was! Zum ersten Mal beschäftigte sich mein Gehirn, das mit all dem Neuen aus den Büchern und den historischen Fakten angefüllt war, mit der allereinfachsten Methode, um Freude am Leben zu haben, nämlich dem Wunsch, sich zu ernähren. „Wenn die Situation so ist, dann sieht es wohl aus, als ob mein Lernplan scheitern würde. Habe ich mich früher schon irgendwann einmal auf den Weg gemacht und dabei ans Essen gedacht? Aber heute dreht sich mein Denken nicht um die Zukunft oder Güzälay, sondern um Längmän und Polu… Findet in meiner Seele gerade eine Veränderung statt, oder ist das einfach ein Gesetz des Lebens?"

„Wohin so früh am Morgen, mein Bester?"

Vor mir war auf einmal Professor Duan* aufgetaucht. Seine Augenlider waren geschwollen, und sein Bart seit langer Zeit nicht mehr rasiert worden.

„Sind auch Sie rausgekommen, um nach ein paar Körnern zu suchen? Zum ersten Mal? Wir für unseren Teil haben schon seit mehr als einem Monat sämtliche Bücher im ganzen Lehrstuhl weggeräumt und Lernen, Forschung* und Untersuchung auf Eis gelegt. Sie tun das Richtige, das gebe ich zu. Denn Sie sind immer noch am Forschen, Sie sind dabei, einen Kampf um die Zukunft zu führen. Ich habe mir die „Thesen zur Geschichte der uigurischen Literatur" von Anfang bis Ende angesehen. Sie haben das wirklich gründlich aufbereitet, das von Ihnen verwendete Material ist offensichtlich reichhaltig. Wenn die Bedingungen günstiger wären, könnten Sie sich ans Schreiben wagen."

„Ich habe schon angefangen zu schreiben", sagte ich, wobei ich ein Zittern nicht unterdrücken konnte. „Im Augenblick schreibe ich gerade speziell den Themen ‚Oghuzname' und ‚Altun yaruq'* gewidmete Artikel."

„Jetzt im Augenblick?", fragte Professor Duan verblüfft. „Können Sie dabei etwa Ihren Hunger vergessen?"

„Jetzt gerade in diesem Augenblick spüre ich meinen Hunger…"

„Kommen Sie! Vor Kurzem hat ein hochpreisiges Restaurant aufgemacht", sagte er. „Ich lade Sie ein. Für Gelehrte oberhalb des Dozenten hat man eine Sonderversorgungskarte ausgegeben, aber alles, was sie einem dafür geben, sind ein halbes Pfund Fett, ein Pfund Fleisch, ein Pfund Zucker, ein Dutzend Papirossa-Zigaretten* und eine Flasche Schnaps. Doch damit kann man sich nicht besonders gut versorgen. Na ja, in jedem Fall gelingt es mir besser als Ihnen! Mein Gott, Sie zittern ja! Haben Sie die beiden Kinder da gesehen, die sich wegen eines halben Maismehlbrötchens in der Wolle haben? Der Mensch ist hier nichts mehr wert. Ach, mein Bester, in diesem Winter unterscheidet die Menschen nichts von dahinwelkenden Blättern. Dennoch: Ich glaube fest daran: Wenn wir nur zwei, drei Jahre die Zähne zusammenbeißen, wird es schon besser werden…"

In diesem Moment streckte mir ein Mädchen im Alter von fünfzehn oder sechzehn Jahren, das seine drei Brüder dabeihatte, ihre Hand entgegen. Die Kinder waren am ganzen Körper mit Staub überzogen, ihr Gesicht war verdreckt und ihre Kleidung zerlumpt. Sie standen nur da und starrten einen an, während aus ihren pechschwarzen Augen die Tränen rannen. Professor Duan gab ihnen Geld. Ich nahm meine zwei Yuan in die Hand und legte sie mit folgenden Worten in die Hand der Kleinen:

„Pass gut auf deine Brüder auf, mein Mädchen! Wenn ihr zwei, drei Monate die Zähne zusammenbeißt, wird es schon besser werden. Verliert nicht die Hoffnung! Die Zukunft wird am Ende im Vergleich zu heute besser sein!"

Es wurde spät am Abend, bis wir dann tatsächlich endlich zu etwas Essbarem kamen. Professor Duan hatte offenbar die Spendierhosen an. Allein bei der einen Gelegenheit, als wir zusammensaßen, gab er hundert Yuan aus. Als wir durch das gute Essen und den Xifengschnaps* richtig in Fahrt gekommen waren, tauchte neben uns urplötzlich Räqip auf. Und begleitet wurde er ausgerechnet von Chamit. Auf Professor Duans Gruß reagierte Räqip mit einem unterkühlten Nicken, dann flüsterte er mir ins Ohr:

„Schick die dreckige Ratte da nach Hause und lass uns woanders Platz nehmen! Ich war schon im Wohnheim und habe nach dir gesucht."

Mir gefiel es nicht, dass er sich so verächtlich über Professor Duan äußerte. Ich begnügte mich aber damit, ihn anzustarren. In diesem Moment stand der sensible Professor von sich aus auf und sagte:

„Hier, der Tisch ist frei geworden, Sekretär Re.* Kommen Sie, setzen Sie sich!"

„Professor Duan! Lassen Sie uns doch zusammen sitzenbleiben!", antwortete Räqip mit affektiertem Getue. Er legte ohne Hast seinen Mantel ab, wischte sich über sein feistes, rosarotes Gesicht und rief laut die Bedienung:

„Hey, Schatzi,* häng mal den Mantel auf und wisch den Tisch sauber!"

Er flüsterte Professor Duan irgendetwas ins Ohr. Der Professor wiegte den Kopf hin du her und lächelte in meine Richtung. Als ich ihn zum Ausgang begleitete, schob er mich sanft in das Restaurant zurück und sagte zu mir:

„Bleiben Sie doch noch sitzen! Ich gehe heim. Vermutlich hat Sekretär Re Ihnen etwas zu sagen. Und es scheint, als ob das etwas sei, das man am besten sagt, wenn man schon ordentlich einen in der Krone hat. Ich bitte Sie! Wenn Sie jetzt sagen, dass sie mit mir zusammen gehen wollen, werde ich böse."

… Die anderen aßen und tranken weiter. Ich hing meinen Gedanken nach, ihre Worte gingen bei mir zum einen Ohr rein und zum anderen wieder raus. Räqip redete mal bedächtig, mal mit Leidenschaft. Ich vernahm nur den Klang seiner Stimme, die Bedeutung des Gesagten verstand ich nicht. Ich weiß nicht, ob der starke Schnaps meinen geschwächten Körper außer Gefecht gesetzt hatte oder ob mich die Frustration und die Niedergeschlagenheit so rasch hatten betrunken werden lassen, jedenfalls saß ich nur da wie benommen, ohne verstehen zu können, worüber sie sprachen. Um ehrlich zu sein, wollte ich es auch gar nicht verstehen. Der Grund war, dass ich Räqip aufrichtig hasste. Auch wenn er mir gegenüber oft schöne Worte geäußert und blühende Versprechen gemacht hatte, betrachtete ich ihn mit Feindseligkeit. Er war ein elendes Würstchen, der versuchte, meine Liebe durch Geld zu vernichten. Wer wusste schon, was sich hinter seinen schönen Worten alles verbergen mochte.

Räqip legte die Unterseite seiner fleischigen Pranke auf meine Hand, die nur noch aus Haut und Knochen bestand, und sagte: „Warum isst du denn nichts? Mann, du Hungerhaken! Iss! Trink! Iss für drei Tage, sag ich dir! Iss, du hast doch kein Geld! Komm, iss, dir werden doch keine Pakete geschickt! Komm doch einmal jeden Tag zu mir ins Wohnheim und iss eine Mahlzeit! Pökelfleisch, Pferdewurst, Butter, Zucker, Nektarinen aus Ghuldscha, alles ist reichlich vorhanden. Gestern erst habe ich Güzälay zwanzig Kilo Lebensmittel und zweihundert Yuan Geld geschickt. Auch wenn du mich meidest, ich mag dich. Bei dem Geld, das ich Güzälay mit guten Absichten geschickt habe, hast du etwas falsch verstanden. Weißt du nicht, dass für alle Mädchen Geld ihr Ein und Alles ist? Ohne Geld zu sein ist in ihren Augen genauso peinlich wie alleine zu sein. Und du weißt es ja auch: Geld ist der Freund der Seele. Schau nur mal, wie es dir geht und wie es mir geht…"

Ich starrte ihn an und konnte meine Wut nicht länger zurückhalten:

„Wie es mir geht? Wie es dir geht? Das Geld hat dich zu einem elenden Würstchen gemacht, aber mich hat meine Mittellosigkeit überhaupt nicht vom rechten Weg abgebracht…

„Hahaha! Ach, lass doch die abgedroschenen Phrasen!", erwiderte er und legte mir dabei seine Hand auf die Schulter. „Sei nicht eingeschnappt. Ich gebe es ja zu: Du bist großartig, du bist unser Stolz. Deswegen sind mir auch deine Beschimpfungen egal. Wenn du einen anderen Sekretär als Würstchen beschimpft hättest, würde die Sache wirklich anders ausgehen. Aber nenn mich, wie du willst, ich werde nicht böse. Wenn du mich auf die rechte Wange schlägst, halte ich dir auch noch die linke hin. Chamit, geh mal gucken, wo die Hühnersuppe bleibt!"

Nachdem Chamit sich erhoben hatte, legte Räqip seinen Arm um meinen Hals und flüsterte mir ins Ohr. „Weißt du schon, Hungerhaken, dass ich die Vorbereitungen für deine Hochzeit in die Hand nehme? Ob du willst oder nicht, ich werde tausend Yuan für dich ausgeben. Was hast du schon außer mir? Direktor Ma und Sekretär Shui tönen groß mit ihrem Mitleid, aber helfen sie dir auch nur mit einem einzigen Fen? Ich bin dein Herr, so sieht das nämlich aus. Aber wenigstens lasse ich dich vor diesen Leuten hier nicht mit gesenktem Blick in Schande dastehen. Ich habe gehört, dass du dich verschuldet hast und völlig ausgehungert durch die Gegend läufst. Die vierhundert Yuan, die du mir gegeben hast, kannst du meinetwegen heute noch zurückbekommen. Ich habe gedacht, dass du zu mir kommst, um Hilfe oder Rat zu erbeten, aber du bist ein sturer alter Hungerhaken. Wie dem auch sei, am Ende bin ich erneut dir zu Füßen gekrochen…"

Um Mitternacht war es mir, als könne ich nicht mehr schlafen, weil mein Gaumen ausgetrocknet war und ich Durst verspürte. Ich streckte die Hand nach dem Knopf der Nachttischlampe aus. Doch neben mir gab es gar keinen Tisch, ganz zu schweigen von einer Lampe. Stolpernd erhob ich mich, doch mir wurde schwindlig und ich fiel wieder hin. Die Lampe ging an, und neben mir erschien Räqip, mit nichts bekleidet als einem Unterhemd.

„Bist du wieder zu dir gekommen, Hungerhaken? Hier, trink, das ist eiskalter Tee. Weißt du, dass wir ein Auto gemietet und dich aus dem Restaurant ins Wohnheim zurückgebracht haben? Damit es die anderen nicht sehen, haben wir dich hergebracht, nachdem die Leute schon gegangen waren. Du hast nur so viel gewogen wie ein Lamm. Ich habe dich hochgehoben wie ein kleines Kind und in den dritten Stock getragen. Ich bringe dich jetzt in mein Bett rüber, ansonsten könnte es sein, dass du in dieser elenden Bruchbude hier noch verhungerst."

Schweigend schlürfte ich den kalten Tee ein. Mich quälte die Erniedrigung, aber da war auch noch eine unsichtbare Art der Pein. Räqips Zuneigung kam mir wie eine einzige Beleidigung und Demütigung vor. In mir regte sich der Wunsch, mich vor dieser Zuneigung in Sicherheit zu bringen, mich auf der Stelle von dem Drahtgestellbett zu erheben und in mein eigenes Bett zu gehen. Doch im Augenblick war die Außentür des Wohnheims verriegelt, und draußen war es kalt."

„Erstens bin ich dein Führer", sagte er in einem seltsam flehenden Ton, wobei er die Augen zusammenkniff, deren Lider durch ihre Schwellung noch hässlicher geworden waren. „Zweitens, und das ist das Wichtigste, bin ich dein engster Freund. Andere hatten schon gesagt, dass man dich zusammen mit Direktor Ma zu kritisieren habe, aber ich habe dich dennoch entschieden verteidigt. Ich bin stolz auf dich, Kumpel! Aber lass endlich die Vergangenheit ruhen. Ich gebe es ja zu, etwas in mir hatte einen Groll gegen dich, was soll ich auch machen, ich hatte mich vor dir in Güzälay verliebt. Als es mir nicht gelang, sie zu gewinnen, habe ich dich als Trumpf ausgespielt, aber das klappte auch nicht. Das Mädchen hat sich einfach von Herzen in dich verliebt. Du hast Glück gehabt. Und jetzt? Ich sage es dir ganz ehrlich: Ich bin dein Freund und dir wohlgesonnen. Ich lasse von dem Mädchen ab, ich wünsche euch beiden Glück, und ich richte eigenhändig eure Hochzeit aus…"

Seine Stimme zitterte. Sein Gesicht war leichenblass, und die Lippen waren blau angelaufen. Ich sah, dass sich in seinen zusammengekniffenen Augen Tränen angesammelt hatten. Seine ehrlich gemeinten Worte rührten mich, und ich lächelte. Er blickte in mein Gesicht, legte beide Hände auf meine Schultern und heulte hemmungslos schluchzend drauflos. Seinen Tränen konnte ich einfach nicht widerstehen. Er wusch den ganzen Hass in meinem Herzen damit einfach weg.

Auf meinem Tisch lagen noch dreihundertsiebzig Yuan sowie Güzälays Brief. Der Anblick des Geldes tat mir weh. Denn es war das Geld, das einstmals dazu gedacht war, mich und Güzälay auseinanderzubringen. Dieses Geld stammte ursprünglich aus einem prachtvollen Anwesen eines Reichen, auf dem man Leute wie uns seinerzeit nicht einmal bis an die Türschwelle hätte herankommen lassen, obwohl es mit dem Blut und Schweiß von armen Schluckern wie uns überhaupt erst errichtet worden war. Es widerte mich an. Doch ich brauchte diesen widerlichen Haufen Papier. Ich werde imstande sein, mit diesem ekelhaften Zeug meinen Frieden zu machen, meine Ruhe zu finden, und ich werde in aller Ruhe und ohne Mühe lernen können, wie man das macht. Wichtig ist nur, dass ich Güzälay glücklich machen kann…

Mit vor Qual zitternden Händen griff ich noch einmal zu Güzälays Brief. Es war, als erklänge aus dem Brief ihre feine und angenehme Stimme und als würden durch ihn ihre sinnlichen Lippen sichtbar. Ich las noch einmal die Zeilen, die mir schon solche Qualen bereitet hatten:

„... Mein Geliebter, mein Bester! Es ist nie meine Absicht, Sie zu quälen. Sie sollten wissen, dass ich diesen Brief unter Tränen schreibe. Bitte unternehmen Sie etwas, finden Sie irgendeine Möglichkeit und schicken Sie mir noch einmal zweihundert Yuan. In mir entsteht immer der Wunsch, mir genau dasselbe zu kaufen, was sich auch Adilä kauft. Sie hat sich gestern für einhundertachtzig Yuan ein paar unglaublich schöne Ringe aus purem Gold mit Smaragdbesatz gekauft. Ich war danach so geknickt, dass ich mein Kissen patschnass weinte... In Zukunft werden wir gemeinsam die Schulden bis zum Ende abbezahlen. Vielleicht schickt ja auch mein Vater noch Geld. Ist es ein Wunder, dass ich verzweifelt bin?..."

Ich blickte auf das Bild Güzälays auf dem Tisch. Es sah aus, als ob auch aus dem Gesicht auf dem Foto Tränen fließen würden...

Bat sie auch Direktor Ma um Geld? Sicher würde er es ihr geben, doch zugleich würde er sie dabei erziehen. Ich blickte wieder auf dieses verhasste Geld.

Vor meinem geistigen Auge bot sich auf einmal eine einfache Möglichkeit. Ich konnte das Geld ja mit der Post schicken und dazu einen Brief an Güzälay schreiben, in dem ich meine sehnsuchtsvollen Gedanken zum Ausdruck brachte. Ich stellte mir die Lachfältchen in ihrem schönen Gesicht vor. Das bedeutete für mich unendliches Glück. Auf diese Weise würde ich etwas Ruhe und Glück finden können, wenngleich mit Hilfe einer widerwärtigen Aktion.

Aber was wäre dann mit den Gewissensqualen? Konnte ich die vergessen?... Auch wenn ich tief in Qual und Leid ertragen steckte, wollte ich mir doch nicht mit Hilfe dieser widerwärtigen Sache zu Glück verhelfen. Wenn ich es fertigbrachte, zwar hungrig, aber hoffnungsvoll wie früher die drei Monate herumzukriegen, würde Güzälay am Ende so oder so wieder da sein. Doch was, wenn sie mir nach ihrer Rückkehr einfach die kalte Schulter zeigte, wenn sie sich einfach weinend auf den Bauch warf?... Wollte ich sie weinen sehen? Was war schon dabei, sich zu verschulden? Auch in Shakespeares „Kaufmann von Venedig" nimmt der Edelmann ja bei seinem Feind Schulden auf, um sich von Schande und Entehrung zu befreien... Am Ende kam ich vorerst zu keiner Entscheidung.

Doch am nächsten Tag erhielt ich ein Telegramm von Güzälay. In ihm stand: „Schicken Sie 200 Yuan per Telegramm." Jetzt gab es keinen Raum für Zweifel mehr. Ich nahm das Geld vom Tisch. Einige Tage später würde ich Ersatz dafür finden und es seinem Besitzer zurückgeben müssen...

16 Ziya Sämädi: Der eiserne Verrückte

16.1 Vorbemerkung

Ziya Ibadät oġli Sämädi (1914–2000) dürfte einer der bedeutendsten uigurischen Schriftsteller nicht nur Kasachstans, sondern der gesamten uigurischen Literatur im 20. Jahrhundert gewesen sein.[1565]

Ziya Sämädi stammte aus einem Dorf in der Nähe der heute in Kasachstan gelegenen, damals sowjetischen Stadt Žarkent, die seit ihrer Gründung im 19. Jahrhundert einer der Siedlungsschwerpunkte der Uiguren außerhalb Chinas geworden war.[1566] Sämädi besuchte in der Stadt zunächst eine russische Schule, ab 1929 dann eine mit uigurischer Unterrichtssprache.[1567] Zu seinen Lehrern an dieser uigurischsprachigen Schule gehörten die Dichter Ömär Muhämmädiy (1906–1931) und Hezim Iskändärov (1906–1970).[1568] Der Begegnung mit diesen beiden Schriftstellern wird ein entscheidender Beitrag zu Sämädis Hinwendung zur Literatur zugeschrieben.[1569]

Sämädis Familie wanderte im Jahr 1931 in die Stadt Ġulja auf dem Gebiet des heutigen Autonomen Gebiets Xinjiang aus.[1570] Dort arbeitete Ziya Sämädi zunächst für eine Weile als Verkäufer und absolvierte dann eine Lehrerausbildung, die er 1934 abschloss.[1571] Er arbeitete danach in Ġulja an einer uigurischsprachigen Schule.[1572] Von 1935 bis 1936 war er Leiter der Schule „Orient" (Šärq) in dieser Stadt.[1573]

Schon bald nach seiner Ankunft in Ġulja ging Sämädis Tätigkeit im pädagogischen und kulturellen Sektor immer mehr in politisches Engagement über. Eine wichtige Zwischenstufe dabei war seine Mitarbeit in Kulturverbänden. So wurde er, wahrscheinlich in enger Verbindung mit seiner pädagogischen Tätigkeit, zunächst Vorsitzender der Uigurischen Aufklärungsgesellschaft der Provinz Ili.[1574] Offenbar waren diese Tätigkeiten Sämädis der Zentralregierung Chinas, die damals von der KMT gestellt wurde, spätestens ab dem Jahr 1937 ein Dorn im Auge. Es kam dabei zur Schlie-

---

[1565] Zu seiner Person siehe Menges/ Kleinmichel o. J. [1998]; Ismayilov 2011; Harbalioğlu/ Abdulvahit Kaşgarlı 2017: 321-323.
[1566] Harbalioğlu/ Abdulvahit Kaşgarlı 2017: 321. Zur Geschichte Žarkents vgl. Heß 2019: 107f.
[1567] Harbalioğlu/ Abdulvahit Kaşgarlı 2017: 321.
[1568] Harbalioğlu/ Abdulvahit Kaşgarlı 2017: 321. – Zu Muhämmädiy vgl. Harbalioğlu/ Abdulvahit Kaşgarlı 2017: 264-266; Heß 2019: 310, ein Text von ihm ist in Heß 2019a übersetzt. – Zu Iskändärov siehe Harbalioğlu/ Abdulvahit Kaşgarlı 2017: 163f.; Bägyar 2020.
[1569] Harbalioğlu/ Abdulvahit Kaşgarlı 2017: 321.
[1570] Harbalioğlu/ Abdulvahit Kaşgarlı 2017: 321f.
[1571] Harbalioğlu/ Abdulvahit Kaşgarlı 2017: 322.
[1572] Harbalioğlu/ Abdulvahit Kaşgarlı 2017: 322.
[1573] Harbalioğlu/ Abdulvahit Kaşgarlı 2017: 322.
[1574] Harbalioğlu/ Abdulvahit Kaşgarlı 2017: 322, die den Namen der Gesellschaft zunächst als *Uygur aydınlanma cemiyeti* („Gesellschaft für Uigurische Aufklärung") wiedergeben; Funktion und Aufbau dieser Gesellschaft dürften sich mit dem „Aufklärungsverein" (Aqartma uyušmisi) in Turfan (siehe S. 166 des Haupttextes) vergleichen lassen. An einer anderen Stelle ihres Textes sprechen Harbalioğlu und Abdulvahit Kaşgarlı davon, dass Sämädi auch „Sekretär" (*kâtip*) in der „Abteilung Erziehung und Kultur der Uigurischen Aufklärungsgesellschaft der Stadt Ili" (*İli şehri Uygur aydınlanma cemiyeti kültür-eğitim bölümü*) gewesen sei. Es ist nicht klar, ob es sich bei den beiden von Harbalioğlu und Abdulvahit erwähnten Gesellschaften um ein und dieselbe handelt.

ßung eines Kulturvereins, in dem Sämädi sich engagierte.[1575] In diesem Zusammenhang wurde er selbst am 19. Oktober jenes Jahres auf Geheiß der KMT-Regierung inhaftiert.[1576] Erst nach dem Beginn der Dreiprovinzenrevolution (7. November 1944) kam er aus dieser Haft wieder frei.[1577]

Sobald die Revolution ausgebrochen war, brachte sich Sämädi ausgesprochen aktiv in ihre Institutionen ein. So übernahm er eine Funktion in der Armeekommandozentrale des neugegründeten Staates.[1578] Außerdem wurde er Kulturminister, Vorsitzender des Schriftstellerverbandes und Herausgeber der Zeitung „Morgenröte der Revolution" (*Inqilap teŋi*).[1579] Für seine Verdienste wurde er zweimal mit einem Orden namens „Kampf für die Unabhängigkeit" gewürdigt.[1580]

Nach der Auflösung der Republik Ostturkestan und der Errichtung der Volksrepublik China (1949) konnte sich Sämädi offenbar zunächst sehr gut auch in diesen neuen Staat integrieren. Möglicherweise übernahm er schon im Jahr 1951 eine politische Funktion in der regionalen Regierung Xinjiangs.[1581] Wohl ebenfalls im Jahr 1951 wurde er stellvertrender Vorsitzender des Schriftstellerverbandes in dem Gebiet.[1582] 1956 brachte er es sogar zum Stellvertretenden Erziehungsminister und zum Vorsitzenden des Schriftstellerverbandes der AURX.[1583] Im selben Jahr war er auch Teil der chinesischen Delegation zum Kongress der Schriftsteller Asiens, der in der indischen Hauptstadt abgehalten wurde.[1584]

Die bis dahin erfolgreiche Eingliederung Sämädis in die volksrepublikanisch-chinesische Gesellschaft endete jedoch in der Zeit der „Antirechtsbewegung" (1957–1959) mehr oder weniger ab-

---

1575 Harbalioğlu/ Abdulvahit Kaşgarlı 2017: 322. Diese Angabe bezieht sich auf die *İli şehri Uygur aydınlanma cemiyeti* („Uigurische Aufklärungsgesellschaft der Stadt Ili").

1576 Harbalioğlu/ Abdulvahit Kaşgarlı 2017: 322.

1577 Harbalioğlu/ Abdulvahit Kaşgarlı 2017: 322. Die genauen Gründe und Begleitumstände seiner Freilassung lassen sich aus der Angabe *serbest bırakılmıştır* „er wurde freigelassen" nicht erschließen. – Zum Beginn der Dreiprovinzenrevolution vgl. Heß 2019: 111f.

1578 Harbalioğlu/ Abdulvahit Kaşgarlı 2017: 322.

1579 Ismayilov 2011: 5; Harbalioğlu/ Abdulvahit Kaşgarlı 2017: 322.

1580 Harbalioğlu/ Abdulvahit Kaşgarlı 2017: 322 übersetzen den Namen mit *istikal için mücadele*.

1581 Harbalioğlu/ Abdulvahit Kaşgarlı 2017: 322 schreiben hierzu, dass Sämädi im Jahr 1951 *Uygur Özerk Bölgesi Hükümeti'nin Yönetim Kurulu üyesi* „Vorstandsmitglied in der Regierung des Uigurischen Autonomen Bezirks" geworden sei. An dieser Angabe ist zunächst schwierig, dass die Autonome Uigurische Region Xinjiang (AURX, *Šinjaŋ Uyġur aptonom rayoni*, *Xinjiang Weiwu'er zizhiqu*) erst im Jahre 1955 gegründet wurde (Bellér-Hann 2014: 177). Man vergleiche auch, dass Harbalioğlu/ Abdulvahit Kaşgarlı für das Jahr 1951 von den „Fünf Provinzen des Nordwestens" sprechen (siehe Fußnote 1582). Zum anderen ist unklar, was „Vorstandsmitglied" (*Yönetim Kurulu üyesi*) genau bezeichnet. Wenn die Datierung korrekt ist, dürfte sich die Angabe auf eine Beteiligung an der Regionalregierung vor der Gründung der AURX beziehen.

1582 Die Datierung dieser Angabe wird von Harbalioğlu/ Abdulvahit Kaşgarlı 2017: 322 gemeinsam mit der für die in Fußnote 1581 besprochenen Angabe in Bezug auf die AURX gemacht. Möglicherweise ist die Jahresangabe daher mit einer gewissen Unsicherheit behaftet. Die von Sämädi bekleidete kulturelle Funktion wird als *Kuzeybatı Beş Eyaleti Edebiyatçılar ve Sanatçılar Cemiyeti başkan yardımcısı* „Stellvertretender Vorsitzender des Literaten- und Künstlerverbandes der Fünf Nordwestlichen Provinzen" bezeichnet, wobei „Literaten- und Künstlerverband" für *Ädäbiyat-Sän'ätčilär Birläšmisi* stehen dürfte (vgl. S. 145 des Haupttextes).

1583 Harbalioğlu/ Abdulvahit Kaşgarlı 2017: 322 umschreiben die erste Funktion etwas umständlich mit *Eğitim Bakanlığı bakan yardımcısı* „stellvertretender Minister des Erziehungsministeriums". Zur plausiblen Datierung vgl. das in Fußnote 1581 Gesagte.

1584 Harbalioğlu/ Abdulvahit Kaşgarlı 2017: 322.

rupt.[1585] Es deutet nichts darauf hin, dass Sämädi selbst den Bruch provoziert oder vollzogen hätte, zu dem es zwischen ihm, einigen seiner Weggefährten und der kommunistischen Führung damals kam. Hier zeigt sich im Übrigen wahrscheinlich ein Muster, das in ähnlicher Form verschiedene Male das Verhältnis der Uiguren zur Volksrepublik China prägte. Dabei kam es durch einen Wechsel in der politischen oder ideologischen Ausrichtung des Staates, der nicht unbedingt mit dem Status oder Verhalten der Minderheiten einschließlich der Uiguren zu tun haben musste, zu einer radikalen Verschlechterung bis hin zu Entfremdung und Konfrontation. Während der Jahre 1958 und 1959 wurden Sämädi und vier seiner Mitstreiter als „lokale nationalistische Fünferbande" diskreditiert, der man vorwarf „rechtsgerichtet, nationalistisch, antikommunistisch und Gegner der sozialistischen Partei" zu sein.[1586] Fünf Monate lang wurde gegen die fünf eine Kampagne geführt.[1587] Am Ende verlor Sämädi seine offiziellen Funktionen und wurde in ein Lager eingewiesen.[1588] 1961 konnte er aus der Volksrepublik China nach Alma-Ata (heute Almaty) in Kasachstan auswandern.[1589]

Es ist unklar, zu welchem Genre die ersten literarischen Werke Sämädis gehörten. Bereits im Jahr 1934 soll er ein Drama mit dem Titel „Der Blutfleck" (*Qanliq daġ*) veröffentlicht haben.[1590] Des Weiteren ist die Rede davon, dass Sämädi kurz nach seiner Ankunft in der Ili-Provinz mit der Veröffentlichung von Gedichten begonnen haben soll. Einige davon erschienen in der *İli geziti* („Ili-Zeitung").[1591] Dies könnte ebenfalls bereits 1934 gewesen sein. Im Jahr 1936 soll Sämädi den Text für ein auf traditionellen orientalischen Figuren basierendes Musikdrama namens *Gerib vä Sänäm* („Gherib und Sänäm") geschrieben haben.[1592] Dies könnte man als Teil eines Projekts deuten, sich mit der neuuigurischen Sprache, auch mit Hilfe von vertonbaren Texten, an die Weltliteratur und -kultur anzuschließen, in vergleichbarer Weise, wie dies etwa der Aserbaidschaner Üzeyir Hacıbəyov (1885–1948) vollbracht hatte.[1593] Hacıbəyov hatte mehrere Opern und musikalische Dramen geschaffen, die jeweils ein Figurenpaar aus der Geschichte, legendarischen Überlieferung oder Lebenswelt der islamisierten Turkvölker thematisierten und im Titel trugen, darunter *Leyli və Məcnun* („Leyli und Medschnun"), *Ər və arvad* („Mann und Frau"), *Şah Abbas və Xurşidbanu* („König Abbas und Churschidbanu"), *Əsli və Kərəm* („Äsli und Käräm") und *Harun və Leyla* („Harun und Leyla").[1594]

1585 Harbalioğlu/ Abdulvahit Kaşgarlı 2017: 322.
1586 Harbalioğlu/ Abdulvahit Kaşgarlı 2017: 322 (*beş kişilik yerli milliyetçi çete, sağcı, milliyetçi, komünist ve sosyalist parti karşıtı*).
1587 Harbalioğlu/ Abdulvahit Kaşgarlı 2017: 322, die nicht darauf eingehen, ob die Dauer einen symbolischen Bezug zur Zahl der Kampagnenopfer gehabt haben könnte.
1588 Harbalioğlu/ Abdulvahit Kaşgarlı 2017: 322 sprechen an dieser Stelle davon, dass er „in Straflager verbannt worden sei" (*ceza kamplarına sürgün edilmiştir*). Der Plural „Lager" muss dabei nicht unbedingt bedeutungstragend sein, da im Uigurischen, das hier als Einflusssprache eine Rolle spielt, auch singularische Referenten mit dem Pluralmorphem markiert werden können. Es ist unklar, ob der Ausdruck die Verbannung in ein entlegenes Dorf zum Zwecke der ‚Umerziehung' bezeichnet oder tatsächlich die Inhaftierung in einem Lager.
1589 Harbalioğlu/ Abdulvahit Kaşgarlı 2017: 322. Über die näheren Umstände dieses Landeswechsels wird dort nichts gesagt.
1590 Harbalioğlu/ Abdulvahit Kaşgarlı 2017: 322 übersetzen den Titel mit *Kanlı Leke* (ebenfalls „Blutfleck").
1591 Ismayilov 2011: 5.
1592 Harbalioğlu/ Abdulvahit Kaşgarlı 2017: 322. Das Thema wurde später in Romanform von Äxtäm Ömär noch einmal aufgegriffen, siehe Anonym 2009 sowie S. 265 des Haupttextes.
1593 Zu Üzeyir Hacıbəyov vgl. Heß 2022: 247–279.
1594 Heß 2022: 259–264, 268f., 273f., 276f.

So oder so kann man feststellen, dass Sämädi sich in dieser frühesten Phase seines Schaffens einem großen Spektrum unterschiedlicher Genres widmete. Hierin kann man wohl eine Bestätigung dafür sehen, dass er die Anregungen durch seine Lehrer Muhämmädiy und Iskändärov ernstgenommen hatte und bereits zu diesem Zeitpunkt sehr ernsthaft eine Karriere als Schriftsteller aufbaute.

Dramen spielen in Sämädis Werk überhaupt eine sehr wichtige Rolle. Neben *Qanliq daġ* werden auch die Titel *Sürlük minutlar* („Bedrückende Minuten"), *Xitay zindanlirida* („In den Kerkern der Chinaleute"), *Zulumġa zaval* („Schluss mit der Unterdrückung") und *Axirqi däqiqilär* („Die letzten Minuten") erwähnt.[1595] Zumindest in *Xitay zindanlirida* könnten auch persönliche Erfahrungen Sämädis eingeflossen sein. Auch stammten aus seiner Feder die Komödien *Köyümčan Ana* („Die treusorgende Mutter") und *Siri ečildi* („Sein/ ihr Geheimnis wurde offenbar").[1596] Ferner hat er ein Drehbuch mit dem Titel *Ili deryasi boyida* („Am Ufer des Ili") hinterlassen.[1597]

Sämädis literaturgeschichtliche Bedeutung liegt unter anderem darin begründet, dass er zu den ersten Autoren gehört, die Romane in uigurischer Sprache veröffentlicht haben. Sein nach der Figur eines Herrschers benannter historischer Roman *Mayimxan* erschien bereits in den 1960ern,[1598] während der erste uigurische Roman in der Volksrepublik China erst im Jahr 1979 erscheinen konnte.[1599] Wie die meisten anderen uigurischen historischen Romane auch, beschäftigt sich *Mayimxan* mit der Geschichte der Uiguren. Konkret geht es in dem Werk um deren Streben nach der Errichtung eines unabhängigen Staates.[1600] Einheimische Literaturkritik geht davon aus, dass die in dem Werk behandelten historischen Ereignisse ein Modell für die Identitätssuche und politische Selbstfindung der Uiguren in Sämädis Zeit seien.[1601] Die Handlung spielt im 19. Jahrhundert.[1602] Zwischen 1967 und 1969 schrieb Sämädi die ersten beiden Bücher des Romans *Yillar siri* („Das Geheimnis der Jahre"), dem er 1989 noch zwei weitere Bände folgen ließ.[1603] Zu Sämädis bekanntesten Romanen gehört *Ġeni Batur* (1979), der dem gleichnamigen Helden (1902–1981) der Dreiprovinzenrevolution gewidmet ist.[1604] Wahrscheinlich Sämädis letzter Roman ist *Äxmät Äpändi* („Herr Ächmät") aus dem Jahr 1996.[1605]

Der nachfolgend übersetzte Abschnitt stammt aus dem 1978 erschienenen Prosawerk *Därdmänniŋ zari* („Die Klage des Elenden".[1606] Dem Text selbst ist als Untertitel die Genrebezeichnung „tragische Erzählung" (*pajiäliq qissä*) beigefügt.[1607] Man kann das Werk wohl als stark autobiographisch geprägte Novelle oder kurzen Roman bezeichnen. Übergreifendes Thema ist die Unterdrückung der Uiguren in der Volksrepublik China in den 1950er und 1960er Jahren. Der weiter unten in Übersetzung vorgestellte Textabschnitt beginnt im Original unmittelbar unter der Überschrift „Der erste Anfall" (*Birniči xurus*).[1608]

1595 Harbalioğlu/ Abdulvahit Kaşgarlı 2017: 322, wo keine Angaben zu den Abfassungs- oder Erscheinungsjahren gemacht werden.
1596 Harbalioğlu/ Abdulvahit Kaşgarlı 2017: 322. Erneut gibt es keine Angaben zu den Abfassungs- oder Erscheinungsjahren.
1597 Harbalioğlu/ Abdulvahit Kaşgarlı 2017: 322.
1598 Ismayilov 2011: 4.
1599 Zum Erscheinen des ersten uigurischen Romans in der VR China siehe S. 146 des Haupttexts.
1600 Ismayilov 2011: 5.
1601 Ismayilov 2011: 5.
1602 Ismayilov 2011: 4.
1603 Harbalioğlu/ Abdulvahit Kaşgarlı 2017: 323.
1604 Harbalioğlu/ Abdulvahit Kaşgarlı 2017: 323. Vgl. die Ausgabe Sämädi 2018 [1978].
1605 Harbalioğlu/ Abdulvahit Kaşgarlı 2017: 323.
1606 Datierung nach Harbalioğlu/ Abdulvahit Kaşgarlı 2017: 323. Ausgabe: Sämädi 2011.
1607 Sämädi 2011: 1.
1608 Sämädi 2011: 107.

Der Text offenbart die große Bitterkeit, die die Hauptfigur, und somit mutmaßlich auch Sämädi selber, aufgrund ihrer Erfahrungen mit China prägt. Angesichts der Jahre, die Ziya Sämädi vor 1949 in chinesischen Gefängnissen verbringen musste, und seiner ideologisch motivierten Verfolgung in der Zeit der Volksrepublik ist dies vielleicht eine vollkommen verständliche Haltung.

16.2 Text in Übersetzung

Mein „Wahnsinn" begann in der Nacht. Ich sprang von meiner Schlafstätte auf, riss mir das Hemd vom Leib, zerfetzte es und warf die einzelnen Stücke durch die Gegend. Außerdem zerzauste ich meine Haare, setzte wild starrenden Blick auf und begann keuchend Schaum aus meinem Mund zu pusten. Ich rannte zur Tür und begann auf sie einzutreten, so dass sie wackelte. Ich pfefferte das Teegeschirr durch die Gegend. Kurz, ich verwandelte die Zelle in ein einziges Chaos.

Der Chinesen-Schauspieler Su Yangjing,* mit dem ich seit drei Tagen zusammen eingesessen hatte, rief: „Ibulay, Alter, was ist denn los?" Dabei klang er beinahe mitleidsvoll. Anschließend verkroch er sich in eine Ecke. Die Wärter hatten sich an derartige Situationen vermutlich schon gewöhnt, denn sie schauten nur einmal kurz durch das vergitterte Fenster rein und verschwanden dann wieder, ohne ein Wort zu sagen.

Daraufhin schlug ich eine andere Tonart an. Ich warf mich direkt auf den Chinesen. Kaum hatte ich angefangen, ihm die Gurgel zuzudrücken, fing er an zu jammern: „Ibulay, Alter, ich hab dir doch nichts getan!" Auch wenn er mir leidtat und es mich im Herzen schmerzte – mein „Verrücktsein" musste schlussendlich ja authentisch wirken!

„Mörder! Der Verrückte wird mich umbringen!", schrie Su Yangjing. Dass ich ein „wirklicher" Verrückter sei, musste zuallererst der mit mir zusammen einsitzende chinesische Schauspieler glauben. Daher quälte ich den Ärmsten bis zum Morgengrauen mit wüstem Geschrei und Gepolter aufs Fürchterlichste, wobei ich ihn manchmal aus meiner Umklammerung befreite und ihn dann wieder unter mich brachte. Doch wie sehr er auch brüllen mochte, die Gefängniswärter wagten es aus Angst vor dem „Verrückten" nicht, in die Zelle einzudringen.

Am nächsten Morgen warf ich den Koch, der die Zellentür geöffnet hatte, um das Essen zu verteilen, um, so dass er auf den Rücken fiel. Dann rannte ich splitterfasernackt nach draußen. Es war Anfang Februar und kalt, ich drang durch die zusammengeschaufelten Schneemassen in den äußeren Bereich, Richtung Tor, vor. Die Wache auf der Außenbefestigung legte ihre Maschinenpistole an und rief drohend: „Stehenbleiben! Ich schieße!" Aber hat ein verrückter Mensch Angst vor Maschinenpistolen oder Gewehren? Wenn er ein Gespür für Tod, Kälte und Seelenqualen hätte, wäre er dann verrückt? Der Wachposten schoß tatsächlich nicht, sondern fing an, „Ausbrecher! Fangt den Ausbrecher!" zu schreien. Innerlich wünschte ich mir sehnlichst, dass sie mich möglichst schnell ergreifen sollten. Denn die Kälte ging mir durch Mark und Bein, mein Körper wurde von nagenden Schmerzen gepeinigt, meine Hände und Füße begannen steif zu werden und aus meinen Augen rannen vor Frost schon die ersten Tränen. Wenn ich noch zehn Minuten so verbracht hätte, wäre ich steifgefroren.

Weil die Gefängniswärter Angst hatten, selbst zu kommen und mich einzufangen, wählten sie unter den Gefangenen fünf, sechs kräftige Kerle aus, die mich ergreifen sollten. Sie umzingelten mich, als ob sie ein wildes Pferd einkreisten, und packten mich dann alle im selben Augenblick. Ich schrie mit unnatürlich verzerrter Stimme und klang wie ein meckerndes Ziegenkitz. Dabei attackierte ich die Männer, die mich festzuhalten versuchten. Ich weiß nicht, wie ich dann auf der Schulter von einem von ihnen gelandet bin. Ich biss dem Armen in den Hals, sodass er in Todesangst flach auf den Bauch fiel. Daraufhin warfen mich die anderen zu Boden, fesselten mich an Händen und Füßen und brachten mich in die Zelle zurück.

Von jenem Tag an war ich nur noch „der Verrückte". Durch dieses Verhalten hatte ich mir allerdings Qualen beschert, die sogar noch um vieles schlimmer waren als die Torturen, denen ich zuvor ausgesetzt worden war. Aber den Schwanz einzuziehen, mit anderen Worten, vor den Maoisten einzuknicken, mich ihnen zu ergeben, kam mir schrecklicher als selbst der Tod vor. Daher ließ ich in meiner Entschlossenheit nicht nach.

Tag und Nacht lief ich also weiter in dem kalten, feuchten Loch nackt herum, spuckte mit lauten Puffgeräuschen Schaum aus oder simulierte Anfälle. Zwei Tage lang nahm ich keinen einzigen Bissen zu mir. Seltsamerweise verspürte ich dabei auch keinerlei Hungergefühl. Wenn mein Zellenkamerad etwas sagte, um mich zum Essen zu bewegen, markierte ich den Idioten und glotzte ihn einfach nur blöd an. Bei einer anderen Gelegenheit stürzte ich mich aus heiterem Himmel auf ihn und brüllte: „Weg da! Steh nicht im Weg! Wir gehen jetzt nach Tschötschäk!"* Ich gab ihm Klapse auf den Popo, wie einem Pferd oder Esel. Weil Su Yangjing mit den Worten „Auch wenn ihr mir den Schädel abschlagt, sitze ich nicht länger mit dem Verrückten in einer Zelle" heftig protestierte, verlegten sie mich in eine andere Zelle, in der es bereits drei Inhaftierte gab.

Jetzt musste ich also gleich drei Personen von meiner „Verrücktheit" überzeugen! Zuerst glotzte ich die drei wie ein Geistesgestörter an, kreischte aus heiterem Himmel in ohrenbetäubender Lautstärke drauflos, rotierte anschließend in der Zelle herum und warf mich dann auf die drei Chinesen. Schon allein von meinem Kreischen war den Dreien die Farbe aus dem Gesicht gewichen, und sie drängten sich in einer Ecke zusammen wie Schafe, die sich vor einem Wolf fürchteten. In diesem Augenblick fehlte nicht mehr viel, und ich hätte laut lachen müssen, aber ich erinnerte mich an den feierlichen Eid, den ich geschworen hatte. Also steigerte sich mein „Anfall" immer weiter: Ich riss den chinesischen Gefangenen die Haare aus, steckte mir die Haare, derer ich habhaft werden konnte, in den Mund, kaute auf ihnen herum und spuckte sie den Chinesen ins Gesicht. Die drei gerieten vor Wut außer Rand und Band und wollten sich das nicht gefallen lassen. Sie versuchten, mich zu Boden werfen. Doch mein „Wahnsinn" wurde nur noch schlimmer. Ich schleuderte sie einen nach dem anderen in die Ecke, nahm mir, was ich gerade zu fassen bekam, und drosch damit auf sie ein. Die drei Häftlinge schrien Zeter und Mordio, als ob sie das ganze Gefängnis aus den Angeln heben wollten. Die anderen Gefangenen fielen alle ein und zettelten mit „Mörder!"-Rufen ein riesiges Durcheinander an. Die Wärter riefen die Gefängnisinsassen zur Ordnung und drohten, aber das Gebrüll wurde nur immer lauter. Als zu guter Letzt der Gefängnisdirektor persönlich erschien und sich die Zellentür öffnen ließ, stürzte ich mich mit lautem Gebrüll auf ihn. Noch bevor der Henkerboss drinnen war und die Tür hinter sich wieder zugemacht hatte, versetzte ich ihm einen solchen Schlag gegen den Kiefer, dass ich mich jetzt im Nachhinein noch daran ergötzen kann, wie Sie mir glauben werden. Mein Faustschlag ließ den Gefängnisleiter wie einen Hut zu Boden segeln, doch bevor ich ihm aufs Kreuz steigen konnte, hatten die Gefängniswärter mich niedergedrückt und schlugen und traten mich, bis sie nicht mehr konnten.

Als ich wieder zu mir kam, lag ich in Fußfesseln in der feuchten Zelle. Keine einzige Stelle an mir war mehr unversehrt. Ich fühlte mich an wie eine überreife Wassermelone und hatte keinerlei Kraft mehr, um mich zu bewegen. Am vierten Tag kam der Gefängnisdirektor in Begleitung der Wärter herein und befahl, mich herauszuholen.

Im unterirdischen Verhörraum wartete auf mich schon Pätta.

„Du bist ein falscher Verrückter. Indem du dich jetzt als Verrückten ausgibst, willst du nur zeigen, dass du dich mit Händen und Füßen gegen den Vorsitzenden Mao und die Partei wehrst. Er gab dem grobschlächtigen Wärter neben der Tür ein Zeichen. Der öffnete eine Seitentür. Aus der kam ein kalbsgroßer Hund heraus und ging sofort auf mich los. Ich bin ein kräftiger Mann, also wich ich nicht zitternd zurück, sondern packte den Hund an der Gurgel, würgte ihn und steckte ihm meine Finger in die Augen. Dabei lachte ich so wild und hysterisch, dass Schielauge Pätta vor Schreck zurückwich und hinter dem Wächter Schutz suchte. Als der Hund meinen Arm losließ, riss er ein Stück aus meinem linken Handgelenk heraus, und Blut begann hervorzusprudeln. In meiner Rolle als Verrückter starrte ich auf das Blut und lachte dazu wiehernd. Keine Minute später war ich unter dem Hund. Als ich das Bewusstsein wiedererlangte, lag ich in eine Matte eingewickelt auf dem Boden.

Ach, wie süß das Leben ist… Je mehr du gequält wirst, desto süßer und kostbarer wird es dir. Du begreifst wahrscheinlich erst in Zeiten, in denen dein Leben mit endlosen Qualen erfüllt ist, in denen dein Dasein durch und durch mit Tod getränkt ist, wahrhaft, wie süß das Leben an sich eigentlich ist.

Genau so ging es mir damals. Als ich an der Schwelle des Todes so dalag, liefen wohl all die Dinge, die ich getan hatte, seit ich bewusst denken konnte, meine guten und schlechten Seiten und all die wunderlichen Erlebnisse, die ich hinter mir gelassen hatte, vor meinem geistigen Auge vorbei, und nacheinander sah ich auch meine Brüder und engen Freunde vorbeiziehen. Kraftlos stöhnend brachte ich zwischen meinen aufgeplatzten Lippen, die ich kaum noch bewegen konnte, gerade noch diese Worte hervor: „Lebt wohl, meine Brüder!… Jetzt werde euch nicht mehr treffen können. Vergesst mich Elenden,* der hier von Schmerz und Sehnsucht gequält und erniedrigt stirbt, bitte nicht!… Ich hinterlasse euch meine Wünsche und Träume…"

Während ich mich so an Haus und Heimat, an die Freunde und Brüder erinnerte und mich so von ihnen verabschiedete, müssen blutige Tränen aus meinen Augen geflossen sein. Ich spürte jedenfalls, wie mein Gesicht, aus dem bereits das Blut gewichen war, feucht wurde.

Kraftlos lag ich auf dem Boden ausgestreckt, wie ein Mann, der seit langer Zeit an einer schweren Krankheit gelitten hatte. Wenn du tagelang nichts isst, spürst du angeblich vom vierten Tag an keinen Hunger mehr. Durst hingegen soll furchtbar qualvoll sein, weil der Gaumen austrocknet und der Nabel nach innen gezogen wird. Am fünften oder sechsten Tag schwillt dein Bauch an, und du denkst nur noch an Wasser. „Wasser! Wasser!", jammerst du. Deine Augen vereitern, deine Lippen verkleben in ihrem vertrockneten Zustand, dein Körper dehydriert, dein Augenlicht beginnt zu verlöschen, doch zugleich siehst du vor deinen Augen Tag und Nacht nur Wasser. Es ist, als ob das Wasser die ganze Zeit ganz frech vor deinen Augen kokett herumtänzelt, wie eine junge Schönheit.

Ich lag nun schon eine Woche da, ohne einen Schluck Wasser getrunken und ohne einen Bissen Brot gegessen zu haben. Die Fähigkeit zu sehen und sich zu bewegen waren schon längst aus mir gewichen. Von den Füßen her wehte ein eisiger Wind in mich hinein, meine Beine begannen zu erkalten. Das war das langsame Entweichen des Lebens.

Ich hatte kaum mehr als eine dumpfe Ahnung davon, wie das Untersuchungspersonal hereingetreten war. Doch ich bekam recht klar mit, wie sie über mein Leben den Ausdruck „Das bringt nicht um…" verwendeten. Sie steckten mir ein Stück eingeweichtes Brot in den Mund. Ich lutschte das Wasser heraus und spuckte den festen Bestandteil aus. Ein als Arzt arbeitender Gefangener namens Doktor Fang* kam herein und untersuchte mich. Als ich hörte, wie er sagte „Noch vor dem morgigen Tag wird er sterben.", durchfuhr mein nur noch langsam schlagendes Herz ein Stich. Sie verlegten mich anschließend ins Krankenhaus. Ich bekam ein Einzelzimmer, und es wurden eigens Aufpasser dafür abgestellt. Jeden Tag injizierten sie mir in eine Ader am Handgelenk Glukose. Ich weigerte mich, Nahrung zu mir zu nehmen, gab mich groggy und indolent. Währenddessen konnte ich das Getuschel der ein- und aus Gehenden hinter der Tür hören. Ich konnte ihm entnehmen, dass sie vermuteten, meinem „Verrücktspielen" liege irgendein politisches Geheimnis zugrunde. Daher hatten sie offenbar beschlossen, mich nicht zu töten, sondern auf welche Art auch immer dieses Geheimnis in Erfahrung zu bringen. Ich konnte mich dementsprechend gegen sie vorbereiten.

Die Glukose drang in mich ein und entfaltete langsam ihre Wirkung. Da es mir immer besser ging, erhöhte die eigens abgeordnete Wache ihre Achtsamkeit und ließ auch den Türknauf und das

Fenstergitter nicht aus den Augen. Je mehr die Kräfte in meinen Körper zurückkehrten, desto mehr dachte ich tatsächlich über Pläne zur Flucht aus dem Krankenhaus, das keinen Zaun hatte, nach. Doch am elften Tag untersuchte mich Doktor Fang noch einmal sorgfältig, indem er meinen Puls fühlte und mir in die Augen sah. Seine abschließende Diagnose lautete: „Jetzt wird er nicht mehr sterben." Noch am selben Abend brachten sie mich in das Gefängnis zurück.

Der zweite Anfall

Wenn sich unerschütterliche Willenskraft mit Hass auf deinen Feind verbinden, kannst du jede Art von schwierigen Prüfungen bestehen und große Qualen aushalten. Mein Zorn und Abscheu gegen die maoistischen Kolonisateure wurde immer größer, je mehr Schmerzen sie mir bereiteten, mein Hass wurde stärker, mein Widerstand wuchs.

Es war nun etwa zwei Monate her, seit ich zum falschen Verrückten geworden war. Jeder einzelne Tag, jede einzelne Stunde dieser beiden Monate war unter Qualen vergangen, sodass die Ärzte und Schwestern, die mich behandelten, mir den Namen „eiserner Verrückter" zulegten. Ich verblüffte sie mit meiner schier übernatürlichen Leidensfähigkeit. Die Ermittler und die Gefängnisdirektion waren von meinem eisernen Charakter zwar auch beeindruckt. Doch dies brachte sie nur dazu, aus mir ein Geständnis herausholen zu wollen und mich ständig weiter zu martern.

Es war schon immer mein Vorsatz, alles zu ertragen, ein Leben des Erduldens zu führen und auf diese Weise das finstere Wesen und die verbrecherischen Taten der Schlächter vor aller Augen offenzulegen. Dies war der idealistische Antrieb, der mir Leidensfähigkeit, Kraft und Stärke schenkte und meine Willenskraft unerschütterlich hielt.

... Sie legten mich mit zwei uigurischen und einem kirgisischen Gefangenen zusammen. Einer von ihnen hatte ein Vollmondgesicht und war ziemlich klein und dick ausgefallen. Er zeigte sich mir ganz besonders zugewandt. Er half mir beim Hinlegen und Aufstehen, gab mir zu trinken und erkundigte sich nach meinem Befinden. Das Pfannkuchengesicht verbog sich richtiggehend, um aus mir etwas rauszuholen. Er ließ Tränen über sein ganzes Gesicht strömen, bemitleidete mich ob meines Zustands und fluchte nach Strich und Faden über die Maoisten.

Während ich entkräftet dalag, schenkte ich seinen Worten und Handlungen Aufmerksamkeit, doch im Inneren hatte ich zu zweifeln begonnen. Ich wusste bereits, dass die Maoisten Spitzel unter den Gefangenen platzierten, um Geheimnisse in Erfahrung zu bringen.

Das sich als Äziz vorstellende Tellergesicht beschäftigte sich manchmal damit, mir die Augen und das Gesicht zu streicheln, manchmal schleimte er sich auch bei den beiden Kirgisen, Selim und Qizir, ein, um ihnen etwas zu entlocken. Qizir war nicht auf den Kopf gefallen. Er hörte sich Äziz' Gerede an, aus ihm selber aber kam kein Wort heraus. Selim dagegen war der etwas um Aufmerksamkeit heischende Typ, er sprang über jedes Stöckchen, das man ihm hinhielt. Er lobte die Sowjetunion, schimpfte auf die Maoisten. Wäre ich nicht „verrückt" gewesen, hätte ich Selim den Mund verboten, aber was sollte ich machen, ich musste in dem Zustand, in dem ich war, liegenbleiben.

„Ich", tönte Pfannkuchengesicht Äziz, während er sich vor Selim auf die eigene Brust schlug, „werde mich zum Märtyrer* machen, um mein Vaterland und mein Volk zu befreien."

„Dann sag mal, was hast du alles schon getan?", fragte der schweigsamere und zurückhaltendere der beiden Kirgisen.

„Wir haben gearbeitet! Wir haben die Organisation ‚Uiguristan' gegründet* und ... "

Als ich diesen Sermon aus Pfannkuchengesichts Mund vernahm, konnte ich nur angewidert zuschauen. Der auf der Seite liegende Qizir hörte ebenfalls zu.

„Wenn ich so gearbeitet hätte wie du, das wäre für mich der Traum gewesen!", sagte der unbedachte Selim.

„Ach, hör auf von diesen Tyrannen", seufzte Äziz. „In gewisser Hinsicht ist es ja nicht schlecht, dass ich im Gefängnis gelandet bin, so habe ich eine ganze Menge Erfahrung sammeln können, ich habe Übung bekommen. Wenn ich jetzt rauskomme, gründe ich eine Organisation, die so hart ist wie Stahl, und treffe Vorbereitungen für eine bewaffnete Erhebung."

Die Lügen flossen wie Wasser aus seinem Mund. Ich lag reglos da und dachte über eine Methode nach, um diesen verfluchten Mistkerl loszuwerden. Qizir hatte von dessen Primitivität wahrscheinlich auch genug, zog sich die Decke über den Kopf und sagte: „Lasst uns schlafen!"

„Mich haben sie gefangen, als ich meinen Traum, in die Sowjetunion hinüberzugehen, nicht verwirklichen konnte. Aber wenn ich heil aus dem Gefängnis herauskomme, pfeife ich auf die Sowjetunion und so und schließe mich Patrioten wie dir an", sagte Selim, der Äziz' Worten wirklich Glauben zu schenken schien.

Die Tellervisage trat einen Schritt vor. „Stell dein Licht nicht unter den Scheffel, Selim! Auch in diesem Giftschlangenloch hier können wir unsere Reihen erweitern!"

Diese Wortwechsel zwischen Selim und Äziz gingen noch einige Tage weiter. Wie ein Blutegel versuchte Äziz, alles aus Selim herauszusaugen, was der auf dem Herzen hatte, und es gelang ihm mit Hilfe des sich anbiedernden Selim sogar, die Absichten einiger von dessen Verwandten auszuspionieren.

Kann dein Gewissen zu einer Schändlichkeit schweigen, die sich direkt vor deinen Augen abspielt? Inzwischen hatte ich bereits wieder zu einem beträchtlichen Teil meiner Kraft zurückgefunden. Ich wartete nur noch auf eine günstige Gelegenheit, um meinen Plan, mich an Äziz zu rächen, in die Tat umzusetzen. Was mir dabei zupass kam: Ein Verrückter kann nicht die ganze Zeit still daliegen! Es muss dazu kommen, dass sein Verrücktsein durchschlägt und er Anfälle bekommt!

Der Zeitpunkt kam schließlich, als sich Äziz mit der Begründung, ein Beschwerdeschreiben an das oberste Gericht aufsetzen zu wollen, Stift und Papier geben ließ. Kaum hatte er begonnen, irgendetwas hinzuschreiben, bekam ich meinen vorgeblichen Anfall. Aus heiterem Himmel sprang ich auf, packte ihn an den Haaren und wickelte sie mir um die Hand, schob ihn zurück und packte ihn so fest bei den Schultern, dass der Spitzel stolperte. Dann spuckte ich wieder Schaum aus dem Mund aus und fing mit den üblichen Prustgeräuschen an. Selim begann vor Angst und Schrecken, um Hilfe zu schreien und gegen die Tür zu wummern. Inzwischen sammelte Qizir ungerührt die auf dem Boden verstreuten Blätter ein. Dabei muss sein Blick auf einen Brief gefallen sein, auf dem „Selims Taten" stand. Da packte ihn blinde Wut. Er riss den Spitzel aus meinen Armen und verprügelte ihn so heftig, dass Äziz unter den Schlägen des baumgleichen kirgisischen Hünen wie ein kleiner Ball herumdotzte, bis sein Schädel schließlich im Pisstopf steckenblieb. Ich meinerseits warf mich wieder auf ihn.

„Elender Verräter, falsche Schlange!", fluchte Qizir und überzog den Spitzel noch mit allen möglichen anderen Schimpfwörtern. „Da sieht der zu, was wir hier für Qualen erleiden, und lässt sich trotzdem zum Spitzel machen. Mann, ej!"

Inzwischen hatte auch der begriffsstutzige Selim begriffen, was wirklich Sache war. Er schrie „So ist das also!" und zerrte den Zuträger unter mir hervor. Dann fing er an, ihn in der engen Zelle herumzuschleudern, als ob er nach einem Ball trat. Bei jedem Tritt beschimpfte er ihn mit „Spitzel, Revoluzzer!" und spuckte ihn an.

Weil die Ohren der Wärter sich schon länger an meine „Anfälle" gewöhnt hatten, beachteten sie den Lärm, der jetzt aus der Zelle kam, nicht weiter, und sie öffneten erst recht nicht die Tür, um hereinzukommen. Wir wurden auch bald wieder leise. Ich blieb entkräftet liegen. Den halbtoten Spitzel legten die anderen auf seine Pritsche und deckten ihn zu… In der Nacht kam der Verräter wieder zu sich, ging vor Selim auf die Knie und bat ihn um Vergebung. Er gab bei all seinen Nachkommen hochheilige Versprechen ab, dass er sich kein zweites Mal für die Spitzelei hergeben würde. Ob Äziz wirklich reuig wurde und Besserung gelobte, bleibt im Dunkeln.

Verräter sind gewissenlos und Feiglinge sind falsche Schlangen. Diese Weisheit dürfen wir niemals vergessen. Von jenem Tag wussten Qizir und Selim auch, dass ich nur ein vorgetäuschter Verrückter war. Der Spitzelvorfall hatte uns einander nähergebracht, hatte uns zu einem Herz und einer Seele werden lassen. Meine beiden Gefängnisgenossen kümmerten sich fortan um mich wie um ein kleines Kind. Vor den Gefängniswärtern stellten sie mich als verrückt und krank dar. Auch Gefangenen aller möglichen Nationalitäten gegenüber berichteten sie von meinem Verrücktsein, von meiner hilflosen Krankheit und dass ich unbeschreibliche Qualen leide. Auf diese Weise weckten sie bei ihnen Solidarität und eine grundsätzliche Unzufriedenheit, die sich darauf gründete, dass es ungesetzlich sei, einen Verrückten im Gefängnis festzuhalten. Wie um der Haltung der Menge zu spotten, unterwarfen mich die maoistischen Schlächter daraufhin einem noch härteren Regime.

In einer jener entsetzlichen Gefängnisnächte stieß ein Wärter die eisenbesetzte Zellentür mit lautem Krachen auf, und hinter ihm trat erneut Schielauge Pätta ein. Dass ein Verrückter natürlich auch nicht normal schlafen darf, hatte ich ebenfalls zum Bestandteil meiner Schauspielerei gemacht (ich schlief immer tagsüber, während ich Qizir und Selim Wache halten ließ). Als ich Pätta erblickte, warf ich mich allerdings nicht deshalb auf ihn, um mein angebliches Verrücktsein unter Beweis zu stellen, sondern weil die Grenzenlosigkeit meines Hasses auf diesen Verräter an der Nation mich tatsächlich vor Wut außer Rand und Band brachte. Doch die beiden hünenhaften Wärter, deren Bestimmung das Menschenquälen war, stellten sich dazwischen, drehten mir die Arme auf den Rücken und zwangen mich mit Gewalt auf die Knie. Während die Wächter mich niederhielten, knackte jedes einzelne meiner Gelenke.

„Du hast deine eiserne Leidensfähigkeit unter Beweis gestellt, ja. Aber was haben dir die vier Monate wirklich gebracht, in denen du die Qualen ausgehalten hast?"

Ich tat so, als ob ich nicht gehört und verstanden hätte, was Pätta sagte, und verhielt mich unverändert.

„Ich gebe dir noch eine letzte Frist: Du wirst bis morgen mit deinem falschen Verrücktsein aufhören und offen sagen, was deine eigentliche Absicht ist. Andernfalls wirst du Dinge erleben, die du noch nicht erlebt hast". Mit diesen drohenden Worten huschte die Schlange hinaus.

„Tyrannen haben einen schlechten Charakter", sagte der Kirgise Qizir, als die Schritte nicht mehr zu hören waren. Der einfach gestrickte Selim machte sich um mich Sorgen und weinte schluchzend.

Um meine Gefährten zu beruhigen, sagte ich: „Wenn Pätta zusieht, während sich mich foltern, dann halte ich alle Arten der Qual und Folter aus."

„Was willst du damit denn sagen?"

„Wenn ich Pätta sehe, dann fühle ich mich, als ob meine Wut und mein Hass gegen die Maoisten um das Doppelte steigen würde."

„Gütiger Gott", sagte Qizir nachdenklich.

„Allah selbst möge dir zur Seite stehen", fügte Selim unter Tränen hinzu.

17 Äziz Äysa Älkün: Die Sache mit den Namen

17.1 Vorbemerkung

Der uigurische Schriftsteller Äziz Äysa Älkün (*1970) ist außerhalb der VR China vor allem in der englischen Form seines Namens, Aziz Isa Elkun, bekannt geworden. Dies hat damit zu tun, dass Älkün seit 2001 in London lebt und seine literarischen Werke, sowohl in Prosa als auch in Gedichtform, nicht nur in uigurischer, sondern auch in englischer Sprache veröffentlicht.[1609] Einige seiner Aufsätze sind auch als selbständige Internetpublikationen abrufbar.[1610]

Älkün kam am 22. Juni 1970 im Dorf Yeŋičimän des Bezirks Šayar (auch Šaya; Shahyar; Shaya 沙雅) in der Präfektur Aqsu (Akesu) im westlichen Xinjiang, am Rande der Taklamakan-Wüste und nördlich des Tarim-Flusses, in der Familie eines Dorfarztes zur Welt.[1611] In der 1. Bezirksmittelschule von Šayar (*Šayar Nahiyälik 1-Ottura Mäktäp*), beendete er Mittelschule (*ottura mäktäp*) einschließlich Oberstufe (*toluq ottura mäktäp*).[1612] Ab 1991 absolvierte er ein Studium mit den Fächern Chinesisch, Russisch und andere Sprachen an der Xinjiang-Universität in Ürümči.[1613] Nach dem Abschluss des Studiums war er bis 1999 in der Stadt Aqsu im öffentlichen Dienst und im Privatsektor als Übersetzer tätig, außerdem arbeitete er als Russischlehrer.[1614] Zwischen 1999 und 2001 lebte er in Kirgisien, in der Türkei, in Frankreich, Deutschland und anderen Ländern und ließ sich schließlich im August 2001 in London nieder.[1615] Nach seiner Ankunft in der Themsemetropole besuchte er dort von 2001 bis 2004 in Vollzeit das auf den englischen Spracherwerb spezialisierte Morley College.[1616] Im September 2004 heiratete er in Westminster die britische Musikethnologin Rachel Harris, die auf klassische uigurische Musik spezialisiert ist.[1617] Von 2005 bis 2009 studierte Älkün dann am ebenfalls in London befindlichen Lambeth College englische Sprache, Bilingualismus und Computerwesen.[1618] Von September 2007 bis Februar 2008 arbeitete er außerdem für den uigurischen und usbekischen Service der BBC als freier Autor und Korrespondent.[1619] Von 2009 bis 2011 studierte er am zur University of London gehörenden Birkbeck College und schloss ein Studium in Informatik, Webdesign und Medientechnik ab.[1620]

Set 2011 ist Älkün Mitglied des Internationalen PEN.[1621]

Seit 2014 war er als Wissenschaftlicher Assistent (*Research Assistant*) in verschiedenen Projekten mit Bezug zur uigurischen Literatur an der School of Oriental and African Studies (SOAS) der University of London tätig.[1622] Außerdem hat er als Übersetzer für die zum britischen Innenministerium gehörende Migrationsbehörde gearbeitet.[1623]

1609 Anonym 2023. Zur uigurischen Namensform siehe etwa Älkün 2021.
1610 Siehe zum Beispiel Älkün 2021; Älkün 2021a.
1611 Sidiq 2015: 108; Anonym 2023a.
1612 Sidiq 2015: 108.
1613 Sidiq 2015: 108; Anonym 2023a.
1614 Sidiq 2015: 108.
1615 Sidiq 2015: 108.
1616 Sidiq 2015: 109.
1617 Sidiq 2015: 109.
1618 Sidiq 2015: 109 (Ingiliz tili vä qoš til ma'aripi vä kompyuter käspi).
1619 Sidiq 2015: 108.
1620 Sidiq 2015: 109; Anonym 2023a (kompyuter učur ilmi, tor lahiyiläš vä mediyä texnika).
1621 Sidiq 2015: 108.
1622 Anonym 2023. Vgl. Sidiq 2015: 109.
1623 Sidiq 2015: 109.

Im Jahr 2017 starb Älküns Vater; die volksrepublikanisch-chinesischen Autoritäten ließen das Grab danach einebnen.[1624] Diesen Akt bewertete der Dichter folgendermaßen: „Ein Grab zu zerstören ist wie den Geist eines menschlichen Wesens zu töten. Und es ist unverzeihlich."[1625]

Älküns erste literarische Veröffentlichung soll ein Text gewesen sein, den er im Jahr 1986, als Mittelschüler, in der *Aqsu geziti* („Zeitung von Aqsu") veröffentlichen konnte.[1626] In derselben Zeitung publizierte er weitere literarische Werke, darunter Gedichte, und Übersetzungen.[1627] Weitere seiner literarischen Werke publizierte Älkün offenbar im Internet. Unter ihnen befindet sich der Text in Buchlänge „Von der Donau bis zu den Ufern des Orchon" (*Donay däryasidin Orxun boyliriģiča*),[1628] in dem er auf den Orchon-Fluss in der Mongolei Bezug nimmt, der in der Geschichte der Turkvölker einen wichtigen Platz eingenommen hat.

Neben seiner literarischen Produktion hat sich Älkün in zahlreichen Artikeln und Aufsätzen wissenschaftlich und journalistisch mit verschiedenen literarischen Themen sowie der Verfolgung der Uiguren in der VR China auseinandergesetzt.[1629] So verfasste er einen Beitrag mit dem Titel „Ein Lied, das sich zwischen den Kontinenten in die Lüfte erhob – Sänubär Tursun" (*Qit'älär ara qanatlangan köy – Sänubär Tursun*), in dem er sich mit dem Leben und Werk der uigurischen Sängerin, Musikerin und Forscherin Sänubär Tursun (Sainubai'er Tu'erxun 塞怒拜尔·吐尔逊, *1971) auseinandersetzte.[1630] Sänubär Tursun, die internationale Tourneen unter anderem 2014 in London absolviert hatte, soll 2018 von den chinesischen Behörden festgesetzt und zu fünf Jahren Haftstrafe verurteilt worden sein, kam aber 2019, wahrscheinlich auch auf internationalen Druck hin, frei. Im Jahr 2015 betrug die Gesamtzahl von Älküns Publikation aller Art (einschließlich literarischer Texte wie Gedichte, Rezensionen, Erinnerungen, wissenschaftlichen und journalistischen Beiträgen) mehr als 300.[1631]

Auch eine Tätigkeit als Filmautor und -regisseur gehört zu den überaus vielfältigen kreativen Leistungen Älküns. Sein wohl stark autobiographischer und an die Ereignisse und die Situation im Xinjiang der ersten zwanzig Jahre des Jahrtausends angelehnter Film „Ein unbeantworteter Telefonanruf" (*An Unanswered Telephone Call*) „basiert" dem Begleittext zufolge „auf der wahren Geschichte" (*is based… on the true story*) eines Uiguren, der seit mehr als zwanzig Jahren in London gelebt hat.[1632] Ferner hat er bereits 2004 eine uigurische Musikgruppe gegründet, das *London Uyghur Ensemble*.[1633] Gemeinsam mit Rachel Harris übersetzte Älkün Texte zu einigen der zwölf uigurischen Muqame (Musikregister) sowie fast 50 uigurische Volkslieder (*xälq naxšisi*).[1634]

Im September 2016 wurde Älkün Sekretär des International PEN Uyghur Centre.[1635]

1624 Sawa 2021.

1625 *Distruggere un cimitero è come uccidere lo spirito di un essere umano. Ed è imperdonabile* (zitiert in Sawa 2021).

1626 Sidiq 2015: 108.

1627 Sidiq 2015: 108.

1628 Sidiq 2015: 108.

1629 Anonym 2023.

1630 Sidiq 2015: 108.

1631 Sidiq 2015: 108.

1632 Siehe Elkun 2023.

1633 Sidiq 2015: 108; Anonym 2023a. Siehe auch die Homepage des International PEN Uyghur Centre (Uyghur PEN 2023), mit zahlreichen Beiträgen, an denen Älkün beteiligt ist.

1634 Sidiq 2015: 108f.

1635 Anonym 2023a.

Im September 2023 erschien eine von Älkün herausgegebene und übersetzte Sammlung uigurischer Poesie in der „Everyman's Library", einem Verlag, der zu dem international renommierten Verlagshaus Penguin Random House gehört.[1636]

Der Titel der nachfolgend in ganzer Länge in deutscher Erstübersetzung vorgestellten Erzählung „Die Sache mit den Namen" (*Isim majirasi*) echot Mämtimin Hošurs ebenfalls im vorliegenden Band enthaltene bekannte Kurzgeschichte „Die Sache mit dem Bart".[1637] Auch auf der inhaltlichen Ebene gibt es offenkundige Parallelen, und Älkün dürfte Hošurs Text, der sowohl in uigurischer Originalsprache als auch in Übersetzung zu den am stärksten rezipierten Erzeugnissen der uigurischen Literatur gehören dürfte, zum Zeitpunkt der Abfassung seiner Erzählung gekannt haben. Eine offensichtliche Gemeinsamkeit besteht darin, dass es in beiden Kurzgeschichten um die Funktionsweise des volksrepublikanisch-chinesischen Kontroll- und Unterdrückungsapparates geht. Konkret wird thematisiert, wie dieser sich in stellenweise absurder, grotesker und selbstwidersprüchlicher Weise auf bestimmte angeblich staats- oder gesellschaftsfeindliche Merkmale einschießt. Während dieses Merkmal in *Burut majirasi* eben die Barttracht ist, sind es in *Isim majirasi* uigurische Vornamen. Teil der Botschaft, die Älkün mit seiner Geschichte übermitteln möchte, ist, dass die Bespitzelungs- und Verfolgungsmaßnahmen, denen Uiguren aufgrund ihrer Namen ausgesetzt sind, ebenso bedrückend, absurd und brutal sind wie die „Sache mit dem Bart". Hiervon legt das unversöhnliche Ende der Erzählung Zeugnis ab, an dem nicht nur der aus fadenscheinigen Gründen inhaftierte Sohn des Imams in Haft verbleiben muss, sondern auch sein Vater ohne Gerichtsprozess von der volksrepublikanisch-chinesischen Polizei zu einem *desaparecido* gemacht wird.

Ein bei der Lektüre von Älküns Kurzgeschichte in der deutschen Übersetzung wichtiger Aspekt ist, dass die darin im Zentrum stehenden uigurischen Versionen der Namen „Arafat" und insbesondere „Saddam" in der erzählten Umgebung nicht unbedingt so negativ konnotiert sein müssen, wie es insbesondere bei dem Namen „Saddam" der Fall ist, wenn er in den Ohren eines Europäers oder Amerikaners erklingt. Die Uiguren in der Geschichte, die diese Namen für ihre Kinder auswählen, entscheiden sich damit möglicherweise für Figuren, die aus der damaligen Sicht der offiziellen Volksrepublik China möglicherweise gar nicht als absolut böse, sondern als Helden im globalen antiimperialistischen und -kapitalistischen Kampf bewertet wurden.[1638] Wenn in der Erzählung einem Kind der Name Saddam Husseins gegeben wird, impliziert dies also nicht zwangsläufig eine Auflehnung gegen den Staat oder Verehrung für einen Massenmörder. Die Härte, mit der die volksrepublikanisch-chinesischen Behörden gegen den Imam vorgehen, der seine Kinder „Saddam" und „Arafat" nennt, erscheint so oder so übertrieben. Anderseits verschweigt Älkün auch nicht andere Reibungsflächen zwischen dem Staat und der Familie. Dies wird deutlich, als der Patriarch der Imamsfamilie gegen Ende der Erzählung vom Kampf gegen die „Kafirn" spricht und der Name eines prominenten Staatsfeinds der Volksrepublik China offen gepriesen wird.[1639] Die Erzählung offenbart die Gründe für Misstrauen und Hass auf beiden Seiten.

Offensichtlich beruht Älküns „Sache mit den Namen" auf einer wahren Begebenheit. Im September des Jahres 2015, also des Jahres vor dem Ersterscheinen der Erzählung, soll nach einem Medienbericht ein „Politisches und Rechtsdurchsetzungsamt" (*Political and Law Enforcement Office*)

[1636] Anonym 2023.
[1637] Der hier verwendete Text von Älküns Geschichte findet sich in Älkün 2016). Die Übersetzung von Hošurs Erzählung steht auf S. 252ff des Haupttextes.
[1638] Vgl. jedoch Naffis-Sahely 2024, der die in Bezug auf einen Kontext uigurischer Namensgebung im Xinjiang der Mitte der 2010er Jahre die Namenswahl Saddam (entspricht *Sadam*) sowie Wahl des Namens von Bin Laden als *bizarre choices* („bizarre Festlegungen") bezeichnet.
[1639] Siehe S. 311 der Übersetzung.

eines „Bezirksparteikomitees" (*Township Party Commitee*) in Xinjiang muslimischen Einwohnern eine Liste mit Namen vorgelegt haben, die sie von da an ihren Kinder nicht mehr geben durften.[1640] Unter diesen befanden sich nicht nur diejenigen Saddams und Usama Bin Ladens – auf den auch Älkün in seiner Geschichte anspielt[1641] –, sondern auch uigurisch-muslimische Allerweltsnamen wie Patimä (*Fatima*), Abliz (*Abdulʿaziz*), oder Äsädulla (Asadulla).[1642]

17.2 Text in Übersetzung

Nach den Erzählungen der Alten gab es in früheren Zeiten in der Nähe dieses Dorfs einen extrem wasserreichen Fluss. Im Laufe der Zeit habe dieses ausgesprochen viel Wasser führende Gewässer jedoch, auch durch die Zunahme der Bevölkerung, aufgehört zu fließen und sei nach und nach eingetrocknet. Dann sei dem Hunderte von Kilometern wie eine sich windende Schlange dahinfließenden gewaltigen Strom das Wasser ausgegangen. Aus diesem Grund habe er von den nachfolgenden Generationen, die sich gleich unseren Ahnen seine Ufergegenden zum Wohnort gemacht hatten, die Benennung „Trockener Fluss" erhalten. Dadurch, dass die Sedimente, die der später vertrocknete Strom in seiner noch wassertragenden Zeit auf seinen beiden Seiten hinterlassen hatte, immer wieder vom Wind fortgetragen wurden, seien entlang des Flusslaufs mehr oder weniger große Dünen entstanden. Während die am Strom lebenden Leute für ihre Heimatorte früher die Bezeichnungen „Großflussufer", „Mittelflussufer" oder „Kleinflussufer" verwendet hätten, seien diese Namen nach dem Vertrocknen des Stromes im Laufe der Zeit durch „Großdündorf", „Mitteldündorf" und „Kleindündorf" ersetzt worden.

Die Geschichte, die wir gleich lesen werden, spielt in dem auf diese Weise entstandenen „Kleindündorf."

Nachdem die Menschen dort seit unvordenklicher Zeit von Viehzucht gelebt hatten, waren sie allmählich dazu übergegangen, den Ackerbau als Haupt- und die Viehzucht als Nebenzweig ihres Lebensunterhalts zu betreiben.

Qadir Qari* war das intelligenteste und im höchsten Ansehen stehende Kind von Kleindündorf. Man hatte ihm den Beinamen „Kleiner Molla" beigegeben. Er war der geliebte jüngste Sohn des Imams Osman, der es in dem Ort zu Respekt und Achtung gebracht hatte. Alle Leute priesen den Kleinen, indem sie sagten: „Qadir Qari ist der kleine Koranleser – der kleine Qari – unseres Dorfes."

Der Imam Osman hatte einige Male Vorbereitungen getroffen, um die Pilgerfahrt ins Verehrte Mekka* zu unternehmen, doch weil er keinen Reisepass bekommen konnte, war dies nicht mehr als ein Traum geblieben. Aufgrund dieses Umstandes tat es Imam Osman jeden Tag in der Seele weh. Auch wenn er die Pilgerfahrt nicht absolviert hatte,* respektierten die Leute des Dorfs ihren Imam und priesen ihn als „frommen, gottergebenen Mann, der die Menschen zu ihrem Recht kommen ließ, der keine Angst hatte, die Wahrheit auszusprechen, auf den Wegen des Herrn wandelte und gottesfürchtig war". Osman hatte in seinem Leben zweimal geheiratet und insgesamt fünf Kinder bekommen, zwei Mädchen und drei Söhne. Qadir Qari stammte aus der Ehe mit der jungen Chäyrinisa Buwi,* die sich der Iman zu seiner zweiten Frau genommen hatte.

Ehe man sich es versah, war der geliebte kleine Sohn des Imams schon beinahe ein junger Mann geworden. Schon von seiner Kindheit an hatte Qadir Qaris Vater seinem Sohn die wesentlichen religiösen Wissensbereiche in Einzelunterricht gründlich beigebracht. Als Qadir Qari acht Jahre alt wurde, hatte er ein Niveau erreicht, auf dem er die Pänsir-Verse* komplett aus dem Gedächtnis

---

1640 Naffis-Sahely 2024.
1641 Siehe S. 311 der Übersetzung.
1642 Naffis-Sahely 2024.

aufsagen konnte, als er zwölf wurde, konnte er die Yasin-Sure* auswendig und jede beliebige Sure des Korans ohne Schwierigkeiten korrekt vortragen. Wenn er das Heilige Buch rezitierte, schmolzen alle Leute in den Dörfern und Weilern wegen des angenehmen und weich-melancholischen Klangs in seiner Stimme in Begeisterung dahin und riefen: „Meine Güte, der kleine Molla ist aber nach seinem Vater geraten!"

Doch es gab bei all dem einen Wermutstropfen: Der kleine Molla konnte sich den Stoff in der modernen Schule* nicht besonders gut aneignen. Meistens schickte Imam Osman seinen Sohn freitags überhaupt nicht in diese Schule, und zwar aus Angst, er könne das rituelle Freitagsgebet versäumen. Seit drei Generationen stellte seine Familie ja schon die Imame für die Moschee Kleindündorfs. Osmans selig in das Erbarmen Allahs eingegangener Vater Rähmät Damolla Hadschi* war sogar eine nicht nur in Kleindündorf, sondern dem ganzen Bezirk berühmte „patriotische" religiöse Figur gewesen und hatte einige Male sogar an beratenden politischen Versammlungen teilgenommen.

Der Imam Osman war der jüngste Sohn Rähmät Damollas gewesen. Nach dessen Tod erbte Osman im Alter von zwanzig Jahren den väterlichen Beruf und wurde ebenfalls Imam. Aus diesem Grund genoss er in jenen Tagen in seiner Heimat eine höhere Achtung als alle anderen. Niemand wagte es je, ihn zu belästigen. Wenn Imam Osman seinen Sohn, den kleinen Molla, am Freitag nicht in die Schule schickte, konnten die dortigen Lehrer daher keine Fragen stellen. Der Vater berücksichtigte bei alledem einerseits die Stimmungen seines geliebten Sohnes sehr stark, anderseits versuchte er sich selber gegenüber die Richtigkeit ihres gemeinsamen Tuns dadurch zu rechtfertigen, dass er sich sagte: „Der Beruf des Imams ist das väterliche Erbteil unserer Familie. Das Kind eines Mollas wird ein Molla ... Das Kind eines Rinds ist ein Kalb. Wenn er in der modernen Schule lernt, wie soll er da Imam werden können?..." Indem er den Schuldirektoren im Dorf und in der Gemeinde unter tausend Schwierigkeiten mehr oder weniger große Gefälligkeiten* zusteckte und mit Engelszungen auf sie einredete, schaffte Osman es schließlich sogar, seinen Sohn noch vor dem Erreichen der Mittelschule* von dort wegnehmen zu lassen, das war kurz bevor der Junge das fünfzehnte Lebensjahr erreicht hatte. Nun schien es, als ob es bis zur Verwirklichung der größten Wünsche und kühnsten Träume des Imams Osman nicht mehr sehr lange dauern würde. Wenn er ungestört war, wiederholte er immer wieder mit Genugtuung die Worte: „Das jüngste Kind ist für den Vater so viel wert wie das Erbe."

***

In jenen Tagen und Monaten war das ganze Denken und Sinnen des Imams Osman auf eine möglichst rasche Verheiratung seines jüngsten Sohnes konzentriert. Bereits zwei Jahre zuvor hatte er deswegen die verantwortlichen Personen der Siedlung über längere Zeit hinweg mit allerlei schönen Worten über Gott bearbeitet. Parallel dazu hatte er damit begonnen, auf einer vier Mu großen Fläche in der Nähe seines Hauses eine für Qadir Qari bestimmte Bleibe errichten und eine Gartenanlage mit Grünflächen anlegen zu lassen. Den Erwartungen des Imams entsprechend waren diese Bauarbeiten, auch dank der kostenfrei zur Verfügung stehenden Hilfe der Dorfgemeinschaft, rechtzeitig abgeschlossen worden. Nun galt es, bis spätestens zum darauffolgenden Freitag* einen Brautwerber in das Haus von Rahilächan,* der noch nicht ganz dreizehn Jahre alt gewordenen jüngsten Tochter des Imams Hidayetulla aus Großdündorf, zu schicken. Der Brautwerber sollte die Zustimmung der Eltern einholen und einen Hochzeitstermin in der folgenden Woche festlegen. Doch wie heißt es so schön: „Der zu Hause verwendete Maßstab eignet sich nicht für draußen." Die Hochzeitsvorbereitungen, die der Imam persönlich für seinen jüngsten Sohn in die Wege geleitet hatte, liefen tatsächlich nicht so glatt, wie er sich das ausgerechnet hatte.

Der Imam Osman hatte gerade zusammen mit der Gemeinde das Morgengebet* verrichtet und befand sich zusammen mit Qadir Qari auf dem Nachhauseweg über die engen und schmutzigen Gassen des Dorfes. Ihre in leichten Schuhen steckenden Füße wirbelten Wolken feinen Staubes auf. Nachdem sie eine Zeitlang nebeneinander hergegangen waren, wandte sich der Imam Osman an seinen Spross:

„Mein Sohn, was hat dieser Kader in der Kommune* euch eigentlich gesagt? Warum haben sie euch keine Heiratsurkunde gegeben, hm?"

Qadir Qari senkte beschämt den Kopf. „Er hat gesagt: ‚Ihr seid offenbar noch nicht im heiratsfähigen Alter. Kommt wieder, wenn ihr achtzehn seid! Dann geben wir euch die Heiratsurkunde.'"

Die Antwort des Imams kam prompt: „Oje! Wo soll das in dieser Welt noch hinführen ... Wenn dieser Mensch nicht einmal mehr weiß, was die Scharia ist! Früher, in unserer Zeit, hat es solche Einwände nicht gegeben, überhaupt nicht! Damals bekamen Jungen ihre Frauen, sobald sie auf einem Pferd sitzen konnten, und die Mädchen wurden verheiratet, sobald sie nicht umfielen, wenn man ihnen mit der Mütze einen Klaps auf den Kopf gab." Dann fragte er noch: „Sag mal, mein Sohn, wie lautet der Name des Kaders, der dir das gesagt hat?"

„Sadiq-Dschan.* Alle sagen, dass er ein der Regierung sehr treuer Kader sei."

„Von mir aus kann sein Name so lange der ‚Treue' sein, wie er will, aber ob er nicht auch ein Gierschlund ist, wollen wir erstmal sehen. Ich schicke heute gegen Abend den Chef der Produktionsbrigade* mit einem Ziegenkitz und zweihundert Yuan zu dem Mann nach Hause. Gott möge eure Angelegenheiten leicht machen!* Ich habe heute beim rituellen Morgengebet für euer Glück gebetet.*" Während der Imam diese Worte sprach, wirkte er voller Selbstvertrauen und Hoffnung.

Die Entfernung zwischen der Dorfmoschee und dem Haus des Imams betrug ungefähr einen Kilometer. Dessenungeachtet galt diese Strecke als ein recht schwierig zu bewerkstelligender Fußweg. Weil man in dem Dorf keine Brücken über die Bewässerungskanäle gebaut hatte, wurden die Wege regelmäßig überflutet. Dies war besonders im Frühling der Fall, wenn die Bauern zur Zeit des Hochstands in den Kanälen das Wasser auf ihre Felder und in ihre Gärten und Grünflächen ableiteten. Dann fiel einem das Gehen auf den Wegen extrem schwer. Der Imam und sein Sohn gingen vorsichtig an den Kanalrändern und Feldsäumen entlang, wo immer es vergleichsweise trocken war, und näherten sich so langsam ihrem Haus. Dabei redete der Imam mit rauer Stimme. In seinen Worten lag eine große Bitterkeit, so, als ob er auf irgendwelche Leute wütend war.

„Ich sage es den Leuten doch jeden Tag beim Ritualgebet: Lasst uns den Uschr und die Zakat* entrichten, damit erwirbt man sich wenigstens religiöses Verdienst. Lasst uns Brücken errichten, das erzeugt religiöses Verdienst. Aber sie hören mir nicht zu. Sie haben keine Angst vor Gott. Sie errichten keine Brücken. Sie bauen keine Wege. Sie entrichten nicht die Zakat. Das muss wohl der Grund sein, warum Allah uns entsprechend unserer Vorsätze diese erbärmlichen und entbehrungsreichen Zeiten geschenkt hat ... Wenn der Mensch selber keinen Finger rührt, um seine Lage zu verbessern, wird auch Gott unser Herr keinen Finger für uns rühren ..."

Auf vom Imam persönlich gegebene Anweisungen hin wurde das Problem mit dem Erlangen der Heiratsurkunde letzten Endes durch Bemühungen des Produktionsbrigadenleiters aus der Welt geschafft. Die Mitglieder beider Familien der Vermählten wurden zur Hochzeit eingeladen. Die Feier wurde dann streng nach den Vorschriften der Scharia, ohne Pauken und Klarinetten,* durchgeführt. Auf diese Weise legten an jenem Tag Qadir Qari, der jüngste Sohn des Imams Osman aus Kleindündorf, und Rahilächan, die jüngste Tochter des Imams Hidayätulla aus Großdündorf, ihre Köpfe auf ein Kissen.*

***

Die Monate und Jahre gingen ins Land, und selbst in dieser Gemeinde begannen sich die ersten Veränderungen zu zeigen. Die Bauern verwendeten in ihren Dörfern inzwischen elektrisches Licht, und wer es durch den Baumwollanbau zu etwas Geld gebracht hatte, konnte sich sogar Kassettenrekorder* und Fernseher kaufen. Doch es gab zwei Dinge, die sich in diesen Dörfern nicht geändert hatten. Eins davon war die windschiefe Moschee des Dorfs, in dem Osman als Imam tätig war. Das andere waren die ausgetrockneten Straßen, von denen Staub und Dreck aufgewirbelt wurde, sooft Eselwagen über sie hinweggezogen waren.

Der Imam lag seitlich ausgestreckt auf dem großen Polster auf seiner Veranda und ließ seinen Rosenkranz durch die Finger gleiten. „Das uns Menschen vom allmächtigen Gott Zugeteilte ist üppig", sagte er. „So hat mein eigenes Lebensalter bereits vor einiger Zeit das des Propheten, des Gesandten Allahs* – Der Friede sei über ihm! –, übertroffen. Gepriesen sei Gott, dass ich so lange am Leben bleiben durfte!"

Unter Einbeziehung des kürzlich zur Welt gekommenen Kindes seines jüngsten Sohnes hatte der Imam insgesamt zwölf Enkel bekommen. Es war bereits eine Reihe von Jahren vergangen, seit er seinem jüngsten Sohn von seinen vorhandenen Besitztümern eigenes Land zum landwirtschaftlichen Betreiben als sein Erbteil übergeben und ihn aus dem Haus geschickt hatte. Die anderen Kinder des Imams lebten ebenfalls nicht in schlechten Verhältnissen.

Qadir Qari und Rahilächan hatten sich an die Vorschriften zur Geburtenplanung* gehalten und drei Kinder bekommen, ein Mädchen und zwei Jungen. Das erste Kind war ein Junge, dem sie den Namen Saddam* gaben. Das mittlere Kind war ein Mädchen, das sie Rabiyä* nannten. Den jüngsten Sohn nannten sie Arafat.*

Selbstverständlich waren die Namen von Imam Osmans Enkeln im Dorf und der ganzen Gemeinde außergewöhnlich. Es waren Namen, auf die man nicht irgendwie von alleine gekommen wäre und sie vergeben hätte. Und natürlich waren es die überaus klangvollen Namen berühmter Persönlichkeiten, die die damalige Welt und alle Gegenden, in denen Uiguren lebten,* in Aufruhr versetzt hatten.

Qadir Qarim hatte zwar nur die Mittelschule abgeschlossen und Railächan war lediglich bis zur Grundschule gekommen, aber das Bewusstsein und die Kenntnisse dieser jungen Familie über das Land, in dem sie lebten, und über die Welt im Allgemeinen waren beeindruckend. Auch weil sie unter ihren Altersgenossen und Gleichartigen im Dorf die Ersten gewesen waren, die sich einen Fernseher kauften, hatten sie sich mit dessen Hilfe umfangreiches Wissen aneignen können.

Durch die Umgänglichkeit und Höflichkeit, die Koranleser aus Kutscha* kennzeichnet, durch die Weichheit seines Naturells, seine Ehrlichkeit und die gute Behandlung, die er anderen angedeihen ließ, war Qadir Qari zu einem der angesehensten jungen Männer des Dorfes geworden. Auch deshalb hatte er dort viele Freunde. Nachdem sie sich den Fernseher gekauft hatten, nahmen insbesondere die bei ihnen ein und aus gehenden Freunde an Zahl zu. Qaris Freunde kamen ungefähr alle zwei oder drei Tage zu ihnen nach Hause, saßen ein, zwei Stunden vor dem Fernseher und gingen dann wieder.

In jenen Tagen und Monaten waren der Angriff des irakischen Staatsoberhauptes Saddam Hussein auf Kuwait* und die anschließenden Bombenangriffe Amerikas auf den Irak zum heißesten Thema in den Fernsehnachrichten aus aller Welt geworden. Der Irak war für die Uiguren bereits einige Jahre vor diesem Krieg zu einem recht gut bekannten Staat geworden. Denn es war ein prominentes Nachrichtenthema gewesen, dass Tömür Dawamet,* der in jenen Jahren Führer war, an der Spitze einer Regierungsdelegation den Irak besucht und Saddam Hussein getroffen hatte. Irgendwann gingen die sich über ein Jahr hinziehenden Kämpfe zwischen dem Irak und den USA endlich zu Ende. In jenen Tagen vollendete sich Rahiläs Schwangerschaft, und sie gebar einen Sohn.

Der Imam Osman gab ihm nach dem Wunsch seines jüngsten Sohns den Namen „Saddam", wobei er für seinen Enkel selbst den Gebetsruf erklingen ließ.*

In jenen Tagen war wahrscheinlich die einzige geistige Betätigung, welche die Jugend dieses Landes* abgesehen vom Verrichten des Ritualgebets, dem Ackerbau und der Viehzucht hatte, Fernsehen zu schauen. Indem sie fernsahen, machten sie mit vielen Dingen auf der Welt Bekanntschaft. Und fernsehen war eine Beschäftigung, die tausendmal angenehmer war als Mäschräps* zu veranstalten oder im Dorfschulgebäude die letzten Schuljahre zu absolvieren. Die jungen Leute sahen damals wirklich viel fern. Aus dem Fernseher hörten sie immer wieder irgendwelche unverständlichen Begriffe wie „Die Tür nach draußen aufstoßen,* die Marktwirtschaft errichten, Reformen durchführen ...".

Eines Tages war der Imam Osman in das Haus seines Sohns zum Abendessen eingeladen. Im Anschluss an das Mahl sahen alle gemeinsam mit den Kindern fern. Nachdem Osman seinem Sohn gesagt hatte, dass er nunmehr nach Hause zurückgehen werde, wurde der Fernseher ausgeschaltet. Bei dieser Gelegenheit fragte der Imam Osman seinen Sohn:

„Mein Kind, in diesem Weltenspiegel* da sprechen sie oft davon, die Tür nach draußen zu öffnen und einen Markt einzurichten. Was ist damit eigentlich gemeint? Kann ein Staat eine Tür haben, die er auftut oder verschließt? Wenn das so sein sollte, dann müssten diese Türen aber ziemlich groß sein, was?" Qadir Qari und seine Frau Railächan mussten beide lachen.

Dass in jenen Tagen solche Nachrichten über Marktwirtschaft und Reformen überall und ohne Unterlass aus den Fernsehern kamen, braucht nicht besonders betont zu werden. Selbst das baufällige Gemäuer der Dörfer und Siedlungen, die kurz vor dem Einstürzen standen, war von derartigen Slogans nicht verschont geblieben. Eines Tages wurde im Fernsehen Folgendes berichtet: „Rabiyä Qadir*, die erste aus dem uigurischen Volk hervorgegangene Millionärin ... Rabiyä Qadir wurde als Volksvertreterin in den Nationalen Volkskongress* gewählt ... Sie wurde von Staatspräsident Jiang Zemin* empfangen ... Sie hat ihre Handelstätigkeit mit dem Verkauf von Melonenkernen und Strümpfen begonnen ... Sie ist nicht nur für die uigurischen Frauen auf ihrem Bildungsweg ein leuchtendes Vorbild, sondern auch für die Frauen ganz Chinas*, ja sogar für die der ganzen Welt ... " Eine ganze Weile war das Fernsehen ununterbrochen mit diesen Meldungen voll. Für die Bauern von Kleindünsdorf, die bis zu jenem Tag immer noch die Härten der Besitzlosigkeit zu ertragen hatten, mussten diese Berichte sich natürlich wie gute Nachrichten anhören, wie welche, die sie aufheiterten, die ihnen Hoffnung auf die Zukunft und Glauben an sich selbst verliehen.

Inzwischen vollendete Rahilächan erneut eine Schwangerschaft und bekam ihr zweites Kind. Diesmal brachte sie ein Mädchen zur Welt. Aus diesem Grund nannten sie es „Rabiyä". Denn dies war der Name, den man in jenen Tagen am meisten hörte. Die Eltern wünschten sich, dass ihre Tochter, wenn sie groß würde, ebenso respektiert, reich und eine Millionärin würde wie Rabiyä Qadir.

Aus ähnlichen Überlegungen wählten sie für ihren jüngsten Sohn den Namen des Führers der Palästinensischen Befreiungsorganisation, Jassir Arafat. Auch ihn kannten sie aus dem Fernsehen. Der Klang seines Namens war ihren Ohren vertraut.

Das war also die ganze Geschichte, wie die Enkel des Imams Osman zu ihren Namen gekommen waren. Damit war die Geschichte über die Namen aber noch nicht zu Ende. Doch damals hätte sich niemand auch nur vorstellen können, dass diese mit ehrender Absicht ausgewählten Vornamen in naher Zukunft aufgrund der sich wandelnden Zeiten in den Augen einer Regierung zu Namen der fürchterlichsten Verbrecher werden würden, die normale Mitmenschen nicht einmal auszusprechen wagten, und dass aufgrund dieser Namen der Familie des Imams Osman eine schreckliche Katastrophe zustoßen würde.

* * *

Seit einigen Jahren schon lief sowohl im Dorf als auch in seiner Familie kaum noch etwas so, wie der Imam Osman sich das wünschte, und das brachte ihn immer wieder um seine Ruhe. Hinzukam, dass der Imam schon ziemlich in die Jahre gekommen war. Einige Jahre zuvor hatte er immerhin gemeinsam mit dem Siedlungsvorsteher und den Dorfhonoratioren* seinen jüngsten Sohn als Erben bestätigt und die Imamstelle in der Dorfmoschee an ihn übergegeben. Auf diese Weise waren seine seit langen Jahren gehegten Träume und Wünsche Wirklichkeit geworden, und sein Herz hatte wenigstens in dieser Hinsicht seine Ruhe gefunden.

Insgesamt war sein Gemüt in den letzten Jahren immer weniger friedfertig geworden. Der Grund war, dass er mit den um ihn herum stattfindenden Veränderungen nicht zufrieden war. Manchmal, wenn er die männliche Dorfjugend sah, diese Halbstarken, die sich ihr Haar lang wachsen ließen, nie ohne ihre Zigarette zwischen den Fingern herumliefen und die Älteren nicht mehr grüßten, oder die weiblichen Heranwachsenden, die sich in enge Hosen zwängten, ihre Hüften so weit entblößten, dass sie halbnackt waren, und kein Kopftuch trugen, lief ihm die Galle über. Dann begann er vor Wut zu kochen wie ein Eisentopf auf dem Herd und schimpfte vor sich hin: „Verflixt noch mal, was ist nur aus den muslimischen Kindern geworden! Ist die heutige Generation schon so weit verdorben worden? Was soll man bloß davon halten, wenn man an der Kleidung unserer Kinder nicht mehr erkennen kann, welche von ihnen Mädchen und welche Jungen sind? Wo sind unser Glaube und unser Gefühl für Scham und Sittlichkeit geblieben, wo ist unsere Scharia, wohin sind unsere guten Gebräuche und gefestigten Moralvorstellungen verschwunden?"

Es gab aber noch eine Sache, über die sich der Imam Osman in Wahrheit noch viel mehr aufregte als über alles andere. Kurze Zeit vorher hatte die für die Aufsicht über die religiösen Angelegenheiten zuständige Verwaltung im ganzen Bezirk eine Kampagne gestartet, mit der sie „Fünffach gute Imame"* finden und auszeichnen wollte. Sein Sohn hatte sich beworben, in der Bewertung aber den Rang eines „Fünffach guten Imams" verfehlt. Aus diesem Grund sah Osman die Gefahr, dass seinem Sohn die schriftliche Lizenz zur Ausübung des Imamberufs nicht ausgehändigt und dieser so zur Aufgabe dieser Tätigkeit gezwungen werden könnte.

Die verstreichende Zeit hat sich noch nie um die Neigungen der Menschen gekümmert. Die von den Menschen als Maßeinheit der Zeit angesehenen Jahre haben die Macht,* alles auf dieser Welt abzunutzen. Sie verwandeln harmlose und fröhliche Kinder in junge Frauen und Männer, ohne dass diese überhaupt merken, wie die Zeit vergeht, und dann machen sie aus ihnen nach einer gewissen Zeit schon alte Männer und Frauen. Und so genoss unser junger Imam Qadir Qari in jenem Jahr bereits den achtunddreißigsten Frühling seines Lebens.

Um ihre Kinder, ihr Ein und Alles, zu verantwortungsbewussten Erwachsenen heranzuziehen, rieben sich der Imam Qadir und Rahilächan in hingebungsvoller Liebe auf. Egal wie viel Mühe es sie selber auch kostete, schickten sie ihre Kinder zur Schule. Ihr ältester Sohn Saddam stand kurz davor, die Mittelschule abzuschließen. Tochter Rabiyä, das mittlere der Kinder, hatte diese Mittelschule bereits absolviert und war von einer chinesischsprachigen Schule im Inneren Chinas angenommen worden. Arafat würde in jenem Jahr die zweisprachige Grundschule in dem Dorf hinter sich lassen.

* * *

Seit dem Beginn des Ramadan war der Imam Qadir recht beschäftigt gewesen. So gut wie jeden Tag trat er in seiner Funktion als Vorbeter vor die Gemeinde und leitete in der Moschee die fünf täglichen Ritualgebete an. Nachts führte er nach dem Nachtgebet* noch das Ramadan-Tarawih* durch. In jenem Jahr war die winzige Moschee außerordentlich gut besucht, ganz anders als in der Zeit davor. Weil die Menge derjenigen, die dorthin kamen und ihr Ritualgebet verrichteten, und insbesondere der Anteil der jungen Leute rasch gestiegen war, nahm auch die Zahl der Polizisten und

Parteikader, die sich aus dem Siedlungszentrum einfanden, um sie zu beaufsichtigen, beträchtlich zu. Sie überwachten insbesondere, wer alles nacheinander in die Moschee hineinging und wieder aus ihr herauskam. Wenn sich in ihnen der Verdacht regte, dass es sich bei ihnen um zu junge Leute oder gar Schulkinder handeln könnte, kontrollierten sie sofort deren Ausweispapiere oder hinderten sie gleich am Betreten des Gebetshauses. In jedem Fall wichen die überwachenden Organe vom Morgen- bis zum Nachtgebet keinen Schritt von der Moschee.

An einem jener Tage fühlte sich Imam Qadir besonders ermattet. Nachdem er das Tarawih-Gebet beaufsichtigt hatte, verabschiedete er sich rasch von seiner Gemeinde und eilte aus dem Moscheehof nach draußen. Auf dem Heimweg geleitete er seinen Vater, den Imam Osman, neben sich über den engen und staubigen Weg zurück. Dabei bewegte sich Osman sehr vorsichtig voran und leuchtete sich mit einer Taschenlampe den Weg aus. Bald erreichte der Imam Qadir das Eingangstor des väterlichen Hauses. Er öffnete die in das Tor eingelassene kleine Türe und brachte seinen Vater heil und unversehrt in das Innere. Dann verabschiedete er sich von ihm, indem er ihm Unversehrtheit und Gesundheit wünschte, und machte sich direkt zu sich nach Hause auf. Die Entfernung zwischen dem Haus des Vaters und dem des Sohns war nur gering.

In der Wüste sind nicht nur die Tage, sondern auch die Nächte schön. Zu dieser natürlichen Schönheit gehört es, dass der eben erst in seiner ganzen Größe erschienene Vollmond großzügig sein milchweißes Licht auf enge und staubige Dorfgassen fallen lässt, die noch niemals zuvor von Straßenlaternen erhellt worden sind. Alle Naturgeräusche, die in solchen von tiefer Stille erfüllten Nächten zu hören sind, von denjenigen der Pferde, Esel, Hunde und Katzen bis zu denen der Heuschrecken, erinnern einen daran, dass dieses Land auch nachts nicht in den Schlaf gesunken, sondern wach ist. Vielleicht zeigt die Schönheit dieser Nacht uns dann eine Szene, in der Mensch und Natur zueinander gefunden haben.

In einer solchen mondhellen Nacht am Beginn des Frühlings erschienen jetzt die Keime des in der Stille verborgenen Lebens. Sie waren unermüdlich am Wachen. Die in immer neuen Wellen aus den tiefen Schichten von Mutter Erde aufsteigenden Frühlingsdüfte kündigen deutlich an, dass der Lenz sehr bald auch in dieser Siedlung eintreffen würde.

Im Frühling geraten die Bauern der Siedlung leicht in Bedrängnis. Wenn der Fastenmonat Ramadan in dieser Zeit liegt, passiert das noch öfter.

An einem dieser Tage hatte Rahilächan ihren jüngsten Sohn Arafat mit dem Fahrrad zum Lebensmittelhändler Sälam geschickt, um Obst und Gemüse einzukaufen. Seit dem Beginn des Ramadans hatte sich ein Freundeskreis aus drei, vier aus demselben Dorf stammenden Altersgenossen, zu dem auch der Imam Qadir gehörte, zusammengefunden. Sie trafen sich jeweils ungefähr alle zwei oder drei Tage nach der Rückkehr vom Tarawih-Gebet bei einem von ihnen zu Hause. Ein paar Stunden lang widmeten sie sich gemeinsam dem Gottesdienst, bereicherten sich gegenseitig mit ihren religiösen Kenntnissen und gingen dann zu angeregten Plaudereien über Gott und die Welt über. An jenem Abend fand das Zusammensein turnusmäßig im Haus des Imams Qadir statt.

Nachdem Rachilähan bereits den ganzen Tag über die nötigen Vorbereitungen getroffen hatte, war nun die Stunde gekommen, in der mit dem Erscheinen der Gäste gerechnet wurde. Rachilächan wollte die verehrten Gäste ihres Gatten gebührend empfangen und war auch rechtzeitig mit allem fertig geworden. Der Imam Qadir trat eilig auf den Hof hinaus und nahm seine Freunde in Empfang. Die nacheinander eintreffenden Gäste begrüßten ihn mit der Formel „Der Friede sei über euch!"*

„Und über euch sei der Friede! Auf, auf, steht nicht lange herum und kommt ins Haus! Bitteschön!", antwortete der Imam und führte die Gäste ins Haus. Die Zahl der Besucher an jenem Tag betrug vier. Am größten gewachsen und schlanksten unter ihnen war Azat.* Ziyawudun* war recht groß und dabei etwas stattlicher gebaut. Größe und Aussehen der beiden übrigen waren im Prinzip ähnlich. Einer von ihnen hieß Sawut,* der andere Mähmut.* Sie alle gehörten zum engsten Freundeskreis des Imams Qadir. Mit ihnen hatte er von Kindesbeinen an gespielt, war mit ihnen gemeinsam in die Schule gegangen und groß geworden. Die Angekommenen zogen sich rasch die Schuhe aus und nahmen auf den Ehrenplätzen im Gästezimmer Platz. Sie erhoben alle gemeinsam die Hände zum Gebet. Nachdem sie sich unter Austausch der üblichen Höflichkeitsformeln wechselseitig nach dem Befinden erkundigt hatten, stellten sie sich auf den Beginn der Unterredung ein.

Die vor den Gästen ausgebreitete Tafel war reichhaltig. Obwohl es nur das Haus einfacher Bauern war, bot sich dem Auge darauf ein großes Angebot an Köstlichkeiten, von getrockneten Früchten bis zu allerlei frischem Obst und von diversen Sorten uigurischen runden Brotes bis zu verschiedenen Süßigkeiten. Rahilächan servierte den Gästen Tee und forderte sie auf zuzugreifen. Der jüngste Sohn der Familie, Arafat, sprang seiner Mutter bei und bediente die Besucher.

Der junge Imam erhob sich von seinem Platz. „Also, wir lesen heute in den ‚Erzählungen über die Propheten'* an der Stelle weiter, wo wir letztes Mal aufgehört hatten, ja?", schlug er vor und streckte die Hand in Richtung der Bücher aus, die in einer Ecke des Zimmers auf einem Tischchen aufgebaut waren.

„Einverstanden, so machen wir es. Letztes Mal sind wir bis zur fünften Erzählung gekommen", sagte Ziyawudun mit lauter Stimme, nachdem er das dicke Buch ehrfürchtig mit beiden Händen von dem Imam in Empfang genommen hatte. Dann begann er laut daraus vorzulesen.

„Die fünfte Erzählung. Darlegung der Ereignisse um den Ehrwürdigen Noah – Der Friede sei über ihm! Der Ehrwürdige Noah – Der Friede sei über ihm! – hieß eigentlich Lemek,* aber weil er viel weinte, wurde er Noah genannt. Warum er so viel weinte, hatte die folgenden drei Gründe. Eines Tages kam Satan, der Verfluchte, und sprach dem Ehrwürdigen Noah – Der Friede sei über ihm! – seinen Dank aus …"

In diesem Augenblick vermengte sich seine Stimme mit dem rasend wütenden Gebell des Hundes im Hof, und man hörte, dass heftig an die Tür gebummert wurde. Es schien in diesen Minuten, als ob das Jüngste Gericht hereingebrochen sei. Das Haus des Imams schien komplett im Chaos zu versinken.

„Tür auf! Polizei!"

Die Polizisten warteten nicht erst ab, bis die Hausherren die Tür öffneten. Mit wütender Energie traten Füße auf die Tür ein, und Gewehrkolben, Schlagstöcke und irgendwelche anderen Gerätschaften schlugen so lange auf sie ein, bis sie krachend zerbarst. Die Polizisten drangen in das Haus ein.

„Keine Bewegung! Hände hoch! Alle!", brüllten sie.

Sie fuchtelten mit ihren Waffen und Schlagstöcken herum. Zusammen mit Taschenlampen waren Pistolen, Maschinenpistolen und Elektroschocker auf die Köpfe aller im Zimmer Anwesenden gerichtet. Das Innere dieses winzigen Raums war durch das Eindringen der ungebetenen nächtlichen Besucher zum Bersten voll geworden. Sie waren insgesamt zu acht, davon drei in normaler Zivilkleidung und die übrigen in gelblicher Militärmontur. Die drei Militärs sammelten alle Bücher, die auf dem Tischchen in der Ecke des Zimmers aufgebaut waren, ein. Sie nahmen auch das Buch, aus dem die Männer eben noch vorgelesen hatten, mit, außerdem eine Reihe von DVDs, die in einer Tüte neben dem Fernseher gelegen hatten, und überhaupt alles in dem Zimmer, was ihren Verdacht erregte oder zum Mitnehmen interessant erschien. Alles verschwand in einem Sack … Diese Militärs wechselten dabei einige Worte in Chinesensprache. Weil es Nacht war, die Kleidung, die sie trugen, irgendwie bei allen ähnlich aussah und es unter diesen Polizisten und Militärs auch ein oder zwei gab, die Uigurisch sprachen, war es schwer, ihre ethnische Zusammensetzung genau zu bestimmen.

Um die Geschichte abzukürzen: Der Imam Qadir und seine Freunde wurden an jenem Tag festgenommen. Die Handschellen, die man ihnen allen anlegte, blinkten und blitzten im Mondlicht. Während Gewehrkolben- und Schlagstockschläge auf sie niederprasselten, steckte man sie in den Polizeibus. Der Bus machte sich über die staubigen Straßen der Gemeinde davon und hinterließ dabei Wolken aus Sand. Das von irgendwoher herandringende Bellen der Hunde und das Schreien der Esel verlor sich nach einer kurzen Weile in der Finsternis der Nacht, ebenso wie die von den vier Rädern des Busses aufgewirbelten Staubmassen.

Am Tag nach dem Abend, an dem der Imam Qadir und seine Freunde ins Gefängnis verlegt worden waren, kam gegen Mittag ein Gefängniswärter zu ihnen. Mit lautem Schlüsselrasseln öffnete er die Zelle, in der der Imam Qadir eingesperrt war. Er packte ihn und schob ihn in einen anderen Raum.

„Wie heißt du?"

„Qadir Osman."

„Hast du eine Frau?"

„Ja."

„Wie viele Kinder hast du?"

„Drei."

„Sag mal die vollständigen Vor- und Nachnamen deiner Kinder!"

In diesem Ton verlief die Kommunikation zwischen dem jungen Vernehmungsbeamten, dessen Gesicht man deutlich ansehen konnte, dass er erst vor Kurzem das zwanzigste Lebensjahr überschritten haben konnte, und dem unter dem Verdacht eines Verbrechens stehenden Imam Qadir. Dieser hatte keine Ahnung, ob dieser Ort über oder unter der Erde war und was das überhaupt für eine Lokalität war. Es war erst einen Tag her, seitdem sie nachts festgenommen und mit einem Polizeiauto an einen unbekannten Ort verbracht worden. Dort hatte man ihnen Säcke über die Köpfe gezogen, sie in ein anderes Auto verfrachtet und an eine weitere unbekannte Destination verbracht. Sie wurden in getrennte Zellen gesperrt, wo ihnen nur Wasser, aber nichts zu essen gegeben wurde.

„Meine älteste Tochter heißt Rabiyä Qadir."

Der Verhörpolizist schoss mit einem Satz von seinem Platz in die Höhe. Dabei warf er den Stuhl, auf dem er gesessen hatte, um. Mit einer drohenden Geste sprang er vor den Imam Qadir hin. „Was hast du gesagt?", fragte er und tippte Qadir mit dem Zeigefinger auf die Stirn. „Sag das nochmal!", brüllte er. „Wie lautet der Name deiner ältesten Tochter?"

„Rabiyä Qadir!", wiederholte der Imam Qadir. Seine Stimme klang rau, die Worte kamen nur bruchstückhaft heraus.

„Ihr elenden Mollas* seid so durchgeknallt, dass ihr nicht einmal davor zurückschreckt, euren Kindern bedenkenlos die Namen der drei ausländischen Kräfte,* nämlich nationalistisch-separatistischer und terroristischer Rädelsführer, zu geben! Ihr Pack habt es gewagt, euch gegen die großartige Partei und gegen die großartige, edle Nation Chinas* zu stellen! Es gibt nur eine Methode, wie wir Typen wie euch die richtige Antwort erteilen werden …", geiferte der Polizist. Er zeterte noch weiter, bis ihm die Stimme versagte, und spuckte dabei herum. Schließlich kehrte er zu seinem Stuhl zurück. Er redete dann noch recht lange in Chinesensprache auf den in mittleren Jahren stehenden Chinesenpolizisten ein, der neben ihm saß. Unter den Worten, die sie wechselten, konnte der Imam Qadir lediglich „Rebiya Kade'er"* verstehen.

Das einzige Geräusch, das man im Verhörraum hörte, war das mechanische Klappern der Computertastatur, auf die der auch Uigurisch sprechende Polizist einhämmerte. Der neben ihm sitzende Chinesenpolizist paffte währenddessen ununterbrochen an seiner Zigarette, wobei er aus der Nase Rauchwolken ausstieß, die Auspuffabgasen ähnelten.

„Was ist das nur für eine aus dem Ruder gelaufene Welt?", dachte der Imam Qadir bei sich. „Hätte mich mein Vater nicht als Kind auf eine weiterführende Schule geschickt, damit ich wie er Molla werde, hätte ich damals gewusst, was diese chinesischen Typen hier mir alles anhängen wollen, oder hätte wenigstens auch ich gelernt, mit dem Computer umzugehen, wie dieser Schwachkopf da... Mein Gott, ich habe in meinem ganzen Leben noch nie so ein Ding angefasst. Meine Tochter Rabiyä hat ja etliche Male gequengelt, dass wir ihr einen kaufen sollten. Achje, was hat Gott über uns ungebildete Bauern nur für ein Verhängnis hereinbrechen lassen, dass sie überall so übel mit uns umspringen dürfen? Wir werden nach Strich und Faden misshandelt. Ach Herrje!" Er verharrte in Schweigen und seufzte nur leise.

Nachdem der vernehmende Polizist eine ganze Weile lang irgendwas mit seinem Computer geschrieben hatte, hielt er inne. Mit einer ähnlich schneidenden Stimme wie zuvor fing er wieder zu reden an.

„Und jetzt sag die Namen deiner beiden anderen Kinder, los!"

„Mein ältester Sohn heißt Saddam Qadir und der Jüngste Arafat Qadir."

„Na klasse! Hör dir nur mal die Namen an, die du deinen Kinder gegeben hast! Du bist also bis ins Mark hinein ein Wahhabit,* ein Extremist, ein nationalistischer Separatist, ein Radikaler, ein Terrorist! Das beweisen doch eindeutig die Namen, die du deinen Kindern gegeben hast. Eine Zeitlang konnten wir Elemente, die sich wie du unter einer religiösen Hülle verstecken, nicht ergreifen. Dein Verbrechen ist widerwärtig. Wegen der Namen deiner Kinder werden wir dich sowieso noch einmal gesondert verhören. Für heute reicht es, wenn du hier vollumfänglich das schwere Verbrechen gestehst, dass du dir hast zuschulden kommen. Du weißt, was ein Verbrechen ist? Unsere für die Aufklärung zuständigen Mitarbeiter hatten dich schon seit langer Zeit beobachtet. Obwohl du der offiziell anerkannte Imam des Viertels bist, hast du nachts Talips* in deinem Haus versammelt und bist illegalen religiösen Aktivitäten nachgegangen. Weißt du, was das Strafgesetz gegenwärtig für die Teilnahme an illegalen religiösen Aktivitäten vorsieht? Und überhaupt, was haben solche Gestalten wie du sich eigentlich dabei gedacht, einfach nachts irgendwo zusammenzukommen, um sich mit illegalen religiösen Aktivitäten zu beschäftigen? Am besten, du gestehst alles und sagst dabei die Wahrheit! Wenn du das machst, bekommst du Strafermäßigung. Wenn du aber nicht tust, was wir dir sagen, wirst du hart bestraft werden. Also?"

Tropfen bitteren Schweißes rannen über Qadirs Stirn und vereinigten sich zu regelrechten Strömen, die seinen Hals herabliefen und sich im Licht der Lampen glänzend abzeichneten. Seine beiden Hände waren auf den Rücken gefesselt und seine Füße mit Fußschellen an den Beinen des Metallstuhls fixiert, auf dem er sitzen musste. Der beunruhigte Ausdruck auf seinem Gesicht ließ ihn aussehen wie einen Taubstummen, der sich nicht mit Worten verständlich machen kann und seine Absichten durch Gestik oder Mimik mitzuteilen versucht.

„Bruder Polizist, sie werden nicht böse sein, wenn ich auch mal ein Wort sage, nicht wahr?", brachte der Imam Qadir mit bebender Stimme heraus.

„Nun sag schon. Womit willst du die Verbrechen erklären, die du begangen hast?"

„Wir haben da keinen Gottesdienst verrichtet... Das sind alles Freunde von mir. Wir waren dabei, das Buch ‚Erzählungen über die Propheten' zu lesen, in dem es eben um Propheten geht. Das Buch hatte ich vor einem Monat im Xinhua-Buchladen* für 120 Yuan gekauft... "

„Na, geht doch. Du legst also ein Geständnis ab. Wenn du ein Buch über Propheten gelesen hast, beweist das allein schon, dass du dich mit Leuten getroffen und mit illegaler religiöser Aktivität beschäftigt hast, dass du dich der Lektüre illegaler religiöser Bücher hingegeben hast, nicht wahr?", fragte der verhörende Polizist mit einem sarkastischen Grienen.

„Aber... ich habe dieses Buch doch in einem Xinhua-Buchladen gekauft! Wenn es ein illegales Buch wäre, würde es dort dann verkauft werden, mein Bruder?", hielt der Imam entgegen und versuchte dabei, seine Stimme so weich wie möglich klingen zu lassen.

„Du willst mit mir noch diskutieren? Weißt du denn nicht, wo du hier bist?", fuhr ihn der Verhörleiter mit einem erbosten Blick an. Und kaum hatte er diese Worte ausgesprochen, sprang er vor den Imam Qadir hin und fing an, ihm in die Seite und gegen die Brust zu treten. Er tat dies so lange, bis er nicht mehr konnte. Er erinnerte in der Szene an einen wildgewordenen Hund, der ein mit zusammengebundenen Beinen daliegendes friedfertiges Schaf zerfleischt.

* * *

Nachdem in jener Nacht die fünf jungen Männer einschließlich des Imams Qadir in einer geheimen Aktion von einer Gruppe Polizisten festgenommen worden waren, hatte sich tiefe Stille über Kleindünsdorf gesenkt. Obwohl seit dieser Verhaftungsaktion mittlerweile drei Wochen vergangen waren, hatte Rachilächan sich noch keinerlei Information darüber beschaffen können, ob ihr Ehemann noch lebte oder tot war. Auf der Suche nach ihrem Gatten war sie einige Male auf die Polizeistation der Gemeinde, zur Bezirksverwaltung der Polizei und sogar zum „Sammlungs- und Untersuchungsgefängnis" des Bezirks gegangen, doch das Ergebnis war immer dasselbe gewesen: Niemand gab ihr eine Information, wo der Imam Qadir und die anderen jungen Männer aus Kleindünsdorf sein mochten.

Doch nachdem anderthalb Monate vergangen waren, ereignete sich in der Familie des Imams Osman, der überraschend schnell gealtert war, eine Sache mit Namen, mit der niemand gerechnet hatte. In Begleitung von ungefähr zehn bis zwanzig Polizisten und Soldaten erschien eine Gruppe von Menschen, darunter der Gemeindevorsteher sowie einige Parteikader, die sich sich mit den Worten „Wir sind von der Verwaltung für Religiöse und Nationale Angelegenheiten des Bezirks*", bei der Familie des Imams Osman. Sie erklärten, sie seien mit einem Spezialauftrag gekommen.

Osman, der ehemalige Imam des Dorfes, musste seit einigen Tagen mit einem Stock gehen. Nachdem sein Sohn, der Imam Qadir, festgenommen und fortgeschafft worden war, hatte Osman zwei Wochen lang nicht aufstehen können und hatte das Bett gehütet. Seit einigen Tagen konnte er zwar ab und zu aus dem Bett aufstehen und sich ein klein wenig bewegen, doch war er die ganze Zeit grantig und sehr reizbar. Er fuhr einfach irgendwelche Leute aus dem Blauen an und belegte sie mit Schimpfwörtern, dabei brabbelte er die ganze Zeit etwas vor sich hin.

„Der Friede sei über Ihnen, verehrter Imam Osman, wie ist denn Ihr wertes Befinden, erfreuen Sie sich bester Gesundheit?" Diese Worte kamen aus dem Mund eines barhäuptigen Parteikaders, der als Erster in den Hof getreten war. Er war schon jenseits der fünfzig, recht klein gewachsen und pummelig und hatte einen so üppig mit Fettwülsten ausgestatteten Schädel, dass es unmöglich war zu entscheiden, ob er einen Hals besaß oder nicht. Sein Schmerbauch stand ab wie ein Berg. Während er seinen Gruß entbot, senkte er den Kopf zu Imam Osman herab. Dieser lag gerade seitlich auf eine Matratze unter dem Dach der Veranda hingestreckt. Er stützte sich mit einem Arm von einem Kissen ab, das man auf dem Bett platziert hatte. Am Ende streckte der Kader seine kleinen fetten und fleischigen Patschehändchen zum Gruß aus.

Der Imam Osman schaute dem Kader einen Moment lang durchdringend in die Augen. Dann entgegnete er: „Und über euch sei der Friede! Na gut, mein verehrter Bruder, Sie sind heute vermutlich hierhergekommen, um mich zu besuchen, nicht wahr? Haben Sie alle zusammen eine Nachricht von meinem Kind mitgebracht, das Sie mitgenommen hatten?"

„Ja, ja… So können wir das wohl sagen. Wir sind wegen dieser Angelegenheit… also nein, äh, wir sind gekommen, um das Namensproblem Ihrer Enkel aus der Welt zu schaffen und um Ihnen und Ihrer Schwiegertochter einen Dienst im Sinne der Idee zu erweisen…" fuhr der Kader fort. Dann machte er eine Pause.

„Aha, und was soll das denn für eine Idee sein oder was auch immer? Ist in die Namen meiner Enkel etwa ein böser Geist gefahren? Machen wir es kurz: Wenn es etwas zu sagen gibt, sind wir Bauern bereit, uns die Wahrheit anzuhören. Also was ist: Können Sie direkt mit der Sprache herausrücken, ohne lange um den heißen Brei zu reden? Oder sind Sie Abgesandter des Kaisers?" Während der Imam diese Worte aussprach, erhöhte er seine Lautstärke und mengte seiner Rede eine gehörige Dosis Sarkasmus bei.

„Ich verstehe Sie ja, verehrter Herr Imam. Sie sind schon alt geworden, bitte regen Sie sich doch nicht auf! Regen Sie sich bitte nicht auf! Ich werde es Ihnen erklären. Die Sache ist so: Die Religionspolitik unserer Partei und Regierung ist sehr großmütig. Doch ein paar unwissende junge Leute haben aus dieser so guten Politik die falschen Schlüsse gezogen, indem sie sich von der Propaganda der ‚drei Kräfte' täuschen ließen, und so sind sie auf einen üblen Weg geraten. Sie hüllen sich in Nikabs,* denen man ihre religiöse Natur ansieht, und stellen sich gegen unsere Politik. Sie bedrohen die vaterländische Einheit unseres großen Vaterlandes. Vor einigen Tagen haben wir von der Polizeibehörde einen Spezialbericht über Ihren Sohn, den Imam Qadir, erhalten. Ihr Sohn hat sich von ausländischen Kräften, die böse Absichten hegen, täuschen lassen. Daher hat er Leute versammelt und sich mit illegalen religiösen Aktivitäten beschäftigt. Man hat uns wissen lassen, dass der Fall gerade dem Gesetz entsprechend einer Prüfung unterzogen wird. Es wird aber schon jetzt gefordert, dass Sie die Namen Ihrer Enkel auf der Stelle ändern. Wenn dieses Namensproblem aus der Welt geschafft wird und das Verbrechen Ihres Sohnes sich als nicht sehr schwerwiegend erweist, wird man ihn recht bald freilassen…"

Der Imam stieß einen tiefen Seufzer aus. „Ich fasse es nicht, Bruder, was sollen denn das eigentlich für ‚drei Kräfte' sein? In meinen ganzen achtzig Lebensjahren habe ich wirklich schon viel Auf und Ab mitgemacht. Ich habe alle Arten von Menschen an der Regierung gesehen, die Guomindang-Leute* und die von der Kommunistischen Partei wie Sie, aber bis zum heutigen Tag war es mir noch nie untergekommen, dass ein Vertreter irgendeiner Regierung als Gast in das Haus von jemandem gekommen wäre und den ihn als Gast empfangenden Hausherrn als Verbrecher bezeichnet, verhaftet und mitgenommen hätte, mein sehr verehrter Herr!"

„Wir besuchen Sie heute in dieser wichtigen Angelegenheit. Wir haben klare Anweisungen von der Regierung erhalten. Offensichtlich gibt es bei den Namen Ihrer insgesamt vier Enkel ernsthafte Probleme. Ihr mittlerer Sohn hat seinem jüngsten Sohn den Namen ‚Billadin'* gegeben. In der Öffentlichkeit wird er anscheinend unter Hinzufügung Ihres Namens von seinen Altersgenossen ‚Osman Binladin' genannt. Wissen Sie eigentlich, dass ‚Osman Binladin' genau dasselbe ist wie ‚Osama Bin Ladin'? Mit anderen Worten, es ist der Name des schlimmsten Terroristenführers auf der ganzen Welt.* Und dann sind da noch die Namen, die Ihr jüngster Sohn seinen Kindern gegeben hat. Der Name ihrer Enkelin, die momentan im Inneren Chinas zur Schule geht, lautet ja Rabiyä. Jedermann in der Öffentlichkeit, angefangen bei ihren Klassenkameraden, nennt sie ‚Rabiyä Qadir'. Die Namen solcher pro-‚ostturkestan'ischen Terrorführer* stellen im Ringen um die Verteidigung der Stabilität in Xinjiang eine schwerwiegende Bedrohung dar. Unsere Zentralregierung hat diesbezüglich vor Kurzem eine Sonderbekanntmachung in roter Schrift veröffentlicht und die Vergabe von Namen weltweit agierender Terroristen an Uiguren streng verboten. Ihr jüngster Sohn Qadir hat seinen ersten Sohn Saddam und seinen Jüngsten Arafat genannt. Auch diese Namen stehen auf dem Verzeichnis der Namen, deren Vergabe verboten ist…"

An dieser Stelle unterbrach der Imam, der vom Zuhören angewidert war und dennoch geduldig gelauscht hatte, den Redefluss des Kaders.

„Als es ob mir, während ich hier im Sterben liege, nicht reichen würde, den Schmerz um meinen Sohn zu ertragen, soll ich nun auch noch den Schmerz um meine Enkel ertragen, Herr Kader?", sagte er mit wütend gerunzelter Stirn.

„Aber nein, so ist das nicht. Alles geht mit wohlmeinendem Zureden, Ratschlägen und gutem Rat vonstatten, hihihi… Machen Sie sich doch keine Sorgen, verehrter Herr Imam!"

„Wozu wollen Sie mich mit dieser ganzen Rede eigentlich veranlassen?"

„Unsere Regierung kümmert sich jederzeit um vaterlandsliebende religiöse Würdenträger. Unsere Forderung, von der wir auch erwarten, dass Sie sie erfüllen werden, ist außerordentlich simpel: Wenn Sie beim Freitagsgebet dieser Woche der Gemeinde ein, zweimal ins Gewissen reden und sie dazu auffordern könnten, dass sie die Namen ausländischer Terroristen wie ‚Rabiyä Qadir', ‚Arafat', ‚Saddam' und ‚Osama Bin Ladin' aufgeben, und wenn Sie sie daran hindern könnten, dass sie ihren neu geborenen Kindern solche Namen geben… Und wenn Sie dann noch der Moscheegemeinde mitteilen könnten, dass sie sich aktiv hinter den Aufruf der Regierung stellen und solche oder ähnliche Namen ihrer Enkel ändern sollen… Mehr wollen wir gar nicht. Gegenwärtig werden in der rechtlichen Zuständigkeit unseres Bezirks Leute, die ihren Kindern solche üblen Namen geben, immer mehr. Dies hat unsere Situation insgesamt sehr instabil werden lassen. Die Kader der Arbeitsgruppe, die jetzt die Dörfer aufsuchen, gehen in jedes Haus und werben für die Registrierung verbotener Namen. Sie sorgen dafür, dass solche üblen Namen geändert werden. Wenn Sie in der Moschee freundlicherweise sagen könnten, dass es vom Standpunkt der Religion aus nicht gestattet ist, dass gute, gläubige Muslime ihren Kindern solche Namen geben, dann werden alle diese Ihre Worte vernehmen. Die Gemeinde hält jedes Wort, dass aus Ihrem werten Mund kommt, für die reine Wahrheit. Wenn Sie sich unserer Forderung entsprechend verhalten und wenn wir dann der Regierung über den wichtigen Dienst am Vaterland, den Sie damit geleistet haben, berichten, ja, dann könnte es eine Möglichkeit geben, dass man Ihren Sohn auf freien Fuß setzt. Sie haben nun die Wahl, mein verehrter Herr Imam! Hähä…" Damit hatte der Kader alles gesagt.

Diese Unterredung fand zwar im Haus eines Bauern statt, doch es lag auf der Hand, dass sie den Charakter komplexer diplomatischer Sondierungen angenommen hatte. Unter den Teilnehmern an dem Gespräch herrschte für einen Augenblick lang Schweigen. Danach ließ das Weißhaupt* die Perlen seines Rosenkranzes mit ungewöhnlich hoher Geschwindigkeit durch seine Finger gleiten und zählte sie dabei ab. Er warf einen schnellen Blick in die Runde und brach dann die herrschende Stille:

„Alles klar, ich sehe jetzt, was beabsichtigt wird. Mir ist jetzt vollkommen bewusst, wie mir der Name, den mir mein Vater einst dem religiösen Gebrauch entsprechend unter dem Klang des Gebetsrufs einst gegeben hat, Unglück gebracht hat. Sie waren damals vielleicht noch nicht geboren. Kinderrevolutionäre, die sich rote Armbänder an die Armgelenke gebunden hatten, sagten mir damals: ‚Dein Name ist derselbe wie der des Konterrevolutionärs, Ostturkestanisten und Panturkisten ‚Osman der Bandit'.* In genau derselben Weise, in der Sie es mir eben gesagt haben, fragten sie: ‚Was hast du für eine geheime Absicht dabei, dass dein Name aus Sympathie für den panturkistischen ‚Banditen Osman' gewählt worden ist? Sie setzten mir einen Papierhut* auf und trieben mich tagelang durch die Straßen und Gassen des Dorfes, über die Felder und Dreschplätze, um ein Exempel zu statuieren. Am Ende konnte ich nicht mehr schweigen und sagte zu den Kindern: ‚Diesen Namen hat mir mein Vater gegeben, genau wie euch eure Namen nicht der Vorsitzende Mao gegeben hat, sondern eure Väter gegeben haben. Also solltet ihr nicht an mir ein Exempel statuieren, sondern meinem Vater, der mir einen so üblen Namen gegeben hat, ausfindig machen und an ihm ein Exempel statuieren. Sein Grab ist da drüben auf dem Dorffriedhof…' Daraufhin fesselten mir die revolutionären Kinder die Hände, hängten mich für einen Tag an einen Baum und quälten mich, indem sie mich verprügelten und als ‚Panturkist', ‚Großgrundbesitzer' und ‚Nachkomme eines konterrevolutionären Elements' beschimpften. Eieiei, während ich mir vorhin all das anhörte, was Sie über die Namen meiner Enkel sagten, stellte ich mir unweigerlich die Frage, ob die ‚Große Drecksrevolution,* die zu Mao Zedongs Zeiten stattgefunden hatte, in unser Dorf zurückgekommen sei…" Während er mit ruhigen Worten sprach, nickte der Imam immer wieder leicht.

„Sehr verehrter Herr Imam, Ihre sarkastischen Worte passen einfach nicht mehr in die Zeit. Ihr Sohn befindet sich aufgrund des Verbrechens, das er begangen hat, im Gefängnis, das sollten Sie nicht vergessen. Ebenfalls sollten Sie im Gedächtnis behalten, dass Sie Ihren Enkeln jene üblen Namen ja selbst gegeben haben, und dabei haben Sie auch noch den Gebetsruf erklingen lassen. Sie tragen für dieses Problem eine Verantwortung, der Sie sich nicht einfach entziehen können. Und dieses Problem, das es da in Ihrer Familie gibt, ist ein außerordentlich schwerwiegendes Problem! Wir sind gekommen, um Ihnen zu helfen, um ihre falschen, alten Sichtweisen zu ändern und um Sie bereit für eine neue Gründungswelle von Siedlungen zu machen.* Wenn Sie unser Angebot annehmen, wird es Ihr Schaden nicht sein. Wenn Sie unseren Vorgaben entsprechend handeln, garantieren wir, dass Ihr Sohn freigelassen werden wird. Ihr Sohn wird auch seine Arbeit als Imam behalten können. Wir sind extra zu Ihnen hergekommen, um Ihnen das zu sagen. Denken Sie jetzt gut über unseren Vorschlag nach. Wir geben Ihnen eine Woche Zeit, um diese Sache zu erledigen. Wenn Sie sich binnen dieser einen Woche nicht unserem Vorschlag entsprechend verhalten, dann werden wir uns leider nicht weiter für Sie verwenden können. Wenn in diesem Fall Ihr Schicksal in die Zuständigkeit der das Gesetz vollziehenden Organe übergeht, dann können Sie sich nicht beschweren. Das hier war unser letztes Wort an Sie." Der Kader war sichtlich bemüht, seinen Worten die größtmögliche Schärfe zu verleihen.

An dieser Stelle gingen sie zum Austausch der höflichen Abschiedsformeln über. Dann zogen sich die unerwarteten Besucher ebenso plötzlich wieder zurück, wie sie zuvor in das Haus des Imams Osman eingedrungen waren. Osmans Frau Chäyrinisa Buwi eilte aus dem Inneren des Hauses herbei. Sie konnte ihre Verblüffung nicht verbergen.

„Meine Güte, die Gäste sind ja so schnell wieder verschwunden! Ich habe doch zusammen mit den Schwiegertöchtern Essen für sie vorbereitet!"

„Dass diese Menschen, diese nur äußerlich wie Muslime aussehenden Kreaturen so schnell wie möglich über unsere gesegnete Schwelle hinausgehen und sich nicht mehr blicken lassen, ist eine gottgefällige Sache, meine geliebte Frau.", sagte der Imam ruhig und strich sich über den Bart. Dann zog er die Perlen seines Rosenkranzes langsam zwischen seinen Fingern hindurch und murmelte noch eine Weile vor sich hin:

„O Gott, mein Schöpfer! Mögest du uns Muslime von der Unterdrückung durch diese Kafirn befreien! Mögest du dieses muslimische Vaterland vor der Verwüstung durch die Kafirn beschützen! Mögest du die Seelen unserer tapferen Söhne, die auf dem Weg des Vaterlands und des Glaubens* im Kampf gegen das Unrecht der Kafirn zu Märtyrern geworden sind, ins Paradies eingehen lassen! Mögest du allen unseren ruhmreichen Ahnen, die für das Volk ihr Leben und ihren Besitz gegeben haben, und auch Osman Batur in der anderen Welt einen Platz im Paradies gewähren! Mögest du die Gebete und das Flehen dieser Gläubigen hier, dieser schwachen Opfer des Unrechts, die dich um Hilfe bitten, erhören! Mögest du die mit dem so ehrenwerten Namen ausgestattete Rabiyä Qadir beschützen, deren Namen sie die Kafirn sogar nur noch mit Einschränkungen benutzen lassen! Mögest du meinen Sohn vom Unrecht dieser Kafirn erretten! Mögest du die muslimischen Namen meiner Enkel schützen! Amen! Ich nehme bei der Barmherzigkeit Allahs meine Zuflucht! Ich nehme bei der Barmherzigkeit Allahs meine Zuflucht!"

Der Imam flüsterte noch eine ganze Weile lang vor sich hin, wobei er unaufhörlich mit dem Kopf nickte. Er betete wohl um die Erfüllung aller Wünsche und Träume, die er in seinem Leben jemals gehabt hatte, zu Allah und rezitierte dabei Verse aus dem Koran. Ein Paar Schwalben, das sich vor Kurzem unter dem Vorbau der Veranda ein Nest gebaut hatte, ließ einen melancholischen,* durch einen bestimmten Rhythmus strukturierten Gesang erklingen, geradezu, als ob es die Gebete, die der Imam mit leise summender Stimme vortrug, musikalisch begleiten wollte.

Es war genau eine Woche vergangen, seit die Parteikader aus dem Siedlungs- und Bezirkszentrum von ihrem außerordentlichen Besuch bei Imam Osman zurückgekehrt waren, da raste gegen

Mittag ein Polizeiauto mit großer Verve und eine gewaltige Staubwolke hinter sich aufwirbelnd die ausgetrocknete Straße Kleindünsdorfs herunter. Es fuhr direkt in den Hof des Imams hinein und blieb dort stehen. Kurz darauf, noch bevor der aufgewirbelte Staub und Dreck sich wieder ganz auf die Blätter der Pappeln und Maulbeerbäume am Straßenrand gelegt hatte, entfernte sich das Auto, ebenfalls mit hoher Geschwindigkeit, wieder aus dem Blick der Dorfbewohner, wobei es ähnliche Staubmassen hinter sich aufwirbelte. Viele Leute in dem Dorf hätten sich nicht einmal im Traum vorstellen können, das s in diesem wie ein Sturm herangerauschten und wie der Wirbelwind wieder verschwindenden Polizeiwagen der verehrte fromme Imam, der sie jeden Tag zum rituellen Gebet angeleitete hatte, ihnen gepredigt und seelsorgerischen Zuspruch gegeben hatte, mit Handschellen an den Händen direkt ins Gefängnis geschafft wurde.

18 Mähämmät'imin Toxtayov: Blutige Erde (Auszug)

18.1 Vorbemerkung

Mähämmät'imin Toxtayov (1920–1969) gehört zu den frühesten uigurischen Schriftstellern überhaupt.

Die uigurische Literaturwissenschaftlerin Gülzade Tanridagli transkribiert den Namen des Autors in der Form *Mehmet Emin Tohti Ayup* ins Türkeitürkische.[1643] Gegen diese Namensvariante, die den Nachnamen als Zusammensetzung der beiden Eigennamen *Toxti und *Ayup interpretiert, steht die Schreibweise Toxtayov in der Originalausgabe des hier übersetzten Textes.[1644] Die dortige Zusammenschreibung des Namens sowie die Tatsache, dass die Schlusssilbe nicht mit *u*, sondern mit *o* geschrieben ist, dürfte darauf hindeuten, dass in der letzten Silbe des Namens das russische Namenssuffix *-ov* vorliegt. Hierzu könnte passen, dass zur Wirkenszeit Toxtayovs besonders enge wirtschaftliche und kulturelle Beziehungen zwischen den Uiguren und der Sowjetunion bestanden. Der Autor des dem Roman beigegebenen Vorworts, Abliz Naziri, verwendet im Übrigen die Namensform Toxtayuv,[1645] was vielleicht auf einem Schreibfehler beruht. Der Name könnte unter Umständen als *Toxti + *ay* „Mond" + *ov* etymologisiert werden.

Über Toxtayovs Leben ist nur relativ wenig bekannt, obwohl er bis weit in die Zeit der Volksrepublik China hinein lebte. Es wird berichtet, dass er im Jahr 1920 in Kaschgar in einer mittellosen Bauernfamilie zur Welt kam.[1646] Toxtayov studierte von 1936 bis 1937 am Lehrerausbildungsinstitut (*Darilmu'ällimin*) in Ürümči.[1647] Von 1937 bis 1942 absolvierte er eine Ausbildung zum Photographen bei der dort erscheinenden „Zeitung von Xinjiang" (*Šinjaŋ geziti*).[1648] Auch soll er für diese Zeitung gearbeitet haben.[1649]

Im Jahr 1943 wurde Toxtayov auf Vermittlung des prominenten uigurischen Schriftstellers Lutpulla Mutällip (1922–1945) in die „Vereinigung der Revolutionären Jugend" (*Inqilabiy yašlar ittipaqi*) aufgenommen, kurz darauf jedoch verhaftet.[1650] Mutällip ist bis heute eine wichtige Figur in der uigurischen Literaturgeschichte geblieben. Er schrieb bereits mit 16 Jahren sein erstes Gedicht. Darin protestiert er gegen die Unterdrückung der Uiguren. 1943 wurde er unter der KMT-Regierung aus Ürümči nach Aksu verbannt und dort hingerichtet.

Toxtayov kam 1945 aus dem Gefängnis frei und kehrte später nach Kaschgar zurück.[1651] 1946 begab er sich nach Shanghai, wo er Filmwissenschaften studierte.[1652] Aus Shanghai kehrte er dann wieder nach Xinjiang zurück.[1653] Dort wurde er Mitglied eines „Jugendensembles" (*Yašlar ansambili*), dessen genaue Beschaffenheit unklar ist.[1654] 1948 verließ Toxtayov Xinjiang erneut und

---

1643 Tanrıdağlı 2004: 1.
1644 Unpaginiertes Titelblatt von Toxtayov 1993.
1645 Naziri 1993: 1.
1646 Naziri 1993: 3.
1647 Naziri 1993: 3.
1648 Naziri 1993: 3.
1649 Naziri 1993: 3.
1650 Naziri 1993: 4. Zu Mutällip siehe die Werkausgabe Mutällip 1983 und vgl. Semet/ Wilkens 2012: 155; Avutova 2016; Knoll 2023.
1651 Naziri 1993: 4.
1652 Naziri 1993: 4. Vgl. Tanrıdağlı 2004: 1f.
1653 Naziri 1993: 4.
1654 Naziri 1993: 4.

ging nach Hongkong, um sich fortzubilden.[1655] Offenbar fand diese Fortbildung im Bereich Filmwissenschaften statt.[1656] Von Hongkong aus ging Toxtayov ein zweites Mal für längere Zeit nach Shanghai. Diesmal arbeitete er dort für eine Weile in der Leitung der Illustrierten *Täŋritaġ* mit.[1657] 1951 kehrte er wieder nach Xinjiang zurück, wo er sich offenbar dauerhaft niederließ. In dieser Zeit arbeitete er für die Kinoabteilung des Militärbezirks (*Härbiy Rayon Kino Ätriti*) und für die Musik- und Tanztruppe der Autonomen Region Xinjiang (*Aptonom Rayonluq Naxša-Ussul Ömiki)*.[1658] Mähämmät'imin Toxtayov starb 1969 an einer Krankheit.[1659]

Den Roman *Qanliq yär* („Blutige Erde") soll Toxtayov bereits im Jahr 1943 fertiggestellt haben.[1660] Ob der Roman in jenem Jahr aber auch in seiner mutmaßlichen uigurischen Originalfassung veröffentlicht wurde, ist allerdings unklar. Das Fehlen einer diesbezüglichen expliziten Feststellung wie auch eines erhaltenen Originalexemplars oder auch nur bibliographischer Angaben dazu könnten darauf hindeuten, dass dies nicht der Fall war, dies muss aber auch nicht der Fall sein. So gut wie die gesamte in uigurischer Sprache vor 1949 in gedruckter Form veröffentlichte Literatur soll nach einer Feststellung des uigurischen Literaturexperten Abduljälil Turan in den Jahren der sogenannten „Großen Kulturrevolution" (1966–1976) vernichtet worden sein.[1661] Dies könnte eine Erklärung dafür sein, dass ein mutmaßliches uigurisches Originalmanuskript des Romans von Toxtayov bis heute nicht aufgetaucht ist. Der Autor soll sein fertiges Romanmanuskript während einer „Arbeits-" beziehungsweise „Dienst-"Zeit in Kaschgar einem Chinesen namens Šyav Yun'än vorgelegt haben.[1662] Šyav habe dem Autor Korrekturen an einigen Kapiteln des Textes empfohlen, die Toxtayov dann auch umgesetzt habe.[1663] Zugleich habe Šyav Toxtayov versprochen, den Roman ins Chinesische übersetzen zu lassen und zu veröffentlichen.[1664] Die chinesische Übersetzung soll auch tatsächlich angefertigt worden sein, zu ihrem Erscheinen kam es jedoch offenbar nicht.[1665] Ab ungefähr dieser Zeit wird der uigurische Originaltext des Romans nicht mehr erwähnt und muss als verschollen gelten. Über Šyav Yun'än wird berichtet, dass er noch vor der Ausrufung der Volksrepublik China (1949) nach Malaysia ausgewandert sein soll.[1666] Inwieweit er in die nun folgenden Entwicklungen rund um den Text noch involviert war, ist unklar.

Offenbar ist mindestens ein Exemplar der Übersetzung Šyav Yun'äns in der Volksrepublik China geblieben oder dorthin zurückgebracht worden. Im Juli 1950 schickte das „Vorbereitungskomitee für die Regionale Literaten- und Künstlervereinigung Xinjiangs" (*Šinjaŋ ölkilik ädäbiyat-sän'ätčilär birläšmisigä täyyarliq häy'iti*) ein Exemplar der chinesischen Übersetzung, bei dem es sich vermutlich um eine Lithographie handelte, zur „Ausstellung des Kongresses der Vertreter der Schriftsteller und Künstler des Nordwestens" (*Gärbiy šimal ädäbiyat-sän'ätčilär väkilliri qurultiyi*

1655 Naziri 1993: 4.
1656 Tanrıdağlı 2004: 1f.
1657 Naziri 1993: 4.
1658 Naziri 1993: 4.
1659 Naziri 1993: 4.
1660 Tanrıdağlı 2004: 1, die den Titel mit *La Terre Sanglante* übersetzt. Die Gattungsbezeichnung *roman* findet sich auch auf dem unpaginierten Titelblatt von Toxtayov 1993.
1661 Zitiert in Bouscaren 2019.
1662 Naziri 1993: 2. Die chinesische Originalform des Namens lässt sich nicht rekonstruieren.
1663 Naziri 1993: 2.
1664 Naziri 1993: 2.
1665 Naziri 1993: 2. Vgl. Tanrıdağlı 2004: 2.
1666 Naziri 1993: 2.

körgäzmisi).¹⁶⁶⁷ Bei dem Komitee und dem Kongress mitsamt seiner Ausstellung handelte es sich um Organe der sich herausbildenden Kulturorganisationen der Volksrepublik China. Das vom Komitee eingesandte Exemplar wurde von einem „Genossen Xusäy" (*yoldaš Xusäy*) gelesen, der seinem Namen nach zu urteilen ethnischer Han-Chinese gewesen sein könnte.¹⁶⁶⁸ Unter der durch ihn vorgenommenen Lektüre könnte es sich aufgrund der Umstände um die Arbeit eines Zensoren gehandelt haben. Xusäy war zugleich auch Chefredakteur (*baš muhärrir*) der Zeitschrift *Ġärbi šimal ädäbiyat-sän'iti* („Literatur und Kunst des Nordwestens").¹⁶⁶⁹ Die Verbindung zwischen dem *Ġärbiy Šimal Ädäbiyat-Sän'ätčilär Väkilliri Qurultiyi Körgäzmisi* und *Ġärbi šimal ädäbiyat-sän'iti* wird im Übrigen nicht nur durch die Person Xusäys sichtbar, sondern wohl auch durch die übereinstimmenden Namensbestandteile beider Entitäten. Nachdem Xusäy das eingesandte Übersetzungsmanuskript gelesen hatte, befand er es offenbar für problemlos und gut, so dass er beschloss, es in *Ġärbi šimal ädäbiyat-sän'iti* veröffentlichen zu lassen.¹⁶⁷⁰ Die chinesische Übersetzung des Romans erschien dann im Jahr 1951 tatsächlich in dieser Zeitschrift.¹⁶⁷¹

Wahrscheinlich bestand in den folgenden Jahrzehnten weder ein Interesse an Nachforschungen zum Verbleib des in uigurischer Sprache geschriebenen Urtextes noch zur Anfertigung einer Rückübersetzung ins Uigurische. Dem Autor des Vorworts zur uigurischen Fassung von Mähämmät'imin Toxtayovs Roman, Abliz Naziri, zufolge, wurde der Roman dann wieder in der Zeit zwischen 1984 und 1986 zum Gesprächsthema einiger führender uigurischer Intellektueller.¹⁶⁷² Dieser Zeitpunkt legt nahe, dass das erneuerte Interesse an Toxtayovs Roman eine Folge der Möglichkeiten gewesen sein könnte, die Maos Tod und der Beginn der „Reform- und Öffnungszeit" mit sich gebracht hatten. Im Umkehrschluss könnte man hieraus folgern, dass das mutmaßliche fehlende Interesse an der uigurischen Originalversion oder einer Rückübersetzung in den Jahrzehnten davor eine Folge des damals herrschenden politischen Klimas gewesen sei. Unter denjenigen, die ab 1984 die Aufmerksamkeit erneut auf „Blutige Erde" lenkten, befanden sich außer Naziri selber Zunun Qadiri (1911–1989), Teyipjan Eliyop (1930–1989), Äršidin Tatliq (1927–1999), und Äxät Turdi (*1940).¹⁶⁷³ Der betreffende Intellektuellenzirkel habe verfügbare Informationen über Toxtayovs Werk gesammelt und dann an einen im Literaturbetrieb gut etablierten informierten Chinesen namens Šu Guaŋxua übergeben.¹⁶⁷⁴ Šu sei es dann 1989 gelungen, die Ausgabe von *Ġärbi šimal ädäbiyat-sän'iti* aus dem Jahr 1951 zu finden, in der die chinesische Übersetzung des Romans zum ersten Mal erschienen war.¹⁶⁷⁵ Abliz Naziri zufolge habe dann eine Gruppe von Intellektuellen, der er selber angehört habe (möglicherweise waren es

---

1667 Naziri 1993: 2. Der Name lautet hier tatsächlich *Ġärbiy Šimal...* und nicht **Ġärbi Šimal....*
1668 Naziri 1993: 2.
1669 Naziri 1993: 2. Der Name lautet hier tatsächlich *Ġärbi Šimal...* und nicht **Ġärbiy Šimal...*
1670 Naziri 1993: 2.
1671 Und zwar in Ausgabe 9,4, siehe Naziri 1993: 1. Ihm zufolge änderte sich der Name der Zeitschrift später zu *Yänxe Däryasi*. – Tanrıdağlı 2004: 2 gibt den Namen der Zeitschrift übersetzt als *Revue littéraire du Nord-Ouest* an und schreibt abweichend, dass das Werk in den Nummern 4 und 5 aus dem Jahr 1951 erschienen sei.
1672 Naziri 1993: 1.
1673 Naziri 1993: 1. Zu Qadiri siehe ausführlich Qadiri 2009 [1948]; Thwaites 2021. – Zu Eliyop (Schreibweise nach Eliyop 1985), dessen Namen auch in anderen Varianten wiedergegeben wird, siehe Harbalioğlu/ Abduvahit Kaşgarlı 2017: 295-299 und vgl. Sultan/ Abdurehim 2002: 5H. – Zu Tatliq siehe Harbalioğlu/ Abdulvahit Kaşgarlı 2017: 145-147. – Zu Äxät Turdi siehe Harbalioğlu/ Abdulvahit Kaşgarlı 2017: 122-124.
1674 Naziri 1993: 1. Die chinesische Originalform des Namens lässt sich nicht rekonstruieren.
1675 Naziri 1993: 1.

dieselben wie zuvor), diesen Text der Abteilung für Chinesische Publikationen des renommierten und für uigurische Publikationen in der Volksrepublik China wahrscheinlich sogar führenden „Volksverlags Xinjiang" (*Šinjaŋ xälq näšriyati, Xinjiang renmin chubanshe*) in Ürümči vorgelegt, um ihn aus dem Chinesischen ins Uigurische zurückübersetzen zu lassen.[1676] Übersetzer war der auch in der hier benutzten Ausgabe genannte Maxmutjan Islam (*1947).[1677] Islam ist ein namhafter Dichter, Autor, Übersetzer und Literaturexperte, zu dessen Spezialgebieten als Wissenschaftler die uigurische Prosaliteratur gehört.[1678]

Einige der Anmerkungen, die Islam zum Text von *Qanliq yär* macht, sind nicht nur aufgrund ihres Informationswertes von Interesse, sondern auch deshalb, weil sie einen gewissen Aufschluss über die Haltungen geben, die er und seine Mitstreiter zur Zeit ihrer Arbeit an der „Blutigen Erde" teilten. So legen einige Passagen dieser Anmerkungen die Vermutung nahe, dass zumindest Islam nationalistisch orientierten Kreisen nahegestanden haben muss, die sich für die Konstruktion (möglichst weit zurückreichender) Geschichtsentwürfe der Uiguren interessierten und insbesondere für solche, die eine mehr oder weniger direkte und ununterbrochene Kontinuität zwischen den vorislamischen und vorneuzeitlichen Uiguren und den heutigen Trägern des Ethnonyms postulieren. So möchte er den Namen des Flusses Ulan Usu, dessen erster Bestandteil klar mongolischer Herkunft ist, im Ganzen aus der „alten uigurischen Sprache" (*qädimki Uyǧur tili*) herleiten.[1679]

Noch 1989 soll der aus der chinesischen Version von 1951 ins Uigurische zurückübersetzte Roman dann die offizielle Publikationserlaubnis erhalten haben und 1993 bei *Šinjaŋ xälq näšriyati* erschienen sein.[1680]

Da in dem für die vorliegende Übersetzung benutzten Text keine Angabe zum Publikationsjahr gemacht wird, ist ungewiss, ob es sich bei ihm um die Ausgabe von 1993 handelt. Wenn die Angaben aus der Sekundärliteratur stimmen, kann man jedoch aufgrund der Identität des Übersetzers, der Sprache, aus der übersetzt wurde,[1681] und des Verlages vermuten, dass es sich bei dem hier als Vorlage benutzten Text entweder um die Erstausgabe von 1993 oder eine ganz oder im Wesentlichen identische Folgeauflage handelt. Es dürfte unwahrscheinlich sein, dass es zwischen den einzelnen Auflagen sich für die Zwecke des vorliegenden Bandes gravierend auswirkende Textunterschiede gibt.

Die überaus komplexe Abfassungs- und Publikationsgeschichte des Romans „Blutige de" spiegelt einen Teil der Schwierigkeiten wider, denen die uigurische Literaturproduktion im 20. Jahrhundert in China ausgesetzt worden ist.

Aufgrund seiner Genese könnte man Mähämmät'imin Toxtayovs Roman theoretisch mehrere Entstehungs- und Veröffentlichungsjahre zuweisen, die in der folgenden kleinen Tabelle zusammengestellt sind:

[1676] Naziri 1993: 1, der die entsprechende Abteilung als *Xänzu Tährir Bölüm* benennt. Siehe auch Tanrıdağlı 2004: 2.

[1677] Tanrıdağlı 2004: 2, die den Namen des Übersetzers in französischer Transkription als *Mahmutjan Islam* angibt, was offensichtlich eine Schreibvariante von *Maxmutjan Islam* darstellt; Toxtayov 1993, Titelblatt.

[1678] Zu ihm siehe Harbalioğlu/ Abdulvahit Kaşgarlı 2017: 197-199.

[1679] Siehe S. 504.

[1680] Tanrıdağlı 2004: 2 und Naziri 1993: 1 vermerken ebenfalls das Einverständnis des Verlages, ohne jedoch den Zeitpunkt genau zu benennen.

[1681] Siehe die Angabe *xänzučidin tärjimä qilǧuči* „Übersetzer aus dem Chinesischen" auf dem unpaginierten Titelblatt von Toxtayov 1993.

Tabelle 2 Historie des Romans „Blutige Erde"

Jahr	Auf die Entstehung bezogenes Ereignis	Auf die Veröffentlichung bezogenes Ereignis
1943	Fertigstellung der mutmaßlichen uigurische Erstfassung	
1943–1950	Fertigstellung der chinesischen Übersetzung durch Šyav Yun'än	
1951		Ersterscheinen der chinesischen Übersetzung
1989	Fertigstellung der Rückübersetzung ins Uigurische durch Islam	
1993		Ersterscheinen der Rückübersetzung

Die Tabelle illustriert einerseits, dass zwischen den Abfassungs- und Veröffentlichungsdaten zum Teil ein jahrelanger Abstand vorhanden ist. Anderseits macht sie deutlich, dass die Zuordnung des Werks zu einer bestimmten Periode der uigurischen Literaturgeschichte aufgrund dieser komplexen Genese recht schwierig ist. Im Hinblick auf diese Frage dürften mehrere Positionen denkbar sein.

So ließe sich (1) unter Einnahme einer puristischen, nur die gesicherten Fakten akzeptierenden Position die Zugehörigkeit der heutigen Textversion (von 1993) zur uigurischen Literatur überhaupt mit dem Argument bestreiten, dass sie auf einer Übersetzung eines chinesischen Textes beruhe, dessen Übereinstimmungsgrad mit irgendeinem mutmaßlichen uigurischen Original von 1943 nicht mehr eruierbar ist und das daher mit einem gewissen Recht als originär chinesisch eingestuft werden könnte. Diesem Gedankengang zufolge hätte das Werk das Ersterscheinungsdatum 1951 und ein unbekanntes Entstehungsdatum (das nicht früher als 1943 gelegen haben kann, wahrscheinlich in diesem Jahr oder wenig später, kaum später als 1949 und definitiv nicht später als 1950 lag). Im Hinblick auf die vor 1950 liegende Textgeschichte könnte innerhalb dieses Ansatzes dann die Frage offenbleiben, ob das Werk auf die eine oder andere Art (Übersetzung, Übertragung, Nachbildung) auf einem uigurischen Text beruhte (was anhand der textgeschichtlichen Angaben höchst wahrscheinlich ist) oder nicht (was theoretisch nicht ausgeschlossen werden kann). Zugleich wäre der Roman der Periode der volksrepublikanisch-chinesischen Literatur (und nicht einer der Perioden davor) zuzuweisen. Die im Jahr 1993 ersterschienene uigurische Version wäre dann eine Übersetzung aus dem Chinesischen.

Gegen diesen strengen Umgang mit der Werkgeschichte ließe sich allerdings (2) ins Feld führen, dass es keinen wirklichen Anlass dazu gibt, am Übersetzungscharakter der 1951 erschienenen chinesischen Version zu zweifeln, was bedeutet, dass die Autorschaft des Werks Toxtayov zugeschrieben und seine Entstehungszeit auf 1943 fixiert werden könnte. In einer literaturhistorischen Perspektive wäre der Roman also ein Erzeugnis der uigurischen Literatur aus der Periode vor der Gründung der Volksrepublik China. Dabei bleibt allerdings das Paradox bestehen, dass der Roman genau dies strenggenommen ja auch wieder nicht ist und nicht sein kann, weil es gar keinen uigurischen Originaltext gibt.

Eine weitere Überlegung, (3), die mit beiden der oben ausgeführten Ansätze kompatibel ist, besteht darin, die 1993 erschienene Rückübersetzung als Produkt der uigurischen Literatur der volksrepublikanisch-chinesischen Periode zu klassifizieren, und zwar als Erzeugnis der Unterperiode der „Öffnungs- und Reformzeit". Problematisch an diesem Ansatz ist, dass sie die für den Periodisierungsansatz herangezogene Autorschaft nicht dem tatsächlichen Autor – also nach (2) Toxtayov und nach (1) Šyav Yun'än –, sondern dem eindeutig als Übersetzer gekennzeichneten Maxmutjan Islam zuweist, was offensichtlich unbefriedigend ist. Dem steht aber gegenüber, dass die periodenmäßige Zuordnung in Bezug auf die Sprache und Entstehungszeit des uigurischen Textes überzeugend wirkt. Denn der hier vorgestellte uigurische Text ist ja tatsächlich in der „Öffnungs- und Reformzeit" entstanden. Da die Rezeptionsgeschichte des *uigurischen* Textes von „Blutiger Erde" auch erst mit dem Jahr 1993 beginnt, besteht auch in dieser Hinsicht eine gewisse Berechtigung, das Werk in die „Öffnungs- und Reform"-Periode einzuordnen. Bei der Entscheidung, ob der nachstehend wiedergegebene Auszug aus „Blutige Erde" in die vorliegende Untersuchung uigurischer Literatur aus der „Öffnungs- und Reform"-Ära passe oder nicht, waren die in den vorausgehenden beiden Sätzen formulierten Überlegungen letzen Endes ausschlaggebend.

Die Gründe, aus denen der ursprüngliche uigurische Text nicht veröffentlicht werden konnte und seine Rückübersetzung aus dem Chinesischen erst ein halbes Jahrhundert danach, sind im Übrigen im Detail nicht ganz genau bekannt. Was die fehlgeschlagenen Veröffentlichungsversuche in den 1940er Jahren betrifft, könnten für sie rein theoretisch persönliche und zufällige Ursachen wie Geldmangel und Organisationsprobleme ausschlaggebend gewesen sein. Allerdings war die damalige Situation in China und speziell Xinjiang politisch und oft auch militärisch überaus schwierig und konfliktgeladen, so dass auch hierin eine Ursache gesucht werden könnte. Was die lange Zeit, die bis zur Rückübersetzung verging, betrifft, so dürfte sie ihren Grund in den empfindlichen Einschränkungen des politischen und kulturellen Lebens haben, die es bis zum Tod Maos und vor allem während der „Großen Kulturrevolution" gab.

Aus der besonderen Entstehungsgeschichte des Romans ergeben sich nicht unerhebliche Probleme und Einschränkungen bei dessen Interpretation. So muss man sich aufgrund des Rückübersetzungscharakters immer dann mit Annahmen und Schlussfolgerungen zurückhalten, wenn diese auf dem exakten *Wortlaut* beruhen. Dies kann man etwa am Beispiel des Worts *re'alliq* „Realität" illustrieren.[1682] Hier wird ein aus dem Russischen entlehntes Wort verwendet, das als solches eine gewisse Nähe zur russischen beziehungsweise sowjetischen Kultur nahelegt. Es ist jedoch unbekannt, ob Toxtayov in der verlorenen mutmaßlichen Ursprungsversion des Romans tatsächlich auch dieses Wort verwendete oder möglicherweise ein anderes als das aus dem Russischen stammende. Für „Wirklichkeit" oder „Realität" gibt es in der uigurischen Sprache bekanntermaßen noch andere Wörter – etwa *häq*[1683] und *häqiqät*, die aus dem Arabischen beziehungsweise Neupersischen stammen, oder *činliq*.[1684] Man kann also im vorliegenden Fall eine im Vokabular ausgedrückte Nähe zu Russland und der russischen Kultur lediglich für den Wortlaut der Rückübersetzung, nicht jedoch für das (vermutete) Original behaupten. Ebensowenig wie klar ist, inwieweit das Vokabular der heute vorliegenden Rückübersetzung mit dem Wortbestand der Ursprungsversion zusammenfällt, ist auch nicht sicher zu beurteilen, ob es zu syntaktischen und sonstigen Glättungen, Bereinigungen, Vereinfachungen und so weiter gekommen ist. Allein der Umstand, dass des sich um eine Rückübersetzung handelt, berechtigt mit einer gewissen Wahrscheinlichkeit zu der Annahme, dass es hier gewisse Abweichungen gegeben haben dürfte.

Was Handlung von „Blutige Erde" betrifft, so wird sie in den vorhanden literaturwissenschaftlichen Texten als eher konventionell beschrieben. Sie spielt in *Qizildövä* (der Name bedeutet wohl „Rotes Kamel"), einem möglicherweise fiktiven Ort in oder bei Kaschgar.[1685] Das Sujet ist das der klassischen sozial kontextualisierten Liebestragödie, in der es um den Gegensatz zwischen der aufrichtigen emotionalen Liebe zwischen einem jungen Paar und gesellschaftlichen und sozialen Zwängen beziehungsweise um den Gegensatz zwischen Liebe und Tugend auf der einen und Geld und Macht auf der anderen Seite geht und in der die beiden Liebenden typischerweise am Ende sterben.[1686] Ein armer Schustersohn namens Sadiq (der Name bedeutet so viel wie „der Treue")

[1682] Toxtayov 1993: 8H.
[1683] Vgl. den Beleg in Sämädi 2011: 9.
[1684] Vgl. die Belege in Sultan/ Abdurehim 2002: 42H; Anonym 2007 [2000]: 1; Naziri 1993: 3.
[1685] Naziri 1993: 2.
[1686] Zu den entsprechenden Genres vgl. S. 265f des Haupttextes.

verliebt sich in die schöne Ränaxan (ihr Name bedeutet ungefähr so viel wie „die edle Schöne"). Doch dann tritt Qadir („der Machtvolle") auf, der Sohn des reichen Großgrundbesitzers Sali. Obwohl Qadir bereits fünf Frauen hat, begehrt er auch noch Ränaxan und möchte sie zu seiner sechsten machen. Ränaxans Vater, der in der traditionellen Gesellschaft des Romans quasi als Besitzer seiner Tochter fungiert, erklärt sich mit dem Ansinnen Qadirs einverstanden. Am Tag der Hochzeit flieht Ränaxan und gelangt nach zahlreichen Abenteuern zu ihrem Geliebten Sadiq. Doch der Bösewicht Qadir lässt Sadiq ins Gefängnis werfen, wo dieser bald zugrundegeht. Ränaxan begibt sich auf die Suche nach ihm, stirbt jedoch nach vielen Mühen ebenfalls.[1687]

Der nachfolgende Textabschnitt aus „Blutige Erde" ist die Einleitung des Romans. In ihr geht es, ähnlich wie in der in die vorliegende Untersuchung aufgenommenen Passage aus dem Roman von Xalidä Isra'il, um die Vorstellung und Charakterisierung des Handlungsortes, eines in der uigurischen Prosaliteratur wichtigen Textabschnitts. In beiden Werken arbeiten die Autoren mit ausführlichen Naturdarstellungen, und in dieser Hinsicht kann man *Qanliq yär* als wohl stilbildend für die uigurische Literatur ansehen. Ein weiterer wichtiger Aspekt der nachstehenden Passage ist die enge Verbindung zwischen dem Handlungsort (und somit auch den in ihm auftretenden Figuren) und der Historie, wodurch Toxtayovs Text bereits die enge und nicht selten problembeladene Beziehung zwischen Fiktionalität und dem Anspruch auf Historizität vorwegnimmt, die sich wie ein roter Faden durch die spätere uigurische Literatur zieht. Während die von Toxtayov in den Text eingestreuten historischen Reminiszenzen einerseits erkennbar der Schaffung von Schauereffekten und somit der Kreierung eines historisch-düsteren und romantisch anmutenden Settings dient (man meint hier die Fernwirkungen der westlichen romantischen Schauer-Literatur zu erkennen, vielleicht im Stil von Poe), dienen sie anderseits aber auch zur identitären Markierung des Erzählraums. Interessanterweise und im Unterschied zu vielen späteren uigurischen Autoren verwendet Toxtayov hierzu sowohl Figuren aus der chinesischen als auch der uigurischen Tradition.

Abgesehen von dem Umstand, dass „Blutige Erde" mit hoher Wahrscheinlichkeit der erste jemals in uigurischer Sprache fertiggestellte Roman ist, stellt er ungeachtet seiner schwierigen Textgeschichte auch in manch anderer Hinsicht ein literaturhistorisch bedeutsames Dokument dar.

Bemerkenswert ist erstens, dass historischen Figuren relativ breiter Raum gegeben wird, auch wenn es sich nicht um einen historischen Roman im engeren Sinne handelt.[1688] Dieses Interesse nimmt die große Bedeutung, die historische Sujets in der uigurischen Prosa bis heute einnehmen, vorweg, und kann wohl mit dem schon damals großen Bedürfnis von Uiguren erklärt werden, ihre eigene Geschichte kennenzulernen beziehungsweise zu konstituieren.

Zweitens nähert sich Toxtayovs Roman historischen Themen auf eine Weise an, die für einen großen Teil der späteren uigurischen historischen Prosaliteratur, die im Wesentlichen ab 1979 erschienen ist, eher untypisch ist. Dies hat zwei Gründe. Da ist erstens die Juxtaposition von historischen Referenzgrößen aus der chinesischen beziehungsweise mandschurischen (wie der Qing-Dynastie und Kaiser Qianlong) mit solchen aus der (proto-)uigurischen Geschichte zu erwähnen.[1689] Damit führt Toxtayov eine Art des historischen Diskurses in die uigurische Prosaliteratur ein, der bis heute als eher marginal zu betrachten sein dürfte, und der Ereignisse aus der chinesischen/mandschurische und uigurischen Geschichte in mehr oder weniger gleichberechtigter Weise kombiniert. Der zweite Grund, aus dem „Blutige Erde" sich von vielen anderen historische Themen aufgreifenden Literaturerzeugnissen unterscheidet, ist die in dem Text enthaltene freie, nicht an ideologische Vorgaben und Zwänge ge-

---

1687 Zusammenfassung nach Naziri 1993: 2f. Vgl. auch Tanrıdağlı 2004: 1-3.
1688 Siehe etwa S. 322 der Übersetzung.
1689 Siehe etwa S. 322 der Übersetzung.

bundene meditativ-assoziative Auseinandersetzung mit dem Wesen der Geschichte.[1690] Auch wenn die von Toxtayov angestellte geschichtstheoretische Überlegung nur sehr kurz ist und eher literarischen als philosophisch ergründenden Charakter hat – sie besteht im Wesentlichen aus der Beobachtung der Unumkehrbarkeit und dem Vergleich der Historie mit einem Fluss –, ist sie allein dadurch schon bemerkenswert, und zwar aus dem etwas banalen aber nichtsdestoweniger zutreffenden Grund, dass ein Großteil der uigurischen Autoren, die sich nach ihm historischen Themen gewidmet haben, auf die eine oder andere Weise von vorneherein sehr strengen ideologischen Vorgaben unterworfen waren oder sich selbst in einer bestimmten Weise ideologisch positioniert haben, die kaum Raum für solche philosophisch angehauchten Betrachtungen zu Grundfragen der Geschichte ließen. Allein schon aufgrund des Umstands, dass alle in der Volksrepublik China veröffentlichten uigurischen Romane zumindest formal einen Kotau vor dem historischen Materialismus machen mussten und dass viele im Exil entstandenen uigurischen Prosawerke mit historischen Themen eine pointiert patriotische, nationalistische oder auch islamistische, pantürkistische usw. Ausrichtung haben, muss man dort nach stilistisch vergleichbaren Stellen lange suchen.

Drittens erwähnt Toxtayov in seinem Roman eine „Gottheit des Grüns" (*Kökläm ilahi*), die er an der Grenze zwischen Naturbeschreibung und der Einführung der menschlichen Akteure einführt.[1691] Wo auch immer man diese einzigartige Figuration einordnen und woher auch immer man sie herleiten möchte – aus dem chinesich-ostasiatischen Kulturkreis, aus der einheimischen Naturbetrachtungstradition der Turkvölker oder aus der durch die ansatzweise säkularisierte Moderne ermöglichten Neuvergabe und -belegung religiöser Kategorien –, fest stehen dürfte, dass sie nicht direkt aus dem islamischen Teil der uigurischen Kulturgeschichte hergeleitet werden kann. Am ehesten wird man hierin einen Ausläufer der im Kontext von Toxtayovs Umgang mit historischen Referenzen bereits beobachteten Tendenz sehen können, sich nicht nur auf einen Kulturkreis, konkret nicht nur auf den islamischen Teil der uigurischen Kultur, zu beschränken. Auch in dieser Hinsicht ist „Blutige Erde" ein Sonderfall.

Abgesehen von Toxtayovs Umgang mit der Dimension des Historischen und der Religion sind in „Blutige Erde" auch Elemente vorhanden, die ebenfalls in der nachfolgenden Entwicklung der uigurischen literarischen Prosa bedeutsam waren, so dass man in diesem Punkt vielleicht eher von einer Kontinuität sprechen kann. Ausführliche Naturbeschreibungen wie in dem nachstehend präsentierten Textausschnitt finden sich, wie die Lektüre der vorausgehenden Beiträge der vorliegenden Arbeit zeigt, auch in einigen späteren Werken. Auch verwendet „Blutige Erde" Naturelemente wie Flüsse als Träger symbolischen Gehalts – wie später beispielsweise auch Qäyyum Turdi.

18.2 Text in Übersetzung

Qizildöwä Baziri*

Der Ulan Usu-Fluss* sieht exakt aus wie seltsamer, riesiger alten Drache, der sich ausgestreckt hat. Sein Schwanz hängt am Kara-Kirgiz-Gebiet* der Sowjetunion, sein Körper nimmt die westlichsten Grenzgebiete Chinas in sich auf, und sein Kopf ragt bis in die Umgebung von Kaschgar hinein, das sich innerhalb der Grenzen Xinjiangs befindet. Zwei alte Städte, Konaschähär und Toqquzaq,* erscheinen wie die beiden Augen dieses Drachens in seinem Kopfteil.

1690 Siehe S. 322 der Übersetzung.
1691 S. 318 der Übersetzung, Toxtayov 1993: 7H/15PDF.

Konaschähär ist heute Kaschgar. Es befindet sich am südlichen Ufer des Ulan Usu. Im Süden dieser Stadt fließt ein weiterer Fluss entlang, er heißt Tümän. Die Stadt ist also auf allen vier Seiten von Wasser umgeben. Aus diesem Grund ist sie als „Ort mit reichlich Wasser" bekannt geworden.

Der an Konaschähär vorbeifließende Abschnitt des Ulan Usu hieß früher „Siebentschaqirimfluss".* Weil das Flusswasser in der Zeit zwischen Herbst und Winter durch die rote Erde aus den Bergen eine rötliche Farbe annimmt, nannte man ihn auch „Roter Fluss". Im Frühling und Sommer dagegen zeigte sich das Wasser immer als unendlich schön, ganz wie glänzende Jade. An seiner Oberfläche sah man sanfte Wogen in die Höhe steigen. Sie ähnelten den Grübchen, die sich bilden, wenn ein reizendes Mädchen lächelt. Diese smaragdgleichen Wellen gaben immer wieder aufs Neue ein Bild der ewig jungen Lebenskraft des Frühlings ab.

Nun waren die beiden Ufer des Flusses wieder einmal mit herrlich grünen Bäumen und Büschen bestanden, hatten sich mit weichen Graspflanzen und Kräutern gefüllt und waren mit verschiedenen Arten kunterbunter Blumen übersät. Zwischen den Bauernhäusern, die sich schachbrettartig aneinanderreihten, breiteten sich nach allen Seiten hin Bewässerungskanäle und Gräben aus. All dies zusammen fügte sich an diesem Ort zu einem unvergleichlich schönen und eindrucksvollen Panorama zusammen, das dem Zuschauer ein grenzenlos lyrisches Gefühl vermittelte.

Die Kraft des Flusswassers hielt zahlreiche Mühlen am Laufen. Zwischen den Feldern trieben die Bauern ihre Ochsen hindurch. Mit anderen Worten: Die gewaltige Kraft und Macht des Wassers und der Menschen hatte diesen an der Sandwüste gelegenen Landstrich in einen sich an der sandigen Öde entlangziehenden grünen Garten verwandelt.

Der Ulan Usu bildete die Hauptschlagader des Grenzgebiets. Er gab dem Boden ausreichend Wasser und ließ saftiggrüne Graspflanzen und Kräuter sowie allerlei Blumen und sonstige Gewächse sprießen. Außerdem stillte er den Durst der an seinen beiden Ufern lebenden armen Leute und verschaffte ihnen eine Möglichkeit, ihren Lebensunterhalt zu bestreiten. Weil er sich aus dem Wasser zahlreicher Quellen speiste, war sein Wasser kristallklar, schmackhaft und erfrischend kühl. Man sagte: Wer das Wasser des Flusses trinkt, wird groß, gesund und stark.

Wenn wir nun auf die weit aufragende Anhöhe steigen, die an dem Ort emporragt, wo der im Norden Kaschgars befindliche Siebentschaqirimfluss und der Tümän getrennt fließen, und einen Blick in die Umgebung werfen, dann fällt uns ein grüner Bereich auf der etwa zwanzig Tschaqirim entfernten Linie des Horizontes ins Auge. Diese Oase ist der Dölätbagh.* Richten wir den Blick nach Südwesten, dann erscheint vor unseren Augen am östlichen Ufer des Siebentschaqirimflusses ein Stadtviertel mit wie Fischschuppen aneinandergereihten Häusern. Dies ist Qizildöwä Baziri. Wenn Sie von dieser Stelle aus in die Umgebung schauen, dann wird Sie angesichts der außergewöhnlichen Schönheit des Panoramas eine gewisse Melancholie erfassen, und Sie werden dem staunenswert meisterhaften Arrangement von Mutter Natur unwillkürlich Beifall spenden. Die Lieblichkeit dieser Gegend übertraf damals sogar noch diejenige der Gegend südlich des Jangtse im Frühling.

In der Zeit der Han-Dynastie war Kaschgar das Zentrum des Fürstentums von Suli* gewesen. Es ragten noch allenthalben Erinnerungsstücke der Geschichte in die Höhe. Doch das, wodurch die Stadt einst weltberühmt geworden war, waren nicht die Monumente der Suli-Dynastie, sondern die in den Qianlong-Jahren der Qing-Dynastie erbauten Grabanlagen von Apaq Chodscha* oder Iparchan oder die in Qizildöwä Baziri befindliche Tochti-Räschid-Anhöhe. Iparchan wurde im Suli-Fürstentum geboren und wuchs dort auch auf, ihre historische Erinnerung ist mit grenzenlosem Schmerz und Kummer, Trübsal und den blutigen Tränen der Tapferkeit erfüllt, wohingegen die Tochti-Räschid-Anhöhe ein Mahnmal schrecklich vergossener Ströme von Blut ist.

Die nach Tochti Räschid benannte Anhöhe befand sich in der Nähe des Siebentschaqirimflusses im Westen von Qizildöwä Baziri. Tochti Räschid soll zugleich der Name eines Herrschers der Vorzeit gewesen sein. Er soll Gefallen daran gefunden haben, immer wieder zu dieser Erhebung zu kommen, Menschen zu töten und sich dabei gleichzeitig an der wunderschönen Aussicht zu ergötzen. Nach seinem Tod hat man der erhobenen Stelle dann angeblich seinen Namen gegeben.

Bestimmten Überlieferungen zufolge soll Räschid Tochti ein grenzenlos mächtiger und zur gleichen Zeit unbeschreiblich blutrünstiger Herrscher gewesen sein. Man habe die Zahl der unschuldigen Untertanen, die zu seinen Lebzeiten getötet wurden, unmöglich bestimmen können. Auch der Friedhof, der sich neben jener Anhöhe befand, soll Zeuge der von Tochti Räschid begangenen barbarischen Mordtaten geworden sein. Und Qizildöwä, der „Blutige Ort",* soll seinen Namen angeblich daher bezogen haben, dass die Umgebung der Tochti-Räschid-Anhöhe in früheren Zeiten ein blutgetränktes Schlachtfeld gewesen sei.

Genau wie das unablässig nach Osten fließende Wasser des Siebentschaqirimflusses kehrt auch die Geschichte niemals ihren Lauf um. Einmal vergangene Dinge werden im Lauf der Zeit ausgelöscht, und auch die neu entstehenden Dinge verwandeln sich allmählich in Vergangenes. Der Siebentschaqirimfluss hat bis heute seine starke Strömung nicht verloren, doch die sanften Wogen auf ihm sind offensichtlich seit unbestimmten Zeiten verschwunden! Auch der auf der Welt unerhörte Schrecken Tochti Räschid Khans* ist wie das nach Osten abfließende Wasser nicht mehr vorhanden.

Vor zwanzig Jahren, zur Zeit des ersten Frühlings, nachdem der mitleid- und erbarmungslose, leichenstumme Winter vergangen war, war die weite Erde aus ihrem süßen Schlaf erwacht, und diese altertümliche Erde hatte sich wieder in ein grünes Kleid gehüllt.

Die Ufer des Siebentschaqirimflusses füllten sich mit den Atemzügen neuen Lebens. Auch die Sonne am breiten Himmel vergaß ihre Faulheit, blickte lächelnd und freundlich auf die weite Erde herab und konnte sich an ihr nicht sattsehen. Das ganze Dasein wurde noch stärker beseelt und bereitete sich in diesen von sanften Windzügen umwehten warmen Tagen darauf vor, für das Leben in einem neuen Jahr hart zu arbeiten.

Den Befehlen ihrer Besitzer gehorchend, zogen die Ochsen ihre schweren Pflüge und kehrten das Untere der Erde zuoberst. Die Kühe muhten zufrieden und säugten hingebungsvoll ihre Kälber. Die Frühlingswolken, die sich schon seit langer Zeit nicht mehr hatten sehen lassen, kamen in Grüppchen aus dem Süden herbeigeschwebt. Die Berggipfel warfen ihre von erbarmungsloser Härte zeugenden weißen Kleider ab und schickten ihr Quellwasser in reichen Strömen in die Niederungen des Landes. Allenthalben sprossen Graspflanzen und Kräuter hervor. Das Wasser des Siebentschaqirimflusses gewann neue Kraft. Wellen bildeten sich auf seiner Oberfläche, es schlug mit Gewalt gegen die auf dem Wasser schwimmenden Eisschichten und ließ die Eisschollen in warmen Strudeln untergehen.

Alle waren gleichermaßen geschäftig.

Wenn man, um nach Qizildöwä Baziri zu gelangen, von der Tochti-Räschid-Anhöhe dem neben dem Bewässerungskanal verlaufenden Trampelpfad folgte, bis man die Maulbeerplantage erreichte, war das Erste, was einem ins Auge fiel, die prachtvolle alte Moschee, deren hohes Minarett in den Himmel ragte. Dies war der Ort, an dem die Bewohner Qizildöwäs sich regelmäßig versammelten, das rituelle Gebet verrichteten und den übrigen Gottesdienst vollzogen. Die Südseite der Moschee wurde vollkommen von der Maulbeerplantage eingenommen. Jedes Jahr zwischen Juni und Juli füllten sich die Zweige der Maulbeerbäume mit Früchten, die die Farbe von dunklen Rubinen hatten oder schneeweiß waren. Zufällig Vorbeikommende konnten sie, wenn sie mochten, sammeln und essen und auf diese Weise ihren Durst stillen. Durstige Herzen konnten sich erquicken, als ob sie Zamzam-Wasser* tränken.

Auf beiden Seiten des Trampelpfades durch die Maulbeerplantage standen reihenweise niedrige Häuser. Die einfachen Leute breiteten auf den vollkommen flachen Dächern Gräser und Kräuter aus, die sie zu Futter für ihre Lasttiere, sowie Sorghumhirse* oder Reis, die sie zu Nahrungsmitteln für sich selbst verarbeiteten. Dadurch bekam diese Gegend ein ganz besonderes Aussehen, das einem für Gäste ausgerollten grünen Teppich ähnelte. Von Weitem betrachtet, sah es aus, als ob Terrassenfelder in einen Berghang hineingebaut worden waren.

Um die Häuser herum liefen Herden zahlloser Pferde, Rinder, Schafe und Ziegen. Die Menschen waren sehr geschäftig unterwegs. Männer und Frauen webten ohne Unterlass weißen Baumwollstoff und Tschäkmän* und nähten Stiefel und Hüte. So konnten sie Dinge verkaufen, mit denen sie das zum Leben Notwendige gewannen. Die Kinder spielten unterdessen glücklich und unbeschwert auf dem offenen Feld neben dem Bewässerungskanal. Das Wasser im Kanal schlug von Stein zu Stein und erzeugte so eine angenehme Musik.

Wer hätte mitten in einer so friedlichen Atmosphäre an die viele Jahre zurückliegenden blutigen Massaker Tochti Räschid Khans denken sollen?

Nahe der Moschee erhob sich stolz eine alte Silberpappel, deren Höhe so ungefähr zehn Klafter* betragen mochte, und reckte ihren Wipfel gen Himmel. Ihr Laub war grün und dicht. Die Silberpappel war schon alt. Sie hatte schon vielfaches Leben und vielfachen Tod im Meer der Menschen gesehen. Aus diesem Grund empfand sie Mitleid mit den in der gegenwärtigen Ära lebenden friedlichen, aber hilflosen Angehörigen der Menschheit und hatte wie eine liebevolle Mutter ihre Arme weit ausgebreitet, um den Menschen so viel Trost und Zuspruch zu spenden wie möglich. Im Hochsommer, wenn die Gottheit des Frühlings sich von der Erde verabschiedet hatte und den Menschen die Sonne aufs Haupt brannte, nahm diese alte Silberpappel zahlreiche Männer und Frauen, Alte und Junge unter sich auf und kühlte sie mit ihrem erfrischenden Schatten.

Die jungen Frauen und Männer saßen sich paarweise gegenüber und plauderten. Liebespaare, die sich in einen Strudel der Leidenschaft gestürzt hatten, zeigten einander in höchster Lust und mit größtem Vergnügen ihre Zuneigung. Andere erholten sich nach einem Tag voller ermüdender Arbeit beim gemeinsamen Genuss von Tee und allem, was dazugehört, oder hausgemachtem Wein und spendeten einander Behaglichkeit. Heitere und unschuldige kleine Kinder lachten und scherzten herum und erzählten sich verrückte und faszinierende Märchen, über die sie sich dabei fast totlachen mussten. Greise, deren Haare und Barttracht weiß wie aufgeplatzte Baumwollkapseln geworden waren, unterhielten sich unaufgeregt und in flüssig dahinplätschernder Rede über die Entwicklungen in der Welt und über das Leben des Menschen. Nur in vereinzelten Fällen kam es vor, dass ihren Mündern, die schon alle Bitterkeiten der Welt gekostet hatten, auch Worte entflohen, die Unzufriedenheit mit der Realität ausdrückten.

19 Abbas Muniyaz: Die Augen der Lieder (Auszug)

19.1 Vorbemerkung

Der Name des Autors wird teilweise in der Form Abbas Muniyaz (wobei man vermuten kann, dass Muniyaz der Nachname sein könnte) und teilweise als Abbas Muniyaz Türkiyqan wiedergegeben.[1692] Diese Namensform kann man so interpretieren, dass das Wort *Türkiyqan* den ursprünglichen Namen als Künstlername, zusätzlicher Namensbestandteil oder neuer Nachname hinzugefügt worden ist. Wörtlich übersetzt, bedeutet *Türkiyqan* ungefähr so viel wie „der mit dem Turkvölkerblut" oder „der die *Türkiy*-Sprache im Blut hat". Erster Bestandteil von *Türkiyqan* ist das situationsweise als Adjektiv oder Substantiv verwendbare uigurische Wort *Türkiy*, das im allgemeinen Wortschatz der uigurischen Gegenwartssprache die Zugehörigkeit zu den Turkvölkern und -sprachen bezeichnet, im engeren, fachsprachlichen Sinne auch die turksprachig-islamische Literatursprache des Mittelalters und der frühen Neuzeit, die in westlicher Literatur häufig als Tschagataisch bezeichnet wird. Es ist möglicherweise im Hinblick auf die allgemeine Stellung uigurischer Schriftsteller in der Volksrepublik China bedenkenswert, dass in dort im Jahr 1999 und 2003 erschienenen Publikation dieser Künstlername *Türkiyqan* nicht verwendet wird, in einer 2014 gedruckten Veröffentlichung hingegen schon, ebenso wie in einer 2017 von Exil-Uiguren in der Türkei herausgegebenen Schrift.[1693] Der gesamtturksprachige beziehungsweise historische Bezug in dem Wort *Türkiyqan* ist möglicherweise das Ergebnis einer Entwicklung innerhalb der Community der aus Xinjiang stammenden Uiguren, die sich in der Zeit zwischen dem Beginn des Milleniums und dem Zusammenbruch der uigurischen Kulturszene in der Volksrepublik China in der zweiten Hälfte der Zehnerjahre verfestigt hat. Ein Teil dieser Kulturszene war auch Abbas Muniyaz Türkiyqan

Abbas Muniyaz kam 1966 in einer dörflichen Siedlung, die zur Stadt Aqsu (Akesu im nordwestlichen Xinjiang, nicht zu verwechseln mit Aqsuw in Nordwestkasachstan) gehörigt, zur Welt.[1694] Dort besuchte er auch Grund- und Mittelschule.[1695] Im Jahr 1986 absolvierte er an der Fakultät für Sprache und Literatur der Pädagogischen Hochschule (*Pedagogika aliy texnikumi*) der Stadt Hotan (Xotän, Hetian) im Südwesten Xinjiangs ein Lehramtsstudium.[1696] Anschließend kehrte er an seinen Geburtsort Aqsu zurück, wo er an der Provinz-Mittelschule Nr. 1 von Aqsu (*Aqsu Vilayätlik 1-Ottura Mäktäp*) den Lehrerberuf ausübte.[1697] Zwischen 1992 und 1994 studierte er an der Fakultät für Uigurische Sprache und Literatur der Xinjiang-Universität in Ürümči.[1698] Nach seiner erneuten Rückkehr nach Aqsu setzte er seine Lehrertätigkeit dort fort, inzwischen aber mit höherer Qualifikation.[1699] Im Jahr 2014 wurde er innerhalb des Schriftstellerverbandes der AURX zum

---

[1692] Abbas Muniyaz beispielsweise in Abdurehim 1999a, Abbas Muniyaz Türkiyqan etwa in Muniyaz Türkiyqan 2014. Abweichend von der Mehrheit der anderen Quellen geben Harbalioğlu/ Abdulvahit Kaşgarlı 2017: vii, 53 die Schreibweise des ersten Nachnamens in der Form Moniyaz an.

[1693] Vgl. Abdurehim 1999a und Muniyaz 2003 mit Muniyaz Türkiyqan 2014 und Harbalioğlu/ Abdulvahit Kaşgarlı 2017: vii, 53.

[1694] Abdurehim 1999a; Harbalioğlu/ Abdulvahit Kaşgarlı 2017: 53.

[1695] Harbalioğlu/ Abdulvahit Kaşgarlı 2017: 53.

[1696] Abdurehim 1999a. Vgl. Harbalioğlu/ Abdulvahit Kaşgarlı 2017: 53.

[1697] Abdurehim 1999a. – Harbalioğlu/ Abdulvahit Kaşgarlı 2017: 53 bezeichnet diese Schule als das „Gynasium Nr. 1 der Stadt Aqsu" (*Aksu Şehir Bir Numaralı Lise*).

[1698] Harbalioğlu/ Abdulvahit Kaşgarlı 2017: 53.

[1699] Nach Harbalioğlu/ Abdulvahit Kaşgarlı 2017: 53 tat er dies als *uzman öğretmen, eğitim-öğretim araştırmacısı, alan sorumlusu* („Lehrer mit Expertenstatus, Forscher im Bereich von Bildung und Lehre, Gebietsverantwortlicher") an derselben Schule, an der er bereits zuvor angestellt worden war.

„Berufsschriftsteller" ernannt.[1700] Gegenwärtig befindet er sich aus nicht ersichtlichen Gründen an einem unbekannten Ort in der Volksrepublik China in Haft.[1701] Nach einer Zeugenaussage soll er im Juni 2017 in ein Lager verbracht worden sein, nachdem er in Ürümči angekommen war.[1702] Im Juni 2023 vermerkte die Opferdatei „Xinjiang Victims Database", dass schon ein Jahr lang keine Nachrichten mehr über Muniyaz erhalten worden seien.[1703]

Als erstes literarisches Werk Muniyaz' wird die 1984 erschienene Erzählung *Burč* „Pflicht" vermerkt.[1704] In den Folgejahren veröffentlichte der Autor zahlreiche Kurzgeschichten und Langerzählungen (*povest*) und trat daneben auch als Dichter hervor.[1705] Zu seinen dichterischen Veröffentlichungen gehörten sogenannte Prosagedichte. Zu diesen wird beispielsweise sein sehr wahrscheinlich autobiographisch eingefärbtes Erstlingspoem „Ich bin ein junger Gärtner" (*Män yaš baġvän*) gerechnet wird, das am 10. September 1988 veröffentlicht wurde.[1706] Im Jahr 2000 veröffentlichte er seinen ersten Roman, „Die letzte Jagd" (*Axirqi ov*).[1707] 2003 folgte der historisch-biographische Roman „Charabati. Der gequälte Literat" (*Riyazätkar ädib. Xarabati*) über den tschagataischen Dichter Muhämmät binni Abdulla Xarabati (1638–1730), der große Teile seines Lebens in Aqsu verbrachte.[1708] Für das Werk erhielt Muniyaz im Jahre 2006 in Xinjiang eine Auszeichnung.[1709] Weiterhin veröffentlichte Muniyaz etliche Übersetzungen literarischer Prosatexte aus dem Chinesischen in das Uigurische.[1710] Auch aus dem Usbekischen hat er übersetzt.[1711]

Die 65 Seiten lange Novelle „Das Auge der Lieder" (*Küylär közi*), aus der der nachfolgende Textabschnitt stammt, wurde von ihrem Herausgeber als Muniyaz' „bestes Werk" (*äŋ yaxši äsiri*) bezeichnet[1712] und 1997 in der Volksrepublik China preisgekrönt.[1713]

19.2 Text in Übersetzung

Es war ein unglaublich wehmütiges* Lied. Es kam mir so vor, als ob genau dieses Lied in jenen fernen Tagen erklungen sei, damals, als ich unablässig wie über den Himmel gescheuchte Wolken zwischen Sorgen und Glücksgefühlen hin- und hergerissen wurde. Nun aber warst du es, die es vortrug. Mein Kind und Ein und Alles, meine zärtlich geliebte Tochter Sa'adät,* du warst es nunmehr, die es spielte!

Der Fluss rauschte tosend vorbei. Seine schaumgekrönten Wassermassen waren genauso mächtig und magisch, wie es in dem Lied besungen wurde. Du hattest dich zu ihm hingedreht und brachtest die Geige mit deiner ganzen Leidenschaft zum Klingen. Es wirkte, als ob das verführerische Lied, das

---

[1700] Harbalioğlu/ Abdulvahit Kaşgarlı 2017: 53.

[1701] Eintrag zu Muniyaz als Opfer Nr. 1560 in der Xinjiang Victims Database [shahit.biz/eng/#1560 [zuletzt aktualisiert am 12. Mai 2023]. Vgl. Uyghur Human Rights Project 2018: 12.

[1702] Angabe wie in Fußnote 1701.

[1703] Angabe wie in Fußnote 1701.

[1704] Harbalioğlu/ Abdulvahit Kaşgarlı 2017: 53. Nach Abdurehim 1999a begann die literarische Karriere Muniyaz' dagegen erst im Jahr 1985.

[1705] Harbalioğlu/ Abdulvahit Kaşgarlı 2017: 53.

[1706] Harbalioğlu/ Abdulvahit Kaşgarlı 2017: 53, die das in dem Gedicht enthaltene Wort *baġvän* „Gärtner" mit *eğitimci* „Erzieher" wiedergeben, was eine metaphorische Interpretation zeigt.

[1707] Harbalioğlu/ Abdulvahit Kaşgarlı 2017: 54.

[1708] Harbalioğlu/ Abdulvahit Kaşgarlı 2017: 54.

[1709] Harbalioğlu/ Abdulvahit Kaşgarlı 2017: 54.

[1710] Harbalioğlu/ Abdulvahit Kaşgarlı 2017: 53.

[1711] Muniyaz 2003.

[1712] Abdurehim 1999a. Text: Muniyaz 1999.

[1713] Harbalioğlu/ Abdulvahit Kaşgarlı 2017: 54.

sich der Sprache der Violine entwand, auf die Wasseroberfläche traf und zusammen mit dem rhythmischen Geräusch, das von dessen kräftigem Aufwallen erzeugt wurde, einen noch gewaltigeren, noch unvergänglicheren Fluss des Liedes bildete und dann in unbestimmbare Fernen hinwegströmte.

Doch du dachtest an gar nichts. Dein schöner Körper war zum Gefangenen der magischen Kraft der Musik geworden und folgte mit seinen Bewegungen in alle Richtungen dem die Sprache der Geige herauskitzelnden Bogen. Die Art und Weise, in der du dir das Instrument unter das Kinn geklemmt hattest, hatte dich mit den Rhythmen der Musik noch stärker verschmelzen lassen.

Du wirktest, als hörtest du jedem einzelnen Ton mit voller, die feinsten Artikulationen beachtender Aufmerksamkeit zu und dehntest dich dabei selbst bis in die unendlichen Weiten des leeren Raums aus, wobei du dich zu einem untrennbaren Bestandteil von ihnen verwandeltest. Aus diesem Grund konnte ich dich nicht mehr in deinem ursprünglichen Zustand sehen. Alles, was ich tun konnte, war, dich in diesem Zustand zu hören, der nur mir allein bekannt zu sein schien, von dem jedoch auch mir einige unbestimmte Verästelungen unbegreiflich blieben.

Unser Haus stand ziemlich nah am Fluss. Wenn man nach draußen ging, füllte einem sofort das tosende Rauschen des Wassers die Ohren. Aus irgendeinem Grund konntest du nicht stillhalten, wann immer du dieses Geräusch vernahmst. Deine Schritte wurden dann immer unwillkürlich in Richtung des Stroms gelenkt. Und wenn du mit Arbeiten im Haus beschäftigt warst, glitt dein Körper immer ganz langsam in Richtung des Geräuschs, das du hörtest, und du fühltest sogleich, dass die einzige Lösung sein würde, deine Arbeit rasch zu beenden. Dies war mir aus so vielen deiner Handlungen, Verhaltensweisen und Haltungen am Ende vollkommen klar geworden. Vielleicht war es ja dasselbe dir wohlbekannte Geräusch gewesen, das dich auch an jenem Tag an diesen Ort gelockt hatte. Vielleicht leistete es dir Gesellschaft, um die Erzählung „Friedhofspappel" bis in weite Fernen zu tragen.

Du hörtest und hörtest nicht auf zu spielen. Dass du nicht so einfach davon ablassen würdest, war mir auch vorher schon klar. Ob mich nun Betörung durch dich befallen hatte, die allerdings vielleicht auch durch diese Musik zustandegekommen sein konnte, oder ob in dem, was du spieltest, eine magische Kraft lag, die ich selbst nicht bis zum Ende zu erspüren imstande war, ich hatte so oder so das Verlangen gehabt, zu dieser Zeit an diesen Ort herauszukommen. Nur in diesem Augenblick konnte es mir scheinen, als ob du mich sähest und als ob zugleich ich in dein Herz, das mit der von dir gespielten Melodie zu einer Einheit verwoben wurde, und die geheimnisvollen Bedeutungen in deinen unermesslich tiefen Augen, die zu verstehen ich noch nicht ganz in der Lage war, hineinblickte. Du merktest gar nicht, dass ich sehr nahe bei dir stand, während der Verlauf der Melodie dein an sie gefesseltes Herz vor meinen Augen ausbreitete. Das Lied war identisch mit deinem Herzen, das Lied war identisch mit deinem Körper, das Lied war identisch mit all deinen Wünschen. Es fesselte uns beide, wobei das Wichtigste war, dass es mich an dich, an dein Herz fesselte. Meine einzige Möglichkeit, mit deinem Herzen, das ich zwar vage ergründen konnte, das anderen begreiflich zu machen mir jedoch die Kraft gefehlt hätte, wenigstens für einen kurzen Augenblick intimen Austausch zu haben, ergab sich in genau dieser Art von Seelenzustand, in der Form eines Liedes. Dieser kurze Moment reichte aus, um mir alles wieder in Erinnerung zu bringen.

„Mutter, hatte ich einen Großvater und eine Großmutter?"

„Ja. Wenn es sie nicht gegeben hätte, wo wären du und ich dann hergekommen?"

„Und Sie, hatten Sie einen Großvater und eine Großmutter?"

„Wenn ich keinen Großvater und keine Großmutter gehabt hätte, wo wären dann meine Mutter und mein Vater hergekommen?"

„Und Ihr Großvater und ihre Großmutter?"

„Ja!"

„Waren sie schön? Konnten sie hierauf spielen?"

Diese Worte waren einstmals gewechselt worden, als du noch sehr klein warst. Damals hattest du noch nicht gelernt, zu musizieren. Doch du nahmst meine Geige – dasselbe Instrument, dem du jetzt gerade Töne entlocktest – in die Arme und tatest so, als ob du auf ihr spielen würdest. Die Fragen, die du stelltest, brachten mein Herz zum Hüpfen. Jedesmal, wenn ich mich an diese deine Fragen erinnere, macht mein Herz genauso einen Satz wie beim ersten Mal.

Den Namen meines Großvaters habe ich zwar im Gedächtnis behalten können, doch woher soll ich wissen, was für einen Charakter der Großvater meines Großvaters hatte und womit er sich so beschäftigte? Auf der einen Seite hielt ich dich für jemanden, der Flausen im Kopf hatte, anderseits fühlte ich mich, als ob ich vor irgendeinem bevorstehenden fürchterlichen Ereignis Angst hatte. Wie dem auch sei, du hast dich später nicht noch einmal danach erkundigt.

„Deine Großmutter war eine ebenso schöne Frau wie ich."

Du lachtest. Hast du damals die Bedeutung meiner Worte verstanden? Tatsächlich war deine Großmutter – meine selige Mutter – *nicht* besonders schön, aber sie war eine von warmer Liebe erfüllte Frau. Auch wenn ihre finanziellen Mittel sehr begrenzt waren, ließ sie niemals zu, dass sie aussah, als ob sie weniger wert gewesen wäre als mein Vater. Sie war mir sowohl Mutter als auch Vater.

Wenn ich mich nicht täusche, gehörte uns das Grundstück, auf dem unser jetziges Haus steht, auch damals schon. In jener Zeit gab es jedoch leider noch kein so schönes Haus wie jetzt, sondern ein windschiefes Gebäude, das nur zwei Zimmer hatte. Meine Mutter kochte immer Eier und bot sie feil. Ich erinnere mich noch daran, dass sie die Eier mindestens einmal am Tag zum Verkaufen fortbrachte, obwohl unser Haus vier oder fünf Kilometer von der Stadt entfernt war.

Ich weiß nicht, wie viele Male ich zwischen der Siedlung und der Stadt hin- und hergegangen bin, aber bevor ich mich versah, war ich schon in der Mittelschule. Ich war damals wohl sehr schön, denn alle schenkten mir besonders große Aufmerksamkeit. Ich war auch aufgeweckt und fleißig. Meine Mutter klagte immer, dass ich so verrückt nach Kleidung sei. Meine Klassenkameraden dagegen fanden immer lobende Worte für das, was ich mir anzog.

Was man „Hochschule"* nennt, hast du noch nie von innen gesehen. Du kennst es einfach nicht. Doch diese Geige in deinen Händen, aus der du unvergleichliche Lieder fließen lässt, ist doch nichts anderes als das Produkt einer Hochschule! Nachdem ich an das Kunstinstitut gekommen war, gab ich meine vielfältigen Interessen auf und konzentrierte mich ganz auf die Geige. Weil dies mein Beruf geworden war, musste ich mich dabei auch anstrengen. Meine Mutter war glücklich, dass ich es in das Kunstinstitut geschafft hatte, und kaufte mir deshalb gleich in den ersten Ferien diese Geige da. Voller Freude spielte und spielte ich und lernte das Instrument so gründlich kennen, wie ich konnte.

Aber soll ich dir mal was verraten, meine Tochter? Es hieß nicht umsonst das „Kunstinstitut". Dort waren die schönsten Mädchen und die letzte Mode zu finden. Und was war mit mir? Ach, geh weg, mein Kind! Was in mein Herz fest eingedrückt worden war, waren die bruchstückhafte Erinnerungen an all diese Armut. Seinen Beruf zu beherrschen, war nur eine der Fähigkeiten, die am Kunstinstitut entwickelt wurden. Mein ach so schönes Aussehen und meine schönen Kleidungsstücke waren inmitten der unzähligen schönen jungen Damen so wertlos wie weggegossenes lauwarmes Handwaschwasser. Um stolz und aufrecht zu sein, um beachtet zu werden, brauchte ich Geld. Meine Mutter, die vom Eierverkauf lebte, konnte mir nicht so viel geben, dass es mir möglich gewesen wäre, mit der Mode zu gehen. Was unser Haus, in dem der Wind aus allen Ecken und Winkeln pfiff, jeden Monat hergab, reichte kaum für mein Make-up.

Die Briefe, die ich nach Hause schrieb, wurden immer seltener. Woher sollte ich auch die Gelegenheit für Korrespondenz nehmen, wenn ich noch nicht einmal Zeit fand, um Theorie zu lernen?

Tagsüber setzte ich mit aller Gründlichkeit mein professionelles Üben fort. Doch abends konnte ich mich dann nicht mehr beherrschen. Denn ein oder zwei der vor dem Tor abgestellten Luxusautos warteten immer auf mich und meine Freundinnen. Was haben wir nicht alles für Orte besucht! Was haben wir nicht alles für Lieder gesungen! Was haben wir getanzt! Mit einem Mal wurde ich zum Star! Ich war zu einer Geigerin geworden, die im Mittelpunkt der Aufmerksamkeit von Gesellschaft und Lehranstalt stand, und in den Augen der jugendlichen Aktivisten*war ich eine unerreichbare Schönheit.

Die „Friedhofspappel"-Erzählung meiner Mutter war das unendliche Lied im Herzen meiner Mutter, die ewig in ihrer eigenen Sprache fortgesetzte Geschichte. Sie wiederholte sich für immer in Form eines Liedes. Dabei entfernte sie sich langsam, aber sicher immer weiter von mir. Nun war es an mir, das Lied zu spielen. Aber ich spielte es nicht halblaut, wie meine Mutter es immer summend beim Kochen, Wäschewaschen oder Füttern unserer Eier legenden Hennen erklingen ließ, sondern indem ich es auf der Geige, die mir meine Mutter gegeben hatte, noch lauter und majestätischer vortrug, als sie selber es vermocht hatte! Ich *spielte* es tatsächlich! Dabei schien es, als ob meine Geige immer einige Stellen wegwerfen würde. Wo genau diese waren, wusste ich auch nicht. Die im Palast meiner Lieder eingeschlossene Geschichte von der „Friedhofspappel" wurde jedenfalls immer leiser. Sie brach auf, um auf irgendeinem Weg den Palast zu suchen. Ich stellte mich ihr mit meinem Bogen und mit meinem Verstand in den Weg. Ich staunte, als ich spürte, dass ich bei ihrer Verfolgung oft auf andere Wege geriet. Doch ich konnte meine Geige nicht weglegen.

Mal wurde das Wogen des Flusses höher, mal schwoll es ab. Die kraftlosen Strahlen der sich nach Westen neigenden Sonne streichelten sanft die Fläche des Wassers. Während du spieltest, blicktest du in die Sonne. Der seit Urzeiten vorhandene Fluss, der sich vor deinen Augen ausbreitete, bildete ein Band zwischen dir und ihr. Du spieltest im Stehen. Das konturlos gewordene hohe Ufer des Flusses ließ dich noch größer erscheinen als sonst.

Unter deinen Füßen war allerlei Weggeworfenes hingestreut, bei dem man nicht mehr erkennen konnte, was es einmal gewesen sein mochte. Überreste, die den Drehknöpfen eines Satars*, dem Steg eines Dutars,* dem Rahmen einer Handtrommel, der Füllvorrichtung einer Mühle, dem Stock und den Druckflächen einer Olivenölpresse und noch einer ganzen Menge anderer Dinge ähneln mochten, fielen einem in vollkommen zerkleinertem und ruiniertem Zustand ins Auge. Wann diese gewaltige Menge von Gegenständen, von denen man nicht einmal den Namen genau wissen konnte, eigentlich weggeworfen worden war, konnte niemand mehr sagen. Doch weil sie so aussahen, als ob sie auseinanderfallen würden, wenn man sie mit der Hand anfasste, war klar, dass dies schon sehr viele Jahre zuvor geschehen war.

Obwohl noch nicht Hochsommer war, sah man rings um dich her bereits keine Spur von Grün mehr. Zugleich hatte die Erde, auf der du standst, auch nichts Erdfarbiges mehr. Hinter dir schien es zumindest so, als sei da eine Spur von einem Weg, auf dem zuvor schon irgendwann einmal Menschen gegangen waren. Doch auch diesen Pfad konnte man nur dann wahrnehmen, wenn man sehr genau hinsah. Die Düne, auf die du getreten warst, war der höchste Ort am Flussufer. Wenn man dort stand, konnte man ziemlich weit in die Ferne blicken. Die Ränder des Flusses, die sich von deiner Stelle so weit ausdehnten, wie das Auge reichte, lagen vegetationslos und versalzen da. Etwas Bedrückendes, auf eine unbestimmte Art Furchterregendes schwebte in der Luft. Und von irgendwelchen anderen Orten her schlug einem ein bestialischer Gestank in die Nase.

Der Fluss rauschte unterdessen unaufhörlich weiter tosend vor sich hin. Das Ufer, auf dem du standst, war vollkommen entstellt. Es sah weder nach Staub noch nach Dung oder Stein aus. Vielmehr hatte es sich in eine von Salzschichten überzogene und mit Matsch vermengte undefinierbare Leere verwandelt. Man meinte, dass sie sich jeden Augenblick ganz in Staub auflösen oder, sich in eine schmutzige Pampe verwandelnd, tropfenweise in den Fluss hinabrutschen würde. Und du wirktest, als ob du an dem Ort, wo du standest, gleich mit im Erdboden versinken würdest. Der Abschnitt, der jenseits des nicht mehr auszumachenden Wegs lag, am unteren Teil der Erhebung, auf der du standest, war noch furchterregender. Es war eine noch tiefer eingesunkene Stelle. An ihr hatte sich eine Art verfaulter Flüssigkeit angesammelt, die weder wie Bitumen aussah, das an der tiefsten Stelle hätte zusammengeklebt sein können, noch aber nach einer Ansammlung von salzigem Schlamm, der sich durch Regen gebildet hätte. Kotfressende Insekten tummelten sich an ihr.

Weißt du das alles nicht? Kann dein Herz das alles nicht sehen, meine Tochter? Ich habe dich nie eingeschränkt, wenn du zu Hause geübt hast. Ich bin dir auch nicht auf die Nerven gegangen, indem ich darüber gesprochen hätte, was für einen schönen Rücken du hast. Aber warum rennst du dann bei jeder Gelegenheit nach draußen und noch dazu zu dieser versalzenen Düne? Warum versenkst du dich in eine Sache, die ich so stark gemieden habe?

Ich habe diesen Ort immer gemieden. Wenn es nicht deinetwegen, deiner Musik wegen wäre, würde mir nicht einmal im Traum einfallen, dorthin zu gehen. Es stimmt, dass meine Mutter die Stelle seinerzeit pries, aber es ist schon sehr lange her, dass man das Wasser dieses Flusses noch trinken konnte. Ich habe es vielleicht seit der Zeit nicht mehr probiert, als meine Mutter die „Friedhofspappel"-Geschichte, oder richtiger gesagt, das Lied zu diesem Thema, das sie ständig auf den Lippen hatte, unversehens nicht mehr ganz im ursprünglichen Takt vorzutragen begonnen hatte. Und wenn du fragst, warum: Weil wir das Flusswasser wirklich nicht mehr trinken können. Und wenn man es nicht mehr trinken kann, wozu sollte es dann gut sein, sich an diesem Ort da herumzutreiben?

Wegen dieser Sache kam ich mit meiner Mutter – deiner Großmutter – überhaupt nicht gut zurecht, und wir stritten uns ständig. Mit jedem zweiten Wort, das sie sagte, lobte sie diesen Ort über den grünen Klee. „Die Friedhofspappel", sagte sie immer und erhöhte dabei ihren Nachdruck, als habe sie soeben eine Wahrheit verkündet, „war die Pappel auf dem Friedhof unserer großartigen Vorfahren. Nur weil es den Stolz dieses Ortes, die Friedhofspappel, gab, ist auch unser Dorf in Verbindung mit diesem Namen zu etwas Großartigem geworden! Ihr Name hat sich überallhin verbreitet. Das Problem ist nur, dass es sie jetzt eben nicht mehr gibt. Eines schönen Tages hat ein raffgieriger Fiesling sie nämlich einfach gefällt und das Holz verbrannt. Aber es dauerte nicht lange, bis sämtliche seiner Organe, angefangen bei seinem Herz, wie Eiter auseinanderflossen. Der pestilenzialische Gestank, der aus seinem Leib entwich, suppte ebenfalls heraus und verseuchte mit einem Schlag ringsum die ganze Erde. Der Ort, an dem sein Körper zerschmolzen war, bedeckte sich zuerst mit einer Salzschicht und ging dann langsam, aber sicher in Fäulnis über. Bis in die siebte Generation starben alle seine Kinder durch alle möglichen Unglücksfälle eines unnatürlichen Todes."

Seit dieser Zeit war vom Ansehen und guten Ruf unseres Dorfes nichts mehr übriggeblieben. Ein Friedhof ohne Pappel hat keine Markierung, kein Mal. Kann man zu einem Grab ohne Mal überhaupt Grabmal sagen? Würde ein Dorf mit so einem Grab das gleiche Ansehen wie die anderen genießen?

Einstmals war das hier ein unglaublich prosperierendes Dorf gewesen. Aus zehn Weilern in der Umgegend kamen die Leute aus Bewunderung für unsere Geliebten, die auf ebendiesem Friedhof begraben lagen. Die Zahl derer, die jeden Tag zu ihm herpilgerten, riss einfach nicht ab. Sogar Reisende, die aus sehr fernen Gegenden kamen, gingen nicht an ihm vorbei, ohne Gebete auszusprechen und Koranverse zu rezitieren. Wer mit Pferden und anderen Lasttieren oder mit Kamelen oder in Form von Karawanen unterwegs war, ging ebenfalls nicht ohne einen Halt an dem Dorf vorbei.

Damals gab es entlang des Flusses einen breiten Weg, auf dem man bequem gehen konnte. Das Geäst der neben dem Weg stehenden Weiden spendete den ganzen Sommer über Schatten. Ringsum war dann dichtes Grün. Allerlei Tiere hatten diesen Ort zu ihrem Lebensraum gemacht. Jäger legten in diesem Gebiet nicht an.

Noch majestätischer war jedoch die Friedhofspappel. Viele uralte Pappeln standen um sie herum. Sie stand auf einer Düne, so ähnlich wie die in der Nähe hier. Selbst mehrere Männer im Verein konnten sie nicht umfassen. Sie schien unglaublich alt zu sein. Wie sie sich in immer neue Rindenschichten hüllte, als ob sie Altersfalten bekam, wie ihr Inneres sich so weit aushöhlte, dass zwei Menschen darin liegen konnten, und wie ihre zahllosen Äste sich auf die herumstehenden Pappeln legten, all dies hatte ihr Aussehen noch majestätischer und erhabener gemacht. Doch niemand konnte herausbekommen, wie alt die Pappel nun wirklich war. Waren es einige Hundert Jahre oder tausend? Was alle Leute verblüffte, war, dass die Friedhofspappel sommers wie winters ihre Blätter nicht abwarf. Das ganze Jahr über waren ihre Blätter saftiggrün. In jenen Zeiten gab es um die Pappel herum auch viele Quellen. Das Wasser des Flusses speiste sich aus den Quellen, und so wurde der Fluss immer breiter. Er floss entgegengesetzt seiner heutigen Richtung. So hat es mein Großvater erzählt. Und er hatte mir aufgetragen, es dir weiterzuerzählen.

Seit ich ein Kind war, kannte man diese Geschichte und war von ihr außerordentlich beeindruckt. Vor allen Dingen meine Mutter erzählte sie mir immer wieder. Die außergewöhnliche Geschichte über die Pappel auf dem Gottesacker, die sich einen Platz in meinem damals noch kindlichen Herzen erobert hatte, sowie das unter ihrem Eindruck vor meinen Augen erstehende Bild einer uralten, düsteren und zugleich schönen und unvergleichlichen Friedhofspappel lassen mich noch jetzt sehnsüchtig werden und in Gedanken versinken.

Doch eine Zeitlang ‚zofften' deine Mutter und ich uns auch regelrecht deswegen. Als wäre ihr unbekannt, dass ich mittlerweile an einer Hochschule studierte, erzählte sie mir immer neue Versionen dieser Geschichte, die sie mir bei jedem meiner Ferienaufenthalte in meiner Kindheit aufgesagt hatte, mit stetig größer werdender Verve und ständig wieder aufs Neue. Das ging so weit, dass ich ihren Erzählungen am Ende nicht mehr glauben konnte. Denn ich hatte die Angewohnheit, nichts für bare Münze zu nehmen, das ich nicht mit meinen eigenen Augen sehen konnte. Und von den Dingen, über die meine Mutter die ganze Zeit sprach, war nicht mehr die geringste Spur sichtbar. Nicht einmal die Fließrichtung des Stroms ähnelte der in der Erzählung meiner Mutter. Sogar sein Wasser war trübe, wie Abwasser.

Ich stellte mich dumm an, und je mehr ich das tat, desto öfter reagierte meine Mutter gereizt. Dann summte sie die Melodie „Meine Pappel", die sie mir einstmals so oft vorgesungen hatte und auch jetzt noch vorsang, mit versteinerter Miene und tat dabei so, als ob sie sie gerade selber hören würde. Dies hatte offenbar damit zu tun, dass sie die Melodie nicht mehr, wie früher, aus voller Kehle zu singen imstande war. Offenbar war sie sich dessen auch intuitiv bewusst, denn sie atmete immer unwillkürlich schwer durch, wenn sie die Weise beendet hatte. Dabei traten Tränen in ihre Augen. Ich hielt das für Zeichen des Alterns.

„Du hast dich verändert. Du bist nicht mehr dieselbe."

Es fiel ihr nicht leicht, das zu sagen. Ich ließ ihr ihren Willen und sagte nichts. Doch mir tat ihre Unwissenheit und Unbildung weh. Sie machten mich wütend. Ich dachte mir: Wenn sie studiert hätte, würde sie sich nicht so verhalten.

Es begann prasselnd zu regnen. Dein Lied hörte nicht auf. Als ob du ein Mensch seist, der einzig und allein für das Spielen geschaffen worden sei und als ob alle Veränderungen, die um dich herum stattfanden, dich nichts angingen, neigtest du deinen Kopf zu der Seite herunter, auf der du die Geige eingeklemmt hieltst, und spieltest schweigend weiter. Der Regen trommelte unablässig auf dein Gesicht, auf deine Arme, auf die Geige, überallhin an dir. Das Wasser tropfte von der Oberfläche der Violine, deinen Haarsträhnen, die wie die eines Bibers wirkten, von deinem Mantel, dessen

Kragen du hochgestellt hattest, und von deiner Röhrenhose herab. Ohne sich um irgendetwas zu bekümmern, glitten deine zarten Finger über die Saiten. Diese wiederum beförderten vermittels ihrer so erzeugten Bewegungen aus den Tiefen der Violinensprache, in denen es nicht mehr möglich war, etwas zu sehen, feengleiche Melodien von unglaublicher Eleganz, Schönheit und Anmut an die Oberfläche. Sie stimmten in das draußen zu hörende Donnern und das Prasseln des Regens ein, und indem sie Himmel und Erde miteinander vereinten, wurden sie zu einer immer majestätischeren, immer mächtigeren und immer eindrucksvolleren Gefühlswelt geformt, die das Blut der Vergangenheit im Jetzt zur Wallung brachte.

* * *

20 Anmerkungen zu den übersetzten Texten

4 Xalidä Isra'il: Ein grünes Dorf im Nirgendwo

133 Taklamakan-Sandwüste

Die Taklamakan-Wüste befindet sich im Nordwesten Chinas und nimmt einen Großteil der Provinz Xinjiang (Xinjiang, Šinjaŋ) ein, in der die meisten Uiguren leben. Die Taklamakan ist die zweitgrößte Sandwüste der Welt und daher sprichwörtlich für ihre Trockenheit, Weite und Gefahr.

134 Spanne

Die Spanne (*ģerič*) ist ein vormodernes Längenmaß, dem ungefähr 20 Zentimeter entsprechen.

135 Turdi Achun

„Achun" (*Axun*) ist ein ehrender Namenszusatz, der oft auch als fester Namensbestandteil fungiert.

135 *Rawap*-Spieler

Rawap (*ravap*) ist eine übergreifende Bezeichnung für diverse traditionelle uigurische gezupfte Saiteninstrumente. Eine verbreitete Art hat drei Saiten und einen ungefähr 130 cm langen Hals (Schwarz 1992: 536f., s.v. *rawap*). „Rawab-Spieler" ist eine häufige Übersetzung des im uigurischen Originaltext verwendeten Begriffs *ravapči* (vgl. Nadžip 1968: 461, s.v. *ravapči*; Schwarz 1992: 537., s.v. *ravapçi*; Horlick 2013: 234, s.v. *rawabchi*), doch genaugenommen kann das Wort auch allgemeiner jemanden bezeichnen, der sich in irgendeiner Weise professionell oder intensiv mit *ravap*s beschäftigt.

136 Tochti Achun

Dies (*Toxti Axun*) ist eine ehrenvolle Namensvariante von Tochti (vgl. die Erläuterung zu S. 135).

136 Prophet Sulajman

Sulajman (*Sulayman*) ist der uigurische Name des legendarischen islamischen Propheten Sulayman (hinter dem sich in einem etymologischen Sinne wiederum der biblische Salomon verbirgt). In unter den Kasachen und Uiguren Chinas und angrenzender Gebiete verbreiteten Varianten des Islams werden dem Propheten Sulajman (*Sulayman Päyġämbär*) verschiedene übernatürliche Fähigkeiten zugeschrieben, zum Beispiel die Tierwelt und die Geister (Dschinne) zu beherrschen (vgl. Tuyaqbay 2008). Auf letztere mythologische Eigenschaft dürfte die Textpassage Bezug nehmen.

5 Qäyyum Turdi: Für jede Sache gibt es einen Weg

144 Vorfall an der „Abzweigung"

Der Ausdruck „Abzweigung" (*Eliš*) erscheint in Turdis Text immer in Anführungszeichen, wohl um zu verdeutlichen, dass dieses Wort eine Spezialbedeutung hat. Während die wörtliche Bedeutung von *eliš* unter anderem „das Nehmen" oder „das Wegnehmen" umfasst, ist *Eliš* in Turdis Roman der Eigenname einer Örtlichkeit in der Nähe des Flusses Zäräpschan (Zäräpšan, deutsch auch Zarafschan, Sarafschan usw.), in dessen Nähe die Handlung des ersten Bandes der Romantrilogie spielt. Der Name „Abzweigung" erklärt sich daraus, dass „die Stelle beim *Eliš* die Mündung ist, an der Wasser aus dem Fluss in den Bäg ‚Kanal des Bägs' entnommen wird" („*Eliš*" *beši – däryadin „Bäglik östiŋi" gä su elinidigan eģiz*, Turdi 2003, Bd. 1: 190). In der Nähe dieser Mündung hat Bäg Mächsut ein Zeltlager aufgeschlagen, von dem aus er das Schuften und Leiden der von ihm ausgebeuteten und unterdrückten Arbeiter und Bauern kontrolliert. Der im Text zitierte „Vorfall an der Abzweigung" ist einer der wichtigsten Vorfälle im ersten Band von Turdis Romantrilogie, und er geht der hier vorgestellten Passage voraus. In der betreffenden Szene am „*Eliš*" will der Bäg aufgrund eines ebenso absurden wie grausamen Aberglaubens Tochti (es ist dieselbe Person, die auch in der hier vorgestellten Übersetzungspassage vorkommt) mit einem Stein um den Hals in den Zäräpšan-Fluss werfen lassen, um Überflutungen vorzubeugen. Der Irrglaube spielt mit der Tatsache, dass Tochtis Namen mit dem uigurischen Verbum *toxta-* „stehenbleiben" zusammenhängt, weswgen in der fehlgeleiteten Phantasie des Bägs und seiner Berater die Opferung des alten Mannes die Flut zum ‚Stehen' bringen können soll (siehe Turdi 2003, Bd. 1: 151). Dass der tyrannische, sowohl mit dem Feudalismus als auch mit den KMT, zwei Feindbildern der KPC, assoziierte Bäg auch derartigem religiösen Unsinn anhängt, kann als weiteres Element der kommunistischen Ideologie angesehen werden, das Turdi in seinen Roman aufnimmt; denn die Kommunistische Partei Chinas hatte es sich auf die Fahnen geschrieben, mit derartigem verderblichen Aberglauben aufzuräumen und in ein Zeitalter der Aufklärung und des Fortschritts hinüberzuführen. Kurz bevor Tochti gefesselt ins Wasser gestoßen werden soll, gebietet der aus der versammelten Volksmenge heraus sprechende Asim dem Treiben jedoch Einhalt. Da die Masse der Anwesenden sich spontan mit Asim solidarisiert – hier wird ein Grundmotiv der kommunistischen Romantik effektvoll in Szene gesetzt –, gelingt es den Häschern Mächsuts nicht, seiner habhaft zu werden. Es kommt danach zu einem Kampf, bei dem mehrere Dutzend Menschen sterben. Der Volksmenge gelingt es, den Spieß umzudrehen und von der Rolle der Verfolgten und Angegriffenen in die der Angreifer zu wechseln, indem sie nun ihrerseits Mächsut attackiert. Dieser wird erst im letzten Augenblick von seiner mit Gewehren bewaffneten Verstärkung gerettet (siehe Turdi 2003, Bd. 1: 184-197).

144 Predigt

Der Umstand, dass Älväks Ansprache hier mit dem Wort „Predigt" (väz) gekennzeichnet wird, könnte damit zusammenhängen, dass sein Titel, Sopi, einen islamischen Mystiker (Sufi) bezeichnet und er somit über eine gewisse religiöse Autorität verfügt (oder sie sich zumindest anmaßt). Wohl nicht zufälligerweise stammen sämtliche Ausdrücke, mit denen er Asim beschimpft, aus der religiösen beziehungsweise islamischen Sphäre. Tatsächlich ist Älväk in dem Roman jedoch keineswegs eine ausgesprochen religiöse Figur. Neben seiner Funktion als Direktor der dem Bäg gehörenden zentralen Schule sowie aller Schulen im umgebenden Bezirk ist er auch noch lokaler KMT-Parteisekretär in Mächsuts Fürstentum (siehe Turdi 2003, Bd. 1: 257). Möglicherweise will Turdi durch den religiösen Moralanspruch, den sich Älväk in der hier übersetzten Szene selber zuschreibt, die Unaufrichtigkeit dieser Figur hervorheben, die durch ihr sonstiges Verhalten deutlich macht, dass sie sich an solche moralisch-religiösen Prinzipien selber gar nicht unbedingt hält.

144 Zäräpschan

Siehe die Anmerkung auf S. 325.

145 Tochtachun

Tochtachun (Toxtaxun) ist eine respektvolle Variante des Namens Tochti (Toxti).

144 Holzkragen

Beim Holzkragen (auf Chinesisch unter anderem als *jia* 枷 bezeichnet, *taqaq*) handelt es sich um ein Brett mit einem Loch, in dem zur öffentlichen Demütigung oder Bestrafung der Hals eines Delinquenten fixiert wurde. Oft konnten auf oder um das Brett auch die Hände festgemacht werden. Auf dem Holzkragen konnte die Art des Vergehens vermerkt werden, das der betroffenen Person zur Last gelegt wurde (siehe Anonym 2017).

144 Mutter

Turdi lässt wohl absichtsvoll offen, ob das im Originaltext erscheinende Wort *Ana* in seiner wörtlichen Bedeutung („Mutter") oder als fester Bestandteil des Eigennamens von Sarichan Ana verstanden werden soll. Auf diese Weise verschmilzt die Figur Sarichan Anas mit ihrer Mutterrolle.

145 Tochtikam, Bajizkam

Ähnlich wie das Suffix -achun (siehe die obige Anmerkung zu „Tochtachun") drückt auch die Endung -kam (-*kam*) besonderen Respekt gegenüber der durch sie bezeichneten Person aus. Das Uigurische ist reich an grammatischen Formen, die Wertungen oder soziale Unterschiede markieren können. So gibt es in der zweiten Person vier verschiedene Anredeformen bei Verben, und zwar „normal" (*addiy*), „höflich" (*sipayä*), „respektvoll" (*hörmät*) und „herablassend" (*sätlimä*).

145 Drei Kinder

Dies sind neben dem im hier präsentierten Textausschnitt vorkommenden Almas noch ein zwei weitere, darin nicht auftretende Nachkommen, und zwar der Sohn Elischa und die Tochter Anar.

145 „Dass sein Name Tochtachun ist?"

Dies spielt auf den irrwitzigen Namenszauber an, aufgrund dessen Bäg Mächsut Tochtachun opfern will (siehe die Erläuterungen auf Seite 325).

145 Überschwemmung

Der Sinnzusammenhang zwischen dem Auftreten einer Überschwemmung und dem Fehlen von Wasser auf den Feldern erklärt sich dadurch, dass die Flut einen Kanal zerstört hatte, der zur Bewässerung dieser Felder notwendig war (Turdi 2003, Bd. 1: 47). Das Thema der Flussüberschwemmungen, das im ersten Band von Turdis Romantrilogie eine wichtige Rolle spielt, greift sehr wahrscheinlich ein historisches Thema auf. So kam es am Yäkän-Fluss (Yarkand) im August 1949 tatsächlich zu einer großen Überschwemmung (vgl. hierzu Turdi 2003, Bd. 1: 140).

145 Mu

Das Mu (*mu* 亩) ist ein chinesisches Flächenmaß. Es entspricht ca. 6,66 Ar oder 666 Quadratmeter.

145 Aber in welchem Gesetz soll es vorkommen…

Die Ruchlosigkeit und Primitivität Mächsut Bägs erschöpft sich nicht darin, dass er aufgrund einer rückständigen Glaubensvorstellung den greisen Tochtachun im Fluss ertränken will, um damit angeblich einen Schutz gegen die Gewalt des Wassers zu erhalten. Mächsut Bäg möchte von dieser aus einem Aberglauben heraus geplanten Mordtat sogar noch finanziell profitieren. Und zwar trägt er einen Anspruch auf monetären Ausgleich für den Tod Tochtachuns vor. Durch Tochtachuns Opferung, so der Fürst, entstehe ihm ein finanzieller Verlust, den dann 13 Dörfer in Form von Viehabgaben zu kompensieren hätten (siehe Turdi 2003, Bd. 1: 154-157).

146 „Ketten der Unterdrückung sprengen…"

Dies ist eine Anspielung auf die herbeigesehnte Zeit nach dem Sieg der Kommunisten.

146 „… dessen Grab ein Schwein entsteigen wird!"

Der Sinn dieses Ausdrucks besteht wohl darin, dass die verfluchte Person ihrem Grab entsteigen und als Schwein wiedergeboren werden soll. Demzufolge würde sich hier das außerislamische Motiv der Wiedergeburt oder Seelenwanderung (wie man es aus dem Buddhismus oder anderen Glaubensformen kennt, die die alten Uyġur vor ihrer Islamisierung prägten) mit der vor allem aus dem Islam bekannten Abneigung gegen Schweine verbinden.

146 Damolla

Im Wort Damolla steckt das arabische beziehungsweise persische Wort für „Mullah" und wohl das chinesische Adjektiv *da* 大, „groß". Der „Große Mullah" ist in der von Turdi erzählten Welt ein religiöser Würdenträger beziehungsweise Mullah, der einen hohen Ausbildungsgrad erworben hat, etwa in einer Medrese.

146 Dorf Jangaqliq

Jangaqliq (Yaŋaqliq) ist der Name des Dorfs, in dem der Roman spielt. Der Name bedeutet übersetzt ungefähr so viel wie „reich an Walnüssen".

147 Jasin Chodscha

Das Wort Chodscha (*Xoja*) bedeutet so viel wie „Herr" oder „Meister" und wird in Turdis Roman als Titel und Namensbestandteil bei hochstehenden, herrscherlichen oder aristokratischen Personen gebraucht.

147 Chudaliq-Medresse

Die Chudaliq-Medresse (Xudaliq Mädrisä) ist im Roman eine von Mächsut Bäg errichtete prachtvolle islamische Lehranstalt im Zentrum des Dorfs Jangaqliq. Der Name bedeutet ungefähr so viel wie „Medresse für Gott".

147 Jasin Bäg

Dass Mächsut seinen jüngeren Bruder an dieser Stelle als Bäg („Fürst") anredet, bedeutet nicht, dass Jasin tatsächlich die Funktion eines Herrschers innehätte, denn dies trifft zu diesem Zeitpunkt nur auf Mächsut selbst zu. Es geht vielleicht eher darum, den kommerziell und philanthropisch interessierten Jasin daran zu erinnern, dass sie beide zur Herrscherfamilie gehören (sie sind Söhne des grausamen Tyrannen Qurbannijaz und Enkel des ebenso erbarmungslosen Sulajman Topbeschi; zu diesen Verhältnissen siehe etwa Turdi 2003, Bd. 1: 24, 27f., 30, 37, 48, 50f., 53). In diesem Zusammenhang ist vielleicht auch interessant, dass die drei Brüder sich auch siezen, wenn sie im Privatbereich miteinander sprechen (siehe etwa Turdi 2003, Bd. 1: 268f.).

9 Zordun Sabir: Aus „Der Schuldner"

168 Veranda

Die Veranda (*supa*) ist ein fester Bestandteil vieler traditioneller uigurischer Häuser. Das Wort bezeichnet eine leicht erhöhte Fläche, die aus Ziegeln, Lehm oder anderen Materialien aufgebracht ist und zum Sitzen oder Liegen genutzt werden kann.

168 Machorka

Machorka ist eine starke Tabaksorte, die vor allem in der Sowjetunion und Russland populär war.

168 Produktionsgruppe

Der Begriff der „Produktionsgruppe" (*shengchan xiaodui*, wörtlich „kleines Produktionsteam") taucht in Sabirs Text hier in der verkürzten Form *düy* (von *dui*, „Team") auf; später wird zur Bezeichnung der Produktionsgruppe auch noch die Form *šyavdüy ~ xiaodui* 小队, „(kleinere) Gruppe, (kleineres) Team" (Sabir 2012 [1999]: 209) verwendet. Ab der Mitte der 1950er Jahre wurde in der Volksrepublik China das System der Kollektivfarmen eingeführt, um den enormen Lebensmittelbedarf des Landes zu decken. Im Rahmen dieser Umstrukturierung wurde während des sogenannten „Großen Sprungs nach ne" (*Dayuejin*, 1958–1962) das System der „Volkskommunen" (*renmin gongshe* 人民公社) eingeführt. Eine solche „Volkskommune" umfasste in der Regel mehrere Dörfer. Innerhalb der Kommune (*gongshe*) gab es mehrere „Produktionsbrigaden" (*shengchan dadui* 生产大队, wörtlich „große Produktionsteams"; *production brigades* bei Gao 2019: 39). Bei den eingangs erwähnten „Produktionsgruppen" handelt es sich um Unterabteilungen der Produktionsbrigaden. Die Anzahl der Produktionsgruppen pro Produktionsbrigade betrug in der Regel ungefähr zehn, wobei jede Produktionsgruppe normalerweise aus zehn bis zwanzig Haushalten gebildet wurde. Innerhalb der Produktionsgruppe gab es eine fünfköpfige Führungsmannschaft, die in aller Regel aus einem Produktionsgruppenleiter (*duizhang* 队长, im Text Sabirs transkribiert als *düyjan*), mindestens einer Frau, einem Verantwortlichen für den Getreidespeicher und jemandem, der den Punktestand im Arbeitspunktesystem kontrollierte, bestand. Zwischen 1958 und 1982 wurde das System der Produktionsgruppen langsam aufgelöst, und die vormals so bezeichneten Einheiten wurden in Dörfer verwandelt (was der Grund dafür sein dürfte, dass der Begriff *düy~dui* in der türkischen Übersetzung in anachronistischer Weise als *köy*, „Dorf", übersetzt wird, siehe etwa Harbalıoğlu/ Abdulvahit Kaşgarlı 2016: 127). Zum Wesen und der Geschichte der Produktionseinheiten siehe ausführlicher Gao 2019.

168 Punkte

Mitglieder der im Text *düy* genannten „Produktionsbrigaden" (*shengchan dadui*) erhielten für die Arbeiten, die sie zu erledigen hatten, nach einem bestimmten System „Punkte" (*gongfenzhi* 公分值; im Text *nomur*, von dem russischen Wort für „Nummer"). Zum Punktesystem vgl. Gao 2019: 39.

169 Gruppenleiter

Der verkürzte Ausdruck (*düyjaŋ*, aus *duizhang*; die in der Ürümtschier Ausgabe, Sabir 2012 [1999]: 205, verderbte Form *düyjay* ist in der Ankaraer Edition, Harbalioğlu/ Abdulvahit Kaşgarlı 2016: 130, zu *düyjaŋ* korrigiert worden) dürfte sich dem Kontext entsprechend auf die kleinere Einheit Produktionsgruppe (*shengchan xiaodui*) und nicht auf die größere Organisationsform Produktionsbrigade beziehen, zumal der hier sprechende Gruppenleiter sich wenig später darüber beschwert, dass Turghan zur „de" (*dadüy*) gegangen sei. *Dadüy* ist dabei wahrscheinlich eine Abkürzung für *shengchan dadui* (siehe die Erläuterungen auf S. 328f.)

169 Bargeld abgegeben

Der Text enthält wahrscheinlich deshalb einen expliziten Hinweis auf das Bargeld, um deutlich zu machen, dass die Alternative auch eine Abgeltung in Form von Punkten hätte sein können.

169 Auf diese Weise… Gruppe über.

Der Text lässt offen, ob die beiden Teppiche verkauft wurden und dann der Barerlös eingezogen wurde oder ob die Teppiche direkt eingezogen und ihr Gegenwert nur rechnerisch verbucht wurde. Mit „Gruppe" (*düy*, von *dui*, „Gruppe, Team") könnte die Produktionsgruppe (*shengchan xiaodui*) gemeint sein.

169 „Er steuerte Wagen und Pferde bei, ich die Arbeit"

Diese Äußerung (im Original *At-harva uniŋdin, ämgäk meniŋdin* „Wagen und Pferd(e) (sind) von ihm, die Arbeit von mir.") wirkt etwas kryptisch, wenn man bedenkt, dass zumindest die Wagen der Produktionsgruppe gehörten (siehe S. 168 in der Übersetzung). Möglicherweise ist diese formelhaft wirkende Äußerung so gemeint, dass Bäriz mit den Pferden und den Wagen machte, was er wollte, während Turghan nichts weiter als die ganze Arbeit und Mühe hatte.

170 Fen

Der Fen (*fen* 分) ist ein Hundertstel der chinesischen Währungsgrundeinheit, des Renminbi (*renminbi* 人民币, auch *yuan* 元 genannt). Sabirs Text verwendet nicht die chinesischen Bezeichnungen, sondern für *fen* das uigurische Wort *tiyin*, dass den hundertsten Teil einer beliebigen Währungseinheit bezeichnet. Analog verwendet Sabir für die Grundeinheit der Währung im Folgesatz das uigurische Wort *som*.

171 Norm

Mit „Norm" (*norma*, von dem gleichlautenden russischen Wort) ist im kommunistischen Wirtschaftssystem eine bestimmte, jedermann zustehende Menge an Lebensmitteln, besonders Getreide, gemeint.

171 Parteilinie

Während die anderen Wörter in dem Satz uigurischer (echttürkischer und arabischer) Herkunft sind, wird für „Parteilinie" die Umschrift *lušyän* des chinesischen Wortes *luxian* 路线, „(ideologische) Linie", verwendet. Dadurch wird wohl bereits durch die Wortwahl verdeutlicht, dass es hier um die Vorgaben der Kommunistischen Partei geht.

171 Das gesamte Volk Chinas kritisiert Lin und Konfuzius

Für „China" verwendet der Funktionär das aus dem Chinesischen (Zhongguo 中国) entlehnte, respektvolle Wort *Juŋgo*, das manchmal auch mit „Reich der Mitte" usw. übersetzt wird. Zu dem eher in verächtlichem Sinne gebrauchten Synonym *Xitay* vgl. die Erläuterungen auf S. 334.

Der im Text erwähnte Lin ist Lin Biao 林彪 (1907–1971). Lin war eine der bedeutendsten Figuren in der Geschichte des kommunistischen China. In der Zeit bis 1949 tat er sich vor allen Dingen als Militärführer hervor. So eroberte er für die Kommunisten 1949 die Mandschurei. Nach der Errichtung der Volksrepublik wurde er in ihr zu einer der wichtigsten politischen Figuren. 1954 ernannte man ihn zum stellvertretenden Ministerpräsidenten und Mitglied des Zentralkomitees. 1959 wurde er Verteidigungsminister. 1960 stellte er die als „Mao-Bibel" bekannt gewordenen Aussprüche Maos zusammen. Gemeinsam mit Mao war er auch eine der treibenden Kräfte in der 1966 begonnenen „Großen Kulturrevolution". 1969 wurde er schließlich zum Stellvertreter Maos und stellvertretenden Vorsitzenden der KPC ernannt und erschien dadurch als der natürliche designierte Nachfolger Maos. Doch ungefähr ab 1970 deutete sich ein Zerwürfnis zwischen Lin und Mao an, das spätestens ab Juli 1971 offensichtlich wurde. Lin starb am 13. September 1971 beim Absturz des Flugzeugs, mit dem er aus der Volksrepublik China in die Sowjetunion fliehen wollte. Nach seinem Tod wurde Lin Biao in der VRC als Verräter gebrandmarkt. Man schloss ihn 1973 posthum aus der Partei aus. Im Jahr 1974 wurde dann gegen ihn eine Propagandakampagne namens „Bewegung der Kritik an Lin und Kritik an Konfuzius" (*Pi Lin pi Kong yundong* 批林批孔运动) gestartet, auf die Sabirs Text direkt anspielt. Konfuzius (ca. 551–479 v. Chr.) war der einflussreichste Philosoph des klassischen China. Seine Lehren waren in mehreren Dynastien staatstragend. In der Kampagne gegen Lin wurde er wohl deshalb erwähnt, weil er gut als Repräsentant und Symbol des kaiserlichen, feudalen China verteufelt werden konnte, dessen Rückständigkeit die Partei überwunden zu haben glaubte.

171 Produktionsgruppenleiter

Der Gauner Bäriz, der die Produktionsgruppe mit seinen gewinnorientierten Machenschaften betrügt, hat also auch noch die Position des *duizhang* (*düyjay*; zu dem Begriff vgl. die Erläuterungen auf S. 328) inne, während der den Regeln der Produktionsgruppe treue Turghan der Laxheit und Vernachlässigung seiner sozialistischen Pflichten geziehen wird.

172 Schwägerin

Dieser Ausdruck ist nicht wörtlich zu verstehen, sondern als respektvolle Anrede an eine nichtverwandte Person. Unter Uiguren ist es üblich, dass sich auch Fremde gegenseitig anreden, indem sie Verwandtschaftsbezeichnungen verwenden.

173 Älterer Bruder

Auch dieser Ausdruck ist nicht wörtlich, sondern als höfliche und zugleich vertraute Anredeform zu verstehen.

174 Sekretär der Produktionsbrigade

Die hier verwendete zusammengesetzte Bezeichnung (*dadüy šujisi*) ist aus dem Chinesischen entlehnt (< *dadui shuji* 大队书记). Mit „Sekretär" ist hier eine Leitungsfunktion einer Gruppe oder Abteilung im kommunistischen System Chinas gemeint und nicht ein Schriftführer. Vgl. die Übersetzung des Begriffs *dadüy šujisi* mit *komün šube başkanı* „Abteilungsleiter (in) der Kommune" in Harbalıoğlu/ Abdulvahit Kaşgarlı 2016: 145.

174 Mais

„Mais" (*mısır*) lautet die Wiedergabe des Ausdrucks *baš qonaq* (Sabir 2012 [1999]: 215) in der Übersetzung von Harbalıoğlu/ Abdulvahit Kaşgarlı 2016: 145. Das uigurische Wort *qonaq* kann theoretisch sowohl „(Sorghum-)Hirse" als auch „Mais" bedeuten. Dass im Haushalt Turghans Mais vorhanden war geht eindeutig zum Beispiel aus der nachfolgend übersetzten Passage hervor, wo *qonaq* in Form von *mädäk* „Kolben" vorkommt, die Turghans Frau im Feuer wendet, außerdem aus einer späteren Stelle, wo „Maisfladen" (*zağra*) erwähnt werden (siehe S. 175 der Übersetzung). Der Umstand, dass in dem Ausdruck *baš qonaq* das Wort *baš* „Kopf, Ähre" in attributiver Funktion vorkommt, könnte darauf hindeuten, dass hier Maiskörner (im Sinne von Ährenbestandteilen) im Unterschied zu ganzen Kolben gemeint sind.

174 Patman

Der Patman (*patman*) ist ein traditionelles Großgewichtsmaß der Turkvölker. Seine Entsprechung wird beispielsweise mit 573,44 Kilogramm angegeben (Schwarz 1992: 106, s.v *patman*, 1.).

An dieser Stelle ist Sabirs Text im Original nicht ganz ohne Probleme zu verstehen. Wörtlich kann man den Satz *Axšamliqqa 'Harduq eši' etiš üčün apisinıŋ öyidin äkälgän üč patman unni kičik täŋgigä besip qoydi* (Sabir 2012 [1999]: 215) mit „Für das abendliche ‚Müdigkeitsmahl' verteilte sie (die) drei Patman

Mehl, die sie aus dem Haus ihrer Mutter mitgebracht hatte, auf kleine Knetschüsseln", was aber natürlich einen unmöglichen Sinn ergäbe. In der türkischen Übersetzung (Harbalioğlu/ Abdulvahit Kaşgarlı 2016: 145) wird diese Widersprüchlichkeit aufgelöst, indem man „sie gab eine Menge Mehl, die sie aus dem Haus ihrer Mutter mitgebracht hatte, in ein Gefäß" (*ttü annesinin evinden getirdiği bir miktar unu küçük tasa koydu*) formuliert. Vielleicht bedeutet Sabirs Formulierung ja, dass Turghans Frau einem Mehlvorrat, den sie als Mitgift mitgebracht hatte, eine gewisse Menge entnahm, um das Essen zuzubereiten. Eine andere Möglichkeit wäre, das Wort *patman* metaphorisch für eine große Menge zu verstehen. Tatsächlich ist eine solche Bedeutung belegt (vgl. Schwarz 1992: 106, s.v *patman*, wo eine figurative Bedeutung des Lexems auch als *much* angegeben wird). Es könnte aber auch sein, dass es sich einfach um eine Verschreibung handelt. Es gibt im Uigurischen auch die (aus dem Russischen) übernommene Gewichtsmaßeinheit *put* (16,38 kg), was allerdings wohl immer noch eine viel zu große Menge ergebe, um problemlos in den Kontext zu passen.

175 Soldaten

Der Text verwendet das aus dem Chinesischen entlehnte Wort *minbiŋ*. Das chinesische Quellwort, *minbing* 民兵, bedeutet wörtlich so viel wie „Volkssoldaten" und wird als Abkürzung für *Zhongguo minbing* 中国民兵, „Volkssoldaten Chinas", gebraucht. Es ist eine Bezeichnung für die Streitkräfte der Volksrepublik China. Harbalioğlu/ Abdulvahit Kaşgarlı 2016: 149 geben *minbiŋ* mit *milisler* „Milizionäre, Miliz-Angehörige" wieder.

175 Ghontschä

Ghontschä (*Ġonča*) und Ghontschigül sind ein und dieselbe Person. Im Uigurischen ist es sehr verbreitet, respekt- und liebevolle Beiwörter zu verwenden, von denen einige als Suffixe gebraucht werden. Der Name *Ġonča* bedeutet wörtlich „Knospe" und das (hier als ehrendes Suffix für jüngere Frauen verwendete) Wort *gül* „Rose" oder „Blume". Die geänderte Aussprache „Ghontschigül"/*Ġončigül* bei der Zusammensetzung von Ghontschä/ *Ġonča* und „-gül" ergibt sich aus einem Lautgesetz der uigurischen Sprache.

176 Militärleitstelle der Kommune

Bei dem mit „Militärleitstelle der Kommune" übersetzten Ausdruck handelt es sich um eine Reihe von chinesischen Wörtern in uigurischer Transkription. *Gunʹše minbiŋ jixuybu* steht wohl für *Gongshe minbing jihui bu* 公社民兵集会部, „Sammelabteilung für die Volkssoldaten der Kommune".

176 Essen zu holen

Es war damals offensichtlich üblich, dass die Gefängnisinsassen sich von außerhalb versorgen lassen mussten.

177 Dohle

Die Dohle (*ala qaġa*) steht hier für eine verräterische Person, einen Zuträger. Der Name des Vogels setzt sich im Uigurischen aus dem Wort für „Krähe" oder „Rabe" (*qaġa*) und dem Adjektiv *ala* „verschiedenfarbig" zusammen. Tiere und speziell auch Vögel werden sowohl in der uigurischen Sprache als auch der Literatur oft als Symbole für bestimmte menschliche Eigenschaften verwendet.

178 Wahrheit

Das im Originaltext verwendete Wort *häqiqät* hat so gut wie immer und ausnahmslos die Bedeutung „Wahrheit", eventuell auch „Realität". Wahrscheinlich, weil dem Kontext entsprechend eher die Bedeutung „Gerechtigkeit" treffender erscheinen könnte, wird in der türkischen Übersetzung (Harbalioğlu/ Abdulvahit Kaşgarlı 2016: 157) tatsächlich mit *adalet* „Gerechtigkeit" verwendet. Möglicherweise meint Sabir tatsächlich „Wahrheit" (vielleicht im Sinne von etwas, das man glauben kann). Eine andere Erklärung wäre, dass er das Wort *häqiqät* in einem anderen Sinne (möglicherweise eben „Gerechtigkeit") verwendet.

179 Qarasu

In der Übersetzung ist das uigurische Wort Qarasu als Name eines Flusses interpretiert worden. Das Wort bedeutet wörtlich „Schwarzes Wasser". Ein Fluss dieses Namens ist etwa im Bezirk Bay (Bay Nahiyisi, Baichengxian 拜城县) in West-Xinjiang belegt (siehe Anonym 2022d). Bei dem im Text Sabirs erwähnten Qarasu handelt es sich aber wohl um einen anderen Fluss oder Bach desselben Namens. Im Text ist einerseits von einer Quelle, anderseits von einer über das Gewässer gespannten Seilbrücke die Rede, was beides eher zu einem kleinen Bach als einem größeren Fluss passen könnte.

179 Mais

Mit dem Wort *qonaq* könnte eventuell auch Hirse gemeint sein. Vgl. die Erläuterungen auf S. 179.

179 Überheblichkeit

Das mit „Überheblichkeit" übersetzte Wort *kupurluq* bedeutet ursprünglich „Ungläubiger-Sein". Es hängt mit dem Wort *kapir* „(aus muslimischer Sicht) Ungläubiger" zusammen, das wiederum vom synonymen arabischen Wort *kafir* abgeleitet ist, das als *Kafir* auch ins Deutsche übernommen worden ist. Es handelt sich also um einen eigentlich aus der religiös-islamischen Sphäre übernommenen Terminus, der aber in einem formal säkularisierten (kommunistischen) Umfeld gebraucht wird. Es ist daher schwierig zu beurteilen, ob im Sprachgebrauch der Volksrepublik China sowohl zur Zeit der Abfassung von Sabirs Roman als auch zum Zeitpunkt, an dem dessen Handlung spielt, sicherlich gegebenen säkularisierten Bedeutungen auch Aspekte der ursprünglichen religiösen Bedeutung nachwirken.

180 Erziehung

Das Wort „Erziehung" (*tärbiyä*) bezeichnet im Kontext der Volksrepublik China oft Maßnahmen, um eine Person wieder in die kommunistische Gesellschaft(sordnung) zu integieren. Das Wesentliche dieser „Erziehung" besteht nicht in den vermittelten Inhalten und Fertigkeiten, sondern im Brechen des Widerstands und/ oder der Person selbst mittels zwangsweise auferlegter Arbeits-, Lern- und Indoktrinierungsmaßnahmen. In jüngster Zeit hat diese Belegung des Begriffs „Erziehung" in der Form hung" (*zai jiaoyu, qayta tärbiyä*) weltweit als Teil der menschenrechtsverletztenden Maßnahmen Aufmerksamkeit erregt, denen die uigurische und andere muslimisch-turksprachige Minderheiten der Volksrepublik China insbesondere seit dem Machtantritt Xi Jinpings im Jahr 2012 verschärft ausgesetzt ist. Zu diesen sogenannten „Umerziehungs"-Maßnahmen vgl. Byler 2022: 32, 45f., 241 etc.; Becker et al. 2022; Defranoux 2022; Zenz 2022; zur Verwendung in Originaltexten aus der Volksrepublik China vgl. Anonym 2010: 1). Insbesondere uigurische Schriftsteller und andere Intellektuelle sind Opfer von volksrepublikanisch-chinesischen „Umerziehungsmaßnahmen" geworden (vgl. etwa Anonym 2010: 1; Anonym 2022).

181 Ghulja

Ghulja (Ġulja; Yili 伊犁) ist eine Stadt im Nordwesten Xinjiangs, die besonders nahe am russischsprachigen Kulturraum liegt.

10 Abduväli Ayup: Das Gedicht an der Wand

190 Tängritagh

Der Bezirk beziehungsweise Rayon Tängritagh (Täŋritaġ rayoni, Tianshanqu 天山区) ist ein zentraler Bezirk Ürümtschis, der Hauptstadt des Autonomen Uigurischen Gebiets Xinjiang. In diesem Bezirk, der eine Fläche von 171 Quadratkilometern und um die 700.000 Einwohner hat, befindet sich auch die Stadtregierung Ürümtschis.

Ayup vermeidet in seinem Text konsequent die Verwendung chinesischer Wörter, und sei es nur in uigurischer Transkription. So kommt das Polizeirevier von Täŋritaġ, in das der Ich-Erzähler verschleppt wird, nur in einer (noch dazu abgekürzten) uigurischen Form als *J. X. Idarisi* (für *Jämaʾät xävpsizlik idarisi* „Verwaltung/ Büro für Öffentliche Sicherheit") vor. Diese dürfte für die offizielle chinesische Bezeichnung *Wulumuqi Tianshanqu gong'anju* 乌鲁木齐天山区公安局, „Polizeibehörde des Bezirks Tängritagh von Ürümschi", stehen.

190 Ljudawän

Ljudawän ist die eingedeutschte Umschrift von *Lyudavän*, was wiederum die uigurische Umschrift das mandarin-chinesischen Ortsnamens Liudaowan 六道湾 ist, eines Stadtteils von Ürümtschi. Dort befand sich (und befindet sich wahrscheinlich immer noch) ein Gefängnis (es wird etwa in Sulaiman/ Lipes 2014 und Xinjiang Victims Database [shahit.biz/eng/#8484, zuletzt aktualisiert am 18. August 2021] erwähnt).

190 Köktagh

Köktagh (Köktaġ) ist die uigurische Namensvariante eines Stadtbezirks von Ürümtschi, der auf Chinesisch entweder Midong 米东 oder Miquan 米泉 heißt.[1714] In Ayups Text steht der Name des Bezirks offenbar metonymisch für eines der dort eingerichteten staatlichen Haftzentren. Möglicherweise handelt es sich um „Ürümtschis Haftanstalt Nr. 1" (*Wulumuqishi di'yi kanshousuo* 乌鲁木齐市第一看守所), die sich in ebendiesem Stadtbezirk befindet.[1715] Dafür könnte sprechen, dass diese Haftanstalt auch als „Haftanstalt von Köktaġ/ Midong/ Midong/ Miquan" (*Midong/ Midong kanshousuo* 米东/米泉看守所) bekannt sein soll.[1716] Nach Angaben der Opferdokumentations-Webseite „Xinjiang Victims base" wurde mit dem Bau der aktuell vorhandenen Haftanstalt im Jahr 2011 oder 2012 begonnen,[1717] obwohl es einigen Angaben zufolge bereits spätestens im Jahr 2009 dort eine Haftanstalt gegeben haben soll.[1718] Es soll sich um eine außergewöhnlich große Vollzugsanstalt handeln, deren Größe das einer normalen in der Volksrepublik um das Vier- oder Fünffache übersteige.[1719] Das Haftzentrum von Köktaġ soll sich im gleichnamigen Bezirk an der „Straße des 9. Breitengrades" (*Weijiulu* 纬九路) befinden.[1720]

191 „Wer sich fürchtet…"

Dies ist ein bekanntes uigurisches Sprichwort, vgl. Öztopçu 1992: 281, s.v. *ḳorḳḳanġa ḳoş körüner*.

191 Janbulaq

Janbulaq (*Yanbulaq*) ist der Name einer Haftanstalt in der Nähe der Großstadt Kaschgar.[1721] Anhand der Erwähnung dieses Ortes in der Geschichte lässt sich deren autobiographischer Gehalt dokumentieren, denn Abduväli Ayup war dort tatsächlich Häftling.

191 Holzpritsche

Das Wort „Holzpritsche" (*taxtay supa*) für eine Art bettähnliche Konstruktion übersetzt den gleichbedeutenden chinesischen Begriff *banchuang* 板床 („Bretterbett, Plankenbett"; persönliche Auskunft von Abduväli Ayup am 23. Oktober 2022).

191 Aini, Gheni

Der Name der betreffenden Person lautet in seiner uigurischen Originalform offenbar Ġeni (Gheni). Wohl weil sich die Gefangenen in der Geschichte auf Chinesisch unterhalten, wird dieser Name dabei der

---

1714 Xinjiang Victims Database 2022a.
1715 Xinjiang Victims Database 2022a, das den chinesischen Namen als *Urumqi No. 1 Pre-Trial Detention Center* übersetzt.
1716 Xinjiang Victims Database 2022a; Xinjiang Victims Database 2022b. Dies dürfte zugleich die in World Uyghur Congress 2012 als „Xinjiang Uyghur Autonomous Region Prison No. 1 in Urumchi" geführte Haftanstalt sein.
1717 Xinjiang Victims Database 2022a; Xinjiang Victims Database 2022b.
1718 Xinjiang Victims Database 2022b.
1719 Xinjiang Victims Database 2022a.
1720 Xinjiang Victims Database 2022a.
1721 Sie wird beispielsweise in World Uyghur Congress 2012 erwähnt.

Phonologie dieser Sprache angepasst. Auf Mandarin-Chinesisch dürfte die Namensform in der offiziell in der Volksrepublik China verwendeten Pinyin-Umschrift Aini lauten. Da Abduväli Ayup in seinem Text diese Wiedergabeform des Chinesischen jedoch nicht verwendet, erscheint der Name im Original letzten Endes in einer anderen Form, nämlich Äyni (lautlich an das chinesische Aini angelehnt). Um das Verständnis der Übersetzung nicht zu sehr zu verkomplizieren, ist dort jedoch statt dieser an uigurische Schreibweisen angepassten, aber für das Chinesische nicht üblichen Variante die Pinyin-Form verwendet worden. – Auf Uigurisch gibt es mehrere Wörter, um die chinesische Sprache und Chinesen zu bezeichnen. Teilweise können dadurch Abneigung oder Respekt ausgedrückt werden. Bei dem hier mit „Chinesensprache" übersetzten uigurischen Wort *xitaycä* handelt es sich um einen herablassenden Ausdruck. Vgl. Abramson 2012: 1073, demzufolge das zugrundeliegende Ethnonym *xitay* „in der VRC als herablassender Name für die Han" (*within the PRC as a pejorative name for the Han*) verwendet werde. Wörtlich bedeutet *xitaycä* „in der Sprache der Kitai (auch als Qitai usw. geschrieben)". Die Kitai (Uigurisch *xitäy*, Qidan 契丹) waren ein nicht-han-chinesisches Volk, das bereits früh belegt ist (siehe etwa Wu Yugui 2009, Bd.1: 1V) und zwischen ca. 916 und 1125 unter dem chinesischen Namen Liao 辽 eine Dynastie im Norden Chinas gründete. Aus diesem Grund leitet sich vom Ethnonym Qidan auch die heutige russische Bezeichnung für China, *Kitaj*, ab. Eine andere uigurische Bezeichnung für die chinesische Sprache lautet *xänzučä*. Sie leitet sich von einer der Eigenbezeichnungen der Chinesen, als „Han-Ethnie" (chinesisch Hanzu) ab, ist daher im Unterschied zu *xitaycä* in der Regel eher respektvoll und wird oft in offiziellen oder wissenschaftlichen Publikationen auf Uigurisch verwendet (siehe etwa Tahir/ Äbäydulla/ Raxman 2010, Bd. 1: 4H/15PDF).

193 Kagan

Den Titel Kagan (*qaġan*) trugen die Herrscher großer alttürkischer Reiche.

193 Dornenstrauch

Die wörtliche Übersetzung der im Text erwähnten Pflanze *aq tikän* bedeutet „weißer Dorn". Es ist nicht klar, um welches Gewächs es sich genau handelt.

193 Alhagistrauch

Der Alhagistrauch (Alhagi maurorum) ist ein gegen Trockenheit und Salz resistenter dorniger Wüstenstrauch.

11   Pärhat Tursun: Die Kunst der Selbsttötung (Auszug)

220 Dieser Weg

Dass es sich bei „diesem Weg" um den Weg der Liebe, also das Eingehen von Liebesbeziehungen und die Aufgabe von Tahirs bisherigem, auf die Ausbildung und Intellektualität gerichteten Lebens handelt, hat der uigurische Leser auf den vorausgehenden Seiten von „Die Kunst der Selbsttötung" erfahren, die hier nicht übersetzt worden sind.

221 Fortsetzung

Die Bemerkung des Ich-Erzählers, dass er den Brief an das unbekannte Mädchen fortsetze, bezieht sich auf eine frühere Stelle in dem Roman (Tursun 1999: 24H), an der Tahir bereits mit dem Schreiben eines solchen Briefes begonnen hatte.

12   Mämtimin Hošur: Die im Sand versunkene Stadt (Auszug)

238 „Wer du bist"

Den Ausdruck „ich frage ja auch nicht, wer du bist", kann man aufgrund der Doppeldeutigkeit von *kimlikiŋni* auch als „ich frage ja nicht nach deiner Identität" übersetzen. Vgl. S. 238 des Haupttextes.

239 Tochti Aschiq

Tochti Aschiq (Toxti Ašiq) ist in Hošurs Roman die Figur eines nonkonformistischen spirituellen Lehrers von Jahankäzdi, der als „sich vor dem Tod nicht fürchtender Ungläubiger" (*ölümdin qorqmaydiğan imansiz*) die Möglichkeit eines von ethischen Prinzipien geleiteten Lebens auch außerhalb formalisierter Glaubenslehren und -gruppen verkörpert und deshalb das starke Missfallen der Vertreter der institutionalisierten (islamischen) Religion erregt (siehe Hošur 2005: 18Hf.).

13 Mämtimin Hošur: Die Sache mit dem Bart

244 „Der Verrückte"

Da Hošur vor dem Erscheinen der „Sache mit dem Bart" selber eine bekannte Erzählung dieses Titels (*Saraŋ*) veröffentlicht hat (siehe S. 225 des Haupttextes; Text: Hošur 2010: 1H/6PDF-27H/32PDF), gewinnt die Geschichte gleich zu Beginn eine selbstreferentielle, intertextuelle und zugleich humorvolle Dimension.

244 „Sie haben Ihre Kleidung…"

Möglicherweise verbirgt sich hinter dem Hinweis auf die Kleidung und „ihre Ausdrucksweise" (*gäp-sözliriŋiz*; in der französischen Übersetzung aus dem Jahr 2022 *votre façon de parler* „Ihre Art zu reden", siehe Hoshur 2022: 113), die beide anders geworden seien, ein Hinweis auf Hošurs Zeit. Zwischen dem Erscheinen von Hošurs Erzählungen *Saraŋ* (1988) und „Die Sache mit dem Bart" (1990) liegt die Niederschlagung der Demokratiebewegung in China auf dem Platz des Himmlischen Friedens (4. Juni 1989). Da der Angesprochene in der Erzählung „Die Sache mit dem Bart" nunmehr westliche Kleidung trägt, könnte die Veränderung auch in einer Hinwendung zur westlichen Kultur beziehungsweise westlichen Werten gesucht werden.

244 Mantel mit vier Taschen

Dieser Ausdruck (*töt yančuqluq čapan*) wird in der französischen Übersetzung mit „Mao-Jacke" (*veste mao*) übersetzt (Hoshur 2022: 113).

244 Polu

Polu ist ein traditionelles uigurisches Reisgericht. Das Wort existiert in anderen Kulturen auch in Formen wie Pilaw. Die Bemerkung mit dem übriggelassenen Polu könnte sich auf einen Wohlstandszuwachs beziehen, durch den die Leute ihren Teller nicht mehr leeraßen, sondern es sich leisten konnten und für schick hielten, einen Rest darauf zurückzulassen.

245 Schutzkomitee

Es ist nicht klar, was mit dem Wort *Qoğdaš häy'iti* („Mitglied des Schutzkomitees") genau gemeint ist beziehungsweise welchen chinesischen Begriff das Wort übersetzt. In der französischen Übersetzung ist der Begriff mit *délégué de la sécurité* „Vertreter der Sicherheit(sbehörde)" wiedergegeben (Hoshur 2022: 115). Es dürfte sich um eine Art örtlichen Polizisten handeln.

245 Ihr Bart da jedenfalls sieht auch nicht aus wie ein Bart…

Da der Angesprochene im Satz davor gesagt hat, dass er im Gegensatz zu seinem bärtigen Sohn als Vater „vollkommen kahl" (*taptaqir*) herumlaufe, wirkt diese Aussage etwas merkwürdig, wenn man sie so versteht, dass sie sich auf einen Bart des Angesprochenen beziehe, doch wird später in Hošurs Text erwähnt, dass der Angesprochene tatsächlich einen Schnurrbart trage. Dieser Interpretation folgt auch die französische Übersetzung, wo die Phrase „Ihr Bart da" mit *cette moustache que vous portez* „dieser Bart, den Sie tragen", wiedergegeben ist, siehe Hoshur 2022: 115). Vielleicht kann man das Ganze so verstehen, dass die „vollkommene Kahlheit" sich auf das Fehlen eines Vollbartes bezieht. Das könnte bedeuten, dass nur backenbartähnliche Barttrachten von der Polizei als verdächtig angesehen werden. Die Ausdrucksweise „vollkommene Kahlheit" für einen Schnauzbart könnte in diesem Zusammenhang eine ironisierende Hyperbel sein.

245 Stadtviertel

Das hier mit „Stadtviertel" wiedergegebene Wort *bazar* kann in der uigurischen Sprache im Allgemeinen bestimmte administrative Untergliederungen innerhalb der Volksrepublik China bezeichnen. So wird das Wort an einer Stelle als „administrative Unterabteilung innerhalb der Bezirkshauptstadt, die unterhalb (der Ebene) des Bezirks angesiedelt ist" (*nahiyä märkizidiki nahiyädin tövän mämuriy bölünmä*; Yakufu et al. 2011: 109, s.v. *bazar*, 5) definiert. Den Umstand, dass es in der kreisfreien Stadt Šixu (auch Usu, Wusu 乌苏) im ehemaligen Regierungsbezirk (beziehungsweise der Präfektur, *diqu*, *vilayät*) Tarbagatai (Čöčäk, Tacheng) die „Bazar(ebene)-Jungenschule von Šixu" (*Šixu Bazarliq oġullar mäktipi*) gegeben hat (Tahir/ Äbäydulla/ Raxman 2010, Bd. 1: 9H/20PDF), kann man möglicherweise so interpretieren, dass das Wort *bazar* in administrativer Hinsicht auch kreisfreie Städte (wie Usu) bezeichnen kann. Abgesehen von derartigen administrativen Verwendungen kann *bazar* aber auch einfach einen „Markt" bezeichnen. Die Polysemie des Wortes dürfte damit zu erklären sein, dass das Wort *bazar* etymologisch ursprünglich einen Markt denotierte, dann später aber metonymisch für einen mit einem Markt ausgestatteten Ort und dann in administrativen Spezialbedeutungen wie den oben zitierten verwendet wurde. Vor diesem Hintergrund und da Hošurs Text selber keinen eindeutigen Aufschluss über das mit dem Wort Gemeinte gibt, wird *bazar* in Hoshur 2022: 115 mit *marche* übersetzt und der Ausdruck *bazar bašliqi* in Hoshur 2022: 117 und 120 mit *directeur du marche*, „Marktleiter" (vgl. dagegen S. 246 der Übersetzung, wo hierfür „Stadtvierteloberhaupt" steht). Allerdings wird an anderer Stelle der französischen Übersetzung *bazarliq hökümät* (siehe unten) dann inkonsequent mit *mairie* „Bürgermeisteramt" (Hoshur 2022: 117, 124) beziehungsweise merkwürdigerweise mit *mairie du marche* „Bürgermeisteramt des Marktes" (Hoshur 2022: 119) wiedergegeben. Dafür, dass in der Geschichte Hošurs mit den erwähnten Verwendungen von *bazar* stellenweise eher ein Stadtviertel denn ein Markt gemeint sein dürfte, könnte zum einen sprechen, dass die Registrierung der Bärte in einem Atemzug mit Eintragungen in das Melderegister erwähnt wird (siehe S. 245 der Übersetzung), was ein nicht auf einen Markt begrenzter bürokratischer Akt ist und als Bezugsrahmen der Geschichte eher die Gesamtgesellschaft als einen Markt erkennen lässt. Auch dass der *bazar bašliqi* Zuarbeit von Ömärdschan, einem Mitglied der Sicherheitsbehörden, erhält, überhaupt der Umstand, dass der *bazar* eine „Regierung" (*hökümät*) hat (*bazarliq hökümät*, „Stadtviertelregierung", siehe S. 246 der Übersetzung), sowie das Phänomen der Bartkontrolle als solches könnten eher auf die gesamte Gesellschaft denn auf einen Markt hinweisen. An einer Stelle der Erzählung spricht der *bazar bašliqi* außerdem über Ereignisse auf dem *bazar*, indem er dabei direkt dieses Wort verwendet (Hošur 2010: 39Hf./44PDFf.; siehe S. 249f. der Übersetzung. Dies kann man so verstehen, dass der Ort, von dem aus der *bazar bašliqi* regiert, und der Markt zwei verschiedene Plätze seien (ansonsten bräuchte der *bazar bašliqi* das Wort *bazar* nicht eigens zu verwenden oder könnte „hier" sagen). Dass es offensichtlich eine räumliche Trennung zwischen dem Regierungssitz und dem Markt gibt, könnte darauf hindeuten, dass die Regierung nicht nur für den Markt zuständig ist (muss es aber nicht heißen). In ähnlicher Weise wird an einer anderen Stelle der Erzählung geschildert, wie sich die Hauptfigur vom *bazarliq hökümät* zum *bazar* begibt (Hošur 2010: 44H/49PDF; siehe S. 251 der Übersetzung) – auch hier scheint eine räumliche Trennung zwischen Markt und Regierung imaginiert zu werden. All dem Gesagten steht gegenüber, dass das Wort *bazar* an mindestens einer Stelle der Erzählung augenscheinlich tatsächlich zur Bezeichnung eines Marktes verwendet wird, nämlich in der Aussage des Kleinwüchsigen (siehe S. 248 der Übersetzung). Möglicherweise kann man die Schwierigkeiten dadurch auflösen, dass man annimmt, es bestehe gar kein notwendiger Gegensatz zwischen den Interpretationen, da Hošur ein Stadtviertel imaginiere, das weitgehend von einem Markt geprägt oder eingenommen werde. Oder aber man geht davon aus, dass der Autor seiner Erzählung zwar eine gesellschaftspolitische Dimension gegeben hat, sie aber ganz bewusst auf einem Markt (oder an einem Ort, von dem man nicht sicher sagen kann, ob er einen Markt, eine bestimmte adminstrative Einheit oder symbolisch die Gesamtgesellschaft repräsentiert) spielen lässt, um sich gegen eventuelle Kritik oder Angriffe leichter verteidigen zu können.

245 Halogetonschnurrbart

Halogeton (*šap*) ist eine bürstenartige Wüstenpflanze. Sie ist dafür bekannt, dass sie in salzhaltigen Umgebungen wächst (die aus dem Altgriechischen stammende Bezeichnung Halogeton bedeutet „Salznachbar") und bis zu etwa 30% aus giftigem Oxalat besteht, das den Tod von Weidetieren verursachen kann.

246 Kragenbesatz

Hier wird wohl an einen pelzigen Kragenbesatz gedacht, der von seiner Form her an einen mehr oder weniger buschigen Oberlippenbart erinnert.

246 Stadtvierteloberhaupt, Stadtviertelregierung

Zu dem Begriff (*bazar bašliqi*) vgl. die Erläuterung auf S. 336.

247 Machen Sie die Augen auf!

In der stark von traditionellen Vorstellungen geprägten uigurischen Gesellschaft spielt die Frau eine untergeordnete Rolle. Aus diesem Grund spricht die Ehefrau hier ihren Gatten in der zweitrespektvollsten grammatischen Form, der Höflichkeitsform (*sipayä tür* oder *sipayä šäkli*) an, während der Mann sich in der am wenigsten respektvollen Form (*addiy tür* oder *addiy šäkil*) an sie wendet. Zu *sipayä tür* siehe auch die Erläuterungen auf S. 326 des Haupttexts.

249 Piepen

Im Original steht hierfür das Wort *täŋgä*, das häufig „Silbermünze" bedeutet. Da die Erzählung in der Volksrepublik China spielt, könnte mit dem Wort auch die grundlegende chinesische Währungseinheit, der Yuan, gemeint sein (weniger wahrscheinlich eine seiner Untereinheiten).

250 Iskandar

Iskandar ist eine islamische Verwandlungsform des Namens Alexander. Basierend auf der historischen Figur Alexanders des Großen sind in der islamischen Welt zahlreiche religiöse, mythologische und sonstige Reminiszenzen an den makedonischen Eroberer geschaffen worden. An der hier kommentierten Textstelle geht es augenscheinlich weniger um eine der religiösen Erzählungen, die auf der Erinnerung an Alexander den Großen beruhen, sondern um eine legendarisch ausgeschmückte Erinnerung an den zentralasiatischen Teil von Alexanders Feldzügen, der ihn bis nach Baktrien und Sogdien führte. Sogdien war später eines der Gebiete, in denen sich die antiken Türken und Uiguren ausbreiteten. Die hier von Hošur beiläufig in die Erzählung eingeflochtene legendarisch-mythologische Erzählung muss auch vor dem Hintergrund des in den späten 1980er Jahren unter den Uiguren der Volksrepublik China erwachten Interesses an ihrer eigenen, insbesondere alten und mittelalterlichen, Geschichte gesehen werden – dies legt schon der direkte textuelle Hinweis auf Historie und Historiker nahe. Diese historische Besinnung der Uiguren wurde seitens der kommunistischen Regierung nicht selten als Bestandteil subversiver, separatistischer, nationalistischer (etwa panturkistischer) Bestrebungen kritisiert oder auch verfolgt. In diesem Zusammenhang kann man daran denken, dass im Februar 1989, also nur sehr kurze Zeit vor dem Erscheinen von Hošurs „Sache mit dem Bart", Turġun Almas' *Uyġurlar* („Die Uiguren") erschienen waren.[1722] Vor diesem Hintergrund bekommt Hošurs Text an dieser Stelle ebenfalls eine potentiell subversive Lesart.

250 Messerwerfer

Im Uigurischen kann man mit Hilfe des Suffixes *-či* von Substantiven Bezeichnungen von Personen bilden, die in irgendeiner Weise intensiv mit dem durch das Substantiv Gemeinten in Verbindung stehen. Um welche Art der Verbindung es sich handelt, wird dabei durch *-či* nicht von vornherein festgelegt, sondern ergibt sich nur aus der Bedeutung des Substantivs beziehungsweise dem Kontext. Im hier vorliegenden Fall geht es um das Wort *pičaqči* (in der Übersetzung: „Messerwerfer"), eine Ableitung von *pičaq* „Messer". Aus der Erzählung um Iskandar und Dschingis Khan geht hervor, dass die erwähnten *pičaqčilar* (Pluralform von *pičaqči*) ihre Messer warfen und damit Gegner töteten. Hošur hat das Wort *pičaqči* vor der hier besprochenen Stelle in der Erzählung „Die Sache mit dem Bart" schon einmal in ähnlicher Bedeutung verwendet, nämlich zur Bezeichnung des Messerstechers auf dem Markt (siehe S. 249 der Übersetzung), sowie ein weiteres Mal, in der Antwort des Ich-Erzählers an das Stadtvierteloberhaupt, mit einem erklärenden Zusatz in der Form „Hersteller und Verkäufer von Messern" (*pičaq yasap satidiġan pičaqči*,

---

1722 Siehe S. 30ff. des Haupttextes.

siehe S. 249 der Übersetzung). Aus linguistischer Sicht entscheidend ist, dass das mit dem Ableitungssuffix -či gebildete Wort pičaqči im Hinblick auf die durch des bezeichneten Personen vielfältige Interpretationsmöglichkeiten, darunter Messerwerfer, -hersteller und -verkäufer, aufweist

250 Dschingis Khan

Gemeint ist der bekannte mongolische Feldherr und Reichsgründer (Čiŋgizxan, ca. 1155–1227).

251 Yengisar-Messer

Yengisar (Yeŋisar, Yingjisha 英吉沙) ist ein ungefähr eine Autostunde von Kaschgar entfernt gelegenes Dorf, das früher als Zentrum der Produktion von traditionellen uigurischen Messern galt. In den letzten Jahren ist die Messer-Herstellung dort aber offenbar zusammengebrochen. Dies dürfte auch mit den in der Volksrepublik China eingeführten Restriktionen in Bezug auf das Tragen und den Transport von Messern in Xinjiang zusammenhängen. Diese Einschränkungen wiederum hängen wahrscheinlich mit dem Anschlag von Kunming im Jahr 2014 zusammen.[1723]

251 Mit Einlegearbeiten verzierte Messer aus Kaschgar*

Die Interpretation dieser Stelle ist schwierig. Zum einen ist der Text der Druckausgabe an dieser Stelle offensichtlich verderbt beziehungsweise lückenhaft (die ungrammatikalische und zudem im Original typographisch fehlerhafte Schreibung pičaqooyup in Hošur 2010: 45Hf/50PDF könnte zu *pičaqi, qoyup o.ä. emendierbar sein). Zum anderen ist die Bedeutung der anhand des Schriftbildes wahrscheinlichen Lesung qoyup näqišlivätkän (in der Übersetzung „mit Einlegearbeiten verzierte") nicht ganz sicher. Die französische Übersetzung (Hoshur 2022: 124) lässt den Ausdruck unberücksichtigt.

251 … heimlich hatten abrasieren lassen

Aus dieser in Klammern stehenden Bemerkung kann man wahrscheinlich ableiten, dass mit den im Satz davor erwähnten Mehrheit der „Schnurrbartlosen" (burutsiz) Männer gemeint sind, die nicht nur keinen Schnurrbart trugen, sondern auch genetisch bedingt über keinen entsprechenden Bartwuchs verfügten. Bartwuchs ist unter Asiaten wie Han-Chinesen in der Regel vergleichsweise wenig verbreitet. An dieser Stelle wird erkennbar, dass Hošur in seiner Erzählung wahrscheinlich ethnische Gegensätze zwischen Han-Chinesen und anderen Ethnien der Volksrepublik China thematisiert, die teilweise mit äußeren Unterschieden assoziiert werden.

14   Ächtäm Ömär: Der junge Falke (Auszug)

262 Falke

Tatsächlich ist „Falke" möglicherweise nur eine der möglichen Übersetzungen des uigurischen Originalworts qarčiğa. Das Wort könnte auch Falken, Adler oder andere Raubvögel bezeichnen.

263 Junge Menschen

Der mit „junge Menschen" übersetzte Ausdruck adäm balisi kann wörtlich mit „Menschenkind" übersetzt werden. Einerseits handelt es sich um eine formale Parallele zu der im Text vorkommenden Fügung qarčiğa balisi „junger Falke" (wörtlich: „Falkenkind"). Zugleich ist adäm balisi in der uigurischen Sprache jedoch auch mit der Bedeutung „Mensch, menschliche Spezies" lexikalisiert. Hierdurch erhält die Aussage, dass die jungen Falken so schlimm seien wie die jungen Menschen, einen möglichen Doppelsinn: Der Mensch ist so schlimm wie junge, raublustige Falken.

264 Achja, mit Dingen…

Die Interpunktion des Originaltextes deutet an dieser Stelle auf einen Sprecherwechsel hin. Tatsächlich könnte der mit diesen Wörtern beginnende Abschnitt aber auch zur vorausgehenden oder nachfolgenden wörtlichen Rede gehören.

1723 Siehe S. 77ff. des Haupttextes.

264 Gah! Gah!

Gah! rufen Uiguren, wenn sie Raubvögel auf Beute loslassen.

15   Zordun Sabir: Für die Zukunft

269 Lanzhou

Lanzhou ist die Hauptstadt der nordwestchinesischen Provinz Gansu (auch als Kansu bekannt). Diese Provinz war insbesondere ab den 1920er Jahren stark von sowjetischem Einfluss geprägt worden.

269 Reisbrei

Das so übersetzte Wort *šifan* leitet sich vom chinesischen *xifan* 稀饭 ab. Das bisweilen auch als „Reis-Congee" bezeichnete *xifan* ist ein sehr einfaches Grundgericht der asiatischen Küche. Es wird hergestellt, indem man Reis (oder ein anderes Getreide) in Wasser oder Brühe so lange bei schwacher Hitze gart, bis der Reis sich in eine Art Schleim verwandelt. An dieser Stelle von *Izdiniš* geht es offenbar um eine mit Keksen hergestellte oder servierte Süßspeisenvariante des Reisbreis. Dass dieses Gericht als Luxus dargestellt wird, zeigt, in welch ärmlichen Verhältnissen die Hauptfiguren leben müssen.

269 Hochzeitsspeisen

Gemeint sind mit diesem Ausdruck (*aš su*) Speisen, die normalerweise der Bräutigam zum Hochzeitsessen beitragen muss. Aufgrund von dessen Armut muss hier aber die künftige Braut ihren Vater bitten, dafür aufzukommen.

270 Gutscheine zum Kauf von Industrieware

Der uigurische Text enthält die uigurische Umschrift des chinesischen Wortes *gongyequan* 工业券, „Industriegutschein", *gunyejüä*n. Diese Gutscheine waren eine Begleiterscheinung der kommunistischen Mangelwirtschaft. Bereits am 19. Oktober 1953 hatte das Zentrale Normierungsinstitut (Zhongyang zhengwuyuan 中央证务院) der Volksrepublik China die Einrichtung eines Kartensystems zur Rationierung von Getreide beschlossen. Im selben Jahr wurde landesweit auch ein Rationskartensystem für Öl implementiert. Zum Jahresende 1961 wurden dann in der ganzen Volksrepublik die „Industriegutscheine" eingeführt. Diese erlaubten es Funktionsträgern, in Abhängigkeit von der Höhe ihres Gehalts bestimmte Industrieprodukte zu erhalten. Im Durchschnitt bekam man für jeweils 20 Yuan Gehalt einen *gongyequan*. Die „Industriegutscheine" wurden nach der wirtschaftlichen Erholung der Volksrepublik China in der Periode der „Reformen und Öffnung" im Jahr 1992 abgeschafft.

270 Räqip

Der Name bedeutet so viel wie „Konkurrent, Mitbewerber" oder auch „Feind".

270 Longweischan-Gebirge

Es gibt in der Volksrepublik China mehrere Bergketten mit dem Namen Longweishan 龙尾山. Welche genau hier gemeint ist, bleibt unklar. Longweishan bedeutet wörtlich übersetzt „Drachenschwanzgebirge".

271 Was glauben die eigentlich…

Hinter der Übersetzung steht der komplexe und assoziationsreiche idiomatische Ausdruck *halini at kötürälmäydu*, der wörtlich übersetzt „ihre Arroganz kann ein Pferd nicht hochheben/ tragen" bedeutet. Das in ihm enthaltene Wort *hal* „Arroganz" stammt aus dem Arabischen (*ḥāl*), wo es die Grundbedeutung „Zustand" hat (die auch im Uigurischen, in anderen Kontexten, noch vorhanden ist). In dem Idiom *halini at kötürälmäydu* wird die *hal*-Arroganz offenbar als etwas Wiegbares imaginiert (dahinter steckt vielleicht die uralte Vorstellung, dass gute und böse Taten gewogen beziehungsweise gegeneinander aufgewogen werden können). Die Arroganz der Menschen, auf die der Ausdruck angewendet wird, wird am Ende so schwer und groß, dass nicht einmal ein Pferd sie tragen (oder in einer Variante der Redensart: ein Esel sie ziehen) könnte. Die Redewendung *halini at kötürälmäydu* kann im Uigurischen unter anderem für Frauen verwendet werden, die aus Sicht der herrschenden traditionell-patriarchalisch geprägten Kultur tadelnswert sind, weil sie, statt sich um die notwendigen Arbeiten im Haushalt (Putzen, Kochen und so weiter) zu kümmern, lieber ihr Äußeres und ihr Ego pflegen und faul sind.

271 Hangzhou…

Hangzhou (Hangzhou 杭州), Shanghai, Nanjing und Wuhan (Wuhan 武汉) sind bedeutende Städte in Süd- und Zentralchina. Sichuan (Sichuan 四川), Guizhou (Guizhou 贵州) und Yunnan (Yunnan 云南) sind chinesische Provinzen.

271 Direktor Ma

Die genaue Entsprechung des offensichtlich chinesischen Namens Ma kann nicht festgestellt werden, da er im Text des Romans in uigurischer Umschrift (*Ma*) erscheint. Einer der häufigsten chinesischen Familiennamen lautet *Ma* 马.

271 „Rechtsgerichteter Opportunismus"

In Sabirs Text erscheint der Ausdruck in der Form *oŋčil jixuyjuyi*. Dabei ist *oŋčil* ein etymologisch (turksprachig-)uigurisches Wort für „(politisch) rechts, rechtsgerichtet" und *jixuyjuyi* eine uigurische Transkription des chinesischen Ausdrucks *jihuizhuyi* 机会主义, „Opportunismus". Der Begriff „rechtsgerichteter Opportunismus" könnte sich auf eine Episode in der Geschichte der Volksrepublik China beziehen, die sich vor dem Hintergrund des „Großen Sprungs nach vorne" (*Dayuejin*) ereignete. Bei diesem handelt es sich um eine von der kommunistischen Staatsführung der VR China im Jahr 1958 initiierte Kampagne mit dem erklärten Ziel der wirtschaftlichen und gesellschaftlichen Weiterentwicklung des Landes. Die Kampagne sollte unter anderem zur Verringerung des wirtschaftlichen und technologischen Abstands zwischen der Volksrepublik und den westlichen Industrienationen beitragen. Tatsächlich erwies sich das Unternehmen jedoch als ein kolossaler Fehlschlag. Zum einen verfehlte die Kampagne ihre gesteckten Ziele. Zum anderen fielen ihr bis zu ihrem Abbruch im Jahr 1962 geschätzt mehrere Millionen Bewohner der VR China zum Opfer (vgl. Scherrer 2022; Hilton 2023). Bereits im Jahr 1959 übte Peng Dehuai 彭德怀 (1898–1974), der eine glänzende Karriere als Militär hinter sich gebracht hatte und ab 1954 der erste Verteidigungsminister der Volksrepublik war, als einziger führender Politiker offen Kritik am „Großen Sprung nach vorne". Dies führte kurz darauf zu seiner Absetzung und löste eine Kampagne gegen „rechtsgerichteten Opportunismus" aus (Anonym 1962). Der Vorwurf des Opportunismus dürfte sich dabei auch darauf bezogen haben, dass Peng Dehuai bis zu seinem Eintritt in die Kommunistische Partei im Jahr 1928 auf der Seite von deren Gegnern, den KMT, gekämpft hatte. Die Kampagne gegen den „rechtsgerichteten Opportunismus" stand in einem direkten zeitlichen und möglicherweise auch inhaltlichen Zusammenhang mit der von 1957 bis 1959 in der VR China geführten „Antirechtsbewegung" (*Fanyou yundong* 反右运动). Diese Kampagne, die die politische Verfolgung mehrerer Hunderttausender Menschen nach sich zog, zielte auf die Bekämpfung von rechtsgerichteten Haltungen innerhalb der KP Chinas und im gesamten Land ab. Zum Start der „Antirechtsbewegung" hatte möglicherweise die als „Hundertblumenbewegung" (*Baihua yundong*) oder *Daming dafang yundong* 大鸣大放运动 (etwa „Bewegung zum großangelegten Singenlassen") bekannte Kampagne der Jahre 1956 und 1957 beigetragen. Beide figurativen Bezeichnungen beziehen sich darauf, dass die Regierung der VR China mit der Aktion Pluralismus und offene Meinungsäußerungen, einschließlich Kritik an der Regierung, zu stimulieren schien. Der Übergang zwischen der „Hundertblumen"- und der „Antirechts"-Kampagne fand wohl im Juni 1957 statt, als Mao verkündete, dass einige der während der Hundertblumenkampagne geäußerten Meinungen zu weit gegangen seien und Ausdruck reaktionärer Tendenzen seien. Bis Ende 1957 wurden in der Antirechtskampagne Hunderttausende der Rechtstendenz beschuldigt, mehrere Tausend politische Gefangene starben, zum Teil an Hunger.

271 Kritisiert

Gemeint ist hier das öffentliche Kritisieren mit dem Ziel der mehr oder weniger freiwilligen Korrektur der Ansicht des Betreffenden. In dem von Sabir hier verwendeten uigurischen Ausdruck *pipän qilin*, „kritisiert werden", ist die Umschrift des chinesischen Verbums *pipan* 批判, „kritisieren", enthalten. Aufgrund der Herkunft des Begriffs aus dem Chinesischen ist es recht wahrscheinlich, dass er mit der kommunistischen Parteiideologie zusammenhängt.

271 Sekretär Shui

„Sekretär" ist hier wie bereits öfters im vorliegenden Band eine Funktionsbezeichnung innerhalb der kommunistischen Hierarchie und nicht der Beruf des (schreibenden) Sekretärs. Auf diese Bedeutung deutet bereits hin, dass im uigurischen Originaltext die Umschrift (*šuji*) des chinesischen Wortes für „Sekretär" (*shuji* 书记) verwendet wird. – Der Name Shui (Šüy) ist aufgrund seiner phonologischen Struktur ebenfalls als ein Wort chinesischer Herkunft erkennbar, von dem jedoch (in derselben Weise wie bei Direktor Ma, siehe S. 358) nur die Vokale und Konsonanten (Shui) bestimmt werden können, nicht jedoch die zur Disambiguierung erforderlichen Elemente Ton und Schriftzeichen.

271 Weißes Spezialistentum

Was mit diesem Ausdruck (*aq mütäxässisliši*) hier genau gemeint ist, ist unsicher. Im Sprachgebrauch der chinesischen Kommunisten, der hier zugrundezulegen sein dürfte, aber auch darüber hinaus, ist die Farbe weiß (*aq*, bai 白) oft mit den Gegnern der KP Chinas assoziiert, beispielsweise den KMT. So bezeichnet der Ausdruck *baiqu* 白区, „weißes Gebiet", die zwischen 1927 und 1937 von den KMT im Bürgerkrieg gegen die Kommunisten gehaltenen Gebiete. Zu dieser Interpretation könnte passen, dass *aq mütäxässisliši* hier offenbar ein mit einer negativen Konnotation versehener Begriff ist. Mit „Spezialistentum" könnte eine berufliche oder sonstige höhere Qualifikation gemeint sein, durch die sich die mit diesem Begriff Kritisierten über die Volksmasse zu erheben schienen, so dass sie aus Sicht der kommunistischen Religion als dem Bürgertum und/ oder Kapitalismus nahestehend und somit ebenfalls feindlich wahrgenommen werden konnten.

272 Großversammlung der Kader oberhalb des achtzehnten Grades

Es ist unklar, auf welche Hierarchie innerhalb der kommunistischen Funktionäre hier Bezug genommen wird. Möglicherweise handelt es sich um eine im Zusammenhang mit einer der politischen Kampagnen der damaligen Zeit eigens einberufene Sonderversammlung.

272 He

Sowohl die phonologischen Eigenschaften dieses Wortes als auch der erzählerische Kontext deuten darauf hin, dass auch Sekretär He (*Xe*) ein Chinese ist. – Der in der Übersetzung vorkommende Ausdruck „trat auf einer Kritikveranstaltung auf" trägt dem Umstand Rechnung, dass der im Original enthaltene Ausdruck *pipängä čiqti* „er ging zur Kritik hinauf" strukturell ambivalent ist und mutmaßlich sowohl eine aktivische (er trat auf und kritisierte) als auch eine passivische (er trat auf und wurde kritisiert) Lesart hat. Sachlicher Hintergrund könnte das öffentliche Kritisieren bestimmter Personen im Rahmen kommunistischer Kampagnen sein, bei denen die Betroffenen oft auf eine Art Bühne oder Vergleichbares „hinaufgehen" (*čiq-*) und sich selbst „kritisieren" (*pipän*, von *pipan*) mussten.

272 Parteihauptzelle

Die Parteihauptzelle, im Text Sabirs *partiyä baš yačeykisi*, *dangzongzhi* 党总支 oder *zongzhi* 总支, *general party branch* oder *party branch*, ist eine der drei auf der untersten Ebene situierten Organisationsformen, aus denen die Kommunistische Partei Chinas aufgebaut ist. Die beiden anderen Organisationsformen sind Parteizweigstelle (*dangzhibu* 党支部, *party branch*) und Basisebene (*jiceng* 基层, *primary party committee*). Zu den verschiedenen Organisationsformen vgl. GlobalSecurity.org 2023. Dass Sabir statt einer uigurischen Transkription des chinesischen Ausdrucks *dangzongzhi* eine Form verwendet, die das aus dem Russischen stammende Lehnwort *yačeyka* enthält (< *jačejka* „Zelle"), dokumentiert wahrscheinlich den Einfluss, den die Sowjetunion auf die Organisation der Kommunistischen Partei in Xinjiang beziehungsweise China hatte.

272 Fehlerhaft erzogenes Element

In der Verbform „erzogen" (*tärbiyilängän*) steckt das für das Menschenbild der Kommunistischen Partei Chinas kardinale Wort „Erziehung" (*tärbiyä*; vgl. dazu die Erläuterung auf S. 332f.). Meinungsverschiedenheiten, Abweichungen von der Parteidoktrin sowie verschiedene Konflikte und Probleme werden als Folge unsachgemäßer Erziehung empfunden (die dann gegebenenfalls durch Einweisung in die entsprechenden „Erziehungs"-Einrichtungen, sprich Internierungslager, ‚behoben' werden könne). Hierin dokumentiert sich das Selbstverständnis der KPC, die analog zu einer Religion über einen Wahrheitsanspruch verfügt, dessen Hinterfragung sie nicht zulässt und als Form der geistigen Unterentwicklung beziehungsweise Unreife und fehlenden Erziehung abstempelt.

272 Fakultätssekretär

Diesmal verwendet Sabir für „Sekretär" nicht das aus dem Chinesischen entlehnte Wort (*šuji*, vgl. S. 341), sondern das aus dem Arabischen beziehungsweise Persischen in die uigurische Sprache übernommene Lexem *katip*. Möglicherweise ist mit diesem Wechsel im Vokabular auch ein Bedeutungsunterschied verbunden. *Katip* könnte eher eine administrative Funktion oder tatsächlich einen mit Schreibaufgaben betrauten Angestellten statt eines politischen Funktionärs bezeichnen.

272 Parteizellen-Sekretär der Jugendliga

Hier steht im uigurischen Text für „Sekretär" erneut *šuji*. Die „Jugendliga" (*Yašlar ittipaqi*) ist der Jugendverband der KPC (*Zhongguo Gongchanzhuyi Qingniantuan* 中国共产主义青年团).

272 Tschötschürä, Längmän

Tschötschürä und Längmän sind typisch uigurische Speisen. Bei Tschötschürä (*čöčürä*) handelt es sich um eine Art kleine Teigtaschen. Längmän (*läŋmän*) – auch in Schreibvarianten wie Laghman, Lagman, Langman usw. bekannt – ist ein Gericht mit langen Nudeln, die durch Auseinanderziehen hergestellt werden. Dieser Herstellungsprozess spiegelt sich auch in der wahrscheinlichsten Etymologie wider, derzufolge das Wort von *lamian* 拉面, „gezogene Nudeln" kommt. Lautliche Entsprechungen des Wortes *lamian~läŋmän*, die dieselbe Art von Nudeln bezeichnen, finden sich etlichen weiteren Sprachen Zentralasiens. *Läŋmän* gibt es in verschiedenen Formen. Einfache Rezepte enthalten neben den Nudeln auch Fleisch und Gemüse wie Paprika, Peperoni oder Zwiebeln und sind in der Regel leicht scharf. Von der Konsistenz kann das Gericht trocken oder eine Suppe sein.

273 Professor Duan

Die exakte Form dieses offenkundig chinesischen Eigennamens ist nicht bestimmbar, da in Sabirs Text weder der Ton noch das Schriftzeichen angegeben sind.

273 Forschung

Das hier verwendete Wort „Forschung" (*izdiniš*) ist eine alternative Übersetzung des Romantitels *Izdiniš* (der ansonsten im vorliegenden Buch mit „Die Erforschung" übersetzt wird). Das dazugehörige Verb *izdin-* „forschen, erforschen" kommt im Text auch noch ein zweites Mal, und zwar in dem Satz „Sie sind dabei, einen Kampf um die Zukunft zu führen…" vor. Das Verbum hat *izdin-* verschiedene Bedeutungen im Uigurischen und bezeichnet unter anderem das „wissenschaftliche Forschen" oder „wissenschaftliche Erforschen" (*ilmiy izdiniš*, so etwa in Polat 2010 [2006]: 1V). Dieser Satz ist einer der Schlüsselsätze des gesamten Romanzweiteilers, denn er liefert eine der möglichen Erklärungen für dessen Titel. Dementsprechend geht es um eine zugleich (das eigene Wesen) erforschende und (wissenschaftlich) „forschende" Suche nach der uigurischen Identität. Für diese Suche steht metonymisch das Vorbereiten von „Thesen zur uigurischen Literaturgeschichte" durch die Hauptfigur. In der Rolle dieser Figur, die unter unglaublich widrigen Umständen, in denen es kaum etwas zu essen gibt, diese essenzielle Suche beginnt, kann man wahrscheinlich auch die Erfahrung Sabirs erkennen. Denn er hat die hier beschriebene dunkle Zeit der volksrepublikanisch-chinesischen Geschichte ja selber erlebt und zugleich durch sein Schreiben denselben Kampf um die Rekonstitution der uigurischen Kultur, Geschichte und Identität nach der Kulturrevolution geführt, der in der übersetzten Passage beschrieben wird.

273 ‚Oghuzname' und ‚Altun yaruq'

Oghuzname (*Oġuznamä*) bedeutet in etwa „Oghusenbuch" und dient als Bezeichnung für Ursprungslegenden des Stammesverbandes der Oghusen (auch Ogusen, Oghuzen usw., *Oġuz*). Diese Stammesgruppe bildete einen westlichen Teil der vorislamischen beziehungsweise vorneuzeitlichen Turkvölker. Nach ihm ist auch der (süd)westliche oder oghusische Zweig der heute noch lebenden Turksprachen benannt, zu dem unter anderem das Türkeitürkische und Aserbaidschanische gehören. Ungefähr am Ende des 13. Jahrhunderts dürfte ein Oghuzname zum ersten Mal schriftlich fixiert worden sein. Ein Teil des Epos ist in einer Handschrift erhalten, die in der Bibliothèque Nationale in Paris aufbewahrt wird. Dieser Text ist in gelegentlich mit Reimpassagen durchsetzter Prosa in einer osttürkischen Sprache abgefasst und in uigurischer Schrift fixiert (Atsiz/ Wolfart o. J. [1998]). Die osttürkische (also dem heutigen Uigurischen relativ gesehen nahestehende) Herkunft dieser frühesten erhaltenen schriftlichen Version des Oghusenbuchs sowie der Umstand, dass sie in der uigurischen Schrift festgehalten worden ist, dürfte zu den Gründen gehören, warum das Werk in den Materialien zur Geschichte der uigurischen Literatur auftaucht, die der Icherzähler in Sabirs Roman vorbereitet hat. Die antiken Uiguren – die zwar keine Namenskontinuität und nur partielle historische und sprachliche Verbindungen mit den heutigen Trägern des 1921 fest etablierten Ethnonyms „Uigure" aufweisen, aber von diesen insbesondere in der Periode der uigurischen Rückbesinnung während der Phase der „Öffnung und Reform" ab etwa 1979 vielfach als direkte Vorfahren gesehen wurden – verwendeten bereits ab dem 8. Jahrhundert n. Chr. eine in der wissenschaftlichen Literatur als „uigurische Schrift" bezeichnete eigene Alphabetschrift. Diese leitete sich von semitischen Vorbildern ab, ist aber von der arabischen beziehungsweise araboiden Schrift (wie sie beispielsweise für das heutige Uigurisch verwendet wird) unterschieden. Die uigurische Schrift wurde noch lange Zeit nach dem Untergang des altuigurischen Großreichs (840 n. Chr.) in Eurasien verwendet (vgl. Eckmann 1959: 144ff.; De Jong 2007: 1; Kamalov 2017: 164). Hierdurch erklärt sich auch ihre Benutzung für das Oghuzname.

Altun Yaruq (*Altun yaruq*, der Name bedeutet „Goldener Glanz") ist der Name der altuigurischen Übersetzung des Goldglanzsutras, eines der zentralen Texte des Mahayana-Buddhismus (Yakup 2007: 140), der unter anderem das Verhältnis zwischen Form und Leere philosophisch bestimmt.

273 Papirossa-Zigaretten

Die Papirossa (*papirosa*) ist eine russische Zigarettenart mit Pappmundstück. Sie war unter anderem in der Sowjetunion sehr populär und wurde üblicherweise mit Machorka-Tabak (siehe die Erläuterung auf S. 328) gefüllt.

273 Xifengschnaps

Xifengschnaps ('*šifiŋ' hariqi*, *Xifengjiu* 西凤酒) ist eine chinesische Hirseschnapsmarke. Der Name bezieht sich auf den Herstellungsort, den Bezirk Fengxiang 凤翔 in der chinesischen Provinz Shaanxi 陕西.

273 Sekretär Re

Bei der (chinesischen) Namensform Re (die im Text in uigurischer Transkription gegeben ist, *Re*) könnte es sich auch um eine chinesische Umschrift des uigurischen Namens Räqip handeln. Dies könnte dann wiederum bedeuten, dass Professor Duan die uigurische Form des Namens nicht aussprechen kann und wohl auch, dass die ganze Konversation auf Chinesisch stattgefunden haben muss, da Professor Duan ja ansonsten nicht an ihr hätte teilnehmen können. Zum Begriff „Sekretär" vgl. die Erläuterung auf S. 341.

274 Schatzi

Die von Räqip verwendete verächtliche Anrede *šyavjaŋ* ist eine Umschrift des vor allem in Nordwestchina als Schimpf- oder Scherzwort gebräuchlichen chinesischen Wortes *xiaoyang* 小羊, „Lamm, kleines Schaf". Der Ausdruck dürfte im vorliegenden Kontext eine sexistische Komponente haben.

16   Ziya Sämädi: Der eiserne Verrückte

281 Su Yangjing

Der von Sämädi in uigurischer Umschrift als *Su Yanjiŋ* wiedergegebene Name des chinesischen Schauspielers wird in der autorisierten russischen Übersetzung R. Petrovs als *Su Janczin* wiedergegeben (Sämädi 2011: 356f.), was der hier vorgeschlagenen Pinyin-Umschrift entsprechen könnte. Die genaue Namensform (mit Tönen und Schriftzeichen) der Figur, die möglicherweise fiktiv ist, lässt sich nicht bestimmen. – Für das Wort „Chinese" verwendet Sämädi *xitay* (vgl. die Erläuterung auf S. 334).

282 Tschötschäk

Tschötschäk (in Sämädis Text: Čöčäk; Tarbaġatay, Tacheng) ist eine kulturell und historisch überaus bedeutende Stadt. Sie war ab 1640 Hauptstadt eines dsungarischen Reichs (Memtimin 2016: 84). In der uigurischen Geschichte spielte sie unter anderem dadurch eine wichtige Rolle, dass sie 1944 einer der drei „Provinzen" den Namen gab, nach der die Dreiprovinzenrevolution ihren Namen hatte (die anderen beiden Provinzen waren Altay/ Aletai und Ili). Zu Čöčäk vgl. auch S. 160 des Haupttextes.

283 Mich Elenden

Das Wort „Elender" (*därdmän*) steht in einer wörtlichen Beziehung zum Titel der Novelle, *Därdmänniŋ zari* „Die Klage des Elenden".

283 Doktor Fang

Der Nachname des den Gefangenen untersuchenden Arztes lautet wahrscheinlich (mit nicht eruierbarem Schriftzeichen) Fang (*Faŋ, Fan*). Obwohl die beiden letzten Silben in seiner vollständigen Namensbezeichnung *Faŋ däyfu, Fan Dèjfu* sowohl im uigurischen Text als auch in der autorisierten Übersetzung ins Russische als Namensbestandteile (d.h. Vorname) aufgefasst werden (siehe Sämädi 2011: 111, 359), dürfte es sich tatsächlich um eine Umschrift des (im Chinesischen nachgestellten) Titels „Arzt, Doktor" (*daifu* 大夫) handeln.

284 Märtyrer

Im Original steht für den hier mit „Märtyrer" übersetzten Begriff *janpida*, wörtlich „Lebensopfer", „Seelenopfer" oder (als Bahuvrihi) „jemand, der seine Seele/ sein Leben opfert". Zum Hintergrund des Begriffs vgl. Heß 2021: 549f.

284 Wir haben die Organisation ‚Uiguristan' gegründet

Der Gebrauch der grammatischen ersten Person Singular ist hier mehrdeutig, er könnte sich auf einen singularischen oder pluralischen Referenten beziehen (vgl. Fußnote 1588). Das Wort „Uiguristan" (*Uyġurstan*) bedeutet „Land der Uiguren" oder „Platz, wo Uiguren sind" und wurde im frühen Mittelalter als eine Bezeichnung für das von den (antiken/mittelalterlichen) Uiguren bewohnte Gebiet verwendet. Zur Begriffsgeschichte vgl. Oda 1978; Rudelson 1997: 6. Wie der Text Sämädis zu verstehen gibt, ist die Verwendung der Bezeichnung *Uyġurstan* zur Bezeichnung einer angeblichen politischen Organisation nur ein Fantasieprodukt.

17 Äziz Äysa Älkün: Die Sache mit den Namen

290 Qadir Qari

Der Namensbestandteil Qari bedeutet etymologisch „Leser" beziehungsweise konkret „Koranleser" (vom arabischen *kāri'*), und der Text verrät, dass der Name tatsächlich etwas mit dem Lesen des Korans zu tun hat. Der Eigenname der Figur Qadir Qari wird im Text Älküns an der hier übersetzten Stelle mit dem besitzanzeigenden Suffix der ersten Person in der Form *Qadir qarim* verwendet. Tatsächlich hat dieses Suffix aber nicht seine ursprüngliche grammatikalische Bedeutung („mein Qadir Qari"), sondern dient zum Ausdruck der Wertschätzung. Dasselbe Suffix trägt auch die Bezeichnung *kičik mollam*, die analog nicht wörtlich als „mein kleiner Molla" verstanden werden sollte (ein Molla ist ein einfacher islamischer Würdenträger). Die Alliteration in Qadir Qaris uigurischem Namen *Qadir Qari(m)* dient Älkun vielleicht zur Unterstreichung der wichtigen Rolle dieses Namens in der Erzählung (wie auch von Namen überhaupt).

Die mit dem aus dem Arabischen stammenden Eigennamen *Qadir* verbundene arabische Wurzel ist mit Bedeutungen wie „Macht", „Allmacht" und „Schicksal" versehen, und von ihr sind Begriffe abgeleitet, die in der islamischen Tradition unter anderem die Allmacht Allahs oder die erste Offenbarung des Korans (was wiederum zur Berufsbezeichnung *qari* passen könnte) bezeichnen. Beispielsweise kommt die Formulierung „allmächtiger (mit Macht über alles/ alle ausgestatteter) Gott" (*hämmigä qadir Xuda*) später im Text der Erzählung vor (siehe S. 293 der Übersetzung), und ein mit dem Eigennamensbestandteil

Qadir von Qadir Qaris Namen identisches Adjektiv *qadir* mit der Bedeutung „mächtig" wird in den Text eingebaut (siehe die Erläuterung auf S. 352; vgl. auch den vermutlich bedeutungstragenden Namen Qadir in dem ebenfalls hier vorgestellten Text „Blutige Erde" auf S. 311 der Übersetzung). Ferner ist es bedeutsam, dass der (in der Erzählung durchgehend als alleiniger Rufname gebrauchte) Vorname Qadir (*Qadir*) mit dem *Nach*namen der berühmten Uigurin Rabiyä Qadir identisch ist, die Älkün später ausführlich in die Erzählung einführt und nach der Qadir Qaris Tochter benannt wird. Eine offensichtliche weitere onomastische Verbindung zwischen Qadir Qari und Rabiyä Qadir ergibt sich in diesem Zusammehang natürlich daraus, dass Qadir Qaris einzige Tochter den Vornamen Rabiyä hat. Alle diese Verbindungen und Beziehungen sind Teil der titelgebenden „Sache mit den Namen" beziehungsweise des „Namensabenteuers" (wie man *Isim majirasi* auch übersetzen könnte).

290 Verehrtes Mekka

Der Name der für Muslime heilige Stadt Mekka wird unter frommen Muslimen oft mit einem lobenden Beiwort versehen, hier *Mäkkä mukärräm* „Verehrtes Mekka".

290 Auch wenn er die Pilgerfahrt…

Hätte Osman die Pilgerfahrt nach Mekka absolviert, wäre ihm als Hadschi ein besonderer Ehrentitel sicher gewesen. Aber die Dörfler respektieren und bewundern ihn ja auch so.

290 Chäyrinisa Buwi

Der zweite Bestandteil des Eigennamens (der theoretisch auch Chäyrinisa Buwa gelesen werden könnte) Xäyrinisa Buwi~Xäyrinisa Buwa) dürfte eine zum Teil des Eigennamens gewordene ehrenvolle Benennung für eine Frau, insbesondere für eine mit Zugang zu religiöse Bildung, darstellen.

290 Pänsir-Verse

Unter der Bezeichnung „Pänsir-Verse" beziehungsweise „Pänsir-Koranverse" (*pänsir ayätliri*) versteht man eine Auswahl von Koranversen, die dazu dienen, die Regeln für die richtige Aussprache und Vortragsweise (*tajvīd*) des Korans zu lernen. Oft werden diese Verse in einem kleinen Büchlein zusammengestellt, das Kinder leicht handhaben können.

291 Yasin-Sure

Die nach ihren beiden Anfangsbuchstaben benannte 36. Sure des Korans wird der mekkanischen Offenbarungsperiode zugeordnet. Sie behandelt zentrale theologische Fragen wie die Mission des Propheten, die Allmacht Gottes, das Jenseits und die Rechenschaft der Menschen vor Allah.

291 Moderne Schule

Eine wörtlichere Übersetzung des betreffenden Ausdrucks *pänniy mäktäp* wäre „wissenschaftliche Schule", wobei das Adjektiv „wissenschaftlich" (*pänniy*) auf einen modernen westlichen Wissenschaftsbegriff zielt. Im Zuge von Reformbewegungen, für die vor allem der Dschadidismus (Erneuerertum) stand, etablierten sich in vielen von islamischen Turkvölkern bewohnten Gebieten, am Ende des 19. und Anfang des 20. Jahrhunderts neben den traditionellen islamischen Schulen auch Schulen, in denen nach modernen, westlich beeinflussten Methoden und Lehrplänen gelehrt wurde (zum Thema vgl. Kanlıdere 1997).

291 Rähmät Damolla Hadschi

In dem Ausdruck „selig in das Erbarmen Allahs eingegangener Vater Rähmät Damolla Hadschi" (*rähmätlik… Rähmät Damolla Haji*) verbirgt sich möglicherweise ein Wortspiel. Das mit „selig in das Erbarmen Allahs eingegangen" übersetzte Wort *rähmätlik*, das in der uigurischen Kultur für das ehrende Gedenken an Verstorbene verwendet wird, enthält nämlich das Wort *rähmät* „Erbarmen (Gottes)", welches zugleich auch den Eigennamen des Vaters bildet. Dieser Name betont erneut die besondere Religiosität der bezeichneten Person, denn Barmherzigkeit und Erbarmen gehören zu den berühmtesten Eigenschaften Allahs. – Zum Namensbestandteil Damolla vgl. die Erläuterung auf S. 327.

291 Gefälligkeit

Die Grundbedeutung des so übersetzten uigurischen Worts *söyünčä* ist „Freude (im Sinne einer Freude, die man jemand macht", Anlass zur Freude"; vgl. Horlick 2013: 272, wo das Wort mit *pick-me-up, mood lifter (e.g., a present, a gift meant to provide happiness, bring joy)* erklärt wird). Das Wort hängt mit dem Verb *söyün-* „sich freuen" zusammen. Der offensichtliche Euphemismus für ein Schmier- oder Bestechungsgeld könnte idiomatisch mit dem chinesischen Ausdruck *jiliqian* 吉利钱, „glückverheißendes Geld", vergleichbar sein.

291 Mittelschule

Hier wird wahrscheinlich auf ein Schulsystem Bezug genommen, das in seiner Grundstruktur dem heute in der Volksrepublik China verwendeten entspricht oder zumindest ähnlich ist. Dort werden Kinder in der Regel mit sechs oder sieben Jahren eingeschult. Es folgen sechs Jahre Grundschule (*xiaoxue* 小学, „kleine Schule" oder „Schule der Kleinen", *bašlanǧuč mäktäp* „Anfangsschule") und sechs Jahre „Mittelschule" (*zhongxue* 中学, *ottura mäktäp*), die wiederum in die drei Jahre Grundstufe der Mittelschule beziehungsweise Sekundarstufe I (*chuzhong* 初中) und die abschließenden drei Jahre der Oberstufe der Mittelschule beziehungsweise Sekundarstufe II (*gaozhong* 高中) unterteilt sind. Früher gab es jedoch, auch unter den Uiguren der Volksrepublik China, abweichende Längen des Schulbesuchs. So dauerte die Grundschulzeit der Xalidä Isra'ils vier Jahre, von 1959 bis 1963 (Anonym 2010: 1).

Die Frage, wie lange man welche Art von Schule besucht und in welcher Sprache beziehungsweise welchen Sprachen die Kinder unterrichtet werden, ist für die kulturelle Prägung von sozialen und ethnischen Gruppen allesentscheidend. Staaten versuchen daher über die Steuerung der Unterrichtspraxis und der Lehrpläne immer wieder, die Bevölkerung im Sinne der staatlichen Ideologie zu prägen (vgl. Aust/Geiges 2022). Nach dem Beginn der „Öffnungs- und Reformzeit" in der VR China (1976) wurde an dortigen Schulen das Uigurische gelehrt (Pearson 2022). Im Zuge des staatlich betriebenen Versuchs der Zurückdrängung der uigurischen Kultur ist der Unterricht der uigurischen Sprache und Kultur und auf Uigurisch in dem Land mittlerweile weitgehend eingestellt worden.

291 Freitag

Der Freitag ist der für die Muslime heiligste Wochentag, weswegen der Tag für die religiös orientierten Figuren der Erzählungen besonders wichtig ist.

291 Rahilächan

Der eigentliche Name lautet Rahilä (*Rahilä*, er kommt in Älküns Text auch in der Variante *Ra'ilä* vor), -chan (*xan*) ist ein Suffix, das als ehrenvoller fester Namensbestandteil verwendet wird. Der Name erinnert möglicherweise an Ra'ilä Xanim (ca. 1860–1917), eine Aufklärerin und Lehrerin aus der Gegend von Atuš im heutigen Xinjiang.

292 Morgengebet

Das Morgengebet (*bamdat namizi, ṣalāt al-faǧr*) ist das früheste der fünf im Islam vorgeschriebenen täglichen Ritualgebete. Es wird vor dem Sonnenaufgang verrichtet. Im Fastenmonat Ramadan markiert es den Beginn des Fastens.

292 Kommune

Der Gebrauch dieses Wortes – Älkün verwendet das aus dem Chinesischen (*gongshe*) übernommene Wort *gunše* – verdeutlicht, dass die ganze Erzählung im kommunistischen China spielt. Zu den Kommunen der VR China vgl. auch die Erläuterung auf S. 331.

292 Sadiq-Dschan

In dem Satz, den der Sohn über den Kader Sadiq-Dschan (Sadiqjan) sagt, verbirgt sich ein Wortspiel, das erneut darauf hindeutet, dass Älkün mit der etymologischen Bedeutung der Eigennamen der Erzähungsfiguren spielt. Der Name Sadiqjan besteht aus den Elementen *sadiq* und *jan*. Ersteres Wort bedeutet „treu" und stellt den eigentlichen Namen dar. *Jan* (mit lexikalischen Bedeutungen wie „Seele" und

"Leben") wird hier als Respekt und/oder Zuneigung ausdrückendes Suffix an den eigentlichen Eigennamen angefügt. Der Name des Kaders kommt dadurch in Sämädis Text in den beiden Varianten *Sadiq* und *Sadiqjan* vor. Da Qadir Qari in seinem Satz über Sadiqjan ("die treue Seele") aussagt, dass dieser "treu" (*sadiq*) gegenüber der Regierung sei, enthalten der Eigenname und der ganze Satz eine aufeinander bezogene, sich verstärkende und jeweils ähnliche Aussage.

292 Chef der Produktionsbrigade

Der uigurische Ausdruck *dadüyjaŋ* ist die Umschrift des chinesischen Wortes *daduizhang* 大队长, "Leiter einer großen (Arbeits-)Gruppe", wobei das hierin enthaltene Element *dadui* 大队 (~*dadüy*), "große (Arbeits-)Gruppe", eine verkürzte Form für *shengchan dadui*, "Produktionsbrigade", sein dürfte. Zu all diesen Ausdrücken vgl. die Erläuterungen auf den Seiten 328ff.

292 Gott möge eure Angelegenheiten leicht machen!

Hier spricht Osman als islamischer Geistlicher, der Ausdruck klingt an Koranstellen wie Sure 87:8 oder 92:7 an.

292 … beim rituellen Morgengebet für euer Glück gebetet

Die islamische Religion und der Text unterscheiden zwischen dem rituellen Gebet (*namaz*), das in vorgeschriebener Form täglich zu bestimmten Zeiten stattzufinden hat, und einer individualisierten Form des Gebets (*du'a*). Mit letzterem Wort wird das an dieser Stelle erwähnte Gebet des Imams für das Glück bezeichnet.

292 Uschr und Zakat

Uschr und Zakat sind zwei Arten regelmäßig zu entrichtender islamischer Steuern. Dabei hat die Zakat (*zakat, zakat*) traditionell manchmal einen etwas höheren Stellenwert, da sie im Unterschied zu Uschr zu den sogenannten fünf Säulen des Islams gehört (die anderen sind: Glaubensbekenntnis, Ritualgebet, Fasten im Monat Ramadan und Pilgerfahrt nach Mekka). Uschr (*'ušr, öšrä*) ist eine Abgabe auf landwirtschaftliche Produktion, deren Höhe je nach der Art der Anbaufläche fünf oder zehn Prozent beträgt; etymologisch betrachtet bedeutet *'ušr* "Zehntel". In der 1933 und 1934 für wenige Monate bestehenden Islamischen Republik Ostturkestan (*Šärqiy Türkstan Islam jumhuriyiti*), die maßgeblich von Uiguren mitgetragen wurde, betrug die Höhe der von den Bauern jährlich zu entrichtenden *öšrä* ein Zehntel der Ernteerträge, die *zakat* musste von Viehzüchtern und Händlern ebenfalls jährlich geleistet werden und belief sich auf ein Vierzigstel der Einnahmen (Ibragimov 2005: 147).

292 Ohne Pauken und Klarinetten

Nach strengen Auslegungen des islamischen Religionsgesetzes (Scharia) ist Musik zu Unterhaltungszwecken verboten.

292 Legten ihre Köpfe auf ein Kissen

Dies ist eine blumige Umschreibung für heiraten.

293 Kassettenrekorder

Die Audiokassette wurde 1963 zum ersten Mal vorgestellt, und Kassettenrekorder eroberten den Weltmarkt ab den 1970er Jahren. Die an dieser Stelle der Erzählung dargestellte Periode dürfte also die spätere Phase der Jahre der "Großen Kulturrevolution" (1966–1976) und die anschließende Zeit umfassen.

293 Prophet, Gesandter Allahs

Dies ist der Prophet Muhammad, dessen Lebenszeit auf ungefähr 571 bis 632 n. Chr. datiert wird. Unter frommen Muslimen ist es verbreitet, nach der Erwähnung des Propheten Muhammed oder anderer religiös bedeutender Figuren eine Eulogie auszusprechen, hier die aus dem Arabischen übernommene Wendung "Der Friede sei über ihm" (*äläyhissalam*). Dieselbe Eulogie wird später in Älküns Erzählung auch für Noah (Nuh) verwendet.

293 Vorschriften zur Geburtenplanung

Um dem damals besorgniserregend hohen Bevölkerungswachstum in der Volksrepublik China Einhalt zu gebieten, führte die dortige Regierung im Jahr 1979 auf Provinzebene und 1980 landesweit die sogenannte „Ein-Kind-Politik" (*yihai zhengce* 一孩政策) eingeführt, die erst im Jahr 2016 gelockert worden ist. Allerdings durften Minderheiten, darunter die Uiguren, auch in der Periode der Ein-Kind-Politik bis zu drei Kinder haben. Zum Thema siehe Westcott 2021 und Yi 2023.

293 Saddam

Das Kind ist nach dem irakischen Diktator Saddam Hussein (Ṣaddām Ḥusayn, 1937–2006) benannt. Im uigurischen wird der Name in der Form *Sadam*, also nur mit einem *-d-*, geschrieben (unabhängig vom Bezug zu Ṣaddām Ḥusayn könnte man *Sadam* daher rein theoretisch alternativ auch mit „meine me" oder „mein Echo" etymologisieren, was hier aber nicht angemessen ist). Dass mit der Namensform *Sadam* tatsächlich Saddam Hussein gemeint ist, macht die Schreibung von dessen vollem Namen weiter unten in Älküns Text in der Form *Sadam Hösäyin* deutlich.

293 Rabiyä

Der Name (*Rabiyä*) ist ein beliebter uigurischer Frauenname, der ursprünglich wohl auf Rābiʿa al-ʿAdavīya (ca. 717–801 n. Chr.) zurückgeht, die eine frühe Mystikerin des Islams gewesen sein soll. Wie aus Älküns Erzählung wenig später direkt hervorgeht, ist der Name jedoch gewählt worden, um an seine wohl berühmteste uigurische Trägerin, Rabiyä Qadir, zu erinnern (siehe die Erläuterungen auf S. 345 und 351). Dadurch tragen alle drei Kinder Qadir Qaris die Namen berühmter Figuren der Zeitgeschichte.

293 Arafat

Die im uigurischen Text verwendete Form lautet Arapat (*Arapat*). Die Entsprechung des uigurischen Worts zum arabischen Namen „Arafat" ergibt sich daraus, dass mit wenigen Ausnahmen (wie *telefon* „Telefon") fremdsprachliches *-f-* bei der Bildung von Fremdwörtern im Uigurischen durch *-p-* ersetzt wird, insbesondere in Wörtern, die aus dem Arabischen oder Neupersischen stammen (so ist *peqir* „arm" die Entsprechung des arabischen Wortes *faqīr*, das wir aus dem deutschen Wort *Fakir* kennen). Arapat/ *Arapat* ist einerseits die uigurische Form des Namens des heiligen Bergs ʿArafāt, der etwa 20 Kilometer von Mekka entfernt liegt und auf dem stehend der Prophet Muhammad seine Abschiedspredigt gehalten haben soll. Daneben ist Arapat/ *Arapat*/ ʿArafāt aber auch der (vom heiligen Berg abgeleitete) Nachname des palästinensischen Politikers, Terroristenkommandeurs und späteren Friedensnobelpreisträgers Jassir Arafat (Yāsir ʿArafāt; 1929–2004). Der Text von Älküns Erzählung sagt wenig später direkt aus, dass dem Kind in der Geschichte der Name Arafat/ Arapat tatsächlich in Erinnerung an Jassir Arafat verliehen worden sei.

293 Gegenden, in denen Uiguren lebten

Seitdem das Ethnonym „Uiguren" in offiziellen Gebrauch gekommen war, hat der Großteil der Uiguren immer in der heutigen Volksrepublik China gelebt. Daneben gibt es bedeutende uigurische Gemeinschaften in der Sowjetunion und deren Nachfolgestaaten sowie in jüngerer Zeit verstärkt in uigurischen Diaspora-Gemeinden auf der ganzen Welt. Über die (aktuelle) Zahl der Uiguren in der Volksrepublik China gibt es keine exakten Angaben, die meisten Schätzungen gehen von zwischen ca. 11 und 13 Millionen Uiguren in Xinjinag aus, bei einer dortigen Gesamtbevölkerung von 25,8 Millionen Menschen nach der Volkszählung des Jahres 2020 (siehe etwa Byler 2022: 135; Defranoux 2022; Zenz 2022; Bräuner 2023). Die Zahl der in Kasachstan lebenden Uiguren, der größten uigurische Gemeinschaft außerhalb der VR China, dürfte zwischen 200000 und 300000 betragen (vgl. Chaterjee 2018: 106; Heß 2021: 35f.). Vielleicht um die 50000 Uiguren leben in der Türkei, dort vor allem in Istanbul. Jeweils wohl mehrere Tausend Uiguren leben in Kirgisien, Usbekistan, Tadschikistan, Turkmenistan, den USA, Kanada, Australien, europäischen und anderen Ländern außerhalb Zentralasiens.

293 Kutscha

Kutscha (Kuča, Kuqa, auch Kučar; Kuche 库车 etc.; früher auch Kotscho, Qotscho, Qiuci 龟兹 usw.) ist eine Kreisstadt in Äziz Isa Älküns Heimat-Präfektur Aqsu im Nordwesten Xinjiangs. Die Stadt war in der Antike und im frühen Mittelalter ein bedeutendes Zentrum des Buddhismus und Hauptstadt eines unabhängigen Königtums.

293 Angriff … auf Kuwait

Unter Saddam Husseins Führung eroberte der Irak am 2. August 1990 Kuwait und annektierte es am 28. August desselben Jahres. Von Januar bis März 1991 befreite eine von den USA angeführte Militärkoalition auf der Basis von UN-Sicherheitsratsresolution Nr. 678 Kuwait gewaltsam von der irakischen Besatzung. Die Geschehnisse sind als Zweiter Golfkrieg in die Geschichtsbücher eingegangen.

293 Tömür Dawamet

Tömür Dawamet (Tömür Davamät, Tiemu'er Dawamaiti 铁木尔·达瓦买提; 1927–2018) war ein bedeutender uigurischstämmiger Funktionär der VR China, der nach begonnener politischer Laufbahn auch als Dichter auftrat. Sämtliche Angaben über sein Leben und Werk stammen direkt oder indirekt aus offiziellen Quellen und Darstellungen der Volksrepublik China. Davamät engagierte sich gleich nach der Gründung der Volksrepublik China (1949) aktiv beim Aufbau der neuen Ordnung. Bereits 1950 half er bei der Umsetzung der Kollektivierung mit (Harbalioğlu/ Abdulvahit Kaşgarlı 2017: 302). Seit 1952 war er Mitglied der KPC. Er wurde im Jahr 1954 Erster Sekretär (*diyi shuji* 第一书记) im Bezirk Toqsun Xinjiangs, in dem er auch geboren worden war, sowie Stellvertretender Sekretär (*fu shuji* 副书记) im zentralen Bezirk der Präfekturhauptstadt Turpan. 1964 wurde er Stellvertretender Vorsitzender (*fu zhuxi* 副主席, *başkan yardımcısı*) des „Volkskomitees" (*Renmin weiyuanhui* 人民委员会) der AURX, was faktisch dem Posten des stellvertretenden Regierungschefs dort entsprochen haben dürfte (Harbalioğlu/ Abdulvahit Kaşgarlı 2017: 302). Nach dem Beginn der „Großen Kulturrevolution" (1966) wurde Davamät im Jahr 1968 Stellvertretender Gruppenleiter (*fu zuzhang* 副组长) der Leitungsgruppe für die Produktion (*shengchan zhihui zu* 生产指挥组, *Üretim Komutanlık Kurumu*) des „Revolutionskomitees" (*Geming weiyuanhui* 革命委员会, *İnkılap Komitesi*) der AURX (Harbalioğlu/ Abdulvahit Kaşgarlı 2017: 302), später hatte er in demselben Komitee auch noch andere Funktionen. Die „Revolutionskomitees" waren eine im Zuge der „Großen Kulturrevolution" aufgekommene Einrichtung, die während der sogenannten „Bewegung zur Machtübernahme" (*Duoquan yundong* 夺权运动) im Jahr 1967 in einigen Teilen Chinas anstatt des bisherigen Parteiapparates faktisch die Herrschaft übernahmen. Die Errichtung dieser Komitees ging jedoch nur schleppend voran, und das Revolutionskomitee von Xinjiang wurde erst im September 1968 geschaffen. Ab etwa 1969 gingen die Revolutionskomitees von einer eher aktivistischen und stürmischen Phase in eine zunehmend bürokratische über, bis sie mit dem Beginn der Reform- und Öffnungszeit 1978 schließlich abgeschafft wurden. Davamät wurde 1974 permanentes Mitglied des Xinjianger Revolutionskomitees (Harbalioğlu/ Abdulvahit Kaşgarlı 2017: 302) und war noch 1978 dessen stellvertretender Leiter (*fu zhuren* 副主任). Ebenfalls 1978 wurde er Stellvertretender Sekretär (*fu shuji*), ein Jahr später auch Sekretär des Parteikomitees für Xinjiang der KPC (vgl. Harbalioğlu/ Abdulvahit Kaşgarlı 2017: 302). Letztere Position entsprach wohl der eines Ersten Sekretärs, den es damals nicht gab, war also faktisch die mächtigste Stellung. 1979 wurde Davamät zum stellvertretenden Leiter der Kommission für Ethnische Angelegenheiten (*Minwei* 民委) für die gesamte VR China ernannt. Von 1985 bis 1993 war Davamät Stellvertretender Vorsitzender (bei Harbalioğlu/ Abdulvahit Kaşgarlı 2017: 302: *başkan yardımcısı*, was *fu zhuxi* entspricht; in Anonym 1992: 1V/7PDF wird die Position als „Stellvertetender Sekretär", *mu'avin šuji*, bezeichnet, was auf dasselbe hinausläuft) des Xinjianger Komitees der KPC (*Aptonom Rayonluq Partiyä Komiteti*, Anonym 1992: 1V/7PDF) sowie Vorsitzender der Volksregierung der AURX (*Özerk Bölge Halk Hükümeti*, Harbalioğlu/ Abdulvahit Kaşgarlı 2017: 302; Anonym 1992: 1V/7PDF geben diese Funktion einfach als „Führer des Autonomen Rayons, *Aptonom Rayonniŋ rä'isi*, wieder). Dies dürften demnach auch die Positionen gewesen sein, die Davamät bekleidete, als der den in der Erzählung erwähnten Staatsbesuch bei Saddam Hussein durchführte. Sein erstes Gedicht veröffentlichte Davamät im Jahr 1963, Gedichtbände brachte er unter anderem 1982, 1987 und 1991 heraus, seine Werke wurden in mehrere Sprachen, darunter Chinesisch und Japanisch, übersetzt (Anonym 1992: 2V/8PDF; zum literarischen Werk siehe auch Harbalioğlu/ Abdulvahit Kaşgarlı 2017: 302-304). In der offiziellen Sichtweise ist seine Poesie von der „realistischen Schaffensmethode auf der Basis der Prinzipien der marxistischen Ästhetik" (*marksizmliq estetika prinsipliri asasida re'alizmliq ijadiyät usuli*, Anonym 1992: 3V/9PDF) geprägt. Was das bedeutet, kann man in Poemen wie „Für den Bauern" (*Dehqan üčün*) lesen (Davamät 1992: 18H/37PDF). Der in solchen Werken erkennbare direkte Zusammenhang zwischen Davamäts Karriere als kommunistischer Funktionär und seinem Werk zeigt sich auch darin, dass der Titel des Gedichtbandes, in dem *Dehqan üčün* erschien, von Jiang Zemin 江泽民 (1926–2022), der von 1993–2003 Staatspräsident der VRC war, stammen soll und dann von Davamät offenbar ins Uigurische übersetzt wurde (*Shengming de huoju* 生命的火炬 = *Hayat mäš'ili* „Fackel des Lebens"; siehe Davamät 1992: 3PDF). Davamät publizierte auch Memoiren (Anonym 1992: 2V/8PDF).

294 … selbst den Gebetsruf erklingen ließ.

Durch diese Bemerkung wird wohl betont, dass Osman die Namensvergabe an seinen Enkel nach traditionellem islamischem Ritual vollzog.

294 Dieses Land

Das mit „Land" übersetzte Wort *yurt* kann auch „Heimat" oder „Heim" bedeuten. An dieser Stelle bezeichnet es die Heimat der Uiguren.

294 Mäschräp

Der Mäschräp (*mäšräp*) ist ein zentraler und unverzichtbarer Bestandteil der traditionellen uigurischen Kultur. In den ursprünglichen Formen handelt es sich wohl um geschlossene Versammlungen, an denen nur Männer teilnehmen dürfen und in denen unter anderem bestimmte Rituale und Kulturpraktiken durchgeführt und weitergeben werden, aber kein Alkohol konsumiert wurde (nach De Jong 2018: 47f.). Mäschräps dienen neben anderen Funktionen der Vermittlung uigurischer Benimmregeln an die Jugend. Nach Frederick De Jong zog das Vorgehen der volksrepublikanisch-chinesischen Behörden gegen den traditionellen Mäschräp in den Jahren 1995 bis 1997 auch dessen Umdefinition durch die staatlichen Stellen nach sich, und zwar zu einer „Feier mit Singen und Tanzen" (*celebration with song and dance*, De Jong 2018: 48). Diese Definition brachte erkennbar eine Verwässerung des ursprünglichen kulturellen Gehalts und eine Ersetzung des kulturellen Eigenausdrucks durch eine Fremddefinition mit sich. Diese modifizierte Variante hat offenbar auch Eingang in die Bestimmung des uigurischen *mäšräp*s gefunden, die dessen Aufnahme in das UNESCO-Weltkulturerbe im Jahr 2010 begleitet hat (UNESCO 2010]; vgl. De Jong 2018: 48). Die Möglichkeit der Teilnahme am Mäschräp wird in Älküns Text mit dem Ausdruck *mäšräp oyna-*, wörtlich „Mäschräp tanzen" oder „Mäschräp spielen" bezeichnet. Diese Formulierung berücksichtigt möglicherweise bereits die Bedeutungsentwicklung, die seit 1997 stattgefunden hatte.

294 Die Tür nach draußen aufstoßen…

Die im Text vorkommenden Begriffe „Öffnung" (*ečivetiš*) und „Reformen" (*islahat*) stellen einen wörtlichen Bezug zu dem Ausdruck *Islahat-Ečivetiš Siyasiti* „Politik der Reformen und Öffnung" her, der wiederum den entsprechenden chinesischen Begriff zur Bezeichnung der Politik der „Reformen und Öffnung" (*Gaige kaifang*) übersetzt. Gemeint ist die nach dem Tode Maos und dem Ende der „Großen Kulturrevolution" (1976) beginnende und bis etwa 2013 reichende Periode der wirtschaftlichen Öffnung, des Umbaus und der vergleichsweise liberalen Kulturpolitik in der Volksrepublik China.

294 Weltenspiegel

Der Osman in den Mund gelegte Ausdruck *jahan äyniki* lässt sich sowohl mit „Weltenspiegel" als auch mit „Weltenglas" übersetzen, da das in der Wortverbindung enthaltene Lexem *äynäk* beide Interpretationen zulässt. Dass der konservative Imam das ihm zumindest aufgrund seines Inhalts fremde Fernsehen mit einem Ausdruck belegt, der auch ein die Welt zeigendes Glas bezeichnen könnte, dürfte vorneuzeitliche Legenden wie die des „Glases des Dschamschid" aufgreifen, die in der religiös geprägten Literatur der islamisierten Turkvölker verbreitet sind. Gemeint ist mit dem auf das „Buch der Könige" Ferdousis (ca. 940–

1020) zurückgehenden Motiv des Glases oder Bechers des mythischen Königs Dschamschid (Cemşid) oder Dscham (Cem). Mit Hilfe der sieben Inschriften, die sich auf dem Becher befanden, konnte der König im Mythos alles, was auf der Welt passiert, sehen (siehe den Artikel *Câm-ı Cem* in Erverdi/ Kutlu/ Kara 1977: 9f.).

294 Rabiyä Qadir

Rabiyä Qadir dürfte die berühmteste und einflussreichste Uigurin aller Zeiten sein und wurde unter anderem als „Mutter der Uiguren" gefeiert (Abramson 2012: 1071). Sie kam ungefähr 1948 in Xinjiang, im Altaigebirge, zur Welt. Im Alter von 27 Jahren ließ sie sich von ihrem ersten Mann, mti dem sie sechs Kinder hatte, scheiden und machte sich in Ürümči mit durchschlagendem Erfolg im Textilhandel selbständig. Unter anderem besaß sie dort zwei Kaufhäuser. 1978 heiratete sie erneut, bekam drei weitere Kinder und adoptierte noch zwei. Rabiyä Qadir wurde Vorsitzende der Handelskammer von Xinjiang und engagierte sich immer stärker politisch. Im Jahr 1992 wurde sie in die Politische Konsultativkonferenz des Volks von China (*Quanguo renmin zhengzhi xieshang huiyi* 全国人民政治协商会议) gewählt, eine Organisation, die angeblich die Mitwirkung von Minderheitenvertretern und Institutionen außerhalb der KPC am Meinungsbildungsprozess im Nationalen Volkskongress (*Quanguo renmin daibiao dahui* 全国人民代表大会, kurz *Renda* 人大), dem Pseudoparlament des Landes, ermöglichen sollte. Offensichtlich gehörte sie auch dem *Renda* selbst an. Nachdem sie 1997 vor der Politischen Konsultativkonferenz die Xinjiang-Politik der volksrepublikanisch-chinesischen Zentralregierung scharf kritisiert hatte, wurde sie aus dem Volkskongress ausgeschlossen. 1999 verurteilte die Justiz der Volksrepublik China sie wegen angeblichen Geheimnisverrats zu 8 Jahren Haft. Nach internationalem Druck wurde sie am 17. März 2005 vorzeitig freigelassen. Sie ging darauf ins Exil, wo sie einen Anschlag überstand. Seither lebt sie in den USA.

294 Nationaler Volkskongress

Siehe die Erläuterung auf S. 351.

294 Jiang Zemin

Siehe die Bemerkung auf S. 350.

294 China

Hier wird der offizielle und respektvolle Terminus *Jungo* (< Zhongguo) verwendet, der auch mit „Reich der Mitte" übersetzt werden kann. (vgl. die Erläuterung auf S. 329).

295 Dorfhonoratioren

Der mit „Honoratioren" übersetzte uigurische Begriff *moysipitlar* bedeutet wörtlich „die mit den weißen Haaren". Als Synonym für dieses aus dem Neupersischen stammende Wort wird *aqsaqallar* „Weißbärte" verwendet (siehe etwa Turdi 2003, Bd. 1: 145, 190), das eine rein turksprachige Etymologie hat. In beiden Fällen markiert die Vokabel im Patriarchat hochrangige Figuren. *Moysipitlar* beziehungsweise *aqsaqallar* spielen in der uigurischen Gesellschaft eine zentrale Rolle, auch wenn es sich nicht um formalisierte Ränge handelt.

295 „Fünffach gute Imame"

Der uigurische Ausdruck (*Bäštä yaxši imam*) übersetzt einen entsprechenden chinesischen Terminus (beispielsweise *wuhao yimamu* 五好伊玛目, wobei es neben *yimamu* 伊玛目 „Imam" auf Chinesisch, noch andere Transkriptionen beziehungsweise Umschreibungen für den Begriff des Imams gibt, wie *yiman* 伊曼, *jiaozhang* 教长, „Religionsführer", oder *ahong* 阿訇, was eine Umschrift eines im Uigurischen als *axun* vorhadenen Wortes für „(religiöser) Gelehrter" ist). Die von einem in den Augen der Volksrepublik China als „fünffach gut" bewerteten Imam erwarteten Eigenschaften decken sich möglicherweise mehr oder weniger mit denjenigen, die man von „Fünffach guten Familien" (*wuhao jiating* 五好家庭) erwartet. Letztere sind (1) „Liebe zum Land und Gehorsam gegenüber den Gesetzen, Begeisterung für den Dienst an der Allgemeinheit" (*aiguo shoufa rexin gongyi* 爱国守法热心公益), (2) „Erlernen des Fortschritts, Liebe zu seiner Tätigkeit und Hingabe an seinen Beruf" (*xuexi jinbu aigang jingye* 学习进步爱岗敬业), (3) „Gleichheit zwischen Frauen und Männern, Respekt gegenüber den Älteren und Zuneigung für die Jungen" (*nannü pingdeng zunlao aiyou* 男女平等尊老爱幼), (4) „Gewohnheiten ändern und Gebräuche umwandeln, weniger Kinder bekommen und dafür die Erziehung verbessern" (*yifeng yisu shaosheng youyu* 移风易俗少生优育) sowie (5) „Harmonie zwischen den Ehefrau und -mann, Zusammenhalt unter Nachbarn" (*fuqi hemu Linli tuanjie* 夫妻和睦邻里团结). Die Einführung der „Fünffach guten Familien"-Bewertung lässt sich auf eine Kampagne der „Gesamtchinesischen Frauenföderation" (*Zhonghua quanguo funü lianhehui* 中华全国妇女联合会) in den 50er Jahren zurückführen.

295 … haben die Macht

Der so übersetzte uigurische Ausdruck enthält das Wort *qadir* „mächtig", der mit dem Eigennamen Qadir Qaris identisch ist.

295 Nachtgebet

Das Nachtgebet (*xuptän namizi*, *ṣalāt al-ʿišāʾ*) ist eines der für Muslime obligatorischen fünf täglichen Ritualgebete. Es beginnt nach dem Einbruch der Abenddämmerung.

295 Tarawih

Tarawih (*tarāvīḥ*, von diesem Wort abgeleitet *tärävi*) ist eine spezielle Form des islamischen Ritualgebets, die nur während des Fastenmonats Ramadan, und zwar nach dem Nachtgebet, verrichtet wird. Während des Tarawih wird immer ein Teil des Korans rezitiert, der auf diese Weise im Ramadanmonat einmal ganz gehört wird.

296 Der Friede sei über euch

Diese Formel (*ässalamu äläykum*) ist eine Umschrift der bekannten arabischen Grußformel (*as-salāmu ʿalay-kum* „der Friede (ist/sei) über euch"). Aufgrund ihrer offenkundigen Herkunft aus dem Arabischen und ihrer engen Verbindung mit der islamischen Religion wird sie bisweilen als eine religiöse Ausdrucksform verstanden. Die uigurischen Umgangsformen sehen vor, dass man auf die Begrüßung in der Form *ässalamu äläykum* mit der umgekehrten Wendung *vä äläykum ässalam* („Und über euch sei Friede!") antwortet.

296 Azat

Der Name bedeutet so viel wie „Der Freie".

296 Ziyawudun

Der Name bedeutet ungefähr „Das Licht der religiösen Praxis".

297 Sawut

Der Name bedeutet so viel wie „der Feste, Standhafte" (siehe Qahiri 2010: 441, s.v. *Savut*).

297 Mähmut

Der Name bedeutet so viel wie „Der Gelobte". Zu seinen unter den Uiguren berühmtesten Trägern gehört Maḥmūd al-Kāšġarī (ca. 1008–1105), der aus Kaschgar stammende Verfasser des ersten Lexikons der Turksprachen.

297 „Erzählungen über die Propheten"

Der Buchtitel (*Qisäsulänbiya*, von *Qisas al-anbiyāʾ*) bezieht sich auf ein in tschagataischer Sprache verfasstes Werk des Autoren Rabġuzi (14. Jahrhundert). Es versammelt Legenden über Figuren, die in der islamischen Tradition als Propheten angesehen werden und ist eines der bekanntesten und am häufigsten zitierten Werke der islamischen Kultur unter den Uiguren. Zu Werk und Autor vgl. Van Damme 1995; Heß 2009; Heß 2009a. Seine Bedeutung kann man daran ermessen, dass es selbst in Qäyyum Turdis unter dezidert kommunistischen Vorzeichen geschriebenen „Jahre des Kampfes" eine Rolle spielt (siehe Turdi 2003, Bd. 1: 147f., 150f.).

297 Lemek

Hinter *Lemek* (< arab. *Lāmik*), dem in der an dieser Stelle zitierten Fassung der Legende verwendeten angeblichen ursprünglichen Namen Noahs (*Nuh*, die uigurische Form stammt aus dem Arabischen), verbirgt sich möglicherweise der Name von *Lemek* לֶמֶךְ, Pausalform *Lamek* לָמֶךְ, in der Septuaginta *Lamex* Λαμεχ, wovon wohl auf direktem oder indirektem Weg sowohl die arabische als auch die deutsche Form des Namens abgeleitet worden sind.

298 Elende Mollas

Im Original redet der Polizist den Molla zwar nur unter Verwendung dieses Wortes (*molla*) und ohne Schimpfwort an, doch verwendet er dabei eine spezielle Form der uigurischen Grammatik, *sätlimä šäkli~sätlimä tür(i)* (*miecheng* 蔑称), die die respektloseste von vier möglichen Ebenen der Anrede darstellt und zur Markierung von Beleidigungen und Herabwürdigungen verwendet wird. Zu dieser speziellen Sprachebene vgl. Mamut 1996: 303H; Arziev 2006: 266, Eruygur 2013: 33. Siehe auch die Erläuterung auf S. 326.

298 Drei ausländische Kräfte

Gemeint sind hiermit wohl die auch im Text selber spezifizierten Vorwürfe des Nationalismus, Separatismus und Terrorismus (wobei im Original Nationalismus und Separatismus in dem Ausdruck „nationalistische Separatisten", *milliy bölgünči*, zusammengefasst sind.) Im Zuge der ab etwa 2013 verschärften und spätestens 2017 eine extreme Form annehmenden Verfolgung der Uiguren und anderer muslimisch-turksprachiger Minderheiten in der Volksrepublik China gehören diese Beschuldigungen, oder ein Teil davon, zum Standardrepertoire der Behörden. So benannte der damalige Regierungschef der AURX, der ethnische Uigure Šöhrät Zakir (*1953) in einem am 16. Oktober 2018 veröffentlichten Interview die „drei üblen Kräfte" (*three evil forces*) als „Terrorismus, Extremismus und Separatismus" (*terrorism, extremism and separatism*; Zakir/ Bo 2018). Oft werden entsprechende Vorwürfe von den volksrepublikanisch-chinesischen Behörden erhoben, ohne dass triftige Gründe oder Beweise vorliegen (zum Thema vgl. Byler 2022: 124f.). Durch den Hinweis auf das Ausland will der vernehmende Polizist in der Geschichte wohl plausibel machen, dass jene drei Übel der Volksrepublik im Wesentlichen von Fremden aufgezwungen worden seien, aber nichts mit der Politik im Inneren des Landes zu tun hätten.

298 Edle Nation Chinas

Hier wird eine uigurische Umschrift einer der Selbstbezeichnungen der Volksrepublik China beziehungsweise Chinas, Zhonghua 中华, verwendet, die als sehr respektvoll und ehrend verstanden werden kann (das darin enthaltene Wort *hua* 华 bedeutet so viel wie „Crème de la crème", „das Beste"). In Älküns Text kommt die Distanz zwischen den Uiguren und der han-chinesischen Bevölkerung immer wieder auch sprachlich zum Ausdruck. Während der chinesische Polizist selbstredend staatstragende und systemkonforme Ausdrücke verwendet, ist in Älküns Text an der Stelle, wo Qadir Qari und seine Freunde verhaftet werden, in wohl herablassender Form von „Chinesensprache" (*Xitayča*) die Rede. Zum analogen Sprachgebrauch bei Abduväli Ayup vgl. die Erläuterung auf S. 334.

298 Rebiya Kade'er

Der uigurische Text gibt hier mit *Rebiya Kader* die chinesische Umschrift Rebiya Kade'er 热比亚·卡德尔 bzw. 热比娅·卡德尔 des Namens von Rabiyä Qadir wieder.

299 Wahhabit

Die Wahhabiten sind eine extrem konservative Ausprägung des Islams, die am stärksten in Saudi-Arabien verbreitet ist. Der Wahhabitismus geht auf Muḥammad b. ʿAbd al-Wahhāb (ca. 1702–1792) zurück, der eine strenge Rückbesinnung auf den Koran und andere frühe Zeugnisse des Islams lehrte. Der Wahhabitismus verwirft unter anderem den *Kalām* (rationalistische Theologie), die islamische Mystik (Sufismus) und den Schiismus.

299 Talip

Seiner etymologischen Bedeutung zufolge ist ein „Talip" (*talip*) „jemand, der etwas fordert" oder „jemand, der etwas haben will" (letzte Quelle dieses Wortes ist das arabische *ṭālib*). Schon relativ früh hat sich in der islamischen Kultur aus der Grundbedeutung die Spezialsemantisierung „jemand, der nach Bildung strebt, Schüler" herausgebildet, was der überwiegend religiösen Prägung der islamischen Zivilisation gemäß in sehr vielen Fällen als „Koranschüler, jemand der Wissen über den Koran beziehungsweise religiöses Wissen im Allgemeinen erlangen möchte" aufgefasst werden konnte. In jüngster Zeit wurde von dem arabischen Wort *ṭālib* (durch die Hinzufügung eines persischen Pluralmorphems, -*an*, das im Deutschen als fester Namensbestandteil verstanden wird), die Bezeichnung der radikalislamischen Taliban-Organisation abgeleitet, die vor allem in Afghanistan operiert. Indem er verhörende Polizist behauptet, Qadir habe in seinem Haus „Talips" versammelt, lockt er den Imam vermutlich in eine rhetorische Falle, denn der Kontext der Äußerung des Polizisten gibt nicht klar zu erkennen, in welcher Bedeutung („Lernender", „Koranschüler", „Angehöriger der Taliban-Miliz" usw.) das Wort gemeint sein soll. Der Polizist lässt den Unterschied zwischen den möglichen Bedeutungen des Worts wahrscheinlich bewusst verblassen, um eine Nähe Qadirs zu radikalen und terroristischen Organisationen nahezulegen.

299 Xinhua-Buchladen

Die Xinhua-Buchläden (*Xinhua shudian* 新华书店) sind die größte Buchladenkette Chinas und wie alle Buchläden staatlich kontrolliert. Der Imam Qadir weist darauf hin, dass das Buch, dessen Lektüre als Beweis für angebliche illegale religiöse Aktivitäten hingestellt werden soll, in einem staatlich kontrollierten Geschäft erworben wurde, was natürlich auch bedeutet, dass der Inhalt des Buchs zuvor von staatlichen Stellen abgesegnet worden war.

300 Verwaltung für Religiöse und Nationale Angelegenheiten des Bezirks

Es ist nicht ganz sicher, welche Behörde hier gemeint ist, deren Name hier in uigurischer Form (*Nahiyilik diniy vä milliy išlar idarisi*) gegeben ist. Möglicherweise ist es eine auf Bezirksebene angesiedelte Unterabteilung der Behörde, die von 1979 bis 1998 unter dem Namen *Guowuyuan zongjiao shiwu ju* 国务院宗教事务局, „Behörde für Religiöse Angelegenheiten beim Staatsrat" und von 1998 bis 2018 als *Guojia zongjiao shiwu ju* 国家宗教事务局, „Nationale Behörde für Religiöse Angelegenheiten" existierte.

301 Nikab

Der Nikab (auch Niqab; arab. *niḵāb*, *niqab*) ist ein von Frauen getragenes Gesichtstextil, das nur die Augen frei lässt. Seine Verwendung wird unter anderem mit religiösen Vorstellungen begründet.

301 Die Guomindang-Leute…

Die Guomindang (*Guomindang*, „Partei der Nation", auch KMT, im Text in uigurischer Umschrift *Gominday*) unter Chiang Kai-Shek (Jiang Jieshi, 1887–1975) war die Gegnerin der Kommunisten im chinesischen Bürgerkrieg, den Letztere schließlich gewannen. Die Art und Weise, in der im Text der Name der Kommunistischen Partei Chinas (*Gosänday*, von *Gongchandang* 共产党) in dem Ausdruck „Leute von der Kommunistischen Partei" (*Gosändančilar*) wiedergegeben wird, spiegelt möglicherweise eine nichtstandardmäßige und/ oder dialektale Aussprache wider. Dies wiederum könnte auf eine eher informale, vielleicht auch herablassende Herangehensweise Osmans an das Phänomen Kommunismus hinweisen.

301 Billadin

Hierbei dürfte es sich um einen Fantasienamen handeln. Das Wort hat keinen erkennbaren Sinn und lässt sich nicht nachweisen – an der entsprechenden Stelle im alphabetischen Lexikon der uigurischen Namen von Mutällip Sidiq Qahiri (Qahiri 2010: 267) findet sich kein diesbezüglicher Eintrag. Allerdings enthält der Name (*Billadin*) Elemente, die für uigurische Männernamen typisch sind, so die Endung -*din*, die

„Religion" bedeutet. Der Anfang des Namens erinnert beispielsweise an den Männernamen *Bilal*. In der Erzählung spielt *Billadin* die Rolle eines Namens, der leicht mit dem Namen des Terroristenführers Osama Bin Laden verwechselt werden kann.

301 Es ist der Name …

Wenn man den Umstand als bedeutungsvoll erachtet, dass diese Frage im Präsens gestellt wird, könnte daraus geschlossen werden, dass die Erzählung vor dem Tod Osama bin Ladens (2011) spielt. Allerdings dürfte dies keine zwingende Annahme sein.

301 Pro-,ostturkestan'ische Terrorführer

Wie viele andere Bezeichnungen für Gebiete, in denen die Uiguren leben beziehungsweise ihre historischen Vorgänger gelebt haben, ist auch „Ostturkestan" oft politisch in einer bestimmten Weise konnotiert. Der wohl wichtigste Aspekt beim heutigen Gebrauch des Worts (im Text: *Šärqiy Türkistan*) dürfte sein, dass er sich der offiziellen chinesischen Bezeichnung des unter Herrschaft der Volksrepublik China stehenden Teils dieses Gebietes, Xinjiang (Xinjiang, „Neue Gebiete") verweigert und damit zumindest latent die volksrepublikanisch-chinesische Herrschaft über das Gebiet oder deren Art und Weise in Frage stellt. Wichtige Teile der uigurischen Exil-Community verwenden „Ostturkestan" als Eigenbezeichnung ihrer unter volksrepublikanisch-chinesischer Herrschaft stehenden Heimat (siehe etwa Ayup 2020). Das Wort „Turkestan" (*Türkstan*, *Türkistan*) bedeutet etymologisch „Gebiet der Türken" und postuliert damit schon sprachlich, dass Turkvölker in dem durch es bezeichneten Gebiet eine wichtige Rolle spielen sollen. Der in der Erzählung Älküns argumentierende Parteifunktionär verwendet hier dieselbe rhetorische Strategie, die zuvor bereits im Falle des Begriffs „Talip" (siehe die Erläuterung auf S. 299) zum Einsatz gekommen ist, indem er grundsätzlich einen direkten Zusammenhang zwischen der Benutzung des Terminus „Ostturkestan" und Terrorismus herzustellen versucht.

302 Weißhaupt

Zu dem Begriff (*moysipit*) vgl. die Erläuterung auf S. 351.

302 Osman der Bandit

Gemeint ist der kasachischstämmige Widerstandskämpfer Ospan Batїr (Osman Batur, 1899–1951). Er stammte aus dem Bezirk Köktoġay (Koktuqay, Fuyun 富蕴) im Altaigebirge, der zu Xinjiang gehört. Er erhob sich im Jahr 1940 gegen die chinesische Regierung und kämpfte später sowohl gegen diese als auch gegen die Sowjetunion im Versuch, einen unabhängigen Staat in Ostturkestan zu gründen. 1943 wurde er zum Herrscher (Khan) der Altai-Kasachen gewählt. 1951 nahmen ihn die chinesischen Kommunisten gefangen und richteten ihn am 29. April 1951 in Ürümči durch Erschießung hin.

302 Papierhut

Während der von der Führung der Volksrepublik China ausgerufenen sogenannten „Großen Kulturrevolution" (1966–1976) wurden Regimegegnern und Menschen, die man dafür hielt, zur Erniedrigung Papierhüte aufgesetzt, und insbesondere junge Kommunisten, die oft in Uniform und mit roten Armbändern erschienen, stellten die Betroffenen öffentlich zur Schau.

302 Große Drecksrevolution

Osman spricht von der *Mäynät inqilab*, was so viel wie „Elende Revolution" oder „Hässliche Revolution" bedeutet und eine Verballhornung des Ausdrucks „Kulturrevolution" (*Mädäniyät inqilabi*) ist. Vgl. auch die auf *Gosändančilar* bezogene Erläuterung auf S. 354.

303 … Bereit für eine neue Gründungswelle von Siedlungen

Die „neue Welle von Dorfgründungen" (*yeṅi yeza quruš dolquni*), von der der Funktionär hier spricht, ist eine der Siedlungs- und Infrastrukturausbauinitiativen, die die volksrepublikanisch-chinesische Zentralregierung in Xinjiang durchgeführt hat und die vor allen Dingen Han-Chinesen begünstigen (vgl. hierzu S. 59 des Haupttexts). Der Funktionär bringt an dieser Stelle recht ungeschminkt zum Ausdruck, dass die traditionelle Kultur und Mentalität, die der Imam repräsentiert, verschwinden sollte, um dieser Neubesiedlung nicht im Wege zu stehen.

303 Auf dem Weg des Vaterlands und des Glaubens

Der Ausdruck „auf dem Weg..." (*yolida*) ist in religiös geprägten Kontexten häufig eine Übersetzung des koranischen Ausdrucks *fī-sabīli*... und wird häufig mit einer metaphorischen Bedeutung als „im Interesse von, für..." gelesen (vgl. Heß 2021: 107-109). Die Wendung und mit ihr in Verbindung gebrachte Stellen im Koran werden von großen Teilen islamischer Communities, insbesondere konservativen und militanten, auch als Präfigurationen des Märtyrertums gelesen. Dass der fiktive Imam Osman hier klassische islamische Vorstellungen vom Märtyrertum aufgreift, ist unter anderem durch die Wörter „Märtyrer" (*šehit*), „Paradies" (*jännät*) und „Glaube" (*iman*) klar. Dadurch, dass als Bezugsgröße für das in der Erzählung angedachte Martyrium neben der religiösen Kategorie des Glaubens auch das „Vaterland" (*vätän*) vorhanden ist, kann das hier produzierte Märtyrernarrativ einem Typ zugeordnet werden, der auf die Begegnung klassisch-traditioneller, im engeren Sinne religiöser Vorstellungen aus dem Islam mit aus der westlichen Moderne in die islamische Welt eingeführten nationalistischen Vorstellungen zurückgeht und sich im Wesentlichen ab dem 19. Jahrhundert entwickelte (zum Thema siehe eingehend Heß 2021: 391ff.). Diese Art von Märtyrerdiskurs war in einer aggressiven Spielart auch Teil der Staatsdoktrin der kurzlebigen *Šärqiy Türkistan Islam jumhuriyiti*, zu deren Zielen es gehörte, „Kriegszüge gegen die Ungläubigen" (*ġazat*) im Namen von islamischer Religion und Nation zu unternehmen beziehungsweise in den „Dschihad" (*jahat*) zu ziehen, und der die Devise „Wenn du stirbst (bist du) ein Märtyrer, wenn du (am Leben) bleibst, (bist du) ein Veteran des religiösen Kriegs/ Dschihads" (*Ölsän šäyit, qalsan ġazi*) zugeschrieben wird (alle Zitate sind aus Ibragimov 2005: 147). Paradoxerweise bestätigt der Imam durch seine Worte also zum Teil die Vorwürfe der gewaltbereiten Militanz, die gegen ihn und seine Familie von der kommunistischen Beamtenschaft vorgetragen worden sind.

303 Melancholisch

Das so übersetzte Wort (*muŋluq*) ist von dem Substantiv *muŋ* abgeleitet, das sowohl im allgemeinen Wortschatz als auch im Kontext von Musik zwischen „Traurigkeit" und „Kummer" (vgl. die Verwendung eines von *muŋ* abgeleiteten Worts in dieser Bedeutung auf S. 234) auf der einen und „Wohlklang" auf der anderen Seite changiert (vgl. den musikalischen Begriff Maestoso, dessen ursprüngliche Bedeutung „traurig" ist, der aber nicht unbedingt nur traurige Melodien bezeichnet). Ein vergleichbares semantisches Spektrum weisen beispielsweise auch die etymologischen Pendants von *muŋ* in der baschkirischen und tatarischen Sprache (*moŋ*) auf.

18   Mähämmät'imin Toxtayov: Blutige Erde (Auszug)

312 Qizildöwä Baziri

Qizildöwä (Qizildövä) ist der Name einer Ortschaft in der oder in der Nähe der Stadt Kaschgar, einer der damals wichtigsten Städte Zentralasiens. Die Wortverbindung Qizildöwä Baziri (*Qizildövä Baziri*) bedeutet so viel wie „Markt von Qizildöwä" und wird im Roman offensichtlich als Eigenname eines Stadtviertels verwendet (siehe S. 313 der Übersetzung). Zur Problematik der Bedeutungen des Wortes *bazar* (oblique Form: *bazir-*) zwischen „Markt", „Marktplatz" und „Stadtviertel" vgl. die Erläuterung auf S. 336.

312 Ulan Usu-Fluss

Der Ulan Usu (mongolisch „Roter Fluss") ist ein Fluss, der als Quellgewässer des Qarajayin γoul (mongolisch „Sandbankfluss") beschrieben wird, der wiederum ein westlicher Zufluss des Gelben Flusses (Huanghe 黄河) ist (siehe Heissig 1944: 165, 170). Ungeachtet der zumindest im ersten Teil eindeutig mongolischen Etymologie des Flussnamens Ulan Usu schreibt der Übersetzer des Romans, Maxmutjan Islam, in einer Fußnote, dass Ulan Usu „in der alten uigurischen Sprache Roter Fluss bedeutet" (*qädimki Uyġur tili, Qizil Därya degän mä'nidä*, Toxtayov 1993: 1H). Auf den Grund der Benennung als „Roter Fluss" geht der Romantext wenig später ja auch selber ein.

Toxtayov dürfte einer der ersten Autoren sein, die den Vergleich eines mächtigen Flusses mit einem Drachen beziehungsweise einer Schlange in der uigurischen Literatur etabliert haben. Vgl. hiermit das ähnliche Motiv in der hier vorgestellten Erzählung Äziz Äysa Älküns (S. 290).

312 Kara-Kirgiz-Gebiet

In diesem Satz situiert Toxtayov das Romangeschehen zeitlich und örtlich. Interessant ist, dass er Xinjiang (Xinjiang), also die „Neuen Gebiete", die ab 1949 Teil der Volksrepublik China wurden und im Namen der dort im Oktober 1955 eingerichteten „Autonomen Uigurischen Region Xinjiang (*Šinjaŋ Uyġur aptonom rayoni, Xinjiang Weiwu'er zizhiqu*) auftauchen, als von China und der Sowjetunion getrennte Entität beschreibt. Für „China" wird im Text der Ausdruck Juŋgo verwendet, also eine uigurische Transkription des chinesischen Wortes Zhongguo, „Reich der Mitte, China"; allerdings ist aus den zuvor diskutierten Gründen unklar, ob eine Umschrift von Zhongguo auch in der mutmaßlichen uigurischen Originalfassung von Toxtayovs Roman gestanden hat. Gemeint ist die 1912 gegründete Republik China. Eine annähernde zeitliche Datierung könnte unter Umständen aufgrund des von Toxtayov eingeführten „Kara-Kirgiz-Gebietes" möglich sein, das im Text *Qara Qirġiz degän yär* „Ort namens Kara Kirgiz" genannt wird (Toxtayov 1993: 1H). Sollte der Ausdruck *Qara Qirġiz* („Schwarze Kirgizen") – eine historische Bezeichnung der heutigen Kirgisen – hierbei als Teil einer offiziellen administrativ-politischen Bezeichnung verwendet werden, könnte er sich auf die „Kara-Kirgisische Autonome Oblast" (*Kara-Kirgizskaja avtonomnaja oblast', autonomous Qara-Kirghiz Region*) beziehen. Diese bestand zwischen 1924 und 1925 (nach Boyanin 2011: 282 zwischen 1922 und 1925). Im Jahr 1925 wurde sie aufgelöst, und an ihre Stelle trat die „Kirgisische Autonome Oblast" (*Kirgizskaja avtonomnaja oblast'*). Sowohl die „Kara-Kirgisische Autonome Oblast" als auch die „Kirgisische Autonome Oblast" waren Teil der Russländischen Sozialistischen Föderativen Sowjetrepublik (*Rossijskaja socialističeskaja federativnaja sovetskaja respublika*) beziehungsweise der im Dezember 1922 gegründeten Sowjetunion. So gesehen, würde sich die von Toxtayov beschriebene Situation auf die Zeit zwischen Dezember 1922 (oder zwischen 1924) und 1925 beziehen. Es kann aber auch sein, dass Toxtayovs *Qara Qirġiz degän yär* sich nicht auf eine offizielle administrativ-politische Bezeichnung bezieht, sodass die zeitliche Referenz auch eine andere sein könnte.

312 Konaschähär und Toqquzaq

Zu diesen beiden Städtenamen macht der Übersetzer Maxmutjan Islam in einer Fußnote folgende Angabe: „Früher hieß die heutige Stadt Kaschgar Konäšähär und das heutige Konäšähär Toqquzaq." (*Burun hazirqi Qäšqär šähiri Konäšähär däp, hazirqi Konäšähär Toqquzaq däp atilatti.*).

Der Name Konaschähär (Konäšähär; Namensvariante: Konischähär/ Konišähär) bedeutet „Altstadt" oder „alte Stadt". Unter dem Namen Konišähär ist beispielsweise für das Jahr 1923 ein zirk" (*nahiyä*) bei Kaschgar dokumentiert (Sultan/ Abdurehim 2002: 46H).

313 „Siebentschaqirimfluss"

Das Tschaqirim (*čaqirim*) ist eine Längeneinheit, die in etwa einem Kilometer oder einer russischen Werst (1,067 Kilometer) entspricht. An einer kurz darauf sich anschließenden Stelle des Romantextes ist die Rede davon, dass der „Siebentschaqirimfluss" und der im Süden der Stadt Kaschgar fließende Tümän ein Stück getrennt voneinander fließen (siehe S. 313 der Übersetzung). Hieraus kann man im Umkehrschluss vielleicht folgern, dass beide Gewässer nach der in der Erzählung entworfenen Topographie irgendwo ineinanderfließen.

313 Dölätbagh

Das im Text stehende Wort Dölätbagh (*Dölätbaġ*) bedeutet wörtlich in etwa „Staatspark" und wurde hier als Eigenname aufgefasst.

313 In der Zeit der Han-Dynastie …

Die Han 汉-Dynastie (Handai 汉代 oder Hanchao 汉朝) war eine der bedeutendsten Herrscherdynastien der chinesischen Geschichte. Man unterscheidet die Phase der Westlichen Han-Dynastie (206 v. Chr. bis 25 n. Chr.) von der der Östlichen Han-Dynastie (25 bis 220 n. Chr.). Im Jahr 60. v. Chr. richtete die Westliche Han-Dynastie das Amt des „Schutzfürsten der Westlichen Gebiete" (*Xiyu duhufu* 西域都护府, uigurische Übersetzung *Ġärbiy yurt qoruqčibäg mähkimisi*) ein, zu dessen Zuständigkeitsbereich auch die Stadt Kaschgar gehörte (Osman 2012: 1V). In chinesischen Quellen lautet der Name Kaschgars ab ca. 130 v. Chr. *Shule* 疏勒 (wobei hier die heutige Aussprache der chinesischen Zeichen wiedergeben ist, nicht die in ihrer Zeit mutmaßlich rekonstruierbare historische Lautung). Ab ca. 1070 n. Chr. etabliert sich die Bezeichnung *Kašġar* (das auf Uigurisch wiederum heute als *Kašġär* transkribiert wird), von der auch westliche Bezeichnungen wie *Kaschgar* und *Kashgar* abgeleitet sind (Osman 2012: 1H). Nach der Gründung der Volksrepublik China (1. Oktober 1949) setzte sich in der uigurischen Sprache die von dieser älteren Form abgeleitete Variante *Qäšqär* durch (Osman 2012: 1H). Das in Toxtayovs Text als Eigenname eines Fürstentums in Kaschgar erwähnte Wort *Suli* hat vermutlich etwas mit den „*Suli*-Gesängen" (*Suli nägmiliri*) zu tun, die in Kaschgar entstanden sein sollen (siehe Osman 2012: 1V). Einem Rekonstruktionsvorschlag zufolge könnte eine antike Aussprache der chinesischen Zeichen für den antiken Namen Kaschgars, *Shule*, „Sulik" gewesen sein (zum Hintergrund vgl. Yıldırım 2016: 195, 199f.). Ob der in Toxtayovs Text erwähnte Eigenname *Suli* jedoch etwas mit *Shule* beziehungsweise dieser Namensrekonstruktion zu tun hat, bleibt unsicher. Wie das Folgende zeigt, sind die in den Text von Toxtayovs eingewobenen historischen Angaben nicht immer genau. Sie spiegeln offenbar einen Kenntnisstand seiner Zeit.

313 Apaq Chodscha...

In diesem Satz wird eine ganze Reihe historischer Figuren erwähnt.

Die Qing 清- oder Mandschu-Dynastie (Qingdai 清代 oder Qingchao 清朝) herrschte von 1644 bis 1911 über China. Qianlong 乾隆 (1711–1799, regierte von 1735 bis zu seinem Tod) war der vierte Herrscher dieser Dynastie. Seine Regierung gilt als Blütezeit der Qing.

Entgegen der Darstellung im Romantext war Apaq Chodscha (Apaq Xoja, 1626–1694; auf Chinesisch gibt es auf Transkriptionen beruhende Namensformen wie Apake Huojia 阿帕克·霍家, Apake Hezhuo 阿帕克·和卓 etc.) keine Figur des 18., sondern eine des 17. Jahrhunderts (zum Leben und Wirken Apaq Chodschas siehe etwa Dillon 2023, der die Namensform Afaq Khoja verwendet). Er spielte in der Gegend von Kaschgar eine bedeutende Rolle als religiöse und politische Figur. Sein prachtvolles Mausoleum in der Nähe der Stadt ist heute ein Museum, das Pilgern nicht mehr zugänglich ist (Sawa 2021). Apaq Xojas eigentlicher Name lautete Hidayätulla, weswegen er auf Chinesisch auch als Yidayatulela 伊达雅图勒拉 oder ähnlich geführt wird.

Bei Iparchan (Ipar xan), deren Grabstelle sich dem Romantext zufolge ebenfalls in Kaschgar oder seiner Nähe befinden soll, handelt es sich um eine legendarische Figur. Der Name bedeutet so viel wie „Duftende Prinzessin". Der präzise historische Gehalt der mit dieser Figur verbundenen diversen Überlieferungen lässt sich wohl nicht mehr genau eruieren. Einer Version der Legende zufolge soll ihr eigentlicher Name Nurälanurxan gelautet haben und sie selbst die Tochter eines Khans namens Muhämmätxan gewesen sein (vgl. Millward 1994; Abramson 2012: 1077 und die in Yunusova 2022: 72f. wiedergegebene Version der Legende).

Über den Hintergrund der Benennung der im Text erwähnten Tochti-Räschid-Anhöhe (*Toxti Räšid dönļüki*) lässt sich außer den stark legendarisch wirkenden Angaben des Textes (dass Tochti Räschid ein „Herrscher", *xaqan*, gewesen sei usw.) nichts Genaueres in Erfahrung bringen.

Auch wenn es sich bei dem in den Roman eingebauten Tochti Räschid vermutlich um eine fiktive Figur handelt, könnte sie dennoch insofern einen historischen Kern enthalten, als Kaschgar die Heimat von Sutuq Buġraxan, dem berühmtesten Herrscher der alttürkischen Dynastie der Karachaniden, war. Diese Fürstenfamilie beherrschte die Gegend ungefähr vom Anfang des 10. Jahrhunderts bis zum Jahr 1212. Sutuq Buġraxans eigentlicher Name lautete ʿAbd al-Karīm Satuḳ, und er war ein zum Islam übergetretener Neffe eines über Kaschgar herrschenden Mitglieds der Karachanidenfamilie (zur Geschichte der Karachanidendynastie vgl. Róna-Tas 1991: 39; Kreiser/ Neumann 2005: 22; Memtimin 2016: 24f., 81f.). ʿAbd al-Karīm Satuḳ brachte im Jahr 932 seinen Onkel um und machte sich so mit dem Titel Sutuq Buġraxan selbst zum Herrscher Kaschgars. Vermutlich im Jahr 934 erhob er den Islam zur alleinigen offiziellen Religion in seinem Herrschaftsbereich (vgl. Alptekin 1983: 152). Daher gilt er als wichtigster Islamisierer der zentralasiatischen Turkvölker (zum historischen Hintergrund vgl. Memtimin 2016: 24; Warikoo 2016; Ushurova 2018: 10). Nach dem berühmten Geschichtswerk *Tarixi Räšidiy* des zentralasiatischen Historikers Mirza Muḥämmäd Häydär Körägan (1499–1551) befand sich das Grabmal Sutuq Buġraxans in Kaschgar (Mirza Muḥämmäd Häydär Körägan, zitiert in Osman 2012: 4H).

Da in dem historischen Werk Mirza Muḥämmäd Häydär Körägans auch der Herrscher Abdurišit Xan (<*Abduräšit Xan; 1508–1560) behandelt wird, der von 1533 bis 1560 über die Stadt Jarkend~Yarkend (heute Yäkän, Shache) herrschte und dort auch begraben liegt, ist es denkbar, dass Toxtayov bei der Kreation seiner Romancharaktere die historischen Namensbestandteile *Räšidiy* und *(Abdu)rišit~räšit* im Hinterkopf hatte und die Erinnerung an die blutrünstigen Taten und Gräber mehrerer Herrscherfiguren zu seinem Tochti Räschid verschmolz, dessen Name klanglich und etymologisch mit dem *Tarixi Räšidiy* und dem Khan *Abdurišit~Abduräšit* verbunden ist, aber im ereignisgeschichtlichen Kern vielleicht eher auf Sutuq Buġraxan anspielt.

314 Blutiger Ort

Wörtlicher übersetzt bedeutet der Name *Qizildöwä* „roter Hügel". Da „Blutiger Ort" der Name des Romans ist, liegt die Vermutung nahe, dass hier die blutgetränkte Anhöhe von Qizildöwä als Hauptthema des Romans identifiziert wird.

314 Tochti Räschid Khan

Hier ist der Titel „Khan" (*Xan*) wie ein Namensbestandteil verwendet und nachgestellt.

314 Zamzam-Wasser

Zamzam (arab. Zamzam, davon *Zämzäm*) ist der Name eines Brunnens im Hof der Großen Moschee von Mekka. Metaphorisch steht er auch für einen Quell des Paradieses.

315 Sorghumhirse

Das uigurische Wort für „Sorghumhirse" (Sorghum vulgare), *qonaq*, kann auch „Mais" bedeuten.

315 Tschäkmän

Das Wort (*čäkmän*) bezeichnet eine grobere Art von Baumwoll- oder anderem Stoff.

315 Klafter

Der Klafter (*ġulač*) ist ein altes Längenmaß, das die Distanz zwischen den ausgestreckten Händen eines erwachsenen Menschen misst (ca. 1, 50 m).

19 Abbas Muniyaz: Die Augen der Lieder (Auszug)

318 Wehmütig

Im Original *munjluq* (siehe die Erläuterung auf S. 356).

318 Sa'adät

Der Name bedeutet so viel wie „Glück".

320 Hochschule

Das mit „Hochschule" übersetzte Wort *aliy mäktäp* kann eine Universität oder eine ähnliche höhere Bildungseinrichtung bezeichnen.

321 Aktivisten

Dieses Wort (*pa'aliyätči*, im Text kommt es adjektivisch in der Verbindung *pa'aliyätči yigitlär* „junge Aktivisten" vor) wird hier wahrscheinlich nicht in seiner primären lexikalischen Bedeutung, sondern in einem auf die kommunistische Gesellschafts- und/oder Parteiordnung bezogenen speziellen Sinn verwendet. Möglicherweise übersetzt das uigurische Wort den chinesischen Begriff *jiji fenzi* 积极分子, was so viel wie „Aktivist" oder „jemand, der sich (im Interesse der Kommunistischen Partei) besonders hervortut oder enthusiastisch engagiert" bedeutet. Konkret könnte damit beispielsweise ein *rudang jiji fenzi* 入党积极分子, „Aktivist zur Parteiaufnahme, Aktivist, der in die Partei aufgenommen werden soll" gemeint sein. *rudang jiji fenzi* sind Menschen, die bereits einen formalen Antrag auf Mitgliedschaft in der KPC gestellt haben, aber noch nicht in die Partei aufgenommen worden sind.

321 Satar, Dutar

Satar und Dutar sind traditionelle uigurische Saiteninstrumente. Der Satar hat sieben bis dreizehn, der Dutar nur zwei Saiten.

21 Nachweis der übersetzten Texte

Textbeginn	Text	Quelle
Seite 133	Ein grünes Dorf im Nirgendwo	Isra'il 2010: 3-10.
Seite 144	Für jede Sache gibt es einen Weg	Turdi 2003, Bd. 1: 256-267.
Seite 151	Wenn Nachtigall nicht Winter sah	Turdi 2003, Bd. 1: 111f.
Seite 156	Die Spur	Semet/ Wilkens 2012: 166f.
Seite 161	Wach auf!	Anonym o. J.: 3f.
Seite 167	Aus: Der Schuldner	Sabir 2012 [1999]: 201-228.
Seite 190	Das Gedicht an der Wand	Ayup 2021b: 404-412.
Seite 220	Aus: Die Kunst der Selbsttötung	Tursun 1999: 42H-45H.
Seite 238	Aus: Die im Sand versunkene Stadt	Hošur 2005: 30H-33H.
Seite 244	Die Sache mit dem Bart	Hošur 2010: 28H/33PDF-49H/54PDF.
Seite 262	Der junge Falke (Auszug)	Ömär 2008: 328H/335PDF-334H/341PDF.
Seite 269	Für die Zukunft	Sabir 2009: 286H/293PDF-300H/307PDF.
Seite 281	Die Klage des Elenden (Auszug)	Sämädi 2011: 107-115
Seite 290	Die Sache mit den Namen	Älkün 2016.
Seite 312	Blutige Erde (Auszug)	Toxtayov 1993: 1H-8H.
Seite 318	Das Auge der Lieder (Auszug)	Muniyaz 1999: 102H-111H.

22 Zitierte Literatur

Vorbemerkungen

- Die im Literaturverzeichnis, in den Fußnoten und an einigen Stellen des fortlaufenden Texts eingefügten Links wurden bei der Erstellung der Endredaktion im Februar 2024 nochmals überprüft.
- Einzelne Beiträge aus Internetseiten, deren Verfasser nicht erwähnt ist, werden als „Anonym" in das Verzeichnis aufgenommen. Wenn es mehrere „Anonym"-Einträge gibt, spiegelt deren Reihenfolge den Zeitpunkt der Auffindung wider, sagt also nichts über das Erscheinungsdatum oder die Wichtigkeit des Beitrags.
- Ganze Webseiten, die keine Autorenangabe enthalten oder deren Autoren nicht eruiert werden können, sind unter dem Titel der Webseite ins Literaturverzeichnis aufgenommen worden (z.B. Xinjiang Victims Database). Die im Literaturverzeichnis hinter dem Titel angegebene Jahreszahl bezieht sich auf das erste Datum des Besuchs der Webseite. Auch beim Zitieren aus dieser Quellenart werden die genauen Links und Abrufdaten in Fußnoten angegeben.
- Bei Seitenangaben, die sich auf Werke mit mehreren Paginierungen beziehen, bezeichnet der Zusatz „H" hinter der Seitenzahl die Paginierung des Haupttextes, „V" steht für die Paginierung des Vorworts beziehungsweise der Vorbemerkungen.
- Wenn sich bei einer PDF-Ausgabe die Seitenzählung des PDF-Dokuments von der im reproduzierten Werk vorhandenen anderen Paginierung (beziehungsweise den Paginierungen) unterscheidet, kann die PDF-Seitenzahl durch den Zusatz „PDF" zusammen mit der anderen Paginierung beziehungsweise den Paginierungen angezeigt werden, z. B. „50/55PDF" (=Seite 50 der Originalpaginierung, Seite 55 der PDF-Paginierung). Falls es in dem der PDF-Datei jeweils zugrundeliegenden Originalwerk für eine bestimmte Seite keine Paginierung gibt, kann es sinnvoll sein, bei der Zitierung ausschließlich die PDF-Seite anzugeben.
- Wenn es sich bei den Buchstaben „ä", „ö" und „ü" um Buchstaben in deutschen Wörtern handelt, werden sie bei der Alphabetisierung wie „ae", „oe" und „ue" angeordnet. Wenn es sich um Repräsentationen von Phonemen aus Turk- oder anderen nichteuropäischen Sprachen handelt, wird „ä" nach „a", „ö" nach „o" und „ü" nach „u" eingeordnet.
- Wenn Autoren oder Herausgeber denselben Nachnamen, aber unterschiedliche Vornamen haben (zum Beispiel Pärhat Tursun und Näbijan Tursun), werden ihre Beiträge nach Jahreszahlen, aber nicht nach Vornamen geordnet und voneinander unterschieden.
- Der aserbaidschanische Buchstabe ə wird bei der Alphabetisierung nach der Reihenfolge im heutigen offiziellen aserbaidschanischen Alphabet angeordnet, also nach *e*.

Abdubesir 2020. Abdubesir, Türkizat: Kumlar altında kalan şehrin öyküsü [Die Erzählung von der unter den Sandmassen begrabenen Stadt]. *Türk Yurdu* 393 (2020): 105-107.

Abdulla 2023. Abdulla, Munawwar: A Letter from Afar. Memtimin Hoshur translated from Uyghur by Munawwar Abdulla [Begleittext zur Übersetzung der Erzählung *Yiraqtin yezilğan xät* („Ein aus der Ferne geschriebener Brief") von Mämtimin Hošur aus der Online-Ausgabe der Zeitschrift *Turkoslavia* (2, 2023). exchanges.uiowa.edu/issue-2/issues/issue-2/letter-from-afar]. About the Work.

Abdul'ehed 2023. Abdul'ehed, Muyesser [=Abdul'ähäd, Muyässär alias Xändan]: Unforgettable blood [Öffentlich zugänglicher Teil einer Buchbesprechung im Mekong Review, datiert auf März 2023. mekongreview.com/unforgettable-blood].

Abdurehim 1999. Abdurehim, Kerimjan: Näšrgä täyyarliġučidin [Vom Herausgeber]. In: Ders. (Hg.): *Uyġur povestliridin tallanmilar [Ausgewähltes aus uigurischen Langerzählungen]*. 3 Bde. Kaschgar. Qäšqär Uyġur näšriyati. Bd. 1, 2, 3: 1-5 [in jeweils identischer Form].
Abdurehim 1999a. Abdurehim, Kerimjan: Aptor häqqidä [Über den Autoren, sc. Abbas Muniyaz]. In: Ders. (Hg.): *Uyġur povestliridin tallanmilar [Ausgewähltes aus uigurischen Langerzählungen]*. 3 Bde. Kaschgar. Qäšqär Uyġur näšriyati. Bd. 3: 167.
Abdurehim 2014. Abdurehim, Esmael: The Lopnor dialect of Uyghur: a descriptive analysis. Helsinki: University of Helsinki.
Abliz 2001. Albiz, Sadir: Muharrirdin [Vom Herausgeber]. In: Äla, Mämtimin: *Täklimikandin Yavropiġiča (Ädäbiy Xatirä) [Von der Taklamakan bis nach Europa. Literarische Erinnerungen]*. Abliz, Sadir (Hg.). Ürümtschi: Šinjaŋ Xälq näšriyati [elkitab.org/wp-content/uploads/2019/05/21377_mela.pdf].
Abramson 2012. Abramson, Kara: Gender, Uyghur Identity, and the Story of Nazugum. [Artikel aus dem *Journal of Asian Studies* 7 (2012): 1069-1091. www.cambridge.org/core/journals/journal-of-asian-studies/article/gender-uyghur-identity-and-the-story-of-nuzugum/0E09C6367146EEE7F6DECF6001B63B01].
Akiner 2005. Akiner, Shirin: Towards a typology of diasporas in Kazakhstan. In: Atabaki, Touraj/Mehendale, Sanjyot (Hgg.): *Central Asia and the Caucasus. Transnationalism and diaspora*. London, New York: Routledge. 21-65.
Ala 2021. Ala, Mamtimin: Worse than death: reflections on the Uyghur Genocide. Lanham: Hamilton Books.
Alavi 1998 [1988]. Alavi, Bozorg: Neẓāmī: Ḫosrou o Šīrīn. In: Jens, Walter (Hg.): *Kindlers Neues Literatur Lexikon*. Bd. 12. Frechen: Komet. 374-376.
Alavi 1998 [1988]a. Alavi, Bozorg: Neẓāmī: Laili o Maǧnun. In: Jens, Walter (Hg.): *Kindlers Neues Literatur Lexikon*. Bd. 12. Frechen: Komet. 376-378.
Allen-Ebrahimian 2022. Allen-Ebrahimian, Bethany: Meet China's Salman Rushdie [Artikel aus der Website der Zeitschrift *Foreign Policy*, datiert auf den 1. Oktober 2015. foreignpolicy.com/2015/10/01/china-xinjiang-islam-salman-rushdie-uighur].
Almas 1989. Almas, Turġun: Uyġurlar [Die Uiguren]. Ürümči: Šinjaŋ yašlar-ösmürlär näšriyati [turkistanilibrary.com/ug/node/1879].
Alpermann 2021. Alpermann, Björn: Xinjiang. China und die Uiguren. Würzburg: Würzburg University Press [doi.org/10.25972/WUP-978-3-95826-163-1].
Alptekin 1983. Alptekin, Erkin: Eastern Turkistan after 32 years of exile. *Central Asian Survey* 4 (1983): 149-153.
Alter 1985. Alter, Peter: Nationalismus. Frankfurt am Main: Suhrkamp.
Amnesty International 1982. Amnesty International: „Umerziehung" in Vietnam. Memorandum von Amnesty International und die Reatkion der Regierung der Sozialistischen Republik Vietnam. Bonn: Amnesty International, Sektion der Bundesrepublik Deutschland.
Amnesty International 2021. Anmesty International: "Like we were enemies in a war". China's mass internment, torture and persecution of Muslims in Xinjiang [www.amnesty.de/sites/default/files/2021-06/Amnesty-Bericht-China-Uiguren-Xinjiang-Internierungslager-Juni-2021.pdf].
Anonym o. J. Anonym: Abduxaliq Uyġur še'irliri toplimi [Sammlung von Gedichten Abduxaliq Uyġurs]. In: Uyġur, Abduxaliq: *Abduxaliq Uyġur še'irliri toplimi [Sammlung von Gedichten Abduxaliq Uyġurs]*. O. O.: K. V. [elkitab.org/wp-content/uploads/2017/06/UYGHUR_Abduxaliq-Uyghur-sheirliri.pdf]. 2f.
Anonym 1962. Anonym: World: Why Mao Was Mad [Online-Version eines transkribierten Artikels aus *Time*, datiert auf den 9. Februar 1962. content.time.com/time/subscriber/article/0,33009,938308,00.html].
Anonym 1992. Anonym: Näšriyattin [Vom Verlag]. In: Davamät, Tömür: *Hayat Mäš'ili [Die Fackel des Lebens]*. Beijing: Millätlär näšriyati.

Anonym 1998. Anonym: Muhärrirdin [Vom Herausgeber]. In: Nimšehit: *Nimšehit äsärliri [Die Werke Nimšehits]*. O. O.: Altun Oq. [elkitab.org/wp-content/uploads/2020/03/alt_41.pdf]. 1V-2V.
Anonym 2007 [2000]. Anonym: Näšriyattin [Vom Verlag]. In: Sabir, Zordun: *Ana Yurt [Mutterland]*. Bd. 1. 7. Aufl. Ürümči: Šinjaŋ yašlar-ösmürlär näšriyati. 1f. [gesonderte Paginierung]
Anonym 2009. Anonym: Muhärrirdin [Vom Herausgeber]. In: Ömär, Äxtäm: *Ġerib-Sänäm [Gherib und Sänäm]*. Bd 1. Ürümči: Šinjaŋ xälq näšriyati [www.uygur.com/kutuphana/ghirip-senem-1]. 1/5PDF-3/7PDF.
Anonym 2010. Anonym: Näšriyattin [Vom Verlag]. In: Isra'il, Xalidä: *Käčmiš [Vergangenheit]*. Ürümči: Qäšqär Uyġur näšriyati/ Šinjaŋ Elektron Ün-Sin näšriyati. 1f.
Anonym 2010a. Anonym: Uyghur Rights and Writers [Dokument auf der Webpräsenz des *International PEN Uyghur Center*, zuletzt aktualisiert am 4. Dezember 2010. www.uyghurpen.org/writers-in-prison.html].
Anonym 2005. Anonym: Aptorniŋ qisqičä tärjimihali [Kurzer Lebenslauf des Autors]. In: Hošur, Mämtimin: *Qum basqan šähär [Die im Sand versunkene Stadt]*. Ürümči: Šinjaŋ yašlar-ösmürlär näšriyati. 1Vf.
Anonym 2013. Anonym: Document 9: A ChinaFile Translation. How Much is A Hardline Party Directive Shaping China's Current Political Climate? [Dokument von der Website *Chinafile.org*, datiert auf den 8. November 2013. www.chinafile.com/document-9-chinafile-translation].
Anonym 2017. Anonym: Jia 枷, the cangue. In: Theobald, Ulrich: *ChinaKnowledge.de – An Encyclopaedia on Chinese History, Literature and Art*, datiert auf den 28. Dezember 2017 [www.chinaknowledge.de/History/Terms/penal_jia.html].
Anonym 2022. Anonym: About Memtimin Hoshur [Einführungstext zum Verkauf von Hošurs Qum basqan šähär auf der Verkaufsplattform *Goodreads.com* www.goodreads.com/book/show/53934191-qum-basqan-sheher].
Anonym 2022a. Anonym: Çin lideri, Uygur Türklerine yönelik baskılarla anılan Sincan'a gitti [Der chinesische Führer ist nach Xinjiang, das für seine gegen die uigurischen Türken gerichteten Unterdrückungsmaßnahmen bekannt geworden ist. [Nachricht aus dem Nachrichtenportal *Sözcü*, datiert auf den 15. Juli 2022. www.sozcu.com.tr/cin-lideri-uygur-turklerine-baskiyla-anilan-sincana-gitti-wp7250422].
Anonym 2022b. Anonym: About Memtimin Hoshur. Einführungstext zum Verkauf von Hošurs Qum basqan šähär auf der Verkaufsplattform *Goodreads.com* [www.goodreads.com/book/show/53934191-qum-basqan-sheher].
Anonym 2022c. Anonym: Çin lideri, Uygur Türklerine yönelik baskılarla anılan Sincan'a gitti [Der chinesische Führer ist nach Xinjiang, das für seine gegen die uigurischen Türken gerichteten Unterdrückungsmaßnahmen bekannt geworden ist, gegangen. Nachricht aus dem Nachrichtenportal *Sözcü*, datiert auf den 15. Juli 2022. www.sozcu.com.tr/cin-lideri-uygur-turklerine-baskiyla-anilan-sincana-gitti-wp7250422].
Anonym 2022d. Anonym: Bay nahiyisi [Bezirk Bay; Artikel auf der Uigurischen Wikipedia, zuletzt aktualisiert am 8. September 2022. ug.wikipedia.org/wiki/باي_ناھىيىسى].
Anonym 2022e. Anonym: For the first time, a Uyghur novel is translated into English [Rezension aus dem Online-Angebot des *Wall Street Journal*, datiert auf den 13. September 2022. www.economist.com/culture/2022/09/13/for-the-first-time-a-uyghur-novel-is-translated-into-english].
Anonym 2023. Anonym: A brief biography of Aziz Isa Elkun [Biographische Skizze von der offiziellen Website von Äziz Äysa Älkün, undatiert. www.azizisa.org/en/biography_aziz_isa_elkun [Download am 2. Juni 2023].
Anonym 2023a. Anonym: A brief biography of Aziz Isa Elkun [Biographische Skizze auf dem Filmportal *Filmfreeway.com*. filmfreeway.com/AzizIsaElkun].

Anonym 2023b. Anonym: Uyghur Poems. Edited by Aziz Isa Elkun [Verlagsankündigung. www.penguinrandomhouse.ca/books/727424/uyghur-poems-by-edited-by-aziz-isa-elkun/9781101908341].

Anonym 2023c. Anonym: Uyghur Poems. Gebundene Ausgabe [Amazon-Eintrag mit Verlagsangaben. www.amazon.de/Uyghur-Poems-Various/dp/1841598305/ref=sr_1_1].

Anonym 2023d. Anonym: Palinov (Polinov), Ivan Jakovlevič (Georgievič) [Anonymer biographischer Eintrag in der Online-Enzyklopädie *CentrAziya*, undatiert. centrasia.org/person.php?st=1181419865].

Anonym 2023e. Anonym: Çin Devlet Başkanı Şi'den Sincan'a ziyaret: 'Çin modeli İslam' çağrısı [Besuch des chinesischen Staatspräsidenten Xi in Xinjiang: Aufruf zum „Islam nach chinesischem Modell"; Artikel aus dem Online-Angebot der türkischen Zeitung *Cumhuriyet*, datiert auf den 28. August 2023. www.cumhuriyet.com.tr/dunya/cin-devlet-baskani-siden-sincana-ziyaret-cin-modeli-islam-cagrisi-2113352].

Anonym 2023f. Anonym: Bawo xin jiyu: zhanxian xin zuowei: Xi Jinping zongshuji zai Xinjiang fabiao de zhongyao jianghua guwu guangda ganbu qunzhong tongxin zhu meng xin zhengcheng 把握新机遇展现新作为——习近平总书记在新疆发表的重要讲话鼓舞广大干部群众同心筑梦新征程 [Neue günstige Gelegenheiten ergreifen, neue Errungenschaften aufweisen: Die bedeutende Rede, die Generalsekretär Xi Jinping in Xinjiang gehalten hat, inspirierte eine zahlreich versammelte Menge von Funktionären dazu, einmütig Träume für neue Expeditionen zu entwickeln; Bericht aus der Website der volksrepublikanisch-chinesischen Nachrichtenagentur *Xinhua*, datiert auf den 28. August 2023. xj.news.cn/20230828/b7e2d447224241a6950cc5ef6d975faa/c.html].

Anonym 2023g. Anonym: Mr Ilshat Hassan (USA) [Anonymer, undatierter biographischer Text auf der Internetpräsentation des Uigurischen Weltkongresses. www.uyghurcongress.org/en/team/ilshat-hassan].

Anonym 2023h. Anonym: Yalgun Rozi, *1966 in Xinjiang/ China, seit 2017 in chinesischer Haft [Eintrag auf dem Internetportal Wahrheitskämpfer, undatiert. wahrheitskaempfer.de/portfolio/yalgun-rozi-china-xinjiang-in-chinesischer-haft].

Artwińska/ Starnawski/ Wołowiec 2016. Artwińska, Anna/ Starnawski, Bartłomiej/ Wołowiec, Grzegorz (Hgg.): Studies on Socialist Realism. The Polish View. Jaros, Maja et al. (Übers.). Frankfurt am Main, Bern, Wien: Peter Lang.

Arziev 2006. Arziev, Ruslan: Uyġur tili [Das Uigurische]. Almaty: Mektep.

Ascher 2004. Ascher, Abraham: The Revolution of 1905: a short history. Stanford: Stanford University Press.

Ascher 2014. Ascher, Abraham: The Russian Revolution: a beginner's guide. Oxford: Oneworld.

Atsiz/ Wolfart o. J. [1998]. Atsiz, Bedriye/ Wolfart, Ulrich: Oġuznāme: In: Jens, Walter (Hg.): *Kindlers Neues Literatur Lexikon*. Bd. 22. Frechen: Komet. 188f.

Aubin 1998. Aubin, Françoise: L'arrière-plan historique du nationalisme ouïgour. Le Turkestan oriental des origines au XXᵉ siècle. *Cahiers d'études sur la Méditerranée orientale et le monde turco-iranien* [doi.org/10.4000/cemoti.42].

Aust/ Geiges 2022. Aust, Stefan/ Geiges, Adrian: Tödliche Isolation – China will die Autarkie und bekommt den Absturz. [Artikel in der Online-Ausgabe der *Welt*, datiert auf den 21. April 2022. www.welt.de/wirtschaft/article237712685/Aussenpolitik-Toedliche-Isolation-China-will-die-Autarkie-und-bekommt-den-Absturz.html].

Avon 2020. Avon, Dominique: La liberté de Conscience. Histoire d'une notion et d'un droit. Rennes: Presses Universitaires de Rennes.

Avutova 2016. Avutova, Gülnarä: Lutpulla Mutällipniŋ ijadiy mirasi [Das literarische Erbe Lutpulla Mutällips]. Almaty: MIR.

Ayup 2017. Ayup, Abduväli: Uyġur ailä maaripi qollanmiliri. Elipbä [Handreichung für die uigurische Familienerziehung. Das Alphabet]. Istanbul: Siyer Çocuk Yayınları.

Ayup 2017a. Ayup, Abduveli [= Ayup, Abduväli]: Abdulhaluk Uygur hakkındaki çalışmalarda sorunlar [Probleme in Arbeiten über Abdulhaluk Uygur; Artikel aus der Zeitschrift *Uluslararası Uygur Araştırmaları Dergisi* 9 (2017): 17-21. www.uygurarastirmalari.com/arsiv/2017-9/2017_03.pdf].

Ayup 2019. Ayup, Abduweli: The danger of teaching Uyghur language [Meinungsbeitrag auf einer Webseite des schwedischen *PEN*, datiert auf den 18. November 2019. www.penopp.org/articles/abduweli-ayup?language_content_entity=en].

Ayup 2018. Ayup, Abduväli: Oyunlar vadisi Türkiyä [Die Türkei, ein Tal der Spiele]. Istanbul: Siyer Yayınları.

Ayup 2018a. Ayup, Abduväli: Täpäkkür vä tuzaq [Denken und Falle]. Istanbul: Siyer Yayınları.

Ayup 2020. Ayup, Abdülveli: Çin Zindanında Doğu Türkistanlı Bir Aydın [Ein ostturkestanischer Intellektueller im chinesischen Kerker]. Istanbul: İleri Yayınları.

Ayup 2020a. Ayup, Abduväli: Uyġur bulaq [Die uigurische Quelle]. Istanbul: Täklimakan Uyġur näšriyati.

Ayup 2021. Ayup, Abdülveli: Özgür Mahkum [Der Freie Inhaftierte]. Istanbul: Billur Yayınları.

Ayup 2021a. Ayup, Abduväli: Kälgüsimiz pärqliq bolidu [Unsere Zukunft wird anders sein]. Istanbul: Täklimakan Uyġur näšriyati.

Ayup 2021b. Ayup, Abduväli: Türmä xatiriliri: Mähbus rohlar [Gefängniserinnerungen: Gefangene Seelen]. Istanbul: Täklimakan Uyġur näšriyati.

Ayup 2021c. Ayup, Abduväli: Bügünniŋ tarixi [Die Geschichte des Heute]. Istanbul: Täklimakan Uyġur näšriyati.

Ayup 2022. Ayup, Abduväli: Elipbä. Muhajirättiki Uyġur pärzäntlär üčün oqušluq. [Das Alphabet. Ein Lesebuch für uigurische Kinder in der Diaspora]. Istanbul: Täklimakan Uyġur näšriyati.

Ayup 2023. Ayup, Abduweli [= Ayup, Abduväli]: Uigurische Literatur. In Symbole gehüllte Rebellion und Helden. *Für Vielfalt. Zeitschrift für Menschen- und Minderheitenrechte* 1 (2023): 32-36.

Ayup 2023a. Ayup, Abduweli: Meine uigurische Literatur. In Symbole gehüllte Rebellion und Helden [www.gulandot.de/mrhess/texte-anderer-autoren/abduweli-ayup/meine-uigurische-literatur-in-symbole-gehullte-rebellion-und-helden].

Äla 2002. Äla, Mämtimin: Täklimikandin Yavropiġiča (Ädäbiy Xatirä) [Von der Taklamakan bis nach Europa. Literarische Erinnerungen]. Abliz, Sadir (Hg.). Ürümtschi: Šinjaŋ xälq näšriyati. [PDF-Dokument, elkitab.org/wp-content/uploads/2019/05/21377_mela.pdf].

Äla 2015. Äla, Mämtimin [= Ala, Mamtimin]: Söz beši [Einführung]. In: Sadayi: *Uhsiniš [Wehklage]*. Istanbul: Šärqiy Türkistan hörriyät näšriyati. I-VII.

Älkün 2016. Älkün, Äziz Äysa: Isim majirasi [Die Sache mit dem Namen], datiert auf den 16. April 2016 [www.uyghurpen.org/uy/Isim_majirasi.pdf].

Älkün 2021. Älkün, Äziz Äysa: Uyġurlarda mädäniyät vä Islam [Kultur und Islam bei den Uiguren; Essay, datiert auf den 19. April 2021] [elkitab.org/wp-content/uploads/2021/05/Uyghurlarda_medeniyet_we_Islam.pdf].

Älkün 2021a. Älkün, Äziz Äysa: Muhajirättiki Uyġurlar: Nopus vä nopuz [Die Uiguren in der Diaspora: Demographie und Einfluss; Essay, datiert auf den 9. Mai 2021]. [elkitab.org/wp-content/uploads/2021/05/Uyghurlar_Nopus_we_Nopuz_Elkun.pdf].

Äziziy 1987. Äziziy, Säypidin: Sutuq Bughra Xan (tarixiy roman) [Sutuq Bughra Khan (historischer Roman)]. Beijing: Millätlär näšriyati.

Babdinov 2008. Babdinov, Alimjan: Mähbus [Der Gefangene]. Almaty: Mir.

Baberowski 2003. Baberowski, Jörg: Der Feind ist überall. Stalinismus im Kaukasus. München: DVA.

Babur 1992. Babur, Zähiriddin Muhämmäd: Baburnamä [Das Baburbuch]. Tömür, Xämit (Übers.). Beijing: Millätlär näšriyati.

Babur 1993. Babur: Baburnama. Chaghatay Turkish text with Abdul-Rahim Khankhanan's Persian translation. Thackston, Wheeler M. (Hg., Übers.). 3 Bde. Cambridge, MA: Harvard University, Department of Near Eastern Languages and Civilizations.

Barmin 1999. Barmin, V. A.: Sintsian v sovetsko-kitajskich otnošenijach 1914–1949 gg. Barnaul: Izdatel'stvo BGPU.

Baskakov 1965. Baskakov, N. A.: Issledovanija po ujgurskomu jazyku. Alma-Ata: Nauka.

Baskakov 1970. Baskakov, N. A.: Issledovanija po ujgurskomu jazyku. Alma-Ata: Nauka.

Bastek/ Byler 2023. Bastek, Stephanie/ Byler, Darren: *Smarty Pants Podcast* (Nr. 262) [Podcast im Internetportal *The American Scholar*, datiert auf den 13. Januar 2023. theamerican-scholar.org/lost-in-smog].

Baumer 1996. Baumer, Christoph: Geisterstädte der südlichen Seidenstraße. Entdeckungen in der Wüste Takla-Makan. Stuttgart etc.: Belser.

Baumer 2002. Baumer, Christoph: Seidenstraße – Inseln im Sandmeer: Versunkene Kulturen der Wüste Taklamakan. Mainz: Zabern.

Bausani 1965. Bausani, A.: G̲h̲azal. In: Lewis, B./ Pellat, Ch./ Schacht, J. (Hgg.): *The Encyclopaedia of Islam. New Edition*. Leiden: Brill [archive.org/details/ei2-complete]. Bd. II *(C-G)*. 1028-1036.

Bayrak 2006. Bayrak, Mehmet: Alevilikte ʿHızır' kültü [Der Kult „Hızır"s im Alevitentum]. *Alevilerin sesi* 91 (2006): 14f.

Bägyar 2020. Bägyar, Tursun Abdulla: Šaʾir Hezim Iskändärov [Biographisch-literaturwissenschaftlicher Artikel aus der Internetseite *Uygur Akadmiyisi [Uigurische Akademie]*, datiert auf den 28. Oktober 2020. www.akademiye.org/ug/?p=159881].

Bän 1993. Bän Gu [= Ban Gu 班固, 32–92 n. Chr.]: Xännamä. 24 Tarixdiki Ottura Asiyaġa daʾir materiallar toplisi – 2 [Geschichte der Han-Dynastie. Sammlung von Materialien zur Geschichte Zentralasiens aus den 24 Geschichtswerken, Teil 2; chinesischer Titel (Bän 1993: 974): Ershisishi Zhongya Bufen er 二十四史中亚部分二; dt. auch Geschichte der Früheren Han-Dynastie]. Ürümči: Šinjaŋ xälq näšriyati.

Bauer/ Neuwirth 2005. Bauer, Thomas/ Neuwirth, Angelika (Hgg.): Ghazal as World Literature I. Transformations of a Literary Genre. Beirut, Würzburg: in Kommission bei Ergon.

Becker et al. 2022. Becker, Markus et al.: In die Falle gelaufen. *DER SPIEGEL* 22 (28. Mai 2022): 8-15.

Beevor 2022. Beevor, Antony: Russia: Revolution and Civil War 1917–1921. London: Weidenfeld & Nicolson.

Bekturganova 2002. Bekturganova, B.: „Ujgurskij ekstremizm" v Central'noj Azii: mif ili real'nost'? Almaty: Complex.

Bellér-Hann 2014. Bellér-Hann, Ildikó: The Bulldozer State. Chinese Socialist Development in Xinjiang. In: Reeves, Madeleine/ Rasanayagam, Johan/ Beyer, Judith (Hgg.): *Ethnographies of the State in Central Asia*. Bloomington, Indianapolis: Indiana University Press 173-197.

Bemmann/ Schmauder 2015. Bemmann, Jan/ Schmauder, Michael (Hgg.): Complexity of Interaction along the Eurasian Steppe Zone in the First Millennium CE. Bonn: Vor- und Frühgeschichtliche Archäologie.

Bender 2016. Bender, Mark: Ethnic Minority Language. In: Zhang, Yingjin (Hg.): *A companion to Modern Chinese Literature*. Chichester: Wiley Blackwell. 261-276.

Benson 1990. Benson, Linda: The Ili rebellion: the Moslem challenge to Chinese authority in Xinjiang, 1944–1949. Armonk, London: East Gate.

Berensmann 2019. Berensmann, Kathrin: Chinas „Neue Seidenstraße". *Diplomatisches Magazin* 2 (2019): 32-35.

Best 2008. Best, Otto F.: Handbuch literarischer Fachbegriffe. 8. Aufl. Frankfurt am Main: Fischer Taschenbuch Verlag.

Biarnès 2014. Biarnès, Pierre: La route de la soie: une histoire geopolitique. Paris: Ellipses.

Biddulph 2007. Biddulph, Sarah: Legal Reform and Administrative Detention Powers in China [Artikel, erschienen als *University of Melbourne Legal Studies Research Paper* 364 (2007), gepostet am 21. Januar 2009. papers.ssrn.com/sol3/papers.cfm?abstract_id=1330637].

[Bilal Nazim] 1880–1881. [Bilal Nazim:] Vojna musul'man protiv kitajcev. Tekst narečija Taranči. Pantusov, N. N. (Hg.). Kazan: Universitätsdruckerei.

Bizakov 2007. Bizakov, S.: Uyğïrlar [Uiguren]. In: Anonym: *Qazaqstan. Ulttïq ėnciklopediya [Kasachstan. Nationalezyklopädie]*. Bd. 9. Almaty: „Qazaq Ėnciklopediyasïnïŋ" bas redakciyasï. 13.

Bölinger 2023. Bölinger, Mathias: Der Hightech-Gulag: Chinas Verbrechen gegen die Uiguren. München: C. H. Beck.

Bonnin 2004. Bonnin, Michel: Genération perdue: Le mouvement d'envoi des jeunes instruits à la campagne en Chine, 1968–1980. Paris: Éditions de l'École des hautes études en scientes sociales.

Boratav 1990. Boratav, Pertev Naili (Hg.): Türkische Volksmärchen. München: Eugen Diederichs.

Boratav 1986. Boratav, Pertev Naili: K͟hiḍr-ilyās. In: Bosworth, C. E. et al. (Hgg.): *The Encyclopaedia of Islam. New Edition*. Leiden: Brill. [archive.org/details/ei2-complete, Bd. V *(KHE-MAHI)*. 5.

Boulnois 1992. Boulnois, Luce: La route de la soie. 3. Aufl. Genf: Olizane.

Bouscaren 2019. Bouscaren, Durrie. 'We Need to Keep Our Language Alive': Inside a Uyghur Bookshop in Istanbul [Artikel aus dem Newsportal *Pacific Standard*, ursprünglich datiert auf den 10. April 2019, aktualisiert am 24. Juli 2019. psmag.com/ideas/inside-a-uyghur-bookshop-in-istanbul].

Bovingdon 2010. Bovingdon, Gardner: The Uyghurs: strangers in their own land. New York: Columbia University Press.

Boyanin 2011. Boyanin, Yuri: The Kyrgyz of Naryn in the Early Soviet Period: A Study Examining Settlement, Collectivisation and Dekulakisation on the Basis of Oral Evidence. *Inner Asia* 13, 2 (2011): 279-296 [www.jstor.org/stable/24572095].

Bräuner 2023. Bräuner, Viktoria: Lager, Folter, Massenkontrolle: Wie China Millionen Uiguren quält [Artikel aus der Online-Ausgabe des *Tagesspiegel*s, datiert auf den 12. April 2023. www.tagesspiegel.de/internationales/lager-folter-massenkontrolle-wie-china-millionen-uiguren-qualt-9641360.html].

Buchholz 2010. Buchholz, Petra: Vom Teufel zum Menschen: Die Geschichte der Chinaheimkehrer in Selbstzeugnissen. München: Iudicium.

Byler 2020. Byler, Darren: The disappearance of Perhat Tursun, one of the Uyghur world's greatest authors [Beitrag aus dem Newsportal *SupChina*, datiert auf den 5. Februar 2020. supchina.com/2020/02/05/disappearance-of-perhat-tursun-uyghur-worlds-greatest-author].

Byler 2022. Byler, Darren: Terror Capitalism. Uyghur Dispossession and Masculinity in a Chinese City. Durham, London: Duke University Press.

[Byler 2022a]. [Byler, :][1724] Introduction. In: Tursun, Perhat: *The Backstreets. A novel from Xinjiang*. Byler, Darren/ Anonymous (Übers.). New York: Columbia University Press. VII-XVIII.

Byler/ Franceschini/ Loubere 2022. Byler, Darren/ Franceschini, Ivan/ Loubere, Nicholas (Hgg.): Xinjiang Year Zero. Canberra: Australian National University Press.

Calabrese 2022. Calabrese, Linda: Making the Belt and Road Initiative work for Africa [Artikel auf der Website der *Overseas Development Initiative, ODI*. odi.org/en/insights/making-the-belt-and-road-initiative-work-for-africa].

Calabrese/ Cao 2021. Calabrese, Linda/ Cao, Yue: Managing the Belt and Road: agency and development in Cambodia and Myanmar. *World Development* 131 (2021): 1-13.

Cavelius 2021. Cavelius, Alexandra: Vorwort. In: Dies./ Sauytbay, Sayragul: *China Protokolle*. München: Europaverlag. 13-16.

Cavelius/ Sauytbay 2021. Cavelius, Alexandra/ Sauytbay, Sayragul: China Protokolle. München: Europaverlag.

[1724] Der Name des Autoren ist nicht explizit genannt, aber erschließbar.

Cəfər 1977. Cəfər, Əkrəm: Əruzun nəzəri əsasları və Azərbaycan əruzu [Die theoretischen Grundlagen des Aruz und der aserbaidschanische Aruz]. Baku: Elm.

Chang 1981. Chang, Renxia 常任侠: Sichou zhi Lu yu Xiyu wenhua yishu 丝绸之路与西域文化艺术. [Die Kunst der Kulturen der Seidenstraße und der Westlichen Gebiete]. Shanghai: Wenyi.

Chaterjee 2018. Chaterjee, Suchandana: Urumqi Clashes: Bordered Conscience: Uyghurs of Central Asia. In: Ercilasun, Güljanat Kurmangalieva/ Ercilasun, Konuralp (Hgg.): *The Uyghur Community. Diaspora, Identity and Geopolitics*. New York: Palgrave Macmillan. 105-120.

Chen 1981. Chen, Theodore Hsi-en: Chinese education since 1949: Academic and revolutionary models. New York: Pergamon Press.

Cheng 2023. Cheng, Yangyang: Centuries of Dislocation. Perhat Tursun and the Uyghurs in Xinjiang [Buchgesprechung aus dem Online-Angebot von *The Nation*, datiert auf den 13. Juni 2023. www.thenation.com/article/world/uyghurs-xinjiang-perhat-tursun.

Chin 2013. Chin, Tamara: The Invention of the Silk Road, 1877. *Critical Inquiry* 40,1 (2013): 184-219.

Christian 2000. Christian, David: Silk Roads or Steppe Roads? The Silk Roads in World History. *Journal of World History* 11, 1 (2000): 1-26.

Chu Bai Liang (Chris Buckley) 2018. Chu Bai Liang 储百亮: Zhongguo wei Xinjiang jujinying bianhu cheng qi rendao qie hefa 中国为新疆拘禁营辩护称其人道且合法[China verteidigt die Internierungslager in Xinjiang, indem es sie menschlich und legal nennt; Artikel aus der chinesischen Version des Internetangebots der *New York Times*, datiert auf den 17. Oktober 2018]. cn.nytimes.com/china/20181017/china-muslim-camps-xinjiang-uighurs].

Church 2018. Church, Sally: The Eurasian Silk Road. Its Historical Roots and the Chinese Imagination. *Cambridge Journal of Eurasian Studies*. 2 (2018): 1-13.

Clarke 2022. Clarke, Michael (Hg.): The Xinjiang emergency. Exploring the causes and consequences of China's mass detention of Uyghurs. Manchester: Manchester Universit Press.

Coonan 2014. Coonan, Clifford: Chinese leader Xi Jingping steps up anti-terrorist rhetoric [Beitrag aus dem Online-Angebot der *Irish Times*, datiert auf den 29. April 2014. www.irishtimes.com/news/world/asia-pacific/chinese-leader-xi-jinping-steps-up-anti-terrorist-rhetoric-1.1777745].

Dabbs 1963. Dabbs, Jack A.: History of the Discovery and Exploration of Chinese Turkestan. Den Haag: Mouton.

Davamät 1992. Davamät, Tömür: Hayat Mäš'ili [Die Fackel des Lebens]. Beijing: Millätlär.

David-Fox 2016. David-Fox, Michael (Hg.): The Soviet Gulag: evidence, interpretation, and comparison. Pittsburgh: University of Pittsburgh Press.

Davis 2020. Davis, Dick: Introduction. In: Nezami Ganjavi: *Leyli & Majnun*. Davis, Dick (Übers.). [New York:] Mage Publishers. IX-XXVI.

De Bruijn 1999. De Bruijn, J. T. P.: The name of the poet in classical Persian poetry. In: *Proceedings of the Third European Conference of Iranian Studies*. Teil 2. *Mediaeval and Modern Persian Studies*. Melville, Charles (Hg.). Wiesbaden: Dr. Ludwig Reichert. 45-56.

De Jong 2007. De Jong, Frederick: A Grammar of Modern Uyghur. Utrecht: Houtsma.

De Jong 2018. De Jong, Frederick: Uyghur Texts in Context. Life in Shinjang Documented from Public Spaces. Leiden, Boston: Brill.

Deuber 2018. Deuber, Lea: Gefesselt auf dem Tigerstuhl [Artikel aus dem *Tagesanzeiger*, erschienen am 28. Dezember 2018, aktualisiert am 29. Dezember 2018. www.tagesanzeiger.ch/gefesselt-auf-dem-tigerstuhl-722571046222].

Defranoux 2022. Defranoux, Laurence: Ouïgours: Les «Xinjiang Police Files», des preuves vertigineuses des exactions. [Artikel aus der Online-Ausgabe von *Libération*, datiert auf den 25. Mai 2022. www.liberation.fr/international/asie-pacifique/ouighours-les-xinjiang-police-files-des-preuves-vertigineuses-des-exactions-20220525_XTVQCXAA25ACDDY5D6JD7T4J3I].

Defranoux 2022a. Defranoux, Laurence: Au Xinjiang, la Chine force sur le travail forcé [Artikel aus der Online-Ausgabe von *Libération*, datiert auf den 7. Juni 2022. www.liberation.fr/international/asie-pacifique/au-xinjiang-la-chine-force-sur-le-travail-force-20220606_PFYTSYJ6ENELVKR4Z2ULCUUR3U].

Defranoux 2023. Defranoux, Laurence: Lundi poésie: les éditions Jentayu mettent les poèmes ouïghours en pleine lumière [Artikel aus der Online-Ausgabe von *Libération*, veröffentlicht am 30. Januar 2023. www.liberation.fr/culture/livres/lundi-poesie-les-editions-jentayu-mettent-les-poemes-ouighours-en-pleine-lumiere-20230130_ARWHSGXQCJGUJB5AM6MCUOKH3E].

Defranoux 2023a. Defranoux, Laurence: Crimes contre les Ouïghours: la visite du gouverneur du Xinjiang en Europe de plus en plus compromise [Artikel aus der Online-Version von Libération, erschienen am 15. Februar 2023, zuletzt aktualisiert am 16. Februar 2023. www.liberation.fr/international/asie-pacifique/crimes-contre-les-ouighours-la-visite-du-gouverneur-du-xinjiang-en-europe-compromise-20230215_KJPERO4EUNHWVJJKH7HDRKT5LA].

Defranoux 2021. Defranoux, Laurence: Le Tribunal ouïghour juge la Chine coupable de «genocide» [Artikel in der Online-Ausgabe von *Libération*, erschienen am 9. Dezember 2021. www.liberation.fr/international/asie-pacifique/le-tribunal-ouighour-juge-la-chine-coupable-de-genocide-20211210_LGLANBIHGJBHJEH5OAT34HTHOA].

Deutsch-Aserbaidschanisches Forum o. J. [2012]. Deutsch-Aserbaidschanisches Forum (Hg.): Aserbaidschan. 33 Fakten, die man kennen muß. Berlin: Deutsch-Aserbaidschanes Forum e.V.

Dijk 2009. Dijk, Meine Pieter van (Hg.): The new presence of China in Africa. Amsterdam: Amsterdam University Press.

Dikötter 2004. Dikötter, Frank: The emergence of labour camps in Shandong province, 1942–1950. *The China Quarterly* 175 (2003): 803-817.

Dillon 2023. Dillon, Michael: Somewhere in the Web [Online-Version eines Artikels aus der *London Review of Books* 45,1 (5. Januar 2023). www.lrb.co.uk/the-paper/v45/n01/michael-dillon/somewhere-in-the-web.

Dobrenko/ Jonsson-Skradol 2018. Dobrenko, E. A./ Jonsson-Skradol, Natalia (Hgg.): Socialist realism in Central and Eastern European literatures under Stalin: institutions, dynamics, discourses. London: Anthem Press.

Drompp 2005. Drompp, Michael R.: Tang China and the Collapse of the Uighur Empire. Leiden, Boston: Brill.

Duchemin 1975. Duchemin, André: Un grand mystique turc. Yunus Emre, 1248–1320. Petit Livre de Conseils. *Turcica* VII (1975): 73-104.

Duperray 2022. Duperray, Stéphane: Uigurische Region: Schriftsteller Perhat Tursun veröffentlicht Roman aus der Haft. [Artikel auf der Webpräsenz des Vereins *Novastan*, datiert auf den 1. Mai 2022]. Coppenrath, Florian (Übers.). novastan.org/de/gesellschaft-und-kultur/uigurische-region-schriftsteller-perhat-tursun-veroeffentlicht-roman-aus-der-haft].

Dwyer 2007. Dwyer, Arienne M.: Salar: A Study in Inner Asian Language Contact Processes. Part I: Phonology. Wiesbaden: Harrassowitz.

Eberhard/ Boratav 1953. Eberhard, Wolfram/ Boratav, Pertev Naili: Typen türkischer Volksmärchen. Wiesbaden: Franz Steiner.

Eckmann 1959. Eckmann, Janos: Das Tschagataische. In: Deny, Jean et al. (Hgg.): *Philologiae Turcicae Fundamenta*. Bd. 1. Wiesbaden: Franz Steiner. 138-160.

Eckmann 1966. Eckmann, János: Chaghatay Manual. Bloomington, Den Haag: Indiana University, Mouton and Co.

Elisseeff 2000. Elisseeff, Vadime (Hg.): The silk roads: highway of culture and commerce. New York, Oxford: Berghahn.

Eliyop 1985. Eliyop, Teyipčan: Tallanġan še'irlar [Ausgewählte Gedichte]. Xälpätov, Abduväli/ Ömär, Abdurusul (Hgg.). Ürümči: Šinjaŋ älq näšriyati. [turkistanilibrary.com/sites/default/files/typjn_ylywp_tllngn_shyrlr_1.pdf und ~/typjn_ylywp_tllngn_shyrlr_2.pdf].

Elkitab 2022ff. Elkitab [Internetseite mit downloadbaren uigurischen Büchern. elkitab.org].

Elkun 2023. Elkun, Aziz Isa [= Älkün, Äziz Äysa]: An Unanswered Telephone Call [Webseite mit Link zum Dokumentarfilm und zu Erläuterungen]. filmfreeway.com/AnUnansweredTelephoneCall].

Elkun 2023a. Elkun, Aziz Isa (Mitübersetzer, Hg.): Uyghur poems. Indianapolis: London: Everyman's Library.

Emet 2008. Emet, Erkin: Doğu Türkistan Uygur ağızları [The Modern Uyghur dialects of Eastern Turkestan]. Ankara: Türk Dil Kurumu.

Emet 2018. Emet, Erkin: Urumqi Clashes: The Reactions and Aftermath. In: Ercilasun, Güljanat Kurmangalieva/ Ercilasun, Konuralp (Hgg.): *The Uyghur Community. Diaspora, Identity and Geopolitics*. New York: Palgrave Macmillan. 137-151.

Ercilasun 2018. Ercilasun, Konuralp: The Land, the People, and the Politics in a Historical Context. In: Ercilasun, Güljanat Kurmangalieva/ Ercilasun, Konuralp (Hgg.): *The Uyghur Community. Diaspora, Identity and Geopolitics*. New York: Palgrave Macmillan. 1-16.

Ersöz 2017. Ersöz, Derya: Zordun Sabir'in Anayurt Romanında Sosyal Yapı [Die soziale Struktur in Zordun Sabirs Roman *Ana yurt*]. *Uluslararası Uygur Araştırmaları Dergisi* 9 (2017): 41-51.

Eruygur 2013. Erguygur, Erkin Emet Adilcan: Temel Uygurca [Grundlegendes Uigurisch]. Ankara: Grafiker.

Erverdi/ Kutlu/ Kara 1977. Erverdi, Ezel/ Kutlu, Mustafa/ Kara, İsmail (Hgg.): Türk Dili ve Edebiyatı Ansiklopedisi [Enzyklopädie der türkischen Sprache und Literatur]. Bd. 2. Istanbul: Dergah yayınları.

Erverdi/ Kutlu/ Kara 1985. Erverdi, Ezel/ Kutlu, Mustafa/ Kara, İsmail (Hgg.): Türk Dili ve Edebiyatı Ansiklopedisi [Enzyklopädie der türkischen Sprache und Literatur]. Bd. 6. Istanbul: Dergah yayınları. Artikel Leylâ ve Mecnun. 87-92.

Fahrion/ Giesen 2022. Fahrion, Georg/ Giesen, Christoph: Der Allmächtige. *DER SPIEGEL* 42 (15. Oktober 2022): 10-16.

Fahrion/ Sabrie 2023. Fahrion, Georg/ Sabrie, Gilles (Fotos): Drei Welten von Xinjiang. *DER SPIEGEL* 20 (13. Mai 2023): 82-85.

Fän/ Byav 1996. Fän, Ye/ Byav, Sima [=Fan Ye 范晔, 398–445/ Sima Biao 司马彪, ca. 238 oder 246–306]: Keyinki Xännamä. '24 Tarix' diki Ottura Asiyaġa da'ir materiallar toplisi – 3 [Das Buch der späteren Han. Sammlung von Materialien zur Geschichte Zentralasiens aus den 24 Geschichtswerken, Teil 3; chinesischer Titel (Fän/ Byav 1996: 693): Ershisishi Zhongya Bufen san 二十四史中亚部分三]. Ürümči: Šinjaŋ xälq näšriyati.

Fast 1999. Fast, Pitor: Ideology, aesthetics, literary history: socialist realism and its others. Frankfurt am Main etc.: Lang.

Feng 2022. Feng, Emily: A Uyghur seeks just a place to sleep in 'The Backstreets' [Buchbesprechung aus dem Nachrichtenportal *npr*, datiert auf den 13. September 2022. www.npr.org/2022/09/13/1118102702/backstreets-uyghur-perhat-tursun-review-china].

Fenz 2000. Fenz, Hendrik: Vom Völkerfrühling bis zur Oktoberrevolution 1917. Die Rolle der aserbaidschanischen Elite bei der Schaffung einer nationalen Identität. Hamburg, Münster, London: LIT. (*Hamburger Islamwissenschaftliche und Turkologische Arbeiten und Texte*, 11.)

Firimin 2012. Firimin, Jašuva: Pärhat Tursun še'ir ijaydiyitidiki ikki dävr toġrisida [Über zwei Phasen im dichterischen Schaffen uig,Pärhat Tursuns]. *Šinjaŋ universiteti ilmiy žurnili (Pälsäpä-Ijtima'iy Pän Qisim)* 1 (2012): 91-98 [www.maqale.uyghurkitap.com/makale-ecfd555d1e401a41d1db].

Frangville/ Mijit 2022. Frangville, Vanessa/ Mijit, Mukaddas (Hgg.): Littérature ouïghoure. Poésie et prose. Paris: Jentayu.

Frankopan 2016. Frankopan, Peter: Die neuen Seidenstrassen. Gegenwart und Zukunft unserer Welt. Berlin: Rowohlt.
Franzoni 2020. Franzoni, Daniele: La prosa sovietica nel contesto socio-culturale dell'epoca brežneviana. Florenz: Firenze University Press.
Freeman 2010. Freeman, Joshua L.: Qum Basqan Sheher. *Translation Review* 80 (2010): 135f.
Freeman 2016a. Freeman, Joshua L.: Uyghur Modernist Poetry: Three Contemporary Writers [www.wordswithoutborders.org/article/march-2016-introduction-new-uyghur-poetry-joshua-l-freeman].
Freeman 2016b. Freeman, Joshua L.: Literature, Uyghur. In: Murray, Jeremy/ Nadeau, Kathleen M. (Hgg.): *Pop Culture in Asia and Oceania*. Santa Barbara, CA: ABC-CLIO. 88-91.
Freeman 2018. Freeman, Joshua L.: Uyghur Poetry in Translation: Perhat Tursun's "Elegy". [Ersterscheinungsdatum 6. September 2018. medium.com/fairbank-center/uyghur-poetry-in-translation-perhat-tursuns-elegy-902a58b7a0aa].
Freeman 2019. Freeman, Joshua L.: Print and Power in the Communist Borderlands: The Rise of Uyghur National Culture. Diss. Harvard University, Graduate School of Arts & Sciences. [dash.harvard.edu/bitstream/handle/1/42029533/FREEMAN-DISSERTATION-2019.pdf].
Freeman 2020. Freeman, Joshua L.: Uighur Poets on Repression and Exile [Beitrag aus dem *New York Review*, datiert auf den 13. August 2020. www.nybooks.com/online/2020/08/13/uighur-poets-on-repression-and-exile/?lp_txn_id=1510398].
Friederich 1997. Friederich, Michael: Die ujghurische Literatur in Xinjiang 1956–1966. Wiesbaden: Harrassowitz.
Friederich 1998. Friederich, Michael: Welche Wirklichkeit? – Der Schriftsteller Mähämmät Baγraš und die ujghurische Literatur. *Central Asiatic Journal* 42,1 (1998): 66-83.
Friederich o. J. [1998]. Friederich, Michael: Äxtäm Ömär. Qijamättä qalġan sährä. In: Jens, Walter (Hg.): *Kindlers Neues Literatur Lexikon*. Bd. 22. Supplement. Frechen: Komet. 226f.
Friederich 2002. Friederich, Michael: Uyghurisch Lehrbuch. In Zusammenarbeit mit Abdurishid Yakup. Wiesbaden: Dr. Ludwig Reichert Verlag.
Friedländer 2023. Friedländer, Amos Michael: Das Ende der Fastenzeit – wie die Chinesen im Lande der Uiguren Basare schliessen und Lager eröffnen [Artikel aus dem Online-Angebot der *Neuen Zürcher Zeitung*, datiert auf den 4. Mai 2023. www.nzz.ch/meinung/das-ende-der-fastenzeit-wie-china-die-uiguren-unterdrueckt-ld.1734917].
Fu 2005. Fu, Hualing: Re-Education Through Labour in Historical Perspective [Artikel, erschienen in *The China Quarterly* Bd. 184 (2005): 811-830 und zugleich als *University of Hong Kong Faculty of Law Research Paper* No. 10722/44879; gepostet am 18. April 2011. papers.ssrn.com/sol3/papers.cfm?abstract_id=1809425].
Füssl 1994. Füssl, Karl-Heinz: Die Umerziehung der Deutschen: Jugend und Schule unter den Siegermächten des Zweiten Weltkriegs. 1945–1955. Paderborn etc.: Schöningh.
Fuzūlī 1970. Fuzūlī: Leylā and Mejnūn. Huri, Sofi (Übers.). London: Allen & Unwin.
Fyfeld 1982. Fyfeld, J. A.: Re-educating Chinese anti-communists. New York: St. Martin's Press.
Galeotti 2019. Galeotti, Mark: The Vory. Russia's super Mafia. New Haven, London: Yale University Press.
Galeotti 2022. Galeotti, Mark: Die kürzeste Geschichte Russlands. Berlin: Ullstein Taschenbuchverlag.
Gao 2019. Gao, Mobo J.: Collectivism 集体主义. In: Sorace, Christian/ Franceschini, Ivan/ Loubere, Nicolas (Hgg.): *Afterlives of Chinese Communism. Political Concepts from Mao to Xi*. Canberra: ANU Press. 37-41.
Gasanly 2013. Gasanly, Džamil': Istorija diplomatii Azerbajdžanskoj respubliki v trech tomach. Tom II. Vnešnjaja politika Azerbajdžana v gody sovetskoj vlasti (1920–1939). Moscow: FLINTA, Nauka.
Gellner 1983. Gellner, Ernest: Nations and nationalism. Oxford etc.: Blackwell.

Geng 2000. Geng, Shimin: Die alttürkischen Steppenreiche (552–745). In: Roemer, Hans Robert/ Scharlipp, Wolfgang-Ekkehard (Hgg.): *History of the Turkic Peoples in the Pre-Islamic Period*. Berlin: Klaus Schwarz Verlag. 102-124.

Gewirtz 2022. Gewirtz, Julian: Never Turn Back: China and the Forbidden History of the 1980s. Cambridge, MA: Harvard University Press.

Giesen/ Hage/ Steenberg 2024. Giesen, Christoph/ Hage, Simon/ Steenberg, Rune: Hausbesuch vom Staat. *DER SPIEGEL* 6 (3. Februar 2024): 72f.

Giesen et al. 2023. Giesen, Christoph et al.: Brüsseler Wumms-Versuch. *DER SPIEGEL* 6 (4. Februar 2023): 66-68.

GlobalSecurity.org 2023. GlobalSecurity.org: Chinese Communist Party (CCP): Organization [Dokument aus der militärisch-politischen Informationswebseite *GlobalSecurity.org*. www.globalsecurity.org/military/world/china/ccp-org.htm].

Görlach 2023. Görlach, Alexander: Analyse vom China-Versteher. Xi droht das Kredit-Fiasko – weil immer mehr Länder seine Pläne durchschauen [Artikel aus der Online-Ausgabe des *Focus*, datiert auf den 21. Februar 2023. www.focus.de/politik/der-china-versteher/analyse-vom-china-versteher-xi-droht-das-kredit-fiasko-weil-immer-mehr-laender-seine-plaene-durchschauen_id_186429374.html].

Golden 1992. Golden, Peter B.: An Introduction to the History of the Turkic Peoples. Wiesbaden: Harrassowitz.

Gosmanov 1996. Gosmanov, Mirkasïym: Yazïlmaġan kitap. Yaki čäčelgän orlïqtar [Das ungeschriebene Buch. Oder: die ausgebrachte Saat]. Kasan: Tatarstan Kitap Näšriyatï.

Gölpınarlı 1961. Gölpınarlı, Abdülbâki: Yunus Emre ve tasavvuf [Yunus Emre und die islamische Mystik]. Istanbul: Remzi.

Grois 1992. Grois, Boris: The Total Art of Stalinism. Avant-Garde, Aesthetic Dictatorship, and Beyond. Princeton: Princeton University Press.

Gruda 2019. Gruda, Agnès: Répression des Ouïghours. Les survivants de l'horreur [Artikel aus *La Presse*, datiert auf den 1. Dezember 2019. plus.lapresse.ca/screens/b713fa83-ec52-4833-82ff-faaf9c130fd3__7C___0.html].

Grüll/ Mader/ Tanriverdi 2022. Grüll, Philipp/ Mader, Fabian/ Tanriverdi, Hakan: Xinjiang Police Files – Bilder des Grauens empören die Welt. [Bericht des *ARD*-Politmagazins *Report München*, erstausgestrahlt am 25. Mai 2022. www.ardmediathek.de/video/report-muenchen/xinjiang-police-files-bilder-des-grauens-empoeren-die-welt/das-erste/Y3JpZDovL2Rhc2Vyc3RlLmRlL3JlcG9ydCBtw7xuY2hlbi9hMmNlNjc2Yi02Y2MxLTRmZGItYWRkZS01NTgxYjc3OTYzYTE].

Hahn/ Ibrahim 2006. Hahn, Reinhard F./ Ibrahim, Ablahat: Spoken Uyghur. Seattle, London: University of Washington Press.

Haitiwaji/ Morgat 2022. Haitiwaji, Gulbahar/ Morgat, Rozenn: Wie ich das chinesische Lager überlebte. Der erste Bericht einer Uigurin. Berlin: Aufbau.

Hallam 2023. Hallam, Luke: Runner-up: Observer/ Anthony Burgess prize or arts journalism 2023 – Luke Hallam on Perhat Tursun's The Backstreets [Artikel aus der Online-Ausgabe des *Guardian*, datiert auf den 5. März 2023. www.theguardian.com/books/2023/mar/05/runner-up-observeranthony-burgess-prize-for-arts-journalism-2023-luke-hallam-on-perhat-tursuns-the-backstreets].

Harbalioğlu/ Abdulvahit Kaşgarlı 2016. Harbalioğlu, Neşe/ Abdulvahit Kaşgarlı, Raile (Hgg.): Çağdaş Uygur hikâyelerinden seçmeler [Ausgewählte zeitgenössische uigurische Erzählungen]. Ankara: Gazi Kitabevi.

Harbalioğlu/ Abdulvahit Kaşgarlı 2017. Harbalioğlu, Neşe/ Abdulvahit Kaşgarlı, Raile (Hgg.): Çağdaş Uygur edebiyatı tarihi [Geschichte der zeitgenössischen uigurischen Literatur]. Ankara: Gazi Kitabevi.

Hasanjan/ Byler 2022. Hasanjan, Abdulvahit/ Byler, Darren: Zordun Sabir: A Central Figur in Modern Uyghur Literature/ Yeni Uygur Edebiyatinda Önemli Bir Yazar Zordun Sabir. *Turkish Studies* 12, 5 (2022): 177-186. dx.doi.org/10.7827/TurkishStudies.11299].

Hauberg 2023. Hauberg, Sven: Gefängnis statt Umerziehungslager: das Leiden der Uiguren in China geht weiter. [Artikel aus der Online-Ausgabe des *Merkur*, datiert auf den 15.März 2023. www.merkur.de/politik/china-xinjiang-uiguren-konflikl-umerziehung-lager-gefaengnisse-situation-heute-interview-92147765.html].

Hämraev 2019. Hämraev, Xämit: Die uigurische Tragödie. Heß, Michael Reinhard/ Karakaya, Sultan (Übers.). Berlin: Gulandot. *(Minima Turcologica, 1)*

He 1999. He, Wenxue: Die grundlegenden Umstände der Umerziehung von Strafgefangenen in chinesischen Gefängnissen. In: Albrecht, Hans-Jörg/ Kury, Helmut (Hgg.): *Kriminalität, Strafrechtsreform und Strafvollzug in Zeiten des sozialen Umbruchs*. Freiburg im Breisgau: Max-Planck-Institut für Ausländisches und Internationales Recht. 189-193.

He/ Guo 2008. He, Xingliang/ Guo, Hongzhen: A history of Turks. Beijing: China International Press.

Heberer/ Schmidt-Glintzer 2023. Heberer, Thomas/ Schmidt-Glintzer, Helwig: Jenseits von Hass und Zorn – nach der erfolgreichen Kampagne gegen Terrorismus und Islamismus sollen sich nach dem Willen Pekings die Verhältnisse in Xinjiang wieder normalisieren [Gastkommentar im Online-Angebot der *NZZ*, datiert auf den 11. September 2023. www.nzz.ch/meinung/xinjiang-china-kampf-gegen-terrorismus-und-separatismus-ld.1753509].

Heinemann 1981. Heinemann, Manfred: Umerziehung und Wiederaufbau: die Bildungspolitik der Besatzungsmächte in Deutschland und Österreich. Stuttgart: Klett-Cotta.

Heissig 1944. Heissig, Walther: Über mongolische Landkarten. Teil 1. Monumenta Serica 9 (1944): 123-173 [www.jstor.org/stable/40726381].

Heß 2007. Heß, Michael Reinhard: Ost und West in den Augen von Orhan Pamuk. Zwei Beiträge. *Orientalia Suecana* 56 (2007): 103-145.

Heß 2008. Heß, Michael Reinhard: Ali Ağca und der 11. September: Denkwürdige Koinzidenzen. In: Kraß, Andreas/ Frank, Thomas (Hgg.): *Tinte und Blut. Politik, Erotik und Poetik des Martyriums*. Frankfurt am Main 2008. Fischer Taschenbuch Verlag. 258-305.

Heß 2008a. Heß, Michael Reinhard: Orhan Pamuks Alternativen zum Clash of Civilizations. *Wiener Zeitschrift für die Kunde des Morgenlandes* 98 (2008): 95-150.

Heß 2008b. Heß, Michael Reinhard: Siegen die Märtyrer des Islams oder besiegen sie den Islam? Zu Mehmet Akif Ersoys Ode an die Kämpfer von Çanakkale. In: Anetshofer, Helga/ Baldauf, Ingeborg/ Ebert, Christa (Hgg.): *Über Gereimtes und Ungereimtes diesseits und jenseits der Turcia. Festschrift für Sigrid Kleinmichel zum 70. Geburtstag*. Schöneiche bei Berlin 2008. Scrîpvaz-Verlag Christof Krauskopf. 49-81.

Heß 2009. Heß, Michael Reinhard: Rabġūzī, Nāṣir ad-Dīn b. Burhan ad-Dīn. In: Arnold, Heinz Ludwig (Hg.): *Kindlers Literatur Lexikon*. 3., völlig neu bearbeitete Aufl. Stuttgart, Weimar: J. B. Metzler. Bd. 13: 416.

Heß 2009a. Heß, Michael Reinhard: Rabġūzī, Nāṣir ad-Dīn b. Burhan ad-Dīn. Qiṣaṣ al-Anbiyā'. In: Arnold, Heinz Ludwig (Hg.): *Kindlers Literatur Lexikon*. 3., völlig neu bearbeitete Aufl. Stuttgart, Weimar: J. B. Metzler. Bd. 13: 416f.

Heß 2009b. Heß, Michael Reinhard: Die Sprache des Menschengottes. Untersuchungen zu ʿImād äd-Dīn Näsimīs (fl. ca. 1400) türkischem Divan. Aachen: Shaker.

Heß 2009c. Heß, Michael Reinhard: Tuqay, Ğabdulla. In: Arnold, Heinz Ludwig (Hg.): *Kindlers Literatur Lexikon*. 3., völlig neu bearbeitete Aufl. Stuttgart, Weimar 2009. Bd. 16. J. B. Metzler. 474.

Heß 2009d. Heß, Michael Reinhard: Tuqay, Ğabdulla. Das dichterische Werk. In: Arnold, Heinz Ludwig (Hg.): *Kindlers Literatur Lexikon*. 3., völlig neu bearbeitete Aufl. Stuttgart, Weimar 2009. Bd. 16. J. B. Metzler. 474f.

Heß 2018. Heß, Michael Reinhard: Yunus Emre als Kulturvermittler und -versöhner. In: Heß, Michael Reinhard / Weiberg, Thomas (Hgg.): *Blätter aus dem* Rosengarten. *Beiträge zum deutsch-türkischen Kulturaustausch*. Berlin: Edition orient-al. 161-202.

Heß 2018a. Heß, Michael Reinhard: Rumi in Konya. In: Heß, Michael Reinhard / Weiberg, Thomas (Hgg.): *Blätter aus dem* Rosengarten. *Beiträge zum deutsch-türkischen Kulturaustausch*. Berlin: Edition orient-al. 29-80.

Heß 2019. Heß, Michael Reinhard: Uiguren in Kasachstan: Untersuchungen zu Demographie, Geschichte und Sprache. Aachen: Shaker.

Heß 2019a. Heß, Michael Reinhard: In schweren Tagen: Texte und Quellen zu den Uiguren Kasachstans. Wiesbaden: Harrassowitz.

Heß 2021. Heß, Michael Reinhard: Profitable Dying. Turkic Interpretations of Martyrdom. Düren: Shaker.

Heß 2021a. Heß, Michael Reinhard: Russians and Kazakhs – a conflict-ridden history seen through Abay's eyes. In: Ders.: *Building the Eternal Country. Studies on multi-ethnic Kazakhstan*. Berlin: Gulandot. 87-149.

Heß 2022. Heß, Michael Reinhard: Schuschas Vermächtnis. Geschichte und Werdegang der Kulturhauptstadt Aserbaidschans. 2. Aufl. Berlin: Gulandot.

Heß 2023. Heß, Michael Reinhard: Noch einmal Lesen lernen. Begegnungen mit dem poetischen Denker Sebastian Kiefer. In: Neuner, Florian (Hg.): *Die Kunst des Lesens. Sebastian Kiefers Lektüren. Neue Perspektiven für den Umgang mit Dichtung in Theorie und Praxis*. Klagenfurt, Graz, Wien 2023. Ritter. 77-123.

Heß 2023a. Heß, Michael Reinhard: A Complex System of Suppression. Review of Darren Byler's "Terror Capitalism. Uyghur Dispossession and Masculinity in a Chinese City" [online gestellt am 25. September 2023. www.soziopolis.de/a-complex-system-of-suppression.html].

Hills 2022. Hills, Carol: Disappeared Uyghur author's novel translated into English for the first time [Meldung aus dem Nachrichtenportal *The World*, datiert auf den 2. September 2022. theworld.org/stories/2022-09-02/disappeared-uyghur-authors-novel-translated-english-first-time].

Hilton 2023. Hilton, Isabel: The Chinese Communist Party is trying to rewrite history. It will fail [Auf den 25. Januar 2023 datierter Artikel aus der Online-Ausgabe der Zeitschrift *Prospect*]. www.prospectmagazine.co.uk/culture/60418/the-chinese-communist-party-is-trying-to-rewrite-history.-it-will-fail].

Höllmann 2022. Höllmann, Thomas O.: China und die Seidenstraße. München: C. H. Beck.

Holdstock 2022. Holdstock, Nick: Journey by night. A young Uyghur man goes to Urumqi to seek his fortune [Öffentlich zugängliche Version der Buchbesprechung von Nick Holdstock aus der Internetplattform *readly.com*, datiert auf den 30. September 2022. gb.readly.com/magazines/the-tls/2022-09-30/633321a763ae9a967a586a3f].

Horlick 2013. Horlick, Michael: Uyghur-English Dictionary. Hyattsville, MD: Dunwoody Press.

Hoshur 2022. Hoshur, Memtimin: La polémique de la moustache. Reyhan, Dilnur (Übers.). In: Frangville, Vanessa/ Mijit, Mukaddas (Hgg.): *Littérature ouïghoure. Poésie et prose*. Paris: Jentayu. 113-127.

Hoshur 1989. Hoshur, Memtimin: A Letter from Afar. Abdulla, Munawwar (Übers.). exchanges.uiowa.edu/issue-2/issues/issue-2/letter-from-afar]. Translation.

Hoshur 1989a. Hoshur, Memtimin [=Hošur, Mämtimin]: Yiraqtin yezilġan xät. exchanges.uiowa.edu/issue-2/issues/issue-2/letter-from-afar]. Source.

Hoshur/ Lipes 2021. Hoshur, Shohret/ Lipes, Joshua: Xinjiang Authorities Sentence Prominent Uyghur Author to 20 Years in Prison [Artikel aus dem Online-Angebot von *Radio Free Asia*, datiert auf den 23. April 2021. www.rfa.org/english/news/uyghur/author-04232021205321.html].

Hošur 2005. Hošur, Mämtimin [= Hoshur, Memtimin]: Qum basqan šähär [Die im Sand versunkene Stadt]. Ürümči: Šinjaŋ yašlar-ösmürlär näšriyati.

Hošur 2010. Hošur, Mämtimin: Mämtimin Hošur äsärliri [Mämtimin Hošurs Werke]. 3. Qirliq Istakan [Das gezackte Glas]. Ürümči: Šinjaŋ yašlar-ösmürlär näšriyati [elkitab.org/wp-content/uploads/2019/04/memtimin-hoshur-eserliri-3_qirliq-istakan.pdf].

Hošur 2013. Hošur, Muhämmät: Uyġur ädibliri vä ularniŋ ijadiyiti häqqida tätqiqat 1: Zordun Sabir tätqiqati [Untersuchungen zu uigurischen Schriftstellern und deren Werk 1. Untersuchungen zu Zordun Sabir]. Ürümči: Šinjaŋ yašlar-ösmürlär näšriyati.

Hošur 2019. Hošur, Šöhrät: Yazġuči Xalidä Isra'ilniŋ 'Altun käš' romani. 'Mäsilä äŋ eġir kitab' däp bekitilgän [Xalidä Isra'ils Roman „Der Goldene Schuh" ist als das Buch mit den schwerwiegensten Problemen bezeichnet worden; Beitrag aus dem Online-Angebot von *Radio Free Asia*, datiert auf den 19. April 2019. www.rfa.org/uyghur/xewerler/altun-kesh-04192019231551.html].

Hošur 2023. Hošur, Šöhrät: Yazġuči Pärhat Tursunniŋ Atuštiki Aġu türmisidä jaza mudditi ötävatqanliqi aškarlandi [Es wurde bekannt, dass der Schriftsteller Pärhat Tursun im Aġu-Gefängnis in Atuš eine Haftstrafe absitzt; Beitrag aus dem Internetangebot von *Radio Free Asia*, datiert auf den 30. Januar 2023. www.rfa.org/uyghur/xewerler/perhat-tursun-01272023182055.html].

Hou 2011. Hou, Xiaomeng 侯晓萌: Lun Maimaitiming Wushou'er de xiaoshuoji You leng de boli bei de paozuo yishu 论买买提明·吾守尔的小说集《有棱的玻璃》的创作艺术. [Über die künstlerische Kreativität in der Erzählungssammlung *Qirliq istakan* von Mämtimin Hošur]. *Wenxuejie (Lilunban)* 文学界(理论版) 8 (2011): 9.

Hübner/ Kamlah/ Reinfandt 2001. Hübner, Ulrich/ Kamlah, Jens/ Reinfandt, Lucian (Hgg.): Die Seidenstraße. Handel und Kulturaustausch in einem eurasiatischen Wegenetz. Hamburg: EB-Verlag. (*Asien und Afrika*, 3).

Human Rights Watch 2015. Human Rights Watch: Tiger Chairs and Cell Bosses [Artikel aus dem Online-Angebot von *Human Rights Watch*, datiert auf den 13. Mai 2015. www.hrw.org/report/2015/05/13/tiger-chairs-and-cell-bosses/police-torture-criminal-suspects-china].

Ibragimov 2005. Ibragimov, U. K.: Uyġur tarixi. III-qisim. Ottura vä aliy oquš yurtliri üčün därislik [Uigurische Geschichte. 3. Teil. Lehrbuch für mittlere und höhere Bildungseinrichtungen]. Bischkek: Ilim.

Iman 2021. Iman, Nur: Ärk čilliġan yazġuči Haji Mirzahid Kerimi vä uniŋ täqiptä ötkän qäysär hayati [Der nach Freiheit rufende Schriftsteller Haji Mirzahid Kerimi und sein in der Verfolgung hingebrachtes tapferes Leben; Artikel aus dem uigurischen Angebot von *Radio Free Asia*, datiert auf den 13. Januar 2021. www.rfa.org/uyghur/xewerler/haji-mirzahit-01122021180201.html].

Iminov 2014. Iminov, Ismailžan: Moja Kašgarija/ Äzizanä Qäšqär [Geliebtes Kaschgar. Putevye zametki s fotoillustracijami. [Zweisprachig: Russisch und Neuuigurisch]. Almaty: MIR.

Ingram 2021. Ingram, Ruth: Keeping the Uyghur Culture Alive in Exile. [Online-Artikel in der Zeitschrift *Bitter Winter*, datiert auf den 3. März 2021. bitterwinter.org/keeping-the-uyghur-culture-alive-in-exile].

Ischakov 1975. Ischakov, G. M.: Ėtnografičeskoe izučenie uigurov Vostnočnogo Turkestana russkimi putešestvennikami. Alma-Ata: Nauka.

Isiev 1978. Isiev, D.: Načalo nacional'no-osvoboditel'nogo vosstanija Ujgurov vo vtoroj polovine XIX v. (1864–1868). In: Savdakasov, G. S./ Chodžaeva, R. D./ Ischakov, G. M. (Hgg.): *Materialy po istorii i kul'ture ujgurskogo naroda*. Alma-Ata: Izdatel'stvo „Nauka" Kazachskoj SSR. 59-72.

Ismayilov 2011. Ismayilov, Rabik: Azatliq küyčisi [Der Freiheitssinger]. In: Sämädi, Ziya: *Därdmänniŋ zari [Die Klage des Elenden]/ Ispytannye bezumiem*. Almaty: Mir. 4-6.

Isra'il 2010. Isra'il, Xalidä: Käčmiš [Vergangenheit]. Ürümči: Qäšqär Uyġur näšriyati, Šinjaŋ elektron ün-sin näšriyati.

Isra'il 2012. Isra'il, Xalidä: Ana däryani izdäp. (Hekayä, povest, näsr vä maqalilär) [Auf der Suche nach dem Mutterfluss. Geschichten, Langerzählungen, Prosastücke und Artikel. Orignialausgabe 2009. 2. Aufl. turkistanilibrary.com/sites/default/files/ana-daryani-izdap.pdf].

Isra'il 2016. Isra'il, Xalidä: Altun käš [Der Goldene Schuh]. Kaschgar: Šinjaŋ xälq baš näšriyati, Qäšqär Uyġur näšriyati. elkitab.org/wp-content/uploads/2020/03/20191224165639.pdf.

Izgil 2023. Izgil, Tahir Hamut Waiting to be arrested at night: A Uyghur poet's memoir of China's genocide. Freeman, Joshua L. (Übers., Kommentator). New York: Penguin.

Jiang 2013. Jiang, Na: China and International Human Rights: Harsh Punishments in the Context of the International Covenant on Civil and Political Rights. Heidelberg, Berlin: Springer.

Jung/ Haitiwaji 2022. Jung, Laura Sophia/ Haitiwaji, Gulbahar: Uiguren in China: „Ich bin körperlich frei, aber nicht im Kopf" [Gulbahar Haitiwaji interviewt von Laura Sophia Jung, Artikel aus dem Online-Angebot der *Zeit*, datiert auf den 5. Februar 2022. www.zeit.de/zeit-magazin/leben/2022-02/uiguren-china-umerziehungslager-menschenrechte-olympia].

Jümä 2020. Jümä: Tutqundiki ša'ir Pärhat Tursun: 'Biz heč yärdin kälmigän, heč yärgä barmaymiz' [Der inhaftierte Dichter Pärhat Tursun: „Wir sind von nirgends gekommen, wir gehen nirgendwohin"; Artikel aus dem Online-Angebot von *Radio Free Asia*, datiert auf den 1. Februar 2020 [www.rfa.org/uyghur/erkin-tiniqlar/perhat-tursun-01312020235722.html].

Juten 1978. Juten, Oda: Uighuristan. *Acta Asiatica* 34 (1978): 22-45.

Kabirov 1951. Kabirov, M. N.: Pereselenie Iliiskich Uigurov v Semireč'e. Alma-Ata: Izdatel'stvo Akademii nauk Kazachskoj SSR.

Kajdarov 1961. Kajdarov, A.: Kratkij grammatičeskij očerk ujgurskogo jazyka. In: Kibirova, Š./ Cunvazo, J. (Hgg.): *Ujgursko-russkij slovar'*. Alma-Ata: Izdatel'stvo Akademii Nauk Kazachskoj SSR. 287-328.

Kajdarov 1969. Kajdarov, A. T.: Razvitie sovremennogo ujgurskogo jazyka. Teil 1. Uigurskie dialekty i dialektnaja osnova literaturnogo jazyka. Alma-Ata: Nauka.

Kakissis 2020. Kakissis, Joana: 'I Thought It Would be safe': Uighurs In Turkey Now Fear China's Long Arm [Artikel aus dem Newsportal *NPR*, datiert auf den 13. März 2020. www.npr.org/2020/03/13/800118582/i-thought-it-would-be-safe-uighurs-in-turkey-now-fear-china-s-long-arm].

Kamalov 2017. Kamalov, Ablet: Uyghur Studies in Central Asia: A Historical Review. [www.orientalstudies.ru/rus/images/pdf/a_kamalov_2006.pdf].

Kamp 2023. Kamp, Matthias: Kommentar: Hausgemachte Probleme: China hat sich bei der Belt-and-Road-Initiative verrechnet. [Kommentar aus dem Online-Angebot der *Neuen Zürcher Zeitung*, datiert auf den 22. April 2023. www.nzz.ch/meinung/china-hat-sich-bei-der-belt-and-road-initiative-verrechnet-ld.1734292].

Kamp 2024. Kamp, Mathias: Chinas Regierung tut so, als sei in Xinjiang alles gut. Stimmt das? Eine Recherche vor Ort [Artikel aus der Online-Ausgabe der *NZZ*, datiert auf den 18. Januar 2024. www.nzz.ch/international/umerziehungslager-in-xinjiang-es-gibt-sie-noch-von-normalitaet-keine-spur-ld.1767739].

Kanlıdere 1997. Kanlıdere, Ahmet: Reform within Islam. The Tajdid and Jadid Movement Among the Kazan Tatars (1809–1917). Istanbul: Eren.

Kasapoğlu-Çengel 2000. Kasapoğlu-Çengel, Hülya: Abdurrahim Ötkür'ün şiirleri [Die Gedichte Abdurehim Ötkürs]. 2 Bde. Istanbul: Milli Eğitim Bakanlığı Yayınları.

Kevser 2020. Kevser, Canan: Dutch Uyghurs Celebrate East Turkestan Republic Day in Amsterdam Dam Square [Artikel aus dem Newsportal *qirim.news*, datiert auf den 17. November 2020. qha.com.ua/en/novosti-en/dutch-uyghurs-celebrate-east-turkestan-republic-day-in-amsterdam-dam-square.

Khalid 1998. Khalid, Adeeb: The Politics of Muslim Cultural Reform. Berkeley, Los Angeles, London: University of California Press

Kiefer 2006. Kiefer, Sebastian: Was kann Literatur? Graz, Vienna: Literaturverlag Droschl.

Klaproth 1820. Klaproth, Julius: Abhandlungen über die Sprache und Schrift der Uiguren [www.digitale-sammlungen.de/de/view/bsb10629287].

Klimeš 2015. Klimeš, Ondřej: Struggle by the Pen: The Uyghur Discourse of Nation and National Interest, ca. 1900–1949. Leiden: Brill.

Klingberg 2010. Klingberg, Max: Laogai: Das Zwangsarbeitslagersystem der Volksrepublik China. Frankfurt am Main: Internationale Gesellschaft für Menschenrechte.

Klimkeit 1988. Klimkeit, Hans-Joachim: Die Seidenstraße: Handelsweg und Kulturbrücke zwischen Morgen- und Abendland. Köln: DuMont.

Klimkeit 1996. Klimkeit, Hans-Joachim: Manichäische Kunst an der Seidenstraße, alte und neue Funde. Opladen: Westdeutscher Verlag.

Kljaštornyj/ Kolesnikov 1988. Kljaštornyj, S. G./ Kolesnikov, A. A.: Vostočnyj Turkestan glazami russkich putešestvennikov. Alma-Ata: Ġïlïm.

Kljaštornyj/ Kolesnikov/ Baskakov 1991. Kljaštornyj, S. G./ Kolesnikov, A. A./ Baskakov, M. K.: Vostočnyj Turkestan glazami evropejskich putešestvennikov. Alma-Ata: Ġïlïm.

Knoll 2023. Knoll, Marie Luise: 100 Dollar für ein Gedicht [Beitrag in der Lyrik-Kolumne *Tagtigall*, datiert auf den 3. Dezember 2023. www.perlentaucher.de/tagtigall/ueber-uigurische-lyrik.html?utm_campaign=Tagtigall&utm_content=11359].

Kök et al. 2005. Kök, Abdurehim Šükür et al. (Hgg.): Uyġur xälq eġiz ädäbiyati qamusi [Lexikon der uigurischen mündlichen Volksliteratur]. 12. Bde. Ürümtschi: Šinjaŋ Šinxua Basma Zavuti. turkistanilibrary.com/sites/default/files/uyghur-khaliq-egiz-adabiyati-qamusi_1.pdf … ~/uyghur-khaliq-egiz-adabiyati-qamusi_12.pdf].

Kopietz 2022. Kopietz, Thomas: Uigure Tahir Qahiri über China: „Es herrscht eine Kultur der Angst". [Artikel aus dem Online-Portal der *Hessischen/ Niedersächsischen Allgemeinen*, datiert auf den 14. Februar 2022. www.hna.de/lokales/goettingen/goettingen-ort28741/china-olympia-peking-uiguren-unterdrueckung-menschenverachtend-91346617.html].

Kreiser/ Neumann 2005. Kreiser, Klaus/Neumann, Christoph K.: Kleine Geschichte der Türkei. Bonn: Bundeszentrale für politische Bildung.

Kürkçüoğlu 1985. Kürkçüoğlu, Kemâl Edib: Seyyid Nesîmî Dîvânı'ndan seçmeler [Auszüge aus dem Divan des Seyyid Nəsimi]. Ankara: Başbakanlık Basımevi.

Kumsal 2019. Kumsal, Erdem: Memtimin Hošur'un "Kum Baskan Şeher" romanı (İnceleme-metin-aktarma-dizin) [Mämtimin Hošurs Roman „Die im Sand versunkene Stadt" (Untersuchung-Text-Übertragung-Index)]. Abschlussarbeit (Yüksek Lisans Tezi). Uşak/ Türkei. tez.yok.gov.tr/UlusalTezMerkezi/tezDetay.jsp?id=IpzNisdV0rSApKQWXx-DAA&no=aGcgmm0y01ahDWIUC3WVrA.

Lahusen 1997. Lahusen, Thomas: Socialist Realism Without Shores. Durham etc.: Duke University Press.

Laursen 2013. Laursen, Eric: Toxic voices: The villain from early Soviet literature to Socialist Realism. Evanston, Illinois: Northwestern University Press.

Lenz 2022. Lenz, Susanne: Wochenlang an ein Bett gekettet. „Wie ich das chinesische Lager überlebte": Das Buch der Uigurin Gulbahar Haitiwaji. *Berliner Zeitung* (17. März 2022): 12.

Lenz 2022a. Lenz, Gunnar: Der andere Sozrealismus: Narrative Modelle der sowjetischen Literatur zwischen 1928 und 1953. Köln: Böhlau Verlag.

Li 2023. Li, Weichao: Xi stresses greater efforts to build a beautiful Xinjiang in pursuing Chinese modernization [Artikel aus dem Online-Angebot der chinesischen Nachrichtenagentur *Xinhua*, datiert auf den 26. August 2023. eng.chinamil.com.cn/CHINA_209163/TopStories_209189/16247966.html].

Light 2008. Light, Nathan: Intimate Heritage. Creating Uyghur Muqam Song in Xinjiang. Berlin: LIT. (*Halle Studies in the Anthropology of Eurasia*, 19)

Lin 2003. Lin, Gen: Hunlarniŋ umumiy tarixi [Umfassende Geschichte der Hunnen; chinesischer Originaltitel von Lin Wobian 林幹编: Xiongnu tongshi 匈奴通史 [Umfassende Geschichte der Xiongnu]]. Ürümči: Šinjaŋ xälq näšriyati.

Lohlker 2010. Lohlker, Rüdiger: Der Rosengarten als Dichtung und Garten. *Wiener Zeitschrift für die Kunde des Morgenlandes* 100 (2010): 77-97. www.jstor.org/stable/23861981].

Luker 1988. Luker, Nicholas (Hg.): From Furmanov to Sholokhov: An Anthology of the Classics of Socialist Realism. Ann Arbor: Ardis.

Mäding 1979. Mäding, Klaus: Strafrecht und Massenerziehung in der Volksrepublik China. Frankfurt am Main: Suhrkamp.

Mahmut/ Smith Finley 2022. Mahmut, Dilmurat/ Smith Finley, Joanne: Corrective 're-education' as (cultural) genocide: A content analysis of the Uyghur primary school textbook Til Ädäbiyat. In: Clarke, Michael (Hg.): *The Xinjiang emergency. Exploring the causes and consequences of China's mass detention of Uyghurs.* Manchester: Manchester Universit Press. 181-226.

Mamut 1996. Mamut, Batur: Hazirqi zaman Uyġur Tili gramatikisi [Grammatik des Neuuigurischen]. [Ürümtschi:] Xinjiang Renmin.

Mansuroğlu 1959. Mansuroğlu, Mecdut: Das Karakhanidische. In: Deny, Jean et al. (Hgg.): *Philologiae Turcicae Fundamenta*. Bd. 1. Wiesbaden: Franz Steiner. 87-112.

Masanov et al. 2001. Masanov, N. Ė. et al.: Istorija Kazachstana. Narody i kul'tury. Almaty: Dajk-Press.

Massingdale 2009. Massingdale, Lee R.: Human Rights in China. Hauppauge: Nova Science Publishers.

Mattheis 2021. Mattheis, Philipp: Ein Schritt, der die Freiheit einschränkt. *Berliner Zeitung* 277 (27. November 2021): 8.

Mattheis 2022. Mattheis, Philipp: Ein Volk verschwindet: China und die Uiguren. Berlin: Landeszentrale für Politische Bildung.

Maxmut 2000. Maxmut, Muhämmät. Qälbimdiki Zordun Sabir. Äslimä. [Der Zordun Sabir in meinem Herzen. Erinnerungen]. Ürümči: Šinjaŋ xälq näšriyati.

May 2022. May, Tiffany: A Uyghur Author and Translator Were Detained. Now, Their Novel Speaks For Them [Buchbesprechung aus der *New York Times*, datiert auf den 14. September 2022. www.nytimes.com/2022/09/14/books/uyghur-novel-backstreets-perhat-tursun.html].

May 2022a. May, Tiffany: Yiming Weiwu' er zuojia xiaoshi zai Xinjiang jujinying, zhe bu xiaoshuo ti ta fasheng 一名维吾尔作家消失在新疆拘禁营这部小说替他发声 [Ein uigurischer Schriftsteller ist in Xinjiangs Internierungslagern verschwunden. Dieser Roman erhebt für ihn die Stimme; Artikel aus dem Mandarin-Angebot der *New York Times*, datiert auf den 15. September 2022. cn.nytimes.com/culture/20220915/uyghur-novel-backstreets-perhat-tursun].

Memtimin 2016. Memtimin, Aminem: Language Contact in Modern Uyghur. Wiesbaden: Harrassowitz.

Menges/ Kleinmichel o. J. [1998]. Menges, Karl Heinz/ Kleinmichel, Sigrid: Die turksprachigen Literaturen ausserhalb der Türkei. In: Jens, Walter (Hg.): *Kindlers Neues Literatur Lexikon*. Bd. 20. Frechen: Komet. 602-632.

Meredith-Owens 1979. Meredith-Owens, G.: ʿArūḍ II. In: Gibb, H. A. R. et al. (Hgg.): *The Encyclopaedia of Islam. New Edition*. Leiden: Brill [archive.org/details/ei2-complete]. Bd. I (A-B). 677.

Millward 1994. Millward, James A.: "A Uyghur Muslim in Qianlong's Court: The Meaning of the Fragrant Concubine". *Journal of Asian Studies* 53, 2 (1994): 427-458.

Millward 1998. Millward, James [= Millward, James A.]: Beyond the Pass: Economy, Ethnicity, and Empire in Qing Central Asia, 1759–1864. Stanford: Stanford University Press.

Mir Cəlal 2018. Mir Cəlal, Füzuli sənətkarlığı [Füzulis Künstlertum]. Baku: Çaşıoğlu.

Mir Cəlal 2023. Mir Cəlal: Füzulis Künstlertum. Aus dem Aserbaidschanischen übersetzt und kommentiert von Michael Reinhard Heß. Baden-Baden: Ergon.

Mühlhahn 2019. Mühlhahn, Klaus: Making China Modern. From the Great Qing to Xi Jinping. Cambridge (Massachusetts)/ London: The Belknap Press of Harvard University Press.

Mirzaäxmät 2007. Mirzaäxmät, Mähämmätturdi (Hg.): Tarix-i räšidiy. 2 Bde. Ürümtschi: Renmin.

Mistreanu 2023. Mistreanu, Simina: The Capital of East Turkestan Is Now in Tureky [undatierter Artikel aus dem Online-Portal *News About Turkey*. newsaboutturkey.com/amp/2019/10/05/the-capital-of-east-turkestan-is-now-in-turkey].

Molnár 1955. Molnár, Erik: Einige Fragen zur ungarischen Urgeschichtsforschung. *Acta Historica Academiae Scientiarum Hungaricae* 4, 1-3 (1955): 45-71. real-j.mtak.hu/569/1/ACTAHISTORICA_04.pdf].

Mosberg 1991. Mosberg, Helmuth: Reeducation: Umerziehung und Lizenzpresse im Nachkriegsdeutschland. München: Universitas-Verlag.

Mühlhahn 2022. Mühlhahn, Klaus: Ist Xi Jinping ein zweiter Putin? *Berliner Zeitung* (31. Mai 2022): 17.

Muniyaz 1999. Muniyaz, Abbas: Küylär közi [Das Auge der Lieder]. In: Abdurehim, Kerimjan (Hg.): *Uyġur povestliridin tallanmilar [Ausgewähltes aus uigurischen Langerzählungen]*. Bd. 3. Kaschgar. Qäšqär Uyġur näšriyati. 102-167.

Muniyaz 2003. Muniyaz, Abbas: Riyazätkar ädib. Xarabati [Der gequälte Literat. Charabati]. Ürümči: Šinjaŋ xälq näšriyati

Muniyaz Türkiyqan 2014. Muniyaz Türkiyqan, Abbas: Tänha Pärvanä [Die einsame Motte]. Ürümči: Šinjaŋ nüzäl cän'ät-fotosurät näšriyati, Šinjaŋ elektiron ün-sin näšriyati. [elkitab.org/wp-content/uploads/2019/07/tanha-perwane.pdf].

Mutällip 1983. Mutällip, Lutpulla: Lutpulla Mutällip äsärliri [Die Werke uig.Lutpulla Mutällips]. Juŋgo Yazġučilar Jämiyiti Šinjaŋ Uyġur Aptonom Rayonluq Šöbisi [Abteilung Autonome Uigurische Region Xinjiang des Schriftstellerverbandes des Reichs der Mitte] (Hg.). Ürümtschi: Šinjaŋ xälq näšriyati. turkistanilibrary.com/sites/default/files/lutpulla-mutallip-asarliri.pdf].

Nadžip 1968. Nadžip, Ė. N.: Ujgursko-russkij slovar'. Moskau: Sovetskaja Ėnciklopedija.

Naffis-Sahely 2024. Naffis-Sahely, André: Mother Tongues [Online-Version eines undatierten Artikels aus der Zeitschrift *Poetry*. www.poetryfoundation.org/poetrymagazine/articles/89706/mother-tongues].

Naziri 1993. Naziri, Abliz: Kiriš Söz [Vorwort]. In: Toxtayov, Mähämmät'imin: *Qanliq yär [Blutige Erde]*. Islam, Maxmutjan (Übers.). Ürümči: Šinjaŋ xälq näšriyati [Originalausgabe 1988. elkitab.org/qanliq_yer_roman-memtimin_toxtayow]. 1-4.

Neumann/ Rudolf 2022. Neumann, Peter R./ Rudolf, Moritz: China: Wir müssen schnell umdenken! [Beitrag in der Online-Ausgabe der *ZEIT*, datiert auf den 24. Oktober 2022. www.zeit.de/politik/ausland/2022-10/china-xi-jinping-westen-wirtschaftsbeziehung].

Neuwirth/ Heß et al. 2006. Neuwirth, Angelika/ Heß, Michael et al. (Hgg.): Ghazal as World Literature. Bd. 2. From a Literary Genre to a Great Tradition. The Ottoman Gazel in Context. Würzburg: Ergon.

Nice/ Sabi/ Vetch 2021. Nice, Geoffrey/ Sabi, Hamid/ Vetch, Nick: Uyghur Tribunal. [uyghurtribunal.com].

Nimšehit 1998. Nimšehit: Nimšehit äsärliri [Die Werke Nimšehits]. O. O.: Altun Oq.

Noack 2000. Noack, Christian: Muslimischer Nationalismus im Russischen Reich – Nationsbildung und Nationalbewegung bei Tataren und Baschkiren, 1861–1917. Stuttgart: Steiner.

Osman 2003. Osman, Abliz: Nimšehit. Pidakar ša'ir [Nimšehit. Der sich opfernde Dichter]. Ürümtschi: Šinjaŋ xälq näšriyati [elkitab.org/wp-content/uploads/2018/04/3009_22.pdf].

Osman 2012. Osman, Ġäyrätjan: Qäšqär kilassik ädäbiyati [Die klassische Literatur Kaschgars]. Kaschgar: Qäšqär Uyġur näšriyati. (*'Qäšqär Mäjmu'äsi'*, 22)

Ownby 2023. Ownby, David: L'essor de la Chine et les intellectuels public chinois. books.openedition.org/cdf/15343].

Ömär 1999. Ömär, Äxtäm: Äxtäm Ömär povestliridin tallanma [Eine Auswahl aus den Langerzählugen Ömär Äxtäms]. Ömär, Abdurusul (Hg.). Ürümči: Šinjaŋ xälq näšriyati.

Ömär 2008. Ömär, Äxtäm: Deliġulluqtiki söygü [Liebe in der Schwebe]. Ürümči: Šinjaŋ xälq näšriyati [PDF, Download von unbekannter Adresse am 6. Mai 2023].

Ömer 2016 [2008]. Ömer, Ehtem [= Ömär, Äxtäm]: Qarčiġa balisi [Der junge Falke]. In: Harbalioğlu, Neşe/ Abdulvahit Kaşgarlı, Raile (Hgg.): *Çağdaş Uygur hikâyelerinden seçmeler [Ausgewählte neuuigurische Erzählungen]*. Ankara: Gazi Kitabevi. 322-354.

Örkiši 2004. Örkiši, Nurmuhämmät Yasin: Yava käptär [Die wilde Taube; laut editorischer Angabe auf der letzten Seite des Textes wurde er am 24. März 2004 verfasst, erschien in der Ausgabe Nr. 5 der Zeitschrift *Qäšqär ädäbiyati* [Literatur Kaschgars] und wurde vom Uigurischen Dienst von RFA (Radio Free Asia) in ein PDF-Dokument umgewandelt]. elkitab.org/wp-content/uploads/2017/07/Yawa-kepter-ar.pdf; bei Seitenangaben: PDF-Seite = paginierte Seite].

Ötkür 1985. Ötkür, Abdurehim: Iz [Spuren]. Xälpätup, Abduväli (Hg.). Ürümči: Šinjaŋ xälq näšriyati. [elkitab.org/iz_abdurehim_otkur_-_tunji_neshir_suzuk_sikan_nusxisi].

Öztopçu 1992. Öztopçu, Kurtuluş: Uygur Atasözleri ve Deyimleri [Uigurische Sprichwörter und Redensarten]. Istanbul: Doğu Türkistan Vakfı.

Pala 1995. Pala, İskender: Ansiklopedik divân şiiri sözlüğü [Enzyklopädisches Wörterbuch der Diwan-Literatur]. 3. Aufl. Istanbul: Ötüken.

Pala 2004. Pala, İskender: Ansiklopedik Divân Şiiri Sözlüğü [Enzyklopädisches Wörterbuch der Diwan-Literatur]. Istanbul: Kapı Yayınları.

Pantusov 1890. Pantusov, Nikolaj N. (Hg.): Tarančinskaja pesn'. Sankt Petersburg: Tipografia Imperatorskoj Akademii Nauk.

Pantusov 1897. Pantusov, Nikolaj N.: Materialy k izučeniju narečija Tarančej Ilijskago okruga. Heft 1. Kazan: Tipo-lit. Universiteta.

Pantusov 1909. Pantusov, Nikolaj N.: Obrazcy tarančinskoj narodnoj literatury. Teksty i perevody. Kazan: Tipo-lit. Universiteta.

Park 2022. Park, Ed: Xinjiang Has Produced Its James Joyce [Öffentlich zugänglicher Teil von Parks Buchbesprechung aus dem *Atlantic*, datiert auf den 21. September 2022. www.theatlantic.com/books/archive/2022/09/the-backstreets-book-perhat-tursun-uyghur-writer/671494].

Päykar/ Jallat 2008. Päykar, Äzimät Äysa/ Jallat, Abdurehim Sulayman (Hgg.): Uyġur še'iriyiti 100 parčä še'ir [100 uigurische Gedichte] [elkitab.org/wp-content/uploads/2017/12/100-meshhus-shiir.pdf].

Pearson 2022. Pearson, Max: Fighting for Uyghur Rights in China. [BBC-Podcast aus der Serie *The History Hour*, erschienen am 7. Mai 2022. www.bbc.co.uk/sounds/play/w3ct39l3].

Pedroletti 2018. Pedroletti, Brice: Chine. Prison à ciel ouvert pour les Ouïgours au Xinjiang. *Le Monde* (21./ 22. Januar 2018): 10-12.

Ping 2013. Ping, Hu: The Though Remolding Campaign of the Chinese Communist Party-State. Amsterdam: Amsterdam University Press.

Polat 1992. Polat, Muhämmät: Zunun Qadir ijadiyitiniŋ bäzi xususiyätliri [Einige Besonderheiten des Werks von Zunun Qadir]. In: Qadiri, Zunun: *Zunun Qadiri äsärliri [Die Werke Zunun Qadiris]*. Ürümtschi: Šinjaŋ xälq näšriyati. [turkistanilibrary.com/sites/default/files/zunon_qader_asarliri.pdf]. 1H-43H.

Pritsak 1959. Pritsak, Omeljan: Das Neuuigurische. In: Deny, Jean et al. (Hgg.): *Philologiae Turcicae Fundamenta*. Bd. 1. Wiesbaden: Franz Steiner. 525-563.

Pulleyblank 1991. Pulleyblank, Edwin G.: Lexicon of Reconstructed Pronunciation in Early Middle Chinese, Late Middle Chinese, and Early Mandarin. Vancouver: UBC Press.

Pulleyblank 2000. Pulleyblank, E. G.: Tribal Confederations of Uncertain Identity. The Hsiung-nu. In: Roemer, Hans Robert (Hg.): *History of the Turkic Peoples in the Pre-Islamic Period*. Berlin: Klaus Schwarz Verlag. 52-94.

Qadiri 1992. Qadiri, Zunun: Zunun Qadiri äsärliri [Die Werke Zunun Qadiris]. Ürümtschi: Šinjaŋ xälq näšriyati. [turkistanilibrary.com/sites/default/files/zunon_qader_asarliri.pdf].

Qadiri 2009 [1948]. Qadiri, Zunun: Maġdur kätkändä [Nachdem die Kraft verschwunden ist]. Yanar Taġ (Hg.) [elkitab.org/wp-content/uploads/2020/10/Elkitab-2020-oktebir10.pdf].[1725]

Qahiri 2010. Qahiri, Mutällip Sidiq: Uyġur kiši isimliri qamusi [Lexikon der uigurischen Eigennamen]. Ürümči: Šinjaŋ universiteti näšriyati. elkitab.org/wp-content/uploads/2020/05/ M.Sidiq-Qahiri-Qamus.pdf].

Qeyser 2008. Qeyser: Memtimin hoshur [biographischer Eintrag, datiert auf den 25. November 2008. web.archive.org/web/20110723133715/http://www.xjtsnews.com/normal/content/lading/wenxue/content/2008-11/25/content_131921.htm].[1726]

Qojambärdi 2015. Qojambärdi, Qähriman: Maqalilar [„Aufsätze"]. Bd. 2. Almaty: Mir.

Qurban ca. 2016. Qurban, Äli: Mu'ällim käldi… [Der Lehrer ist gekommen]. Xinjiang Audio-Video Publishing House [Audio-Fassung: www.youtube.com/watch?v=APLhirJIORE, ~=qxJ_I6oyKGc, ~=8oOQM8kslrc, ~=8KRWyFheBlQ].

Rajagopalan 2017. Rajagopalan, Megha: This is What A 21st-Century Police State Really Looks Like [Artikel aus der Nachrichtenseite *Buzzfeednews*, datiert auf den 18. Oktober 2017. www.buzzfeednews.com/article/meghara/the-police-state-of-the-future-is-already-here.

Rajchanov 2015. Rajchanov, D.M.: Maloizvestnye ujgurskie poėty Vostočnogo Turkestana XVIII-XIX v. i ich literaturnoe nasledie. In: Derbisali, Absattar et al. (Hgg.): *Ujgurovedenie: Istoriko-filologičeskie issledovanija*. Almaty: MIR. 314-331.

Ramzy/ Buckley 2019. Ramzy, Austin/ Buckley, Chris: The Xinjiang Papers. 'Absolutely No Mercy': Leaked Files Expose How China Organized Mass Detentions of Muslims. [Beitrag auf der Website der *New York Times*, datiert auf den 16. November 2019. www.nytimes.com/interactive/2019/11/16/world/asia/china-xinjiang-documents.html].

Raza 2019. Raza, Zainab: China's 'political re-education' camps of Xinjiang's Uyghur Muslims. *Asian Affairs* 50, 4 (2019): 488-501.

Rähman 2012. Rähman, Abdukerim: Qäšqär xälq eġiz ädäbiyati [Mündliche Volksliteratur Kaschgars]. Ürümschi: Šinjaŋ xälq näšriyati.

Ritter 2003. Ritter, Hellmut: The Ocean of the Soul. Men, the World and God in the Stories of Farīd al-Dīn 'Aṭṭār. O'Kane, John/ Radtke, Bernd (Übers.). Leiden, Boston: Brill.

Roemer 2000. Roemer, Hans Robert (Hg): History of the Turkic Peoples of the Pre-Islamic Period. Berlin: Klaus Schwarz Verlag.

Rozibaqiev 1997. Rozibaqiev, Abdulla: Xälqim üčün köyüdu žüräk [Für mein Volk brennt das Herz]. Almaty: Žazuwši.

Rudelson 1997. Rudelson, Justin John: Oasis Identities. Uighur Nationalism along China's Silk Road. New York.

[1725] Nach einer editorischen Notiz auf Seite 21 der PDF-Version wurde der Text von einem gewissen Yanar Taġ („Vulkan", vermutlich ein Pseudonym), der als Mitarbeiter eines Blogs mit dem Namen *Čoġdil* und der URL chogdil.blogbus.com vorgestellt wird, am 20. September 2009 zusammengestellt.

[1726] Bei der Namensanabe „Qeyser" (*Qäysär* „der Tapfere" dürfte es sich um ein Pseudonym handeln. Auf der archivierten Seite ist die Angabe „tengritagh tori" (*Täŋritaġ tori*, „Tianshan 天山/*Täŋritaġ*-Netzwerk" zu lesen, am unteren Seitenende steht „Neshr hoquqi shinjang uyghur aptonom rayonluq xelq hökümiti axbarat ishxanisigha tewe" (*Näšr hoquqi Šinjaŋ Uyġur aptonom rayonluq xälq hökümiti axbarat išxanisiga tävä*, „Copyright Nachrichtenbüro der Volksregierung der Uigurischen Autonomen Region Xinjiang") und „Shinjang uyghur aptonom rayonluq partkom teshwiqat bölümi qurdi" (*Šinjaŋ Uyġur aptonom rayonluq partkom täšwiqat bölümi qurdi*, „Erzeugt durch die Propagandaabteilung des Parteikomitees der Uigurschen Autonomen Region Xinjiang"). Es handelt sich bei dem Artikel demnach sehr wahrscheinlich um ein von der Lokalregierung Xinjiangs beziehungsweise dem dortigen Parteikomitee autorisierten Beitrag.

Ryan/ Cave/ Ruser 2018. Ryan, Fergus/ Cave, Danielle/ Ruser, Nathan: Mapping Xinjiang's 're-education' camps. [Bericht des *Australian Strategic Policy Institute* (*ASPI*), datiert auf den 1. November 2018. www.aspi.org.au/report/mapping-xinjiangs-re-education-camps.

Sabir 1983–1990. Sabir, Zordun: Izdiniš [Die Erforschung]. 2 Bde. Ürümči: Šinjaŋ xalq näšriyati.

Sabir 2007 [2000]. Sabir, Zordun: Ana yurt [Mutterland]. 3 Bde. 7. Aufl. Ürümči: Šinjaŋ yašlar-ösmürlär näšriyati.

Sabir 2009. Sabir, Zordun: Izdiniš [Die Erforschung]. Bd. 1. Qimmätlik yašliq [Die kostbare Jugend]. Nachdr. Ürümči: Šinjaŋ xalq näšriyati

Sabir 2012 [1999]. Sabir, Zordun/ Zuerdong Shabi'er 祖尔东•沙比尔: Qärzdar. (Hekayilär Toplimi)/ Zhaihu 债户 [Der Schuldner. (Sammlung von Erzählungen)]. 2. Aufl. (¹1999) Ürümči: Šinjaŋ xälq näšriyati. [elkitab.org/qerzdarzordun_sabir].

Sadvakasov 2009. Sadvakasov, G. S.: Očerk dialektov jazyka sovetskich ujgurov. In: Ders.: *Izbrannye trudy.* Bd. 3. *Aktual'nye problemy ujgurovedenija.* Almaty: Giga Trėjd. 172-180.

Sadvakasov 2009a. Sadvakasov, G. S.: Izbrannye trudy. Bd. 2. Materialy k stroju ujgurskogo jazyka. Almaty: Giga Trėjd.

Said 1979. Said, Edward W.: Orientalism. New York: Vintage Books.

Samsaq 1985. Samsaq, Turdi: Axirättin Kälgänlär [Die aus dem Jenseits Gekommenen]. Ürümtschi: Šinjaŋ yašlar näšriyati. [elkitab.org/wp-content/uploads/2019/04/axirattin-kalganlar.pdf].

Sämädi 2011. Sämädi, Ziya: Därdmänniŋ zari [Die Klage des Elenden]/ Ispytannye bezumiem. Almaty: Mir.

Sämädi 2018 [1978]. Sämädi, Ziya: Ġeni Batur. Istanbul: Täklimakan Uyġur näšriyati [Nachdruck].

Sandborn 2022. Sandborn, Tom: Book review: Uyghur writer/prisoner's novel an important, original voice from the darkness [Buchbesprechung aus dem Online-Angebot der *Vancouver Sun*, datiert auf den 4. November 2022. vancouversun.com/entertainment/books/uyghur-writer-prisoners-novel-an-important-original-voice-from-the-darkness.

Sapio 2017. Sapio, Flora: Justice: The China Experience. Cambridge: Cambridge University Press.

Sawa 2021. Sawa, Dale Berning: La distruzione delle moschee degli Uiguri. Un vero 'genocidio culturale', dicono gli esperti, ma il Governo di Xi Jinping nega ogni accusa [Artikel aus der Online-Zeitung *Il Giornale Dell'Arte*, datiert auf den 11. Januar 2021. www.ilgiornaledellarte.com/articoli/la-distruzione-delle-moschee-degli-uiguri/134900.html].

Šahniyaz 2004. Šahniyaz, Muhämmät: Abduxaliq Uyġur. Šinjaŋ xälq näšriyati.

Scharlipp 2000. Scharlipp, Wolfgang-Ekkehard: Leben und Kultur der alten Türken in der Steppe. In: Roemer, Hans Robert/ Scharlipp, Wolfgang-Ekkehard (Hgg.): *History of the Turkic Peoples in the Pre-Islamic Period.* Berlin: Klaus Schwarz Verlag. 125-145.

Scharlipp 2002. Scharlipp, Wolfgang: Moderne uigurische Bearbeitungen einiger karachanidischer und tschagataïscher Werke: „Divan Luġat at-Turk", „Kutadġu Bilig" und „Baburname". *Central Asiatic Journal* 46, 1 (2002): 128-137.

Schönig 1999. Schönig, Claus: The internal division of modern Turkic and its historical implications. *Acta Orientalia Academiae Scientiarum Hungaricae* 52 (1999): 63-95.

Schwarz 1992. Schwarz, Henry G.: An Uyghur-English dictionary. Bellingham, Washington: Western Washington University.

Scherrer 2022. Scherrer, Lucien: Bilder, die niemand sehen soll – ein chinesischer Wissenschafter [sic – M. R. H.] schmuggelt Fotos des Tiananmen-Massakers in die Schweiz. Heute ist er verschollen. [Artikel aus der Online-Ausgabe der *NZZ*, datiert auf den 27. Oktober 2022. www.nzz.ch/feuilleton/tiananmen-massaker-bisher-unveroeffentlichte-fotos-aufgetaucht-ld.1705909].

Schiller 2022. Schiller, Anna: Wie China Ayups Familie zerriss. [Artikel aus der Online-Ausgabe der *FAZ*, datiert auf den 15. Juni 2022. www.faz.net/aktuell/politik/ausland/wie-china-die-uiguren-in-der-region-xinjiang-unterdrueckt-18078587.html].

Schuessler 2009. Schuessler, Axel: Minimal Old Chinese and Later Han Chinese. A Companion to Grammata Serica Recensa. Honolulu: University of Hawa'i Press.

Schwarz 1992. Schwarz, Henry G.: An Uyghur-English dictionary. Bellingham, Washington: Western Washington University.

Semet/ Wilkens 2012. Semet, Ablet/ Wilkens, Jens: Die Geschichte Xinjiangs im Spiegel der uigurischen Dichtung am Beispiel ausgewählter Gedichte von Abdurehim Ötkür. *Zeitschrift der Deutschen Morgenländischen Gesellschaft* 162, 1 (2012): 151-170 [www.jstor.org/stable/10.13173/zeitdeutmorggese.162.1.0151].

Serhan 2020. Serhan, Yasmeen: Saving Uighur Culture From Genocide [auf den 4. Oktober 2020 datierter Artikel aus *The Atlantic*. www.theatlantic.com/international/archive/2020/10/chinas-war-on-uighur-culture/616513].

Shir 2019. Shir, Rustem: Resisting Chinese Linguistic Imperialism: Abduweli Ayup and the Movement for Uyghur Mother Tongue-Based Education [docs.uhrp.org/pdf/UHRP_Resisting_Chinese_Linguistic_Imperialism_May_2019.pdf].

Ši/ Jin 2000. Ši, Šüän/ Jin, Čünmiŋ: "Mädäniyät Zor Inqilabi" diki sirlar. "Mädäniyät Zor Inqilabi"niŋ tarixi [Die Geheimnisse in der „Großen Kulturrevolution". Die Geschichte der „Großen Kulturrevolution". Originaltitel des Werks von Xi Xuan 席宣 und Jin Chunming 金春明: "Wenhua da geming" jianshi "文化大革命" 简史 [Eine kurze Geschichte der „Großen Kulturrevolution"]]. Ürümči: Šinjaŋ xälq näšriyati.

Sidiq 2015. Sidiq, Ärkin: Yiraq qirlarda mehnätlik ötkän hayat. Sän'ätkar, yazġuči Äziz Äysa Älkün häqqidä [Ein mühevoll verbrachtes Leben in fernen Landen. Über den Künstler und Schriftsteller Äziz Äysa Älkün; laut Eigenangabe am 29. Mai 2015 online gestellter Beitrag]. In: Ders.: *Nätijlik Uygurlar [Erfolgreiche Uiguren]*. (*Ärkin Sidiq Yazmiliri [Schriften Ärkin Sidiqs]*, 6) [kutuphana.uygur.com/netijilik-uygurlar]. 107-124.

Smele/ Heywood 2005. Smele, Jonathan D./ Heywood, Anthony (Hgg.): The Russian Revolution of 1905: centenary perspectives. London etc.: Routledge.

Smith [ca. 2013]. Smith, Aminda M.: Thought reform and China's dangerous classes: reeducation, resistance, and the people. Lanham: Rowman & Littlefield.

Stahnke 2023. Stahnke, Jochen. Besuch in Xinjiang: Xi fordert mehr Härte gegen Uiguren [Artikel aus dem Online-Angebot der *Frankfurter Allgemeinen Zeitung*, aktualisiert am 29. August 2023. www.faz.net/aktuell/politik/ausland/besuch-in-xinjiang-xi-fordert-mehr-haerte-gegen-uiguren-19136530.html].

Stanisavljević/ Zwengel 2002. Stanisavljević, André/ Zwengel, Ralf (Hgg.): Religion und Gewalt. Der Islam nach dem 11. September. Potsdam: Mostar Friedensprojekt e. V.

Sterling/ Meijer 2021. Sterling, Toby/ Meijer, Bart: Dutch parliament: China's treatment of Uighurs is genocide. [Meldung auf der Website der Nachrichtenagentur *Reuters*, datiert auf den 25. Februar 2021. www.reuters.com/article/us-netherlands-china-uighurs-idUSKBN2AP2CI].

Sudworth 2022. Sudworth, James: The faces from China's Uyghur detention camps. [www.bbc.co.uk/news/extra/85qihtvw6e/the-faces-from-chinas-uyghur-detention-camps].

Sulaiman/ Lipes 2014. Sulaiman, Eset/ Lipes, Joshua: Chinese Court Frees Uyghur Linguist Following Appeal [Artikel aus der Webpräsenz von *Radio Free Asia*, datiert auf den 11. Dezember 2014. www.rfa.org/english/news/uyghur/linguist-12112014153845.html].

Sulayman/ Häbibul/ Guth 2020. Sulayman, Asad/ Häbibul, Aytilla/ Guth, Stephan: Sabir, Zordun: Anayurt. In: Arnold, Heinz L.: *Kindlers Literatur-Lexikon. KLL* [Online-Ausgabe, datiert auf 2020. doi.org/10.1007/978-3-476-05728-0_18479-1].

Sulayman/ Häsän/ Guth 2009. Sulayman, Äsäd/ Häsän, Mämätġan/ Guth, Stephan: Abdurehim Ötkür. In: Arnold, Heinz Ludwig (Hg.): Kindlers Literatur Lexikon. 3., völlig neu bearbeitete Auflage. Bd. 12. Stuttgart/ Weimar: Metzler. 423f.

Sulayman/ Häsän/ Guth 2020. Sulayman, Asad/ Häsän, Mämätǧan/ Guth, Stephan: Ötkür, Abdurehim: Iz. Oyġanġan zemin. In: Arnold, Heinz L.: *Kindlers Literatur-Lexikon. KLL* [Online-Ausgabe, datiert auf 2020. doi.org/10.1007/978-3-476-05728-0_14696-1].

Sulayman/ Muhämmät/ Guth 2020. Sulayman, Asad/ Muhämmät, Osmanǧan/ Guth, Stephan: Uyġur, Abduḥaliq In: Arnold, Heinz L.: *Kindlers Literatur-Lexikon. KLL* [Online-Ausgabe, datiert auf 2020. doi.org/10.1007/978-3-476-05728-0_18528-1].

Sulayman/ Qurban/ Guth 2020. Sulayman, Asad/ Qurban, Rizwangül/ Guth, Stephan: Ömär, Äḫtäm. In: Arnold, Heinz L.: *Kindlers Literatur-Lexikon. KLL* [Online-Ausgabe, datiert auf 2020. doi.org/10.1007/978-3-476-05728-0_14680-1].

Sultan/ Abdurehim 2002. Sultan, Azad/ Abdurehim, Kerimjan (Hgg.): Uyǧur bügünki zaman ädäbiyat tarixi. Ali mäktäplär üčün därslik [Geschichte der uigurischen Literatur der heutigen Zeit. Lehrbuch für Hochschulen]. Ürümči: Šinjaŋ universiteti näšriyati.

Syroežkin 2015. Syroežkin, Konstantin: Sin'czjan: bolšoj vopros dlja Kitaja i Kazachstana. Astana, Almaty: Institut Mirovoj ėkonomiki i politiki pri Fonde Pervogo Prezidenta Respubliki Kazachstana – Lidera Nacii.

Tahir/ Äbäydulla/ Raxman 2010. Tahir, Arslan Abdulla/ Äbäydulla, Yari/ Raxman, Abdurehim (Hgg.): Hazirqi zaman Uyǧur tili [Die uigurische Gegenwartssprache]. 3 Bde. Ürümči: Šinjaŋ xälq näšriyati [turkistanilibrary.com/ug/node/1450].

Talip 1985. Talip, Abdulla: Čala tägkän oq [Der Schuss, der danebenging]. Ürümtschi: Šinjaŋ yašlar näšriyati.

Tang/ Qiao/ Mudie 2010. Tang, Qiwei/ Qiao, Long/ Mudie, Luisetta. Chen, Ping/ Mudie, Luisetta (Übers.): China Razes Uyghur Homes [Artikel aus dem Online-Angebot von *RFA*, datiert auf den 13. Juli 2010. www.rfa.org/english/news/uyghur/raze-07132010120547.html].

Tanridagli 1998. Tanridagli, Gülzade: Le roman historique, véhicule du nationalisme ouïghour [Artikel, datiert auf den 1. Januar 1998. cemoti.revues.org/56.

Tanrıdağlı 2004. Tanrıdağlı, Gülzade [= Tanridagli, Gülzade]: Uygur edebiyatında roman [Der Roman in der uigurischen Literatur. dergipark.org.tr/tr/download/article-file/136250].

Tearle 2023. Tearle, Oliver: 10 of the Best Sylvia Plath Poems Everyone Should Read [interestingliterature.com/2017/06/10-of-the-best-sylvia-plath-poems-everyone-should-read].

Thiesen 1982. Thiesen, Finn: A Manual of Classsical Persian Prosody. With chapters on Urdu, Karakhanidic and Ottoman prosody. Wiesbaden: Otto Harrassowitz.

Thomsen 1959. Thomsen, Kaare: Die Sprache der Gelben Uiguren und das Salarische. In: Deny, Jean et al. (Hgg.): *Philologiae Turcicae Fundamenta*. Bd. 1. Wiesbaden: Franz Steiner. 564-568.

Thwaites 2021. Thwaites, Dilber: Zunun Kadiri's Ambiguity. The dilemma of a Uyghur writer under Chinese rule. Diss. [Canberra:] Australian National University [core.ac.uk/download/pdf/156619465.pdf].

Toxtayov 1993. Toxtayov, Mähämmät'imin: Qanliq yär [Blutige Erde]. Islam, Maxmutjan (Übers.). Ürümči: Šinjaŋ xälq näšriyati. [Originalausgabe 1988. elkitab.org/qanliq_yer_romanmemtimin_toxtayow].

Tömür 2006. Tömür, Hevir: *Baldur oyġanġan adäm* [Der Mann, der zu früh erwachte]. Ürümtschi: Šinjaŋ xälq näšriyati.

Tömür 2015 [2012]. Tömür: Seriq Uyǧurlarniŋ miŋ yilliq tarixi [Die tausendjährige Geschichte der Gelben Uiguren]. Mutila 木提拉, Abudu/doureheman 阿不都热合曼 (Übers.). Nachdr. Ürümči: Šinjaŋ xälq näšriyati. [Raubdruck]

Tömür 1992. Tömür, Hevir: Abduqadir Damolla häqqidä qissa [Erzählung über Abduqadir Damolla]. 2 Aufl. Ürümči: Šinjaŋ yašlar-ösmürlär näšriyati. [elkitab.org/abduqadir_damollam_heqqide_qissexewir_tomur].

Tu'erxun 2019. Tu'erxun, Paerhati 帕尔哈提·吐尔逊[= Tursun, Pärhat]: Shixuan 诗选 (21-23) [Ausgewählte Gedichte (21-23); Blogeintrag aus dem Internetangebot des Chinesischen PEN, datiert auf den 4. Oktober 2019. www.chinesepen.org/blog/archives/138083].

Turdi 1979. Turdi, Qäyyum: Küräščan yillar [Jahre des Kampfes]. Bd 1. Ürümči. Šinjaŋ yašlar-ösmürlär näšriyati. [turkistanilibrary.com/ug/node/184].
Turdi 1998. Turdi, Äxät: Untulġan kišilär [Die Vergessenen]. Kaschgar: Qäšqär Uyġur näšriyati.
Turdi 2003. Turdi, Qäyyum: Küräščan yillar [Jahre des Kampfes]. 3 Bde. Ürümči. Šinjaŋ yašlar-ösmürlär näšriyati.
Turkestani Library 2023ff. Turkistani Library [Internetseite mit originalen uigurischen Texten. turkistanilibrary.com/ug].
Tursun 1990. Tursun, Imin: Tarimdin tamčä [Ein Tropfen aus dem Tarim]. Beijing: Millätlär näšriyati. [Raubdruck]
Tursun 1998. Tursun, Pärhat: Muhäbbät lirikiliridin 100 parčä [„100 Liebesgedichte"]. Ürümči: Šinjaŋ xälq näšriyati.
Tursun 1998a. Tursun, Pärhat: Mäsih čöli [Die Wüste des Messias]. Beijing: Millätlär mäšriyati.
Tursun 1999. Tursun, Pärhat: Ölüveliš sän'iti [Die Kunst der Selbsttötung. Šinjaŋ xälq mäšriyati.
Tursun 2020. Tursun, Pärhat: Ġazaŋ. Hikayilär [Laub. Erzählungen]. Zulpiqar, Ġ. V. (Hg.). Istanbul: Šärqiy Türkistan hörriyät näšriyati.
Tursun 2021. Tursun, Pärhat: Čoŋ šähär [Die große Stadt]. Istanbul: Šärqi Türkistan hörriyät näšriyati.
Tursun 2022. Tursun, Perhat [= Tursun, Pärhat]: The Backstreets. A novel from Xinjiang. Byler, Darren/ Anonymous[1727] (Übers.). New York: Columbia University Press.
Tursun 2022. Tursun, Näbijan: Uyġur umumiy tarixi [Allgemeine Geschichte der Uiguren]. Bd. 7. Šärqiy Türkstan jumhuriyiti umumiy tarixi [Allgemeine Geschichte der Republik Ostturkestan]. Almaty: MIR.
Tursun/ Hoffmann 2022. Tursun, Mihrigul/ Hoffmann, Andrea C.: Ort ohne Wiederkehr. Wie ich als Uiguren Chinas Lager überlebte. München: Heyne.
Tuyaqbay 2008. Tuyaqbay, Ö.: Süleymen Payġambar. In: Anonym: *Qazaqstan. Ulttïq ėnciklopediya [Kasachstan. Nationalezyklopädie]*. Bd. 8. Almaty: „Qazaq Ėnciklopediyasïnïŋ" bas redakciyasï. 111.
Tyler 2004. Tyler, Christian: Wild West China. The Untold Story of a Frontier Land. London: John Murray.
UNESCO 2010. UNESCO: Meshrep [ich.unesco.org/en/USL/meshrep-00304].
Ushurova 2018. Ushurova, Schachida: Oeigoeren. Een vergeten volk. [Abschlussarbeit in Verhaltens- und Kulturwissenschaften an der Sint-Lodewijkscholen in Kwatrecht, Schuljahre 2007–2008 und 2008–2009; anzdoc.com/oeigoeren-een-vergeten-volk-shachida-ushurova-eindwerkgedra.html].
Uyghur Archive 2023. Uyghur Archive: Okyan ädäbiyatiniŋ (eser.okyan.com) https://uyghur-archive.orgdin äsliġä kältürülgän yazmiliri [Schriften, die von Okyan ädäbiyati (eser.okyan.com) aus uyghur-archive.org wiederhergestellt wurden. www.uyghur-archive.com/okyaneser.html].
Uyghur PEN 2023. Uyghur PEN [Homepage der uigurischen Sektion des internationalen PEN-Clubs. www.uyghurpen.org].
Uyġur tori 2023ff. Uyġur tori [Uigurisches Netz; Meta-Plattform mit Uigurischen Quellen. www.uygur.com].
Üzüm 2000. Üzüm, İlyas: Günümüz Aleviliği [Heutiges Alevitentum]. Istanbul: Türkiye Diyanet Vakfı İslâm Araştırmaları Merkezi Yayınları.
Van Damme 1995. Van Damme, Marc: Rabghūzi. In: Bosworth, C. E. et al.: *Encyclopédie de l'Islam*. Bd. 8. Leiden: E. J. Brill. 362f.
Van Ess 2017. Van Ess, Hans: Der Name der Uiguren. In: Müller, Shing/ Selbitschka, Armin: *Über den Alltag hinaus: Festschrift für Thomas O. Höllmann zum 65. Geburtstag*. Wiesbaden: Harrassowitz. 255-268.

1727 Der im Titel als „Anonymous" bezeichnete Übersetzer wird in [Byler 2022a]: Xff. auch „A. A." genannt.

Vasmer 2012-2017. Vasmer, Max: Russisches etymologisches Wörterbuch. 3 Bde. 3., unveränderte Aufl. Heidelberg: Universitätsverlag Winter.

Vaughan 1973. Vaughan, James Caradog: Soviet socialist realism: origins and theory. New York: St. Martin's Press.

Victims of Communism Memorial Foundation 2022. Victims of Communism Memorial Foundation: The Xinjiang Police Files [www.xinjiangpolicefiles.org].

Victims of Communism Memorial Foundation 2023ff. Victims of Communism Memorial Foundation: Xinjiang Police Files Person Search Tool [www.xinjiangpolicefiles.org/person_search].

Waite 2007. Waite, Edmund: The Emergence of Muslim Reformism in Contemporary Xinjiang: Implications for the Uyghurs' Positioning Betwee a Central Asian and Chinese Context. In: Bellér-Hann, Ildikó et al. (Hgg.): *Situating the Uyghurs Between China and Central Asia*. London, New York: Routledge. 165-181.

Wang 2013. Wang, Chang: Inside China's Legal System. Cambridge: Elsevier Science & Technology.

Wang 2015. Wang, Jian 王健: Maimaitiming Wushou'er de xiaoshuo paozuo 买买提明·吾守尔的小说创作 [Mämtimin Hošurs Prosatechnik]. Masterarbeit. Universität Kaschgar.

Wang 2016. Wang, Ning: Banished to the Great Northern Wilderness: Political Exile and Re-education in Mao's China. Vancouver: UBC Press.

Vogel 2010. Vogel, Rahel Marie: Auf dem Weg zum neuen Menschen. Umerziehung zur „sozialistischen Persönlichkeit" in den Jugendwerkhöfen Hummelshain und Wolfersdorf (1961–1989). Frankfurt am Main usw.: Lang.

Warikoo 2016. Warikoo, K.: Introduction. In: Ders. (Hg.) *Xinjiang – China's Northwest Frontier*. London, New York: Routledge. 1-10.

Weidenbach 2021. Weidenbach, Bernhard: Verluste nach Kriegspartei im Chinesischen Bürgerkrieg 1945–1949. [Beitrag auf der Website des Unternehmens *Statista.com*, datiert auf den 13. Januar 2021. de.statista.com/statistik/daten/studie/1154643/umfrage/verluste-nach-kriegspartei-im-chinesischen-buergerkrieg].

Weil 1979. Weil, Gotthold: ʿArūḍ I. In: Gibb, H. A. R. et al. (Hgg.): *The Encyclopaedia of Islam. New Edition*. Leiden: Brill [archive.org/details/ei2-complete]. Bd. I (A-B). 667-677.

Wember 2007. Wember, Heiner: Umerziehung im Lager: Internierung und Bestrafung von Nationalsozialisten in der britischen Besatzungszone Deutschlands. Essen: Klartext.

Westcott 2021. Westcott, Ben: China needs to boost its population so why not scrap birth caps entirely? The reason might be Xinjiang [Artikel aus dem Online-Angebot von *CNN*, letztes Update 1. Juni 2021. amp.cnn.com/cnn/2021/06/01/china/xinjiang-china-three-child-policy-intl-hnk/index.html].

Widiarto 2021. Widiarto, Ingrid: Uigurische Geschichten. Wahre Begebenheiten. Berlin: Verlag Akademie der Abenteuer.

Williams 2023. Williams, Evan [Für das ZDF-Magazin *frontal* gedrehtes Video, datiert auf den 13. April 2023. www.zdf.de/politik/frontal/china-ueberwachung-xinjiang-minderheiten-muslime-uiguren-youtube-100.html].

Wolfart 1988. Wolfart, Ulrich: Dīvan-i ʿAlī Šīr Navāʾī. In: Jens, Walter (Hg.): *Kindlers Neues Literatur Lexikon*. Bd. 1. München: Kindler. 325f.

World Uyghur Congress 2012. World Uyghur Congress: Reports: Uyghur asylum seekers deported from Cambodia sentenced to life, 17 years in prison [Bericht, laut Eigenangabe am 26. Januar 2012 gepostet. www.uyghurcongress.org/en/reports-uyghur-asylum-seekers-deported-from-cambodia-sentenced-to-life-17-years-in-prison].

Wu Yugui 2009. 吴玉贵: Tujue di er Hanguo Hanwen lishiliao biannian jikao 突厥第二汗国漢文史料編年輯考 [Untersuchungen zu den chinesischsprachigen annalistisch-historischen Quellen über das Zweite Kaganat der Tujue]. 3 Bde. Beijing: Zhonghua Shuju.

Xinjiang Victims Database 2017ff. Xinjiang Victims Database – ethnic-minority individuals in some form of detention since January 2017 [Datenbank mit Opfern staatlicher Verfolgung in Xinjiang. shahit.biz/eng].

Xinjiang Victims Database 2022a. [5-teilige Twittermeldung der Xinjiang Victims Database, o. T. twitter.com/shahitbiz/status/1385258557973610500].

Xinjiang Victims Database 2022b. Xinjiang Victims Database: Urumqi No. 1 Detention Center (乌鲁木齐市第一看守所) [shahit.biz/eng/#facilities44].

Yakufu et al. 2011. Yakufu, Abulizi 阿布利孜・牙库甫 et al.: Hazirqi Zaman Uyġur tiliniŋ izahliq luġiti [Kommentiertes Wörterbuch der uigurischen Gegenwartssprache]. 2. Aufl. Bd. 1. Ürümči: Šinjaŋ xälq näšriyati.

Yakup 2007. Yakup, Abdurishid: Uygur edebiyatı (VIII–XIV. yüzyıl). I. Nazım [Die uigurische Literatur (8.–14. Jahrhundert). I. Dichtung]. Yılmaz, Emine (Übers.). In: Halman, Talât Sait et al. (Hgg.): *Türk Edebiyatı Tarihi [Geschichte der türkischen Literatur]*. Bd 1. Istanbul: TC Kültür ve Turizm Bakanlığı Yayınları. 130-153.

Yaqub et al. 1990–1998. Yaqub, Abliz [=Yakufu, Abulizi 阿布利孜・牙库甫] et al.: Uyġur tiliniŋ izahliq luġiti [Kommentiertes Wörterbuch der uigurischen Sprache]. 6 Bde. Beijing: Millätlär näšriyati.

Yi 2023. Yi, Fuxian: China stirbt aus – die Bevölkerung des Riesenreichs schrumpft viel schneller als prognostiziert, und gegenzusteuern gibt es schon jetzt nicht mehr viel. [Kommentar aus der Online-Ausgabe der *Neuen Zürcher Zeitung*, datiert auf den 24. Februar 2023. www.nzz.ch/meinung/china-stirbt-aus-viel-schneller-als-prognostiziert-ld.1726915].

Yıldırım 2016. Yıldırım, Kürşat: Doğu Türkistan'in Tarihî Coğrafyası (MÖ III.–MS X. Yüzyıl) [Die historische Geographie Ostturkestans (3. Jh. v. Chr.–10. Jh. n. Chr.]. Istanbul: Ötüken.

YouVersion 2023. Youversion: Markus Bayan qilġan xoš xävär 7: 34 [Markusevangelium 7, 34] [Uigurischer Eintrag auf dem Online-Bibelübersetzungsportal *YouVersion*, datiert auf 2023. www.bible.com/bible/453/MRK.7.34.HZUT].

Yu 2009. Yu, Jianrong: From tool of political struggle to means of social governance: The two stages of the re-education through labor system. *China Perspectives* 2, 82 (2009): 66-73.

Yulġun Tor Beti 2004–2019. Yulġun Tor Beti [Internetseite Yulġun/ Tamariske. www.yulghun.com/imla/convert.html].

Yunus Emre 1992. Yunus Emre. Yaşamı ve Bütün Şiirleri [Yunus Emre. Sein Leben und all seine Gedichte]. Hg. Öztelli, Cahit. 4. Aufl. Istanbul 1992. Özgür.

Yunusova 2022. Yunusova, Munävvär (Hg.): Uyġur xäliq eġiz ädäbiyati qamusi [Enzyklopädie der uigurischen Volksliteratur]. Almaty: Mir.

Zahiru'd-din Muḥammad Babur 1922. Zahiru'd-din Muḥammad Babur: The Babur-nāma in English (Memoirs of Babur). Bd. 2. Beveridge, Annette Susannah (Übers.). London: Luzac. [www.rarebooksocietyofindia.org/book_archive/196174216674_10154956199821675.pdf].

Zakir/ Bo 2018. Zakir, Shohrat/ Bo, Xiang: Full transcript: Interview with Xinjiang government chief on counterterrorism, vocational education and training in Xinjiang [Text von der Webpräsenz der staatlichen volksrepublikanisch-chinesischen Nachrichtenagentur *Xinhua*, ursprünglich datiert auf den 16. Oktober 2018, in der aktuellen Version datiert auf den 6. September 2023. www.xinhuanet.com/english/2018-10/16/c_137535821.htm].

Zaman 1996. Zaman, Nurmuhämmät: Güllängän hazirqi Uyġur ädäbiyati [Die erblühte uigurische Literatur der Gegenwart]. Ürümči: Šinjaŋ universiteti näšriyati.

Zang 2016. Zang, Xiaowei (Hg.): Handbook on Ethnic Minorities in China. Cheltenham: Elgar.

Zaripov 1990. Zaripov, Nur: Äkiät batïrδarï [Märchen-Heroen]. In: Ders.: *Yäšägän, täy, batïrδar [Es waren einmal Heroen]*. Ufa: Baškortostan Kitap Näšriäte. 3-16.

Zenz 2019. Zenz, Adrian: "Thoroughly reforming them towards a healthy heart attitude": China's political re-edcuation campaign in Xinjiang. *Central Asian Survey* 38, 1 (2019): 102-128.

Zenz 2022. Zenz, Adrian: Public Security Minister's Speech Describes Xi Jinping's Direction of Mass Detentions in Xinjiang. [www.chinafile.com/reporting-opinion/features/public-security-ministers-speech-describes-xi-jinpings-direction-of-mass].

Zenz 2023. Zenz, Adrian: Innovating penal labor: Reeducation, forced labor, and coercive social integration in the Xinjiang Uyghur Autonomous Region. *The China Journal* 90 (2023). 27-53. [doi.org/10.1086/725494].

Zhang 2008. Zhang, Xudong: Postsocialism and cultural politics: China in the last decade of the twentieth century. Durham: Duke University Press.

Zhang 2013. Zhang, Chunmei 张春梅: Guaidan zhong de xianshi: jianlun Maimaitiming Wushou'er de xiaoshuopaozuo 怪诞中的现实——简论买买提明·吾守尔的小说包作 [Eine Realität inmitten des Absonderlichen: Zu einigen Aspekten von Mämtimin Hošurs künstlerischer Kreativität im Bereich der Prosa]. *Yili shifan xueyuan xuebao* 伊利师范学院学报 4 (2013): 100.

Zhao 2018. Zhao Kezhi 赵克志: Zai tingqu Xinjiang Zizhiqu gong'an he wending gongzuo huibao shi (2018 nian 6 yue 15 ri) 在听取新疆自治区公安和稳定工作汇报时(2018 年6 月15 日) [Während des Anhörens des Berichts zur Polizei- und Stabilitätsarbeit in der Autonomen Region Xinjiang (15. Juni 2018). www.xinjiangpolicefiles.org/key-documents].

Zhao 2018a. Zhao, Kezhi [=Zhao Kezhi 赵克志]: Speech Given While Listening to the Report on Public Security and Stability Work on the Xinjiang Autonomous Region (June 15, 2018). [www.xinjiangpolicefiles.org/wp-content/uploads/2022/05/Zhao-Kezhi-Speech-Given-While-Listening-to-the-Report-on-Public-Security-and-Stability-Work-on-the-Xinjiang-Autonomous-Region.pdf].

Zinkeisen 1840. Zinkeisen, Johann Wilhelm: Geschichte des osmanischen Reiches in Europa. Erster Theil. Urgeschichte und Wachsthum des Reiches bis zum Jahre 1453. Hamburg: Friedrich Perthes.

Zoll 2021. Zoll, Patrick: Neue Augenzeugenberichte beschreiben das Leben in den Umerziehungslagern von Xinjiang in allen Einzelheiten [Artikel aus dem Online-Angebot der *NZZ*, datiert auf den 11. Juni 2021. www.nzz.ch/international/amnesty-verbrechen-gegen-die-menschlichkeit- in-xinjiang-nzz-ld.1629786].

Zou 2001. Zou, Keyuan: Reeducation through labour: China's outmoded reformatory practice. Singapur: EAI.

Zou 2006. Zou, Keyuan: China's Legal Reform: Towards the Rule of Law. Leiden: Brill.

Zunun/ Raxman 1981. Zunun, Mähämmät/ Raxman, Abdurehim: *Uyġur xälq eġiz ädäbiyati* [Die uigurische mündliche Volksliteratur]. Ürümtschi: Šinjaŋ xälq näšriyati. turkistanilibrary.com/sites/default/files/uyghur-heliq-edebiyatinig-asasliri.pdf].

23 Index

1. Bezirksmittelschule von Šayar 287
11 maddiliq bitim 47
12-Aprel Väqäsi 105
1919-yilidiki 4-May Vätänpärvärlik Mädäniyät Härikiti 104
20. Parteitag der KPC 95
3G-Netze 63
9/11 67, 75
„100 Liebesgedichte" 198
„Abhandlungen über die Sprache und Schrift der Uiguren" 18
„Abzweigung" (*Eliš*) 325
„Ach, Blut meiner Nabelschnur" 257
„Alte und neue Dinge" 225
„Am Fuße des Qiziltagh" 140
„Am Ufer des Ili" 280
„An der Kinotür" 257
„Äsli und Käräm" 279
„Aufklärungsverein" 160, 277
„Bauernaufstand" 37
„Bauernrevolution" 37
„Baum, von dem Goldmünzen regnen" 129
„Bedrückende Minuten" 280
„Berufsbildungs und -trainingsprogramm" 93
„Berufsbildungszentren" 93
„Berufsschriftsteller 318
„Bewachungsorte" 84
„Bewegung des 4. Mai [1919]" 104
„Bewegung zur Machtübernahme" 349
„biographische Erzählung" 225
„Blick in die Vergangenheit" 262
„Blutige Erde" 4, 40, 106, 130, 306, 309-312, 345
„Brief an einen Toten" 225
„Buch der Könige" 350
„Charabati. Der gequälte Literat" 318
„Das alte Mädchen" 257
„Das Auge der Lieder" 115, 120, 318
„Das Baby in der Kiste" 233, 234, 236
„Das Denken und die Fallen" 187
„Das erwachte Land" 1, 42
„Das Geheimnis der Einöde" 257
„Das Geheimnis der Jahre" 280
„Das gezähnte Glas" 225

„Der Apfel" 224
„Der Blutfleck" 279
„Der erste Schritt" 109, 166
„Der Freie Inhaftierte" 187
„Der Goldene Schuh" 103, 116
„Der Goldzahn" 225
„Der Ili" 223
„Der junge Falke" 117, 256, 258, 262
„Der klare Himmel" 140
„Der Kranke wird geheilt" 109
„Der Lehrer ist gekommen" 121
„Der Mann, der zu früh erwachte" 114
„Der Schuldner" 113, 116, 163, 166, 269
„Der Schuss, der danebenging" 114
„Der See, der von Würmern verseucht wurde" 257
„Der Traum der Roten Kammer" 159
„Der uigurische Großvater" 139
„Der vereiste Fluss" 124
„Der Verrückte wurde geheilt" 166
„Der Verrückte" 225, 335
„Der Weg" 140
„Die antike Literatur der Uiguren" 33
„Die aus dem Jenseits Gekommenen" 114
„Die einzige Insel" 257
„Die Erforschung" 165, 342
„Die erwachte Erde" 114, 155
„Die Erzählung vom Ingenieur Äli" 140
„Die Flößer" 226
„Die Große Stadt" 206
„Die Hacke" 225
„Die im Sand versunkene Stadt" 10, 117, 225, 232
„Die Klage des Elenden" 280, 344
„Die Kunst der Selbsttötung" 2, 121, 200, 213, 216, 218-220, 334
„Die lautlose Dsungarei" 140
„Die letzte Jagd" 318
„Die letzten Minuten" 280
„Die Nektarine" 256
„Die Pein der Dummheit" 105
„Die Pest" 201, 210
„Die Sache mit dem Bart" 75, 117, 225, 241, 289, 335, 337

„Die Sache mit den Namen" 63, 72, 289
„Die Sprachverwandtschaft der Hun-Uiguren" 33
„Die Spur" (Roman) 114, 155
„Die Seitenstraßen" 9
„Die Stimme der Rohrflöte" 225
„Die Suche" 10, 116, 267
„Die treusorgende Mutter" 280
„Die Türkei, ein Tal der Spiele" 187
„Die Uiguren" 29, 31, 337
„Die Vergangenheit" 116
„Die Vergessenen" 114
„Die weiße Aprikose" 163
„Die weiße Frau" 257
„Die Welt als Wille und Vorstellung" 200
„Die wilde Taube" 117, 260
„Die Wüste des Messias" 204, 214
„Dies ist keine Aufwallung" 225
„Diwan der Sprachen der Türken" 155
„Dokument Nr. 9" 54, 57
„drei üble Kräfte" 69, 88, 353
„Duftende Prinzessin" 358
„Ein aus der Ferne geschriebener Brief" 225
„Ein Fest für die Schweine" 225
„Ein Gürtel – eine Straße" 9
„Ein unbeantworteter Telefonanruf" 288
„Ein Verrückter wird geheilt" 216
„Eine Handvoll Rosen" 224
„Einheitsregierung" 48-49
„Einwurzelung" 34
„Ereignis vom 12. April" 105
„Erwache!" 160
„Erzählung über Abduqadir Damolla" 114
„Erzählungen über die Propheten" 297, 352
„Erzählungen von 1001 Nacht" 230
„Feinde des Volkes" 78
„Flussufererzählungen" 159
„Forschung" 342
„Freiheitsschule" 160
„Fünf Modernisierungen" 55
„Funke" 196
„Gefängniserinnerungen: Gefangene Seelen" 187
„Geschichte der Hunnen" 33
„Gesellschaft für Uigurische Aufklärung" 277
„gesuchte Erzählungen" 120

„Gherib und Sänäm" 257, 279
„Globaler Krieg gegen den Terror" 75, 77
„Glückbringendes Wissen" 100
„Gottheit des Frühlings" 312
„Große Kulturrevolution" 30, 54, 58, 76, 93, 111-113, 139, 154, 164-165, 195, 218, 220, 223, 257, 267, 306, 310, 330, 347, 349-350, 355
„Großer Sprung nach vorne" 52, 54, 328, 340
„grüne Karte" 81
„Grüß dich, Bruder Hesam" 225
„Harun und Leyla" 279
„Herr Ächmät" 280
„heutige uigurische Literatur" 109
„Ich bin ein junger Gärtner" 318
„Ili-Zeitung" 163, 279
„Illustrierte Abhandlungen über die westlichen Territorien" 18
„In den Kerkern der Chinaleute 280
„In der Schenke der Wanderer" 228
„Integrierte Kombinierte Operationsplattformen" 82
„Islam nach chinesischem Modell" 96
„Islam-Vereinigung des Reichs der Mitte" 50
„Junge Dolanen" 92, 164, 231
„Jahre des Kampfes" 2, 102-104, 110, 114-115, 130-131, 142, 149, 167, 217, 269, 353
„Kampagne der 100 Blumen" 51
„Kampagne zur Überprüfung problematischer Bücher" 128
„Kampf für die Unabhängigkeit" (Orden) 278
„Kämpferische Jahre" 140
„klassische uigurische Literatur" 105
„Klein-Buchara" 19
„Kleinbucharaer" 19
„Komitee des Jugendverbands der Provinz" 109
„König Abbas und Churschidbanu" 279
„Konzentrationslager" 86
„kultureller Genozid" 67
„Laub" 204
„Läyli und Mädschnun" [Leyli und Medschnun] 196, 279
„Leben und Zeit des Michael K." 199
„Lichter des Qiziltagh 139
„Lied der Sehnsucht" 257
„Literatur des uigurischen Volks" 26

„Literatur und Kunst des Nordwestens" 307
„lokale nationalistische Fünferbande" 279
„Mann und Frau" 279
„Mao-Bibel" 329
„Mein Meister" 225
„Messermigration" 243
„Morgenröte der Revolution" 278
„Mutterland" 164
„Nachdem die Kraft geschwunden ist" 106
„Nationalisten" (=KMT) 30
„neue Linke" 57
„neue Schrift" 5, 6, 7, 53
„neue, demokratische uigurische Literatur" 104
„obskure Dichtung" 120
„Öffne dich!" 160
„Öffnung des Nordwestens" 61
„Öffnung des Westens" 61
„Orient" (Schule in Ġulja) 277
„Orientalismus" 231
„Patriotische Kulturbewegung des 4. Mai im Jahr 1919" 104
„Pflicht" 318
„professioneller Schriftsteller" 224
„reaktionäre Geheimgesellschaften und Sekten" 49
„realistische Prosaproduktion" 107
„Reformen und Öffnung" 3, 4, 10, 32, 54, 60, 64, 73, 76, 90, 92, 106-107, 117-118, 120, 139, 165, 231, 260, 339, 350
„Reise ans Ende der Nacht" 208
„Räuber vom Liang-Shan-Moor" 159
„Revolution von Kumul" 42, 160
„Revolutionäre Ili-Partei" 37
„Sartenmuslime" 19
„Schluss mit der Unterdrückung" 280
„Schneider Nijas" 160
„Schwarze Kirgizen" 357
„Sein/ihr Geheimnis wurde offenbar" 280
„So sind die Jahre vergangen" 225
„Sonnenkönig" 228, 232, 238
„sozialistischer Realismus" 107
„Spuren" 1, 42, 100, 119
„Strenges Zuschlagen" 77
„Stufe der Literatur der neuen Epoche" 112
„Tataren Ostturkestans" 22
„Training" 223

„Turban-tragende Muslime" 23
„Überprüfung problematischer Bücher" 80
„Uiguren im eigentlichen Sinne" 19, 26
„Uigurenkind" 19, 159
„uigurische Ethnie" 40, 51
„Uigurische Gegenwartsliteratur" 105
„uigurische Literatur der heutigen Periode" 105
„uigurische Nationalität" 51
„Unsichtbarer Mann" 200
„Unsere Zukunft wird anders sein" 187
„Vater Boġda" 140
„Vereinigung der Revolutionären Jugend" 305
„Vergangenheit" 128
„Vier Modernisierungen" 55
„Volksbefreiungsarmee Chinas" 140
„Volksbequemlichkeitskarten" 83
„Volksfreiheitsarmee" 140
„Volkskrieg gegen den Terror" 72, 75, 79
„Volkspartei" 30
„Von der Donau bis zu den Ufern des Orchon" 288
„Vorfassung der Annalen des Ritenministeriums" 17
„Wach auf!" 1, 3
„Wehe, der mitleidlose Fluss" 257
„Weltuntergangswüste" 257
„Wenn Nachtigall nicht Winter sah" 102
„Xinjiang-Konflikt" 79
„Xinjiang Papers" 94, 383
„Xinjiang-Problem" 74
„Xinjiang Police Files" 95, 187, 370, 374, 388
„Zeitung von Aqsu" 288
„Zeitung von Hotan" 127
„Zeitung von Xinjiang" 127, 139, 155, 224, 305
„Zeitung von Yäkän" 139
„zwielichtige Gedichte" 120
ʿAbd al-Karīm Satuḳ 358
Abdul Chak 60, 68
Abdul Chakim 60
Abdul Chamid 60
Abdul Machdum 60
Abdul Šakur alʾ-Turkistani 68
Abdulʾähäd, Muyässär 207, 363
Abduqadir Damolla häqqidä qissä 114, 386
Abduräšit Xan 359

Abduraxman Mäxsum Haji 157-158
Abdurehim, Kerimjan 114, 364, 381, 386
Abdurešit, Memetsidiq 184-185
Abdurišit Xan 359
Abfassung 235
Ableitungssuffix 338
Ablimit Kündi 157
Ablimit, Häbibulla 124-126
Abramson, Kara 18-20, 26-28, 36, 71, 103, 131, 159, 225, 334, 351, 358, 364
Abuduwaili Ayifu 阿布都外力・阿依甫 183
Abu'l-Ġāzī Bahādur Ḫān 16, 102
Ačil 160
adäm balisi 259, 338
addiy 326
addiy šäkil 337
addiy tür 337
Adidas 90
Afaq Khoja 358
AFP (Nachrichtenagentur) 91
Aġu türmisi 198, 377
Ägypten 256
Ah, meniŋ kindik qenim 257
Ah, rähimsiz därya 257
Aihetan Wumai'er 艾合坦・吾麦尔 255
Ajsa Maksum 67
Aksu, chin. Akesu 阿克苏 21, 63, 127, 287, 305, 317
Aktivisten 95, 107, 272, 321, 359
ala 331
Äla / Ala 22, 116, 121, 210, 364, 367
ala qaġa 331
Äla, Mämtimin/ Ala, Mamtimin 210, 364, 367
Aletai 阿勒泰 45, 344
Alexander der Große 337
Alhagi maurorum 334
Alhagistrauch 193, 334
Al-Ḫalīl b. Aḥmad 99
Al-ḥizb al-Islāmī li-Turkistan 60
Alibijob 206
aliy mäktäp 359
Alkohol 227, 350
Alkoholkonsum 227
Alkoholkrankheit 208
Älkün, Äziz Äysa / Elkun, Aziz Isa 1- 2, 26, 72, 117-120, 158-159, 161, 197-199, 287-290, 344-346, 361, 365, 367, 372, 385, 435
Allah 144, 146, 227, 232, 239, 270, 286, 292, 303, 345
Allahyar 153
Allegorie 118, 129, 212, 220, 230
Alliteration 344
Alltag 63, 128, 387
Alma 224
Alma-Ata 49, 279, 368, 377, 378, 379
Almas, Turġun 29, 31-33, 110, 143-145, 147, 149, 327, 337, 364
Almaty 279, 366-369, 377, 380, 383-384, 386-387, 389
Alpermann, Björn 79, 124
Alphabetschrift 343
Al-Qaida 67, 68, 74
Altaigebirge 114, 351, 355
Altai-Kasachen 355
Altay (Provinz) 45, 344
Altgriechisch 25, 336
Altišär 21
alt-nordwestchinesisch 12
Altun čiš 225
Altun käš 103, 116, 128, 377
Altun yaruq 273, 342, 343
Älyar, Mämtimin 183, 197
Ambivalenz 217
Amerika 293
An Unanswered Telephone Call 288, 372
Ana yurt 164, 165, 212, 365, 372, 384
Anarxan 163
Anatolien 228
Andalusien 228
Anonymität 197, 204, 216
Anschläge vom 11. September 2001 75
Anstifung zum Rassenhass 119
Antirechtsbewegung 278, 340
antisemitischen Stereotype 131
Antisemitismus 131
Anzug 243
Äŋ güzäl xatirä 128
Apake Hezhuo 阿帕克・和卓 358
Apake Huojia 阿帕克・霍家 358
Apaq Chodscha 313, 358
Apaq Xoja 358
Apps 73, 82

Aptonom Rayonluq Naxša-Ussul Ömiki 306
Aptonom Rayonluq Partiyä Komiteti 349
Aq juvan 257
aq mütäxässislišiš 341
Aq örük 163
aq tikän 334
Aqartma mäktipi 160
Aqartma uyušmisi 160, 277
aqsaqal 351
Aqsu 21, 62, 287-288, 317-318, 349
Aqsu geziti 288
Aqsu Vilayätlik 1-Ottura Mäktäp 317
Aqsuw (Kasachstan) 317
Aqsuwlïq 21
Ar 327
Är vä arvad Ər və arvad 279
Arabisch 19, 130, 154
arabische Schrift 5
araboide Schrift 53, 343
Arafāt/ ʿArafāt /Arapat 289, 293-297, 299, 301-302, 348
Arafat, Jassir/ ʿArafāt, Yāsir 294, 348
Ärämsimaxan 157-158
Aratürklär 42
Archäologie 25, 368
ärkin 118, 237, 260-261
ärkinlik 238
Armut 64, 269, 320, 339
Arqa koča 201
Arroganz 339
Artux 38
ʿarūḍ 99
Aruz/ *aruz* 99-103, 370
aš su 339
Aserbaidschan 62, 371
Aserbaidschanisch 343
Asiaten 243, 338
äsl 118
Äsli vä Käräm / Əsli və Kərəm 279
ASPI 92
as-salāmu ʿalay-kum / *ässalamu äläykum* 352
Assonanz 228
Asterisk 4, 5, 7
ata-ana 260
Atheismus 141
Atomtests 59

Atuš, chin. Atushi 阿图什 38, 195, 197, 198, 346, 377
Aubin, Françoise 14-16, 21-23, 36, 366
Aufenthaltserlaubnis 213
Aufstand von Ürümči 37
AURX 7, 51, 53, 58-64, 66, 70, 87-88, 90, 139-140, 256, 278, 317, 349, 353
Ausbeutung 46, 58-59, 61, 78, 90
Ausbildungslager 85
Ausstellung des Kongresses der Vertreter der Scshriftsteller und Künstler des Nordwestens 306
Australian Strategic Policy Institute 92, 384
Australien 348
autobiographische Elemente 116, 188, 207
Autodafé 256, 261
Autodidaktik 215
Autonome Region Xinjiang 7, 63, 139, 224, 255
Autonome Uigurische Region Xinjiang 7, 51, 53, 278, 381
Autonomes Uigurisches Gebiet Xinjiang 332
Autonomous Qara-Kirghiz Region 357
Avut, Čimengül 128
Axirättin kälgänlär 114
Axirqi däqiqilär 280
Axirqi ov 318
Äxmät Äpändi 280
Axun 157, 158, 325
Ayup, Abduväli / Ayup, Abdüveli/ Ayup, Weli 2, 49, 51-53, 57, 89, 103, 120, 183-188, 197, 200-202, 332-334, 353, 366-367
Ayxan 225
azadlïq 140
Äziziy, Säypidin 113, 114, 367
Ba Jin 巴金 163
Baby 232, 233, 234-238
Bachelet, Michelle 95
Bachelor 195
Baġri 157
baġu Erän 129-130
bahar 189
Bahuvrihi / Bahuvrīhi 23, 344
Baichengxian 拜城县 332
Baihua yundong 百花运动 51, 340
Baikalsee 13

baiqu 白区 341
Bakalavur 195
Baktrien 337
Baldur oyġanġan adäm 114, 386
Balikun 42
Balikun 巴里坤 42
Balzac 163
bamdat namizi 346
Banalisierung der uigurischen Kultur 92
banchuang 板床 333
Baoan 50
Bao'an 保安 50
Baren 59-60, 67
Bargeld 169, 329
Barköl / Bariköl 42
Barttracht 242-243, 289, 315
baš muhärrir 223
baš qonaq 330
BASF 90
Basisebene 341
bašlanġuč mäktäp 346
Bästä yaxši imam 351
Baumwolle 62, 198
Baumwollindustrie 64
Baumwollpflücker 65
Baumwollplantagen 91
Baumwollproduktion 62
Bauverwaltung 223
Bay Nahiyisi 332
Bayavanniŋ siri 257
bazar 242, 336-337, 356
bazar bašliqi 336-337
bazarliq hökümät 336
BBC 287
Behörde für Religiöse Angelegenheiten beim Staatsrat 354
Beijing 36, 48-49, 53, 55-56, 58, 62, 64-66, 104, 127, 164, 195-196, 205- 208, 210, 269, 272, 364, 367, 370, 375, 387-389
Bellér-Hann, Ildikó 49, 51, 65, 278, 368, 388
Berufsschulen 93
Best, Otto F. 114, 123, 368, 386
Bestechungsgeld 346
Bettlerinnen 257
Bewässerung 143, 327
Bewegungsfreiheit 65
Bewusstseinsstrom 201
Bezirksparteikomitee 290
bi'ografiyilk qissä 225
bian min ka 便民卡 81
bianmin jingwu zhan 便民警务站 81
Bibel 325, 329
Bibliothèque Nationale 343
Bičurin, Nikita Jakovlevič 12
Bilal Nazim / Bilāl Nāẓim 19, 26, 28, 102-103, 163, 369
Bilingualismus 287
bingtuan 兵团 90
Binnenerzählung 129, 241-242, 259-262
Binnenhandlung 132, 259
Binnenmigranten 64
Binnennarrativ 259
Binnenverbannung 30
Biographie(n) 17, 29, 31, 77, 127, 153, 188, 224
biometrische Daten 207
Birkbeck College 287
Birläšmä hökümät 48
Bodenschätze 51
Boġda Ata 140
Bolgaren 13
Bölinger, Mathias 36, 38-43, 45-50, 84, 90, 93, 96, 369
Bolschewiki 24, 26, 34-35, 42, 105
börä 131
Böser Blick 226
bovaq 232-236
Boxeraufstand 36
Brillen 244
britisches Innenministerium 287
Bu juš ämäs 225
Bubi, Ġabdulla 38
Buddhismus 50, 327, 349
Buddhisten 16, 50
Bügünniŋ tarixi 187, 367
bulbul / bülbül 102, 150
Bulgaren 13
Bundesrepublik Deutschland 164, 364
Burč 318
Bürokratie 213, 242, 336
Bürotätigkeit 205
burut 243

Burut majirasi 225, 241, 243, 289
Byler, Darren 2, 50, 52, 54-57, 60-65, 71- 85, 89, 90, 92-94, 103, 107, 116, 163-165, 195-215, 227-228, 332, 348, 353, 368-369, 375, 387
Čala tägkän oq 114, 386
čalma 23
čalmonosec 23
Camus, Albert 200, 208, 211
čantou 23
čaqčaq 143
čaqirim 357
Čatqal 157
Cavelius, Alexandra 69, 84-85, 89, 123, 369
čayan 130
Céline, Louis-Ferdinand 208
čeniqiš 223
Chasan Džundulla 67
Chefredakteur 223, 307
Chen Quanguo 陈全国 83, 95
Chiang Kai-Shek 40, 140, 354
Chiffrierung 211, 237
Chinesensprache 191-192, 297-298, 334, 353
chinesische Klassiker 159
chinesische Sprache 157, 159, 224, 334
Chinesischer Bürgerkrieg 30, 46, 49, 140
Chinesischer Nationalkongress 48
Chinesisch-Turkestan 19, 23
Chodscha 147-148, 313, 327, 358
Chotanec 21
chotanlyk 21
Christen 73
Chruschtschow 52
chuzhong 初中 346
-či 337
Činiy Türkistan 19, 23
činliq 310
Cliffhanger 143
čöčäk 103, 132
Čöčäk 39, 160, 336, 344
čöčürä 342
Coetzee, John Maxwell 199
college 207
convenience police stations 81
Čoŋ šähär 206
Čošqilarģa bayram 225

cultural genocide 67
dadui shuji 大队书记 330
daduizhang 大队长 347
dadüy 329, 330, 347
dadüy šujisi 330
dadüyjaŋ 347
daifu 大夫 344
Daming dafang yundong 大鸣大放运动 340
Damolla 114, 146, 148, 291, 327, 345, 386
dangzhibu 党支部 341
dangzongzhi 党总支 341
Daoismus 50
Dap 225
därdmän 344
Därdmänniŋ zari 280, 344, 377, 384
Darilmuällimin 305
Däsläpki qädäm 109, 166
dastan 26, 103, 131, 155, 196, 257
Davamät, Tömür / Dawamet, Tömür 293, 349, 364, 370
Dawan 大湾 71
Dayuejin 大跃进 52, 328, 340
dehqanlar inqilabi 37
dehqanlar qozģiliŋi 37
Demographie 50, 51, 58, 64, 97, 210, 367, 376
demographische Struktur 210
Demokratiebewegung 56, 58-59, 77, 195, 335
Deng Xiaoping 邓小平 55
Derwisch 149
deutsche Invasion der Sowjetunion 41
Deutschland 164, 196, 287, 375
Dialekte 20, 24
dialektisch-materialistische Ideologie 202
Diaspora 36, 348, 367, 370, 372
Dichter 1, 2, 26, 112, 131, 149, 153-154, 193-194, 196, 198, 207, 215, 228, 277, 288, 308, 318, 349, 378, 381
Digitale Revolution 81
Digitalisierung 73
Diktatur 35, 40, 56, 59-60, 94, 186, 260
Dingling 丁零 13
diqu 45, 74, 336
Diskriminierung 65, 70, 80, 119-210, 212
Disneylandisierung 92
Distanzierung 52, 54, 119, 132, 201-202, 217
Diversitätsquote 206

Diwuge Xiandaihua 第五个现代化 55
diyi shuji 第一书记 349
Dohlen 177, 331
dokumentarischer Charakter 188
Dolan 92, 255
Dolan yašliri 164
Dolan Youths 92
Dolanen 92, 128, 164, 231, 255, 258
Dölät, Örkäš 59
Dölätbaġ / Dölätbagh 313, 357
Donay däryasidin Orxun boyliriġiča 288
Donbass 77
Dong Tujuesitan Gongheguo 东突厥斯坦共和国 46
Donggan 冻干 23
Dongxiang 东乡 51
Dorfkommunen 52
Dostoevskij, Fedor Michailovič 200
Drachen 244, 357
Drama / Dramen 103, 111, 279
Drehbuchautoren 198, 255
Drehbücher 280
Dreiprovinzenrevolution 45, 46, 105, 154, 278, 280, 344
Dritte Plenarsitzung des 11. Zentralkomitees der KPC 55
Druckereien 160
Dschadidismus 38, 345
Dschadidisten 38
Dscham 351
Dschamschid 351
Dschihad 28, 44, 356
Dschihadismus 68
Dschingis Khan 250, 337-338
Dschinne 325
Dsungaren 20
du'a 347
dui 队 166, 328, 329
duizhang 队长 328-330
Dunganen 18, 23, 28, 48
dunyaviliq 202
duoquan yundong 夺权运动 349
Dutar 360
Dutov, Aleksandr Il′ič 47
düy 166, 328, 329
düyjan 328, 329, 330

East Turkestan Islamic Movemement 59
Eastern Turkestan / Eastern Turkistan 22, 46, 364, 372
Eastern Turkestan Republic 46
ečivetiš 350
Eh hayat 128
Eigennamen 8, 206, 228, 305, 344-346, 383
Einbettung 34, 132
Einheimische 23
Ein-Kind-Politik 348
Einspruch 186
Eisenbahnverbindungen 63
Elektroschockfolter 89
Elfartikelabkommen 47
Eliš 325
Elischa / Eliša (Romanfigur) 149-151, 189, 327
Eliyop, Teyipjan 112, 307, 372
Elkun, Aziz Isa S. u. Älkün, Äziz Äysa
Ellison, Ralph Waldo 200, 208, 211
Englisch 224
Entfremdung 72, 132, 209, 210, 211, 216, 260, 279
Entnazifizierung 86
Epen 131, 343
Erän 129
Eros-Thanatos-Motiv 218
Ersoy, Mehmed Akif 154
Erste Islamische Republik Ostturkestan 43
Erste Russische Revolution 35
Erster Sekretär 349
Erster Weltkrieg 35
Erstes Kaganat 13
Erstübersetzung 63, 188, 213, 289
Erzählungen 105, 109, 113, 120, 128, 139, 165, 188, 199, 216, 224-225, 230, 241-242, 256, 261, 290, 297, 299, 323, 335, 337, 346, 352, 374, 382, 384, 387
Erzählungsband 109, 166, 204, 256
Erziehungsminister 278
Erziehungswesen 65
ethnische Herkunft 207
ethnische Minderheiten 36, 51, 206, 210, 213
Ethnogenese 10, 11, 14, 24-26, 33
ethno-nationalism 202
Ethnonationalismus 202

Ethnonyme 12, 14, 17, 20, 22, 27
Ethnos 14, 26
Etymologie 12, 19, 20, 116, 130, 228, 325, 342, 346, 351, 354, 356
Euphemismus 86, 346
europäische Reisende 17
Everyman's Library 289
Exilschriftsteller 124
Exil-Uiguren 317
Existentialismus 200
Extremismus 66, 69, 78, 82-83, 88, 93, 256, 353
Fabeln 114, 116, 241, 259, 261
Faktizität 123
Fakultät für Sprache und Literatur 127, 223, 272, 317
Fakultät für Uigurische Sprache und Literatur der Xinjiang-Universität 317
Falken 117, 118, 258-260, 262-265, 338
Falkenaugen 110
Falun Gong 法轮功 73
fandong huidaomen 反动会道门 49
fanyou yundong 反右运动 340
Farīdoddīn ʿAṭṭār 227
Farsi 19
Fastenmonat 296, 346
Februarrevolution 35
Fen, *fen* 分 189, 329
Fengxiang 凤翔 343
Ferdousi 350
Fernseher 63, 192, 293, 294, 297
Fernsehkonsum 63
Fiktionalität 116, 123, 311
Filmautoren 288
Filmregisseure 288
Filmwissenschaften 305
Finnland 159
Flächenmaße 327
flow of consciousness 120
Fluchtgeschichte 183
Flugblätter 58
Flugzeugabsturz 49, 330
Flugzeuge 46
Folter 89, 203, 286, 369
Ford-Stiftung 183
Fortschritt 58, 112, 267
Fortschrittsglauben 208

Frankreich 94, 287
Freeman, Joshua L. 3, 9, 46, 81, 84, 90-91, 195, 198, 201, 213, 223-225, 230-231, 373, 378, 435
Freiheit 51, 52, 55, 57, 100, 113, 115, 119, 140, 146, 161, 186, 193, 194, 203, 220, 237, 260-261, 377, 380
Freud, Sigmund 200, 218
Frühe Neuzeit 150
fu pin 扶贫 94
fu shuji 副书记 349
fu zhuren 副主任 349
fu zhuxi 副主席 349
fu zuzhang 副组长 349
fünf Gebete 72
fünf Säulen des Islam 347
Fünffach gute Imame 295, 351
Fuyun 富蕴 355
Füzuli 131, 150, 380
Gaige kaifang 改革开放 54, 231, 350
Gansu 12, 13, 65, 153, 164, 339
Gaoche 高车 12-13
gaozhong 高中 346
Ġärbi šimal ädäbiyat-sän'iti 307
Ġärbiy šimal ädäbiyat-sän'ätčilär väkilliri qurultiyi körgäzmisi 307
Ġärbiy yurt qoruqčibäg mähkimisi 358
García Marquez, Gabriel 261
Garmu, chin. Ge'ermu 格尔木. 164
Garten Eden 129, 133-134
ġäzäl 100-101, 155
Ġazan 204, 387
ġazat 44, 356
Ge'ermu 格尔木 S. u. Garmu
Geburtenkontrollpolitik 59
Geburtenplanung 293, 348
Geburtenraten, Beschränkung von 91
Geburtsort 158
Gefangenschaft 119, 149-150, 197, 264
Gefängnis 9, 30, 42, 55, 85, 148, 154, 184-185, 189-192, 195, 197, 235, 237, 282, 284-286, 298, 302, 304-305, 311, 333, 375, 377
Gefängnis von Aġu 198
Gefängnis von Köktagh 192
Gefängnis von Ljudawän 190
Gefängnis von Miquan 192

Gefängnis von Qizilsu 197-198
Gefängnis von Tängritagh 190
Gefängnisliteratur 4
Geheimdienst 41
Geister 209, 325
Geisteskrankheit 203, 209
Gelber Fluss 356
Geldstrafen 169, 185
Gelehrte 184, 351
Gemeinschaft Unabhängiger Staaten 255
Geming weiyuanhui 革命委员会 349
general party branch 341
Geng Shimin 12
Ġeni Batur 280, 384
genocidio culturale 67
Genozid 67, 91, 94
Geografie 25
Ġerib vä Sänäm 279
Ġerib-Sänäm 257, 365
ġeričˇ 325
Gerichtsprozess 185, 289
Gesamtchinesischen Frauenföderation 352
Gesichtserkennung 82
Gewalt 37, 40, 68, 76, 118, 136, 143, 149, 202-203, 243, 286, 327
Gewalttaten 65, 71
Ghasele 100-101, 155
Glas des Dschamschid 350
Glaubwürdigkeit 124
Global War on Terror 75
Gökalp, Ziya 154
Goldglanzsutra 343
Golmud 164
Gominday 110, 354
Gongchandang 共产党 354
gongfenzhi 公分值 328
gongshe 公社 223
Gongshe minbing jihui bu 公社民兵集会部 331
gongyequan 工业券 339
Gorbatschow, Michail 56, 58
Gorki 159
Gosändaŋ 354
Gottheit des Frühlings / Göttin des Frühlings 130, 312, 315
Gottheit des Grüns 312
Grabanlagen 92, 313

Grammatik 24, 214, 353, 380
Granatapfelkerne 234
great dispossession 65
Großer Terror (1937) 41
Großgrundbesitzer 166, 302, 311
Groteske 117, 241
Grundbesitzer 157
Grundschulausbildung 154
Grundschule 29, 127, 223, 293, 295, 317, 346
Grundschule *Murat* 223
Gründung der KP Chinas 105
Gründung der Volksrepublik China 29-30, 35, 49-52, 104-105, 110-111, 113, 140, 166, 309, 349, 358
Guangdong 广东 64
Guizhou 贵州 271, 340
ġulač 359
Gulag 84, 369, 370
Güldästä 224
Ġulja 26, 29, 36, 38-39, 45-47, 66, 78, 106, 109, 124, 163, 223, 225, 241, 267, 277, 332
Ġulja County 223
Ġulja Šähär 3-Ottura Mäktäp 223
Ġulja-Vorfall 45, 66
Ġuljiliq 21
gülliniš dävri 3, 58, 112
Gumnam 24, 129
guŋa šeʾir 120
guŋše 223, 346
Guŋše minbiŋ jixuybu 331
guŋyejüän 339
Guojia zongjiao shiwu ju 国家宗教事务局 354
Guomindang 国民党 7, 30, 140, 157, 301, 354
Guowuyuan zongjiao shiwu ju 国务院宗教事务局 354
Guth, Stephan 37, 45, 59-60, 153, 158-159, 161, 212, 255, 257-258, 385-386
Gymnasium 154
Häbibul, Aytilla 59-60, 212, 385
Hacıbəyov, Üzeyir 279
Haddad-Fonda, Kyle 44
ḥadīṯ 227
Haitiwaji, Gulbahar 91, 123, 125, 126, 378, 379
halal 78
Halogeton 336

Hami 哈密 15
Han-Chinesen 41, 48-50, 58-59, 64-65, 71, 82, 97, 165, 209, 210-212, 243, 338, 355
Handwerker 223
Han 汉 39, 357
Han-Dynastie 313, 357
Handys 82
Hangzhou 杭州 271, 340
Hann, Chris 65
häqiqät 310, 331
Härbiy Rayon Kino Ätriti 306
Harris, Rachel 287, 288
Harun və Leyla 279
Hasanjan, Abdulvahit 2, 92-93, 116, 163-165, 375
Hausarrest 33, 56, 82, 96, 127, 237
Hausbesuche 82
Ḥaydar Mīrzā Duġlat 16
Heberer, Thomas 66-67, 69, 93-94, 375
Heijia Shan 71
Heimatlosigkeit 209
hekayä 105, 106, 115, 122, 128
Helden im emphatischen Sinne 199
Hendekasyllabus 233
Heptapolis 22
Herrschertitel 189
Herzanfall 164
Hetian 和田 18, 317
heutige uigurische Literatur 105, 110
Hexapolis 21
Hezibulla Axun 157
Hidayätulla 292, 358
Hinrichtung 47, 110, 143-144, 203
Hinterdeckeltext 122
Hirse 330
Hirseschnaps 343
Hirten 154
Historiker 16, 31, 250, 337, 359
historische Erzählung 114
historische Novelle 114
historische Romane 113, 114, 233
historischer Materialismus 312
historischer Nihilismus 11
Hitlerdeutschland 41
Hızır 130
Hochchinesisch 6

Hoffnung 135, 143, 150, 151, 189, 192, 193, 242, 269, 273, 292, 294
Höflichkeitsform 337
Hohe Kommissarin für Menschenrechte der UN 95
Holdstock, Nick 9, 200-201, 205, 208-209, 212, 376
Holzkragen 144, 326
Holzpritsche 191, 333
Homosexualität 220
Hongkong 306
Hongloumeng 红楼梦 159
Honoratioren 351
Hörbuch-Edition 225
Hörbücher 225
Höriyät mäktibi 160
hörmät 326
Hošur, Mämtimin 4, 2, 10, 29, 76, 80, 117, 120, 127-128, 196-198, 201-202, 223- 229, 231-235, 237, 241-243, 257, 259-261, 267, 289, 334-338, 361, 363, 365, 376-377, 435
Hotan 18, 21, 43, 63, 65, 67, 127, 184, 317
Hui 回 11, 12, 15, 17-18, 41, 45
Hui Ge/He 回纥 11-12, 15
Hui Hu/Gu/Hua 回鹘 11, 12, 15
Humangenetik 25
Humor 143, 226, 231, 267
Hundertblumenbewegung 340
Hunlarniŋ tarixi 33
Hunnen 33, 379
Hun-Uyġurlarniŋ til tuġqančiliqi 33
Huren 257
Hüte 242-244, 315
Iakinf 12
Ibn al-ʿArabī 227
IBOT 7, 59-60, 67- 70
Ibrahim, Äbäydulla 2
Icherzähler 216, 267, 343
Ich-Erzähler 3, 188-189, 209, 220, 259, 332
ICORN 7, 187
Identität 10, 12, 14, 16, 22, 27-29, 32-33, 37, 90, 116, 159, 211, 215, 229, 231-232, 237-238, 260, 268, 308, 334, 342, 372
Identitätskonstrukte 14
Identitätskonstruktion 14, 33, 202
Identitätssuche 280

Ili (Provinz) 45, 344
Ili bäyxua geziti 37
Ili däryasi 223
Ili deryasi boyida 280
İli geziti 163, 279
Ili inqilabiy partiyisi 37
Ili-Fluss 47
Ili-Rebellion 45
Ili-Republik 235
Ili-Tal 20
illegale Geldbeschaffung 185
ilmiy izdiniš 342
Ilyas, Pärhat 196
iman 356
Imin Axun 157
Impressum 122, 165
Indien 278
indoeuropäische Sprachen 19
Industriegutscheine 339
Informatiker 184
Inqilabiy yašlar ittipaqi 305
Inqilap teŋi 278
Institut für Orientalistik der Akademie der Wissenschaften (in Kasachstan) 61
Intellektuelle 31, 41, 76, 85, 202, 236, 332
International Mother Language Day 185
International PEN Uyghur Centre 288
Internationaler PEN 287
Internationaler Tag der Muttersprache 185
Internationales Netzwerk der Zufluchtsstädte 187
Internet 63, 68, 94, 95, 288
Internierungszentren 204
Invisible Man 200
Inžener Äliniŋ hekayisi 140
Iparchan / Ipar xan 313, 358
IPOT 7, 68
IPT 7, 68
IPVT 68
Irak 293, 349
Irrglaube 325
Isim majirasi 63, 289, 345, 367
Iskandar / Iskander 250, 256, 337
Iskändär (Bruder von Äxtäm Ömär) 160, 256
Iskändär Xoja 160
Iskändärov, Hezim 277, 280, 368

Islahat-Ečivetiš Siyasiti 54, 350
Islam 15, 16, 43, 45, 50, 72, 130, 141, 149, 202, 213, 214, 218, 308, 309, 327, 346, 347, 356, 357, 358, 366, 367, 368, 369, 375, 378, 380, 381, 385, 386, 388
Islam, Maxmutjan 308, 356, 357, 381, 386
Islamische Bewegung Ostturkestan 7, 59, 67, 68
islamische Mystik 143, 354, 374
islamische Mystiker 326
Islamische Partei Ostturkestans 7, 68
Islamische Partei Turkestans 7, 59, 68
Islamische Republik Ostturkestan 28, 43, 347
islamischer Extremismus 256
islamischer Mystizismus 227
islamischer Richter 157
Islamisierungswellen 15
Islamskaja partija Turkestana 68
Islamskaja partija Vostočnogo Turkestana 68
Islamskoe dviženie Vostočnogo Turkestana 59
Islamsprachen 157
Isra'il, Xalidä 3, 76, 103, 116, 127-129, 131-133, 190, 227, 257, 311, 325, 361, 365, 377-378, 435
-(i)stan 43
Istanbul 187, 204, 206, 348, 366, 367, 369, 372, 374, 378, 382, 384, 387, 389, 435
Iz (Gedicht) 100, 155, 188
Iz (Roman und Gedicht) 132
Iz (Roman) 1, 42, 114, 155
iz „Spur" 132
izdänmä hekayälär 120
izdin 268, 342
izdiniš 116, 165, 267, 268, 339, 342, 384
Izgil, Tahir Hamut 86, 196, 207, 212-213, 215, 378, 435
jačejka 341
jädit 38
jäditlik 38
Jahalätniŋ japasi 105
jahan äyniki 350
Jahankäzdi Süpürgä 226-232, 234, 237-238, 242, 260
jahat 44, 356
Jämäät xävpsizlik idarisi 332
jan 189
janan 189

Jangtse 313
jännät 356
janpida 344
jaynamä 131
Japan 35, 36, 41, 49
Jarkand 18
Jarkand (Fluss) 129
Jarkend 18, 359
Jarkent 18
Jasin (Romanfigur) 141
Jasin Schanghai 142
jazyk taranči 20
Jemen 129
Jesus 214
Jiang Jieshi 蒋阶石 40, 140, 354
Jiang Zemin 江泽民 294, 350-351
jianyu 监狱 85
jiaoyu zhuanhua 教育转化 85, 89
Jiashi 伽师 59, 256
jiceng 基层 341
jiduan 极端 70, 78
jihuizhuyi 机会主义 340
jiji fenzi 积极分子 359
Jilan, Pärhät 257
jiliqian 吉利钱 346
Jimjit Juŋġariyä 140
Jin Shuren / Jin Šurin 金树仁 39-40, 4-43
Jingwang 净网 82
jixuyjuyi 340
johut 131
johut börä 131
Josephslegende 229
Journalisten 94, 97, 154
Joyce, James 200, 201, 210, 382
Juden 131
Jugendliga für Kommunismus Chinas 255
Jugendverband der KPC 342
Juŋgo 46, 140, 329, 351, 357
Jurastudium 139
Justizsystem 86
Käčmiš 116, 128, 129, 131, 132, 190, 365, 377
Kader 171-172, 177-180, 223, 271, 292, 300-303, 341, 346, 353
Kader für Volksangelegenheiten 223
Kaderpositionen 223
kafir / kapir 332

Kafka, Franz 200, 211
Kagan 189, 193, 334
Kaiserreich China 35
Kalām 354
Kälgüsimiz pärqliq bolidu 187, 367
-kam 326
Kambodscha 71
Kampagnen 30, 54, 61, 77, 80, 84, 86, 91, 97, 128, 183, 267, 295, 330, 340-341, 352
Kanada 94, 348
Kansas 183, 186
kanshousuo 看守所 84
Kansu 339
Kapitalismus 142
Karachaniden 358
Karachanidisch 100
Kara-Kirgisische Autonome Oblast 357
Kara-Kirgizen 312, 357
Kara-Kirgizskaja avtnomnaja oblast' 357
karamät 129, 130
Karawanen 158, 322
Kasachen 45, 48, 50, 84, 91, 124, 325
Kasachisch 90, 224
Kasachstan 59-61, 99, 106, 120, 123, 158-159, 277, 279, 348, 369, 376, 387
Kasan 38, 158, 374
Kasantataren 38
Kaschgar / Kashgar / Kāšgar / Kašğär / Qäšqär 18, 21, 24, 28-30, 36, 43, 62, 66, 92, 103, 127-128, 139, 155, 164, 183-187, 191, 195-196, 251, 255, 305-306, 310, 312-313, 333, 338, 352, 356-358, 364, 377-378, 381, 387-388
21, 358
Kašgarec 21, 26
Kašğarliq 28
kašgarlyk 21
käspiy yazġuči 224, 255
Kassettenrekorder 293, 347
kastum-burulka 243
Katholizismus 50
katip 342
Kazan' 38
Kelakeqin yimu youxian zeren gongsi 克拉克勤衣牧有限责任公司 198
Kelamayi 克拉玛依 139

Kepäkyüzi, chin. Kebaikeyuzi 克伯克于孜 223
Kerimi, Haji Mirzahid 233-237, 377
Keriya 92
Kerkerhaft 150
Kezilesu Ke'erkezi Zizhizhou 克孜勒苏柯尔克孜自治州 197
Khotan 18
kimlik 238
Kindergarten 183, 184, 185
Kinoxana išikidä 257
Kirgisen 50, 84, 284, 357
Kirgisien 123, 287, 348
Kirgisische Autonome Oblast 357
Kirgisische Autonome Präfektur Qizilsu 197
Kirgizskaja avtonomnaja oblast' 357
Kırmızı Dağ Işıkları 139
Kitai 334
Kitaj 334
Kitajskij Turkestan 23
Kizilsu 197, 198
Kizilsu Prison 197
Klafter 315, 359
Klaproth, Heinrich Julius 18, 378
klassische arabische Literatur 99
klassische uigurische Musik 287
klassisches Arabisch 157
Kleidungsvorschriften 45
KMT 7, 30, 40-41, 45-48, 110, 140-141, 277, 305, 326, 340-341, 354
Köklām ilahi 130, 312
Köktagh 190, 192, 333
Köktoġay / Koktuqay 355
Kollektivfarmen 328
Kollektivierung 66, 88, 89, 349
Kollektivschuld 78, 117
Kommission für Ethnische Angelegenheiten 349
Kommunen 176-180, 223, 292, 328, 330-331, 346
Kommunismus 51, 73, 76, 106-107, 167, 218, 243, 255, 267, 354
Kommunisten 30, 46, 52, 94, 110, 115, 140-142, 166, 341, 354, 355
kommunistische Ideologie 130, 141, 261
Kommunistische Jugendliga 255
Kommunistische Partei Chinas 7, 11, 46, 49, 65, 104-105, 111, 115, 141, 235-236, 326, 341, 354
kommunistische Propaganda 208
kommunistische Staatspropaganda 215
Kona Šähär / Konašähär / Konaschähär / Konišähär / Konischähär 85, 183, 312, 313, 357
kona yeziq 5, 54
Kona-yenji išlar 225
Konferenz von Taschkent (1921) 26
Konfuzius 171-173, 180, 329, 330
Kongress der Schriftsteller Asiens 278
Konservatismus 74, 215
Konterrevolution 195
Konterrevolutionäre 163, 237
Kontrollverlust 67
Konverter 5
Konzept der Nation 14
Kopfrechnen 208
Koran 303, 353-354, 356
Koranleser 290, 293, 344
Koranstellen 227
Koranverse 141, 345
korenizacja 34
Korla 63
Kotscho 349
Köyümčan Ana 280
KPC 11, 46, 49, 55-60, 66, 69, 75, 77, 107, 109-110, 113, 141, 166, 236, 267, 330, 342, 349, 351, 360
Kraft Heinz 90
Kredit 269-271, 374
Kreuzfahrertum 75
Kriegszüge gegen die Ungläubigen 356
Krim 77
Krim, Besetzung der (2014) 77
Kriminalität 78, 88, 375
Ku'erle 库尔勒 63
Kuča / Kučar 21, 349
kulturelle Kontextualisierung 130
Kulturerbe, Vernichtung von 91
Kulturgeschichte 28, 31, 38, 116, 312
Kulturrevolution 30, 54, 57-58, 76, 93, 111-113, 139, 154, 164-165, 195, 218, 220, 223, 257, 267, 306, 310, 330, 342, 347, 349-350, 355, 385

Kulturvereine 278
Kumsal, Erdem 10, 11, 114, 139, 203, 223-226, 228-230, 379
Kumul 15-16, 18, 36-37, 42-43, 114, 153, 155, 160
Kündi 157
Kunming 昆明 74, 75, 80, 338
Kunstgeschichte 25
Künstlertum 218
Kunstprosa 2, 102, 106
kupurluq 332
Kuqa / Kutscha 293, 349
Küräščan yillar 2, 140, 141
Kurzgeschichten 75, 120, 165, 225, 241, 256, 289, 318
Kurzroman 257
Ḵutadǧu bilik 100
Kuwait 293, 349
Küylär közi 115, 120, 318, 381
kyrillische Schrift 5, 53
La Peste 201, 210
Lady Lazarus 218
Lagerliteratur' 10
Lagersystem 91, 123, 212
Laghman / Lagman / Langman / Längmän / läŋmän 272, 342
Lambeth College 287
Lameḵ לֶמֶךְ / Lamex Λαμεχ / Lemeḵ לֶמֶךְ / Lāmik 297, 353
Lamian 拉面 342
Landwirtschaft 20, 55, 62, 158
Landwirtschaftlich-Weidewirtschaftliche GmbH Qaraqečir 198
Langerzählungen 3, 106, 112, 114-115, 120-122, 128, 139-140, 204, 224-225, 257, 318, 364, 377, 381
Lanzhou 兰州 163, 269, 272, 339
Lateinschrift 5, 6, 225
Läyli-Mäjnun 196
Läzäras xanim 218
Legenden 25, 217, 350, 352
Lehramtsstudium 317
Lehrer 29, 31, 80, 121, 122, 140, 147-148, 157, 163, 255, 280, 291, 317, 383
Lehrerausbildung 255, 277
Lehrerausbildungsinstitut 305

Lehrerausbildungsinstitut von Xinjiang 154
Leibesvisitation 186
Leibold, James 67
Leitungsgruppe für die Produktion 349
Lemeḵ לֶמֶךְ S. u. Lameḵ
Lenin 34
Leonardo da Vinci 218
Lermontov / Lermontow 154
Lexik 24, 228
Lexikographie 155
Leyli və Məcnun 279
Li Keqiang 李克强 84
Liao 辽 334
Libu zhi gao 礼部志稿 17
Liebesthematik 101, 234
Liebestragödie 310
Lieferketten 90
Life & Times of Michael K 199
Lin Biao 林彪 173, 329
Lin Yaoyu 林尧俞 17
Liste der terroristischen Organisationen 67
literarischer Mainstream 199, 201
Literaten- und Künstlerverband der AURX 139
Literaten- und Künstlerverband von Kaschgar 255
Literaturgeschichte 2, 3, 58, 98, 102, 105-106, 109, 111-113, 218, 233, 305, 309, 342
Literaturkritiker 198, 212-213
Literatursprache 11, 16, 21, 24, 40, 53, 317
Literaturtheorie 112, 218, 224
Lithographien 306
Liudaowan 六道湾 333
Ljudawän / Lyudavän 190, 192, 333
London 95, 287-288, 364, 368-369, 371-374, 378, 380, 385, 387-389
London Uyghur Ensemble 288
Longweischan-Gebirge, chin. Longweishan 龙尾山 270, 339
looking to the past 262
Lu Xun 鲁迅 163-164
Lu Xun wenxueyuan 鲁迅文学院 164
luxian 路线 329
Lyu Jänšuŋ 37
Lyudavän S. u. Ljudawän
Ma Xingrui 马兴瑞 83, 95

Ma Zhongying 马仲英 45
Macheten 75
Machorka 168, 172, 328, 343
mädäk 330
mädäniyät inqilabi 355
Mädchen 144, 176, 220-222, 268, 270, 273-275, 290, 292-295, 313, 320, 334
Mädchengymnasium 154
Maġdur kätkändä 106, 383
magischer Realismus 121, 230, 261
Magistertitel 196
magistirliq unvani 196
Mahayana-Buddhismus 343
Maḥmūd al-Kāšġarī / Maḥmūd aus Kaschgar 155, 352
Maigeti 麦盖提 92, 255
Maimaitiming Wushou'er 买买提明·吾守尔 223, 377, 388, 390
Mais 135, 174, 179, 330, 332, 359
Maisfladen 175, 330
Maiskolben 174
Mäkit / Mekit 92 / 255
Malaja Buchara 19
Malaysia 306
Malobucharcy 19
Malov, Sergej Efimovič 23
Män yaš baġvän 318
Mandarin 6, 11, 15, 19, 53, 80, 86, 90, 122, 154, 196, 210, 334, 380, 382
Mandschu-Dynastie 358
Mandschurei 329
Mao Dun 茅盾 163, 165
Mao Zedong 毛泽东 46, 139-140, 208, 267, 302
Maoismus 56, 143
Mao-Jacke 243, 335
Maoporträt 212
Maozeit 33, 165, 220
Märchen 103, 129, 131-135, 153, 230, 259, 261, 315, 389
Marixan Xanim 153
Märkiziy millätlär instituti 127, 195, 196, 219
Märkiziy millätlär universiteti 127, 196
Märtyrer 44, 143, 284, 344, 356, 375
Märtyrernarrative 119
Märtyrertum 44, 356

Mäs'udi, Ablimit 107, 109, 166, 216
Mäschräp 350
Mäsih čöli 204, 387
mäsilä äŋ egir kitab 128
mäsililik kitablarni täkšürüš härikiti 80
mäšräp 63, 66, 92, 164, 350
Mathematik 207
Maupassant 163
Mäxsut Bäg 141
Mäxsut Muhiti 160
May 84, 94, 104, 195, 197, 203-205, 207, 209-210, 213, 215, 380, 385
May, Tiffany 210, 380
Mayimxan 280
Medressen 146, 147, 327
Mekka 39, 157, 290, 345, 347, 348, 359
menglongshi 朦胧诗 120
Menschenrechtsverletzungen 9, 95
Menschlichkeit 142
Messer 74, 242, 245, 248-252, 337-338
Metaphern 107, 210, 227
Metempsychose 130
Metonymie 336
Midong 333
Migration 62, 64, 206
Migrationsbehörde des Vereinten Königreichs 287
Mijit Haji 157, 158
milliy bölgünči 353
milliylik 202
min'gan 敏感 73, 74
minbiŋ, chin. *minbing* 民兵 331
Minderheitenpolitik 40-41, 57
Minister für Zivile Angelegenheiten 81
Minister für Zivile Angelegenheiten der Volksrepublik China 70
Minzu daxue 民族大学 127, 196
Minzu xueyuan 民族学院 127
Minzu-Universität 127
Mirza Muhämmäd Häydär Körägan 359
mısır 330
Mitleid 142, 173, 262, 274, 315
Mittelalter 15, 344, 349
Mittelschule 139, 154, 163, 223, 287, 291, 293, 295, 317, 320, 346
Mitübersetzer 204, 211

Mo Yan 莫言 199
Modernismus 201, 215
modernistische Literatur 199
Modernität 202
modernizm 201
Mogulherrscher 102
Molla Bilal Nazimi 26
Molla Sadiq Axun 158
Molnár, Erik 12, 381
Mongolei 61, 288
Mongolen 17, 338
Monographie 224
Monoreim 161, 189
moŋ 356
Morbidität 217
Morgengebet 292, 346, 347
Morley College 287
Morphologie 24, 140
Moscheen 57, 92
Moskau 26, 52-53, 159, 381
mother language movement 183
Mother Tongue International Co. 184
moysipit 227, 355
Moyu 墨玉 127
Mu 179-180, 291, 327
mu 亩 327
Mu'ällim käldi... 121, 122, 383
Mufti 157
Muḥäbbät lirikiliridin 100 parčä 198, 387
Muḥammad b. ʿAbd al-Wahhāb 353
Muhämmädiy, Ömär 154, 277
Muhämmät binni Abdulla Xarabati 318
Muhämmätxan 358
muhärrir 127, 223, 307
Mullah 157, 327
München 124
Muniyaz, Abbas 4, 115, 120, 317-318, 359, 361, 364, 381, 435
muŋ 356
muŋluq 356, 359
mupti 157
Muqäddimä 155
Muqam 224, 288, 379
muqam-Musik 92, 164
Musa Axun 157
musapir 226, 228

Musapirlar Qaviqida 228
Musikdrama 279
Musikgruppen 288
Musiktheorie 224
Muslime 15, 40, 50, 84, 214, 232, 238, 302-303, 345-346, 352
Mutällip, Lutpulla 196, 305, 354, 381, 383
Mutterfigur 143
Muttersprachenbewegung 183
Muz tutqan därya 124
Mythenbildung 25, 31
Mythifizierung 132
na gor mo grong khyer 164
Nabokov, Vladimir 200
Nachtgebet 295, 352
Nachtigall 3, 102, 149-151, 361
nacionalnosti 20, 34
nahiyä 42, 127, 336, 357
Nahiyilik diniy vä milliy išlar idarisi 354
Nahrungsentzug 89
namaz 347
Nanjing 48, 271, 340
Nationalbewusstsein 202
Nationale Behörde für Religiöse Angelegenheiten 354
Nationaler Volkskongress 294, 351
Nationalismus 14, 33, 44, 106, 236, 353, 364, 381
Nationalisten 163, 237
Nationalität 19, 20, 26-27, 40
Nationalitäteninstitut 127
Nationalitäten-Institut 127, 163, 195-196, 218
Nationalitäten-Universität 163, 196
Naturdarstellungen 128, 130, 311
Navāʾī / Navaʾi 99, 163, 196
naxša 104, 131, 149
Näy Avazi 225
Nayman 16
Näzärhoja Abdusämät 19, 21, 159
Naziri, Abliz 305-308, 310-311, 381
Nazugum 26, 364
Nebel 209, 210
neidi Huimin 内地回民 23
Nesin, Aziz 226
Neupersisch 19, 21, 43, 130, 150, 154, 157, 310, 348, 351

neupersische Literatur 99
Neuuigurisch 24
Neẓāmī aus Gəncə 131
Nice, Sir Geoffrey 95, 381
Nichtmuslime 15
Niederlande 94
Niedertracht 259
Nietzsche, Friedrich 200
Nikab 354
niḳāb 354
nīm-fatḥa 100
Nimšehit 112, 365, 381
niqab 354
Niqab 354
Niyaz Säypuŋ 160
Niyazxan 157, 158
Noah 297, 347
nomur 328
Nord-Wasiristan 68
Nordwestliche Nationalitätenuniversität 163
Nordwestliches Nationalitäteninstitut 163
Norm 329
norma 329
Norwegen 187
Nostalgie 132
Nozugum 26-28, 225
Nuh 347, 353
Nurälanurxan 358
Nuzugum 27
Oasen 16, 20, 21, 43, 129, 159, 313
Oasenstädte 15, 114, 157
Oberstufe 287, 346
Obulqasim, Dilyar 184, 185
Öffentlicher Kunstpalast der Uigurischen Autonomen Region 196
Öffentliches Kunsthaus der Uigurischen Autonomen Region 196, 206
Oghusen / Oghuzen / Ogusen / *Oġuz* 342
oghusische Turksprachen 150
Oġuznamä / Oghuzname 342
Oktoberputsch der Bolschewiki 35, 105
Öl- und Erzressourcen Xinjiangs 46
Öl- und Gasreserven 62
Ölkilik yašlar ittipaqi komiteti 109
Ölükkä xät 225
Ölüveliš sän'iti 2, 200-202, 207, 213-216, 220

Ömär, Ächtäm / Ömär, Äxtäm 108, 255, 257, 279, 338
Online-Forum 205
ončil 340
ončil jixuyjuyi 340
Opern 255, 279
Opern- und Theaterhaus von Ürümči 255
Opferbegriff 89
Orchon 14, 288
Orchon-Fluss 288
Organisation Ost-Turkestan" 237
Orientalisten 18, 23
Örkiši, Nurmuhämmät Yasin 117-119, 260, 382
Ortsnamen 3, 8
Osman Batur / Ospan Batïr 303, 355
Osman der Bandit 302, 355
Osman Haji 153, 154
Osman, Äxmätjan 196
ošrä 45, 347
Östliche Han-Dynastie 357
oströmische Quellen 13
Ostturkestan 19, 22-23, 32, 38, 43, 45- 49, 59, 67-68, 278, 355
Ostturkestaner 23
Ostturkestanische Islamrepublik 41-45
Ostturkestanischen Islamrepublik 39, 44-45
Ötkür, Abdurehim / Ötkür, Abdurehim Tileşup 1-3, 10, 42, 100-101, 103, 112, 114, 132, 150, 153-155, 188, 382, 385-386, 435
ottura mäktäp 287, 346
Our Future Will be Bright 187
-ov (russische Patronym-Endung) 153
Oxalat 336
Oyġan! 1, 3, 160-161
Oyġangan zemin 1, 42, 114, 155, 386
Oyunlar vadisi Türkiyä 187, 367
Özgür Mahkum 187, 367
pa'aliyätči 359
Pädagogische Hochschule Kaschgar 255
Pädagogische Hochschule von Hotan 317
pajialiq qissä 280
Pakistan 68, 185
Palästinensische Befreiungsorganisation 294
Palinov 47, 366
Pamuk, Orhan 73, 375
pänniy mäktäp 345

pänsir ayätliri 345
Pänsir-Verse 290, 345
Panturkismus 30, 33, 302, 337
Paoan 50
Papierhut 302, 355
papirosa 343
Papirossa-Zigaretten 273, 343
Pappelhaine 129
Pappeln 133-134, 190, 193, 229, 235, 262, 304, 322-323
Parabel 209, 237
Paradies 129, 135, 194, 303, 356
Paradox 233, 309
Parteihauptzelle 272, 341
Parteikomitee 83, 87, 256, 349, 383
Parteikomitee der Autonomen Region 83
Parteilinie 171, 329
Parteisekretär 83, 95, 326
Parteizweigstelle 341
Partisanen 144
Partiyä 11-Növätlik märkiziy komiteti 3-omumiy yiğini 55
partiyä baš yačeykisi 341
Partizipialkonstruktionen 238
party branch 341
patman 330
Patman 174, 330
Patriarchat 80, 351
Patronym 153
Pausalformen 353
Päyzivat 59, 65, 256
Pearl Harbour 41
Pedagogika aliy texnikumi 317
Peng Dehuai 彭德怀 340
Penguin Random House 289
perestrojka 56
Periode des Blühens 3, 58, 112-113
Peritexte 122
Philosophen 330
philosophischer Universalismus 214
Pi Lin pi Kong yundong 批林批孔运动 330
Pičan / Piqan 160
pičaq 337
pičaqči 337
Pilaw 335
Pilgerfahrt nach Mekka 39, 157, 345, 347

Pingjin zhanyi 平津战役 30
Pinyin-Umschrift 6, 334, 343
Plakatierung 160
Plath, Sylvia 218
Platz des Himmlischen Friedens 56, 58, 60, 74, 104, 120, 237, 335
Platz des Tors des Himmlischen Friedens 56
Pluralform 337
Pluralismus 340
Pluralsuffix -*t* 12
Poe, Edgar Allan 311
poetische Lizenzen 100
Polat, Abdureyup 105, 196, 342, 382
Polinov 47, 366
Polinov, Ivan Jakovlevič 47
Political and Law Enforcement Office 289
Politisches und Rechtsdurchsetzungsamt 289
Polu 244, 272, 335
Polysemie 151, 336
Polysilikon 63
pomeščik 109, 166
populärwissenschafltliche Arbeiten 33
Poster-Aktionen 55
postkoloniale Literatur 199
Postkolonialismus 199
Potipharerzählung 229
Potiphar-Motiv 230
povest 106, 114, 122, 128, 140, 224, 257, 318, 377
Präfektur Kaschgar 92, 139, 164, 183
Präfekturen 92, 139, 164, 183, 197, 198, 287, 336, 349
Predigt 137, 144, 326
primary party committee 341
Produktions- und Baukorps Xinjiang 90
Produktionsbrigade 172, 174, 177, 179, 180, 292, 328, 329, 330, 347
Produktionsgruppe 166, 168, 169, 171, 173, 174, 177, 328, 329, 330
Produktionsgruppenleiter 169, 171, 172, 173, 178, 180, 328, 330
Propagandakader 223
Prophet Muhammad 347, 348
Propheten 227, 293, 299, 325, 345, 347, 352
Prosa 1, 2, 3, 99, 102, 103, 106, 107, 109, 111, 113, 114, 115, 116, 122, 131, 188, 198, 203,

215, 287, 311, 312, 343
Prosaautor 198
Prosaepik 103
Prosagedichte 318
Prosaschriftsteller 113, 139
Prosatexte 1, 2, 149, 187, 318
Protestantismus 50
Provinz Ili 223, 277
Provinz-Mittelschule Nr. 1 von Aqsu 317
Provinzrat 157
psychische Beschwerden 215
Puschkin 154, 159, 200
put 331
qädimki Uyġur tili 308, 356
Qadir, Rabiyä 294, 298, 303, 345, 348, 351, 353
Qadiri, Zunun 105-106, 112, 163, 307, 382-383
qaġa 331
qaġan 189, 334
Qaġiliq 92
Qaliġač Bulaq 157
Qanliq daġ 279, 280
Qanliq yär 40, 106, 306, 308, 311, 381, 386
Qara Qirġiz 357
Qarajayin γoul 356
Qaramay 139
Qaraqäčir 198
Qaraqaš 127
Qaraqechir Agro-Pastoral LLC 198
Qaraqečir 198
Qarašähär 29, 160
Qarasu 179, 180, 332
qarčiġa 110, 259, 338
Qarčiġa balisi 256, 258, 259, 260, 261, 382
qarčiġa közliri 110
Qärzdar 165, 384
Qasim, Rozi 112
Qasimiy, Äxmätjan 48, 49
Qäšqär S. u. Kaschgar
Qäšqär kečisi 103
Qäšqär Uyġur näšriyati 128, 364-365, 377-378, 381, 387
qayta tärbiyä 76, 127, 223, 332
Qazan 38
qazi 157

Qazibek, Gülpiya 59, 82
Qazixana-Moschee 161
Qedimqi Uyġur ädäbiyati 33
Qeri qiz 257
Qi-wu min'gan qi "七五"敏感期 72
Qianlong 23, 311, 313, 358
Qianlong 乾隆 358
Qidan 契丹 334
qinding 钦定 17
Qing 清-Dynastie 17, 18, 20, 23, 35-37, 209, 311, 313, 358, 380
Qinghai 青海 65, 164
Qing-Herrschaft 209
Qirliq istakan 225, 377
Qisas al-anbiyaʾ / *Qisäsulänbiya* 352
Qitai 334
Qiuci 龟兹 349
qiyamät 257
Qiyamättä qalġan sähra 257
Qizildövä 310, 356, 359
Qizildöwä Baziri 310, 312, 313, 314, 356
Qizilsu 197, 198
Qizilsu Qirġiz aptonom oblasti 197
Qiziltaġ etikidä 140
Qoġdaš häy'iti 335
qonaq 330, 332, 359
qošaq 104, 149, 189
qošaqči 104, 150
Qotscho 349
Qoyaš Šahi 228
QR-Codes 81
Quanguo renmin daibiao dahui 全国人民代表大会 351
Quanguo renmin zhengzhi xieshang huiyi 全国人民政治协商会议 351
Quellenausgaben 33
Qum basqan šähär 225-227, 230, 232, 234-235, 237, 238, 259-260, 365, 376
Qumul 15, 42
Qumul inqilabi 42
Qunanbayev, Abay 158
Qurban, Äli 121-122, 143, 145, 147, 255, 257-258, 383, 386
Qurtlap kätkän köl 257
Ra'ilä Xanim 346
Rabġuzi 352

Rābi'a al-'Adavīya 348
Radio Free Asia 7, 127, 198, 237, 376-378, 382, 385
rähmät 345
Ramadan 72, 76, 295-296, 346-347, 352
Ramal 100
Rassifizierung 65
Rassismus 79, 117, 243
rassistische Vorurteile 243
Ratten 211, 273
Rauschmittel 227
ravap 325
ravapči 325
Rawab / Rawap 135
Rayon Tängritagh 190, 332
re'alistik 107, 108, 258
re'alizmliq 107, 108, 201, 350
re'alizmliq proziċiliq 107
Realismus 98, 106-110, 115, 121, 123, 125, 151, 199, 201, 231-232, 259, 261, 267
realistische Literatur 106-111, 201, 258-259
Rebiya Kade'er 热比亚·卡德尔 298, 353
rechtsgerichteter Opportunismus 340
rechtsstaatliche Prinzipien 79
Redakteur 30, 139, 223
Redefreiheit 51
Reduplikation 228
reeducation 86, 385
reflexive Aktionsart 214
Reform and Opening 54
Regisseure 207
Reim 149, 189
Reimstruktur 161
Reinheit 72
Reis-Congee 339
Reisen, Motiv des 230
Reisepässe, Einziehen von 83
Religion 15-16, 44, 51, 66, 72, 129, 130, 136, 141, 202, 214, 232, 239, 302, 312, 335, 341-342, 347, 352, 355-356, 358
Religionsfreiheit 51
religiöse Dogmen 202
Renda 351
renmin de fankong zhanzheng 人民的反恐战争 75
renmin gongshe 人民公社 328

Renmin weiyuanhui 人民委员会 349
Renminbi 329
renminbi 人民币 329
Reporter 139
Republik China 35, 37, 357
Republik Ostturkestan 28, 43, 45-49, 278, 347, 387
Research Assistant 287
Revolutionskomitee 171, 349
Ritualgebete 295, 346, 352
rituelles Gebet 304, 347
Riyazätkar ädib. Xarabati 318, 381
Romancharaktere 359
Romanfiguren 104, 110, 132, 149, 267
Romantik 106, 326
Romantrilogien 142, 164, 325, 327
Romanzweiteiler 164
Romanzyklus 206
Rose (Motiv) 151
Rossijskaja socialističeskaja federativnaja sovetskaja respublika 357
Rozi, Yalqun 112, 213, 366
Rozibaqiyev, Abdulla 107
Rückblenden 257
rudang jiji fenzi 入党积极分子 360
Rumänien 255
Rushdie, Salman 199, 364
Russisch 154
russische Sprache 158
Russischer Bürgerkrieg 34
Russisches Reich 19
Russland 14, 19, 20, 35, 39, 56, 77, 158, 159, 268, 310, 328
Russländische Sozialistische Föderative Sowjetrepublik 357
Sabir, Zordun 2-4, 10, 29, 92, 113, 116-117, 121, 163-167, 212, 231, 267-269, 328-331, 339-342, 361, 365, 375, 377, 380, 384-385, 435
Sabri, Mäs'ud 48
Saddam Hussein 289, 293, 348-349
Sagen 129
Şah Abbas və Xurşidbanu 279
Šahniyaz, Muhämmät 384
Said, Edward G. 231, 384
Sainubai'er Tu'erxun 塞怒拜尔·吐尔逊 288

Saiteninstrumente 325, 360
Säkularisierung 44, 52
Säkularismus 202
sala 142
ṣalāḥ 142
Salam, Hesam aka 225
Salaren 50
ṣalāt al-faǧr 346
ṣalāt al-ʿišāʾ 352
Salčilar 226
Salomon 325
Sämädi, Ziya 3-4, 89, 104, 106, 120, 125, 188, 277-281, 310, 343-344, 377, 384, 435
Šämäy 158
Samsaq, Turdi 109, 114, 384
Sanddünen 129, 133
Sanduq ičidiki bovaq 233, 234, 235, 236
Šaniyaz, Muhämmät 157, 161
Sanqu geming 三区革命 45
Sänubär Tursun 288
šap 336
säpär 228
Säpär 229, 230
saqal 243
Sarafschan 325
Saraŋ 166, 216, 225-226, 335
Saraŋ saqaydi 166
Saraŋ saqaydu 109, 113, 216
särgärdan 189
Šärq (Schule in Ġulja) 277
Šärqiy Türkistan 22, 43, 45-46, 237, 355-356, 367, 387
Šärqiy Türkistan Islam jumhuriyiti 43, 45, 356
Šärqiy Türkistan jumhuriyiti 46
Šärqiy Türkistan täškilati 237
Šärqiy Türkstan Islam jumhuriyiti 43, 347
Sart 19, 21
Sarten 19
sārtha 19
sārthavāha 19
Satar 360
Satellitenaufnahmen 92, 95
Satire 226, 241
Satiriker 26
sätlimä 326, 353
sätlimä šäkli 353

sätlimä tür(i) 353
Saudi-Arabien 62, 164, 255, 353
Sauytbay, Sayragul 123, 125, 126
Savut, Äziz 257
Šaya / Šayar 287
Šayar Nahiyälik 1-Ottura Mäktäp 287
Saybaġ 127
Sayrami, Armiyä Eli 112
Schamanin 129, 137
Schanghai 142-143, 146, 271, 305, 340
Scharia 50, 67-68, 292, 295, 347
Scharia-Gerichte 50
Schätze, verborgene 132
Schiismus 354
Schimpfwörter 343
Schlafentzug 89
Schmidt-Glintzer, Helwig 66-67, 69, 93-94, 375
Schnauzbärte 243, 252
Schönastern 129
School of Oriental an African Studies 287
Schopenhauer, Arthur 200
Schriftstellerverband der Autonomen Region Xinjiang 255
Schriftstellerverband der Volksrepublik China 127, 165, 224
Schriftstellerverband für Nationale Minderheiten der Volksrepublik China 255
Schriftstellerverband von Xinjiang 127, 139
Schriftstellerverbände 139, 223, 255
Schuldenfalle 109, 113
Schuldner 3, 113, 116-117, 119, 163, 165-167, 174, 178, 181, 269, 328, 361, 384
Schule mit dem Namen „Aufklärung" 160
Schulunterricht 40, 167
Schutzfürst der Westlichen Gebiete 358
Schutzkomitee 245, 335
Schwein 130, 146, 327
Seelenwanderung 327
Seġiniš küyi 257
šehit 356
Seidenstraße 9, 368, 370, 376-377, 379
Sekretär der Produktionsbrigade 179, 180, 330
Sekundarstufe I 346
Sekundarstufe II 346
Selbstermächtigung 219

Selbstmord 75, 213
Selbsttötung 4, 2, 121, 195, 200-201, 213, 216, 218-220, 334, 361, 387
Semantisierung 131, 196, 227, 259
Semet, Ablet 2, 36, 37, 39-45, 49, 51-52, 54-55, 57, 71, 93, 100, 103, 131, 150, 153, 155-156, 164, 305, 361, 385
Semey 158
semidokumentarischer Charakter 188
Semipalatinsk 158
Šeŋ Šisäy / Šiŋ Šisäy, chin. Sheng Shicai 盛世才 39, 41, 43, 45, 47, 105, 154, 160
Separatismus 30, 33, 61, 66, 69-70, 82-83, 119, 186, 256, 353
Septuaginta 353
Sex 203, 215
Sexualität 203, 212, 214, 217
Shaanxi 陕西 343
Shache 莎车 18, 359
Shahyar 287
Shakespeare 163
Shang Lu 商辂 17
Shanghai 上海 64, 142-143, 146, 271, 305, 340, 370
Shanshan 鄯善 160
Shaoguan shijian 韶关事件 71
shaoshu minzu 少数民族 51
Shaya 沙雅 287
Shayibake 沙依巴克 127
Sheng Shicai 盛世才 S. u. Šeŋ Šisäy
shengchan dadui 生产大队 328-329, 347
shengchan xiaodui 生产小队 166, 328-329
shengchan zhihui zu 生产指挥组 349
Shengming de huoju 生命的火炬 350
Shufu 疏附 85, 183
Shuihu zhuan 水浒传 159
shuji 书记 341, 349
Shule 疏勒 358
Sicherheitsbeauftragter 30-31
Sichuan 四川 271, 340
šifän 339
šifiŋ hariqi 343
Sige Xiandaihua 四个现代化 55
Silbenzahl 149, 161
silbenzählende Dichtung 161
Silberpappel 315

SIM-Karten 82
Sin'czan-Ujgurskij avtonomnyj rajon 7, 51
Sinisierung 39, 40, 96
Šinjaŋ 325
Šinjaŋ dašö 223
Šinjaŋ geziti 127, 139, 155, 224, 305
Šinjaŋ instituti 139
Šinjaŋ ölkilik ädäbiyat-sän'ätčilär birläšmisigä täyyarliq häy'iti 306
Šinjaŋ universiteti 223, 372, 383, 386, 389
Šinjaŋ Uyġur aptonom rayoni 7, 51, 53, 278, 357
Šinjaŋ Uyġur aptonom rayonluq ädäbiyat-sän'ätčilär birläšmisi 139
Šinjaŋ xälq näšriyati 139, 164, 198, 308, 364-365, 367-368, 372, 379-387, 389-390
Šinjaŋ xälq sän'ät yurti 196
Šinjaŋ yazġučilar jäm'iyiti 139
Sinologen 84, 124
Šinxäy inqilabi 35
Šiŋ Šisäy S. u. Šeŋ Šisäy
sipayä 326, 337
sipayä šäkli 337
sipayä tür 337
Siri ečildi 280
Šixu 336
Šixu Bazarliq oġullar mäktipi 336
Skorpione 130, 146
Smartphones 82
sobstvenno ujgury 26
Sogdien 337
Solarpaneele 63, 91
Solonen 28
som 329
Sondereinsatzkommando 186
Sopi 326
Sorghum vulgare 359
Sorghumhirse 315, 359
Soteriologie 130
Sowjetunion 7, 29-30, 34, 40-42, 46-49, 52-53, 56, 60, 64, 67, 77, 104, 159, 268, 284-285, 305, 312, 328, 330, 341, 343, 348, 355, 357
söyün- 346
soziale Ungerechtigkeit 203
sozialistische Planwirtschaft 56
sozialistisch-realistische Tradition 199

Sozialkritik 226
Spanne 325
Sprachwissenschaft 183
Sprachwissenschaftler 196
sredneaziatcy 22
Staatsanwaltschaft 86
Staatsapparat 69, 90, 214
Staatsdienst 223
Staatsrat der Volksrepublik China 67
Staatsverlag 206
Städtische Mittelschule Nr. 3 223
Stadtviertleoberhaupt 242-243, 246, 248-249, 251-253, 336-337
Stalin 34, 40-41, 47, 52, 371
Stalinismus 40, 56, 367
Stalinzeit 77
Stanzel 77
Stanzel, Volker 77
Stellvertretender Sekretär 349
Sterblichkeit 218
Steuersystem 45
Strafrecht 79
strafrechtliche Verfolgung 86
Straße des 9. Breitengrades 333
Straßennetz 63
stream of consciousness 201
strike hard 77
Stromversorgung 63
Studentinnenwohnheim 218
Šu Guaŋxua 307
Substantive 226-227, 317, 337, 356
Suffixe 326, 331, 344, 346-347
Sufis 326
Sufismus 153, 227, 354
šuji 341-342, 349
Sulajman, Kerimdschan 136, 143, 148, 193, 325, 328
Sulayman Payġämbär 325
Sulayman, Asad 60, 385, 386
sülh 142
ṣulḥ 142
sülh-sala qil- 142
Suli 313, 358
Suli nägmiliri 358
Suli-Gesänge 358
Sultan, Azad 105, 386

Sun Yat-sen 8, 36, 159
Sun Yixian 孙逸仙 8, 36
Sun Zhongshan 孙中山 8, 36
supa 328, 333
Sürlük minutlar 280
Sutuq Buġra Xan 114
Sutuq Buġraxan 358, 359
Süzük asman 140
Šyav Yun'än 306, 309
šyavdüy 328
šyavjaŋ 343
Syrien 196
Syroežkin, Konstantin 12, 14, 18, 21, 60, 67-71, 386
Szadziewski, Henryk 85
Tabak 179, 328, 343
Tacheng 塔城 39, 160, 336, 344
Tadschiken 51
Tadschikistan 60, 348
Tagebuch 187
taḫalloṣ 101
Tahir Mutellip 196
Taiwan 94
tajvīd 345
Taklamakan 63, 129, 133, 230, 255, 325, 364, 367-368
Taklamakan Highway 63
Taklamakan-Schnellstraße 63
Taklamakan-Wüste 129, 193, 230, 255, 287, 325
Täklimakani, Abdura'up Polat 196
Täklimikan 63
ṭālib / talip 354
Taliban 67, 354
Talip, Abdulla 114, 354-355, 386
Tamarisken 133, 235
Tanridagli, Gülzade 10, 22, 37, 45, 55, 107, 113-114, 165, 201, 267, 305, 386
täŋä 337
Täŋritaġ 185, 255, 306, 332, 383
Täŋritaġ rayoni 332
Täŋritaġ-Filmstudio 255
Täpäkkür vä tuzaq 187, 367
taqaq 326
Taqtaš, Hadi 154
Tarančí 19-21, 24-27, 102, 369

Taranči-Dialekt 20
tarančinskoe narečie 20
Taranči-Sprache 20, 21
Tarawih / *tärävi* / *tarāvīḥ* 295-296, 352
Tarbagatai / Tarbaġatay 39, 45, 336, 344
tärbiyä 332, 341
Tārīḫ-i Rāšidī 16, 22
Tarim (Zeitschrift) 92, 163-164, 233
Tarim-Becken 20
Tarim-Fluss 235-236, 287
Tarixi Räšidiy 359
tarixiy roman 113, 367
Taschkent 26, 47, 48
Täšviqat kadiri 223
tatar 22, 38
Tataren 22, 38, 45, 50, 153-154, 356, 381
tatarin 38
tatary Vostočnogo Turkestana 22
Tatliq, Äršidin 109, 307
taxtay supa 333
Teelokal 204
Terroranschläge vom 11. September 2001 67
Terrorattacken 88
Terrorismus 66, 69-70, 77-78, 80, 82-83, 88, 93, 353, 355, 375
tertium comparationis 259
Textilindustrie 62
Textilproduktion 198
The Art of Suicide 213
The Backstreets 9, 121, 195, 200-201, 204-213, 216, 220, 369, 372, 374, 387
The Big City 206
The History of Today 187
The Musapir's Tavern 228
three evil forces 69, 353
Tian'anmen Guanchang 天安门广场 56
Tian'anmen-Massaker 257
Tianshanqu 天山区 332
Tibet 61, 65, 83, 163-164
Tiemu'er Dawamaiti 铁木尔·达瓦买提 349
Tierfabel 261
Tiersymbolik 117
Tigerstuhl 185, 370
Til-Ädäbiyat Fakulteti 223
TIP 7, 68
tiyin 329

Tochti-Räschid-Anhöhe 313-314, 358
Todesopfer 66, 69, 72
Toġač 256
toġraq 190, 229, 236
Toġuči 42
Tolstoi 154, 159, 163
toluq ottura mäktäp 287
Tomaten 62, 91
Tomatenanbau 62
Tömür Xälipä 36-37
Tömür, Hevir 33, 36, 37, 114, 293, 349, 367, 386
Tongmenghui 同盟会 36-37
Topoi 132, 189
Toqquzaq 312, 357
Toqsun 160, 349
Törä, Älixan 47, 48
Township Party Committee 290
toxta- 325
Toxtayov, Mähämmät'imin 4, 10, 106, 130, 305-308, 356-357, 359, 361, 381, 386, 435
Toxti Räšid döŋlüki 358
Toxulu 42
Traditionalismus 215
Tragik 151
tragische Erzählung 280
Transkription(en) 5-6, 12-13, 15, 17, 21, 23, 37, 39, 45, 195, 223, 225, 308, 331-332, 340-341, 343, 351, 357-358
Trilogie 114, 140, 141
Tschagataisch 19, 150, 317
tschagataische Dichtung 99
tschagataische Literatur 99, 103, 105
tschagataische Sprache 16, 99, 352
Tschäkmän 315, 359
Tschaqirim 313, 357
Tschechow 163, 226
Tschötschäk 282, 344
Tschötschürä 272, 342
Tu'erqi 图尔奇 18
Tucholskypreis des Schwedischen PEN 199
Tujue 突厥 12, 388
Tulufan 吐鲁番 16
tuman 210
Tümän (Fluss) 313, 357
Tunganen 18, 23

Tunyaz, Adil 117
Tuokexun 托克逊 160
Tuqay, Gabdulla 154, 375
Turan, Abduljälil 224, 306
Turbanträger 23
Turdi, Äxät 114, 307, 387
Turdi, Qäyyum 2, 10, 102-104, 110, 114-116, 130, 139, 149-150, 167, 189, 203, 217, 269, 312, 325, 352, 387
Turfan 16, 18, 21, 43, 65, 160, 277
turfanlyk 21
Türkei 13, 73, 99, 122, 164, 187, 255, 287, 317, 348, 367, 379, 380, 435
Türkeitürkisch 187, 224, 305, 343
türkeitürkische Sprache 187
Türken 13, 22, 43, 73, 155, 337, 355, 365, 384
Turkestan 7, 22, 43, 60, 237, 355
Turkestan Islamic Party 7, 68
Turkestan Oriental 22
turkestancy 22
Turkestaner 22, 68
Türkī(y) 19, 21
Türkistan 19, 22-23, 43, 45, 237, 355, 372, 382, 387
Türkiy 317
Türkiyqan, Abbas Muniyaz 317, 381
Turkmenistan 348
Turkologen 164
Turkologie 9, 13, 24, 435
Turksprachen 13, 16, 38, 53, 130, 150, 154, 189, 343, 352
Türkstan 43, 347, 355, 387
Turkvölker 9, 13-16, 22, 30, 38, 51, 129-131, 151, 155, 230, 279, 288, 312, 317, 330, 342, 345, 350, 355, 359
Türmä xatirliri: Mähbus rohlar 187
Turpan 16, 21, 157-161, 349
Turpan (Zeitschrift) 161
Turpanliq 21
Turpaq 36
Turpaq yeğiliqi 36
Turpaq-Kampf 36
Tursun, Imin 33, 387
Tursun, Mihrigul 123, 125
Tursun, Pärhat / Tursun, Perhat 2, 9, 121, 195-198, 201, 207, 212, 218, 334, 386, 387

Tutuq 17
tuzemcy 23
U Žunsin 41
Überbevölkerung 64
Überflutung 325
Überheblichkeit 179, 332
Übersetzer 30, 155, 210, 215, 287, 308-309, 356-357, 387
Übersetzungen 4, 5, 15, 33, 98, 288, 318, 338
Überwachungs-Apps 82
Überwachungsstaat 241
Üč vilayät inqilabi 45
Učqun 196
Üčturpan 21, 22, 154
Yiraq qirlardin ana yärgä salam 258
Uigurische Aufklärungsgesellschaft der Provinz Ili 277
uigurische Grammatik 214, 353
uigurische mündliche Volksliteratur 103, 390
uigurische Schrift 5, 53, 76, 112, 128, 161, 165-166, 201, 205, 215, 287, 332, 343
uigurische Sprache 24, 57, 80, 95-96, 130, 184, 197, 202, 243, 308, 310, 331, 336, 338, 342, 346, 356, 358
Uigurischer Weltkongress 32, 366
uigurisches Alphabet 33
Uigurisches Kaganat 13, 15
Uiguristan 284, 344
Ujgur 24, 26, 28
Ulan Usu 308, 312-313, 356
Ulysses 210
Ulžan 153
Umerziehung 76, 85-86, 89, 93, 112, 127, 164, 223-224, 260, 279, 332, 364, 373, 375, 381, 388
Umweltverschmutzung 210
UNESCO-Weltkulturerbe 350
Universität Ankara 183
University of London 287
Univesität von Kansas 183
UN-Sicherheitsratsresolution Nr. 678 349
Untergrundliteratur 111
Unterschriftenkampagne für die uigurische Sprache im Jahr 2005 184
Untulgan kišilär 114, 387
Üqturpan 21

Ürümči / Ürümqi / Ürümtschi 7, 29, 37, 47, 51, 58, 63, 66, 71, 75, 81, 96, 154-155, 158, 160, 164-165, 184-185, 191-192, 196, 204-208, 210, 213, 223, 233, 236, 255-256, 287, 305, 308, 317, 333, 351, 355, 364-365, 368, 372, 376-377, 379-387, 389
Ürümči qozġiliŋi 37
Urumqi No. 1 Pre-Trial Detention Center 333
Ürümtschis Haftanstalt Nr. 1 333
USA 36, 55, 67-68, 75, 77, 94, 122, 293, 348-349, 351
Usbeken 50
Usbekisch 224, 318
Usbekistan 348
Uschr / *ʿušr* 292, 347
Ustam 225
Usu 308, 312-313, 336, 356
Uyghur Human Rights Project 75, 85, 318
Uyghur Poems 1, 366
Uyghur Tribunal 95, 381
Uyġur 1, 3, 7, 12-19, 21, 24-25, 31-32, 37, 42, 51, 53, 58, 95, 103-106, 109, 112, 115, 123, 128, 139, 154, 157-161, 195-196, 213, 278, 308, 327, 356-357, 364, 366-368, 377, 379-384, 386-387, 389-390, 435
Uyġur aptonom rayonluq ammivi sänʾät sariyi 196
Uyġur aptonom rayonluq ammivi sänʾät yurti 196
Uygur aydınlanma cemiyeti 277, 278
Uyġur balisi 19, 159
Uyġur bova 139
Uyġur bügünki dävr ädäbiyati 105, 109
Uyġur bügünki zaman ädäbiyati 105, 106, 110
Uyġur hazirqi zaman ädäbiyati 105
Uyġur klassik ädäbiyati 105
Uyġur xälq eġiz ädäbiyati 103, 379, 390
Uyġur(i)stān 16
Uyġur, Abduxaliq 1-3, 10, 42, 106, 154, 157-161, 364
Uyġurlar 29, 31-33, 59, 113, 337, 364, 367, 385
Uyġurstan 344
vä äläykum ässalam 352
Vagheit 70, 210
Valichanov, Čokan Čingisovič / Wäliyxan, Šoqan 18, 19

van Ess, Hans 17, 19
Vaŋ 42
vätän 237, 356
Vaterland 193-194, 236-237, 284, 302-303, 356
väz 326
Vegetationsmythen 130
Venezuela 62
Veranda 168-169, 171, 177, 293, 300, 303, 328
Vereinte Nationen 185
Verfassung 51, 184
Vergänglichkeit 218, 227
Verhältnismäßigkeit 79
Verschleierungsverbot 80
Verse 2, 24, 131, 193, 290, 303, 345
Versepen 196
Verteidigungsminister 329, 340
Verwaltung für Religiöse und Nationale Angelegenheiten des Bezirks 300, 354
Verwaltung/ Büro für Öffentliche Sicherheit 332
Viertaschenmantel 243
vilayät 45, 336
Virtuelles Privates Netzwerk 204
Vogelsymbolik 118
Volksbefreiungsarmee 30, 49, 110, 140, 142-143, 151
Volksdichtung 161
Volksepos 257
Volksgedicht 104, 149, 189
Volkskomitee 349
Volkskommunen 328
Volkskunsthaus Xinjiangs 196
Volkslied 104, 149
Volksdichter 150
Volkslieder 149-150, 288
Volksliteratur 103-104, 153, 379, 383, 389
Volksmärchen 103, 230, 369, 371
Volksregierung der AURX 349
Volksverlag Xinjiang 139, 164, 198, 308
Volkszählung 19, 26, 348
Vollbärte 243, 245
Vorbereitungskomitee für die Regionale Literaten- und Künstlervereinigung Xinjiangs 306
Vorderdeckeltext 122
Vorsitzender des Schriftstellerverbandes der

AURX 278
Voyage au bout de la nuit 208
VR China 3, 30, 32, 59, 68-69, 75, 77, 79-80, 85, 91, 99, 106, 107, 109, 111-113, 115, 119, 122-123, 130, 184, 186-188, 199, 215, 261, 280, 287- 288, 340, 346, 348-349, 435
vragi naroda 78
Wahhabiten 353
Wahlrecht 51
Wahnsinn 148, 209, 281-282
Waifan Menggu Huibu wanggong biaozhuan 17
Waisenheime 80
Wanderarbeiter 71, 227
Wandzeitung 154
Warlords 37, 142
Webadministrator 184
WeChat 73
Wei Jingsheng 魏京生 55
Weijiulu 纬九路 333
Wein 228, 315
Weinschenke 228
Weißes Spezialistentum 341
Weiwu'er 畏吾尔 15, 17, 40, 51
Weiwu'er zu 维吾尔族 40, 51
Weixin 微信 73
Weltrevolution 34
Weltuntergang 257
Wenhua da geming 文化大革 30, 54, 385
Werst 357
Westliche Han-Dynastie 357
westliche Sprachen 1, 117, 199, 204, 241
Westminster 287
Widiarto, Ingrid 123, 124
Wiedergeburt 327
Wilkens, Jens 2, 36-37, 39-45, 49, 51-52, 54-55, 57, 71, 93, 100, 103, 131, 150, 153, 155-156, 164, 305, 361, 385
Wissenschaftliche Assistenten 287
Wohnberechtigungsschein 210
Wolf 131, 282
Wortecho 234
Wu Zhongxin 吴忠信 41
Wu'erkaixi Duolaite 吾尔开希・多莱特 59
Wuhan 武汉 271, 340
wuhao jiating 五好家庭 351
Wulumuqi Tianshanqu gong'anju 乌鲁木齐天山区公安局 333
Wulumuqishi di'yi kanshousuo 乌鲁木齐市第一看守所 333
Wunderkraft 129
Wushi 乌什 21
Wusi yundong 五四运动 104
Wusu 乌苏 336
xäliq qoṣiği 104
Xälq azadliq armiyisi 140
xälq čöčiki 103
Xälq iṣliri kadiri 223
xälq naxšisi 288
Xändan 207, 363
xänzuča 334
xaqan 358
Xi Jinping 习近平 11, 57, 59, 65, 69-71, 73-74, 76-77, 79, 83-84, 87, 93, 95-96, 143, 211, 255, 332, 366, 380-381, 384, 390
xiaotang 校堂 159
xiaoxue 小学 346
xiaoyang 小羊 343
Xibei kaifa 西北开发 61
Xibei minzu daxue 西北民族大学 163
Xibei minzu xueyuan 西北民族学院 163
xifan 稀饭 339
Xifengjiu 西凤酒 343
Xinhai geming 辛亥革命 35
Xinhai-Revolution 35
Xinhua 新华 87, 299, 354, 366, 379, 389
Xinhua shudian 新华书店 354
Xinhua-Buchläden 354
Xinjiang Production and Construction Corps 7, 90
Xinjiang renmin chubanshe 新疆人民出版社 139, 308
Xinjiang Uyghur Autonomous Region 7, 51, 333, 390
Xinjiang Victims Database 118, 119, 128, 183, 184, 188, 195, 198, 213, 223, 224, 255, 256, 318, 333, 363, 389
Xinjiang Weiwu'er zizhiqu 新疆维吾尔自治区 7, 51, 278, 357
Xinjiang-Arbeit 74
Xinjianger Akademie der Geisteswissenschaften 155
Xinjianger Komitee der KPC 349

Xinjianger Revolutionskomitee 349
Xinjiang-Institut 139
Xinjiang-Universität 223, 287, 317
xitay 334, 343
Xitay 280, 329
Xitay zindanlirida 280
xitayčä 334
Xitayčä 353
Xiyu duhufu 西域都护府 358
Xiyu tuzhi 西域图志 18
Xizir 130
Xoja 42, 43, 45, 153, 160, 327, 358
Xoja Niyaz Haji 42-43, 45, 153
Xotän 18, 127, 317
Xotän geziti 127
Xotänlik 21
XPCC 7, 90
Xu Zizhi tongjian gangmu 续资治通鉴纲目 17
Xuda 344
xuptän namizi 352
Xusäy 307
yačeyka 341
Yäkän 18, 21, 76, 129, 139, 327, 359
Yäkän geziti 139
Yäkän-Fluss 327
Yaʿḵūb Beg 21
Yanbulaq 333
yanda 严打 77
Yang Zengxin 杨增新 38, 39, 160
Yanqi 焉耆 29
Yaŋaqliq 327
Yarkand (Fluss) 327
Yarkäntlik 21
Yarkend 359
Yasin Šaŋxäy 115, 142
Yasin-Sure 291, 345
Yašlar Ansambili 305
Yašlar ittipaqi 342
Yättišär 21, 22
Yava käptär 117-118, 120, 260, 382
Yecheng 叶城 92
Yeganä aral 257
Yengisar 251, 338
yeŋi dävr ädäbiyati basquči 112
yeŋi demokratik Uyğur ädäbiyati 104, 105
Yeŋi šähär / Yeŋišähär 30, 157, 159-161

yeŋi yeziq 5-7, 21, 53-54
Yeŋičimän 287
Yeŋisar 21, 338
Yeŋitam 163
Yidai yilu 一带一路 9
Yidayatulela 伊达雅图勒拉 358
yihai zhengce 一孩政策 348
Yili 伊犁 13, 332, 390
Yili 狄历 13
Yillar siri 280
Yillar šundaq ötkän 225
Yingjisha 英吉沙 21, 338
Yining 伊宁 21, 29, 45, 66
Yining shibian 伊宁事变 45
Yining shijian 伊宁事件 66
Yiraq qirlardin ana yärgä salam 258
Yiraqtin yezilğan xät 225, 363, 376
yitihua lianhe zuozhan pingtai 一体化联合作战平台 82
Yol 140
Yunnan 云南 340
Yunus Emre 227, 371, 374, 376, 389
yurt 350
Yūsuf Ḫāṣṣ Ḥāǧib 100
Yutian 于田 92
zaġra 330
Ẓāheroddīn Moḥammad Babur 102
Zahl vierzig 259
zai jiaoyu 再教育 76, 85, 86, 332
zakat 45, 347
Zakat 292, 347
Zakir, Šöhrät 69, 79, 88, 353
Zamanidin 163
zamaniviyliq 202
Zamzam / Zämzäm 314, 359
Zarafschan / Zäräpšan / Zäräpschan 144, 325
Žarkent 26, 277
Zauberer 137
Zeitschriften 30, 81, 160, 271
Zeitungen 40, 160, 271
Zensoren 117, 216, 231, 258, 260-261, 307
Zentralasiaten 22
Zentralasien 13-18, 20, 23, 25, 34, 38-39, 49, 68, 157, 228, 342, 348, 356
Zentralasiens 159
Zentrale Nationalitäten-Universität 127, 195,

196
Zentrales Nationalitäteninstitut 127
Zentrales Nationalitäten-Institut 127, 195, 196
Zentrales Normierungsinstitut 339
Zentralkomitee 329
Zentralkomitee der KPC 55
Zenz, Adrian 70, 83-86, 87, 91, 95, 332, 348, 389, 390
Zere 153
Zhaihu 债户 165, 384
Zhang Zao 张枣 196, 199
Zhang Zhizhong 张治中 48
Zhao Kezhi 赵克志 70, 78, 81, 83, 85, 87, 90, 390
Zhao Ziyang 赵紫阳 55
zhiye peixun xiangmu 职业培训项目 94
Zhongguo 中国 329, 351, 357, 370
Zhongguo gongchandang dishiyi jie Zhongyang weiyuanhui disan ci quantihuiyi 中国共产党第十一届中央委员会第三全体会议 55
Zhongguo minbing 中国民兵 331
Zhongguo renmin gongheguo 中国人民共和国 49, 67
Zhongguo renmin gongheguo zhongyang renmin zhengfu 中国人民共和国中央人民政府 67

Zhongguo renmin jiefang jun 中国人民解放军 140
Zhongguo Yisilanjiao xiehui 中国伊斯兰教协会 50
Zhonghua 中华 353
Zhonghua minguo 中华民国 35
Zhonghua quanguo funü lianhehui 中华全国妇女联合会 352
Zhonguo gongchanzhuyi qingniantuan 中国共产主义青年团 342
zhongxue 中学 346
Zhongyang minzu xueyuan 中央民族学院 127
Zhongyang zhengwuyuan 中央证务院 339
zhuanbian 转变 89
Zitate 8, 58, 69, 217, 218, 356
Ziya'i, Ähmäd 112
Zizhiqu dangwei 自治区党委 83
zongzhi 总支 341
Zuerdong Shabi'er 祖尔东・沙比尔 163, 384
Zulumǧa zaval 280
Zwangsabtreibungen 59
Zwangsarbeit 90, 91, 198, 224
Zwangssterilisierungen 59, 91
Zweiter Golfkrieg 349
Zweites Kaganat 13

24   Dank

Dieses Buch verdankt seine Existenz Prof. Dr. Mark Kirchner, Inhaber der Professur für Turkologie an der Universität Gießen. Seiner Idee und Initiative ist es zu verdanken, dass dort seit Sommer 2022 das von der Fritz-Thyssen-Stiftung geförderte wissenschaftliche Projekt „Die uigurische Prosaliteratur in der VR China vom Beginn der Reformära bis zur erneuten Repression (1981–2017)" läuft. An dieser Stelle möchte ich im Namen aller Projektmitarbeiter der Fritz Thyssen Stiftung für ihre Bereitschaft zur Finanzierung des Projekts und ihre immer engagierte begleitende Betreuung herzlich danken. Neben cand. phil. Bekir Yılan, M. A. und mir war Prof. Kirchner außerdem einer der drei Mitarbeiter, die das Projekt mit Leben erfüllten. Konzept und Aufbau des Buchs und zahlreiche inhaltliche Fragen sind von den Projektmitarbeitern gemeinsam erstellt worden.

Aus naheliegenden Gründen war es nicht möglich, mit Verlegern oder Autoren in der Volksrepublik China Kontakt aufzunehmen. Ich drücke meine Dankbarkeit für die Nutzung von Auszügen aus Werken von Xalidä Isra'il, Qäyyum Turdi, Abdurehim Ötkür, Abduxaliq Uyġur, Zordun Sabir, Abduväli Ayup, Pärhat Tursun, Mämtimin Hošur, Äxtäm Ömär, Ziya Sämädi, Äziz Äysa Älkün, Mähämmät'imin Toxtayov und Abbas Muniyaz aus.

Zahlreiche, vor allem uigurische Wissenschaftler, Schriftsteller und Freunde haben mit ihrem Wissen zur Fertigstellung des vorliegenden Bandes beigetragen.

Dr. Joshua L. Freeman und Tahir Hamut Izgil haben mich in zahlreichen Gesprächen und schriftlichen Hinweisen an ihrem unerschöpflichen Wissen über die uigurische Literatur teilhaben lassen und mir immer neue Wege eröffnet und mich von manchem Holzweg zurückgeholt.

Abduväli Ayup und Äziz Äysa Älkün haben trotz ihrer unüberschaubaren anderen Verpflichtungen die Zeit gefunden, Texte für das Buch auszuwählen, uns beratend zur Seite zu stellen und immer wieder mit der Klärung von Einzelfragen geholfen.

Herzlicher Dank gebührt Prof. Dr. Rahile Kaşgarlı (Reyila Kashgarli) vom Çağdaş Türk Lehçeleri ve Edebiyatları Bölümü der İstanbul Üniversitesi (Istanbul, Türkei), die uns mit großer Geduld von ihrem umfangreichen literaturwissenschaftlichen, linguistischen und historischen Spezialwissen profitieren ließ.

Trotz der glücklichen Umstände, die das Projekt möglich gemacht haben, und der großen Unterstützung durch hochkarätige Experten sind alle Fehler und Unzulänglichkeiten, von denen es in dem Buch viele geben könnte, einzig und allein meine.